D1672423

Schellhammer

Familienrecht
nach Anspruchsgrundlagen

Familienrecht

nach Anspruchsgrundlagen

samt Verfahren in Familien-, Kindschafts- und Betreuungssachen

von

Kurt Schellhammer

Präsident des Landgerichts Konstanz a.D.

2., neu bearbeitete Auflage

CFM

C.F. Müller Verlag
Heidelberg

Kurt Schellhammer, Jahrgang 1935, Studium der Rechte in Freiburg/Br. und Bonn von 1956 bis 1960, Assessorexamen 1963, seither Staatsanwalt und Richter im Justizdienst von Baden-Württemberg, 1972 Vorsitzender Richter am Landgericht, von 1972 bis 1980 Ausbildungsleiter für Rechtsreferendare und Rechtspraktikanten, 1991 Vizepräsident des Landgerichts, 1992 Vorsitzender Richter am Oberlandesgericht Karlsruhe, 1997-2000 Präsident des Landgerichts Konstanz. Veröffentlichungen: Die Arbeitsmethode des Zivilrichters, 13. Aufl. 2000; Zivilprozeß, 9. Aufl. 2001; Zivilrecht nach Anspruchsgrundlagen BGB Allgemeiner Teil und Schuldrecht, 3. Aufl. 1999; Sachenrecht nach Anspruchsgrundlagen samt Wohneigentums- und Grundstücksrecht, 2001.

Die Deutsche Bibliothek – CIP-Einheitsaufnahme

Ein Titeldatensatz für diese Publikation ist bei
Der Deutschen Bibliothek erhältlich.

© 2001 C.F. Müller Verlag, Hüthig GmbH & Co. KG, Heidelberg
Satz: Textservice Zink, Schwarzach
Druck: Röck, Weinsberg
ISBN 3-8114-5094-9

Vorwort

Allem Anschein nach wurde der Versuch angenommen, das Familienrecht – seiner labyrintischen Anlage zum Trotz – nicht als exotisches Randgebiet, sondern als Bestandteil des bürgerlichen Rechts darzustellen und nach der gleichen Methode wie Schuld- und Sachenrecht.

Am Konzept des Buches habe ich deshalb nichts geändert, jedoch die Gliederung streckenweise gestrafft, etliche Fehler beseitigt sowie das Betreuungsrechtsänderungsgesetz vom 25.6.1998, das Gesetz zur Änderung des Kindesunterhaltsgesetzes vom 2.11.2000 und die Rechtsprechung von Mitte 1998 bis Juli 2001 eingearbeitet. Berücksichtigung fand auch das Lebenspartnerschaftsgesetz vom 16.2.2001.

Stärker als jedes andere Rechtsgebiet leidet das Familienrecht samt Verfahrensrecht darunter, dass ausgerechnet diejenigen, die es unmittelbar betrifft, nämlich die Eheleute, Eltern und Kinder ratlos davorstehen und oft nicht wissen, wie ihnen im Scheidungs-, Unterhalts- oder Sorgerechtsverfahren geschieht, wenn nicht ein menschenfreundlicher Familienrichter sich ihrer erbarmt und mit einfachen Worten zu erklären versucht, was selbst gestandene „Normaljuristen" kaum fassen. Der Lehrbuchautor steht vor dem gleichen Dilemma, zwar spricht er nicht Hinz und Kunz, sondern angehende Juristen an, aber auch er erliegt, wenn er nicht aufpasst, leicht dem Fachchinesisch des Spezialisten. Nun soll aber der angehende Familienrichter und -anwalt rechtzeitig lernen, seine Klientel nicht mit der „Differenzmethode", dem „begrenzten Realsplitting" oder der „Indexierung des Anfangsvermögens" zu traktieren, sondern mit einfachen klaren Worten das zu sagen, was zu sagen ist.

Mit Hilfe der gesetzlichen Beweislastregeln lässt sich auch das Familienrecht systematisch aufbereiten. Das gesetzliche System von Rechtsfolge und Tatbestand, von Regel, Ausnahme und Ausnahme von der Ausnahme liefert die durchsichtige, weil rechtslogische Gliederung. Und wenn man dann noch die gelehrte Fachsprache in schlichtes Deutsch übersetzt, verliert das Familienrecht einen Großteil des Schreckens, den es all denen einjagt, die sich nicht professionell mit ihm befassen.

Konstanz im August 2001 *Kurt Schellhammer*

Vorwort zur 1. Auflage

Das Schuldrecht nach Anspruchsgrundlagen darzustellen, ist keine Kunst, sondern drängt sich geradezu auf, besteht es doch vollständig aus Ansprüchen. Aber das Familienrecht? Wie kann man Ehe, Kindschaft und Betreuung, die drei großen Themen des Familienrechts, mit dem profanen Vehikel des Anspruchs erfassen? Selbst Medicus, der einsame Vorkämpfer für die Anspruchsmethode in der juristischen Ausbildung, hat schon früh Bedenken angemeldet (AcP 1974, 313, 318, 319). Zweifellos ist das Familienrecht aus anderem Holz geschnitzt als das Schuldrecht und lässt sich nicht von A bis Z auf Ansprüche reduzieren, aber vielleicht von B bis Y oder wenigstens von C bis X.

Für die **Anspruchsmethode auch im Familienrecht** gibt es ein starkes Argument. Ausbildung und Praxis, denen dieses Buch gewidmet ist, befassen sich nicht mit der intakten Ehe und Familie, sondern mit den Störungen, die eine Ehe scheitern lassen und eine Familie zerstören. Vor Gericht aber wird weniger um die Scheidung selbst gestritten, die heute leicht zu haben ist, als um die **Trennungs- und Scheidungsfolgen**, also um **Unterhalt, Zugewinn- und Versorgungsausgleich**, um **Ehewohnung und Hausrat**. Laut Gesetz verfolgt man alle diese Interessen mit Ansprüchen, und diese Ansprüche beherrschen die Rechtspraxis derart, dass sie auch ein Lehrbuch zum Familienrecht prägen sollten, wenn es nicht am Leben vorbei dozieren will.

Auch im Kindschaftsrecht, das von Abstammung, Unterhalt und elterlicher Sorge handelt, nimmt der **Kindesunterhalt** breiten Raum ein. Selbst Betreuung und Vormundschaft begründen mancherlei Ansprüche. Derzeit beschäftigen sich die Gerichte vor allem mit der **Vergütung des Berufsbetreuers**. Da immer weniger Menschen bereit sind, für Gottes Lohn zu arbeiten, droht die Betreuung zu einer sprudelnden Geldquelle für gierige Berufsbetreuer zu verkommen.

Große Sorgfalt habe ich wiederum auf eine **übersichtliche Gliederung** des unübersichtlichen Stoffes und auf eine **klare Sprache** verwendet. Dies war um so notwendiger, als das moderne Familienrecht weithin der systematischen Ordnung entbehrt. Unterhalt und Versorgungsausgleich sind abschreckende Beispiele. Auch wenn der Praktiker mit EDV-Programmen arbeitet, sollte er wenigstens das System begreifen; die Programme sind auch nur Menschenwerk und fehlbar. Etliche **Übersichten („Bilder")** und viele **Beispiele aus der Praxis** sollen das Verständnis des Lesers fördern und die abstrakte Darstellung beleben.

Da materielles Recht und **Verfahrensrecht in Familiensachen** auf das engste miteinander verzahnt sind, erscheint es sinnvoll, beides auch in einem Lehrbuch miteinander zu verbinden. Und da das Verfahren in Familiensachen überaus verwickelt ist, galt es, seine Konturen griffig herauszuarbeiten.

Das Buch ist, was die Gesetzgebung betrifft, auf dem neuesten Stand. Es verarbeitet bereits die jüngsten **Reformgesetze**, die allesamt am **1.7.1998** in Kraft treten und das Gesicht des Familienrechts samt Verfahrensrecht stark verändern. Das **Kindschaftsrechtsreformgesetz (KindRG)** regelt von Grund auf neu die Abstammung und die elterliche Sorge einschließlich des Verfahrensrechts, um dem nichtehelichen Kind möglichst die gleichen Startmöglichkeiten zu geben wie dem ehelichen. Es wird ergänzt durch das **Beistandschaftsgesetz**, das die obligatorische Amtspflegschaft durch eine freiwillige Beistandschaft ersetzt. Das **Kindesunterhaltsgesetz (KindUG)** stellt das nichteheliche Kind auch unterhaltsrechtlich dem ehelichen gleich und bietet dem minderjährigen Kind erstmals eine dynamische Unterhaltsrente an. Das **Eheschließungsrechtsgesetz (EheschlRG)** regelt die Heirat dadurch neu, dass es nicht nur das Aufgebot, das Eheverbot der Schwägerschaft und die Ehenichtigkeit, sondern gleich das ganze EheG über Bord wirft und die neuen Regeln mit den §§ 1303-1320 wieder in das BGB aufnimmt.

Mit etwas Mut zur Lücke habe ich zwei Themen übergangen: das Verlöbnis, weil es in der Praxis keine Rolle mehr spielt, und die nichteheliche Lebensgemeinschaft, weil sie (noch) nicht zum Familienrecht, sondern (immer noch) zum Schuldrecht gehört.

Das „Familienrecht nach Anspruchsgrundlagen" ist gewiss kein Handbuch, das alle Fragen des Familienrechts erschöpfend beantwortet. Es ist schon eher ein Lehr- und Lernbuch für Studenten und Referendare, für junge Familienrichter und Anwälte. Am liebsten aber wäre mir, es würde ein Lesebuch werden, das wie die „Stilkunst" von Ludwig Reiners nicht nur belehrt, sondern auch unterhält. Immerhin berührt das Familienrecht in irgend einer Form jeden Menschen, und nirgendwo sonst setzt sich der Zeitgeist, wenn auch mit einiger Verzögerung, stärker durch als im Familienrecht. Nirgendwo sonst prallt auch der Wille, das Alte zu bewahren, mit dem Willen zusammen, alles auf den Kopf zu stellen.

Die Rechtsprechung ist bis 1.5.1998 ausgewertet.

Konstanz, im Mai 1998   *Kurt Schellhammer*

Inhaltsübersicht

	Seite
Vorwort	V
Vorwort zur 1. Auflage	VII
Inhaltsverzeichnis	XI
Verzeichnis der Bilder	LVI
Abkürzungsverzeichnis	LVII

**Einleitung: Das Familienrecht im Wandel der Zeiten
und im „Licht" des Grundgesetzes** 1

1. Buch: Die Ehe zwischen Mann und Frau 9

  1. Teil: Die Eheschließung 11
  2. Teil: Allgemeine Rechtsfolgen der Ehe 22
  3. Teil: Das eheliche Güterrecht 46
  4. Teil: Die Trennung und ihre Folgen 77
  5. Teil: Die Ehescheidung 119
  6. Teil: Der Geschiedenenunterhalt 131
  7. Teil: Der Zugewinnausgleich nach der Scheidung 278
  8. Teil: Ehewohnung und Hausrat nach Trennung und Scheidung 316
  9. Teil: Der Versorgungsausgleich 338

2. Buch: Das Kind und seine Eltern 455

 10. Teil: Gesetzliche Systematik des Kindschaftsrechts 457
 11. Teil: Die Abstammung 460
 12. Teil: Die elterliche Sorge 472
 13. Teil: Elterliche Sorge und Umgangsrecht nach Trennung der Eltern 491
 14. Teil: Der Kindesunterhalt 517
 15. Teil: Das Rechtsverhältnis zwischen Eltern
und Kind im Allgemeinen 572
 16. Teil: Die Annahme als Kind (Adoption) 576

3. Buch: Das Verfahren in Familien- und Kindschaftssachen 589

 17. Teil: Gesetzliche Systematik, Familiensachen und Familiengericht 591
 18. Teil: Das Verfahren in Ehesachen 601
 19. Teil: Das Verfahren in „anderen Familiensachen":
Gemeinsames und Trennendes 618
 20. Teil: ZPO-Familiensache „Unterhalt" 623
 21. Teil: ZPO-Familiensache „Ansprüche aus dem ehelichen Güterrecht" 685
 22. Teil: FG-Familiensache „Ehewohnung und Hausrat" 691
 23. Teil: FG-Familiensache „Versorgungsausgleich" 697

24. Teil: FG-Familiensachen: „Elterliche Sorge", „Regelung des Umgangs" und „Herausgabe des Kindes" 714
25. Teil: Die Scheidung im Verbund mit Folgesachen 727
26. Teil: Vorläufiger Rechtsschutz für Familiensachen 741
27. Teil: Das Verfahren in Kindschaftssachen 749

4. Buch: Betreuung, Vormundschaft, Pflegschaft 763

28. Teil: Die Betreuung 765
29. Teil: Vormundschaft und Pflegschaft 792
30. Teil: Das Verfahren in Betreuungssachen 802
31. Teil: Das Verfahren in Unterbringungssachen 814

Anhang: Eingetragene Lebenspartnerschaft 823

Sachregister 833

Inhaltsverzeichnis

	RN	Seite
Vorwort		V
Vorwort zur 1. Auflage		VII
Inhaltsübersicht		IX
Verzeichnis der Bilder		LVI
Abkürzungsverzeichnis		LVII

Einleitung
Das Familienrecht im Wandel der Zeiten und im „Licht" des Grundgesetzes

1. Kapitel:	**Ehe und Familie einst und jetzt**		1
2. Kapitel:	**Die Rechtsquellen des Familienrechts**		2
3. Kapitel:	**Die Eigenart des Familienrechts**		4
4. Kapitel:	**Familienrecht und Grundgesetz**		4

		RN	Seite
1.	Ehe und Familie in der Verfassung	4	4
2.	Der besondere staatliche Schutz für Ehe und Familie	5	5
	2.1 Grundrecht	5	5
	2.2 Institutsgarantie	6	5
	2.3 Verfassungsrechtliche Wertentscheidung	7	6
3.	Verfassungsrechtliches Leitbild der Ehe	8	7
4.	Elternrecht und Elternpflicht in der Verfassung	9	7

1. Buch
Die Ehe zwischen Mann und Frau

1. Teil
Die Eheschließung

		RN	Seite
Vorbemerkung zur Eheschließungsrechtsreform			11
1. Kapitel: Die fehlerfreie Ehe als gesetzlicher Normalfall			11
1.	Heiratserklärungen	10	11
2.	Vor dem Standesbeamten	11	12
	2.1 Zivilehe	11	12
	2.2 Pflichten des Standesbeamten	11	12
	2.3 Fiktion einer Eheschließung	11	12
	2.4 Was der Standesbeamte sonst noch tun soll	11	13
3.	Ehefähigkeit	12	13
4.	Eheverbote	13	14
5.	Ehefähigkeitszeugnis	13	14
2. Kapitel: Die fehlerhafte Ehe			14

3. Kapitel: Die Aufhebung der Ehe   15

1. Gesetzliche Systematik 15   15
2. Rechtsfolgen der Aufhebung 16   16
    2.1 Scheidungsfolgen mit Einschränkungen 16   16
    2.2 Nachehelicher Unterhalt 16   16
    2.3 Zugewinn- und Versorgungsausgleich 16   17
    2.4 Ehewohnung und Hausrat 16   17
3. Aufhebungsgründe 17   17
    3.1 Fehlende Ehefähigkeit 18   17
    3.2 Geschäftsunfähigkeit 19   18
    3.3 Doppelehe 20   18
    3.4 Verwandtschaft 21   18
    3.5 Formfehler 22   18
    3.6 Bewusstlosigkeit und vorübergehende Geistesstörung 23   18
    3.7 Irrtum über Eheschließung 24   18
    3.8 Arglistige Täuschung 25   19
    3.9 Widerrechtliche Drohung 26   19
    3.10 „Scheinehe" 27   20
    3.11 Bestätigung 28   20
4. Antragsfrist 29   20
    4.1 Einwand des Fristablaufs 30   20
    4.2 Gegeneinwand des rechtzeitigen Antrags 31   21
    4.3 Gegeneinwand der Hemmung des Fristablaufs 32   21

2. Teil
Allgemeine Rechtsfolgen der Ehe

1. Kapitel: Gesetzliche Systematik   22

2. Kapitel: Die eheliche Lebensgemeinschaft   23

1. Rechtsfolgen 34   23
    1.1 Leitbild einer intakten Ehe 34   23
    1.2 Konkrete Rechtsfolgen 35   23
2. Höchstpersönliche und wirtschaftliche Rechtsfolgen 38   24
3. Eheliche Rücksicht auf wirtschaftliche Interessen des anderen 39   25
    3.1 Beschränkung der Rechtsausübung 39   25
    3.2 Schadensersatz zwischen Ehegatten 42   26
4. Ehestörung durch Untreue 43   27
    4.1 Problem 43   27
    4.2 Grundsatz: kein deliktischer Rechtsschutz 44   27
    4.3 Ausnahme: Rechtsschutz für „räumlich-gegenständlichen
        Bereich" der Ehe 46   28
    4.4 Kosten des scheinehelichen Kindes 47   29
5. Ende der ehelichen Lebensgemeinschaft 48   30

3. Kapitel: Der Ehename   30

1. Begriff 49   30
2. Bestimmung des Ehenamens 50   31

3. Begleitname 51   31
4. Name des verwitweten oder geschiedenen Ehegatten 51   31

4. Kapitel: Der Ehegattenunterhalt   32

1. Gesetzliche Systematik 52   32
2. Familienunterhalt 53   33
    2.1   Anspruchsgrundlage 53   33
    2.2   Rechtsfolge 54   33
    2.3   Tatbestand 55   33
    2.4   Anspruch auf Taschengeld 56   34
    2.5   Anspruch auf Prozesskostenvorschuss 56   34
    2.6   Einwendungen gegen den Anspruch auf Familienunterhalt .. 57   35
    2.7   Mehrleistung 58   35

5. Kapitel: Haushalt und Beruf   35

1. Einvernehmliche Rollenverteilung 59   35
2. Gesetzliche Verpflichtung zur Mitarbeit 60   36
3. Freiwillige Mitarbeit zwischen Ehegatten 61   36
    3.1   Entgeltlich oder unentgeltlich? 61   36
    3.2   Ehegattenarbeitsverhältnis 64   37
    3.3   Ehegatteninnengesellschaft 65   38

6. Kapitel: Die Schlüsselgewalt   40

1. Begriff 68   40
2. Rechtsfolge 69   40
3. Tatbestand 70   41
4. Einwendungen gegen die Schlüsselgewalt 72   41

7. Kapitel: Der Haftungsmaßstab   42

8. Kapitel: Die Zwangsvollstreckung gegen Ehegatten   43

1. Problem 76   43
2. Eigentumsvermutung 77   43
    2.1   Regelfall 77   43
    2.2   Ausnahmen 78   44
3. Gewahrsamsfiktion 79   45

3. Teil
Das eheliche Güterrecht

1. Kapitel: Gesetzliche Systematik   46

1. Güterstände 80   46
2. Gesetzliches Güterrecht 81   46
3. Vertragliches Güterrecht 82   47
4. Familiensachen 83   47

2. Kapitel: Der Ehevertrag   48

1. Begriff 84   48
2. Abschluss und Form 85   48

3.   Inhalt   86   49
   3.1   Nur beschränkte Gestaltungsfreiheit   86   49
   3.2   Vertraglicher statt gesetzlicher Güterstand   87   49
   3.3   Inhaltliche Veränderung des Güterstandes   88   49
   3.4   Ehevertrag und schuldrechtliche Vereinbarungen   89   50
4.   Unwirksamkeit   90   50
5.   Wirkung gegen Dritte   91   50

3. Kapitel: Der gesetzliche Güterstand der Zugewinngemeinschaft   51
1.   Begriff   92   51
2.   Dinglicher Rechtserwerb   93   51
3.   Besitz   94   52
4.   Zugewinnausgleich zweigleisig   95   52

4. Kapitel: Verfügungs- und Verpflichtungsbeschränkungen
im gesetzlichen Güterstand   53
1.   Gesetzliche Systematik und Beweislast   96   53
2.   Rechtliche Konstruktion   97   54
3.   Verfügung über das Vermögen im Ganzen und Verpflichtung
   zu dieser Verfügung   100   54
   3.1   Rechtsfolge: Unwirksamkeit des Geschäfts   100   54
   3.2   Ansprüche des anderen Ehegatten   102   55
   3.3   Tatbestand: Verpflichtung und Verfügung über ganzes
      Vermögen   104   56
   3.4   Tatbestand: Einzelner Gegenstand als ganzes Vermögen   106   57
   3.5   Zustimmung des anderen Ehegatten   109   58
4.   Verfügung über Hausrat und Verpflichtung zu dieser Verfügung . .   114   60

5. Kapitel: Zugewinnausgleich nach dem Tod eines Ehegatten   61
1.   Gesetzliche Systematik   115   61
2.   Erbrechtlicher Zugewinnausgleich   116   61
3.   Güterrechtlicher Zugewinnausgleich nach dem Tod eines
   Ehegatten   117   62
4.   Zugewinnausgleich oder Erbfolge durch Verfügung von
   Todes wegen   119   63

6. Kapitel: Die Gütertrennung   63

7. Kapitel: Die Gütergemeinschaft   64
1.   Begriff   121   64
2.   Gesetzliche Systematik   122   65
3.   Gesamtgut   124   65
   3.1   Begriff   124   65
   3.2   Entstehung   124   66
   3.3   Gesamthand   125   66
4.   Verwaltung des Gesamtguts   126   67
   4.1   Gemeinschaftliche Verwaltung   126   67
   4.2   Verwaltung durch einen Ehegatten   130   68
5.   Sondergut und Vorbehaltsgut   131   68

6. Schuldenhaftung der Ehegatten 132 69
    6.1 Haftungsarten 132 69
    6.2 Haftung der Ehegatten mit dem Gesamtgut 133 70
    6.3 Gesamtschuldnerische Haftung der Ehegatten 135 71
    6.4 Haftung des Ehegatten mit Vorbehalts- und Sondergut 136 71
    6.5 Haftung der Ehegatten im Innenverhältnis 137 71
7. Auseinandersetzung des Gesamtguts 138 72
    7.1 Beendigung und Auseinandersetzung 138 72
    7.2 Vereinbarte und gesetzliche Auseinandersetzung 139 72
    7.3 Übernahmerecht 140 73
    7.4 Auseinandersetzungsplan 141 73
    7.5 Scheidung während Liquidation 142 74
    7.6 Gläubigerschutz 143 74
8. Tod eines Ehegatten 144 74
9. Fortgesetzte Gütergemeinschaft 145 74

8. Kapitel: Das Güterrechtsregister   75

1. Verfahren 146 75
2. Materielles Recht 146 75
3. Eintragbare Rechtsfolgen 146 75
4. Negative Publizität 146 75

4. Teil
Die Trennung und ihre Folgen

1. Kapitel: Trennung und Getrenntleben   77

2. Kapitel: Der Trennungsunterhalt   78

1. Gesetzliche Systematik 150 78
    1.1 Leitmotiv 150 78
    1.2 Anspruchsgrundlage 151 79
    1.3 Einwendungen 152 79
    1.4 Trennungsunterhalt und Gütergemeinschaft 153 79
    1.5 Trennungs- und Kindesunterhalt 154 80
2. Unterschiede zwischen Trennungs- und Geschiedenenunterhalt . . . 155 80
    2.1 Zwei rechtlich selbständige Ansprüche 155 80
    2.2 Hauptunterschied: Alles soll beim Alten bleiben 156 81
    2.3 Weitere Unterschiede 157 81
3. Rechtsfolge: ein Anspruch auf Unterhalt 158 82
    3.1 Unterhaltsrente 158 82
    3.2 Bestandteile des Unterhalts 159 82
    3.3 Abtretung, Pfändung, Aufrechnung 163 84
4. Unterhaltstatbestand: Übersicht 164 84
5. Getrenntleben 165 85
6. Unterhaltsbedarf 166 85
    6.1 Anspruchsvoraussetzung 166 85
    6.2 Eheliche Lebensverhältnisse 167 85
    6.3 Nettoeinkommen 168 86

6.4	„Bereinigtes" verteilbares Nettoeinkommen	169	86
6.5	Aktuelle eheliche Lebensverhältnisse und trennungsbedingte Veränderungen	171	87
6.6	Halbteilung und Erwerbstätigenbonus	172	88
6.7	Konkreter Bedarf	177	89
6.8	Differenz- und Anrechnungsmethode	178	89
7.	Bedürftigkeit	182	90
7.1	Anspruchsvoraussetzung	182	90
7.2	Gesetzliche Systematik	183	91
7.3	Einkommen aus angemessener Erwerbstätigkeit	187	92
7.4	Einkommen aus unangemessener Erwerbstätigkeit	192	94
7.5	Sonstige Einkünfte	193	94
7.6	Vermögen	196	95
8.	Einwendungen gegen den Trennungsunterhalt	197	96
8.1	Überblick und Beweislast	197	96
8.2	Tod des Berechtigten	197	96
8.3	Zeitablauf	197	96
8.4	Kein Unterhaltsverzicht	198	96
8.5	Verjährung und Verwirkung	199	97
8.6	Versöhnung und Scheidung	200	97
9.	Leistungsunfähigkeit	201	97
9.1	Gesetzliche Systematik	201	97
9.2	Rechtsfolge	203	98
9.3	Begriff der Leistungsunfähigkeit	206	99
9.4	„Sonstige Verpflichtungen"	208	100
9.5	Trennungsbedingter Mehrbedarf	209	100
9.6	Kindesbetreuung und andere Erschwernisse	210	100
9.7	Vermögensstamm	210	101
10.	Grob unbilliger Unterhalt	211	101
11.	Anspruch auf Prozesskostenvorschuss	212	101
11.1	Gesetzliche Systematik	212	101
11.2	Rechtsfolge	213	102
11.3	Tatbestand	214	102
11.4	Rückzahlung des Prozesskostenvorschusses	216	103
3. Kapitel:	**Schuldrechtliche Folgen der Trennung**		104
1.	Die gescheiterte Ehe und das Schuldverhältnis zwischen den Ehegatten	217	104
2.	Gesamtschuldnerausgleich	218	104
2.1	Innenverhältnis	218	104
2.2	Anspruchsgrundlage und Inhalt des Ausgleichsanspruchs	219	105
2.3	Während des Zusammenlebens	220	105
2.4	Nach endgültiger Trennung	221	106
2.5	Einwendungen gegen den Ausgleichsanspruch	225	108
3.	Gesamtgläubigerausgleich	226	108
3.1	Innenverhältnis	226	108
3.2	Ehegatten als Gesamtgläubiger	227	109

4. Kontovollmacht 229 110
5. Kreditaufnahme und/oder dingliche Haftung für den anderen
   Ehegatten 231 111
6. Dienst- oder Arbeitsverhältnis zwischen Ehegatten 232 111
7. Ehegatteninnengesellschaft 233 112
8. Bruchteilsgemeinschaft 234 112
   8.1 Neue Gebrauchsregelung 234 112
   8.2 Möglichkeiten einer neuen Gebrauchsregelung 235 113
   8.3 Teilungsversteigerung 236 114
9. Schenkung und ehebedingte Zuwendung unter Ehegatten 237 114
   9.1 Schenkung 237 114
   9.2 Ehebedingte Zuwendung: Begriff und Rechtsgrund 239 115
   9.3 Wegfall der Geschäftsgrundlage
       für ehebedingte Zuwendung 240 116

5. Teil
Die Ehescheidung

1. Kapitel: Gesetzliche Systematik   119
1. Gestaltungsrecht und Beweislast 244 119
2. Ein Scheidungsgrund und vier Scheidungstatbestände 245 119

2. Kapitel: Rechtsfolgen der Scheidung   120

3. Kapitel: Voraussetzungen der Scheidung   121
1. Normalfall der Scheidung 247 121
   1.1 Scheitern der Ehe 248 121
   1.2 Ablauf des Trennungsjahres 249 122
   1.3 Getrenntleben 249 122
   1.4 Getrenntleben innerhalb der Ehewohnung 250 123
   1.5 Sonderfälle 251 123
   1.6 Versöhnungsversuch 252 124
2. Vorzeitige Scheidung 253 124
3. Einverständliche Scheidung 254 125
4. Erleichterte Scheidung 254 126

4. Kapitel: Ausschluss der Scheidung durch Härtegründe   126
1. Beweislast 255 126
2. Kinderschutz 256 126
3. Schwere Härte durch außergewöhnliche Umstände 257 127

5. Kapitel: Die Ehescheidung im Einigungsvertrag   129

6. Kapitel: Internationales Scheidungsrecht   129

6. Teil
Der Geschiedenenunterhalt

1. Kapitel: Gesetzliche Systematik   131
1. Eigenverantwortung und nacheheliche Solidarität 261 131
2. Anspruchsgrundlagen 262 131

3.	Gegennormen	264	132
4.	Das Einkommen im gesetzlichen Unterhaltssystem	265	133
	4.1 Wichtigster Faktor	265	133
	4.2 Einkommensarten	266	133
	4.3 Art der Darstellung	267	133
5.	Rangfolge	268	134
	5.1 Mehrere Unterhaltsberechtigte	268	134
	5.2 Mehrere Unterhaltsschuldner	269	134
6.	Geltungsbereich	270	134
	6.1 Auflösung der Ehe	270	134
	6.2 Altehen	271	134
7.	Unterhaltstabellen und Leitlinien	272	135
	7.1 Aus der Not geboren	272	135
	7.2 Nur unverbindliche Hilfsmittel	273	136
	7.3 Legitimation	273	136

2. Kapitel: Rechtsfolge: ein Anspruch auf Unterhalt · 137

1.	Unterhaltsrente	274	137
2.	Bestandteile des Unterhalts und Lebensbedarfs	275	137
3.	Abtretung, Pfändung und Aufrechnung	278	138

3. Kapitel: Die Anspruchsvoraussetzungen im Überblick · 139

1.	Beweislast	281	139
2.	Unterhaltsbedarf	282	140
3.	Bedürftigkeit	287	141

4. Kapitel: Unterhaltsbedarf nach den ehelichen Lebensverhältnissen · 141

1.	Eheliche Lebensverhältnisse	288	141
	1.1 Wunsch und Wirklichkeit	288	141
	1.2 Anspruchsvoraussetzung	289	142
	1.3 Einkommen	290	142
	1.4 „Bereinigtes" Nettoeinkommen	295	143
	1.5 Kindesunterhalt	296	144
	1.6 Eheliche Schulden	300	145
	1.7 Vermögensanlage	303	147
	1.8 Kein Mindestbedarf	306	148
2.	Stichtag für die ehelichen Lebensverhältnisse	307	148
	2.1 Regelfall: Rechtskraft der Scheidung	307	148
	2.2 Erste Ausnahme: Trennungsbedingte Veränderungen vor der Scheidung	308	149
	2.3 Zweite Ausnahme: Voraussehbare Veränderungen nach der Scheidung	311	151
	2.4 Sonderfälle	315	153
3.	Halbteilung und Erwerbstätigenbonus	317	154
	3.1 Halbteilung	317	154
	3.2 Erwerbstätigenbonus	318	154
	3.3 Konkreter Bedarf	322	156

4.   Differenz- und Anrechnungsmethode   323   156
   4.1   Bedarf und Bedürftigkeit   323   156
   4.2   Problem der Bedarsberechnung   324   156
   4.3   Differenzmethode für die Doppelverdienerehe   324   158
   4.4   Differenz- oder Anrechnungsmethode für die Allein-
       verdienerehe   326   159
   4.5   Kombination aus Differenz- und Anrechnungsmethode   328   160
5.   Elementarbedarf und zusätzlicher Bedarf   329   161
6.   Krankenversicherungsbedarf   330   161
7.   Altersvorsorgebedarf   332   162
   7.1   System der eheangemessenen Altersvorsorge   332   162
   7.2   Eheliche Lebensverhältnisse   333   163
   7.3   Bremer Tabelle   334   163
   7.4   Unselbständiger Bestandteil des Unterhalts   337   164
   7.5   Bedürftigkeit und Leistungsunfähigkeit   337   164
   7.6   Zweckbindung   338   165
8.   Trennungsbedingter Mehrbedarf   339   165
9.   Sonderbedarf   341   166

5. Kapitel: Die Bedürftigkeit   168

1.   Anspruchsvoraussetzung und Beweislast   343   168
2.   Gesetzliche Systematik   346   169
3.   Einkommen des Unterhaltsberechtigten aus angemessener
   Erwerbstätigkeit   347   169
   3.1   Reales Erwerbseinkommen   347   169
   3.2   Fiktives Erwerbseinkommen   348   170
   3.3   Umfang der Erwerbsbemühungen   349   170
   3.4   Angemessene Erwerbstätigkeit   351   171
   3.5   Ausbildung zu angemessener Erwerbstätigkeit   355   173
4.   Einkommen aus unangemessener Erwerbstätigkeit   356   174
   4.1   Zwei Fallgruppen   356   174
   4.2   Anrechnungsfreies Einkommen   357   174
   4.3   Anrechnung nach Billigkeit   358   174
   4.4   Beispiel zu § 1577 II   359   174
   4.5   Mangelfall   360   175
5.   Sonstige Einkünfte des Unterhaltsberechtigten   361   175
   5.1   Vermögenserträge   361   175
   5.2   Fiktive Vermögenserträge   362   176
   5.3   Renten und Einkünfte aus neuer Partnerschaft   363   176
   5.4   Unentgeltliche Zuwendungen Dritter und andere
       Drittleistungen   364   177
6.   Vermögen des Unterhaltsberechtigten   365   177

6. Kapitel: Bedürftigkeit aus besonderem Grunde:
**   wegen Kindesbetreuung, Alters, Krankheit u.a.**   178

1.   Eigenverantwortung und nacheheliche Solidarität   366   178
2.   Gesetzliche Systematik   370   179

2.1 Zeitlicher Zusammenhang der Unterhaltstatbestände mit der
Scheidung 370 179
2.2 Anschlussunterhalt 371 179
2.3 Kombination mehrerer Unterhaltstatbestände 372 180
3. Betreuungsunterhalt 373 181
3.1 Betreuung eines gemeinschaftlichen Kindes 373 181
3.2 Erwerbstätigkeit wegen Kindesbetreuung nicht zu erwarten . . 374 181
3.3 Erlöschen des Anspruchs auf Betreuungsunterhalt 380 183
3.4 Privilegierung 381 183
3.5 Betreuungs- und Aufstockungsunterhalt 384 184
4. Altersunterhalt 385 185
4.1 Zeitlicher Zusammenhang mit Scheidung 385 185
4.2 Alter 386 186
5. Krankheitsunterhalt 387 186
5.1 Zeitlicher Zusammenhang mit Scheidung 387 186
5.2 Krankheit 388 187
5.3 Angemessene Erwerbstätigkeit 389 187
6. Arbeitslosenunterhalt 391 188
6.1 Auffangtatbestand 391 188
6.2 Arbeitslosen- und Aufstockungsunterhalt 393 189
6.3 Angemessene Erwerbstätigkeit nicht zu finden 394 189
7. Aufstockungsunterhalt 399 190
7.1 Auffangtatbestand 399 190
7.2 Versorgungslücke zwischen Bedarf und eigenem
Einkommen 400 191
8. Unterhalt noch nicht nachhaltig gesichert 404 193
8.1 Gesetzliche Systematik 404 193
8.2 Nachhaltige Sicherung des eigenen Unterhalts 405 193
9. Ausbildungsunterhalt 406 194
9.1 Anspruchsvoraussetzungen 406 194
9.2 Ausbildung, Fortbildung und Umschulung 407 194
9.3 Ehebedingte Verzögerung der Ausbildung 408 195
9.4 Ziel der Ausbildung 409 195
10. Billigkeitsunterhalt 410 195
10.1 Auffangtatbestand und Härteklausel 410 195
10.2 Sonstige schwerwiegende Gründe 411 196
10.3 Grobe Unbilligkeit 412 196

7. Kapitel: Unterhalt für die Vergangenheit 197

1. Übersicht 413 197
2. Verzug 414 197
2.1 Rechtsfolge 414 197
2.2 Mahnung 415 197
2.3 Unterhaltsklage 419 199
2.4 Fälligkeit nach Kalender 420 199
2.5 Selbstmahnung durch Zahlungsverweigerung 421 199

2.6 Kein Verzug 422 199

2.7 Beseitigung der Verzugsfolgen 423 200

3. Rechtshängigkeit 424 200

4. Jahresfrist 425 200

8. Kapitel: Einwendungen und Einreden gegen den
Unterhaltsanspruch 201

1. Überblick und Beweislast 427 201

2. Erfüllung 428 202

3. Gesetzlicher Forderungsübergang 429 202

4. Tod des Berechtigten und des Verpflichteten 430 202

5. Wiederverheiratung des Berechtigten 431 202

6. Zeitablauf, Verjährung und Verwirkung 432 203

9. Kapitel: Der Unterhaltsverzicht 204

1. Vertragsfreiheit 433 204

2. Verzicht im Voraus 434 204

3. Verstoß gegen die guten Sitten 435 205

4. Rechtsmißbrauch 436 205

10. Kapitel: Die Leistungsunfähigkeit 206

1. Eigenbedarf und Opfergrenze 439 206

2. Gesetzliche Systematik 440 207

3. Rechtsfolge 441 208

    3.1 Verhinderung und Erlöschen des Unterhaltsanspruchs 441 208

    3.2 Angemessener Eigenbedarf 442 208

    3.3 Billigkeitsunterhalt 443 208

    3.4 Notwendiger Eigenbedarf 444 209

4. Begriff der Leistungsunfähigkeit 445 209

    4.1 Reale und fiktive Einkünfte 445 209

    4.2 Gegeneinwand aus Treu und Glauben 446 209

    4.3 Vermögen 447 210

    4.4 Schulden 448 210

    4.5 Trennungsbedingter Mehrbedarf 449 210

    4.6 Kindesbetreuung 450 210

    4.7 Sonstige unzumutbare Erwerbstätigkeit 450 210

5. Selbstverschuldete Leistungsunfähigkeit 451 211

    5.1 Regel und Ausnahme 451 211

    5.2 Verschuldeter, aber unfreiwilliger Verlust des Arbeitsplatzes . 453 211

    5.3 Freiwillige Aufgabe des Arbeitsplatzes 456 213

    5.4 Wechsel von der Erwerbstätigkeit zur Haushaltsführung . . . 458 214

6. Rang zwischen mehreren Unterhaltsberechtigten und Mangelfall . . 460 215

7. Rang zwischen geschiedenem Ehegatten und Kindern 461 215

8. Rang zwischen geschiedenem und neuem Ehegatten 462 216

9. Rang zwischen geschiedenem Ehegatten, neuem Ehegatten und
minderjährigen Kindern 466 217

10. Unterhaltsberechnung im Mangelfall 468 218

10.1 Rangfrage im Mangelfall 468   218
10.2 Berechnungsmethode 469   218

11. Kapitel: Grob unbilliger Unterhalt   220

1. Ermessensvorschrift, Generalklausel und Gegennorm 476   220
2. Rechtsfolge 479   221
3. Kindeswohl 481   222
4. Härtegründe 483   223
5. Härtegrund Nr. 1: kurze Ehe 484   223
6. Härtegrund Nr. 2: Straftat 486   224
7. Härtegrund Nr. 3: mutwillige Bedürftigkeit 490   226
8. Härtegrund Nr. 4: Verletzung von Vermögensinteressen 492   227
9. Härtegrund Nr. 5: Unterhaltspflichtverletzung 493   228
10. Härtegrund Nr. 6: einseitiges schweres Fehlverhalten 494   228
   10.1 Beweislast 494   228
   10.2 Eheliches Fehlverhalten 495   229
   10.3 Offensichtlich schweres und einseitiges Fehlverhalten 496   229
11. Härtegrund Nr. 7: anderer gleichschwerer Grund 498   230
   11.1 Auffangtatbestand 498   230
   11.2 Nichteheliche Lebensgemeinschaft als Hauptbeispiel 500   231
   11.3 Weitere Beispiele für und gegen § 1579 Nr. 7: 505   233
12. Grobe Unbilligkeit 508   234

12. Kapitel: Unterhaltskürzung in besonderen Fällen   235

1. Beschränkung des vollen Unterhalts nach Dauer und Höhe 510   235
   1.1 Ermessensvorschrift, Härteregel und Gegennorm 510   235
   1.2 Rechtsfolge 511   235
   1.3 Unbilliger Unterhalt 512   236
2. Zeitliche Begrenzung des Arbeitslosen- und Aufstockungsunterhalts 513   236
   2.1 Ermessensvorschrift, Härteregel und Gegennorm 513   236
   2.2 Rechtsfolge 514   237
   2.3 Unbilliger Unterhalt 515   237

**13. Kapitel: Einkommen, Vermögen und Schulden im
         Unterhaltsrecht**   238

1. Begriff und unterhaltsrechtliche Bedeutung des Einkommens 518   239
2. Reales und fiktives Einkommen 520   239
   2.1 Begriff 520   239
   2.2 Erwerbsobliegenheit – ein überflüssiger Rechtsbegriff 524   240
   2.3 Reale Beschäftigungschance 527   241
   2.4 Anforderungen an die Erwerbsbemühungen 530   242
   2.5 Fiktives Einkommen und mutwillige Bedürftigkeit oder
       Leistungsunfähigkeit 531   242
3. Einkünfte aus unselbständiger Erwerbstätigkeit 533   243
   3.1 Begriff und Berechnung 533   243
   3.2 Berufsbedingte Aufwendungen 540   245
   3.3 Betreuungskosten und „Betreuungsbonus" 541   246

4. Einkommen aus selbständiger Erwerbstätigkeit 545 247
   4.1   Berechnungsgrundlage 545 247
   4.2   Handels- und Steuerbilanz 547 248
   4.3   Abschreibungen 551 249
   4.4   Dreijahresdurchschnitt 553 250
   4.5   Entnahmen 555 250
   4.6   Sparrate 556 250
5. Steuern auf das Einkommen 557 251
   5.1   Zusammenveranlagung und getrennte Veranlagung 557 251
   5.2   Begrenztes Real-Splitting nach Trennung 558 251
   5.3   Tatsächliche, nicht fiktive Steuerlast 560 252
6. Einkünfte aus Vermögen 564 253
   6.1   Begriff 564 253
   6.2   Fiktive Vermögenserträge 565 254
   6.3   Bedarf, Bedürftigkeit und Leistungsunfähigkeit 566 255
7. Wohnvorteil 567 255
   7.1   Begriff 567 255
   7.2   Mietersparnis 568 256
   7.3   Unterhaltsrechtliche Bedeutung 569 256
   7.4   Bedarf nach den ehelichen Lebensverhältnissen 571 257
   7.5   Bedürftigkeit 575 259
   7.6   Leistungsunfähigkeit 578 260
   7.7   Nutzungsentschädigung 581 261
8. Sonstige Einkünfte 582 261
9. Vermögensstamm 591 263
10. Schulden 593 264
   10.1 Unterhaltsrechtliche Bedeutung 593 264
   10.2 Bedarf nach den ehelichen Lebensverhältnissen 594 264
   10.3 Leistungsunfähigkeit 595 265

14. Kapitel: Der Anspruch auf Auskunft 266

1. Anspruchsgrundlage 600 266
2. Rechtsfolge 601 267
   2.1   Anspruch auf Auskunft 601 267
   2.2   Anspruch auf Vorlage von Belegen 602 268
   2.3   Anspruch auf Schadensersatz 602 268
3. Tatbestand 603 268
4. Wartefrist für erneute Auskunft 605 269
5. Offenbarungspflicht ohne Aufforderung 606 269
6. Kein Zurückbehaltungsrecht 607 270

15. Kapitel: Der Anspruch auf Sicherheitsleistung 270

16. Kapitel: Die Rückforderung überzahlten Unterhalts 270

1. Überblick 609 270
2. Anspruch aus ungerechtfertigter Bereicherung 610 271
   2.1   Anspruchsvoraussetzungen 610 271

2.2	Einwendungen	615	272
2.3	Überzahlung des Familien- oder Trennungsunterhalts	617	273
3.	Anspruch aus unerlaubter Handlung	618	273
4.	Anspruch aus §§ 717 II, 945 ZPO	619	274
5.	Anspruch aus § 242 BGB	620	274

17. Kapitel: Der Unterhalt im Einigungsvertrag — 275

18. Kapitel: Internationales Unterhaltsrecht — 276

1.	Haager Übereinkommen	622	276
2.	Gesetzliches Unterhaltsstatut	623	276
2.1	Deutsches Unterhaltsrecht	623	276
2.2	Geschiedenenunterhalt	624	276
2.3	Trennungs- und Kindesunterhalt	625	277
2.4	Umfang des Unterhaltsstatuts	626	277
2.5	Abänderung von Unterhaltstiteln	627	277
2.6	Verbrauchergeldparität	628	277

7. Teil
Der Zugewinnausgleich nach der Scheidung

1. Kapitel: Begriff des Zugewinnausgleichs — 278

2. Kapitel: Abgrenzung von anderen Ausgleichsansprüchen — 279

1.	Schuldrechtliche Ansprüche aus Vertrag und Gesetz	631	279
2.	Familienrechtlicher Anspruch auf Ausgleich einer ehebedingten Zuwendung	632	279
3.	Versorgungsausgleich	633	279
4.	Hausratsteilung	634	280

3. Kapitel: Gesetzliche Systematik — 280

4. Kapitel: Der Anspruch auf Zugewinnausgleich — 281

1.	Anspruchsgrundlage	636	281
2.	Rechtsfolge	636	281
2.1	Zahlungsanspruch	636	281
2.2	Scheidungsverbund und Stufenklage	637	281
2.3	Abtretung, Pfändung und Aufrechnung	639	282
2.4	Vereinbarung über Zugewinnausgleich	640	282
3.	Anspruchsvoraussetzungen im Überblick	641	282
3.1	Höherer Zugewinn des Anspruchsgegners	641	282
3.2	Endvermögen	641	282
3.3	Anfangsvermögen	641	283
3.4	Bewertung des Vermögens	641	283
3.5	Schematische Abrechnung nach Stichtagen	642	283
3.6	Kein Verlustausgleich	642	283
3.7	Entstehung und Fälligkeit	642	283
4.	Beweislast	643	284
4.1	Grundsatz	643	284

4.2 Endvermögen und Überschuss 644 284
4.3 Anfangsvermögen 645 284
5. Berechnung des Zugewinnausgleichs 646 286
6. Stichtage 647 286
7. „Indexierung des Anfangsvermögens" 649 287

5. Kapitel: Der Zugewinn 288

1. Vermögen 652 288
2. Verbindlichkeiten 656 290
3. Endvermögen 657 291
4. Anfangsvermögen 659 291
   4.1 Reales Anfangsvermögen 659 291
   4.2 Fiktives Anfangsvermögen durch „privilegierten Erwerb" ... 660 292
   4.3 Privilegierter Erwerb „von Todes wegen" 661 292
   4.4 Privilegierter Erwerb „mit Rücksicht auf ein künftiges
       Erbrecht" 662 293
   4.5 Privilegierter Erwerb „durch Schenkung" 667 294
   4.6 Privilegierter Erwerb als Ausnahme mit Gegenausnahmen .. 669 295
5. Bewertung der einzelnen Vermögensstücke 670 295
   5.1 Bewertungsgrundsatz 670 295
   5.2 Land- oder forstwirtschaftlicher Betrieb 674 296
   5.3 Grundstücke 675 297
   5.4 Forderungen und andere Rechte 677 298
   5.5 Unternehmen und Unternehmensbeteiligungen 679 299
   5.6 Freiberufliche Praxen 684 300
   5.7 Verbindlichkeiten 685 301

**6. Kapitel: Einwendungen und Einreden gegen den Anspruch
   auf Zugewinnausgleich** 301

1. Überblick 686 301
2. Beschränkung des Ausgleichsanspruchs auf den Bestand
   des Vermögens 687 302
3. Anrechnung von Vorausempfängen 688 302
   3.1 Einwendung und gesetzliche Auslegungsregel 688 302
   3.2 Berechnung 689 303
   3.3 Anrechnung nur auf Ausgleichsforderung 690 303
4. Verjährung der Ausgleichsforderung 691 304
   4.1 Verjährungseinrede und Beweislast 691 304
   4.2 Beginn der Verjährung 692 304
   4.3 Kenntnis des Ausgleichsberechtigten 693 305
   4.4 Hemmung und Unterbrechung der Verjährung 694 305
5. Leistungsverweigerung wegen grober Unbilligkeit 695 306
   5.1 Rechtsfolge der Einrede 695 306
   5.2 Härteregel 696 306
   5.3 Grobe Unbilligkeit 696 306
6. Stundung der Ausgleichsforderung 701 308

7. Kapitel: Der Auskunftsanspruch   309

1. Anspruchsgrundlage   702   309
2. Auskunft   703   309
3. Wertermittlung und Belege   704   310
4. Nur End-, nicht Anfangsvermögen   705   310
5. Ohne Ausgleichsanspruch keine Auskunft   706   310
6. Anspruch auf eidesstattliche Versicherung   707   311
7. Zurückbehaltungsrecht   708   311

8. Kapitel: Der vorzeitige Zugewinnausgleich   311

1. Ausnahmefälle   709   311
2. Rechtsfolge   710   312

9. Kapitel: Der Anspruch auf Sicherheitsleistung   312

**10. Kapitel: Der Anspruch des ausgleichsberechtigten Ehegatten
                 gegen Dritte**   313

11. Kapitel: Das Ehegüterrecht im Einigungsvertrag   314

12. Kapitel: Internationales Ehegüterrecht   314

8. Teil
Ehewohnung und Hausrat
nach Trennung und Scheidung

1. Kapitel: Zusammenleben, Trennung, Scheidung   316

**2. Kapitel: Familienrecht und Sachenrecht, Zivilprozess und
               freiwillige Gerichtsbarkeit**   317

1. Eigentum und Besitz an Ehewohnung und Hausrat   718   317
2. Hausratsverordnung und FGG vor ZPO   721   318
3. Familienrecht vor Sachenrecht   723   319

3. Kapitel: Gesetzliche Systematik   319

1. Getrenntleben und Scheidung   724   319
2. Anspruchsgrundlagen und Billigkeit   725   319

**4. Kapitel: Ehewohnung und Hausrat während des
               Getrenntlebens**   320

1. Anspruchsgrundlagen und Rechtsgestaltung   726   320
2. Getrenntleben   727   320
3. Ehewohnung   728   320
    3.1 Anspruchsgrundlage   728   320
    3.2 Begriff der Ehewohnung   731   321
    3.3 Eigentum an der Ehewohnung   732   321
    3.4 Schwere Härte   733   322
    3.5 Benutzungsvergütung   736   323
4. Hausrat   739   325
    4.1 Anspruchsgrundlage   739   325
    4.2 Begriff des Hausrats   740   325

4.3 Fehlende Einigung 741 325
4.4 Alleineigentum eines Ehegatten 742 326
4.5 Miteigentum der Ehegatten 744 326
4.6 Benutzungsvergütung 745 326

5. Kapitel: Ehewohnung und Hausrat nach der Scheidung 327

1. Rechtsgestaltende Regelung 746 327
2. Ehewohnung 747 327
   2.1 Rechtsgestaltung nach Ermessen 747 327
   2.2 Begriff der Ehewohnung 748 327
   2.3 Fehlende Einigung 749 328
   2.4 Fallgruppen 750 328
   2.5 Alleineigentum eines Ehegatten 751 328
   2.6 Miteigentum beider Ehegatten 758 330
   2.7 Dienst- oder Werkwohnung 759 331
   2.8 Mietwohnung 760 331
3. Hausrat 763 332
   3.1 Rechtsgestaltung nach Ermessen 763 332
   3.2 Begriff 764 332
   3.3 Fehlende Einigung 767 333
   3.4 Fallgruppen nach Eigentum 768 333
   3.5 Gemeinsames Eigentum der Ehegatten 769 334
   3.6 Alleineigentum eines Ehegatten 773 335
   3.7 Vorbehaltseigentum eines Ehegatten 774 335
   3.8 Einwendungen gegen Hausratsteilung 775 335
   3.9 Auskunftsanspruch 776 336

6. Kapitel: Ehewohnung und Hausrat im Einigungsvertrag 336

7. Kapitel: Internationales Privatrecht für Ehewohnung und
Hausrat 337

9. Teil
Der Versorgungsausgleich

1. Kapitel: Sinn und Zweck 338

2. Kapitel: Rechtliche Konstruktion 339

1. Öffentlichrechtlicher und schuldrechtlicher Versorgungsausgleich . 782 339
2. Anspruch oder Gestaltungsrecht? 784 340

3. Kapitel: Gesetzliche Systematik 341

1. BGB und VAHRG 788 341
   1.1 BGB 788 341
   1.2 VAHRG 789 341
   1.3 Ausgleichsformen des BGB und des VAHRG 790 342
2. Anspruchsgrundlagen und Gegennormen 792 343
   2.1 Öffentlichrechtlicher Versorgungsausgleich 792 343
   2.2 Schuldrechtlicher Versorgungsausgleich 797 344
   2.3 Gesetz und Vertrag 798 344

3. Gesetzessprache 799   345
4. Tabellen 800   345

**4. Kapitel: Rechtsfolge des öffentlichrechtlichen Versorgungs-
ausgleichs**   345

1. Privates Recht auf richterliche Rechtsgestaltung 801   345
2. Ausgleichsformen 802   346
3. „Einmalausgleich" des Wertunterschieds in eine Richtung 805   346

**5. Kapitel: Tatbestand des öffentlichrechtlichen Versorgungs-
ausgleichs im Überblick**   347

1. Anspruchsvoraussetzungen 808   347
2. Technische Durchführung 809   348

6. Kapitel: Ehescheidung, Altersversorgung, Ehezeit   349

1. Ehescheidung 815   349
2. Gegenstand des Versorgungsausgleichs 816   349
    2.1 Versorgung wegen Alters, Berufs- oder Erwerbsunfähigkeit . 817   349
    2.2 Anwartschaften und Aussichten auf Versorgung 819   350
    2.3 Laufende Versorgung 820   351
    2.4 Altersversorgung mit Hilfe des eigenen Vermögens oder
        durch eigene Arbeit 822   351
3. Erwerb von Versorgungsanrechten in der Ehezeit 824   352
    3.1 „In-Prinzip" 824   352
    3.2 Ehezeit 828   353
4. Materiellrechtlicher und prozessualer Endstichtag 831   355
    4.1 Materiellrechtlicher Endstichtag 831   355
    4.2 Prozessualer Endstichtag 834   356

7. Kapitel: Der Ehezeitanteil der Versorgungsanrechte   358

1. Fiktiver und realer Wert 840   358
2. Gesetzliche Bewertungsmaßstäbe 841   358
3. Rangfolge der gesetzlichen Bewertungsmaßstäbe 844   359

8. Kapitel: Der Ehezeitanteil der Beamtenversorgung   360

1. Beamtenversorgung 845   360
2. Gesetzliche Bemessungsgrundlage 847   360
3. Fiktives Ruhegehalt am Ende der Ehezeit 849   361
4. Ruhegehaltsfähige Dienstzeit 953   362
5. Gesamtzeit 854   363
6. Tatsächliches Ruhegehalt 855   363
7. Gesetzliche Ruhensvorschriften 856   363

**9. Kapitel: Der Ehezeitanteil der gesetzlichen Renten-
versicherung**   364

1. Gesetzliche Rentenversicherung 857   364
2. Bemessungsgrundlage 860   365
3. Rentenformel 861   365
4. Berechnung des Ehezeitanteils 866   366

4.1	Fiktive Monatsrente	866	366
4.2	Reale Monatsrente	868	367
4.3	Beitragserstattung	868	367

10. Kapitel: Der Ehezeitanteil der betrieblichen Altersversorgung — 368

1. Gesetzliche Systematik	869	368
2. Begriff der betrieblichen Altersversorgung	870	368
3. Direktzusage	873	369
4. Direktversicherung	874	370
5. Pensionskasse und Unterstützungskasse	876	370
6. Zusatzversorgung des öffentlichen Dienstes	878	371
7. Gesamtversorgung	880	372
7.1 „Echte" Gesamtversorgung	880	372
7.2 „Limitierte" betriebliche Altersversorgung	881	373
7.3 Zusatzversorgung des öffentlichen Dienstes	882	373
8. Öffentlichrechtlicher oder schuldrechtlicher Ausgleich	883	374
8.1 Unverfallbares oder verfallbares Anrecht	883	374
8.2 Unverfallbar dem Grunde und der Höhe nach	885	375
8.3 Stichtag für die Unverfallbarkeit	888	376
8.4 Sonderregeln für die Zusatzversorgung des öffentlichen Dienstes	889	376
9. Ehezeitanteil der unverfallbaren betrieblichen Altersversorgung . . .	894	378
9.1 Gesetzliche Systematik	894	378
9.2 Betriebszugehörigkeit	895	378
9.3 Betriebszugehörigkeit dauert an	897	379
9.4 Betriebszugehörigkeit schon beendet	899	379
9.5 Besonderheiten der Gesamtversorgung	900	380
10. Dynamische und statische Anrechte der betrieblichen Altersversorgung	903	381
10.1 Begriff	903	381
10.2 Problem der Vergleichbarkeit	905	382
10.3 Gesetzlicher Maßstab	908	382
10.4 Umrechnung nach der BarwertVO	912	384

11. Kapitel: Der Ehezeitanteil der vertraglichen Rentenversicherung — 385

1. Begriff	916	385
2. Prämienzahlungspflicht überdauert Ehezeit	917	386
3. Prämienzahlungspflicht überdauert Ehezeit nicht	919	386
4. Rentenbezug schon in Ehezeit	920	386
5. Dynamik	921	387

12. Kapitel: Der Ehezeitanteil „sonstiger" Versorgungsanrechte — 388

1. Auffangtatbestand	923	388
2. Vier Fallgruppen nach Bemessungsgrundlage	926	388
3. Dynamik	931	390
4. Bewertung atypischer Versorgungsanrechte	934	391

13. Kapitel: Die Durchführung des öffentlichrechtlichen Versorgungsausgleichs 391

1. Ausgleichsformen 935   391
2. Rangfolge der Ausgleichsformen 936   392
    2.1   Splitting vor Quasi-Splitting und BGB vor VAHRG 936   392
    2.2   Kombination aus Splitting und Quasi-Splitting 937   392
    2.3   Rangfolge nach dem VAHRG 938   393
    2.4   Beispiele zur Rangfolge der Ausgleichsformen 940   393
3. Übersicht über die gesetzlichen Ausgleichsformen und ihre Kombinationen 942   394

14. Kapitel: Übertragung von Anwartschaften in der gesetzlichen Rentenversicherung (Splitting) 396

1. Rechtsfolge des Splitting 948   396
2. Technische Abwicklung des Splitting 949   396
3. Voraussetzungen des Splitting 952   397
    3.1   Gesetzlicher Normalfall 952   397
    3.2   Weitere Versorgungsanrechte des Ausgleichsberechtigten ... 954   398
    3.3   Weitere Versorgungsanrechte des Ausgleichsschuldners 955   399
    3.4   Kein Splitting 956   399
    3.5   Höchstbetrag des Splitting 957   400

15. Kapitel: Begründung von Anwartschaften in der gesetzlichen Rentenversicherung (Quasi-Splitting) 401

1. Rechtsfolge des Quasi-Splitting 958   401
2. Technische Abwicklung des Quasi-Splitting 959   401
3. Voraussetzungen des Quasi-Splitting 961   402
    3.1   Gesetzlicher Normalfall 961   402
    3.2   Vorrang des Splitting 964   403
    3.3   Weitere Versorgungsanrechte des Ausgleichsberechtigten ... 965   404
    3.4   Weitere Versorgungsanrechte des Ausgleichsschuldners 966   404
    3.5   Kein Quasi-Splitting 967   404

16. Kapitel: Ausgleichsformen des VAHRG 405

1. Nachrang hinter Splitting und Quasi-Splitting 968   405
2. Anteilige Belastung mehrerer Versorgungsträger 971   406
3. Realteilung 973   407
    3.1   Rechtsfolge 973   407
    3.2   Voraussetzungen 974   407
4. Erweitertes Quasi-Splitting 975   408
    4.1   Rechtsfolge 975   408
    4.2   Voraussetzungen 976   408
5. Super-Splitting und Verpflichtung zur Beitragszahlung 977   409
    5.1   Gesetzliche Systematik 977   409
    5.2   Super-Splitting 979   410
    5.3   Verpflichtung zur Beitragszahlung 982   411
6. Versorgungsausgleich „in anderer Weise" 985   413

17. Kapitel: Kürzung und Ausschluss des öffentlichrechtlichen
          Versorgungsausgleichs   414

1. Gesetzliche Systematik   987   414
   1.1 Gegennorm und Beweislast   987   414
   1.2 Keine Amtsermittlung   988   415
   1.3 Härteregel gegen verfassungswidrige Ergebnisse   989   415
   1.4 Drei Fallgruppen mit Auffangtatbestand   991   415
2. Rechtsfolge   992   416
3. Treuwidrige Manipulation der eigenen Altersversorgung   993   416
4. Gröbliche Verletzung der Verpflichtung zum Familienunterhalt . . .   994   417
5. Auffangtatbestand der groben Unbilligkeit   995   418
   5.1 Grobe Unbilligkeit   996   418
   5.2 Verhältnisse der Eheleute   997   418
   5.3 Fallgruppen   999   419
   5.4 Konstruktive Mängel des gesetzlichen Versorgungs-
        ausgleichs   1000   420
   5.5 Ungleiche Rollenverteilung in der Ehe   1001   420
   5.6 Ungleiche Versorgungsaussichten   1004   422
   5.7 Wirtschaftliches Ungleichgewicht   1005   422
   5.8 Steuerliche Ungleichbehandlung   1008   424
   5.9 Überlange Trennungszeit   1009   424
   5.10 Extrem kurze Ehe   1010   425
   5.11 Schwere eheliche Verfehlung   1011   425

18. Kapitel: Härteregeln des VAHRG gegen die Durchführung
          des Versorgungsausgleichs   426

1. Überblick   1014   426
2. Tod des Ausgleichsberechtigten vor Rentenbezug   1015   427
   2.1 Rechtsfolge   1015   427
   2.2 Voraussetzungen   1015   427
3. Tod des Ausgleichsberechtigten nach geringem Rentenbezug   1016   428
   3.1 Rechtsfolge   1016   428
   3.2 Voraussetzungen   1016   428
4. Nachversicherung   1017   428
5. Unterhaltsfälle   1018   428

19. Kapitel: Der schuldrechtliche Versorgungsausgleich   429

1. Lückenbüßer und Auffangtatbestand   1019   429
2. Rechtliche Konstruktion   1020   430
3. Gesetzliche Systematik   1021   430
4. Rechtsfolgen 1023   431
   4.1 Anspruch auf Ausgleichsrente   1023   431
   4.2 Anspruch auf Abtretung der Versorgungsbezüge   1025   431
5. Anspruchsvoraussetzungen   1026   432
   5.1 Übersicht   1026   432
   5.2 Lückenbüßerfälle   1029   433
   5.3 Bewertung der Ehezeitanteile   1032   434

5.4 Fälligkeit 1035 435
5.5 Ausgleichsrente für Vergangenheit 1036 436
6. Ausschluß des schuldrechtlichen Versorgungsausgleichs durch
   Härteregel 1037 436
7. Erlöschen des Ausgleichsanspruchs durch Tod des Berechtigten .. 1039 437
8. Erlöschen des Ausgleichsanspruchs durch Tod des Ausgleichsschuldners und verlängerter schuldrechtlicher Versorgungsausgleich 1040 437
   8.1 Erlöschen des Ausgleichsanspruchs 1040 437
   8.2 Verlängerung des schuldrechtlichen
       Versorgungsausgleichs 1041 437
9. Anspruch auf vorzeitige Abfindung 1045 439
   9.1 Rechtsfolge 1046 439
   9.2 Anspruchsvoraussetzungen 1048 440

20. Kapitel: Vereinbarungen über den Versorgungsausgleich   441

1. Vertragsfreiheit und ihre Schranken 1052 441
2. Rechtsfolge 1054 441
3. Abgrenzung zwischen Ehevertrag und „Vereinbarung im
   Zusammenhang mit der Scheidung" 1055 442
4. Form der Vereinbarung über den Versorgungsausgleich 1057 443
   4.1 Ehevertrag 1057 443
   4.2 Vereinbarung „im Zusammenhang mit der Scheidung" 1058 443
5. Ausschluss und Änderung des Versorgungsausgleichs 1059 444
   5.1 Teilausschluss und Änderung auch durch Ehevertrag 1059 444
   5.2 Keine Übertragung oder Begründung gesetzlicher Renten-
       anwartschaften 1060 444
   5.3 Gestaltungsspielraum 1065 445
6. Allgemeine Schranken der Vertragsfreiheit 1067 446
   6.1 Nichtigkeit 1067 446
   6.2 Anfechtung 1068 446
   6.3 Teil- und Totalnichtigkeit 1068 446
   6.4 Geschäftsgrundlage und Rechtsmissbrauch 1069 446
7. Unwirksamkeit des Ehevertrags durch Scheidungsantrag 1070 447
8. Genehmigung der Vereinbarung durch das Familiengericht 1072 448
   8.1 Schutz des sozial schwächeren Ehegatten vor
       Übervorteilung 1072 448
   8.2 Kriterien der Übervorteilung 1073 448

21. Kapitel: Der Anspruch auf Auskunft   450

22. Kapitel: Versorgungsausgleich und neue Bundesländer   451

1. Einigungsvertrag 1080 451
2. Überleitung des Versorgungsausgleichs auf das Beitrittsgebiet 1081 452

**23. Kapitel: Das internationale Recht des Versorgungs-
       ausgleichs**   453

2. Buch
Das Kind und seine Eltern

10. Teil
Gesetzliche Systematik des Kindschaftsrechts

1. Kapitel: Die Verwandtschaft und das Kind   457

1. Verwandtschaftsrecht gleich Kindschaftsrecht   1086   457
2. Begriff und Rechtsfolgen der Verwandtschaft   1087   457
3. Begriff und Rechtsfolgen der Schwägerschaft   1088   458

2. Kapitel: Die Kindschaftsrechtsreform   458

3. Kapitel: Die Themen des Kindschaftsrechts   459

11. Teil
Die Abstammung

1. Kapitel: Gesetzliche Systematik   460

2. Kapitel: Die Mutterschaft   461

3. Kapitel: Die Vaterschaft im Überblick   461

4. Kapitel: Die Vaterschaft kraft Ehe mit der Mutter   462

5. Kapitel: Die Vaterschaft kraft Anerkennung   463

1. Rechtsfolgen   1096   463
2. Anerkennungserklärung des Mannes   1097   463
3. Zustimmungserklärungen der Mutter und des Kindes   1099   464

6. Kapitel: Die Anfechtung der Vaterschaft   465

1. Fiktive und genetische Vaterschaft   1100   465
2. Rechtsfolge   1101   465
3. Wer kann anfechten?   1102   465
4. Wie ist anzufechten?   1103   465
5. Wie lange kann man anfechten?   1105   466
    5.1   Ausschlussfrist   1105   466
    5.2   Fristbeginn   1106   466
    5.3   Hemmung des Fristablaufs   1108   467
    5.4   Rechtzeitige Anfechtung   1108   467
6. Gegenstand der Anfechtung   1109   467
7. Rückgriff des Scheinvaters gegen den wahren Vater   1110   468

7. Kapitel: Die gerichtliche Feststellung der Vaterschaft   468

8. Kapitel: Probleme der künstlichen Fortpflanzung   469

1. Homologe inseminatio in vivo   1112   469
2. Homologe inseminatio in vitro   1112   470
3. Heterologe inseminatio in vivo   1113   470
4. Heterologe inseminatio in vitro   1113   470
5. Homologe Eispende   1114   470
6. Heterologe Eispende   1114   470

7. Leihmutter 1115 471
8. Ersatzmutter 1116 471

12. Teil
Die elterliche Sorge

1. Kapitel: Elternrecht und staatliches Wächteramt   472
1. „Natürliches" Pflichtrecht 1117 472
2. Grundrechte des Kindes 1118 473
3. Staatliches Wächteramt 1119 473
4. Elternrecht als absolutes Recht 1120 473

2. Kapitel: Gesetzliche Systematik nach der Kindschaftsrechts-
reform   474

3. Kapitel: Gemeinsame oder alleinige elterliche Sorge   475
1. Kindschaftsrechtsreform 1122 475
2. Sorgeerklärungen der Eltern 1123 475

4. Kapitel: Inhalt und Grenzen elterlicher Sorge: Überblick   476
1. Inhalt 1124 476
2. Grenzen 1125 477

5. Kapitel: Die Personensorge   478
1. Inhalt 1126 478
2. Anspruch auf Herausgabe des Kindes 1127 479
   2.1 Anspruchsgrundlage 1127 479
   2.2 Herausgabeanspruch gegen Pflegeperson 1128 479
   2.3 Rechtsweg 1129 479
3. Umgang des Kindes 1130 480

6. Kapitel: Die Vermögenssorge   480

7. Kapitel: Die gesetzliche Vertretung   481
1. Im Umfang der Personen- und Vermögenssorge 1133 481
2. Gesamtvertretung 1134 482
3. Ausschluss der Vertretungsmacht 1135 482
4. Familiengerichtliche Genehmigung 1136 483
5. Minderjährigenhaftungbeschränkung 1137 484
6. Kindesunterhalt 1138 484

7. Kapitel: Die Gefährdung des Kindeswohls   484
1. Staatliches Wächteramt 1139 484
2. Gefährdung des persönlichen Kindeswohls 1140 485
   2.1 Erforderliche Maßnahmen 1140 485
   2.2 Gefährdung des Kindeswohls durch Versagen der Eltern 1143 486
   2.3 Konkrete Gefährdung des Kindeswohls 1147 488
3. Gefährdung des Kindesvermögens 1148 489

8. Kapitel: **Verhinderung der Eltern und Ruhen der elterlichen Sorge**   490

9. Kapitel: **Ende der elterlichen Sorge**   490

13. Teil
Elterliche Sorge und Umgangsrecht
nach Trennung der Eltern

1. Kapitel: **Die Kindschaftsrechtsreform**   491

2. Kapitel: **Gesetzliche Systematik**   491

1. Das Stichwort heißt nicht mehr Scheidung, sondern Getrenntleben   1152   491
2. Gemeinsame Sorge beider Eltern oder alleinige Sorge der Mutter
   als Anknüpfungspunkt 1153   492
3. Entscheidungsmöglichkeiten 1154   492

3. Kapitel: **Fortbestand der gemeinsamen Sorge**
          über Trennung und Scheidung hinaus   493

1. Gemeinsame Sorge als Anknüpfungspunkt 1155   493
2. Rechtliche Gestaltung der gemeinsamen Sorge getrenntlebender
   Eltern 1156   493
      2.1   Verteilung der Aufgaben 1156   493
      2.2   Wichtige Angelegenheiten 1157   493
      2.3   Angelegenheiten des täglichen Lebens 1158   494
      2.4   Angelegenheiten der tatsächlichen Betreuung 1159   494
      2.5   Unaufschiebbare Rechtshandlungen 1159   494
      2.6   Kindesunterhalt 1160   494
      2.7   Unterlassung von Störungen 1160   494
3. Jugendhilfe für überforderte Eltern 1161   495

4. Kapitel: **Alleinige elterliche Sorge statt gemeinsamer**   495

1. Übersicht 1162   495
2. Rechtsfolge 1163   496
3. Voraussetzungen für die Übertragung der alleinigen Sorge 1164   496
4. Die Zustimmung des anderen Elternteils 1165   497
5. Die bestmögliche Regelung zum Wohl des Kindes 1167   498
      5.1   Beweislast 1167   498
      5.2   Die bestmögliche Regelung 1168   498
      5.3   Gemeinsame Sorge oder alleinige Sorge des Antragstellers .. 1170   500
      5.4   Das Wohl des Kindes 1171   500
      5.5   Der Wille des Kindes 1172   501
      5.6   Die Bindungen des Kindes 1173   501
      5.7   Die Erziehungsfähigkeit der Eltern 1174   502
      5.8   Förderung und Kontinuität 1175   503

5. Kapitel: **Übertragung der elterlichen Sorge von der Mutter**
          auf den Vater   504

6. Kapitel: **Änderung der Entscheidung über die elterliche**
Sorge 505

7. Kapitel: **Das Umgangsrecht nach Trennung und Scheidung** 506

1. Die Kindschaftsrechtsreform 1179 506
2. Elternrecht, Elternpflicht und Kindeswohl 1180 507
3. Einigung der Eltern über den Umgang 1183 508
4. Gerichtliche Regelung des Umgangs 1185 508
    4.1 Kindeswohl 1185 508
    4.2 Kontakt des Kindes mit Dritten 1186 509
    4.3 Umgangsvereitelung 1187 510
5. Beschränkung und Ausschluss des Umgangs 1189 511
6. Auskunftsanspruch 1193 512

8. Kapitel: **Die elterliche Sorge im Einigungsvertrag** 513

9. Kapitel: **Die elterliche Sorge im Internationalen Privatrecht** 513

1. Rechtsgrundlagen 1195 513
2. Haager Minderjährigenschutzabkommen und Europäisches
Sorgerechtsübereinkommen 1196 513
3. Haager Kindesentführungsübereinkommen 1197 514
    3.1 Wiederherstellung der Zuständigkeit des Herkunftslandes ... 1197 514
    3.2 Kindesentführung 1198 515
    3.3 Rechtzeitiger Antrag 1198 515
    3.4 Ausnahmen 1199 515

14. Teil
Der Kindesunterhalt

1. Kapitel: **Die Reform des Kindesunterhalts** 517

2. Kapitel: **Das System des geltenden Rechts** 518

1. Verwandtenunterhalt und Kindesunterhalt 1203 518
2. Minderjährige und volljährige Kinder 1204 518
3. Anspruchsgrundlagen und Gegennormen 1205 519
4. Das Einkommen im gesetzlichen Unterhaltssystem 1207 520
    4.1 Wichtigster Faktor auf allen Stufen 1207 520
    4.2 Kindergeld und Erziehungsgeld 1208 520
5. Unterhaltabellen und Leitlinien 1210 521
6. Gesetzlicher und vertraglicher Unterhalt 1211 521
    6.1 Vertraglicher Unterhaltsverzicht und vertragliche Unterhalts-
regelung 1211 521
    6.2 Freistellungsvereinbarung der Eltern 1212 522
    6.3 Unterhaltsvertrag zugunsten des Kindes 1213 522
    6.4 Geschäftsgrundlage 1214 523

3. Kapitel: **Rechtsfolge: Anspruch auf Unterhalt** 523

1. Unterhaltsrente 1215 523
2. Betreuung und Barunterhalt 1218 524

3. Unterhaltsbestimmungsrecht der Eltern 1219   524
   3.1   Gestaltungsrecht 1219   524
   3.2   Rechtsfolge der Unterhaltsbestimmung 1220   525
   3.3   Voraussetzungen der Unterhaltsbestimmung 1221   525
   3.4   Unterhaltsbestimmung nach Trennung und Scheidung der
         Eltern gegenüber minderjährigem Kind 1222   526
   3.5   Unterhaltsbestimmung nach Trennung und Scheidung
         gegenüber volljährigem Kind 1225   527
   3.6   Entscheidung des Familiengerichts 1228   528

**4. Kapitel: Anspruchsvoraussetzung: Verwandtschaft in
                 gerader Linie**   530

1. Verwandtschaft und Kindschaft 1232   530
2. Der richtige Gläubiger und der richtige Schuldner des Unterhaltsanspruchs 1233   530
   2.1   Gesetzliche Rangfolge 1233   530
   2.2   Rangfolge der Unterhaltsberechtigten 1234   531
   2.3   Rangfolge der Unterhaltspflichten 1236   531

5. Kapitel: Anspruchsvoraussetzung: Der Unterhaltsbedarf   532

1. Überblick 1238   532
2. Gesamter Lebensbedarf 1241   533
3. Ausbildungsbedarf 1243   534
   3.1   Bezahlbare Ausbildung nach Begabung und Neigung des
         Kindes 1243   534
   3.2   Nur eine Berufsausbildung 1247   535
   3.3   Einheitliche Erstausbildung oder Zweitausbildung 1249   536
4. Bedarf des wirtschaftlich noch unselbständigen Kindes 1252   538
   4.1   Lebensstellung der Eltern 1252   538
   4.2   Regelbedarf nach Regelbetrag 1254   539
   4.3   Individueller Bedarf des minderjährigen Kindes nach
         bisheriger Praxis 1256   539
   4.4   Individueller Bedarf des minderjährigen Kindes nach
         dem KindUG 1258   541
   4.5   Bedarf des volljährigen Kindes 1260   542
   4.6   Sättigungsgrenze 1261   542
5. Bedarf des wirtschaftlich selbständigen Kindes 1262   543
6. Bedarf des Kindes im Ausland 1263   543
7. Sonderbedarf 1264   543
8. Anspruch auf Prozesskostenvorschuss 1267   545

6. Kapitel: Anspruchsvoraussetzung: Die Bedürftigkeit   546

1. Selbstversorgung vor Unterhalt 1270   546
2. Eigene Einkünfte des Kindes 1271   547
3. Das minderjährige unverheiratete Kind 1275   548
4. Das volljährige oder verheiratete Kind in der Berufsausbildung ... 1276   548
5. Das volljährige oder verheiratete Kind außerhalb der Berufsausbildung 1278   549

7. Kapitel: Anteilige Haftung beider Eltern oder alleinige Haftung eines Elternteils 550

1. Gesetzliche Systematik 1280 550
2. Anspruchsvoraussetzungen und Beweislast 1283 551
3. Unterhalt für minderjähriges unverheiratetes Kind 1286 552
   3.1 Kind lebt noch im Elternhaus 1286 552
   3.2 Kind lebt mit Zustimmung der Eltern außerhalb des Elternhauses 1287 552
   3.3 Kind lebt beim betreuenden Elternteil 1288 552
   3.4 Der betreuende Elternteil verdient wesentlich mehr 1290 553
   3.5 Der unterhaltspflichtige Elternteil kann nicht zahlen 1291 553
   3.6 Jeder Elternteil betreut ein Kind 1292 553
4. Unterhalt für volljähriges oder verheiratetes Kind 1293 553

8. Kapitel: Unterhalt für die Vergangenheit 1296 555

9. Kapitel: Einwendungen gegen den Anspruch auf Kindesunterhalt im Überblick 555

10. Kapitel: Unterhaltsverzicht, Verwirkung und Verjährung 556

1. Verzicht 1298 556
2. Verwirkung und Verjährung 1298 556
3. Vertragliche Unterhaltsregelung 1300 556
4. Freistellung von Unterhalt 1300 557

11. Kapitel: Die Leistungsunfähigkeit 557

1. Eigenbedarf als Opfergrenze 1301 557
2. Gesetzliche Systematik 1303 558
3. Rechtsfolge: Ausschluss der Unterhaltpflicht und Beweislast 1306 559
4. Begriff der Leistungsunfähigkeit 1308 559
   4.1 Reales und fiktives Einkommen 1308 559
   4.2 Verschuldete Leistungsunfähigkeit 1309 560
   4.3 Vermögen 1311 561
   4.4 Unentgeltliche Zuwendungen Dritter 1312 561
5. Angemessener Eigenbedarf gegenüber volljährigen oder verheirateten Kindern 1313 561
6. Notwendiger Eigenbedarf gegenüber minderjährigen unverheirateten Kindern und privilegierten volljährigen Schulkindern 1314 562
   6.1 Ausnahme 1314 562
   6.2 Notwendiger Eigenbedarf 1315 562
   6.3 Verschärfung der Unterhaltspflicht 1316 563
   6.4 Kindergeld 1317 563
   6.5 Volljähriges Kind 1318 563
7. Angemessener Eigenbedarf auch gegenüber minderjährigen unverheirateten Kindern 1319 564
   7.1 Ausnahme von der Ausnahme 1319 564
   7.2 Der betreuende Elternteil als Ersatzschuldner 1320 564
   7.3 Gleichgewicht der Unterhaltslasten 1321 564
8. Leistungsunfähigkeit durch „sonstige Verpflichtungen" 1323 566

12. Kapitel: Kürzung und Verlust des Unterhaltsanspruchs 568

1. Gesetzliche Systematik 1326 568
2. Rechtsfolge 1327 568
3. Härteregel für Grenzfälle 1328 568
4. Bedürftigkeit durch sittliches Verschulden 1329 569
5. Vorsätzlich schwere Verfehlung 1330 569
6. Minderjährigenschutz 1331 570

13. Kapitel: Der Anspruch auf Auskunft 570

14. Kapitel: Der Unterhalt der Mutter 571

15. Teil
Das Rechtsverhältnis
zwischen Eltern und Kind im allgemeinen

1. Kapitel: Der Name des Kindes 572

1. Kindschaftsrechtsreform 1334 572
2. Die Eltern führen einen Ehenamen 1335 572
3. Die Eltern führen keinen Ehenamen und sind gemeinsam
   sorgeberechtigt 1335 573
4. Die Eltern führen keinen Ehenamen,und die elterliche Sorge
   steht einem Elternteil allein zu 1336 573
5. Namensänderung 1337 573

2. Kapitel: Die gegenseitige Pflicht zu Beistand und Rücksicht 574

3. Kapitel: Die Dienstleistungspflicht des Kindes 574

4. Kapitel: Die Ausstattung 575

16. Teil
Die Annahme als Kind (Adoption)

1. Kapitel: Begriff, Sinn und Zweck 576

2. Kapitel: Gesetzliche Systematik 576

1. Adoption Minderjähriger und Volljähriger 1342 576
2. Reform des Kindschaftsrechts 1342 577

3. Kapitel: Adoption durch Gerichtsbeschluss 578

4. Kapitel: Rechtsfolgen der Minderjährigen-Adoption 578

1. Rechtsstellung eines Kindes 1345 579
2. Verlust bisheriger Verwandtschaft mit Ausnahmen 1346 579

5. Kapitel: Voraussetzungen der Minderjährigen-Adoption 579

1. Übersicht 1348 579
2. Kindeswohl und Eltern-Kind-Verhältnis 1349 580
3. Wer kann annehmen? 1350 580
4. Wer muss einwilligen? 1351 581
   4.1 Antrag des Annehmenden 1351 581

4.2	Einwilligungserklärungen	1352	581
4.3	Einwilligung des Kindes	1353	581
4.4	Einwilligung der Eltern des Kindes	1354	582
4.5	Ersetzung der Elterneinwilligung	1356	582
4.6	Einwilligung des Ehegatten	1358	583
5.	Vorwirkungen der Adoption nach Elterneinwilligung	1359	583

6. Kapitel: Aufhebung der Minderjährigen-Adoption 584

1.	Form und Rechtsfolgen	1360	584
2.	Numerus clausus der Aufhebungsgründe	1362	584
3.	Aufhebung auf Antrag wegen Erklärungsmangels	1363	585
	3.1 Aufhebungsantrag	1363	585
	3.2 Aufhebungsgrund	1364	585
	3.3 Ausschluss der Aufhebung	1365	585
4.	Aufhebung von Amts wegen	1366	586

7. Kapitel: Die Volljährigen-Adoption 587

1.	Adoption durch Gerichtsbeschluss	1367	587
2.	Rechtsfolgen	1368	587
3.	Voraussetzungen	1369	588
4.	Aufhebung	1370	588

3. Buch
Das Verfahren in Familiensachen

17. Teil
Gesetzliche Systematik,
Familiensachen und Familiengericht

1. Kapitel: Gesetzliche Systematik 591

1.	Die Kindschaftsrechtsreform und der neue Katalog der Familiensachen	1371	591
2.	Das neue System des Verfahrens in Familiensachen	1372	591
3.	Das Verfahren in Familiensachen als eine hochkomplizierte besondere Verfahrensart	1373	592

2. Kapitel: Die Familiensachen 593

1.	Begriff	1374	593
2.	Personenkreis	1376	595
3.	Verbindungsverbot und Anspruchskonkurrenz	1377	595
4.	Rechtliche Einordnung nach Klagegrund	1378	596
5.	Sonderfälle	1379	596

3. Kapitel: Das Familiengericht 597

1.	Begriff	1380	597
2.	Eingangszuständigkeit	1381	598

2.1 Zuständigkeit und Geschäftsverteilung 1381 598
2.2 Verweisung und Abgabe 1382 598
2.3 Gerichtlich bestimmte Zuständigkeit 1383 598
3. Rechtsmittelzuständigkeit 1384 599
3.1 Berufung und Beschwerde 1384 599
3.2 Revision und weitere Beschwerde 1385 599

18. Teil
Das Verfahren in Ehesachen

1. Kapitel: Das Scheidungsverfahren   601

1. Besondere Prozessart 1386 601
2. Zuständigkeit 1387 601
   2.1 Übersicht 1387 601
   2.2 Hauptgerichtsstand 1387 601
   2.3 Hilfsgerichtsstände 1388 602
   2.4 Internationale Zuständigkeit 1389 602
3. Parteien 1390 603
4. Scheidungsantrag 1391 603
5. Reaktion des Antragsgegners 1392 604
6. Amtsermittlung 1393 605
   6.1 Begriff 1393 605
   6.2 Umfang 1393 605
   6.3 Grenzen 1394 605
   6.4 Amtsermittlung und Beweislast 1395 605
7. Mündliche Verhandlung 1396 605
   7.1 Haupttermin 1396 605
   7.2 Parteianhörung 1396 606
   7.3 Parteivernehmung 1397 606
   7.4 Sonstige Beweisaufnahme 1397 606
8. Vergleich 1398 606
   8.1 Ehefeindlicher Vergleich 1398 606
   8.2 Ehefreundlicher Vergleich 1399 607
9. Einverständliche Scheidung 1400 607
   9.1 Vorteil 1400 607
   9.2 Scheidungsvoraussetzungen 1401 607
   9.3 Einverständnis des Gegners 1401 607
   9.4 Antragsschrift 1402 608
   9.5 Verfahren, Urteil, Rechtsmittel 1403 608
10. Urteil 1404 609
   10.1 Form und Inhalt 1404 609
   10.2 Urteilsgrundlage 1405 609
   10.3 Kostenentscheidung 1406 609
   10.4 Kostenstreitwert 1407 609
   10.5 Vorläufige Vollstreckbarkeit 1408 610
   10.6 Zustellung 1409 610

11. Berufung 1410   610
   11.1 Berufungsgericht 1410   610
   11.2 Beschwer des Antragstellers durch Scheidung 1410   610
   11.3 Berufung gegen Kostenentscheidung 1410   611
   11.4 Beschleunigung 1410   611
   11.5 Entscheidung 1411   611
12. Revision 1412   611
13. Weitere Abweichungen vom Normalprozess 1413   611
   13.1 Säumnis 1413   611
   13.2 Klagenhäufung 1414   612
   13.3 Widerklage 1415   612
   13.4 Klageänderung 1416   612
   13.5 Klagerücknahme 1417   612
   13.6 Prozessstillstand 1418   613
   13.7 Tod eines Ehegatten 1419   613

2. Kapitel: Andere Ehesachen   613

 1. Begriff 1420   613
 2. Aufhebung der Ehe 1421   614
   2.1   Antrag statt Klage 1421   614
   2.2   Antragsberechtigung 1422   614
   2.3   Verfahren 1423   614
   2.4   Entscheidung 1424   615
   2.5   Aufhebung und Scheidung der Ehe 1426   615
 3. Feststellung der Ehe 1427   615
 4. Herstellung des ehelichen Lebens 1428   616
   4.1   Begriff und Gegenstand 1428   616
   4.2   Zuständigkeit und Verfahren 1431   617

19. Teil
Das Verfahren in „anderen Familiensachen":
Gemeinsames und Trennendes

1. Kapitel: Verfahrensvielfalt   618

2. Kapitel: Zuständigkeit   618

 1. Grundsatz 1433   618
 2. Ehesache anhängig 1434   619
 3. Ehesache nicht anhängig 1434   619
 4. Ehesache wird nach „anderer Familiensache" rechtshängig 1435   619

3. Kapitel: Verfahren   620

 1. ZPO-Familiensachen 1436   620
 2. FG-Familiensachen 1437   620

4. Kapitel: Rechtsmittel   621

 1. ZPO-Familiensachen 1439   621
 2. FG-Familiensachen 1440   621

20. Teil
ZPO-Familiensache „Unterhalt"

1. Kapitel: Was „betrifft" den gesetzlichen Unterhalt? 623

1. Personenkreis 1443 623
2. Streitgegenstand 1445 623

2. Kapitel: Der Unterhaltsprozess 625

1. Die Unterhaltsklage 1448 625
   1.1 Klage auf künftige Leistung 1448 625
   1.2 Klage auf vollen Unterhalt und Teilklage 1449 626
   1.3 Klage auf streitigen Spitzenbetrag 1452 626
   1.4 Klage auf Unterhalt trotz freiwilliger Unterhaltszahlung 1453 627
   1.5 Klage mehrerer Unterhaltsberechtigter 1456 628
2. Gesetzliche Vertretung und Prozessstandschaft für Kindesunterhalt 1457 628
   2.1 Gesetzliche Vertretung 1457 628
   2.2 Prozessstandschaft 1458 629
   2.3 Rechtsfolge der gesetzlichen Prozessstandschaft 1460 629
   2.4 Wegfall einer Voraussetzung im Prozess 1461 630
   2.5 Erlöschen der Prozessführungsbefugnis durch Volljährigkeit
       des Kindes 1462 630
3. Unterhalt und Sozialhilfe:
   Aktivlegitimation und Prozessführungsbefugnis nach gesetzlichem
   Forderungsübergang 1463 631
   3.1 Gesetzlicher Forderungsübergang auf Sozialhilfeträger 1463 631
   3.2 Aktivlegitimation und Prozessführungsbefugnis des
       Unterhaltsberechtigten 1465 632
   3.3 Rückabtretung und Prozessermächtigung 1467 633
   3.4 Problemfälle 1468 633
   3.5 Gesetzlicher Teilübergang ohne Rückabtretung oder Prozess-
       ermächtigung 1472 634
   3.6 Schuldnerschutz: Forderungsübergang nur bis Höhe der
       Sozialhilfe 1473 635
   3.7 Schuldnerschutz: Beschränkung durch Einkommen und
       Vermögen des Schuldners 1474 635
   3.8 Schuldnerschutz: Ausschluss des Forderungsübergangs 1476 636
   3.9 Schuldnerschutz: Zeitliche Beschränkung des Forderungs-
       übergangs 1479 637
   3.10 Behauptungs- und Beweislast 1480 637
4. Zuständigkeit für Unterhalt 1481 638
5. Verfahren 1482 638
6. Vergleich 1483 638
7. Urteil 1484 639
8. Streitwert 1486 640
9. Prozesskostenhilfe 1488 640

3. Kapitel: Die Stufenklage auf Unterhalt 641

1. Gesetzliche Konstruktion 1489 641

	1.1	Klagenhäufung mit unbestimmtem Zahlungsantrag	1489	641
	1.2	Vorteil der Stufenklage	1492	642
2.		Verhandlung und Entscheidung Stufe für Stufe	1493	643
	2.1	Regel und Ausnahme	1493	643
	2.2	Erste Stufe: Auskunft	1496	644
	2.3	Zweite Stufe: eidesstattliche Versicherung	1499	645
	2.4	Dritte und letzte Stufe: Unterhalt	1500	645
3.		Die unergiebige Auskunft und ihre Folgen	1504	646
	3.1	Problem	1504	646
	3.2	Antrag auf eidesstattliche Versicherung	1504	646
	3.3	Bezifferung des Unterhalts	1505	646
	3.4	Klageverzicht und Klagerücknahme	1506	647
	3.5	Erledigung der Hauptsache	1507	647
	3.6	Materiellrechtliche Kostenerstattung	1510	648
4.		Streitwert der Stufenklage	1511	648
5.		Prozeßkostenhilfe für Stufenklage	1512	649

4. Kapitel: Die Abänderungsklage gegen Unterhaltstitel   649

1.		Begriff, Ziel und Streitgegenstand	1513	649
2.		Prozessualer Weg für materiellen Anspruch auf Anpassung der Unterhaltsrente	1515	650
3.		Gesetzliche Systematik	1517	651
	3.1	Verurteilung zur Unterhaltsrente und andere Unterhaltstitel	1517	651
	3.2	Strenge prozessuale Voraussetzungen für Abänderungsklage gegen Rentenurteil	1518	651
	3.3	Änderung anderer Unterhaltstitel nach materiellem Recht	1520	652
	3.4	Systematik der Darstellung	1521	652
4.		Erste Prozessvoraussetzung: Verurteilung zu einer Unterhaltsrente	1522	652
	4.1	Unterhaltsrente	1522	653
	4.2	Verurteilung zu einer Unterhaltsrente	1523	653
5.		Zweite Prozessvoraussetzung: nachträgliche wesentliche Veränderung der Bemessungsgrundlage	1530	655
	5.1	Zulässigkeit und Begründetheit	1530	655
	5.2	Beweislast	1531	656
	5.3	Änderung der Verhältnisse selbst, nicht nur ihrer Bewertung	1534	657
	5.4	Nachträgliche Änderung	1535	657
	5.5	Wesentliche Änderung	1539	659
6.		Dritte Prozessvoraussetzung: Änderung erst ab Klageerhebung	1542	660
	6.1	Vertrauensschutz	1542	660
	6.2	Klageerhebung	1543	661
	6.3	Ausnahmen	1544	661
7.		Abänderungs- oder Nachforderungsklage?	1545	661
	7.1	Problem mit gewichtigen Folgen	1545	661
	7.2	„Offene" und „verdeckte" Teilklagen	1546	662
	7.3	Streitgegenstand der Teilklage	1549	663

7.4 Vorrang der Abänderungsklage nach ihrem Sinn und
Zweck? 1550   663

7.5 Kompromiss zwischen Nachforderungs- und
Abänderungsklage 1551   664

8. Abänderungsklage oder Einspruch? 1552   665

9. Abänderungsklage oder Berufung? 1553   665

9.1 Freie Wahl der Parteien 1553   665

9.2 Berufung und Anschlußberufung vor Abänderungsklage 1554   665

9.3 Sonderfälle 1557   666

10. Abänderungs- oder Vollstreckungsabwehrklage? 1558   666

10.1 Veränderliche Bemessungsgrundlage oder unveränderliche
Einwendungen? 1558   666

10.2 Altersrente aus Versorgungsausgleich 1562   668

10.3 Verwirkungseinwand wegen unbilliger Härte 1563   669

11. Vereinfachte Abänderung 1564   669

12. Abänderung anderer Unterhaltstitel und Irrtum des Gesetzes 1565   669

13. Abänderung des Prozessvergleichs über Unterhalt 1566   670

13.1 Gerichtlicher und außergerichtlicher Vergleich 1566   670

13.2 Prozessvergleich als Verpflichtungsvertrag 1567   670

13.3 Fehlen oder Wegfall der Geschäftsgrundlage 1568   671

13.4 Auch rückwirkende Abänderung 1570   671

13.5 Methode der rechtlichen Prüfung 1571   672

13.6 Tatsachen und Rechtsfragen 1572   672

13.7 Geschäftsgrundlage im Vergleichsprotokoll 1574   673

13.8 Vergleich über Spitzenbetrag 1575   673

14. Abänderung der vollstreckbaren Urkunde über Unterhalt 1576   673

15. Verfahren der Abänderungsklage 1578   674

15.1 Klagantrag 1578   674

15.2 Stufenklage 1580   674

15.3 Klage und Widerklage 1580   675

15.4 Parteiidentität 1581   675

15.5 Zuständigkeit 1583   676

15.6 Normalprozess 1584   676

15.7 Einstweilige Einstellung der Zwangsvollstreckung 1585   676

16. Entscheidung über Abänderungsklage 1586   677

16.1 Klagabweisung oder Änderung 1586   677

16.2 Nebenentscheidungen 1587   677

16.3 Entscheidungsgrundlage: Neue Veränderungen und alte
Feststellungen 1588   677

16.4 Bindung an rechtliche Wertung: Regel und Ausnahmen 1591   678

16.5 Bindung an Parteiwillen 1596   680

16.6 Blick in die Zukunft 1596   680

5. Kapitel: Notunterhalt   680

1. Einstweilige Verfügung auf Notunterhalt 1597   680

2. Mindestunterhalt für 6 Monate 1598   681

3. Kein Verfügungsgrund während Sozialhilfebezugs 1599   681

4. Kein Verfügungsgrund für verzögerten Antrag 1600   681
5. Einstweilige Anordnung vor einstweiliger Verfügung 1601   682
6. Notunterhalt als Ausnahme 1602   682
7. Streitwert 1604   683

6. Kapitel: Unterhaltssicherung durch Arrest   683

21. Teil
ZPO-Familiensache
„Ansprüche aus dem ehelichen Güterrecht"

1. Kapitel: Begriff und Gegenstand   685

1. Eheliches Güterrecht 1609   685
2. Gesetzlicher Güterstand 1610   685
3. Schuld- und Sachenrecht 1610   686
4. Vertragliche Güterstände 1611   686
5. Beteilgung Dritter 1612   687
6. Maßstab 1613   687
   6.1 Beispiele für „Ansprüche aus dem ehelichen Güterrecht" . . . 1614   687
   6.2 Gegenbeispiele für schuldrechtliche und dingliche
       Ansprüche 1615   688

2. Kapitel: Verfahren   689

1. Zuständigkeit 1616   689
2. Parteien 1616   689
3. Normalprozeß 1617   689

**3. Kapitel: Dinglicher Arrest für Anspruch auf Zugewinn-
             ausgleich**   690

22. Teil
FG-Familiensache „Ehewohnung und Hausrat"

1. Kapitel: Begriff und Gegenstand   691

2. Kapitel: Antrag   692

3. Kapitel: Zuständigkeit und Verfahren   693

1. Zuständigkeit 1622   693
2. Verfahren 1623   693

4. Kapitel: Entscheidung und Rechtsmittel   694

1. Entscheidung 1625   694
2. Rechtsmittel 1629   694
3. Abänderung 1630   695

5. Kapitel: Einstweilige Anordnung   695

23. Teil
FG-Familiensache „Versorgungsausgleich"

1. Kapitel: **Begriff und Gegenstand**   697

2. Kapitel: **Verfahren zum öffentlichrechtlichen Versorgungs-**
    ausgleich   698

1. Zuständigkeit 1637   698
2. Verfahrensbeginn 1638   698
3. Verfahrensbeteiligte 1639   698
4. Amtsermittlung 1640   699
5. Mündliche Verhandlung 1643   700
6. Vergleich 1644   700
    6.1 Schmaler Spielraum 1644   700
    6.2 Genehmigung durch das Familiengericht 1645   701
7. Entscheidung 1648   702
8. Rechtsmittel 1651   702

3. Kapitel: **Abänderung der Entscheidung über den öffentlich-**
    rechtlichen Versorgungsausgleich   704

1. Materielle Rechtskraft und Halbteilungsgrundsatz 1655   704
2. „Totalrevision" 1659   705
3. Änderungen zwischen Ehezeitende und früherer Entscheidung . . . 1662   706
4. Gesetzliche Systematik 1664   706
5. Abänderungsgründe 1665   707
    5.1 Komplexe Rechtsgrundlage 1665   707
    5.2 Abweichung der Wertunterschiede 1666   707
    5.3 Unverfallbares statt verfallbares Anrecht 1667   708
    5.4 Öffentlichrechtlicher statt schuldrechtlicher Versorgungs-
       ausgleich 1668   708
    5.5 Wesentliche Abweichung des Wertunterschieds 1669   708
    5.6 Ablehnung des Versorgungsausgleichs schon dem
       Grunde nach 1671   709
    5.7 Härtegrund und Abänderung 1672   709
6. Ausschluss der Änderung 1673   709
7. Auskunftsanspruch 1674   710
8. Abänderungsverfahren 1675   710
    8.1 Antrag 1675   710
    8.2 Entscheidung 1676   711
    8.3 Tod eines Ehegatten 1678   711
    8.4 Änderung der Beitragszahlungspflicht 1679   712

4. Kapitel: **Verfahren zum schuldrechtlichen Versorgungs-**
    ausgleich   712

1. Selbständiges Antragsverfahren 1680   712
2. FG-Verfahren 1681   712
3. Entscheidung 1682   713
4. Verfahren zum Anspruch auf Abtretung der Versorgungsbezüge . . 1683   713

24. Teil
FG-Familiensachen:
„Elterliche Sorge", „Regelung des Umgangs"
und „Herausgabe des Kindes"

1. Kapitel: FG-Familiensache „elterliche Sorge" 714

1. Begriff 1684 714
2. Zuständigkeit 1686 714
   2.1 Örtliche Zuständigkeit 1686 714
   2.2 Internationale Zuständigkeit 1689 715
3. Verfahrensbeginn 1693 716
4. Beteiligte 1695 717
5. Amtsermittlung 1697 717
6. Schriftliches Verfahren 1700 718
7. Entscheidung 1701 719
8. Rechtsmittel 1703 719
9. Vollstreckung 1704 720
10. Prozessstillstand 1705 720
11. Vorläufiger Rechtsschutz 1706 720

2. Kapitel: FG-Familiensache „Regelung des Umgangs
mit dem Kind" 721

1. Begriff 1709 721
2. Zuständigkeit und Verfahren 1710 721
3. Gerichtliche Vermittlung im Umgangsstreit 1711 722
4. Vollstreckung der gerichtlichen Umgangsregelung 1713 723
   4.1 Rechtsgrundlage 1713 723
   4.2 Vollstreckungstitel 1714 723
   4.3 Androhung von Zwangsgeld 1716 724
   4.4 Festsetzung des Zwangsgeldes 1717 725

3. Kapitel: FG-Familiensache „Herausgabe des Kindes" 726

25. Teil
Die Scheidung im Verbund mit Folgesachen

1. Kapitel: Begriff, Zweck und Entstehung des Verbundes 727

1. Begriff des Verbundes 1721 727
2. Zweck des Verbundes 1724 728
3. Entstehung des Verbundes 1725 728
   3.1 Auf Antrag oder von Amts wegen 1725 728
   3.2 Rechtzeitiger Antrag 1726 729
   3.3 Dritte im Verbund 1726 730

2. Kapitel: Zuständigkeit und Verfahren 730

1. Zuständigkeit 1727 730

2. Parteien und Beteiligte 1728   730
3. Verfahrensart 1730   731
4. Verfahrensbeginn 1732   731
5. Terminsvorbereitung 1733   732
6. Mündliche Verhandlung 1734   732
7. Vergleich und einverständliche Scheidung 1735   732

3. Kapitel: Die Entscheidung im Verbund und die Trennung des
Verbundes   733
1. Scheidung durch Verbundurteil 1736   733
2. Rechtskraft des Verbundurteils 1738   734
3. Ablehnung des Scheidungsantrags 1739   734
4. Scheidungsurteil vor Entscheidung einer Folgesache und Trennung
des Verbunds 1740   734

4. Kapitel: Rechtsmittel im Verbund   736
1. Übersicht 1744   736
2. Totalanfechtung 1746   737
3. Teilanfechtung 1747   737
4. Hauptrechtsmittel und unselbständige Anschließung 1748   738
5. Berufung nach Beschwerde 1751   739

5. Kapitel: Sonstiges   739

26. Teil
Vorläufiger Rechtsschutz für Familiensachen

1. Kapitel: Gesetzliche Systematik   741
1. Ehesache anhängig 1754   741
2. Keine Ehesache anhängig 1756   741
3. Unterhaltsklage anhängig oder nicht anhängig. 1756   742

2. Kapitel: Einstweilige Anordnung in Ehesachen und im
Scheidungsverbund   743
1. Gegenstand 1757   743
2. Voraussetzungen 1765   744
3. Zuständigkeit 1766   745
4. Antrag 1767   745
5. Rechtliches Gehör 1768   745
6. Mündliche Verhandlung 1769   746
7. Vergleich 1769   746
8. Einstweilige Anordnung 1770   746
9. Änderung der einstweiligen Anordnung 1771   746
10. Rechtsmittel 1772   747
11. Verfall der einstweiligen Anordnung 1773   747

27. Teil
Das Verfahren in Kindschaftssachen

1. Kapitel: Kindschaftssachen   749

1. Begriff 1777   749
   1.1 Die Feststellung, ob zwischen den Parteien
     ein Eltern-Kind-Verhältnis besteht (§ 640 II Nr. 1) 1778   749
   1.2 Die Anfechtung der Vaterschaft (§ 640 II Nr. 2) 1779   749
   1.3 Die Feststellung, ob die eine Partei die elterliche Sorge
     für die andere habe (§ 640 II Nr. 3) 1779   750
2. Status und Unterhalt 1780   750
3. Gesetzliche Systematik 1781   750

2. Kapitel: Von der Klage bis zum Urteil   751

1. Zuständigkeit 1783   751
2. Parteien 1784   751
   2.1 Eltern und Kind 1784   751
   2.2 Prozessfähigkeit 1785   751
   2.3 Beiladung, Streithilfe und Streitverkündung 1786   752
3. Prozessbeginn durch Klage 1789   752
   3.1 Feststellungs- und Anfechtungsklage 1789   752
   3.2 Prozesshindernis der Rechtshängigkeit 1790   753
   3.3 Antrag statt Klage 1790   753
4. Mündliche Verhandlung 1791   753
5. Amtsermittlung 1792   753
6. Beweisaufnahme 1293   754
   6.1 Partei- und Zeugenvernehmung 1293   754
   6.2 Abstammungsgutachten 1794   754
   6.3 Blutentnahme und erbbiologische Untersuchung 1795   755
   6.4 Beweiswürdigung 1798   756
7. Prozessvergleich 1799   757
8. Urteil 1800   757
   8.1 Positive oder negative Feststellung 1800   757
   8.2 Nebenentscheidungen 1801   758
   8.3 Rechtskraft 1802   758
9. Sonstiges 1803   758

3. Kapitel: Die Restitutionsklage   759

4. Kapitel: Einstweilige Anordnung auf Unterhalt   760

1. Zulässigkeit des Antrags 1806   760
2. Zuständigkeit 1807   760
3. Unterhaltsanspruch 1808   760
4. Notwendigkeit der einstweiligen Anordnung 1809   761
5. Verfahren 1810   761
6. Entscheidung 1811   761
7. Rechtsmittel 1812   761
8. Verfall der einstweiligen Anordnung 1813   762
9. Aufhebung der einstweiligen Anordnung 1814   762

L

4. Buch
Betreuung, Vormundschaft, Pflegschaft

28. Teil
Die Betreuung

1. Kapitel: **Gesetzliche Systematik**   765
1. Die Betreuung als Regelform familienrechtlicher Fürsorge 1815   765
2. Materielles Recht und Verfahrensrecht 1817   766

2. Kapitel: **Begriff, Sinn und Zweck der Betreuung**   767

3. Kapitel: **Betreuungsrecht nach Anspruchsgrundlagen?**   767

4. Kapitel: **Voraussetzungen der Betreuung**   768
1. Grundsatz der Notwendigkeit 1823   768
2. Volljährigkeit 1824   769
3. Krankheit oder Behinderung 12825   769
4. Auf Antrag oder von Amts wegen 1826   770
5. Betreuungsbedarf und Aufgabenkreis 1827   770
6. Bevollmächtigung vor Betreuung 1828   771

5. Kapitel: **Bestellung des Betreuers**   772
1. Auswahl 1830   772
2. Verpflichtung zur Übernahme und Bereiterklärung 1832   773

6. Kapitel: **Rechtsfolgen der Betreuung/Übersicht**   774

7. Kapitel: **Pflichten des Betreuers**   774
1. Sorge für das Wohl des Betreuten 1834   774
2. Vermögensverwaltung 1835   775
3. Auskunft gegenüber Vormundschaftsgericht 1836   775
4. Haftung 1837   775

8. Kapitel: **Geschäftsfähigkeit des Betreuten und Einwilligungs-**
            vorbehalt   776
1. Geschäftsfähigkeit des Betreuten 1839   776
2. Einwilligungsvorbehalt 1840   776
   2.1 Rechtsfolge 1840   776
   2.2 Notwendigkeit 1842   777

9. Kapitel: **Vertretungsmacht des Betreuers**   777
1. Überblick 1843   777
2. Ausschluß der Vertretungsmacht 1844   778
3. Genehmigung des Vormundschaftsgerichts 1848   779
   3.1 Begriff, Erteilung und Verweigerung 1848   779
   3.2 Mitteilung der Genehmigung 1850   779
   3.3 Genehmigungsbedürftige Rechtsgeschäfte 1852   780

10. Kapitel: **Ärztliche Maßnahmen**   782

11. Kapitel: **Sterilisation**   782

12. Kapitel: Unterbringung   783

1. Notwendigkeit 1859   783
2. Genehmigung des Vormundschaftsgerichts 1860   784
3. Freiheitsentziehende Maßnahmen in Anstalt oder Heim 1861   784

13. Kapitel: Aufwendungsersatz   785

1. Aufwendungen des Betreuers 1862   785
2. Anspruchsgegner 1863   785
3. Sonderregeln für Betreuungsverein und -behörde, für Vereins- und
   Behördenbetreuer 1864   786
4. Aufwandsentschädigung 1865   786

14. Kapitel: Betreuervergütung   786

1. Gesetzliches System 1866   786
2. Gelegenheitsbetreuer 1866   787
3. Berufsbetreuer 1867   787
      3.1 Anspruchsgrundlage 1867   787
      3.2 Höhe der Vergütung 1867   787
      3.3 Anspruch gegen den Betreuten 1868   787
      3.4 Anspruch gegen die Staatskasse 1869   788
4. Betreuungsverein und Betreuungsbehörde 1870   788

**15. Kapitel: Entlassung des Betreuers, Aufhebung und Änderung
der Betreuung**   789

1. Entlassung des Betreuers 1871   789
2. Aufhebung und Änderung der Betreuung 1872   790

16. Kapitel: Sonstiges   790

1. Sonderformen der Betreuung 1873   790
2. Aufsicht des Vormundschaftsgerichts 1874   790

29. Teil
Vormundschaft und Pflegschaft

1. Kapitel: Voraussetzungen der Vormundschaft   792

**2. Kapitel: Anordnung der Vormundschaft und Bestellung des
Vormunds**   792

1. Anordnung der Vormundschaft 1877   792
2. Bestellung des Vormunds 1878   793
      2.1 Auswahl 1878   793
      2.2 Verpflichtung zur Übernahme 1879   793
      2.3 Bestellung 1879   793

3. Kapitel: Rechtsfolgen der Vormundschaft   794

1. Übersicht 1880   794
2. Personensorge 1881   794
3. Vermögenssorge 1883   795
4. Gesetzliche Vertretung 1885   796

5. Vergütung und Aufwendungsersatz 1886   796
6. Schadensersatz 1888   797

4. Kapitel: Beendigung der Vormundschaft und Entlassung des Vormunds   797

5. Kapitel: Sonstiges   798

1. Besondere Formen der Vormundschaft 1890   798
2. Aufsicht des Vormundschaftsgerichts 1891   798

6. Kapitel: Die Pflegschaft   799

1. Gesetzliche Systematik 1892   799
    1.1 Begriff, Sinn und Zweck 1892   799
    1.2 Anlehnung an die Vormundschaft 1892   799
    1.3 Anordnung und Aufhebung der Pflegschaft 1893   799
    1.4 Vertretungsmacht 1894   800
2. Die Ergänzungspflegschaft 1895   800
3. Sonstige Pflegschaften 1897   801

30. Teil
Das Verfahren in Betreuungssachen

1. Kapitel: Angelegenheit der freiwilligen Gerichtsbarkeit   802

2. Kapitel: Gesetzliche Systematik   802

1. System des FGG 1899   802
2. System der „Betreuungssachen" 1900   803

3. Kapitel: Zuständigkeit   803

1. Sachliche Zuständigkeit 1901   803
2. Örtliche Zuständigkeit 1902   803
3. Internationale Zuständigkeit 1903   804
4. Abgabe der Betreuung an anderes Amtsgericht 1904   804

4. Kapitel: Verfahren   805

1. Verfahrensbeginn 1905   805
2. Betroffener 1906   805
    2.1 Verfahrensfähigkeit und Verfahrenspfleger 1906   805
    2.2 Anhörung und rechtliches Gehör 1907   805
3. Amtsermittlung und Sachverständigengutachten 1909   806

5. Kapitel: Entscheidung   807

1. Beschluss 1910   807
2. Beschlusstenor 1911   807
3. Bekanntmachung der Entscheidung 1912   807
4. Wirksamkeit der Entscheidung 1913   808
5. Folgemaßnahmen 1915   808

6. Kapitel: Rechtsmittel   809

1. Gesetzliche Systematik 1916   809
2. Sofortige Beschwerde 1917   809

3. Einfache Beschwerde 1919 810
   3.1 Anfechtbare und unanfechtbare Entscheidungen 1919 810
   3.2 Beschwerdeberechtigung 1920 810
   3.3 Einlegung der Beschwerde und Abhilfe
      durch das Vormundschaftsgericht 1923 811
   3.4 Beschwerdeverfahren 1924 812
4. Weitere Beschwerde 1926 812

7. Kapitel: Einstweilige Anordnungen   812

31. Teil
Das Verfahren in Unterbringungssachen

1. Kapitel: Gesetzliche Systematik   814

1. System des FGG 1929 814
2. Unterbringungsmaßnahmen 1930 814

2. Kapitel: Zuständigkeit   815

1. Sachliche Zuständigkeit 1931 815
2. Örtliche Zuständigkeit 1932 815
3. Internationale Zuständigkeit 1933 816
4. Abgabe des Verfahrens an ein anderes Amtsgericht 1934 816

3. Kapitel: Verfahren   816

1. Verfahrensbeginn 1935 816
2. Betroffener 1936 816
   2.1 Verfahrensfähigkeit und Verfahrenspfleger 1936 816
   2.2 Anhörung und rechtliches Gehör 1937 817
3. Andere Beteiligte 1938 817
4. Amtsermittlung und Sachverständigengutachten 1939 817

4. Kapitel: Entscheidung   818

1. Beschluss 1940 818
2. Beschlusstenor 1941 818
3. Bekanntmachung der Entscheidung 1942 818
4. Wirksamkeit der Entscheidung 1943 818
5. Aufhebung und Verlängerung der Unterbringung 1944 819
6. Aussetzung des Vollzugs 1945 819

5. Kapitel: Rechtsmittel   819

1. Sofortige Beschwerde 1946 819
2. Weitere Beschwerde 1948 820
3. Antrag auf gerichtliche Entscheidung 1949 820

6. Kapitel: Einstweilige Anordnung   821

Anhang:
Eingetragene Lebenspartnerschaften

1. Von der Fähigkeit unserer Zeit zur Gesetzgebung 1951 823
2. Begründung der eingetragenen Lebenspartnerschaft 1952 824
   2.1 Überblick 1952 824
   2.2 Partnerschaftserklärungen 1952 825
   2.3 Vor der zuständigen Behörde 1952 825
   2.4 Erklärung über den „Vermögensgegenstand" 1952 825
   2.5 Fehlerhafte Gründung 1952 826
3. Rechtsfolge einer eingetragenen Lebensgemeinschaft 1953 827
   3.1 Gemeinsame Lebensgestaltung 1953 827
   3.2 Lebenspartnerschaftsname 1953 827
   3.3 Partnerschaftlicher Unterhalt 1953 827
   3.4 Vermögensgegenstand 1953 828
   3.5 Schlüsselgewalt 1953 828
   3.6 Eigentumsvermutung 1953 828
   3.7 Sorgerechtliche Bedürfnisse 1953 828
   3.8 Umgangsrecht 1953 829
   3.9 Sonstiges 1953 829
4. Die Trennung und ihre Folgen 1954 829
   4.1 Getrenntleben 1954 829
   4.2 Unterhalt 1954 829
   4.3 Hausratsverteilung 1954 830
   4.4 Wohnungszuweisung 1954 830
   4.5 Sonstiges 1954 830
5. Aufhebung der eingetragenen Lebenspartnerschaft und
   ihre Folgen 1955 830
   5.1 Aufhebung 1955 830
   5.2 Unterhalt 1955 831
   5.3 Gemeinsame Wohnung 1955 831
   5.4 Hausrat 1955 831
6. Verfahrensrecht 1956 832

Sachregister 833

Verzeichnis der Bilder

		RN	Seite
Bild 1:	Familienrecht	2	3
Bild 2:	Auflösung der Ehe	14	15
Bild 3:	Beweislast für und gegen die Aufhebung der Ehe	32	21
Bild 4:	Ehegattenunterhalt	52	32
Bild 5:	Güterstände	80	46
Bild 6:	Gesetzlicher Güterstand der Zugewinngemeinschaft	95	52
Bild 7:	Trennungsfolgen	149	78
Bild 8:	Trennungsunterhalt	162	83
Bild 9:	Beweislast für und gegen Trennungsunterhalt	164	84
Bild 10:	Scheidungstatbestände	245	120
Bild 11:	Scheidungsfolgen	246	120
Bild 12:	Beweislast für und gegen den Geschiedenenunterhalt	264	132
Bild 13:	Geschiedenenunterhalt	275	137
Bild 14:	Altersvorsorge des bedürftigen Ehegatten	332	146
Bild 15:	Argumente für und gegen Befristung des Arbeitslosen – und Aufstockungsunterhalts	516	327
Bild 16:	Beweislast für und gegen den Anspruch auf Zugewinnausgleich	645	285
Bild 17:	Versorgungsausgleich	791	343
Bild 18:	Elterliche Sorge	1124	476
Bild 19:	Elterliche Sorge nach Trennung der Eltern	1162	494
Bild 20:	Familiensachen	1375	594
Bild 21:	Abänderungsklage gegen Urteil und gegen Prozessvergleich	1521	652
Bild 22:	Scheidung im Verbund mit Folgesachen	1725	729
Bild 23:	Vorläufiger Rechtsschutz für Familiensachen	1756	742

Abkürzungsverzeichnis

a.A.	anderer Ansicht
a.a.O.	am angegebenen Ort
abl. Anm.	ablehnende Anmerkung
Abs.	Absatz
a.F.	alte Fassung
AFG	Arbeitsförderungsgesetz
AG	Amtsgericht oder Ausführungsgesetz
AnfG	Anfechtungsgesetz
Anm.	Anmerkung
AnwBl.	Anwaltsblatt (Zeitschrift)
AO	Abgabenordnung
AP	arbeitsrechtliche Praxis
arg.	argumentum/Beweis
Art.	Artikel
AusfG	Ausführungsgesetz
AVAG	Vollstreckungsausführungsgesetz
AVO	Ausführungsverordnung
BAföG	Bundesausbildungsförderungsgesetz
BAG	Bundesarbeitsgericht
BayObLG	Bayerisches Oberstes Landesgericht
BB	Der Betriebsberater (Zeitschrift)
BeamtVG	Beamtenversorgungsgesetz
BEG	Bundesentschädigungsgesetz
BetrAVG	Gesetz zur Verbesserung der betrieblichen Altersversorgung
BeurkG	Beurkundungsgesetz
BFH	Bundesfinanzhof
BGB	Bürgerliches Gesetzbuch
BGBl	Bundesgesetzblatt
BGH	Bundesgerichtshof, Entscheidungen in Zivilsachen (amtliche Sammlung)
BKGG	Bundeskindergeldgesetz
BRAGO	Bundesrechtsanwaltsgebührenordnung
BSG	Bundessozialgericht
BSHG	Bundessozialhilfegesetz
BVerfG	Bundesverfassungsgericht
BVerwG	Bundesverwaltungsgericht
BVG	Bundesversorgungsgesetz
DAVorm oder DAV	Der Amtsvormund (Zeitschrift)
DB	Der Betrieb (Zeitschrift)
DNotZ	Deutsche Notarzeitschrift
DR	Deutsches Recht (Zeitschrift)
DRiZ	Deutsche Richterzeitung

DtZ	Deutsch-Deutsche Rechts-Zeitschrift
DVO	Durchführungsverordnung
EG	Einführungsgesetz
EheG	Ehegesetz
EStG	Einkommensteuergesetz
EuGVÜ	Europäisches Vollstreckungsübereinkommen
FamNamRG	Familiennamensrechtsgesetz
FamRÄndRG	Familienrechtsänderungsgesetz
FamRZ	Zeitschrift für das gesamte Familienrecht
ff.	folgende
FGB	Familiengesetzbuch (DDR)
FGG	Gesetz über die freiwillige Gerichtsbarkeit
FN	Fußnote
FuR	Familie und Recht (Zeitschrift)
GG	Grundgesetz
GKG	Gerichtskostengesetz
GemS OGB	Gemeinsamer Senat der obersten Gerichtshöfe des Bundes
GSZ	Großer Senat in Zivilsachen
GVG	Gerichtsverfassungsgesetz
HausratsVO	Hausratsverordnung
HGB	Handelsgesetzbuch
HKÜ	Haager Übereinkommen über die zivilrechtlichen Aspekte internationaler Kindesentführung
Hs.	Halbsatz
HWiG	Haustürwiderrufsgesetz
i.d.F.	in der Fassung
IPR	internationales Privatrecht
i.S.v.	im Sinne von
i.V.m.	in Verbindung mit
IPrax	Praxis des internationalen Privat- und Verfahrensrechts (Zeitschrift)
JR	Juristische Rundschau (Zeitschrift)
JurBüro	Juristisches Büro (Zeitschrift)
Justiz	Die Justiz (Zeitschrift)
JW	Juristische Wochenschrift (Zeitschrift)
JZ	Juristenzeitung
KG	Kammergericht
KindRG	Gesetz zur Reform des Kindschaftsrechts (Kindschaftsrechtsreformgesetz) v. 16.12.1997 (BGBl I, 2942)
KindUG	Gesetz zur Vereinheitlichung des Unterhaltsrechts minderjähriger Kinder v. 6.4.1998 (BGBl I, 666)
KJHG	Kinder- und Jugendhilfegesetz

LM	Lindenmaier-Möhring, Nachschlagewerk des BGH
MDR	Monatsschrift für Deutsches Recht
MSA	Minderjährigenschutzabkommen
NJW	Neue Juristische Wochenschrift
NJW-RR	Neue Juristische Wochenschrift - Rechtsprechungs-Report
Nr.	Nummer
OGH	Oberster Gerichtshof für die britische Zone
OLG	Oberlandesgericht
PKH	Prozesskostenhilfe
PStG	Personenstandsgesetz
RegUntHV	Regelunterhaltsverordnung
RG	Reichsgericht
RN	Randnummer
RPfl	Der Deutsche Rechtspfleger (Zeitschrift)
RPflG	Rechtspflegergesetz
RVO	Reichsversicherungsordnung
S.	Satz oder Seite
Schellhammer, Zivilprozess	Schellhammer, Zivilprozess, 9. Aufl. 2001
Schellhammer, Zivilrecht	Schellhammer, Zivilrecht nach Anspruchsgrundlagen, 3. Aufl. 1999
SGB	Sozialgesetzbuch
SVG	Soldatenversorgungsgesetz
UVG	Unterhaltsvorschussgesetz
VAHRG	Gesetz zur Regelung von Härten im Versorgungsausgleich
VBL	Versorgungsanstalt des Bundes und der Länder
VersR	Versicherungsrecht (Zeitschrift)
VVG	Versicherungsvertragsgesetz
WM	Wertpapier-Mitteilungen (Zeitschrift)
ZAP	Zeitschrift für die Anwaltspraxis
z.B.	zum Beispiel
ZPO	Zivilprozessordnung
ZRP	Zeitschrift für Rechtspolitik
ZVG	Zwangsversteigerungsgesetz

Einleitung
Das Familienrecht im Wandel der Zeiten und im „Licht" des Grundgesetzes

1. Kapitel
Ehe und Familie einst und jetzt

Das 4. Buch des BGB heißt „Familienrecht". Es handelt von Ehe, Verwandtschaft und **1** Vormundschaft. Im Mittelpunkt stehen Ehe und Familie. Sie sind die natürlichsten und ältesten Formen menschlicher Gemeinschaft und noch immer die wichtigsten. Seit Jahrzehnten freilich jagen sich im Familienrecht die Reformen und lassen kaum einen Stein auf dem anderen, so dass die Väter des BGB ihr Werk nicht wiedererkennen würden. Die letzten großen Reformen sind noch nicht vollständig verdaut. So traten am 1.7.1998 gleich drei neue Gesetze in Kraft: das Kindschaftsrechtsreformgesetz, das Kindesunterhaltsgsetz und das Eheschließungsrechtsgesetz[1], dicht gefolgt vom Betreuungsrechtsänderungsgesetz, das ab 1.1.1999 die Betreuervergütung neu regelt[2]. Man wundert sich fast, dass es die Ehe noch gibt. Der Spiegel in seinem vorauseilenden Wunschdenken hat „Das Ende der bürgerlichen Ehe" bereits eingeläutet[3], aber Totgesagte leben bekanntlich länger und strafen ihre Totsager Lügen. Es kann ja sein, dass die Zahl neuer Eheschließungen stagniert und die Zahl der Scheidungen wächst. Aber noch ist die Ehe die „dominierende Lebensform"[4] und die nichteheliche Lebensgemeinschaft keine vollwertige Alternative[5]. Nachdem die Ehe Jahrtausenden getrotzt hat[6], wird sie auch unser kurzatmiges Zeitalter überleben.

Die Großfamilie freilich, die alle Blutsverwandten mehrerer Generationen unter einem Dach vereinigte, ist ausgestorben und bestimmt rechtlich nur noch die gesetzliche Erbfolge. Übrig geblieben ist die Kleinfamilie: die Lebensgemeinschaft der Eltern mit ihren Kindern. Sie ist verfassungsrechtlich durch Art. 6 I GG besonders geschützt und prägt das moderne Ehe- und Kindschaftsrecht.

Aber auch die Kleinfamilie hat sich im Laufe der Jahrzehnte stark verändert. Als Produktionsgemeinschaft, die den Familienunterhalt gemeinsam erwirtschaftete und die Kinder an der Produktionsstätte erzog und ausbildete, hat sie sich verabschiedet. Eltern und Kinder verbringen nur noch die Freizeit gemeinsam. Schon am frühen Morgen hastet jeder an einen anderen Ort: das Kleinkind in den Kindergarten, das Schulkind in die

---

1 Dazu *Schwab* FamRZ 97, 406: Gesetzgebung als Verwirrspiel.
2 Dazu *Zimmermann* FamRZ 99, 630.
3 Nr. 43 v. 21.10.1996.
4 Statistisches Bundesamt in StAZ Nr. 8/1996; zum neueren sozialwissenschaftlichen Befund: *Hermanns* FamRZ 94, 1001.
5 *Neuhaus* FamRZ 82, 1, 5.
6 *Hattenhauer* FamRZ 89, 225.

Schule, der Vater ins Büro und oft auch die Mutter an eine Arbeit außerhalb der Wohnung. Der Lebensunterhalt wird heute auswärts verdient und so das halbe Leben außerhalb der Familie verbracht[7]. Familienbetriebe findet man gelegentlich noch in der Landwirtschaft, in der Gastronomie und im Einzelhandel. Durch Schulzwang und weiterführende Schulen mischt sich der Staat massiv in die Erziehung ein[8].

Geändert hat sich aber nicht nur das äußere Erscheinungsbild, sondern auch die innere Struktur der Familie[9]. Der pater familias hat rechtlich alle Macht verloren und kämpft nach einer Scheidung genauso um das Überleben wie die Frau. Die Ehe führt heute nicht mehr ins Patriarchat und noch nicht ins Matriarchat, sondern zur freigewählten Partnerschaft gleichberechtigter Ehegatten. Das Kind steht nicht mehr in einem besonderen elterlichen Gewaltverhältnis, sondern ist den Eltern nur noch auf Zeit zur Obhut und Erziehung anvertraut. Man spricht nicht mehr von elterlicher Gewalt, ja nicht einmal vom elterlichen Sorgerecht, sondern nur noch von der elterlichen Sorge, die Recht und Pflicht untrennbar miteinander verbindet.

Das BGB tut gut daran, nicht zu sagen, was es unter einer Familie verstehe, denn mit solchen allgemeinen Definitionen ist dem dynamischen Familienrecht nicht beizukommen[10]. Nur vereinzelt deutet es an, dass die Ehegatten mit ihren Kindern gemeint seien (§§ 1355 I, 1360a I). Im Übrigen regelt es die Rechte und Pflichten zwischen Ehegatten sowie zwischen Eltern und Kindern. Danach ist Familienrecht, auf den kürzesten Nenner gebracht, die Summe der gesetzlichen Vorschriften über Ehe und Abstammung. Dazu kommen Vormundschaft und Betreuung für Menschen, die sich rechtlich nicht mehr selbst helfen können.

2. Kapitel
Die Rechtsquellen des Familienrechts

2   Den größten Teil des Familienrechts findet man nach wie vor im **4. Buch des BGB von § 1297 bis § 1921**. Weit über 600 Bestimmungen regeln, wenn auch nicht mehr vollständig, die „**bürgerliche Ehe**", die „**Verwandtschaft**" und die „**Vormundschaft**".

Breiten Raum im Recht der Ehe nimmt die **Scheidung** ein mit ihren weitreichenden Rechtsfolgen, unter denen sich der Versorgungsausgleich dadurch auszeichnet, dass die gesetzliche Regelung der §§ 1587-1587p auf weite Strecken nicht mehr lesbar ist, weil man sie in den engen Raum zwischen § 1586b und § 1588 hineingequetscht hat und deshalb die einzelnen Vorschriften fürchterlich aufblähen musste; ein abschreckendes Beispiel moderner Gesetzgebungskunst.

---

7 *Hermanns* FamRZ 94, 1001, 1005.

8 *Hermanns* FamRZ 94, 1001, 1004; Wagenitz/Barth FamRZ 96, 577.

9 Dazu *Hermanns* FamRZ 94, 1001.

10 Zum Rechtsbegriff „Familie": *Gernhuber* FamRZ 81, 721.

Hinter der harmlosen „**Verwandtschaft**" verbirgt sich das eigentliche Thema: „**das Kind und seine Eltern**", die Stichworte lauten: Abstammung, Kindesunterhalt und elterliche Sorge.

Vormundschaft, rechtliche Betreuung und **Pflegschaft** füllen – mit unterschiedlichem Gewicht – den dritten und letzten Abschnitt des Familienrechts.

Das Familienrecht des BGB wird ergänzt durch die Hausratsverordnung (HausratsVO), das Gesetz zur Regelung von Härten im Versorgungsausgleich (VAHRG), das Kinder- und Jugendhilfegesetz (KJHG, jetzt SGB VIII), und das Familienrechtsänderungsgesetz (FamRÄndG), alle zu finden im Schönfelder Nr. 43-49a.

Die **HausratsVO** handelt von zwei Scheidungsfolgen: der Zuweisung der Ehewohnung und der Hausratsteilung samt zugehörigem Verfahrensrecht.

Das **VAHRG** bereichert den Versorgungsausgleich des BGB um weitere Ausgleichsformen und drängt so den schwachen schuldrechtlichen Versorgungsausgleich noch weiter zurück. Außerdem finden sich hier die wichtigen Regeln für die Abänderung rechtskräftiger Entscheidungen zum Versorgungsausgleich.

Das **KJHG, jetzt SGB VIII**, organisiert die öffentlichrechtliche Jugend- und Familienhilfe durch Jugendamt und freie Jugendhilfe.

Das **FamRÄndG** schließlich regelt in seinem Art. 7 die Anerkennung ausländischer Entscheidungen in Ehesachen durch die Landesjustizverwaltung.

BGB 4. Buch „Familienrecht"		
„bürgerliche" **Ehe**	**Verwandtschaft** =	**Vormundschaft** und
§§ 1297-1588	im Wesentlichen **Kindschaft**	**rechtliche Betreuung** und
+	§§ 1589-1772	**Pflegschaft**
HausratsVO	+	§§ 1773-1921
+	KJHG/SGB VIII	
VAHRG	+	
+	RegelbetragsVO	
FamRÄndG		

Bild 1: Familienrecht

3. Kapitel
Die Eigenart des Familienrechts

3 Vom Schuldrecht unterscheidet sich das Familienrecht vor allem darin, dass es **durch zwingende Vorschriften die Vertragsfreiheit stark beschränkt.** Zwar können auch Ehegatten nach Belieben einander Darlehen gewähren, Gesellschaften miteinander gründen oder gemeinsam ein Haus bauen; aber dies alles sind und bleiben schuldrechtliche Verpflichtungsverträge, die das Familienrecht allenfalls „überlagert", aber nicht regelt. Im Ehegüterrecht hingegen können sie nur zwischen drei Güterständen wählen und den gewählten Güterstand nur geringfügig nach ihrem Geschmack gestalten. Schon die Ehe können sie nur in der strengen gesetzlichen Form schließen und die geschlossene Ehe nicht einfach kündigen, wenn sie ihnen nicht mehr behagt, sondern nur noch vom Familiengericht auflösen lassen, und auch das nur unter strengen gesetzlichen Voraussetzungen und mit schweren Folgen.

Vom Schuld- und Sachenrecht unterscheidet sich das **Familienrecht** noch in einem anderen wichtigen Punkt: Es **regelt die Rechte und Pflichten der Familienmitglieder nicht umfassend, sondern setzt nur die Rahmenbedingungen** und sorgt für den Fall vor, dass Ehegatten und Eltern ihren Konflikt nicht selbst lösen können. Denn in den höchstpersönlichen Lebensraum der Familie darf das Recht nicht eindringen. Ehegatten- und Elternliebe lassen sich nicht befehlen. Auch ist Ehe nicht gleich Ehe und Familie nicht gleich Familie. Die Ehegatten bestimmen weithin selbst, wie sie zusammenleben und ihre Rollen in der Familie organisieren wollen.

Das Familienrecht passt auch nicht in die übliche prozessuale Schublade, sondern **hat sein eigenes Verfahrensrecht und vor Familiengericht und Vormundschaftsgericht seine eigenen Zuständigkeiten.** In der ZPO ist das ganze 6. Buch mit den §§ 606-660 den Familiensachen vorbehalten, andere Sachen regelt man nach den Vorschriften des FGG. Nirgendwo sonst im Zivilrecht sind materielles Recht und Verfahren so eng und kompliziert miteinander verknüpft.

4. Kapitel
Familienrecht und Grundgesetz

1. Ehe und Familie in der Verfassung

4 Das moderne Familienrecht entstand aus der Anpassung eines überholten Familienrechts an die neuen Grundwerte der Verfassung. Der Anpassungsprozess ist noch nicht abgeschlossen.

Nach Art. 6 I GG stehen Ehe und Familie unter dem besonderen Schutz der staatlichen Ordnung. Die Gleichberechtigung von Mann und Frau auch in der Ehe folgt zwingend aus Art. 3 II GG. Nach Art. 6 II GG sind Pflege und Erziehung der Kinder das natürliche Recht der Eltern und die zuvörderst ihnen obliegende Pflicht, freilich überwacht von der staatlichen Gemeinschaft, die den Eltern nach Art. 6 III GG die Kinder aber erst dann wegnehmen darf, wenn die Eltern versagen oder die Kinder zu verwahrlosen drohen. Art. 6 IV GG garantiert jeder Mutter einen Anspruch auf Schutz und Fürsorge der Gemeinschaft. Art. 6 V GG schließlich befiehlt dem Gesetzgeber, das nichteheliche Kind möglichst genauso zu behandeln wie das eheliche.

2. Der besondere staatliche Schutz für Ehe und Familie

Art. 6 I GG hat drei Gesichter: Er gewährt dem Einzelnen ein klassisches Grund- und   5
Freiheitsrecht, garantiert die Institutionen von Ehe und Familie und liefert verbindliche Wertentscheidungen für die ganze Rechtsordnung, und das alles ohne den leisesten Gesetzesvorbehalt[11].

2.1 Grundrecht

Das Grund- und Freiheitsrecht aus Art. 6 I GG soll **staatliche Eingriffe abwehren**, die das Privatleben in Ehe und Familie stören oder gar schädigen[12]. In die autonome Gestaltung von Ehe und Familie darf der Staat nicht hineinregieren. Er soll die Familie schützen, nicht stören. Eingreifen darf er nur, wenn die Ehegatten oder Eltern versagen[13]. Die Ehegatten bestimmen selbst, wie sie ihre Rollen in der Ehe verteilen, wer den Haushalt führen sowie die Kinder betreuen und wer das nötige Geld verdienen soll[14].

2.2 Institutsgarantie

Art. 6 I GG garantiert über den individuellen Grundrechtsschutz hinaus Ehe und Familie   6
als gewachsene **Einrichtungen (Institutionen) des Rechts**[15] und entzieht ihren inneren Kern jeder gesetzlichen Regelung.

Gemeint ist die **Einehe zwischen Mann und Frau**[16]; zur Verbindung zweier Männer oder zweier Frauen mag man stehen, wie man will, eine Ehe kann es nicht werden[17]. Geschlossen wird die Ehe durch **übereinstimmende Willenserklärungen** von Mann und Frau[18]; die Freiheit der Eheschließung ist ebenso unabdingbar wie der freie Zugang zur Ehe, der nicht durch Ehehindernisse unnötig versperrt werden darf[19]. Dem widerspricht es nicht, dass man die Ehe nur in besonderer Form **vor dem Standesbeamten** schließen kann[20]. Verfassungsrechtlich geschützt ist aus historischem Grund nur die staatliche, nicht die kirchliche Ehe, die ihren eigenen Regeln folgt[21].

---

11 *BVerfG* 6, 55; 24, 119; 24, 135; NJW 57, 417; 83, 511.
12 *BVerfG* 6, 55, 71; NJW 83, 511; 94, 1208.
13 *BVerfG* 24, 119; NJW 94, 1208.
14 *BVerfG* 6, 55, 81; 21, 353; 66, 84; 68, 256, 268.
15 *BVerfG* 6, 55; 31, 58; 36, 146; 76, 41; NJW 57, 417; 83, 511.
16 *BVerfG* 31, 58; NJW 80, 689; 83, 511.
17 *BVerfG* NJW 93, 3058; *BayObLG* NJW 93, 1996; *OLG Köln* NJW 93, 1997.
18 *BVerfG* NJW 83, 511.
19 *BVerfG* 29, 166; 36, 146; 76, 1.
20 *BVerfG* NJW 83, 511: wesentliches Ordnungselement.
21 *BVerfG* 31, 58.

Die Ehe ist **auf Lebenszeit** geschlossen[22]; eine Ehe auf Zeit gibt es rechtlich nicht. Aber das Recht muss der menschlichen Schwäche Tribut zollen und die **Auflösung einer gescheiterten Ehe** gestatten[23], freilich auch die verfrühte Scheidung zur Unzeit verhindern[24]. Der vertragliche Verzicht auf künftige Scheidung ist nichtig, weil er die Freiheit zur Schließung einer neuen Ehe im Übermaß beschneidet[25]. Deshalb schützt Art. 6 GG auch die neue Ehe, die der geschiedene Ehegatte mit einem neuen Partner schließt[26].

Als engste und tiefste Verbindung zweier Menschen, die das Recht kennt, verpflichtet die Ehe zur ehelichen Lebensgemeinschaft, zur gegenseitigen Rücksicht und Hilfe. Die **eheliche Solidarität** überdauert sogar Trennung und Scheidung: Nachehelicher Unterhalt, Zugewinnausgleich und Versorgungsausgleich sind die rechtlichen Instrumente[27]. Die Rechte und Pflichten der Ehe sind gegenseitig, Mann und Frau nach Art. 3 II GG auch in der Ehe **gleichberechtigt**[28].

Unter einer **Familie** versteht Art. 6 I GG die Kleinfamilie aus den Ehegatten und ihren Kindern[29]; Adoptiv-, Stief- und Pflegekinder kommen dazu[30]. Eine Familie bildet auch die Mutter mit ihrem nichtehelichen Kind[31]. Die Staatsangehörigkeit ist unerheblich[32].

2.3 Verfassungsrechtliche Wertentscheidung

7 Wie alle Grundrechtsartikel ist auch Art. 6 I GG eine verfassungsrechtliche Wertentscheidung höchsten Ranges, die Gesetzgebung, vollziehende Gewalt und Rechtsprechung bindet und das gesamte private und öffentliche Recht durchdringt[33]. Sie verbietet dem Staat nicht nur, Ehe und Familie zu benachteiligen[34], sondern befiehlt ihm sogar, Ehe und Familie zu fördern[35]. Das ist besonders wichtig für Steuerrecht[36] und Sozialversicherungsrecht[37], für Sozialrecht[38], Ausländerrecht[39] und Strafvollzugsrecht[40].

In das Familienrecht dringt die Wertentscheidung des Art. 6 I GG durch die unbestimmten Rechtsbegriffe und Generalklauseln ein und zwingt zur **verfassungskonformen Auslegung**[41].

---

22 *BVerfG* NJW 83, 511: grundsätzlich unauflöslich.
23 *BVerfG* 53, 224.
24 *BVerfG* 53, 224; 55, 134.
25 *BGH* 97, 304.
26 *BVerfG* 66, 66, 84; 68, 256.
27 *BVerfG* 63, 88.
28 *BVerfG* 53, 257, 296.
29 *BVerfG* NJW 78, 2289.
30 *BVerfG* FamRZ 85, 39; 89, 31; 90, 363.
31 *BVerfG* 8, 210; 24, 119; 25, 167.
32 *BVerfG* 31, 58; 62, 323: „hinkende Ehe".
33 *BVerfG* 6, 55; 76, 41.
34 *BVerfG* FamRZ 99, 285.
35 *BVerfG* NJW 72, 524; 83, 511: auch wirtschaftlich.
36 *BVerfG* 6, 55; 68, 143; NJW 57, 417; 63, 1598; 64, 1563; 77, 241; FamRZ 99, 291.
37 *BVerfG* 62, 323.
38 *BVerfG* NJW 67, 1901.
39 *BVerfG* 35, 382; NJW 94, 3155.
40 *BVerfG* 42, 95.
41 *BVerfG* 22, 93, 98; NJW 2001, 957: Vertragsfreiheit u. Art. 6 IV GG.

3. Verfassungsrechtliches Leitbild der Ehe

Der moderne Verfassungsstaat ist religiös und weltanschaulich neutral (Art. 4 GG). Deshalb sagt er klugerweise nicht, was die Ehe sei, welchen Sinn sie habe und welchen Zweck sie verfolge. Er beschränkt sich darauf, Rahmenbedingungen zu setzen. Es ist dann Sache der Ehegatten, den weiten gesetzlichen Rahmen mit Leben zu füllen. Sie allein bestimmen, wie sie zusammenleben wollen. Sie verteilen die Aufgaben der Familie nach ihrem Gutdünken und regeln selbst ihre vermögensrechtlichen Beziehungen. Die Hausfrauenehe ist nicht mehr das gesetzliche Leitbild und die Doppelverdienerehe ist es noch nicht. Übrig bleibt die **gleichberechtigte Partnerschaft von Mann und Frau, die ihre inneren Angelegenheiten einvernehmlich selbst regeln**[41a]. Dennoch kann auch die moderne staatliche Ehe ihre Herkunft aus der christlich-abendländischen Kultur nicht verleugnen. Ihr Leitbild lässt sich so zeichnen:

- Die Ehe ist **nur zwischen einem Mann und einer Frau** möglich. Die Polygamie ist hierzulande ausgeschlossen. Homosexuelle und lesbische Paare können nicht heiraten.
- Die Ehe muss man **vor dem Standesbeamten** schließen; eine kirchliche oder private Trauung zählt rechtlich nicht.
- Zustande kommt die Ehe durch **freie Willensübereinstimmung von Mann und Frau**. Niemand darf zur Ehe gezwungen oder durch Zwang von ihr abgehalten werden.
- Die Ehe wird **auf Lebenszeit** geschlossen (§ 1353 I 1) und ist im Prinzip unauflöslich, was nicht ausschließt, dass sie vorzeitig scheitert und deshalb geschieden werden muß (§ 1565).
- Die Ehe **verpflichtet zur umfassenden Lebensgemeinschaft** (§ 1353 I 2) und nicht zuletzt zum Familienunterhalt (§ 1360).
- Mann und Frau sind auch in der Ehe **gleichberechtigt** (Art. 3 II GG).

Danach ist die Ehe die gleichberechtigte Verbindung eines Mannes mit einer Frau, die durch freie Erklärungen beider vor dem Standesbeamten auf Lebenszeit geschlossen wird und zur umfassenden Lebensgemeinschaft verpflichtet.

4. Elternrecht und Elternpflicht in der Verfassung[42]

Art. 6 II 1 GG garantiert das Erziehungsrecht der Eltern als ein „natürliches Recht", das nicht etwa der Staat großzügig verleiht, das ihm vielmehr vorgegeben ist, weil es schon vor jeder staatlichen Ordnung vorhanden war. Pflege und Erziehung der Kinder sind aber nicht nur das Recht, sondern auch die Pflicht der Eltern, die „zuvörderst ihnen obliegt", nicht der Gesellschaft und nicht dem Staat. Recht und Pflicht finden ihren modernen Ausdruck im „Pflichtrecht". Man spricht deshalb nicht mehr vom elterlichen Sorgerecht, sondern neutral von der **elterlichen Sorge, die Recht und Pflicht umfasst**[43].

Auch Art. 6 II 1 GG begründet ein klassisches Grund- und Freiheitsrecht der Eltern gegen staatliche Eingriffe[44], denn die elterliche Sorge geht staatlichem Interesse vor. Die

---

41a *BVerfG* FamRZ 2001, 343: Kein Diktat eines Ehegatten bei Ehevertrag.
42 Dazu *Seibert* FamRZ 95, 1457.
43 *BVerfG* FamRZ 93, 1420.
44 *BVerfG* 7, 320; 24, 119; NJW 94, 1208; FamRZ 99, 1417.

Eltern erziehen ihre Kinder nach ihren eigenen Vorstellungen[45]. Eltern sind auch die Adoptiveltern, unter bestimmten Voraussetzungen sogar die Pflegeeltern[46].

Über die „Betätigung" der Eltern wacht nach Art. 6 II 2 GG die staatliche Gemeinschaft. Das **staatliche Wächteramt** muß die Freiheit der Eltern respektieren. Es darf nur den allgemeinen Maßstab setzen und die Eltern auf das Wohl des Kindes verpflichten, denn die Elternpflicht ist nicht etwa eine lästige Schranke des Elternrechts, sondern dessen wesentlicher Bestandteil[47]. Der Staat soll nicht einer bestimmten Ideologie folgend die bestmögliche Betreuung und Erziehung durchsetzen, sondern nur eingreifen, wenn die Eltern versagen oder die Kinder zu verwahrlosen drohen (§§ 1666-1667)[48].

---

45 *BVerfG* 31, 194, 205.
46 *BVerfG* FamRZ 93, 1420; 99, 285.
47 *BVerfG* FamRZ 81, 429; 93, 1420.
48 *BVerfG* NJW 94, 1208.

1. Buch

Die Ehe zwischen Mann und Frau

1. Teil
Die Eheschließung

Vorbemerkung zur Eheschließungsrechtsreform

Mit Wirkung ab 1.7.1998 regelt das „Gesetz zur Neuordnung des Eheschließungsrechts" oder kürzer: „**Eheschließungsrechtsgesetz**" oder noch kürzer: „**EheschlRG**" vom 4.5.1998 (BGBl I, 833) all das von Grund auf neu, was bisher das Ehegesetz geregelt hat, beseitigt das Aufgebot, das Eheverbot der Schwägerschaft, die Ehenichtigkeit und überhaupt das ganze EheG und baut das neue Produkt mit den §§ 1303-1320 wieder in das BGB ein[1].

Während die beiden anderen Reformgesetze, die gleichfalls am 1.7.1998 in Kraft traten, nämlich das Kindschaftsrechtsreformgesetz und das Kindesunterhaltsgesetz, den längst überfälligen Verfassungsauftrag erfüllen, das nichteheliche Kind dem ehelichen Kind rechtlich gleichzustellen, darf man bezweifeln, ob es nötig war, auch das Eheschließungsrecht von Grund auf neu zu regeln, oder ob es nicht genügt hätte, ein paar alte Zöpfe wie das Aufgebot und das Eheverbot der Schwägerschaft abzuschneiden. Der Aufwand jedenfalls, den das neue Gesetz etwa der Eheaufhebung widmet, steht in keinem Verhältnis zur praktischen Bedeutung dieser Einrichtung. Aber der Deutsche liebt es nun einmal, eine Reform, wenn sie denn sein soll, in großer Tiefe und Breite anzulegen und den Boden des geltenden Rechts um und um zu pflügen im naiven Glauben, ein Gesetz sei um so besser, je stärker man es aufblähe.

1. Kapitel
Die fehlerfreie Ehe als gesetzlicher Normalfall

Die Ehe wird nach wie vor durch übereinstimmende Erklärungen der Heiratswilligen vor dem Standesbeamten geschlossen. Heiraten können nur Mann und Frau, auch wenn das Gesetz dies nicht eigens betont. **10**

1. Heiratserklärungen

Die Ehe wird nicht durch den Standesbeamten, sondern vor dem Standesbeamten geschlossen durch die persönlichen und gleichzeitigen Erklärungen von Mann und Frau[2], sie wollten die Ehe miteinander eingehen (§ 1310 I 1). Die Heiratserklärungen sind **Wil-**

---

1 Zur Reform: *Bosch* NJW 98, 2004.
2 *BVerfG* NJW 93, 3058; *BayObLG* NJW 93, 1996; *OLG Köln* NJW 93, 1997.

lenserklärungen, die auf dieselbe Rechtsfolge zielen und einen familienrechtlichen Vertrag zustande bringen. Rechtsfolge ist die Ehe: das Recht und die Pflicht, als Ehegatten zusammenzuleben. Dieser Konsens ist – wie überall im Vertragsrecht – Mindestvoraussetzung jeder Ehe[3], während Willensmängel den Konsens voraussetzen und die Ehe nur aufhebbar machen (§ 1314 II).

Die Ehe muss jeder selbst schließen; Stellvertretung ist ausgeschlossen (§ 1311 S. 1). Dass man weder bedingt noch befristet heiraten kann (§ 1311 S. 2), versteht sich von selbst.

2. Vor dem Standesbeamten

2.1 Zivilehe

11 Nach deutschem Recht kann man die Ehe nur vor dem Standesbeamten schließen (§ 1310 I 1). Als Standesbeamter gilt auch derjenige, der zwar keiner ist, das Amt aber öffentlich ausübt und die Ehe ins Familienbuch einträgt (§ 1310 II). Die Heirat in der Kirche oder sonstwo ist rechtlich eine Nichtehe[4]. Bloße Formfehler hingegen machen die Ehe nur aufhebbar (§ 1314 I). Für Ausländer gilt Art. 13 EGBGB.

2.2 Pflichten des Standesbeamten

Vor dem Standesbeamten heißt: Der Standesbeamte muss zur Mitwirkung bereit sein; jeder Zwang verhindert die Ehe. Er ist **zur Mitwirkung verpflichtet**, wenn die Voraussetzungen der Eheschließung erfüllt sind (§ 1310 I 2). **Verweigern** darf, ja muss er seine Mitwirkung nur dann, wenn offenkundig ist, dass die Ehe nach § 1314 II aufhebbar wäre (§ 1310 I 2 Hs. 2). Wichtigstes Beispiel ist die „Scheinehe" nach § 1314 II Nr. 5: Beide Ehegatten sind sich schon bei der Heirat darüber einig, dass sie keine eheliche Lebensgemeinschaft begründen wollen. Das ist beispielsweise dann der Fall, wenn die Ehe zu dem einzigen Zweck geschlossen werden soll, dem ausländischen Partner eine Aufenthaltserlaubnis zu verschaffen oder seine Ausweisung zu verhindern[5].

Der Missbrauch der Ehe muss aber offen auf der Hand liegen (§ 1310 I 2 Hs. 2), ein Missbrauchsverdacht genügt nicht[6]. Der Standesbeamte hat nicht das Recht, die Heiratswilligen ins Gebet zu nehmen und ihre Motive auszuforschen.

Wird die Ehe geschlossen, ist sie auch dann gültig, wenn die Ehegatten planmäßig nie zusammenleben, kann jetzt freilich aufgehoben werden (§ 1314 II Nr. 5).

2.3 Fiktion einer Eheschließung

Von der „normativen Kraft des Faktischen" handelt § 1310 III, denn nach dieser Vorschrift gilt eine Ehe als geschlossen, obwohl sie nicht in der zwingenden Form des § 1310 I vor dem Standesbeamten geschlossen wurde. Der Jurist nennt diesen Griff in

---

3 *BGH* FamRZ 83, 450.
4 *BGH* FamRZ 59, 278: wenn auch nur einer Deutscher ist.
5 *OLG Düsseldorf* FamRZ 99, 225; *OLG Thüringen* FamRZ 2000, 1365; ferner *Wolf* FamRZ 98, 1477.
6 *OLG Düsseldorf* FamRZ 99, 225; *OLG Thüringen* FamRZ 2000, 1365.

die Trickkiste eine Fiktion: Obwohl die Ehe nicht wirksam geschlossen ist, tut man so, als ob sie wirksam geschlossen wäre.

Die **Fiktion des § 1310 III** hat drei Voraussetzungen:

Erste Voraussetzung: Mann und Frau haben erklärt, die Ehe miteinander eingehen zu wollen; ohne diesen Konsens gibt es auch nicht die Spur einer Ehe.

Zweite Voraussetzung ist die Amtshandlung des Standesbeamten im Zusammenhang mit den Heiratserklärungen: entweder die Eintragung in das Heirats- oder Familienbuch (Nr. 1) oder die Eintragung eines Hinweises auf die Eheschließung in das Geburtenbuch eines gemeinsamen Kindes der „Ehegatten" (Nr. 2) oder die Entgegennahme und Bescheinigung einer familienrechtlichen Erklärung der „Ehegatten", die eine Ehe voraussetzt (Nr. 3).

Dritte Voraussetzung: Die „Ehegatten" lebten seit 10 Jahren oder, wenn einer vorher stirbt, wenigstens 5 Jahre als Ehegatten zusammen.

2.4 Was der Standesbeamte sonst noch tun soll

Nach § 1312 soll der Standesbeamte dreierlei tun: erstens die Heiratskandidaten einzeln befragen, ob sie einander heiraten wollen, nach Bejahung seiner Frage zweitens aussprechen, dass sie nunmehr rechtmäßig verbundene Eheleute seien (I), und drittens die Eheschließung ins Heiratsbuch eintragen (II).

3. Ehefähigkeit

Das Gesetz unterscheidet zwischen Ehe- und Geschäftsfähigkeit. Nach § 1303 bezeichnet die Ehefähigkeit nur das erforderliche **Heiratsalter**. Ehefähig ist der Volljährige, denn vor Eintritt der Volljährigkeit soll man eine Ehe nicht eingehen (I). Den Minderjährigen kann das Familiengericht auf Antrag von diesem Erfordernis **befreien**, wenn dieser selbst 16 Jahre alt und sein Partner volljährig ist (II). Der Zustimmung des gesetzlichen Vertreters bedarf es nicht, widerspricht dieser jedoch, darf das Familiengericht die Befreiung nur erteilen, wenn der Widerspruch keine triftigen Gründe anführt (III)[7]. Mit der Befreiung durch das Familiengericht kann der Minderjährige ohne Einwilligung des gesetzlichen Vertreters oder sonstigen Inhabers der Personensorge heiraten (IV).

Der Geschäftsunfähige (§ 104) kann nicht heiraten (§ 1304)[8].

Aber auch die Ehe eines Geschäftsunfähigen oder eines Minderjährigen ohne Befreiung ist gültig und nach § 1314 I nur aufhebbar.

12

---

7 Dazu *BGH* 21, 340; zum Verfahren der Befreiung: *OLG Karlsruhe* FamRZ 2000, 819.
8 *BayObLG* FamRZ 97, 294.

4. Eheverbote

13 Da Art. 6 I GG auch den freien Zugang zur Ehe garantiert, darf das Gesetz sie nur aus triftigen Gründen verbieten. Es gibt nur drei zwingende Eheverbote:

Nach § 1306 darf eine Ehe nicht geschlossen werden, solange ein Partner noch anderweit verheiratet ist, denn die **Doppelehe** ist rechtlich unerträglich.

Nach § 1307 darf eine Ehe außerdem nicht zwischen **Verwandten in gerader Linie** und nicht zwischen vollbürtigen und halbbürtigen **Geschwistern** geschlossen werden.

Aber auch die verbotswidrige Ehe ist gültig und nach § 1314 I nur aufhebbar.

Eine bloße Ordnungsvorschrift ist § 1308 I; danach soll eine Ehe nicht geschlossen werden zwischen Personen, die durch Adoption im Sinne des § 1307 miteinander verwandt sind. Das Familiengericht kann auf Antrag Befreiung erteilen (§ 1308 II). Die Ehe ist aber auch ohne Befreiung gültig und nicht aufhebbar.

5. Ehefähigkeitszeugnis

Nach Art. 13 I EGBGB richten sich die Voraussetzungen einer Eheschließung im Regelfall für jeden Heiratskandidaten nach dem Recht des Staates, dem er angehört. Deutsches Recht ist auf die Eheschließung eines Ausländers oder Staatenlosen nur insoweit anwendbar, als nach dem einschlägigen ausländischen Recht eine Voraussetzung fehlt und die besonderen Voraussetzungen des Art. 13 II EGBGB erfüllt sind.

Dass einer Ehe, die sich (auch) nach ausländischem Recht richtet, kein Ehehindernis entgegensteht, lässt sich durch ein Ehefähigkeitszeugnis des ausländischen Staates nachweisen. Davon handelt **§ 1309**. Wer nach Art. 13 I EGBGB ausländischem Recht unterliegt, soll eine Ehe im Inland erst eingehen, nachdem er ein Ehefähigkeitszeugnis der inneren Behörde seines Heimatstaates beigebracht hat (I 1, 2). Das Zeugnis verfällt aber, wenn die Ehe nicht binnen sechs Monaten ab Ausstellung geschlossen wird (I 3). Vom Erfordernis des Ehefähigkeitszeugnisses kann der Präsident des Oberlandesgerichts befreien (II 1), soll dies im Regelfall aber nur für Staatenlose oder solche Ausländer tun, deren Behörden keine Ehefähigkeitszeugnisse ausstellen (II 2). Auch die Befreiung verfällt nach sechs Monaten (II 4).

2. Kapitel
Die fehlerhafte Ehe

14 Die Ehe ist fehlerhaft, wenn sie fehlerhaft geschlossen wurde und der Fehler rechtlich erheblich ist. Je nach der Schwere des Fehlers unterscheidet man die Nichtehe und die aufhebbare Ehe. Die „nichtige Ehe" des EheG verschwand mit diesem zusammen am 1.7.1998 in der Versenkung. Die Übertretung einer Ordnungsvorschrift (§§ 1308, 1312) bleibt rechtlich folgenlos. Die gescheiterte Ehe ist nicht fehlerhaft, sondern lediglich undurchführbar und nur durch Scheidung zu lösen.

Die **Nichtehe** ist rechtlich ein Nichts, weil schon die Mindestvoraussetzungen einer Ehe nach § 1310 I, II nicht erfüllt sind: Die Ehe ist nicht vor dem Standesbeamten geschlossen, dessen Mitwirkung ist erzwungen, oder die Kandidaten haben nicht übereinstimmend erklärt, dass sie einander heiraten wollen[9]. Die Nichtehe hat keine Rechtsfolgen. Eine Aufhebung nach § 1314 ist weder erforderlich noch möglich[10].

Im Übrigen ist die Ehe auch dann gültig, wenn sie an schweren und schwersten Mängeln leidet, kann nach §§ 1313, 1314 aber durch Urteil aufgehoben werden.

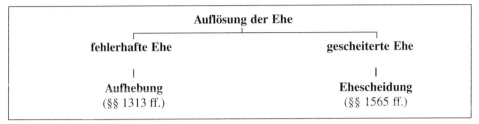

Bild 2: *Auflösung der Ehe*

3. Kapitel
Die Aufhebung der Ehe

1. Gesetzliche Systematik

Die aufhebbare Ehe ist eine fehlerhafte, aber vollgültige Ehe, die erst mit Rechtskraft des Aufhebungsurteils endet (§ 1313 S. 2). Aufhebungsgründe sind nicht nur die klassischen Willensmängel: Irrtum, arglistige Täuschung und widerrechtliche Drohung (§ 1314 II Nr. 2-4), sondern nach Beseitigung der Nichtigkeitsklage durch das EheschlRG auch noch die früheren Nichtigkeitsgründe. Obwohl die Heiratserklärung eine Willenserklärung im Sinne des BGB ist, kann man sie nicht einfach wegen Irrtums, arglistiger Täuschung oder widerrechtlicher Drohung anfechten, sondern muss vor dem Familiengericht die Aufhebung der Ehe beantragen (§ 1313 S. 1). Das Gleiche gilt für die Ehe eines Geschäftsunfähigen oder eines Minderjährigen ohne Befreiung vom Erfordernis der Ehefähigkeit. Die Heirat ist kein gewöhnliches Rechtsgeschäft, sondern begründet trotz schwerster Mängel eine Ehe, die solange besteht, bis sie vom Familiengericht aufgelöst wird.

Neuerdings verlangt das Gesetz keine Aufhebungsklage mehr, sondern wie bei der Scheidung nur noch einen **Antrag an das Familiengericht** (§ 1313 S. 1). Streitgegenstand ist das private Gestaltungsrecht des Ehegatten, die Ehe aufzuheben. Das Aufhebungsurteil ist ein **Gestaltungsurteil**, das erst ab Rechtskraft wirkt (§ 1313 S. 2).

15

---

9 *BGH* FamRZ 83, 450: Heiratserklärungen sind „wesentliches Element der Eheschließung.
10 *BGH* NJW 57, 57.

Wer die Aufhebung beantragen darf, hängt vom Aufhebungsgrund ab. Aufhebung wegen eines Willensmangels kann nur der irrende, arglistig getäuschte oder genötigte Ehegatte beantragen (§ 1316 I Nr. 2 mit § 1314 II Nr. 2-4). Die übrigen Aufhebungsgründe kann nicht nur jeder Ehegatte sondern auch die zuständige Verwaltungsbehörde, den Aufhebungsgrund der Doppelehe außerdem der andere Ehegatte der ersten Ehe vor das Familiengericht bringen (§ 1316 I Nr. 1).

Nun regelt das Gesetz neben den **Aufhebungsgründen** (§ 1314) auch noch **Gegengründe, die eine Aufhebung der Ehe ausschließen** (§ 1315). Danach richtet sich die **Beweislast**. Wer Aufhebung einer Ehe beantragt, muss den Aufhebungsgrund beweisen[11], und wer sich gegen die Aufhebung wehrt, muss den Ausschlußgrund beweisen. Eine rechtsvernichtende Einwendung begründet auch den Ablauf der Antragsfrist nach § 1317, denn sie ist eine Ausschlussfrist.

2. Rechtsfolgen der Aufhebung

2.1 Scheidungsfolgen mit Einschränkungen

16   Mit Rechtskraft des Aufhebungsurteils ist die Ehe aufgelöst (§ 1313 S. 2), aber wie bei der Scheidung nur für die Zukunft, denn **die Folgen der Aufhebung richten sich gemäß § 1318 I weitgehend nach der Scheidung**. Dies gilt für nachehelichen Unterhalt (II), Zugewinn- und Versorgungsausgleich (III), Ehewohnung und Hausrat (IV), freilich mit etlichen Einschränkungen je nach Aufhebungsgrund und Aufhebungsfolge.

2.2 Nachehelicher Unterhalt

Die gesetzliche Unterhaltsregelung ist unübersichtlich und verschachtelt, eine wahre Stolperfalle. § 1318 II 1 erklärt zwar die **§§ 1569-1586b** zum nachehelichen Unterhalt für **entsprechend anwendbar**, aber nur **mit kräftigen Abstrichen**.

In den Fällen des **§ 1318 II 1 Nr. 1** darf – unter den Voraussetzungen der §§ 1569 ff. – **nur derjenige Ehegatte** Unterhalt verlangen, **der die Aufhebbarkeit der Ehe nicht gekannt hat**. Das ist eine zusätzliche und zu allem Überdruss auch noch **negative Anspruchsvoraussetzung**, die der Anspruchsteller beweisen muss. Sie gilt stets dann, wenn die Ehe aus einem der folgenden Gründe aufgehoben wird: wegen Eheunfähigkeit (§ 1303) oder Geschäftsunfähigkeit (§ 1304), wegen Doppelehe (§ 1306), Verwandtschaft (§ 1307) oder Formfehlers (§ 1311). Wird sie wegen arglistiger Täuschung oder widerrechtlicher Drohung aufgehoben (§ 1314 II Nr. 3 oder Nr. 4), darf Unterhalt nur derjenige Ehegatte verlangen, der vom anderen Ehegatten oder mit dessen Wissen arglistig getäuscht oder widerrechtlich bedroht worden ist.

Beide Ehegatten kommen nach **§ 1318 II 1 Nr. 2** nur dann in den Genuss der §§ 1569 ff., wenn die Ehe wegen Doppelehe (§ 1306), Verwandtschaft (§ 1307) oder Formfehlers (§ 1311) aufgehoben wird und **beide Ehegatten den Aufhebungsgrund kannten**. Nach einer Doppelehe gilt dies aber insoweit nicht, als der Unterhaltsanspruch „der dritten

---

11 *OLG Frankfurt* FamRZ 87, 155 u. *OLG Köln* FamRZ 2000, 819: arglistige Täuschung.

Person" – gemeint ist der andere Ehegatte der älteren Ehe – beeinträchtigt würde. Diese Rangfrage hätte sich auch weniger holperig beantworten lassen.

Sprachlich völlig misslungen ist **§ 1318 II 2**, der da lautet: „Die Vorschriften über den Unterhalt wegen der Pflege oder Erziehung eines gemeinschaftlichen Kindes finden auch insoweit entsprechende Anwendung, als eine Versagung des Unterhalts im Hinblick auf die Belange des Kindes grob unbillig wäre." Gemeint ist wohl dies: Der Anspruch auf Betreuungsunterhalt analog **§ 1570** steht dem betreuenden Ehegatten nach Aufhebung der Ehe auch dann zu, wenn er nach § 1318 II 1 nicht unterhaltsberechtigt ist, dieses Ergebnis aber des Kindes wegen grob unbillig wäre. Die **grobe Unbilligkeit** ist hier eine zusätzliche **Anspruchsvoraussetzung** für § 1570, die der Anspruchsteller mit Tatsachen belegen und beweisen muss.

2.3 Zugewinn- und Versorgungsausgleich

Mit wachsweicher Hand und einer seltsamen Vorliebe für den „Hinblick" regelt § 1318 III den Zugewinn- und den Versorgungsausgleich. Der Ehegatte hat auch nach Aufhebung seiner Ehe Anspruch auf Zugewinnausgleich analog §§ 1363-1390 und auf Versorgungsausgleich analog §§ 1587-1587p, „soweit dies nicht im Hinblick auf die Umstände bei der Eheschließung oder nach einer Doppelehe im Hinblick auf die Belange der dritten Person grob unbillig wäre." Die negative Fassung: „soweit dies nicht …" legt den Schluss nahe, dass der Zugewinn- und Versorgungsausgleich die gesetzliche Regel, ihre **Versagung** hingegen die **gesetzliche Ausnahme** sei, die der Anspruchsgegner beweisen müsse. Aber verlassen sollte man sich darauf nicht, denn die Formulierungskünste unseres Gesetzgebers sind oft unergründlich.

2.4 Ehewohnung und Hausrat

Schließlich sind auch die Vorschriften der HausratsVO über die Zuweisung der Ehewohnung und die Verteilung des Hausrats entsprechend anwendbar. Zu berücksichtigen sind aber auch die Umstände bei der Eheschließung sowie – nach einer Doppelehe – die Belange der dritten Person.

3. Aufhebungsgründe

17 Nach § 1313 S. 3 kann die Ehe nur aus den Gründen des § 1314 aufgehoben werden; es sind deren insgesamt zehn. Die Vorschriften der §§ 104 ff. über Geschäftsunfähigkeit und Willensmängel sind daneben nicht anwendbar.

3.1 Fehlende Ehefähigkeit

18 Aufhebungsgrund Nr. 1 ist ein **Verstoß gegen § 1303**: Ein Ehegatte war bei der Eheschließung weder volljährig noch davon befreit (§ 1314 I).

Die **Aufhebung** ist jedoch **ausgeschlossen**, wenn die Voraussetzungen für eine Befreiung erfüllt waren und das Familiengericht die Heirat genehmigt oder wenn der volljährig gewordene Ehegatte ersichtlich an der Ehe festhält und sie so **bestätigt** (§ 1315 I 1 Nr. 1).

3.2 Geschäftsunfähigkeit

19   Aufhebungsgrund Nr. 2 ist ein **Verstoß gegen § 1304**: Ein Ehegatte war bei der Eheschließung geschäftsunfähig (§ 1314 I).

Die **Aufhebung** ist jedoch **ausgeschlossen**, wenn dieser Ehegatte, inzwischen geschäftsfähig geworden, ersichtlich an der Ehe festhält und diese so **bestätigt** (§ 1315 I 1 Nr. 2).

3.3 Doppelehe

20   Aufhebungsgrund Nr. 3 ist ein **Verstoß gegen das Eheverbot des § 1306**: Ein Ehegatte war bei der Eheschließung noch anderweit verheiratet (§ 1314 I).

Die **Aufhebung** ist **ausgeschlossen**, wenn die Scheidung oder Aufhebung der anderen Ehe bereits vor der Eheschließung ausgesprochen worden ist und nach der Eheschließung rechtskräftig wird (§ 1315 II Nr. 1). Bestätigen kann man eine Doppelehe nicht.

3.4 Verwandtschaft

21   Aufhebungsgrund Nr. 4 ist ein **Verstoß gegen das Eheverbot des § 1307**: Die Ehegatten sind miteinander in gerader Linie verwandt oder Geschwister (§ 1314 I). Dieser Aufhebungsgrund hat keine Ausnahme; zu bestätigen gibt es hier nichts.

3.5 Formfehler

22   Aufhebungsgrund Nr. 5 ist der **Verstoß gegen § 1311**: Die Ehegatten haben ihre Heiratserklärungen nicht persönlich oder nicht gleichzeitig oder aber bedingt oder befristet abgegeben.

Dieser Mangel wird dadurch **geheilt**, dass die Ehegatten 5 Jahre lang oder bis zum früheren Tod eines Ehegatten 3 Jahre lang zusammengelebt haben, es sei denn, die Aufhebung ist schon vorher beantragt worden (§ 1315 II Nr. 2).

3.6 Bewusstlosigkeit und vorübergehende Geistesstörung

23   Aufhebungsgrund Nr. 6 ist: Ein Ehegatte war bei der Heirat bewusstlos oder vorübergehend geistesgestört (§ 1314 II Nr. 1); dies entspricht § 105 II.

Die **Aufhebung** ist jedoch **ausgeschlossen**, wenn der Ehegatte, nachdem er das Bewusstsein wiedererlangt oder die geistige Störung überwunden hat, ersichtlich an der Ehe festhält und sie so **bestätigt** (§ 1315 I 1 Nr. 3).

3.7 Irrtum über Eheschließung

24   Aufhebungsgrund Nr. 7 ist: Ein Ehegatte weiß bei der Eheschließung nicht, dass es sich um eine Eheschließung handelt (§ 1314 II Nr. 2).

Ausgeschlossen ist die **Aufhebung**, wenn der Ehegatte nach Entdeckung seines Irrtums ersichtlich an der Ehe festhält und sie so **bestätigt** (§ 1315 I 1 Nr. 4).

Kein Aufhebungsgrund mehr ist der Irrtum über die persönlichen Eigenschaften des anderen Ehegatten, der die Rechtsprechung bis in die jüngste Zeit mehr beschäftigt hat als alle anderen Aufhebungsgründe zusammen.

3.8 Arglistige Täuschung

Aufhebungsgrund Nr. 8 ist: Ein Ehegatte wird durch arglistige Täuschung über solche **25** Umstände zur Heirat bestimmt, die ihn davon abgehalten hätten, wenn er sie gekannt und das Wesen der Ehe richtig gewürdigt hätte (§ 1314 II Nr. 3 Hs. 1).

Täuschen heißt, einen Irrtum erregen. Täuschen kann man **auch durch Verschweigen, wenn** man ungefragt **zur Offenbarung verpflichtet** ist[12]. So soll man etwa über seine unheilbare oder vererbliche Krankheit aufklären, die Frau auch über den Geschlechtsverkehr während der Empfängniszeit mit einem anderen Mann, wenn die Ehe wegen der Schwangerschaft geschlossen wird[13]. Arglistig täuscht, wer die Wahrheit kennt und zumindest damit rechnet, die Täuschung werde den anderen zur Heirat bestimmen.

Ob der Ehegatte täuscht oder ein Dritter, ist für den Aufhebungsgrund selbst und die Beweislast des Antragstellers unerheblich, jedoch ist die **Aufhebung ausgeschlossen**, wenn ein Dritter ohne Wissen des Ehegatten getäuscht hat (§ 1314 II Nr. 3 Hs. 2).

Nicht mehr gleichgültig ist neuerdings, worüber getäuscht wird, denn § 1314 II Nr. 3 Hs. 2 nimmt die **Täuschung über Vermögensverhältnisse** aus. Also muss wohl über eine persönliche Eigenschaft oder Beziehung getäuscht werden.

Die arglistige Täuschung muss für die Heirat kausal sein: Der Getäuschte hätte nicht geheiratet, wenn er die Wahrheit gekannt hätte. Die Kausalität allein genügt aber nicht. Der Irrtum muss außerdem nach „**richtiger Würdigung des Wesens der Ehe**" erheblich sein. Maßstab ist das Urteil eines vernünftigen Zeitgenossen[14], letztlich also die Wertung des Familiengerichts.

Nach § 1315 I 1 Nr. 4 ist die **Aufhebung ausgeschlossen**, wenn der Ehegatte nach Entdeckung der Täuschung an der Ehe ersichtlich festhält und sie so **bestätigt**[15]. Unter besonderen Voraussetzungen kann die Aufhebung auch rechtmissbräuchlich sein[16].

3.9 Widerrechtliche Drohung

Aufhebungsgrund Nr. 9 ist: Ein Ehegatte wird durch widerrechtliche Drohung zur Heirat **26** bestimmt (§ 1314 II Nr. 4). Dieser Aufhebungsgrund deckt sich voll mit dem Anfechtungsgrund des § 123 I.

Nach § 1315 I 1 Nr. 4 ist die **Aufhebung** jedoch **ausgeschlossen**, wenn der genötigte Ehegatte nach Beendigung der Zwangslage ersichtlich an der Ehe festhält und sie so **bestätigt**.

---

12 *BGH* NJW 58, 314; *OLG Karlsruhe* FamRZ 2000, 1366.
13 *OLG Karlsruhe* FamRZ 2000, 1366.
14 *BGH* 25, 67.
15 *OLG Frankfurt* FamRZ 87, 155: Beweislast hat der Antragsgegner.
16 *BGH* 5, 186: Aufhebungsgrund ist nur Vorwand für neue Beziehung.

3.10 „Scheinehe"

27 Aufhebungsgrund Nr. 10 ist die „Scheinehe": Die Ehegatten sind sich bei der Heirat darüber einig, dass sie keine eheliche Lebensgemeinschaft nach § 1353 I begründen wollen (§ 1314 II Nr. 5). Dieser Aufhebungsgrund ist neu; bisher blieb den Ehegatten nur die Scheidung[17].

Nach § 1315 I 1 Nr. 5 ist die **Aufhebung** jedoch **ausgeschlossen**, wenn die Ehegatten planwidrig doch zusammengelebt haben.

3.11 Bestätigung

28 Die Bestätigung der Ehe, die nach § 1315 I 1 Nr. 1-4 die Aufhebung ausschließt, ist vielleicht keine Willenserklärung, zumindest aber eine geschäftsähnliche Handlung. Die Bestätigung eines Geschäftsunfähigen ist deshalb unwirksam. Die Bestätigung eines Minderjährigen bedarf in den Fällen des § 1304 und § 1314 II Nr. 1 der Zustimmung des gesetzlichen Vertreters, die das Familiengericht auf Antrag jedoch ersetzen kann. So regelt es § 1315 I 2.

4. Antragsfrist

29 Nach § 1317 I 1 kann die Aufhebung in den Fällen des § 1314 II Nr. 2-4, also wegen Irrtums, arglistiger Täuschung und widerrechtlicher Drohung nur binnen **Jahresfrist** beantragt werden. Das ist nicht etwa eine zusätzliche Prozessvoraussetzung, die der Antragsteller beweisen müßte, sondern eine **materiellrechtliche Ausschlussfrist**[18] wie die Anfechtungsfrist nach §§ 121, 124.

Die gesetzliche Ausschlussfrist aber besteht aus zwei Rechtssätzen. Der Erste lautet: Das Aufhebungsrecht erlischt mit Ablauf eines Jahres. Das ist eine rechtsvernichtende **Einwendung, die der Antragsgegner beweisen muss.** Der zweite Rechtssatz lautet: Das Aufhebungsrecht erlischt nach Ablauf eines Jahres doch nicht, wenn der Berechtigte vorher die Aufhebung beantragt hat. Das ist ein **rechtserhaltender Gegeneinwand, den der Antragsteller beweisen muss**[19].

4.1 Einwand des Fristablaufs

30 Mit Ablauf der Jahresfrist erlischt das Aufhebungsrecht. **Beginn und Ablauf der Frist muss der Antragsgegner beweisen**[20].

Die Frist beginnt nach § 1317 I 2 mit der Entdeckung des Irrtums oder der Täuschung oder mit der Beendigung der Zwangslage. Für den gesetzlichen Vertreter eines geschäftsunfähigen Ehegatten beginnt die Frist jedoch nicht, bevor er selbst die fraglichen Umstände erfährt, für den minderjährigen Ehegatten nicht vor der Volljährigkeit.

---

17 So noch KG FamRZ 85, 73; 87, 486; *OLG Karlsruhe* FamRZ 86, 680.
18 *BGH* 25, 74.
19 *RG* 160, 19.
20 *RG* 160, 19.

Versäumt der gesetzliche Vertreter die Ausschlußfrist, kann immer noch der Ehegatte selbst binnen 6 Monaten nach Erwerb der Geschäftsfähigkeit die Aufhebung beantragen (§ 1317 II).

Nach Auflösung (Scheidung) der Ehe kann die Aufhebung nicht mehr beantragt werden (§ 1317 III).

4.2 Gegeneinwand des rechtzeitigen Antrags

Der Ehegatte erhält sich sein Aufhebungsrecht nur durch rechtzeitigen Aufhebungsantrag. **31** Also muss er den **Zeitpunkt der Antragstellung** beweisen. Ob das Einreichen des Antrags genügt oder aber dessen Zustellung erforderlich ist, sagt das Gesetz nicht. Im zweiten Fall gilt jedenfalls § 270 III ZPO: Wird der Antrag demnächst zugestellt, ist die Ausschlussfrist schon dann gewahrt, wenn der Antrag rechtzeitig beim Familiengericht eingeht[21].

4.3 Gegeneinwand der Hemmung des Fristablaufs

Der Lauf der Antragsfrist wird nach § 1317 I 3 mit § 203 (höhere Gewalt) und § 206 **32** (Fehlen eines gesetzlichen Vertreters) gehemmt, so dass die laufende Frist abbricht und erst wieder nach Wegfall des Hemmungsgrundes weiterläuft (§ 205). Die Beweislast hat der Antragsteller.

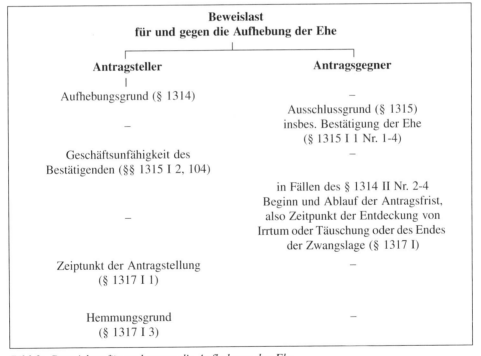

Bild 3: Beweislast für und gegen die Aufhebung der Ehe

---

21 *BGH* 25, 66: § 270 III ZPO gilt auch für Ausschlußfrist.

2. Teil

Allgemeine Rechtsfolgen der Ehe

1. Kapitel

Gesetzliche Systematik

33 Unter dem Titel: „ Wirkungen der Ehe im Allgemeinen" regeln die §§ 1353-1362 bruchstückhaft und ohne inneren Zusammenhang ein paar Rechtsfolgen der Ehe: die Verpflichtung zur lebenslangen **ehelichen Lebensgemeinschaft** (§ 1353), den **Ehe- und Familiennamen** (§ 1355), **Haushalt und Erwerbstätigkeit** (§ 1356), die **Schlüsselgewalt** (§ 1357), den **Haftungsmaßstab** (§ 1359) und den **Familienunterhalt** (§§ 1360-1360b).

Aber dann tritt bereits die gestörte Ehe auf den Plan, erkennbar am **Getrenntleben**, nämlich: Trennungsunterhalt (§ 1361), Hausratsteilung (§ 1361a) und Wohnungszuweisung (§ 1361b); schon § 1353 II handelt vom Recht zum Getrenntleben.

Der abschließende § 1362 über die **Eigentumsvermutung** zugunsten vollstreckender Gläubiger ist ein Fremdkörper in dieser Umgebung.

Den „allgemeinen" Rechtsfolgen der Ehe stellt dann das umfangreiche **eheliche Güterrecht** in den §§ 1363-1563 die besonderen wirtschaftlichen Rechtsfolgen der Ehe gegenüber.

Dass das BGB mit den allgemeinen Rechtsfolgen der Ehe so geizt, verdient keinen Tadel. Diese Zurückhaltung ist verfassungsrechtlich sogar geboten, denn der innere höchstpersönliche Kern der Ehe, die eheliche Lebensgemeinschaft, entzieht sich jeder näheren gesetzlichen Regelung. Die Ehegatten bestimmen selbst, wie sie zusammenleben wollen. Dennoch lohnt die **Frage, wie eine intakte, gesunde Ehe heutzutage von Rechts wegen aussehen soll**. Die Störungen der Ehe lassen sich nur vor dem Hintergrund einer ungestörten Ehe rechtlich bewerten. Nun wird die Ehe nicht schon durch jede Meinungsverschiedenheit gestört. Solange die Ehegatten fähig und willens sind, ihre Konflikte einvernehmlich zu lösen, ist die Ehe gesünder, als wenn die Ehegatten ihre Konflikte unter den Teppich kehren; die Explosion wird dann um so heftiger krachen.

Häufige Streitigkeiten, Beschimpfungen und Tätlichkeiten, Alkoholismus und eheliche Untreue, aber auch Geldmangel, Geiz und Verschwendung sind bereits **Störfaktoren**. Nicht mehr zu übersehen ist die Störung, **wenn sich die Eheleute trennen**, weil sie es nicht mehr miteinander aushalten. Dieser Störfall verdient die besondere Aufmerksamkeit des Gesetzes. Von was soll die getrenntlebende Hausfrau leben und wo soll sie wohnen? Davon handeln die §§ 1361-1361b. Das Trennungsverschulden hingegen interessiert nur noch am Rande. Die Ehe wird heute nicht mehr aus Verschulden geschieden, sondern weil sie gescheitert ist (§ 1565).

2. Kapitel
Die eheliche Lebensgemeinschaft

1. Rechtsfolgen

1.1 Leitbild einer intakten Ehe

Nach § 1353 I verpflichtet die Ehe zur lebenslangen (S. 1) ehelichen Lebensgemein- **34**
schaft (S. 2)[1]. Wie diese eheliche Lebensgemeinschaft im Einzelnen aussehen soll, sagt
das Gesetz aus gutem Grunde nicht. In der pluralistischen Gesellschaft bestimmen die
Ehegatten weitgehend selbst, wie sie miteinander leben wollen. Solange sie sich einig
sind und das Wohl ihrer minderjährigen Kinder nicht ernsthaft gefährden[2], mischt sich
die staatliche Gemeinschaft nicht ein. Das einvernehmliche Privat- und Intimleben der
Ehegatten ist rechtlich tabu. Aber so vage § 1353 I 2 auch gefasst ist, zeichnet er doch
das **Leitbild der gesunden, intakten Ehe als einer lebenslangen körperlichen, geistigen und seelischen Gemeinschaft von Mann und Frau in gegenseitiger Achtung,
Liebe und Verantwortung**[3]. Diese Gemeinschaft ist freilich nicht total, sondern lässt jedem Ehegatten Raum für ein menschenwürdiges Eigenleben, in das er sich zurückziehen
kann[4].

Aus der Verpflichtung zur ehelichen Lebensgemeinschaft nach § 1353 I 2 leitet die
Rechtsprechung eine Fülle unterschiedlicher Rechtsfolgen ab, die sich alle daraus rechtfertigen, dass die engste und tiefste menschliche Gemeinschaft, die das Recht kennt, weit
über Treu und Glauben nach § 242 hinaus zu besonderer Rücksicht verpflichtet.

1.2 Konkrete Rechtsfolgen

* Die eheliche Lebensgemeinschaft soll auch eine **häusliche Gemeinschaft** sein. Frei- **35**
  lich hat kein Ehegatte das Recht, dem anderen vorzuschreiben, wo man die ehelichen
  Zelte aufschlagen soll. Auch der gemeinsame Wohnort lässt sich nur einvernehmlich
  bestimmen. Jeder ist dem anderen gegenüber verpflichtet, sich um dieses Einvernehmen zu bemühen. Misslingt es, weil jeder beachtliche Gründe für sich hat, bleibt es
  dabei: Entweder leben die Ehegatten vorübergehend häuslich getrennt, oder die Ehe
  ist bereits gescheitert. Das Gericht hat keine gesetzliche Handhabe, das fehlende Einvernehmen zu ersetzen[5]. **Aus § 1353 I 2 folgt allgemein die eheliche Verpflichtung,
  sich in allen ehelichen Angelegenheiten um ein Einvernehmen zu bemühen.**

* Jeder Ehegatte hat ein **Recht auf Mitbesitz und auf Mitbenutzung der Ehewoh- **36**
  nung und des Hausrats**, auch wenn sie dem anderen zu Alleineigentum gehören[6].
  Die Gestattung der Mitbenutzung begründet nach Art der Leihe ein Besitzmittlungs-

---

1 *BGH* 37, 38; FamRZ 88, 143: echte Rechtspflicht.
2 *RG* 155, 292: sittliche Verfehlungen gefährden Kindeswohl.
3 *BGH* NJW 2001, 1789: kein festes Ehebild, auch kinderlose Ehe vollwertig.
4 *OLG Frankfurt* FamRZ 82, 484.
5 *BGH* NJW 90, 1849 zu § 1579 Nr. 4; RG 137, 102.
6 *BGH* 12, 380; 67, 217; 71, 216; FamRZ 79, 283.

verhältnis, so dass beide Ehegatten unmittelbare Mitbesitzer werden und der Alleineigentümer außerdem mittelbarer Eigenbesitzer wird[7]. Das Recht zum Mitbesitz dauert bis zur rechtskräftigen Ehescheidung, wenn nicht vorher das Familiengericht nach §§ 1361a, 1361b im Verfahren nach der HausratsVO anders entscheidet[8].

- Die Ehegatten schulden sich auch heute noch **eheliche Treue**. Jede ehewidrige Beziehung verletzt diese Verpflichtung und stört die Ehe (RN 43 ff.).
- Die Ehegatten sind einander in allen persönlichen Angelegenheiten, vornehmlich in Krankheit und Not, zur **Hilfe** und zum **Beistand** verpflichtet.

37
- Jeder Ehegatte hat die **Privat- und Intimsphäre des anderen** zu **achten** und jede Schnüffelei zu unterlassen.
- Wenn ein Ehegatte die **gemeinsame Religion wechselt**, hat er dies so schonend zu tun, dass ein Bruch möglichst vermieden werde[9].
- Die eheliche Sorgfalt und Rücksicht erstreckt sich auch auf die **Kinder des anderen Ehegatten**, die in den ehelichen Haushalt aufgenommen sind[10].
- Die Ehegatten schulden einander – in groben Zügen – **Auskunft** über Einkommen, Vermögen und Altersversorgung[11].
- Der Ehegatte ist verpflichtet, der **gemeinsamen Veranlagung zur Einkommensteuer** zuzustimmen, wenn ihm selbst daraus kein Nachteil erwächst, der andere aber daraus Vorteil zieht; die Verletzung dieser Pflicht macht sogar schadensersatzpflichtig[12].
- Schließlich schuldet der Ehegatte, wenn er gegen den anderen einen schuldrechtlichen oder dinglichen Anspruch erhebt oder ein Gestaltungsrecht ausübt, über § 242 hinaus **Zurückhaltung und Rücksicht** (RN 39).

2. Höchstpersönliche und wirtschaftliche Rechtsfolgen

38 Alle diese Verpflichtungen folgen aus § 1353 I 2. Dennoch darf man sie nicht über einen Leisten schlagen, sondern muss zwischen den höchstpersönlichen und den rein wirtschaftlichen Verpflichtungen unterscheiden.

Erstere sind nicht erzwingbar, sondern nur freiwillig erfüllbar. **Höchstpersönlich** ist etwa die Verpflichtung zur Herstellung des ehelichen Lebens (§ 606 I 1 ZPO). Man kann sie zwar einklagen, aber nicht vollstrecken (§ 888 III ZPO). Andere Rechtsschutzmöglichkeiten gibt es nicht[13]. Die Verletzung einer höchstpersönlichen ehelichen Verpflichtung macht auch nicht schadensersatzpflichtig; § 1353 I 2 sieht diese Sanktion nicht vor

---

7 *BGH* 12, 380; FamRZ 79, 283: Übereignung an anderen Ehegatten nach § 930 möglich.
8 *BGH* 67, 217; 71, 216.
9 *BVerfG* NJW 64, 1174; *BGH* 33, 145; 38, 317.
10 *RG* 126, 173; *OLG Karlsruhe* FamRZ 61, 371.
11 *BGH* FamRZ 78, 677: Vermögensbewegungen; *OLG Düsseldorf* FamRZ 90, 46; *OLG Karlsruhe* FamRZ 90, 161: zur Berechnung von Wirtschafts- u. Taschengeld.
12 *BGH* NJW 77, 378; FamRZ 88, 143; *OLG Köln* FamRZ 89, 1174; 93, 806; *OLG Hamm* FamRZ 90, 292; 98, 241; 2001, 98; *OLG Karlsruhe* FamRZ 92, 67; *OLG Stuttgart* FamRZ 93, 181; *OLG Düsseldorf* FamRZ 1235, 1236; 2001, 96.
13 *RG* 108, 203; 151, 159.

und die allgemeinen Regeln des Schuldrechts über Leistungsstörungen sind auf die eheliche Verpflichtung aus § 1353 I 2 nicht übertragbar[14].

Für rein **wirtschaftliche Verpflichtungen** aus § 1353 I 2 gilt dies alles nicht. So ist etwa die Verpflichtung, der gemeinsamen Veranlagung zur Einkommensteuer zuzustimmen, nicht nur klagbar, sondern auch vollstreckbar[15]. Gleiches sollte für die Verpflichtung gelten, über Einkünfte, Vermögen oder Altersvorsorge Auskunft zu erteilen[16].

3. Eheliche Rücksicht auf wirtschaftliche Interessen des anderen

3.1 Beschränkung der Rechtsausübung

Die eheliche Lebensgemeinschaft hindert die Ehegatten nicht, Verträge jeder Art miteinander zu schließen: den anderen zu beschenken, ihm ein Darlehen zu gewähren oder für ihn zu bürgen, gemeinsam ein Haus zu bauen, eine Gesellschaft zu gründen oder eine Gemeinschaft (Miteigentum, gemeinsames Konto) zu bilden. Die Rechtsfolgen aus diesen Geschäften sind keine ehelichen, sondern schuldrechtliche oder dingliche und prozessual weder Ehe- noch Familiensachen, sondern gewöhnliche Zivilsachen. Aber so wie Treu und Glauben nach § 242 jeden Gläubiger daran hindern sollen, sein Recht zu missbrauchen, so zieht die eheliche Lebensgemeinschaft der Rechtsausübung eine zusätzliche Grenze und verpflichtet den Ehegatten zu besonderer Zurückhaltung und Rücksicht. **39**

Die rücksichtslose Rechtsausübung ist **Rechtsmissbrauch**, und wer sein Recht missbraucht, verliert es. Wie schon nach § 242 begründet der Rechtsmissbrauch auch hier eine anspruchsvernichtende Einwendung, die der Anspruchsgegner beweisen muss[17].

Daraus folgt: Auch der Ehegatte darf seinen vertraglichen Anspruch gegen den anderen Ehegatten geltendmachen; das ist die gesetzliche Regel. Er darf es nur dann nicht, wenn seine Rechtsausübung mit seiner Verpflichtung zur ehelichen Lebensgemeinschaft nicht zu vereinbaren und deshalb rechtsmißbräuchlich ist[18]. Das ist die gesetzliche Ausnahme[19].

(1) Wenn der **Gesellschaftsvertrag** den Ehemann berechtigt, den Gesellschaftsanteil der Ehefrau jederzeit käuflich zu erwerben, ist das Kaufverlangen dann ehefeindlich und deshalb rechtsmißbräuchlich, wenn es die Ehefrau aus dem gemeinschaftlichen Unternehmen drängen würde, denn die Rechtsausübung zwischen Ehegatten darf nicht die eheliche Lebensgemeinschaft verletzen. Geschützt ist aber nur die **Mitarbeit im gemeinschaftlichen Unternehmen**, nicht schon die rein kapitalmäßige Beteiligung (*BGH* 34, 80). **Beispiele 40**

(2) Betreibt der Ehemann die **Teilungsversteigerung** des gemeinschaftlichen Eigenheims, in dem die Ehefrau noch wohnt, so ist das nicht stets, sondern nur dann rechts- **41**

---

14 *BGH* 34, 80; 37, 38; 46, 292; NJW 2001, 1789: auch kein Deliktsrecht im Kernbereich der Ehe; *OLG Karlsruhe* FamRZ 88, 1270; *RG* 158, 300: auch keine Vertragsstrafe.
15 *BGH* NJW 77, 378; FamRZ 88, 143.
16 A.A. beiläufig *BGH* FamRZ 78, 677.
17 So wohl *BGH* 61, 101.
18 *BGH* 34, 80; 37, 38; 61, 101; NJW 88, 1208: Schadensersatz aus unerlaubter Handlung.
19 *BGH* 37, 38; NJW 88, 1208.

missbräuchlich, wenn das Interesse der Ehefrau am Verbleib in der Ehewohnung schwerer wiegt als das Interesse des Ehemanns an der Auseinandersetzung des Miteigentums. Denn die Miteigentumsgemeinschaft nach §§ 741 ff. ist auf Teilung angelegt und die Teilungsversteigerung nach dem Scheitern der Ehe oft unausweichlich. Auf der anderen Seite wird die Ehefrau dadurch aus der Ehewohnung vertrieben; dies wiegt schwer, wenn sie in 32 Ehejahren 2 Kinder großgezogen hat und inzwischen 59 Jahre alt ist. Haben sich die Eheleute aber bereits endgültig getrennt, ist die Auseinandersetzung der Miteigentumsgemeinschaft nur noch eine Frage der Zeit. Der BGH stellt ab auf die Motive und Ziele des Ehemanns und will der Widerspruchsklage der Ehefrau nur stattgeben, wenn der Ehemann mit der Teilungsversteigerung ehewidrige Beziehungen ermöglichen will (*BGH* 37, 38). Also ist die Teilungsversteigerung nach endgültiger Trennung in der Regel zulässig und nur aus besonderem Grunde ausnahmsweise unzulässig. Unzulässig ist letztlich nur die Teilungsversteigerung **zur Unzeit** (*BGH* NJW 88, 1208: „Verpflichtung zum Stillhalten"; *OLG Frankfurt* FamRZ 98, 641: querschnittsgelähmte frühere Ehefrau lebt im Haus; ferner *OLG Düsseldorf* FamRZ 95, 309: Antrag auf Teilungsversteigerung als unwirksame Verfügung nach § 1365; *Brudermüller* FamRZ 97, 1516).

(3) Die Ehefrau ist **Ärztin** und **praktiziert** seit 10 Jahren **in Räumen, die sie von ihrem Ehemann gemietet hat**. Kurz nach der Trennung kündigt der Ehemann und verlangt Herausgabe. Das *OLG Düsseldorf* (FamRZ 88, 1053) hat die Klage abgewiesen, weil die Ehefrau für die Dauer der Ehe ein Recht zum Besitz habe.

Die Pflicht zu ehelicher Rücksicht kann die Ehe überdauern[20].

3.2 Schadensersatz zwischen Ehegatten

42 Das Recht der unerlaubten Handlung und der Gefährdungshaftung gilt auch zwischen Ehegatten: Wer den anderen nach §§ 823 ff. oder §§ 7, 18 StVG schädigt, ist ihm zum Schadensersatz verpflichtet. Milder ist nach § 1359 nur der Haftungsmaßstab und nur außerhalb des Straßenverkehrs (RN 74 f.).

Beispiele

(1) Die Ehefrau fährt das Auto des Ehemannes zu Bruch (*BGH* 53, 352: § 823 I), verfügt unbefugt über das Konto des Ehemanns (*BGH* FamRZ 86, 558: §§ 823 II, 826) oder schwärzt ihn beim Arbeitgeber an (*OLG Nürnberg* FamRZ 96, 32).

(2) Der Ehemann verschiebt sein Vermögen auf seine Freundin, um den Unterhalt der Ehefrau zu vereiteln (*BGH* FamRZ 2001, 86: § 826 auch gegen Freundin).

(3) Noch keine unerlaubte Handlung ist die Verletzung der Verpflichtung zur ehelichen Lebensgemeinschaft, denn § 1353 I 2 ist kein Schutzgesetz für § 823 II (*OLG Karlsruhe* FamRZ 88, 1270).

In aller Regel darf der geschädigte Ehegatte seinen Schadensersatz geltendmachen. Dies gilt ausnahmslos, wenn die unerlaubte Handlung erst nach der Trennung verübt wurde[21].

---

20 *OLG Düsseldorf* FamRZ 99, 228: vernünftiger Teilungsplan; *OLG Celle* FamRZ 99, 381: Änderung Steuerfreibetrag.
21 *BGH* 53, 352; NJW 88, 1209.

Während des Zusammenlebens prozessieren Ehegatten ohnehin nicht über Schadensersatz gegeneinander. Sobald sie aber getrennt leben, ist die Schadensersatzklage nicht schon deshalb rechtsmissbräuchlich, weil die unerlaubte Handlung noch vor der Trennung begangen wurde[22]. Für eine Verletzung der ehelichen Rücksicht ist mehr nötig, etwa eine Klage trotz ernstlichen Bemühens des Schädigers, den Schaden wiedergutzumachen, oder trotz einer unverhältnismäßig schweren Belastung des Schädigers durch die volle Schadensersatzleistung[23].

Die Verjährung zwingt den geschädigten Ehegatten nicht, noch während der Ehe zu klagen, denn nach § 204 S. 1 ist sie bis zur Rechtskraft der Scheidung gehemmt[24].

4. Ehestörung durch Untreue

4.1 Problem

Unter einer Ehestörung versteht man speziell die Verletzung der ehelichen Treuepflicht **43** durch ehewidrige oder gar ehebrecherische Beziehungen des Ehegatten zu einem Dritten. Wie kann sich der betrogene Ehegatte dagegen wehren? Darf er vom ungetreuen Ehegatten oder wenigstens von dessen „Verhältnis" Beseitigung der Störung, Unterlassung weiterer Störungen oder gar Schadensersatz verlangen? Er darf es in der Regel nicht, weil sich eheliche Treue nicht erzwingen lässt, jedoch hat diese Regel eine wichtige Ausnahme: die Verletzung des „räumlich-gegenständlichen Bereichs der Ehe".

Dass der betrogene Ehegatte aus § 1353 I 2 auf Herstellung des ehelichen Lebens klagen kann (§ 606 I 1 ZPO: Ehesache), hilft ihm wenig, denn das obsiegende Urteil ist nicht vollstreckbar (§ 888 III ZPO), während ein Beseitigungs-, Unterlassungs- oder Schadensersatzurteil vollstreckbar wäre, und das ist der Pferdefuß.

4.2 Grundsatz: kein deliktischer Rechtsschutz

In der Regel darf der betrogene Ehegatte weder vom ungetreuen Ehegatten noch vom **44** Dritten Beseitigung der Ehestörung, Unterlassung weiterer Störungen oder Schadensersatz verlangen, denn dafür gibt es keine Anspruchsgrundlage. § 1353 I 2 verpflichtet zwar zur ehelichen Lebensgemeinschaft und damit auch zur ehelichen Treue, sagt aber nicht, wie die Verletzung dieser Verpflichtung zu ahnden sei. Auch die §§ 823, 826, 1004 helfen im Normalfall nicht weiter, denn Ehe und eheliche Lebensgemeinschaft sind keine absoluten Rechte oder deliktisch geschützten Rechtsgüter. Sie stehen nach Art. 6 I GG zwar unter dem besonderen Schutz des Grundgesetzes, berechtigen und verpflichten aber nur die Ehegatten. Der Ehebruch ist deshalb für sich allein keine unerlaubte Handlung. Da die höchstpersönliche Verpflichtung zur ehelichen Treue nicht erzwingbar ist (§ 888 III ZPO), darf man den Ehebrecher auch nicht über die §§ 823, 826, 1004 in die Ehe zurückzwingen[25].

---

22 *BGH* 63, 58; NJW 88, 1208: aber auch nicht schrankenlos durchsetzbar.
23 *BGH* 53, 352; 61, 101; 63, 58; NJW 88, 1208; FamRZ 83, 25: Haftung des Drittschädigers bleibt aber ungekürzt.
24 *BGH* FamRZ 87, 250.
25 *BGH* 6, 360; 23, 279; 57, 231; NJW 52, 975; 56, 1149; 90, 706; FamRZ 88, 143; *RG* 151, 159.

Ausgeschlossen sind Beseitigungs-, Unterlassungs- und Schadensersatzansprüche aber nicht nur gegen den ungetreuen Ehegatten, sondern auch gegen den Dritten, der die Ehestörung mitverursacht hat, denn die eheliche Treuepflicht verträgt auch keinen mittelbaren Zwang. Die Klage gegen den Dritten aber würde mittelbar auch den ungetreuen Ehegatten unter Druck setzen, beim Schadensersatz schon über den Gesamtschuldnerausgleich[26].

45 Dem betrogenen Ehegatten bleiben nur Trennung und Scheidung, wenn er den Treubruch nicht ertragen kann. Scheidungsgrund ist nach §§ 1565 ff. aber nicht mehr der Ehebruch oder eine andere schuldhafte Eheverfehlung, sondern nur noch das Scheitern der Ehe. Auch für Unterhalt, Zugewinn- und Versorgungsausgleich spielt das Scheidungsverschulden nur noch eine kleine Rolle (§§ 1381 II, 1579, 1587c). Dieses System würde untergraben, wenn man die Eheverfehlungen mittels Schadensersatzklage vor Gericht ausbreiten dürfte.

Sobald jedoch die eheliche Untreue nicht nur die eheliche Lebensgemeinschaft, sondern die Gesundheit des betrogenen Ehegatten verletzt oder eine vorsätzliche sittenwidrige Schädigung darstellt, gelten die §§ 823, 826, 1004 auch zwischen den Ehegatten[27].

4.3 Ausnahme: Rechtsschutz für „räumlich-gegenständlichen Bereich" der Ehe

46 Wehrlos ist der betrogene Ehegatte nur, solange sich die eheliche Untreue des anderen außerhalb der Ehewohnung und der Geschäftsräume der Ehegatten abspielt. Dagegen muss er nicht tatenlos zuschauen, wenn der ungetreue Ehegatte sein „Verhältnis" in die Ehewohnung oder Geschäftsräume der Ehegatten bringt, sondern darf nach § 1004 I mit § 823 I von dem einen wie dem anderen Störer Beseitigung der Störung und Unterlassung weiterer Störungen verlangen[28].

Der Bundesgerichtshof unterscheidet zwischen einem inneren und einem äußeren Bereich der Ehe. Ersteren beschränkt er auf die höchstpersönlichen Beziehungen zwischen den Ehegatten, letzteren umschreibt er als „räumlich-gegenständlichen Bereich der Ehe" und behandelt ihn als **„sonstiges Recht"** nach § 823 I[29]. Räumlich-gegenständlich ist nicht nur die **Ehewohnung**, sondern auch der **Geschäftsraum**, in dem die Ehegatten miteinander arbeiten[30].

Der „räumlich-gegenständliche Bereich der Ehe" ist indes eine gekünstelte und überaus schiefe Konstruktion, denn geschütztes Rechtsgut ist nicht so sehr der eheliche Herd als vielmehr die Menschenwürde, die Ehre und das **Persönlichkeitsrecht** des betrogenen

---

26 *BGH* 6, 360; 23, 215; 23, 279; 57, 231; NJW 73, 991; ferner *BGH* 37, 41; 46, 397: auch kein wirtschaftlicher Druck.

27 *BGH* NJW 90, 706; insoweit überholt *BGH* 23, 215; zur Notwehr gegen Ehebruch: *OLG Köln* NJW 75, 2344.

28 *BGH* 6, 360; 37, 41; NJW 52, 975; FamRZ 61, 432; 63, 553; *OLG Köln* FamRZ 84, 267; OLG *Düsseldorf* FamRZ 88, 1053; 91, 705; *OLG Schleswig* FamRZ 89, 979; *Smid* NJW 90, 1344; aber auch *OLG Zweibrücken* NJW 89, 1614: kein Rechtsschutz nach Partnertausch in Ehewohnung.

29 *BGH* 6, 360; 37, 41; FamRZ 61, 432.

30 *BGH* NJW 52, 975; *OLG Köln* FamRZ 84, 267: Ladengeschäft; *OLG Düsseldorf* FamRZ 88, 1053: Arztpraxis; FamRZ 91, 705: nicht separate Wohnung.

Ehegatten an der Stätte des ehelichen Zusammenlebens[31]. Der betrogene Ehegatte wird zutiefst gedemütigt, wenn man ihm zumutet, den Treubruch des anderen aus nächster Nähe mitzuerleben.

Der ungetreue Ehegatte hat seine Ehestörung nach § 1004 I 1 dadurch zu beseitigen, dass er den Dritten, mit dem er ehewidrige Beziehungen unterhält, aus der Ehewohnung oder den Geschäftsräumen der Ehegatten entfernt, notfalls mittels Räumungsklage oder Entlassung aus dem Anstellungsverhältnis[32].

Die **Ehestörungsklage** ist angeblich **keine Ehesache** auf Herstellung des ehelichen Lebens nach § 606 I 1 ZPO, sondern eine gewöhnliche Zivilsache[33], die auch noch während des Scheidungsverfahrens zulässig ist[34].

Mit dem Recht auf den „räumlich-gegenständlichen Bereich der Ehe" kann der Ehegatte auch vermögensrechtliche Ansprüche des anderen Ehegatten abwehren, wenn die Abwägung der beiderseitigen Interessen es rechtfertigt[35].

4.4 Kosten des scheinehelichen Kindes

Da der Ehebruch für sich allein noch keine unerlaubte Handlung ist, hat der betrogene **47** Ehemann, der ein scheineheliches Kind gutgläubig unterhalten hatte, bevor er seine Vaterschaft erfolgreich angefochten hat, keinen Anspruch auf Ersatz des bezahlten Unterhalts oder der Kosten der Vaterschaftsanfechtung, weder gegen die ungetreue Ehefrau noch gegen den nichtehelichen Vater[36]. Der Schadensersatzanspruch setzt mehr voraus, etwa eine vorsätzliche sittenwidrige Schädigung[37]. Diese Voraussetzung ist erfüllt, wenn die Ehefrau dem Ehemann schon bei der Heirat vorspiegelt, das erwartete Kind könne nur von ihm sein[38].

Der nichteheliche Vater kommt aber nicht ungeschoren davon. Nach § 1607 III erwirbt der Ehemann und Scheinvater nach erfolgreicher Anfechtung der Vaterschaft kraft Gesetzes den Unterhaltsanspruch des Kindes gegen den nichtehelichen Vater[39]. Und analog § 1607 III muss der nichteheliche Vater dem Scheinvater auch die Kosten der Vaterschaftsanfechtung erstatten[40]. Diese unterhaltsrechtliche Anspruchsgrundlage hat den Vorteil, dass ein Verschulden nicht nötig und eine Mithaftung der Mutter kein Thema ist.

---

31 *BGH* 6, 360: Schutz für Frauenwürde u. Persönlichkeitsrecht; *OLG Düsseldorf* FamRZ 81, 577.
32 *BGH* FamRZ 63, 553; *OLG Köln* FamRZ 84, 267.
33 *OLG Düsseldorf* FamRZ 81, 577; *OLG Zweibrücken* FamRZ 89, 55; *OLG Karlsruhe* FamRZ 89, 77.
34 *OLG Schleswig* FamRZ 89, 979.
35 *BGH* 34, 80: Übertragung Gesellschaftsanteil; 37, 38: Teilungsversteigerung; 46, 392: Übernahmerecht.
36 *BGH* 23, 215; 26, 217; 57, 229; NJW 90, 706: zur Ehelichkeitsanfechtung.
37 *BGH* NJW 90, 706.
38 *BGH* 80, 235.
39 *BGH* 24, 9; 26, 217; *KG* FamRZ 2000, 441; zu §§ 812 ff. gegen das Kind: *BGH* NJW 81, 2184.
40 *BGH* 57, 229: zur Ehelichkeitsanfechtung; *KG* FamRZ 2000, 441.

5. Ende der ehelichen Lebensgemeinschaft

48 Nach § 1353 II endet die Verpflichtung zur ehelichen Lebensgemeinschaft am Rechtsmißbrauch, vor allem aber an der schlichten Tatsache, dass die Ehe gescheitert ist, weil
ein Ehegatte mit dem anderen partout nicht mehr zusammenleben will. Kein Ehegatte hat
das Recht, die Scheidung seiner gescheiterten Ehe nach §§ 1565, 1566 zu verhindern; die
seltenen Härtefälle des § 1568 sind nur außergewöhnliche Ausnahmen von dieser Regel.

An sich kann der trennungswillige Ehegatte auf Feststellung klagen, dass er zur Trennung berechtigt sei. Diese Klage ist nichts anderes als die Kehrseite der Klage auf Herstellung des ehelichen Lebens nach § 606 I 1 ZPO[41]. Fraglich ist jedoch meistens das
nach § 256 I ZPO erforderliche rechtliche Interesse an dieser Feststellung (RN 1429)[42].

3. Kapitel
Der Ehename

1. Begriff

49 Das Gesetz unterscheidet zwischen Geburts-, Familien- und Ehenamen. **Geburtsname**
ist der Name, der zur Zeit der Heirat in die Geburtsurkunde eingetragen ist (§ 1355 VI).
Es wird dies im Regelfall der Familienname sein., den man durch Geburt oder Bestimmung von seinen Eltern erhalten hat (§§ 1616-1617a), jedoch kann sich dieser Name inzwischen durch Adoption, vielleicht auch durch Verwaltungsakt nach dem Namensänderungsgesetz geändert haben.

Familiennamen nennt das Gesetz den Zu- oder Nachnamen eines Menschen; er soll die
Zugehörigkeit zu einer bestimmten Familie anzeigen. Zum Familiennamen gehört auch
der Begleitname des § 1355 IV.

Ehename ist der Familienname der Ehegatten. Nachdem das Bundesverfassungsgericht
die frühere Regelung des § 1355 II, dass der Mannesname zum Ehenamen werde, wenn
die Ehegatten keinen ihrer Geburtsnamen dazu bestimmten, wegen Verletzung des
Gleichheitssatzes für verfassungswidrig und nichtig erklärt hatte[43], hat das Familienna-
mensrechtsgesetz v. 16.12.1993 (BGBl I, 2054)[44] mit dem neuen § 1355 sowohl dem
Gleichheitssatz des Art. 3 II GG als auch dem Persönlichkeitsrecht der Frau die nötige
Reverenz erwiesen. Auf der Strecke geblieben ist der Ehename als ein gemeinsamer Familienname beider Ehegatten. Ihm erging es wie dem Buchsbaum, der zu einer Kugel
geschnitten werden sollte. Als der Schneider sein Werk vollendet hatte, sah er zwar eine
Kugel, wo aber war der Buchsbaum?

---

41 *OLG Karlsruhe* FamRZ 89, 77.
42 *OLG München* FamRZ 86, 807; *KG* FamRZ 88, 81; *OLG Karlsruhe* FamRZ 89, 77: Unterlassung persönlicher Kontaktaufnahme und von Beleidigungen ist keine Ehesache.
43 *BVerfG* NJW 91, 1602.
44 Dazu *Greßmann* ZAP 94, 265; *Wagenitz* FamRZ 94, 409; *Liermann* FamRZ 95, 19; eine umfangreiche Übergangsregelung findet sich in Art. 7 des FamNamRG.

2. Bestimmung des Ehenamens

Rechtsgrundlage ist § 1355. Danach sollen die Ehegatten bei der Heirat einen gemeinsa- **50**
men Familiennamen bestimmen (I 1). Das „Sollen" beinhaltet nicht nur einen frommen
Wunsch, sondern eine echte Rechtspflicht[45], freilich eine sehr schwache, denn wenn die
Ehegatten sie nicht erfüllen, bleibt alles beim Alten und jeder behält seinen bisherigen
Familiennamen (I 3)[46].

Als Ehenamen können die Ehegatten nur entweder den Geburtsnamen der Frau oder den
Geburtsnamen des Mannes bestimmen (II), auch wenn dies bereits ein Doppelname ist[47].
Dagegen können sie aus ihren beiden Geburtsnamen keinen Doppelnamen bilden. Bestimmt wird der Ehename durch Erklärung gegenüber dem Standesbeamten (II), entweder schon bei der Heirat oder öffentlich beglaubigt nach der Heirat (III).

Die Bestimmung des Ehenamens ist, obwohl eine Willenserklärung, nicht wegen Irrtums
nach § 119 anfechtbar[48] und auch nicht nach dem Namensänderungsgesetz korrigierbar[49].

3. Begleitname

Bestimmen die Ehegatten einen der beiden Geburtsnamen zum Ehenamen, so darf derje- **51**
nige, dessen Geburtsname nicht Ehename wird, durch Erklärung gegenüber dem Standesbeamten seinen eigenen Geburtsnamen als Begleitnamen voran- oder hintanstellen
(§ 1355 IV 1). Die Bestimmung des Begleitnamens ist widerruflich, der Widerruf aber
endgültig (§ 1355 IV 4). Unzulässig ist der Begleitname, wenn schon der Ehename aus
mehreren Namen besteht (§ 1355 IV 2). Auch der Begleitname selbst darf nur aus einem
einzigen Namen bestehen (§ 1355 IV 2, 3).

4. Name des verwitweten oder geschiedenen Ehegatten

Der verwitwete oder geschiedene Ehegatte behält den Ehenamen, darf aber durch öffentlich beglaubigte Erklärung gegenüber dem Standesbeamten seinen Geburtsnamen wieder
annehmen oder diesen seinem Ehenamen anfügen (§ 1355 V).

---

45 *BVerfG* JZ 64, 98 u. NJW 88, 1577: Gebot des § 1355 a.F., einheitlichen Familiennamen zu
    führen, ist verfassungsgemäß.
46 *BayObLG* FamRZ 96, 57 u. 97, 554 sowie *OLG Zweibrücken* FamRZ 96, 487: gilt auch, wenn
    Bestimmung nichtig.
47 *OLG Zweibrücken* FamRZ 96, 487: aber nicht den durch frühere Heirat erworbenen Namen,
    diese Wahl ist nichtig.
48 *OLG Celle* FamRZ 82, 267; *OLG Stuttgart* NJW-RR 87, 455; BayObLG NJW 93, 337.
49 *BVerwG* FamRZ 86, 53.

4. Kapitel
Der Ehegattenunterhalt

1. Gesetzliche Systematik

52 Das Gesetz regelt den Ehegattenunterhalt dreifach: als Familien-, Trennungs- und Geschiedenenunterhalt, je nachdem, ob die Ehegatten noch zusammenwohnen oder schon getrennt leben oder gar rechtskräftig geschieden sind. Anspruchsgrundlagen sind die §§ 1360, 1361, 1569 ff.

Ehegattenunterhalt		
Familienunterhalt während häuslicher Gemeinschaft (§ 1360)	**Trennungsunterhalt** während Getrenntlebens (§ 1361)	**Geschiedenenunterhalt** nach rechtskräftiger Scheidung (§§ 1569 ff.)

Bild 4: Ehegattenunterhalt

Der **Familienunterhalt** nach §§ 1360, 1360a (RN 53 ff.) spielt in der Praxis des Familiengerichts keine Rolle, denn wenn die Ehegatten erst einmal über Unterhalt streiten, lassen Trennung und Scheidung nicht mehr lange auf sich warten. Seltenheitswert hat der Fall, dass der Träger der Berufsausbildungsförderung aus übergeleitetem Recht nach § 37 BAföG den Unterhalt des auszubildenden Ehegatten aus § 1360 einklagt[50]. Häufiger ist die Schadensersatzklage eines Ehegatten aus § 844 II gegen den Dritten, der den anderen Ehegatten getötet hat und den Unterhaltsverlust ausgleichen soll[51]; aber dafür ist nicht das Familiengericht zuständig.

Vor dem Familiengericht prozessiert man über Trennungs- und Geschiedenenunterhalt. Den **Trennungsunterhalt** regelt § 1361 recht pauschal in dem Bestreben, dem Ehegatten den ehelichen Lebensstandard auch während des Getrenntlebens zu erhalten, da die Trennung nicht zwangsläufig in die Scheidung mündet, sondern durch Versöhnung in die eheliche Lebensgemeinschaft zurückführen kann (RN 150 ff.).

Dem **Geschiedenenunterhalt** hingegen widmet das Gesetz zwei Dutzend schwer verständliche Vorschriften (§§ 1569-1586b). Nach Rechtskraft der Scheidung soll sich jeder Ehegatte möglichst selbst unterhalten (§ 1569). Einen Anspruch auf Geschiedenenunterhalt hat er nach §§ 1570-1576 nur dann, wenn er wegen Kindesbetreuung, Alters oder Krankheit, Arbeitslosigkeit, Ausbildung oder aus Gründen der Billigkeit bedürftig ist (RN 261 ff.).

---

50 *BGH* FamRZ 85, 353.
51 *BGH* NJW 74, 1238; FamRZ 93, 411.

2. Familienunterhalt

2.1 Anspruchsgrundlage

Nach § 1360 S. 1 sind die Ehegatten während ihres Zusammenlebens einander verpflichtet, durch ihre Arbeit und mit ihrem Vermögen die Familie angemessen zu unterhalten[52]. Hausfrau und Hausmann leisten ihren Beitrag bereits durch Haushaltsführung (§ 1360 S. 2). Was zum Familienunterhalt gehört, sagt § 1360a I; wie der Familienunterhalt zu leisten ist, steht in § 1360a II. **53**

2.2 Rechtsfolge

Rechtsfolge ist ein Anspruch auf angemessenen Familienunterhalt, § 1360a I, II. Anders **54** als Trennungs- und Geschiedenenunterhalt ist der Familienunterhalt nicht durch eine laufende Geldrente, sondern durch einen **individuellen Beitrag** zu leisten, der sich **nach der konkreten Lebensgestaltung** der Eheleute richtet (§ 1360a II 1)[53]. Die Ehegatten selbst verteilen die Aufgaben der ehelichen Lebensgemeinschaft und bestimmen, wer den Haushalt führen und wer das nötige Geld verdienen soll (§ 1356 I 1). Sind beide Ehegatten erwerbstätig, schulden sie den nötigen Barunterhalt im Verhältnis ihrer Einkommen und teilen sich Haushaltsführung und Kindesbetreuung[54]. Hausfrau und Hausmann hingegen schulden in der Regel keinen Barunterhalt, sondern erfüllen ihre Unterhaltspflicht voll durch Haushaltsführung (§ 1360 S. 2). Soweit der Ehegatte seinen Unterhaltsbeitrag weder durch Haushaltsführung noch durch direkte Bezahlung der Haushaltskosten für Wohnung, Kleidung und Nahrung leistet, schuldet er nach § 1360a II 2 das nötige **Haushaltsgeld** für den laufenden Bedarf und für einen angemessenen Zeitraum im Voraus[55].

2.3 Tatbestand

Der Anspruch auf Familienunterhalt setzt voraus: die Ehegatten leben noch in häuslicher **55** Gemeinschaft (Arg. § 1361)[56] und es besteht ein Unterhaltsbedarf.

Der **Bedarf** richtet sich gemäß § 1360a I nach den ehelichen Lebensverhältnissen[57] und umfasst alles, was die Familie braucht, um die Kosten des gemeinsamen Haushalts und den persönlichen Bedarf der Familienmitglieder zu decken[58]. Zur Familie gehören die beiden Ehegatten und ihre unterhaltsberechtigten Kinder, andere Personen nur, wenn die

---

52 *BAG* FamRZ 86, 573: Unterhaltspflicht ist gegenseitig; *OLG München* FamRZ 2000, 1219: kein Anspruch auf Auskunft.
53 *BGH* FamRZ 93, 411: zu § 844 II; 95, 537: kein Mindestbedarf.
54 *BGH* DB 67, 992 u. NJW 74, 1238: auch Einkommen neben Haushalt; *OLG Hamm* NJW 74, 1229: neben Haushalt weniger Barunterhalt.
55 *OLG München* FamRZ 82, 801; *OLG Düsseldorf* FamRZ 83, 1121: einstweilige Verfügung; *OLG Hamburg* FamRZ 84, 583: Zweckbindung u. Abrechnung.
56 Dazu *BGH* 35, 302.
57 *BGH* FamRZ 95, 537: kein Mindestbedarf.
58 Dazu *BGH* FamRZ 93, 411; 95, 537.

Ehegatten sie in ihre Gemeinschaft aufnehmen[59]. Haushaltskosten entstehen für Wohnung[60], Heizung und Hausrat, für Nahrung, Wasser, Strom und Telefon. Der persönliche Bedarf jedes Ehegatten umfasst Kleidung, Hygiene und Heilbehandlung[61], Krankenversicherung[62] und Altersvorsorge[63], Bildung, Kunst, Sport und Freizeit, kraft gemeinsamer Lebensplanung sogar die Berufsausbildung[64]. Das Kind hat Bedarf an Kleidung, Spielzeug, Heilbehandlung und Ausbildung. § 1360 S. 1 berechtigt und verpflichtet aber nur die Ehegatten; der Unterhaltsanspruch des Kindes richtet sich nach §§ 1601 ff. (RN 1202 ff.).

Angemessen ist ein Familienunterhalt, der den ehelichen Lebensverhältnissen entspricht; unangemessen sind die übertriebene Sparsamkeit und der überzogene Luxus[65].

2.4 Anspruch auf Taschengeld

56 Da der Familienunterhalt auch den persönlichen Bedarf jedes Ehegatten decken soll, hat derjenige Ehegatte, der weder erwerbstätig ist noch sonstige Einkünfte bezieht, einen Anspruch gegen den anderen auf ein angemessenes Taschengeld zur freien Verfügung[66]. Das Taschengeld ist Bestandteil des Familienunterhalts; seine Höhe richtet sich nach den ehelichen Lebensverhältnissen und wird pauschal auf etwa 5-7% des verfügbaren Einkommens berechnet[67]. Der Anspruch auf Taschengeld ist klagbar und nach § 850b II ZPO bedingt pfändbar[68]; das ist für die Gläubiger der Hausfrau und des Hausmannes interessant, vor allem für das unterhaltsberechtigte Kind aus einer früheren Ehe. „Anspruch" auf Taschengeld hat auch der erwerbstätige oder vermögende Ehegatte, deckt ihn aber aus seinem eigenen Einkommen[69].

2.5 Anspruch auf Prozesskostenvorschuss

Der Anspruch des Ehegatten auf Kostenvorschuss für einen Prozess über persönliche Angelegenheiten (§ 1360a IV) wird beim Trennungsunterhalt behandelt (RN 212).

---

59 *BGH* JZ 69, 704 u. *OLG Nürnberg* FamRZ 65, 217: Stiefkind.

60 *BGH* NJW 66, 2401; 85, 49: nur Mietkosten, nicht Kosten für Eigentumserwerb.

61 *OLG Oldenburg* FamRZ 96, 288: Zahnarztkosten, die Krankenkasse nicht trägt, nur wenn notwendig u. abgesprochen.

62 *OLG Hamm* FamRZ 87, 1142.

63 *BGH* FamRZ 60, 225.

64 *BGH* FamRZ 85, 353; ferner *OLG Stuttgart* FamRZ 83, 1030.

65 *BGH* NJW 83, 1113: Liebhaberei – teure Autos – nur in vernünftigen Grenzen.

66 *BGH* 35, 302; *OLG Köln* FamRZ 84, 1089; *OLG Celle* FamRZ 86, 196; *OLG Hamm* FamRZ 88, 947; 89, 617; *OLG Stuttgart* FamRZ 88, 166; *KG* NJW-RR 92, 707; ferner *Haumer* FamRZ 96, 193.

67 *BGH* FamRZ 98, 608; *OLG München* FamRZ 88, 1161; *OLG Hamm* FamRZ 90, 548; *OLG Celle* FamRZ 99, 162.

68 *BVerfG* FamRZ 86, 773: kein Verstoß gegen Art. 6 I GG; *BGH* FamRZ 98, 608; *OLG Celle* NJW 91, 1960; *OLG Frankfurt* FamRZ 91, 727; *OLG Karlsruhe* JurBüro 92, 570; *OLG Köln* FamRZ 94, 455; *OLG Stuttgart* FamRZ 97, 1494; *OLG Nürnberg* FamRZ 99, 505.

69 *BGH* FamRZ 98, 608: zuverdienender Ehegatte; Pfändung des angeblichen Anspruchs gegen andere Ehegatten deshalb gegenstandslos; *OLG Celle* FamRZ 99, 162.

2.6 Einwendungen gegen den Anspruch auf Familienunterhalt

Der Anspruch auf Familienunterhalt erlischt, sobald die Eheleute getrennt leben (Arg. **57** § 1361 I)[70]. Im Übrigen verweist § 1360a III auf die §§ 1613-1615 zum Verwandtenunterhalt; dort sind geregelt: Unterhalt für die Vergangenheit und Sonderbedarf (§ 1613), Unterhaltsverzicht (§ 1614 I) und Vorauszahlung (§ 1614 II) sowie Tod des Berechtigten oder Verpflichteten (§ 1615).

2.7 Mehrleistung

Für den Fall, dass ein Ehegatte mehr Familienunterhalt leistet, als er nach dem Gesetz **58** leisten soll[11], ist nach § 1360b im Zweifel anzunehmen, dass er bei der Leistung nicht beabsichtigt, vom anderen Ehegatten später Ersatz zu verlangen. Das ist eine **gesetzliche Auslegungsregel**, die nur durch eine abweichende Auslegung überwunden werden kann. Ohne Rückforderungswille aber lässt sich ein Anspruch auf Rückzahlung weder mit Geschäftsführung ohne Auftrag noch mit ungerechtfertigter Bereicherung begründen[72].

5. Kapitel
Haushalt und Beruf

1. Einvernehmliche Rollenverteilung

Das Problem der modernen Ehe ist die Organisation von Haushalt und Beruf. Das alte **59** Leitbild der Hausfrauenehe ist nicht nur verblasst, sondern wird bereits verächtlich mit Füßen getreten. Während die Frau mehr und mehr ins Berufsleben drängt, ist von einem Drang des Mannes in den Haushalt nichts zu hören[73]; die wenigen Vorzeige-Hausmänner in den Talk-Shows können darüber nicht hinwegtäuschen. Obwohl immer häufiger beide Eheleute berufstätig sind oder wenigstens sein wollen, gibt die Doppelverdienerehe noch kein neues Leitbild ab; dies verhindert schon die große Zahl arbeitsloser Frauen. Statt dessen herrscht so etwas wie „Vertragsfreiheit": die Ehegatten verteilen die ehelichen Aufgaben selbst.

Das Gesetz sagt dazu in § 1356 recht hölzern: Die Ehegatten regeln die Haushaltsführung in gegenseitigem Einvernehmen (I 1). Ist die Haushaltsführung einem Ehegatten überlassen, so leitet dieser den Haushalt in eigener Verantwortung (I 2). Beide Ehegatten sind berechtigt, erwerbstätig zu sein (II 1), müssen jedoch die Erwerbstätigkeit mit der gebotenen Rücksicht auf die familiären Belange wählen und ausüben (II 2).

Man mag darüber streiten, ob das erforderliche Einvernehmen bereits ein Vertrag sei oder nur eine tatsächliche Verständigung, unverbindlich ist es jedenfalls nicht, sondern

---

70 *OLG* Hamm FamRZ 88, 947: auch für Zeit vor Trennung.
71 *BGH* MDR 68, 828: Kindesunterhalt; NJW 83, 1113: auch Zahlung für Auto.
72 *BGH* 50, 270; *OLG Karlsruhe* FamRZ 90, 744: § 1360b ist lex spezialis gegen §§ 683, 812.
73 Dazu *Adomeit* NJW 96, 299.

bindet die Ehegatten, solange sich die Verhältnisse nicht wesentlich ändern. Bindung heißt auch hier wie überall im Vertragsrecht nur, dass sich keiner einseitig lossagen darf. Aber auch diese Frage ist rechtlich unergiebig, da Verpflichtungen aus der einvernehmlichen Rollenverteilung zwar mit der Klage auf Herstellung des ehelichen Lebens (§ 1353 I 2 BGB und § 606 I 1 ZPO) vor das Familiengericht gebracht, nach § 888 III ZPO aber nicht vollstreckt werden können. Jedenfalls ist die einvernehmliche Übernahme der Wirtschaftsführung kein Auftrag, der den Ehegatten zur Rechenschaftslegung und Herausgabe nicht belegter Gelder verpflichtete[74].

2. Gesetzliche Verpflichtung zur Mitarbeit

60 Von einer Verpflichtung, im Unternehmen oder in der Praxis des anderen Ehegatten mitzuarbeiten, weiß das Gesetz nichts mehr. Eine Mitarbeitspflicht lässt sich nur noch aus § 1353 I 2 und nur für den seltenen Fall rechtfertigen, dass die Mitarbeit nötig ist, um den Familienunterhalt (§ 1360) zu erwirtschaften. Dass die Mitarbeit üblich ist (Landwirtschaft, Gaststättengewerbe, Einzelhandel, Handwerk), genügt heute nicht mehr; sie muss für den Familienunterhalt erforderlich sein[75]. Erzwingen kann man sie ohnehin nicht (§ 888 III ZPO).

Aber selbst, wenn ein Ehegatte ausnahmsweise kraft Gesetzes beim anderen mitarbeitet, um den Familienunterhalt zu sichern, erwirbt er selbst, wenn er durch Körperverletzung an dieser Mitarbeit gehindert wird, einen eigenen Anspruch auf Schadensersatz nach §§ 823 ff. oder §§ 7, 18 StVG, während der andere Ehegatte keinen Anspruch aus § 845 erlangt. Das gleiche gilt, wenn der verletzte Ehegatte den Haushalt nicht mehr führen kann[76].

3. Freiwillige Mitarbeit zwischen Ehegatten

3.1 Entgeltlich oder unentgeltlich?

61 Auch wenn der Ehegatte heute nur noch in seltenen Ausnahmefällen gesetzlich verpflichtet ist, im gewerblichen Unternehmen oder in der freiberuflichen Praxis des anderen mitzuarbeiten, tut er dies oft freiwillig. Ob er entgeltlich oder unentgeltlich mitarbeitet, interessiert in einer intakten Ehe allenfalls steuerrechtlich. Die Frage wird aber unweigerlich auch zwischen den Eheleuten gestellt, wenn die Ehe auseinanderbricht. Sie ist leicht zu beantworten, wenn die Ehegatten die Mitarbeit ausdrücklich in einem **schriftlichen Dienst-, Arbeits- oder Gesellschaftsvertrag** klar geregelt haben[77]. Dieser Vertrag ist solange ernst zu nehmen, bis er nach § 117 I als Scheingeschäft entlarvt ist.

---

74 *BGH* FamRZ 2001, 23.
75 *BGH* NJW 94, 2546; insoweit überholt *BGH* 46, 385.
76 *BGH* GSZ 50, 304; 59, 172; FamRZ 79, 687; NJW 88, 1783: zu § 844 II.
77 *BGH* NJW 82, 170: Ehegattengesellschaft zum gemeinsamen Bau eines Eigenheims; FamRZ 95, 1062: Anstellungsvertrag, der Ehemann zum Geschäftsführer im Unternehmen der Ehefrau bestellt; FamRZ 87, 908: Übergabe- und Darlehensvertrag mit klarer Regelung für den Fall der Scheidung.

Fehlt ein schriftlicher Vertrag, wird die Antwort leicht zum Glücksspiel. Ist das, was die **62** Ehegatten praktiziert haben, ohne groß darüber nachzudenken, ein Dienst-, ein Arbeits- oder ein Gesellschaftsverhältnis oder nur ein unentgeltlicher Auftrag, wenn nicht gar eine bloße Gefälligkeit? Antwort gibt die **Auslegung** dieses Verhaltens nach §§ 133, 157. Dass die Ehegatten seinerzeit an derlei rechtliche Konstruktionen nicht gedacht haben, ist noch kein Hindernis[78]. Im Vertragsrecht kommt es auch sonst nicht darauf an, was man denkt, sondern allein darauf, wie man sich verhält. Wenn aber das Verhalten eines Ehegatten aus der Sicht des anderen einem Dienst-, Arbeits- oder Gesellschaftsverhältnis entspricht, dann haben die Ehegatten eben stillschweigend durch schlüssiges Verhalten einen Dienst-, Arbeits- oder Gesellschaftsvertrag geschlossen[79], und man sollte dies nicht geringschätzig als eine lebensfremde Fiktion abtun. Die normative Auslegung erforscht nun einmal nicht den Willen, sondern rechnet Rechtsfolgen zu, ob man sie will oder nicht. Das lebendige Verhalten der Eheleute bestimmt so die rechtliche Konstruktion und nicht diese das Leben.

Das Problem liegt anderswo: **Das Schuldrecht wird hier vom Familienrecht „überla-** **63** **gert".** Nach § 1353 I 2 sind die Ehegatten einander zur ehelichen Lebensgemeinschaft verpflichtet, die nach heutigem Verständnis eine gleichberechtigte Partnerschaft ist. Das Arbeitsverhältnis dagegen begründet eine soziale Abhängigkeit des Arbeitnehmers vom Arbeitgeber. Die Gesellschaft scheint der Ehe zwar besser gerecht zu werden. Zur Herstellung der ehelichen Lebensgemeinschaft braucht man aber keine Gesellschaft, weil schon das Gesetz dazu verpflichtet. Auf der anderen Seite drängt sich ein stillschweigender Vertragsschluss in der einen oder anderen Richtung dann auf, wenn ein Ehegatte jahrelang wertvolle Arbeit für den anderen geleistet und diesen nachhaltig bereichert hat[80]. Alles andere freilich dient nur der ehelichen Lebensgemeinschaft, ist deshalb ein für allemal mit Rechtsgrund geleistet und wird auch dann nicht vergütet oder ausgeglichen, wenn die Ehe alsbald scheitert[81].

3.2 Ehegattenarbeitsverhältnis

Mit der Annahme eines stillschweigend geschlossenen Arbeitsvertrags hält sich die **64** Rechtsprechung zurück. Das Ehegattenarbeitsverhältnis widerspricht zwar nicht der Gleichberechtigung der Ehegatten[82] und kann schon steuerlich sinnvoll sein[83], muss dann aber schriftlich nachgewiesen werden[84]. Schon das spricht auch zivilrechtlich gegen die Annahme eines stillschweigend geschlossenen Arbeitsvertrags. Statt dessen qualifiziert man die Mitarbeit im gewerblichen Unternehmen eher als Ehegatteninnengesellschaft[85]

---

78 *BGH* 31, 197; FamRZ 87, 908.
79 *BGH* 31, 197, WM 74, 1162 u. NJW 94, 652: zur Gesellschaft.
80 *BGH* NJW 94, 2545; dazu *Reinecke* ZAP 94, 893.
81 *BGH* 46, 385.
82 *BVerfG* NJW 96, 833; 62, 437; zur Kündigung durch den Arbeitgeberehegatten nach Scheitern der Ehe: *BAG* NJW 96, 1299.
83 Zur steuerrechtl. Anerkennung: *BVerfG* NJW 96, 833 u. 834: Überweisung Gehalt auf Oder-Konto noch kein Hindernis.
84 *BVerfG* NJW 96, 833, 834.
85 *BGH* 47, 157.

und die Mitarbeit in der freiberuflichen Praxis als familienrechtlichen Vertrag besonderer Art, der über § 242 einen Ausgleich ermöglicht[86].

3.3 Ehegatteninnengesellschaft

65 Die Ehegatteninnengesellschaft ist eine **Gesellschaft bürgerlichen Rechts** nach §§ 705 ff., jedoch **ohne Vertretung und ohne Gesamthandsvermögen**[87]. Nach außen soll nur ein Ehegatte im eigenen Namen auftreten. Er allein ist der Unternehmer, ihm allein gehört das Betriebsvermögen und er allein haftet für die Betriebsschulden[88]. Der andere Ehegatte ist als stiller Teilhaber nur schuldrechtlich am Unternehmen und am Betriebsvermögen beteiligt[89]. Seine Beteiligung besteht – neben etwaigen Gewinnansprüchen – aus einem Anspruch auf Abrechnung und Auszahlung des Auseinandersetzungsguthabens bei Vertragsende[90]. Folgerichtig ist die aufgelöste stille Gesellschaft ohne Liquidation auch schon beendet, denn es gibt nichts, was man nach §§ 730 ff. auseinandersetzen und verteilen könnte. Der Betriebsinhaber muss gegenüber dem stillen Teilhaber nur abrechnen und auszahlen.

Aber auch die Ehegatteninnengesellschaft erfordert nach § 705 einen **Vertrag, der beide Ehegatten gegenseitig verpflichtet, einen gemeinsamen Zweck gemeinsam zu fördern**. Dafür genügt jeder gemeinsame Zweck, auch der Erwerb oder Bau eines Eigenheims, wenn er **ausdrücklich** vereinbart wird[91]. Dagegen besteht für die **stillschweigende Vereinbarung** einer Ehegatteninnengesellschaft **nur** dann ein Bedarf, **wenn der gemeinsame Zweck über die eheliche Lebensgemeinschaft hinausgeht**, denn zur Herstellung der ehelichen Lebensgemeinschaft braucht man keine Gesellschaft, dazu verpflichtet bereits § 1353 I 2[92]. Dass eine Ehegatteninnengesellschaft erst recht dann ausscheidet, wenn die Eheleute ausdrücklich etwas anderes vereinbart haben, versteht sich von selbst[93].

Beispiele
66

> ### Beispiele für Ehegatteninnengesellschaft
> (1) Der mittellose Ehemann betreibt einen Großhandel, die Ehefrau bringt eine Metzgerei ein und arbeitet mit (*BGH* 31, 197).
> (2) Der Ehemann pachtet eine Gaststätte, die Ehefrau arbeitet darin mit und nimmt gemeinsam mit dem Ehemann Kredite auf (*BGH* 47, 157).
> (3) Die Eheleute pachten gemeinsam eine Gaststätte und finanzieren die Einrichtung gemeinsam mit Krediten (*BGH* FamRZ 90, 973).

---

86 *BGH* NJW 94, 2546.
87 *BGH* 7, 378; 8, 249; 12, 314; ferner *Frank* FamRZ 83, 541; zur Ehegatten-GmbH: *Roth* FamRZ 84, 328.
88 *BGH* NJW 60, 1851; 90, 573.
89 *BGH* 7, 174; 7, 378.
90 *BGH* NJW 90, 573.
91 *BGH* NJW 82, 170.
92 *BGH* 84, 361; NJW 74, 1554, 2278; 86, 1871; 95 3383; FamRZ 74, 1162; 75, 35; 89, 147; 99, 1580.
93 *BGH* FamRZ 87, 908; 90, 1220; 95, 1062.

(4) Die Eheleute errichten gemeinsam und geschäftsmäßig Mietwohnungen (*BGH* FamRZ 75, 35).

(5) Der eine Ehegatte übernimmt im Großbetrieb des anderen mit vollem Arbeitseinsatz die kaufmännische Leitung (*BGH* FamRZ 68, 589).

(6) Durch jahrelange planvolle Zusammenarbeit erwerben und verwalten die Eheleute ein Immobilienvermögen (*BGH* FamRZ 99, 1580).

Beispiele gegen Ehegatteninnengesellschaft

Beispiele 67

(1) Die Ehegatten schließen einen schriftlichen **Anstellungsvertrag**, der den Ehemann zum Geschäftsführer im Unternehmen der Ehefrau bestellt. Diese ausdrückliche und eindeutige Vereinbarung schließt die Annahme einer stillschweigenden Ehegatteninnengesellschaft aus (*BGH* FamRZ 95, 1062).

(2) Die Ehegatten erwerben oder errichten zwar gemeinsam ein **Eigenheim für die Familie, verwirklichen** damit aber **nur die ehelichen Lebensgemeinschaft** nach § 1353 I 2, die auch eine häusliche Gemeinschaft sein soll (*BGH* 84, 361; NJW 74, 1554; FamRZ 89, 147). Einen ausdrücklichen Gesellschaftsvertrag hindert dies nicht (*BGH* NJW 82, 170).

(3) Die Ehefrau besorgt dem Ehemann, der selbständig einen Großmarkt betreiben will, einen Bankkredit und übernimmt dafür die persönliche und/oder dingliche Haftung. Scheitert die Ehe, darf die Ehefrau vom Ehemann Befreiung von der persönlichen und/oder dinglichen Haftung verlangen; Anspruchsgrundlage ist ein **Auftrag** mit § 670 (*BGH* FamRZ 87, 907; NJW 89, 1920; gegen Innengesellschaft schon *BGH* FamRZ 62, 110; 63, 279; 68, 589).

(4) Die Ehefrau arbeitet als Sprechstundenhilfe in der Arztpraxis des Ehemanns mit und unterstützt diesen mit Geld (BGH NJW 74, 2045). Eine Gesellschaft käme hier nur dann in Frage, wenn auch die Ehefrau Ärztin wäre. Statt dessen erlangt sie, wenn die Ehe scheitert, vielleicht einen Ausgleichsanspruch wegen **Wegfalls der Geschäftsgrundlage** eines familienrechtlichen Vertrags eigener Art (*BGH* NJW 74, 2045).

(5) Die Ehefrau führt nicht nur den Haushalt und erzieht 3 Kinder, sondern arbeitet jahrelang auch noch voll in der Baumschule des Ehemanns mit. Obwohl sie zu dieser Mitarbeit weder nach § 1353 I 2 noch nach § 1360 verpflichtet ist und eine stillschweigende Innengesellschaft naheliegt, zieht der BGH eine andere rechtliche Konstruktion vor: einen **familienrechtlichen Vertrag** eigener Art, der nach dem Scheitern der Ehe einen Ausgleich nach § 242 ermögliche (*BGH* NJW 94, 2545, 2546; 74, 2045; anders noch MDR 54, 537: Innengesellschaft, wenn Mann voll im Unternehmen der Frau arbeitet). Auf keinen Fall ist die Mitarbeit des Ehegatten schon deshalb unentgeltlich, weil sie üblich ist, denn nach §§ 1353 I 2, 1360 ist heute nur noch die unterhaltsrechtlich erforderliche Mitarbeit geschuldet (überholt deshalb *BGH* 46, 385; NJW 60, 141; 67, 1077).

(6) Gehört das gemeinsame Unternehmen bereits zum Gesamtgut der **Gütergemeinschaft**, besteht kein Bedürfnis, auch noch eine stillschweigend vereinbarte Innengesellschaft anzunehmen (*BGH* NJW 94, 652).

6. Kapitel
Die Schlüsselgewalt

1. Begriff

68 Nach § 1357 I darf jeder Ehegatte Geschäfte zur angemessenen Deckung des Lebensbedarfes der Familie mit Wirkung für und gegen beide besorgen. Dieses Recht nennt man Schlüsselgewalt, rechtlich eine seltsame Konstruktion[94]. Sie ähnelt zwar der Vertretungsmacht, da das Geschäft auch den anderen Ehegatten unmittelbar berechtigt und verpflichtet, aber es fehlt an der Grundvoraussetzung jeder Stellvertretung, denn der handelnde Ehegatte muss das Geschäft nicht auch im Namen des anderen schließen, sondern darf ausschließlich im eigenen Namen auftreten[95].

Die Schlüsselgewalt schützt vor allem den Geschäftspartner, denn dieser darf sich auch an den anderen Ehegatten halten, der vielleicht als einziger Einkommen und Vermögen hat[96]. Im Innenverhältnis der Ehegatten dagegen haftet derjenige, der den Familienunterhalt leisten soll und kann. Da die Schlüsselgewalt den anderen Ehegatten aber nicht nur verpflichtet, sondern auch berechtigt, ist sie mit dem Grundgesetz vereinbar[97].

2. Rechtsfolge

69 Das **Rechtsgeschäft**, das ein Ehegatte mit Schlüsselgewalt abschließt, **berechtigt und verpflichtet** nach § 1357 I 2 **beide Ehegatten**. Beide werden Gesamtgläubiger (§ 428) der vertraglichen Ansprüche und Gesamtschuldner (§ 427) der vertraglichen Verpflichtungen[98]. Daraus folgt: **Die Schlüsselgewalt beschränkt sich auf Verpflichtungsverträge**[99].

Eigentum und andere dingliche Rechte **erwirbt man** nicht nach § 1357 I, sondern **nach den Vorschriften des Sachenrechts**[100]. Tritt ein Ehegatte allein im eigenen Namen auf, erwirbt er Alleineigentum. Handelt er namens und mit Vollmacht des anderen, wird der andere Alleineigentümer. Miteigentum erwerben die Ehegatten dann, wenn sie gemeinsam auftreten oder wenn der eine sowohl im eigenen als auch im Namen des anderen auftritt und Vollmacht hat. Handelt es sich jedoch um **Hausrat**, beeinflusst die allgemeine Lebenserfahrung die Auslegung der dinglichen Einigung derart, dass man im Zweifel einen Erwerb zu hälftigem Miteigentum beider Ehegatten annimmt, auch wenn nur einer auftritt[101].

---

94 Dazu *Wacke* FamRZ 80, 13.
95 *BGH* 94, 1.
96 *RG* 61, 78.
97 *BVerfG* NJW 90, 175.
98 *BGH* 94, 1.
99 *BGH* 114, 74; zum Verbrauchergeschäft: *Löhnig* FamRZ 2001, 135.
100 *BGH* 114, 74.
101 *BGH* 114, 74.

3. Tatbestand

Ein Ehegatte allein schließt das Geschäft zur angemessenen Deckung des Lebensbedarfs **70**
der Familie. Die Beweislast trägt derjenige, der die Rechtsfolge des § 1357 I 2 haben
will.

Das Geschäft kann nur ein **Verpflichtungsvertrag** sein, weil andere Geschäfte nicht
verpflichten[102]. Das Gesetz sagt nicht, wie der Ehegatte auftreten soll, ob im eigenen
oder in fremdem Namen. Da die Schlüsselgewalt keine gesetzliche Vertretungsmacht ist,
tritt der Ehegatte gewöhnlich im eigenen Namen auf. Ein Vertragsschluss (auch) im Namen des anderen Ehegatten schadet aber nicht. Der andere Ehegatte wird dann entweder
nach § 1357 I oder nach § 164 berechtigt und verpflichtet, während die eigene Haftung
nur dann ausgeschlossen wird, wenn man dies deutlich sagt[103].

Der Ehegatte muss das Verpflichtungsgeschäft **zur angemessenen Deckung des Le-** **71**
bensbedarfs der Familie schließen. Gemeint ist der **Familienunterhalt** nach §§ 1360,
1360a. Was angemessen ist, bestimmt deshalb das Unterhaltsrecht[104]. Maßstab sind die
ehelichen Lebensverhältnisse (RN 55). Zum Familienunterhalt gehören aber nicht nur
Essen und Trinken, Kleidung und (Miet-)Wohnung, sondern auch all das, was jeder Ehegatte und jedes Kind für sich selbst braucht, einschließlich eines unerwarteten Sonderbedarfs[105].

Beispiele

> Sonderbedarf sind die Kosten einer medizinisch indizierten unaufschiebbaren **ärztlichen**
> **Behandlung**, auch im **Krankenhaus**, grundsätzlich ohne Rücksicht auf die Höhe der
> Kosten (*BGH* 116, 184; 94, 1; *OLG Schleswig* NJW 93, 2996; *OLG Köln* FamRZ 99,
> 1134: 19 000,– DM privatärztliche Behandlungskosten; ablehnend *OLG Köln* FamRZ 99,
> 1662: 18 000,– DM Krankenhauskosten).
>
> Zum Unterhaltsbedarf gehört auch der **Wohnbedarf der Familie**, unterhaltsrechtlich an-
> gemessen ist aber nur die Mietwohnung, nicht das eigene Familienwohnheim. Deshalb
> berechtigt und verpflichtet der Bauvertrag nur den Ehegatten, der ihn abschließt, nicht
> auch den anderen (*BGH* FamRZ 89, 35).
>
> Problematisch wird der Abschluss eines Reisevertrags (ablehnend *OLG Frankfurt*
> FamRZ 83, 913 u. *OLG Köln* FamRZ 91, 434) oder eines Ratenkaufvertrags (dazu
> *Schmidt* FamRZ 91, 629; zu Haustürgeschäften nach dem HWiG: *Cebulla/Pützhoven*
> FamRZ 96, 1124).

4. Einwendungen gegen die Schlüsselgewalt

Die Schlüsselgewalt des § 1357 I hat **drei Ausnahmen**: Erstens, aus den Umständen er- **72**
gibt sich etwas anderes (I 2 Hs. 2); zweitens, der andere Ehegatte hat die Schlüsselgewalt
beschränkt oder ausgeschlossen (II); drittens, die Ehegatten leben getrennt (III). Die **Be-**
weislast hat derjenige, der die Rechtsfolge des § 1357 I 2 ablehnt.

---

102 *BGH* 114, 74.
103 *BGH* 94, 1, 3.
104 *BGH* 94, 1; 116, 188; *OLG Köln* FamRZ 99, 1662.
105 *BGH* 116, 188.

Zu den **Umständen, die etwas anderes ergeben,** zählen etwa[106]: die abweichende ausdrückliche Erklärung des vertragsschließenden Ehegatten und vor allem die wirtschaftlichen Verhältnisse der Familie im Verhältnis zur Höhe der Kosten. Maßstab ist die objektive Sicht des Richters, nicht die – falsche – Vorstellung des Vertragsgegners[107].

Beispiel

> Heilbehandlungskosten von 30 000 DM stehen außer Verhältnis zur Leistungsfähigkeit einer 5-köpfigen Familie, die von Sozialhilfe lebt und keinen Krankenversicherungsschutz hat, auch wenn die Heilbehandlung notwendig und unaufschiebbar war. Der andere Ehegatte haftet dafür nicht (*BGH* 116, 184; ähnlich *OLG Köln* FamRZ 99, 1662).

73 Jeder Ehegatte kann die **Schlüsselgewalt** des anderen **beschränken oder ausschließen** (II 1). Einem Dritten gegenüber wirkt dies aber nur, wenn er die Beschränkung oder den Ausschluss kennt oder im Güterrechtsregister nachlesen kann (II 2 und § 1412).

Keine Schlüsselgewalt gibt es **während des Getrenntlebens** der Ehegatten (III). Wann die Ehegatten getrennt leben, sagt § 1567 (RN 249). Getrenntleben innerhalb der Ehewohnung genügt. Maßgebend ist auch hier die objektive Sicht des Richters, nicht die – falsche – Vorstellung des Vertragsgegners.

7. Kapitel
Der Haftungsmaßstab

74 Nach § 1359 haben Ehegatten einander nur für diejenige Sorgfalt einzustehen, die sie in eigenen Angelegenheiten anzuwenden pflegen. Da sie einander mit all ihren persönlichen Vorzügen und Schwächen ausgewählt haben, müssen sie einander auch haftungsrechtlich so nehmen, wie sie sind.

§ 1359 ist keine Anspruchsgrundlage für Schadensersatz, setzt diese vielmehr voraus und liefert als Hilfsnorm **nur** den **Maßstab für die erforderliche Sorgfalt** ganz wie die §§ 276-278, 708. Ehegatten haften einander aus Vertragsverletzung oder unerlaubter Handlung nicht für jede Fahrlässigkeit, sondern nach § 1359 milder, nämlich nur für diejenige – geringere – Sorgfalt, die sie auch in ihren eigenen Angelegenheiten gewöhnlich anwenden. Dies entschuldigt freilich nicht jede Nachlässigkeit, denn für grobe Fahrlässigkeit muss nach § 277 stets auch der Ehegatte einstehen.

75 § 1359 spricht von „der Erfüllung der sich aus dem ehelichen Verhältnis ergebenden Verpflichtungen" und begrenzt alle Schadensersatzansprüche zwischen Ehegatten aus Vertragsverletzung oder unerlaubter Handlung, jedoch mit einer wichtigen **Ausnahme: Im öffentlichen Straßenverkehr gilt § 1359 nicht.** Das steht zwar nicht im Gesetz, wird aber aus gutem Grunde hineininterpretiert. Die weite Fassung des § 1359 ist durch die gesetzliche Haftpflichtversicherung überholt. Im Straßenverkehr sollen alle gleich behandelt werden. Auch der von seinem Ehegatten verletzte Verkehrsteilnehmer soll sich an

---

106 *BGH* 94, 1; 116, 188.
107 *BGH* 116, 189.

den Haftpflichtversicherer halten dürfen und ein Drittschädiger den Gesamtschuldnerausgleich normal durchsetzen können[108].

> Die Ehefrau fährt das Auto des Ehemannes zu Schrott, oder der Ehemann verletzt durch **Beispiele**
> Verkehrsunfall die mitfahrende Ehefrau. In diesen Fällen haftet der Schädiger für jede
> Fahrlässigkeit, denn § 1359 ist nicht anwendbar (*BGH* 53, 352; 61, 101; 63, 51).

Mit der Frage nach dem richtigen Haftungsmaßstab darf man die ganz andere Frage nach
der ehelichen Rücksicht (RN 39) nicht verwechseln.

8. Kapitel
Die Zwangsvollstreckung gegen Ehegatten

1. Problem

Der Gläubiger eines Ehegatten darf nur in das Vermögen seines Schuldners vollstrecken   **76**
und nur solche beweglichen Sachen pfänden, die seinem Schuldner gehören. Die Pfändung einer Sache, die dem anderen Ehegatten gehört, verletzt rechtswidrig dessen Eigentum und berechtigt den Eigentümer nicht nur zur Widerspruchsklage nach § 771 ZPO,
sondern verpflichtet den Gläubiger auch noch zum Schadensersatz aus § 823 I. Woher
aber soll der Gläubiger wissen, welche Sachen seinem Schuldner gehören und welche
dem anderen Ehegatten? Die Besitz- und Eigentumsverhältnisse in einer fremden Ehe
sind für ihn schwer durchschaubar. Die Pfändung wäre ein Glücksspiel, wenn dem Gläubiger nicht das Gesetz mit einer Eigentumsvermutung (§ 1362) und einer Gewahrsamsfiktion (§ 739 ZPO) zu Hilfe käme.

2. Eigentumsvermutung

2.1 Regelfall

Nach § 1362 I 1 wird zugunsten der Gläubiger[109] eines Ehegatten vermutet, dass alle be-   **77**
weglichen Sachen, auch Inhaberpapiere und mit Blankoindossament versehene Orderpapiere (I 3), die sich im Besitz eines oder beider Ehegatten befinden, dem Schuldner
gehören[110]. Das ist eine widerlegbare **gesetzliche Vermutung, die die Beweislast um-
kehrt** und auch die allgemeine Eigentumsvermutung des § 1006 I 1 verdrängt[111]. Sie **soll**

---

108 *BGH* 53, 352; 61, 101; 63, 51; NJW 88, 1208; zur stillschweigenden Haftungsbeschränkung:
     OLG Frankfurt FamRZ 87, 381.
109 Nicht auch zwischen den Ehegatten.
110 *BGH* NJW 93, 935: auch Sachen, die aus Besitz eines Ehegatten in Fremdbesitz eines Dritten
     gelangen.
111 *BGH* NJW 92, 1162: nicht auch Vermutung des § 1006 II aufgrund des Besitzes vor der
     Heirat.

den Vollstrekkungszugriff des Gläubigers erleichtern, weil der gemeinsame Haushalt die Eigentumsverhältnisse verschleiert[112]. Denn jetzt muss im Streitfall nicht der Gläubiger das Eigentum des Schuldners, sondern der andere Ehegatte sein Eigentum beweisen, wenn er mit seiner Widerspruchsklage nach § 771 ZPO oder seiner Schadensersatzklage aus § 823 I Erfolg haben will. Prozessual handelt es sich nach § 292 ZPO um den **Beweis des Gegenteils**, der die gesetzliche Vermutung widerlegt.

Aber auch hier gilt die allgemeine Regel, dass man nicht die gegenwärtige Existenz des Rechts, sondern immer nur die Entstehung und den Verlust des Rechts beweisen kann. Deshalb **muss der andere Ehegatte nur nachweisen, dass er die Pfandsache irgendwann einmal zu Eigentum erworben habe**; den späteren Eigentumsverlust muss dann der Gläubiger beweisen[113]. Und kann der andere Ehegatte nachweisen, dass er die **Pfandsache schon vor der Ehe besessen** habe, hat er gar die **Eigentumsvermutung des § 1006 II** für sich. Danach wird vermutet, dass der andere Ehegatte mit der tatsächlichen Sachherrschaft Eigenbesitz und mit dem Eigenbesitz Eigentum erworben habe[114]. Zwar gilt § 1362 I 1 für alle beweglichen Sachen, die ein Ehegatte vor oder nach der Heirat erworben hat. Hat der andere Ehegatte den Besitz aber schon vor der Heirat erlangt, kann er sein Eigentum auch mit Hilfe der Vermutung des § 1006 II beweisen, denn damit verletzt er den Schutzzweck des § 1362 I 1 nicht[115].

2.2 Ausnahmen

78 Die gesetzliche Eigentumsvermutung des § 1362 I 1 gilt nach § 1362 I 2 ausnahmsweise nicht, **wenn die Eheleute getrennt leben** (RN 249) **und die Sache sich im Besitz des anderen Ehegatten befindet**.

Ausgenommen sind nach § 1362 II außerdem **Sachen**, die ausschließlich **zum persönlichen Gebrauch** eines Ehegatten bestimmt sind. Statt dessen wird vermutet, dass sie diesem Ehegatten gehören. Diese Vermutung gilt nicht nur zugunsten der Gläubiger, sondern auch zwischen den Ehegatten; das ist wichtig für deren Vermögensauseinandersetzung. Die Vermutung des § 1362 II überdauert deshalb die Ehe und erlischt erst, wenn das Vermögen der Ehegatten auseinandergesetzt ist[116]. Dass eine Sache ausschließlich zu seinem Gebrauch bestimmt sei, muss der betreffende Ehegatte beweisen[117].

---

112 BGH NJW 76, 238; 92, 1162; zur Frage, ob § 1362 I 1 wegen Benachteiligung der Ehe den Art. 6 I GG verletzt: *Brox* FamRZ 81, 1125; *Wolf* FuR 90, 216.
113 BGH NJW 76, 238; 92, 1162.
114 BGH 64, 395; WM 89, 1292; NJW 92, 1162.
115 BGH NJW 92, 1162.
116 BGH 2, 82: auch zur Wirkung gegen Dritten, der vom Ehegatten unentgeltlich erworben hat und diesem nach § 816 I 2 gleichsteht.
117 BGH WM 70, 1520: Frauenschmuck nur Indiz für Gebrauchsbestimmung zugunsten der Frau, kein allgemeiner Erfahrungssatz; NJW 59, 142: Kapitalanlage; OLG Nürnberg FamRZ 2000, 1220: hoher Wert spricht eher für Kapitalanlage.

3. Gewahrsamsfiktion

Die Eigentumsvermutung des § 1362 I 1 nützte dem Gläubiger wenig, wenn er nach **79** §§ 808, 809 ZPO nur Sachen pfänden dürfte, die sich im Gewahrsam des Schuldner-Ehegatten befinden. Die Gewahrsamsfiktion des § 739 ZPO überwindet dieses Hindernis. Danach wird im Umfang der gesetzlichen Eigentumsvermutung des § 1362 unterstellt (oder unwiderlegbar vermutet), dass der Schuldner-Ehegatte auch Alleingewahrsam an der Pfandsache habe. Dies schließt eine Vollstreckungserinnerung nach § 766 ZPO wegen Verletzung der §§ 808, 809 ZPO aus.

3. Teil
Das eheliche Güterrecht

1. Kapitel
Gesetzliche Systematik

1. Güterstände

80 Mit den 200 Paragraphen der §§ 1363-1563 regelt das BGB das eheliche Güterrecht. Es ist dies reines Vermögensrecht und beantwortet drei Fragen: erstens, wem das Vermögen gehört, das ein Ehegatte in die Ehe mitbringt oder während der Ehe erwirbt, zweitens, wer es verwaltet, und drittens, wie es am Ende der Ehe auseinanderzusetzen ist. Die vermögensrechtliche Verfassung der Ehegatten nennt man **Güterstand**. Es gibt deren nur drei, einen gesetzlichen und zwei vertragliche. Der gesetzliche Güterstand heißt **Zugewinngemeinschaft**. Gesetzlich ist er deshalb, weil er immer dann gilt, wenn die Eheleute weder **Gütertrennung** noch **Gütergemeinschaft** vereinbaren, was sie nur durch notariellen Ehevertrag tun können. Dies sind die beiden einzigen vertraglichen Güterstände. Anders als im Schuldrecht ist die Vertragsfreiheit hier stark beschränkt und wie im Sachenrecht herrscht der numerus clausus vertraglicher Gestaltungsmöglichkeiten. Folglich besteht das eheliche Güterrecht aus zwei, freilich ungleichen Teilen: dem gesetzlichen und dem vertraglichen Güterrecht.

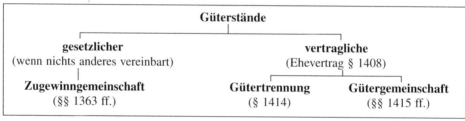

Bild 5: Güterstände

2. Gesetzliches Güterrecht

81 Das gesetzliche Güterrecht der §§ 1363-1390 ist mit 28 Paragraphen vergleichsweise mager bestückt. Man erfährt, dass die Zugewinngemeinschaft der gesetzliche Güterstand ist, der immer dann gilt, wenn die Ehegatten nicht durch Ehevertrag etwas anderes vereinbaren (§ 1363 I). Man erfährt aber auch, dass die Zugewinngemeinschaft keinerlei Vermögensgemeinschaft, sondern Gütertrennung ist (§ 1363 II 1), nur mäßig behindert durch je zwei Verfügungs- und Verpflichtungsbeschränkungen (§§ 1365-1369). Erst am Ende des Güterstandes wird der erwirtschaftete Zugewinn ausgeglichen (§ 1363 II 2).

Der **Zugewinnausgleich** ist denn auch das Herzstück des gesetzlichen Güterstandes. Das Gesetz unterscheidet zwei Fälle: Endet der Güterstand durch Tod eines Ehegatten, erhöht sich im Normalfall der gesetzliche Erbteil des Überlebenden pauschal um ein Viertel (§ 1371). Endet der Güterstand hingegen durch Scheidung oder Aufhebung der Ehe oder durch Ehevertrag, werden die Zugewinne der Ehegatten miteinander verrechnet und der Überschuss hälftig in Geld ausgeglichen (§§ 1372-1390).

3. Vertragliches Güterrecht

Mit mehr als 150 Paragraphen ist das vertragliche Güterrecht geradezu üppig bedacht; davon entfallen 6 auf den **Ehevertrag** (§§ 1408-1413), ein einziger auf die **Gütertrennung** (§ 1414) und der riesige Rest auf die **Gütergemeinschaft** (§§ 1415-1563). Dieser Aufwand steht heute freilich im umgekehrten Verhältnis zur praktischen Bedeutung der Gütergemeinschaft. Als rechtliche Konstruktion ist sie zwar ebenso kompliziert wie interessant, im Leben der Ehegatten aber kommt sie kaum noch vor und wird sogar auf dem Lande immer seltener. Kaum ein Familienrichter kann heutzutage noch praktische Erfahrungen im Umgang mit der Gütergemeinschaft sammeln, während der streitige Zugewinnausgleich zu seinem täglichen Brot gehört. Der gesetzliche Güterstand der Zugewinngemeinschaft ist eben nicht nur ein Lückenbüßer, sondern die gelebte Normalform. **82**

4. Familiensachen

Das eheliche Güterrecht unterscheidet sich vom Schuld- und Sachenrecht auch prozessual: Streitigkeiten aus dem ehelichen Güterrecht sind, auch wenn ein Dritter daran beteiligt ist, nach § 23b I 2 Nr. 9 GVG und § 621 I Nr. 9 ZPO Familiensachen, die vom Familiengericht verhandelt und entschieden werden (RN 1609). **83**

Schuld- und sachenrechtliche Streitigkeiten hingegen, etwa aus Gesamtschuldnerausgleich, Darlehen, Ehegatteninnengesellschaft oder Miteigentum sind gewöhnliche Zivilsachen, für die je nach Streitwert die allgemeine Zivilabteilung des Amtsgerichts oder das Landgericht zuständig ist.

2. Kapitel
Der Ehevertrag

1. Begriff

84   Der Ehevertrag ist ein familienrechtlicher Vertrag, mit dem Ehegatten ihre güterrechtlichen Verhältnisse regeln (§ 1408 I)[1]. Er ist weder ein schuldrechtlicher Verpflichtungsvertrag noch eine dingliche Verfügung. Aber auch der Ehevertrag ist ein Vertrag, der durch zwei übereinstimmende Willenserklärungen zustandekommt, und er ist ein Rechtsgeschäft, auf das die §§ 104-185 des Allgemeinen Teils anwendbar sind, soweit die §§ 1408-1413 nichts anderes bestimmen. Etwas anderes bestimmt § 1411 zum Vertragsschluss durch einen nicht voll geschäftsfähigen oder unter Betreuung stehenden Ehegatten.

2. Abschluss und Form

85   Den Ehevertrag schließen die Eheleute oder – für den Fall der Heirat – die Heiratskandidaten vor dem Notar (§ 1410). Die gesetzliche Form schützt vor Übereilung, gewährt fachkundigen Rat und erleichtert den Beweis. Sie ist zwingend; Formfehler vernichten den Vertrag (§ 125). Das Gesetz verlangt die gleichzeitige Anwesenheit beider Eheleute vor dem Notar (§ 1410), es verlangt nicht die persönliche Anwesenheit; Stellvertretung ist möglich.

Speziell regelt § 1411 den Vertragsschluss durch einen **Ehegatten, der nicht voll geschäftsfähig ist oder unter Betreuung steht**. Danach kann der beschränkt geschäftsfähige Minderjährige den Ehevertrag nur mit Zustimmung seines gesetzlichen Vertreters schließen (I 1). Das gleiche gilt für den betreuten Ehegatten, soweit dafür ein Einwilligungsvorbehalt nach § 1903 besteht (I 2). Außerdem ist, wenn der Ehegatte unter Betreuung oder Vormundschaft steht, die Genehmigung des Vormundschaftsgerichts für folgende Vereinbarungen erforderlich: Ausschluss oder Beschränkung des Zugewinnausgleichs, Begründung oder Aufhebung der Gütergemeinschaft (I 3). Stets aber müssen der minderjährige Ehegatte und der geschäftsfähige Betreute den Ehevertrag selbst schließen, der gesetzliche Vertreter oder Betreuer kann es nicht (I 4), er kann nur zustimmen.

Für den **geschäftsunfähigen Ehegatten** hingegen kann nur der gesetzliche Vertreter den Ehevertrag schließen, jedoch keine Gütergemeinschaft vereinbaren oder aufheben (II 1). Ist der gesetzliche Vertreter ein Vormund oder Betreuer, braucht er die Genehmigung des Vormundschaftsgerichts (II 2).

Der **Versorgungsausgleich** kann nur durch ausdrückliche Vereinbarung ausgeschlossen werden (§ 1408 II 1), nicht zwischen den Zeilen einer anderen Abrede, denn „ausdrücklich" ist das Gegenteil von „stillschweigend". Nötig ist eine sprachlich klare und eindeu-

---

1 *Langenfeld* FamRZ 94, 201: Praxis des Ehevertrags; *Keilbach* FamRZ 92, 1118: salvatorische Klauseln; *Sontheimer* NJW 2001, 1315: Güterstand u. Steuerrecht.

tige Regelung. Der Ausschluss wird unwirksam, wenn binnen eines Jahres Scheidungsantrag gestellt wird (§ 1408 II 2 u. RN 1070)[2].

Die Eintragung des Ehevertrags ins Güterrechtsregister ist zweckmäßig, aber nicht erforderlich. Der Ehevertrag ist auch ohne Eintragung wirksam. Allerdings darf der Ehegatte ihn dem ahnungslosen Dritten nicht entgegenhalten, wenn er nicht eingetragen ist (§ 1412 I, II u. RN 91, 146 f.).

3. Inhalt

3.1 Nur beschränkte Gestaltungsfreiheit

Die Ehegatten haben zwar die volle Abschlussfreiheit, aber nur eine beschränkte Gestaltungsfreiheit. Ob sie einen Ehevertrag schließen, entscheiden sie in voller Freiheit. Um den Inhalt des Vertrags hingegen zieht ihnen das Gesetz enge Grenzen, ganz wie im Sachen- und Erbrecht[3].   **86**

Was die Ehegatten durch Ehevertrag regeln können, sagt das Gesetz nur undeutlich. Vertragsgegenstand sind nach § 1408 I **die güterrechtlichen Verhältnisse**, insbesondere die nachträgliche Änderung des Güterstandes. Nach § 1408 II können die Ehegatten außerdem den Versorgungsausgleich ausschließen, was aber bereits über das Güterrecht hinausgeht. Eine äußerste Grenze zieht § 1409: Es ist nicht möglich, den Güterstand durch Verweisung auf nicht mehr geltendes oder gar ausländisches Recht zu bestimmen. Welches sind nun die güterrechtlichen Verhältnisse, die sich durch Ehevertrag regeln lassen? Ohne Ehevertrag gilt das gesetzliche Güterrecht der §§ 1363-1390 und die Ehegatten leben im Güterstand der Zugewinngemeinschaft.

3.2 Vertraglicher statt gesetzlicher Güterstand

Durch Ehevertrag können die Ehegatten den gesetzlichen Güterstand der Zugewinngemeinschaft abwählen und entweder durch Gütertrennung (§ 1414) oder durch Gütergemeinschaft ersetzen (§ 1415). Wenn sie den gesetzlichen Güterstand vertraglich ausschließen oder aufheben, ohne zu sagen, was sie statt dessen wollen, gilt Gütertrennung (§ 1414 S. 1); das gleiche gilt, wenn sie den Zugewinn- oder Versorgungsausgleich ausschließen[4] oder die Gütergemeinschaft aufheben (§ 1414 S. 2).   **87**

3.3 Inhaltliche Veränderung des Güterstandes

Die Ehegatten müssen den **gesetzlichen Güterstand** aber nicht vollständig ausschließen, wenn ihnen nicht alles an ihm gefällt; sie können ihn auch umgestalten und inhaltlich verändern: durch Beseitigung oder Milderung der Verpflichtungs- und Verfügungsbe-   **88**

---

2 Dazu *BGH* NJW 93, 1004.

3 *OLG Schleswig* FamRZ 95, 1586: Typenzwang mit wenig Gestaltungsfreiheit; *Büttner* FamRZ 98, 1; zur Vertragsgestaltung: *Langenfeld* FamRZ 87, 9.

4 *OLG Köln* FamRZ 95, 929: vorehelicher Teilverzicht auf Unterhalt und Versorgungsausgleich sowie Totalverzicht auf Zugewinnausgleich.

schränkungen der §§ 1365, 1369[5]; durch Teilausschluss des Zugewinnausgleichs, durch eine andere Quote, einen Höchstbetrag oder eine andere Art der Teilung[6]; durch Abreden darüber, was zum Anfangsvermögen gehören soll und was nicht[7]; oder durch Beschränkung des Zugewinnausgleichs auf den Fall des Todes[8].

Selbst die **Gütergemeinschaft** lässt sich in beschränktem Umfang inhaltlich umgestalten (§§ 1418 II Nr. 1, 1421), etwa durch die Abrede, dass das vorhandene Vermögen Vorbehaltsgut und nur der Neuerwerb Gesamtgut werden soll[9].

Stets aber muss noch eine Zugewinn- oder Gütergemeinschaft nach gesetzlichem Leitbild übrigbleiben[10]. Gesamthandseigentum z.B. gibt es nur in der Gütergemeinschaft. Einen völlig neuen Güterstand können die Ehegatten so wenig basteln, wie die Güterstände miteinander vermengen oder einen ausländischen Güterstand vereinbaren (§ 1409 mit Ausnahme in Art. 15 II EGBGB), denn das geltende Recht kennt nur drei Güterstände[11].

3.4 Ehevertrag und schuldrechtliche Vereinbarungen

89 Von dem güterrechtlichen Ehevertrag sind die schuldrechtlichen Vereinbarungen über unentgeltliche oder ehebedingte Zuwendungen, über Darlehen oder Ehegatteninnengesellschaften zu trennen. Schuldrechtlich ist auch die Vereinbarung, durch die der eine Ehegatte sein Vermögen der Verwaltung des anderen überlässt, denn das ist ein Auftrag nach §§ 662, 667, 670.[12]

4. Unwirksamkeit

90 Selbst wenn der Ehevertrag sich in den Grenzen der güterrechtlichen Vertragsfreiheit hält, kann er an den allgemeinen Schranken der Vertragsfreiheit scheitern. Auch der Ehevertrag ist nichtig, wenn er gegen ein gesetzliches Verbot (§ 134) oder die guten Sitten verstößt (§ 138)[13]. Auch der Ehevertrag ist dem Einwand des Rechtsmissbrauchs oder der unzulässigen Rechtsausübung nach § 242 ausgesetzt[14].

5. Wirkung gegen Dritte

91 Der Güterstand der Zugewinngemeinschaft ist die gesetzliche Regel. Damit muss auch der Dritte rechnen, der mit einem Ehegatten einen Vertrag schließt, und darauf darf er

---

5 *BGH* JZ 64, 513; *OLG Schleswig* FamRZ 95, 1586.
6 *BGH* 86, 143; NW 97, 2239.
7 *BGH* 89, 137; NJW 97, 2239.
8 *OLG Köln* FamRZ 94, 1256.
9 *BGH* 65, 79: OHG zwischen Eheleuten nur durch Vereinbarung von Vorbehaltsgut möglich.
10 *BGH* NJW 97, 2239.
11 *OLG Schleswig* FamRZ 95, 1586: keine Vermengung von Gütertrennung u. Zugewinngemeinschaft.
12 *BGH* FamRZ 86, 558; 88, 42; 2001, 23: § 1413 setzt Auftrag voraus.
13 *BVerfG* FamRZ 2001, 343 m. Anm. *Schwab* S. 49; *BGH* NJW 97, 192; *OLG Karlsruhe* FamRZ 91, 332.
14 *BGH* NJW 93, 1004: zu § 1408 II 2.

vertrauen. Ehevertragliche Änderungen, etwa durch Vereinbarung der Gütergemeinschaft, wirken dem Dritten gegenüber nur, wenn er sie kennt oder wenn sie im Güterrechtsregister eingetragen sind (§ 1412 I u. RN 146 f.)[15]. Das gleiche gilt für Einwendungen gegen ein rechtskräftiges Urteil, das zwischen einem Ehegatten und dem Dritten gefällt worden ist (§ 1412 I Hs. 2), sowie für vertragliche Änderungen einer eingetragenen Regelung (§ 1412 II).

3. Kapitel
Der gesetzliche Güterstand der Zugewinngemeinschaft

1. Begriff

Nach § 1363 I leben die Ehegatten im Güterstand der Zugewinngemeinschaft, wenn sie nicht durch Ehevertrag etwas anderes bestimmen. Als gesetzlicher Güterstand ist die Zugewinngemeinschaft die gesetzliche Regel, Gütertrennung und Gütergemeinschaft sind die gesetzlichen Ausnahmen. Wer sich auf eine dieser Ausnahmen beruft, muss sie durch Vorlage des Ehevertrags nachweisen.

92

Die Zugewinngemeinschaft ist **keine Vermögensgemeinschaft, sondern** deren Gegenteil: **eine Gütertrennung mit einem Ausgleich des Zugewinns am Ende der Ehe**[16]. Jeder Ehegatte behält, was er bei der Heirat schon hat und später dazu erwirbt (§ 1363 II 1), und jeder verwaltet sein Vermögen selbständig (§ 1364)[17], kaum gebremst durch die beiden Verfügungs- und Verpflichtungsbeschränkungen der §§ 1365-1369.

2. Dinglicher Rechtserwerb

Der dingliche Rechtserwerb richtet sich ausschließlich nach dem **Sachenrecht**, der gesetzliche Güterstand ändert daran nichts, denn die Schlüsselgewalt nach § 1357 beschränkt sich auf Verpflichtungsgeschäfte (RN 69). Die Ehegatten können auch im gesetzlichen Güterstand gemeinsam Eigentum oder sonstiges Vermögen erwerben, aber nur zu Bruchteilen (§§ 1008 ff. mit §§ 741 ff.), nicht zur gesamten Hand. Gesamthandsgemeinschaften sind nur die Gesellschaft, die Gütergemeinschaft und die Erbengemeinschaft. Diesen numerus clausus der gemeinsamen dinglichen Rechtszuständigkeit kann man vertraglich nicht erweitern.

93

Selbst der **dingliche Erwerb zu Bruchteilen** setzt voraus, dass beide Ehegatten als Erwerber auftreten, sei es gemeinsam, sei es, dass der eine zugleich den anderen mit Vollmacht vertritt. Wer sich für seinen Beruf ein Auto zulegt, erwirbt es zum Alleineigentum. Anders ist es nur beim **Hausrat**: Wenn ein Ehegatte die gemeinschaftliche Wohnung ein-

94

---

15 *BGH* BB 76, 813; FamRZ 84, 766: gutgl. Erwerb u. § 816 I 2.
16 *BGH* NJW 89, 1920.
17 Die Verwaltung des dem anderen gehörenden Vermögens gründet auf einen Auftrag nach §§ 662 ff.: *BGH* FamRZ 2001, 23; *OLG Köln* FamRZ 99, 225.

richtet, erwirbt er den Hausrat im Zweifel nicht für sich allein, sondern zu hälftigem Miteigentum beider Ehegatten. Dieses Ergebnis erreicht man durch eine lebensnahe Auslegung der dinglichen Einigung nach §§ 929 ff.[18].

Mit dem **Hausrat** befasst sich auch § 1370: Ein Haushaltsgegenstand, der als Ersatz eines fehlenden oder wertlosen angeschafft wird[19], fällt in das Eigentum des Ehegatten, dem der ersetzte Gegenstand gehört hat; diese Rechtsfolge nennt man **dingliche Surrogation**.

3. Besitz

Auch der Besitz richtet sich nach dem Sachenrecht. An der Ehewohnung und an allen gemeinsam benutzten Einrichtungsgegenständen haben beide Ehegatten wie selbstverständlich unmittelbaren Mitbesitz (§ 866). Dagegen ist jeder Ehegatte alleiniger unmittelbarer Besitzer derjenigen Sachen, die er allein nutzt oder unter Verschluss hält.

4. Zugewinnausgleich zweigleisig

95 Ihrem Namen wird die Zugewinngemeinschaft erst an ihrem Ende einigermaßen gerecht. Erst jetzt wird der Zugewinn, den die Ehegatten während der Ehe erwirtschaftet haben, ausgeglichen, und zwar **erbrechtlich**, wenn der Güterstand durch Tod eines Ehegatten endet (§ 1371 I mit Ausnahmen in II, III), hingegen **güterrechtlich**, wenn der Güterstand sonstwie endet (§ 1372): durch Scheidung oder Aufhebung der Ehe oder durch Ehevertrag. Der erbrechtliche Zugewinnausgleich beschränkt sich auf die pauschale Erhöhung des gesetzlichen Erbteils, wer immer einen Zugewinn gemacht hat (§ 1371 I u. RN 115 ff.). Der güterrechtliche Zugewinnausgleich hingegen besteht aus einem Zah-

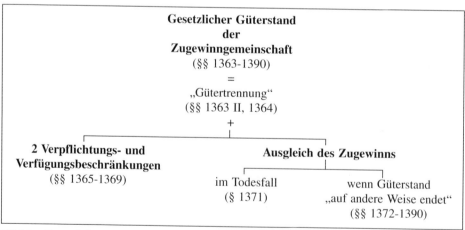

Bild 6: Gesetzlicher Güterstand der Zugewinngemeinschaft

---

18 *BGH* 114, 74.
19 Dazu *BayObLG* FamRZ 70, 31; *OLG Nürnberg* FamRZ 64, 297; *OLG Stuttgart* NJW 82, 585.

lungsanspruch desjenigen Ehegatten, der den geringeren Zugewinn erzielt hat (§§ 1372-1390 u. RN 629 ff.).

4. Kapitel

Verfügungs- und Verpflichtungsbeschränkungen im gesetzlichen Güterstand

1. Gesetzliche Systematik und Beweislast

Im gesetzlichen Güterstand der Zugewinngemeinschaft hat jeder Ehegatte sein eigenes Vermögen, verwaltet es auch selbst (§ 1364) und kann damit machen, was er will. Nur zwei Dinge kann er nach §§ 1365, 1369 nicht tun: Er kann weder über sein Vermögen im Ganzen noch über seinen Hausrat alleine verfügen, denn dazu fehlt ihm die Verfügungsmacht. Er kann sich nicht einmal zu einer solchen Verfügung alleine verpflichten. **96**

Die freie und volle Verfügungsmacht des Ehegatten nach § 1364 ist die gesetzliche Regel, die beiden **Verfügungs- und Verpflichtungsbeschränkungen** der §§ 1365, 1369 sind die **gesetzlichen Ausnahmen**[20]. Danach richtet sich die **Beweislast**. Die §§ 1365-1369 sind mit Ausnahme des § 1368 keine Anspruchsgrundlagen, sondern **Gegennormen**, denn sie begründen keine Ansprüche, sondern schließen Ansprüche samt dem dinglichen Rechtserwerb aus und begründen **Einwendungen**, die derjenige beweisen muss, der das Rechtsgeschäft nicht gelten lässt[21].

Diese **Systematik** leuchtet ohne weiteres ein, wenn man die §§ 1365-1368 so liest: Das Rechtsgeschäft, das ein Ehegatte mit einem Dritten schließt, ist **in der Regel wirksam**. Wer daraus Rechte herleitet, muss nur den Abschluss und den Inhalt des Rechtsgeschäfts beweisen. Das Geschäft ist nach §§ 1365, 1369 **ausnahmsweise unwirksam**, wenn es aus einer Verpflichtung oder Verfügung über das ganze Vermögen oder über Hausrat besteht. Das ist eine **rechtshindernde Einwendung**, die derjenige beweisen muss, der das Geschäft nicht gelten lässt. Aber auch diese Ausnahme hat ihre Ausnahme: Das Geschäft über das Vermögen im Ganzen oder über Hausrat ist **doch wirksam**, wenn der andere Ehegatte zustimmt, sei es dass er im voraus einwilligt, sei es dass er nachträglich genehmigt. Diesen **Gegeneinwand** muss derjenige beweisen, der an dem Geschäft festhält. Die Ähnlichkeit mit dem Rechtsgeschäft des Minderjährigen oder des Vertreters ist beabsichtigt. So wie der Minderjährige nach §§ 107 ff. die Zustimmung seines gesetzlichen Vertreters und der Vertreter nach §§ 164, 177 ff. die Zustimmung (Vollmacht) des Vertretenen braucht, genauso braucht nach §§ 1365, 1369 der eine Ehegatte die Zustimmung des anderen.

---

20 *BGH* 35, 135; 43, 174; 106, 253; ferner *Benthien* FamRZ 82, 338; *Tiedtke* FamRZ 88, 1007.
21 *BGH* 43, 174; DB 69, 834; FamRZ 90, 970.

2. Rechtliche Konstruktion

97 Die §§ 1365, 1369 sichern nicht nur den künftigen Anspruch des anderen Ehegatten auf den Zugewinnausgleich, sondern vor allem auch die **wirtschaftliche Lebensgrundlage der Ehe**[22]. Sie schützen den anderen Ehegatten so, wie die §§ 107 ff. den Minderjährigen und die §§ 177 ff. den Vertretenen schützen. In allen drei Fällen hängt die Wirksamkeit des Geschäfts von der **Zustimmung** des Geschützten ab: Hier des anderen Ehegatten, dort des gesetzlichen Vertreters, der das Kindesinteresse wahren soll, oder des Vertretenen. Willigt er ein, ist das Geschäft von Anfang an wirksam. Ohne Einwilligung ist es unwirksam, kann aber noch von Anfang an wirksam werden, wenn der andere Ehegatte, der gesetzliche Vertreter oder der Vertretene genehmigt. Diesen Zustand nennt man **schwebende Unwirksamkeit**[23].

98 Daraus folgt: Die §§ 1365, 1369 sind keine gesetzlichen Verbote nach § 134, sondern **gesetzliche Verfügungs- und Verpflichtungsbeschränkungen**[24]. Das ist eine andere Kategorie. Gesetzliche Verbote beschränken das rechtliche Dürfen und sagen, was man nicht tun darf, sondern lassen soll. Der Vertrag, der gegen ein gesetzliches Verbot verstößt, ist unheilbar nichtig (§ 134). Die gesetzliche Verfügungsbeschränkung hingegen handelt vom rechtlichen Können und beschneidet die Verfügungsmacht. Die Verfügung ohne Verfügungsmacht ist nach dem Vorbild des § 185 nicht null und nichtig, sondern heilbar und deshalb nur schwebend unwirksam, denn irgend jemand hat die nötige Verfügungsmacht und kann damit die unwirksame Verfügung rückwirkend genehmigen (§§ 185, 184 I). Für die Verpflichtungsbeschränkungen nach §§ 1365, 1369 gilt das gleiche.

99 Die Parallele zu den §§ 107 ff. und §§ 177 ff. lehrt, dass die §§ 1365, 1369 auch keine Veräußerungsverbote sind, weder absolute[25] noch relative (§ 135), sondern die **Wirksamkeit des Rechtsgeschäfts von der Zustimmung des anderen Ehegatten abhängig** machen. Deshalb wird der gute Glaube des Dritten, der Ehegatte sei unverheiratet oder lebe in einem vertraglichen Güterstand, nicht geschützt, denn § 135 II ist nicht einmal entsprechend anwendbar[26].

3. Verfügung über das Vermögen im Ganzen und Verpflichtung zu dieser Verfügung

3.1 Rechtsfolge: Unwirksamkeit des Geschäfts

100 Nach § 1365 I ist unwirksam sowohl die rechtsgeschäftliche Verpflichtung eines Ehegatten zur Verfügung über sein Vermögen im Ganzen (S. 1) als auch diese Verfügung selbst (S. 2).

---

22 *BGH* 40, 218; 101, 225; FamRZ 87, 909; 2000, 744.
23 *Schellhammer*, Zivilrecht, RN 2273.
24 *BGH* 41, 377.
25 So aber *BGH* 40, 218.
26 *BGH* 41, 377: vertragl. Ausschluss der Verfügungsbeschränkung ist nicht ins Güterrechtsregister eintragbar; *OLG Zweibrücken* FamRZ 86, 997: gutgläubiger Erwerb nur nach §§ 892, 932 ff.; ferner *Lissem* NJW 89, 497.

Endgültig und unheilbar unwirksam (nichtig) sind Verpflichtung und Verfügung jedoch nur, wenn sie aus einem einseitigen Rechtsgeschäft bestehen (§ 1367). Das BGB kennt als einseitiges Verpflichtungsgeschäft nur die Auslobung (§ 657), die hier keine Rolle spielt. Einseitige Verfügungsgeschäfte sind die Aufgabe des Grundeigentums (§ 928) und die Aufhebung eines beschränkten dinglichen Rechts (§ 875).

In aller Regel erfordern Verpflichtung (§ 305) wie Verfügung einen **Vertrag**. Der Vertrag aber ist nach § 1365 ohne Einwilligung des anderen Ehegatten nicht null und nichtig, sondern nur **schwebend unwirksam**, denn er kann durch Genehmigung noch wirksam werden. Diesen Schwebezustand kann der andere Ehegatte beenden, entweder durch Genehmigung (§ 1366 I) oder durch Verweigerung der Genehmigung (§ 1366 IV); erstere macht den Vertrag von Anfang an wirksam (§ 184 I), letztere macht ihn endgültig unwirksam.

Ist der Vertrag nach §§ 1365, 1366 nicht zu retten, lässt er sich nach § 140 vielleicht in einen zustimmungsfreien Erbvertrag umdeuten[27], oder dem Dritten bleibt wenigstens ein Anspruch auf Schadensersatz aus Verschulden bei Vertragsverhandlungen.

Der beurkundende **Notar** ist verpflichtet, die Vertragspartner über die Rechtsfolgen des § 1365 zu belehren. Da § 1365 aber auch dann gilt, wenn sich die Verfügung auf einen einzigen Gegenstand beschränkt, der das ganze Vermögen bildet (RN 106), muss der Notar nur dann über § 1365 belehren, wenn er konkrete Anhaltspunkte für ein Geschäft nach § 1365 hat; nachforschen muss er nicht[28]. Auch das **Grundbuchamt** verlangt in diesem Fall nur dann den Nachweis weiteren Vermögens oder der Zustimmung des anderen Ehegatten, wenn die konkreten Umstände auf ein Geschäft nach § 1365 hinweisen[29]. **101**

3.2 Ansprüche des anderen Ehegatten

Nach § 1368 darf auch der andere Ehegatte die sich aus der Unwirksamkeit der Verfügung ergebenden Rechte geltendmachen[30]. Diese Berechtigung ist eine direkte Rechtsfolge der Unwirksamkeit der Verfügung. Wenn das Gesetz auch den anderen Ehegatten berechtigt, setzt es voraus, dass der verfügende Ehegatte das gleiche Recht hat. Da er dieses Recht aber aus verständlichen Gründen kaum je geltendmachen wird, kann oft nur der andere Ehegatte die unwirksame Verfügung rückgängig machen und die wirtschaftliche Grundlage der Ehe wiederherstellen. **102**

§ 1368 ist eine echte Anspruchsgrundlage; er gibt dem anderen Ehegatten aber keinen eigenen Anspruch, sondern nur das Recht, den Anspruch des verfügenden Ehegatten im eigenen Namen geltendzumachen (Einziehungsrecht und Prozessführungsbefugnis)[31]; dies hat zur Folge, dass der Dritte aufrechnen kann, wenn sein Anspruch gegen den verfügenden Ehegatten gleicher Art ist wie der Rückforderungsanspruch[32].

---

27 *BGH* 40, 218; zurückhaltend BGH 125, 355; ferner *Tiedtke* FamRZ 81, 1.
28 *BGH* 64, 246.
29 *BGH* 35, 135; BayObLG FamRZ 88, 503; *OLG Zweibrücken* FamRZ 89, 869.
30 *BGH* NJW 84, 609: auch noch nach der Scheidung; *OLG Brandenburg* FamRZ 96, 1015.
31 *BGH* NJW 2000, 1947: ohne Rechtskrafterstreckung aber zweifelhaft.
32 *BGH* NJW 2000, 1947.

103   Welches aber sind die aus der Unwirksamkeit der Verfügung sich ergebenden Rechte? Da die unwirksame Verfügung dinglich nichts verändert, erlangt der Dritte nur Besitz oder Grundbucheintrag (Buchbesitz). Beides muss er zurückgeben. **Anspruchsgrundlagen sind die §§ 894, 985, 812.** Diese Ansprüche hat nach § 1368 auch der andere Ehegatte. So darf er den Dritten aus § 894 auf Grundbuchberichtigung durch Wiedereintragung des verfügenden Ehegatten verklagen[33] oder nach § 985 Herausgabe an den verfügenden Ehegatten verlangen, Herausgabe an sich selbst nur dann, wenn der verfügende Ehegatte die Sache nicht zurücknehmen will. Unter den Voraussetzungen des § 256 ZPO kann der andere Ehegatte auch auf Feststellung klagen, dass die Verpflichtung oder Verfügung unwirksam sei[34].

Obwohl der andere Ehegatte einen Dritten verklagt, handelt es sich nach ausdrücklicher Anordnung des § 23b I 2 Nr. 9 GVG um eine Familiensache aus dem Ehegüterrecht[35].

3.3 Tatbestand: Verpflichtung und Verfügung über ganzes Vermögen

104   Im gesetzlichen Güterstand verpflichtet sich ein Ehegatte rechtsgeschäftlich, über sein Vermögen im Ganzen zu verfügen, und/oder er verfügt über sein Vermögen im Ganzen (§ 1365 I). Die **Beweislast** trägt derjenige, der die Unwirksamkeit des Rechtsgeschäfts geltend macht, denn § 1365 ist eine **Ausnahme von § 1364**[36]. Die Unwirksamkeit aber macht meistens der andere Ehegatte geltend (§ 1368).

Rechtsgeschäftlich verpflichten kann man sich nur durch Vertrag (§ 305); einzige Ausnahme ist die Auslobung (§ 657). Auch die rechtsgeschäftliche Verfügung erfordert neben Übergabe oder Grundbucheintragung in aller Regel einen – dinglichen – Vertrag (§§ 873, 925, 929 ff.); Ausnahmen sind die Aufgabe des Grundeigentums (§ 928) und die Aufhebung eines beschränkten dinglichen Rechts (§ 875).

Die **Verfügung** ist ein Rechtsgeschäft, das ein Recht überträgt, belastet, ändert oder aufhebt[37]. Zu einer Verfügung verpflichten etwa Kaufvertrag und Schenkungsversprechen, nicht aber Darlehens- und Bürgschaftsvertrag[38]. § 1365 gilt nur für Verfügungen unter Lebenden, nicht für Verfügungen von Todes wegen[39] und nur für Verfügungen und Verpflichtungen während des gesetzlichen Güterstandes, der spätestens mit Rechtskraft der Scheidung endet[40]. Das nach § 1365 unwirksame Geschäft wird durch die Scheidung jedoch nicht wirksam[41].

---

33 *BGH* 106, 255; NJW 84, 609; *BayObLG* FamRZ 88, 503: auch Beschwerde gegen Nichteintragung eines Amtswiderspruchs.
34 *BGH* FamRZ 90, 970: § 1368 ersetzt aber nicht das Feststellungsinteresse.
35 *BGH* FamRZ 81, 1045.
36 *BGH* 43, 174; DB 69, 834; FamRZ 90, 970.
37 *BGH* 1, 304; 13, 1; 101, 24.
38 *BGH* FamRZ 83, 455.
39 *BGH* 40, 218.
40 *OLG* Hamm FamRZ 87, 591.
41 *BGH* NJW 78, 1380; 84, 609; *OLG Saarbrücken* FamRZ 87, 1248.

Unter **Vermögen** versteht § 1365 das Aktivvermögen als die Summe aller geldwerten Güter des Ehegatten[42]. Er kann sich zwar pauschal zur Verfügung über sein ganzes Vermögen verpflichten (§ 311). Verfügen aber kann er nur über einzelne Sachen oder einzelne Rechte, nicht über sein Ganzes Vermögen. Wenn also das Gesetz von der Verfügung über das Vermögen im Ganzen spricht, meint es damit die Summe aller nötigen Einzelverfügungen nach den für jeden Vermögensgegenstand geltenden Regeln.

105

3.4 Tatbestand: Einzelner Gegenstand als ganzes Vermögen

Da § 1365 die wirtschaftliche Lebensgrundlage der Ehe sichert, gilt er nicht nur dann, wenn ein Ehegatte sich verpflichtet, en bloc über sein ganzes Vermögen zu verfügen (§ 311), sondern schon dann, wenn sich der Verpflichtungsvertrag oder die Verfügung zwar auf einen **einzelnen Gegenstand**, etwa ein Grundstück, beschränkt, dieser aber **nahezu das ganze Vermögen** des Ehegatten bildet und der Dritte es weiß[43]. Diese komplizierte Formel ist ein Kompromiss zwischen Eheschutz und Verkehrsschutz. Wenn sich der Ehegatte verpflichtet, en bloc über sein ganzes Vermögen zu verfügen, erfährt der Dritte schon aus der notariellen Vertragsurkunde (§ 311), dass der Vertrag nur mit Zustimmung des anderen Ehegatten wirksam ist, denn der Güterstand der Zugewinngemeinschaft mit § 1365 ist die gesetzliche Regel.

106

Beschränkt sich die Verpflichtung oder Verfügung hingegen auf einen einzelnen Gegenstand, etwa auf ein Grundstück, lässt sich daraus noch nicht schließen, dass es sich um das ganze Vermögen handle. Hier **verdient der Dritte Schutz. Diesen Schutz verliert er nur dann, wenn er positiv weiß, dass der einzelne Gegenstand das ganze Vermögen des Ehegatten bildet**, oder wenn er wenigstens die Umstände kennt, aus denen dies abzulesen ist[44]. Folgerichtig muss derjenige, der die Unwirksamkeit des Geschäfts geltendmacht, auch die **Kenntnis des Dritten beweisen**[45].

Diese Kenntnis muss der Dritte schon beim Abschluß des Verpflichtungsvertrags haben, andernfalls ist § 1365 nicht anwendbar, denn wenn der Verpflichtungsvertrag wirksam zustandekommt, gibt er dem Dritten einen unangreifbaren Anspruch auf die Verfügung, so dass die spätere Kenntnis nicht mehr schadet[46]. Anders ist es nur dann, wenn der Ehegatte ohne Verpflichtungsvertrag verfügt[47].

Ein einzelner Gegenstand bildet dann – nahezu – das ganze Vermögen, wenn der Ehegatte nach der Verfügung kein nennenswertes Vermögen mehr behält. Dies erfordert einen **Wertvergleich** zwischen dem, was der Ehegatte weggibt, und dem, was er behält[48]. Bei kleineren Vermögen bis zu 100 000,– DM liegt die Grenze etwa bei 15%[49], bei grö-

107

---

42 *BGH* NJW 90, 112.
43 *BGH* 35, 135; 43, 174; 64, 246; 77, 293; 101, 225; 106, 253; 123, 93; NJW 96, 1740: Anwartschaftsrecht.
44 *BGH* 64, 246; 106, 253; 123, 93; FamRZ 2000, 744.
45 *BGH* 43, 174; DB 69, 834; FamRZ 90, 970.
46 *BGH* 106, 253; FamRZ 90, 970; *BayObLG* FamRZ 88, 503.
47 *BGH* 55, 105; OLG Frankfurt FamRZ 86, 275.
48 *BGH* NJW 90, 112; 91, 1739.
49 *BGH* 77, 293; NJW 91, 1739.

ßeren Vermögen bei 10%[50]. Dingliche Belastungen mindern den Wert des veräußerten Vermögensstücks und sind deshalb abzuziehen[51].

Was das Restvermögen betrifft, zählt die **Gegenleistung des Dritten** nicht[52]. Künftige Einkünfte aus Erwerbstätigkeit, wegen Erwerbsunfähigkeit oder Alters haben noch keinen gegenwärtigen Vermögenswert[53]. Auch vom Restvermögen sind dingliche Belastungen abzuziehen[54].

Hauptbeispiele für die Verfügung über das ganze Vermögen sind zwar **Übereignung** und **Abtretung**, aber auch die **Belastung** einer Sache durch Bestellung eines beschränkten dinglichen Rechts fällt unter § 1365, wenn sie den Sachwert ausschöpft[55].

108 Sogar der **Antrag auf Teilungsversteigerung** nach §§ 180 ff. ZVG wird als Verfügung nach § 1365 gewertet, wenn der Miteigentumsanteil des Antragstellers sein ganzes Vermögen bildet und die Teilungsversteigerung den Ausgleichsanspruch des anderen Ehegatten gefährdet[56]. Der andere Ehegatte wehrt sich dagegen mit der Drittwiderspruchsklage nach § 771 ZPO[57].

Nicht unter die Verfügungsbeschränkung des § 1365 fallen **reine Sicherungsgeschäfte** wie Sicherungsübereignung und Sicherungsabtretung, weil das Sicherungsgut kraft Sicherungsvertrag, der ein Treuhandvertrag ist, erst im Sicherungsfall endgültig verloren geht[58].

3.5 Zustimmung des anderen Ehegatten

109 Die vertragliche Verpflichtung des Ehegatten zur Verfügung über sein Vermögen im Ganzen und die Verfügung selbst sind nur mit Zustimmung des anderen Ehegatten wirksam. Sie sind von Anfang an wirksam, wenn der andere Ehegatte im Voraus eingewilligt hat (§ 1365 I). Sie werden nachträglich wirksam, wenn der andere Ehegatte sie im Nachhinein genehmigt (§ 1366 I). Einwilligung und Genehmigung machen das unwirksame

---

50 *BGH* NJW 91, 1739: nicht § 1365, wenn von 500 000,– DM ca. 50 000,– DM übrigbleiben; *OLG München* FamRZ 89, 396: nicht wenn von 745 000,– DM 155 000,– DM übrig bleiben.
51 *BGH* 77, 296: Grundpfandrechte; NJW 96, 1740; *OLG München* FamRZ 89, 396: auch nichtvalutierte Grundschuld; *OLG Hamm* FamRZ 97, 675: nicht vorbehaltener lebenslanger Nießbrauch, da unübertragbar.
52 *BGH* 35, 145; 43, 174.
53 *BGH* 101, 225; NJW 90, 112; DB 75, 1744; *OLG Celle* FamRZ 87, 942: nicht unveräußerliches Wohnrecht.
54 *BGH* 77, 296.
55 *BGH* 123, 93 u. NJW 90, 112: dingliches Wohnrecht; *BayObLG* NJW 60, 821: Grundschuld; *OLG Schleswig* JurBüro 85, 1695: Nießbrauch; dagegen BGH FamRZ 66, 22; *BayObLG* NJW 76, 574: nicht Bewilligung einer Auflassungsvormerkung.
56 *OLG Koblenz* NJW 67, 1139; *OLG Bremen* FamRZ 84, 272; *BayObLG* FamRZ 85, 1040; 96, 1013; *OLG Düsseldorf* FamRZ 95, 309; aber auch NJW 91, 851: nicht, wenn Teilungsversteigerung kraft Pfändung; a.A. *KG* NJW 71, 711; ferner *Sudhof* FamRZ 94, 1152.
57 *BGH* NJW 85, 3066 zu § 1477 II; *OLG Stuttgart* FamRZ 82, 401; *OLG Düsseldorf* FamRZ 95, 309; *OLG Köln* FamRZ 2000, 1167.
58 *BGH* NJW 96, 1742.

Geschäft des § 1365 ausnahmsweise wirksam; die **Beweislast** trägt derjenige, der Rechte aus dem Geschäft herleitet[59].

Es genügt, dass der andere Ehegatte dem Verpflichtungsvertrag zustimmt, denn dadurch erlangt der Dritte einen vollgültigen Anspruch auf das Vermögen des Ehegatten (§ 1365 I 2). Seine Zustimmung zur Verfügung heilt unmittelbar nur den dinglichen Rechtserwerb, deckt mittelbar aber auch den Verpflichtungsvertrag, falls dieser noch genehmigungsfähig ist. Andernfalls ist der dingliche Rechtserwerb zwar wirksam, mangels Rechtsgrundes aber eine ungerechtfertigte Bereicherung nach § 812.

Ist der Verpflichtungsvertrag bereits ohne Zustimmung des anderen Ehegatten wirksam, etwa weil der Dritte nicht weiß, dass der Vertragsgegenstand das ganze Vermögen des Ehegatten bildet, bedarf die Verfügung als Erfüllungsgeschäft auch dann keiner Zustimmung, wenn der Dritte jetzt Bescheid weiß[60].

Die Zustimmung richtet sich nach §§ 182 ff. Wird sie im Voraus erteilt, heißt sie Einwilligung (§ 183), wird sie nachträglich erteilt, heißt sie Genehmigung (§ 184). Einwilligung, Genehmigung und Verweigerung der Genehmigung sind formfreie, empfangsbedürftige Willenserklärungen (§ 182 I, II) und unwiderruflich[61]. Der andere Ehegatte erteilt sie entweder seinem Ehegatten oder dem Dritten (§ 182 I). Da die Zustimmung formfrei ist, kann der andere Ehegatte sie auch stillschweigend durch schlüssiges Verhalten erteilen, muss in diesem Fall aber wissen oder zumindest damit rechnen, dass der Vertrag unwirksam ist[62]. **110**

Wenn der andere Ehegatte weder ja noch nein sagt, sondern schweigt, **kann der Dritte den Schwebezustand** dadurch **beenden**, dass er entweder den Vertrag widerruft (§ 1366 II 1), falls er sein Widerrufsrecht noch nicht verloren hat (§ 1366 II 2), oder seinen Vertragspartner auffordert, die Genehmigung des anderen Ehegatten zu beschaffen. Diese Aufforderung bewirkt nach § 1366 III, dass der andere Ehegatte die Genehmigung nur noch dem Dritten erteilen kann und seine frühere Genehmigung gegenüber dem Ehegatten unwirksam wird (S. 1). Zur Genehmigung hat er nur 2 Wochen Zeit (S. 2 Hs. 1). Nach Ablauf der Frist gilt die Genehmigung als verweigert (S. 2 Hs. 2), so dass der Vertrag endgültig unwirksam wird. **111**

Nach § 1365 II kann das **Vormundschaftsgericht** auf Antrag des Ehegatten die fehlende Zustimmung des anderen Ehegatten ersetzen, wenn das Geschäft einer ordentlichen Verwaltung entspricht und der andere Ehegatte entweder die Zustimmung ohne ausreichenden Grund verweigert oder daran durch Krankheit oder Abwesenheit verhindert und Gefahr im Verzug ist[63]. **112**

Der **Tod des anderen Ehegatten** macht die Genehmigung überflüssig und das Geschäft wirksam, denn der Schutzzweck des § 1365 hat sich erledigt[64]. Das ist freilich nur so- **113**

---

59 *Koeniger* DRiZ 59, 372, 375.
60 *BGH* 106, 253; FamRZ 90, 971.
61 *BGH* 13, 179; 21, 229; 125, 355: auch im Falle des § 1366; NJW 89, 1672; *RG* 139, 118.
62 *BGH* NJW 82, 1099.
63 Dazu *BGH* NJW 78, 1380: Verweigerungsgrund; FamRZ 82, 785: nicht Familiengericht; *BayObLG* NJW 75, 833: Familieninteresse; *OLG Stuttgart* NJW 83, 634: Interessenabwägung; *OLG Hamm* FamRZ 97, 677.
64 *BGH* 125, 355; NJW 82, 1099.

lange möglich, als das Geschäft noch schwebend unwirksam und genehmigungsfähig ist. Ist die Genehmigung einmal verweigert, und sei es auch nur fiktiv nach § 1366 III 2, ist das Geschäft endgültig unwirksam und kann nicht mehr genehmigt werden; dann aber kann auch der Tod des anderen Ehegatten das Geschäft nicht mehr retten[65].

Die **Scheidung der Ehe** macht das schwebend unwirksame Geschäft nicht wirksam, da es nach wie vor den Zugewinnausgleich gefährdet[66].

4. Verfügung über Hausrat und Verpflichtung zu dieser Verfügung

114 Nach § 1369 ist unwirksam sowohl die Verfügung eines Ehegatten über ihm gehörende Gegenstände des ehelichen Haushalts als auch die Verpflichtung zu einer solchen Verfügung. Die Rechtsfolgen sind die Gleichen wie nach § 1365, denn **die §§ 1366-1368 gelten entsprechend (§ 1369 III)**. Diese Verfügungs- und Verpflichtungsbeschränkung soll der ehelichen Lebensgemeinschaft den Hausrat erhalten.

Gegenstände des ehelichen Haushalts (Hausrat) sind alle beweglichen Sachen, die von den Eheleuten für den gemeinsamen Gebrauch oder Verbrauch in Wohnung und Hauswirtschaft bestimmt sind, also Wohnungseinrichtung samt Radio und Fernseher, aber auch Gartenmöbel und Brennmaterial sowie das Familienauto (RN 764). Nicht zum Hausrat gehören diejenigen Sachen, die für den persönlichen oder beruflichen Gebrauch eines Ehegatten oder als Kapitalanlage bestimmt sind.

§ 1369 erfasst nur Sachen, die dem verfügenden Ehegatten gehören; Miteigentum und dingliche Anwartschaft auf Eigentum genügen, schuldrechtliche Ansprüche auf Eigentum nicht. Wenn aber der Ehegatte schon eigenen Hausrat nicht veräußern kann, dann erst recht nicht **Hausrat des anderen Ehegatten**[67]. Die **entsprechende Anwendung des § 1369** verhindert dann einen gutgläubigen Erwerb des Dritten nach §§ 932 ff., der in aller Regel aber schon am Mitbesitz des anderen Ehegatten und deshalb an § 935 scheitert[68].

Auch hier sind Verpflichtungsvertrag und Verfügung nur mit Zustimmung des anderen Ehegatten wirksam; für die Genehmigung gilt § 1366 entsprechend (§ 1369 III): Auch hier kann das Vormundschaftsgericht die Zustimmung ersetzen (§ 1369 II)[69].

---

65 *BGH* 125, 355; zur Heilung allgemein: *Künzel* FamRZ 88, 452.
66 *BGH* NJW 78, 1380; 84, 609; *OLG Saarbrücken* FamRZ 87, 1248.
67 *OLG Köln* MDR 68, 586.
68 *BayObLG* FamRZ 65, 331: Miteigentum.
69 Dazu *BayObLG* FamRZ 80, 1001.

5. Kapitel
Zugewinnausgleich nach dem Tod eines Ehegatten

1. Gesetzliche Systematik

Am Ende des gesetzlichen Güterstandes wird der Zugewinn, den beide Ehegatten in der **115** Ehe erzielt haben, ausgeglichen. Der gesetzliche Güterstand endet entweder durch Tod eines Ehegatten oder „auf andere Weise" (§§ 1371, 1372). Danach richtet sich die Art und Weise des Ausgleichs.

Nach dem Tod eines Ehegatten wird der Zugewinn gemäß § 1371 entweder erbrechtlich (I) oder güterrechtlich (II, III) ausgeglichen[70]. Der erbrechtliche Zugewinnausgleich besteht aus der pauschalen Erhöhung des gesetzlichen Erbteils um 1/4 und setzt voraus, dass der überlebende Ehegatte gesetzlicher Erbe wird (I). Das ist die gesetzliche Regel. Wird er weder Erbe noch Vermächtnisnehmer oder schlägt er die Erbschaft aus, bleibt es beim güterrechtlichen Zugewinnausgleich nach §§ 1373 ff.; daneben hat der Ehegatte den Pflichtteilsanspruch (II, III). Das sind die gesetzlichen Ausnahmen.

Nicht ausdrücklich geregelt ist der Fall, dass der überlebende Ehegatte durch **Verfügung von Todes** wegen bedacht wird; aus § 1371 II, III folgt jedoch, dass der Ehegatte die Erbschaft oder das Vermächtnis ausschlagen muss, wenn er den güterrechtlichen Zugewinnausgleich nach §§ 1373 ff. begehrt. Er wird also angestrengt ausrechnen, was ihm mehr bringt: die Erbschaft oder der Anspruch auf Zugewinnausgleich nebst Pflichtteil. Dazu muss er wissen, ob sich sein Pflichtteil nach dem erhöhten oder nur nach dem gewöhnlichen gesetzlichen Erbteil errechnet; ein Wahlrecht hat er insoweit nicht.

Güterrechtlich wird der Zugewinn aber vor allem nach der Scheidung ausgeglichen (§ 1372). Der güterrechtliche Zugewinnausgleich ist eine der wichtigsten Scheidungsfolgen und wird deshalb im Zusammenhang mit der Scheidung dargestellt (RN 629 ff.).

2. Erbrechtlicher Zugewinnausgleich

Wird der überlebende Ehegatte gesetzlicher Erbe, **erhöht sich sein gesetzlicher Erbteil** **116** **pauschal um 1/4 der Erbschaft**; damit ist der Zugewinn ausgeglichen (§ 1371 I). Nach § 1931 mit §§ 1924, 1925 beträgt der gesetzliche Erbteil des überlebenden Ehegatten neben Abkömmlingen des Erblassers 1/4, neben den Eltern des Erblassers und deren Abkömmlingen 1/2 der Erbschaft. Also erhöht sich der gesetzliche Erbteil im ersten Fall auf 1/2 und im zweiten Fall auf 3/4[71].

Die Erhöhung des gesetzlichen Erbteils um 1/4 schlägt auch auf den Pflichtteilsanspruch durch (Arg. aus § 1371 II). Dieser richtet sich nach § 2303 I 2 mit § 1371 I auf Zahlung des hälftigen Werts des erhöhten gesetzlichen Erbteils; man spricht deshalb vom „großen Pflichtteil"[72]. Als gesetzlicher Erbe hat der überlebende Ehegatte zwar in der Regel

---

[70] *BGH* 72, 85: kein Zugewinnausgleich, wenn beide Ehegatten gleichzeitig sterben.
[71] *BGH* 42, 182.
[72] *BGH* 37, 58; NJW 82, 2497.

keinen Anspruch auf den Pflichtteil, aber vielleicht ausnahmsweise nach § 2306, wenn er durch Nacherbschaft, Testamentsvollstreckung oder Teilungsanordnung belastet ist und die Erbschaft ausschlägt. Außerdem wird auch der Pflichtteil eines Abkömmlings des Erblassers nach dem erhöhten gesetzlichen Erbteil des überlebenden Ehegatten und dem entsprechend niedrigeren gesetzlichen Erbteils des Abkömmlings berechnet[73].

Der erhöhte gesetzliche Erbteil des überlebenden Ehegatten ist nach § 1371 IV jedoch mit einer **Unterhaltspflicht** belastet, denn der überlebende Ehegatte hat aus dem zusätzlichen Erbteil von 1/4 die angemessene Ausbildung bedürftiger Abkömmlinge des Erblassers zu bezahlen, die nicht aus der Ehe mit dem überlebenden Ehegatten stammen.

Der pauschale erbrechtliche Zugewinnausgleich nach § 1371 I setzt nur voraus, dass der überlebende Ehegatte **gesetzlicher Erbe** wird. Unerheblich ist, ob die Ehegatten während der Ehe überhaupt einen Zugewinn erzielt haben. § 1371 I gilt selbst dann, wenn der überlebende Ehegatte den Zugewinn erzielt hat und im Falle einer Scheidung nach §§ 1373 ff. zum Ausgleich verpflichtet wäre[74].

3. Güterrechtlicher Zugewinnausgleich nach dem Tod eines Ehegatten

117 Sowohl nach § 1371 II als auch nach § 1371 III hat der überlebende Ehegatte Anspruch auf Zugewinnausgleich nach §§ 1373 ff. und auf den Pflichtteil nach §§ 2303 ff. Dieser berechnet sich in beiden Fällen und ausnahmslos nach dem gewöhnlichen, nicht erhöhten gesetzlichen Erbteil des § 1931 und heißt deshalb „**kleiner Pflichtteil**". Der überlebende Ehegatte hat nicht etwa die Wahl zwischen Zugewinnausgleich nebst „kleinem Pflichtteil" und dem „großen Pflichtteil". Sein Pflichtteil bleibt im Falle des § 1371 II auch dann ein „kleiner" wenn er nach § 1373 ff. keinen Anspruch auf Zugewinnausgleich hat oder ihn nicht geltendmacht, denn die Wendung „in diesem Fall" (§ 1371 II Hs. 2) bezieht sich nicht auf das Verlangen des Zugewinnausgleichs, sondern nur auf die Enterbung[75].

Folgerichtig bemisst sich auch der Pflichtteil eines anderen Pflichtteilsberechtigten stets nach den gewöhnlichen gesetzlichen Erbteilen aller Beteiligten[76].

118 Der güterrechtliche Zugewinnausgleich nach § 1371 II, III mit §§ 1373 ff. hat **zwei Voraussetzungen: Erstens wird der überlebende Ehegatte weder Erbe noch Vermächtnisnehmer oder er schlägt die Erbschaft aus; zweitens hat er während der Ehe den geringeren Zugewinn erzielt** (dazu RN 629 ff.). Hat er bereits einen begründeten Scheidungsantrag gestellt, ist Stichtag für das Endvermögen nicht der Todestag, sondern analog § 1384 der Tag, an dem der Scheidungsantrag beim Familiengericht eingegangen ist[77].

Durch Ausschlagung der Erbschaft erlangt der überlebende Ehegatte auch dann einen Pflichtteilsanspruch, wenn die erbrechtlichen Voraussetzungen nicht erfüllt sind

---

73 *BGH* 37, 58; NJW 82, 2497.
74 *BGH* 42, 182.
75 *BGH* 42, 182; NJW 82, 2497.
76 *BGH* 42, 182.
77 *BGH* 99, 304.

(§ 1371 III Hs. 1), es sei denn, er hat auf sein gesetzliches Erbrecht oder den Pflichtteil verzichtet (§ 1371 III Hs. 2).

4. Zugewinnausgleich oder Erbfolge durch Verfügung von Todes wegen

Welche Rechtsfolgen es hat, wenn der überlebende Ehegatte durch Verfügung von Todes **119** wegen erbt, sagt § 1371 nicht ausdrücklich. Da aber der überlebende Ehegatte weder gesetzlicher Erbe noch enterbt ist, gilt weder Abs. 1 noch Abs. 2 des § 1371. Der überlebende Ehegatte hat zwei Möglichkeiten: **Entweder behält er die Erbschaft anstelle eines Zugewinnausgleichs oder er schlägt sie aus und erlangt** dadurch nach § 1371 III mit §§ 1373 ff. **einen Anspruch auf Zugewinnausgleich** (RN 629 ff.) **sowie den kleinen Pflichtteil.**

Behält er die Erbschaft, obwohl sie kleiner ist als sein Pflichtteil, hat er Anspruch auf einen Zusatzpflichtteil (§ 2305). Ist der hinterlassene Erbteil nicht größer als der gesetzliche, fallen Beschränkungen durch Nacherbfolge, Testamentsvollstreckung oder Vermächtnis weg (§ 2306 I 1). Und ist der hinterlassene Erbteil größer, darf der überlebende Ehegatte der Beschränkungen wegen ausschlagen und den Pflichtteil verlangen (§ 2306 I 2). In all diesen Fällen berechnet sich der **Pflichtteil nach dem durch § 1371 I erhöhten gesetzlichen Erbteil**[78]. Dadurch verringern sich zwangsläufig die gesetzlichen Erbteile und Pflichtteile anderer Pflichtteilsberechtigter[79].

Dies alles gilt auch dann, wenn der überlebende Ehegatte **Vermächtnisnehmer** wird (Arg. § 1371 II).

6. Kapitel
Die Gütertrennung

Nach § 1414 ist die Gütertrennung ein **vertraglicher Güterstand**, der eintritt, wenn die **120** Ehegatten den gesetzlichen Güterstand ausschließen oder aufheben (S. 1), wenn sie den Zugewinn- oder Versorgungsausgleich ausschließen oder die Gütergemeinschaft aufheben (S. 2). **Ohne Ehevertrag** tritt Gütertrennung ein mit Rechtskraft des Urteils, das auf vorzeitigen Ausgleich des Zugewinns erkennt (§ 1388) oder die Gütergemeinschaft aufhebt (§§ 1449 I, 1470 I). Insoweit ist die Gütertrennung der gesetzliche Lückenbüßer.

Was sie rechtlich bedeutet, sagt das Gesetz nicht, weil es dazu nichts zu sagen gibt. Denn **Gütertrennung ist nichts anderes als das Fehlen jeder güterrechtlichen Beziehung zwischen den Ehegatten**, so als wären sie nicht verheiratet. Jeder Ehegatte behält, was er in die Ehe mitbringt und was er während der Ehe dazu erwirbt, und jeder verwaltet sein Vermögen selbst. Es gibt keinerlei Vermögensgemeinschaft, keine ehelichen Ver-

---

78 *BGH* 37, 58: nicht nur bei gesetzlicher Erbfolge.
79 *BGH* 37, 58.

pflichtungs- und Verfügungsbeschränkungen und keinerlei Vermögensausgleich am Ende der Ehe. Für die Hausfrau, die weder eigenes Einkommen noch Vermögen hat, ist die Gütertrennung eine Katastrophe, wenn die Ehe nach Jahren scheitert.

Die vermögensrechtlichen Beziehungen der Ehegatten richten sich nach dem **Schuld- und Sachenrecht**. Die Ehegatten mögen sich beschenken, einander ehebedingte Zuwendungen machen, Dienst-, Arbeits- oder Gesellschaftsverträge miteinander schließen oder Miteigentum begründen. Mangels Zugewinnausgleich fällt es hier leichter, eine ehebedingte Zuwendung wegen Wegfalls der Geschäftsgrundlage (§ 242) auszugleichen, wenn die Ehe scheitert (RN 237 ff.).

Die **allgemeinen Rechtsfolgen jeder Ehe** aus §§ 1353-1362, die das Gesetz nicht zum Güterrecht zählt, gelten auch im Güterstand der Gütertrennung, so die Schlüsselgewalt (§ 1357), die Verpflichtung zum Familien- und Trennungsunterhalt (§§ 1360-1361) und vor allem die Verpflichtung zur ehelichen Lebensgemeinschaft (§ 1353 I 2), die dem Egoismus des Ehegatten Grenzen setzt (RN 34 ff.).

Auch der **Geschiedenenunterhalt** (§§ 1569 ff.) und der **Versorgungsausgleich** (§§ 1587 ff.) stehen außerhalb des Ehegüterrechts und gelten in jedem Güterstand.

7. Kapitel
Die Gütergemeinschaft

1. Begriff

121   Die Gütergemeinschaft ist neben der Gütertrennung der zweite **vertragliche Güterstand** und neben der Gesellschaft und der Erbengemeinschaft die dritte **Gesamthandsgemein-schaft**, die das geltende Recht kennt und zulässt. Sie macht aus der ehelichen Lebensge-meinschaft auch eine **Vermögensgemeinschaft** und kommt damit dem Ideal einer um-fassenden ehelichen Gemeinschaft gleichberechtigter Partner dann nahe, wenn sie von beiden Ehegatten gemeinschaftlich verwaltet wird, während die alleinige Verwaltung ei-nes Ehegatten den anderen geradezu entmündigt. Dem Zeitgeist gefällt sie allem An-schein nicht mehr, denn sie ist allenthalben auf dem Rückmarsch[80].

Die Gütergemeinschaft hat manche **Ähnlichkeit mit der Gesellschaft**. Wer die Gesell-schaft kennt, wird auch die Gütergemeinschaft leichter verstehen. Beide kommen durch **Vertrag** zustande, die Gesellschaft durch schuldrechtlichen Verpflichtungsvertrag, die Gütergemeinschaft durch familienrechtlichen Ehevertrag (§ 1415). Beide haben ein **In-nen- und ein Außenleben**. Auch bei der Gütergemeinschaft muss man die Rechtsbezie-hungen zwischen den Ehegatten von ihren Beziehungen zu Dritten trennen. Was bei der Gesellschaft Geschäftsführung und Vertretung sind, ist bei der Gütergemeinschaft die **Verwaltung** (§§ 1422 ff., 1450 ff.). Gesellschaft und Gütergemeinschaft sind **Gesamt-handsgemeinschaften** (§ 1419), dem Gesellschaftsvermögen entspricht das **Gesamtgut**

---

80 Dazu *Behmer* FamRZ 88, 339.

(§ 1416). Während das Gesellschaftsrecht die Frage nach der Haftung der Gesellschafter dem allgemeinen Schuldrecht überlassen kann, braucht die Gütergemeinschaft **spezielle Haftungsregeln** (§§ 1437 ff., 1459 ff.). Wie die Gesellschaft findet auch die Gütergemeinschaft irgendwann ihr Ende und muss dann abgewickelt werden (§§ 1471 ff.).

2. Gesetzliche Systematik

Die gesetzliche Regelung ist mit reichlich 100 Paragraphen geradezu üppig ausgefallen. **122** Der praktische Jurist steht diesem Aufwand fassungslos gegenüber, weil die Gütergemeinschaft in den familienrechtlichen Prozessen kaum noch vorkommt.

Die §§ 1415-1518 sind in 5 Abschnitte gegliedert: „Allgemeine Vorschriften" (§§ 1415-1421); „Verwaltung des Gesamtgutes durch den Mann oder die Frau" (§§ 1422-1449); „Gemeinschaftliche Verwaltung des Gesamtgutes" (§§ 1450-1470); „Auseinandersetzung des Gesamtgutes" (§§ 1471-1482) und „Fortgesetzte Gütergemeinschaft" (§§ 1483-1518). Diese Gliederung verrät, dass sich (fast) alles um das Gesamtgut dreht, ist aber zu grobschlächtig, um sicher durch den Paragraphenwald zu führen. **Schwerpunkte sind das Gesamtgut und seine Verwaltung, die Haftung der Eheleute und die Auseinandersetzung am Ende des Güterstandes.** Die fortgesetzte Gütergemeinschaft spielt kaum noch eine Rolle.

In den §§ 1415-1518 findet man eine ganze Reihe von **Anspruchsgrundlagen**: **123**
- §§ 1428, 1455 Nr. 8: Anspruch gegen Dritten auf Rückabwicklung eines unwirksamen Geschäfts;
- §§ 1434, 1457: Anspruch Dritter auf Herausgabe einer ungerechtfertigten Bereicherung aus dem Gesamtgut;
- § 1435: Anspruch des nichtverwaltenden gegen den verwaltenden Ehegatten auf ordentliche Verwaltung und auf Ersatz für Verwaltungsfehler;
- § 1451: gegenseitiger Anspruch auf Mitwirkung an gemeinsamer Verwaltung;
- §§ 1437, 1459, 1488 f.: Haftung des Gesamtguts und des Verwalters;
- §§ 1441-1446, 1463-1468: interner Ausgleich zwischen den Ehegatten;
- §§ 1475 ff., 1498 ff.: Anspruch auf Auseinandersetzung.

Die übrigen Vorschriften sind größtenteils Gegennormen oder Hilfsnormen. Danach richtet sich die **Beweislast**. Auch im Familienrecht muss der Anspruchsteller die anspruchsbegründenden Tatsachen, der Anspruchsgegner die Einwendungen und Einreden beweisen.

3. Gesamtgut

3.1 Begriff

Die Gütergemeinschaft ist eine **Vermögensgemeinschaft zur gesamten Hand** **124** (§ 1419)[81]. Das gemeinschaftliche Vermögen heißt Gesamtgut. Dazu gehört alles, was

---

[81] *BGH* NJW 94, 652: daneben keine Ehegatteninnengesellschaft an Unternehmen, das zum Gesamtgut gehört.

die Ehegatten zu Beginn des Güterstandes schon haben und während des Güterstandes erwerben (§ 1416 I). Das ist jedenfalls die gesetzliche Regel. Sie hat zwei Ausnahmen: das Sondergut (§ 1417) und das Vorbehaltsgut (§ 1418). Wer sich auf eine dieser Ausnahmen beruft, muss sie beweisen.

3.2 Entstehung

Jeder einzelne Vermögensgegenstand, ob Sache oder Recht, den ein Ehegatte zu Beginn des Güterstandes sein eigen nennt, **wird unmittelbar durch die Gütergemeinschaft gemeinschaftliches Vermögen**; einer speziellen rechtsgeschäftlichen Übertragung bedarf es nicht (§ 1416 II). Aus Allein- oder Bruchteilseigentum des Ehegatten wird Gesamthandseigentum. Handelt es sich um ein Grundstück oder ein beschränktes dingliches Recht an einem Grundstück, wird das Grundbuch unrichtig, und jeder Ehegatte ist dem anderen verpflichtet, an der Grundbuchberichtigung mitzuwirken (§ 1416 III 1). Was der Ehegatte während des Güterstandes erwirbt, fällt sogleich und direkt in das Gesamtgut[82].

3.3 Gesamthand

125　Das Gesamtgut ist gemeinschaftliches Vermögen der Ehegatten zur gesamten Hand. Die Gesamthand ist eine alte deutsche Rechtsfigur, die es nur für Gesellschaft (§ 719 I), Gütergemeinschaft (§ 1419 I) und Erbengemeinschaft (§ 2033 II) gibt. Sie ist keine neue Rechtspersönlichkeit, sondern nur die Summe der gesamthänderisch gebundenen Mitberechtigten. Was heißt das? Man muss unterscheiden zwischen dem Anteil des Gesamthänders am Sondervermögen (Gesellschaftsvermögen, Gesamtgut, Nachlass) und seinem Anteil an den einzelnen Gegenständen, aus denen das Sondervermögen besteht.

Rechtlich hat der Gesamthänder nur einen Anteil am Sondervermögen. Ob er über diesen Anteil rechtlich verfügen kann, ist keine Frage der Rechtslogik, sondern der Zweckmäßigkeit, die das BGB für Gesellschaft und Gütergemeinschaft verneint (§§ 719 I, 1419 I), für die Erbengemeinschaft jedoch bejaht (§ 2033 I).

Die einzelnen Gegenstände des Sondervermögens hingegen, die Sachen und Rechte, stehen den Gesamthändern weder zu realen noch zu rechnerischen (Bruch-)Teilen, sondern derart gemeinschaftlich zu, dass keiner über seinen Anteil verfügen kann (§§ 719 I, 1419 I, 2033 II). **Rechtlich gibt es überhaupt keine Anteile, sondern nur die gemeinschaftliche Rechtszuständigkeit aller Mitberechtigten zur gesamten Hand.** Nur beide Ehegatten zusammen sind „der" Eigentümer und „der" Forderungsinhaber. **Diese dingliche Rechtsfolge ist zwingend** und auch durch Ehevertrag nicht zu ändern. Zwar können die Ehegatten durch Ehevertrag Teile des Vermögens zum Vorbehaltsgut erklären

---

82 *BGH* NJW 57, 1635; FamRZ 82, 356: auch nach Auflassung zu hälftigem Miteigentum u. ohne Durchgangserwerb; FamRZ 94, 295: auch deliktischer Schadensersatzanspruch wegen Verdienstausfalls im Unternehmen, das zum Gesamtgut gehört; *RG* 90, 289; ferner *BayObLG* FamRZ 83, 1033: ohne Gütergemeinschaft bedeutet „Erwerb ins Gesamtgut" nur Miteigentum zu je 1/2.

(§ 1418 II Nr. 1). Die Gegenstände des Gesamtguts aber gehören den Ehegatten zwingend zur gesamten Hand[83].

Folgerichtig kann ein Schuldner gegen eine Forderung, die zum Gesamtgut gehört, nur mit einer Gegenforderung **aufrechnen**, die aus dem Gesamtgut zu berichtigen ist (§ 1419 II); andernfalls fehlt es an der Gegenseitigkeit (§ 387).

4. Verwaltung des Gesamtguts

4.1 Gemeinschaftliche Verwaltung

Wer das Gesamtgut verwalten soll, beide Ehegatten gemeinsam oder ein Ehegatte allein, bestimmen die Ehegatten selbst im Ehevertrag; § 1421 S. 1 fordert sie – und den beurkundenden Notar – ausdrücklich dazu auf. Trifft der Ehevertrag keine Bestimmung, verwalten die Ehegatten das Gesamtgut gemeinsam (§ 1421 S. 2). Das ist nicht nur eine Verlegenheitslösung, sondern die **gesetzliche Regel**; sie allein wird der Ehe als einer gleichberechtigten Partnerschaft gerecht. Von der Verwaltung durch einen Ehegatten kann man nur abraten, da sie den anderen Ehegatten förmlich auf kaltem Weg entmündigt. Wenn das BGB gleichwohl die Verwaltung durch einen Ehegatten vor der gemeinsamen Verwaltung regelt, muss man diese Regelung vom Kopf wieder auf die Füsse stellen und mit der gemeinsamen Verwaltung beginnen. Davon handeln die §§ 1450-1470. | **126**

Verwaltung ist tatsächliche und rechtsgeschäftliche Erhaltung, Mehrung und Minderung des Gesamtguts. Dies erfordert **Verfügungsmacht**. Verwalten die Ehegatten das Gesamtgut gemeinsam, können sie **nur gemeinsam** darüber verfügen (§ 1450 I 1). Gemeinsam heißt nicht gleichzeitig. Verfügt ein Ehegatte allein über einen Gegenstand des Gesamtguts, braucht er dazu die Zustimmung des anderen (§ 182)[84]. Mit **Einwilligung** des anderen ist die Verfügung von Anfang an wirksam (§ 183). Ohne Einwilligung ist sie nichtig, wenn sie aus einem einseitigen Rechtsgeschäft besteht, dagegen nur schwebend unwirksam, wenn sie ein Vertrag ist, denn in diesem Fall kann sie durch **Genehmigung** des anderen Ehegatten noch von Anfang an wirksam werden (§ 1453 I mit §§ 1366, 1367, 184). | **127**

Die gemeinschaftliche Verwaltung verpflichtet auch: Nach § 1451 hat jeder Ehegatte an einer notwendigen Verwaltungsmaßnahme mitzuwirken; Maßstab ist die **ordnungsgemäße Verwaltung**, ein dehnbarer Begriff. Verweigert ein Ehegatte seine Mitwirkung ohne ausreichenden Grund, kann das Vormundschaftsgericht sie auf Antrag ersetzen (§ 1452)[85]. | **128**

Zur Verwaltung des Gesamtguts zählt auch das **Prozessieren**, soweit es sich auf das Gesamtgut bezieht. Deshalb können nach § 1450 I 1 **nur beide Ehegatten gemeinsam** klagen. Klagt einer allein, braucht er dazu die Ermächtigung des anderen[86].

---

83 *BayObLG* JR 63, 102: keine Eigentümergrundschuld als Gesamtgläubiger statt zur gesamten Hand.
84 *RG* 159, 363: auch Stellvertretung kraft – widerruflicher – Generalvollmacht.
85 Dazu *OLG Celle* FamRZ 75, 621.
86 *BGH* FamRZ 94, 295: gewillkürte Prozessstandschaft.

129 Nur in den Fällen der §§ 1454-1556 kann **ein Ehegatte** in Bezug auf das Gesamtgut **allein** ein Rechtsgeschäft schließen oder einen Prozess führen; es sind dies **Ausnahmen** von der gesetzlichen Regel des § 1450 I 1. § 1454 berechtigt bei **Verhinderung eines Ehegatten** durch Krankheit oder Abwesenheit den anderen zur alleinigen Verwaltung. § 1455 zählt eine Reihe von Verwaltungsmaßnahmen auf, die das Gesamtgut nicht belasten oder ihm zugutekommen, darunter die **notwendige Erhaltung des Gesamtguts** bei Gefahr in Verzug (Nr. 10). § 1456 schließlich überlässt den **laufenden Geschäftsbetrieb** demjenigen Ehegatten, der das Unternehmen mit Einwilligung des anderen Ehegatten betreibt[87]. Für den **Empfang von Willenserklärungen** ist stets jeder Ehegatte allein zuständig (§ 1450 II).

4.2 Verwaltung durch einen Ehegatten

130 Soll laut Ehevertrag ein Ehegatte allein das Gesamtgut verwalten, gelten die §§ 1422 ff. Der Verwalter darf die Sachen des Gesamtguts in **Alleinbesitz** nehmen, er **allein** kann über das Gesamtgut **verfügen und prozessieren** (§ 1422 S. 1). Der andere hat nichts zu melden, und es tröstet ihn wenig, dass er durch die Verwaltungsmaßnahmen nicht auch noch persönlich verpflichtet werden kann, denn sein Anteil am Gesamtgut haftet stets mit (§ 1437 I).

Allmächtig ist der Verwalter freilich nicht, seine Verpflichtungs- und Verfügungsmacht hat ein paar Lücken. Ohne **Zustimmung des anderen Ehegatten** kann er weder über das Gesamtgut als Ganzes noch über Grundstücke des Gesamtguts verfügen, sich dazu auch nicht verpflichten und keine Schenkungen aus dem Gesamtgut machen (§§ 1423-1428). Bei Verhinderung des Verwalters **hat der andere Ehegatte ein Notverwaltungsrecht** (§ 1429). Was er ausnahmsweise sonst noch darf, sagen die §§ 1430-1433: vom Verwalter die Zustimmung zu einem Rechtsgeschäft verlangen, das in einer persönlichen Angelegenheit erforderlich ist[88]; die laufenden Geschäfte eines Unternehmens tätigen, das er mit Einwilligung des Verwalters führt; eine Erbschaft oder ein Vermächtnis annehmen oder ausschlagen und einen Prozess weiterführen, der schon beim Eintritt der Gütergemeinschaft anhängig war.

Dass der Verwalter das Gesamtgut **ordentlich zu verwalten**, den anderen Ehegatten über die Verwaltung zu unterrichten und für Verluste Ersatz zu leisten hat (§ 1435)[89], ist ein schwacher Trost, wenn das Gesamtgut erst einmal verspielt ist.

5. Sondergut und Vorbehaltsgut

131 Nicht zum Gesamtgut gehören Sondergut und Vorbehaltsgut (§§ 1417 I, 1418 I). Falls jeder Ehegatte ein Sondergut und ein Vorbehaltsgut hat, sind rechtlich fünf Sondervermögen zu unterscheiden; das ist wichtig für Verfügungsmacht und Haftungsgrundlage sowie für Rechtsbeziehungen zwischen Gesamtgut und Sonder- oder Vorbehaltsgut (§§ 1445, 1467)[90].

---

87 *BGH* 83, 76: Arztpraxis; auch zur Abgrenzung zwischen unternehmensbezogenen und privaten Geschäften; *RG* 127, 110: Beteiligung an OHG.
88 Dazu *BayObLG* NJW 65, 348.
89 Dazu *BGH* FamRZ 86, 41.
90 *OLG Düsseldorf* FamRZ 84, 1098.

Das **Sondergut** besteht aus den Gegenständen, die nicht durch Rechtsgeschäft übertragen werden können, sondern an die Person des Ehegatten gebunden sind (§ 1417 II) wie Nießbrauch (§ 1059 S. 1) und dingliches Wohnrecht (§§ 1093 I 1, 1092 I 1). Diese Rechtsfolge ist zwingend; ein unübertragbares Recht lässt sich auch nicht durch Ehevertrag zu Gesamtgut erklären. **Sein Sondergut verwaltet jeder Ehegatte selbständig, aber für Rechnung des Gesamtguts** (§ 1417 III), so dass die Nutzungen (§ 100) ins Gesamtgut fallen und die Lasten (§ 103) aus dem Gesamtgut zu bezahlen sind.

Das **Vorbehaltsgut** besteht nach § 1418 II aus dreierlei Gegenständen: aus solchen, die der **Ehevertrag** zum Vorbehaltsgut erklärt (Nr. 1)[91]; aus Erwerb von Todes wegen, den der Erblasser, und aus unentgeltlichem Erwerb, den der Schenker zum Vorbehaltsgut erklärt (Nr. 2); schließlich aus den Surrogaten des Vorbehaltsguts (Nr. 3). Das Vorbehaltsgut ist freies Vermögen des Ehegatten. **Er verwaltet es selbständig und für eigene Rechnung** (§ 1418 III), so dass die Nutzungen (§ 100) wiederum Vorbehaltsgut werden und die Lasten (§ 103) aus dem Vorbehaltsgut zu decken sind. Dritten gegenüber wirkt dies allerdings nur, wenn das Vorbehaltsgut dem Dritten bekannt oder im Güterrechtsregister eingetragen ist (§ 1418 IV mit § 1412).

6. Schuldenhaftung der Ehegatten

6.1 Haftungsarten

Verwickelt ist die Frage, ob und womit Ehegatten in Gütergemeinschaft für vertragliche und gesetzliche Schulden haften: als Gesamthänder mit dem Gesamtgut oder als Gesamtschuldner mit dem Vorbehaltsgut oder sowohl als auch. Das ist aber nur die Haftung nach außen gegenüber Dritten. Daneben gibt es noch den Haftungsausgleich im Innern zwischen den Ehegatten. **132**

Nach § 1459 haften die gemeinsam verwaltenden Ehegatten für Gesamtgutsverbindlichkeiten sowohl als Gesamthänder mit dem Gesamtgut (I) als auch gesamtschuldnerisch mit ihrem Vorbehaltsgut (II). Die beiden Haftungsformen unterscheiden sich materiellrechtlich und prozessual. Als **Gesamthänder** sind nur beide Ehegatten zusammen der richtige Schuldner, müssen deshalb in aller Regel zusammen verklagt werden und sind dann notwendige Streitgenossen nach § 62 ZPO, weil das Urteil gegen beide einheitlich ausfallen muss[92]. Als **Gesamtschuldner** hingegen haftet jeder Ehegatte nach § 421 ff. in vollem Umfang allein, kann deshalb auch einzeln verklagt werden und ist nur einfacher Streitgenosse, wenn beide zusammen verklagt werden, denn das Urteil kann nach § 425 durchaus unterschiedlich ausfallen[93]. Unterschiedlich ist aber vor allem die **Haftungsgrundlage**. Zur Vollstreckung in das von beiden verwaltete Gesamtgut braucht der Gläubiger nach § 740 II ZPO (mit Ausnahmen in §§ 741, 742 ZPO)[94] einen Titel gegen beide Ehegatten; dies muss allerdings kein Gesamthandtitel, sondern kann

---

91 *BGH* 65, 79: OHG zwischen Eheleuten nur durch Begründung von Vorbehaltseigentum möglich; *BayObLG* FamRZ 82, 285: Erwerb von Bruchteilseigentum nur als Vorbehaltsgut.
92 *BGH* WM 75, 619; Schellhammer, Zivilprozess, RN 1604 f.
93 *BGH* WM 75, 619; Schellhammer, Zivilprozess, RN 1606.
94 Zu § 741 ZPO: *BayObLG* FamRZ 83, 1128.

ein Gesamtschuldtitel sein, so dass auch zwei Einzeltitel genügen[95]. Umgekehrt kann der Gläubiger aus einem Gesamthandstitel nur in das Gesamtgut vollstrecken; zur Vollstreckung in das Vorbehaltsgut braucht er einen Einzeltitel gegen den betreffenden Ehegatten.

6.2 Haftung der Ehegatten mit dem Gesamtgut

133 Ehegatten, die das Gesamtgut gemeinsam verwalten, haften für Gesamtgutsverbindlichkeiten gemeinsam mit dem Gesamtgut. Denn nach § 1459 I kann der Dritte „aus dem Gesamtgut Befriedigung erlangen". Zu diesem Zweck verklagt er beide Ehegatten als Gesamthänder auf Zahlung, Herausgabe oder sonstige Leistung aus dem Gesamtgut[96]. Die **Gesamthandsklage** nach § 1459 I macht die Ehegatten zu notwendigen Streitgenossen nach § 62 ZPO.

§ 1459 I ist zwar keine selbständige Anspruchsgrundlage, ergänzt aber die vertragliche oder gesetzliche Grundlage für den Anspruch des Dritten, der sich ohne diese Bestimmung nicht ohne weiteres an das Gesamtgut halten könnte.

134 **Gesamtgutverbindlichkeiten sind nach § 1459 I alle Verbindlichkeiten des Mannes und der Frau**, sowohl aus Vertrag als auch aus Gesetz[97], sowohl aus der Zeit vor der Gütergemeinschaft als auch aus der Zeit während der Gütergemeinschaft. Das ist die gesetzliche Regel. Sie hat nur **drei Ausnahmen**, die die Ehegatten beweisen müssen:

- **erstens** Verpflichtungen aus Rechtsgeschäften, die ein Ehegatte während der Gütergemeinschaft allein geschlossen hat, es sei denn, der andere habe zugestimmt oder die Zustimmung sei nicht erforderlich gewesen (§ 1460 I);
- **zweitens** Verbindlichkeiten eines Ehegatten aus einem Erbe oder einem Vermächtnis, das der Ehegatte während der Gütergemeinschaft als Vorbehalts- oder Sondergut erworben hat (§ 1461);
- **drittens** Verbindlichkeiten, die während der Gütergemeinschaft aus einem Recht oder dem Besitz einer Sache entstehen, die zum Vorbehalts- oder Sondergut gehört (§ 1462 S. 1), es sei denn, das Recht oder die Sache gehört zu einem Erwerbsgeschäft i.S.d. § 1456, oder die Verbindlichkeit ist eine Last des Sonderguts, die gewöhnlich aus dessen Ertrag beglichen wird (§ 1462 S. 2).

In diesen Ausnahmefällen haftet nur der betreffende Ehegatte und nur mit seinem Vorbehaltsgut.

Verwaltet ein Ehegatte das Gesamtgut allein, gelten die §§ 1437 ff. Auch hier haften für Gesamtgutsverbindlichkeiten beide Ehegatten mit dem Gesamtgut (§ 1437 I). Da aber nur der Verwalter über das Gesamtgut prozessieren kann (§ 1422 S. 1), verklagt der Dritte nur den Verwalter auf Leistung aus dem Gesamtgut. Zur Vollstreckung in das Gesamtgut genügt deshalb ein Titel gegen den Verwalter (§ 740 I ZPO). Gesamtgutsverbindlichkeiten sind auch hier grundsätzliche alle Verbindlichkeiten der Ehegatten. Ausgenommen sind nur einige Verbindlichkeiten des nicht verwaltenden Ehegatten

---

95 *OLG Frankfurt* FamRZ 83, 172: Titel gegen einen Ehegatten erlaubt nur Vollstreckung in Vorbehaltsgut.
96 *BGH* WM 75, 619.
97 *BGH* NJW 57, 1635: Bereicherung des Gesamtguts.

(§§ 1438-1440). In diesen Ausnahmefällen haftet nur der nicht verwaltende Ehegatte mit seinem Vorbehaltsgut.

6.3 Gesamtschuldnerische Haftung der Ehegatten

Ehegatten, die das Gesamtgut gemeinsam verwalten, haften nach § 1459 II 1 auch **135** noch als Gesamtschuldner mit ihrem Vorbehaltsgut[98]. Die gesamtschuldnerische Haftung des Ehegatten erlischt nach § 1459 II 2 erst mit Beendigung der Gütergemeinschaft und nur dann, wenn die Verbindlichkeit intern dem anderen zur Last fällt (§§ 1463 ff.).

Wird das **Gesamtgut von einem Ehegatten allein verwaltet**, haftet der Verwalter nach § 1437 II 1 auch noch persönlich als Gesamtschuldner, während der nichtverwaltende Ehegatte nicht persönlich, sondern nur mit seinem Anteil am Gesamtgut haftet. Die persönliche Haftung des Verwalters eröffnet dem Gläubiger den Zugriff auf das Vorbehaltsgut des Verwalters. Sie erlischt nach § 1437 II 2 mit Beendigung der Gütergemeinschaft, wenn die Verbindlichkeit intern dem anderen Ehegatten zur Last fällt (§§ 1441 ff.).

6.4 Haftung des Ehegatten mit Vorbehalts- und Sondergut

Die Haftung mit dem **Sondergut**, das aus unübertragbaren Rechten besteht und deshalb **136** in der Regel unpfändbar ist (§ 1417 II mit § 851 ZPO), kann man vernachlässigen; pfändbar sind nach § 857 III ZPO nur der Nießbrauch (§ 1059 S. 2) und vielleicht die beschränkte persönliche Dienstbarkeit (§ 1092 I 2). Interessanter ist die Haftung mit dem **Vorbehaltsgut** (§ 1418). Es ist Haftungsgrundlage nicht nur für die wenigen Verbindlichkeiten, die nach §§ 1460-1462 oder §§ 1438-1440 ausnahmsweise keine Gesamtgutsverbindlichkeiten sind, sondern vor allem auch für alle Gesamtgutsverbindlichkeiten, für die der Ehegatte auch persönlich als Gesamtschuldner haftet; bei gemeinsamer Verwaltung sind dies beide Ehegatten, bei Verwaltung durch einen Ehegatten ist es der Verwalter. Zur Vollstreckung in das Vorbehaltsgut braucht der Gläubiger nur einen Titel gegen den betreffenden Ehegatten.

6.5 Haftung der Ehegatten im Innenverhältnis

Die Haftung der Eheleute für Gesamtgutsverbindlichkeiten hat auch ein Innenleben. Die **137** Frage lautet: Welcher Ehegatte trägt im Verhältnis zum anderen eine Gesamtgutsverbindlichkeit? Davon handeln die §§ 1463-1468 und §§ 1441-1446. In der Regel stellt sich die Frage nach der internen Haftung erst, wenn die Gütergemeinschaft beendet ist und auseinandergesetzt werden muss (§§ 1468, 1446), denn dann geht es darum, ob der Überschuss hälftig verteilt werden kann (§§ 1476 ff.) oder mit Ausgleichsansprüchen verrechnet werden muss (§§ 1467, 1445).

Das Gesetz geht stillschweigend davon aus, dass jeder Ehegatte jede Gesamtgutsverbindlichkeit intern **hälftig** trage, und regeln nur ein paar Ausnahmen.

---

[98] *BGH* WM 75, 619: Darlehen.

7. Auseinandersetzung des Gesamtguts

7.1 Beendigung und Auseinandersetzung

138 Wie bei der Gesellschaft muss man auch bei der Gütergemeinschaft zwischen Beendigung und Auseinandersetzung unterscheiden, denn die beendete Gütergemeinschaft muss noch langwierig auseinandergesetzt werden und befindet sich solange in Liquidation. Davon handeln die §§ 1471-1482. Auseinanderzusetzen ist nur das **Gesamtgut**; Vorbehalts- und Sondergut bleiben unberührt.

Anders als der Teilhaber einer Bruchteilsgemeinschaft hat der Ehegatte kein Recht darauf, die Gütergemeinschaft jederzeit zu beenden (§ 1419 I Hs. 2). **Im Normalfall endet die Gütergemeinschaft erst mit Auflösung der Ehe**, also mit dem Tod eines Ehegatten, falls sie nicht ausnahmsweise mit den gemeinschaftlichen Abkömmlingen fortgesetzt wird, oder mit Scheidung oder Aufhebung der Ehe[99]. Vorzeitig wird sie nur durch Ehevertrag (§ 1414) oder rechtskräftiges Aufhebungsurteil (§§ 1469 f., 1447 ff.) beendet.

Die beendete Gütergemeinschaft ist auseinanderzusetzen (§ 1471 I), bleibt aber bis zur vollständigen Auseinandersetzung als Gesamthandsgemeinschaft am Gesamtgut bestehen (§ 1471 II) und wird jetzt stets von beiden Ehegatten gemeinsam verwaltet (§ 1472 I mit Ausnahmen in II u. IV). Gesamtgutsverbindlichkeiten können die Ehegatten während der Liquidation nicht mehr begründen, wie den gesetzlichen Definitionen der §§ 1459, 1437 zu entnehmen ist[100].

7.2 Vereinbarte und gesetzliche Auseinandersetzung

139 Über die Art und Weise der Auseinandersetzung können sich die Eheleute **nach Belieben vertraglich einigen**; die Gesamtgutsgläubiger sind durch § 1480 geschützt. Soweit keine Einigung gelingt[101], ist das Gesamtgut streng **nach Gesetz** zu liquidieren (§ 1474).

Zuerst sind aus dem Gesamtgut die fälligen und unstreitigen Gesamtgutsverbindlichkeiten (RN 134) **zu tilgen, die betagten oder streitigen durch Rücklagen zu sichern** (§ 1475 I mit Ausnahme in II). Zu diesem Zweck ist das Gesamtgut im erforderlichen Umfang zu versilbern (§ 1475 III). Die Gesamtgutsverbindlichkeiten können zwar auch derart reguliert werden, dass der eine Ehegatte sie allein übernimmt und dafür sorgt, dass der andere vom Gläubiger aus der Haftung entlassen wird[102], aber das erfordert eine Vereinbarung. Solange die Gesamtgutsverbindlichkeit aus dem Gesamtgut erfüllt werden kann, entfällt ein Gesamtschuldnerausgleich nach § 426[103].

Der Überschuss, der nach Tilgung der Gesamtgutsverbindlichkeiten bleibt, **ist zwischen den Ehegatten hälftig zu teilen** (§ 1476 I mit Ausnahme in II)[104]. Wie er zu verteilen ist, sagt § 1477 I: nach den Vorschriften über die Gemeinschaft, also durch Realteilung

---

99 Dazu *Ensslen* FamRZ 98, 1077.
100 *BGH* FamRZ 86, 41; *OLG München* FamRZ 96, 170, 290; Ausnahme nur kraft Vereinbarung.
101 Auch Teileinigung möglich: *BGH* FamRZ 85, 903; 86, 40; 88, 926.
102 *BGH* FamRZ 85, 903; 86, 40; 88, 815.
103 *OLG Zweibrücken* FamRZ 92, 821.
104 Zur Verzinsung: *BGH* 109, 89.

(§ 752) oder durch Versilberung von Gesamtgutsgegenständen und Verteilung des Erlöses (§ 753). Real teilbar sind eigentlich nur Geld und Geldforderungen. Grundstücke, aber auch bewegliche Sachen hingegen muss man in aller Regel versteigern, um den Erlös verteilen zu können[105]. Unveräußerliche Forderungen sind zwischen den Ehegatten zu versteigern.

7.3 Übernahmerecht

Von der Regel des § 1477 I macht § 1477 II eine Ausnahme: **Jeder Ehegatte hat das** **140** **Recht, bestimmte Gegenstände gegen Wertersatz**[106] **zu übernehmen**, nämlich: Sachen des persönlichen Gebrauchs wie Kleider, Schmuck und Arbeitsgeräte; alles, was er in die Gütergemeinschaft eingebracht hat[107]; schließlich alles, was er während der Gütergemeinschaft durch Erbfolge oder sonstige unentgeltliche Zuwendung eines Dritten erworben hat[108].

Das Übernahmerecht ist ein **Gestaltungsrecht**, das der Ehegatte durch Erklärung gegenüber dem anderen ausübt[109]. Den Wertersatz darf der Ehegatte nicht ins Gesamtgut zahlen, sondern muss ihn mit seinem Anteil am Überschuss verrechnen (§ 1476 II)[110]. Auch die Übernahme ist in der Regel erst nach Regulierung der Gesamtgutsverbindlichkeiten möglich und beeinflusst lediglich die Verteilung des Überschusses nach § 1476[111]. Das Übernahmerecht aus § 1477 II berechtigt den Ehegatten auch zur Widerspruchsklage nach § 771 ZPO gegen die Teilungsversteigerung[112].

7.4 Auseinandersetzungsplan

Die gesetzliche Abwicklung ist überaus kompliziert und im Streitfall nur schwer durch- **141** führbar. Man kann den Ehegatten nur raten, sich umfassend vertraglich zu einigen, erforderlichenfalls unter Vermittlung des zuständigen Amtsgerichts nach §§ 99, 86 ff. FGG. Die Auseinandersetzung ist zwar klagbar[113], **der Ehegatte kann** aber nicht einfach aus § 1476 I auf Zahlung des hälftigen Überschusses in Geld, sondern **nur auf Zustimmung zu einem Auseinandersetzungsplan klagen**, der den §§ 1475 ff. und etwaigen Teilvereinbarungen voll entspricht[114]. Das Urteil ist nach § 894 ZPO vollstreckbar.

---

105 *BGH* FamRZ 88, 816: Wohnungseigentum.
106 Zur Wertberechnung: *BGH* FamRZ 86, 41, 42.
107 *BGH* 109, 89 u. *OLG Nürnberg* FamRZ 99, 854: Anspruch auf Zugewinnausgleich; *BGH* FamRZ 88, 816: nicht ganzer Gegenstand, wenn nur Teilrecht eingebracht; *OLG Stuttgart* FamRZ 96, 1474: Anwartschaftsrecht auf Grundeigentum.
108 Dazu *BGH* FamRZ 86, 883.
109 *BGH* FamRZ 88, 926.
110 *BGH* FamRZ 88, 926.
111 *BGH* FamRZ 88, 926.
112 *BGH* FamRZ 85, 903; 87, 43.
113 *BGH* FamRZ 84, 254: auch als Folgesache im Scheidungsverbund.
114 *BGH* FamRZ 88, 814: Prozessgericht kann nur stattgeben o. abweisen; FamRZ 88, 926.

7.5 Scheidung während Liquidation

142 Wird die Ehe vor Abschluss der Liquidation geschieden, hat jeder Ehegatte nach § 1478 I Anspruch darauf, dass ihm der Wert dessen erstattet wird, was er in die Gütergemeinschaft eingebracht hat; was das ist, sagt § 1478 II[115]. Der Wert richtet sich nach der Zeit des Einbringens (§ 1478 III)[116]. Diesen Anspruch hat der Ehegatte neben dem Übernahmerecht aus § 1477 II[117], aber wiederum erst nach Regulierung der Gesamtgutsverbindlichkeiten.

7.6 Gläubigerschutz

143 Da die Auseinandersetzung des Gesamtguts nur das Innenverhältnis der Ehegatten betrifft, muss sie auf die Gesamtgutsgläubiger keine Rücksicht nehmen. Verteilen die Ehegatten das Gesamtgut unter sich, bevor sie eine Gesamtgutsverbindlichkeit beglichen haben, ist die Verteilung nicht etwa unwirksam, vielmehr schützt § 1480 den Gläubiger dadurch, dass ihm jetzt auch derjenige Ehegatte haftet, der bisher nicht gehaftet hat, freilich beschränkt auf die übernommenen Gesamtgutsgegenstände. Dies wiederum färbt auf das Innenverhältnis ab: Nach § 1481 haben sich die Ehegatten so zu stellen, als wäre die Gesamtgutsverbindlichkeit vorweg aus dem Gesamtgut bezahlt worden.

8. Tod eines Ehegatten

144 Wird die Ehe durch Tod eines Ehegatten aufgelöst, so fällt dessen Anteil am Gesamtgut in den Nachlass und wird der Verstorbene nach den allgemeinen Vorschriften beerbt (§ 1482). Die Gesamthand der Gütergemeinschaft besteht fort, jetzt zwischen dem überlebenden Ehegatten und den Erben. Nachlassgegenstand ist nur der Gesamthandsanteil des Verstorbenen, nicht der einzelne Gegenstand des Gesamtguts[118].

9. Fortgesetzte Gütergemeinschaft

145 Kraft **Ehevertrags** kann die Gütergemeinschaft über den Tod eines Ehegatten hinaus mit den gemeinschaftlichen Abkömmlingen fortgesetzt werden (§ 1483 I 1, 2)[119]. Der Anteil des verstorbenen Ehegatten fällt dann folgerichtig nicht in den Nachlass (§ 1483 I 3). Auf diese Weise wird verhindert, dass der Familienbesitz durch Erbteilung zerstückelt wird. Der überlebende Ehegatte kann die Fortsetzung jedoch ablehnen (§ 1484) und jederzeit aufheben (§ 1492). Lehnt er ab, gilt § 1482. Lehnt er nicht ab, verwaltet er das Gesamtgut alleine (§ 1487 I HS. 2) und haftet für die Gesamtgutsverbindlichkeiten auch persönlich (§ 1489). Was zum Gesamtgut gehört, regelt § 1485, was Gesamtgutsverbindlichkeiten sind, sagt § 1488. Beendet wird die fortgesetzte Gütergemeinschaft durch

---

115 *BGH* 109, 89: Anspruch auf Zugewinnausgleich; FamRZ 86, 883: zu § 1478 II Nr. 2; *OLG Köln* FamRZ 91, 572; *OLG München* FamRZ 96, 290; *RG* 146, 284: Beteiligung an OHG.
116 *BGH* 84, 333 u. 109, 89: inflationsbereinigt.
117 *BGH* FamRZ 86, 41; 86, 776; *OLG Köln* FamRZ 91, 571.
118 *BGH* NJW 76, 893; *RG* 136, 19.
119 Dazu *RG* 75, 417: Gesamthand; 148, 249: Schuldenhaftung.

Wiederverheiratung oder Tod des überlebenden Ehegatten sowie durch rechtskräftiges Aufhebungsurteil (§§ 1493, 1496)[120] und ist dann auseinanderzusetzen (§§ 1498 ff.).

8. Kapitel
Das Güterrechtsregister

1. Verfahren

Vom Güterrechtsregister handeln die §§ 1558-1563. Sie regeln aber nur Verfahrensfra- **146**
gen: die Zuständigkeit des Amtsgerichts, das Antragserfordernis, die öffentliche Bekanntmachung und die Registereinsicht. Ergänzt werden sie durch §§ 161, 162 FGG
über das Verfahren vor dem Registergericht.

2. Materielles Recht

Antwort auf die materiellrechtliche Frage, welche Rechtsfolgen die Eintragung oder
Nichteintragung eines güterrechtlichen Vorgangs ins Güterrechtsregister hat, findet man
nicht hier, sondern an anderer Stelle: allgemein in § 1412 und für besondere Fälle in
§§ 1357 II 2, 1418 IV, 1431 III, 1449 II, 1456 III, 1470 II.

3. Eintragbare Rechtsfolgen

In das Güterrechtsregister kann man außer dem Ausschluss der Schlüsselgewalt **nur ehevertragliche Abweichungen vom gesetzlichen Güterstand der Zugewinngemeinschaft** eintragen, die sich auf den Rechtsverkehr auswirken können, also Gütertrennung[121] und Gütergemeinschaft sowie inhaltliche Abweichungen vom gesetzlichen Leitbild der Zugewinngemeinschaft oder Gütergemeinschaft, soweit das Gesetz sie erlaubt[122]. Die **Eintragung** ist aber **keine Wirksamkeitsvoraussetzung**, der Ehevertrag
auch ohne Eintragung wirksam.

4. Negative Publizität

Anders als das Grundbuch aber genauso wie Vereins- und Handelsregister **hat das Güterrechtsregister nur eine negative Publizität**: Einem Dritten können Ehegatten ihren
vom Gesetz abweichenden Ehevertrag nur entgegenhalten, wenn er im Güterrechtsregister eingetragen oder dem Dritten bekannt ist. Andernfalls bleibt es bei den Regeln des

---

120 Zum Missbrauch des Verwaltungsrechts nach § 1495 Nr. 1: *BGH* 48, 369.
121 *BGH* 66, 203: Ausschluss des gesetzlichen Güterstandes.
122 *BGH* 41, 370: Ausschluss der Verfügungsbeschränkung des § 1365; *Keilbach* FamRZ 2000,
    870.

gesetzlichen Güterstandes. **Der Dritte darf sich** nicht auf die Richtigkeit der Eintragung, sondern **nur auf das Schweigen des Registers verlassen**, also darauf, dass eine eintragungsfähige, aber nicht eingetragene Rechtsfolge auch nicht vereinbart sei. **§ 1412 schützt den Rechtsverkehr dadurch, dass er dem Ehegatten alle eintragungsfähigen Einwendungen aus einem Ehevertrag nimmt, die nicht eingetragen sind.** Dagegen gibt er dem Dritten keine Einwendungen gegen eine ehevertraglich wirksam vereinbarte Regelung.

147 Dies gilt sowohl für **Rechtsgeschäfte** zwischen einem Ehegatten und dem Dritten (§ 1412 I Hs. 1) als auch für das **rechtskräftige Urteil** zwischen einem Ehegatten und dem Dritten (§ 1412 I Hs. 2) und es gilt auch für die Änderung einer Änderung: die Aufhebung oder Änderung eines eingetragenen Ehevertrags (§ 1412 II).

Beispiele

(1) Vereinbaren die Ehegatten **Gütertrennung**, ohne sie eintragen zu lassen, und verfügt der Ehemann ohne Zustimmung der Ehefrau über seinen Hausrat, ist das Geschäft wirksam, denn § 1369 ist durch den wirksamen Ehevertrag wirksam abbedungen, auch dem Dritten gegenüber. Dieser darf nicht geltendmachen, das Geschäft sei unwirksam. Das Güterrechtsregister hat nur eine negative Publizität. **§ 1412 schützt den Rechtsverkehr nur insoweit, als er den Ehegatten Einwendungen aus einem nicht eingetragenen Ehevertrag abschneidet.** Hier erhebt aber nicht ein Ehegatte, sondern der Dritte eine Einwendung, nämlich die aus § 1369, freilich zu Unrecht, denn die Ehegatten haben wirksam Gütertrennung vereinbart und § 1412 begründet keine Einwendungen.

(2) **Heben die Ehegatten die vereinbarte und eingetragene Gütertrennung auf und vereinbaren statt dessen den gesetzlichen Güterstand**, ohne ihn eintragen zu lassen, so ist die Verfügung des Ehemanns über seinen Hausrat ohne Zustimmung der Ehefrau zwar nach § 1369 unwirksam, aber dem Dritten gegenüber dürfen sie diesen Einwand nach § 1412 II nicht erheben, es sei denn, der Dritte weiß Bescheid.

(3) Schließt der Ehemann die **Schlüsselgewalt** der Ehefrau aus, ohne diese Änderung eintragen zu lassen, wird er aus einem Geschäft der Ehefrau nach § 1357 I gleichwohl verpflichtet, es sei denn, der Dritte kennt den Ausschluss. § 1412 I Hs. 1 nimmt hier dem Ehemann den Einwand aus § 1357 II 1.

4. Teil
Die Trennung und ihre Folgen

1. Kapitel
Trennung und Getrenntleben

Trennung ist zwar nicht gleich Trennung, aber in vielen Fällen doch der Anfang vom **148**
Ende der Ehe. Wenn sich zwei Eheleute trennen, weil sie es miteinander nicht mehr aushalten, ist ihre Ehe zumindest gestört. Damit ist noch nicht alle Hoffnung verloren. Die
Trennung kann auch eine nur vorläufige sein und den Zweck verfolgen, das gespannte
Verhältnis zu entspannen, die aufgewühlten Gefühle zu beruhigen und die Vernunft ein-
zuschalten, um sich darüber klar zu werden, wie es weitergehen soll. In diesem Fall gibt
es kaum rechtliche Probleme, denn wenn die Ehegatten mit dieser Absicht einvernehmlich auseinandergehen, werden sie auch die finanziellen Folgen vernünftig regeln.

Vollzieht sich die Trennung hingegen im Streit, entsteht Regelungsbedarf: Wovon soll
der Ehegatte, der kein eigenes Einkommen hat, leben? Wer soll in der Ehewohnung bleiben und wer ausziehen? Wer soll die Kinder betreuen, und wie soll der Kontakt der Kinder zum anderen Elternteil gesichert werden? Antwort geben § 1361 für den Unterhalt,
§§ 1361a, 1361b für Hausrat und Ehewohnung, sowie §§ 1671, 1684 für elterliche Sorge
und Umgangsrecht.

Alle diese Rechtsnormen setzen voraus, dass die Ehegatten bereits getrennt leben; ledig- **149**
lich in der Wohnungsfrage nach § 1361b genügt schon die Trennungsabsicht eines Ehegatten. Wann aber leben die Ehegatten rechtlich getrennt? **Das Gesetz definiert das Getrenntleben in § 1567 als Voraussetzung der Scheidung** (RN 249). Was liegt näher, als
diese Legaldefinition überall dort anzuwenden, wo die Trennung Rechtsfolgen hat.

Wichtigste Trennungsfolge ist der **Trennungsunterhalt** des bedürftigen Ehegatten nach
§ 1361; er wird wegen der Unterschiede zum Geschiedenenunterhalt im nächsten Kapitel
vorgestellt.

Die **Verteilung des Hausrats** (§ 1361a) und die **Zuteilung der Ehewohnung** (§ 1361b)
sind nicht nur Trennungs-, sondern auch Scheidungsfolgen und werden des besseren Verständnisses wegen im Zusammenhang mit der Scheidung behandelt (RN 717 ff.).

Die **elterliche Sorge** (§ 1671) und das **Umgangsrecht** (§ 1684), die im Streitfall zu regeln sind, werden im 2. Buch „Das Kind und seine Eltern" dargestellt (RN 1151 ff.).

Nach 3 Jahren Getrenntleben entsteht außerdem das Recht auf **vorzeitigen Zugewinnausgleich** nach § 1385 (RN 709).

Schließlich sind, sobald die Ehe endgültig gescheitert ist, auch noch die meisten **schuldrechtlichen Beziehungen der Eheleute** abzuwickeln; damit befasst sich das 3. Kapitel
(RN 217 ff.).

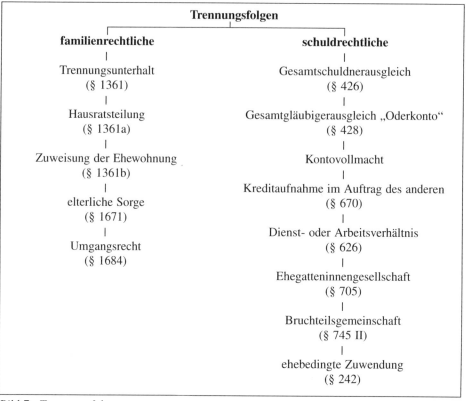

Bild 7: Trennungsfolgen

2. Kapitel
Der Trennungsunterhalt

1. Gesetzliche Systematik

1.1 Leitmotiv

150 Den Trennungsunterhalt regelt das Gesetz recht pauschal in einer einzigen Vorschrift (§ 1361), die mehr verbirgt als offenbart. Da die Ehe durch die Trennung zwar gestört ist, aber nicht unheilbar zerstört sein muss, sondern durch Aussöhnung vielleicht noch gerettet werden kann, **soll der Unterhaltsanspruch den ehelichen Lebensstandard auch während der Trennung möglichst aufrechterhalten**[1]. Dieser fromme Wunsch bleibt allzuoft schon deshalb unerfüllt, weil zwei Haushalte mehr kosten als einer und aus dem bisherigen Familieneinkommen nicht bezahlt werden können.

---

1 *BGH* NJW 89, 2809; 91, 1049.

Der Trennungsunterhalt schließt die Lücke zwischen Familienunterhalt und Geschiedenenunterhalt. **Er soll den unterhaltsberechtigten Ehegatten weder besser stellen, als er während des Zusammenlebens stand, noch schlechter, als er nach der Scheidung stünde**; das ist sein Leitmotiv[2].

1.2 Anspruchsgrundlage

Anspruchsgrundlage ist § 1361 I 1, IV, Rechtsfolge ein Anspruch auf angemessenen Unterhalt. Was angemessen ist, bestimmen die ehelichen Lebensverhältnisse. Anders als der Familienunterhalt nach §§ 1360, 1360a, aber wie der Geschiedenenunterhalt nach §§ 1569 ff., soll der Trennungsunterhalt nur noch den persönlichen Bedarf des bedürftigen Ehegatten durch eine **monatliche Geldrente** decken (IV 1, 2). Ab Zustellung des Scheidungsantrags gehören zum Trennungsunterhalt auch die Kosten einer angemessenen Altersvorsorge (I 2). Trennungsbedingter Mehrbedarf kommt oft dazu. Schließlich hat der bedürftige Ehegatte für Rechtsstreitigkeiten über persönliche Angelegenheiten Anspruch auf Prozesskostenvorschuss (§§ 1361 IV 4, 1360a IV).

151

Der Anspruch auf Trennungsunterhalt setzt dreierlei voraus: Getrenntleben, Unterhaltsbedarf nach den ehelichen Lebensverhältnissen und Bedürftigkeit. Die Beweislast hat der Anspruchsteller.

1.3 Einwendungen

Obwohl das Gesetz schweigt, scheitert auch der Unterhaltsanspruch aus § 1361 wie selbstverständlich an der **Leistungsunfähigkeit** des Anspruchsgegners. Auch hier ist die Leistungsfähigkeit keine Anspruchsvoraussetzung, sondern die Leistungsunfähigkeit eine anspruchshindernde Einwendung, die der Anspruchsgegner beweisen muss. Der Unterhaltsanspruch kann nach § 1361 III außerdem in entsprechender Anwendung des § 1579 Nr. 2-7 wegen **grober Unbilligkeit** gekürzt oder vollständig ausgeschlossen werden. Ein Verzicht auf laufenden Trennungsunterhalt ist dagegen ausgeschlossen (§ 1361 IV 4 mit §§ 1360a III, 1614 I).

152

1.4 Trennungsunterhalt und Gütergemeinschaft

§ 1361 gilt für jeden Güterstand[3]. Der Güterstand der Gütergemeinschaft beeinflusst freilich den Inhalt des Unterhaltsanspruchs. Wie schon der Familienunterhalt ist auch der Trennungsunterhalt aus den Einkünften zu decken, die ins Gesamtgut fallen (§ 1420); dazu gehören etwa Miet- oder Pachtzinsen für einen Bauernhof, der Gesamtgut ist[4]. Im Regelfall der gemeinsamen Verwaltung nach § 1421 S. 2 hat der unterhaltspflichtige Ehegatte daran mitzuwirken, dass der unterhaltsberechtigte Ehegatte aus den gemeinsa-

153

---

2 *BGH* NJW 82, 232; 82, 1641; 85, 1696; FamRZ 90, 283.
3 *BGH* 111, 248.
4 *BGH* 111, 238; ferner *OLG Bamberg* FamRZ 87, 703; *OLG München* FamRZ 96, 166; *OLG Zweibrücken* FamRZ 98, 239; *Kleinle* FamRZ 97, 1194.

men Einkünften unterhalten wird. Gleichwohl klagt der unterhaltsberechtigte Ehegatte auch hier auf Zahlung, denn der Zahlungsanspruch umfasst den Mitwirkungsanspruch[5].

1.5 Trennungs- und Kindesunterhalt

154 Der Kindesunterhalt gehört nicht zum Trennungsunterhalt, sondern richtet sich ausschließlich nach §§ 1601 ff. Jedoch darf derjenige Ehegatte, in dessen Obhut sich das minderjährige Kind befindet, während des Getrenntlebens auch den Kindesunterhalt im eigenen Namen geltendmachen (§ 1629 III) und zusammen mit dem Trennungsunterhalt einklagen. Da der Ehegatte einen fremden Anspruch im eigenen Namen verfolgt, handelt es sich um eine gesetzliche Prozessstandschaft (RN 1458).

2. Unterschiede zwischen Trennungs- und Geschiedenenunterhalt

2.1 Zwei rechtlich selbständige Ansprüche

155 Der Trennungsunterhalt ist noch ehelicher Unterhalt[6]. Die magere gesetzliche Regelung durch § 1361 erklärt sich daraus, dass der Trennungsunterhalt nur die Zeitspanne zwischen Trennung und rechtskräftiger Scheidung, die selten länger als 2-3 Jahre dauert, überbrücken soll. Der Geschiedenenunterhalt hingegen kann die Ehegatten bis an ihr Lebensende aneinander ketten und ist deshalb mit den §§ 1569-1586b sehr viel üppiger bedacht.

Der Anspruch auf **Trennungsunterhalt** und der Anspruch auf **Geschiedenenunterhalt** sind **zwei rechtlich selbständige Ansprüche**. Der Anspruch auf Trennungsunterhalt geht mit Rechtskraft der Scheidung nicht etwa in einen Anspruch auf nachehelichen Unterhalt über, sondern erlischt, und neu entsteht – vielleicht – der Anspruch auf Geschiedenenunterhalt[7]. Deshalb kann man einen Titel über Trennungsunterhalt nicht nach § 323 ZPO in einen Titel über nachehelichen Unterhalt abändern, vielmehr muss der Unterhaltsschuldner nach Rechtskraft der Scheidung gemäß § 767 ZPO auf Unzulässigkeit der Zwangsvollstreckung aus dem Titel über Trennungsunterhalt klagen, während der Unterhaltsberechtigte seinen nachehelichen Unterhalt nach § 258 ZPO neu einklagt[8]. Eine Ausnahme macht nur die **einstweilige Anordnung auf Trennungsunterhalt** nach § 620 Nr. 6 ZPO, weil sie auch über die Scheidung hinaus solange fortgilt, bis der Unterhalt anderweit geregelt ist; so steht es in § 620f I ZPO.

Aber das sind lebensfremde juristische Konstruktionen. Sieht man genauer hin, unterscheiden sich die beiden Ansprüche in ihren Voraussetzungen und Wirkungen weniger, als es den Anschein hat. Wenn die magere gesetzliche Regelung des § 1361 den Rechtsanwender im Stich lässt, greift er ungeniert auf einzelne Rechtsgedanken der §§ 1569 ff. zurück. Es genügt deshalb, den Trennungsunterhalt in groben Zügen darzustellen, die

---

5 *BGH* 111, 248.
6 *BGH* NJW 82, 1460: auch ohne Zusammenleben; NJW 86, 718: auch noch nach 10 Jahren Trennung.
7 *BGH* 78, 130; 103, 62; NJW 82, 2072; FamRZ 90, 283.
8 *BGH* 78, 130; NJW 82, 2072.

wenigen Unterschiede zum Geschiedenenunterhalt hervorzuheben und im Übrigen auf den Geschiedenenunterhalt (RN 261 ff.) zu verweisen.

2.2 Hauptunterschied: Alles soll beim Alten bleiben

Der Hauptunterschied ist ein banaler: Solange die Ehegatten nur getrennt leben, besteht **156** ihre Ehe noch. Sie mag zwar schwer gestört, muss aber noch nicht völlig zerstört sein, sondern kann vielleicht noch gerettet werden. Sind aber Hopfen und Malz noch nicht verloren, **soll** auch **unterhaltsrechtlich alles beim Alten bleiben.** Dies gilt **zumindest für das erste Trennungsjahr,** vor dessen Ablauf die Ehe in aller Regel nicht geschieden werden kann. Die Rechtsprechung verlängert diese Zeitspanne oft auf etwa zwei Jahre; erst danach ist die Ehe mit einiger Sicherheit endgültig gescheitert[9].

Während dieser **Übergangszeit von ein bis zwei Jahren** unterhaltsrechtlich alles beim alten zu lassen, heißt etwa:

- Noch keine „**Erwerbsobliegenheit**" des Ehegatten, der bislang nicht gearbeitet hat (*KG* FamRZ 91, 1188); überhaupt kann der bedürftige Ehegatte während der Trennung nach § 1361 II sehr viel seltener auf eine eigene Erwerbstätigkeit verwiesen werden als nach der Scheidung (*BGH* FamRZ 89, 1160; NJW 91, 1051; 2001, 973);
- **noch keine Aufgabe des unrentablen Unternehmens** zugunsten einer abhängigen Arbeit (*OLG Zweibrücken* NJW 92, 1904: spätestens 1 1/2 Jahre nach Trennung soll der Mann die unrentable Gaststätte aufgeben und Arbeit suchen, wofür er 6 Monate Zeit hat);
- **noch keine Veräußerung der Ehewohnung,** die durch Auszug eines Ehegatten zu groß und zu teuer geworden ist (*BGH* FamRZ 2000, 351), **aber Beschränkung des geldwerten Wohnvorteils des bedürftigen Ehegatten auf den marktüblichen Mietwert für eine angemessene kleinere Wohnung** (*BGH* FamRZ 98, 899; 2000, 351; überholt ist die frühere Rspr. zur Drittelobergrenze: *BGH* FamRZ 89, 1160; 90, 991; *OLG Karlsruhe* FamRZ 95, 1579);
- **noch keine Aufgabe der zu teuren Mietwohnung** (*OLG Zweibrücken* FamRZ 82, 269);
- immer **noch volle Berücksichtigung der laufenden Hausschulden,** wer immer damit Vermögen bildet (*OLG Karlsruhe* FamRZ 90, 163; *OLG Stuttgart* FamRZ 92, 203: Mann tilgt Hausschulden der Frau);
- **noch keine Vermögensverwertung** für eigenen oder fremden Unterhalt (*BGH* FamRZ 85, 361; 86, 439: §§ 1577 III, 1581 S. 2 ziehen äußerste Grenze).

2.3 Weitere Unterschiede

Der getrenntlebende Ehegatte hat noch Anspruch auf **Prozesskostenvorschuss** (§ 1361 **157** IV 4, 1360a IV), der geschiedene Ehegatte nicht mehr[10].

Der getrenntlebende Ehegatte hat schon dann Anspruch auf Unterhalt, wenn er – gleich aus welchem Grund – bedürftig ist; **die §§ 1570-1576 sind nicht entsprechend anwendbar** (RN 186).

---

9 *OLG* Karlsruhe FamRZ 90, 163; *KG* FamRZ 91, 1188; *OLG Zweibrücken* NJW 92, 1904.
10 *BGH* 89, 33; FamRZ 90, 280.

Nach § 1361 III kann der Trennungsunterhalt nur aus den Gründen des § 1579 Nr. 2-7 verwirkt werden; eine **kurze Ehedauer** nach § 1579 Nr. 1 ist **noch kein Verwirkungsgrund**, denn die Ehe besteht noch[11].

3. Rechtsfolge: ein Anspruch auf Unterhalt

3.1 Unterhaltsrente

158 Rechtsfolge des § 1361 I 1 ist ein Anspruch auf angemessenen (Trennungs-)Unterhalt. Was das ist, sagt § 1361 IV: Der laufende Unterhalt ist durch Zahlung einer Geldrente zu leisten (S. 1), die monatlich im Voraus fällig wird (S. 2) und auch dann in voller Monatshöhe geschuldet bleibt, wenn der Berechtigte im Laufe des Monats stirbt (S. 3). Unterhalt ist demnach eine **regelmäßig wiederkehrende Geldleistung** im Sinne der §§ 197 BGB, 258, 323 ZPO. Nur rückständiger Unterhalt (§§ 1361 IV 4, 1360a III, 1613 I), Prozesskostenvorschuss (§§ 1361 IV 4, 1360a IV) und Sonderbedarf (§§ 1361 IV 4, 1360a III, 1613 II Nr. 1) sind durch einmalige Zahlungen zu decken.

Die Höhe des angemessenen Trennungsunterhalts richtet sich nach dem Unterhaltsbedarf, den der bedürftige Ehegatte nicht selbst decken kann, dieser nach den ehelichen Lebensverhältnissen (§ 1361 I 1). **Der bedürftige Ehegatte soll auch in der Zeit zwischen Trennung und Scheidung den ehelichen Lebensstandard halten dürfen, nicht besser stehen als während des Zusammenlebens, aber auch nicht schlechter als nach der Scheidung**[12].

3.2 Bestandteile des Unterhalts

159 Der Unterhalt umfasst den gesamten normalen Lebensbedarf für Nahrung, Kleidung und Wohnen, Freizeit, Bildung und Hygiene; das ist der **Elementarunterhalt**.

Hinzu kommen im Bedarfsfall die Kosten einer angemessenen **Krankenversicherung**. Sie sind vorweg vom Nettoeinkommen des Unterhaltspflichtigen abzuziehen, so dass die Unterhaltsquote erst aus dem Resteinkommen gebildet wird[13]. Ist der bedürftige Ehegatte noch bei dem anderen mitversichert, hat er im Krankheitsfall, wenn der Arzt nicht direkt mit dem privaten Krankenversicherer abrechnet, keinen Anspruch gegen den Unterhaltsschuldner auf Freistellung von den Arztkosten, sondern nur auf Vorlage der Arztrechnung an den privaten Krankenversicherer (und die Beihilfestelle) und auf Zahlung des Erstattungsbetrags[14].

Ab Zustellung des Scheidungsantrags gehören zum Trennungsunterhalt auch die Kosten einer angemessenen **Versicherung gegen Alter, Berufs- und Erwerbsunfähigkeit** (§ 1361 I 2). Damit wird die Versorgungslücke zwischen Versorgungsausgleich und nachehelichem Unterhalt geschlossen (RN 332). Berechnet wird der **Vorsorgeunterhalt**

---

11 *BGH* NJW 86, 718.
12 *BGH* NJW 82, 232; 82, 1641; 85, 1696; FamRZ 90, 283.
13 *BGH* FamRZ 88, 1145.
14 *OLG Düsseldorf* NJW 91, 2970; a.A. *OLG Hamm* FamRZ 87, 1142.

des getrenntlebenden Ehegatten wie derjenige des geschiedenen Ehegatten nach § 1578 III (RN 332 ff.).[15]

Trennungsbedingter Mehrbedarf durch getrennte Haushalte (Miete, Umzug, Wohnungseinrichtung, Raten für Prozesskostenhilfe) erhöht den allgemeinen Lebensbedarf des Unterhaltsberechtigten[16]. Dieser hat ihn im Einzelnen darzulegen[17]. Den Unterhaltsanspruch erhöht der Mehrbedarf aber nur, wenn der Unterhaltspflichtige ihn aus Mitteln dekken kann, die die ehelichen Lebensverhältnisse nicht geprägt haben, denn das prägende Einkommen ist durch die Unterhaltsquote bereits „hälftig" verteilt, und mehr als diese „Hälfte" steht dem Unterhaltsberechtigten nicht zu (RN 340)[18]. **160**

Unterhaltsrechtlich gehören Schuldentilgung und Vermögensbildung nicht mehr zum Lebensbedarf des Unterhaltsberechtigten, denn der gesetzliche Unterhalt dient dem Verbrauch, nicht der Bereicherung[19]. **161**

Elementar-, Krankenversicherungs- und Vorsorgeunterhalt sowie trennungsbedingter Mehrbedarf begründen keine selbständigen Unterhaltsansprüche, sondern **nur unselbständige Bestandteile** des einheitlichen Unterhaltsanspruchs (RN 276), hängen freilich der Höhe nach voneinander ab. Da Krankenversicherungs- und Vorsorgeunterhalt in der Unterhaltsquote nicht enthalten sind, muss man sie gesondert berechnen (RN 331, 334), was sich wiederum auf die Höhe des Elementarunterhalts auswirkt. Und da sie zweckgebunden sind (RN 331, 338), weist das Urteil sie neben dem Elementarunterhalt gesondert aus. **162**

Selbständig sind dagegen die Ansprüche auf **Auskunft** nach §§ 1361 IV 4, 1605 (RN 600), auf **Prozesskostenvorschuss** nach §§ 1361 IV 4, 1360a IV (RN 212) und auf **Sonderbedarf** nach §§ 1361 IV 4, 1360a III, 1613 II Nr. 1 (RN 341).

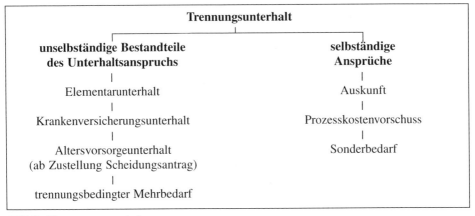

Bild 8: Trennungsunterhalt

15 *BGH* NJW 81, 1556; 82, 1875; FamRZ 83, 888; 88, 1145; *OLG Frankfurt* FamRZ 87, 1245.
16 *BGH* NJW 82, 1873: auch des Unterhaltsschuldners; NJW 82, 2440; *OLG München* FamRZ 94, 898: PKH-Raten für Unterhaltsprozess; *OLG Hamm* FamRZ 96, 166: PKH-Raten für Scheidungsverfahren.
17 *BGH* FamRZ 90, 258: keine Pauschale, aber Schätzung nach § 287 II ZPO.
18 *BGH* NJW 82, 2440; *OLG Hamburg* FamRZ 98, 1585.
19 *BGH* FamRZ 87, 39; NJW 91, 2703; 92, 1046.

3.3 Abtretung, Pfändung, Aufrechnung

163 Der Anspruch auf Trennungsunterhalt ist wie jeder gesetzliche Unterhaltsanspruch **grundsätzlich unpfändbar** (§ 850b I Nr. 2 ZPO mit Ausnahme in Abs. 2) und deshalb auch **unabtretbar** (§ 400).

Gegen den Anspruch auf Trennungsunterhalt kann der Unterhaltspflichtige nach § 394 **nicht aufrechnen**[20]. Treu und Glauben (§ 242) erlauben eine **Ausnahme** nur für die Gegenforderung auf Schadensersatz aus einer vorsätzlichen unerlaubten Handlung[21] und nur in einem Umfang, der dem Unterhaltsberechtigten das Existenzminimum lässt[22]. Außerdem muss sich der Unterhaltsberechtigte keine Aufrechnung gefallen lassen, die seinen künftigen Unterhaltsanspruch für mehr als 3 Monate tilgt, denn nach §§ 1361 IV 4, 1360a III, 1614 II muss er auch keine Vorauszahlungen über 3 Monate hinaus annehmen[23].

4. Unterhaltstatbestand: Übersicht

164 Der Anspruch auf Trennungsunterhalt nach § 1361 I 1 hat drei Voraussetzungen: **Getrenntleben der Ehegatten, Unterhaltsbedarf und Bedürftigkeit. Die Beweislast trägt der Anspruchsteller**[24]. Keine Anspruchsvoraussetzung ist die Leistungsfähigkeit des Anspruchsgegners; vielmehr schließt dessen **Leistungsunfähigkeit** nach dem Vor-

Beweislast für und gegen Trennungsunterhalt (§ 1361)	
Anspruchsteller	**Anspruchsgegner**
Getrenntleben	–
+	
Bedarf nach ehel. Lebensverh.	–
+	
Bedürftigkeit (§ 1577 entspr.)	–
–	Leistungsunfähigkeit (§ 1581 entspr.)
mutwillige Leistungsunfähigkeit durch Verstoß gegen § 242	–
–	grobe Unbilligkeit (§ 1361 III)

Bild 9: Beweislast für und gegen Trennungsunterhalt

---

20 *BGH* 31, 217; NJW 70, 282; 93, 2105.
21 *BGH* NJW 93, 2105.
22 *BGH* 123, 49.
23 *BGH* 123, 49: für Geschiedenenunterhalt 6 Monate, da § 1614 II nicht anwendbar
24 *BGH* FamRZ 84, 150 u. OLG *Karlsruhe* FamRZ 94, 754: Bedarf; *BGH* NJW 86, 718; 91, 1290 u. 95, 962: Bedürftigkeit.

bild des § 1581 (RN 439 ff.) auch hier den Unterhaltsanspruch aus und begründet eine **anspruchsfeindliche Einwendung, die der Anspruchsgegner beweisen muss**.

5. Getrenntleben

Ob und seit wann die Ehegatten getrennt leben, sagt § 1567 (RN 249), der zwar unmit- **165** telbar die Trennung nur als Scheidungsvoraussetzung regelt, entsprechend aber auch hier gilt[25]. Die Ehegatten können schon seit der Heirat getrennt leben; § 1361 setzt nicht voraus, dass sie überhaupt einmal zusammengelebt haben[26]. Um so weniger schadet es, dass die Ehegatten nicht aus einem Topf gelebt, sondern getrennte Kassen geführt und auf nachehelichen Unterhalt im Voraus verzichtet haben[27]. Da die Ehe bis zur Scheidung dauert, ist auch eine jahrelange Trennung noch kein Hindernis[28].

Wer die Trennung verursacht oder gar verschuldet hat, ist für den Tatbestand des § 1361 I 1 unerheblich[29]. Das alleinige schwere Trennungsverschulden des Anspruchstellers kann den Unterhaltsanspruch freilich nach § 1361 III mit § 1579 Nr. 6 ausschließen. Der kostspielige Auszug aus der Ehewohnung reicht dazu nicht aus[30].

6. Unterhaltsbedarf

6.1 Anspruchsvoraussetzung

Der getrenntlebende Ehegatte hat nach § 1361 I 1 Anspruch auf denjenigen Unterhalt, **166** der den „Lebensverhältnissen und den Erwerbs- und Vermögensverhältnissen der Ehegatten" angemessen ist. Dies entspricht voll und ganz dem ehelichen Unterhalt nach § 1578 I 1. Hier wie dort richtet sich der Unterhaltsbedarf nach den ehelichen Lebensverhältnissen. In beiden Fällen ist dieser Bedarf Anspruchsvoraussetzung; die Beweislast hat der Anspruchsteller[31].

6.2 Eheliche Lebensverhältnisse

Die ehelichen Lebensverhältnisse werden vor und nach der Scheidung durch das **Ein-** **167** **kommen** geprägt, **das für den Unterhalt der Ehegatten nachhaltig zur Verfügung steht und zwischen ihnen verteilt werden kann**[32]. In der Doppelverdienerehe sind es die Einkommen beider Ehegatten, in der Alleinverdienerehe war es bisher das Einkommen des erwerbstätigen Ehegatten[33], während die Arbeit der Hausfrau mangels eines ver-

---

25 *BGH* 35, 302: Teiltrennung: § 1360a oder § 1361?.
26 *BGH* NJW 82, 1460.
27 *BGH* FamRZ 89, 838.
28 *BGH* NJW 86, 718: 10 Jahre Trennung; *OLG Karlsruhe* FamRZ 81, 551: 36 Jahre Trennung.
29 *BVerfG* NJW 81, 1771; *BGH* FamRZ 79, 569.
30 *BGH* FamRZ 89, 1162.
31 *BGH* FamRZ 84, 150; *OLG Karlsruhe* FamRZ 94, 754; 97, 1011.
32 *BGH* NJW 82, 2439; 91, 2703; FamRZ 98, 1501; *OLG Hamburg* FamRZ 98, 1585; *OLG Hamm* FamRZ 2000, 1219.
33 *BGH* NJW 86, 718; FamRZ 80, 876: auch ohne Zusammenleben.

teilbaren Wertes nicht zählt[34]. Dieser Benachteiligung der Hausfrau hat der BGH jetzt ein Ende bereitet (RN •••). Unerheblich ist, ob die Erwerbstätigkeit des unterhaltsberechtigten Ehegatten vor der Trennung zumutbar war, denn die Frage der Zumutbarkeit stellt sich gemäß § 1361 II erst nach der Trennung[35]. Einkünfte aus anderen Quellen, etwa aus Vermögen einschließlich des Wohnvorteils durch billiges Wohnen im eigenen Haus kommen dazu[36].

Eine Erwerbstätigkeit oder Vermögensanlage, die nichts abwirft, kann auch keinen Unterhaltsbedarf begründen[37]. Erst recht fehlt es an einem Einkommen, wenn die Ehegatten von milden Gaben ihrer Eltern oder auf Pump leben[38]. Schließlich werden die ehelichen Lebensverhältnisse auch **nicht** durch **fiktive Einkünfte** geprägt, die in der tatsächlichen Einkommenssituation keine Grundlage haben[39].

6.3 Nettoeinkommen

168 Nachhaltig erzielt wird nur das Nettoeinkommen; das ist das Bruttoeinkommen abzüglich der Einkommensteuer und der Sozialversicherungsbeiträge oder der freiwilligen Beträge für Krankenversicherung und Altersvorsorge. Abgezogen werden aber nur die bezahlten Steuern und Versicherungsbeiträge, nicht schon Steuer- und Beitragsschulden[40].

6.4 „Bereinigtes" verteilbares Nettoeinkommen

169 Für den Unterhalt der Ehegatten steht aber nur selten das volle Nettoeinkommen zur Verfügung. Davon sind vielmehr **vorweg alle diejenigen Beträge abzuziehen, die anderweit verbraucht werden: für berufsbedingten Aufwand, Kindesunterhalt[41], Schuldendienst[42] und Vermögensanlagen[43]**. Übrig bleibt ein um alle diese ehelichen Ausgaben „bereinigtes" Nettoeinkommen.

Nicht abzuziehen sind in der Regel die **Mietkosten**, da sie zu den **Lebenshaltungskosten** zählen, die aus dem Unterhalt oder Selbstbehalt zu decken sind. Eine Ausnahme macht man dann, wenn die Miete nach Auszug eines Ehegatten zu teuer wird und der frei werdende Mietraum für den bleibenden und Miete zahlenden Ehegatten wertlos ist.

---

34 *BGH* NJW 87, 58.
35 *BGH* NJW 82, 2439; FamRZ 98, 1501; a.A. *OLG München* FamRZ 96, 169.
36 *BGH* FamRZ 88, 1145: Einkünfte aus Erbschaft; NJW 86, 1339; 86, 1340; 89, 2809: Wohnvorteil; 91, 2703: Mieteinnahmen; *OLG Hamm* FamRZ 93, 1085.
37 *BGH* NJW 97, 735; *OLG Stuttgart* FamRZ 91, 1059: unrentable Gaststätte; *OLG Hamm* FamRZ 97, 674: Privatnahmen aus unrentablem Unternehmen prägen dann, wenn Substanz vorhanden.
38 *OLG München* FamRZ 96, 169: mietfreies Wohnen im Haus der Eltern; FamRZ 93, 2186.
39 *BGH* NJW 97, 735; 92, 2477; *OLG Karlsruhe* FamRZ 94, 754.
40 *BGH* FamRZ 90, 499, 503.
41 *BGH* NJW 91, 2703: Kind aus früherer Ehe; NJW 94, 190: nichteheliches Kind; FamRZ 95, 995: Pflegekind; *OLG Hamburg* FamRZ 89, 394; *KG* FamRZ 97, 1012: Kind aus früherer Ehe, wenn Unterhalt bezahlt wird.
42 *BGH* NJW 92, 1045: Versicherungsbeiträge; *KG* FamRZ 91, 808: Kreditraten; *OLG Karlsruhe* FamRZ 90, 163; *OLG Stuttgart* FamRZ 92, 205: Hauslasten.
43 *BGH* NJW 92, 2477, 2480; 94, 2618; *OLG Köln* FamRZ 98, 1427.

Hier rechtfertigt sich ein Abzug in Höhe des Betrags, der die Miete für eine angemessene kleinere Wohnung übersteigt, denn es handelt sich um eine eheliche Schuld, die beiden Ehegatten zur Last fällt[44].

Die Ehegatten bestimmen selbst, wie sie ihr Einkommen verwenden, ob sie es vollständig verzehren oder Teile davon sparen[45]. Die Rechtsprechung sollte sich da nicht einmischen. Wenn sie gleichwohl einen **objektiven vernünftigen Maßstab** anlegt und weder überzogene Sparsamkeit noch übertriebenen Luxus geltenlässt[46], muss sich dies auf Extremfälle beschränken.

Da die Ehegatten selbst ihren Lebenszuschnitt und damit auch ihren Unterhaltsbedarf bestimmen, gibt es nach Trennung und Scheidung auch **keinen Mindestbedarf**, vielmehr richtet sich der Bedarf ausschließlich nach dem „bereinigten" Nettoeinkommen, denn mehr kann nicht verteilt werden[47]. Folgerichtig wird der Bedarf auch nach oben nur durch das verteilbare Einkommen beschränkt; eine oberste „Sättigungsgrenze" gibt es allenfalls bei extrem hohen Einkommen[48]. **170**

Dies alles entspricht dem Bedarf des geschiedenen Ehegatten nach § 1578 I 1 (RN 288 ff.).

6.5 Aktuelle eheliche Lebensverhältnisse und trennungsbedingte Veränderungen

Anders als für den Geschiedenenunterhalt gibt es für den Trennungsunterhalt keinen festen Stichtag. Während sich der nacheheliche Unterhalt nach den ehelichen Lebensverhältnissen zur Zeit der Scheidung richtet, sind für den Trennungsunterhalt die **jeweiligen aktuellen ehelichen Lebensverhältnisse** maßgeblich, so dass sich der Unterhaltsbedarf allen Veränderungen des Einkommens anpaßt[49]. Das ist jedenfalls die Regel. Sie hat wie beim nachehelichen Unterhalt eine wichtige Ausnahme, die der Anspruchsgegner beweisen muss[50]: **unerwartete abnormale Änderungen des Einkommens bestimmen die ehelichen Lebensverhältnisse nicht mehr**[51]. Gemeint sind auch hier vor allem die **trennungsbedingten Veränderungen**[52]. **171**

> (1) Trennungsbedingt ist die **Anlage des Erlöses aus dem Verkauf des gemeinschaftlichen Hauses**, das der Trennung wegen nicht mehr zu halten war (*BGH* FamRZ 86, 440).

Beispiele

---

44 *OLG Frankfurt* FamRZ 90, 49.
45 *OLG Hamm* FamRZ 92, 1175.
46 *BGH* FamRZ 97, 281: nur „unangemessene" Vermögensbildung unbeachtlich; FamRZ 89, 1161; 90, 285; 98, 1501.
47 *BGH* 104, 168; NJW 95, 963; FamRZ 95, 346; 96, 345; *OLG Hamm* FamRZ 98, 1428; a.A. für Mangelfall: *OLG Düsseldorf* FamRZ 96, 167; *OLG Karlsruhe* FamRZ 97, 1011: Beweislast.
48 *BGH* NJW 94, 2618.
49 *BGH* NJW 86, 719; FamRZ 88, 257; 90, 285; *OLG Bamberg* FamRZ 89, 393.
50 *BGH* FamRZ 83, 352; NJW 86, 718.
51 *BGH* NJW 84, 292; 86, 718; 94, 190.
52 *BGH* NJW 84, 292; 94, 190; FamRZ 86, 440; 88, 256; 88, 927; *OLG Hamburg* FamRZ 98, 1585.

(2) Trennungsbedingt ist zwar die **Erwerbstätigkeit der Hausfrau**, die ohne Trennung keine Arbeit angenommen hätte, aber sie bstimmt neuerdings doch noch die ehelichen Verhältnisse (*BGH* NJW 2001, 2254; überholt *BGH* NJW 84, 292).

(3) Macht sich der angestellte Krankenhausarzt im Zusammenhang mit der Scheidung, aber nach gemeinsamem Plan selbständig und verdient er deshalb eine Zeitlang weniger, so bestimmt jetzt das niedrigere Einkommen die ehelichen Lebensverhältnisse (*BGH* FamRZ 88, 256; 88, 927; *OLG Bamberg* FamRZ 89, 392: aber Rücksicht auf Unterhaltspflicht).

(4) Auch der spätere **Wegfall von Kindesunterhalt oder Kreditraten** wirkt sich, da nicht trennungsbedingt, noch auf den Unterhaltsbedarf aus (*BGH* NJW 90, 2886; 91, 224).

6.6 Halbteilung und Erwerbstätigenbonus

172 Auch dem getrenntlebenden Ehegatten steht an sich die Hälfte des verteilbaren („bereinigten") Familieneinkommens zu. Aber auch hier wird hälftig nur das Einkommen verteilt, das nicht durch Erwerbstätigkeit verdient wird, also Versorgungsbezüge und Renten, Vermögenserträge und Wohnvorteile[53].

173 Der erwerbstätige Ehegatte hingegen, ob Unterhaltsberechtigter oder Unterhaltspflichtiger, darf vorweg 1/7 seines „bereinigten" Nettoeinkommens als „**Erwerbstätigenbonus**" für sich behalten, so dass nur noch 6/7 für den Unterhalt der Ehegatten übrig bleiben und verteilt werden können (RN 318)[54]. Dies gilt nicht nur für das real erzielte, sondern auch für das fiktiv erzielbare Erwerbseinkommen[55].

174 Da der „Erwerbstätigenbonus" den erhöhten Aufwand des Erwerbstätigen ausgleichen und einen Anreiz zur Arbeit schaffen soll, ist er nicht schon vom Nettoeinkommen, sondern **erst vom „bereinigten" Nettoeinkommen abzuziehen**, das nach Abzug von berufsbedingten Aufwendungen, Kindesunterhalt, Schuldendienst und Vermögensanlage noch übrigbleibt; andernfalls würde der unterhaltsberechtigte Ehegatte doppelt benachteiligt (RN 320)[56].

Daraus folgt: Die unterhaltsberechtigte Hausfrau hat einen Bedarf von 3/7 des für den Unterhalt beider Ehegatten verfügbaren Familieneinkommens.

175 Werden die ehelichen Lebensverhältnisse **sowohl** durch **Erwerbseinkommen als auch** durch **andere Einkünfte** bestimmt, darf der „Erwerbstätigenbonus" nur vom Erwerbs-

---

53 *BGH* NJW 86, 1341; 89, 2809; 91, 2703; *OLG Hamburg* FamRZ 92, 1308: auch Kranken- und Arbeitslosengeld.
54 *BGH* NJW 86, 1341; 89, 2809; 90, 2888, 3021; 91, 224, 1051, 2703; 95, 963: aber auch *OLG Koblenz* FamRZ 95, 169: bei kleinem Einkommen nicht Bonus neben berufsbed. Aufwendungen.
55 *BGH* FamRZ 91, 304, 307; NJW 95, 963.
56 *BGH* FamRZ 88, 265; 89, 843; 90, 1085; *OLG Karlsruhe* FamRZ 92, 1438; *OLG Düsseldorf* FamRZ 94, 1049.

einkommen abgezogen werden, falls dieser niedriger ist als das Gesamteinkommen, andernfalls nur vom niedrigeren Gesamteinkommen[57].

Dies alles betrifft noch den Unterhaltsbedarf nach den ehelichen Lebensverhältnissen. **176** Jedoch darf auch der unterhaltsberechtigte Ehegatte von seinem Nettoeinkommen aus Erwerbstätigkeit, das auf seinen Bedarf anzurechnen ist, vorweg 1/7 für sich behalten, so dass nur noch 6/7 anzurechnen sind (RN 187). Dagegen verringert sich die Leistungsfähigkeit des Unterhaltsschuldners nicht um den „Erwerbstätigenbonus", vielmehr ist sein ganzes „bereinigtes" Nettoeinkommen bis auf den Eigenbedarf für den Unterhalt einzusetzen[58].

6.7 Konkreter Bedarf

Wenn das Familieneinkommen hoch ist und die Leistungsfähigkeit des Unterhaltsschuld- **177** ners außer Frage steht, muss der Unterhaltsberechtigte seinen Bedarf nicht als Quote aus dem verteilbaren Familieneinkommen nachweisen, sondern darf ihn konkret nach dem Geldbetrag bemessen, den er während des Zusammenlebens für sich ausgeben konnte und den er braucht, um den ehelichen Lebensstandard auch nach der Trennung aufrechtzuerhalten[59].

6.8 Differenz- und Anrechnungsmethode

Auch den Trennungsunterhalt berechnet man entweder nach der Differenz- oder nach der **178** Anrechnungsmethode.

In der **Doppelverdienerehe** werden die ehelichen Lebensverhältnisse durch zwei Einkommen geprägt. Da das Familieneinkommen, soweit es für den Unterhalt der Ehegatten zur Verfügung steht, grundsätzlich jedem Ehegatten hälftig zusteht, hat der Ehegatte mit dem niedrigeren Einkommen einen Unterhaltsbedarf in Höhe der Hälfte des Gesamteinkommens. Von seinem „bereinigten" Erwerbseinkommen freilich darf jeder Ehegatte vorweg 1/7 für sich behalten, so dass sich der Bedarf des Ehegatten, der weniger verdient, auf 3/7 aus der Summe der beiden Einkommen beschränkt oder, was auf das gleiche hinausläuft, auf die halbe Summe der beiden Einkommen, die zuvor um je 1/7 gekürzt worden sind. Das ist der **Quotenunterhalt nach der „Differenzmethode", genauer: der Unterhaltsbedarf nach den ehelichen Lebensverhältnissen in der Doppelverdienerehe** (RN 324)[60].

In der **Alleinverdienerehe** wurden die ehelichen Lebensverhältnisse bisher durch ein **179** einziges Einkommen geprägt. Die Hälfte davon stand dem einkommenslosen Ehegatten zu. Das war sein Bedarf, der sich auf 3/7 des Einkommens beschränkte, das der andere

---

57 *Gutdeutsch* FamRZ 94, 348; *Gerhardt* FamRZ 94, 1158.
58 *OLG Hamburg* FamRZ 91, 953.
59 *BGH* FamRZ 87, 691; NJW 94, 2618; *OLG Koblenz* FamRZ 85, 480; *OLG Köln* FamRZ 92, 322; *OLG Hamm* FamRZ 93, 1085; *OLG Frankfurt* FamRZ 97, 353; *OLG Hamm* FamRZ 2000, 21.
60 *BGH* NJW 82, 41; 82, 2440; 83, 683; 84, 1238; 86, 1342; 88, 2369; 95, 962.

Ehegatte verdiente. Da seine eigene trennungsbedingte Erwerbstätigkeit die ehelichen Lebensverhältnisse nicht mehr bestimmte, seine Bedürftigkeit aber verringerte, bekam er Unterhalt nur, wenn und soweit sein eigenes Einkommen niedriger war als sein Bedarf. Nur der ungedeckte Restbedarf war durch Unterhalt zu befriedigen. Diese Art der Berechnung nennt man „Anrechnungsmethode".

180   Für die Alleinverdiener- oder Hausfrauenehe hat sie jedoch ausgespielt, nachdem der BGH seine jahrzehntelange Rechtsprechung dem Zeitgeist geopfert hat (RN •••)[61]. Übrig bleiben nur noch diejenigen Fälle, in denen der unterhaltsberechtigte Ehegatte nach Trennung oder Scheidung, etwa durch einen Karrieresprung Einkünfte erzielt, die auch weiterhin die ehelichen Lebensverhältnisse nicht mehr prägen[62].

181   **Differenz- und Anrechnungsmethode sind zu kombinieren, wenn** das Einkommen des unterhaltsberechtigten Ehegatten die ehelichen Lebensverhältnisse nur zum Teil mitbestimmt.

Differenz- und Anrechnungsmethode ziehen aus den unterschiedlichen „ehelichen Lebensverhältnissen" unterschiedliche rechtliche Schlüsse auf den Unterhaltsbedarf. Die Anrechnungsmethode betrifft aber nicht nur den Bedarf, sondern mehr noch die Bedürftigkeit (RN 183).

7. Bedürftigkeit

7.1 Anspruchsvoraussetzung

182   Obwohl § 1361 es nicht ausdrücklich sagt, ist die Bedürftigkeit auch für den Trennungsunterhalt ganz selbstverständlich Anspruchsvoraussetzung; die **Beweislast** trägt der Anspruchsteller[63]. Zur Begründung mag man § 1577 entsprechend anwenden[64].

Bedürftig ist der getrenntlebende Ehegatte dann, wenn er seinen Bedarf nach den ehelichen Lebensverhältnissen nicht selbst decken kann, weder aus seinen Einkünften noch aus seinem Vermögen (§ 1577 I, III)[65]. Der Beweis dieser negativen Tatsache ist zwar schwierig, aber nicht unmöglich, denn der Anspruchsteller muss kein Nichts beweisen, sondern nur die konkreten Gegenbehauptungen des Anspruchsgegners widerlegen, er beziehe ein bestimmtes Einkommen oder könne es erzielen oder habe ein bestimmtes Vermögen[66]. Da den Einkünften, die man tatsächlich erzielt, rechtlich die Einkünfte gleichstehen, die man mit zumutbarer Anstrengung erzielen könnte, muss der Anspruchsteller im Streitfall auch beweisen, dass er sich – im Rahmen des § 1361 II – nach Kräften, aber vergeblich um zumutbare Arbeit bemüht habe[67].

---

61 *BGH* NJW 2001, 2254; überholt *BGH* NJW 82, 1873; 83, 936; 83, 1427; 88, 2369.
62 *BGH* NJW 2001, 2258.
63 *BGH* NJW 86, 718; 91, 1290; 95, 962; *OLG Köln* FamRZ 98, 1427.
64 Zu § 1577 II: *BGH* NJW 83, 933; 95, 962; FamRZ 90, 991.
65 *BGH* NJW 81, 2804.
66 *BGH* NJW 95, 962: Mann behauptet, Frau versorge ihren neuen Partner und lasse ihn bei sich wohnen.
67 *BGH* NJW 86, 718.

7.2 Gesetzliche Systematik

Von der Bedürftigkeit des getrenntlebenden Ehegatten handelt lediglich § 1361 II, der **183** bestimmt, wann der Ehegatte – ausnahmsweise – seinen Unterhalt selbst verdienen soll. Das ist aber nur ein Teilaspekt. Ergänzend zieht man deshalb § 1577 heran, der die Bedürftigkeit des geschiedenen Ehegatten ausführlich behandelt (RN 345 ff.). Abs. 1 formuliert die allgemeine Regel des Unterhaltsrechts, dass Unterhalt nur verlangen darf, wer sich nicht selbst unterhalten kann, weder aus seinen Einkünften noch aus seinem Vermögen. Abs. 2 beschränkt die Anrechnung eigener Einkünfte, Abs. 3 die Verwertung eigenen Vermögens. Die Formulierung der ersten beiden Absätze ist jedoch misslungen und aus sich heraus nicht verständlich. Man muss zweifach unterscheiden: einmal zwischen Einkünften aus Erwerbstätigkeit und sonstigen Einkünften, außerdem zwischen Einkünften aus angemessener und aus unangemessener Erwerbstätigkeit.

„Sonstige" Einkünfte, die der Ehegatte **nicht aus Erwerbstätigkeit** zieht, also vor al- **184** lem Renten jeder Art und Vermögenserträge einschließlich des Wohnvorteils, sind nach § 1577 I stets voll auf den Unterhaltsbedarf anzurechnen und reduzieren die Bedürftigkeit auf den ungedeckten Restbedarf[68].

Für **Erwerbseinkommen** gilt dies nur, wenn es **aus angemessener Erwerbstätigkeit** er- **185** zielt wird. Erwerbseinkommen **aus unangemessener Erwerbstätigkeit** hingegen ist nach § 1577 II überhaupt nicht (S. 1) oder nur zum Teil anzurechnen (S. 2). Also gilt § 1577 I nur für angemessene, § 1577 II nur für unangemessene Erwerbstätigkeit. Das steht zwar nicht in § 1577, aber in § 1574, den man deshalb in den § 1577 hineinlesen muss[69]. **Auf den Trennungsunterhalt ist § 1577 freilich nur mit gewissen Einschränkungen übertragbar**, denn die Ehe besteht noch (RN 187 ff.).

Einen besonderen Grund für seine Bedürftigkeit braucht der getrenntlebende Ehegatte im **186** Gegensatz zum geschiedenen nicht; die §§ 1570-1576 sind nicht entsprechend anwendbar[70]. Man kann nur umgekehrt argumentieren: **Wer nach §§ 1570-1576 Anspruch auf Unterhalt hätte, falls die Ehe geschieden wäre, hat ihn erst recht nach § 1361**[71], denn § 1361 reicht über die §§ 1570-1576 weit hinaus.

7.3 Einkommen aus angemessener Erwerbstätigkeit

7.3.1 Reales Erwerbseinkommen

Einkommen des Unterhaltsberechtigten aus angemessener Erwerbstätigkeit ist analog **187** § 1577 I auf den Unterhaltsbedarf aus § 1361 I anzurechnen, denn insoweit ist der Ehegatte nicht bedürftig. Angerechnet wird nur das „bereinigte" Nettoeinkommen. **Vom Nettoeinkommen werden jedoch nur berufsbedingte Aufwendungen und der Erwerbstätigenbonus von 1/7 abgezogen**, nicht auch Unterhalts- und Kreditschulden, denn der Unterhalt soll nur den Lebensbedarf des Berechtigten decken, nicht auch seine

---

68 *BGH* FamRZ 85, 355; NJW 86, 1342; 92, 1045.
69 *BGH* NJW 83, 933.
70 *BGH* NJW 86, 718: § 1573 IV nicht anwendbar.
71 *BGH* NJW 85, 1696; FamRZ 90, 283; 2001, 350: §§ 1574 III, 1575.

Schulden tilgen oder sein Vermögen mehren[72]. Eine **Ausnahme** macht nur **der Barunterhalt für ein gemeinschaftliches Kind**, das vom Unterhaltsschuldner betreut wird, oder für ein nicht gemeinschaftliches Kind, das der Unterhaltsberechtigte schon während des Zusammenlebens unterhalten hat[73].

7.3.2 Fiktives Erwerbseinkommen

188 Anzurechnen ist abzüglich 1/7 Erwerbstätigenbonus auch fiktives Einkommen aus angemessener Erwerbstätigkeit, das der Unterhaltsberechtigte zwar nicht hat, mit zumutbarer Anstrengung aber haben könnte. Auch insoweit ist er nicht bedürftig[74].

Während der geschiedene Ehegatte nach § 1569 mit § 1574 seinen Unterhalt grundsätzlich selbst verdienen soll, darf der getrenntlebende Ehegatte zunächst einmal abwarten und alles beim Alten lassen, denn die Ehe besteht noch[75]. Deshalb wird nach **§ 1361 II** der getrenntlebende Ehegatte, der bislang nicht gearbeitet, sondern den Haushalt geführt hat, „nur" unter bestimmten Voraussetzungen auf eine Erwerbstätigkeit verwiesen. Das „nur" **macht die „Erwerbsobliegenheit", die während des Getrenntlebens wesentlich schwächer ist als nach der Scheidung**[76], **zur Ausnahme.**

Daraus folgt: **während des ersten Trennungsjahres**, vor dessen Ablauf die Ehe in aller Regel nicht geschieden werden kann, **muss die getrenntlebende Hausfrau noch keine Arbeit suchen**[77]. Die Rechtsprechung verlängert diese Zeitspanne bisweilen um weitere 6-12 Monate, weil erst dann die Ehe mit einiger Sicherheit endgültig gescheitert ist[78].

Sobald aber der getrenntlebende Ehegatte nach dem endgültigen Scheitern der Ehe eine Arbeit suchen muss, erwartet man von ihm den gleichen Einsatz wie von einem Geschiedenen, vorausgesetzt, er hat überhaupt eine reale Beschäftigungschance[79].

189 Fehlt dem Ehegatten für eine zumutbare Erwerbstätigkeit die erforderliche **Ausbildung**, muss er sie nachholen und bekommt für die Dauer der gewissenhaft betriebenen Ausbildung Trennungsunterhalt, denn ohne eine zumutbare Erwerbsmöglichkeit ist er bedürftig[80]. Das gilt erst recht, wenn der Ehegatte seine Ausbildung im Einvernehmen mit dem Ehepartner schon vor der Trennung begonnen hat[81].

---

72 *BGH* NJW 85, 2265; 92, 1045.
73 *BGH* NJW 91, 2703.
74 *BGH* NJW 86, 718.
75 *BGH* FamRZ 81, 440; 90, 283; 90, 991.
76 *BGH* NJW 82, 326; 89, 2809; 91, 1051; FamRZ 90, 285; 90, 991.
77 *BGH* FamRZ 81, 440; 90, 283: grundsätzlich nicht; *OLG Hamm* FamRZ 88, 1271; strenger für Sonderfälle: *OLG Koblenz* FamRZ 94, 1253; *OLG Köln* FamRZ 96, 1215; *OLG Hamm* FamRZ 96, 1219.
78 *BGH* NJW 86, 722: nach 2 Jahren strenge Erwerbsobliegenheit; FamRZ 90, 283: mit Annäherung an Scheidung strengere Anforderungen; *KG* FamRZ 91, 1188; *OLG Zweibrücken* NJW 92, 1904; *Kalthoener/Büttner* NJW 89, 804.
79 *BGH* FamRZ 87, 912.
80 *BGH* NJW 85, 1697; FamRZ 88, 1146: auch Vorsorgeunterhalt; *OLG Hamm* FamRZ 89, 56; 95, 170: Regelstudienzeit; *OLG Düsseldorf* FamRZ 91, 76: nicht Weiterbildung Ärztin zur Psychotherapeutin.
81 *BGH* NJW 81, 1214; 85, 1696; *OLG Frankfurt* FamRZ 89, 279; *OLG Hamm* FamRZ 89, 56; 95, 170.

7.3.3 Angemessene Erwerbstätigkeit

Ob und welche Erwerbstätigkeit angemessen (zumutbar) ist, umschreibt § 1361 II nur **190** vage[82]: Maßgeblich sind die persönlichen Verhältnisse, insbesondere eine frühere Erwerbstätigkeit, die Dauer der Ehe und die wirtschaftlichen Verhältnisse beider Ehegatten. Dieser Maßstab ist noch unbestimmter als der des § 1574 II; sachlich aber stimmen beide überein[83].

Eine Erwerbstätigkeit kann vor allem wegen **Kindesbetreuung, Alters oder Krankheit** unzumutbar sein. Zwar sind die §§ 1570 ff. auf den Trennungsunterhalt nicht anwendbar, aber **wenn der Ehegatte nach der Scheidung nicht arbeiten müsste, muss er es während des Getrenntlebens erst recht nicht**[84]. Von einer – vollen – Erwerbstätigkeit hält nicht nur die Betreuung gemeinschaftlicher kleiner Kinder ab, sondern auch die Betreuung vorehelicher Kinder oder von Pflegekindern, die in den ehelichen Haushalt aufgenommen sind[85].

Auch der getrenntlebende Ehegatte bestimmt grundsätzlich selbst, wie er seinen Unterhalt verdient. Auch hier gilt: Je länger die Ehe bis zur Trennung gedauert hat und die Kindererziehung noch dauert, desto stärker färben Beruf und Karriere des unterhaltspflichtigen Ehegatten auf das Niveau der Erwerbstätigkeit ab, die man dem unterhaltsberechtigten Ehegatten zumuten darf (RN 351).

Stets zumutbar ist eine Erwerbstätigkeit, die der Ehegatte auch ohne Trennung aufgenommen hätte[86]. Die Fortsetzung einer Erwerbstätigkeit, die schon vor der Trennung aufgenommen wurde, ist eher zumutbar als der Neubeginn[87].

Beispiele 191

(1) Die Ehefrau ist als Industriekauffrau ausgebildet, arbeitet während 20 Ehejahren bis zur Trennung in der Bäckerei des Ehemannes mit, lässt sich anschließend 2 Jahre lang zur Dipl. Kosmetikerin ausbilden und eröffnet selbständig einen **Kosmetiksalon**, der noch keinen Gewinn abwirft. Die **Berufswahl** der Ehefrau ist nicht zu beanstanden. Eine abhängige Arbeit muss sie erst suchen, wenn der Kosmetiksalon auf Dauer nicht rentiert. Der Ehemann schuldet Trennungsunterhalt auch für die Dauer der **Berufsausbildung** (*BGH* FamRZ 88, 1145).

(2) Nach 15 Ehejahren muss die **Hausfrau**, deren Mann gut verdient und **die 2 Kinder im Alter von 7 und 13 betreut**, nicht arbeiten, um ihren Unterhalt zu verdienen (*BGH* FamRZ 90, 989; ferner FamRZ 90, 283: 3 Kinder im Alter von 9, 13 und 16 Jahren).

(3) Schon die **Betreuung eines 6 jährigen gemeinschaftlichen Kindes oder eines Pflegekindes**, das beide Ehegatten gemeinsam aufgenommen haben, befreit von der Erwerbstätigkeit (*BGH* FamRZ 95, 995), während die Betreuung eines 11 Jahre alten Schulkindes vielleicht eine Teilzeitarbeit erlaubt.

---

82 *BVerfG* NJW 67, 1507: verfassungsgemäß.
83 *BGH* FamRZ 90, 286.
84 *BGH* NJW 79, 1348; 81, 1782; 82, 232; FamRZ 90, 285; 95, 995; NJW-RR 95, 1089; *OLG Frankfurt* FamRZ 95, 234: kein Unterhalt trotz Kindesbetreuung, wenn der andere die elterliche Sorge hat.
85 *BGH* FamRZ 81, 17; 81, 752; *OLG Schleswig* FamRZ 96, 489.
86 *BGH* 89, 108: das jüngste Kind wird 16.
87 *BGH* NJW 81, 2804: Teilzeitbeschäftigung einer Lehrerin trotz Kindesbetreuung.

(4) Keine Arbeit suchen muss die Frau **nach 30 Ehejahren mit 4 Kindern**, wenn der Mann ein **hohes Einkommen** bezieht (*BGH* FamRZ 83, 671; aber auch *OLG Hamm* FamRZ 95, 1580).

(5) Wenn die Boutique nach 3 Jahren noch nichts abwirft, muss die Frau sie schließen und eine **abhängige Arbeit suchen** (*OLG Hamm* FamRZ 95, 1144).

(6) Die getrenntlebende Ehefrau darf sich auf ein **ärztliches Attest** verlassen, das ihr krankheitsbedingte Arbeitsunfähigkeit bescheinigt (*OLG Frankfurt* FamRZ 94, 1031).

7.4 Einkommen aus unangemessener Erwerbstätigkeit

192 Einkommen aus unangemessener Erwerbstätigkeit ist analog § 1577 II entweder überhaupt nicht (S. 1) oder nur zum Teil (S. 2) auf den Bedarf anzurechnen[88], denn der Ehegatte darf sie jederzeit aufgeben. Was angemessen ist, sagt § 1361 II.

§ 1577 II 1 schließt jede Anrechnung aus, soweit der unterhaltspflichtige Ehegatte nicht den vollen Unterhalt nach den ehelichen Lebensverhältnissen des § 1361 I zahlen kann. **Auf diese Weise darf der unterhaltsberechtigte Ehegatte anrechnungsfrei die ungedeckte Lücke zwischen seinem vollen Bedarf und dem geschuldeten Unterhalt mit eigenem Einkommen schließen** (RN 357)[89].

Anzurechnen ist nach § 1577 II 2 nur, was der unterhaltsberechtigte Ehegatte darüberhinaus verdient, nachdem sein Bedarf nach § 1361 I gedeckt ist, und es ist nur insoweit anzurechnen, als es der **Billigkeit** entspricht. Der Billigkeit entspricht vielleicht die hälftige Anrechnung (RN 358)[90].

7.5 Sonstige Einkünfte

193 Auch der getrenntlebende Ehegatte muss sich alle sonstigen Einkünfte auf seinen Bedarf anrechnen lassen, vor allem **Renten** jeder Art, **Vermögenserträge** und **Wohnvorteile**[91]. Wohnt er aber allein oder mit den Kindern noch im eigenen oder gemeinschaftlichen Haus, das durch Auszug des anderen Ehegatten zu groß und zu teuer geworden ist, **beschränkt sich sein Wohnvorteil auf höchstens den Mietwert einer angemessenen kleineren Wohnung**, und angemessen ist nur eine Miete bis etwa 1/3 des verfügbaren Einkommens samt Unterhalt ("**Drittelobergrenze**")[92]. Der Wohnbedarf ist auch dann gedeckt, wenn der unterhaltspflichtige für den unterhaltsberechtigten Ehegatten weiterhin die Wohnungsmiete bezahlt[93].

---

88 *BGH* NJW 83, 933; 95, 962; FamRZ 90, 991.
89 *BGH* NJW 83, 936; *OLG Hamburg* FamRZ 92, 1308: trennungsbedingter Mehrbedarf; *OLG Hamm* FamRZ 92, 1427.
90 *BGH* FamRZ 83, 146; 95, 343: Teilanrechnung; *OLG Hamm* FamRZ 90, 1000; *OLG Stuttgart* FamRZ 90, 753: 1/3.
91 *BGH* FamRZ 85, 355.
92 *BGH* NJW 89, 2809; FamRZ 90, 991; *OLG Bamberg* FamRZ 92, 560; *OLG Frankfurt* FamRZ 94, 1031; *OLG Hamm* FamRZ 94, 1029; 2000, 1219; *OLG Karlsruhe* FamRZ 95, 1579.
93 *OLG Hamm* FamRZ 84, 790.

Auch der getrenntlebende Ehegatte soll sein Vermögen ertragreich anlegen, auch er ist in **194** Höhe des **erzielbaren (fiktiven) Vermögensertrags** nicht bedürftig. Wie er sein Vermögen anlegt, bestimmt er aber selbst. Dabei muss er nicht nur die Höhe der Rendite, er darf auch die Sicherheit bedenken und das sichere Wohnungseigentum vielleicht einer unsicheren Geldanlage vorziehen. Die gewählte Anlageart muss er nur dann ändern, wenn sie eindeutig unwirtschaftlich ist[94]. Solange die Ehe noch nicht gescheitert ist, also während des ersten und vielleicht auch noch des zweiten Trennungsjahres, darf jedoch der Ehegatte abwarten und **alles beim Alten lassen**[95].

Schon während des Getrenntlebens muss sich der unterhaltsberechtigte Ehegatte das **195** **Entgelt** anrechnen lassen, das er **von** seinem **neuen Partner** dafür bekommt, dass er ihn in seine Wohnung aufnimmt[96], ihm den Haushalt führt oder ihn sonst versorgt. Und bekommt er dafür nichts, wird ihm ein fiktives, weil **erzielbares Entgelt** zugerechnet, vorausgesetzt, der neue Partner kann es zahlen[97]. Diese Versorgung kann neben einer vollen Erwerbstätigkeit freilich unzumutbar sein; dann gilt § 1577 II entsprechend[98].

7.6 Vermögen

An sich soll auch der getrenntlebende Ehegatte analog § 1577 III nicht nur den Vermö- **196** gensertrag, sondern auch sein Vermögen selbst verzehren, bevor er Unterhalt verlangen darf, es sei denn, die Vermögensverwertung sei unwirtschaftlich oder unbillig. Da jedoch die Ehe noch besteht, gilt diese Regel erst, wenn die ehelichen Beziehungen endgültig zerrüttet sind, also noch nicht während des ersten und vielleicht auch noch nicht während des zweiten Trennungsjahres[99].

---

94 *BGH* NJW 92, 1045.
95 *OLG Karlsruhe* FamRZ 90, 163; *OLG Zweibrücken* NJW 92, 1904.
96 *BGH* NJW 95, 962: Partner bezahlt Miete u. deckt so Wohnbedarf des Ehegatten.
97 *BGH* NJW 95, 962.
98 *BGH* NJW 95, 962: Tatsache der Versorgung spreche für Zumutbarkeit.
99 *BGH* FamRZ 85, 360 u. 86, 439: § 1577 III zieht äußerste Grenze; *OLG Hamm* FamRZ 94, 895: gilt entspr. für Schuldner.

8. Einwendungen gegen den Trennungsunterhalt

8.1 Überblick und Beweislast

197 Einwendungen sind Ausnahmetatbestände, die den Unterhaltsanspruch, obwohl dessen gesetzliche Voraussetzungen erfüllt sind, aus besonderem Grunde ausschließen, auslöschen oder hemmen. **Die Beweislast trägt stets der Unterhaltsschuldner.** Zu nennen sind vor allem die Leistungsunfähigkeit und die grobe Unbilligkeit.

Trotz Unterhaltsbedarf und Bedürftigkeit des getrenntlebenden Ehegatten entsteht der Unterhaltsanspruch analog § 1581 insoweit nicht, als der Unterhaltspflichtige **nicht zahlen kann** (RN 201 ff.).

Der **grob unbillige Unterhalt** kann unter den Voraussetzungen des § 1361 III mit § 1579 Nr. 2-7 gekürzt, zeitlich begrenzt oder völlig versagt werden (RN 211).

8.2 Tod des Berechtigten

Mit dem Tod des Unterhaltsberechtigten erlischt der Unterhaltsanspruch; vererblich sind nur Ansprüche auf rückständigen Unterhalt und auf Schadensersatz wegen Nichterfüllung (§ 1361 IV 4 mit § 1360a III und § 1615 I). Außerdem hat der Unterhaltsschuldner die Beerdigungskosten zu tragen, soweit sie nicht vom Erben zu holen sind (§ 1615 II).

8.3 Zeitablauf

Da der Unterhalt den laufenden Bedarf decken soll, erlischt der Unterhaltsanspruch grundsätzlich durch Zeitablauf. **Rückständigen Unterhalt** kann der getrenntlebende Ehegatte nur noch ab Aufforderung zur Auskunft, Verzug oder Rechtshängigkeit des Unterhaltsanspruchs oder als Sonderbedarf geltendmachen (§ 1361 IV 4 mit § 1360a III und § 1613).

8.4 Kein Unterhaltsverzicht

198 **Auf Trennungsunterhalt kann man im Voraus nicht verzichten**[100]. So steht es in §§ 1361 IV 4, 1360a III, 1614 I. Möglich ist nur eine Vereinbarung über Art und Höhe des Unterhalts[101]. Darin unterscheidet sich der Trennungs- vom Geschiedenenunterhalt (§ 1585c). Auch darf der Unterhaltsschuldner den künftigen Unterhalt **nur für 3 Monate im Voraus bezahlen**; zahlt er für eine spätere Zeitspanne, wird er nicht frei (§ 1361 IV 4 mit § 1360a III, § 1614 II, § 760 II)[102].

---

100 *BGH* FamRZ 89, 838.
101 *BGH* NJW 62, 2102: Unterhalt durch Wohnunggewähren.
102 *BGH* 123, 49.

8.5 Verjährung und Verwirkung

Der Unterhaltsanspruch verjährt nach 4 Jahren (§ 197), auch wenn er bereits rechtskräf- **199** tig festgestellt ist (§ 218 II). Dem Trennungsunterhalt droht dies nur selten, da er meistens schon vor Ablauf der Verjährungsfrist mit Rechtskraft der Scheidung erlischt.

Freilich kann der Berechtigte seinen Unterhaltsanspruch schon vor Ablauf der Verjährungsfrist nach § 242 verwirken, wenn er ihn längere Zeit nicht geltend macht und der Unterhaltspflichtige nach Treu und Glauben darauf vertrauen darf, er werde nicht mehr belangt werden[103]. Aber auch dieses Risiko verwirklicht sich nur äußerst selten. Dass der Unterhaltsberechtigte erst nach Jahren Unterhalt verlangt, genügt nie; vielleicht war er bisher nicht bedürftig oder zu stolz oder zu rücksichtsvoll[104].

8.6 Versöhnung und Scheidung

Schließlich erlischt der Anspruch auf Trennungsunterhalt wie selbstverständlich dann, **200** wenn die Ehegatten sich versöhnen, die **Trennung beenden** und die eheliche Lebensgemeinschaft wieder aufnehmen[105], oder wenn das Getrenntleben mit **Rechtskraft der Scheidung** endet, denn der Trennungsunterhalt geht nicht etwa in einen Geschiedenenunterhalt über, sondern erlischt, während der Anspruch auf Geschiedenenunterhalt unter den Voraussetzungen der §§ 1569 ff. neu entsteht[106].

9. Leistungsunfähigkeit

9.1 Gesetzliche Systematik

Obwohl § 1361 dazu nichts sagt, scheitert auch der Anspruch auf Trennungsunterhalt an **201** der Leistungsunfähigkeit des Unterhaltsschuldners[107]. Die **entsprechende Anwendung des § 1581** drängt sich auf (RN 439 ff.)[108]. Nach Satz 1 dieser Vorschrift schuldet der unterhaltspflichtige Ehegatte insoweit keinen eheangemessenen Unterhalt, als er ihn nicht bezahlen kann, ohne seinen eigenen angemessenen Unterhalt zu gefährden. Seinen eigenen angemessenen Unterhalt muss er nur insoweit hintanstellen, als es der Billigkeit entspricht. Stets muss ihm mindestens soviel Geld bleiben, dass er nicht der Sozialhilfe anheimfällt, denn davor soll ihn § 1581 gerade bewahren[109]. Der notwendige eigene Unterhalt oder Eigenbedarf (Selbstbehalt) muss deshalb etwas höher sein als der Sozialhilfe-

---

103 *BGH* 84, 280; 103, 62: vielleicht nach 3 Jahren.
104 *BGH* NJW 86, 718.
105 *BGH* NJW 92, 2166: nicht § 323 ZPO, sondern § 767 ZPO; neue Trennung begründet nach
   § 1361 neuen Unterhaltsanspruch; *OLG Düsseldorf* FamRZ 92, 943: auch titulierter Unterhalt
   erlischt endgültig.
106 *BGH* NJW 82, 2072; FamRZ 90, 283.
107 *BGH* NJW 82, 1641.
108 *BGH* 111, 194; NJW 85, 2698; FamRZ 90, 849.
109 *BGH* 111, 194.

satz und zieht die äußerste Opfergrenze, an der auch der Trennungsunterhalt ausnahmslos endet[110].

§ 1581 sichert sowohl den Eigenbedarf des Unterhaltsschuldners als auch die gleichmäßige Verteilung der vorhandenen Mittel[111]. Bevor der unterhaltpflichtige Ehegatte den vollen Unterhalt nach den ehelichen Lebensverhältnisse (§ 1361 I) zahlen muss, darf er seinen **eigenen Bedarf nach den ehelichen Lebensverhältnissen** decken. Reicht das verteilbare Einkommen nicht aus, den angemessenen Bedarf beider Ehegatten zu befriedigen, entscheidet das Familiengericht nach Billigkeit, ob und wieviel Unterhalt zu zahlen sei. Der eheangemessene Unterhalt nach § 1361 I wird durch einen reinen **Billigkeitsunterhalt** ersetzt[112]. Ist das verfügbare Einkommen nur eben so groß, dass es den unterhaltpflichtigen Ehegatten gerade noch vor dem Absturz in die Sozialhilfe bewahrt, schuldet er auch keinen Billigkeitsunterhalt mehr und wird vollends frei[113].

202 § 1581 regelt aber nicht die Leistungsfähigkeit, sondern die Leistungsunfähigkeit des unterhaltspflichtigen Ehegatten. Falsch ist die Klammerüberschrift: „Unterhalt nach Leistungsfähigkeit". Sie müsste richtig heißen: „Kein Unterhalt bei Leistungsunfähigkeit". Denn die Leistungsfähigkeit des Unterhaltsschuldners ist keine Anspruchsvoraussetzung, vielmehr schließt die **Leistungsunfähigkeit** den Unterhaltsanspruch aus und begründet eine anspruchsfeindliche **Einwendung, die der Unterhaltsschuldner beweisen muss**[114]. Dies gilt auch für den Trennungsunterhalt.

9.2 Rechtsfolge

203 Der Anspruch auf Trennungsunterhalt entsteht nicht, soweit der unterhaltspflichtige Ehegatte ihn nicht zahlen kann, und der entstandene Anspruch erlischt, sobald der unterhaltspflichtige Ehegatte ihn nicht mehr zahlen kann.

§ 1581 S. 1 regelt freilich eine **abgestufte Leistungsunfähigkeit**. Die volle Unterhaltspflicht nach dem Maß der ehelichen Lebensverhältnisse (hier § 1361 I) endet bereits am eigenen vollen Bedarf des Unterhaltspflichtigen nach den ehelichen Lebensverhältnissen[115]. Es ist falsch, den „**eigenen angemessenen Unterhalt**" des Gesetzes mit dem angemessenen Selbstbehalt nach der Düsseldorfer Tabelle gleichzusetzen, denn er ist **keine feste Größe, sondern richtet sich allein nach den ehelichen Lebensverhältnissen**[116].

204 Soweit der Unterhaltspflichtige den vollen Unterhalt nach § 1361 I nicht zahlen kann, schuldet er, wenn überhaupt, nur noch **Unterhalt nach Billigkeit**. Die Billigkeitsprüfung erfordert eine umfassende Abwägung der besonderen Umstände des Einzelfalles[117]. Da die vorhandenen Mittel nicht ausreichen, den vollen Bedarf beider Ehegatten zu decken,

---

110 *BGH* 111, 194.
111 *BGH* 109, 72.
112 *BGH* 109, 72.
113 *BGH* 111, 194.
114 *BGH* FamRZ 80, 770; 88, 930; 90, 283.
115 *BGH* 109, 72.
116 *BGH* 109, 72.
117 *BGH* 109, 72.

müssen sich beide nach der Decke strecken. Billig ist letztlich die gleichmäßige Verteilung der vorhandenen Mittel[118].

Der Billigkeitsunterhalt endet an der zweiten und äußersten Opfergrenze: dem not- **205** **wendigen oder billigen Selbstbehalt.** Dem unterhaltspflichtigen Ehegatten muss stets soviel bleiben, dass er nicht sozialhilfebedürftig wird, denn wer Sozialhilfe bezieht oder zu beanspruchen hat, ist nach § 1581 absolut leistungsunfähig und schuldet keinen Ehegattenunterhalt mehr[119]. Der notwendige oder billige Selbstbehalt des § 1581 deckt sich weder mit dem notwendigen (kleinen) Selbstbehalt des § 1603 II gegenüber dem minderjährigen Kind noch mit dem angemessenen (großen) Selbstbehalt des § 1603 I gegenüber dem volljährigen Kind, sondern liegt irgendwo zwischen diesen beiden Größen[120] und stets über dem Sozialhilfesatz[121].

9.3 Begriff der Leistungsunfähigkeit

Der Unterhaltsschuldner ist nicht schon dann leistungsunfähig, wenn er kein Geld hat **206** für den Unterhaltsberechtigten, sondern erst dann, wenn er sich das nötige Geld auch nicht mit zumutbarer Anstrengung beschaffen kann, denn die Unterhaltspflicht ist nicht nur eine Zahlungspflicht, sondern auch eine Erwerbspflicht. Dem tatsächlich erzielten Einkommen steht deshalb das **erzielbare (fiktive) Einkommen aus Erwerbstätigkeit oder Vermögen** rechtlich gleich (RN 520 ff.)[122]. So muss etwa der Selbständige, dessen Unternehmen nicht rentiert, früher oder später eine abhängige Arbeit suchen[123].

Auf der anderen Seite ist der Unterhaltsschuldner in der Regel auch dann leistungsunfä- **207** hig, wenn er seinen Arbeitsplatz, sein Unternehmen oder sein Vermögen durch eigenes **Verschulden** verloren und trotz allen Bemühens noch keinen Ersatz gefunden hat. Diese Regel hat jedoch eine wichtige **Ausnahme:** Der Unterhaltspflichtige darf sich nach Treu und Glauben (§ 242) dann nicht auf seine Leistungsunfähigkeit berufen, wenn er sich **mutwillig leistungsunfähig** gemacht hat. In diesem Fall wird ihm das bislang erzielte Einkommen fiktiv zugerechnet[124]. Der Rechtsgedanke des § 1579 Nr. 3 gilt über § 242 auch für den Unterhaltsschuldner (RN 446, 451 ff.)[125].

Man muss freilich bedenken, dass den getrenntlebenden Unterhaltspflichtigen erst dann die Erwerbspflicht mit voller Schärfe trifft, wenn die Ehe bereits endgültig gescheitert und die Scheidung nicht mehr zu verhindern ist, denn was dem unterhaltsberechtigten Ehegatten recht ist, muss dem unterhaltspflichtigen billig sein. So wie die Erwerbsobliegenheit des Unterhaltsberechtigten **während der ersten Zeit der Trennung** sehr viel schwächer ist als nach der Scheidung (RN 188), muss sich auch der Unterhaltspflichtige

---

118 *BGH* 109, 72.
119 *BGH* 111, 194.
120 *BGH* 109, 72: § 1603 II als Untergrenze; *OLG Karlsruhe* FamRZ 93, 1452; *OLG Hamburg* FamRZ 93, 1453.
121 *BGH* 111, 194.
122 *BGH* 111, 194.
123 *OLG Zweibrücken* NJW 92, 1902: Gastwirt; *OLG München* FamRZ 92, 441; *OLG Hamm* FamRZ 95, 1144: Boutique; *OLG Koblenz* FamRZ 85, 812: Binnenschiffer.
124 *OLG Hamm* FamRZ 96, 863.
125 Zum Geschiedenenunterhalt: *BGH* NJW 85, 732; 93, 1975; 94, 258.

noch nicht krumm legen, um den Trennungsunterhalt zahlen zu können, sondern darf vorerst **alles beim Alten lassen**. Betreut er gar ein gemeinschaftliches Kind, darf er sich wie der unterhaltsberechtigte Ehegatte vielleicht auf eine Teilzeitbeschäftigung zurückziehen[126]. Vielleicht darf er sogar seine Arbeit aufgeben, um seine Chance für die elterliche Sorge zu verbessern[127].

9.4 „Sonstige Verpflichtungen"

208 Leistungsunfähig kann der Unterhaltsschuldner auch durch seine „sonstigen Verpflichtungen" werden. Diese sind entsprechend § 1581 S. 1 freilich nicht einfach vom Einkommen des Unterhaltsschuldners abzuziehen, soweit er sie tatsächlich bedient, sondern nur zu berücksichtigen, was eine sorgfältige Interessenabwägung erfordert, die nicht selten gegen den Unterhaltsschuldner ausfällt. **Aber auch hier gilt für die erste Trennungszeit bis zum endgültigen Scheitern der Ehe ein milderer Maßstab und darf der Unterhaltsschuldner seinen Schuldendienst wie bisher vorweg von seinem Einkommen abziehen.** Das ist wichtig für die ehelichen Schulden, die schon während des Zusammenlebens begründet wurden[128], sowie für die Kreditschulden auf dem Eigenheim[129].

9.5 Trennungsbedingter Mehrbedarf

209 Auch trennungsbedingter Mehrbedarf kann den Unterhaltsschuldner leistungsunfähig machen, denn er erhöht seinen eheangemessenen Unterhaltsbedarf und schmälert folglich das verteilbare Einkommen[130].

9.6 Kindesbetreuung und andere Erschwernisse

Schließlich verringert sich das Einkommen des Unterhaltsschuldners, der ein gemeinschaftliches Kind betreut, um das **Entgelt**, das er einem Dritten **für die Betreuung** bezahlt, damit er selbst seiner Erwerbstätigkeit nachgehen kann, denn es handelt sich nicht um den Unterhaltsbedarf des Kindes, sondern um **berufsbedingte Aufwendungen** (RN 541). Betreut der Dritte das Kind unentgeltlich, darf der Unterhaltsschuldner in entsprechender Anwendung des § 1577 II 2 vielleicht einen **Teil seines Einkommens anrechnungsfrei behalten**, wenn ihm eine volle Erwerbstätigkeit neben der Kindesbetreuung nicht zumutbar ist[131].

Der **Rechtsgedanke des § 1577 II 2** gilt auch für die Vollzeiterwerbstätigkeit eines **Schwerkranken**[132] und für **Nebeneinkünfte** aus unzumutbarer Nebentätigkeit[133].

---

126 BVerfG NJW 96, 915; KG FamRZ 90, 293, *OLG Schleswig* FamRZ 90, 518.
127 *OLG Frankfurt* FamRZ 87, 1144.
128 *BGH* NJW 82, 232; 82, 1641; FamRZ 98, 1501: Darlehen nach Trennung nur für notwendige Anschaffungen.
129 *OLG Düsseldorf* FamRZ 87, 281; *OLG Karlsruhe* FamRZ 90, 163.
130 *BGH* 109, 72; FamRZ 90, 979; *OLG Hamm* FamRZ 96, 166.
131 *BGH* NJW 82, 2664; 86, 2054; *OLG Schleswig* FamRZ 90, 518; *OLG Hamm* FamRZ 94, 1036; *OLG Stuttgart* FamRZ 97, 358.
132 *OLG Hamm* NJW 93, 3273.
133 *OLG Hamm* FamRZ 95, 606; *OLG Stuttgart* FamRZ 95, 1487.

9.7 Vermögensstamm

Nach § 1581 S. 2 muss der Unterhaltsschuldner auch den Stamm seines Vermögens ein- **210** setzen, wenn anders er den Unterhalt nicht bezahlen kann, es sei denn, die Vermögens- verwertung sei unwirtschaftlich oder unbillig. Für den Trennungsunterhalt gilt diese strenge Regel **erst, wenn die Ehe bereits endgültig gescheitert ist**; vorher muss der Unterhaltsschuldner sein Vermögen noch nicht antasten, sondern darf abwarten[134].

10. Grob unbilliger Unterhalt

Schon der Trennungsunterhalt kann nach § 1361 III aus den Gründen des § 1579 Nr. 2-7 **211** gekürzt, zeitlich begrenzt oder ganz gestrichen werden[135]. Die Beweislast trägt der Unterhaltsschuldner[136]. Wegen der Einzelheiten wird auf den Geschiedenenunterhalt ver- wiesen (RN 476 ff.).

§ 1579 Nr. 1 (kurze Ehe) ist auch nicht entsprechend anwendbar, denn die Ehe besteht noch[137]. Man darf diese Wertung nicht über § 1579 Nr. 7 umgehen[138]. Anders ist es dann, wenn die Ehegatten sich schon vor der Heirat darauf einigen, die eheliche Lebensge- meinschaft nicht aufzunehmen, weil einer von ihnen kirchlich nicht geschieden werden kann[139].

Wer den Anspruch auf Trennungsunterhalt vor Gericht anerkennt, obwohl er den Verwir- kungsgrund kennt, verliert ihn[140].

11. Anspruch auf Prozesskostenvorschuss

11.1 Gesetzliche Systematik

Nach §§ 1361 IV 4, 1360a IV hat der getrenntlebende bedürftige Ehegatte Anspruch dar- **212** auf, dass der andere ihm „die Kosten eines Rechtsstreits über eine persönliche Angele- genheit" oder die Kosten einer Strafverteidigung vorschieße. Dieser Anspruch ist recht- lich selbständig, bleibt aber ein **Unterhaltsanspruch**[141], freilich ein recht unsicherer, denn er **hängt nach Grund und Höhe von der Billigkeit ab** („soweit dies der Billigkeit entspricht").

---

134 *BGH* FamRZ 85, 361: anders nur, wenn Unterhalt schon vor Trennung aus Vermögen bestrit- ten; 86, 439, 556; 89, 1160; *OLG Zweibrücken* NJW 92, 1904; *OLG Hamm* FamRZ 94, 895.
135 *BGH* NJW 84, 296: nicht rückwirkend.
136 *BGH* NJW 82, 1462.
137 *BGH* NJW 79, 1348; 82, 1460.
138 *BGH* NJW 82, 1460: Getrenntleben ab Heirat; aber auch *OLG Celle* FamRZ 90, 519: nur 3 Monate Zusammenleben.
139 *BGH* FamRZ 94, 558.
140 *OLG Nürnberg* FamRZ 92, 673.
141 *BGH* 56, 92: kein Darlehen, sondern Unterhalt; 110, 247: Familien- oder Trennungsunterhalt; *KG* FamRZ 87, 956.

Anspruch auf Prozesskostenvorschuss gibt es nur, solange die Ehe besteht; die §§ 1360a IV, 1361 IV 4 regeln ihn abschließend[142]. Der geschiedene Ehegatte hat ihn nicht mehr[143].

Soweit der Ehegatte Anspruch auf Prozesskostenvorschuss hat, bekommt er keine Prozesskostenhilfe, denn der Anspruch auf Prozesskostenvorschuss gehört zum Vermögen und ist vorrangig einzusetzen[144]. Umgekehrt besteht kein Anspruch auf Prozesskostenvorschuss, wenn der Schuldner selbst arm ist und Prozesskostenhilfe nach §§ 114 ff. ZPO zu beanspruchen hat[145].

11.2 Rechtsfolge

213 Rechtsfolge ist ein Anspruch auf Prozesskostenvorschuss, also auf **Zahlung** des Geldbetrags, den der bedürftige Ehegatte an Gerichts- und Anwaltskosten für einen bestimmten Rechtsstreit nach dessen Streitwert oder für eine Strafverteidigung voraussichtlich aufwenden muss.

Der Anspruch auf Prozesskostenvorschuss hängt zwar nicht davon ab, wie das Gericht im Verfahren über die persönliche Angelegenheit die Kosten verteilt[146], ist aber **zweckgebunden** und muss abgerechnet werden. Er ist deshalb weder pfändbar, noch abtretbar, noch kann gegen ihn aufgerechnet werden[147].

11.3 Tatbestand

214 Der Anspruch auf Prozesskostenvorschuss setzt voraus: die Ehegatten sind noch verheiratet[148], der Anspruchsteller führt einen Rechtsstreit, der eine persönliche Angelegenheit betrifft, oder will ihn führen oder muss sich in einem Strafverfahren verteidigen, ist jedoch außerstande, die Kosten zu tragen, und der erforderliche Vorschuss entspricht nach Grund und Höhe der Billigkeit.

Rechtsstreit ist hier jedes gerichtliche Verfahren[149]. Eine **persönliche Angelegenheit** betrifft der Rechtsstreit dann, wenn die Person des Ehegatten selbst und nicht nur sein Vermögen betroffen ist. Die vermögensrechtliche Streitigkeit muss deshalb eine enge Beziehung zur Person des Ehegatten haben[150].

---

142 *BGH* 41, 110; 56, 92; 94, 318.
143 *BGH* 89, 33; FamRZ 90, 280.
144 *OLG Bremen* FamRZ 84, 919.
145 *OLG Karlsruhe* FamRZ 92, 77; *OLG Düsseldorf* FamRZ 93, 1474.
146 *BGH* 94, 316; NJW 85, 2263; *OLG Karlsruhe* FamRZ 84, 1091; *OLG Düsseldorf* FamRZ 96, 1409.
147 *BGH* 94, 316.
148 *BGH* 89, 33; FamRZ 90, 280.
149 *OLG Frankfurt* FamRZ 79, 732: einstw. Anordnung auf Unterhalt; FamRZ 83, 588: Vollstreckungsabwehrklage; *OLG Karlsruhe* FamRZ 84, 584: vollstreckbare Urkunde über Unterhalt; *OLG Koblenz* FamRZ 86, 466: Rechtsverteidigung.
150 *BGH* 41, 112; ferner Knops/Knops FamRZ 97, 208.

Statussache; Ehescheidung; zivilrechtlicher Ehrenschutz; räumlichgegenständlicher Bereich der Ehe (*OLG Frankfurt* FamRZ 82, 606); Ersatz für Personenschaden und Schmerzensgeld; Unterhalt (*KG* FamRZ 87, 956; *OLG Hamm* FamRZ 89, 277); Zugewinnausgleich (*OLG Frankfurt* u. *OLG Hamm* FamRZ 81, 164, 275) und Vermögensauseinandersetzung (BGH 31, 384); baurechtlicher Nachbarstreit wegen Immissionen (*OVG Lüneburg* FamRZ 73, 145).

Gegenbeispiele: Keine persönlichen Angelegenheiten sind: Gesamtschuldnerausgleich (*OLG Düsseldorf* FamRZ 84, 388); Aufwendungsersatz (*OLG Nürnberg* FamRZ 86, 697); Auseinandersetzung einer Gesellschaft (*BGH* 41, 112).

Der Rechtsstreit muss bevorstehen oder wenigstens noch laufen. Für einen beendeten Prozess kann man keinen Prozesskostenvorschuss mehr verlangen[151], es sei denn, der Unterhaltsschuldner sei schon vor Prozessende in Verzug gesetzt worden[152]. Vollstreckbar ist der titulierte Anspruch auf Prozesskostenvorschuss auch noch nach Prozessende[153].

Der Anspruch auf Prozesskostenvorschus entspricht der **Billigkeit**, wenn der Anspruchsteller bedürftig, der Anspruchsgegner zahlungsfähig und der Rechtsstreit entsprechend § 114 ZPO ERfolg verspricht und nicht mutwillig ist[154]. Die beiderseitigen Einkommens- und Vermögensverhältnisse sind unterhaltsrechtlich zu bewerten, denn der Anspruch auf Prozesskostenvorschuss ist ein **Unterhaltsanspruch**[155]. Der Anspruchsteller muss nicht sein Haus verkaufen, wenn der Anspruchsgegner den Prozesskostenvorschuss leicht bezahlen kann. Dieser muss vielleicht die Tilgung seiner Schulden etwas zurückstellen[156]. Andererseits darf er zuerst seinen eigenen angemessenen Unterhalt decken, bevor er Prozesskostenvorschuss zahlen muss[157].

215

11.4 Rückzahlung des Prozesskostenvorschusses

Ob und wann der geleistete Prozesskostenvorschuss zurückbezahlt werden soll, ist fraglich[158]. § 607 scheidet als Anspruchsgrundlage jedenfalls aus, denn der Prozesskostenvorschuss ist **kein Darlehen, sondern Unterhalt**[159]. Als **Vorschuss** freilich ist er die Zahlung auf eine Schuld, die künftig entstehen oder fällig werden soll. Entsteht die Schuld nicht, müßte der Vorschuß an sich als ungerechtfertigte Bereicherung (§ 812 I 1) zurückgezahlt werden. So ist es im Ergebnis auch hier[160]. Der Anspruch auf Rückzahlung entstammt jedoch dem Unterhaltsrecht und ist **kein Bereicherungsanspruch, son-**

216

---

151 *BGH* 94, 316; *KG* FamRZ 87, 956: zu § 127a ZPO.
152 *BGH* FamRZ 85, 902; *OLG Bamberg* FamRZ 86, 484; *OLG Köln* FamRZ 91, 842.
153 *BGH* 94, 316; FamRZ 85, 802.
154 *BGH* NJW 2001, 1646; ferner *OLG Frankfurt* FamRZ 86, 485: Rücklagen für Notfälle sind tabu.
155 *BGH* 110, 249.
156 *OLG Hamm* FamRZ 86, 1013; *OLG Karlsruhe* FamRZ 87, 1062.
157 *BGH* 110, 247, KG FamRZ 85, 1067; *OLG Koblenz* FamRZ 86, 284.
158 Dazu *Kalthoener/Büttner* NJW 91, 401.
159 *BGH* 56, 92.
160 *BGH* 110, 247; 56, 92; 94, 318.

dern ein Billigkeitsanspruch, so dass weder § 814 noch § 818 III anwendbar ist[161]. Die Rückzahlung ist vor allem dann billig, wenn die gesetzlichen Voraussetzungen des § 1360a IV nie erfüllt waren[162] oder die wirtschaftlichen Verhältnisse des Empfängers sich später wesentlich verbessern[163]. Den Rückzahlungsanspruch verfolgt man mit einer Klage, nicht im Kostenfestsetzungsverfahren[164].

3. Kapitel
Schuldrechtliche Folgen der Trennung

1. Die gescheiterte Ehe und das Schuldverhältnis zwischen den Ehegatten

217 Das Scheitern einer Ehe hat nicht nur familienrechtliche, sondern auch schuldrechtliche Folgen[165]. Die Stichworte lauten: Gesamtschuldnerausgleich und Ausgleich des Oderkontos, Auseinandersetzung der Ehegatteninnengesellschaft und der Bruchteilsgemeinschaft, Schenkungswiderruf und Ausgleich ehebedingter Zuwendungen. Obwohl die Ehe erst mit Rechtskraft der Scheidung endet, **knüpfen diese schuldrechtlichen Folgen bereits an die endgültige Trennung und das Scheitern der Ehe an.**

Da es **keine Familiensachen, sondern gewöhnliche Zivilsachen** sind, ist im Streitfall nicht das Familiengericht, sondern je nach Streitwert die allgemeine Zivilabteilung des Amtsgerichts oder das Landgericht zuständig. Das ist bedauerlich, weil die schuldrechtliche mit der familienrechtlichen Liquidation der Ehe eng zusammenhängt.

2. Gesamtschuldnerausgleich

2.1 Innenverhältnis

218 Das Schuldverhältnis der Gesamtschuld nach §§ 421 ff. verbindet die Gesamtschuldner nicht nur mit dem Gläubiger, sondern auch miteinander. Die Gesamtschuld hat deshalb ein Außen- und ein Innenverhältnis. Nach außen: Dem Gläubiger gegenüber schuldet jeder Gesamtschuldner die volle Leistung (§ 421). Nach innen: Im Verhältnis untereinander hingegen trägt jeder Gesamtschuldner in der Regel nur einen Kopfteil. Dies verpflichtet die Gesamtschuldner intern zum Ausgleich.

---

161 *BGH* 110, 247.
162 *BGH* 110, 247: argl. Täuschung rechtfertigt Rückzahlung stets, guter Glaube schließt sie nicht aus; § 1360b paßt nicht; *OLG Karlsruhe* FamRZ 90, 162.
163 *BGH* 56, 92: Kostenerstattungsanspruch; 94, 318; *OLG Hamm* FamRZ 92, 672: hälftige Kostenerstattung.
164 *OLG Düsseldorf* FamRZ 96, 1409; aber auch *OLG Celle* FamRZ 85, 731; *OLG Stuttgart* FamRZ 87, 968; *KG* FamRZ 87, 1064.
165 Dazu *Wever* FamRZ 96, 905; 2000, 993; *Kleinle* FamRZ 97, 1383: Ehegattenzuwendung.

2.2 Anspruchsgrundlage und Inhalt des Ausgleichsanspruchs

§ 426 I 1 ist die gesetzliche Anspruchsgrundlage für den Gesamtschuldnerausgleich. Danach sind die Gesamtschuldner im Verhältnis zueinander zu gleichen Anteilen verpflichtet, soweit nicht ein anderes bestimmt ist. Dieser Ausgleichsanspruch, der schon mit der Gesamtschuld entsteht[166], hat vor der Befriedigung des Gläubigers einen anderen Inhalt als nach der Befriedigung.   **219**

Solange der Gesamtschuldner noch nicht an den Gläubiger geleistet hat, darf er von den anderen nur verlangen, dass auch sie anteilig an der Leistung mitwirken und ihn dadurch anteilig von seiner Schuld befreien[167]. Also verklagt er die anderen Gesamtschuldner auf **anteilige Schuldbefreiung**; das Urteil ist nach § 887 ZPO vollstreckbar[168].

Anteiligen Geldersatz darf der Gesamtschuldner erst fordern, wenn er an den Gläubiger mehr geleistet hat, als er im Innenverhältnis schuldet. Dadurch verwandelt sich der Freistellungs- in einen Zahlungsanspruch[169].

Wer als Gesamtschuldner den Gläubiger befriedigt, erwirbt aber nicht nur den Ausgleichsanspruch aus § 426 I 1, sondern nach § 426 II 1 in gleicher Höhe auch noch die Forderung des Gläubigers gegen die anderen Gesamtschuldner. Das ist ein **gesetzlicher Forderungsübergang** nach § 412, der nach § 401 bewirkt, dass auch die **akzessorischen Sicherheiten** (Bürgschaft, Hypothek und Pfandrecht) auf den leistenden Gesamtschuldner übergehen. Für die **selbständigen Sicherheiten** (Grundschuld, Sicherungseigentum und Sicherungsabtretung) gilt § 401 zwar nicht direkt, jedoch erlangt der Gesamtschuldner entsprechend § 401 einen Anspruch gegen den Gläubiger auf Abtretung dieser Sicherheiten[170].

2.3 Während des Zusammenlebens

§ 426 gilt auch für Ehegatten, die einem Dritten als Gesamtschuldner haften[171]. Dies kommt vor, wenn sie für ihr Wohnhaus, das Auto, die Wohnungseinrichtung oder ein Unternehmen einen Bankkredit aufnehmen. **Das Ausgleichsverhältnis wird jedoch für die Dauer des Zusammenlebens von der ehelichen Lebensgemeinschaft nach § 1353 „überlagert"**[172]. Diese bestimmt oft „ein anderes" als die gesetzliche Regel des § 426 I 1. Allgemein kann man sagen, dass jeder Ehegatte die gemeinsamen Schulden nach der „konkreten Gestaltung des ehelichen Verhältnisses"[173], letztlich also nach dem Maß seiner finanziellen Kraft trägt. In der Doppelverdienerehe richtet sich der Haftungsanteil nach der Höhe der beiderseitigen Einkommen[174]. Verdient nur ein Ehegatte, während der andere den Haushalt führt und die Kinder versorgt, trägt der Alleinverdiener auch die   **220**

---

166 *BGH* NJW 81, 1666; 92, 2286.
167 *BGH* 11, 174; 23, 361; 35, 325; 47, 166; 59, 97; NJW 81, 1667; 86, 978; 86, 3131; 92, 2286.
168 *BGH* 25, 1; NJW 83, 2348; 86, 978; 91, 634.
169 *BGH* NJW 86, 1097.
170 *BGH* 80, 228.
171 *BGH* NJW 2000, 1944.
172 *BGH* 87, 265; NJW 84, 795; 95, 731; 2000, 1944.
173 *BGH* 87, 265.
174 *BGH* NJW 84, 795; FamRZ 88, 264.

Gesamtschuld allein[175]. Dies leuchtet nicht nur ein, sondern ist rechtlich schon deshalb unproblematisch, weil Ehegatten während intakter Ehe nicht über den Gesamtschuldnerausgleich streiten.

2.4 Nach endgültiger Trennung

221 Der Maßstab des § 1353 wird unbrauchbar, sobald die Ehe zerbricht. Denn damit endet die eheliche Lebensgemeinschaft, die das Gesamtschuldverhältnis „überlagert" hat, und es gibt keinen Grund mehr dafür, dass der eine Ehegatte das Vermögen des anderen mehre[176]. Die Ehe zerbricht aber nicht erst mit Rechtskraft der Scheidung, sondern schon mit der endgültigen Trennung, die anzeigt, dass die Ehe gescheitert ist[177].

Jetzt gilt § 426 I 1 wieder in seiner ursprünglichen schuldrechtlichen Form. Jetzt sind auch Ehegatten einander zu gleichen Teilen, also hälftig, zum Ausgleich verpflichtet, „soweit nicht ein anderes bestimmt ist". **Der hälftige Ausgleich ist die gesetzliche Regel.** Der Anspruchsteller muss, wenn er auf hälftige Freistellung klagt, nur die Begründung der Gesamtschuld beweisen. Klagt er auf Zahlung, muss er auch noch beweisen, dass er mehr als die Hälfte der Gesamtschuld an den Gläubiger geleistet hat. Außerdem beschränkt sich der Ausgleichsanspruch auf **Zahlungen nach dem Scheitern der Ehe**[178].

Nicht hälftig, sondern nach einem anderen Maß, haften auch Ehegatten nur, „**soweit ein anderes bestimmt ist**". Das ist die **gesetzliche Ausnahme, die derjenige beweisen muss, der sie geltendmacht**[179].

222 Bestimmt wird „ein anderes" nicht nur durch Vertrag[180] oder Gesetz, sondern auch durch Inhalt und Zweck des Schuldverhältnisses, durch die „Natur der Sache" oder die „besondere Gestaltung des tatsächlichen Geschehens". Mit diesen Schlagworten, die alles und nichts aussagen, hält sich die Rechtsprechung alle Hintertüren offen[181]. Allgemeine Regeln lassen sich daraus nicht ableiten. Was die Rechtsprechung unter der „besonderen Gestaltung des tatsächlichen Geschehens" versteht, wird nur am Fallbeispiel einigermaßen verständlich. Der Zugewinnausgleich bestimmt jedenfalls nichts anderes, vielmehr sind die Ausgleichsansprüche und Ausgleichspflichten in die Zugewinnrechnung einzustellen[182].

---

175 *BGH* 87, 265; NJW 84, 795; 2000, 1944; FamRZ 86, 881; 88, 264.

176 *BGH* 87, 265; NJW 88, 134; 95, 652; NJW-RR 89, 67; *OLG Schleswig* FamRZ 89, 165; *OLG Köln* NJW-RR 92, 258; ferner *Kotzur* NJW 89, 817; *Nickl* NJW 91, 3124; *Kleinle* FamRZ 97, 8.

177 *BGH* 87, 265 u. NJW 88, 134: spätestens mit Zustellung des Scheidungsantrags; NJW 2000, 1944: Trennung.

178 *BGH* FamRZ 89, 147.

179 *BGH* FamRZ 87, 1239; NJW 88, 133; 2000, 1944.

180 Zur Auslegung einer Ausgleichsvereinbarung: *BGH* FamRZ 88, 596.

181 *BGH* 87, 265; NJW 84, 482, 795; 86, 1491; 88, 134; 92, 3228; FamRZ 89, 149.

182 *BGH* 87, 265; NJW 88, 133; FamRZ 89, 149; 97, 487; *OLG Hamm* FamRZ 97, 363; *OLG Koblenz* FamRZ 97, 364: Gesamtschuld wird je hälftig in Zugewinnausgleich eingestellt u. später von einem Ehegatten allein getilgt.

Beispiele für hälftigen Ausgleich

(1) Die Ehegatten nehmen zur **Finanzierung des Eigenheims, das ihnen je hälftig gehört**, gemeinsam einen Kredit auf. Nach dem Scheitern der Ehe gibt es keinen plausiblen Grund mehr dafür, dass der Alleinverdiener den restlichen Kredit allein zurückzahle und so Vermögen für den anderen bilde; vielmehr haftet jeder, wie es auch §§ 748, 755 entspricht, intern zur Hälfte (*BGH* 87, 265: gemeinsames Ferienhaus; FamRZ 88, 264; 89, 147; a.A. für Hausrat u. Konsum: *OLG Hamm* FamRZ 90, 1359). Dies gilt erst recht, wenn die Ehegatten schon vor der Trennung Zins und Tilgung je hälftig aufgebracht haben (*BGH* FamRZ 89, 147).

(2) Dass der Kredit später zwecks besserer Konditionen auf einen Ehegatten allein umgeschuldet wird, verändert für sich allein weder die Gesamtschuld noch den hälftigen Ausgleich (*BGH* NJW-RR 91, 578).

(3) Bei der gesetzlichen Regel hälftigen Ausgleichs bleibt es auch dann, wenn der **gemeinsame Kredit für ein gemeinsam betriebenes gewerbliches Unternehmen** aufgenommen wurde (*BGH* NJW 88, 133).

Beispiele gegen hälftigen Ausgleich 224

(1) Floss der gemeinsame **Kredit** nur **in die Taschen eines Ehegatten, in dessen Hausgrundstück, Unternehmen oder Praxis**, oder in die Anschaffung von Sachen seines persönlichen Bedarfs, muss er ihn nach endgültiger Trennung folgerichtig auch allein tragen (*BGH* NJW 63, 2067; 86, 1491; NJW-RR 88, 966; *KG* FamRZ 99, 1501). Deshalb trägt der **Alleineigentümer** nach dem Scheitern der Ehe ganz selbstverständlich auch die **Hauslasten** allein (*BGH* FamRZ 97, 487; *OLG Köln* FamRZ 92, 318; OLG München FamRZ 2001, 224).

(2) Betreibt ein Ehegatte **im gemeinsamen Haus**, in dem auch die Ehewohnung liegt, ein **gewerbliches Unternehmen**, dann überdauert die bisherige Handhabung, dass der gewerbetreibende Ehegatte auch die Hauslasten voll trägt, die Trennung jedenfalls dann, wenn die gewerbliche Nutzung deutlich überwiegt (*BGH* FamRZ 86, 881).

(3) Bezahlt der unterhaltspflichtige Ehegatte weiterhin Zins und Tilgung des gemeinsamen Kredits für das gemeinschaftliche Eigenheim und werden diese Zahlungen bei der **Unterhaltsberechnung** von seinem Einkommen abgezogen, verkürzt sich entsprechend der Trennungs- oder Geschiedenenunterhalt des unterhaltsberechtigten Ehegatten. Dies hat zur Folge, dass auch der unterhaltsberechtigte Ehegatte im Umfang der **Unterhaltskürzung** an der Tilgung der Gesamtschuld mitwirkt und deshalb im Innenverhältnis nicht mehr hälftig, sondern nur noch zur Hälfte abzüglich der Unterhaltskürzung zum Ausgleich verpflichtet ist (*OLG Köln* FamRZ 91, 1192; NJW-RR 92, 258; FamRZ 94, 961; 94, 1149; *OLG München* FamRZ 96, 292).

(4) Zieht ein Ehegatte aus der gemeinsamen Ehewohnung aus, um getrennt zu leben, wird oft eine **Neuregelung der Nutzung und Verwaltung des gemeinschaftlichen Eigentums nach § 745 II** nötig. Sie kann darin bestehen, dass derjenige Ehegatte, der in der Ehewohnung bleibt, auch die Lasten der Wohnung alleine trägt. Der Anspruch aus § 745 II schließt dann, soweit erhoben und begründet, einen Ausgleichsanspruch des alleinnutzenden Ehegatten nach § 426 I 1 aus (*BGH* 87, 265: Einwendung gegen § 426 I 1; *OLG Düsseldorf* FamRZ 91, 1443). Auch darin kann man eine „andere Bestimmung" nach § 426 I 1 sehen.

(5) Bleibt ein Ehegatte nach endgültiger Trennung alleine in der gemeinsam gemieteten Ehewohnung, trägt er auch die **Mietschuld** allein (*OLG München* FamRZ 96, 291).

(6) Überhaupt nicht auszugleichen sind die **Kosten**, die einem Gesamtschuldner **im Prozess mit dem Gläubiger** erwachsen. Da er die Klage durch Erfüllung hätte vermeiden können, muss er sein Prozess- und Kostenrisiko selbst tragen (*BGH* NJW 71, 884).

2.5 Einwendungen gegen den Ausgleichsanspruch

225   Da der hälftige Ausgleich zwischen Ehegatten nach § 426 I 1 die gesetzliche Regel ist, begründet die Behauptung einer „anderen Bestimmung" eine anspruchshindernde Einwendung, die derjenige Ehegatte beweisen muss, der sie erhebt (RN 221).

Der Ausgleichsanspruch aus § 426 I 1 kann außerdem vertraglich ausgeschlossen werden, entweder schon vor Entstehung oder nachträglich durch Erlaß nach § 397[183]. Nötig ist stets ein Vertrag zwischen den Gesamtschuldnern; ein Vertrag zwischen einem Gesamtschuldner und dem Gläubiger genügt nicht, denn dies wäre ein unwirksamer Vertrag zulasten Dritter[184].

Der Ausgleichsanspruch verjährt nach 30 Jahren[185].

3. Gesamtgläubigerausgleich

3.1 Innenverhältnis

226   Mehrere Gläubiger sind nach § 428 Gesamtgläubiger, wenn jeder vom Schuldner die ganze Leistung an sich selbst fordern darf[186] und der Schuldner schon durch Leistung an einen Gläubiger frei wird. Damit gleicht die Gesamtgläubigerschaft spiegelbildlich der Gesamtschuld. Gesamtgläubiger sind z.B. die Inhaber eines „Oder-Kontos"[187].

Wie Gesamtschuldner haben auch Gesamtgläubiger ein Außen- und ein Innenverhältnis. Nach außen: Dem Schuldner gegenüber hat jeder Gesamtgläubiger für sich allein Anspruch auf die volle Leistung. Nach innen: Untereinander sind aber auch Gesamtgläubiger in aller Regel nur anteilig an der Forderung beteiligt. Die §§ 428, 429 regeln das Außenverhältnis, § 430 den Ausgleich im Innenverhältnis, so wie § 426 I 1 den Gesamtschuldnerausgleich regelt.

§ 430 ist Anspruchsgrundlage für denjenigen Gesamtgläubiger, der vom Schuldner weniger bekommt, als ihm intern zusteht[188]. „Soweit nicht ein anderes bestimmt ist", steht jedem Gesamtgläubiger der gleiche Anteil zu. Erhält er vom Schuldner weniger als sei-

---

183   *BGH* NJW 86, 1491.
184   *BGH* 58, 216; 59, 97; NJW 86, 1097; 92, 2286.
185   *BGH* 58, 218.
186   *BGH* 93, 315; 95, 185; NJW 90, 705; 91, 420; NJW-RR 92, 2.
187   *BGH* 93, 315; 95, 185, NJW 90, 705.
188   *BGH* NJW 90, 705; FamRZ 93, 413.

nen Anteil, verlangt er den Ausgleich von den anderen Gesamtgläubigern. Das ist wie bei § 426 I 1 die **gesetzliche Regel**, die „andere Bestimmung" dagegen ist die **gesetzliche Ausnahme**, die derjenige beweisen muss, der sie geltendmacht[189].

3.2 Ehegatten als Gesamtgläubiger

Ehegatten sind etwa dann Gesamtgläubiger nach § 428, wenn sie ein Spar- oder Giro-konto als „**Oder-Konto**" führen, denn jeder kann von der Bank die ganze Leistung an sich fordern und frei über das Guthaben verfügen[190].   **227**

Anspruchsgrundlage für den Gesamtgläubigerausgleich **ist § 430**, jedoch wird das In-nenverhältnis zwischen den Gesamtgläubigern wie bei der Gesamtschuld „**überlagert**" **von der ehelichen Lebensgemeinschaft.** Dies hat zur Folge, dass es **während des ehe-lichen Zusammenlebens in aller Regel keinen Ausgleich** gibt[191].

Dies ändert sich erst, **wenn die Ehe scheitert** und die Eheleute sich auf Dauer trennen. Jetzt gilt auch für sie **§ 430 in seiner ursprünglichen schuldrechtlichen Form**[192]. „So-weit nicht ein anderes bestimmt ist", steht jedem Ehegatten **die Hälfte der Forderung** zu; das ist die **gesetzliche Regel**. Der Anspruchsteller muss nur beweisen, dass der an-dere als Gesamtgläubiger vom Schuldner mehr als seinen hälftigen Anteil erhalten habe[193]. Der Anspruchsgegner dagegen muss beweisen, dass etwas anderes bestimmt sei, denn das ist die **gesetzliche Ausnahme**[194]. Etwas anderes kann auch hier durch aus-drückliche oder stillschweigende Vereinbarung der Ehegatten oder durch die konkrete Gestaltung ihres Verhältnisses bestimmt sein. Die Herkunft der Mittel ist noch nicht entscheidend[195]. Waren sich die Ehegatten aber einig, dass das Guthaben einem Ehegat-ten allein zustehen soll, überdauert diese Einigung auch die Trennung[196].

Diese Regeln gelten in erster Linie für **Verfügungen eines Ehegatten nach der Tren-nung.** Wie aber steht es mit **Verfügungen vor der Trennung**, die der andere Ehegatte nach der Trennung nicht mehr gelten lassen will? Verfügungen zur Finanzierung des ehe-lichen Lebensbedarfs sind nicht auszugleichen, wohl aber größere Verfügungen zur eige-nen Bereicherung[197].   **228**

---

189 *BGH* NJW 90, 705; FamRZ 93, 413.
190 *BGH* NJW 90, 705; FamRZ 93, 413; *OLG Zweibrücken* FamRZ 87, 1138; NJW 91, 1835; *OLG Karlsruhe* FamRZ 90, 629; *OLG Hamm* FamRZ 90, 750: Wertpapierdepot; *OLG Düs-seldorf* FamRZ 99, 1504.
191 *BGH* NJW 90, 705; OLG Hamm FamRZ 90, 59; OLG Zweibrücken NJW 91, 1835.
192 *BGH* NJW 90, 705; *OLG Zweibrücken* FamRZ 87, 1138; OLG Köln FamRZ 87, 1139; OLG Hamm FamRZ 90, 59.
193 *BGH* NJW 90, 705; FamRZ 93, 413; OLG Zweibrücken NJW 91, 1835.
194 *BGH* NJW 90, 705; FamRZ 93, 413; OLG Karlsruhe FamRZ 90, 629.
195 *BGH* NJW 90, 705; OLG Köln FamRZ 87, 1139.
196 *BGH* FamRZ 93, 413: langfristige Anlage Hauserlös.
197 *BGH* FamRZ 93, 413; *OLG Zweibrücken* NJW 91, 1835; *OLG Düsseldorf* FamRZ 99, 1504.

Beispiel

Die Ehefrau legt 125 000,– Euro aus dem Verkauf des elterlichen Anwesens langfristig bei einer Schweizer Bank an und richtet das Konto als „Oder-Konto" ein. Der Ehemann hebt noch vor der Trennung heimlich das gesamte Guthaben ab und verspielt es auf der Spielbank. Abgesehen davon, dass der Ehemann nach § 826 zum Schadensersatz verpflichtet ist, schuldet er nach § 430 vollen Ausgleich, wenn die Ehefrau beweisen kann, dass das Guthaben vereinbarungsgemäß ihr allein zustehen sollte (*BGH* FamRZ 93, 413). Gelingt dieser Beweis nicht, hat sie zumindest Anspruch auf hälftigen Ausgleich. Dass der Ehemann das Geld schon vor der Trennung abgehoben hat, schließt den Ausgleich in diesem krassen Fall nicht aus. § 430 gilt auch während des Zusammenlebens; dieses überlagert zwar das Gesamtgläubigerverhältnis, schließt einen Ausgleich aber nicht in jedem Fall aus (*BGH* FamRZ 93, 413).

4. Kontovollmacht

229   Die Kontovollmacht, die der Kontoinhaber seinem Ehegatten erteilt, erlischt nicht von selbst, wenn die Ehe scheitert und die Eheleute sich endgültig trennen, sondern muss nach § 168 S. 2 widerrufen werden. Außerdem darf die Bank nach § 170 solange auf die Vollmacht vertrauen, bis sie vom Widerruf der Vollmacht erfährt.

Aber auch hier muss man – wie beim Oder-Konto – zwischen der Außen- und der Innenwirkung unterscheiden. Dass der bevollmächtigte Ehegatte kraft Kontovollmacht noch nach der Trennung über das Konto des anderen verfügen kann, heißt nicht, dass er es noch dürfe[198]. **Denn zwischen den Ehegatten zählt nicht das rechtliche Können, sondern nur das rechtliche Dürfen.**

Nach endgültiger Trennung aber darf der bevollmächtigte Ehegatte gegen den Willen des Kontoinhabers zum eigenen Vorteil von der Vollmacht keinen Gebrauch mehr machen[199]. Tut er es dennoch, muss er das Erlangte nach § 687 II[200] und vielleicht auch nach § 823 II mit § 266 StGB und § 826 an den Kontoinhaber herausgeben. Über das Konto des anderen Ehegatten darf er nur noch mit dessen Zustimmung verfügen, die er beweisen muss. Diente die Kontovollmacht einem gemeinsamen Gewerbe, verliert die interne Vereinbarung über das Verfügen-Dürfen mit der endgültigen Trennung zwar ihre Geschäftsgrundlage, erlischt aber nicht stets und sofort, sondern ist nach § 242 an die neue Situation anzupassen, so dass vielleicht noch eine beschränkte Verfügungsbefugnis im gemeinsamen Interesse übrigbleibt. Zur eigenen Bereicherung aber darf der bevollmächtigte Ehegatte über das Konto des anderen keineswegs mehr verfügen[201].

Unbefugt sind **eigensüchtige Verfügungen** aber nicht erst nach der Trennung, sondern auch schon **vor der Trennung**, wenn sie nicht von der Zustimmung des Kontoinhabers gedeckt sind. So darf die Ehefrau kraft Bankvollmacht nicht einfach das Konto des Ehe-

---

198 *BGH* NJW 88, 1209.
199 *BGH* NJW 88, 1209; FamRZ 89, 834; *OLG Frankfurt* FamRZ 2000, 1215.
200 *BGH* NJW 88, 1209; FamRZ 89, 834; *OLG Bamberg* FamRZ 92, 439.
201 *BGH* FamRZ 89, 834: Ehemann hebt vom Konto der Ehefrau 127 000,– DM ab.

manns abräumen, um damit die Trennung zu finanzieren[202]. Im Grunde ist es wie beim „Oder-Konto" (RN 228).

Auch ohne Kontovollmacht steht das Konto eines Ehegatten im Innenverhältnis beiden **230** Ehegatten gemeinschaftlich zu, und zwar im Zweifel je hälftig (§ 742), wenn dies zwischen ihnen ausdrücklich oder auch nur stillschweigend so vereinbart ist; dies darf man annehmen, wenn der eine Ehegatte sein Einkommen auf seinem Sparkonto anlegt, während der andere sein Einkommen in den Haushalt steckt[2023].

5. Kreditaufnahme und/oder dingliche Haftung für den anderen Ehegatten

Nimmt ein Ehegatte für den anderen, etwa für dessen Gewerbebetrieb, einen Kredit auf **231** oder stellt er für den Kredit des anderen eine Sicherheit, **darf er, wenn die Ehe scheitert, vom anderen nach § 670 wie ein Beauftragter Befreiung von der Schuld oder der dinglichen Haftung verlangen**, es sei denn, die Ehegatten hätten etwas anderes vereinbart[204]. Der Anspruchsteller darf den anderen Ehegatten mit dem sofortigen Begehren der vollen Schuldbefreiung aber nicht ruinieren, sondern muss ihm vielleicht Zeit lassen und Gelegenheit geben, den Kredit in vernünftigen Raten zu tilgen. Dies folgt weniger aus § 242, ist vielmehr eine **Nachwirkung der ehelichen Lebensgemeinschaft**, die vor allem dann zur Rücksicht verpflichtet, wenn mit dem Kredit ein Unternehmen finanziert wurde, aus dem die Ehegatten ihren Familienunterhalt ziehen wollten[205].

Einen **Auftrag** übernimmt auch derjenige Ehegatte, der das Vermögen des anderen verwaltet; dagegen ist die arbeitsteilige Übernahme der Wirtschaftsführung während des Zusammenlebens kein Rechtsgeschäft[205a].

6. Dienst- oder Arbeitsverhältnis zwischen Ehegatten

Es liegt auf der Hand, dass ein Dienst- oder Arbeitsverhältnis zwischen Ehegatten **232** (RN 64) jedenfalls dann nach § 626 aus wichtigem Grund gekündigt werden kann, wenn dem einen oder anderen nach der Trennung eine weitere Zusammenarbeit nicht mehr zumutbar ist[206].

---

202 *OLG Bamberg* FamRZ 91, 1058; 92, 439.
203 *BGH* FamRZ 66, 442; ferner *OLG Düsseldorf* FamRZ 97, 562: Zahlung auf Sparkonto des anderen.
204 *BGH* NJW 89, 1920: Stellung von Grundschulden; *OLG Hamm* FamRZ 92, 437; aber auch *BGH* FamRZ 87, 568: Bürgschaft eines Ehegatten gegenüber Verwandten des anderen Ehegatten für dessen Schulden.
205 *BGH* NJW 89, 1920.
205a BGH FamRZ 2001, 23.
206 *BAG* NJW 96, 1299.

7. Ehegatteninnengesellschaft

233   Die Ehegatteninnengesellschaft (RN 65) wird durch die endgültige Trennung der Ehegatten zwar nicht automatisch aufgelöst, kann aber, da auf unbestimmte Zeit vereinbart, jederzeit gekündigt werden (§ 723 I 1). Die Kündigung wird stillschweigend dadurch erklärt, dass der eine Ehegatte seine Mitarbeit im Unternehmen des anderen mit der Trennung einstellt[207]. **Die durch Kündigung aufgelöste Innengesellschaft ist auseinanderzusetzen, freilich nicht dinglich nach §§ 730 ff., sondern nur schuldrechtlich**, denn mangels eines gemeinschaftlichen Vermögens, kann dieses auch nicht versilbert werden, um daraus die Gesellschaftsschulden zu tilgen und die Einlagen zurückzuerstatten (§ 733 I, II). Statt dessen hat der stille Gesellschafter gegen den Unternehmer und Vermögensinhaber nur einen **Anspruch auf Abrechnung der stillen Gesellschaft und Auszahlung eines etwaigen Auseinandersetzungsguthabens**[208]. Oder der stille Gesellschafter ist, soweit vereinbart, am Verlust des Unternehmens zu beteiligen. Dies alles gilt auch für die Ehegatteninnengesellschaft[209].

Da die stillschweigend vereinbarte Ehegatteninnengesellschaft ohnehin eine nachträgliche juristische Konstruktion ist, um denjenigen Ehegatten, der im Unternehmen des anderen über die eheliche Lebensgemeinschaft hinaus mitarbeitet, nach dem Scheitern der Ehe am Ergebnis des Unternehmens zu beteiligen (RN 65), reduziert sie sich letztlich auf einen Anspruch des stillen Gesellschafters auf Auszahlung seines Auseinandersetzungsguthabens oder, wenn das Unternehmen Verluste macht, auf einen Anspruch des Unternehmers auf Verlustbeteiligung.

8. Bruchteilsgemeinschaft

8.1 Neue Gebrauchsregelung

234   Verlässt ein Ehegatte das gemeinschaftliche Eigenheim, um sich vom anderen auf Dauer zu trennen, wird oft eine neue Regelung der Verwaltung und Benutzung des Miteigentums nötig[210]. Zwar darf nach § 743 II jeder Ehegatte die ganze Wohnung auch allein gebrauchen, solange er den Mitgebrauch des anderen nicht behindert; aber daran wird es nach endgültiger Trennung oft fehlen. Auch sind getrenntlebende Ehegatten zu einer vernünftigen Gebrauchsvereinbarung, die der gesetzlichen Regelung stets vorgeht, nicht immer bereit. Dann bleibt nur noch der gesetzliche **Anspruch auf Neuregelung nach § 745 II**. Nach dieser Vorschrift darf jeder Teilhaber vom anderen eine Verwaltung und Benutzung verlangen, die dem Interesse aller nach billigem Ermessen entspricht. Das gilt auch für Ehegatten, wenn die bisherige Benutzung der Ehewohnung durch die endgültige Trennung unerträglich geworden ist[211]. Der eine Ehegatte verklagt den anderen auf Zustimmung zu einer bestimmten Verwaltung und Benutzung des gemeinschaftlichen Ei-

---

207 *BGH* 47, 157: Ehefrau verlässt Ehemann, der Gaststätte allein weiterführt.
208 *BGH* NJW 82, 99; 83, 2375; 86, 51; 90, 573; FamRZ 99, 1580.
209 *BGH* 31, 197; 46, 157; NJW 74, 2278; FamRZ 75, 35; 99, 1580.
210 Dazu *Graba* NJW 87, 1725.
211 *BGH* NJW 82, 1753; FamRZ 97, 731.

gentums[212] oder auf Zahlung eines Nutzungsentgelts, wenn dies billigem Ermessen entspricht[213].

Der Anspruch auf Neuregelung aus § 745 II entsteht nicht schon mit der Trennung, auch nicht erst mit Klageerhebung, sondern **mit dem ersten Verlangen** nach einer Neuregelung[214]. Es ist Sache des Anspruchstellers, die richtige Benutzungsart geltendzumachen, denn das Gericht entscheidet nur über den Klageantrag, nicht auch über andere Benutzungsarten[215].

8.2 Möglichkeiten einer neuen Gebrauchsregelung

Folgende Möglichkeiten bieten sich an: **235**

erstens die **Übernahme aller Hauslasten** durch den Ehegatten, der in der Wohnung geblieben ist[216];

zweitens die **Zahlung eines Nutzungsentgelts** in Höhe des halben Mietwerts durch den Ehegatten, der die Ehewohnung noch nutzt, an den Ehegatten, der ausgezogen ist[217];

drittens die **Verrechnung mit dem Trennungsunterhalt**: Die Zins- und Tilgungsleistungen des unterhaltspflichtigen Ehegatten werden von seinem Einkommen abgezogen und verringern so den Trennungsunterhalt des anderen Ehegatten[218]. Diese Lösung hat den Vorteil, dass sie eine Klage auf Nutzungsentschädigung vermeidet, denn der Trennungsunterhalt würde sich auch dadurch verringern, dass die Nutzungsentschädigung die Bedürftigkeit des unterhaltsberechtigten Ehegatten mindert[219]. Keinesfalls darf der unterhaltspflichtige den unterhaltsberechtigten Ehegatten auf die Nutzungsentschädigung verweisen, statt Unterhalt zu zahlen[220]. Auf der anderen Seite deckt der Wohnvorteil des unterhaltsberechtigten Ehegatten, der in der Ehewohnung geblieben ist, jedenfalls seinen Wohnbedarf[221].

---

212 *BGH* 34, 367; NJW 82, 1753.
213 *BGH* NJW 82, 1753.
214 *BGH* 87, 265; NJW 82, 1753.
215 *BGH* FamRZ 94, 98.
216 *BGH* 87, 265: Kriterien sind Mietwert, Lasten und Kosten der Wohnung nach § 748; NJW 86, 1339; FamRZ 97, 731; *OLG Oldenburg* FamRZ 91, 1057; *OLG Köln* FamRZ 92, 832; 99, 1272; aber auch *OLG Hamm* FamRZ 96, 1476: unbillig, wenn Alleinbenutzung aufgedrängt.
217 *BGH* NJW 74, 364; 82, 1753; 86, 1339; 94, 1721: Kostenmiete; FamRZ 97, 731; *OLG Düsseldorf* NJW-RR 89, 1483; FamRZ 99, 1271; *OLG München* FamRZ 99, 1270.
218 *BGH* NJW 86, 1339; 86, 1340; FamRZ 94, 1100; 97, 731; *OLG Köln* FamRZ 92, 832: Teilverrechnung der Vorteile und Lasten mit Unterhalt und Teilausgleich nach §§ 748, 426; ferner *BGH* FamRZ 97, 485: Unterhaltsvergleich: Schuldner überlässt Gläubiger Wohnhaus zur alleinigen kostenlosen Nutzung und veräußert dann sein Miteigentum: § 280.
219 *BGH* NJW 86, 1339; 86, 1340; FamRZ 94, 1100.
220 *BGH* NJW 86, 1340.
221 *OLG Düsseldorf* FamRZ 87, 705: aber nicht gleichzeitig Anrechnung Wohnvorteil und Verpflichtung zur Nutzungsentschädigung.

8.3 Teilungsversteigerung

236 Letztlich müssen viele Ehepaare ihr Eigenheim veräußern, weil sie nach dem Scheitern der Ehe die Hauslasten nicht mehr verkraften. Können sie sich über einen freihändigen Verkauf nicht einigen, bleibt nur noch die Teilungsversteigerung nach § 753 und § 180 ZVG. Jeder Ehegatte darf sie beantragen, und gegen den Versteigerungsantrag hilft kein Zurückbehaltungsrecht, sondern nur noch der Einwand des Rechtsmissbrauchs aus § 242[222] oder der Einwand aus § 1365 (RN 108).

9. Schenkung und ehebedingte Zuwendung unter Ehegatten

9.1 Schenkung

237 Das Gesetz hindert die Ehegatten nicht, einander zu beschenken[223] und das Geschenk, wenn die Ehe scheitert, nach § 528 wegen Eigenbedarfs[224] oder nach §§ 530, 531 wegen groben Undanks zurückzufordern[225]. Daneben sind auch Ansprüche aus § 242 wegen Wegfalls der Geschäftsgrundlage möglich, soweit der Fall außerhalb des Anwendungsbereichs der §§ 528, 530, 531 liegt; der Fortbestand der ehelichen Lebensgemeinschaft ist in der Regel aber nur Geschäftsgrundlage der ehebedingte Zuwendung, nicht der Schenkung[226].

238 **Nach Meinung des BGH freilich sind Zuwendungen unter Ehegatten in der Regel keine Schenkungen, sondern „ehebedingte" Zuwendungen.** Nach § 516 erfordere die Schenkung eine vertragliche Einigung über die Unentgeltlichkeit der Zuwendung. Der Ehegatte wolle mit seiner Zuwendung den anderen aber in aller Regel nicht unentgeltlich bereichern, sondern die eheliche Lebensgemeinschaft verwirklichen oder sichern; dies aber sei ein **anderer Rechtsgrund.** Die – stillschweigende – Vereinbarung der Ehegatten sei deshalb kein Schenkungsvertrag, sondern ein **entgeltlicher familienrechtlicher Vertrag besonderer Art**[227].

Diese freie Erfindung des BGH ist aus zwei Gründen problematisch: Erstens wird sie außerhalb des Schuld- und Familienrechts nicht anerkannt, sondern im Erbrecht wie im Steuerrecht als das genommen, was sie ist: eine unentgeltliche Zuwendung[228]. Zweitens sprengt sie den aus dem römischen Recht überlieferten numerus clausus der schuldrechtlichen Rechtsgründe einer Leistung und erschafft einen neuen familienrechtlichen Rechtsgrund der ehelichen Lebensgemeinschaft[229]. So fragwürdig die „ehebedingte Zu-

---

222 *BGH* 63, 348; 68, 299; OLG München FamRZ 89, 890; zur Erlösverteilung: *BGH* FamRZ 90, 975; 92, 43.
223 *BGH* 87, 145; FamRZ 90, 600; NJW 92, 2566: gemischte Schenkung.
224 Dazu *BGH* 94, 141; 96, 380; 106, 354; NJW 86, 1926; 91, 1824.
225 Dazu *BGH* 30, 120; 35, 103; 87, 145; 112, 259; NJW 81, 111; 93, 1577; FamRZ 85, 351 u. 99, 1421: ehewidrige Beziehungen; *OLG Düsseldorf* FamRZ 99, 438.
226 *BGH* FamRZ 90, 600.
227 *BGH* 84, 361; 87, 145; 115, 132; 116, 178; NJW 89, 1986; 92, 238; 93, 385: JPR; 94, 2545; 2546; FamRZ 90, 600; 92, 293; 97, 933; *OLG Bamberg* FamRZ 96, 1221; ferner *Kollhosser* NJW 94, 2313; *Seif* FamRZ 2000, 1193.
228 *BGH* 116, 167; BFH NJW 94, 887.
229 *BGH* NJW 89, 1986.

wendung" aber auch sein mag, sie hat sich durchgesetzt und bereichert die Praxis um eine Fülle streitiger Fälle[230]. Die Folge ist: Wenn Ehegatten sich nach §§ 516 ff. beschenken wollen, müssen sie dies ausdrücklich vereinbaren, das Schenkungsversprechen vor dem Notar (§ 518), die Handschenkung möglichst schriftlich, andernfalls wird man ihnen im Prozess eine „ehebedingte Zuwendung" unterstellen[231].

9.2 Ehebedingte Zuwendung: Begriff und Rechtsgrund

Der BGH definiert die ehebedingte Zuwendung als einen **familienrechtlichen Vertrag besonderer Art, durch den ein Ehegatte dem anderen um der ehelichen Lebensgemeinschaft willen etwas zuwendet**[232]. Rechtsgrund (causa) dieser Zuwendung ist nicht die unentgeltliche Bereicherung des Empfängers, sondern die Herstellung oder Sicherung der ehelichen Lebensgemeinschaft. Wie bei der Schenkung versteht man unter einer Zuwendung auch hier nur die **Übertragung eines Vermögensgegenstandes**, ob Sache oder Recht, sowie abstraktes Schuldversprechen[233], Schulderlass[234] und Schuldbefreiung. Keine Zuwendungen in diesem Sinne sind die Überlassung des Besitzes[235] sowie die Arbeits-, Dienst- oder Werkleistung[236]. Letztlich ist diese Unterscheidung aber rechtlich bedeutungslos, weil auch die Arbeit, die ein Ehegatte für den anderen Ehegatten leistet, ihren Rechtsgrund angeblich in einem stillschweigend geschlossenen familienrechtlichen Vertrag findet[237].

239

Beispiele

> **Beispiele für ehebedingte Zuwendungen**
>
> (1) Die Eheleute erwerben zu hälftigem Miteigentum einen Bauplatz und bauen darauf mit dem Geld des Ehemannes ein Familienwohnheim (*BGH* NJW 89, 1986; *OLG Bamberg* FamRZ 95, 234).
>
> (2) Der eine Ehegatte investiert Geld und Arbeit in den Hausbau auf dem Grundstück des anderen (*BGH* 84, 361; 115, 261).
>
> (3) Der Ehemann überträgt der Ehefrau seinen Miteigentumsanteil (*BGH* FamRZ 92, 239), oder die Ehefrau übereignet dem Ehemann hälftiges Miteigentum am Baugrundstück (*OLG Bamberg* FamRZ 96, 1221).
>
> (4) Der Ehemann zahlt auf Bausparverträge der Ehefrau 34 000,– DM ein (*BGH* FamRZ 89, 147).
>
> (5) Die bloße Arbeitsleistung auf dem Grundstück des anderen ist zwar noch keine Zuwendung, wird aber genauso behandelt (*BGH* 84, 361; NJW 94, 2545; FamRZ 99, 1580).
>
> (6) Der Ehemann, ein selbständiger Unternehmer, überträgt der Ehefrau sein Grundvermögen, damit es für die Betriebsschulden nicht hafte (*BGH* NJW 92, 238; FamRZ 90, 600).

---

230 Dazu *Heinle* FamRZ 92, 1256.
231 *BGH* 116, 178: Gütergemeinschaft zwischen Arm und Reich nur dann Schenkung, wenn klar und deutlich vereinbart.
232 *BGH* 115, 132; 116, 178; NJW 89, 1986; 92, 238; 94, 2545; FamRZ 97, 933.
233 *BGH* NJW 80, 1158.
234 OLG Stuttgart NJW 87, 782; ferner *BGH* FamRZ 97, 933: Ausschluss Zugewinnausgleich durch Gütertrennung.
235 *BGH* 82, 354: Leihe.
236 *BGH* 84, 361; NJW 94, 2545: Arbeitsleistung.
237 *BGH* 84, 361; NJW 94, 2545; FamRZ 99, 1580.

(7) Der eine Ehegatte überträgt dem anderen zwecks Altersversorgung ein Wertpapierdepot (*BGH* FamRZ 94, 503).

(8) Die Ehegatten vereinbaren während der Ehe Gütergemeinschaft (*BGH* 116, 178) oder Gütertrennung (BGH FamRZ 97, 933), wodurch der eine seinen Anspruch auf Zugewinnausgleich verliert.

9.3 Wegfall der Geschäftsgrundlage für ehebedingte Zuwendung

240 Scheitert die Ehe, verliert die ehebedingte Zuwendung nicht ihren Rechtsgrund, sondern ihre Geschäftsgrundlage. Die Zuwendung ist deshalb nicht als ungerechtfertigte Bereicherung zurückzugeben[238], sondern lediglich wegen Wegfalls der Geschäftsgrundlage nach § 242 abzuwickeln; § 242 aber begründet in der Regel keinen Anspruch auf Rückgabe der Zuwendung, sondern nur auf Anpassung an die neue Situation und bestenfalls auf einen Ausgleich in Geld[239].

Im gesetzlichen Güterstand der Zugewinngemeinschaft bekommt der Ehegatte, der die Zuwendung gemacht hat, in aller Regel nicht einmal einen Ausgleich in Geld, denn die speziellen Vorschriften der §§ 1372 ff. über den Zugewinnausgleich verdrängen den allgemeinen Ausgleichsanspruch aus § 242. Die Folge ist: **Die ehebedingte Zuwendung wird in aller Regel nur güterrechtlich ausgeglichen**[240]. Dies ist denn auch der einzige Sinn und Zweck dieser rechtlichen Konstruktion. Dafür spricht: Die Zuwendung erhöht, falls am Endstichtag noch vorhanden, das Endvermögen des Empfängers, nicht auch das Anfangsvermögen, da § 1374 II auf Zuwendungen unter Ehegatten nicht anwendbar ist[241].

241 **Ein Anspruch aus § 242 auf Ausgleich der ehebedingten Zuwendung entsteht nur dann und nur insoweit, als das Ergebnis des Zugewinnausgleichs für den Zuwendenden nach Treu und Glauben schlechthin unerträglich ist**[242]. Rechtsfolge ist nicht ein Anspruch auf Rückgabe der Zuwendung, sondern nur ein **Anspruch auf einen billigen Ausgleich in Geld**[243].

Anspruchsvoraussetzungen sind: Der eine Ehegatte macht dem anderen während der Ehe um der ehelichen Lebensgemeinschaft willen eine Zuwendung, die Ehe scheitert endgültig und der Zugewinnausgleich ist für den Zuwendenden aus besonderem Grunde völlig unangemessen. **Die Beweislast hat der Anspruchsteller**[244]. Solange der zuwendende Ehegatte einen Zugewinnausgleich in Höhe des halben Wertes seiner Zuwendung bekommt, darf er sich nie beklagen. Aber selbst ein geringerer oder gar kein Anspruch

---

238 *BGH* 65, 321; 82, 227; 84, 361; 115, 261; aber auch *BGH* FamRZ 84, 503: Zweckverfehlung nach § 812 I 2.
239 *BGH* 115, 132; 84, 361: keine ergänzende Auslegung; FamRZ 97, 933.
240 *BGH* 82, 227; 115, 132; FamRZ 89, 147; 97, 933.
241 *BGH* 115, 132.
242 *BGH* 115, 132; FamRZ 92, 293; *OLG Stuttgart* FamRZ 94, 1326; *OLG München* FamRZ 99 1663; *OLG Bremen* FamRZ 2000, 671.
243 *BGH* 115, 132; NJW 89, 1986; FamRZ 97, 933.
244 *BGH* 115, 132; *OLG Stuttgart* FamRZ 94, 1326.

auf Zugewinnausgleich macht das Ergebnis für sich allein noch nicht unerträglich; dazu ist mehr erforderlich, etwa ein Notbedarf des Zuwendenden im Sinne des § 528[245].

Besser fährt der zuwendende Ehegatte dann, wenn er seine **Zuwendung schon vor der Heirat** als Verlobter gemacht hat, denn dadurch fällt sie vielleicht schon in das Anfangsvermögen des Empfängers und verhindert so einen erträglichen Ausgleich[246]. **242**

Einen Ausgleichsanspruch hat der BGH auch in dem besonderen Fall bejaht, in dem der eine Ehegatte dem anderen **kurz nach der Heirat** „auf der Grundlage des Fortbestands der vom Versorgungsgedanken geprägten Altersehe ohne gemeinsamen Haushalt" ein Wertpapierdepot übertragen hat[247].

Bessere Erfolgsaussichten hat der zuwendende Ehegatte schließlich im Güterstand der **Gütertrennung**, der keinerlei Vermögensauseinandersetzung kennt. Aber selbst hier ist nicht jede ehebedingte Zuwendung unbesehen zurückzugeben oder in Geld auszugleichen. Die Rechtsprechung gibt zu bedenken, dass die Ehe auch hier eine Schicksals- und Risikogemeinschaft ist, die eine angemessene Beteiligung des Zuwendungsempfängers am gemeinsam erarbeiteten Vermögen rechtfertigt und insoweit einen Ausgleichsanspruch ausschließt, so dass alles von den besonderen Umständen abhängt: von der Ehedauer, dem Alter bei der Scheidung, der Aufgabenverteilung in der Ehe und dem Umfang der Vermögensmehrung[248]. Letztlich stellt sich die Frage, ob dem Zuwender nach § 242 zugemutet werden kann, es bei der Zuwendung zu belassen[249].

> Wenn der alleinverdienende Ehemann nach Vereinbarung der Gütertrennung und Ausschluss des Versorgungsausgleichs auch den Miteigentumsanteil der Ehefrau am Baugrundstück mitfinanziert, während die Ehefrau den Haushalt führt und die Kinder betreut, ist dies vielleicht nur eine angemessene Beteiligung der Ehefrau am gemeinsam erwirtschafteten Vermögenszuwachs (*OLG Bamberg* FamRZ 95, 234). **Beispiel**

Leistet ein Ehegatte für das Unternehmen, die Praxis oder den Hausbau des anderen in größerem Umfang Arbeit, wird diese zwar nicht vergütet, wenn die Ehe scheitert, ist auch keine ehebedingte Zuwendung (RN 239), kann aber genauso wegen Wegfalls der Geschäftsgrundlage des familienrechtlichen Vertrags einen **Ausgleichsanspruch** begründen, **vorausgesetzt, die Arbeitsleistung hat das Vermögen des anderen nachhaltig vermehrt**[250]. Auch das ist ein reiner **Billigkeitsanspruch**, dessen Höhe von den besonderen Umständen abhängt[251]. **243**

---

245 *BGH* 115, 132; dazu *Tiedtke* JZ 92, 334.
246 *BGH* 115, 261; ferner NJW 83, 2933.
247 *BGH* FamRZ 94, 503.
248 *BGH* 84, 361; FamRZ 88, 482; 89, 599; 90, 377, 855; NJW 94, 2545; 89, 1986: Beweislast hat Anspruchsteller; *OLG Düsseldorf* FamRZ 91, 945; 95, 1146, 1148; *OLG Celle* FamRZ 91, 948; *OLG Bamberg* FamRZ 95, 234.
249 *BGH* FamRZ 97, 933.
250 *BGH* NJW 94, 2545, 2546: Gütertrennung.
251 *BGH* NJW 94, 2545.

Beispiel

> Obwohl die Ehefrau den Haushalt führt und 3 Kinder versorgt, arbeitet sie auch noch jahrelang voll in der Baumschule des Ehemanns mit. Da Gütertrennung vereinbart ist, hat die Ehefrau nach dem Scheitern der Ehe keinen güterrechtlichen Anteil am gemeinsam erwirtschafteten Vermögen. Statt dessen gebührt ihr ein **billiger Ausgleich in Geld aus § 242** (*BGH* NJW 94, 2545).

Der Anspruch aus § 242 auf Ausgleich einer ehebedingten Zuwendung oder Arbeitsleistung **verjährt** normal nach § 195 in 30 Jahren[252].

Er ist **keine Familiensache**, sondern eine gewöhnliche Zivilsache, die je nach Streitwert vor das Landgericht oder die allgemeine Zivilabteilung des Amtsgerichts gehört[253].

Wie eine ehebedingte Zuwendung behandelt die Rechtsprechung auch **Zuwendungen der Eltern/Schwiegereltern** an die Eheleute zur wirtschaftlichen Sicherung der Ehe[254].

---

252 *BGH* NJW 94, 1153; FamRZ 94, 228: § 1378 IV 1 nicht entsprechend anwendbar.
253 *BGH* 115, 132.
254 *BGH* 129, 259; FamRZ 98, 669; 99, 353.

5. Teil
Die Ehescheidung

1. Kapitel
Gesetzliche Systematik

1. Gestaltungsrecht und Beweislast

Nach § 1564 S. 1 kann die Ehe nur durch gerichtliches Urteil auf Antrag eines oder bei- **244** der Ehegatten geschieden werden; das deutsche Recht erlaubt keine Privatscheidung. Das Recht auf Scheidung ist kein Anspruch, sondern ein **Gestaltungsrecht**, das anders als Kündigung und Rücktritt vom Vertrag nicht durch eine schlichte Willenserklärung, sondern nur durch Scheidungsantrag und rechtskräftiges Scheidungsurteil durchgesetzt werden kann. Mit Rechtskraft des Scheidungsurteils ist die Ehe aufgelöst (§ 1564 S. 2); das ist die Rechtsfolge der Scheidung. Ihre Voraussetzungen sind in §§ 1565-1567 beschrieben, während die Härteklauseln des § 1568 die Scheidung ausnahmsweise ausschließen.

Danach richtet sich die **Beweislast**: Die Voraussetzungen der Scheidung muss der Antragsteller, die Einwendungen gegen die Scheidung muß der Antragsgegner beweisen. Die Amtsermittlung des Scheidungsgerichts nach § 616 I ZPO ändert daran nichts. Sie nimmt den Parteien nur die Beweisführungslast ab, nicht auch die Beweislast und ist nach § 616 II ZPO überdies auf ehefreundliche Tatsachen beschränkt, wenn der Antragsteller weiterer Amtsermittlung widerspricht.

2. Ein Scheidungsgrund und vier Scheidungstatbestände

Die Art und Weise, wie das Gesetz in den §§ 1565-1567 die Scheidungsvoraussetzungen **245** regelt, ist dem Leser keine große Verständnishilfe. Nach § 1565 I 1 kann die Ehe geschieden werden, wenn sie gescheitert ist. **Scheidungsgrund** ist heute nicht mehr die schuldhafte Eheverfehlung, sondern nur noch das **Scheitern der Ehe** (Zerrüttungsgrundsatz). Der Gesetzeswortlaut erweckt nun den Anschein, als ob jede gescheiterte Ehe sofort geschieden werden könne. Aber der Schein trügt. Weder begründet schon das Scheitern der Ehe ein Recht auf sofortige Scheidung (§ 1565 II), noch erfordert jede Scheidung den Nachweis, die Ehe sei gescheitert (§ 1566). Denn man muss § 1565 I 1 zusammen mit §§ 1565 II, 1566 lesen[1].

Danach gibt es nicht weniger als **vier Scheidungstatbestände**: erstens das Scheitern der Ehe nach einjährigem Getrenntleben (§ 1565 I, II); zweitens das Scheitern der Ehe nebst Umständen in der Person des Antragsgegners, die dem Antragsteller das Abwarten des Trennungsjahres unzumutbar machen (§ 1565 II); drittens das Einverständnis des An-

---

1 *BGH* NJW 89, 1988.

tragsgegners mit der Scheidung nach einjährigem Getrenntleben (§ 1566 I); viertens das dreijährige Getrenntleben (§ 1566 II).

Wenn **§ 1566** in beiden Absätzen das **Scheitern der Ehe unwiderlegbar vermutet**, bedeutet dies rechtlich: Weder muss der Antragsteller das Scheitern der Ehe beweisen, noch kann der Antragsgegner einwenden, die Ehe sei noch nicht gescheitert. Das Scheitern der Ehe ist hier trotz § 1565 I 1 keine Scheidungsvoraussetzung mehr. Es genügt, dass die Ehegatten entweder nach einjährigem Getrenntleben einständlich die Scheidung wollen oder schon drei Jahre lang getrennt leben.

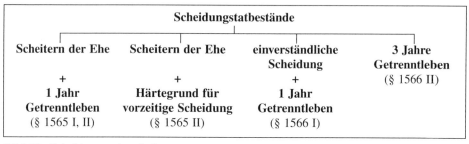

Bild 10: Scheidungstatbestände

2. Kapitel
Rechtsfolgen der Scheidung

246 Die Ehe wird durch Urteil des Familiengerichts geschieden. **Mit Rechtskraft des Scheidungsurteils ist sie aufgelöst** (§ 1564 S. 2). Auflösung bedeutet Beendigung für die Zukunft (ex nunc). Sie hat ein ganzes Bündel von Rechtsfolgen, die man **Scheidungsfolgen** nennt:

Nach §§ 1569 ff. entsteht ein Anspruch auf Geschiedenenunterhalt (RN 261), nach §§ 1372 ff. ein Anspruch auf Zugewinnausgleich (RN 629). Nach § 1587 ff. ist die Altersversorgung auszugleichen (RN 779), nach den Vorschriften der Hausratsverordnung

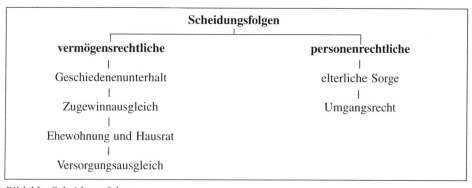

Bild 11: Scheidungsfolgen

sind Ehewohnung und Hausrat zu verteilen (RN 717). Nach § 1671 schließlich ist vielleicht die elterliche Sorge (RN 1151 ff.), nach § 1684 der Umgang des nichtsorgeberechtigten Ehegatten mit dem Kind zu regeln (RN 1179 ff.).

Alle diese Scheidungsfolgen lassen sich für den Fall der Scheidung bereits im Scheidungsverfahren verhandeln und entscheiden und sind dann **Folgesachen im Scheidungsverbund** nach § 623 ZPO (RN 1721).

3. Kapitel
Voraussetzungen der Scheidung

1. Normalfall der Scheidung

Nach § 1565 I 1 mit II ist die Ehe auf Antrag zu scheiden, wenn sie gescheitert ist und die Ehegatten schon ein Jahr lang getrennt leben. Das ist der gesetzliche Normalfall[2]. Die Beweislast trägt der Antragsteller[3].   **247**

1.1 Scheitern der Ehe

Nach § 1565 I 2 ist die Ehe gescheitert, wenn die eheliche Lebensgemeinschaft nicht mehr besteht und nicht erwartet werden kann, dass die Ehegatten sie wiederherstellen. Dies erfordert eine Analyse der gegenwärtigen Störung und eine Prognose der künftigen Versöhnungsaussichten[4].   **248**

Die eheliche Lebensgemeinschaft besteht nicht mehr, wenn auch nur ein Ehegatte sie aufgehoben hat und mit dem anderen nicht mehr zusammenleben will oder kann[5]. Auch die Lebensgemeinschaft mit einem geistig schwerbehinderten, pflegebedürftigen Ehegatten endet erst, wenn die eheliche Gesinnung des einen oder des anderen erlischt[6].

Unter ehelicher Lebensgemeinschaft versteht man die körperliche, geistige und seelische Verbindung der Ehegatten. Maßstab ist aber nicht ein festgefügtes Ehebild, sondern die persönliche Gestaltung der Ehegatten, solange sie die Mindestanforderungen des Rechts erfüllt[7]. Die eheliche Lebensgemeinschaft deckt sich nicht mit der häuslichen Gemeinschaft, sondern kann ohne häusliche Gemeinschaft bestehen und trotz häuslicher Gemeinschaft fehlen[8]. Die häusliche Trennung ist allenfalls ein Indiz für die Aufhebung der ehelichen Lebensgemeinschaft[9]. Weitere Indizien sind: Dauer der Trennung[10], Abbruch

---

2 *BGH* NJW 89, 1988.
3 *BGH* 128, 130: zu § 1565 I 2; *OLG Zweibrücken* FamRZ 89, 981; *OLG Köln* FamRZ 95, 1503.
4 *BGH* NJW 78, 1810.
5 *BGH* NJW 78, 1810; 79, 1042; 89, 1988; *OLG Zweibrücken* FamRZ 97, 1212.
6 *BGH* NJW 89, 1988.
7 *BGH* 128, 128: Vorstellungen der Ehegatten; sexuelle Treue nicht für jedermann wesentlich.
8 *BGH* NJW 81, 450.
9 *BGH* NJW 81, 450.
10 *BGH* 128, 130: aber keine tatsächliche Vermutung.

der sexuellen Beziehungen und des gegenseitigen Beistandes[11], eheliche Untreue und neue Partnerschaft[12], Trunksucht und grobe Beschimpfungen, Lieblosigkeit und schwere geistige Störung.

Die Wiederherstellung der ehelichen Lebensgemeinschaft kann dann nicht mehr erwartet werden, wenn **keinerlei Versöhnungsaussicht** besteht, weil der eine Ehegatte mit dem anderen nicht mehr zusammenleben kann oder will, mag der andere sich noch so fest an die Ehe klammern[13].

1.2 Ablauf des Trennungsjahres

249 Das Scheitern der Ehe allein rechtfertigt noch keine Scheidung. Die Ehegatten müssen außerdem schon ein Jahr lang getrennt leben. Dies steht zwar nicht in § 1565 I 1, folgt aber aus § 1565 II. Das Trennungsjahr soll übereilte Scheidungen verhindern. Den Zerstörer der Ehe soll es daran hindern, aus seiner Rechtsverletzung sofort Vorteil zu ziehen, und der verletzte Ehegatte soll Zeit haben, sich auf die neue Lage einzustellen[14].

1.3 Getrenntleben

Das Getrenntleben ist ein schwieriger Rechtsbegriff. Nach der gesetzlichen Definition des § 1567 I 1 leben Ehegatten erst dann getrennt, wenn zwischen ihnen keine häusliche Gemeinschaft mehr besteht und ein Ehegatte sie erkennbar nicht mehr herstellen will, weil er die eheliche Lebensgemeinschaft ablehnt.

Das Getrenntleben hat danach zwei Voraussetzungen: die häusliche Trennung und den erkennbaren Trennungswillen eines Ehegatten aus ehefeindlichem Motiv. Erst jetzt deutet die Trennung daraufhin, daß die Ehe gescheitert ist, während man diesen Schluss noch nicht ziehen kann, wenn die Ehegatten aus anderen Gründen (Beruf, Krankheit, Pflegebedürftigkeit, Haft) an verschiedenen Orten leben[15]. Tatsächlich kann man drei Erscheinungsformen des Getrenntlebens beobachten: den endgültigen Auszug eines Ehegatten aus der Ehewohnung, die Trennung innerhalb der Ehewohnung und die Trennung ohne vorherige häusliche Gemeinschaft.

Die Aufhebung der häuslichen Gemeinschaft durch **Auszug eines Ehegatten oder Aufgabe der Ehewohnung** ist ein objektiver Sachverhalt und deshalb leicht feststellbar[16]. Eine Lockerung der häuslichen Gemeinschaft genügt nicht.

Beispiel

> Der Ehemann zieht zur Freundin, behält aber ein Zimmer in der Ehewohnung, wo er gelegentlich übernachtet. Er bezahlt weiterhin die Wohnungsmiete und das Haushaltsgeld und läßt sich von der Ehefrau das Mittagessen kochen. Damit ist die häusliche Gemeinschaft noch nicht restlos aufgehoben (*RG* 163, 277).

---

11 *BGH* NJW 79, 1042.
12 *BGH* NJW 79, 1042; FamRZ 79, 422; *OLG Hamburg* FamRZ 85, 711.
13 *BGH* 128, 129; NJW 78, 1810; 79, 1042; *OLG Oldenburg* FamRZ 97, 1213.
14 *BGH* FamRZ 81, 127.
15 *BGH* NJW 89, 1988.
16 *BGH* 4, 279; 38, 266.

Die häusliche Trennung muss Ausdruck des **endgültigen Trennungswillen eines Ehegatten** sein und der Ehegatte muss diesen Trennungswillen deutlich äußern, etwa durch einen Scheidungsantrag[17] oder das Zusammenleben mit einem neuen Partner[18]. Die Äußerung des Trennungswillens ist aber keine Willenserklärung, erfordert deshalb keine Geschäftsfähigkeit und erlaubt keine Vertretung[19]. So wie die Trennung durch Äußerung des Trennungswillens beginnt, so endet sie durch das erneute Bekenntnis zur ehelichen Lebensgemeinschaft[20].

1.4 Getrenntleben innerhalb der Ehewohnung

Nach § 1567 I 2 können die Ehegatten auch innerhalb der Ehewohnung getrennt leben. **250** Diese Vorschrift ist nötig, weil viele Ehepartner sich keine zweite Wohnung leisten können, die Trennung aber für die Scheidung brauchen. Innerhalb der Ehewohnung leben Ehegatten aber nur dann getrennt, wenn sie die persönlichen Beziehungen weitgehend abbrechen und statt des gemeinsamen Haushalts zwei **getrennte Haushalte** führen[21]. Dies erfordert eine Aufteilung der Wohn- und Schlafräume sowie eine klare Absprache über die unvermeidliche Mitbenutzung von Küche, Bad und Nebenräumen[22]. Die häusliche Gemeinschaft ist allenfalls gelockert, aber noch nicht aufgehoben, solange die Ehegatten noch in einem Raum schlafen[23], für einander kochen oder miteinander essen[24]. Dagegen schadet die nötige Hilfe, die man dem kranken oder schwachen Ehegatten leistet, so wenig[25] wie die Fortsetzung der beruflichen Zusammenarbeit[26].

1.5 Sonderfälle

Die **berufsbedingte Trennung** wird erst dann zum Getrenntleben, wenn ein Ehegatte die **251** Fortsetzung der ehelichen Zusammenarbeit erkennbar ablehnt[27]. Das gleiche gilt, wenn ein Ehegatte sich im Pflegeheim oder in Haft befindet[28].

Den Ablauf des Trennungsjahres muss man künftig nicht mehr abwarten, wenn die Ehe nur geschlossen worden ist, um dem ausländischen Ehegatten die Aufenthaltserlaubnis zu verschaffen, und ein Zusammenleben nie gewollt war („**Scheinehe**"). Denn ab 1.7.1998 ist diese Ehe nach § 1314 II Nr. 5 aufhebbar[29].

---

17 *OLG Bamberg* FamRZ 81, 52; *OLG Hamburg* FamRZ 85, 711; *OLG Hamm* FamRZ 90, 166.
18 *OLG Hamburg* FamRZ 85, 711.
19 *BGH* NJW 89, 1988: geistig Schwerbehinderter im Pflegeheim; *OLG Hamm* FamRZ 90, 167.
20 *BGH* NJW 89, 1988.
21 *BGH* NJW 78, 1810; FamRZ 79, 469; *OLG Karlsruhe* FamRZ 80, 32; *OLG Köln* FamRZ 82, 807; *OLG Düsseldorf* FamRZ 82, 1014; *OLG Bremen* FamRZ 2000, 1417.
22 *BGH* NJW 78, 1810.
23 *BGH* FamRZ 79, 469; *OLG Hamm* FamRZ 99, 723.
24 *OLG* Karlsruhe FamRZ 78, 592; *RG* 163, 277.
25 *BGH* FamRZ 79, 469.
26 *OLG Stuttgart* FamRZ 92, 1435: auch nicht Haushaltsführung im Eigeninteresse, damit Ehewohnung nicht verwahrlose.
27 *OLG Hamm* FamRZ 78, 190.
28 *BGH* NJW 89, 1988; *OLG Bamberg* FamRZ 81, 52.
29 Überholt: *KG* NJW 82, 112; FamRZ 85, 73; 87, 486; *OLG Karlsruhe* FamRZ 86, 680.

1.6 Versöhnungsversuch

252 **Nach § 1567 II wird das Getrenntleben weder unterbrochen noch gehemmt, wenn die Eheleute zwecks Versöhnung kürzere Zeit[30] zusammenleben und der Versöhnungsversuch scheitert[31].** Gegen den Wortlaut des Gesetzes, der nur auf § 1566 verweist, gilt dies auch für die Scheidung nach § 1565, denn § 1567 II soll nicht die Scheidung, sondern die Versöhnung erleichtern[32].

Wo der **Versöhnungsversuch** hingegen **gelingt** und die Eheleute die eheliche Lebensgemeinschaft auch nur kurze Zeit wieder aufnehmen, da **endet die Trennung**, so dass die abgelaufene Trennungszeit verfällt[33].

2. Vorzeitige Scheidung

253 Vor Ablauf des Trennungsjahres kann die gescheiterte Ehe nur geschieden werden, wenn ihre Fortsetzung für den Antragsteller aus Gründen in der Person des Antragsgegners unzumutbar hart wäre. Das ist eine **Ausnahme von der Regel des § 1565 I**[34]. Sie hat zwei Voraussetzungen: das Scheitern der Ehe (RN 248) und Gründe für eine unzumutbare Härte. Beides muss der Antragsteller beweisen. Beantragen beide Ehegatten die vorzeitige Scheidung, muss jeder Härtegründe in der Person des anderen beweisen, wenn sein Antrag Erfolg haben soll[35].

Unzumutbar hart muss nicht schon das weitere Zusammenleben sein, sondern die **Fortsetzung** der – geschiedenen – Ehe, also **der rechtlichen Bindung an die Rechtsform der Ehe**[36]. Und die Härtegründe müssen in der Person des Antragsgegners liegen. In Betracht kommen vor allem schwerste Eheverfehlungen[37].

Beispiele

Mißhandlungen, grobe Beleidigungen und **Trunksucht** (*BGH* NJW 81, 449; *OLG Düsseldorf* FamRZ 77, 804; *OLG Bamberg* FamRZ 80, 577);

wiederholte **vorsätzliche Gefährdung im Verkehr** (*OLG Stuttgart* FamRZ 88, 1276);

ehebrecherisches Verhältnis in Ehewohnung (*OLG Köln* FamRZ 99, 723);

die **Ehefrau geht auf den Strich** (*OLG Bremen* FamRZ 96, 489);

nach Entdeckung seines Ehebruchs verlangt der Ehemann von der Ehefrau in erniedrigender Weise Geschlechtsverkehr zu dritt (*OLG Köln* FamRZ 96, 108);

---

30 Bis ca. 3 Monate: *OLG Zweibrücken* FamRZ 81, 146; *OLG Köln* FamRZ 82, 1015; *OLG Hamm* NJW-RR 86, 554; *OLG Düsseldorf* FamRZ 95, 96.

31 *OLG München* FamRZ 90, 885.

32 Redaktionsversehen: *OLG Celle* FamRZ 79, 234; *OLG Köln* FamRZ 79, 236; *OLG München* FamRZ 90, 885.

33 *OLG Hamm* NJW-RR 86, 554; *OLG München* FamRZ 90, 885: vierzehntägiges Zusammenleben; Beweislast für Versöhnung hat Antragsgegner; *OLG Zweibrücken* FamRZ 97, 1212: Beweislast.

34 *BGH* NJW 81, 449.

35 *OLG Hamm* FamRZ 78, 28; *KG* FamRZ 78, 34.

36 *BGH* NJW 81, 450; *OLG Brandenburg* FamRZ 95, 807; *OLG Köln* FamRZ 96, 108.

37 *BGH* NJW 81, 449; *OLG Karlsruhe* FamRZ 78, 592; *OLG Düsseldorf* FamRZ 86, 998; *OLG Düsseldorf*, Branschweig u. *KG* FamRZ 2000, 286-288.

Ehefrau erwartet Ehebruchskind und Ehemann benötigt schnelle Scheidung, um Vaterschaftsvermutung nach § 1599 II 1 auszuschließen (*OLG Karlsruhe* FamRZ 2000, 1417).

eheähnliches Zusammenleben mit einem neuen Partner unter Umständen, die den anderen Ehegatten herabwürdigen (*OLG Karlsruhe* FamRZ 92, 1305: in Ehewohnung unmittelbar nach Auszug des anderen Ehegatten; *OLG Oldenburg* FamRZ 92, 682: Ehefrau lebt mit Bruder des Ehemanns zusammen; OLG Köln FamRZ 91, 822; zu großzügig *OLG Köln* FamRZ 92, 319: Mann nimmt neue Partnerin in Ehewohnung auf, während Frau im Krankenhaus liegt).

Freilich genügt **nicht schon jede neue Partnerschaft**, da nicht jeder Scheidungsgrund auch eine unzumutbare Härte bedeutet (*OLG Köln* FamRZ 92, 319; FamRZ 97, 24: nicht schon homosexuelles Zusammenleben; *OLG Stuttgart* FamRZ 99, 722: beide haben neue Partner u. Frau erwartet Kind).

Andererseits ist § 1565 II nicht schon deshalb ausgeschlossen, weil sich auch der Antragsteller einem neuen Partner zugewandt hat (*OLG Karlsruhe* FamRZ 88, 482; *OLG Düsseldorf* FamRZ 92, 319).

3. Einverständliche Scheidung

Nach § 1566 I ist die Ehe zu scheiden, wenn die Ehegatten bereits **ein Jahr lang getrennt leben** (RN 249) und entweder beide die Scheidung beantragen oder der Antragsgegner ihr wenigstens zustimmt. § 1566 I formuliert einen selbständigen Scheidungstatbestand. Indem er das **Scheitern der Ehe unwiderlegbar vermutet**, verzichtet er auf dessen Nachweis und schließt gleichzeitig den Beweis des Gegenteils aus, denn das ist die Rechtsfolge der unwiderlegbaren gesetzlichen Vermutung. § 1566 I ersetzt aber nur das Scheitern der Ehe, nicht auch die einjährige Trennung[38]. — **254**

Zusätzlich verlangt das Gesetz eine **einverständliche Scheidung nach § 630 ZPO** (RN 1402), denn diese Vorschrift regelt nicht nur die Zulässigkeit des Verfahrens, sondern auch das materielle Recht auf Scheidung. Der Antragsgegner braucht für seine Zustimmung zur Scheidung[39] keinen Anwalt (§§ 78 III, 630 II 2 ZPO), kann sie freilich bis zum Schluss der mündlichen Verhandlung widerrufen (§ 630 II 1 ZPO).

Ehegatten, die sich über die Scheidung einig sind, müssen aber nicht die einverständliche Scheidung nach § 1566 I betreiben, sondern dürfen sich auch nach § 1565 oder § 1566 II scheiden lassen[40].

---

38 *BGH* NJW 80, 398.
39 *BGH* 111, 329; 128, 135: Prozesshandlung; *OLG Zweibrücken* FamRZ 90, 59: ungenügend Erklärung, der Scheidung nicht entgegenzutreten.
40 *OLG Köln* NJW 78, 25; FamRZ 79, 236; *OLG Frankfurt* FamRZ 82, 809.

4. Erleichterte Scheidung

Nach § 1566 II ist die Ehe schon dann zu scheiden, wenn die Ehegatten drei Jahre lang getrennt leben, denn dies begründet die **unwiderlegbare Vermutung, die Ehe sei gescheitert**. Weder muss der Antragsteller das Scheitern der Ehe nachweisen, noch darf der Antragsgegner das Gegenteil beweisen[41].

4. Kapitel
Ausschluß der Scheidung durch Härtegründe

1. Beweislast

255 § 1568 schließt die Scheidung einer gescheiterten Ehe aus zwei Gründen aus: erstens wenn das Kindeswohl die Fortsetzung der Ehe verlangt (Kinderschutzklausel), zweitens, wenn die Scheidung den Antragsgegner unzumutbar hart träfe (Härteklausel). Dass dies seltene Ausnahmen sein sollen[42], betont § 1568 doppelt: Die Scheidung ist **nur „ausnahmsweise" und nur aus „besonderen" oder „außergewöhnlichen" Gründen** ausgeschlossen. Die gewöhnlichen Belastungen durch die Scheidung muss man stets, die außergewöhnlichen in der Regel hinnehmen. § 1568 formuliert keine negativen Scheidungsvoraussetzungen, die der Antragsteller beweisen müsste, sondern begründet **Einwendungen gegen das Scheidungsrecht**, die der Antragsgegner beweisen muss[43].

2. Kinderschutz

256 Die Ehe darf dann nicht geschieden werden, wenn und soweit ihre Fortsetzung im Interesse der gemeinsamen minderjährigen Kinder aus besonderen Gründen ausnahmsweise notwendig ist. Das ist nur dann der Fall, wenn das Kind nicht schon durch Streit und Trennung der Eltern, sondern erst durch deren Scheidung körperlich, seelisch oder wirtschaftlich besonders belastet würde.

Beispiel

Konkrete Selbstmordgefahr eines zwölfjährigen Jungen im Falle der Scheidung (OLG Hamburg FamRZ 86, 469).

---

41 *BVerfG* NJW 80, 689: verfassungsgemäß.
42 *BGH* NJW 79, 1042: außergewöhnliche unzumutbare Härte; *OLG Hamm* FamRZ 89, 1188.
43 *OLG Karlsruhe* FamRZ 90, 630; 2000, 1418 u. *OLG Köln* FamRZ 95, 997 zur schweren Härte.

3. Schwere Härte durch außergewöhnliche Umstände

Die Härteklausel setzt voraus: Die Scheidung bedeutet für den scheidungsunwilligen An- **257** tragsgegner aufgrund außergewöhnlicher Umstände eine derart schwere Härte, dass die Ehe ausnahmsweise fortzusetzen ist. Dies soll weniger die Hoffnung auf eine Rettung der Ehe stärken als eine **Scheidung zur Unzeit verhindern**[44] und dem Antragsgegner Zeit lassen, sich auf eine spätere Scheidung einzustellen. § 1568 verhindert die Scheidung nur auf Zeit, „wenn und solange" sie unzumutbar hart ist[45]. Deshalb kann bereits eine überlange Verfahrensdauer die Scheidung zumutbar machen[46]. Der Antragsgegner muß die Härtegründe nicht nur voll beweisen, sondern auch in den Prozeß einführen (§ 616 III ZPO).

Die Härte muß in der Scheidung selbst liegen, nicht schon in der ehelichen Verfehlung des anderen Ehegatten oder in der Trennung, denn das Scheitern der Ehe ist Scheidungsgrund, kein Härtegrund[47].

> (1) Wenn der eine Ehegatte aus intakter Ehe ausbricht und der andere deshalb in Depressionen verfällt und sich töten will, wird die Selbsttötungsgefahr durch die Trennung verursacht, nicht durch die Scheidung (*BGH* NJW 81, 2808).
>
> (2) Wenn der ausländische Ehegatte schon nach längerer Trennung mit seiner Ausweisung rechnen muss, kann man nicht sagen, die Scheidung sei dafür ursächlich (*OLG Karlsruhe* FamRZ 90, 630; *OLG Köln* FamRZ 95, 997; *OLG Nürnberg* FamRZ 96, 35).

Beispiele

Die „**außergewöhnlichen Umstände**" sind ein objektives Tatbestandsmerkmal, während **258** die „**schwere Härte**" die Person des Antragsgegners trifft und subjektiv nach dessen Veranlagung, Empfinden und Situation zu bestimmen ist[48]. Letztlich sind die Interessen beider Ehegatten gegeneinander abzuwägen[49]. Dass auch der Antragsgegner die eheliche Lebensgemeinschaft ablehnt, schließt den Einwand aus § 1568 nicht schlechthin aus, mildert aber meistens die Härte[50].

> (1) Nach 36 harmonischen Ehejahren verstößt der Ehemann die Ehefrau im Alter von 58 Jahren, um eine andere Frau zu heiraten. Zuvor hatte die Ehefrau, um die überschuldete Likörfabrik des Ehemanns zu retten, erfolglos 100 000,– DM investiert und nach dem Zusammenbruch des Unternehmens jahrelang durch Büroarbeit die Familie über Wasser gehalten. Während dieser Zeit fand der 34jährige Sohn als Entwicklungshelfer in Afrika den Tod. Das ist wahrlich ein **extremer Fall**. Die Umstände: lange harmonische Ehe, Aufopferung der Frau für die Familie sowie tragischer Tod des Sohnes sind außergewöhnlich und verbieten derzeit die Scheidung (*BGH* NJW 79, 1042).

Beispiele

---

44 *BVerfG* FamRZ 81, 15; a.A. *Schwab* FamRZ 84, 1171.
45 *BGH* NJW 79, 1042; 84, 2353; FamRZ 85, 912.
46 *BGH* NJW 84, 2353.
47 *BGH* NJW 79, 1042; 81, 2808; FamRZ 79, 469; *OLG Köln* NJW 82, 2262.
48 *BGH* NJW 79, 1042; 81, 2808; 84, 2353.
49 *OLG Hamm* NJW-RR 89, 1159: herzkranker Antragsteller will langjährige Lebensgefährtin heiraten.
50 *BGH* NJW 84, 2353; FamRZ 85, 905.

(2) Die Ehefrau erkrankt nach 10 Jahren an multipler Sklerose und sitzt Jahre später im Rollstuhl. Im Spätstadium der Krankheit würde die Scheidung die Ehefrau in eine **außergewöhnliche psychische Ausnahmesituation mit konkreter Lebensgefahr** stürzen, welche die Ehefrau nicht mehr steuern kann. Die Scheidung ist deshalb, auch nach 5jähriger Trennung, derzeit ausgeschlossen (*BGH* FamRZ 85, 905; ferner *OLG Hamm* FamRZ 2000, 1418).

(3) Das gleiche gilt für **schwere Krebserkrankungen mit geringer Lebenserwartung** (*OLG Karlsruhe* FamRZ 79, 512: Trennung 2 1/2 Jahre) und für **psychische Ausnahmesituationen mit konkreter Selbsttötungsgefahr**, die der Ehegatte nicht beherrschen kann (*BGH* NJW 81, 2808; 84, 2353; *KG* FamRZ 83, 1133: nach 35 Ehejahren), schließlich für die jahrzehntelange gemeinsame Pflege eines geistig schwer behinderten Kindes (*OLG Hamm* FamRZ 85, 189: nach 26 Ehejahren u. 10 Jahre Getrenntlebens). Die schwere Härte kann entfallen, wenn auch der andere Ehegatte schwer erkrankt ist und seinen langjährigen Lebensgefährten heiraten will (*OLG Hamm* NJW-RR 89, 1159).

(4) **Beherrschbare körperliche und seelische Belastungen verhindern die Scheidung dagegen nicht**, weder sind sie außergewöhnlich noch begründen sie eine unzumutbare Härte (*BGH* FamRZ 79, 469; NJW 81, 2808; 84, 2353; *OLG Hamm* FamRZ 90, 60: Selbsttötungsgefahr durch zumutbare Psychotherapie abwendbar; *OLG Stuttgart* FamRZ 92, 320: vorwerfbare Unterlassung zumutbarer Psychotherapie).

(5) Wird die Depression mit **Selbsttötungsgefahr** bereits **durch** die eheliche Verfehlung des anderen oder die **Trennung** verursacht und durch die Scheidung lediglich verschlimmert, ist dies **nicht** ungewöhnlich, sondern geradezu üblich (*BGH* NJW 81, 2808).

(6) Zwar kann die schwere Härte auch in der **Verschlechterung der wirtschaftlichen Lage** liegen (*BGH* FamRZ 85, 912), aber **dafür genügen nicht**: der Verlust der staatlichen Beihilfe zur Krankenversicherung (*BGH* NJW 81, 2516), der Nachteil des schuldrechtlichen Ausgleichs einer hohen betrieblichen Altersversorgung (*BGH* FamRZ 85, 912), die Hoffnung auf einen besseren Versorgungsausgleich (*OLG Karlsruhe* FamRZ 89, 1304), die Erhaltung der Anwartschaft auf Witwenrente (*OLG Düsseldorf* FamRZ 80, 780), die Verhinderung des Zugewinnausgleichs (*OLG Hamm* FamRZ 90, 627), auch nicht der Verlust der Ehewohnung, in der die Ehefrau 50 Jahre lang gewohnt hat (*BGH* NJW 84, 2353: Möglichkeit der Zuweisung an Ehefrau nach § 3 I HausratsVO), denn all das sind noch keine außergewöhnlichen Scheidungsfolgen.

(7) Schließlich ist § 1568 **nicht** schon deshalb anwendbar, weil der Antragsgegner aus **religiöser Überzeugung** an der Ehe festhält (*OLG Stuttgart* FamRZ 91, 334: kurze Ehe).

5. Kapitel
Die Ehescheidung im Einigungsvertrag

Nach Art. 234 § 1 EGBGB, der aus dem Einigungsvertrag übernommen ist, gilt das 4. **259** Buch „Familienrecht" des BGB ab dem Beitritt der DDR zur Bundesrepublik am **3.10.1990** auch in den neuen Bundesländern, soweit nichts anderes bestimmt ist. Für die Ehescheidung ist nichts anderes bestimmt. Deshalb wird auch in den neuen Bundesländern nach §§ 1565 ff. BGB geschieden[51].

6. Kapitel
Internationales Scheidungsrecht

Ob das Familiengericht eine Ehe mit Auslandsberührung nach deutschem oder ausländi- **260** schem Recht scheiden soll, sagt **Art. 17 I EGBGB**[52]. **Scheidungsstatut** ist nach Satz 1 vorrangig dasjenige Recht, das zur Zeit der Rechtshängigkeit des Scheidungsantrags für die allgemeinen Wirkungen der Ehe maßgeblich ist.

Das Statut für die allgemeinen Wirkungen der Ehe regelt **Art. 14 EGBGB**. Danach können die Ehegatten unter bestimmten Voraussetzungen das maßgebliche nationale Sachrecht selbst wählen (II-IV mit Art. 4 II). Die wirksam und formgültig getroffene **Rechtswahl** geht dem gesetzlichen Statut (I) vor.

Ohne wirksame Rechtswahl der Ehegatten knüpft Art. 14 I in erster Linie an der **Staatsangehörigkeit** (Nr. 1), hilfsweise am **gewöhnlichen Aufenthalt** (Nr. 2) und ganz zuletzt an der **engsten Verbindung zu einem Staat** an (Nr. 3). Diese Reihenfolge ist zugleich **Rangfolge**. Danach gilt das **Recht desjenigen Staates**:

Nr. 1: dem beide Ehegatten angehören oder während der Ehe zuletzt angehörten, wenn noch einer von beiden ihm angehört. Besitzt ein Ehegatte mehrere Staatsangehörigkeiten, zählt nach Art. 5 I EGBGB nur die effektivere (S. 1)[53] und geht die deutsche stets vor (S. 2);

Nr. 2: in dem beide Ehegatten ihren gewöhnlichen Aufenthalt haben oder während der Ehe zuletzt gehabt haben, wenn noch einer von beiden sich dort gewöhnlich aufhält[54];

Nr. 3: mit dem die Ehegatten auf andere Weise gemeinsam am engsten verbunden sind[55].

---

51 Zur Wirksamkeit von DDR-Scheidungen: *BGH* NJW 99, 493; *Bosch* FamRZ 91, 1383; allgemein zum ordre public der Bundesrepublik gegenüber DDR-Entscheidungen: *Fischer* DtZ 97, 74.
52 Dazu *Dopffel* FamRZ 87, 1211.
53 Dazu *OLG München* FamRZ 94, 634.
54 Zum gewöhnlichen Aufenthalt: *BGH* FamRZ 93, 798; *BayObLG* FamRZ 90, 650.
55 Dazu *BGH* FamRZ 93, 798.

Wegen Art. 17 I 1 muss der Anknüpfungspunkt des Art. 14 zur Zeit der Rechtshängigkeit des Scheidungsantrags bestehen. Fehlt es daran, gilt **nach Art. 17 I 2 deutsches Scheidungsrecht**, wenn der Antragsteller die deutsche Staatsangehörigkeit besitzt oder bei der Heirat besessen hat[56].

Art. 17 II EGBGB stellt klar, dass im Inland eine Ehe auch nach ausländischem Scheidungsrecht nur von einem Gericht geschieden werden kann[57].

Die Vorfrage, ob die Parteien überhaupt wirksam miteinander verheiratet sind, beantwortet das Heiratsstatut des Art. 13 EGBGB[58].

Ob die Ehe bereits im Ausland wirksam geschieden worden ist, betrifft dagegen die Anerkennung der ausländischen Scheidung nach Art. 7 FamRÄndG[59].

---

56 Dazu *Kersting* FamRZ 92, 268.
57 *BGH* FamRZ 87, 793: Ehetrennung nach italienischem Recht als Vorstufe der Scheidung nach Scheidungsstatut; *OLG Hamm* NJW 91, 3099: Scheidung nach türkischem Recht; *OLG Hamm* NJW 91, 3101: Scheidung nach englischem Recht.
58 *BGH* NJW 81, 1900: selbständige Anknüpfung; FamRZ 97, 542.
59 *BGH* NJW 90, 2194: die Anerkennung einer Privatscheidung (Thailand) richtet sich nicht nach § 328 ZPO, sondern nach dem Scheidungsstatut des IPR; ferner *BGH* FamRZ 94, 434: Scheidungsverfahren vor israelischem Rabbinergericht begründet nicht Einwand der Rechtshängigkeit.

6. Teil
Der Geschiedenenunterhalt

1. Kapitel
Gesetzliche Systematik

1. Eigenverantwortung und nacheheliche Solidarität

Nach § 1569 muss der geschiedene Ehegatte, anders als der getrenntlebende, für seinen **261** Unterhalt in der Regel selbst sorgen. Der Grundsatz der „wirtschaftlichen Eigenverantwortung" wird nur unter den besonderen Voraussetzungen der §§ 1570-1576 durchbrochen. Kindesbetreuung, Alter und Krankheit, Arbeitslosigkeit, Ausbildung und Billigkeit verlängern die eheliche Solidarität über die Scheidung hinaus[1], und zwar um so stärker, je länger die Ehe gedauert und je mehr sie den bedürftigen Ehegatten beruflich benachteiligt hat.

2. Anspruchsgrundlagen

Die §§ 1569-1586b regeln den Geschiedenenunterhalt unübersichtlich, weil unsystema- **262** tisch. Anstatt zwischen Anspruchsgrundlagen und Gegennormen sauber zu trennen und die Anspruchsgrundlagen an den Anfang zu stellen, ist die gesetzliche Regelung ein buntes Allerlei. Man hat schon Mühe, die Anspruchsgrundlagen zu finden, denn für sich allein begründet weder § 1569 noch § 1570 oder eine der folgenden Bestimmungen noch § 1578 den Anspruch auf Geschiedenenunterhalt, man muss vielmehr alle diese Bestimmungen zusammen lesen.

Danach ist der geschiedene Ehegatte dann unterhaltsberechtigt, wenn und soweit er seinen Bedarf nach den ehelichen Lebensverhältnissen (§ 1578 I 1) aus einem der in §§ 1570-1576 genannten besonderen Gründen nicht selbst decken kann und deshalb bedürftig ist (§§ 1569, 1577 I). Die Beweislast hat der Anspruchsteller

Das Trennungs- und Scheidungsverschulden ist keine Anspruchsvoraussetzung mehr[2], **263** kann aber in krassen Fällen nach § 1579 Nr. 6 den Unterhalt kürzen oder ausschließen (RN 494 ff.).

Die Ansprüche auf Auskunft (§ 1580 mit § 1605) und auf Sicherheitsleistung (§ 1585a) sind Hilfsansprüche, die den Unterhaltsanspruch vorbereiten und sichern sollen (RN 600, 608).

---

1 BVerfG NJW 81, 1773; *BGH* FamRZ 81, 243; Schwab FamRZ 97, 521.
2 BVerfG NJW 81, 1771: verfassungsgemäß.

3. Gegennormen

264 Keinen Unterhalt schuldet nach § 1581 der leistungsunfähige Ehegatte. Dennoch ist die Leistungsfähigkeit des Anspruchsgegners keine Anspruchsvoraussetzung, die der Anspruchsteller beweisen müsste, vielmehr schließt die **Leistungsunfähigkeit** den Unterhaltsanspruch aus, denn **die Gegennorm des § 1581 begründet eine anspruchsfeindliche Einwendung, die der Anspruchsgegner beweisen muss** (RN 440). Das ist ein gewaltiger Unterschied. Die Unterhaltsklage wird nicht schon dann abgewiesen, wenn offenbleibt, ob der Beklagte den Unterhalt zahlen kann, sondern erst dann, wenn feststeht, dass er ihn nicht zahlen kann. Deshalb muss der Anspruchsgegner insoweit auch Bestand, Höhe und unterhaltsrechtliche Relevanz seiner Schulden beweisen sowie – nach dem Verlust des Arbeitsplatzes – den Umfang und die Erfolglosigkeit seiner Arbeitsbemühungen (RN 440).

Weitere Kürzungs- oder Ausschlussgründe, die der Anspruchsgegner beweisen muss, sind: der vertragliche **Unterhaltsverzicht** (§ 1585c u. RN 433); **Wiederverheiratung und Tod des Berechtigten** (§ 1586) sowie **grobe Unbilligkeit** aus einem der in § 1579

Beweislast für und gegen den Geschiedenenunterhalt	
Anspruchsteller für Anspruchsvoraussetzungen:	**Anspruchsgegner** für Einwendungen und Einreden:
Scheidung der Ehe (§§ 1569, 1564 S. 2) + **Bedarf nach den ehelichen Lebensverhältnissen (§ 1578 I 1)** + **Bedürftigkeit (§§ 1569, 1577)** + **besonderer Grund für die Bedürftigkeit** in zeitlichem Zusammenhang mit der Scheidung: entweder Kindesbetreuung (§ 1570) oder Alter (§ 1571) oder Krankheit (§ 1572) oder Arbeitslosigkeit bzw. unzureichendes Einkommen (§§ 1573, 1574) oder Ausbildung (§ 1575) oder Billigkeit (§ 1576)	**Leistungsunfähigkeit (§ 1581)** vertraglicher Unterhaltsverzicht (§ 1585c) Wiederverheiratung oder Tod des Berechtigten (§ 1586 I) **grobe Unbilligkeit (§ 1579)** zeitliche Begrenzung des vollen Unterhalts und anschließende Kürzung auf angemessenen Lebensbedarf (§ 1578 I 2) zeitliche Begrenzung des Unterhalts aus § 1573 (§ 1573 V) Verjährung (§ 197)

Bild 12: Beweislast für und gegen den Geschiedenenunterhalt

genannten Gründe (RN 476). Eine Kürzung nach Dauer und/oder Höhe des Unterhalts erlauben außerdem die §§ 1578 I 2, 1573 V (RN 510, 513).

Nach §§ 197, 218 II **verjährt** der Unterhaltsanspruch in 4 Jahren (RN 432).

4. Das Einkommen im gesetzlichen Unterhaltssystem

4.1 Wichtigster Faktor

Das Einkommen der Eheleute ist der wichtigste Faktor des Geschiedenenunterhalts. Es **265** spielt auf allen drei Stufen der Anspruchsprüfung die entscheidende Rolle. Nach § 1578 I 1 bestimmt das Einkommen, das die Ehegatten zur Zeit der Scheidung hatten, die ehelichen Lebensverhältnisse und damit den **Unterhaltsbedarf** des geschiedenen Ehegatten. Nach § 1577 beschränkt das Einkommen des unterhaltsberechtigten Ehegatten dessen **Bedürftigkeit** auf den ungedeckten Restbedarf. Und nach § 1581 begrenzt das Einkommen des unterhaltspflichtigen Ehegatten dessen **Leistungsfähigkeit**.

Diese drei Fragen: erstens nach dem Unterhaltsbedarf, zweitens nach der Bedürftigkeit und drittens nach der Leistungs(un)fähigkeit sind streng zu trennen und zweckmäßig in dieser Reihenfolge zu beantworten.

4.2 Einkommensarten

Nun ist das unterhaltsrechtliche Verständnis von Einkommen auch noch reichlich kom- **266** plex. Man unterscheidet nicht nur dem Steuerrecht folgend verschiedene Einkommensarten, sondern auch noch das Brutto- und das Nettoeinkommen, das „unbereinigte" und das „bereinigte" Nettoeinkommen, das Einkommen aus Erwerbstätigkeit und aus anderen Quellen, das Einkommen aus angemessener und aus unangemessener Erwerbstätigkeit, schließlich das reale und das fiktive Einkommen, das eigentlich keines ist. Wer sich in diesem Begriffs-Labyrinth nicht auskennt und den roten Faden verliert, kommt bei der Unterhaltsberechnung leicht ins Schleudern.

4.3 Art der Darstellung

Wo aber, an welcher Stelle der Anspruchsprüfung, lässt sich das umfangreiche Thema **267** „Einkommen" verständlich darstellen? Schon beim Unterhaltsbedarf nach § 1578, weil es hier zum ersten Mal auftritt? Dadurch würde die Darstellung zu kopflastig und der Leser sähe vor lauter Bäumen den Wald nicht mehr. Statt dessen wird das Thema „Einkommen" an allen drei Stellen: beim Unterhaltsbedarf, bei der Bedürftigkeit und bei der Leistungs(un)fähigkeit nur kurz angesprochen und erst am Schluss des Geschiedenenunterhalts näher behandelt (RN 518 ff.). Das nötige Verständnis wird dadurch hergestellt, dass an passender Stelle auf diesen „Anhang" verwiesen wird.

5. Rangfolge

5.1 Mehrere Unterhaltsberechtigte

268   Die Rangfolge zwischen mehreren Unterhaltsberechtigten regeln § **1582** (geschiedener und neuer Ehegatte) und § **1609** (geschiedener Ehegatte und Kinder). Sie ist unerheblich, solange der Unterhaltsschuldner die Ansprüche aller Unterhaltsberechtigten voll befriedigen kann. Kann er dies nicht, muss er zuerst den Berechtigten mit dem besseren Rang befriedigen, bevor er an den Rangschlechteren zahlen darf. Haben die Unterhaltsberechtigten gleichen Rang und reicht die verfügbare Geldmenge nicht für alle aus, muss sie auf die Berechtigten verhältnismäßig verteilt werden. Dieser „**Mangelfall**" ist ein **Problem der Leistungsunfähigkeit** des Unterhaltsschuldners (§ 1581), das immer dann auftritt, wenn ein Unterhaltsschuldner mit bescheidenem Einkommen nicht nur sich selbst und den geschiedenen Ehegatten, sondern auch noch den neuen Ehegatten sowie Kinder aus der jetzigen oder früheren Beziehung unterhalten soll (RN 468).

5.2 Mehrere Unterhaltsschuldner

269   Die Rangfolge zwischen mehreren unterhaltspflichtigen Personen, nämlich zwischen dem geschiedenen Ehegatten und den Verwandten des unterhaltsberechtigten Ehegatten regelt § **1584**. Danach **haftet der unterhaltspflichtige Ehegatte vor den Verwandten des unterhaltsberechtigten Ehegatten (S. 1)**; das ist die gesetzliche Regel. Soweit der unterhaltspflichtige Ehegatte nicht leistungsfähig ist, haften freilich die Verwandten des unterhaltsberechtigten Ehegatten vorrangig (S. 2); das ist die gesetzliche Ausnahme. Sie haften schon dann, wenn die Rechtsverfolgung gegen den unterhaltspflichtigen Ehegatten im Inland ausgeschlossen oder erheblich erschwert ist (S. 3 mit § 1607 II 1). In diesem Fall geht der gesetzliche Unterhaltsanspruch im Umfang der Unterhaltszahlung auf den zahlenden Verwandten über (S. 3 mit § 1607 II 2).

6. Geltungsbereich

6.1 Auflösung der Ehe

270   Die §§ 1569 ff. gelten direkt nur für geschiedene Ehegatten, entsprechend aber auch nach Aufhebung der Ehe (§ 1318 II mit Einschränkungen), und sie gelten für jeden Güterstand[3].

6.2 Altehen

271   Die §§ 1569 ff. gelten auch für Ehen, die vor dem 1.7.1977 geschlossen worden sind[4]. Ist die Ehe aber schon vor dem 1.7.1977 geschieden worden, bleibt es nach Art. 12 Nr. 5 II des 1. Eherechtsreformgesetzes v. 14.6.1976 (BGBl. 1 I, 1421) bei den früheren Unterhaltsregeln der §§ **58 ff. EheG**.

---

3 *OLG München* FamRZ 88, 1276.
4 *BVerfG* NJW 81, 1771: verfassungsgemäß.

Unterhaltspflichtig ist nach § 58 EheG derjenige Ehegatte, den das Scheidungsurteil für alleinschuldig oder überwiegend schuldig erklärt, soweit der andere bedürftig ist[5]. Geschuldet ist der angemessene Unterhalt. Maßstab sind auch hier die ehelichen Lebensverhältnisse zur Zeit der Scheidung, soweit sie nicht trennungsbedingt sind[6]. Bedürftig ist nur, wer sich weder durch erzieltes noch durch erzielbares Einkommen selbst unterhalten kann[7]. Soweit der Unterhaltspflichtige durch Zahlung des angemessenen Unterhalts seinen eigenen angemessenen Unterhalt gefährden würde, schuldet er nach § 59 EheG Unterhalt nur nach Billigkeit. Nur Billigkeitsunterhalt, der überdies zeitlich begrenzt werden kann, schulden sich die Ehegatten auch dann, wenn sie beide gleich schuldig geschieden sind (§ 60 EheG).

Wer seine Bedürftigkeit selbst sittlich verschuldet, bekommt nach § 65 EheG nur notdürftigen Unterhalt für seine lebensnotwendigen Bedürfnisse[8]. Außerdem verwirkt der Berechtigte seinen Unterhaltsanspruch durch eine schwere Verfehlung gegen den Unterhaltsschuldner sowie durch ehrlosen oder unsittlichen Lebenswandel[9].

Schließlich erlischt der Unterhaltsanspruch durch Wiederverheiratung des Berechtigten (§ 67 EheG), während die Unterhaltspflicht nach § 70 EheG vererblich ist[10].

Nach § 72 EheG konnten die Eheleute eine Unterhaltsvereinbarung für die Zeit nach der Scheidung treffen, auch wenn sie dadurch die Scheidung erleichterten, es sei denn, der Scheidungsgrund war nur vorgetäuscht[11].

7. Unterhaltstabellen und Leitlinien

7.1 Aus der Not geboren

Das gesetzliche Unterhaltsrecht besteht zum großen Teil aus schwammigen Rechtsbegriffen und Generalklauseln wie „angemessen" (§§ 1361 I, 1573 IV, 1574, 1575 I, III, 1578 I 2, III, 1581, 1603, 1608) oder „Billigkeit" (§§ 1361 III, 1573 V, 1576, 1577 II, 1578 I 2, 1579, 1611 I), die das Gericht erst mühsam aufbereiten und ausfüllen muss, bevor es sie auf den Einzelfall anwenden kann. Während die Generalklausel im Schuldrecht aus gutem Grunde die seltene Ausnahme ist (§ 242), regelt sie im Unterhaltsrecht aus weniger gutem Grunde den Normalfall. Auf diese Weise schiebt der Gesetzgeber die Verantwortung auf die Gerichte ab. Eine heillose Rechtszersplitterung wäre die Folge, gäbe es nicht die Unterhaltstabellen und Leitlinien der Oberlandesgerichte, die wenigstens in ihrem Bezirk eine einheitliche Auslegung des unbestimmten Gesetzes sichern wollen. Die „**Düsseldorfer Tabelle**" für den Kindesunterhalt wird sogar über den Bezirk des Oberlandesgerichts Düsseldorf hinaus in weiten Teilen Deutschlands angewendet. **272**

---

5 *BGH* NJW 79, 1985: verfassungskonforme Auslegung für Mann und Frau.
6 *BGH* NJW 79, 1985; 80, 2083; 82, 224; FamRZ 82, 895; *OLG Düsseldorf* FamRZ 99, 1279.
7 *BGH* NJW 80, 2081.
8 *BGH* FamRZ 80, 1104; 82, 259; 83, 803.
9 *BGH* NJW 75, 1558; FamRZ 80, 40; 82, 896; 84, 32; 87, 261; 91, 673; *OLG Karlsruhe* FamRZ 99, 1141.
10 *BGH* FamRZ 85, 164; 88, 933.
11 *BGH* NJW 58, 1397; FamRZ 64, 245; 72, 457.

Zusätzlich haben viele Oberlandesgerichte eigene Leitlinien formuliert für die Berechnung des Ehegattenunterhalts, das anrechenbare Einkommen, den Selbstbehalt des Unterhaltsschuldners und den Mangelfall. Die Düsseldorfer Tabelle ist abgedruckt in FamRZ 2001, 806 (Stand: 1.7.2001 mit Kindergeldanrechnung) und in FamRZ 2001, 810 (Stand: 1.1.2002 in Euro).

7.2 Nur unverbindliche Hilfsmittel

273 Diese Tabellen und Leitlinien zum Unterhaltsrecht sind Fremdkörper im herkömmlichen System der Rechtsquellen. Das Gesetz kennt sie nicht. Die Rechtsprechung betont zwar unablässig, es handle sich nicht um objektives Recht, sondern nur um **unverbindliche Erfahrungsregeln über die durchschnittlichen Lebenshaltungskosten, um „Orientierungshilfen" und „Hilfsmittel zur Ausfüllung unbestimmter Rechtsbegriffe"**, die im Einzelfall auf ihre Gesetzmäßigkeit und Angemessenheit zu überprüfen seien[12]. Aber das sind Lippenbekenntnisse, denn diese „Hilfsmittel zur Ausfüllung unbestimmter Rechtsbegriffe" werden in der Praxis genauso streng angewendet wie das Gesetz, und wenn ein Familienrichter von der Vorgabe seines Oberlandesgerichts abweicht, wird sein Urteil in der Berufungsinstanz unweigerlich korrigiert werden, die Oberlandesgerichte verstehen da keinen Spaß.

7.3 Legitimation

Nun ist es aber durchaus ungewöhnlich, dass ein Berufungsgericht seine Rechtsauffassung nicht nur von Fall zu Fall in seinen Berufungsurteilen verkündet, sondern losgelöst vom Einzelfall im Voraus formuliert und veröffentlicht. Das macht nicht einmal der Bundesgerichtshof. So stellt sich zwangsläufig die Frage, woher die Oberlandesgerichte das Recht nehmen, allgemeine Regeln für künftige Fälle aufzustellen und so objektives Recht zu setzen[13]. Wie man diese Frage aber auch beantwortet – nach der verfassungsrechtlichen Gewaltenteilung liegt die Antwort auf der Hand – die Macht der Tatsachen ist auch hier stärker als das rechtliche Bedenken. Es war schon immer so: Wenn der Gesetzgeber versagte, mussten die Gerichte in die Bresche springen, ob sie wollten oder nicht. Im Unterhaltsrecht wollten sie vielleicht zu sehr. Deutsche Gerichte neigen leicht zu übertriebener Perfektion. Anstatt sich auf die wichtigsten Punkte eines handlichen und plausiblen Unterhaltssystems zu beschränken, treiben sie die Differenzierung derart weit, dass die Rechtsprechung trotz aller Tabellen und Richtlinien zumindest für die Hauptpersonen dieser Veranstaltung, die Prozessparteien, unverständlich bleibt. Zum Glück gilt **§ 279 ZPO** auch im Unterhaltsprozess. Richter, die es mit den Parteien gut meinen, traktieren sie nicht mit ebenso gelehrten wie unverständlichen Unterhaltsurteilen, sondern vermitteln einen vernünftigen **Unterhaltsvergleich**.

---

12 *BGH* NJW 83, 1733; 84, 1458; 89, 523; 91, 697; 92, 1393; FamRZ 86, 151.
13 Kritisch zu Recht *Klingelhöffer* ZRP 94, 383.

2. Kapitel
Rechtsfolge: ein Anspruch auf Unterhalt

1. Unterhaltsrente

Rechtsfolge ist ein Anspruch auf Unterhalt. Was das ist, sagt § 1585 I: Der laufende Un- **274**
terhalt ist durch Zahlung einer Geldrente zu leisten (S. 1), die monatlich im Voraus fällig
wird (S. 2) und auch dann in voller Monatshöhe geschuldet bleibt, wenn der Unterhaltsanspruch im Laufe des Monats durch Wiederverheiratung oder Tod des Berechtigten erlischt (S. 3). **Unterhalt** ist demnach **eine künftig fällig werdende, wiederkehrende
Geldleistung** i.S. des § 258 ZPO (Klage auf künftige Leistung), des § 323 ZPO (Abänderungsklage) und des § 197 (Verjährung). Einzige Ausnahme ist der **Sonderbedarf**
nach § 1585b I mit § 1613 II, der durch einmalige Zahlung des erforderlichen Geldbetrags zu decken ist (RN 341).

Anspruch auf **Kapitalabfindung** statt auf Rente hat der Berechtigte nur aus wichtigem
Grunde und nur wenn die Abfindung den Unterhaltsschuldner nicht unbillig belastet
(§ 1585 II).

Stets ist der gesetzliche Unterhalt in Geld zu leisten. Unterhalt in anderer Form, etwa
durch Verschaffung eines Arbeitsplatzes oder durch Wohnunggewähren gibt es nur kraft
Vereinbarung[14].

2. Bestandteile des Unterhalts und Lebensbedarfs

Die Höhe des Unterhalts hängt vom Lebensbedarf ab, den der Berechtigte nicht selbst **275**
decken kann. Der Lebensbedarf wiederum richtet sich nach den ehelichen Lebensverhältnissen (§ 1578 I 1). In diesem Rahmen umfasst der Unterhalt den gesamten Lebensbedarf (§ 1578 I 4). Er setzt sich zusammen aus dem Elementarunterhalt für den allge-

Geschiedenenunterhalt				
durch				
monatliche Geldrente (§ 1585 I)				
für gesamten Lebensbedarf (§ 1578 I 4)				
nach ehelichen Lebensverhältnissen (§ 1578 I 1)				
Elementar-Unterhalt **für allgemeinen Lebensbedarf**	Kosten für **angemessene Krankenver-sicherung** (§ 1578 II)	Kosten für **Ausbildung** (§ 1578 II, §§ 1574, 1575)	Kosten für **angemessene Altersvorsorge** (§ 1578 III)	**trennungs-bedingter Mehrbedarf**

Bild 13: Geschiedenenunterhalt

---

14 *BGH* FamRZ 84, 874; 97, 485: Überlassung gemeinschaftliches Wohnhaus zur alleinigen Nutzung durch Unterhaltsvergleich; *OLG Karlsruhe* FamRZ 84, 1019.

meinen Bedarf an Nahrung, Kleidung und Wohnung, an Hygiene, Bildung und Erholung (RN 329) sowie aus zusätzlichen Kosten für Krankenversicherung (§ 1578 II u. RN 330), Ausbildung (§ 1578 II) und Altersvorsorge (§ 1578 III u. RN 332). Trennungsbedingter Mehrbedarf kommt oft dazu (RN 339).

276   **Dies alles sind keine selbständigen Ansprüche, sondern nur unselbständige Bestandteile einunddesselben Unterhaltsanspruchs**[15]. Der Elementarunterhalt deckt nur den allgemeinen Bedarf, weder die Krankenversicherungs- noch die Altersvorsorgekosten, denn diese sind zweckgebunden und stehen für den allgemeinen Lebensbedarf nicht zur Verfügung[16]. Man muss sie deshalb gesondert berechnen, was sich wiederum auf die Höhe des Elementarunterhalts auswirkt[17]. Und da sie zweckgebunden sind, weist das Urteil sie neben dem Elementarunterhalt gesondert aus[18].

277   **Nicht mehr zum Unterhaltsbedarf nach § 1578 I 1 gehören Schuldentilgung und Vermögensbildung.** Der gesetzliche Unterhalt dient ausschließlich dem Verbrauch, nicht der Bereicherung. Er ist nicht dazu bestimmt, den Unterhaltsberechtigten auch noch von seinen Schulden, seien es Unterhaltspflichten oder Kreditschulden, zu befreien[19]. Er soll zwar auch den Wohnbedarf des Unterhaltsberechtigten decken, nicht aber zu Wohnungseigentum verhelfen[20].

Einen Anspruch auf **Prozesskostenvorschuss** hat der geschiedene Ehegatte **nicht** mehr, wie ein Vergleich der §§ 1578, 1585 mit §§ 1360a IV, 1361 IV 4 beweist[21].

3. Abtretung, Pfändung und Aufrechnung

278   **Der gesetzliche Unterhaltsanspruch ist,** solange das Vollstreckungsgericht die Pfändung nicht ausnahmsweise gestattet, **unpfändbar** (§ 850b I Nr. 2, II ZPO), deshalb **unabtretbar** (§ 400), **nicht verpfändbar** (§ 1274 II) und **nicht vererblich** (§ 1586 I), **kann aber kraft Gesetzes auf den Träger der Sozialhilfe und anderer Sozialleistungen übergehen** (§ 91 BSHG; § 7 UVG; § 37 BAföG; § 140 AFG). In der Zwangsvollstreckung ist der titulierte Unterhaltsanspruch nach § 850d ZPO privilegiert[22].

279   Solange das Vollstreckungsgericht die Pfändung nicht gestattet hat, **kann der Schuldner nach § 394 gegen den Unterhaltsanspruch nicht aufrechnen**[23]. Der Unterhaltsgläubiger darf sich jedoch auf das Aufrechnungsverbot nach **Treu und Glauben (§ 242)** ausnahmsweise dann nicht berufen, wenn er dem Unterhaltsschuldner **Schadensersatz aus vorsätzlich unerlaubter Handlung** schuldet; das **Existenzminimum** freilich muss ihm auch in diesem Fall bleiben[24].Außerdem tilgt die Aufrechnung den Unterhaltsanspruch

---

15 *BGH* 94, 145; NJW 82, 1873.

16 *BGH* NJW 83, 1552; *OLG Düsseldorf* FamRZ 86, 814.

17 *BGH* NJW 82, 1873; 83 1552.

18 *BGH* 94, 145; NJW 82, 1986.

19 *BGH* NJW 92, 1046.

20 *BGH* NJW 92, 1046; FamRZ 87, 39.

21 *BGH* 89, 33; FamRZ 90, 280.

22 Dazu *OLG Frankfurt* FamRZ 2000, 614; *Büttner* FamRZ 94, 1433.

23 *BGH* 31, 217: auch vereinbarter Unterhalt im Rahmen des gesetzlichen; NJW 70, 282; 93, 2105; *OLG Düsseldorf* FamRZ 81, 971.

24 *BGH* 30, 36; 123, 49; *OLG Hamburg* FamRZ 92, 328.

höchstens für die nächsten 6 Monate, denn für eine spätere Zeit ist er nach Sinn und Zweck des Unterhalts nicht erfüllbar und deshalb nach § 387 auch nicht aufrechenbar[25].

Da das Aufrechnungsverbot des § 394 die Existenzgrundlage des Unterhaltsberechtigten schützt, erlischt es, wenn der Unterhaltsanspruch kraft Gesetzes, etwa nach § 91 BSHG, auf die öffentliche Hand übergeht[26].

Umgekehrt kann der Unterhaltsgläubiger seinen Unterhaltsanspruch unbeschränkt gegen Ansprüche des Schuldners aufrechnen[27].

Anders als der Unterhaltsanspruch ist die **Unterhaltspflicht** des geschiedenen Ehegatten **280** **vererblich** und geht nach § 1586b I mit dem Tod auf den Erben als Nachlassverbindlichkeit über (S. 1). Der Erbe darf sich zwar nicht mehr auf Leistungsunfähigkeit nach § 1581 berufen (S. 2), haftet aber nur noch in Höhe des Pflichtteilanspruchs, den der unterhaltsberechtigte Ehegatte hätte, wenn die Ehe noch nicht geschieden wäre (S. 3).

3. Kapitel
Die Anspruchsvoraussetzungen im Überblick

1. Beweislast

Der geschiedene Ehegatte hat Anspruch auf Unterhalt, wenn und soweit er seinen Le- **281** bensbedarf nach den ehelichen Lebensverhältnissen aus einem der in §§ 1570-1576 genannten Gründe nicht selbst decken kann und deshalb bedürftig ist. Der Anspruch auf Geschiedenenunterhalt hat also vier Voraussetzungen, die man zweckmäßig in dieser Reihenfolge prüft:

- erstens die rechtskräftige **Scheidung** der Ehe (§§ 1569, 1564 S. 2);
- zweitens den **Unterhaltsbedarf** des Anspruchstellers nach den ehelichen Lebensverhältnissen (§ 1578 I 1 u. RN 289);
- drittens die **Bedürftigkeit** des Anspruchstellers (§§ 1569, 1577 u. RN 343);
- viertens einen **besonderen Grund für die Bedürftigkeit, der zeitlich an die Scheidung anknüpft** (RN 370 ff.): entweder Kindesbetreuung (§ 1570) oder Alter (§ 1571) oder Krankheit (§ 1572) oder Arbeitslosigkeit oder unzulängliches Einkommen (§ 1573) oder Ausbildung (§ 1575) oder – als Auffangtatbestand – die Billigkeit (§ 1576).

Die Beweislast für alle Anspruchsvoraussetzungen trägt der Anspruchsteller.

Unterhalt für die Vergangenheit bekommt der geschiedene Ehegatte außer für Sonderbedarf (§ 1585 b I u. RN 341) **nur ab Verzug oder Rechtshängigkeit** (§ 1585 II u.

---

25 *BGH* 123, 49; § 1614 II mit § 760 II (nur 3 Monate) nicht anwendbar.
26 *BGH* 35, 318.
27 *BGH* FamRZ 96, 1067: nicht nur vor Familiengericht.

RN 413 ff.). Auch das sind Anspruchsvoraussetzungen, die der Anspruchsteller beweisen muss.

Keine Anspruchsvoraussetzung ist die Leistungsfähigkeit des Anspruchsgegners (RN 440).

2. Unterhaltsbedarf

282   Der Unterhaltsbedarf des geschiedenen Ehegatten richtet sich nach den **ehelichen Lebensverhältnissen** (§ 1578 I 1). Diese werden in erster Linie durch das Einkommen geprägt, das für den Unterhalt der Ehegatten zur Verfügung steht (RN 290). **Stichtag** ist der Tag, an dem die Scheidung rechtskräftig wird; das ist die gesetzliche Regel. Sie hat zwei Ausnahmen: Auf der einen Seite bestimmen manche trennungsbedingten Veränderungen des Einkommens vor der Scheidung die ehelichen Lebensverhältnisse nicht mehr. Auf der anderen Seite bestimmen auch noch Veränderungen des Einkommens nach der Scheidung die ehelichen Lebensverhältnisse, wenn sie bereits in der Ehe angelegt waren (RN 307 ff.).

283   Für den Unterhalt der Ehegatten ist nur das **Nettoeinkommen** verteilbar, und auch das nicht in vollem Umfang. Denn abzuziehen sind Kindesunterhalt, Kreditraten und Vermögensanlagen, soweit sie bereits die ehelichen Lebensverhältnisse geprägt haben und deshalb für den Unterhalt der Ehegatten nicht zur Verfügung standen. Verfügbar ist nur noch das „**bereinigte Resteinkommen**" (RN 295).

284   Der Unterhaltsbedarf des geschiedenen Ehegatten ist nach Sinn und Zweck des Gesetzes gleich der **Hälfte des verteilbaren Familieneinkommens**, das beide arbeitsteilig erwirtschaftet haben (RN 317). Die Rechtsprechung bevorzugt jedoch den erwerbstätigen Ehegatten und lässt ihm als Anreiz zur Arbeit vorweg 1/7 seines „bereinigten" Nettoeinkommens; das ist der berüchtigte „**Erwerbstätigenbonus**" oder „Hausfrauenmalus" (RN 318). Der Bedarf des Unterhaltsberechtigten reduziert sich so auf eine **Quote von 3/7**. Dies gilt aber nur für das Erwerbseinkommen; Renten und Vermögenserträge werden hälftig verteilt. Da sich der Unterhaltsbedarf nach den individuellen – üppigen oder dürftigen – Verhältnissen der Ehegatten richtet, gibt es **keinen Mindestbedarf** (RN 306).

285   Nach der Scheidung einer **Doppelverdienerehe** hat jeder Ehegatte einen Bedarf von 3/7 aus der Summe der beiden Einkommen. Der „Erwerbstätigenbonus" kommt hier beiden Ehegatten zugute. Das ist die sog. **Differenzmethode**; sie ist nur anwendbar, wenn schon die ehelichen Lebensverhältnisse durch zwei Einkommen geprägt waren (RN 324). Nach der Scheidung einer **Alleinverdienerehe** hingegen hat der nichterwerbstätige Ehegatte einen Bedarf von 3/7 aus dem Einkommen des anderen, muss sich darauf aber sein eigenes Einkommen nach § 1577 mehr oder weniger anrechnen lassen. Das ist die sog. **Anrechnungsmethode** (RN 326).

286   Die Unterhaltsquote nach den ehelichen Lebensverhältnissen deckt aber nur den allgemeinen Bedarf für den **Elementarunterhalt**. Hinzu kommen **Krankenversicherungsunterhalt** (§ 1578 II u. RN 330) und **Altersvorsorgeunterhalt** (§ 1578 III u. RN 332), **trennungsbedingter Mehrbedarf** (RN 339) und **Sonderbedarf** (§ 1585b I u. RN 341).

3. Bedürftigkeit

Der Unterhaltsbedarf nach § 1578 I 1 ist nicht schon der Unterhaltsanspruch, sondern **287** nur eine Anspruchsvoraussetzung. Eine weitere Anspruchsvoraussetzung ist die Bedürftigkeit. Der Unterhaltsanspruch beschränkt sich deshalb auf denjenigen Teil des Bedarfs, den der Anspruchsteller nicht selbst decken kann (RN 343). Die beiden Größen stimmen nur dann überein, wenn der Anspruchsteller in vollem Umfang seines Bedarfs auch bedürftig ist. Bedürftig ist der geschiedene Ehegatte, wenn und soweit er seinen Bedarf nicht selbst decken kann (§ 1577), weder mit Einkünften, die er tatsächlich hat, noch mit Einkünften, die er mit zumutbarer Anstrengung haben könnte, wenn er nur wollte. Die Rechtsprechung arbeitet mit dem überflüssigen Begriff der „**Erwerbsobliegenheit**" und versagt dem Ehegatten, der diese „Erwerbsobliegenheit" verletzt, einen Anspruch auf Unterhalt. Diese Konstruktion reduziert sich jedoch auf die banale Feststellung, dass ein Ehegatte, der sich selbst unterhalten kann, nicht bedürftig ist (RN 526).

Schließlich genügt es nicht, dass der geschiedene Ehegatte irgendwann nach der Scheidung aus irgend einem Grunde bedürftig wird. **Vielmehr muss er im zeitlichen Zusammenhang mit der Scheidung aus einem der in §§ 1570-1576 genannten Gründe bedürftig sein.** Auch das ist eine Anspruchsvoraussetzung (RN 366 ff.).

4. Kapitel
Unterhaltsbedarf nach den ehelichen Lebensverhältnissen

1. Eheliche Lebensverhältnisse

1.1 Wunsch und Wirklichkeit

Gemäß § 1578 I 1 bestimmt sich „das Maß des Unterhalts" nach den ehelichen Lebens- **288** verhältnissen. Gemeint ist der Unterhaltsbedarf; das ist derjenige Geldbetrag, den der geschiedene Ehegatte Monat für Monat braucht, um den ehelichen Lebensstandard auch nach der Scheidung aufrechtzuerhalten[28].

Erfüllbar ist der fromme Wunsch aber nur, wenn die vorhandenen Mittel auch die Mehrkosten getrennter Haushalte decken, denn der volle Lebensbedarf (§ 1578 I 4) umfasst auch die Kosten einer angemessenen Kranken- und Altersversicherung (§ 1578 II, III) sowie den trennungsbedingten Mehrbedarf. Deshalb ist der volle Unterhalt nach dem Maß der ehelichen Lebensverhältnisse für die Masse der kleinen Leute oft höher als die Hälfte des verteilbaren Einkommens. Auf der anderen Seite ist der Unterhaltsbedarf nach § 1578 I 1 nicht schon der Unterhaltsanspruch, sondern nur eine Anspruchsvoraussetzung, denn Unterhalt bekommt nur der Bedürftige (§ 1577 I). Der Unterhaltsanspruch

---

28 *BVerfG* FamRZ 81, 745; NJW 93, 2926; *BGH* 109, 72; NJW 92, 2477; 97, 735: aber keine Besserstellung; FamRZ 95, 473; ferner *Luthin* FamRZ 88, 1109; *Hampel* FamRZ 89, 113; *Graba* NJW 89, 2786.

beschränkt sich auf denjenigen Teil des Bedarfs, den der Berechtigte nicht selbst decken kann[29]. Aber selbst wenn der Berechtigte in vollem Umfang seines Bedarfs auch bedürftig ist, scheitert sein Anspruch auf vollen Unterhalt oft daran, dass der andere Ehegatte ihn nicht zahlen kann (§ 1581).

1.2 Anspruchsvoraussetzung

289 Der Bedarf an Unterhalt nach den ehelichen Lebensverhältnissen ist Anspruchsvoraussetzung. **Die Beweislast trägt der Anspruchsteller**[30]. **Er muss deshalb die ehelichen Lebensverhältnisse beweisen mit allem, was dazu gehört, vor allem das maßgebliche Einkommen.**

Den Unterhaltsbedarf prüft man zweckmäßig vor der Bedürftigkeit des Anspruchstellers und der Leistungs(un)fähigkeit des Anspruchsgegners. Erst wenn man weiß, welchen Geldbetrag der Anspruchsteller nach den ehelichen Lebensverhältnissen zum Leben braucht, kann man sagen, ob der Anspruchsteller diesen Bedarf selbst decken und der Anspruchsgegner ihn bezahlen kann.

Die Höhe des Unterhaltsbedarfs ist in der Regel voll zu beweisen (§ 286 ZPO). Das Gericht darf ihn nur dann nach § 287 II ZPO schätzen, wenn die exakte Berechnung ungewöhnlich schwierig ist und außer Verhältnis zur Unterhaltshöhe steht[31].

1.3 Einkommen

290 Die ehelichen Lebensverhältnisse werden unterhaltsrechtlich durch das **Einkommen** geprägt, **das für den Unterhalt der Ehegatten nachhaltig vorhanden ist und zwischen ihnen verteilt werden kann**[32], so dass an sich jedem Ehegatten die Hälfte des verfügbaren Einkommens zusteht[33].

Unter Einkommen versteht man **alle Einkünfte gleich welcher Art und Herkunft**, wenn sie dazu bestimmt und geeignet sind, den laufenden Lebensunterhalt zu decken (RN 518). Unterhaltsrechtlich zählen aber nur diejenigen Einkünfte, die die Ehegatten **dauerhaft und nachhaltig** erzielen, sei es durch abhängige Arbeit oder selbständige Erwerbstätigkeit, sei es im Ruhestand oder durch Vermögensanlage, sei es in Gestalt eines Wohnvorteils oder auf sonstige Art und Weise[34]. Vorübergehende Schwankungen des Einkommens bleiben außer Betracht[35].

291 Nachhaltig erzielt wird nur das **Nettoeinkommen**; das ist das Bruttoeinkommen abzüglich der gesetzlichen Steuern auf das Einkommen sowie der Sozialversicherungsbeiträge oder der freiwilligen Beiträge für die private Kranken- und Altersversicherung (RN 533, 557 ff.). Abgezogen werden nur diejenigen Steuern und Versicherungsbeiträge, die der

---

29 *BGH* NJW 88, 2369.
30 *BGH* FamRZ 84, 150; *OLG Hamm* FamRZ 96, 1216.
31 *BGH* FamRZ 93, 790.
32 *BGH* 89, 108; NJW 87, 58, 1555; 88, 2369; 89, 1083; 90, 1477; 92, 2477; 94, 935; 95, 963; FamRZ 98, 87.
33 *BGH* 109, 72; NJW 88, 2369.
34 *BGH* 89, 108; NJW 88, 2369; 89, 1083; 92, 2477; FamRZ 88, 145, 1145; 90, 501; 98, 87.
35 *BGH* FamRZ 88, 145; 92, 1045.

Ehegatte während des Unterhaltszeitraums tatsächlich zahlt[36]. Auf der anderen Seite spielt es keine Rolle, ob die private Kranken- oder Altersversicherung notwendig ist, wenn sie nur während der Ehe bezahlt wurde und weiterhin bezahlt wird[37].

Nach § 1578 I 1 zählt **nur das real erzielte Einkommen**. Fiktive Einkünfte, die ein Ehe- **292** gatte mit zumutbarer Anstrengung hätte erzielen können, bestimmen die ehelichen Lebensverhältnisse nicht[38]. Deshalb ist eine Erwerbstätigkeit, die nichts abwirft, unerheblich[39]. Erst recht fehlt ein prägendes Einkommen dann, wenn die Eheleute während der Ehe auf Kosten ihrer Eltern oder gar auf Pump lebten[40]. Eine ganz andere Frage ist es, ob nach der Scheidung fiktive Einkünfte die Bedürftigkeit des Anspruchstellers oder die Leistungsunfähigkeit des Anspruchsgegners verringern oder beseitigen.

Der BGH geht noch einen Schritt weiter: **Nur Einkünfte aus zumutbarer Erwerbstä-** **293** **tigkeit** bestimmen die ehelichen Lebensverhältnisse, denn eine unzumutbare Erwerbstätigkeit darf man jederzeit aufgeben[41].

Fraglich ist, ob auch **Nebeneinkünfte**, die neben einer Vollzeitbeschäftigung erzielt werden, die ehelichen Lebensverhältnisse bestimmen. Auf der einen Seite ist die Nebentätigkeit frei gewählt oder zwischen den Ehegatten gar vereinbart, auf der anderen Seite ist sie nicht nachhaltig, da sie nach der Trennung jederzeit beendet werden darf[42].

In der **Doppelverdienerehe** bestimmen zwei Einkommen die ehelichen Lebensverhält- **294** nisse, in der **Alleinverdienerehe** bestimmt nur eines. Haushaltsführung und Kindesbetreuung sind der Erwerbstätigkeit zwar gleichwertig (§ 1360 S. 2) und notwendige Bestandteile des familiären Existenzminimums[43], liefern aber keinen verteilbaren Gegenwert in Geld; dies war jahrzehntelang auch die Auffassung des Bundesgerichtshofs[44], die er jetzt aber aufgegeben hat (RN 324, 327). Genauso ist es, wenn der eine Ehegatte arbeitet und der andere studiert[45]

1.4 „Bereinigtes" Nettoeinkommen

Die ehelichen Lebensverhältnisse nach § 1578 I 1 werden nur durch denjenigen Teil des **295** Familieneinkommens geprägt, der für den Unterhalt der Eheleute nachhaltig zur Verfü-

---

36 *BGH* FamRZ 90, 499, 503.

37 *BGH* NJW 92, 1045.

38 *BGH* NJW 97, 735: fiktive Kapitalerträge nur erheblich für Leistungsfähigkeit NJW 92, 2477; FamRZ 85, 374; *OLG Karlsruhe* FamRZ 96, 1414.

39 *OLG Stuttgart* FamRZ 91, 1059: unrentable Gaststätte.

40 *OLG München* NJW 93, 2186; *OLG Hamm* FamRZ 97, 674: Privatentnahmen aus substanzlosem Unternehmen.

41 *BGH* FamRZ 83, 146; 85, 360; 98, 1501: Ehefrau trotz Kindesbetreuung aus finanzieller Not erwerbstätig; ebenso *OLG München* FamRZ 99, 1350; *OLG Hamm* u. *Düsseldorf* FamRZ 2001, 102.

42 *OLG Frankfurt* FamRZ 90, 63; *OLG Hamm* FamRZ 95, 606: Rechtsgedanke des § 1577 II 2; *OLG Stuttgart* FamRZ 95, 1487: schon im Hauptberuf Überstunden; *OLG Schleswig* FamRZ 96, 217.

43 *BVerfG* FamRZ 99, 285, 291.

44 *BGH* NJW 81, 1609; 82, 1873; 85, 305; 87, 58; *OLG Hamm* FamRZ 89, 1087; a.A. *Graba* FamRZ 99, 1115.

45 *BGH* FamRZ 80, 126.

gung steht. Für ihren Unterhalt aber stehen diejenigen Beträge nicht zur Verfügung, die die Ehegatten schon während der Ehe regelmäßig für andere Zwecke verwendet haben; es sind dies die **berufsbedingten Aufwendungen** (RN 540), der **Kindesunterhalt** (RN 296), **Verzinsung und Tilgung ehelicher Schulden** (RN 300) sowie die „**Sparrate" für die Vermögensbildung** (RN 303). Diese Beträge sind **vorweg vom Nettoeinkommen abzuziehen**, bevor der Unterhaltsbedarf des geschiedenen Ehegatten berechnet wird. Für den Unterhalt der Ehegatten bleibt nur das „bereinigte" Resteinkommen übrig. Je höher die Abzüge sind, desto niedriger ist der Unterhaltsbedarf des geschiedenen Ehegatten nach den ehelichen Lebensverhältnissen. Abgezogen werden freilich nicht schon die ehelichen Verbindlichkeiten, sondern erst die regelmäßigen Zahlungen auf diese Verbindlichkeiten, weil nur sie die Familienkasse belasten. Eine Ausnahme macht die gesetzliche Unterhaltspflicht gegenüber gemeinschaftlichen Kindern[46].

1.5 Kindesunterhalt

296 Das Nettoeinkommen wird vorweg um den gesetzlichen Kindesunterhalt gekürzt, nicht etwa deshalb, weil er dem Ehegattenunterhalt im Range vorginge, was er nicht tut (§ 1609 II), sondern allein deshalb, weil er schon während der Ehe für den Unterhalt der Ehegatten nicht zur Verfügung stand[47]. Für den **Unterhalt des gemeinschaftlichen Kindes**, das schon während der Ehe im Haushalt seiner Eltern gelebt hat, versteht es sich von selbst[48]. **Abgezogen wird schematisch der volle Tabellenunterhalt**[49], so dass es nicht darauf ankommt, was das Kind während der Ehe genau gekostet hat.

Der Unterhalt für das **minderjährige unverheiratete Kind** wird stets vorweg abgezogen, der Unterhalt für das **volljährige oder verheiratete Kind** hingegen, das aus irgendeinem Grunde noch unterhaltsberechtigt ist[50], nur dann, wenn der unterhaltsberechtigte Ehegatte einverstanden oder sein Unterhalt nicht gefährdet ist, denn nach § 1609 II hat er den besseren Rang[51] es sei denn das volljährige Kind sei noch nicht 21 Jahre alt, gehe noch zur Schule und wohne noch im elterlichen Haushalt (§ 1603 II 2).

297 Die ehelichen Lebensverhältnisse werden geprägt durch die Unterhaltsbelastung zur Zeit der Scheidung. Deshalb ist, soweit er bereits während der Ehe tatsächlich geleistet wird, auch der gesetzliche **Unterhalt für ein Kind aus früherer Ehe oder für ein nichteheliches Kind** vom Einkommen des zahlenden Ehegatten abzuziehen[52]. Dass dies sogar für ein nichteheliches Kind gilt, das gerade noch rechtzeitig vor Rechtskraft der Scheidung gebo-

---

46 *BGH* NJW 91, 2703; 94, 191.
47 *BGH* NJW 86, 985; 87, 1551; 89, 1992; 90, 1477, 2886; 91, 2703; 94, 190; 95, 963; FamRZ 99, 367.
48 *BGH* NJW 89, 1992; 90, 1477, 2886; 92, 1623; FamRZ 90, 980.
49 *BGH* NJW 92, 1622; FamRZ 97, 806: ohne Kindergeldausgleich; FamRZ 88, 1032: auch nichtehel. Kind im ehel. Haushalt; FamRZ 90, 1091: vereinbarter Unterhalt nur, wenn schon längere Zeit bezahlt; *OLG Hamburg* FamRZ 98, 1585.
50 *BGH* NJW 89, 1992: titulierter Ausbildungsunterhalt.
51 *BGH* NJW 85, 2713, 2716; 86, 985; 90, 2886.
52 *BGH* NJW 87, 1551; 91, 2703; 94, 190; *OLG Hamm* FamRZ 95, 996.
53 *BGH* NJW 94, 190: Trennungsunterhalt; FamRZ 99, 367; *OLG Hamm* FamRZ 95, 996; OLG München FamRZ 99, 511.

ren wird, rechtfertigt der BGH damit, dass es auch ohne Trennung und Scheidung aus dem Familieneinkommen hätte unterhalten werden müssen[53]. Dagegen kann der Unterhalt für ein Kind aus einer späteren Ehe die ehelichen Lebensverhältnisse nicht mehr prägen[54].

Da der Kindesunterhalt eine veränderliche Größe ist und die Veränderungen schon in der **298** Ehe angelegt sind, passen sich die ehelichen Lebensverhältnisse dem **jeweiligen Bestand des Kindesunterhalts** an[55]. Wenn also der Anspruch des Kindes auf Unterhalt irgendwann, und sei es erst viele Jahre nach der Scheidung, mangels Bedürftigkeit erlischt, erhöht dies in der Regel das verfügbare Familieneinkommen und damit den Bedarf des unterhaltsberechtigten Ehegatten (RN 313)[56].

Der umstrittene „**Betreuungsbonus**" für denjenigen Ehegatten, der neben seiner vollen **299** Erwerbstätigkeit auch noch ein gemeinschaftliches kleines Kind betreut, beeinflusst den Unterhaltsbedarf nach § 1578 I 1 nicht. Entweder hat der Ehegatte, was kaum je vorkommt, das Kind schon während des Zusammenlebens allein betreut, dann bestimmt dies zwar die ehelichen Lebensverhältnisse, ist aber auch nach der Trennung zumutbar. Oder er hat die alleinige Betreuung erst nach der Trennung übernommen, dann ist eine volle Erwerbstätigkeit vielleicht unzumutbar, kann aber, da trennungsbedingt, die ehelichen Lebensverhältnisse nicht mehr bestimmen[57]. Allerdings verringert der „Betreuungsbonus", soweit er überhaupt berechtigt ist, nach § 242 die Leistungsfähigkeit des unterhaltspflichtigen Ehegatten (RN 543)[58], während er dem unterhaltsberechtigten Ehegatten über § 1577 II 2 zugute kommt (RN 542).

1.6 Eheliche Schulden

Das verfügbare Einkommen verringert sich auch um die Zahlungen auf sonstige eheliche **300** Schulden. Ehelich sind nicht nur die gemeinschaftlichen Schulden, sondern auch diejenigen, die der eine Ehegatte im Einverständnis mit dem anderen eingegangen ist[59]. Die Zahlung wird vom Einkommen des zahlenden Ehegatten abgezogen[60]. Dies ist meistens der Unterhaltsschuldner, kann aber auch der Unterhaltsberechtigte sein, wenn er in einer Doppelverdienerehe lebte und sich sein Bedarf nach der Summe beider Einkommen richtet[61]. Indem sich sein Einkommen durch Abzug von Schuldzahlungen verringert, vergrößert sich die Differenz der beiden Einkommen und damit sein Unterhaltsbedarf[62]. Abzuziehen sind auch voreheliche Schulden, die ein Ehegatte in die Ehe mitgebracht und während der Ehe bedient hat[63].

---

54 *BGH* NJW 87, 1553.
55 *BGH* NJW 90, 2886; 91, 224; FamRZ 90, 1090, 1091.
56 *BGH* NJW 90, 2886; 91, 224.
57 Dies verkennen *OLG Schleswig* FamRZ 90, 518; *OLG Hamm* FamRZ 95, 1418; 96, 488; *OLG Brandenburg* FamRZ 96, 866.
58 So richtig *BGH* NJW 82, 2664; 86, 2054; 91, 697; *OLG Hamburg* FamRZ 93, 1453: Mangelfall; unklar *OLG Hamm* FamRZ 94, 1036.
59 *BGH* NJW 84, 1237; 89, 2818; 91, 2704; *KG* FamRZ 91, 808; *OLG Hamm* FamRZ 94, 446; 98, 558: auch Bürgschaft, die erst nach Trennung fällig wird; *OLG München* FamRZ 95, 233.
60 *BGH* NJW 89, 2809.
61 *BGH* NJW 91, 2704.
62 *BGH* NJW 91, 2704.
63 *OLG Koblenz* FamRZ 91, 459.

Ob es notwendig oder auch nur sinnvoll war, die Zahlungsverpflichtungen einzugehen, spielt keine Rolle, denn wenn die Zahlungen schon während der Ehe geleistet wurden, haben sie das Familienbudget belastet und standen für den Unterhalt der Ehegatten nicht zur Verfügung[64].

301 Aber die Rechtsprechung hält sich selbst nicht an ihre Vorgabe. Man sollte meinen, § 1578 I 1 handle von den tatsächlichen Lebensverhältnissen, die allein von den Ehegatten in freier Selbstbestimmung gestaltet würden, und nicht von Verhältnissen, wie sie nach der Vorstellung einiger Bundesrichter sein sollten. Weit gefehlt! Nach der Rechtsprechung darf sich der unterhaltsberechtigte Ehegatte **weder** auf einen **übertrieben aufwendigen Lebensstil** berufen **noch** muss er sich mit einer **übertrieben sparsamen Lebensführung** abfinden, der Maßstab ist vielmehr ein objektiver und vernünftiger, und was vernünftig ist, bestimmt allein der BGH. Diese Beschränkung auf **vernünftige Lebensverhältnisse** soll verhindern, dass der Unterhaltsschuldner auf Kosten des Unterhaltsberechtigten Vermögen bilde[65]. Das Gesetz weiß von alledem nichts. Unbedenklich ist diese Rechtsprechung nur dann, wenn man sie auf extreme Ausnahmen beschränkt[66]. Dagegen hat der Richter nicht das Recht, den Ehegatten im Nachhinein vorzuschreiben, wie sie – unterhaltsrechtlich – hätten leben sollen.

Beispiele

(1) **Beiträge zur Lebensversicherung**, die der Unterhaltsschuldner schon während der Ehe bezahlt hat, prägen die ehelichen Lebensverhältnisse und sind vorweg vom Einkommen des Unterhaltsschuldners abzuziehen, auch wenn sie nicht der Altersvorsorge, sondern der Vermögensbildung dienen (*BGH* NJW 92, 1045).

(2) Die **Ratenzahlungen** auf einen Anschaffungskredit kürzen das Einkommen des Zahlers unabhängig davon, wer nach der Trennung die finanzierten Anschaffungen bekommt (*OLG München* FamRZ 95, 233).

(3) **Zins und Tilgung von Hauslasten für das Eigenheim** sind grundsätzlich vom Einkommen des zahlenden Ehegatten abzuziehen (*BGH* NJW 89, 2810; 91, 2704: zumindest bis Zustellung des Scheidungsantrags; *OLG Karlsruhe* FamRZ 97, 1076).

(4) Die Ehefrau, die nicht erwerbstätig ist, beteiligt sich mit Wissen des Ehemanns an einem Bauherrenmodell, das Pachtzinsen abwirft. Die Beteiligung finanziert sie mit einem **Kredit**, den sie mit monatlich 1855,– DM tilgt. Der gut verdienende Ehemann profitiert davon durch erhebliche Steuerersparnisse. Da in der Doppelverdienerehe die ehelichen Lebensverhältnisse durch die Einkünfte beider Eheleute geprägt werden, darf jeder Ehegatte, auch der unterhaltsberechtigte, Zahlungen auf eheliche Schulden von seinem Einkommen abziehen (*BGH* NJW 91, 2704: zumindest bis zur Zustellung des Scheidungsantrags u. in angemessenem Umfang).

(5) Finanziert aber der Ehemann den Umbau seiner 2 Wohnhäuser mit Krediten, auf die er monatlich 2900,– DM zahlen muss, obwohl er selbst nur 3400,– DM netto und die Ehe-

---

64 *BGH* FamRZ 84, 360: Hauslasten nur, soweit sie Wohnwert übersteigen; NJW 91, 2703: Kreditraten für Einkommensquelle; NJW 92, 1045: Lebensversicherungsprämien, die für Altersvorsorge entbehrlich; *KG* FamRZ 91, 808; a.A. *OLG Hamm* FamRZ 90, 998 u. *OLG Düsseldorf* FamRZ 97, 559: Konsumkredit.

65 *BGH* NJW 82, 1645; 84, 1237; 91, 2704; 92, 1045; 97, 735.

66 *BGH* NJW 97, 735: nur unangemessene Vermögensbildung unbeachtlich; *OLG Bamberg* FamRZ 99, 511: Hauskosten 1600,– DM, Mietwert 700,– DM, Gesamteinkommen 3 500,–DM,

frau nur 1415,– DM netto verdienen, steht die **monatliche Belastung außer Verhältnis zum verfügbaren Einkommensrest**. An diesem **übertriebenen Komsumverzicht** muss sich die unterhaltsberechtigte Ehefrau nach dem endgültigen Scheitern der Ehe nicht mehr festhalten lassen (*BGH* NJW 84, 1237).

Wie der Kindesunterhalt ist auch die **eheliche Schuld eine veränderliche Größe**, die durch Zinsen anwachsen und durch Tilgung erlöschen kann. Da diese Veränderungen schon in der Ehe angelegt sind, passen sich die ehelichen Lebensverhältnisse und der Unterhaltsbedarf dem **jeweiligen Bestand** und vor allem dem Erlöschen **der Verbindlichkeit** an. Wenn also der Unterhaltsschuldner einen ehelichen Ratenzahlungskredit, und sei es erst Jahre nach der Scheidung, tilgt, erhöht sich sein verfügbares Einkommen und damit der Bedarf des unterhaltsberechtigten Ehegatten, wenn nicht der frei werdende Betrag schon anderweit verplant ist (RN 313).   **302**

Trennungsbedingte Veränderungen hingegen sind und bleiben unerheblich (RN 308).

1.7 Vermögensanlage

Schließlich steht auch derjenige Teil des Einkommens für den Unterhalt der Ehegatten nicht zur Verfügung, der während der Ehe nicht verbraucht, sondern auf die hohe Kante gelegt wurde, denn der Unterhalt soll nur den ehelichen Lebensbedarf des geschiedenen Ehegatten decken, er soll ihn nicht auch noch am Vermögen des anderen beteiligen[67]. Je höher Einkommen und Vermögen sind, desto mehr wird gewöhnlich gespart und angelegt[68].   **303**

Die Rechtsprechung zieht freilich eine Grenze und legt einen **objektiven, vernünftigen Maßstab** an[69]. Das darf aber nicht heißen, dass an Stelle der Ehegatten das Gericht bestimme, was zu verbrauchen und was zu sparen sei. Vielmehr ist die individuelle Lebensplanung der Eheleute zu respektieren, solange sie nicht völlig aus dem Rahmen der Vernunft fällt. § 1578 I 1 stellt schlicht und einfach auf die ehelichen Lebensverhältnisse ab. Damit sind die konkreten Verhältnisse jeder einzelnen Ehe gemeint, nicht die vernünftigen Verhältnisse einer vernünftigen Ehe. Unbeachtlich sind nur extreme Auswüchse: die **übertriebene Sparsamkeit** auf der einen und der **verschwenderische Luxus** auf der anderen Seite[70]. Weder darf der Unterhaltsschuldner unbegrenzt auf Kosten des Berechtigten Vermögen bilden[71], noch hat der Berechtigte Anspruch auf luxuriösen Unterhalt. Insoweit geht die Formel des BGH zu weit, der geschiedene Ehegatte sei an den ehelichen Konsumverzicht nicht mehr gebunden[72].   **304**

---

67 *BGH* NJW 82, 1645; 84, 292; 92, 2477, 2480; 94, 2618; 97, 735: Ehegatte soll nicht besser stehen als während der Ehe.

68 *BGH* FamRZ 83, 678: aber kein Erfahrungssatz zur Höhe; FamRZ 87, 39: Einkommen 8200,– DM, Sparrate 1600,– DM; NJW 94, 1618: hohes Einkommen u. großes Vermögen; *OLG Koblenz* FamRZ 2000, 1366: Einkommen 22 000,– DM, Anlage 9 000,– DM.

69 *BGH* NJW 82, 1645; 83, 1733; 84, 1237, 92, 1045; 97, 735.

70 So jetzt deutlich *BGH* NJW 97, 735; ferner *BGH* NJW 82, 1645; 83, 1733; 84, 1237; 92, 1045.

71 *BGH* NJW 84, 1237; 92, 2477, 2479.

72 *BGH* NJW 84, 1237 und oft.

305 Eine allgemeine „Sättigungsgrenze", jenseits derer Einkommen nicht mehr zu berücksichtigen wäre, **gibt es** jedenfalls **nicht**; vielmehr soll auch der geschiedene Ehegatte den hohen ehelichen Lebensstandard weiterhin halten dürfen[73].

1.8 Kein Mindestbedarf

306 Da sich der **Unterhaltsbedarf des geschiedenen Ehegatten nur nach den ehelichen Lebensverhältnissen** richtet und nicht nach irgendwelchen abstrakten Unterhaltabellen oder -leitlinien, anerkennt der BGH zu Recht **keinen absoluten Mindestbedarf** etwa in Höhe des angemessenen Eigenbedarfs, den § 1581 dem Unterhaltsschuldner zubilligt, sondern beschränkt den Bedarf auf die Hälfte oder drei Siebtel desjenigen Einkommensrestes, der nach Abzug des Kindesunterhalts, der ehelichen Schulden und der Sparrate für den Unterhalt der Ehegatten noch übrigbleibt[74]. Der Bedarf nach § 1578 I 1 kann deshalb niedriger sein als das sozialhilferechtliche Existenzminimum, erhöht sich freilich um trennungsbedingten Mehrbedarf (RN 339). Wo der Unterhalt zum Leben nicht ausreicht, muss die Sozialhilfe einspringen[75].

Problematisch erscheint auf den ersten Blick die **Konkurrenz zwischen Ehegatten- und Kindesunterhalt.** Da der Kindesunterhalt vorweg vom Einkommen abgezogen wird, reduziert er zwangsläufig den Bedarf des Ehegatten, obwohl dieser mit dem minderjährigen unverheirateten Kind gleichen Rang hat und dem volljährigen oder verheirateten Kind im Rang gar vorgeht (§ 1609 II). Aber hier geht es nicht um den besseren oder schlechteren Rang. **§ 1578 I 1 beschränkt den Bedarf des geschiedenen Ehegatten nun einmal auf seinen Anteil am Familieneinkommen, der für den Unterhalt der Ehegatten noch übrigbleibt.** In einer intakten Familie aber sorgen die Eltern zuallererst für ihre minderjährigen Kinder, bevor sie an sich selbst denken. Der Vorwegabzug des Kindesunterhalts ist schon deshalb berechtigt, weil sich das minderjährige Kind nicht selbst helfen kann[76]. Und was den Unterhalt des volljährigen oder verheirateten Kindes betrifft, wird er nur dann vorweg vom Einkommen abgezogen, wenn dies den Ehegattenunterhalt nicht gefährdet[77].

2. Stichtag für die ehelichen Lebensverhältnisse

2.1 Regelfall: Rechtskraft der Scheidung

307 Stichtag für die ehelichen Lebensverhältnisse ist nicht etwa der Tag der Trennung, sondern der Tag, an dem die Scheidung rechtskräftig wird, denn die Ehe besteht nun einmal solange, bis sie von Rechts wegen aufgelöst wird (§ 1564 S. 2). **Der Unterhaltsbedarf**

---

73 *BGH* NJW 82, 1645; 83, 683; 94, 2618: allenfalls bei extrem hohem Einkommen; aber auch *OLG Frankfurt* FamRZ 92, 823; ferner *Eschenbruch/Loy* FamRZ 94, 665.
74 *BGH* 104, 168; NJW 84, 1537; 87, 897; 95, 963; FamRZ 93, 792; 95, 346; 97, 806: auch nicht im Mangelfall; 98, 1501; *OLG Hamm* FamRZ 99, 235.
75 *BGH* 104, 168; NJW 95, 963; FamRZ 93, 792; 95, 346.
76 *BGH* 104, 168; 109, 86; NJW 84, 1537; 87, 897; 88, 1722; 92, 1621; *OLG Koblenz* FamRZ 91, 444.
77 *BGH* NJW 86, 985; 90, 2886.

des geschiedenen Ehegatten richtet sich deshalb nach dem Einkommen, das bei Rechtskraft der Scheidung für den Unterhalt der Ehegatten nachhaltig zur Verfügung steht[78]. Das gilt auch nach kurzem Zusammenleben[79] oder langer Trennung[80]. Diese Auslegung des § 1578 I 1 ist verfassungskonform[81] und bestimmt im Normalfall den Unterhaltsbedarf.

Aber keine Regel ohne Ausnahme: Nicht jede Veränderung des Einkommens vor der Scheidung prägt noch die ehelichen Lebensverhältnisse, und nicht jede Veränderung des Einkommens nach der Scheidung ist unerheblich. Vielmehr bleiben trennungsbedingte Veränderungen vor der Scheidung außer Betracht (RN 308), während die normale voraussehbare Entwicklung nach der Scheidung auch noch den Bedarf bestimmt (RN 311).

2.2 Erste Ausnahme: Trennungsbedingte Veränderungen vor der Scheidung

Für die Zeit zwischen Trennung und Scheidung gilt: **Trennungsbedingte Veränderungen des Einkommens bestimmen die ehelichen Lebensverhältnisse nicht mehr.** Sie können den Unterhaltsbedarf weder erhöhen noch verringern. In diesem Ausnahmefall kommt es auf den Zeitpunkt der Trennung an[82].   **308**

Die Rechtsprechung spricht zwar vorsichtiger von einer „unerwarteten, vom Normalfall erheblich abweichenden Entwicklung seit der Trennung"[83], meint damit aber in den meisten Fällen Veränderungen, die ohne Trennung nicht eingetreten wären und deshalb die Verhältnisse des ehelichen Zusammenlebens nicht mehr beeinflussen können. Ob eine Entwicklung durch die Trennung verursacht wurde, lässt sich in der Regel leicht feststellen, während die unerwartete Abweichung von der Normalität nur schwer zu fassen ist.

Die **Beweislast für diese Ausnahme** trägt derjenige Ehegatte, der die Veränderung des Einkommens während der Trennung nicht gelten lässt[84].

> **Beispiele für trennungsbedingte Veränderungen**
> (1) **Wenn der erwerbstätige Ehegatte nach der Trennung auch noch die Betreuung eines gemeinschaflichen kleinen Kindes übernimmt,** mag dies seine Erwerbstätigkeit mehr oder weniger unzumutbar machen, kann aber, da trennungsbedingt, die ehelichen Lebensverhältnisse nicht mehr bestimmen (dies übersehen *OLG Schleswig* FamRZ 90, 518; *OLG Hamm* FamRZ 96, 488; *OLG Brandenburg* FamRZ 96, 866), sondern nur noch seine Leistungsfähigkeit als Unterhaltsschuldner verringern (so richtig *BGH* NJW 82, 2664; 86, 2054; 91, 697; *OLG Hamburg* FamRZ 93, 1453).

Beispiele
309

---

78 *BGH* 89, 108; FamRZ 85, 359, 471; 88, 146; 95, 346; 99, 367; NJW 90, 1477, 3020; 92, 2477; 94, 190, 935, 963.
79 *BGH* NJW 80, 2349.
80 *BGH* NJW 81, 753; *OLG Hamm* FamRZ 90, 1361.
81 BVerfG NJW 93, 2926.
82 *BGH* 89, 108; NJW 82, 1870, 2439; 84, 1685; 86, 718; 88, 2034; 90, 2886; 92, 2477; 94, 190; 94, 935; FamRZ 84, 151; 91, 307.
83 *BGH* 89, 108; NJW 92, 2477; 94, 190; 94, 935.
84 *BGH* FamRZ 83, 352; 91, 308; wohl auch FamRZ 86, 244 u. NJW 94, 935: „... es sei denn ...".

(2) Wohnen die Ehegatten billig im eigenen Haus, prägt auch der geldwerte **Wohnvorteil** die ehelichen Lebensverhältnisse (BGH FamRZ 85, 356, 472; 98, 87; 98, 899; 2000, 351, 950). Der **trennungsbedingte Auszug** eines Ehegatten samt Nutzungsverlust und trennungsbedingtem Mehraufwand ändert daran so wenig (BGH FamRZ 86, 438) wie die **trennungsbedingte Veräußerung** des gemeinschaftlichen Wohnhauses und die Verteilung des Erlöses (*BGH* FamRZ 85, 472; *OLG Frankfurt* FamRZ 90, 62; *OLG Hamm* FamRZ 90, 886; 95, 1152; 98, 291; 99, 917; a.A. *BGH* NJW 90, 3274; 2001, 2254, 2259).

Neuerdings werden die eheähnlichen Verhältnisse auch noch durch die trennungsbedingte Aufnahme oder Ausweitung einer Erwerbstätigkeit durch die frühere Hausfrau mitbestimmt was ihren Unterhaltsbedarf erhöht (RN 327, 328).

Folgerichtig verlieren **eheliche Hauslasten** ihre eheprägende Wirkung nicht durch die trennungsbedingte Veräußerung des Eigenheims (a.A. *OLG Stuttgart* FamRZ 84, 1105; *OLG Schleswig* FamRZ 89, 629).

(3) Trennungsbedingt sind auch **Prozesskostenhilferaten für Trennungsunterhalt** (*OLG* München FamRZ 94, 898).

(4) Baut der Ehemann während der 18 Jahre dauernden Trennung sein kleines Pelzgeschäft zusammen mit seiner neuen Lebensgefährtin zu einem gutgehenden Unternehmen mit hohem Gewinn aus, prägt dies die ehelichen Lebensverhältnisse nicht mehr (*BGH* NJW 82, 1870).

(5) **Verringert umgekehrt der unterhaltspflichtige Ehemann während der Trennung durch Berufswechsel oder Einschränkung seiner Berufstätigkeit pflichtwidrig sein Einkommen,** hilft ihm das unterhaltsrechtlich nichts, vielmehr wird er an dem bislang erzielten und nach wie vor erzielbaren (fiktiven) Einkommen festgehalten, weil es immer noch die ehelichen Lebensverhältnisse prägt (*BGH* NJW 92, 2477; *OLG Stuttgart* FamRZ 91, 952: berufliche Selbständigkeit nach Trennung prägt nicht). Wenn der Unterhaltsschuldner es in der Hand hat, sein früheres Einkommen wieder zu verdienen, ist der Einkommensrückgang nicht nachhaltig und schon deshalb belanglos (*BGH* NJW 92, 2477).

(6) Da nur ein nachhaltig erzieltes Einkommen die ehelichen Lebensverhältnisse bestimmt, soll eine **unzumutbare Erwerbstätigkeit,** die jederzeit eingestellt werden darf, außer Betracht bleiben (*BGH* FamRZ 82, 255, 576; 83, 146; 84, 152; 98, 1501). Indes ist eine Erwerbstätigkeit, die dem Willen beider Ehegatten entspricht, nie unzumutbar und die trennungsbedingte Aufnahme einer Erwerbstätigkeit nie prägend. Wenn also die Ehefrau trotz Kindesbetreuung schon während des Zusammenlebens erwerbstätig war, kann man ihr dies auch nach der Trennung zumuten, falls sich die Betreungssituation nicht wesentlich ändert (*OLG Bamberg* FamRZ 96, 1076; widersprüchlich *OLG Düsseldorf* FamRZ 86, 170: unzumutbar, aber prägend).

310   **Beispiele gegen trennungsbedingte Veränderungen**

(1) **Wird der Assistenzarzt während der Trennung Oberarzt** (*BGH* FamRZ 88, 145) oder der Schweißer und Betriebsrat nach einem Lehrgang Gewerkschaftssekretär (*BGH* FamRZ 91, 307), oder beginnt der Soldat nach dem Wehrdienst ein Studium (OLG *Hamm* NJW-RR 91, 709), so sind diese Veränderungen nicht trennungsbedingt, sondern **bereits in der Ehe angelegt** und prägen deshalb noch die ehelichen Lebensverhältnisse.

(2) Das gleiche gilt, **wenn der angestellte Krankenhausarzt sich** gleichzeitig mit der Trennung **als Facharzt niederlässt**, den Entschluss zur Selbständigkeit aber schon während des Zusammenlebens gefasst hat (*BGH* FamRZ 88, 927), oder wenn der Ehemann, der bei der Heirat in Haft ist, nach kurzem Zusammenleben eine Arbeit findet und sich gleichzeitig von seiner Frau trennt (*BGH* FamRZ 88, 930).

(3) Schließlich hat auch die Ausnahme, dass trennungsbedingte Veränderungen unbeachtlich sind, ihrerseits eine Ausnahme. Die **Änderung der Steuerklasse** ist zwar trennungsbedingt, bestimmt aber gleichwohl die Höhe des verteilbaren Einkommens. Das hat freilich nichts mit § 1578 I 1 zu tun, sondern damit, dass die Rechtsprechung immer nur die tatsächliche Steuerlast berücksichtigt, da ihr eine fiktive Steuer zu unsicher ist (*BGH* NJW 88, 2101; 90, 1477; 91, 224). Dieses Argument erleichtert zwar die Bedarfsberechnung, widerspricht aber eklatant dem § 1578 I 1.

(4) Ebenso werden die ehelichen Lebensverhältnisse noch dadurch mitbestimmt, **dass der unterhaltspflichtige Ehemann während der Trennung Vater eines nichtehelichen Kindes wird**, weil der gesetzliche Kindesunterhalt auch die intakte Ehe belastet hätte (*BGH* NJW 94, 190; *OLG Hamm* FamRZ 97, 886).

(5) **Einkünfte aus einer Erbschaft**, die nach der Trennung anfällt, prägen noch die ehelichen Lebensverhältnisse, weil sie auch ohne Trennung erzielt worden wären (OLG Hamm FamRZ 98, 620).

2.3 Zweite Ausnahme: Voraussehbare Veränderungen nach der Scheidung

Verändert sich das Einkommen erst nach Rechtskraft der Scheidung, prägt die Veränderung nur dann noch die ehelichen Lebensverhältnisse, wenn sie bereits in der Ehe angelegt und zur Zeit der Scheidung mit großer Wahrscheinlichkeit zu erwarten war, so dass diese Erwartung schon den ehelichen Lebensstandard mitbestimmt hat[85]. Das ist eine wahrlich komplizierte Formel. Gemeint ist **die voraussehbare normale Erhöhung oder Verringerung des verteilbaren Einkommens, die es rechtfertigt, die ehelichen Lebensverhältnisse zur Zeit der Scheidung in vernünftigem Rahmen fortzuschreiben und an die voraussehbare Entwicklung anzupassen.**

311

Beispiele

(1) **Normale Lohn- und Gehaltssteigerungen** (*BGH* NJW 87, 1555; 89, 1992; 90, 1477, 3020: Änderung Dienstaltersstufe; *OLG Hamm* FamRZ 98, 291);

(2) **Regelbeförderung** nach der herrschenden Beförderungspraxis (*BGH* FamRZ 82, 684; *OLG Schleswig* FamRZ 82, 705);

(3) **Anstellung als Kfz-Meister**, nachdem die Meisterprüfung schon vor der Scheidung abgelegt war und die Mitprüflinge schon eine Stellung hatten (*BGH* NJW 85, 1699);

(4) **Arztexamen** 5 Monate nach der Scheidung und Anstellung als Krankenhausarzt 3 Monate später (*BGH* NJW 86, 720);

---

85 *BGH* 89, 108,; NJW 82, 2439; 85, 1699; 86, 720; 87, 58, 1555; 88, 2034; 89, 1992; 90, 2886, 3020; FamRZ 86, 785; 95, 474; *OLG Karlsruhe* FamRZ 97, 1279.

(5) **Entlassung des Zeitsoldaten** 5 Monate nach der Scheidung und Aufnahme einer Erwerbstätigkeit; prägend sind auch die Übergangsgebührnisse für 3 Jahre (*OLG Köln* FamRZ 95, 353); ebenso Haftentlassung nach Scheidung und Arbeitsaufnahme (*OLG Hamm* FamRZ 99, 515);

(6) **nicht zu verhindernder Einkommensrückgang beim Selbständigen,** den die Ehegatten auch bei Fortbestand der Ehe hätten verkraften müssen (*BGH* FamRZ 93, 1304);

312
(7) Verringerung des Einkommens durch **Eintritt in den Ruhestand,** soweit die Altersrente nicht auf dem Versorgungsausgleich beruht und eine Scheidungsfolge ist (*BGH* NJW 87, 58, 1555; 88, 2101; 90, 2886; 91, 224; 94, 935; *OLG Hamm* FamRZ 95, 1151; *OLG München* FamRZ 2000, 612). Da der Ruhestand von Anfang an abzusehen war, ist ein zeitlicher Zusammenhang mit der Scheidung nicht erforderlich (*BGH* NJW 90, 2886; 91, 224; die ältere Rechtsprechung ist überholt). Auch ist es hinzunehmen, dass sich das Einkommen von jährlich 300 000,– bis 400 000,– DM auf 168 000,– DM verringert, wenn ein **Unternehmer sich altersbedingt aus dem Erwerbsleben zurückzieht** und seine Gesellschaftsanteile für eine Leibrente verkauft (*BGH* NJW 94, 935).

313
(8) Entsprechend erhöht sich das prägende Einkommen durch **Wegfall des Kindesunterhalts oder von Kreditraten aus der Ehezeit,** soweit der freiwerdende Teil des Einkommens nicht vernünftigerweise zur Vermögensbildung bestimmt ist (*BGH* NJW 90, 2886). Da schon bei der Scheidung damit zu rechnen war, dass die Kinder sich eines Tages selbst unterhalten werden und die Kreditschuld getilgt sein wird, kommt es nicht darauf an, ob diese Veränderung alsbald oder erst Jahre nach der Scheidung eintritt (*BGH* NJW 90, 2886: Wegfall Kindesunterhalt 8 Jahre nach der Scheidung; NJW 91, 224; die ältere Rechtsprechung ist überholt).

(9) Dass der Unterhaltsschuldner nach der Scheidung eines Tages umziehen und dadurch **Fahrtkosten sparen** werde, mag vorhersehbar oder unvorhersehbar sein, lässt sich aber als normalen Vorgang begreifen, der bereits den Unterhaltsbedarf beeinflusst (*BGH* FamRZ 82, 575).

(10) Prägend sind auch Ertrag und Kapital einer **ausbezahlten Lebensversicherung** (*OLG Düsseldorf* FamRZ 98, 621).

(11) Neuerdings prägt auch das Erwerbseinkommen, das Hausfrau oder Hausmann erstmals nach der Scheidung erzielt, noch die ehelichen Lebensverhältnisse (*BGH* NJW 2001, 2254).

Beispiele
314
Gegenbeispiele

(1) Es kann die ehelichen Lebensverhältnisse nicht mehr prägen, wenn ein Ehegatte nach der Scheidung einen **unerwarteten Karrieresprung** macht und vom angestellten Betriebsingenieur zum Geschäftsführer der Anstellungs-GmbH aufsteigt (*BGH* NJW 90, 2886; ähnlich *OLG München* FamRZ 97, 613), als promovierter Hochschulassistent in ein großes Computerunternehmen wechselt (*BGH* NJW 85, 1699), als kaufmännischer Sachbearbeiter mit monatlich 3170,– DM zum „Abteilungsbereichsleiter" mit monatlich 4130,– DM befördert wird (*OLG Hamm* FamRZ 90, 65; ähnlich *OLG Düsseldorf* FamRZ 92, 1439), als Geschäftsführer eines mittelständischen Unternehmens zum „Senior-Manager" eines internationalen Konzerns berufen wird und sein Einkommen vervielfacht (*OLG Hamm* FamRZ 94, 515) oder vom gehobenen in den höheren Staatsdienst aufsteigt (*OLG Saarbrücken* FamRZ 82, 711).

(2) Wenn die Hausfrau erst **nach der Scheidung in** ihren **Beruf zurückkehrt**, prägt dies die ehelichen Lebensverhältnisse auch dann nicht, wenn sie diesen Entschluss zwar schon vor der Scheidung gefasst, aber auch nicht ansatzweise in die Tat umgesetzt hat (*BGH* FamRZ 86, 785; 88, 146). Die bloße Absicht genügt nur während der Trennung (*BGH* FamRZ 88, 146). Das gleiche gilt für den Oberarzt, der sich nach der Scheidung selbständig macht und zunächst weniger verdient, ganz abgesehen davon, dass er für diesen Fall hätte vorsorgen müssen (*BGH* FamRZ 88, 145; 88, 256).

(3) Der spätere Bezug einer **Rente aus dem Versorgungsausgleich und das Absinken der Rente wegen des Versorgungsausgleichs** sind Scheidungsfolgen (*BGH* NJW 87, 1555; 88, 2101; *OLG Frankfurt* FamRZ 93, 811; *OLG Hamm* FamRZ 95, 1151; *OLG Schleswig* FamRZ 2000, 28). Das gleiche gilt für die Aufnahme eines **Kredits zur Finanzierung des Zugewinnausgleichs** (*OLG Hamm* FamRZ 95, 1152, 1418) und für **Prozesskostenhilferaten im Unterhaltsprozess** (*OLG München* FamRZ 94, 898: Trennungsunterhalt).

(4) **Geht das Einkommen eines Selbständigen nach der Scheidung auf unabsehbare Zeit** und ohne Aussicht auf Besserung derart **drastisch zurück**, dass es die Eheleute nicht mehr ernährt, kann es den Unterhaltsbedarf nicht mehr bestimmen, vielmehr muss der Selbständige eine abhängige Arbeit suchen, um den bisherigen ehelichen Lebensstandard möglichst zu erhalten (*BGH* FamRZ 93, 1304). Insoweit spielt es keine Rolle, ob der wirtschaftliche Niedergang marktbedingt oder verschuldet ist (*BGH* FamRZ 93, 1304; 92, 1045).

2.4 Sonderfälle

Haben die Ehegatten nach ihrer **Scheidung in der DDR**, aber noch vor deren Beitritt zur Bundesrepublik, ihren gewöhnlichen **Aufenthalt in die Bundesrepublik verlegt**, so dass sich der Geschiedenenunterhalt nicht nach dem Recht der früheren DDR, sondern nach §§ 1569 ff. richtet, wird der Unterhaltsbedarf nicht mehr durch die ehelichen Lebensverhältnisse in der DDR bestimmt, sondern durch den Lebensstandard, den die Eheleute zur Zeit der Scheidung in der Bundesrepublik gehabt hätten[86]. Da der Maßstab des § 1578 I 1 auf diesen Sonderfall nicht passt, spielt es keine Rolle, ob der Aufenthaltswechsel und die Wiedervereinigung voraussehbar waren oder nicht. Die Lebensverhältnisse in der DDR waren mit denen in der Bundesrepublik nicht vergleichbar. Man muss sie deshalb vergleichbar machen, indem man die Verhältnisse in der DDR auf die Verhältnisse in der Bundesrepublik projiziert. Andernfalls würde der bedürftige Ehegatte mit einem Butterbrot abgespeist und der Zweck des § 1578 I 1 verfehlt, ihm auch nach der Scheidung denjenigen Lebensstandard zu gewähren, den er zur Zeit der Scheidung unter völlig anderen Verhältnissen in der DDR hatte[87]. Das Unterhaltsrecht stellt auch sonst auf die Verhältnisse der Beteiligten am Ort ihres Aufenthalts ab[88]. **315**

Lebt der **unterhaltsberechtigte Ehegatte im Ausland**, nachdem seine Ehe in Deutschland geschieden worden ist, gilt nach Art. 18 IV 1 EGBGB deutsches Unterhaltsrecht, **316**

---

86 *BGH* FamRZ 95, 473; a.A. wohl *OLG Hamm* FamRZ 93, 972.
87 *BGH* FamRZ 95, 473.
88 *BGH* 85, 16.

also auch § 1578 I 1. Der Unterhaltsbedarf ist gleich dem Geldbetrag, den der Berechtigte an seinem ausländischen Aufenthaltsort braucht, um den ehelichen Lebensstandard aufrechtzuerhalten[89].

3. Halbteilung und Erwerbstätigenbonus

3.1 Halbteilung

317 Soll das Familieneinkommen, das für den Unterhalt der Ehegatten übrigbleibt, hälftig verteilt oder soll der erwerbstätige Ehegatte bevorzugt werden? Auch das ist noch eine Frage des Unterhaltsbedarfs nach den ehelichen Lebensverhältnissen. Da die Haushaltsführung nach § 1360 S. 2 gleichen Wert hat wie die Erwerbstätigkeit, steht dem unterhaltsberechtigten Ehegatten auch nach der Scheidung an sich die Hälfte des verfügbaren Familieneinkommens zu[90]. Der „Halbteilungsgrundsatz" ist aber so stark durchlöchert, dass er zur Ausnahme herabsinkt, denn hälftig verteilt wird nach der Rechtsprechung nur Einkommen, das nicht durch Erwerbstätigkeit verdient wird, also Versorgungsbezüge und Renten, Vermögenseinkünfte und Wohnvorteile[91]. Nur in diesen Fällen muss man eine ungleiche Verteilung besonders rechtfertigen, etwa mit einer besonderen Belastung durch Krankheit[92].

3.2 Erwerbstätigenbonus

318 Den erwerbstätigen Ehegatten hingegen, und das ist meistens der Unterhaltspflichtige, bevorzugt die Rechtsprechung derart, dass sie ihm vorweg 1/7 seines bereinigten monatlichen Nettoeinkommens anrechnungsfrei lässt und den Bedarf des unterhaltsberechtigten Ehegatten auf 3/7 beschränkt[93].

Der „Erwerbstätigenbonus" wird damit begründet, dass der Erwerbstätige einen besonderen Aufwand habe und einen finanziellen Anreiz zur Arbeit brauche. Aber doppelt genäht hält nicht besser, denn das eine Argument ist so schwach wie das andere. Der berufsbedingte Aufwand wird ohnehin vorweg vom Erwerbseinkommen abgezogen, zwar nicht mehr pauschal in Höhe von 5%[94], aber immer noch konkret auf Nachweis[95] Und einen finanziellen Anreiz zur (ungeliebten Haus-) Arbeit brauchen nach Art. 3 I GG mit

---

89 *BGH* FamRZ 87, 682: Polen; *OLG Karlsruhe* FamRZ 87, 1149: Polen; ferner *Gutdeutsch/Zieroth* FamRZ 93, 1152; zur Verbrauchergeldparität auch RN 628.
90 *BGH* NJW 82, 41; 82, 2442; 84, 2358; 88, 2369; 92, 1623.
91 *BGH* NJW 82, 2442; 83, 683; 84, 2358; 86, 1341; 89, 2809; 91, 2703; FamRZ 89, 1162; *OLG Hamburg* FamRZ 92, 1308: auch Kranken- und Arbeitslosengeld.
92 *BGH* NJW 82, 2442; 84, 2358; 91, 2703; FamRZ 90, 982.
93 Betrag, der hälftiges Einkommen maßvoll übersteigt: *BGH* NJW 88, 2369; 89, 1992, 2809; 90, 2888, 3021; 91, 224, 2703; 95, 963; FamRZ 97, 806; aber auch NJW 92, 1623: vereinbarte 5%-Pauschale genügt im Mangelfall.
94 *BGH* NJW 95, 963.
95 *BGH* NJW 90, 2886: kein Bonus neben großzügigem Abzug berufsbedingter Aufwendungen; NJW 92, 1623: vereinbarte Pauschale; zum Erwerbsaufwand u. zum Bonus: *Riegner* FamRZ 95, 641.

§ 1360 S. 2 vielleicht auch die Hausfrau und der Hausmann. Nicht umsonst drängt die moderne Frau ins Berufsleben, während von einem Drang des Mannes in den Haushalt nichts zu hören ist. Es wäre deshalb ehrlicher, dem Erwerbstätigen eine kräftige Aufwandpauschale zuzubilligen und das „bereinigte" Einkommen hälftig zu verteilen[96].

Aber noch ist der **Erwerbstätigenbonus** ständige Rechtsprechung des BGH, der ihn freilich **nicht nur dem unterhaltspflichtigen, sondern auch dem unterhaltsberechtigten Ehegatten** spendiert, wenn dieser erwerbstätig ist[97]. Beide Ehegatten dürfen nicht nur von ihrem tatsächlich erzielten, sondern **auch** von ihrem erzielbaren **fiktiven Erwerbseinkommen** vorweg 1/7 für sich behalten[98]. **319**

Der Erwerbstätigenbonus ist nach seinem Sinn und Zweck nicht schon vom Nettoeinkommen, sondern **erst vom „bereinigten" Nettoeinkommen abzuziehen**, das nach Abzug von berufsbedingten Aufwendungen, Kindesunterhalt, Schuldendienst und Sparrate für den Unterhalt der Ehegatten noch übrigbleibt; andernfalls würde der unterhaltsberechtigte Ehegatte doppelt benachteiligt[99]. Der BGH definiert den Erwerbstätigenbonus als einen „Betrag, der das hälftige Einkommen maßvoll übersteigt". Gemeint ist das Einkommen, das zwischen den Ehegatten verteilt werden kann; das ist aber nicht schon das Nettoeinkommen, sondern erst das „bereinigte" Nettoeinkommen; andernfalls würde der erwerbstätige Unterhaltsschuldner nicht „maßvoll", sondern maßlos bevorzugt[100]. **320**

Werden die ehelichen Lebensverhältnisse **sowohl** durch **Erwerbseinkommen als auch** durch **sonstige Einkünfte** geprägt, darf der Erwerbstätigenbonus grundsätzlich nur vom bereinigten Erwerbseinkommen abgezogen werden[101]. Man muss jedoch unterscheiden: Ist das verteilbare Gesamteinkommen niedriger als das Nettoeinkommen aus Erwerbstätigkeit, zieht man den Bonus vom verteilbaren Gesamteinkommen ab, hingegen vom Erwerbseinkommen, wenn dieses niedriger ist als das verteilbare Gesamteinkommen[102].

Dies alles betrifft noch den **Unterhaltsbedarf** nach den ehelichen Lebensverhältnissen. Jedoch darf auch der unterhaltsberechtigte Ehegatte, soweit es um seine **Bedürftigkeit** geht, von seinem Nettoeinkommen aus Erwerbstätigkeit vorweg 1/7 für sich behalten, so dass nur 6/7 auf seinen Bedarf anzurechnen sind (RN 347). Was hingegen die **Leistungsfähigkeit** des Unterhaltsschuldners betrifft, gibt es keinen Erwerbstätigenbonus, vielmehr steht das bereinigte Nettoeinkommen bis auf den Eigenbedarf nach § 1581 voll zur Verfügung[103]. Auch dem Kindesunterhalt ist ein Erwerbstätigenbonus fremd[104]. **321**

---

96 *OLG Stuttgart* FamRZ 97, 358: 15%-Pauschale; spitzfindig *OLG Karlsruhe* FamRZ 96, 350: neben berufsbed. Aufwendungen nur noch 1/9 Bonus.
97 *BGH* NJW 86, 1341; 88, 2369; 91, 1051; 95, 963; FamRZ 99, 367.
98 *BGH* FamRZ 91, 304, 307; NJW 95, 963.
99 *BGH* FamRZ 88, 265; 89, 843; 90, 1085; 97, 806; FamRZ 99, 367; *OLG Karlsruhe* FamRZ 92, 1438; 96, 350; *OLG Düsseldorf* FamRZ 94, 1049: Vorwegabzug auch Krankenversicherungsunterhalt; *Gutdeutsch* FamRZ 94, 347; *Gerhardt* FamRZ 94, 1158; a.A. *OLG Hamburg* FamRZ 91, 953 *OLG Hamm* FamRZ 93, 1237.
100 *Gutdeutsch* FamRZ 94, 347.
101 *BGH* NJW 89, 2809; FamRZ 95, 869: Wohnvorteil.
102 *Gutdeutsch* FamRZ 94, 348: mit Rechenbeispielen; dazu auch *Gerhardt* FamRZ 94, 1158.
103 *OLG Hamburg* FamRZ 91, 953.
104 *OLG Düsseldorf* FamRZ 94, 1049.

3.3 Konkreter Bedarf

322 Wenn die Ehegatten in guten wirtschaftlichen Verhältnissen lebten und die Leistungsfähigkeit des Unterhaltsschuldners außer Frage steht, muss der Unterhaltsberechtigte seinen Bedarf nicht als Quote aus dem verteilbaren Familieneinkommen berechnen und dieses im Einzelnen nachweisen, sondern darf ihn konkret nach dem Geldbetrag bemessen, der während der Ehe für seinen Lebensbedarf ausgegeben wurde und den er braucht, um den ehelichen Lebensstandard auch nach der Scheidung aufrechtzuerhalten[105].

Beispiel
> Die Ehefrau durfte während der Ehe für Kleidung, Putzhilfe usw. monatlich 2000,– DM verbrauchen und weitere 1000,– DM für Reisen, Sport und Auto. Ihr Wohnbedarf ist dadurch gedeckt, dass sie im gemeinschaftlichen Haus wohnt und der Ehemann die Hauskosten zahlt (*BGH* FamRZ 87, 691).

In diesen Fällen hat der unterhaltsberechtigte Ehegatte keinen Anspruch auf Auskunft nach §§ 1580, 1605, da er die Auskunft nicht braucht. Statt dessen legt er im Unterhaltsprozess den ehelichen Lebensstandard dar. Der Unterhaltsbedarf lässt sich dann nach § 287 ZPO schätzen[106].

Eine oberste „Sättigungsgrenze" zieht die Rechtsprechung allenfalls in der höchsten Luxusklasse (RN 305).

4. Differenz- und Anrechnungsmethode

4.1 Bedarf und Bedürftigkeit

323 Im Unterhaltsrecht muss man zwischen Bedarf und Bedürftigkeit unterscheiden. Beides sind zwar Anspruchsvoraussetzungen, haber aber einen unterschiedlichen Stellenwert in der Unterhaltsrechnung. Der Unterhaltsbedarf richtet sich nach den ehelichen Lebensverhältnissen (§ 1578 I 1), die Bedürftigkeit nach dem Unvermögen des geschiedenen Ehegatten, seinen Bedarf selbst zu decken (§§ 1569, 1577). Der Unterhaltsbedarf ist gleich dem Geldbetrag, den der geschiedene Ehegatte Monat für Monat braucht, um seinen ehelichen Lebensstandart über die Scheidung hinaus zu retten. Unterhalt bekommt er aber nur, wenn und soweit er bedürftig ist und seinen Bedarf nicht selbst decken kann. Seine eigenen Einkünfte werden nach § 1577 I auf seinen Unterhaltsbedarf angerechnet, so dass der Unterhaltsanspruch sich auf den ungedeckten Restbedarf beschränkt.Das ist eine einfache und klare Rechnung.

4.2 Problem der Bedarfsrechnung

324 Nicht ganz so einfach ist die Berechnung des Unterhaltsbedarfs, denn sie ist kein simples Rechenexempel, sondern eine kniffige Rechtsfrage. Wenn sich der Bedarf nüchtern in

---

105 *BGH* FamRZ 87, 691, 693; NJW 94, 2618; *OLG Köln* FamRZ 92, 322; *OLG Düsseldorf* FamRZ 91, 806; 96, 1418; *OLG Frankfurt* FamRZ 97, 353; *OLG Koblenz* FamRZ 2000, 605; *OLG Bamberg* FamRZ 99, 513.
106 *BGH* NJW 94, 2618.

demjenigen Geldbetrag ausdrückt, der während der Ehe für den Unterhalt der beiden Ehegatten vorhanden war und nach der Scheidung zwischen ihnen hälftig verteilt werden kann, dann ist er nach einer Doppelverdienerehe zwangsläufig höher als nach einer Alleinverdiener- oder Hausfrauenehe. So hat es jahrzehntelang auch der BGH gesehen. Er hat deshalb auf die Doppelverdienerehe die „Additions-" oder „Differenzmethode" angewendet, auf die Alleinverdienerehe dagegen die „Anrechnungsmethode". Was heißt das?

Beispiel für Doppelverdienerehe

Verdient der Mann 2000,– Euro, die Frau 1000,– Euro, hat die Frau nach der Scheidung einen Unterhaltsbedarf in Höhe von 3000,– Euro : 2 = 1500,– Euro. Diesen Bedarf kann sie durch eigenes Einkommen in Höhe von 1000,– Euro selbst decken, so dass ihr ein Unterhaltsanspruch von 500,– Euro verbleibt.

Man nennt diese Berechnungsart „Additionsmethode", weil sie die beiden Einkommen für den Bedarf zusammenzählt. Die „Differenzmethode" kommt auf kürzerem Weg zum gleichen Ergebnis, indem sie rechnet: 1/2 (2000,– Euro – 1000,– Euro) = 500,– Euro.

Beispiel für Alleinverdienerehe

Verdiente der Mann 2000,– Euro, während die Frau den Haushalt führte underst wegen und nach der Scheidung eine Erwerbstätigkeit annahm, die ihr 1000,– Euro einbrachte, beschränkte sich ihr Bedarf nach bisheriger Rechtsprechung auf die Hälfte von 2000,– Euro = 1000,– Euro). Diesen Bedarf aber konnte sie mit ihrem eigenen Einkommen voll decken, so dass sie keinen Anspruch auf Unterhalt hatte.

Diese Berechnungsart nennt man „Anrechnungsmethode", weil sie das eigene Einkommen der Frau voll auf den Bedarf anrechnete, ohne diesen Bedarf durch Addition mit dem Einkommen des Mannes zu erhöhen.

Beispiele

Es springt ins Auge, dass die Hausfrau nach der Scheidung schlechter fuhr als ihre Kollegin, die schon während der Ehe erwerbstätig war. Schuld daran war die unterschiedlich gefüllt Haushaltskasse. In den Genuss der Differenzmethode kam die geschiedene Hausfrau nur dann, wenn sie auch ohne Trennung und Scheidung erwerbstätig geworden wäre, etwa weil das jüngste Kind 15 Jahre alt geworden ist, denn in diesem Fall entsprach die Erwerbstätigkeit der ehelichen Lebensplanung[107].

Mit der Benachteiligung der geschiedenen Hausfrau soll jetzt Schluss sein. Nach einem abrupten Bruch mit seiner bisherigen Rechtsprechung rechnet der BGH nunmehr auch den Bedarf der geschiedenen Hausfrau nach der „Differenzmethode"[108].

Die Begriffe „Additions-", „Differenz-" und „Anrechnungsmethode" sind übrigens keine glückliche Wortwahl, sondern durchaus überflüssig, da sie mehr vernebeln als erhellen. Aber da jedermann sie gedankenlos nachbetet, muss man sich wohl oder übel mit ihnen befassen. Sie bezeichnen nicht etwa komplexe Rechenoperationen, sondern simple Rechnungen. Problematisch ist nur, wie man den Bedarf der geschiedenen Ehefrau berechnen soll, aber das ist eine reine Rechtsfrage, die man, der BGH führt es selbst vor, so oder auch anders beantworten kann.

---

107 BGH 89, 108; NJW 84, 292; 87, 58; 88, 2034; 88, 2369.
108 *BGH* NJW 2001, 2254; überholt *BGH* 89, 108; NJW 81, 1609; 82, 1873; 83, 1427; 8, 294; 88, 2034; FamRZ 90, 989; 91, 305.

4.3 Differenzmethode für die Doppelverdienerehe

325 In der Doppelverdienerehe[109] werden die ehelichen Lebensverhältnisse und der gemeinsame Lebensstandard unzweifelhaft durch zwei Einkommen geprägt. Da das Familieneinkommen, soweit es für den Unterhalt der Eheleute zur Verfügung steht, grundsätzlich jedem Ehegatten hälftig gebührt, ist der Unterhaltsbedarf jedes Ehegatten, gleich der halben Summe der beiden Einkommen. Hälftig verteilt wird freilich nur das Einkommen, das nicht durch Erwerbstätigkeit verdient wird (RN 317).

Von seinem „bereinigten" Erwerbseinkommen hingegen darf jeder Ehegatte vorweg den Erwerbstätigenbonus von 1/7 für sich behalten, bevor der Rest hälftig verteilt wird (RN 318). Der Bedarf des Ehegatten, der weniger verdient, beschränkt sich deshalb auf 3/7 der beiden Erwerbseinkommen oder, was auf das gleiche hinausläuft, auf die Hälfte der beiden Einkommen, die zuvor um je 1/7 gekürzt worden sind. Das ist der Quotenunterhalt nach der „Differenzmethode", genauer: **der Unterhaltsbedarf nach den ehelichen Lebensverhältnissen in der Doppelverdienerehe**[110].

Der Unterhaltsbedarf in Höhe der Unterhaltsquote begründet einen Unterhaltsanspruch freilich nur, wenn und soweit der geschiedene Ehegatte bedürftig ist. Solange er weniger verdient, ist er bedürftig und bekommt seinen **Differenzunterhalt**. Das ist der Vorteil der Differenzmethode für den Unterhaltsberechtigten.

Beispiele

(1) Verdient der Ehemann zur Zeit der Scheidung „bereinigt" 1750,– Euro und die Ehefrau „bereinigt" 700,– Euro, werden die ehelichen Lebensverhältnisse durch ein Familieneinkommen von 2450,– Euro bestimmt. Der Unterhaltsbedarf der Ehefrau beträgt 3/7 aus 2450,– Euro – 1050,– Euro oder, was dem gleichkommt, die Hälfte aus 1500,– Euro (1750,– abzüglich 1/7) + die Hälfte aus 600,– Euro (700,– Euro abzüglich 1/7). Diesen Bedarf kann sie selbst decken in Höhe von 600,– Euro (700,– Euro abzüglich 1/7). Also bekommt sie als Unterhalt noch 450,– Euro. Dem Ehemann bleiben 1300,– Euro. Dass er letztlich mehr hat als die Ehefrau, liegt allein an seinem höheren Erwerbstätigenbonus.

(2) Bezieht der Ehemann eine Altersrente von 1750,– Euro, die Ehefrau eine solche von 700,– Euro, beträgt ihr Bedarf die Hälfte der beiden Renten, also 1225,– Euro, denn hier gibt es keinen Erwerbstätigenbonus. Deshalb bekommt die Ehefrau noch 1225,– Euro abzüglich 700,– Euro = 525,– Euro Unterhalt, und jeder Ehegatte hat schlußendlich genau gleichviel, nämlich 1225,– Euro.

(3) Bezieht der Ehemann neben seinem Angestelltengehalt von 1750,– Euro monatlich noch 400,– Euro Miete und 100,– Euro Sparzinsen, während die Ehefrau neben ihrem Lohn von 700,– Euro monatlich noch 200,– Euro Wohnvorteil durch billigeres Wohnen im Eigenheim hat, errechnet sich ihr Unterhaltsbedarf so:

$$
\begin{array}{ll}
3/7 \text{ aus } (1750,\!- \text{ Euro} + 700,\!- \text{ Euro}) = & 1050,\!- \text{ Euro} \\
+ \ 1/2 \text{ aus } (500,\!- \text{ Euro} + 200,\!- \text{ Euro}) = & \underline{350,\!- \text{ Euro}} \\
\text{insgesamt} = & 1400,\!- \text{ Euro}
\end{array}
$$

---

109 *BGH* FamRZ 99, 367: auch Zuverdienerehe: *OLG Düsseldorf* FamRZ 83, 400: auch unbezahlte Mitarbeit im Unternehmen des anderen Ehegatten.

110 *BGH* NJW 82, 41, 2440; 83, 683; 84, 1238; 86, 1342; 88, 2369; *OLG Zweibrücken* FamRZ 86, 1214; *OLG Bamberg* FamRZ 96, 1076.

Diesen Bedarf kann sie selbst decken in Höhe von 600,– Euro (6/7 aus 700,– Euro) + 200,– Euro = 800,– Euro, so dass ihr noch ein Unterhalt in Höhe von 600,– Euro zusteht. Dem Ehemann bleiben 1650,– Euro, die Ehefrau hat 1500,– Euro. Der Unterschied resultiert wiederum aus dem höheren Erwerbstätigenbonus des Ehemanns.

4.4 Differenz- oder Anrechnungsmethode für die Alleinverdienerehe?

In der Alleinverdienerehe[111] wurden die ehelichen Lebensverhältnisse bisher durch das **326** Einkommen eines Ehegatten geprägt. Da dieses Einkommen, soweit es für den Unterhalt der Eheleute zur Verfügung steht, grundsätzlich jedem Ehegatten hälftig gebührt, war der Unterhaltsbedarf des Ehegatten, der kein Einkommen hatte, gleich der Hälfte des Einkommens, das der andere bezog. Hälftig verteilt wurd freilich nur das Einkommen, das nicht durch Erwerbstätigkeit erzielt war (RN 317).

Von seinem „bereinigten" Einkommen hingegen durfte der erwerbstätige Ehegatte wiederum vorweg 1/7 für sich behalten, so dass sich der Bedarf des anderen auf die Hälfte des Restes, also auf 3/7 beschränkte.

Bedürftig ist der geschiedene Ehegatte jedoch nur, soweit er seinen Bedarf nicht selbst decken kann (§§ 1569, 1577). Wurde er – trennungsbedingt – erst nach Trennung oder Scheidung erwerbstätig oder vermögend, konnte dies die ehelichen Lebensverhältnisse nach § 1578 I 1 nicht mehr prägen und seinen Bedarf nicht mehr erhöhen, verringerte aber seine Bedürftigkeit (§ 1577). Unterhalt bekam er nur, wenn und soweit sein anrechenbares eigenes Einkommen den Bedarf nicht deckte. Nur der ungedeckte Restbedarf war durch Unterhalt zu decken. Das ist die „Anrechnungsmethode". **Anrechnung bedeutet Kürzung („Direktabzug") des Unterhalts um den vollen Betrag des anrechenbaren eigenen Einkommens, weil der Ehegatte insoweit nicht bedürftig ist.**

So hat jahrzehntelang auch der BGH gerechnet, weil er den Bedarf der geschiedenen **327** Hausfrau nüchtern und realistisch auf einen Anteil am Einkommen des Mannes beschränkte, mehr war nun einmal nicht zu verteilen. Wohl wissend, dass das Gesetz in §§ 1360 S. 2, 1606 III 2 die Haushaltsführung in mancher unterhaltsrechtlichen Beziehung der Erwerbstätigkeit gleichstellt, hat er die Hausfrau, die notgedrungen erst nach der Scheidung eine Erwerbstätigkeit aufgenommen hatte, schlechter behandelt, als wenn sie schon während der Ehe erwerbstätig gewesen wäre. Das Problem ist so alt wie § 1578 I 1. Der springende Punkt war und ist es noch, dass während der Hausfrauenehe nune inmal nur ein einziges Einkommen vorhanden ist und verteilt werden kann. Daran hat sich nichts geändert. Geändert hat sich nur der Zeitgeist und der drängte auf eine neue rechtliche Bewertung der „ehelichen Lebensverhältnisse" in § 1578 I 1. Davon hat sich der BGH anstecken lassen, der jetzt auch den Unterhaltsbedarf der geschiedenen Hausfrau jedenfalls dann nach der Differenzmethode berechnet, wenn die Frau nach der Scheidung erwerbstätig wird oder werden kann[112].

---

111 *BGH* NJW 87, 58 u. *OLG Hamm* FamRZ 89, 1087: Haushaltsführung zählt nicht; *BGH* FamRZ 98, 1501 u. *OLG Hamm* FamRZ 2001, 102: unzumutbare Erwerbstätigkeit zählt nicht; *OLG Köln* FamRZ 2000, 826: gelegentliche Beiträge zum Familienunterhalt zählen nicht.
112 *BGH* NJW 81, 1609; 82, 1873; 83, 936, 1427; 88, 2369; FamRZ 85, 908; 90, 989; 91, 305.

Wie aber kann dies gelingen, wenn die Haushaltsführung noch immer kein Geld in die Haushaltskasse bringt? Vielleicht durch die Unterstellung, der Mann hätte sich – ohne Frau – auf dem Arbeitsmarkt eine Haushaltshilfe geholt und diese Kosten dank der Frau erspart? Oder durch Verdoppelung des Manneseinkommens eingedenk der Gleichwertigkeit von Haushaltsführung und Erwerbstätigkeit? Vor diesem mutigen Schritt schreckt der BGH noch zurück und flüchtet sich statt dessen recht unjuristisch in eine blinkende Metapher, wenn er verkündet, der Wert der Haushaltarbeit „spiegle sich" im nachhinein erzielten oder erzielbaren einkommen der Hausfrau wieder, das als „Surrogat" der bisherigen Familienarbeit gelten könne. Mit Zahlen sieht das so aus:

Beispiel

> Verdient der Mann 1750,– Euro, die bisherige Hausfrau scheidungsbedingt 1050,– Euro, hat sie jetzt einen Unterhaltsbedarf in Höhe von 3/7 aus (1750,– + 1050,–) = 1200,– Euro (statt bisher 750,– Euro). Diesen Bedarf kann sie mit eigenem Einkommen nur in Höhe von 6/7 aus 1050,– Euro = 900,– Euro decken und hat also einen Anspruch auf 300,– Euro Unterhalt (statt bisher 0 Euro). Das gleiche gilt, wenn die Frau nicht erwerbstätig ist, durch angemessene Erwerbstätigkeit aber 1050,– Euro verdienen kann (*BGH* NJW 2001, 2258).

Aus Sicht der Frau ist dies ein beträchtlicher Fortschritt. Der unterhaltpflichtige Mann wird es anders sehen, denn des einen Freud des andern Leid.

Gegen die gute Absicht der neuen Rechtsprechung, die geschiedene Hausfrau künftig nicht mehr zu benachteiligen, ist schlechterdings nichts einzuwenden, man wundert sich nur, dass der BGH dafür solange gebraucht hat, denn das Problem ist so alt wie das geltende Unterhaltsrecht. Die Begründung des BGH überzeugt denn auch nicht. Blumige Bilder sind kein Ersatz für rechtliche Argumente. Man darf bezweifeln, dass die Hausarbeit den Lebensstandart der Familien finanziell erhöht und die Familienkasse aufbessert. Der soziale Lebensstandard, was immer das sein soll, schlägt sich erst recht nicht in barer Münze nieder. Geradezu willkürlich erscheint es, den Wert der Hausarbeit danach zu bemessen, was die Frau nach der – vielleicht jahrzehntelangen – Ehe verdient oder verdienen kann. Mitnichten spiegelt sich der Wert der Hausarbeit in dem späteren Erwerbseinkommen wieder. Will man mit der Gleichwertigkeit von Hausarbeit und Erwerbstätigkeit nach §§ 1360 S. 2, 1606 III 2 ernst machen, muss man beides auch im Einzelfall gleich bewerten, dies allein entspräche der einvernehmlich gehandhabten Arbeitsteilung der Ehegatten nach §§ 1356, 1360 S. 2. Freilich würde dies die Hausfrau eines gutverdienenden Mannes oft besser stellen als die berufstätige Ehefrau, und wieder würden die Köpfe der Familienrechtler rauchen.

Nüchtern betrachtet ist die neue Entscheidung des BGH nicht besser als die bisherige ständige Rechtsprechung, sondern lediglich eine von zwei möglichen und vertretbaren Lösungen, je nachdem ob man die Familienkasse nimmt wie sie ist oder ob man sie fiktiv um den Wert (welchen?) der Hausarbeit aufbessert.

4.5 Kombination aus Differenz- und Anrechnungsmethode

328 Differenz- und Anrechnungsmethode sind zu kombinieren, wenn das Einkommen des unterhaltsberechtigten Ehegatten die ehelichen Lebensverhältnisse nur zum Teil bestimmt.

Verdient der Mann 3500,– Euro, die Frau zunächst 1400,– Euro, nach der Scheidung durch berufliche fortbildung und beruflichen Aufstieg 2100,– Euro, hat sie einen Unterhaltsbedarf von 3/7 (3500,– + 1400,–) = 2100,– Euro.

Das Mehreinkommen von 700,– Euro erhöht den Bedarf nicht, da es die ehelichen Lebensverhältnisse nicht mehr prägt, denn dazu ist der Einkommenssprung zu groß. Ihren Bedarf von 2100,– Euro kann die Frau mit eigenem Einommen in Höhe von 6/7 von 2100,– Euro = 1800,– Euro selbst decken. Also hat sie noch einen Anspruch auf 300,– Euro Unterhalt.

5. Elementarbedarf und zusätzlicher Bedarf

Nach § 1578 I 4 umfasst der Unterhalt den gesamten Lebensbedarf. Die Unterhaltsquote **329** aus dem Familieneinkommen nach den ehelichen Lebensverhältnissen deckt aber nur den elementaren Bedarf an Nahrung, Kleidung und Wohnung, an Hygiene und Gesundheit[113], Bildung und Erholung, nicht auch die Kosten für eine angemessene Krankenversicherung und Altersvorsorge. Den Krankenversicherungs- und den Altersvorsorgeunterhalt schuldet der unterhaltspflichtige Ehegatte nach § 1578 II, III zusätzlich, denn sie sind zweckgebunden und dürfen nicht für den laufenden Lebensbedarf verbraucht werden[114]. Man muss sie deshalb gesondert berechnen und im Urteil ausweisen, was sich wiederum auf die Höhe des Elementarunterhalts auswirkt (RN 330, 332)[115]. Was nicht im Gesetz steht: Der Unterhalt nach den ehelichen Lebensverhältnissen soll auch den trennungsbedingten Mehrbedarf decken, weil anders der eheliche Lebensstandard nicht zu halten ist (RN 339). Schließlich umfasst der Unterhalt nach §§ 1585b I, 1613 II auch noch den Sonderbedarf, den die Unterhaltsrente deshalb nicht decken kann, weil er unregelmäßig und in außergewöhnlicher Höhe auftritt (RN 341).

6. Krankenversicherungsbedarf

Zum Lebensbedarf gehören nach § 1578 II auch die Kosten einer angemessenen Kran- **330** ken- und Pflegeversicherung[116]. Was angemessen ist, bestimmen nach § 1578 I 1 die ehelichen Lebensverhältnisse[117]. Es gibt zwei Möglichkeiten: die gesetzliche und die private Krankenversicherung, je nachdem wie der Berechtigte während der Ehe versichert war. War er nur als Familienmitglied beim Unterhaltsschuldner **gesetzlich mitversichert**, so erlischt die Familienversicherung zwar mit Rechtskraft der Scheidung[118], kann aber durch freiwilligen Beitritt binnen 3 Monaten fortgesetzt werden (§§ 9 I Nr. 2, II, 10 SGB V). Mit Rücksicht auf den Unterhaltsschuldner muss der Berechtigte vielleicht die billigste gesetzliche Krankenkasse wählen. War der Berechtigte beim Unterhaltsschuld-

---

113 *OLG Karlsruhe* FamRZ 98, 1345: krankheitsbedingter Mehrbedarf an Diät; *OLG Koblenz* FamRZ 98, 1513: Unterbringungskosten.
114 *BGH* 94, 194; NJW 83, 1552; 91, 429; *OLG Düsseldorf* FamRZ 86, 814.
115 *BGH* 94, 194; NJW 82, 1873; 83, 1552; 91, 429.
116 *OLG Schleswig* FamRZ 96, 217; *Gutdeutsch* FamRZ 94, 878; *Büttner* FamRZ 95, 193.
117 *BGH* FamRZ 80, 770; 89, 483; NJW 83, 1552; *Husheer* FamRZ 91, 264.
118 *BGH* NJW 82, 1983; ferner *Straub* FamRZ 92, 1267.

ner **privat mitversichert**, empfiehlt es sich, die Mitversicherung durch eine Einzelversicherung zu ersetzen; die Prämie erhöht sich dadurch nicht. Verliert der unterhaltsberechtigte Ehegatte eines Beamten oder Richters durch die Scheidung seine **Beihilfeberechtigung**, ist seine private Krankenversicherung entsprechend aufzustocken, denn die Beihilfe war Bestandteil des ehelichen Krankenversicherungsschutzes[119].

331 Da die Unterhaltsquote nach den ehelichen Lebensverhältnissen nur den Elementarbedarf deckt, ist der Krankenversicherungsunterhalt zusätzlich zu zahlen. Man schlägt ihn aber nicht einfach auf den Elementarunterhalt drauf, sondern **zieht ihn**, nicht anders als den Krankenversicherungsbeitrag des Unterhaltsschuldners, **vorweg von** dessen **Nettoeinkommen ab,** so dass der Elementarunterhalt erst aus dem verbleibenden Resteinkommen berechnet wird und sich entsprechend verringert[120].

Der Krankenversicherungsunterhalt ist **zweckgebunden** und darf nur für die Krankenversicherung verwendet werden[121]. Gleichwohl verlangt der Berechtigte Zahlung an sich[122]. Bei zweckwidriger Verwendung riskiert er freilich eine Unterhaltskürzung nach § 1579 Nr. 3[123].

7. Altersvorsorgebedarf

7.1 System der eheangemessenen Altersvorsorge

332 Nach § 1578 III gehören zum Lebensbedarf auch die Kosten einer angemessenen Versicherung für den Fall des Alters, der Berufs- und Erwerbsunfähigkeit[124]. Dies gilt für alle Unterhaltstatbestände der §§ 1570-1576, nur nicht für den Ausbildungsunterhalt aus § 1575, den § 1578 III ausnimmt.

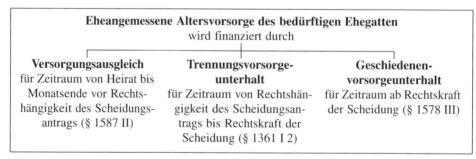

Eheangemessene Altersvorsorge des bedürftigen Ehegatten		
wird finanziert durch		
Versorgungsausgleich	**Trennungsvorsorgeunterhalt**	**Geschiedenenvorsorgeunterhalt**
für Zeitraum von Heirat bis Monatsende vor Rechtshängigkeit des Scheidungsantrags (§ 1587 II)	für Zeitraum von Rechtshängigkeit des Scheidungsantrags bis Rechtskraft der Scheidung (§ 1361 I 2)	für Zeitraum ab Rechtskraft der Scheidung (§ 1578 III)

Bild 14: Altersvorsorge des bedürftigen Ehegatten

---

119 *BGH* NJW 83, 1552; FamRZ 89, 483.
120 *BGH* FamRZ 83, 676 u. 83, 888: Vorwegabzug Krankenversicherung beider Ehegatten; *OLG Düsseldorf* FamRZ 86, 814.
121 *BGH* NJW 83, 1552; FamRZ 89, 485.
122 *BGH* NJW 83, 1552; FamRZ 89, 485: Beschränkung auf Zahlung an Versicherungsträger nur bei Rechtsmissbrauch.
123 *BGH* NJW 83, 1552; FamRZ 89, 485.
124 *BGH* NJW 81, 1556; 82, 1985.

Der Altersvorsorgeunterhalt nach der Scheidung soll dem bedürftigen Ehegatten zusammen mit Versorgungsausgleich (§ 1587) und Trennungsunterhalt (§ 1361 I 2) für die Zeit von der Heirat bis zum Ruhestand eine angemessene Altersversorgung sichern[125].

7.2 Eheliche Lebensverhältnisse

Welche Altersvorsorge angemessen ist, bestimmen nach § 1578 I 1 allein die ehelichen Lebensverhältnisse[126]. Es gibt zwei Möglichkeiten: die **gesetzliche Rentenversicherung** und die **private Lebensversicherung**. Erstere ist zwar die Normalform der Altersversicherung; wo sie aber rechtlich ausscheidet oder der Berechtigte schon während der Ehe privatversichert war, bleibt nur die private Kapital- oder Rentenversicherung[127]. Freilich muss der Berechtigte unter mehreren gleichwertigen Versicherungsträgern unterhaltsrechtlich den billigsten wählen[128]. Beweisen muss er aber nur die Angemessenheit des verlangten Betrags nach den ehelichen Lebensverhältnissen, nicht auch die Art und Weise seiner Verwendung[129].

333

7.3 Bremer Tabelle

Den Altersvorsorgeunterhalt für die gesetzliche Rentenversicherung berechnet man aus dem Elementarunterhalt, wie er ohne Vorsorgeunterhalt geschuldet wäre[130]. Und das geht so: Den Elementarunterhalt behandelt man als Nettoeinkommen des Berechtigten aus versicherungpflichtiger Erwerbstätigkeit und rechnet ihn mittels Lohnsteuer und Arbeitnehmeranteil zur Sozialversicherung[131] auf ein **fiktives Bruttoeinkommen** hoch, entweder wie bei einer Nettolohnvereinbarung nach § 14 II SGB IV[132] oder mit Hilfe der „**Bremer Tabelle**"[133]; diese ist abgedruckt in FamRZ 2001, 80: Stand 1.1.2001. Ist der Elementarunterhalt anderweit gedeckt, nimmt man statt dessen den Elementarbedarf[134]. Dem fiktiven Bruttoeinkommen entnimmt man dann den **Beitragssatz zur gesetzlichen Rentenversicherung als Vorsorgeunterhalt.** Den Vorsorgeunterhalt darf man aber nicht einfach auf den **Elementarunterhalt** draufschlagen, sondern muss diesen, weil er nur eine provisorische Rechnungsgröße ist und der Höhe nach vom Vorsorgeunterhalt abhängt, **neu berechnen**. Man zieht den Vorsorgeunterhalt vorweg vom Nettoeinkommen des Unterhaltsschuldners ab und berechnet den Elementarunterhalt endgültig nur noch aus dem verbleibenden Resteinkommen[135]. Auf diese Art und Weise finanziert der Berechtigte wie ein Arbeitnehmer seine Altersversorgung teilweise selbst und behält der Verpflichtete wenigstens die Hälfte seines verteilbaren Einkommens.

334

---

125 *BGH* NJW 82,1987; FamRZ 88, 150; *OLG Frankfurt* FamRZ 90, 1363.
126 *BGH* NJW 81, 2192; FamRZ 89, 485: Beihilfeberechtigung des Beamten.
127 *BGH* NJW 81, 1536; 82, 1986; FamRZ 89, 485.
128 *BGH* NJW 81, 1556.
129 *BGH* FamRZ 83, 152: zur Krankenversicherung.
130 *BGH* FamRZ 88, 151; dagegen *Jacob* FamRZ 88, 997 u. *Gutdeutsch* FamRZ 89, 451.
131 *BGH* NJW 82, 2438; 83, 2937: aber ohne Krankenversicherungsbeitrag.
132 *BGH* NJW 81, 2192.
133 *BGH* NJW 81, 1556; 82, 1873, 1986, 1987; 83, 2937; FamRZ 88, 145, 151, 1145.
134 *BGH* FamRZ 82, 679.
135 *BGH* NJW 81, 1558, 2192; 82, 1986, 1987; FamRZ 99, 367: zweistufige Berechnung; FamRZ 2000, 351: Wohnvorteil zählt nicht, da kein Erwerbseinkommen.

Beispiel
335

Beispiel nach BGH NJW 83, 2937:		
(a) Nettoeinkommen des Mannes		6468,–
Kindesunterhalt	1050,–	
Krankenversicherungsbeitrag der Frau	205,–	
(b) „bereinigtes" Nettoeinkommen		5213,–
(c) vorläufige Unterhaltsquote der Frau von 3/7		2234,–
= fiktives Nettoarbeitsentgelt		
(d) fiktives Bruttoarbeitsentgelt nach Bremer Tabelle für 1981		
ohne Krankenversicherungsbeitrag der Frau		3306,–
(e) Vorsorgeunterhalt (seinerzeit 18,5%)		612,–
(f) verbleibendes „bereinigtes" Nettoeinkommen des Mannes		4601,–
(g) endgültiger Elementarunterhalt der Frau von 3/7 aus (f)		1972,–
(h) Krankenversicherungsunterhalt		205,–
(i) Gesamtunterhalt der Frau aus (e), (g) und (h)		2789,–

336 Diese umständlichen Rechenoperationen sind dann überflüssig, wenn der Unterhaltsschuldner soviel verdient, dass er für den Gesamtunterhalt, bestehend aus dem vollen Elementar- und dem Vorsorgeunterhalt höchstens die Hälfte seines verfügbaren Einkommens aufwenden muss[136], oder wenn der Berechtigte seinen Bedarf teilweise selbst deckt und der Schuldner den Rest leicht zahlen kann[137].

7.4 Unselbständiger Bestandteil des Unterhalts

337 Auch der Bedarf an Altersvorsorge begründet keinen selbständigen Unterhaltsanspruch, sondern ist wie der Elementar- und der Krankenversicherungsbedarf nur ein unselbständiger Bestandteil des einheitlichen Unterhaltsanspruchs[138]. Deshalb ist das Gericht nicht an die – oft falsche – Aufteilung des Klägers im Klageantrag gebunden[139] und auch nicht an ein Anerkenntnis des Beklagten, soweit es die gegenseitige Abhängigkeit von Elementar- und Vorsorgeunterhalt verkennt[140].

7.5 Bedürftigkeit und Leistungsunfähigkeit

Als Bestandteil des einheitlichen Unterhaltsanspruchs steht auch der Altersvorsorgeunterhalt nach §§ 1569, 1577 nur dem bedürftigen Ehegatten zu[141]. Dieser muss aber nur seine **Vorsorgebedürftigkeit** nachweisen, nicht auch die Art und Weise der Altersversicherung[142]. Der Berechtigte ist nicht bedürftig, wenn seine Altersversorgung diejenige

---

136 *BGH* FamRZ 88, 1145; *OLG München* FamRZ 83, 925; 94, 1459.
137 BGH FamRZ 99, 372; *OLG München* FamRZ 92, 1310.
138 *BGH* 94, 145; NJW 82, 1873, 1986, 2438; 85, 2713; FamRZ 88, 145.
139 *BGH* FamRZ 89, 485.
140 *BGH* NJW 85, 2713.
141 *BGH* NJW 82, 1986; FamRZ 88, 1145.
142 *BGH* NJW 82, 1986; FamRZ 83, 152: zur Krankenversicherung.

des Verpflichteten voraussichtlich erreichen wird[143]. Jedoch ist ihm eine Altersversorgung aus unzumutbarer Erwerbstätigkeit nur nach § 1577 II anzurechnen[144].

Die **Leistungsfähigkeit** des Unterhaltsschuldners ist auch hier keine Anspruchsvoraussetzung. Falls der Unterhaltsschuldner nicht beides bezahlen kann, den Elementar- und den Vorsorgeunterhalt, muss er vorrangig den Elementarunterhalt zahlen, denn der Berechtigte muss erst einmal leben, bevor er für sein Alter vorsorgen kann[145].

7.6 Zweckbindung

Der Altersvorsorgeunterhalt ist zweckgebunden: Der Berechtigte darf ihn nur für seine Altersvorsorge verwenden[146]. Deshalb wird er im Urteilstenor neben dem Elementarunterhalt ausdrücklich genannt und eigens beziffert[147]. Die Zweckbindung hindert den Berechtigten jedoch nicht, Zahlung an sich zu verlangen und die Art seiner Altersversorgung erst nach dem Unterhaltsprozess zu bestimmen[148].   **338**

Wenn der Berechtigte den Vorsorgeunterhalt **zweckentfremdet**, muss er ihn zwar nicht zurückzahlen, riskiert aber im Versorgungsfall eine entsprechende Unterhaltskürzung nach § 1579 Nr. 3[149]. Außerdem verliert er nach Treu und Glauben (§ 242) das Recht, Zahlung an sich zu verlangen, und darf jetzt nur noch auf Zahlung an den Versorgungsträger klagen[150].

8. Trennungsbedingter Mehrbedarf

Die Unterhaltsquote nach den ehelichen Lebensverhältnissen deckt nur den Lebensbedarf, den der bedürftige Ehegatte während der Ehe hatte, nicht auch den zusätzlichen Bedarf an einer separaten Wohnung samt Umzug und Einrichtung, den ihm die häusliche Trennung beschert hat. Der Geschiedenenunterhalt soll aber dem bedürftigen Ehegatten den ehelichen Lebensstandard möglichst erhalten. Das ist nur möglich, wenn der Unterhalt, der nach § 1578 I 4 den gesamten Lebensbedarf umfasst, auch den trennungsbedingten Mehrbedarf deckt[151]. Da aber die Unterhaltsquote ihn nicht berücksichtigt, ist er **zusätzlich** zu zahlen[152]. Der trennungsbedingte Mehrbedarf fällt um so stärker ins Gewicht, je weniger Geld für den Familienunterhalt zur Verfügung stand[153]. Auch er be-   **339**

---

143 *BGH* FamRZ 88, 1145; *OLG Koblenz* FamRZ 89, 60.
144 *BGH* FamRZ 88, 145.
145 *BGH* NJW 81, 1558; 82, 2438; *OLG Hamm* FamRZ 94, 446.
146 *BGH* 94, 149; NJW 81, 1556; 82, 1983; 87, 2230; *OLG Frankfurt* FamRZ 90, 414.
147 *BGH* 94, 145, 150; NJW 81, 1556; 82, 1986; 82, 2438; 91, 429.
148 *BGH* NJW 82, 1986; 87, 2230.
149 *BGH* FamRZ 82, 1187; 87, 1130; NJW 87, 2229; *OLG Hamm* FamRZ 90, 1056; *OLG Celle* FamRZ 92, 691.
150 *BGH* NJW 87, 2229; *OLG Frankfurt* FamRZ 90, 414; *OLG Celle* FamRZ 92, 691.
151 *BGH* FamRZ 90, 979.
152 *BGH* NJW 82, 1873; 82, 2440; 83, 936; 83, 2322; 87, 897; 88, 2369; 89, 1992; 90, 1477; 90, 3020: zusätzlich zur Quote; *OLG Köln* FamRZ 94, 897: Wohnkosten höher als hälftige Kosten für Ehewohnung.
153 *BGH* NJW 87, 897; 89, 1992; dazu *Luthin* FamRZ 96, 328.

gründet keinen selbständigen Anspruch, sondern ist nur ein **Bestandteil des gesamten Lebensbedarfs** nach § 1578 I 4.

Im Prozess ist er **konkret darzulegen** und im Streitfall zu beweisen oder nach § 287 II ZPO zu schätzen; eine allgemeine Kostenpauschale wird nicht anerkannt[154].

340 In der Praxis bleibt der trennungsbedingte Mehrbedarf aus Mangel an Masse oft ungedeckt. Wird nach Scheidung einer **Doppelverdienerehe** die Unterhaltsquote aus den beiden Einkommen errechnet, ist damit meistens auch der trennungsbedingte Mehrbedarf abgegolten[155], denn dem Unterhaltsschuldner muss wenigstens die „Hälfte" bzw. 4/7 seines Einkommens bleiben. Solange er weiterhin nur das Einkommen hat, das die ehelichen Lebensverhältnisse geprägt hat und durch die Unterhaltsquote bereits vollständig verteilt ist, muss er nicht auch noch den trennungsbedingten Mehrbedarf des Unterhaltsberechtigten bezahlen[156]. Dies ändert sich erst, wenn er, **trennungsbedingt, zusätzliche Einkünfte** bezieht[157].

Berechnet man die Unterhaltsquote hingegen nach Scheidung einer **Alleinverdienerehe** allein aus dem Einkommen des Unterhaltsschuldners und ist das eigene – trennungsbedingte – Einkommen des Berechtigten nach § 1577 auf seinen Bedarf anzurechnen, **darf der Berechtigte seinen trennungsbedingten Mehrbedarf vorweg von seinem Einkommen abziehen** und insoweit dessen Anrechnung verhindern[158].

Auf der anderen Seite **erhöht sich der Eigenbedarf** (Selbstbehalt) **des Unterhaltsschuldners um dessen eigenen trennungsbedingten Mehrbedarf**, denn was dem einen recht ist, muss dem anderen billig sein, so dass **trennungsbedingter Mehrbedarf entweder auf beiden Seiten zu berücksichtigen** ist[159] **oder auf keiner Seite**.

Trennungsbedingter Mehrbedarf entfällt stets dann, wenn die durch Trennung verursachten zusätzlichen Kosten für Wohnen und eigenen Haushalt **durch** eine **neue Partnerschaft aufgefangen** werden[160].

9. Sonderbedarf

341 Die Unterhaltsrente soll den laufenden Bedarf decken (§ 1585 I 1). Der Anspruch auf rückständigen Unterhalt erlischt, wenn der Unterhaltsschuldner nicht rechtzeitig in Verzug gesetzt oder verklagt wird (§ 1585b II). Für Sonderbedarf gilt dies nicht (§ 1585b I mit § 1613 II), denn Sonderbedarf ist nach der gesetzlichen Definition des § 1613 II ein **unregelmäßiger und außergewöhnlich hoher Bedarf**. Da er außergewöhnlich hoch ist, wird er durch die laufende Unterhaltsrente nicht gedeckt, sondern ist zusätzlich zu zah-

---

154 *BGH* NJW 82, 1873; 83, 2322; 90, 3020; 91, 224, 1290; 95, 963; FamRZ 84, 153; 90, 258; 90, 671; 95, 346.
155 *BGH* NJW 84, 1237; 95, 962; *OLG Hamburg* FamRZ 92, 1308; 98, 1585.
156 *BGH* NJW 82, 2440.
157 *BGH* NJW 84, 1237; *OLG Hamburg* FamRZ 92, 1308.
158 *BGH* NJW 82, 1873; FamRZ 84, 151.
159 *BGH* NJW 82, 1873; FamRZ 90, 979; *OLG München* FamRZ 94, 898: PKH-Raten; *OLG Koblenz* FamRZ 95, 1415: höhere Miete.
160 *BGH* NJW 90, 2886; 91, 1290; 95, 962.

len, und da er unregelmäßig auftritt, kann er erst geltendgemacht werden, wenn er entstanden ist und die Kosten angefallen sind[161]. Sonderbedarf begründet deshalb einen **selbständigen Unterhaltsanspruch**, soweit der bedürftige Ehegatte ihn nicht selbst tragen muss[162].

Unregelmäßig ist ein Bedarf, der nicht Monat für Monat, sondern nur dann und wann **342** aus besonderem unerwartetem Anlass entsteht. **Außergewöhnlich hoch** ist der unregelmäßige Bedarf, wenn er die gewöhnlichen Lebenshaltungskosten, die durch die laufende Unterhaltsrente gedeckt werden sollen, weit übersteigt. Einen festen Maßstab gibt es nicht. Alles hängt von den Umständen des Einzelfalls ab: von der Höhe der Unterhaltsrente, dem Lebensstandard der Ehegatten sowie Anlass und Umfang des besonderen Bedarfs[163]. Letztlich stellt sich die Frage, ob es dem Berechtigten **zumutbar** ist, seinen zusätzlichen Bedarf ganz oder teilweise selbst zu tragen. Sie ist im Zweifel zu bejahen, denn die gesetzliche Formulierung verweist auf eng begrenzte Ausnahmen[164].

Beispiele

Beispiele für Sonderbedarf

hohe Arzt- oder Zahnarztkosten für eine notwendige oder abgesprochene Behandlung, die von der Krankenversicherung nicht gedeckt werden (*BGH* NJW 82, 328; 92, 909 zu § 1357; *OLG München* FamRZ 94, 1459: Sonderbedarf oder Zuschlag zum Quotenunterhalt; *OLG Braunschweig* FamRZ 96, 288;

hohe Kurkosten (*OLG Köln* FamRZ 86, 593: 1400,– DM);

hohe Umzugskosten (*BGH* NJW 83, 224; 7000,– DM; *OLG Düsseldorf* FamRZ 82, 1068; *OLG Köln* FamRZ 86, 163: 7178,– DM; *OLG München* FamRZ 96, 1411: 40 000,– DM für Umzug nach Kolumbien).

Beispiele gegen Sonderbedarf

voraussehbare Kosten einer größeren Zahnbehandlung (*OLG Zweibrücken* FamRZ 84, 169: 1710,– DM);

Urlaubskosten (*OLG Frankfurt* FamRZ 90, 436);

Kosten für Erstkommunion und Konfirmation sind Sonderbedarf weder des Ehegatten noch des Kindes, sondern erhöhen allenfalls den laufenden Kindesunterhalt (dazu *OLG Köln* FamRZ 90, 89; *OLG Düsseldorf* FamRZ 90, 1144; *OLG Hamm* FamRZ 91, 110, 857).

Der Unterhaltsanspruch wegen Sonderbedarfs erlischt nach einem Jahr ab Entstehung, wenn nicht der Unterhaltsschuldner vorher in Verzug gesetzt oder verklagt wird (§ 1613 II Nr. 1 Hs. 2).

---

161 *BGH* NJW 82, 328; 84, 2826; *OLG Karlsruhe* FamRZ 90, 88; *OLG Düsseldorf* FamRZ 90, 1144; *OLG Hamm* NJW 94, 2627.
162 *BGH* NJW 82, 328: stets zu prüfen.
163 *BGH* NJW 82, 329.
164 *BGH* NJW 82, 329; 84, 2826.

5. Kapitel
Die Bedürftigkeit

1. Anspruchsvoraussetzung und Beweislast

343 Nach § 1569 hat der geschiedene Ehegatte nur dann Anspruch auf Unterhalt, wenn er sich nicht selbst unterhalten kann. Auch die §§ 1570-1573, 1576 setzen ausdrücklich voraus, dass vom geschiedenen Ehegatten eine Erwerbstätigkeit nicht erwartet werden kann. Nur § 1577 I tanzt aus der Reihe, wenn er negativ formuliert, der geschiedene Ehegatte bekomme keinen Unterhalt, wenn und soweit er sich selbst unterhalten könne. Die negative Formulierung des § 1577 I begründet jedoch keine anspruchshindernde Einwendung, die der Anspruchsgegner beweisen müsste, sondern ist ein Fehler des modernen Gesetzgebers, der nicht mehr systematisch denken kann. **Denn die Bedürftigkeit ist**, wie könnte es anders sein, **eine Anspruchsvoraussetzung, die der Anspruchsteller beweisen muss.**

344 Wer nacheheliche Unterhalt fordert, **muss im Einzelnen darlegen und beweisen, dass er sich** – aus einem der in §§ 1570-1576 genannten Gründe – **nicht selbst unterhalten kann**, weder aus seinen Einkünften gleich welcher Art noch aus seinem Vermögen[165]. Der Beweis dieser negativen Tatsache ist zwar schwierig, aber nicht unmöglich, denn der Anspruchsteller muss kein Nichts beweisen, sondern nur die konkrete Gegenbehauptung des Anspruchsgegners widerlegen, er beziehe ein bestimmtes Einkommen oder könne es erzielen oder habe bestimmtes Vermögen[166].

Da den Einkünften, die man tatsächlich hat, die Einkünfte gleichstehen, die man mit zumutbarer Anstrengung haben könnte, wenn man nur wollte (RN 520), **muss der Anspruchsteller auch beweisen, dass er sich nach Kräften, aber erfolglos, um eine angemessene Arbeit bemüht habe**[167].

345 Die **neue Partnerschaft des Anspruchstellers** ist doppelbödig: sie **kann die Bedürftigkeit verringern oder eine Verwirkung des Unterhalts nach § 1579 Nr. 7 rechtfertigen**. Soweit der Anspruchsteller aus der neuen Partnerschaft durch Haushaltsführung oder Wohnunggewähren Einkünfte bezieht oder beziehen kann, ist er nicht bedürftig; für seine Bedürftigkeit aber trägt er die Beweislast[168]. Den Verwirkungsgrund des § 1579 Nr. 7 hingegen muss der Anspruchsgegner beweisen[169]. Das eine hat mit dem anderen nichts zu tun.

---

165 *BGH* NJW 80, 395: BAföG; 83, 683: Entgelt für Aufnahme des Lebensgefährten in eigener Wohnung; 86, 718: erfolglose Arbeitsbemühungen; NJW 95, 962: ersparte Miete durch neue Partnerschaft; FamRZ 82, 257; 91, 670; 95, 291.
166 *BGH* NJW 95, 962: Anspruchsgegner behauptet, Anspruchsteller versorge seinen neuen Partner oder lasse ihn bei sich wohnen.
167 *BGH* NJW 86, 718.
168 *BGH* FamRZ 83, 150; NJW 95, 962.
169 *BGH* NJW 91, 1291.

2. Gesetzliche Systematik

Von der anspruchsbegründenden Bedürftigkeit handelt § 1577. Abs. 1 formuliert die all- **346** gemeine Regel, dass Unterhalt nur verlangen darf, wer sich nicht selbst unterhalten kann. Abs. 2 beschränkt die Anrechnung eigener Einkünfte, Abs. 3 die Verwertung eigenen Vermögens. Abs. 4 schließt einen Anspruch auf Unterhalt aus, wenn das Vermögen, das zur Zeit der Scheidung den Unterhalt nachhaltig gesichert hat, später wegfällt.

Die Formulierung der ersten beiden Absätze ist gründlich misslungen und aus sich heraus nicht verständlich. Nach Abs. 1 kann der geschiedene Ehegatte keinen Unterhalt verlangen, solange und soweit er sich aus eigenen Einkünften selbst unterhalten kann. Nach Abs. 2 hingegen sind seine Einkünfte überhaupt nicht (S. 1) oder nur nach Billigkeit (S. 2) anzurechnen. Dies erweckt den Anschein, als ob nach Abs. 1 grundsätzlich alle Einkünfte anzurechnen seien. Für Einkünfte aus Erwerbstätigkeit ist dieser Anschein aber durchaus falsch. **Voll anzurechnen sind nur Einkünfte aus „angemessener" Erwerbstätigkeit.** Das steht zwar nicht in § 1577 I, aber in **§ 1574 I.** Man muss deshalb § 1577 I mit § 1574 zusammenlesen[170]. Dann aber **beschränkt sich § 1577 II**, der gleichfalls zu weit gefasst ist, **auf Einkünfte aus unangemessener Erwerbstätigkeit**[171]. Also muss man trennen zwischen Einkünften aus angemessener Erwerbstätigkeit, die nach § 1577 I voll auf den Bedarf anzurechnen sind (RN 347), und Einkünften aus unangemessener Erwerbstätigkeit, die nach § 1577 II 1 überhaupt nicht und nach § 1577 II 2 nur aus Billigkeit anzurechnen sind (RN 356 ff.).

Andere Einkünfte wie Renten, Vermögenserträge und Wohnvorteile sind stets voll nach § 1577 I anzurechnen (RN 361 ff.).

Inwieweit der Unterhaltsberechtigte auch den **Stamm seines Vermögens** verzehren muss, bevor er Unterhalt bekommt, regelt § 1577 III (RN 365).

3. Einkommen des Unterhaltsberechtigten aus angemessener Erwerbstätigkeit

3.1 Reales Erwerbseinkommen

Einkommen des Unterhaltsberechtigten aus angemessener Erwerbstätigkeit ist nach **347** § 1577 I auf den Unterhaltsbedarf aus § 1578 I 1 **voll anzurechnen**, denn insoweit ist der Ehegatte nicht bedürftig. Angerechnet wird auch hier **nur das „bereinigte" Nettoeinkommen**. Vom Nettoeinkommen werden jedoch nur **berufsbedingte Aufwendungen, trennungsbedingter Mehrbedarf** (RN 340) und der **Erwerbstätigenbonus** von 1/7 abgezogen. Seine Schulden hingegen, ob Kindesunterhalt oder Kreditschulden, darf der Unterhaltsberechtigte nicht abziehen, sondern muss sie in voller Höhe selbst tragen, denn der Unterhalt soll nur seinen Lebensbedarf decken, nicht auch seine Schulden tilgen[172]. Eine Ausnahme macht nur der **Barunterhalt für ein gemeinschaftliches Kind**, das vom

---

170 *BGH* NJW 83, 933.
171 *BGH* NJW 83, 933.
172 *BGH* NJW 85, 2265; 92, 1045.

Unterhaltsschuldner betreut wird, oder für ein nicht gemeinschaftliches Kind, das schon während der Ehe vom Unterhaltsberechtigten unterhalten wurde[173].

Beispiel

> Der volle Bedarf der geschiedenen Ehefrau nach § 1578 I 1 beträgt 750,– Euro. Verdient sie aus angemessener Erwerbstätigkeit nach Abzug des „Erwerbstätigenbonus" von 1/7 500,– Euro netto, kann sie ihren Bedarf in dieser Höhe selbst decken und hat gegen den Ehemann noch einen Unterhaltsanspruch in Höhe des ungedeckten Bedarfs von 250,– Euro (§ 1577 I mit § 1574). Das gleiche gilt, wenn die Ehefrau zwar nichts verdient, mit zumutbarer Anstrengung aber 500,– Euro verdienen könnte.

3.2 Fiktives Erwerbseinkommen

348   Auch fiktives Einkommen aus angemessener Erwerbstätigkeit, das der geschiedene Ehegatte zwar nicht hat, mit zumutbarer Anstrengung aber haben könnte, ist abzüglich 1/7 Erwerbstätigenbonus auf seinen Unterhaltsbedarf voll anzurechnen, weil er insoweit nicht bedürftig ist. Das ist keine Frage der Verwirkung nach § 1579 Nr. 3, sondern der Bedürftigkeit nach § 1577 I. Es ist deshalb nicht nötig, dass der geschiedene Ehegatte die angemessene Erwerbstätigkeit mutwillig unterlässt; schon das bloße Unterlassen genügt[174]. Die Rechtsprechung spricht zwar von einer „Verletzung der Erwerbsobliegenheit", aber die besteht auch nur aus einer Unterlassung und ist im Übrigen gar keine echte Obliegenheit (RN 524 ff.).

3.3 Umfang der Erwerbsbemühungen

349   Um nicht bedürftig zu werden, muss der geschiedene Ehegatte nach Kräften eine angemessene (§ 1574 I) Erwerbstätigkeit, die seinen Unterhaltsbedarf nachhaltig decken kann, suchen, annehmen und ausüben[175] sowie sich, soweit nötig, dafür ausbilden, fortbilden oder umschulen lassen (§ 1574 III). **Was er im Einzelnen zu tun hat, richtet sich ganz nach den Umständen des Einzelfalles: nach den objektiven Bedingungen des Arbeitsmarkts und nach seinen persönlichen Möglichkeiten:** seinem Alter, Geschlecht und Gesundheitszustand, seiner Ausbildung und Berufserfahrung[176]. In Zeiten der Vollbeschäftigung stellt man höhere Anforderungen als in Zeiten hoher Arbeitslosigkeit[177].

Es genügt nicht, dass sich der Ehegatte beim Arbeitsamt arbeitslos meldet, er muss mehr tun: sich um inserierte Arbeitsstellen bewerben, selbst in der Zeitung inserieren und auch direkt bei Arbeitgebern nach Arbeit suchen, nicht nur an seinem Wohnort, sondern auch

---

173 *BGH* NJW 91, 2703; FamRZ 99, 367; *OLG Karlsruhe* FamRZ 97, 1076: auch überhöhter Kindesunterhalt, wenn tituliert.

174 *BGH* NJW 86, 718; FamRZ 82, 257; 87, 144, 912; 98, 1503: aber nur Erwerbslosigkeit, nicht Obliegenheit, mit Abänderungsklage erhöhte Unfallrente zu fordern.

175 *BGH* FamRZ 82, 255; 87, 912; NJW 86, 718; *OLG Koblenz* FamRZ 92, 950: auch 53jährige Ehefrau nach 30 Jahren Hausfrauenehe; *OLG Düsseldorf* FamRZ 84, 392: nicht wenn Arbeitsamt Umschulung bewilligt.

176 *BGH* NJW 86, 718.

177 *BGH* NJW 86, 718: Beweisangebot erheblich, die 50jährige Ehefrau, die jahrelang gearbeitet hat, habe immer wieder telefonisch bei Arbeitgebern nach passender Arbeit gesucht, bei einer Arbeitslosenquote von 20% aber nichts gefunden.

in der näheren und weiteren Umgebung und er muss seine Arbeitsbemühungen im Prozess voll nachweisen[178].

Das Suchen hat freilich nur dann Sinn, wenn überhaupt eine **reale Beschäftigungs-** **350** **chance** besteht; fehlt sie, muss man auch nicht suchen[179]. Umgekehrt ist das Bewerben um Stellen, die von vornherein nicht in Frage kommen oder gar nicht vorhanden sind, keine taugliche Arbeitssuche[180].

Ob dem geschiedenen Ehegatten neben der Kindesbetreuung oder trotz Alters oder Krankheit wenigstens eine Teilzeitarbeit zugemutet werden kann, wird im Zusammenhang mit den §§ 1570-1572 erörtert (RN 366 ff.).

3.4 Angemessene Erwerbstätigkeit

Der unterhaltsberechtigte Ehegatte muss nach der Scheidung seinen Unterhalt nicht **351** durch jede beliebige, sondern nur durch eine „angemessene" Erwerbstätigkeit verdienen (§ 1574 I). Wann eine Erwerbstätigkeit angemessen ist, bestimmt vage § 1574 II. Soweit die angemessene Erwerbstätigkeit eine Ausbildung erfordert, die der Ehegatte noch nicht hat, muss er sie nachholen (§ 1574 III).

§ 1574 ist weder Anspruchsgrundlage noch Gegennorm, sondern nur **eine Hilfsnorm zu** **§§ 1570-1573**[181]. Nach diesen Vorschriften hat der geschiedene Ehegatte Anspruch auf Unterhalt nur, wenn und insoweit von ihm eine Erwerbstätigkeit nicht erwartet werden kann. § 1574 I stellt klar, dass nur eine angemessene Erwerbstätigkeit erwartet werden kann, und nennt dafür fünf Kriterien, die umfassend gegeneinander abzuwägen sind[182]: Ausbildung, Fähigkeiten, Alter, Gesundheit und eheliche Lebensverhältnisse[183]; diese wiederum werden wesentlich durch Ehedauer und Kindererziehung bestimmt. Mehr gibt diese Generalklausel nicht her.

Grundsätzlich bestimmt der Ehegatte selbst, wie er seinen Unterhalt verdient[184]. Im **352** Übrigen lässt sich allgemein nur soviel sagen: **Je länger Ehe und Kindererziehung gedauert haben, desto stärker fällt der eheliche Lebensstandard ins Gewicht und färben Beruf und Karriere des unterhaltspflichtigen Ehegatten auf das Niveau der Erwerbstätigkeit ab, die man dem unterhaltsberechtigten Ehegatten noch zumuten darf**[185]. Wer lange Jahre mit einem gutverdienenden Geschäftsmann, Zahnarzt oder Rechtsanwalt verheiratet gewesen ist, den Haushalt geführt und die Kinder großgezogen hat, muss nach der Scheidung sicherlich nicht Putzen gehen und weder ungelernte Hilfsarbeit noch einfache Büroarbeit verrichten[186], während der Hausfrau aus einfachen Ver-

---

178 *BGH* FamRZ 82, 255; 87, 912; NJW 86, 718; *OLG Hamm* FamRZ 85, 485; *KG* FamRZ 91, 808.
179 *BGH* FamRZ 87, 912; 96, 345; *OLG Bamberg* FamRZ 98, 290; *OLG Köln* FamRZ 98, 1434.
180 *OLG Bamberg* FamRZ 88, 1277: Zweifel an Ernsthaftigkeit der Arbeitssuche; 89, 337.
181 *BGH* FamRZ 83, 144.
182 *BGH* NJW 84, 1685; 91, 1049.
183 *BGH* NJW 83, 1484: Entwicklung bis zur Scheidung; 84, 1685: zur Zeit der Scheidung.
184 *BGH* FamRZ 84, 561; 86, 1085; 88, 1145.
185 *BGH* NJW 83, 1484; 87, 898; 91, 1049; FamRZ 83, 145; 88, 1145; 90, 991; *OLG Koblenz* FamRZ 90, 751.
186 *BGH* FamRZ 86, 885; *OLG Koblenz* FamRZ 90, 751; *OLG Hamburg* FamRZ 91, 446.

hältnissen, die keinen Beruf erlernt oder den erlernten Beruf jahrelang nicht ausgeübt hat, nichts anderes übrigbleibt[187].

353 Die während der Ehe ausgeübte Erwerbstätigkeit ist auch nach der Scheidung noch angemessen[188], ebenso eine Erwerbstätigkeit, die der Ehegatte trotz Kindesbetreuung zur eigenen Selbstverwirklichung ausübt[189], nicht ohne weiteres auch eine solche, die der Ehegatte vor der Heirat oder vor Jahren während der Ehe verrichtet hat, denn die ehelichen Verhältnisse haben sich seither weiterentwickelt[190]. Aus der Tatsache, dass der Ehegatte arbeitet, zu schließen, diese Arbeit sei auch angemessen[191], ist zwar bequem, aber schwerlich richtig; andernfalls wäre § 1577 II überflüssig.

Beispiel 354

(1) Die Ehefrau ist ausgebildete Industriekauffrau. Während 20 Ehejahren arbeitet sie bis zur Trennung in der Bäckerei ihres Mannes mit. Dann lässt sie sich 2 Jahre lang zur Dipl. Kosmetikerin ausbilden und eröffnet selbständig einen **Kosmetiksalon**, der noch keinen Gewinn abwirft. Die Berufswahl der Ehefrau ist nicht zu beanstanden (*BGH FamRZ 88, 1145: zu § 1361 II*). Sollte aber der Kosmetiksalon auf Dauer sich nicht rentieren, muss die Ehefrau eine abhängige Tätigkeit suchen.

(2) Die geschiedene Ehefrau eines Oberstudiendirektors hat vor der Ehe als ticket-agent bei einer Fluggesellschaft gearbeitet, während der Ehe 14 Semester Anglistik, Germanistik und Philosophie studiert und dann unentgeltlich ein „Zendo" des Zen-Buddhismus geleitet. Erwerbstätig war sie während 23 Ehejahren nicht, sondern hat den Haushalt versorgt und 2 Kinder großgezogen. Der BGH mutet ihr eine Arbeit als **Dolmetscherin oder Fremdsprachenkorrespondentin** in der Touristik oder bei Presse, Rundfunk oder Fernsehen zu (*BGH NJW 86, 985*).

(3) Nachdem die mit einem Lehrer verheiratete Frau 20 Jahre lang den Haushalt geführt und 2 Kinder aufgezogen hat, sind ihr **einfache Büroarbeiten schwerlich** zuzumuten (*BGH NJW 87, 898: offengelassen*).

(4) Die geschiedene Ehefrau eines Polizeibeamten der Besoldungsgruppe 9, die den Beruf eines Versicherungskaufmanns erlernt und 14 Jahre lang den kinderlosen Haushalt versorgt hat, muss **nicht** bei anderen Leuten **putzen**, um ihren Unterhalt zu verdienen (*BGH FamRZ 86, 885*). **Ebensowenig** muss eine Frau nach 20 Jahren Ehe mit einem gutverdienenden Mann noch **Büroarbeit** leisten (*BGH FamRZ 85, 371*).

(5) Der geschiedenen Ehefrau hingegen, die vor 30 Jahren zur Erzieherin ausgebildet worden ist, 9 Jahre lang bis zur Geburt ihrer Tochter in diesem Beruf gearbeitet, dann 20 Jahre lang den Haushalt geführt und die Tochter großgezogen hat, wird noch im Alter von 50 Jahren, und obwohl der Ehemann als Dipl. Ing. und Betriebsleiter gut verdient hat, grundsätzlich zugemutet, als **Verkäuferin in einem Möbelgeschäft** („Haus für gepflegte Wohnkultur") zu arbeiten (*BGH NJW 91, 1049: aber noch weitere Feststellungen nötig*).

(6) Die Ehefrau, gelernte Stenokontoristin, hat auf Wunsch des Ehemannes, eines Dipl. Ing. mit 6000,– DM netto monatlich, während 17 Jahren die gemeinschaftliche Tochter betreut und den Haushalt geführt. Nach der Scheidung ist ihr vielleicht eine Tätigkeit als

---

187 *OLG Koblenz* FamRZ 92, 950.
188 *BGH* FamRZ 83, 146; *OLG Hamm* FamRZ 90, 1000; 97, 1076; *OLG Bamberg* FamRZ 96, 1076: trotz Kindesbetreuung, wenn Situation sich nicht ändert.
189 *OLG Köln* FamRZ 90, 1241.
190 *BGH* NJW 87, 898; FamRZ 86, 1085; 88, 1146.
191 *BGH* NJW 95, 343: starkes Indiz.

Sachbearbeiterin, Buchhalterin oder Vorzimmerdame zumutbar (*OLG Hamburg* FamRZ 85, 1260), keinesfalls eine ungelernte Erwerbstätigkeit (*OLG Hamburg* FamRZ 91, 446).

(7) Der geschiedene Ehemann hat vor der Ehe als kaufmännischer Angestellter gearbeitet, auf dem 2. Bildungsweg das Abitur nachgeholt, dann Psychologie studiert und noch vor der Heirat das Vor-Diplom erworben. Nach der Heirat und noch während des Studiums erkrankte er psychisch und musste stationär behandelt werden. Von seiner geschiedenen Ehefrau, einer Chefsekretärin, verlangt er nach 6 Jahren kinderloser Ehe Unterhalt. Da sein Psychologiestudium der gemeinsamen Lebensplanung entspricht, muss er seinen Unterhalt nicht mehr als kaufmännischer Angestellter verdienen, sondern darf sein **Studium fortsetzen** und dafür Ausbildungsunterhalt nach § 1575 verlangen (*BGH* NJW 80, 393: aber nur, falls kein Anspruch auf BAföG).

3.5 Ausbildung zu angemessener Erwerbstätigkeit

„Soweit es zur Aufnahme einer angemessenen Erwerbstätigkeit erforderlich ist, obliegt **355** es dem geschiedenen Ehegatten, sich ausbilden, fortbilden oder umschulen zu lassen, wenn ein erfolgreicher Abschluss der Ausbildung zu erwarten ist" (§ 1574 III). Dafür bekommt er unabhängig von § 1575 **„Ausbildungsunterhalt" nach § 1573 I**[192]. Denn solange die erforderliche Ausbildung für eine angemessene Erwerbstätigkeit fehlt, ist der geschiedene Ehegatte bedürftig[193].

Umgekehrt wird er, wenn er die „Ausbildungsobliegenheit" aus § 1574 III verletzt, so behandelt, als habe er durch Ausbildung eine angemessene Erwerbsmöglichkeit gefunden, und ist deshalb nicht bedürftig, denn die **„Ausbildungsobliegenheit"** ersetzt die „Erwerbsobliegenheit"[194]. Hätte der Ehegatte die erforderliche Ausbildung schon längst absolvieren sollen, kürzt man den Unterhaltsanspruch freilich nur nach § 1579 Nr. 3[195]. Wie das zusammenpasst, bleibt ein Geheimnis des BGH. Jedenfalls gilt dies alles nur für die Verletzung einer nachehelichen „Ausbildungsobliegenheit", nicht auch für das Unterlassen zwischen Trennung und Scheidung oder gar während des Zusammenlebens[196].

Ausbildung, Fortbildung und Umschulung sind Begriffe des AFG und entsprechend auszulegen (RN 407). Sie müssen für eine angemessene Erwerbstätigkeit nötig sein[197] und einen erfolgreichen Abschluss versprechen. Nötig wird eine Ausbildung etwa dann, wenn der erlernte Beruf nach der Scheidung nicht mehr angemessen ist[198].

Entspricht die Ausbildung bereits der gemeinsamen Lebensplanung, ist sie erst recht auch nach der Scheidung zu respektieren und macht den Ehegatten solange bedürftig, als er seine Ausbildung zielstrebig betreibt[199].

---

192 *BGH* NJW 84, 1686.
193 *BGH* NJW 86, 985.
194 *BGH* FamRZ 86, 1086; aber auch *OLG Hamburg* FamRZ 85, 1260.
195 *BGH* NJW 86, 986; *OLG Hamburg* FamRZ 91, 446.
196 *BGH* FamRZ 86, 1086.
197 *BGH* NJW 84, 1685: unnötig, weil sinnlos, ist das Studium der Vor- und Frühgeschichte durch 41jährige Frau.
198 *BGH* FamRZ 86, 1085: Programmiererin-Altenpflegerin.
199 *BGH* NJW 80, 393; *OLG Hamm* FamRZ 89, 56; *OLG Karlsruhe* FamRZ 89, 627; *OLG Frankfurt* FamRZ 89, 279.

4. Einkommen aus unangemessener Erwerbstätigkeit

4.1 Zwei Fallgruppen

356 Nach § 1577 II ist das Einkommen des unterhaltsberechtigten Ehegatten aus unangemessener Erwerbstätigkeit entweder überhaupt nicht (S. 1) oder nur nach Billigkeit (S. 2) auf den Unterhaltsbedarf anzurechnen, denn eine unangemessene Erwerbstätigkeit darf man unterhaltsrechtlich jederzeit aufgeben[200]. Was angemessen ist, sagt § 1574 (RN 351).

4.2 Anrechnungsfreies Einkommen

357 § 1577 II 1 schließt jede Anrechnung aus, soweit der unterhaltspflichtige Ehegatte nicht den vollen Unterhalt nach den ehelichen Lebensverhältnissen (§ 1578 I) leisten kann. Auf diese Weise **darf der unterhaltsberechtigte Ehegatte durch unangemessene Erwerbstätigkeit anrechnungsfrei die ungedeckte Lücke zwischen dem vollen Bedarf nach § 1578 I 1 und dem geschuldeten Unterhalt decken**, die dadurch entsteht, dass der unterhaltspflichtige Ehegatte den vollen Unterhalt einschließlich eines trennungsbedingten Mehrbedarfs nicht zahlen kann[201].

4.3 Anrechnung nach Billigkeit

358 Anzurechnen ist nach § 1577 II 2 nur, was der unterhaltsberechtigte Ehegatte darüberhinaus verdient, nachdem sein voller Bedarf nach § 1578 I 1 gedeckt ist, und nur, soweit die Anrechnung mit Rücksicht auf die beiderseitigen wirtschaftlichen Verhältnisse der Billigkeit entspricht. Das Familiengericht hat einen Ermessensspielraum. Die Praxis rechnet im Zweifel die Hälfte an[202]. Die volle Anrechnung ist ebenso die Ausnahme wie die volle Anrechnungsfreiheit[203].

4.4 Beispiel zu § 1577 II

Beispiel
359

Beträgt der volle Bedarf der geschiedenen Ehefrau nach § 1578 I 1 750,– Euro und verdient sie aus unangemessener Erwerbstätigkeit, etwa aus einer Teilzeitbeschäftigung neben der Betreuung kleiner Kinder, 250,– Euro, muss man unterscheiden:

a) Schuldet der Ehemann nur 500,– Euro Unterhalt, weil er wegen weiterer Unterhaltspflichten aus seiner neuen Ehe mehr nicht zahlen kann (§ 1581), wird das Einkommen der Ehefrau von 250,– Euro nach § 1577 II 1 nicht angerechnet, denn es kommt aus un-

---

200 *BGH* NJW 83, 933; 92, 1902, 1905: Trennungsunterhalt; FamRZ 88, 145: Vorsorgeunterhalt; 90, 991; *OLG Braunschweig* FamRZ 95, 356: Anrechnung vor Mangelfallkürzung.
201 *BGH* NJW 83, 936; *OLG Frankfurt* FamRZ 84, 798; *OLG Hamburg* FamRZ 92, 1308: trennungsbedingter Mehrbedarf; *OLG Hamm* FamRZ 92, 1427.
202 *BGH* FamRZ 83, 146; 95, 343: Teilanrechnung; *OLG Frankfurt* FamRZ 82, 820; 84, 798; *OLG Hamm* FamRZ 90, 1000; *OLG Stuttgart* FamRZ 90, 753: 1/3; *OLG Koblenz* FamRZ 2000, 288: 60%.
203 *BGH* FamRZ 95, 343: Teilanrechnung der Vergütung, die Ehegatte dafür bekommt, dass er neben voller Erwerbstätigkeit auch noch gutverdienenden neuen Partner versorgt.

angemessener Erwerbstätigkeit und deckt nur eben die Versorgungslücke zwischen dem vollen Bedarf von 750,– Euro und dem geschuldeten Unterhalt von 500,– Euro.

b) Kann der Ehemann den vollen Unterhalt von 750,– Euro bezahlen, ist das Einkommen der Ehefrau aus unangemessener Erwerbstätigkeit in Höhe von 250,– Euro nach § 1577 II 2 insoweit anzurechnen, als dies der Billigkeit entspricht, vielleicht zur Hälfte, so dass der Ehefrau noch ein Unterhaltsanspruch in Höhe des ungedeckten Bedarfs von 625,– Euro bleibt.

c) Kann der Ehemann statt des vollen Unterhalts von 750,– Euro wegen beschränkter Leistungsfähigkeit nur 500,– Euro bezahlen, und verdient die Ehefrau aus unzumutbarer Erwerbstätigkeit 400,– Euro, sind 250,– Euro nach § 1577 II 1 anrechnungsfrei, während die restlichen 150,– Euro nach § 1577 II 2 vielleicht hälftig angerechnet werden, so dass ein ungedeckter Bedarf von 425,– Euro verbleibt, den der Ehemann bezahlen muss.

4.5 Mangelfall

Entgegen § 1577 II 1 rechnet die Rechtsprechung im Mangelfall des § 1581 Einkommen aus unangemessener Erwerbstätigkeit ausnahmsweise dann an, wenn die Nichtanrechnung grob unbillig wäre, weil der Unterhaltsberechtigte sonst den vollen Unterhalt bekäme, dem Unterhaltspflichtigen aber nur der notwendige Selbstbehalt bliebe[204]. Dem Gesetz entspräche es besser, im Mangelfall die „Erwerbsobliegenheit" des Unterhaltsberechtigten zu verschärfen und aus der unzumutbaren Erwerbstätigkeit eine zumutbare zu machen, so dass nicht § 1577 II, sondern § 1577 I gilt. Dies liegt nahe, wenn der Unterhaltsberechtigte seine Erwerbstätigkeit nicht aus Not, sondern aus freien Stücken ausübt[205]. Arbeitslosengeld nach Verlust einer unangemessenen Beschäftigung ist stets voll anzurechnen, da es selbst nie unangemessen sein kann[206].

360

5. Sonstige Einkünfte des Unterhaltsberechtigten

5.1 Vermögenserträge

Bedürftig ist nach § 1577 I nur, wer sich auch nicht aus seinem Vermögen selbst unterhalten kann; gemeint sind **Vermögenserträge** (Arg. § 1577 III)[207]. Deshalb muss sich der unterhaltsberechtigte Ehegatte auf seinen Bedarf nach § 1578 I 1 alle Einkünfte anrechnen lassen, die er aus seinem Vermögen entweder zieht oder leicht ziehen kann. Art und Herkunft des Vermögens sind gleichgültig[208].

361

204 *BGH* NJW 83, 936.
205 *BGH* NJW 81, 2804; 83, 934; *OLG Köln* FamRZ 90, 1241: Selbstverwirklichung trotz Kindesbetreuung.
206 *OLG Stuttgart* FamRZ 96, 415; *OLG Hamburg* FamRZ 92, 1308: ohne Erwerbstätigenbonus.
207 *BGH* FamRZ 85, 357: keine Billigkeitsprüfung wie nach § 1577 III.
208 *BGH* FamRZ 85, 355.

Beispiele

> **Zinsen** aus Erlösanteil nach Verkauf des gemeinschaftlichen Hauses (*BGH* FamRZ 85, 355; *OLG Koblenz* FamRZ 89, 59; *OLG Frankfurt* FamRZ 90, 62) oder aus der Anlage des Zugewinnausgleichs (*BGH* FamRZ 85, 357; NJW 86, 1342) oder aus angelegtem Schmerzensgeld (*BGH* FamRZ 88, 1031; 89, 170: Kindesunterhalt);
>
> **Wohnvorteil** durch billiges Wohnen im eigenen Haus in Höhe der ersparten Miete (*BGH* FamRZ 88, 150; 90, 989; 98, 87; NJW 92, 1045; *OLG Koblenz* FamRZ 89, 59).

5.2 Fiktive Vermögenserträge

362 Da der geschiedene Ehegatte sich möglichst selbst unterhalten soll (§ 1569), darf er sein Geldvermögen nicht im Strumpf verstecken, sondern muss es ertragreich anlegen und seine zu große und zu teure Wohnung vielleicht teilweise vermieten. Es liegt auf der Hand, dass er **in Höhe des erzielbaren (fiktiven) Vermögensertrags nicht bedürftig ist**[209]. Wie er sein Vermögen anlegt, bestimmt er zwar selbst und hat dafür einen beträchtlichen Spielraum. Er muss nicht nur auf die Höhe des Ertrags sehen, sondern darf auch die Sicherheit der Vermögensanlage berücksichtigen und das sichere Wohnungseigentum einer unsicheren Geldanlage vorziehen. **Ist die Vermögensanlage jedoch eindeutig unwirtschaftlich, muss er sie ändern**[210]. Erzielbar ist ein Vermögensertrag auch dann, wenn die unterhaltsberechtigte Ehefrau dem notwendigen Verkauf des gemeinschaftlichen Hauses nur zustimmen müsste, um den hälftigen Reinerlös zu bekommen, ihre Zustimmung aber ohne triftigen Grund verweigert[211].

Fiktive Zinsen aus einer Geldanlage darf man dem unterhaltsberechtigten Ehegatten aber **nur solange** anrechnen, **als das Kapital noch vorhanden ist**; andernfalls kann der Unterhalt nur noch nach § 1579 Nr. 3 wegen mutwilliger Bedürftigkeit gekürzt werden[212].

5.3 Renten und Einkünfte aus neuer Partnerschaft

363 Der unterhaltsberechtigte Ehegatte muss sich auch alle sonstigen Einkünfte wie **Sozialrente, Leibrente, Schadensrente und dergleichen** auf seinen Bedarf anrechnen lassen (RN 582 ff.)[213]. Anzurechnen ist auch das **Entgelt**, das die geschiedene Ehefrau **von** ihrem **neuen Partner** dafür bekommt, dass sie ihn in ihrer Wohnung aufnimmt oder ihm den Haushalt führt. Bekommt sie nichts dafür, wird ihr gleichwohl ein **fiktives Entgelt** zugerechnet, **falls der neue Partner es zahlen kann**[214]. Zahlt der neue Partner die Miete für beide, ist der Wohnbedarf der Frau gedeckt. Führt die Frau den gemeinsamen Haushalt, obwohl sie voll arbeitet, ist es eine Frage der Zumutbarkeit, ob ihr (fiktives) Entgelt

---

209 *BGH* FamRZ 86, 439; 88, 145; 95, 540; NJW 92, 1044; 93, 1920; *OLG München* FamRZ 94, 1459: abzüglich fiktiver Zinsertragssteuer; *OLG Hamm* FamRZ 99, 917: fiktive Zinsen.
210 *BGH* NJW 92, 1045.
211 *OLG Frankfurt* FamRZ 92, 824: fiktive Zinsen aus Erlösanteil.
212 *BGH* FamRZ 88, 159; 90, 991; a.A. *OLG Bamberg* FamRZ 92, 1305: fiktive Zinsen aus Geldbetrag, mit dem Ehegatte Wohnungseigentum erworben hat.
213 *OLG Hamm* FamRZ 95, 1422: BAföG.
214 *BGH* NJW 83, 683: Rechtsgedanke des § 850 h II ZPO; 89, 1083; 95, 962; FamRZ 91, 670; 95, 291; ferner *OLG Koblenz* FamRZ 97, 1079: Versorgung eines volljährigen erwerbstätigen Kindes.

für die Haushaltsführung voll (§ 1577 I) oder nur teilweise (§ 1577 II 2) anzurechnen ist[215]. Generalunkosten erspart sie durch die neue Lebensgemeinschaft dagegen nicht, weil auch die ehelichen Lebensverhältnisse nach § 1578 I 1 durch die billigere Lebensgemeinschaft geprägt sind[216]. Wenn die geschiedene Ehefrau ihrem neuen Partner keine geldwerten Leistungen erbringt oder dieser sie nicht bezahlen kann, lässt sich der Unterhalt nur nach § 1579 Nr. 7 kürzen; **Bedürftigkeit nach § 1577 und Verwirkung nach § 1579 sind deshalb auseinanderzuhalten**[217].

5.4 Unentgeltliche Zuwendungen Dritter und andere Drittleistungen

Unentgeltliche Zuwendungen Dritter, etwa das unentgeltliche Wohnen bei den Eltern, muss sich der unterhaltsberechtigte Ehegatte dagegen in aller Regel nicht anrechnen lassen, da sie den Unterhaltsschuldner nicht entlasten sollen (RN 589).   **364**

Dagegen ist er insoweit nicht bedürftig, als er im **Krankenhaus** oder in der Kurklinik auf Kosten der Krankenkasse versorgt wird und eigene Ausgaben spart[218].

6. Vermögen des Unterhaltsberechtigten

In der Regel muss der geschiedene Ehegatte nicht nur den Vermögensertrag, sondern **auch das Vermögen selbst verzehren**, bevor er nachehelichen Unterhalt verlangen darf, denn auch der Stamm des Vermögens soll den Unterhalt sichern (RN 591, 592)[219]. § 1577 III macht jedoch **zwei Ausnahmen: die unwirtschaftliche und die unbillige Vermögensverwertung.** Was unwirtschaftlich ist, sagt die Vernunft; was unbillig ist, erfährt man erst aus einer umfassenden Abwägung der beiderseitigen Interessen[220]. Unwirtschaftlich ist die Vermögensverwertung etwa dann, wenn sie den für den Unterhalt wichtigen Vermögensertrag beseitigt[221]. Unbillig ist vielleicht der Verbrauch des Erlösanteils aus dem Verkauf des gemeinschaftlichen Hauses, wenn der unterhaltspflichtige Ehegatte seinen Anteil nicht angreifen muss[222]. Stets darf der unterhaltsberechtigte – wie der unterhaltspflichtige – Ehegatte gewisse **Rücklagen für Krankheit und Not** machen[223].   **365**

Einen Sonderfall der Bedürftigkeit regelt § 1577 IV: War zur Zeit der Scheidung zu erwarten, der Ehegatte könne sich selbst nachhaltig aus seinem Vermögen unterhalten, wird er später nicht dadurch unterhaltsbedürftig, dass er das **Vermögen verliert** (S. 1), es sei denn, er betreue gerade ein gemeinschaftliches Kind und könne deshalb keiner Erwerbstätigkeit nachgehen (S. 2).

---

215 *BGH* NJW 95, 962.
216 *BGH* NJW 95, 962 gegen *OLG Hamburg* FamRZ 87, 1044.
217 *OLG Schleswig* FamRZ 96, 217; Büttner FamRZ 96, 136.
218 *OLG Hamm* FamRZ 89, 631; 97, 1537: Kürzung um 1/3.
219 *BGH* FamRZ 85, 355, 357.
220 *BGH* FamRZ 88, 149.
221 *OLG München* FamRZ 94, 1459.
222 *BGH* FamRZ 85, 355, 357: gewisses wirtschaftliches Gleichgewicht; *OLG Hamburg* FamRZ 96, 295: keine Verwertung, wenn der andere beruflich gesichert.
223 *BGH* FamRZ 84, 364; 85, 355.

6. Kapitel
Bedürftigkeit aus besonderem Grunde:
wegen Kindesbetreuung, Alters, Krankheit u.a.

1. Eigenverantwortung und nacheheliche Solidarität

366 § 1569 stellt klar, dass der geschiedene Ehegatte sich möglichst selbst unterhalten soll und nur unter den besonderen Voraussetzungen der §§ 1570-1576 vom anderen Unterhalt verlangen kann. § 1569 ist gewissermaßen die gesetzliche Regel, die §§ 1570-1576 sind die gesetzlichen Ausnahmen[224]. Man kann es auch vornehmer formulieren: Der Grundsatz der wirtschaftlichen Eigenverantwortung des geschiedenen Ehegatten wird durch die nacheheliche Solidarität des früheren Ehepartners nur unter den Voraussetzungen der §§ 1570-1576 durchbrochen[225].

Die Beweislast trägt in allen Fällen der Anspruchsteller, denn die §§ 1570-1576 sind anspruchsbegründend[226].

367 Aus dem Postulat der wirtschaftlichen Eigenverantwortung folgt die sog. „Erwerbsobliegenheit": Der geschiedene Ehegatte, der noch nicht erwerbstätig ist und auch nicht von seinem Vermögen leben kann, soll sich im eigenen Interesse nach Kräften um eine angemessene Erwerbstätigkeit (§ 1574 I u. RN 351, 524) bemühen, die seinen Unterhalt nachhaltig sichert. Tut er es nicht, obwohl er es könnte, wenn er nur wollte, ist er nicht bedürftig und hat deshalb keinen Anspruch auf Unterhalt (RN 348, 524).

368 Für den nachehelichen Unterhalt genügt nicht jede x-beliebige Bedürftigkeit, nötig ist vielmehr eine Bedürftigkeit wegen Kindesbetreuung (§ 1570), Alters (§ 1571) oder Krankheit (§ 1572), wegen Arbeitslosigkeit (§ 1573 I) oder unzureichenden Einkommens (§ 1573 II), wegen Ausbildung (§ 1575) oder eines anderen schwerwiegenden Grundes (§ 1576).

369 Einen Anspruch auf Geschiedenenunterhalt verdient sicherlich derjenige Ehegatte, dessen Bedürftigkeit direkt in der Ehe wurzelt. Das trifft voll auf die Hausfrau zu, die der Familie zuliebe auf eine Berufsausbildung und/oder Berufsausübung verzichtet und statt dessen den Haushalt geführt und die Kinder aufgezogen hat. Besonderen Schutz verdient auch derjenige Ehegatte, der nach einer langen Ehe zu alt oder zu krank ist, um seinen Unterhalt selbst verdienen zu können. Aber schon in diesen beiden Fällen erweist sich das Gesetz als überraschend großzügig, denn es verlangt nicht, dass die Bedürftigkeit wegen Alters oder Krankheit während und durch die Ehe entstanden sei, sondern gibt auch demjenigen Ehegatten einen Anspruch auf Unterhalt, der schon bei der Heirat alt oder krank war (RN 386, 388).

Noch problematischer ist § 1573. Nach dessen Abs. 1 trägt der unterhaltspflichtige Ehegatte in hohem Maß das Arbeitsplatzrisiko des unterhaltsberechtigten Ehegatten, dem es nach der Scheidung nicht gelingt, seinen Unterhalt durch eigene angemessene Erwerbs-

---

224 *BGH* FamRZ 81, 1163; *OLG Oldenburg* NJW 91, 3222.
225 BVerfG FamRZ 81, 745; *BGH* FamRZ 81, 1163.
226 *BGH* NJW 88, 2369 zu § 1573 II.

tätigkeit nachhaltig zu sichern (§ 1573 IV). Und selbst wenn beide Ehegatten in kinderloser Ehe voll erwerbstätig waren, wie sie es auch unverheiratet gewesen wären, muss nach § 1573 II derjenige, der mehr verdient, dem anderen vielleicht lebenslang einen Aufstockungsunterhalt zahlen, obwohl der andere durch die Ehe beruflich nicht im geringsten benachteiligt worden ist. Das gilt selbst dann, wenn der geschiedene Ehegatte weder arbeitet noch sich um Arbeit bemüht und, wenn er sich bemühte, jedenfalls weniger verdiente als der andere[227]. Hier hilft nur eine Unterhaltskürzung nach § 1578 I 2 oder § 1573 V.

2. Gesetzliche Systematik

2.1 Zeitlicher Zusammenhang der Unterhaltstatbestände mit der Scheidung

Es gibt nur einen einzigen und einheitlichen Anspruch auf Geschiedenenunterhalt. Die Tatbestände der §§ 1570-1576 sind keine selbständigen Anspruchsgrundlagen, sondern regeln nur die besonderen Gründe, die den geschiedenen Ehegatten von einer Erwerbstätigkeit abhalten und dadurch bedürftig machen[228]. **370**

An sich muss der Unterhaltstatbestand schon zur Zeit der Scheidung erfüllt sein. Eine Ausnahme macht die Kindesbetreuung nach § 1570, ohnehin der stärkste Unterhaltstatbestand, denn er kann auch noch etliche Zeit nach der Scheidung erfüllt werden. Der zeitliche Zusammenhang mit der Scheidung wird hier durch die Notwendigkeit hergestellt, ein gemeinschaftliches Kind zu betreuen. Wegen Alters oder Krankheit hingegen muss der geschiedene Ehegatte schon „im Zeitpunkt der Scheidung" bedürftig sein (§§ 1571 Nr. 1, 1572 Nr. 1). Und wegen Arbeitslosigkeit muss er immerhin „nach der Scheidung", was soviel heißt wie im zeitlichen Zusammenhang mit der Scheidung, bedürftig werden (§ 1573 I, IV).

2.2 Anschlußunterhalt

Dem ersten Grund der Bedürftigkeit kann sich nach §§ 1571 Nr. 2, 3, 1572 Nr. 2-4, 1573 III aber ein zweiter und diesem ein dritter anschließen, muss ihm aber wiederum auf dem Fuße folgen, damit der zeitliche Zusammenhang mit der Scheidung gewahrt bleibe. Man spricht in diesen Fällen vom „Anschlussunterhalt" („Anschlusstatbestand"). **371**

Beispiele

(1) Erlischt der Unterhaltsanspruch aus § 1570, weil das – jüngste – betreute Kind 16 Jahre alt wird, erlangt die geschiedene Ehefrau nur dann einen Anspruch auf **Anschlussunterhalt wegen Krankheit** aus § 1572 Nr. 2, wenn sie bereits so krank ist, dass sie überhaupt nicht mehr, jedenfalls nicht mehr voll arbeiten kann (*BGH* 109, 72; NJW 90, 2753; FamRZ 91, 170).

(2) Das gleiche gilt für den **Anschlussunterhalt wegen Arbeitslosigkeit** aus § 1573 I, III; hier muss die Ehefrau, wenn das – jüngste – betreute Kind 16 Jahre alt wird, bereits arbeitslos sein oder wenigstens demnächst arbeitslos werden. Es genügt nicht, dass sie erst Jahre später arbeitslos wird.

---

227 *BGH* FamRZ 90, 499.
228 *BGH* FamRZ 84, 353: wichtig für 323 ZPO.

(3) Erlischt der Unterhaltsanspruch wegen Arbeitslosigkeit aus § 1573 I, weil der geschiedene Ehegatte jetzt mit zumutbarer Anstrengung eine angemessene Arbeit finden kann, erlangt er einen Anspruch auf **Anschlussunterhalt wegen Krankheit** aus § 1572 Nr. 4 nur, wenn er bereits erwerbsunfähig krank ist (*BGH* NJW 90, 2752: aber vielleicht § 242).

(4) Hatte der geschiedene Ehegatte bisher aus §§ 1570-1573 nur einen Anspruch auf **Teilunterhalt,** weil er den anderen Teil seines Bedarfs selbst decken konnte, **beschränkt sich auch der Anschlussunterhalt auf diesen Teil** (*OLG* Stuttgart FamRZ 83, 501; *OLG Düsseldorf* FamRZ 94, 965: Krankheitsunterhalt nicht höher als Betreuungsunterhalt).

(5) Der **Anschlussunterhalt** ist ein **Aufstockungsunterhalt** nach § 1573 II, wenn der geschiedene Ehegatte seine Teilzeitbeschäftigung nach beendeter Kindesbetreuung auf eine Vollzeitbeschäftigung ausweitet, damit seinen Bedarf aber nicht voll decken kann (*BGH* FamRZ 85, 161).

2.3 Kombination mehrerer Unterhaltstatbestände

372 Es kommt vor, dass mehrere Unterhaltstatbestände nebeneinander erfüllt sind. Da aber nur der Anspruch aus § 1573 nach Absatz 5 befristet werden kann, sind die Unterhaltsteile im Urteil gesondert auszuweisen[229].

Beispiele

(1) Ist dem geschiedenen Ehegatten **trotz Kindesbetreuung** eine **Teilzeitbeschäftigung zumutbar**, ist er **aber** so **krank**, dass er nicht arbeiten kann, **oder findet** er allen Bemühungen zum Trotz **keine Arbeit**, hat er Anspruch auf vollen Unterhalt, **teils aus § 1570, teils aus § 1572 Nr. 1 oder** aus **§ 1573 I.**

(2) **Verhindert die Betreuung** eines gemeinschaftlichen Kindes **jede Erwerbstätigkeit** schlechthin, soll ausschließlich § 1570 gelten (*BGH* NJW 90, 1847, aber auch RN 377). Ist dem Ehegatten jedoch **trotz Kindesbetreuung eine Teilzeitarbeit zumutbar**, hat er Anspruch aus § 1570 nur bis zur Höhe des Einkommens aus der angemessenen Vollzeitarbeit; den Rest seines offenen Bedarfs deckt er dagegen aus § 1573 II (*BGH* NJW 90, 1847 unter Aufgabe von *BGH* NJW 86, 2832; 87, 1761).

(3) Das gleiche gilt, wenn der Ehegatte **krankheitsbedingt** nur noch eine **Teilzeitarbeit** leisten kann, **die** seinen **Bedarf nicht voll deckt.** Hier hat er Anspruch aus § 1572 nur bis zur Höhe des Einkommens aus einer angemessenen Vollzeitarbeit und im Übrigen, soweit Teilzeitarbeit und Krankheitsunterhalt den Bedarf nicht decken, Anspruch aus **§ 1573 II** (*BGH* FamRZ 93, 790; *OLG Karlsruhe* FamRZ 92, 948).

(4) Und kann der geschiedene Ehegatte seinen Unterhalt deshalb nicht selbst verdienen, weil er **sowohl** ein **gemeinschaftliches als** auch ein **Pflegekind betreut**, darf er seinen Unterhalt teilweise aus **§ 1570** und teilweise aus **§ 1576** verlangen (*BGH* NJW 84, 2355).

---

229 *BGH* FamRZ 99 708: § 1571 u. § 1573 II.

3. Betreuungsunterhalt

3.1 Betreuung eines gemeinschaftlichen Kindes

Nach § 1570 kann der geschiedene Ehegatte vom anderen Unterhalt verlangen, solange **373** und soweit von ihm wegen der Pflege oder Erziehung eines gemeinschaftlichen Kindes keine Erwerbstätigkeit erwartet werden kann. Dieser Anspruch entsteht in der Regel mit der Scheidung, kann aber auch noch später entstehen, sobald und „solange" die Kindesbetreuung eine angemessene Erwerbstätigkeit verhindert.

Gemeinschaftlich ist das eheliche Kind der geschiedenen Ehegatten, auch das nach § 1754 I gemeinsam adoptierte[230], nicht das Kind eines Ehegatten aus früherer Ehe und nicht das Pflegekind, das beide Ehegatten in Familienpflege genommen haben[231]. Das gemeinschaftliche (schein-) eheliche Kind verliert diesen Status erst mit rechtskräftiger Anfechtung der Vaterschaft, nicht schon mit arglistiger Verhinderung der Anfechtung[232].

Erziehen kann man nur ein minderjähriges Kind, **pflegen** auch ein volljähriges Kind, das krank oder behindert ist.

Die Kindesbetreuung steht einer Erwerbstätigkeit nur dann im Wege, wenn sie erforderlich und so umfangreich ist, dass der betreuende Ehegatte daneben keiner (vollen) Erwerbstätigkeit mehr nachgehen kann (RN 378 ff.).

Betreut die Ehefrau **neben dem ehelichen auch noch ein nichteheliches Kind,** haften Ehemann und Vater des nichtehelichen Kindes **analog § 1606 III 1** anteilig, der Ehemann aus § 1570, der nichteheliche Vater aus § 1615l[233].

3.2 Erwerbstätigkeit wegen Kindesbetreuung nicht zu erwarten

Der Anspruch aus § 1570 hängt nicht davon ab, ob der betreuende Ehegatte erwerbstätig **374** ist oder nicht, sondern davon, ob von ihm eine Erwerbstätigkeit erwartet werden kann oder nicht. **Anspruchsvoraussetzung** ist nicht schon das Fehlen von Erwerbstätigkeit und Einkommen, sondern erst **die Unzumutbarkeit einer angemessenen Erwerbstätigkeit wegen Kindesbetreuung,** denn soweit der geschiedene Ehegatte sich durch zumutbare Anstrengungen selbst unterhalten kann, ist er nicht bedürftig.

Ob und in welchem Umfang vom betreuenden Ehegatten eine Erwerbstätigkeit erwartet werden kann, ist eine schwierige Rechtsfrage, die sich nicht allgemein, sondern nur von Fall zu Fall aus den besonderen Umständen beantworten lässt[234]. Außerdem darf man, wenn überhaupt, nach § 1574 nur eine angemessene Erwerbstätigkeit erwarten, auch dies eine schwierige Rechtsfrage (RN 351).

Die konkreten Umstände freilich, die für oder gegen eine Erwerbstätigkeit sprechen, sind prozessrechtlich Tatsachen, die im Streitfall zu beweisen sind. **Die Beweislast trägt der**

---

230 *BGH* NJW 84, 1539.
231 *BGH* NJW 84, 1538: hier gilt § 1576; FamRZ 98, 426: § 1615l für Betreuung eines gemeinschaftlichen nichtehelichen Kindes.
232 *BGH* NJW 85, 428: zur Ehelichkeitsanfechtung.
233 *BGH* NJW 98, 1309.
234 *BGH* NJW 82, 326; 83, 934; 84, 2356; 89, 1083; FamRZ 89, 487; 90, 283.

Anspruchsteller, denn es geht um seine anspruchsbegründende Bedürftigkeit. Ihm helfen jedoch **Erfahrungswerte**[235]. Wichtige Kriterien sind **Alter, Zahl und Eigenart der betreuten Kinder**[236].

375 Stets darf der sorgeberechtigte Ehegatte seine Kinder selbst betreuen und muss sich nicht auf die mögliche Hilfe Dritter verweisen lassen, nur damit er seinen Unterhalt selbst verdienen kann. Dies wäre mit Art. 6 II GG nicht zu vereinbaren[237]. Aber selbst wenn er erwerbstätig wird, obwohl ihm das nicht zuzumuten ist, verliert er seinen Anspruch aus § 1570 noch nicht, denn sein Einkommen aus unangemessener Erwerbstätigkeit wird nach § 1577 II entweder überhaupt nicht oder nur nach Billigkeit angerechnet (RN 356).

376 **Die allgemeine Lebenserfahrung liefert zwei Regeln**, die der Familienrichter beachten muss: **Erstens bedarf jedes Kind im Alter bis zu etwa 8 Jahren (Grundschulalter) voller und ständiger Betreuung, die eine Erwerbstätigkeit des betreuenden Ehegatten in aller Regel ausschließt**[238]. **Zweitens muss der betreuende Ehegatte in der Regel voll arbeiten, sobald das – jüngste – Kind 16 Jahre alt geworden ist**[239]. Wer diese Erfahrungssätze nicht hinnehmen will, muss besondere Umstände beweisen, die eine Ausnahme rechtfertigen[240].

377 Wer ein **Kind zwischen 8 und 16 Jahren** betreut, kann daneben in aller Regel eine **Teilzeitarbeit**, etwa während der morgendlichen Schulstunden, leisten[241], deren Umfang von Alter und Eigenart des Kindes abhängt[242].

378 Sind **mehrere Kinder** zu betreuen, hängt wieder alles von den konkreten Umständen ab[243]. Letztlich entscheidet der Betreuungsbedarf des jüngsten[244] oder schwierigsten Kindes. Jedenfalls verbietet die Betreuung zweier Kinder unter 14 Jahren jede Erwerbstätigkeit[245]. Und wo eine Teilzeitarbeit zumutbar erscheint, muss dies keine Halbtagsarbeit sein[246].

Beispiele

> **Keine Erwerbstätigkeit** ist zu erwarten neben der Betreuung zweier Kinder im Alter von 6 und 8 Jahren (*BGH* FamRZ 88, 145; 97, 873), von 8 und 9 Jahren (*OLG Oldenburg* FamRZ 90, 170), von 8 und 13 Jahren (*BGH* FamRZ 90, 989), von 11 und 12 Jahren

---

235 *OLG Koblenz* FamRZ 89, 627.
236 *BGH* NJW 84, 2356: Problemkind.
237 *BVerfG* NJW 96, 915: zum Unterhaltsschuldner.
238 *BGH* NJW 83, 1427; 84, 1537; 89, 1083; 92, 2477; FamRZ 98, 1501: Ausnahme muss Schuldner beweisen.
239 *BGH* 89, 111; 109, 72: 15 o. 16; NJW 83, 1549; 91, 224; FamRZ 85, 50: 15 1/2; *OLG Zweibrücken* FamRZ 89, 1192; *OLG Celle* FamRZ 94, 963: ab 15 Bemühungen um Vollzeitarbeit trotz langjähriger krisenfester Teilzeitarbeit.
240 *BGH* NJW 83, 1427: 8 jähriges Kind; 84, 2355: Problemkind zw. 11 u. 15 Jahren; 85, 429: fast volljähriges Kind; 90, 2752: 16jähriges Kind; *OLG Frankfurt* FamRZ 87, 175: taubstummes Kind.
241 *BGH* NJW 95, 1148.
242 *BGH* NJW 81, 448: 11jähriges Kind; 82, 326: Kind zwischen 11 und 15; 89, 1083: zwischen 8 und 11 Jahren keine allgemeine Regel; *OLG Bamberg* FamRZ 88, 725: Halbtagsarbeit, wenn Drittbetreuung möglich; *OLG Düsseldorf* FamRZ 91, 194: 13jähriges Kind.
243 *BGH* NJW 89, 1083; FamRZ 90, 283, 991.
244 *BGH* FamRZ 88, 145.
245 *BGH* NJW 82, 326; FamRZ 97, 873; *OLG Oldenburg* FamRZ 90, 170.
246 *BGH* FamRZ 90, 991.

(*BGH* NJW 82, 326), von 11 und 13 Jahren (*BGH* NJW 84, 2358: genügend Geld vorhanden und Ehefrau schon 13 Jahre nicht mehr erwerbstätig; *OLG Koblenz* FamRZ 2000, 288);

keine Erwerbstätigkeit neben der Betreuung von 3 Kindern im Alter von 9, 13 und 16 Jahren (BGH FamRZ 90, 283: aber Einzelfall maßgeblich; *OLG Köln* FamRZ 98, 619: 3 minderj. Kinder);

stundenweise Altenpflege zumutbar neben Betreuung zweier Kinder von 10 und 17 Jahren (*BGH* NJW 81, 2462);

Halbtagsbeschäftigung zumutbar trotz Betreuung zweier Kinder im Alter von 11 und 15 Jahren (*BGH* NJW 84, 2356).

Kranke, behinderte oder verhaltensgestörte **Problemkinder** bedürfen intensiverer Betreuung als ihre unproblematischen Altersgenossen; dies mildert die „Erwerbsobliegenheit"[247]. **379**

Umgekehrt wird die „Erwerbsobliegenheit" verschärft durch **günstige Betreuungsmöglichkeiten** außerhalb der Wohnung in Tagesstätten oder Ganztagsschulen, durch Verwandte oder Lebensgefährten[248]. Auch der **Mangelfall** (§ 1581) erhöht den Druck auf den betreuenden Ehegatten, sich den Unterhalt selbst zu verdienen[249].

Schließlich ist dem geschiedenen Ehegatten eine Erwerbstätigkeit eher zuzumuten, wenn er trotz der Kinder auch schon vor der Trennung berufstätig gewesen ist[250], es sei denn, die Trennung habe die Situation insoweit grundlegend verändert[251].

3.3 Erlöschen des Anspruchs auf Betreuungsunterhalt

Der Anspruch aus § 1570 erlischt, sobald und soweit das betreute Kind keiner – vollen – Betreuung mehr bedarf und der betreuende Ehegatte seinen Unterhalt durch zumutbare Erwerbstätigkeit selbst verdienen kann. Der Anspruch entsteht neu, wenn das Kind, etwa durch Krankheit oder Unfall, wieder betreuungsbedürftig wird. **380**

An den Anspruch aus § 1570 kann sich nach §§ 1571 Nr. 2, 1572 Nr. 2, 1573 III, 1575, 1576 ein Unterhaltsanspruch wegen Alters, Krankheit, Arbeitslosigkeit, Ausbildung oder Billigkeit anschließen (RN 371).

3.4 Privilegierung

Der Anspruch aus § 1570 ist stärker als die anderen, weil das Gesetz ihn **zum Schutze des betreuungsbedürftigen Kindes** nach allen Seiten bevorzugt. **381**

---

247 *BGH* NJW 84, 2356; *OLG Celle* FamRZ 87, 1038: autistisches Kind; *OLG Frankfurt* FamRZ 87, 175: taubstummes Kind; zum erhöhten Betreuungsbedarf: *BGH* NJW 85, 2590.

248 *OLG Koblenz* FamRZ 87, 1269: 4-6jähriges Kind kann von Lebensgefährtin halbtags betreut werden.; *OLG Celle* FamRZ 98, 1518: Großeltern im Haus; *Eberl-Borges* NJW 2001, 1309: erwerbsloser Partner.

249 *BGH* NJW 83, 1548.

250 *BGH* NJW 81, 2804; 82, 326; 83, 934; *OLG Bamberg* FamRZ 96, 1076.

251 BGH FamRZ 98, 1501: Betreuung eines zweijährigen Kindes aus Not; *OLG Bamberg* FamRZ 96, 1076.

Die Zeit der Kindesbetreuung gilt als Ehezeit, so dass diese sich entsprechend verlängert. Diese Fiktion ermöglicht den Anschlussunterhalt wegen Alters, Krankheit oder Arbeitslosigkeit (§§ 1571 Nr. 2, 1573 III), verhindert eine Unterhaltskürzung nach § 1578 I 2 und erschwert den Ausschluß des Unterhaltsanspruchs nach § 1579. Danach ist der Betreuungsunterhalt **gegen Härteregeln weithin immun**[252], und er ist trotz § 1585c in vielen Fällen unverzichtbar (RN 436)[253].

382 Nach § 1582 I 2 geht der geschiedene Ehegatte mit seinem Anspruch aus § 1570 dem neuen Ehegatten des Unterhaltsschuldners stets vor (RN 462).

Der unterhaltspflichtige Ehegatte darf sich gegen den Anspruch aus § 1570 nicht so leicht auf Leistungsunfähigkeit berufen wie gegen andere Ansprüche, **weil der betreuende Ehegatte den gleichen Schutz verdient wie das betreute Kind**. Deshalb muss er sich auch hier mit dem notwendigen Selbstbehalt zufriedengeben[254] und trotz Haushaltsführung in der neuen Ehe zumindest eine Nebentätigkeit suchen, um nicht nur den Kindes-, sondern auch den Betreuungsunterhalt zu sichern[255].

383 Schließlich **lebt der erloschene Anspruch aus § 1570** in zwei Fällen **wieder auf**: erstens wenn er mangels Bedürftigkeit des Ehegatten erloschen ist und dieser erneut bedürftig wird (§§ 1570, 1577 IV 2), zweitens, wenn er durch erneute Heirat des betreuenden Ehegatten erloschen ist und auch die neue Ehe aufgelöst wird (§ 1586a I).

Weil also der Anspruch aus § 1570 soviel stärker ist als derjenige aus §§ 1571-1576, muss das **Urteil** ihn auch dann **besonders ausweisen**, wenn der Unterhalt zum Teil aus § 1570, zum Teil aus §§ 1571-1576 geschuldet wird[256].

3.5 Betreuungs- und Aufstockungsunterhalt

384 Schwer verständlich ist das Zusammenspiel der §§ 1570, 1573 II. Wenn und solange dem geschiedenen Ehegatten wegen Kindesbetreuung **überhaupt keine Erwerbstätigkeit** zugemutet werden kann, soll in voller Höhe des Bedarfs ausschließlich § 1570 gelten[257]. Dagegen konkurriert § 1570 mit § 1573 II, wenn der Ehegatte neben der Kindesbetreuung einer **angemessenen Teilzeitbeschäftigung** nachgehen kann. Da hier die Kindesbetreuung nur eine Vollzeitbeschäftigung verhindert, deckt § 1570 nur die Lücke zwischen dem anrechenbaren Einkommen aus der Teilzeitbeschäftigung (§ 1577 I) und dem Einkommen, das der Ehegatte ohne Kindesbetreuung erzielen könnte[258]. Soweit der Unterhalt aus § 1570 den Bedarf nach § 1578 I 1 nicht restlos deckt, **ist der offene Rest** unter den Voraussetzungen des § 1573 II **durch Aufstockungsunterhalt zu decken**[259].

---

252 *BGH* FamRZ 89, 1279; 97, 873: § 1579; NJW 90, 1847: auch keine Kürzung nach § 1573 V.
253 *BGH* NJW 87, 776; 91, 914; 92, 3164; 95, 1148.
254 *BGH* NJW-RR 89, 900; *OLG Hamm* FamRZ 96, 1218; a.A. *BGH* NJW 92, 1622.
255 *BGH* FamRZ 87, 252; 2001, 615; NJW 96, 1815; ferner *OLG Hamm* FamRZ 96, 1218: verschärfte Unterhaltspflicht nach § 1603 II auch für § 1570; *OLG Karlsruhe* FamRZ 98, 560: gesteigerte Erwerbspflicht.
256 *BGH* NJW 84, 2355; 90, 1847.
257 *BGH* NJW 90, 1847.
258 *BGH* NJW 90, 1847.
259 *BGH* NJW 90, 1847.

Dieser Teilanspruch ist nicht privilegiert (§§ 1577 IV 2, 1582 I 2, 3, 1586a I) und kann nach § 1573 V zeitlich begrenzt werden[260].

Danach steht der erwerbstätige Ehegatte schlechter als der nichterwerbstätige. Nun sollte man aber den ersteren nicht bedauern[261], sondern beide gleich schlecht behandeln, denn es gibt keinen vernünftigen Grund, für eine unterschiedliche Behandlung. Auch wenn der betreuende Ehegatte wegen der Betreuung überhaupt nicht arbeiten muss, gibt ihm § 1570 einen Anspruch auf Unterhalt nur, „soweit" er an einer angemessenen Erwerbstätigkeit gehindert wird, nicht auch, soweit der andere mehr verdient (§ 1573 II).

Beispiel

(1) Der geschiedene Ehegatte hat einen Unterhaltsbedarf nach § 1578 I 1 von 1000,– Euro. Durch angemessene Teilzeitarbeit verdient er neben der Kindesbetreuung 450,– Euro, durch angemessene Vollzeitarbeit würde er 900,– Euro verdienen. Ungedeckt ist ein Bedarf von 550,– Euro. § 1570 gibt hier nur einen Anspruch auf Teilunterhalt von 450,– Euro; den Rest von 100,– Euro deckt ein Teilanspruch aus § 1573 II. Das gleiche gilt, wenn der betreuende Ehegatte zwar nicht arbeitet, durch angemessene Teilzeitarbeit aber 450,– Euro verdienen könnte.

(2) Muss er der Kindesbetreuung wegen überhaupt nicht arbeiten und könnte er ohne Kindesbetreuung durch eine angemessene Erwerbstätigkeit 900,– Euro verdienen, gibt § 1570 nur einen Anspruch auf 900,– Euro, während die restlichen 100,– Euro nur nach § 1573 II zu erlangen sind (a.A. *BGH* NJW 90, 1847).

Der Teilanspruch von 100,– Euro aus § 1573 II kann in beiden Fällen nach § 1573 V 1 zeitlich begrenzt werden.

4. Altersunterhalt

4.1 Zeitlicher Zusammenhang mit Scheidung

Nach § 1571 hat der geschiedene Ehegatte Anspruch auf Unterhalt, soweit von ihm wegen seines Alters eine Erwerbstätigkeit nicht erwartet werden kann. **385**

Diese Voraussetzung muss zu einem bestimmten Zeitpunkt erfüllt sein: entweder schon **zur Zeit der Scheidung (Nr. 1) oder zur Zeit, da die Voraussetzungen eines Betreuungs-, Krankheits- oder Arbeitslosenunterhalt wegfallen (Nr. 2 u. Nr. 3).** Gegen den Wortlaut des § 1571 Nr. 2 kommt es nicht darauf an, wann die Betreuung des gemeinschaftlichen Kindes tatsächlich endet, sondern wie bei § 1571 Nr. 3 darauf, wann die Voraussetzungen des 1570 wegfallen, weil das Kind keiner – vollen – Betreuung mehr bedarf und den Ehegatten nicht mehr an einer Erwerbstätigkeit hindert[262]. Der Anspruch aus § 1571 Nr. 2 oder Nr. 3 löst also unmittelbar den Anspruch aus § 1570, § 1572 oder § 1573 ab und wahrt so den zeitlichen Zusammenhang mit der Scheidung (**Anschlussunterhalt:** RN 371). Beispielsweise erlischt der Anspruch aus § 1573 und entsteht der An-

---

260 *BGH* NJW 90, 1847.
261 Wie es *BGH* NJW 90, 1847 tut.
262 *BGH* 109, 72: Kind wird 15 o. 16 Jahre alt; NJW 90, 2750.

spruch aus § 1571 Nr. 3, wenn der bislang arbeitslose Ehegatte jetzt eine Altersrente bezieht, die seinen Bedarf nicht voll deckt[263].

4.2 Alter

386 Das Gesetz verzichtet auf eine feste Altersgrenze[264]. Über das 65. Lebensjahr hinaus muss derzeit aber niemand arbeiten[265]. Im Übrigen genügt es, dass der Ehegatte altersbedingt nicht mehr angemessen zu vermitteln oder auszubilden ist[266]. Das Gesetz verlangt nicht, dass die altersbedingte Bedürftigkeit durch die Ehe verursacht sei. Vielmehr hat der geschiedene Ehegatte auch dann Anspruch auf Altersunterhalt, wenn er schon alt und bedürftig geheiratet und die Ehe nur kurze Zeit gedauert hat[267].

Auch hier kann man, wenn überhaupt, nach § 1574 nur eine angemessene Erwerbstätigkeit erwarten (RN 351).

5. Krankheitsunterhalt

5.1 Zeitlicher Zusammenhang mit Scheidung

387 Nach § 1572 hat der geschiedene Ehegatte Anspruch auf Unterhalt, solange und soweit von ihm wegen Krankheit oder anderer Gebrechen oder Schwächen seiner körperlichen oder geistigen Kräfte eine angemessene Erwerbstätigkeit nicht erwartet werden kann[268].

Diese Voraussetzung muss zu einem bestimmten Zeitpunkt erfüllt sein[269]: entweder schon **zur Zeit der Scheidung (Nr. 1) oder zur Zeit, da die Voraussetzungen eines Betreuungs-, Ausbildungs- oder Arbeitslosenunterhalts wegfallen (Nr. 2-4)**. Gegen den Wortlaut der Nr. 2 und 3 kommt es nicht darauf an, wann die Kindesbetreuung oder Ausbildung tatsächlich endet, sondern wie bei der Nr. 4 darauf, wann die Anspruchsvoraussetzungen für den Betreuungs- oder Ausbildungsunterhalt wegfallen[270]. Der Anspruch auf **Anschlussunterhalt** aus § 1572 Nr. 2-4 löst also unmittelbar den Anspruch aus § 1570, § 1575 oder § 1573 ab und wahrt so den zeitlichen Zusammenhang mit der Scheidung[271].

---

263 *BGH* NJW 88, 2102.
264 *BGH* NJW 88, 2102: Bezug einer Altersrente mit 60; FamRZ 87, 829 u. 99, 708: Rente vor 65.
265 *BGH* FamRZ 99, 708; *OLG Hamm* FamRZ 97, 883.
266 *BGH* NJW 87, 2740; *OLG Hamburg* FamRZ 91, 445: 53jährige Frau ohne Berufsausbildung; *OLG Schleswig* FamRZ 2000, 815: 58jährige Frau ohne Erwerbschance.
267 *BGH* NJW 82, 929; 83, 683.
268 *BGH* FamRZ 93, 790.
269 *BGH* FamRZ 90, 260.
270 *BGH* 109, 72: betreutes Kind wird 15 o. 16; ebenso NJW 90, 2752; 91, 224.
271 *OlG Celle* FamRZ 97, 1074; *OLG Karlsruhe* FamRZ 94, 105: Verlust Arbeitsplatz durch ehebedingte Psychose erst 4 Jahre nach Scheidung: allenfalls § 1576.

5.2 Krankheit

Krankheit ist ein Zustand körperlicher Störung, der nicht alsbald vorübergeht[272]. Krank **388** sind deshalb auch der Unfallverletzte und der Süchtige[273]. Die Krankheit muss – offen oder versteckt – schon bei der Scheidung oder beim Wegfall der Anspruchsvoraussetzungen der §§ 1570, 1575, 1573 ausgebrochen[274] und so schwer sein, dass sie eine angemessene Erwerbstätigkeit – wenigstens teilweise – verhindert.

Die **spätere Verschlimmerung einer Krankheit** genügt dann, wenn sie noch „in zeitlichem Zusammenhang" mit der Scheidung oder dem Wegfall der Voraussetzungen nach §§ 1570, 1575, 1573 auftritt[275]. Dass die Krankheit ehebedingt sei, verlangt das Gesetz dagegen nicht. Anspruch auf Krankenunterhalt hat der geschiedene Ehegatte auch dann, wenn er seine Krankheit schon in die Ehe gebracht hat[276].

5.3 Angemessene Erwerbstätigkeit

Auch vom kranken Ehegatten kann, wenn überhaupt, nach § 1574 nur eine angemessene **389** Erwerbstätigkeit erwartet werden (RN 351)[277]. Art und Schwere der Krankheit bestimmen, ob der Ehegatte die angemessene Beschäftigung voll oder wenigstens teilweise oder überhaupt nicht mehr ausüben kann.

Beispiele

(1) Wegen ihrer Krampfadern kann die geschiedene Ehefrau ihren angestammten Beruf als Zwirnerin nicht mehr ausüben. Das genügt für § 1572 noch nicht. Solange es noch andere angemessene Möglichkeiten einer Vollzeitarbeit gibt, ist sie trotz geringeren Lohns nicht krankheitsbedingt erwerbsunfähig. Soweit das erzielte Einkommen aus dieser Beschäftigung ihren Bedarf nicht deckt, darf sie Aufstockungsunterhalt nach § 1573 II verlangen (BGH NJW 91, 224; ferner OLG Düsseldorf FamRZ 87, 1254).

(2) Kann die geschiedene Ehefrau infolge altersbedingter körperlicher Abnutzung wie Krampfadern, Wirbelsäulenbeschwerden und Gelenkschmerzen zwar keine schweren La-

---

272 *OLG Hamburg* FamRZ 82, 702: Auslegung wie im Sozialversicherungsrecht; „Rentenneurose" keine Krankheit; *OLG Hamm* FamRZ 95, 996: psych. Belastung durch Trennung keine Krankheit, wenn durch Behandlung überwindbar; *OLG Bamberg* FamRZ 2000, 231: „andere Gebrechen o. Schwächen".

273 *BGH* FamRZ 88, 927: Medikamentenmissbrauch; *OLG Stuttgart* FamRZ 81, 963 u. *OLG Düsseldorf* FamRZ 87, 1262: Trunksucht, aber § 1579 Nr. 3, wenn keine Entziehungskur; *OLG Hamm* FamRZ 89, 631: nur Kleider- und Taschengeld, wenn Krankenkasse Suchtbehandlung bezahlt.

274 *BGH* NJW 87, 2231; *OLG Stuttgart* FamRZ 83, 501; *OLG Koblenz* FamRZ 89, 286: Erkrankung während Kindesbetreuung.

275 *BGH* NJW 87, 2230: Gelenkabnutzung u. Kreislaufstörungen mindern die Erwerbsfähigkeit schon bei der Scheidung und schließen sie 2 Jahre später völlig aus; *OLG Stuttgart* FamRZ 83, 501: Geschwürbildung seit Scheidung; *OLG Hamm* FamRZ 99, 231 u. *OLG Karlsruhe* FamRZ 2000, 233: vor nachhaltiger Sicherung des Unterhalts; ferner *OLG Hamm* FamRZ 99, 917: spätere Besserung nach § 323 ZPO.

276 *BGH* NJW 82, 40; FamRZ 88, 931; 96, 1272.

277 *BGH* FamRZ 93, 790.

sten mehr heben und nicht mehr stundenlang stehen, sind ihr aber nach § 1574 voll-schichtig leichte Büroarbeiten angemessen, ist § 1572 nicht anwendbar; der Ehefrau bleibt allenfalls ein Anspruch aus § 1573 II (BGH FamRZ 93, 790).

390 Wenn dem kranken Ehegatten **nur noch eine Teilzeitarbeit zumutbar** ist, die seinen Bedarf nach § 1578 I 1 nicht deckt, hat er zwar einen Anspruch aus § 1572, aber nur bis zur Höhe des Einkommens, das er ohne die Krankheit aus der angemessenen Vollzeitar-beit erzielen könnte. Soweit sein Einkommen aus der Teilzeitarbeit und der Krankheits-unterhalt seinen Bedarf nicht decken, darf er den offenen Rest als Aufstockungsunterhalt aus § 1573 II verlangen[278].

Beispiel

Der geschiedene Ehegatte hat einen Unterhaltsbedarf nach § 1578 I 1 von 1000,– Euro. Durch angemessene Teilzeitarbeit verdient er trotz Krankheit 450,– Euro; gesund könnte er voll arbeiten und 900,– Euro verdienen. Ungedeckt ist ein Bedarf von 550,– Euro.
§ 1572 gibt nur einen Anspruch auf Teilunterhalt von 450,– Euro; die restlichen 100,– Euro stehen ihm aus § 1573 II zu. Diese Trennung ist wichtig, weil nur der Anspruch aus § 1573 II nach § 1573 V zeitlich begrenzt werden kann (*BGH* FamRZ 93, 790), der Anspruch aus § 1572 allenfalls nach § 1578 I 2 oder § 1579 Nr. 7 (*OLG Oldenburg* NJW 91, 3222).

6. Arbeitslosenunterhalt

6.1 Auffangtatbestand

391 Nach § 1573 I hat der geschiedene Ehegatte unter zwei Voraussetzungen Anspruch auf Unterhalt: er kann erstens keinen Unterhalt nach §§ 1570-1572 verlangen und zweitens nach der Scheidung keine angemessene Erwerbstätigkeit finden. Danach ist § 1573 I le-diglich ein Auffangtatbestand, der den §§ 1570-1572 stets nachgeht und schwächer ist als diese, weil der Arbeitslosenunterhalt nach § 1573 V zeitlich beschränkt werden kann[279].

Anders als die §§ 1571-1572 **verlangt § 1573 I, dass der geschiedene Ehegatte er-werbsfähig ist und dem Arbeitsmarkt zur Verfügung steht**[280]. Solange ihn Medika-mentenmißbrauch erwerbsunfähig macht, ist § 1572 der richtige Unterhaltstatbestand, hingegen § 1573 I, sobald er geheilt ist[2781]. Umgekehrt erlischt der Anspruch aus § 1573 I, wenn der arbeitslose Ehegatte Altersruhegeld bezieht, und es entsteht der An-spruch aus § 1571 Nr. 3[282].

392 § 1573 I ist freilich insoweit neben §§ 1570-1572 anwendbar, als vom geschiedenen Ehe-gatten trotz Kindesbetreuung, Alters oder Krankheit zwar eine – **angemessene – Teil-zeitarbeit erwartet werden kann**, der Ehegatte aber keinen Arbeitsplatz findet[283].

---

278 *BGH* FamRZ 93, 790; *OLG Düsseldorf* FamRZ 89, 57; *OLG Karlsruhe* FamRZ 92, 948; *OLG München* FamRZ 97, 295: bei voller Erwerbsunfähigkeit nur § 1572.
279 *BGH* FamRZ 93, 791.
280 *BGH* FamRZ 88, 927.
281 *BGH* FamRZ 88, 927.
282 *BGH* NJW 88, 2102.
283 *BGH* NJW 90, 1847; FamRZ 93, 791.

6.2 Arbeitslosen- und Aufstockungsunterhalt

§ 1573 I begründet einen Anspruch auf Arbeitslosenunterhalt, § 1573 II auf Aufstok- **393**
kungsunterhalt. Beide Tatbestände sollen den sozialen Abstieg vor allem desjenigen Ehegatten verhindern, der während der Ehe der Familie zuliebe auf eine volle Berufstätigkeit
verzichtet hat und nach der Scheidung keine vollwertige Arbeit findet. § 1573 I gilt dann,
wenn der Ehegatte zwar nach Kräften eine angemessene Beschäftigung sucht, aber nicht
findet[284]. **§ 1573 II regelt den Fall, dass der geschiedene Ehegatte zwar eine angemessene Beschäftigung hat, damit aber seinen Bedarf nach § 1578 I nicht voll dekken kann; den ungedeckten Rest darf er als Aufstockungsunterhalt verlangen**[285].
Findet der geschiedene Ehegatte statt der angemessenen Vollzeitarbeit marktbedingt nur
eine Teilzeitarbeit, gilt für den ungedeckten Restbedarf § 1573 I, denn die Teilzeitarbeit
ist hier nicht angemessen[286]. Abs. 1 geht deshalb dem Abs. 2 des § 1573 vor[287].

Welche Erwerbstätigkeit angemessen ist, sagt undeutlich die Hilfsnorm des § 1574
(RN 351 ff.). Ob und in welchem Umfang Einkünfte aus unangemessener Erwerbstätigkeit auf den Bedarf anzurechnen sind, bestimmt § 1577 II (RN 356 ff.).

6.3 Angemessene Erwerbstätigkeit nicht zu finden

Anspruchsvoraussetzung ist nicht schon die Arbeitslosigkeit, sondern erst das Unvermö- **394**
gen des Ehegatten, mit zumutbarer Anstrengung eine angemessene Erwerbstätigkeit zu
finden, sei es, dass der Ehegatte nach Kräften, aber erfolglos gesucht hat, sei es dass er
überhaupt keine reale Beschäftigungschance hat (RN 350)[288].

Arbeitslos in diesem Sinne muss der geschiedene Ehegatte zu einem bestimmten Zeit- **395**
punkt sein: **entweder „nach der Scheidung" (§ 1573 I) oder nach Wegfall der Voraussetzungen eines Anspruchs aus §§ 1570-1572, 1575 (§ 1573 III)**. „Nach der Scheidung" ist eine recht undeutliche Zeitbestimmung; sie bedeutet zwar nicht exakt den Zeitpunkt der Scheidung, deckt aber auch nicht jeden Arbeitsplatzverlust nach der Scheidung
(Arg. § 1573 IV), sondern nur den **Arbeitsplatzverlust „in zeitlichem Zusammenhang
mit der Scheidung"**[289], was immer das heißen mag. Jedenfalls begründet ein Arbeitsplatzverlust Jahre nach der Scheidung keinen Unterhaltsanspruch mehr[290]. Dies folgt
schon aus dem Postulat des § 1569, dass der geschiedene Ehegatte sich möglichst selbst
unterhalten soll. § 1573 IV bestätigt es. Danach darf der Ehegatte, der sich nach der
Scheidung zunächst durch eigene Erwerbstätigkeit selbst unterhält und später arbeitslos
wird, nur dann Arbeitslosenunterhalt verlangen, wenn die verlorene Arbeit seinen nachehelichen Unterhalt noch nicht nachhaltig gesichert hat (RN 404). **Die Unsicherheit des
Arbeitsplatzes stellt den erforderlichen zeitlichen Zusammenhang mit der Schei-**

---

284 *BGH* NJW 90, 1478, 2752.
285 *BGH* FamRZ 82, 361; NJW 90, 1478.
286 *BGH* NJW 88, 2369.
287 *BGH* NJW 88, 2034; 90, 1478.
288 *BGH* NJW 90, 1478; 90, 2752; 90, 2810.
289 *BGH* FamRZ 87, 687.
290 *BGH* NJW 87, 2231: 1 1/2 Jahre nach Scheidung; NJW 88, 2034: 2 1/2 Jahre nach Scheidung.

dung her. Sobald aber der geschiedene Ehegatte sich durch Erwerbstätigkeit nachhaltig selbst unterhalten kann, trägt er auch das Arbeitsplatzrisiko selbst[291].

396 **Die Beweislast, vor allem auch für Art, Umfang und Erfolglosigkeit der Arbeitssuche trägt der Anspruchsteller**[292].

397 **Eine Arbeit muss der Ehegatte für § 1573 I erst nach der Scheidung suchen.** Dass er schon während des Getrenntlebens hätte suchen sollen (§ 1361 II), aber nicht gesucht hat, schadet ihm nicht[293]. **Und er muss nur eine angemessene Arbeit suchen.** Welche Arbeit angemessen ist, sagt die Hilfsnorm des § 1574 (RN 351). Soweit der Ehegatte für eine angemessene Beschäftigung erst noch ausgebildet werden muss (§ 1574 III), darf er für die nötige Dauer der Ausbildung nach § 1573 I Unterhalt verlangen[294]. § 1573 I ist auch dann die richtige Anspruchsgrundlage, wenn der geschiedene Ehegatte statt der angemessenen Vollzeitarbeit marktbedingt nur eine Teilzeitarbeit findet, denn die ist nicht angemessen[295].

Dass die Arbeitslosigkeit ehebedingt sei, verlangt das Gesetz nicht. Es ist deshalb unerheblich, ob der Ehegatte vor oder während der Ehe gearbeitet und wie lange er nicht mehr gearbeitet hat[296].

398 Der **Anspruch** aus § 1573 I **erlischt** mit der Aufnahme der ersten angemessenen Erwerbstätigkeit nach der Scheidung, **lebt** nach § 1573 IV aber **wieder auf,** wenn der Unterhalt nicht nachhaltig gesichert war, weil die Erwerbstätigkeit auf schwankendem Boden stand (RN 404). Er erlischt auch dann, wenn der Ehegatte sich nicht mehr nach Kräften um eine angemessene Arbeit bemüht.

7. Aufstockungsunterhalt

7.1 Auffangtatbestand

399 Nach § 1573 II hat der geschiedene Ehegatte unter zwei Voraussetzungen Anspruch auf Unterhalt: erstens kann er seinen Bedarf nach § 1578 I durch eigene angemessene Erwerbstätigkeit nicht voll decken, und zweitens hat er keinen Anspruch aus §§ 1570-1572. Der Aufstockungsunterhalt beschränkt sich auf den **ungedeckten Restbedarf**[297].

Auch § 1573 II ist nur ein Auffangtatbestand, der hinter die vorrangigen §§ 1570-1572 zurücktritt[298]. Diese Rangfolge ist wichtig, weil nur der Aufstockungsunterhalt nach § 1573 V zeitlich beschränkt werden kann[299]. Dem § 1573 II geht aber auch noch

---

291 *BGH* NJW 87, 2231; 88, 2034.
292 *BGH* NJW 86, 3080: keine Beweiserleichterung nach § 287 II ZPO; NJW 87, 898; 88, 2370; 90, 2810: Verlust Arbeitsstelle + erfolglose Arbeitsbemühungen + Billigkeitsumstände für Unterhalt.
293 *BGH* NJW 86, 985.
294 *BGH* FamRZ 84, 561; NJW 86, 985: aber § 1579 Nr. 3, wenn Ausbildung verspätet.
295 *BGH* NJW 88, 2369.
296 *BGH* NJW 80, 393.
297 BVerfG NJW 81, 1771: verfassungsgemäß.
298 *BGH* NJW 86, 2832; 87, 1761; 88, 2034; 90, 1848.
299 *BGH* NJW 90, 1848.

§ 1573 I, IV vor[300]. Dies bestimmt die Reihenfolge der rechtlichen Prüfung. Mit dem Aufstockungsunterhalt befasst man sich erst, nachdem und soweit man einen Betreuungs-, Alters-, Krankheits- und Arbeitslosenunterhalt verneint hat[301].

Wohl aber tritt § 1573 II neben die §§ 1570-1572, wenn der vorrangige Anspruch aus §§ 1570-1572 den Unterhaltsbedarf nicht voll deckt (RN 372).

7.2 Versorgungslücke zwischen Bedarf und eigenem Einkommen

Getreu dem Postulat, das zur Zeit der Scheidung verfügbare Familieneinkommen zwischen den Ehegatten hälftig zu teilen, gleicht der Aufstockungsunterhalt die Einkommensdifferenz aus, die die ehelichen Lebensverhältnisse bestimmt. Nach Scheidung einer Doppelverdienerehe hat der Ehegatte mit dem niedrigeren Einkommen insoweit Anspruch auf Aufstockungsunterhalt, als er seinen zusätzlichen Bedarf in Höhe der halben Einkommensdifferenz nicht selbst decken kann (Differenzmethode). Nach Scheidung einer Alleinverdienerehe hat der Ehegatte, der bislang nicht erwerbstätig war, insoweit Anspruch auf Aufstockungsunterhalt, als er seinen Bedarf durch eine angemessene Erwerbstätigkeit nicht voll decken kann (Anrechnungsmethode). In beiden Fällen **schließt der Aufstockungsunterhalt die Versorgungslücke zwischen dem vollen Bedarf nach § 1578 I und dem eigenen – realen oder fiktiven – Einkommen aus angemessener Erwerbstätigkeit**[302].   **400**

§ 1573 II knüpft an § 1573 I an und setzt gleichfalls voraus, dass die Bedürftigkeit „nach der Scheidung" entsteht, also **in zeitlichem Zusammenhang mit der Scheidung** und nicht erst Jahre später[303], **oder aber nach Wegfall der Anspruchsvoraussetzungen der §§ 1570-1572, 1575 (§ 1573 III)**[304]. Den maßgeblichen (Einsatz-) Zeitpunkt muss der Anspruchsteller beweisen[305].   **401**

Aufstockungsunterhalt gibt es nur, wenn der geschiedene Ehegatte seinen Bedarf durch eigene angemessene Erwerbstätigkeit (nur) zum Teil decken kann[306]. Auch steht dem Einkommen, das er tatsächlich erzielt, das Einkommen gleich, das er mit zumutbarer Anstrengung aus einer angemessenen Erwerbstätigkeit erzielen könnte[307]. Welche Erwerbstätigkeit angemessen ist, sagt die Hilfsnorm des § 1574 (RN 351)[308].   **402**

Dass die Ehegatten schon während der Ehe getrennte Kassen geführt haben und jeder von seinem eigenen Einkommen gelebt hat, schließt den Tatbestand des § 1573 II noch nicht aus, rechtfertigt aber vielleicht eine zeitliche Befristung nach § 1573 V[309].

---

300 *BGH* NJW 88, 2034; 90, 1848.
301 *BGH* NJW 88, 2034; 90, 1477, 1848.
302 *BGH* NJW 82, 1869; 82, 2440; FamRZ 85, 161; 90, 499; 90, 979; ferner *OLG Düsseldorf* FamRZ 91, 194: Berechnung bei „Zuverdienerehe".
303 *BGH* NJW 87, 2231; 88, 2034; *OLG Hamm* FamRZ 94, 1392.
304 Zur Abänderung eines Vergleichs von § 1570 auf § 1573 II: *OLG Hamburg* FamRZ 92, 1184.
305 *OLG Celle* FamRZ 94, 963.
306 *BGH* NJW 82, 1869; 87, 1761; 88, 2035; 90, 1477; 90, 2810.
307 *BGH* FamRZ 88, 927; 90, 499; 90, 979.
308 *BGH* NJW 88, 2370.
309 A.A. *OLG Zweibrücken* FamRZ 82, 269.

Beispiele
403

(1) Der geschiedene Ehegatte findet eine **angemessene Vollzeitarbeit, kann** damit aber seinen **Bedarf nur teilweise decken**. Das ist der Fall des § **1573 II**: Der Aufstockungsunterhalt schließt die Bedarfslücke (*BGH* NJW 82, 1869; 88, 2035; 90, 1477). Das gleiche gilt, wenn der geschiedene Ehegatte deshalb keine Arbeit findet, weil er nicht richtig sucht. Schon das erzielbare (fiktive) Einkommen verhindert seine Bedürftigkeit. Den offenen Restbedarf deckt § 1573 II (*BGH* NJW 90, 1478).

(2) **Verliert der geschiedene Ehegatte später unfreiwillig eine angemessene Arbeit**, gilt nicht § 1573 I, sondern § **1573 IV**, vorausgesetzt, die Erwerbstätigkeit hat den Unterhalt noch nicht nachhaltig gesichert (*BGH* NJW 85, 430, 1699; 86, 375; 88, 2035) Andernfalls erlischt der Unterhaltsanspruch.

(3) Dem geschiedenen Ehegatten ist wegen Kindesbetreuung, Alters oder Krankheit überhaupt **keine Erwerbstätigkeit zumutbar**. Nach Meinung des BGH bezieht er seinen Unterhalt ausschließlich aus §§ 1570-1572[310]. Das überzeugt nicht. Richtiger erscheint es, den Anspruch aus §§ 1570-1572 nur bis zur Höhe des Einkommens zu geben, das der Ehegatte ohne Kinder, Altersschwäche oder Krankheit verdienen könnte, und den ungedeckten Restbedarf aus § **1573 II** zu decken (RN 377).

(4) Ist dem Ehegatten trotz Kindesbetreuung, Alters oder Krankheit eine **Teilzeitarbeit zumutbar, die seinen Bedarf aber nur teilweise deckt**, steht ihm Unterhalt **sowohl** aus §§ **1570-1572 als auch** aus § **1573 II** zu. Der Betreuungs-, Alters- oder Krankenunterhalt deckt nur die Lücke zwischen dem Einkommen, das er tatsächlich hat, und dem Einkommen, das er ohne Kind, Altersschwäche oder Krankheit aus einer angemessenen Vollzeitarbeit verdienen könnte. Den offenen Restbedarf deckt der Aufstockungsunterhalt nach § 1573 II[311]. Diese Aufteilung ist nötig, weil nur der Aufstockungsunterhalt nach § **1573 V** zeitlich begrenzt werden kann[312]. Wenn in diesem Fall der Ehegatte allem Bemühen zum Trotz keine angemessene Teilzeitarbeit findet, bezieht er seinen Unterhalt zu einem Teil aus §§ **1570-1572**, zu einem Teil aus § **1573 I** und zu einem weiteren Teil aus § **1573 II**. Die Aufteilung zwischen § 1573 I und § 1573 II ist freilich belanglos, da die Rechtsfolgen die gleichen sind.

(5) Der geschiedene Ehegatte **findet** in zeitlichem Zusammenhang mit der Scheidung oder nach Wegfall der Anspruchsvoraussetzungen der §§ 1570-1572 trotz fleißigen Suchens **keine angemessene Arbeit**. Das ist der Fall des § **1573 I** (*BGH* NJW 80, 394; 87, 2231). Das gleiche gilt, wenn der Ehegatte auf dem Arbeitsmarkt nur eine unangemessene Arbeit findet, z.B. eine Teilzeitarbeit statt einer Vollzeitarbeit (*BGH* NJW 88, 2369). Da dieses Einkommen nur nach § 1577 II angerechnet wird, ist § 1573 II nicht anwendbar.

---

310 *BGH* NJW 90, 1848; 88, 2730: unangemessene Erwerbstätigkeit.
311 *BGH* NJW 90, 1848 gegen NJW 87, 1761.
312 *BGH* NJW 90, 1848.

8. Unterhalt noch nicht nachhaltig gesichert

8.1 Gesetzliche Systematik

Der Unterhaltsanspruch aus §§ 1573 I-III erlischt, sobald und soweit der Unterhaltsbe- **404** rechtigte sich aus angemessener Erwerbstätigkeit selbst unterhalten kann und deshalb nicht mehr bedürftig ist[313]. Endgültig erlischt er freilich nur, soweit der Unterhalt durch die Erwerbstätigkeit bereits nachhaltig gesichert ist. Dagegen lebt er nach § 1573 IV ganz (S. 1) oder zum Teil (S. 2) wieder auf, „wenn die Einkünfte aus einer angemessenen Erwerbstätigkeit wegfallen, weil es ihm (dem Unterhaltsberechtigten) trotz seiner Bemühungen nicht gelungen ist, den Unterhalt durch die Erwerbstätigkeit nach der Scheidung nachhaltig zu sichern".

§ 1573 IV ist Anspruchsgrundlage. Anspruchsvoraussetzung ist das **Unvermögen** des unterhaltsberechtigten Ehegatten, seinen **Unterhalt nach der Scheidung allen Bemühungen zum Trotz durch angemessene Erwerbstätigkeit**[314] nachhaltig zu sichern. Zwar hat er zur Zeit der Scheidung (oder des Ausschlußtatbestands nach § 1573 III) eine angemessene Beschäftigung, verliert sie aber wieder, bevor sie seinen Unterhalt dauerhaft sichern kann. **Die Beweislast trägt der Anspruchsteller.**

8.2 Nachhaltige Sicherung des eigenen Unterhalts

„Nachhaltig" bedeutet soviel wie dauerhaft: **Nachhaltig gesichert ist der Unterhalt** **405** **durch Einkünfte aus einer soliden Dauerbeschäftigung**[315]. Die Rechtsprechung urteilt aus der Sicht eines „optimalen Beobachters", der alle Umstände kennt, die schon zur Zeit der Arbeitsaufnahme, frühestens aber zur Zeit der Scheidung, vorhanden sind, auch wenn sie erst später zu Tage treten[316]. Danach ist eine **Erwerbstätigkeit** nicht nachhaltig gesichert, wenn sie schon zur Zeit der Arbeitsaufnahme, frühestens aber zur Zeit der Scheidung, nach den besonderen Umständen des Falles und der allgemeinen Lebenserfahrung **gefährdet erscheint und zu befürchten ist, der Ehegatte werde sie unfreiwillig („trotz seiner Bemühungen") verlieren**[317]. Maßgebend ist weniger die tatsächliche Dauer der Beschäftigung als **die objektiv begründete oder unbegründete Erwartung einer Dauerbeschäftigung**[318]. Denn sobald der geschiedene Ehegatte wieder voll im Erwerbsleben steht, trägt er nach dem Grundsatz des § 1569 auch das Risiko eines Arbeitsplatzverlustes, weil seine spätere Arbeitslosigkeit mit der Scheidung nicht mehr zusammenhängt[319].

---

313 *BGH* NJW 85, 1700.
314 *BGH* NJW 87, 3129: nicht durch Versorgung des neuen Partners.
315 *BGH* NJW 85, 1700.
316 Prognose ex ante, nicht Rückschau ex post: *BGH* NJW 85, 430, 1699; 86, 375; 88, 2035; *OLG Hamm* FamRZ 97, 819; *OLG Köln* FamRZ 98, 1434; *OLG Karlsruhe* FamRZ 2000, 233: erst nach etwa 2 Jahren.
317 *BGH* NJW 85, 1699; 86, 375; 88, 2035.
318 *BGH* NJW 86, 375; 88, 2034; *OLG Bamberg* FamRZ 97, 819; *OLG Hamm* FamRZ 97, 821.
319 *BGH* NJW 88, 2034.

Beispiele

(1) **Nicht nachhaltig** gesichert ist der Unterhalt durch ein **befristetes oder Probear-beitsverhältnis** (BGH NJW 88, 2034) oder eine **Arbeitsbeschaffungsmaßnahme** (OLG *Frankfurt* FamRZ 87, 1042). **Unsicherheitsfaktoren** sind außerdem: ständiger Personal-wechsel, fehlende Qualifikation, Branchenunkenntnis, latente Krankheit und Antrag auf Erwerbsunfähigkeitsrente (*BGH* NJW 86, 375), schließlich fehlendes Startkapital für Gründung oder Übernahme eines Unternehmens (*BGH* NJW 86, 375: Diskothek).

(2) **Sicherheit** verspricht dagegen ein **Dauerarbeitsverhältnis** (*BGH* NJW 85, 1700), auch wenn der Ehegatte später den Arbeitsplatz durch Entlassung, Krankheit, Unfall oder Insolvenz des Arbeitgebers vorzeitig verliert (*BGH* NJW 86, 375).

9. Ausbildungsunterhalt

9.1 Anspruchsvoraussetzungen

406 Nach § 1575 I 1 hat der geschiedene Ehegatte unter drei Voraussetzungen Anspruch auf Ausbildungsunterhalt: Erstens hat er in Erwartung oder während der Ehe eine Schul-oder Berufsausbildung unterlassen oder abgebrochen; zweitens holt er die entsprechende Ausbildung schnellstmöglich nach, um eine angemessene Erwerbstätigkeit zu erlangen, die den Unterhalt nachhaltig sichert, und drittens ist der erfolgreiche Abschluss der Aus-bildung zu erwarten. **Die Beweislast trägt der Anspruchsteller**[320].

Auch der Ausbildungsunterhalt soll den Bedarf nach § 1578 I 1 nebst zusätzlicher Aus-bildungskosten decken. Man bekommt ihn längstens für die Zeit, die eine solche Ausbil-dung gewöhnlich dauert, jedoch sind nach § 1575 I 2 ehebedingte Ausbildungsverzöge-rungen zu berücksichtigen[321]. Der Anspruch auf Ausbildungsunterhalt entsteht auch für die Dauer einer Fortbildung oder Umschulung, die ehebedingte Nachteile ausgleichen soll (§ 1575 II)[322].

9.2 Ausbildung, Fortbildung und Umschulung

407 Ausbildung, Fortbildung und Umschulung sind arbeitsrechtliche Begriffe des AFG und entsprechend auszulegen. **Schul- und Berufsausbildung** sollen zu einem bestimmten Beruf befähigen und erfordern einen Lehrer oder Ausbilder, der zeigt, wie es gemacht wird[323], sowie einen Ausbildungsplan[324]. Die **Fortbildung** bezweckt den beruflichen Aufstieg durch Erweiterung der Kenntnisse und Anpassung an die technische Entwick-lung, nicht den Einstieg in eine neues Arbeitsgebiet durch Vermittlung von Grundkennt-nissen. Die **Umschulung** schließlich soll den Wechsel in einen anderen Beruf vergleich-baren Niveaus ermöglichen.

---

320 *OLG Frankfurt* FamRZ 85, 712: strenge Anforderungen schon an Darlegung.
321 *BGH* NJW 80, 393: Unterbrechung des Studiums durch Krankheit.
322 Dazu *BGH* FamRZ 84, 989.
323 *BGH* NJW 87, 223: selbständige berufliche Tätigkeit ist auch dann keine Ausbildung, wenn sie Zulassung zu einer berufsqualifizierten Prüfung ermöglicht; *OLG Düsseldorf* FamRZ 87, 708: Promotion zählt nicht ohne weiteres zur Berufsausbildung.
324 *OLG Bamberg* FamRZ 81, 150.

9.3 Ehebedingte Verzögerung der Ausbildung

Die Verzögerung der Ausbildung muss ehebedingt sein: Entweder ist die Heirat dazwi- **408** schengekommen („in Erwartung der Ehe"), oder die Ehegatten haben umgeplant, oder die gemeinsam geplante Ausbildung ist zur Zeit der Scheidung noch nicht beendet[325]. Die unterlassene oder abgebrochene Ausbildung ist **nach der Scheidung schnellstmöglich nachzuholen** und muss in absehbarer Zeit einen erfolgreichen Abschluß versprechen, was eine Prognose nach Alter, Gesundheit, Einsatz und Fähigkeiten des Ehegatten erfordert[326].

9.4 Ziel der Ausbildung

Ziel der Ausbildung soll eine **angemessene Erwerbstätigkeit** sein, die den Unterhalt **409** nachhaltig sichert. Dass der Ehegatte ohne die Ausbildung keine angemessene Arbeit fände, verlangt § 1575 I dagegen nicht. Es kommt zwar vor, dass die Ausbildung für eine angemessene Erwerbstätigkeit nötig ist[327]. Im Übrigen aber **soll die Ausbildung ehebedingte Nachteile ausgleichen und die berufliche Qualifikation verbessern**[328]. Dies gilt nach § 1575 II auch für Fortbildung und Umschulung.

Verlangt der geschiedene Ehegatte später Unterhalt nach § 1573, weil er nach seiner Ausbildung, Fortbildung oder Umschulung arbeitslos geworden ist, so richtet sich nach § 1575 III die Angemessenheit der Erwerbstätigkeit allerdings nicht nach dem neuen Beruf, sondern nach dem alten Ausbildungsstand.

10. Billigkeitsunterhalt

10.1 Auffangtatbestand und Härteklausel

Nach § 1576 S. 1 hat der geschiedene Ehegatte Anspruch auf Unterhalt, soweit und so- **410** lange von ihm „aus sonstigen schwerwiegenden Gründen" eine Erwerbstätigkeit nicht erwartet werden kann und die Versagung des Unterhalts unter Berücksichtigung der Belange beider Ehegatten „grob unbillig" wäre.

§ 1576 S. 1 ist eine schwache Anspruchsgrundlage, denn er verlangt nicht nur „sonstige schwerwiegende Gründe", sondern auch noch eine grobe Unbilligkeit. Er tritt deshalb nicht nur als **Auffangtatbestand** hinter die §§ 1570-1575 zurück[329], sondern ist lediglich

---

325 *BGH* NJW 80, 393: Die Ehefrau, eine kaufmännische Angestellte, muss das gemeinsam geplante und durch Krankheit verzögerte Studium des Mannes auch nach der Scheidung weiterfinanzieren.

326 *BGH* NJW 80, 393: Studium mit Nachdruck zu betreiben; *OLG Hamm* FamRZ 88, 1280: kein Ausbildungsunterhalt nach wiederholtem Scheitern in Zwischenprüfung; *OLG Köln* FamRZ 96, 867: Ausbildungsbeginn 14 Monate nach Scheidung.

327 *BGH* NJW 86, 985.

328 *BGH* NJW 85, 1697: Trennungsunterhalt; *OLG Köln* FamRZ 96, 867: Identität zwischen ursprünglich beabsichtigter (Krankenschwester) und später nachgeholter Ausbildung (Anwaltsgehilfin) nicht nötig.

329 *BGH* NJW 84, 1538, 2355: subsidiär gegenüber § 1570.

eine **Härteklausel** für eng begrenzte Ausnahmen[330]. Das schließt nicht aus, dass der Unterhalt zum einen Teil aus § 1570, zum anderen Teil aus § 1576 S. 1 geschuldet wird[331].

10.2 Sonstige schwerwiegende Gründe

411 Die „sonstigen schwerwiegenden Gründe", die eine Erwerbstätigkeit ausschließen, müssen nicht ehebedingt sein, den Gründen der §§ 1570-1575 aber zumindest nahekommen[332].

Beispiele

> Wichtigster Anwendungsfall ist in Anlehnung an § 1570 die **Betreuung eines nicht gemeinschaftlichen Kindes**, vor allem eines **Pflegekindes**, das die Ehegatten gemeinschaftlich in ihren Haushalt aufgenommen haben (*BGH* NJW 84, 1538; 84, 2355: fraglich wenn der andere Ehegatte lediglich einverstanden war; *OLG Stuttgart* FamRZ 83, 503; *OLG Hamm* FamRZ 96, 1417: nicht Pflegekind, das erst kurz vor Scheitern der Ehe aufgenommen), aber auch **eines nichtehelichen Kindes oder eines Kindes aus früherer Ehe** (*BGH* FamRZ 83, 800; aber § 1615l geht vor: *BGH* FamRZ 98, 426; *OLG Düsseldorf* FamRZ 99, 1274).
> Trennungs- und Scheidungsgründe genügen nach § 1576 S. 2 für sich allein nicht, fließen aber in die Gesamtwürdigung mit ein (*BGH* NJW 84, 1538).

10.3 Grobe Unbilligkeit

412 Der „sonstige schwerwiegende Grund" begründet aber noch keinen Unterhaltsanspruch. Die Versagung von Unterhalt muss außerdem **grob unbillig** sein. Dies erfordert eine umfassende Abwägung aller Umstände für und wider einen Unterhaltsanspruch, vor allem auch der Belange des Anspruchsgegners[333]. Das Ergebnis ist deshalb nicht mehr berechenbar[334].

An der Härteklausel des § 1579 kann der Anspruch aus § 1576 nie scheitern, weil die Härtegründe des § 1579 schon den Tatbestand des § 1576 ausschließen[335].

---

330 *BGH* FamRZ 83, 801.
331 *BGH* NJW 84, 2355: Ehegatte betreut gemeinschaftliches Kind und Pflegekind.
332 *BGH* FamRZ 83, 800.
333 *BGH* NJW 84, 1538.
334 *BGH* FamRZ 83, 801: Härteklausel für Ausnahmefälle.
335 *BGH* NJW 84, 1538: Wohl des gemeinschaftlichen Pflegekindes ist aber stärker als eheliche Verfehlung.

7. Kapitel
Unterhalt für die Vergangenheit

1. Übersicht

Der gesetzliche Unterhalt soll den laufenden Unterhaltsbedarf decken. Für die Vergangenheit darf man nach § 1585b I, II Unterhalt nur in drei Fällen verlangen: erstens wegen eines Sonderbedarfs (RN 341), zweitens ab Verzug des Unterhaltsschuldners, drittens ab Rechtshängigkeit des Unterhaltsanspruchs. Eine weitere zeitliche Grenze zieht § 1585b III: Unterhalt oder Schadensersatz wegen Nichterfüllung für eine Zeit, die mehr als 1 Jahr vor der Rechtshängigkeit liegt, erfordert absichtliches Sichentziehen des Schuldners. Die **Beweislast** für diese Anspruchsvoraussetzungen trägt der Anspruchsteller.   **413**

2. Verzug

2.1 Rechtsfolge

§ 1585b II unterwirft den familienrechtlichen Unterhaltsanspruch den schuldrechtlichen Verzugsregeln des § 284. Danach kommt auch der Unterhaltsschuldner durch Mahnung, Klageerhebung oder Zustellung eines Mahnbescheids in Verzug. Die Mahnung erübrigt sich, wenn die Leistungszeit nach dem Kalender bestimmt ist. Ab Verzug darf der unterhaltsberechtigte Ehegatte **rückständigen Unterhalt nebst Verzugszinsen** (§ 288) verlangen[336], und zwar **ab Zugang der Mahnung oder Zustellung der Klage**, nicht erst ab Beginn des nächsten Monats und auch nicht rückwirkend auf den Monatsanfang[337].   **414**

Nach § 284 III 1, der seit 1.5.2000 gilt, scheint der Unterhaltsschuldner schon 30 Tage nach Fälligkeit und Zugang einer Zahlungsaufforderung in Verzug zu geraten. Diese Vorschrift ist zwar auf Werklohnforderungen gemünzt, aber auch der Unterhalt besteht in aller Regel aus einer Geldzahlung und wird Monat für Monat fällig. Der Gesetzgeber hat dies offenbar übersehen, aber derlei Kunstfehler sind ja keine Seltenheit[338].

2.2 Mahnung

Die Mahnung ist die **dringende Aufforderung** des Gläubigers an den Schuldner, eine bestimmte, fällige Schuld zu erfüllen[339]. Sie ist zwar kein Rechtsgeschäft, sondern nur eine geschäftsähnliche Handlung, die Vorschriften über Willenserklärungen gelten jedoch entsprechend[340]. Die Mahnung ist formfrei, empfangsbedürftig und unwiderruflich[341]. Wirksam wird sie nach § 130 I 1 mit Zugang beim Schuldner[342].   **415**

---

336 *BGH* FamRZ 87, 352.
337 *BGH* 109, 211; FamRZ 90, 284.
338 Zu den – unnötigen – Schwierigkeiten: *Büttner* FamRZ 2000, 921.
339 *BGH* NJW 84, 868; 87, 1546; 83, 2318 u. 88, 2240: Zustellung des Antrags auf einstweilige Anordnung; FamRZ 90, 283 u. 92, 920: Zustellung des PKH-Gesuchs.
340 *BGH* 47, 358; NJW 83, 1542; 87, 1546.
341 *BGH* NJW 87, 1546.
342 *BGH* 109, 211: am Tag des Zugangs, nicht erst am Anfang des nächsten Monats; FamRZ 90, 283; zur Mahnung durch Vertreter: *OLG Bamberg* FamRZ 90, 1235.

416 Da § 284 I 1 **Fälligkeit des Anspruchs** voraussetzt, ist die Mahnung des Unterhaltsberechtigten nur wirksam, wenn sie dem Unterhaltsschuldner zu einem Zeitpunkt zugeht, da der Unterhaltsanspruch bereits entstanden und fällig geworden ist[343]. Das ist wichtig für die Ansprüche auf Trennungs- und Geschiedenenunterhalt, die zwar nahtlos ineinander übergehen, aber zwei verschiedene, selbständige Ansprüche sind. Der Anspruch auf Trennungsunterhalt erlischt spätestens mit Rechtskraft der Scheidung, **der Anspruch auf Geschiedenenunterhalt entsteht frühestens mit Rechtskraft der Scheidung. Vorher kann man ihn nicht anmahnen.** Deshalb setzt die Mahnung wegen Trennungsunterhalts den Schuldner nicht auch wegen des Geschiedenenunterhalts in Verzug. Dazu ist eine neue Mahnung nötig, die erst nach Rechtskraft der Scheidung zugehen darf[344]. Dies sieht für den Unterhaltsberechtigten indes gefährlicher aus, als es ist. Den drohenden Unterhaltsverlust vermeidet er dadurch, dass er den Geschiedenenunterhalt bereits im Scheidungsverfahren als **Folgesache im Verbund mit der Scheidung** einklagt (§ 623 ZPO).

417 Der Gläubiger muss seinen Unterhaltsanspruch in der **Mahnung** grundsätzlich **beziffern**, damit der Schuldner sich darauf einstellen kann[345]. Der Schuldner kommt höchstens mit dem angemahnten Unterhaltsbetrag in Verzug, eine Zuvielforderung schadet in der Regel nicht[346]. Die unbezifferte Mahnung ist unwirksam. Ausnahmsweise wirksam ist sie analog der Stufenklage (§ 254 ZPO) nur, wenn sie mit einem dringenden Auskunftsbegehren verbunden ist. Wie die Stufenklage den ganzen Unterhaltsanspruch auch dann rechtshängig macht, wenn er noch nicht beziffert ist, so setzt auch die „**Stufenmahnung**" den Schuldner wegen des ganzen Unterhaltsanspruchs in Verzug[347]. Das dringende Auskunftsbegehren allein setzt den Schuldner nur mit der Auskunftpflicht (§ 1580) in Verzug und verpflichtet ihn nach § 286 zum Schadensersatz, denn § 1613 I 1 gilt nur für den Kindesunterhalt.

418 **Nur der Unterhaltsberechtigte kann wirksam mahnen**, der Sozialhilfeträger also erst nach Forderungsübergang gemäß § 91 BSHG[348].

Obwohl der Unterhalt eine regelmäßig wiederkehrende Leistung ist, die Monat für Monat neu fällig wird, muss der Gläubiger die Mahnung nicht periodisch wiederholen[349]. Eine **neue Mahnung** ist vielleicht dann nötig, wenn sich die Umstände wesentlich ändern[350].

---

343 *BGH* 103, 62; NJW 92, 1956.
344 *BGH* 103, 62; NJW 92, 1956; a.A. *OLG Schleswig* FamRZ 89, 1092; *OLG Celle* FamRZ 91, 1202: Mahnung kurz vor Scheidung genüge; ferner *Bentert* FamRZ 93, 890.
345 *BGH* NJW 82, 1983; 83, 2318; 84, 868.
346 *BGH* NJW 83, 2318; 82, 1983; *OLG Frankfurt* FamRZ 87, 1145: anders, wenn weit überhöht.
347 *BGH* 80, 269: Pflichtteil; FamRZ 90, 283; *OLG Düsseldorf* NJW 93, 1079: aber nicht vor Ablauf der Zweijahresfrist nach § 1605 II.
348 *BGH* NJW 88, 2240.
349 *BGH* 103, 62.
350 *BGH* 103, 65; *OLG Hamm* FamRZ 89, 1303; *OLG Bamberg* FamRZ 90, 1235.

2.3 Unterhaltsklage

Verzug begründet auch die Zustellung einer Unterhaltsklage oder eines Mahnbescheids **419** über Unterhalt (§ 284 I 2), denn deutlicher kann man nicht mahnen[351].

2.4 Fälligkeit nach Kalender

Nach § 284 II kommt der Schuldner auch ohne Mahnung in Verzug, wenn die Leistungs- **420** zeit nach dem Kalender bestimmt ist. Das trifft auf den Geschiedenenunterhalt nicht zu. Zwar wird die Unterhaltsrente nach § 1585 I 2 Monat für Monat im Voraus fällig. Aber die Höhe des Unterhalts muss in aller Regel erst noch nach Bedarf, Bedürftigkeit und Leistungsfähigkeit ermittelt werden. Die Mahnung ist deshalb nur entbehrlich, wenn der Unterhalt auch der Höhe nach vereinbart[352] oder dem Schuldner sonstwie bekannt ist.

2.5 Selbstmahnung durch Zahlungsverweigerung

Nach Treu und Glauben (§ 242) kommt der Schuldner auch ohne Mahnung und Klage in **421** Verzug, wenn er die fällige Unterhaltszahlung ein für allemal strikt verweigert und sich damit gewissermaßen selbst in Verzug setzt[353]. Der ausdrücklichen Zahlungsverweige- rung steht die unvermittelte Zahlungseinstellung in Kenntnis der Unterhaltshöhe gleich[354]. Bloßes Nichtstun genügt nie[355].

2.6 Kein Verzug

Der Schuldner kommt trotz Mahnung ausnahmsweise nicht in Verzug, wenn er entweder **422** nach § 284 I mit § 362 I rechtzeitig zahlt oder nach § 285 die Verzögerung ausreichend entschuldigt[356]. Beides muss er beweisen, denn es handelt sich um anspruchshindernde Einwendungen. Rechtzeitig zahlt er nach § 270 schon dann, wenn er vor Zugang der Mahnung alles tut, was für die Zahlung nötig ist, also etwa seiner Bank Überweisungs- auftrag erteilt und für Deckung sorgt[357], denn der Verzug wird bereits durch **rechtzeitige Leistungshandlung**, nicht erst durch rechtzeitigen Leistungserfolg verhindert, so dass es auf den Zeitpunkt der Gutschrift auf dem Konto des Gläubigers nicht ankommt.

---

351 *BGH* NJW 83, 2318: Klagerücknahme beseitigt auch Verzug; FamRZ 85, 371: rügelose Ver- handlung heilt Zustellungsmangel nach § 295 ZPO; *OLG Koblenz* FamRZ 88, 296: Verzug durch Klageerweiterung.

352 *BGH* 105, 250; NJW 83, 2320; 82, 1983; FamRZ 81, 866.

353 *BGH* NJW 82, 2320; 83, 2318; 85, 488: nur für die Zukunft, nicht rückwirkend; *OLG Karls- ruhe* FamRZ 90, 70: während Scheidungsverfahren; *OLG Hamm* FamRZ 97, 1402.

354 *BGH* NJW 83, 2320; 87, 1549; *OLG Schleswig* FamRZ 85, 734: Verlassen der Familie u. Ein- stellung der Unterhaltszahlung.

355 *BGH* NJW 83, 2320; ferner *OLG Hamburg* FamRZ 89, 394: kein Verzug durch Erklärungen, keinen Unterhalt zahlen zu können, solange Unterhaltshöhe ungeklärt.

356 *BGH* NJW 85, 488: Rechtsirrtum entlastet in der Regel nicht.

357 *BGH* NJW 59, 1176; 69, 875; *OLG Köln* FamRZ 90, 1243.

2.7 Beseitigung der Verzugsfolgen

423 Die Parteien können die Verzugsfolgen nur durch Verzicht auf den rückständigen Unterhalt beseitigen; erforderlich ist ein Erlaßvertrag nach § 397, die „Rücknahme" der Mahnung genügt nicht[358]. Die Rücknahme der Unterhaltsklage hingegen beseitigt auch den Verzug rückwirkend[359].

3. Rechtshängigkeit

424 Rechtshängig wird der Unterhaltsanspruch mit Zustellung der Klageschrift, auch in Gestalt einer Stufenklage (§§ 253 I, 254, 261 ZPO), oder mit Zustellung des Mahnbescheids, wenn das Verfahren nach Widerspruch alsbald abgegeben (§ 696 III ZPO) oder Vollstreckungsbescheid erlassen wird (§ 700 II ZPO). Zugleich entsteht der Anspruch auf Prozesszinsen (§ 291)[360].

Die Zustellung eines Antrags auf einstweilige Anordnung (§ 620 ZPO) oder einstweilige Verfügung (§ 940 ZPO) über Unterhalt macht den Unterhaltsanspruch zwar noch nicht rechtshängig, enthält aber eine Mahnung[361].

4. Jahresfrist

425 Nach § 1585b III kann Unterhalt oder Schadensersatz wegen Nichterfüllung für eine Zeit, die mehr als ein Jahr vor der Rechtshängigkeit des Unterhaltsanspruchs liegt, nur noch verlangt werden, wenn anzunehmen ist, dass der Unterhaltsschuldner sich der Unterhaltszahlung absichtlich entzogen hat[362].

§ 1585b III setzt eine **Ausschlussfrist**: Der Anspruch auf rückständigen Unterhalt für eine Zeit vor mehr als einem Jahr vor Rechtshängigkeit erlischt trotz Sonderbedarfs, Verzugs oder Rechtshängigkeit[363]. Das ist eine **anspruchsvernichtende Einwendung**, die der Schuldner beweisen muss.

426 Der Anspruch erlischt trotz Fristablaufs nicht, sondern bleibt bestehen, wenn anzunehmen ist, der Schuldner habe sich der Zahlung absichtlich entzogen. Diesen **anspruchserhaltenden Gegeneinwand** muss der Gläubiger beweisen. Beweisen muss er freilich nicht die böse Absicht, sondern nur Umstände, die auf eine Entziehungsabsicht schließen lassen, mag dann der Schuldner den Verdacht entkräften[364].

---

358 *BGH* NJW 87, 1546; 95, 2032; FamRZ 88, 478; *OLG Hamm* FamRZ 90, 520.
359 *BGH* NJW 83, 2318.
360 *BGH* FamRZ 87, 352: offen, ob auch Verzugszinsen.
361 *BGH* NJW 83, 2318; 88, 2240.
362 *BGH* FamRZ 87, 1014: gilt nach gesetzlichem Forderungsübergang auch für Sozialhilfeträger.
363 *BGH* NJW 90, 1478: Stufenklage wahrt Frist; FamRZ 96, 1067: Aufrechnung mit oder gegen Unterhalt wirkt nach § 389 zurück und setzt sich so gegen Jahresfrist durch; *OLG Schleswig* FamRZ 88, 961: Zustellung des PKH-Antrags wahrt Frist nicht; *OLG Hamm* FamRZ 95, 613: § 1585b III gilt nicht für Verzugsschaden.
364 *BGH* 105, 250: unklar ob Indizien- oder Anscheinsbeweis.

(1) Nach Abschluß eines **Unterhaltsvergleichs** ist der Unterhaltsschuldner vertraglich verpflichtet, jede Erhöhung seines Einkommens, die auch den Unterhalt erhöht, dem Unterhaltsberechtigten unaufgefordert mitzuteilen. Tut er dies nicht, entzieht er sich absichtlich, so dass der Unterhaltsberechtigte seinen Anspruch zeitlich unbegrenzt geltendmachen darf (*BGH* 105, 250).

(2) Dies gilt erst recht, wenn der **Unterhaltsberechtigte auf seinen vereinbarten Unterhalt später außergerichtlich verzichtet,** weil der Unterhaltsschuldner erwerbslos geworden ist, dieser dann aber wieder eine Erwerbstätigkeit findet, die ihn erneut zur Unterhaltszahlung verpflichtet (*BGH* NJW 88, 1965 erwägt eine Schadensersatzpflicht aus § 826; näher liegt eine positive Vertragsverletzung).

8. Kapitel
Einwendungen und Einreden gegen den Unterhaltsanspruch

1. Überblick und Beweislast

Einwendungen und Einreden sind Ausnahmetatbestände, die den Unterhaltsanspruch, obwohl alle gesetzlichen Voraussetzungen erfüllt sind, aus besonderem Grunde ausschließen, auslöschen oder hemmen. **Die Beweislast trägt stets der Anspruchsgegner.** **427**

In der Praxis wird vor allem über Unterhaltsverzicht, Leistungsunfähigkeit und grobe Unbilligkeit gestritten.

Auf dem Geschiedenenunterhalt kann der Berechtigte schon **im Voraus verzichten** (§ 1585c), jedoch ist der Verzicht bisweilen sittenwidrig oder verstößt gegen Treu und Glauben (RN 435 f.).

Trotz Unterhaltsbedarfs und Bedürftigkeit des geschiedenen Ehegatten entsteht der Unterhaltsanspruch nach § 1581 insoweit nicht oder erlischt, als der Unterhaltspflichtige **nicht leistungsfähig** ist (RN 439 ff.).

Der **grob unbillige Unterhaltsanspruch** kann unter den besonderen Voraussetzungen des § 1579 gekürzt, zeitlich begrenzt oder völlig versagt werden (RN 476 ff.).

Eine **Beschränkung nach Höhe oder Zeit** erlauben auch § 1578 I 2 (RN 510) und § 1573 V (RN 513).

Einwendungen begründen außerdem: die **Erfüllung** (RN 428), der **gesetzliche Forderungsübergang** (RN 429), der **Tod des Berechtigten** (RN 430) und **seine Wiederverheiratung** (RN 431) sowie der **Zeitablauf** (RN 432).

2. Erfüllung

428 Der gesetzliche Unterhaltsanspruch ist ein Geldrentenanspruch (§ 1585 I), der nur durch Zahlung an den Berechtigten erfüllt werden kann; jede andere Form der Leistung bedarf der Vereinbarung[365]. Da der Unterhalt den laufenden Bedarf decken soll, kann er höchstens für die nächsten 6 Monate im Voraus bezahlt werden; was darüber hinausgeht, ist keine Erfüllung[366]. Und da der Unterhaltsanspruch in der Regel unpfändbar ist, kann er nach § 394 auch nicht durch Aufrechnung getilgt werden (RN 279).

3. Gesetzlicher Forderungsübergang

429 Der Berechtigte verliert seinen Unterhaltsanspruch durch gesetzlichen Forderungsübergang auf den Träger der Sozialhilfe oder anderer Sozialleistungen (§ 91 BSHG; § 7 UVG; § 37 BAföG; § 140 I AFG). In der Praxis spielt dieser Rechtsverlust zumindest für § 91 BSHG, den häufigsten Fall, keine Rolle, wenn der neue Gläubiger den Unterhaltsanspruch an den Unterhaltsberechtigten zurückabtritt oder ihn wenigstens zur Prozessführung ermächtigt (RN 1467).

4. Tod des Berechtigten und des Verpflichteten

430 Der **Unterhaltsanspruch** erlischt endgültig mit dem Tod des Berechtigten (§ 1586 I), vererblich sind nur Ansprüche auf rückständigen Unterhalt und auf Schadensersatz wegen Nichterfüllung (§ 1586 II). Die gesetzliche **Unterhaltspflicht** hingegen geht mit dem Tod des Unterhaltsschuldners nicht unter, sondern auf dessen Erben über, der sich zwar nicht mehr auf Leistungsunfähigkeit berufen darf, aber nur beschränkt in Höhe des gesetzlichen Pflichtteils einschließlich Pflichtteilsergänzung haftet (§ 1586b)[366a].

5. Wiederverheiratung des Berechtigten

431 Der Unterhaltsanspruch erlischt auch durch Wiederverheiratung des Berechtigten[367], bestehen bleiben nur Ansprüche auf rückständigen Unterhalt und auf Schadensersatz wegen Nichterfüllung (§ 1586 I, II). **Der erloschene Anspruch lebt jedoch nach § 1586a wieder auf, wenn auch die neue Ehe aufgelöst wird**[368] **und der Berechtigte die Voraussetzungen des Betreuungsunterhalts nach § 1570 erfüllt.** In diesem Falle entsteht später, wenn die Kindesbetreuung endet, unter den Voraussetzungen der §§ 1571-1573,

---

365 *BGH* FamRZ 84, 874; NJW 97, 731.
366 *BGH* 123, 49: § 1614 II mit § 760 II (nur 3 Monate) hier nicht anwendbar; ferner *OLG Hamm* FamRZ 88, 499: Überweisung auf überzogenes Konto sei keine Erfüllung.
366a *BGH* FamRZ 2001, 282: geltend zu machen nach § 767 ZPO oder § 323 ZPO, wenn auch Änderungsgründe.
367 *BGH* NJW 80, 125 u. FamRZ 81, 753: nicht schon durch Aufnahme einer eheähnlichen Lebensgemeinschaft.
368 *OLG Saarbrücken* FamRZ 87, 1046: auch Auflösung durch Tod; *OLG Bamberg* FamRZ 99, 1278: vertraglich abdingbar.

1575 auch ein Anspruch auf Anschlußunterhalt. Stets haftet aber der Ehegatte der späteren vor dem Ehegatten der früheren Ehe[369]. Der wiederauflebende Anspruch aus § 1586a ist gegenüber dem erloschenen Anspruch ein neuer selbständiger Anspruch, so dass er von einem Prozessvergleich auf nachehelichen Unterhalt nur dann mitgeregelt wird, wenn die Parteien erkennbar auch ihn regeln wollten[370].

6. Zeitablauf, Verjährung und Verwirkung

Da der Unterhalt den laufenden Bedarf decken soll, erlischt der Unterhaltsanspruch **432** grundsätzlich durch **Zeitablauf**, denn rückständigen Unterhalt kann man nur unter den besonderen Voraussetzungen des § 1585b geltendmachen (RN 413).

Nach § 197 verjährt der Anspruch auf rückständigen Unterhalt in 4 Jahren. Die **Verjährung** beginnt nach § 201 S. 1 mit dem Ende des Jahres, in dem der Unterhalt fällig geworden ist. Fällig wird der Unterhalt nach § 1585 I 2 Monat für Monat im Voraus. Hemmung und Unterbrechung der Verjährung richten sich nach den allgemeinen Regeln der §§ 202–217[371]. Nach § 218 I verjährt der rechtskräftig festgestellte Unterhaltsanspruch erst in 30 Jahren. Aber diese Regel hat in **§ 218 II** eine wichtige Ausnahme: Soweit das Urteil zu Unterhalt verurteilt, der erst künftig fällig wird, bleibt es bei der kurzen Verjährungsfrist von 4 Jahren nach § 197. In diesem Fall hindert die Rechtskraft des Urteils den Berechtigten ausnahmsweise nicht, zwecks Unterbrechung der Verjährung erneut auf Unterhalt zu klagen[372].

Der Berechtigte kann seinen Unterhaltsanspruch schließlich **nach § 242 verwirken**, wenn er ihn längere Zeit nicht geltendmacht und der Unterhaltsschuldner sich nach Treu und Glauben darauf einstellen darf, er werde nicht mehr belangt werden[373].

---

369 *BGH* NJW 88, 557: Subsidiarität als zusätzliche Anspruchsvoraussetzung; *OLG Hamm* FamRZ 86, 264.
370 *BGH* NJW 88, 557.
371 Zur Hemmung der Verjährung wegen Armut des Berechtigten nach §§ 203, 205: *BGH* FamRZ 91, 545.
372 *BGH* 93, 287: Grundschuldzinsen.
373 *BGH* 84, 280; 103, 62: vielleicht nach 3 Jahren; FamRZ 99, 1422: auch titulierter Unterhalt; *OLG Düsseldorf* FamRZ 89, 776; *OLG Celle* FamRZ 89, 1194; *OLG Hamm* FamRZ 89, 1303; *OLG Hamburg* FamRZ 90, 1271: Kindesunterhalt; *OLG Stuttgart* FamRZ 99, 859: titulierter Unterhalt nicht vor 4 Jahren; a.A. *OLG Schleswig* FamRZ 2000, 889.

9. Kapitel
Der Unterhaltsverzicht

1. Vertragsfreiheit

433 Nach § 1585c können die Ehegatten in voller Vertragsfreiheit[374] über die Unterhaltspflicht für die Zeit nach der Scheidung Vereinbarungen treffen. Sie können den Geschiedenenunterhalt nicht nur abweichend vom Gesetz näher regeln[375], ihn kürzen oder erhöhen, sondern auch völlig ausschließen.

Soweit sich die **Unterhaltsvereinbarung** am Gesetz orientiert, begründet sie den Unterhaltsanspruch nicht vertraglich neu, sondern gestaltet nur Höhe und Zahlungsweise, so dass der Anspruch ein gesetzlicher bleibt[376]. Eine besondere Form verlangt das Gesetz nicht[377]. Wenn sich die Verhältnisse nach Vertragsschluß wesentlich ändern, ist der vereinbarte Unterhalt nach § 242 anzupassen. Dies gilt auch für den gerichtlichen Unterhaltsvergleich. § 323 I ZPO verlangt zwar eine Abänderungsklage, Maßstab ist aber nicht § 323 II, III ZPO, sondern § 242 (RN 1566 ff.)[378].

2. Verzicht im Voraus

434 Anders als Kindes- und Trennungsunterhalt (§ 1614 I, § 1361) ist der Geschiedenenunterhalt schon im Voraus verzichtbar, sogar der Anspruch aus § 1570 wegen Kindesbetreuung[379]. Der Unterhaltsverzicht erfordert nach § 397 einen Vertrag. Auf Geschiedenenunterhalt können die Ehegatten schon vor der Scheidung, ja selbst vor der Heirat verzichten[380].

Verzichten kann nur der Unterhaltsberechtigte, der Ehegatte also nur bis zum Übergang des Unterhaltsanspruchs auf den Sozialhilfeträger nach § 91 BSHG[381].

Der uneingeschränkte, totale Unterhaltsverzicht gilt auch im Falle der Not. Nimmt der Verzichtsvertrag den Notfall aus, muss die Auslegung klären, was die Ehegatten damit

---

374 *BVerfG* FamRZ 2001, 343: aber Inhaltskontrolle nach Art. 6 II, IV GG; *BGH* NJW 85, 1833; 90, 703; 91, 914.

375 *BGH* NJW 97, 731: Überlassung des gemeinschaftlichen Wohnhauses zur alleinigen Benutzung statt Barunterhalt; NJW 99, 2804: Abfindungsvergleich u. § 123; *OLG Hamm* FamRZ 99, 1665: Teilverzicht durch jahrelange Annahme von weniger Unterhalt als vereinbart.

376 *BGH* 31, 218; FamRZ 72, 457; *OLG Nürnberg* FamRZ 96, 296: Unterhaltsvereinbarung weit weg vom Gesetz ist Leibrente.

377 *RG* 150, 390: formbedürftig nach § 761 ist aber Unterhaltsrente unter Verzicht auf Abänderung.

378 *BGH* FamRZ 86, 790; zum Ausschluß der Abänderung nach § 242: *OLG Köln* FamRZ 89, 637; ferner *OLG Karlsruhe* NJW 95, 1561: widerrufener Prozessvergleich muss neu geschlossen und protokolliert werden.

379 *BGH* NJW 85, 1833; 91, 914.

380 *BVerfG* FamRZ 2001, 343: aber Inhaltskontrolle nach Art. 6 II, IV GG; *BGH* NJW 85, 1833; 91, 914; 92, 3164; *OLG Celle* FamRZ 89, 64: auch wenn Frau Kind erwartet und Mann Heirat von Unterhaltsverzicht abhängig macht.

381 *BGH* 20, 127.

gemeint haben[382]. Nimmt der Unterhaltsverzicht in der Scheidungsvereinbarung lediglich den Fall aus, dass die Ehefrau wegen Betreuung des gemeinschaftlichen Kindes nicht erwerbstätig sein kann, lässt er sich nicht so auslegen, dass die Frau auch dann Unterhalt bekomme, wenn sie mit einem anderen Mann zusammenlebe, von diesem ein Kind habe und deshalb nicht arbeiten könne[383].

Wie jeder andere Vertrag ist auch der Unterhaltsverzicht nichtig, wenn er gegen die guten Sitten oder Treu und Glauben verstößt (§§ 138, 242). Aber das sind **Ausnahmen von der Vertragsfreiheit, die derjenige beweisen muss, der den Verzicht nicht gelten lässt**[384].

3. Verstoß gegen die guten Sitten

Sittenwidrig und nichtig ist der Unterhaltsverzicht etwa dann, wenn er den einkommens- **435** und vermögenslosen Ehegatten zwangsläufig der **Sozialhilfe** ausliefert und so die Allgemeinheit mit dem Unterhalt belastet. Schädigungsabsicht ist nicht nötig, es genügt, dass die Ehegatten mit dieser Schadensfolge rechnen oder sich dieser Einsicht leichtfertig verschließen[385]. Diese Voraussetzungen müssen schon bei Vertragsabschluss erfüllt sein; spätere Ereignisse können den Verzicht nicht mehr sittenwidrig machen[386].

4. Rechtsmissbrauch

Auch wenn der Unterhaltsverzicht noch nicht sittenwidrig ist, können spätere Ereignisse **436** den Einwand begründen, er sei rechtsmißbräuchlich (§ 242) und insoweit unwirksam[387]. Der Einwand des Rechtsmißbrauchs liegt vor allem in folgendem Fall nahe: **Die unterhaltsberechtigte Ehefrau bringt nach Abschluss des Verzichtsvertrags ein gemeinschaftliches Kind zur Welt** und muss es nach der Scheidung betreuen, was eine eigene Erwerbstätigkeit nach § 1570 ausschließt, wäre durch den Unterhaltsverzicht aber gleichwohl gezwungen, erwerbstätig zu werden und würde dadurch das Kindeswohl gefährden. Diese nachträgliche Entwicklung, welche die Ehegatten bei Abschluss des Verzichtsvertrags nicht bedacht haben, schlägt dem Unterhaltpflichtigen nach Treu und Glauben den Einwand des Unterhaltsverzichts aus der Hand[388]. Da der Unterhaltsverzicht

---

382 *BGH* NJW 81, 51: „Notbedarf" nach altem Recht zwischen notbedürftigem und angemessenem Unterhalt; *OLG Karlsruhe* FamRZ 85, 1050: „Notbedarf" als notwendiger Unterhalt nach Düsseldorfer Tabelle; FamRZ 98, 1436: Vertragsfreiheit.
383 *BGH* FamRZ 95, 726.
384 *BGH* NJW 85, 1834; zur Anfechtung wegen arglistiger Täuschung: *BGH* NJW 99, 2804.
385 *BGH* 86, 82; NJW 85, 1834; 87, 1546; 91, 914; 92, 3164; FamRZ 87, 152; 90, 372; *OLG Köln* FamRZ 90, 634; 99, 920: Alkoholabhängiger; *OLG Hamm* FamRZ 91, 88; ferner *OLG Karlsruhe* FamRZ 91, 333 u. *OLG Zweibrücken* FamRZ 96, 869: nach langer Ehe Totalverzicht der Frau auf alles; *OLG Stuttgart* FamRZ 98, 1296; *Hess* FamRZ 96, 981.
386 *BGH* 72, 314; 100, 359; 107, 96; NJW 83, 2692; 88, 2362.
387 *BGH* NJW 85, 1833, 1835; 87, 776, 2739; 91, 914; 92, 3164; FamRZ 87, 691; *OLG Hamm* FamRZ 89, 398; *OLG Köln* 91, 451; *OLG Hamburg* FamRZ 91, 1317; 92, 444; *OLG Düsseldorf* FamRZ 96, 734.
388 *BGH* NJW 85, 1835; 87, 776; 91, 914; 92, 3165; FamRZ 97, 873: vorehel. Verzicht; *OLG Köln* NJW 91, 2776; *OLG Celle* FamRZ 92, 447; *OLG Stuttgart* FamRZ 99, 24.

kein Verpflichtungsvertrag ist, sind die Regeln zum Wegfall der Geschäftsgrundlage wohl nicht anwendbar[389]. Und die ergänzende Vertragsauslegung scheidet immer dann aus, wenn die Ehegatten den Unterhalt unter allen Umständen ausschließen wollten[390].

Die nachträgliche Änderung der Verhältnisse ist freilich nur die wichtigste Fallgruppe des Rechtsmissbrauchs. Da der Unterhaltsanspruch aus **§ 1570** zum Wohle des betreuten Kindes besonders privilegiert ist, kann der Unterhaltsverzicht auch dann gegen Treu und Glauben verstoßen, wenn die Eheleute bei Vertragsschluss die künftige Entwicklung bereits bedacht haben, der **Unterhaltsverzicht** aber **zu Lasten des wehrlosen Kindes** ginge[391].

437 **In diesen Fällen ist der Unterhaltsverzicht nicht total, sondern nur insoweit unwirksam, als der unterhaltsberechtigte Ehegatte den Unterhalt zur angemessenen Betreuung des Kindes braucht; Maßstab ist das Kindeswohl[392].**

438 Verzichtet der Unterhaltsberechtigte auf Unterhalt aus einem Prozessvergleich, weil der Unterhaltspflichtige seinen Arbeitsplatz verloren hat und deshalb nicht mehr zahlen kann, so verliert der Verzicht angeblich seine **Geschäftsgrundlage**, wenn der Unterhaltspflichtige später wieder erwerbstätig und zahlungsfähig wird[393]. Das Gleiche soll dann gelten, wenn der Unterhaltsverzicht aus einer Ehekrise resultiert, die Ehegatten aber wieder zusammenfinden und sich erst viele Jahre später scheiden lassen[394]. Mangels eines Verpflichtungsvertrags ist auch hier der Einwand des Rechtsmissbrauchs die treffendere Lösung.

10. Kapitel
Die Leistungsunfähigkeit

1. Eigenbedarf und Opfergrenze

439 „Ist der Verpflichtete nach seinen Erwerbs- und Vermögensverhältnissen unter Berücksichtigung seiner sonstigen Verpflichtungen außerstande, ohne Gefährdung des eigenen angemessenen Unterhalts dem Berechtigten Unterhalt zu gewähren, so braucht er nur insoweit Unterhalt zu leisten, als es mit Rücksicht auf die Bedürfnisse und die Erwerbs- und Vermögensverhältnisse der geschiedenen Ehegatten der Billigkeit entspricht. Den Stamm seines Vermögens braucht er nicht zu verwerten, soweit die Verwertung unwirtschaftlich oder unter Berücksichtigung der beiderseitigen wirtschaftlichen Verhältnisse unbillig wäre."

---

389 *BGH* NJW 87, 777 lässt es offen; *KG* FamRZ 99, 1277 bejaht.
390 *BGH* NJW 85, 1835.
391 *BGH* FamRZ 97, 873; NJW 91, 913 u. 92, 3165: Frau bei Vertragsschluss kurz vor Heirat schon schwanger; ferner *OLG Hamburg* FamRZ 97, 563.
392 *BVerfG* FamRZ 2001, 343: Art. 6 II, IV GG; *BGH* NJW 91, 914: Unwirksamkeit zeitlich begrenzt auf Dauer der Betreuung; NJW 92, 3165: notwendiger Unterhalt; NJW 95, 1148 u. FamRZ 97, 873: notwendiger Unterhalt, der es erlaubt, Kind ohne Sozialhilfe voll zu betreuen; *OLG Bamberg* NJW 91, 2776; *OLG Düsseldorf* FamRZ 96, 734; *OLG Stuttgart* FamRZ 99, 24; ferner *Schwab* FamRZ 2001, 349; *Schubert* FamRZ 2001, 733.
393 *BGH* NJW 88, 1965.
394 *BGH* FamRZ 87, 691.

So formuliert § 1581 im schönsten juristischen Kauderwelsch. Ins Deutsche übersetzt heißt das etwa: **Ein Anspruch auf Geschiedenenunterhalt entsteht nicht oder erlischt, soweit der Unterhaltspflichtige ihn nicht bezahlen kann, ohne seinen eigenen eheangemessenen Unterhalt zu gefährden.** Ob und in welchem Umfang er Unterhalt zahlen kann, richtet sich nach seinem Einkommen und Vermögen sowie seinen sonstigen Verpflichtungen, soweit sie unterhaltsrechtlich zu berücksichtigen sind. **Seinen eigenen eheangemessenen Unterhalt muss er nur insoweit hintanstellen, als dies billig ist.** Stets muss ihm mindestens soviel bleiben, dass er nicht der Sozialhilfe anheimfällt, denn davor soll ihn § 1581 gerade bewahren[395]. **Der notwendige eigene Unterhalt oder Eigenbedarf** (Selbstbehalt) muss deshalb etwas höher sein als der Sozialhilfesatz und **zieht die äußerste Opfergrenze,** an der die nacheheliche Unterhaltspflicht ausnahmslos endet[396].

§ 1581 sichert sowohl den Eigenbedarf des Unterhaltsschuldners als auch die gleichmäßige Verteilung des verfügbaren Einkommens[397]. Bevor der unterhaltspflichtige Ehegatte den vollen Unterhalt nach den ehelichen Lebensverhältnissen (§ 1578 I 1) zahlen muss, darf er seinen eigenen Bedarf nach den ehelichen Lebensverhältnissen decken. Reicht das verteilbare Einkommen nicht aus, den Bedarf beider Ehegatten nach den ehelichen Lebensverhältnissen zu befriedigen, entscheidet das Familiengericht nach Billigkeit, ob und wieviel Unterhalt zu zahlen sei. Der **eheangemessene Unterhalt** nach § 1578 I 1 wird durch einen reinen **Billigkeitsunterhalt** ersetzt[398]. Ist das verfügbare Einkommen nur eben so groß, dass es den unterhaltspflichtigen Ehegatten gerade noch vor dem Absturz in die Sozialhilfe bewahrt, schuldet er auch keinen Billigkeitsunterhalt mehr und wird vollends frei[399].

2. Gesetzliche Systematik

§ 1581 regelt nicht die Leistungsfähigkeit, sondern die Leistungsunfähigkeit des unterhaltspflichtigen Ehegatten. Falsch ist die Klammerüberschrift: „Unterhalt nach Leistungsfähigkeit". Sie müsste richtig heißen: „Kein Unterhalt bei Leistungsunfähigkeit". Denn die Leistungsfähigkeit des Unterhaltsschuldners ist keine Anspruchsvoraussetzung, vielmehr schließt die **Leistungsunfähigkeit** den Unterhaltsanspruch aus und **begründet eine anspruchshindernde Einwendung, die der Unterhaltsschuldner beweisen muss**[400]**. Beweisen muss er vor allem die Erfolglosigkeit ernsthafter Bemühungen um eine angemessene Erwerbstätigkeit**[401].

440

---

395 *BGH* 111, 194: zum Trennungsunterhalt; *OLG Koblenz* FamRZ 2000, 1091.
396 *BGH* 111, 194: zum Trennungsunterhalt.
397 *BGH* 109, 72.
398 *BGH* 109, 72.
399 *BGH* 111, 194.
400 *BGH* FamRZ 80, 770; 88, 930; 90, 283: Tatsachen für unterhaltsrechtliche Erheblichkeit von Schulden; 82, 890: gilt einheitlich für Elementar- u. Vorsorgeunterhalt; *OLG Hamm* FamRZ 96, 1217: Selbständiger; *OLG Bamberg* FamRZ 97, 23: Unmöglichkeit, Kreditraten zu senken.
401 *BGH* NJW 96, 517; *OLG Hamm* FamRZ 96, 1216; *OLG Karlsruhe* FamRZ 2000, 1419.

3. Rechtsfolge

3.1 Verhinderung und Erlöschen des Unterhaltsanspruchs

441 Die Rechtsfolge des § 1581 S. 1 ist eine doppelte: Der Unterhaltsanspruch entsteht erst gar nicht, soweit der Unterhaltsberechtigte ihn nicht zahlen kann, und der entstandene Unterhaltsanspruch erlischt, sobald und soweit der Unterhaltspflichtige ihn nicht mehr bezahlen kann.

3.2 Angemessener Eigenbedarf

442 § 1581 S. 1 regelt freilich eine **abgestufte Leistungsunfähigkeit**. Die volle Unterhaltspflicht nach dem Maß der ehelichen Lebensverhältnisse (§ 1578 I 1) endet bereits am eigenen vollen Bedarf des Unterhaltspflichtigen nach den ehelichen Lebensverhältnissen. § 1581 S. 1 spricht zwar allgemein vom „eigenen angemessenen Unterhalt", meint damit aber den vollen Unterhaltsbedarf nach den ehelichen Lebensverhältnissen, der auch dem Unterhaltsschuldner zusteht[402]. Da auch ihm das Hemd näher ist als der Rock, muss er den vollen Unterhalt erst zahlen, wenn er seinen eigenen vollen Bedarf gedeckt hat und noch ausreichend Mittel für den Geschiedenenunterhalt übrig bleiben. **Der „eigene angemessene Unterhalt" ist keine feste Größe, sondern richtet sich allein nach den ehelichen Lebensverhältnissen**[403].

3.3 Billigkeitsunterhalt

443 Soweit der Unterhaltsschuldner den vollen Unterhalt nach § 1578 I 1 nicht zahlen kann, schuldet er, wenn überhaupt, nur noch Unterhalt nach Billigkeit. Die Mittel für seinen „eigenen angemessenen Unterhalt" muss er nur angreifen, wenn und soweit „es mit Rücksicht auf die Bedürfnisse und die Erwerbs- und Einkommensverhältnisse der geschiedenen Ehegatten der Billigkeit entspricht". Mit dieser wunderschönen Formel schiebt der Gesetzgeber die Verantwortung auf das Familiengericht ab. **Die Billigkeitsprüfung erfordert eine umfassende Abwägung der besonderen Umstände des Einzelfalles**[404]. Das Ergebnis ist nicht mehr berechenbar. Da die Mittel nicht ausreichen, den vollen Bedarf beider Ehegatten zu decken, müssen beide den Gürtel enger schnallen und sich nach der Decke strecken. Die „Erwerbsobliegenheit" beider verschärft sich, so dass jetzt eine bislang unzumutbare Erwerbstätigkeit zumutbar werden kann[405]. Der Vorsorgeunterhalt entfällt, wenn nur der Elementarunterhalt bezahlt werden kann[406]. Vielleicht muss auch das Kindergeld herangezogen werden[407]. **Billig ist letztlich die gleichmäßige Verteilung des Einkommens**[408].

---

402 *BGH* 109, 72; *OLG Düsseldorf* FamRZ 90, 1364; *OLG Köln* FamRZ 92, 65.
403 *BGH* 109, 72; NJW 95, 963; 96, 517: auch im Mangelfall; aber auch *OLG Nürnberg* FamRZ 96, 352.
404 *BGH* 109, 72.
405 *BGH* 75, 272: Kindesunterhalt; NJW 83, 933; FamRZ 83, 146; 83, 569: Unterhaltsberechtigter.
406 *BGH* NJW 81, 1558; *OLG München* FamRZ 98, 553: nicht Krankenversicherungsunterhalt.
407 *OLG Karlsruhe* FamRZ 85, 936.
408 *BGH* 109, 72; *OLG Düsseldorf* FamRZ 89, 982.

3.4 Notwendiger Eigenbedarf

**Der Billigkeitsunterhalt endet an der zweiten und äußersten Opfergrenze: dem not- 444
wendigen Eigenbedarf.** Dem unterhaltspflichtigen Ehegatten muss stets soviel bleiben,
dass er nicht selbst sozialhilfebedürftig wird, denn wer Sozialhilfe bezieht oder zu beanspruchen hat, ist nach § 1581 **absolut leistungsunfähig**[409]. Der notwendige oder billige
Selbstbehalt deckt sich aber weder mit dem notwendigen oder kleinen Selbstbehalt des
§ 1603 II gegenüber dem minderjährigen Kind noch mit dem angemessenen oder großen
Selbstbehalt des § 1603 I gegenüber dem volljährigen Kind, sondern bewegt sich irgendwo zwischen diesen beiden Größen[410] und liegt jedenfalls **über dem Sozialhilfebedarf**[411]. Da sich der notwendige Selbstbehalt gegenüber dem minderjährigen Kind nach
§ 1603 II aus dessen Hilflosigkeit rechtfertigt[412], gilt er auch gegenüber dem Ehegattenunterhalt wegen Kindesbetreuung aus § 1570[413].

4. Begriff der Leistungsunfähigkeit

4.1 Reale und fiktive Einkünfte

Der Unterhaltsschuldner ist nicht schon dann leistungsunfähig, wenn er kein Geld hat, 445
sondern erst dann, wenn er sich das nötige Geld auch nicht durch zumutbare Anstrengung beschaffen kann. Die gesetzliche Unterhaltspflicht ist nicht nur eine Zahlungspflicht, sondern auch eine Erwerbspflicht. **Dem tatsächlich erzielten Einkommen steht
deshalb das erzielbare (fiktive) Einkommen aus Erwerbstätigkeit oder Vermögen
rechtlich gleich (RN 520)**[414]. So muss etwa der Selbständige, dessen Unternehmen nicht
rentiert, früher oder später abhängige Arbeit suchen und annehmen[415]. Der Arbeitslose
darf sich aber vom Arbeitsamt umschulen lassen, wenn dies Erfolg verspricht[416]. Dagegen macht vereinbarte Altersteilzeit nicht ohne weiteres leistungsunfähig[417].

4.2 Gegeneinwand aus Treu und Glauben

Auf der anderen Seite ist der Unterhaltsschuldner in der Regel auch dann leistungsunfä- 446
hig, wenn er seinen Arbeitsplatz, sein Unternehmen oder sein Vermögen durch eigenes
Verschulden verloren und trotz eifrigen Suchens noch keinen Ersatz gefunden hat. Diese
Regel hat jedoch Ausnahmen: **Es gibt Fälle, in denen der Unterhaltsschuldner sich
nach Treu und Glauben (§ 242) auf seine Leistungsunfähigkeit nicht berufen darf**

---

409 *BGH* 111, 194; FamRZ 96, 1272; *OLG Düsseldorf* FamRZ 91, 198; ferner *Büttner* FamRZ
    90, 459; *Künkel* FamRZ 91, 14.
410 *BGH* 109, 72: § 1603 II als Untergrenze; *OLG Karlsruhe* FamRZ 93, 1452; *OLG Hamburg*
    FamRZ 93, 1453.
411 *BGH* 111, 194.
412 *BGH* 109, 72.
413 *BGH* NJW-RR 89, 900; FamRZ 97, 806.
414 *BGH* 111, 194; NJW 96, 517; FamRZ 2000, 1358; *OLG Karlsruhe* FamRZ 2000, 1419.
415 *OLG Zweibrücken* NJW 92, 1902: Gastwirt; *OLG München* FamRZ 92, 441; *OLG Düsseldorf*
    FamRZ 97, 1078; *OLG Koblenz* FamRZ 2000, 288.
416 *OLG Karlsruhe* FamRZ 89, 627.
417 *OLG Hamm* FamRZ 99, 1078, 1079.

(RN 451 ff.). Problematisch bleibt, wie man die schlichte Verletzung der Erwerbspflicht samt fiktivem Einkommen vom schuldhaften und doch befreienden Verlust des Einkommens abgrenzen soll (RN 532).

4.3 Vermögen

447 Der Unterhaltsschuldner muss nicht nur seine Einkünfte gleich welcher Art und Herkunft für den nachehelichen Unterhalt verwenden (RN 518 ff.), sondern auch sein Vermögen. § 1581 S. 2 macht eine Ausnahme von dieser Regel: Den Stamm seines Vermögens muss der Unterhaltsschuldner dann nicht verwerten, wenn dies unwirtschaftlich oder unbillig wäre (RN 591).

4.4 Schulden

448 Leistungsunfähig kann der Unterhaltsschuldner nach § 1581 S. 1 auch „unter Berücksichtigung seiner sonstigen Verpflichtungen" werden. Die **„sonstigen Verpflichtungen"** sind aber nicht einfach vom Einkommen des Unterhaltsschuldners abzuziehen, sondern nur zu „berücksichtigen". Dies erfordert eine sorgfältige **Interessenabwägung** (RN 595).

4.5 Trennungsbedingter Mehrbedarf

449 Da trennungsbedingter Mehrbedarf des Unterhaltsschuldners (RN 339) zu seinem ehangemessenen Unterhaltsbedarf zählt, verringert er das verteilbare Einkommen und beschränkt so die Leistungsfähigkeit[418].

4.6 Kindesbetreuung

450 Betreut der Unterhaltsschuldner ein gemeinschaftliches Kind, verringert sich sein Einkommen zwar nicht um einen pauschalen „Betreuungsbonus", sondern nur um seine konkreten berufsbedingten Aufwendungen, die darin bestehen, dass er einen Dritten für die Betreuung des Kindes entlohnt, damit er selbst seinem Erwerb nachgehen kann (RN 541). Das schließt es aber nicht aus, **dem Unterhaltsschuldner nach § 242 oder analog § 1577 II 2 einen Teil seines Einkommens „anrechnungsfrei" zu lassen, wenn er neben der Kindesbetreuung eine unzumutbare Erwerbstätigkeit ausübt**[419].

4.7 Sonstige unzumutbare Erwerbstätigkeit

Der Rechtsgedanke des § 1577 II 2 gilt auch für Einkünfte des Unterhaltsschuldners aus unzumutbarer Nebentätigkeit, die er jederzeit beenden darf[420], sowie für Einkünfte eines schwerkranken Unterhaltsschuldners[421].

---

418 *BGH* 109, 72; FamRZ 90, 979.
419 *BGH* NJW 82, 2664; 86, 2054; *OLG Hamm* FamRZ 94, 1036; 98, 1586; *OLG Schleswig* FamRZ 90, 518; *OLG Hamburg* FamRZ 93, 1453; 97, 357; *OLG Stuttgart* FamRZ 97, 358; *OLG Koblenz* FamRZ 99, 1275: durch Betreuung dreier minderj. Kinder leistungsunfähig.
420 *OLG Hamm* FamRZ 95, 606; *OLG Stuttgart* FamRZ 95, 1487.
421 *OLG Hamm* NJW 93, 3273; FamRZ 94, 1034; *OLG Karlsruhe* FamRZ 98, 479: ersparte Kosten für nötige Pflege.

5. Selbstverschuldete Leistungsunfähigkeit

5.1 Regel und Ausnahme

Das Gesetz regelt nur die selbstverschuldete Bedürftigkeit des Unterhaltsberechtigten **451** (§ 1579 Nr. 3), nicht auch die selbstverschuldete Leistungsunfähigkeit des Unterhaltsschuldners. Aber was dem einen recht ist, sollte dem anderen billig sein[422]. Die analoge Anwendung des § 1579 Nr. 3 oder jedenfalls des Rechtsgedankens dieser Vorschrift liegt deshalb nahe. So wie in der Regel auch die selbstverschuldete Bedürftigkeit zum Unterhalt berechtigt und nach § 1579 Nr. 3 nur die mutwillige Verursachung der Bedürftigkeit schadet, so **befreit den Unterhaltsschuldner in der Regel auch die selbstverschuldete Leistungsunfähigkeit und verliert er diesen Einwand nach Treu und Glauben nur aus besonderen, schwergewichtigen Gründen**[423]. **Nötig ist ein verantwortungsloses, zumindest leichtfertiges Verhalten**, das einen schweren Schuldvorwurf begründet und sich meistens aus dem direkten Bezug zur Unterhaltspflicht ergibt[424]. Leichtfertig bedeutet soviel wie **bewusst fahrlässig in Bezug auf Unterhaltspflicht und Leistungsunfähigkeit**[425].

Diese Ausnahme von § 1581 muss der Unterhaltsberechtigte beweisen, denn mit **452** **dem anspruchserhaltenden Gegeneinwand aus § 242 schlägt er dem Unterhaltsschuldner die Einwendung der Leistungsunfähigkeit aus der Hand**[426].

Die undurchsichtige Formel der Rechtsprechung lässt sich deshalb nicht präziser fassen, weil man Treu und Glauben nach § 242 nicht definieren, sondern nur durch Fallgruppen verständlich machen kann, schließlich hängt alles von den besonderen Umständen des Einzelfalles ab[427].

Man kann **3 Fallgruppen** bilden: erstens den verschuldeten, aber unfreiwilligen Verlust des Arbeitsplatzes, zweitens die freiwillige Aufgabe des Arbeitsplatzes und drittens den Wechsel von der Erwerbstätigkeit in den Haushalt einer neuen Ehe. Vor allem die ersten beiden Fallgruppen sind auseinanderzuhalten[428].

5.2 Verschuldeter, aber unfreiwilliger Verlust des Arbeitsplatzes

Durch eigenes Verschulden, aber unfreiwillig, verliert der Unterhaltsschuldner seinen **453** Arbeitsplatz durch Straftat, Verlust der Fahrerlaubnis, Alkoholabhängigkeit oder eine andere schwere Verletzung des Arbeitsvertrags, die den Arbeitgeber zur Kündigung des Arbeitsverhältnisses berechtigt. Unfreiwillig sind letztlich auch die eigene Kündigung und die Vertragsaufhebung, wenn sie der Kündigung des Arbeitgebers lediglich zuvorkommen. In all diesen Fällen verstößt der Einwand der Leistungsunfähigkeit aus § 1581 nur dann gegen Treu und Glauben, wenn der Unterhaltsschuldner den schweren Vorwurf verdient, **verantwortungslos oder zumindest leichtfertig** gehandelt zu haben. Die

---

422 *BGH* FamRZ 82, 792; NJW 82, 2491.
423 *BGH* NJW 85, 732; 93, 1975; 94, 258; FamRZ 87, 374; 87, 932.
424 *BGH* NJW 93, 1975; 94, 258.
425 *BGH* NJW 93, 1975; 94, 259.
426 So wohl *BGH* NJW 85, 735: unterhaltsberechtigte Frau behauptet mutwillige Kündigung des Mannes; FamRZ 83, 995: Ausnahmefall; FamRZ 87, 372; *OLG Karlsruhe* FamRZ 94, 754.
427 *BGH* NJW 85, 732; 88, 2239; 93, 1975; FamRZ 87, 372.

Rechtsprechung verlangt ein „in unterhaltsrechtlicher Hinsicht schwerwiegendes Fehlverhalten", eine **„grobe unterhaltsbezogene Verantwortungslosigkeit"**[429].

454 Das sind nicht gerade griffige Formeln, die dem Familienrichter die Entscheidung erleichtern. Gemeint ist wohl Folgendes: Die vorsätzliche Verursachung der eigenen Leistungsunfähigkeit ist stets treuwidrig; bedingter Vorsatz genügt[430]. Grob verantwortungslos und leichtfertig ist aber oft schon die **bewußte Fahrlässigkeit**: Der Unterhaltsschuldner rechnet mit seiner Leistungsunfähigkeit, hofft aber vergeblich, sie vermeiden zu können[431]. Dem steht es gleich, wenn sich dem Unterhaltsschuldner die Gefahr einer Leistungsunfähigkeit geradezu aufdrängt, er aber die Augen davor verschließt[432]. Der Vorwurf der Leichtfertigkeit ist umso eher begründet, je enger die Beziehung zwischen dem Verhalten des Unterhaltsschuldners und seiner Unterhaltpflicht ist. **Stets aber muss die Verfehlung des Unterhaltsschuldners schwer wiegen**, vor allem dann, wenn sie sich nicht direkt gegen den Unterhaltsberechtigten richtet[433].

Beispiele
455

(1) **Strafhaft wegen vorsätzlicher Unterhaltspflichtverletzung** (*BGH* NJW 82, 2491), oder wegen eines Tötungsdelikts gegen einen vorrangig Unterhaltspflichtigen (*BGH* NJW 82, 2492).

(2) **Verneint** wurde der „unterhaltsrechtliche Bezug" für die Strafhaft wegen Diebstahls und Betrugs (*BGH* NJW 82, 1812), wegen sexuellen Mißbrauchs eines anderen als des unterhaltsberechtigten Kindes (*BGH* NJW 82, 2491; *OLG Koblenz* NJW 97, 1588).

(3) **Verneint** hat der BGH den „unterhaltsrechtlichen Bezug" auch für die Entlassung eines unterhaltspflichtigen Arbeiters, der **wiederholt angetrunken zur Arbeit erschienen** ist. Der junge Mann habe nicht leichtfertig (bedingt vorsätzlich oder bewusst fahrlässig), sondern nur jugendlich unüberlegt, unbedacht und sorglos (unbewusst fahrlässig) gehandelt (*BGH* NJW 94, 259).

(4) Anders ist wohl der Fall zu entscheiden, dass der **angestellte Kraftfahrer** nach einer **Trunkenheitsfahrt** Fahrerlaubnis und Arbeitsplatz verliert, denn diese Folgen drängen sich hier geradezu auf (*OLG Bamberg* FamRZ 87, 699). Das Gleiche gilt für die Kündigung wegen unentschuldigten Fehlens, wenn der Arbeitnehmer die Kündigungsdrohung mit der Bemerkung quittiert hat, die Kündigung komme ihm gerade recht (*OLG Karlsruhe* NJW-RR 92, 1412).

(5) Keinen „unterhaltsrechtlichen Bezug" hat dagegen die fristlose Entlassung eines Arbeitnehmers, der nach 20 Jahren Betriebszugehörigkeit seinem Arbeitgeber **aus einer Kiste einige Schrottteile entwendet** und nicht damit gerechnet hat, er werde deshalb entlassen werden. Außerdem handelt es sich hier um keinen schweren Fall, der nach Treu und Glauben den Einwand der Leistungsunfähigkeit ausschließt (*BGH* NJW 93, 1974; aber auch BGH FamRZ 2000, 815: Diebstahl von Betriebseigentum und Freiheitsstrafe mit Bewährung). Die **Veruntreuung von 121 000,– DM** dagegen ist nicht nur ein schweres Vergehen, sondern schreit förmlich nach Entlassung des Übeltäters (*OLG Bamberg* FamRZ 88, 974).

---

428 *BGH* NJW 93, 1975.
429 *BGH* NJW 94, 259; FamRZ 2000, 815.
430 *BGH* NJW 85, 734; 88, 2239.
431 *BGH* NJW 94, 259.
432 *BGH* NJW 93, 1975; FamRZ 2000, 815.
433 *BGH* NJW 93, 1975; 94, 258; FamRZ 2000, 815.

(6) Wird der Unterhaltspflichtige durch **chronischen Alkoholmissbrauch** arbeitsunfähig, muss man bedenken, dass er krank ist. Freilich ist er verpflichtet, sich behandeln zu lassen und eine Entziehungskur zu machen. Verletzt er diese Verpflichtung, obwohl er sie erfüllen kann und die Behandlung Erfolg verspricht, ist er nicht leistungsunfähig (*OLG Düsseldorf* FamRZ 85, 310). Dagegen bleibt er leistungsunfähig, wenn er sich bereits erfolglos einer Langzeittherapie unterworfen und in Selbsthilfegruppen um Heilung bemüht hatte, gleichwohl aber wegen versuchten Diebstahls zu Strafhaft und Entziehungskur verurteilt worden ist (*OLG Bamberg* FamRZ 88, 525).

(7) Muss der unterhaltspflichtige Malermeister seinen selbständigen Malerbetrieb aufgeben, weil ihm die **Gewerbeerlaubnis entzogen** wurde, darf er sich auf seine Leistungsunfähigkeit berufen, es sei denn, er habe es darauf angelegt (*OLG Frankfurt* FamRZ 95, 98).

5.3 Freiwillige Aufgabe des Arbeitsplatzes

Wird der Unterhaltsschuldner dadurch leistungsunfähig, dass er seinen Arbeitsplatz aus **456** freien Stücken aufgibt, kommt es darauf an, ob er dafür einen **vernünftigen Grund** hat. Für sich allein verstößt die eigene Kündigung unterhaltsrechtlich noch nicht gegen Treu und Glauben[434]. **Nur die verantwortungslose, zumindest leichtfertige Kündigung schließt den Einwand der Leistungsunfähigkeit aus**[435]. Dieser Vorwurf ist stets dann begründet, wenn der Unterhaltspflichtige kündigt, um sich seiner Unterhaltspflicht zu entziehen oder seine Einkünfte zu verschleiern oder wenn er seine wirtschaftliche Existenz bewusst zerstört[436]. Im Übrigen hängt alles vom Gewicht des Kündigungsgrundes ab. Jedenfalls hat der Unterhaltsschuldner bei jeder beruflichen Veränderung auf den Unterhaltsberechtigten besondere Rücksicht zu nehmen[437].

(1) Wer sein Arbeitsverhältnis kündigt, um der **Lohnpfändung wegen Unterhalts** zu **Beispiele** entrinnen, macht sich absichtlich leistungsunfähig und bleibt voll unterhaltspflichtig **457** (*BGH* NJW 81, 1609).

(2) Auch wer seine versicherungspflichtige Arbeit aufgibt, um als selbständiger Handelsvertreter tätig zu werden, und dann **ohne Krankenvorsorge erkrankt**, bleibt nach Treu und Glauben in Höhe des Krankengeldes leistungsfähig, das er als abhängiger Arbeitnehmer bezogen hätte (*BGH* NJW 88, 2239).

(3) Gibt der Unterhaltspflichtige eine gut bezahlte Anstellung mit mehr als 5000,– DM netto monatlich auf, um für monatlich 1777,– DM netto die Geschäfte einer GmbH seiner Frau zu führen, so ist diese **berufliche Entscheidung** nach der Wertung des Art. 12 GG zwar zu respektieren, weil man den Unterhaltsschuldner nicht für alle Zeit auf ein bestimmtes Einkommen festnageln darf. Aber er muss auf den Unterhaltsberechtigten **Rücksicht nehmen**. Auch wenn sein Berufswechsel nicht leichtfertig ist, muss er die Durststrecke mit Rücklagen oder einem Kredit überbrücken (*BGH* NJW 82, 1050; FamRZ 87, 372: Kindesunterhalt; 88, 147; 88, 257; *OLG Bamberg* FamRZ 89, 392: Abwägung zw. Berufsfreiheit und Unterhaltspflicht; *OLG Frankfurt* FamRZ 90, 786).

---

434 *BGH* NJW 81, 1609; 85, 732; FamRZ 87, 372; *OLG Bamberg* FamRZ 88, 1084; 89, 93.
435 *BGH* FamRZ 82, 366; NJW 85, 732; FamRZ 87, 372; NJW 93, 1974.
436 *BGH* NJW 85, 732; *OLG Bamberg* FamRZ 97, 1486: Fahnenflucht Zeitsoldat.
437 *BVerfG* FamRZ 96, 343; *BGH* NJW 96, 1815.

(4) Die Aufgabe der Arbeitsstelle zugunsten einer **Berufsausbildung** befreit den Unterhaltpflichtigen dann nicht, wenn er bereits einen Beruf erlernt hat (*BGH* NJW 94, 1002: ungelernter Arbeiter aus der DDR will nach der Wende erstmals einen Beruf erlernen).

(5) Nicht leichtfertig ist die **Kündigung aus vernünftigem Grund:**

– wegen zu schwerer Arbeit (*BGH* NJW 85, 732);

– wegen betriebsinterner Querelen (*BGH* FamRZ 87, 372);

– wegen trennungsbedingten Wohnortwechsels (*OLG Bamberg* FamRZ 88, 285);

– um zeitweise die gemeinschaftlichen Kinder zu betreuen (*BVerfG* NJW 96, 915: zur Einschränkung der Erwerbstätigkeit), um die Aussichten für die elterliche Sorge zu verbessern (*OLG Frankfurt* NJW-RR 88, 1223) oder die kranke Mutter zu pflegen (*OLG Saarbrücken* NJW-RR 88, 74).

(6) Auch wer seinen Arbeitsplatz bei einer Weltfirma (Siemens) ins Ausland (Südafrika) verlegt und durch den nicht voraussehbaren **Währungsverfall** (des Rand) leistungsunfähig wird, darf nicht fiktiv an seinem früheren Einkommen in Deutschland festgehalten werden, sondern wird von der Unterhaltpflicht frei (*BGH* 104, 158).

(7) Stellt sich nachträglich heraus, dass der Unterhaltsschuldner den falschen Beruf ergriffen hat und der Sprung in die **berufliche Selbständigkeit** nicht rentiert, muss er sie aufgeben und eine abhängige Arbeit suchen (*OLG Zweibrücken* NJW 92, 1902: Gastwirt; ferner *OLG Frankfurt* FamRZ 92, 64; *OLG München* FamRZ 92, 441; *OLG Hamm* FamRZ 93, 970).

5.4 Wechsel von der Erwerbstätigkeit zur Haushaltsführung

458 Darf sich der geschiedene Ehegatte von seiner Unterhaltpflicht dadurch befreien, dass er seine Erwerbstätigkeit aufgibt, um in seiner neuen Ehe den Haushalt zu führen und die Kinder zu betreuen? Die Antwort lautet: „Jein". Zwar steht auch die neue Ehe unter dem Schutz des Art. 6 I GG und verteilen die Ehegatten ihre Rollen in der neuen Ehe frei, aber diese beseitigt nicht die gesetzliche Unterhaltpflicht aus der früheren Ehe.

So müssen es die **minderjährigen Kinder aus der früheren Ehe oder aus einer nichtehelichen Beziehung** nicht klaglos hinnehmen, dass der Unterhaltsschuldner, statt Geld zu verdienen, in der neuen Ehe den Haushalt führt, sondern haben ein Recht darauf, unterhaltsrechtlich genauso behandelt zu werden wie die Kinder aus der neuen Ehe[438].

Was aber dem minderjährigen Kind recht ist, muss dem **geschiedenen Ehegatten** billig sein, denn er hat unterhaltsrechtlich nicht nur den gleichen Rang (§ 1609 II 1), sondern verdient jedenfalls dann den gleichen Schutz,, wenn er ein minderjähriges Kind aus der geschiedenen Ehe betreut und deshalb nach **§ 1570** Anspruch auf **Betreuungsunterhalt** hat[439]. In diesem Fall ist der Rollentausch des Unterhaltsschuldners unterhaltsrechtlich nicht akzeptabel. Der Unterhaltsschuldner wird nicht dadurch leistungsunfähig, dass er

---

438 *BVerfG* FamRZ 85, 143: Annahme eines fiktiven Erwerbseinkommens verfassungsgemäß; *BGH* 75, 272; NJW 82, 175; 96, 1815; FamRZ 82, 590; 87, 472; *OLG Düsseldorf* FamRZ 91, 220, 973; *OLG Stuttgart* FamRZ 94, 1403; aber auch *OLG Koblenz* FamRZ 89, 286: Schuldner leistungsunfähig, wenn er zwei minderjährige Kinder aus der geschiedenen Ehe und einen Säugling aus der neuen Ehe betreut.

439 *BGH* NJW 96, 1815.

kein Geld mehr verdient, sondern muss sich ein fiktives Einkommen aus der früheren Erwerbstätigkeit zurechnen lassen; das ist die Regel.

Eine **Ausnahme** macht die Rechtsprechung nur dann, **wenn der Rollentausch für die neue Ehe große Vorteile bringt**, weil der neue Ehegatte wesentlich mehr verdient[440]. Aber selbst dann muss der unterhaltspflichtige Ehegatte den nötigen Unterhalt wenigstens durch eine **Nebentätigkeit** neben dem Haushalt her verdienen, wie er überhaupt rechtzeitig Vorsorge treffen muss, um den Ehegattenunterhalt möglichst sicherzustellen[441].   **459**

Im Regel- wie im Ausnahmefall muss der **neue Ehegatte** des Unterhaltsschuldners dessen Erwerbstätigkeit durch **eheliche Rücksicht nach § 1356 II 2** ermöglichen[442]. Obwohl es in der **nichtehelichen Lebensgemeinschaft** keine ehelichen Rücksichten gibt, gilt für sie mit Rücksicht auf die neue Rechtslage durch § 1615l das gleiche[443].

6. Rang zwischen mehreren Unterhaltsberechtigten und Mangelfall

Wenn neben dem geschiedenen Ehegatten auch noch gemeinschaftliche Kinder, Kinder aus einer anderen Verbindung des Unterhaltspflichtigen oder dessen neuer Ehegatte Unterhalt begehren, gibt es zwei Möglichkeiten: Entweder kann der Unterhaltspflichtige alle Unterhaltsansprüche voll befriedigen, oder er kann es nicht (§§ 1581, 1603). Den zweiten Fall nennt man „Mangelfall", weil die vorhandenen Geldmittel nicht für alle Unterhaltsberechtigten ausreichen. Im **Mangelfall** stellt sich unweigerlich die **Rangfrage**. Entweder sind die Konkurrenten gleichrangig, oder der eine hat Vorrang vor dem anderen.   **460**

Gleichrangige Unterhaltsgläubiger müssen sich die beschränkten Geldmittel des Unterhaltsschuldners im Verhältnis ihrer „Ansprüche" teilen[444]. **Der vorrangige Unterhaltsgläubiger dagegen wird mit seinem vollen Bedarf,** und nicht nur mit einem „Mindestbedarf", **vor dem anderen voll befriedigt**[445], und der nachrangige Unterhaltsgläubiger bekommt Unterhalt nur, soweit noch etwas übrigbleibt[446].

Ob ein Unterhaltsanspruch schon tituliert und vollstreckbar ist, spielt für den Rang keine Rolle. Der Unterhaltstitel des nachrangigen Gläubigers darf den vorrangigen Gläubiger nicht benachteiligen[447].

7. Rang zwischen geschiedenem Ehegatten und Kindern

Nach §§ 1582 II, 1609 II 1 haben der geschiedene Ehegatte und die minderjährigen unverheirateten Kinder des Unterhaltsschuldners aus dieser oder einer anderen Verbindung   **461**

---

440 *BGH* NJW 96, 1815; *OLG Köln* FamRZ 95, 353.
441 *BGH* NJW 96, 1815; FamRZ 2001, 615: strenge Anforderungen.
442 *BGH* NJW 96, 1815.
443 *BGH* FamRZ 2001, 615; überholt *BGH* FamRZ 95, 598.
444 *BGH* 104, 158; NJW 83, 1733; 92, 1621.
445 *BGH* NJW 86, 2056; 92, 1621.
446 *BGH* 104, 158; NJW 86, 2056; 92, 1621.
447 *BGH* NJW 80, 934; 92, 1624; a.A. *OLG Karlsruhe* FamRZ 83, 716: Titel geht vor, bis er abgeändert ist.

gleichen Rang[448]. Jedoch kann der Ehegatte seinem minderjährigen Kind den Vortritt lassen[449] Gleichen Rang haben neuerdings auch volljährige Schulkinder bis 21 Jahre, die noch bei den Eltern oder einem Elternteil wohnen. Dagegen geht der geschiedene Ehegatte den übrigen volljährigen und allen minderjährigen verheirateten Kindern sowie den sonstigen Verwandten des Unterhaltsschuldners nach §§ 1582 II, 1609 II 1 Hs. 2 vor. Eine andere Frage ist, ob der Unterhalt für volljährige Kinder schon die ehelichen Lebensverhältnisse nach § 1578 I 1 bestimmt und auf diesem Wege dem Geschiedenenunterhalt vorgeht (RN 296).

8. Rang zwischen geschiedenem und neuem Ehegatten

462 Kompliziert ist die Rangfolge zwischen dem geschiedenen und dem neuen Ehegatten des Unterhaltpflichtigen. Nach § 1582 I[450] **geht der geschiedene Ehegatte in der Regel mit seinem vollen Bedarf vor**[451]; es gibt jedoch Ausnahmen. Man kann 3 Fälle unterscheiden:

Fall 1:

463 Der geschiedene Ehegatte geht nach § 1582 I 1 vor, **wenn der neue Ehegatte** in entsprechender Anwendung der §§ 1569-1574, 1576, 1577 I **keinen Anspruch auf Unterhalt hätte**. Diese Vorschriften kann man nicht unmittelbar, sondern nur entsprechend auf den neuen Ehegatten anwenden, weil er verheiratet ist und allenfalls einen Anspruch auf Familien- oder Trennungsunterhalt hat (§§ 1360-1361). Man muss deshalb hypothetisch prüfen, ob der neue Ehegatte, wenn er geschieden wäre, einen Anspruch auf Geschiedenenunterhalt wegen Kindesbetreuung, Krankheit, Alters, Arbeitslosigkeit oder aus Billigkeit hätte. Unerheblich ist ein hypothetischer Anspruch auf Ausbildungsunterhalt nach § 1575, denn § 1582 I 1 übergeht ihn absichtlich.

Fall 2:

464 Aber selbst wenn der neue Ehegatte nach §§ 1569-1574, 1576, 1577 I unterhaltsberechtigt wäre, geht der geschiedene Ehegatte nach § 1582 I 2 in 3 Fällen gleichwohl vor: Erstens wenn er einen Anspruch auf **Unterhalt wegen Kindesbetreuung aus § 1570** hat; zweitens wenn er einen Anspruch auf **Billigkeitsunterhalt aus § 1576** hat; drittens wenn die **geschiedene Ehe von langer Dauer war**[452]. Die Ehe dauert von der Heirat bis zur Rechtshängigkeit des Scheidungsantrags und ist **ab etwa 15 Jahren** von langer Dauer[453]. Die Ehedauer verlängert sich nach § 1582 I 3 um die Zeitspanne, die der geschiedene Ehegatte seit Rechtshängigkeit des Scheidungsantrags wegen Kindesbetreuung unterhaltsberechtigt war.

Fall 3:

465 **In allen anderen Fällen** sind der geschiedene und der neue Ehegatte **gleichrangig**, also immer dann, wenn der geschiedene Ehegatte nach einer Ehe von nicht langer Dauer nur

---

448 *BGH* NJW 84, 1813: nicht auch behinderte volljährige Kinder; *OLG Hamm* FamRZ 92, 321: vom Schuldner adoptiertes Kind des neuen Ehegatten.
449 *OLG Bamberg* FamRZ 97, 23.
450 Verfassungsgemäß: *BVerfG* NJW 84, 1523; *BGH* FamRZ 85, 362; 87, 916.
451 *BGH* NJW 86, 2056 u. 92, 1621: nicht nur mit Mindestbedarf.
452 *OLG Oldenburg* FamRZ 91, 473: auch wenn neue Ehefrau aus § 1570 unterhaltsberechtigt wäre.
453 *BGH* NJW 83, 2321: 15 Jahre sind lang; NJW 83, 1733: 8 Jahre sind noch nicht lang.

aus §§ 1571-1575 Unterhalt verlangen darf und der neue Ehegatte, wäre er geschieden, aus §§ 1570-1573, 1576 unterhaltsberechtigt wäre[454].

9. Rang zwischen geschiedenem Ehegatten, neuem Ehegatten und minderjährigen Kindern

Nicht nur problematisch, sondern methodisch unlösbar ist die gleichzeitige Konkurrenz **466** des geschiedenen Ehegatten mit dem neuen Ehegatten, der nach § 1582 im Range nachgeht, und mit minderjährigen unverheirateten Kindern, denn das Gesetz widerspricht sich selbst.

Nach § 1582 II, 1609 II 1 haben der geschiedene Ehegatte und die minderjährigen unverheirateten Kinder gleichen Rang. § 1609 II 1 sagt zwar nicht ausdrücklich, dass mit „Ehegatte" auch der geschiedene Ehegatte gemeint ist, wird aber im Zusammenhang mit § 1582 allgemein so verstanden[455].

Nach § 1582 I geht der geschiedene Ehegatte, der nach langer Ehe oder aus §§ 1570, 1576 unterhaltsberechtigt ist, dem neuen Ehegatten vor. Das Gleiche gilt, wenn der neue Ehegatte, wäre er geschieden, keine Unterhalt verlangen dürfte.

Nach § 1609 II 1 schließlich haben der neue Ehegatte und die minderjährigen unverheirateten Kinder gleichen Rang.

Da beißt sich die Katze in den Schwanz. Die drei Rechtssätze passen nicht zusammen, **467** die Gleichung geht nicht auf. Die Rechtsprechung verdient deshalb keinen Tadel, wenn sie den Fehler des Gesetzgebers dadurch ausbügelt, dass sie den gordischen Knoten einfach durchhaut, und den **§ 1609 II 1** eng auslegt: „Ehegatte" im Sinne dieser Vorschrift ist, wenn der vorrangige geschiedene und der neue Ehegatte zusammentreffen, **nur der vorrangige geschiedene Ehegatte**. Der neue Ehegatte hingegen steht an letzter Stelle hinter den minderjährigen unverheirateten Kindern und bekommt nur das, was noch übrigbleibt, nachdem der Unterhaltsbedarf der anderen voll gedeckt ist. Ein grob unbilliges Ergebnis lässt sich nur über § 1579 Nr. 7 korrigieren[456].

Beispiel

> Beträgt der Bedarf des geschiedenen Ehegatten 600,– Euro, der Bedarf des neuen Ehegatten 500,– Euro, der Bedarf zweier kleiner Kinder je 200,– Euro und verdient der Unterhaltspflichtige netto 1900,– Euro, so stehen für einen Gesamtbedarf aller Unterhaltsberechtigten von 1500,– Euro nach Abzug des notwendigen Selbstbehalts von 750,– Euro nur 1150,– Euro zur Verfügung. Da der geschiedene Ehegatte und die Kinder dem neuen Ehegatten vorgehen, sind ihre Ansprüche vorweg voll zu erfüllen. Für den neuen Ehegatten bleiben rechnerisch nur noch 150,– Euro.

---

454 *BGH* FamRZ 83, 678; *OLG Hamm* FamRZ 97, 296: § 1572 privilegiert nicht; ferner *Hampel* FamRZ 95, 1177.
455 *BGH* NJW 83, 1733.
456 *BGH* 104, 158; FamRZ 88, 705.

10. Unterhaltsberechnung im Mangelfall

10.1 Rangfrage im Mangelfall

468   Von einem Mangelfall spricht man dann, wenn das verfügbare Nettoeinkommen des Unterhaltsschuldners nicht ausreicht, um den Bedarf mehrerer Unterhaltsberechtigter voll zu decken. Ist nur ein einziger Unterhaltsberechtigter vorhanden, reduziert sich das Problem auf die Frage, ob der Unterhaltsschuldner diesen Anspruch erfüllen kann, ohne seinen eigenen Bedarf zu gefährden (§§ 1581, 1603).

Die Konkurrenz mehrerer Unterhaltsberechtigter hingegen stellt unweigerlich die Rangfrage: Haben alle den gleichen Rang oder geht der eine dem anderen vor? **Gleichrangige Unterhaltsberechtigte müssen sich das verfügbare Nettoeinkommen des Unterhaltsschuldners im Verhältnis ihres ungedeckten Bedarfs teilen. Der nachrangige Unterhaltsberechtigte dagegen bekommt nur, was übrig bleibt**, nachdem der vorrangige voll befriedigt ist. Bleibt nichts übrig, geht er leer aus und fällt der Sozialhilfe anheim[457].

469   ### 10.2 Berechnungsmethode

Methodisch beantwortet man Schritt für Schritt folgende Fragen[458]:

1. Schritt: Wie hoch ist der ungedeckte Unterhaltsbedarf jedes Unterhaltsberechtigten?

Den Kindesunterhalt berechnet man nach der Düsseldorfer Tabelle, den Bedarf des geschiedenen Ehegatten nach den ehelichen Lebensverhältnissen (§ 1578 I 1 u. RN 290 ff.). Da der Unterhaltsbedarf gemeinschaftlicher Kinder die ehelichen Lebensverhältnisse mitprägt, ist er in der Regel vorweg vom bereinigten Nettoeinkommen des Unterhaltsschuldners abzuziehen (RN 296) und die 3/7 Quote für den Geschiedenenunterhalt erst aus dem verbleibenden Resteinkommen zu bilden[459]. Auch in die Mangelfallrechnung stellt man für den geschiedenen Ehegatten keinen „Mindestbedarf" ein, sondern nur die – geringere – Quote nach den ehelichen Lebensverhältnissen[460].

470   Streitig ist, ob und wie man im Mangelfall das **Kindergeld** für den Unterhalt verwendet. Da das Kindergeld nicht dem Kind, sondern den Eltern zusteht, um deren Unterhaltslast zu erleichtern, zählt es für den Ehegattenunterhalt an sich zum Einkommen. Im Normalfall wird es nach § 1612b zwischen den Ehegatten über den Kindesunterhalt hälftig ausgeglichen. Der Mangelfall ist aber kein Normalfall, so dass der Ausgleich entfällt. Hier muss sich die geschiedene Ehefrau das Kindergeld, das sie selbst bezieht, auf ihren Bedarf anrechnen lassen. Folgerichtig darf auch der unterhaltspflichtige Ehemann keinen hälftigen Ausgleich verlangen[461].

---

457   *BGH* 104, 158; NJW 92, 1621.
458   *BGH* 104, 158: Berechnung in 2 Stufen; FamRZ 97, 806: Berechnung in 4 Stufen; ferner *OLG Koblenz* FamRZ 89, 1326; *Duderstadt* FamRZ 87, 548; *Graba* FamRZ 89, 232; *Fröschle* FamRZ 99, 1241; *Hoppenz* FamRZ 99, 1473; *Flieser*-Hartl FamRZ 2000, 335.
459   *BGH* FamRZ 97, 806; a.A. *OLG Bamberg* FamRZ 93, 1093.
460   *BGH* NJW 92, 1621; *OLG Hamburg* FamRZ 93, 1453; *OLG Bamberg* FamRZ 93, 1093.
461   *BGH* NJW 92, 1621; FamRZ 97, 806; dagegen *Graba* FamRZ 92, 541.

2. Schritt: Kann der Unterhaltsschuldner alle Unterhaltsansprüche erfüllen?

Das ist die Frage seiner Leistungsunfähigkeit nach §§ 1581, 1603 (RN 439 ff.). Verteil- **471**
bar ist nur die Differenz zwischen bereinigtem Nettoeinkommen und Eigenbedarf des
Unterhaltsschuldners[462]. Es gibt deren vier: den eheangemessenen und den notwendigen
Eigenbedarf gegenüber dem geschiedenen Ehegatten (§ 1581 u. RN 442 f.), den angemessenen (großen) Selbstbehalt gegenüber volljährigen und verheirateten Kindern nach
§ 1603 I und den notwendigen (kleinen) Selbstbehalt gegenüber minderjährigen unverheirateten Kindern nach § 1603 II. Sind aber verschiedene Selbstbehalte zu berücksichtigen, gibt es auch verschiedene „Verteilungsmassen"[463].

3. Schritt: Welchen Rang haben die konkurrierenden Unterhaltsberechtigten?

Sind sie gleichrangig, oder geht der eine dem anderen vor (§§ 1582, 1609 II)? **472**

Es gibt drei Ränge: 1. Rang für minderjährige unverheiratet Kinder, für volljährige
Schulkinder bis 21 Jahre im elterlichen Haushalt und für den geschiedenen Ehegatten,
der nach langer Ehe oder aus §§ 1570, 1576 unterhaltsberechtigt ist; 2. Rang für den
neuen Ehegatten und 3. Rang für andere volljährige und für verheiratete Kinder
(RN 460 ff.).

4. Schritt: Kann der Unterhaltsschuldner wenigstens die vorrangigen Ansprüche **473**
voll erfüllen, oder reicht sein Einkommen abzüglich seines Selbstbehalts nicht ein-
mal dafür aus?[464]

Im ersten Fall werden die vorrangigen Ansprüche voll erfüllt und der nachrangige Unterhaltsberechtigte bekommt nur den Rest.

Im zweiten Fall ist das verfügbare Einkommen auf die vorrangig Berechtigten zu verteilen, während die Berechtigten mit dem schlechteren Rang leer ausgehen.

5. Schritt: Nach welchem Maßstab sind die vorrangigen Ansprüche zu kürzen?[465] **474**

Die Praxis verwendet folgende **Formel**:

$$\text{Unterhalt} = \frac{\text{Bedarf} \times \text{Verteilungsmasse}}{\text{Gesamtbedarf aller vorrangig Berechtigten}}$$

Beispiel

Berechnungsbeispiel nach BGH 104, 158	
verfügbares Einkommen des unterhaltspflichtigen Ehemanns	= 2580,95
Unterhaltsbedarf (B) für 2 Kinder aus der geschiedenen Ehe nach Düsseldorfer Tabelle à 322,50	= 645,00
Unterhaltsbedarf (B) der geschiedenen Ehefrau nach Hausfrauenehe = 3/7 × (2580,95 − 645,−)	= 829,70
Gesamtunterhaltsbedarf (G) der vorrangigen Unterhaltsberechtigten (die neue Ehefrau ist nachrangig)	= 1474,70

---

462 *BGH* FamRZ 97, 806: Verteilungsmasse ohne Kindergeld u. Zählkindvorteil.
463 *BGH* NJW 92, 1622.
464 Dazu *BGH* 104, 158.
465 Dazu *Graba* FamRZ 89, 232; 92, 541; zur Kürzung bei gleichem Rang des alten und des
    neuen Ehegatten: *Gutdeutsch* FamRZ 95, 317.

notwendiger Eigenbedarf des Ehemanns (seinerzeit) = 1300,00

Verteilungsmasse (V) 2580,95 – 1300,– = 1280,95

Da der Gesamtbedarf die Verteilungsmasse übersteigt, müssen die Bedarfsbeträge verhältnismäßig gekürzt werden nach folgender Formel:

$$\text{Geschiedenenunterhalt} = \frac{829,70 \text{ (B)} \times 1280,95 \text{ (V)}}{1474,70 \text{ (G)}} = \text{gerundet } 720,-$$

$$\text{Unterhalt für jedes Kind} = \frac{322,50 \text{ (B)} \times 1280,95 \text{ (V)}}{1474,70 \text{ (G)}} = \text{gerundet } 280,-$$

475 Bei der Verteilung sind die **unterschiedlichen Selbstbehalte** zu berücksichtigen. Konkurrieren minderjährige, unverheiratete Kinder mit dem geschiedenen Ehegatten, gebührt die Differenz zwischen eheangemessenem und notwendigem Selbstbehalt angeblich allein den Kindern[466]. Das ist in dieser Allgemeinheit aber nicht richtig. Da der betreuende Ehegatte den gleichen Schutz verdient wie das betreute Kind (RN 375), behält der Unterhaltsschuldner auch gegenüber dem geschiedenen Ehegatten, der wegen Kindesbetreuung aus § 1570 unterhaltsberechtigt ist, nur den notwendigen (kleinen) Eigenbedarf[467].

Neuerdings prüft der BGH auch noch, ob die Verteilung billig und angemessen sei und ob der Kindergeldausgleich entfallen soll[468].

11. Kapitel
Grob unbilliger Unterhalt

1. Ermessensvorschrift, Generalklausel und Gegennorm

476 Nach § 1579 ist der Geschiedenenunterhalt zu versagen, herabzusetzen oder zeitlich zu begrenzen, soweit die Unterhaltpflicht auch unter Wahrung der Belange eines gemeinschaftlichen Kindes, das dem Berechtigten zur Pflege oder Erziehung anvertraut ist, aus einem der in Nr. 1-7 genannten Gründe grob unbillig wäre[469].

§ 1579 ist Ermessensvorschrift, Generalklausel und Gegennorm. Als **Ermessensvorschrift** lässt sie dem Familiengericht die Wahl zwischen drei Rechtsfolgen: der Versagung, der Kürzung und der Befristung des Unterhalts. Auf der Tatbestandsseite ist § 1579 eine **General- oder Härteklausel wegen grober Unbilligkeit** mit 7 Fallgruppen, die viele Rätsel aufgibt.

---

466 *BGH* NJW 92, 1622; noch offengelassen in *BGH* 104, 158; dazu ferner *OLG Hamm* FamRZ 91, 78; *OLG Oldenburg* FamRZ 91, 473; *OLG Koblenz* FamRZ 95, 1415: trennungsbedingter Mehrbedarf erhöht Eigenbedarf; *OLG München* FamRZ 2000, 612.
467 *BGH* NJW-RR 89, 900; FamRZ 97, 806.
468 *BGH* FamRZ 97, 806.
469 Dazu *Häberle* FamRZ 86, 311; *Oelkers* FamRZ 96, 257.

§ 1579 ist schließlich eine **Gegennorm und Ausnahmevorschrift**[470], denn er versagt, **477** kürzt oder befristet den Unterhalt, obwohl alle Anspruchsvoraussetzungen erfüllt sind, der geschiedene Ehegatte also seinen Bedarf nach den ehelichen Lebensverhältnissen (§ 1578 I 1) nicht selbst decken kann und deshalb bedürft ist (§§ 1569 ff., 1577). § 1579 begründet nach dem Vorbild des Rechtsmißbrauchs gemäß § 242 eine **anspruchsfeindliche Einwendung, die in vollem Umfang der Unterhaltsschuldner beweisen muss**[471].

Diese Einwendung hat drei Voraussetzungen: erstens die Wahrung des Kindeswohls, zweitens einen besonderen Härtegrund und drittens eine grobe Unbilligkeit der Unterhaltspflicht.

Während sich die Härtegründe der Nr. 1-6 begrifflich noch einigermaßen fassen lassen, **478** ist der **Härtegrund Nr. 7 nur ein Auffangtatbestand**[472] und eine Generalklausel in der Generalklausel, die man nicht mehr definieren kann, denn sie verweist abstrakt und pauschal auf „andere Gründe", die genauso schwer wiegen wie die Härtegründe Nr. 1-6. Damit nicht genug, muss die Unterhaltspflicht auch noch grob unbillig sein[473]. Dies verlangt dem Familiengericht eine schwierige rechtliche Wertung ab, die alle Umstände des Einzelfalls berücksichtigt und eine umfassende Interessenabwägung erfordert.

Letztlich soll § 1579 den Unterhaltsschuldner davor schützen, durch die Unterhaltslast in seiner Handlungsfreiheit unverhältnismäßig beschränkt zu werden[474].

2. Rechtsfolge

Rechtsfolge des § 1579 ist die **Versagung, Herabsetzung oder zeitliche Begrenzung** **479** **des Unterhalts**. Sie ist zwingend, wenn und soweit die Voraussetzungen des § 1579 erfüllt sind („… ist zu versagen, herabzusetzen oder zeitlich zu begrenzen, soweit …"). Die Wahl zwischen diesen drei Möglichkeiten übt das Familiengericht nach pflichtgemäßem Ermessen aus. Kürzung und Befristung kann es kombinieren[475].

Will es den Unterhalt voll versagen, weist es die Unterhaltsklage ab. Herabgesetzt wird der Unterhalt durch Kürzung um einen bestimmten Betrag oder eine bestimmte Quote[476]. Zeitlich begrenzt wird der Unterhalt derart, dass der Unterhaltstenor einen Endtermin setzt, bis zu dem der volle Unterhalt zu zahlen ist, und für die Folgezeit die Klage abweist[477].

Der Anspruchsverlust nach § 1579 ist in der Regel endgültig[478]. **Es gibt jedoch Aus-** **480** **nahmen.** So können die Belange eines gemeinschaftlichen Kindes später eine erneute

---

470 *BGH* NJW 80, 2247.
471 *BGH* FamRZ 89, 1056: Mutwille nach Nr. 3; NJW 82, 1461; FamRZ 82, 466; 83, 671: einseitiges schweres Fehlverhalten nach Nr. 6; 84, 656: Mutwille nach Nr. 3; NJW 91, 1291: Fortbestand u. Dauer des neuen eheähnlichen Verhältnisses nach Nr. 7.
472 *BGH* FamRZ 87, 575.
473 *BGH* NJW 92, 2477: Härtegrund allein genügt nicht.
474 *BVerfG* NJW 81, 1771: Verfassungsgrundsatz der Verhältnismäßigkeit.
475 *OLG Köln* FamRZ 90, 1242.
476 *BGH* FamRZ 83, 670: Kürzung um 1/3; *OLG Hamm* FamRZ 80, 683: hälftige Kürzung; aber auch *OLG Stuttgart* FamRZ 97, 419: Teilanrechnung von Erziehungs- und Kindergeld.
477 *BGH* FamRZ 88, 930: Befristung auf 5 Jahre; FamRZ 97, 671; *OLG Köln* FamRZ 90, 1242: Unterhalt bis betreutes Kind 10 Jahre alt.
478 *OLG Hamm* FamRZ 97, 373: Prozessbetrug.

Interessenabwägung erfordern, etwa dann, wenn nach Abweisung der Unterhaltsklage das inzwischen volljährige Kind durch Krankheit oder Unfall erneut pflegebedürftig wird oder der Unterhaltsberechtigte erst jetzt die elterliche Sorge bekommt[479]. Auch der Unterhaltsverlust nach § 1579 Nr. 7 wegen einer neuen eheähnlichen Partnerschaft lebt mit deren Beendigung zwar nicht automatisch wieder auf, macht auf Antrag des Berechtigten aber eine neue Interessenabwägung erforderlich, ob und in welcher Höhe der Unterhaltsverlust zu korrigieren sei[480].

Ist der Unterhalt schon tituliert, verfolgt der Schuldner die Kürzung fälligen Unterhalts mit der Vollstreckungsabwehrklage (§ 767 ZPO), die Kürzung künftigen Unterhalts ab Rechtshängigkeit dagegen mit der Abänderungsklage nach § 323 ZPO[481].

3. Kindeswohl

481 Der Geschiedenenunterhalt darf nur dann gekürzt, befristet oder versagt werden, wenn die Unterhaltspflicht „auch unter Wahrung der Belange eines dem Berechtigten zur Pflege oder Erziehung anvertrauten gemeinschaftlichen Kindes" grob unbillig wäre. § 1579 schützt das gemeinschaftliche eheliche Kind, das dem unterhaltsberechtigten Ehegatten einvernehmlich oder durch gerichtliche Sorgerechtsentscheidung anvertraut ist[482]. Die selbstherrlich angemaßte Kindesbetreuung verdient keinen Schutz.

Die Belange des betreuungsbedürftigen gemeinschaftlichen Kindes sind **nicht nur zu berücksichtigen, sondern zu wahren** und gehen den Interessen des Unterhaltsschuldners vor, von seiner Unterhaltslast befreit zu werden, denn das Fehlverhalten des Unterhaltsberechtigten nach Ziff. 1-7 darf nicht dem hilflosen Kind schaden, das Anspruch darauf hat, gesund aufzuwachsen[483]. Die Unterhaltslast kann deshalb erst dann „grob unbillig" sein, wenn die Belange des Kindes gewahrt sind. Gewahrt sind sie aber nicht schon durch Betreuung und Kindesunterhalt, sondern erst dann, **wenn auch der Mindestbedarf des unterhaltsberechtigten betreuenden Ehegatten gesichert ist**[484].

482 Das Familiengericht muss deshalb prüfen, **ob und in welcher Höhe der Berechtigte den Geschiedenenunterhalt unbedingt benötigt, um das Kind ordentlich zu betreuen**. Insoweit ist der Unterhaltsanspruch trotz schwerer und schwerster Verfehlungen tabu. Der Unterhalt kann nur bis auf den Betrag gekürzt werden, der für die Betreuung nötig ist, und er kann auf die nötige Dauer der Betreuung befristet werden[485]. Eine Unterhaltskürzung ist insoweit möglich, als der Berechtigte seinen Mindestbedarf durch zumutbare Teilzeitarbeit selbst decken und währenddessen das Kind bei Dritten unterbringen

---

479 *BGH* FamRZ 87, 1238; *OLG Nürnberg* NJW 94, 2964 u. FamRZ 97, 614: nach Vereitelung des Umgangsrechts kann Umgang wieder ungestört gepflogen werden.

480 *BGH* NJW 86, 722; 87, 3130; FamRZ 87, 689, 1238; 91, 542; *OLG Hamm* FamRZ 96, 1080.

481 *BGH* FamRZ 90, 1095; 97, 671.

482 *BVerfG* NJW 81, 1771; *BGH* FamRZ 87, 1238.

483 *BVerfG* NJW 81, 1771; 89, 2807; *BGH* NJW 90, 253; 91, 1290; FamRZ 87, 1238; 97, 671.

484 *BVerfG* NJW 81, 1771; *BGH* NJW 90, 253; 91, 1290: Mindestbedarf nach Düsseldorfer Tabelle; 97, 1851: was für Kindeswohl nötig ist; *OLG Hamm* FamRZ 99, 1134; *OLG Köln* FamRZ 98, 1236.

485 BVerfG NJW 81, 1771; *BGH* NJW 90, 253; 91, 1290; 97, 1851; *OLG Köln* FamRZ 91, 707.

kann[486]. Die Sozialhilfe dagegen ist kein Unterhaltsersatz, sondern nur eine subsidiäre öffentliche Leistung, wie der gesetzliche Forderungsübergang nach § 91 BSHG beweist[487].

4. Härtegründe

Das Gesetz überlässt die Entscheidung darüber, wann die Unterhaltslast grob unbillig ist, nicht vollständig den Gerichten, sondern zählt in § 1579 sieben Härtegründe auf, welche die Unterhaltslast grob unbillig machen können („… grob unbillig wäre, weil …"). Es sind dies: die kurze Ehe (Nr. 1), die schwere Straftat (Nr. 2), die mutwillige Bedürftigkeit (Nr. 3), die mutwillige Verletzung von Vermögensinteressen (Nr. 4), die grobe Verletzung der Familienunterhaltspflicht (Nr. 5), das einseitige schwere Fehlverhalten (Nr. 6) und – als Auffangtatbestand – ein anderer gleichschwerer Grund (Nr. 7). Diese Härtegründe machen die Unterhaltslast freilich noch nicht ohne weiteres „grob unbillig". § 1579 verlangt zusätzlich eine umfassende Interessenabwägung, die zur Wertung „grob unbillig" führt[488]. **483**

Auf den Unterhaltstatbestand des § 1576 ist § 1579 nicht anwendbar, weil § 1576 nur einen Billigkeitsunterhalt gewährt und deshalb die Billigkeitsprüfung vorwegnimmt. Was nach § 1576 billig ist, kann nach § 1579 nicht grob unbillig sein[489].

5. Härtegrund Nr. 1: kurze Ehe

Es leuchtet ein, dass die volle Unterhaltspflicht auf Lebenszeit des Berechtigten grob unbillig sein kann, wenn die Ehe nur kurze Zeit gedauert und der Berechtigte durch sie keine beruflichen Nachteile erlitten hat. **484**

Die Dauer einer Ehe i.S. des § 1579 Nr. 1 ist die **Zeitspanne zwischen Heirat und Rechtshängigkeit des Scheidungsantrags, der zur Scheidung führt**[490]. Unerheblich sind: die Dauer des Zusammenlebens[491], die Rechtshängigkeit eines zurückgenommenen oder abgewiesenen Scheidungsantrags[492] und das Ruhen des Scheidungsverfahrens wegen verfrühten Scheidungsantrags[493]. Auf die Rechtskraft der Scheidung kann man deshalb nicht abstellen, weil das Verbundurteil, das auch über den Geschiedenenunterhalt entscheidet, noch nicht wissen kann, wann die Scheidung rechtskräftig werden wird.

Die Dauer der Ehe verlängert sich laut Gesetz um die bereits vergangene Zeitspanne, für die der Berechtigte wegen **Kindesbetreuung** nach § 1570 Unterhalt verlangen konnte, nicht auch um die künftige Dauer der voraussichtlichen Kindesbetreuung, vielmehr ist

---

486 *BGH* NJW 83, 1552: Großeltern; 90, 253; 97, 1851; *OLG Koblenz* NJW-RR 89, 5; *KG* FamRZ 90, 746.
487 *BGH* NJW 90, 253.
488 *BGH* NJW 90, 1847; 92, 2477; FamRZ 89, 486.
489 *BGH* FamRZ 84, 361.
490 *BGH* NJW 81, 754; 82, 2442; 86, 2832; 90, 1874, 3021; FamRZ 95, 1405; *OLG Frankfurt* FamRZ 91, 823.
491 *BGH* NJW 80, 2247; 82, 2442; FamRZ 86, 887.
492 *BGH* NJW 82, 2442; 86, 2832.
493 *OLG Frankfurt* FamRZ 91, 823.

dieser Umstand erst bei der abschließenden Interessenabwägung zu berücksichtigen, damit § 1579 Nr. 1 trotz Kindesbetreuung überhaupt noch eingreifen kann[494].

485 **Kurz ist eine Ehe etwa bis zu 2 Jahren Dauer, nicht mehr kurz eine Ehe nach 3 Jahren Dauer**[495]. Hat die Ehe zwischen 2 und 3 Jahren gedauert, ist sie dann nicht mehr kurz, wenn sich die Ehegatten bereits voll auf ein gemeinsames Leben eingestellt haben[496]. Aber das sind nur **Faustregeln**, von denen die Gerichte unter besonderen Umständen abweichen.

Beispiele

OLG Hamburg FamRZ 81, 54: fast 3 1/2 Jahre Ehe zwischen alten Leuten noch kurz, da nur 10 Monate Zusammenleben;

OLG Köln FamRZ 85, 1046: 3 Jahre 9 Monate noch kurz, wenn einer seit langem krank und jeder für sich lebt;

OLG München FamRZ 96, 1078: fast 3 Jahre wegen Ehebruchs noch kurz;

OLG Hamm FamRZ 88, 1284: 3 Jahre noch kurz, wenn keine beruflichen Nachteile;

OLG Frankfurt NJW 89, 3226: 4 1/2 Jahre noch kurz, wenn Zusammenleben wegen Suchtkrankheit des Partners nur 9 Monate;

OLG Köln FamRZ 92, 65: 4 Jahre noch kurz, wenn nur 1 1/2 Jahre Zusammenleben;

OLG Hamm FamRZ 92, 326: 4 Jahre 2 Monate noch kurz, wenn Eheleute schon im Ruhestand und keine ehebedingten Nachteile.

6. Härtegrund Nr. 2: Straftat

486 Der Unterhaltsberechtigte hat sich eines Verbrechens oder schweren vorsätzlichen Vergehens gegen den Unterhaltsschuldner oder dessen nahe Angehörige schuldig gemacht.

Dieser Härtegrund rechtfertigt eine Kürzung oder Versagung des Unterhalts grundsätzlich nur für die Zeit nach der Straftat[497]. Er erfasst alle Formen strafrechtlicher Beteiligung, erfordert aber neben **Vorsatz** auch **Schuldfähigkeit** und **Verschulden**[498]. Die Straftat muss auf den Unterhaltsschuldner oder dessen nahe Angehörige zielen; sie darf ihn nicht nur beiläufig treffen. Die Nähe des Angehörigen richtet sich weniger nach dem Grad der Verwandtschaft als nach der Stärke der persönlichen Verbundenheit. Ob ein vorsätzliches Vergehen schwer ist, bestimmt der Tatrichter nach den Umständen des Einzelfalles[499].

487 Das Familiengericht stellt die Straftat selbständig fest, ein **Strafverfahren** ist **nicht nötig**, denn das Gesetz verlangt nur eine Straftat, keine Verurteilung oder Bestrafung. Fol-

---

494 *BVerfG* NJW 89, 2807; 93, 455; *BGH* NJW 90, 1849; 92, 2477.
495 *BGH* NJW 81, 754: 3 Jahre 7 Monate; NJW 82, 823: 2 1/2 Jahre; NJW 82, 929: 3 1/4 Jahre; FamRZ 82, 30: 6 Wochen; FamRZ 82, 254: 3 1/2 Jahre; FamRZ 86, 886: fast 3 Jahre; FamRZ 89, 483: knapp 2 Jahre; FamRZ 90, 492: 1 1/2 Jahre; FamRZ 95, 1405: 3 1/2 Jahre; FamRZ 99, 710: 5 Jahre nicht schon wegen Gefahr lebenslangen Unterhalts kurz.
496 *BGH* NJW 82, 2064; FamRZ 86, 886; 99, 710; *OLG Düsseldorf* FamRZ 92, 1188.
497 *BGH* NJW 84, 296.
498 *BGH* NJW 82, 100; *OLG Hamm* NJW 90, 1119: verminderte Schuldfähigkeit genügt; *OLG Schleswig* FamRZ 2000, 1376: ohne Verschulden vielleicht Nr. 7.
499 *BGH* NJW 84, 296; 84, 306; FamRZ 97, 483: Beurteilungsspielraum.

gerichtig ist das Familiengericht weder an die strafgerichtliche Verurteilung noch an den strafgerichtlichen Freispruch gebunden, denn deren Rechtskraft erstreckt sich nicht auf den Unterhaltsschuldner, der am Strafverfahren nicht beteiligt ist[500].

(1) Ehefrau zertrümmert Bierflasche auf dem Kopf des Ehemannes, der dadurch längere Zeit arbeitsunfähig wird; das ist eine **gefährliche Körperverletzung** nach § 223a StGB (*BGH* NJW 84, 296).

(2) Ehefrau schlägt Ehemann grundlos mit der Faust derart aufs Ohr, dass es operiert werden muss (*OLG Düsseldorf* FamRZ 83, 587), oder traktiert ihn mit Kleiderbügel und Gürtelschnalle und verdächtigt ihn bei Polizei und Arbeitgeber des Diebstahls (*OLG Koblenz* FamRZ 91, 1312).

(3) Ehefrau gibt mehrere **Revolverschüsse** auf Ehemann ab, von denen einer den Ehemann streift, und kann die behauptete Notwehr nicht beweisen (*OLG Düsseldorf* NJW 93, 3078: Härtegrund verneint, weil nur Kaliber 4mm und Ehemann Vorfall selbst nicht ernst nahm).

(4) Ehefrau **beschimpft in Vielzahl von Fällen** wüst den Ehemann, die gemeinschaftlichen Kinder und die neue Ehefrau des Ehemanns, letztere als „alte Sau, dreckige Nutte, billige Hure" (*BGH* NJW 75, 1558: zu § 66 EheG; ferner *OLG Hamm* FamRZ 2000, 1371).

(5) Ehefrau **wirft** dem Ehemann im Zustand erheblich verminderter Schuldfähigkeit **wider besseres Wissen vor**, er habe die gemeinschaftlichen Kinder sexuell missbraucht (*OLG Hamm* FamRZ 95, 808: verneint), oder sie **sagt** im Verfahren der Vaterschaftsanfechtung **vorsätzlich falsch aus** (*OLG Bremen* FamRZ 81, 953).

(6) Ehefrau behauptet jahrelang in zahllosen Briefen an Bekannte, Kollegen des Ehemannes, Gerichte und Behörden, der Ehemann habe sie wiederholt geschlagen, sei kleptoman und geisteskrank, habe häufig gestohlen, sei sexuell gespalten und habe immer wieder Beziehungen zu anderen Frauen unterhalten; das sind **schwere Vergehen nach §§ 185-187, 164 StGB**, die den Unterhaltsschuldner in der Öffentlichkeit bloßstellen (*BGH* NJW 82, 100).

(7) Ein häufiges Beispiel ist der **versuchte oder vollendete Prozessbetrug** des Unterhaltsberechtigten **im Unterhaltsprozess**. Er liegt klar zu Tage, wenn der Unterhaltsberechtigte wider besseres Wissen falsche Behauptungen über Bedarf oder Bedürftigkeit aufstellt (*BGH* NJW 84, 306: zu § 66 EheG), wozu auch falsche Angaben über die neue Partnerschaft gehören (*OLG Hamm* FamRZ 96, 1079; 97, 1337), oder die Behauptungen des Unterhaltsschuldners wider besseres Wissen bestreitet (*OLG Karlsruhe* NJW 95, 2796; *OLG Zweibrücken* FamRZ 96, 220; *OLG Schleswig* FamRZ 96, 221).

(8) Das **Verschweigen unterhaltserheblicher Tatsachen** ist dann ein Betrug, **wenn** eine **Rechtspflicht zur Offenbarung** besteht. Nach Abschluss eines **Unterhaltsvergleichs** ist man kraft Vertrags eher zur ungefragten Aufklärung verpflichtet, als nach einer Verurteilung zu Unterhalt (dazu *Hoppenz* FamRZ 89, 337). So muss der Unterhaltsberechtigte, dem der Unterhaltsvergleich gestattet, einen bestimmten Betrag monatlich anrechnungsfrei zu verdienen, den Unterhaltsschuldner ungefragt informieren, sobald er deutlich mehr verdient (*BGH* NJW 97, 1439). Aber **auch ohne Unterhaltsvergleich** muss der Unterhaltsberechtigte, der Ausbildungsunterhalt bezieht, dem Unterhaltsschuldner unverzüglich **den Abbruch seiner Ausbildung mitteilen** (*BGH* FamRZ 90, 1095).

**Beispiele
488**

489

---

500 *OLG Hamm* NJW 90, 1119: Ermittlungsverfahren nicht nötig.

Im Übrigen hängt alles von den besonderen Umständen des Falles ab (dazu *OLG Düsseldorf* FamRZ 88, 841; 89, 61; *OLG Frankfurt* FamRZ 90, 1363; *OLG Celle* FamRZ 91, 1313; *OLG Oldenburg* NJW 91, 3222: Nr. 6; *OLG Hamm* FamRZ 94, 1265; *OLG Schleswig* FamRZ 2000, 1367; *OLG Koblenz* FamRZ 2000, 605; *Hoppenz* FamRZ 89, 337).

In diesen Fällen kommt auch eine Verwirkung nach **§ 1579 Nr. 4** in Betracht (**OLG Zweibrücken** FamRZ 96, 220; *OLG Schleswig* FamRZ 96, 221; *OLG Hamm* FamRZ 96, 1079).

7. Härtegrund Nr. 3: mutwillige Bedürftigkeit

490 Es versteht sich von selbst, dass derjenige, der seine Bedürftigkeit selbst mutwillig herbeiführt, keinen Unterhalt verlangen darf, denn damit widerspräche er sich eklatant selbst (§ 242).

§ 1579 Nr. 3 setzt schon seinem Wortlaut nach voraus, dass der geschiedene Ehegatte trotz seines Mutwillens **bedürftig** sei. Dieser ist aber nicht schon dann bedürftig, wenn er das für den Unterhalt erforderliche Geld nicht hat, sondern erst dann, wenn er es auch nicht durch zumutbare Anstrengung verdienen kann (RN 520). Solange er dies nicht nachweist, bekommt er bereits mangels Bedürftigkeit keinen Unterhalt (RN 344), so dass es auf § 1579 Nr. 3 nicht mehr ankommt.

Mutwillig macht sich der Berechtigte dann bedürftig, wenn er dies **vorsätzlich oder leichtfertig** tut[501]. Leichtfertig handelt er dann, wenn er weiß oder auch nur damit rechnet, dass er durch sein Verhalten bedürftig werde, sich über diese Einsicht aber rücksichtslos hinwegsetzt[502]. Gemeint sind vor allem die **groben Fälle der bewussten Fahrlässigkeit**[503].

Die mutwillige Trennung allein genügt nie, auch nicht nach langer Ehe, denn der Mutwille muss sich auf die Bedürftigkeit beziehen[504].

Beispiele
491

(1) Der Berechtigte hat **ohne vernünftigen Grund** seine **Arbeit aufgegeben**, um Unterhalt verlangen zu können (*BGH* NJW 86, 1340), oder **leichtfertig die Kündigung durch den Arbeitgeber herausgefordert**, um sich selbst zu verwirklichen (*OLG Köln* FamRZ 85, 930).

(2) Der Berechtigte hat ohne Rücksicht auf seinen Unterhaltsbedarf sein **Vermögen verschleudert oder verschwendet**; dagegen genügt es nicht, dass er sein Vermögen allzu großzügig für seinen Lebensunterhalt, seinen Wohnbedarf oder seine Altersversorgung verbraucht hat, denn das Gesetz lässt ihm Spielraum (*BGH* FamRZ 84, 364; 86, 562; 90, 989; *OLG Karlsruhe* FamRZ 83, 506: Zugewinnausgleich für Luxus verbraucht; *OLG Koblenz* FamRZ 90, 51: Erbschaft für Luxus verbraucht).

---

501 *BGH* NJW 81, 2807; FamRZ 84, 367; 86, 562.
502 *BGH* NJW 81, 2807; FamRZ 84, 367; 86, 562; 87, 686; 90, 991; 2001, 541.
503 *BGH* NJW 81, 2807; FamRZ 86, 562.
504 *BGH* NJW 81, 2807; 89, 2809; 86, 1340: nicht schon Trennung nach 44 Jahren Ehe, aber Aufgabe Arbeitsstelle, um Unterhalt zu bekommen; ferner *BGH* NJW 82, 1461: Schwangerschaft aus Ehebruch; *OLG Bamberg* FamRZ 88, 285: trennungsbedingter Wohnortwechsel mit Arbeitsplatzverlust.

(3) Der depressive Berechtigte hat sich durch einen **Selbstötungsversuch** erwerbsunfähig und pflegebedürftig gemacht, nachdem er schon vorher zweimal versucht hatte, sich das Leben zu nehmen, vorausgesetzt, er war noch in der Lage, die Folgen seiner Tat einzusehen und zu verhindern (*BGH* FamRZ 89, 1054). Der Berechtigte muss seine **Depression** behandeln lassen, andernfalls riskiert er einen Unterhaltsverlust (*OLG Hamm* FamRZ 99, 237).

(4) Der Berechtigte hat den **Vorsorgeunterhalt zweckentfremdet** und deshalb keine ausreichende Altersversorgung erlangt (*BGH* NJW 87, 2229: im Einzelfall verneint; NJW 88, 2104).

(5) Der suchtkranke Berechtigte hat die **ärztlich gebotene Entziehungskur unterlassen**, die allein seine Erwerbsfähigkeit wieder herstellen konnte, vorausgesetzt, er besaß noch die nötige Willensstärke (*BGH* NJW 81, 2805; 87, 1554; FamRZ 88, 375; *OLG Bamberg* FamRZ 98, 370; ferner *OLG Hamm* FamRZ 94, 1037: Tablettensucht einer Ärztin nicht unterhaltsbezogen, solange sie vergeblich Therapieplatz sucht; *OLG Hamm* FamRZ 96, 863: Verweigerung des wirksameren Medikaments; *OLG Hamm* FamRZ 96, 1080: Unterlassen empfohlener Heilbehandlung).

(6) Der Berechtigte hat, um seinen Unterhaltsanspruch nicht zu verlieren, die nach § 1574 III erforderliche, zumutbare und erfolgversprechende **Berufsausbildung unterlassen** (*BGH* NJW 86, 985; *OLG Hamburg* FamRZ 91, 445).

(7) Kein Härtegrund ist die Empfängnis durch homologe In-vitro-Fertilisation, nachdem Ehemann Zustimmung widerrufen hat (*BGH* FamRZ 2001, 541).

8. Härtegrund Nr. 4: Verletzung von Vermögensinteressen

Der Berechtigte hat sich über schwerwiegende Vermögensinteressen des Verpflichteten **492** mutwillig hinweggesetzt.

Vermögensinteresse ist alles, was Geldwert hat. Einen Vermögensschaden verlangt das Gesetz nicht, Vermögensgefährdung genügt, wenn sie schwer genug wiegt[505]. **Mutwille** bedeutet auch hier Vorsatz oder Leichtfertigkeit (RN 490).

Beispiele

(1) Die Ehefrau **hält** den Ehemann **davon ab**, die **Vaterschaft** eines Ehebruchskindes rechtzeitig **anzufechten**, und belastet ihn dadurch mit dem Kindesunterhalt (*BGH* NJW 85, 428; FamRZ 85, 267).

(2) Die Ehefrau **schwärzt** den Ehemann **bei** dessen **Arbeitgeber** derart **an**, dass dieser das Arbeitsverhältnis kündigt (*OLG Hamm* FamRZ 87, 946; *OLG Zweibrücken* FamRZ 89, 63; *OLG Koblenz* FamRZ 91, 1312; *OLG Düsseldorf* FamRZ 97, 418) oder den beamteten Ehemann in den Ruhestand versetzt (*OLG Köln* FamRZ 95, 1581).

(3) Die Ehefrau **zeigt** den Ehemann **wegen unerlaubten Waffenbesitzes an** mit der Folge strafgerichtlicher Verurteilung zu Freiheitsstrafe (*OLG Zweibrücken* FamRZ 89, 63). Die begründete Strafanzeige ist dann Verwirkungsgrad, wenn der Anzeiger durch die Straftat nicht betroffen ist (*OLG Zweibrücken* FamRZ 2000, 1371). Die wissentlich fal-

---

505 *OLG Koblenz* FamRZ 91, 1312; *Häberle* FamRZ 86, 312.

sche Strafanzeige ist bereits ein schweres Vergehen nach **§ 1579 Nr. 2** (*OLG München* FamRZ 82, 270: Nr. 6; *OLG Koblenz* FamRZ 91, 1312: Nr. 4).

(4) Die Ehefrau **entwendet** dem Ehemann 4650,– DM (*OLG Hamm* FamRZ 94, 168).

(5) Macht die Ehefrau im Unterhaltsprozess **falsche Angaben über** ihr **Einkommen oder verschweigt** sie **dies pflichtwidrig**, greift sowohl der Härtegrund Nr. 2 (RN 489) als auch der Härtegrund Nr. 4 ein (*OLG Koblenz* FamRZ 97, 1338).

(6) Die **Weigerung** der Ehefrau, dem Ehemann **an** dessen **Arbeits- oder Dienstort zu folgen**, genügt für sich allein nicht, denn die Pflicht zur ehelichen Lebensgemeinschaft (§ 1353 I 2) ist eine gegenseitige, erfordert Einvernehmen und begründet keinen Stichentscheid des einen oder anderen (*BGH* NJW 90, 1849).

(7) Der Unterhaltsberechtigte darf seinen Unterhaltsanspruch und seine sonstigen Rechte mit Nachdruck verfolgen und vollstrecken. Dagegen darf er die **erfolglosen Vollstreckungsversuche** nicht **dem Arbeit- oder Auftraggeber** des Unterhaltsschuldners **mitteilen**, wenn dies dem Unterhaltsschuldner nur schaden kann (*OLG Düsseldorf* FamRZ 96, 1418).

9. Härtegrund Nr. 5: Unterhaltspflichtverletzung

493 Der Berechtigte hat vor der Trennung längere Zeit hindurch seine Pflicht, zum Familienunterhalt beizutragen, grob verletzt. Gemeint ist die gesetzliche Verpflichtung aus §§ 1360, 1360a, je nach vereinbarter Rollenverteilung den Haushalt zu führen, das für den Familienunterhalt erforderliche Geld zu verdienen oder im Unternehmen oder Beruf des anderen mitzuarbeiten. Härtegrund ist die **gröbliche Pflichtverletzung über längere Zeit** hin, also die totale oder doch weitgehende Weigerung, die zugedachte Rolle als Hausfrau/Hausmann oder Verdiener zu spielen, etwa aus Arbeitsscheue oder Vergnügungssucht oder durch regelmäßiges Vertrinken des Arbeitslohnes.

10. Härtegrund Nr. 6: einseitiges schweres Fehlverhalten

10.1 Beweislast

494 Dem Berechtigten fällt ein offensichtlich schwerwiegendes, eindeutig bei ihm liegendes Fehlverhalten gegen den Verpflichteten zur Last[506]. Die Beweislast trägt in vollem Umfang der Verpflichtete. Er muss nicht nur das offensichtlich schwerwiegende Fehlverhalten des Berechtigten beweisen, sondern **auch** dessen **Gegenvorwürfe widerlegen**, denn das Fehlverhalten muss eindeutig beim Berechtigten liegen und das tut es nur, wenn der **Verpflichtete** daran **schuldlos** ist. Das aber ist eine **negative Tatsache**, die sich nur schwer beweisen lässt. Deshalb muss der Berechtigte seine Gegenvorwürfe, die den Vorwurf der Einseitigkeit entkräften, näher darlegen („substantiieren" nach Art, Ort und Zeit). Beweisen muss er sie nicht, der Verpflichtete muss sie widerlegen[507].

---

506 Dazu *Häberle* FamRZ 82, 557; *Wellenhofer-Klein* FamRZ 95, 905.
507 *BGH* NJW 81, 1782; 82, 1461; 90, 253; FamRZ 82, 466; 83, 671; 89, 489; OLG Stuttgart FamRZ 97, 419.

10.2 Eheliches Fehlverhalten

Das Fehlverhalten des Berechtigten liegt in der **Verletzung der ehelichen Pflichten aus** **§§ 1353 ff.**, etwa der Treuepflicht, der Pflicht zur ehelichen Lebensgemeinschaft oder der Pflicht, den anderen weder zu beschimpfen noch zu misshandeln. Hauptanwendungsfälle des § 1579 Nr. 6 sind deshalb **Ehebruch und ehewidrige intime Beziehungen zu einem Dritten**[508], die grundlose Weigerung, mit dem Ehegatten zusammenzuleben[509] sowie Beleidigungen und Körperverletzungen[510]. **495**

Die ehelichen Pflichten bestehen während der ganzen Ehe, auch noch während des Getrenntlebens. Erst mit Rechtskraft der Scheidung erlöschen sie[511].

Nachdem das Scheidungsrecht den Verschuldens- durch den Zerrüttungsgrundsatz ersetzt hat, darf man ersteren nicht durch die Hintertür des § 1579 Nr. 6 wieder einführen. Vielmehr sind auf beiden Seiten nur schwere Vorwürfe erheblich, die entweder ein einseitiges schweres Fehlverhalten des Berechtigten beinhalten oder dieses Fehlverhalten wegen schwerer Fehler des Verpflichteten abschwächen[512].

10.3 Offensichtlich schweres und einseitiges Fehlverhalten

Das Fehlverhalten des Berechtigten muss nicht nur offensichtlich schwer wiegen, also in seiner ganzen Schwere auf der Hand liegen[513], sondern auch eindeutig auf das Konto des Berechtigten gehen, also einseitig sein[514]. Erheblich sind nur konkrete Vorwürfe des Verpflichteten von einigem Gewicht[515], die ein einseitiges Fehlverhalten des Berechtigten zum Gegenstand haben. Dafür genügt nicht schon jede Beschimpfung oder Tätlichkeit, auch nicht der Auszug aus der Ehewohnung und die Trennung. **496**

Schuldhaftes Fehlverhalten des Verpflichteten schließt die Einseitigkeit aus[516]. Härtegrund ist nicht schon der Ehebruch oder die ehewidrige Beziehung zu einem Dritten, nicht schon die schwere Kränkung oder Mißhandlung, sondern erst **das einseitige Ausbrechen aus einer intakten Ehe, die einseitige grundlose Kränkung oder Misshandlung**[517]. Das Fehlverhalten des Verpflichteten, das den Vorwurf der Einseitigkeit entkräftet, muss aber verschuldet sein; eine krankhafte Verhaltensstörung, die der Verpflichtete nicht beherrschen kann, zählt nicht[518].

---

508 *BGH* NJW 81, 1215: eheähnliches Zusammenleben nicht nötig; FamRZ 82, 464; 82, 466; 83, 569; 83, 670; 84, 154; 84, 662; 89, 487; NJW 86, 722; 90, 253; *KG* FamRZ 89, 868: auch enge Freundschaft ohne sexuelle Beziehungen; *OLG Köln* FamRZ 94, 1253: nicht vorehel. Beziehung.
509 *BGH* FamRZ 90, 492.
510 *OLG Hamm* FamRZ 94, 168.
511 *BGH* NJW 83, 1548; FamRZ 89, 1279.
512 *BGH* NJW 82, 1461; 86, 723; *OLG Hamburg* FamRZ 85, 494.
513 *OLG Köln* NJW 79, 768; *OLG Hamm* FamRZ 96, 223: Verschulden nötig.
514 *BGH* FamRZ 83, 670; NJW 82, 1461; 84, 2693; 86, 722; 90, 253.
515 *BGH* NJW 82, 1461.
516 *BGH* FamRZ 83, 670.
517 *BGH* NJW 79, 1349; 80, 1686; 81, 1214, 1782; 82, 1217, 1461; 83, 451; 84, 298, 2693; 86, 722; 90, 253; *OLG Hamm* FamRZ 87, 600; 96, 289; 96, 1080.
518 *BGH* NJW 90, 253; FamRZ 89, 1280.

Beispiele
497

(1) Der **Ausbruch aus einer intakten Ehe** ist eine schwere einseitige Eheverfehlung, die Flucht aus einer bereits gestörten oder gar gescheiterten Ehe ist es nicht (*BGH* NJW 81, 1783; 86, 722; 89, 1085; *OLG Nürnberg* FamRZ 95, 674; *OLG Frankfurt* FamRZ 94, 169 u. *OLG Hamm* FamRZ 96, 289, 1080: **Beziehung zum neuen Partner zerstört Ehe**; *OLG Frankfurt* FamRZ 99, 1135: neue intime Beziehung, auch wenn sie Ehe nicht zerstört; *OLG Koblenz* FamRZ 2000, 290: intimes Verhältnis mit Freund der Familie).

Wenn sich der Unterhaltsschuldner als erster von der Ehe lossagt, die Scheidung begehrt oder ehewidrige Beziehungen aufnimmt, kann der Berechtigte noch so schwere Verfehlungen begehen, einseitig sind sie nicht (*BGH* NJW 81, 1215; 81, 1783; 86, 722; 89, 1085; *KG* NJW 91, 113; NJW-RR 92, 648; *OLG Koblenz* FamRZ 2000, 1371).

(2) Der Berechtigte **weigert sich grundlos**, auf den vernünftigen und zumutbaren Vorschlag des Verpflichteten hin einen gemeinsamen Wohnsitz zu begründen und **zusammenzuleben** (*BGH* NJW 87, 1761; 90, 1849).

(3) **Die Ehefrau schiebt dem Ehemann ein Ehebruchskind als eheliches Kind unter** (*OLG Frankfurt* FamRZ 88, 62; *OLG Koblenz* FamRZ 89, 632; *OLG Oldenburg* FamRZ 91, 448; *OLG Hamburg* FamRZ 96, 946; *OLG Brandenburg* FamRZ 2000, 1372) oder betreibt heimlich und gewerbsmäßig „Telefonsex" (*OLG Karlsruhe* NJW 95, 2796).

(4) **Der Unterhalts- und Sorgeberechtigte vereitelt fortgesetzt und beharrlich den gesetzlichen Umgang des Verpflichteten mit dem gemeinschaftlichen Kind.** Zwar darf man Geschiedenenunterhalt und Umgangsrecht nicht miteinander vermengen. Die massive, ständige und hartnäckige Vereitelung des Umgangsrechts ist jedoch eine schwere Verfehlung gegen den Umgangsberechtigten, die eine Unterhaltskürzung rechtfertigen kann (*OLG Celle* FamRZ 89, 1194; *OLG Nürnberg* NJW 94, 1964: nur für Dauer der Vereitelung; FamRZ 97, 614; *OLG München* FamRZ 97, 1160). Dafür genügt es freilich nicht, dass der Unterhalts- und Sorgeberechtigte mit dem Kind in ein anderes Land oder gar in einen anderen Erdteil zieht, wenn er dafür einen plausiblen Grund hat (*BGH* NJW 87, 893: Berechtigter verzieht in die Karibik).

(5) Die Ehefrau verschweigt dem Ehemann den Freitod der gemeinschaftlichen Tochter, hält ihn von der Beisetzung fern und wickelt den Nachlass eigenmächtig ab (*OLG Celle* FamRZ 95, 1489).

(6) **Der unbegründete Vorwurf, der Ehemann habe die gemeinschaftlichen Kinder sexuell missbraucht**, ist dann keine schwere eheliche Verfehlung, wenn er in begründeter Sorge um die Kinder erhoben wird (*KG* FamRZ 95, 355).

(7) **Keine Härtegründe** sind: das heimliche Verlassen des anderen (*OLG Zweibrücken* FamRZ 87, 590); die Empfängnis trotz Versprechens, empfängnisverhütende Mittel zu verwenden (*OLG Stuttgart* FamRZ 87, 700; ferner *BGH* 97, 372: Versprechen unwirksam); die Täuschung über die Zahl früherer Ehen (*KG* FamRZ 97, 1012).

11. Härtegrund Nr. 7: anderer gleichschwerer Grund

11.1 Auffangtatbestand

498 § 1579 Nr. 7 ist ein Auffangtatbestand[519], der alle sonstigen Härtegründe erfasst, die nicht unter die Nr. 1-6 fallen, aber gleich schwer wiegen wie diese. Damit öffnet er der Recht-

---

519 *BGH* NJW 87, 1763.

sprechung Tür und Tor für freie Rechtsfindung, denn was ein gleichschwerer Grund sei, lässt sich begrifflich nicht mehr fassen. Das ist gleichwohl kein Ermessen, sondern nur ein **unbestimmter Rechtsbegriff**, der dem Familiengericht einen gewissen Beurteilungsspielraum eröffnet. Ermessen gibt es auch hier nur auf der Rechtsfolgenseite, also in der Wahl zwischen Kürzung, Befristung und Versagung des Unterhalts. Die Rechtsprechung hält den Unterhaltsanspruch dann nach § 1579 Nr. 7 für grob unbillig, wenn er außerhalb der Härtegründe Nr. 1-6 die Handlungsfreiheit und Lebensgestaltung des Unterhaltspflichtigen unzumutbar und unerträglich beschränke[520]; aber das ist auch nur eine dunkle Umschreibung des „anderen gleichschweren Grundes".

Jedenfalls bilden Umstände, die unter die Härtegründe Nr. 1-6 fallen, sie aber nicht **499** **ausfüllen, auch keinen „anderen gleichschweren Grund"**[521]. Vor allem das schwere Fehlverhalten des Berechtigten, das kein einseitiges ist, und das einseitige Fehlverhalten, das für § 1579 Nr. 6 nicht schwer genug wiegt, ist auch kein Härtegrund nach § 1579 Nr. 7, denn es ist nicht gleich schwer wie der Härtegrund des § 1579 Nr. 6[522]. Auf der anderen Seite **erfordert § 1579 Nr. 7** überhaupt **kein Verschulden**, sondern begnügt sich mit Umständen, die die Unterhaltslast genauso unzumutbar machen wie die Härtegründe der Nr. 1-6[523].

11.2 Nichteheliche Lebensgemeinschaft als Hauptbeispiel

Hauptbeispiel des § 1579 Nr. 7 ist die nichteheliche Lebensgemeinschaft, die der Unter- **500** haltsberechtigte mit dem Dritten **nach der Scheidung begründet oder fortsetzt**, während die ehewidrige Beziehung zu einem Dritten während der Ehe unter § 1579 Nr. 6 fällt[524].

Da die ehelichen Pflichten mit Rechtskraft der Scheidung erlöschen, kann sich der geschiedene unterhaltsberechtigte Ehegatte durch Aufnahme einer neuen Beziehung nicht mehr nach § 1579 Nr. 6 gegen den Unterhaltspflichtigen vergehen[525]. Die – fehlende – Pflichtverletzung muss deshalb durch einen „anderen gleichschweren Grund" ersetzt werden, der die Unterhaltslast unerträglich macht. **Die Aufnahme einer neuen nicht-ehelichen Beziehung genügt dafür nicht**[526].

Der **BGH** wendet § 1579 Nr. 7 in folgenden Fällen an, die stets der Unterhaltsschuldner **501** beweisen muss[527]:

---

520 *BGH* NJW 88, 2105.
521 *BGH* NJW 87, 1763; FamRZ 95, 1405: zur Nr. 1; aber auch OLG Hamm FamRZ 98, 371.
522 OLG Düsseldorf FamRZ 86, 62: Ehebruch vor 10 Jahren; a.A. für Ausnahmefälle: KG NJW 91, 113.
523 *BGH* NJW 87, 1763; FamRZ 86, 443; 87, 690; 87, 1013; OLG Frankfurt FamRZ 87, 157; OLG Düsseldorf FamRZ 87, 487; OLG Stuttgart FamRZ 87, 479; OLG Celle FamRZ 86, 910; 90, 519; OLG Brandenburg FamRZ 96, 866.
524 *BGH* NJW 89, 1083.
525 *BGH* NJW 89, 1085.
526 *BGH* NJW 89, 1085; FamRZ 95, 540: auch nicht jahrelange intime Beziehungen; NJW 95, 655: auch nicht lesbische Beziehung der geschiedenen Ehefrau; OLG Karlsruhe FamRZ 94, 174.
527 *BGH* NJW 91, 1291; FamRZ 80, 665; 81, 753; 83, 569; 86, 443; dazu auch *Büttner* FamRZ 96, 136.

(1) Der Unterhaltsberechtigte hat sich schon während der Ehe dem neuen Partner zugewandt, dadurch die Ehe zerstört (§ 1579 Nr. 6) und die **Beziehung nach der Ehe fortgesetzt** (*BGH* NJW 89, 1085). Da hier aber bereits § 1579 Nr. 6 eingreift, leuchtet die Anwendung auch noch des § 1579 Nr. 7 nicht ein.

(2) Die neue Partnerschaft des Unterhaltsberechtigten stellt den Unterhaltsschuldner wegen **kränkender oder anstößiger Begleitumstände in der Öffentlichkeit** bloß oder schädigt sonstwie sein Ansehen (BGH NJW 89, 1086; FamRZ 95, 540: dass intime Beziehung im Bekanntenkreis bekannt ist, genügt nicht; NJW 95, 655: nicht schon unauffällige lesbische Beziehung).

(3) **Der Berechtigte sieht nur deshalb davon ab,** seinen neuen Lebensgefährten **zu heiraten, weil er den Geschiedenenunterhalt nicht verlieren will,** es sei denn, er hat dafür einen plausiblen Grund, etwa die Leistungsunfähigkeit des neuen Lebensgefährten (*BGH* NJW 83, 1548; 84, 2692; 89, 1086; FamRZ 87, 1011; 95, 542).

502 (4) Der Berechtigte findet in der neuen Lebensgemeinschaft finanziell sein Auskommen, so wie er es in der Ehe gefunden hat. Diese **neue Unterhaltsgemeinschaft,** die einen **gemeinsamen Haushalt** erfordert, ersetzt den Geschiedenenunterhalt freilich nur dann, **wenn der neue Partner leistungsfähig ist** (*BGH* NJW 89, 1086; FamRZ 87, 1011; 95, 542: dauerhafte feste soziale Verbindung, „ehegleiche ökonomische Solidarität"; NJW 95, 655 lässt offen, ob dies auch für eine lesbische Beziehung gilt). Es genügt schon, dass die neue dauerhafte Beziehung ohne plausiblen Grund keine Unterhaltsgemeinschaft begründet (*BGH* NJW 89, 1086; FamRZ 95, 542). Ob die Partner zusammen oder aber getrennt leben, bestimmen sie allein (*BGH* FamRZ 95, 542).

503 (5) **Die neue Partnerschaft des Berechtigten ist auf Dauer angelegt und bereits derart gefestigt, dass sie nach ihrem Erscheinungsbild in der Öffentlichkeit an die Stelle der ehelichen Lebensgemeinschaft tritt.** Dazu muss die neue Partnerschaft **mindestens 2-3 Jahre** dauern (*BGH* NJW 89, 1083; 97, 1851; *OLG Köln* FamRZ 98, 1236; 2000, 290: schon 1 Jahr Zusammenleben im eigenen Haus; *OLG Celle u. Hamm* FamRZ 2000, 1374, 1375; *OLG Zweibrücken* FamRZ 2001, 29). Da nur das Erscheinungsbild in der Öffentlichkeit zählt (*BGH* NJW 97, 1851 lässt offen, ob daran festzuhalten ist), muss der Berechtigte mit seinem neuen Partner nicht unbedingt zusammenwohnen, wenngleich dies ein starkes Indiz ist. Dass die beiden ein Kind miteinander haben, spricht für eine Dauerbeziehung. Die Leistungsfähigkeit des neuen Partners ist hier unerheblich und wird nur noch bei der abschließenden Billigkeitsprüfung berücksichtigt (*BGH* NJW 89, 1086; 91, 1291; FamRZ 91, 542; 95, 542; *KG* FamRZ 90, 746; *OLG Hamm* FamRZ 91, 828; 94, 446, 1591; *OLG Koblenz* FamRZ 91, 1315; *OLG Oldenburg* FamRZ 92, 443; *OLG Düsseldorf* NJW 92, 2302; FamRZ 91, 451; 92, 955; 94, 176; *OLG Zweibrücken* NJW 93, 1660). Dies gilt **nur** für die **neue Partnerschaft zwischen Mann und Frau,** während die lesbische Beziehung mit der Ehe nicht vergleichbar ist und deshalb auch nicht an ihre Stelle treten kann (*BGH* NJW 95, 655; *OLG Hamm* FamRZ 2000, 21).

504 Wohl dem, der dies alles versteht. Praktikabel sind derlei juristische Klimmzüge nicht. Die Praxis wird einfach daran vorbeiprozessieren. Die Verwirrung wird noch dadurch vergrößert, dass sich die „**neue Unterhaltsgemeinschaft**" (Fallgruppe 4) mit der **Bedürftigkeit** des Unterhaltsberechtigten überschneidet[528], die mit § 1579 nun gar nichts zu tun hat (RN 363).

Führt nämlich der Berechtigte seinem neuen Partner den Haushalt, nimmt er ihn in seine Wohnung auf oder arbeitet er in dessen Unternehmen oder Beruf mit, so ver-

---

[528] *BGH* NJW 89, 1083.

ringert sich sein Unterhaltsbedarf um den objektiven Wert seiner Dienstleistung oder Wohnungsgewährung. Entweder bekommt er tatsächlich eine angemessene Vergütung oder er muss sich eine **fiktive Vergütung in angemessener Höhe** anrechnen lassen[529], **vorausgesetzt, der neue Partner kann zahlen**[530]. In Höhe der bezahlten oder erzielbaren Vergütung aber ist der Ehegatte nicht bedürftig, so dass es auf § 1579 Nr. 7 nicht mehr ankommt. Seine **Bedürftigkeit** aber muss der Anspruchsteller beweisen (RN 363), während die **Beweislast** für den Härtegrund des § 1579 Nr. 7 den Anspruchsgegner trifft[531].

11.3 Weitere Beispiele für und gegen § 1579 Nr. 7

Beispiele 505

(1) Die Ehegatten haben zwar keine kurze Ehe nach § 1579 Nr. 1 geführt (RN 485), **aus besonderem Grunde** aber **nur kurze Zeit zusammengelebt**, etwa weil der eine Ehegatte suchtkrank oder inhaftiert war, und deshalb ihr Leben noch nicht aufeinander eingerichtet (*BGH* FamRZ 88, 930: während 3 1/2 Jahren Ehe nur 9 Monate Zusammenleben; NJW 94, 1287; *OLG Hamm* FamRZ 87, 1151; *OLG Celle* FamRZ 90, 524).

(2) Dagegen genügt es nicht, dass die Ehegatten deshalb nie richtig zusammengelebt haben, weil der Unterhaltsberechtigte sich **aus plausiblem Grunde geweigert hat, mit dem Unterhaltspflichtigen an einem bestimmten Ort zusammenzuleben**. Da diese Weigerung kein einseitiges Fehlverhalten nach § 1579 Nr. 6 ist, kann sie allein auch keinen „anderen gleichschweren Grund" nach § 1579 Nr. 7 abgeben (*BGH* FamRZ 87, 575).

(3) Dass der Unterhaltsberechtigte **schon bei der Heirat erheblich behindert oder krank** war, ist **noch kein Härtegrund nach Nr. 7**, denn § 1572, der auch für diesen Fall einen Unterhalt zuspricht, darf nicht über § 1579 Nr. 7 korrigiert werden. Nach § 1572 aber soll der gesunde Ehegatte für den kranken auch dann einstehen, wenn die Krankheit nicht ehebedingt ist (*BGH* NJW 94, 1286: 25 Ehejahre und 3 Kinder; FamRZ 95, 1405; 96, 1272). Unter die Nr. 7 fallen insoweit **nur schicksalhafte Veränderungen nach der Scheidung** (*BGH* NJW 94, 1286; *OLG Düsseldorf* FamRZ 87, 487: Berechtigter wird durch Messerstiche seines neuen Lebensgefährten erwerbsunfähig; aber auch *OLG Köln* FamRZ 92, 1311: Erwerbsunfähigkeit durch selbstverschuldeten Unfall während der Ehe), allenfalls noch das bewußte Verschweigen einer Krankheit bei der Heirat (offengelassen in *BGH* NJW 82, 40; 94, 1286) oder die Tatsache, dass der kranke Unterhaltsberechtigte durch die Ehe finanziell nicht benachteiligt worden ist, während die Unterhaltspflicht den anderen deshalb besonders belastet, weil er neben seiner vollen Erwerbstätigkeit auch noch die gemeinsamen Kinder betreuen muss (*OLG Brandenburg* FamRZ 96, 866).

506

(4) **Die wahre Mitteilung des Berechtigten an die Polizei, der Verpflichtete sei nach erheblichem Alkoholgenuss mit seinem Auto unterwegs**, ist in der Regel durch das Sicherheitsinteresse der Allgemeinheit gerechtfertigt und erfüllt dann keinen Härtegrund nach Nr. 4, 6 oder 7 (*OLG Bamberg* FamRZ 87, 1264).

507

(5) Obwohl der **Splittingvorteil** des Unterhaltspflichtigen aus der Zusammenveranlagung mit seinem neuen Ehegatten auch dem unterhaltsberechtigten geschiedenen Ehegat-

---

529 *BGH* NJW 84, 2358: Erfahrungssätze entsprechend Schadensberechnung nach § 844; NJW 87, 3129; FamRZ 87, 1011; *OLG Koblenz* NJW 91, 183: 17 Stunden die Woche nach BAT VIII.
530 *BGH* FamRZ 87, 1011; NJW 87, 3129.
531 *BGH* NJW 83, 683; 95, 343.

ten zugutekommen soll, darf der Unterhaltspflichtige ihn im Mangelfall nach § 1579 Nr. 7 für den Unterhalt seines neuen Ehegatten behalten (*BGH* NJW 85, 2268; 88, 2105; FamRZ 90, 983; *OLG Hamm* FamRZ 94, 1592; *OLG Braunschweig* FamRZ 95, 356).

(6) Die „**Unterhaltsneurose**" ist kein Härtefall nach § 1579 Nr. 7, vielmehr fehlt es, da sie überwindbar ist, bereits an der Bedürftigkeit (a.A. *OLG Düsseldorf* FamRZ 90, 68).

(7) Kein Härtegrund ist es, dass die **neue Familie des Unterhaltsschuldners in die Sozialhilfe getrieben** wird, wenn der Unterhaltsschuldner den Geschiedenenunterhalt zahlt, denn § 1581 soll nur den Unterhaltsschuldner selbst vor der Sozialhilfe bewahren, nicht auch dessen neue Familie. Im Mangelfall ist das verteilbare Einkommen zwischen den gleichrangig Unterhaltsberechtigten nach §§ 1582, 1609 zu verteilen, nicht der Geschiedenenunterhalt nach § 1579 Nr. 7 zu kürzen (*BGH* NJW 96, 2793).

12. Grobe Unbilligkeit

508 Nur der grob unbillige Unterhalt darf gekürzt, befristet oder versagt werden und nur insoweit, als er grob unbillig ist. Es genügt nicht, dass einer der 7 Härtegründe vorliegt. Das Gesetz verlangt zusätzlich die gerichtliche Wertung als grob unbillig.

Wenn das Kindeswohl gewahrt ist und einer der 7 Härtegründe vorliegt, ist der Geschiedenenunterhalt insoweit grob unbillig, als er **den Unterhaltsschuldner unverhältnismäßig belastet und die Opfergrenze der Zumutbarkeit in unerträglichem Maße überschreitet**[532]. Damit ist alles und nichts gesagt. Die Parallele zur Opfergrenze des Schuldners nach § 242 springt ins Auge. Die grobe Unbilligkeit liegt im **Verstoß gegen den verfassungsrechtlichen Grundsatz der Verhältnismäßigkeit**[533]. Das Werturteil „grob unbillig" erfordert stets eine **Abwägung aller Umstände des Einzelfalles**[534]. Diese Umstände sind Tatsachen, die der Unterhaltspflichtige beweisen muss. Die Wertung „grob unbillig" dagegen ist Rechtsanwendung und obliegt dem Familiengericht.

509 Wichtige Umstände sind: Schwere des Härtegrundes, Dauer der Ehe, Zahl der großgezogenen Kinder, Alter, Gesundheit sowie Einkommen und Vermögen der Ehegatten, letztlich die **Schwere der Unterhaltslast** für den Schuldner[535]. Allgemein lässt sich nur sagen: Je kürzer die Ehe gedauert hat, desto leichter fällt die Kürzung oder Versagung des Unterhalts, und je länger die Ehe gedauert hat, desto schwerer fällt die Kürzung oder Versagung[536].

Beispiele

(1) Nach kurzer 2 1/2 jähriger Ehe (Härtegrund Nr. 1) wird der Geschiedenenunterhalt etwa derart gekürzt, dass die **Einkünfte des Berechtigten aus unangemessener Erwerbstätigkeit** nach Abzug des berufsbedingten Aufwands auf den Unterhaltsbedarf **voll angerechnet** werden (*BGH* NJW 92, 2477).

---

532 *BVerfG* NJW 81, 1771; *BGH* NJW 85, 2268; 88, 2105; 89, 1085; 92, 2477; 94, 1287; FamRZ 90, 494.
533 BVerfG NJW 81, 1771; *BGH* NJW 94, 1287; FamRZ 90, 494.
534 *BGH* NJW 85, 2268; 86, 723; 88, 2105; 92, 2477.
535 *BGH* NJW 89, 1083; 92, 2477; 94, 1287.
536 *BGH* FamRZ 83, 670; *OLG Hamm* FamRZ 90, 633; *OLG Düsseldorf* FamRZ 91, 450.

(2) Obwohl die Ehefrau mit mehreren Männern die Ehe gebrochen hat (Härtegrund Nr. 6), ist ihr Unterhalt nicht in vollem Umfang grob unbillig, wenn sie in 30 Ehejahren 4 Kinder großgezogen hat; die **Kürzung des Unterhalts um 1/3** genügt (*BGH* FamRZ 83, 670; ferner *OLG Frankfurt* FamRZ 87, 161: nach langer Ehe nur **Mindestunterhalt**).

(3) Haben die Ehegatten in 4 1/2 jähriger Ehe wegen langer Strafhaft des Mannes nur 9 Monate lang zusammengelebt (Härtegrund Nr. 7), ist der Geschiedenenunterhalt vielleicht auf 5 Jahre zu **befristen** (*BGH* FamRZ 88, 930).

(4) Wer längere Zeit Unterhalt zahlt, obwohl er den Verwirkungsgrund kennt, **verzeiht** vielleicht und **verzichtet** auf Verwirkung (*OLG Düsseldorf* FamRZ 97, 1159).

12. Kapitel
Unterhaltskürzung in besonderen Fällen

1. Beschränkung des vollen Unterhalts nach Dauer und Höhe

1.1 Ermessensvorschrift, Härteregel und Gegennorm

Der volle Unterhalt nach den ehelichen Lebensverhältnissen kann nach § 1578 I 2 zeit- **510** lich begrenzt und sodann auf den angemessenen Bedarf beschränkt werden, soweit er ohne zeitliche Begrenzung unbillig wäre. Dies gilt für alle Unterhaltstatbestände[537]. Gedacht ist vor allem an den **unterhaltsberechtigten Ehegatten, der in einer kurzen kinderlosen Ehe keine beruflichen Nachteile erlitten hat**.

§ 1578 I 2 ist eine **Ermessensvorschrift**, denn er befiehlt die Kürzung des unbilligen Unterhalts nicht, sondern erlaubt sie nur („… kann zeitlich begrenzt und danach auf den angemessenen Lebensbedarf abgestellt werden"). § 1578 I 2 ist zugleich eine **Härteregel**, die voraussetzt, dass der zeitlich unbegrenzte Unterhalt unbillig wäre.

§ 1578 I 2 ist schließlich keine Anspruchsgrundlage, sondern eine anspruchskürzende **Gegennorm**, denn der volle Unterhalt nach § 1578 I 1 ist die gesetzliche Regel, die Kürzung nach § 1578 I 2 die gesetzliche Ausnahme. Die **Beweislast** für die besonderen Umstände, die eine Kürzung erlauben, trägt der Unterhaltsschuldner[538].

1.2 Rechtsfolge

Der anspruchsberechtigte Ehegatte bekommt nach Ermessen des Familiengerichts **für** **511** **eine bestimmte Zeitspanne den vollen Unterhalt nach § 1578 I 1 und für die folgende Zeit nur noch den „angemessenen Lebensbedarf"**. Dieser bewegt sich irgendwo zwischen dem vollen Bedarf und dem notwendigen Unterhalt, der das Überle-

---

537 *BGH* NJW 86, 2833.
538 *BGH* NJW 90, 2812 zu § 1573 V.

ben sichert[539]. Man orientiert sich an dem niedrigeren Lebensstandard, den der unterhaltsberechtigte Ehegatte vor der Ehe hatte oder ohne die Ehe hätte[540]. Wenn der Elementarunterhalt nur eben das Existenzminimum deckt, kürzt man den Kranken- oder Altersvorsorgeunterhalt[541]. Eine sofortige Kürzung ab Scheidung schließt bereits der Gesetzeswortlaut aus[542].

1.3 Unbilliger Unterhalt

512 Die Wertung, der unbegrenzte Unterhalt sei **unbillig**, ist Rechtsanwendung und obliegt dem Familiengericht. Dieses muss die besonderen Umstände des Falles umfassend gegeneinander abwägen[543]. § 1578 I 2 nennt beispielhaft („insbesondere") zwei Kriterien: die **Dauer der Ehe**, die nach § 1578 I 3 durch die Zeit der Kindesbetreuung verlängert wird, und die **Gestaltung von Haushaltsführung und Erwerbstätigkeit**, also die vereinbarte Rollenverteilung in der Ehe. Zu berücksichtigen sind außerdem Alter, Gesundheit und die angemessene Verteilung des Familieneinkommens auf die Eheleute[544]. Letztlich stellt man darauf ab, **ob und wieweit der Unterhaltsbedarf ehebedingt ist**[545]. Die Betreuung eines gemeinschaftlichen Kindes schließt die Kürzung in der Regel aus (§ 1578 I 2 Hs. 2).

2. Zeitliche Begrenzung des Arbeitslosen- und Aufstockungsunterhalts

2.1 Ermessensvorschrift, Härteregel und Gegennorm

513 Die Unterhaltsansprüche aus § 1573 I-IV können nach § 1573 V zeitlich begrenzt werden, soweit der unbegrenzte Unterhalt unbillig wäre. Gedacht ist vor allem an die **kinderlose Doppelverdienerehe, die keine Erwerbsnachteile verursacht**[546].

§ 1573 V ist eine **Ermessensvorschrift**, denn er schreibt die zeitliche Begrenzung des unbilligen Unterhalts nicht vor, sondern erlaubt sie nur („... können zeitlich begrenzt werden ..."). § 1573 V ist zugleich eine **Härteregel**, die voraussetzt, dass der zeitlich unbegrenzte Unterhalt unbillig wäre.

Da § 1573 V keine Anspruchsgrundlage ist, sondern eine **Gegennorm**, die zur zeitlichen Begrenzung des Unterhalts ermächtigt, trägt der Unterhaltsschuldner die **Beweislast** für alle Tatsachen, die den unbegrenzten Unterhalt unbillig machen[547].

---

539 *BGH* NJW 86, 2832.
540 *BGH* NJW 86, 2832; FamRZ 89, 486.
541 *BGH* FamRZ 89, 486.
542 *BGH* NJW 86, 2832: in aller Regel.
543 *BGH* FamRZ 89, 486; *OLG Hamm* FamRZ 98, 292, 295.
544 *BGH* NJW 88, 2104.
545 *BGH* NJW 86, 2832; 88, 2104; FamRZ 89, 486.
546 *BGH* NJW 90, 1847; 90, 2810; *OLG Hamm* FamRZ 98, 292.
547 *BGH* NJW 90, 2812: Unterhaltsberechtigter müsse nur Umstände gegen zeitliche Begrenzung oder für längere Frist beweisen; aber nach dem Gesetz muss der Berechtigte überhaupt nichts beweisen; ferner *OLG Düsseldorf* FamRZ 87, 162: Ausnahme zwingt zur Zurückhaltung.

2.2 Rechtsfolge

Rechtsfolge des § 1573 V ist die **auflösende Befristung des Unterhalts im Urteil**, so **514** dass der Unterhaltsanspruch mit Fristablauf von selbst erlischt. Wird § 1573 V mit § 1578 I 2 kombiniert, verurteilt das Familiengericht für eine bestimmte Zeit zu vollem Unterhalt, anschließend für eine weitere Zeitspanne zu gekürztem Unterhalt und stellt abschließend fest, dass der Anspruch sodann erlösche[548].

2.3 Unbilliger Unterhalt

Die Wertung, der unbegrenzte Unterhalt sei **unbillig**, ist Rechtsanwendung und obliegt **515** dem Familiengericht[549]. Dieses muss die besonderen Umstände des Falles umfassend gegeneinander abwägen. § 1573 V 1 nennt beispielhaft („insbesondere") zwei Kriterien: die **Dauer der Ehe und** die **Gestaltung von Haushaltsführung und Erwerbstätigkeit**, also die Rollenverteilung in der Ehe (RN 512).

Es gibt drei Faustregeln. Die **erste Faustregel** lautet: Der Unterhalt wird nach § 1573 **516** V 1 Hs. 2 in der Regel nicht befristet, wenn der Unterhaltsberechtigte nicht nur vorübergehend ein gemeinschaftliches Kind betreut hat oder noch betreut[550].

Die **zweite Faustregel** lautet: Der Unterhalt wird in der Regel nicht befristet, wenn die Ehe länger als 10 Jahre gedauert hat[551]. Die Ehe dauert wie für § 1579 Nr. 1 von der Heirat bis zur Zustellung des Scheidungsantrags[552] und verlängert sich nach § 1573 V 2 um die Zeit der Kindesbetreuung.

Die **dritte Faustregel** lautet: Je größer die ehebedingten beruflichen Nachteile des Unterhaltsberechtigten sind, desto weniger darf der Unterhalt befristet werden, und je klei-

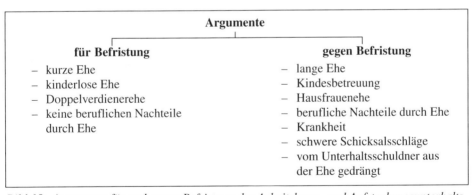

Argumente	
für Befristung	**gegen Befristung**
– kurze Ehe	– lange Ehe
– kinderlose Ehe	– Kindesbetreuung
– Doppelverdienerehe	– Hausfrauenehe
– keine beruflichen Nachteile durch Ehe	– berufliche Nachteile durch Ehe
	– Krankheit
	– schwere Schicksalsschläge
	– vom Unterhaltsschuldner aus der Ehe gedrängt

Bild 15: Argumente für und gegen Befristung des Arbeitslosen- und Aufstockungsunterhalts

---

548 *OLG Celle* FamRZ 87, 69.
549 *BGH* NJW 90, 1849: nur beschränkt revisibel.
550 *BGH* NJW 90, 1847: anders, wenn keine ehebedingten Nachteile; ebenso *OLG Hamm* FamRZ 95, 1204.
551 *BGH* NJW 90, 2810: keine starre Grenze, aber Grenzbereich bei etwa 10 Jahren.
552 *OLG Karlsruhe* FamRZ 89, 511.

ner die ehebedingten beruflichen Nachteile sind, desto eher darf befristet werden und desto kürzer darf die Frist sein[553].

Beispiele
517

16 Monate Unterhalt nach knapp 3 1/2 Jahren Ehe (*OLG Hamm* FamRZ 87, 707);

1 Jahr Unterhalt nach 5 1/2 Jahren Ehe (*OLG Koblenz* FamRZ 87, 160);

Unterhalt für knapp 9 1/2 Jahre nach gleichlanger kinderloser Ehe (*OLG Hamburg* FamRZ 87, 1250);

8 Jahre Unterhalt, der zusätzlich nach 4 Jahren gemäß § 1578 I 2 gekürzt wird, nach 8 Jahren Ehe (*OLG Düsseldorf* FamRZ 87, 1254);

4 Jahre Unterhalt nach 9 Jahren kinderloser Doppelverdienerehe (*OLG Düsseldorf* FamRZ 90, 413);

4 Jahre Unterhalt nach 7 Jahren kinderloser Doppelverdienerehe (*OLG Schleswig* FamRZ 89, 1092);

12 Jahre Unterhalt nach 16 Ehejahren mit Betreuung eines Kindes, aber ohne ehebedingte Nachteile (*OLG Hamm* FamRZ 95, 1204);

keine Befristung des Unterhalts nach 4 1/2 Ehejahren, wenn unterhaltsberechtigte Ehefrau der Ehe zuliebe ihre gutbezahlte Erwerbstätigkeit aufgegeben hat, um im Geschäft des Ehemannes mitzuarbeiten und den kinderlosen Haushalt zu führen (*OLG Bamberg* FamRZ 88, 1279).

13. Kapitel
Einkommen, Vermögen und Schulden im Unterhaltsrecht

1. Begriff und unterhaltsrechtliche Bedeutung des Einkommens

518 Unterhaltsrechtlich versteht man unter Einkommen **alle Einkünfte gleich welcher Art und Herkunft, wenn sie dazu geeignet und bestimmt sind, den laufenden Lebensunterhalt zu decken**[554]. Dem Einkommen, das man tatsächlich hat, steht unterhaltsrechtlich das „fiktive" Einkommen gleich, das man mit zumutbarer Anstrengung haben könnte, wenn man nur wollte (RN 520).

Das Einkommensteuerrecht unterscheidet sieben Einkommensarten: aus Landwirtschaft und Forsten, aus Gewerbebetrieb, aus selbständiger Arbeit, aus unselbständiger Arbeit, aus Kapitalvermögen, aus Vermietung und Verpachtung sowie sonstige Einkünfte.

Im Unterhaltsprozeß interessieren vor allem Lohn und Gehalt des Arbeitnehmers und Beamten (RN 533 ff.), der Gewinn des gewerblichen Unternehmers und des Selbständigen (RN 545 ff.) sowie die Einkünfte aus Vermögen (RN 564 ff.), zu denen auch der Wohnvorteil durch billiges Wohnen im eigenen Haus zählt (RN 567 ff.).

---

553 *BGH* NJW 86, 2832; 90, 2810; *OLG Hamm* FamRZ 86, 908; 90, 413; 95, 1204; *OLG Düsseldorf* FamRZ 88, 839; 92, 951; *OLG Schleswig* FamRZ 89, 1092.

554 *BGH* NJW 80, 2081; 81, 1313; 82, 41; 82, 822; 92, 364; 94, 134; 94, 935; FamRZ 86, 780; 88, 1145.

Das Einkommen hat im Unterhaltsrecht, theoretisch wie praktisch, zentrale Bedeutung. **519**
Das Einkommen, das die Ehegatten zur Zeit der Scheidung haben, bestimmt die ehelichen Lebensverhältnisse und damit den **Unterhaltsbedarf** des geschiedenen Ehegatten
(§ 1578 I 1). Das Einkommen des Unterhaltsberechtigten nach der Scheidung deckt, soweit es anrechenbar ist, seinen Bedarf und beschränkt so seine **Bedürftigkeit** auf den ungedeckten Restbedarf (§ 1577). Das Einkommen des Unterhaltspflichtigen schließlich
begrenzt dessen **Leistungsfähigkeit**: Soweit er mangels Masse den Unterhalt nicht zahlen kann, wird er frei (§ 1581).
Das Einkommen ist im Normalfall nach § 286 ZPO voll nachzuweisen. Eine Schätzung
nach § 287 II ZPO ist nur dann zulässig, wenn die Aufklärung unverhältnismäßig
schwierig ist und außer Verhältnis steht zur Höhe des Unterhaltsanspruchs[555].

2. Reales und fiktives Einkommen

2.1 Begriff

Im Unterhaltsrecht zählt nicht erst das Einkommen, das einer tatsächlich hat, sondern **520**
schon dasjenige Einkommen, das er mit zumutbarer Anstrengung haben kann. **Das erzielbare Einkommen steht dem real erzielten Einkommen rechtlich gleich**[556]. Da das
erzielbare Einkommen tatsächlich nicht erzielt wird, nennt man es fiktiv. Dieses rechtliche Verständnis ist verfassungsgemäß[557].

Die Fiktion eines Einkommens, das in Wirklichkeit keines ist, beschränkt sich nicht auf das **521**
Erwerbseinkommen. Auch das Vermögen ist kein totes Kapital, sondern verspricht je nach
Marktlage einen Ertrag. Deshalb steht der **erzielbare Vermögensertrag** dem tatsächlich
erzielten rechtlich gleich[558]. Eine unwirtschaftliche Vermögensanlage wird unterhaltsrechtlich nicht hingenommen, vom Vermögensinhaber vielmehr erwartet, dass er sein Vermögen
gewinnbringend „umschichte". Tut er es nicht, rechnet man ihm die erzielbaren – fiktiven
– Einkünfte aus einer ertragreichen Vermögensanlage zu[559]. Soweit auch das Vermögen
selbst für eigenen oder fremden Unterhalt einzusetzen ist (§§ 1577 III, 1581 S. 2), wird,
wenn der Vermögensinhaber es nicht verwertet, einfach der – fiktive – Erlös aus der Verwertung des Vermögensstücks in die Unterhaltsrechnung eingestellt[560].

Nimmt schließlich der anspruchsberechtigte Ehegatte seinen neuen Lebensgefährten in **522**
seine Wohnung auf oder führt er ihm den Haushalt, so rechnet man ihm, wenn der Lebensgefährte dafür nichts bezahlt, eine **fiktive Mieteinnahme** oder eine **fiktive Vergütung** zu,
die freilich nur dann erzielbar ist, wenn der neue Lebensgefährte sie bezahlen kann[561].

Die **Fiktion eines Einkommens**, das es nicht gibt, ist freilich nur ein – notwendiger – **523**
juristischer Trick, der niemanden sättigt. Deshalb muss der Ehegatte die Fiktion eines Er-

---

555 *BGH* FamRZ 93, 790.
556 *BGH* 111, 196; NJW 85, 733; 92, 2477; 93, 1920; 96, 517; FamRZ 89, 487; 2000, 1358.
557 *BVerfG* FamRZ 85, 143: zur Leistungsfähigkeit; NJW 96, 915: auch zu den Grenzen der
Fiktion.
558 *BGH* FamRZ 88, 145, 149.
559 *BGH* FamRZ 86, 439; NJW 92, 1044.
560 *BGH* NJW 93, 1920: Pflichtteilsanspruch.
561 *BGH* NJW 80, 124; 83, 683; 89, 1083; *OLG Köln* 91, 183.

werbseinkommens, das er nicht hat, **nicht für alle Zukunft** hinnehmen, sondern darf auch noch nach verlorenem Unterhaltsprozess durch intensive, aber erfolglose Arbeitsbemühungen den Beweis dafür liefern, dass er jetzt bedürftig oder leistungsunfähig sei, und darauf seine Abänderungsklage nach § 323 ZPO stützen[562].

2.2 Erwerbsobliegenheit – ein überflüssiger Rechtsbegriff

524 Es versteht sich von selbst, dass derjenige, der Unterhalt begehrt, nicht einfach die Hände in den Schoß legen und lapidar erklären darf, er könne sich nicht selbst unterhalten, weil er kein Geld habe. Ebensowenig darf der Unterhaltsschuldner im Unterhaltsprozess schlicht und einfach einwenden, er habe kein Geld, um den geschuldeten Unterhalt zu bezahlen. Vielmehr wird von dem einen wie von dem anderen ganz selbstverständlich erwartet, dass er sich das nötige Geld für den eigenen oder fremden Unterhalt mit zumutbarer Anstrengung durch Erwerbstätigkeit verdiene. Wer sich dieser – erfolgversprechenden – Anstrengung entzieht, ist als Anspruchsteller nicht bedürftig, und bleibt als Anspruchsgegner leistungsfähig. Diese Überlegung ist rechtlich so zwingend, dass sie keiner juristischen Akrobatik bedarf.

Die **Rechtsprechung** sieht es anders; ohne zwischen dem Unterhaltsberechtigten und dem Unterhaltsschuldner zu unterscheiden, zwängt sie die gebotenen Erwerbsbemühungen durch zumutbaren Einsatz der Arbeitskraft unter den Rechtsbegriff „Erwerbsobliegenheit" und folgert daraus, dass derjenige, der seine „Erwerbsobliegenheit" verletze, so behandelt werde, als habe er das erzielbare Einkommen tatsächlich erzielt[563]. Alle Familienrichter beten es gedankenlos nach, was sich nur daraus erklären lässt, dass das Familienrecht den systematischen Zusammenhang mit dem übrigen Zivilrecht verloren hat. Der Begriff der „Erwerbsobliegenheit" ist nämlich nicht nur irreführend, sondern überflüssig und falsch. Man sollte ihn aus dem juristischen Vokabular streichen.

525 Der Rechtsbegriff der **Obliegenheit** entstammt dem **Schuldrecht**, vor allem dem § 254 II, **und** dem **Versicherungsrecht**. Dort unterscheidet man zwischen Verpflichtung und Obliegenheit. Die Verpflichtung entsteht zwischen Schuldner und Gläubiger, denn verpflichten kann man sich nur einem anderen gegenüber. Die Obliegenheit dagegen trifft den Gläubiger im wohlverstandenen eigenen Interesse. Verletzt der Schuldner seine Verpflichtung, schuldet er dem Gläubiger zusätzlich Schadenersatz. Der Gläubiger hingegen schadet nur sich selbst, wenn er seine Obliegenheit verletzt, und büßt es mit Rechtsverlust. Klassisches Beispiel ist die „Schadensminderungspflicht" des Geschädigten aus § 254 II, die in Wirklichkeit eine Obliegenheit ist. Unterlässt es der Geschädigte entgegen § 254 II, seinen Schaden nach Kräften zu mindern, verliert er – ganze oder zum Teil – seinen Schadensersatzanspruch. Da § 254 II eine anspruchskürzende Einwendung begründet, muss der Schädiger (Schuldner) beweisen, dass der Geschädigte (Gläubiger) seine Obliegenheit zur Schadensminderung verletzt habe[564]. Im Versicherungsrecht ist es genauso.

---

562 *OLG Karlsruhe* FamRZ 83, 931; *OLG Schleswig* FamRZ 85, 69; *KG* NJW 85, 869; *OLG Hamm* FamRZ 90, 772.
563 *BGH* 111, 195; NJW 85, 733; 94, 1002 u. ständig; dagegen spricht *BGH* NJW 92, 2477 richtig von der Erwerbspflicht des Unterhaltsschuldners.
564 *BGH* 46, 261; 79, 259; 91, 243; NJW 87, 251.

Für die „Erwerbsobliegenheit" passt diese Beweislastregel hinten und vorne nicht. Weder **526**
muss der Unterhaltsberechtigte dem Unterhaltsschuldner eine Obliegenheitsverletzung
nachweisen noch der Unterhaltsschuldner dem Unterhaltsberechtigten. Statt dessen **muss
im Streitfall der eine wie der andere die Erfüllung seiner eigenen „Erwerbsobliegenheit" näher darlegen und beweisen, dass er sich nach Kräften, aber vergeblich
um eine Erwerbsmöglichkeit bemüht habe, denn entweder geht es um die anspruchsbegründenden Bedürftigkeit oder um die anspruchshindernde Leistungsunfähigkeit**[565]. Dann aber handelt es sich nie und nimmer um eine Obliegenheit. Vielmehr
sind die gebotenen Erwerbsbemühungen bereits voll in den Begriffen der Bedürftigkeit
und der Leistungsunfähigkeit enthalten. Die rechtliche Konstruktion der Erwerbsobliegenheit und ihrer Verletzung reduziert sich auf **zwei schlichte Aussagen**, die jedermann
einleuchten: **Wer sich selbst unterhalten kann, ist nicht bedürftig**[566], **und wer das nötige Geld für den fremden Unterhalt beschaffen kann, ist nicht leistungsunfähig**[567].
Im Übrigen ist das, was man vom Unterhaltsschuldner verlangt, keine Obliegenheit, sondern eine echte Rechtspflicht und Bestandteil seiner Unterhaltspflicht[568].

2.3 Reale Beschäftigungschance

Erzielbar ist ein Arbeitseinkommen freilich nur, wenn eine „reale Beschäftigungs- **527**
chance" besteht. Diese hängt von **objektiven und subjektiven Faktoren** ab: von Angebot und Nachfrage auf dem Arbeitsmarkt, aber auch von der Person des Erwerbslosen,
seinem Alter, seiner Gesundheit, Eignung, Ausbildung und Berufserfahrung[569]. Kurios ist
die Beweislastregel des BGH zur „realen Beschäftigungschance"; danach darf die Unterhaltsklage des geschiedenen Ehegatten aus § 1573 I nicht schon dann abgewiesen werden, wenn der Kläger zumutbare Arbeitsanstrengungen unterlassen hat, sondern erst
dann, wenn feststeht oder zumindest nicht auszuschließen ist, dass auch eine reale Beschäftigungschance bestanden habe[570]. Was kann der BGH mit dieser Formel nur meinen?

Da der **Anspruchsteller** nach §§ 1573 I, 1577 die **Beweislast** für seine – anspruchsbe- **528**
gründende – **Bedürftigkeit** infolge Arbeitslosigkeit trägt, muss er im Einzelnen darlegen
und beweisen, welche Arbeitsbemühungen er unternommen habe und warum sie nicht
zum Erfolg geführt haben. Nun ist die Erfolglosigkeit der Arbeitsbemühungen zwar eine
schwer beweisbare negative Tatsache. Das ist aber noch kein Grund, die Beweislast umzukehren. Vielmehr ist dem Anspruchsgegner zuzumuten, die Behauptungen des Anspruchstellers substantiiert zu bestreiten, damit dieser sie beweisen kann. Auch die Beweiserleichterung des § 287 II ZPO kann dem Anspruchsteller nicht helfen, denn sie beschränkt sich auf die Höhe des (fiktiv) erzielbaren Einkommens[571], während die an-

---

565 Unterhaltsberechtigter: *BGH* FamRZ 82, 257; 86, 885; 86, 1086; NJW 86, 718; *OLG Köln*
   FamRZ 86, 499; Unterhaltsschuldner: *BVerfG* FamRZ 85, 143; *BGH* NJW 85, 733; 96, 517.
566 *BGH* FamRZ 82, 257; 86, 885, 1086; NJW 86, 718; *OLG Stuttgart* NJW 91, 1059.
567 *BGH* NJW 82, 1050; 85, 733; 94, 1004.
568 So *BGH* NJW 92, 2477.
569 *BGH* NJW 96, 517; 94, 1013; 90, 2752; 87, 898; FamRZ 87, 912; *OLG Dresden* FamRZ 96,
   1236: Alkoholiker chancenlos.
570 *BGH* FamRZ 87, 912.
571 *BGH* NJW 86, 3080.

spruchsbegründende Erfolglosigkeit der Arbeitsbemühungen **nach § 286 ZPO voll zu beweisen** ist, so dass jeder ernsthafte Zweifel zu Lasten des Anspruchstellers geht[572].

529 Erheblich ist deshalb der **Beweisantrag des Anspruchstellers**, er habe seines Alters oder Gesundheitszustandes wegen oder mangels Berufsausbildung keine ernsthafte Beschäftigungschance[573]. Denn bedürftig ist er nur, wenn er keine reale Beschäftigungschance hat, während eine rein theoretische Beschäftigungsmöglichkeit noch nicht schadet[574]. Im Übrigen hängen die Beweisanforderungen auch von der besonderen Situation des Einzelfalles ab. Keinesfalls darf man dem Anspruchsteller den Nachweis seiner erfolglosen Arbeitsbemühungen zu leicht machen[575].

Diese Regeln gelten auch für die **Leistungsunfähigkeit des erwerbslosen Anspruchsgegners**. Auch er muss nach § 1581 beweisen, dass er sich intensiv, aber erfolglos um eine Erwerbstätigkeit bemüht habe oder dass eine reale Beschäftigungschance fehle[576].

2.4 Anforderungen an die Erwerbsbemühungen

530 Dem mittellosen Unterhaltsberechtigten wie dem mittellosen Unterhaltsschuldner mutet man gleichermaßen zu, seine Arbeitskraft möglichst einträglich einzusetzen, um das nötige Geld für den eigenen oder fremden Unterhalt aufzubringen[577]. Es genügt nicht, dass er sich beim Arbeitsamt meldet, er muss sich auch selbst auf Arbeitssuche begeben: **sich um ausgeschriebene Arbeitsplätze bewerben, eigene Stellengesuche aufgeben** und direkt bei Arbeitgebern vorsprechen[578]. Dies gilt auch für den Selbständigen; sobald sich sein Unternehmen nicht mehr nachhaltig rentiert, muss er es aufgeben und abhängige Arbeit suchen[579].

Allerdings muss der unterhaltsberechtigte Ehegatte, wenn überhaupt, nur eine angemessene Erwerbstätigkeit suchen (§§ 1361 II, 1574). Nach der Scheidung ist eine Erwerbstätigkeit eher zumutbar als während des Getrenntlebens. Ob dem Ehegatten überhaupt eine Erwerbstätigkeit zugemutet werden kann, richtet sich nach § 1361 II und §§ 1570-1576.

Auf der anderen Seite darf der unterhaltspflichtige Ehegatte, der zeitweise die gemeinschaftlichen Kinder betreut, seine Erwerbstätigkeit entsprechend einschränken; das Kindeswohl verlangt es so[580].

2.5 Fiktives Einkommen und mutwillige Bedürftigkeit oder Leistungsunfähigkeit

531 Wie aber lässt sich die Zurechnung eines fiktiven Einkommens von der mutwilligen Bedürftigkeit (§ 1579 Nr. 3) und treuwidrigen Leistungsunfähigkeit (§ 242) sauber

---

572 *BGH* NJW 86, 3080.
573 *BGH* NJW 90, 2752, 2754; FamRZ 87, 912.
574 *BGH* FamRZ 86, 885.
575 *BGH* FamRZ 86, 885.
576 *BGH* NJW 96, 517; *OLG Naumburg* FamRZ 98, 557.
577 *BGH* FamRZ 81, 539; 85, 158; 87, 932; 88, 147, 257; 2000, 1358; NJW 94, 1003; 96, 517.
578 *BGH* NJW 94, 1003; FamRZ 2000, 1358.
579 *OLG Stuttgart* FamRZ 91, 1059.
580 BVerfG NJW 96, 915.

abgrenzen[581]. Diese Abgrenzung ist aus folgendem Grunde wichtig: Ein fiktives Einkommen wird dem Ehegatten schon dann zugerechnet, wenn er es unterlässt, ein erzielbares Einkommen auch zu erzielen. Das Unterlassen genügt, Verschulden ist nicht nötig. Da es um die Frage der Bedürftigkeit oder der Leistungsunfähigkeit geht, muss der betroffene Ehegatte beweisen, dass er sich nach Kräften, aber erfolglos bemüht habe. Nach § 1579 Nr. 3 hingegen verliert der bedürftige Ehegatte seinen Unterhaltsanspruch nur dann, wenn er sich mutwillig bedürftig gemacht hat. Dies muss aber der Unterhaltsschuldner beweisen, denn § 1579 Nr. 3 begründet eine anspruchshindernde Einwendung. Entsprechend darf sich der Unterhaltsschuldner ausnahmsweise dann nicht auf seine Leistungsunfähigkeit nach § 1581 berufen, wenn dies Treu und Glauben (§ 242) widerspricht, was in etwa dem Mutwillen des § 1579 Nr. 3 entspricht. Diese Ausnahme muss der Unterhaltsberechtigte beweisen.

Die **Grenze zwischen der Unterlassung zumutbarer Erwerbsbemühungen und der**   **532**
mutwilligen Bedürftigkeit oder Leistungsunfähigkeit lässt sich nur so ziehen[582]: Zuerst muss man klären, ob der Ehegatte überhaupt bedürftig oder leistungsunfähig ist. Er ist es nicht, solange er die zumutbare Möglichkeit hat, das nötige Geld zu beschaffen, es jedoch nicht beschafft. Das ist freilich eine schwierige Rechtsfrage, deren Beantwortung vor allem davon abhängt, welche Arbeitsbemühungen überhaupt zumutbar sind. Erst wenn feststeht, dass der Ehegatte in diesem Sinne bedürftig oder leistungsunfähig ist, stellt sich die zweite Frage, ob der Ehegatte seine Bedürftigkeit oder Leistungsunfähigkeit mutwillig verursacht hat und deshalb ausnahmsweise damit nicht gehört wird. Man kann nicht sagen, dass die Rechtsprechung diesen methodischen Anforderungen stets gerecht werde.

3. Einkünfte aus unselbständiger Erwerbstätigkeit

3.1 Begriff und Berechnung

Unselbständig erwerbstätig ist die große Masse der Arbeiter, Angestellten und Beamten,   **533**
die für Lohn oder Gehalt abhängige Arbeit oder Dienste leisten.

Unterhaltsrechtlich zählt nur das **Nettoeinkommen,** das ist das Bruttoeinkommen abzüglich der Steuern auf das Einkommen und der Arbeitnehmerbeiträge zur Kranken-, Renten- und Arbeitslosenversicherung[583].

Maßgebend ist das **monatliche Durchschnittseinkommen** des letzten Kalenderjahres oder der letzten zwölf Monate.

Zum Einkommen gehören nicht nur alle Lohn- und Gehaltsbestandteile, sondern auch alle **Sonderzuwendungen,** soweit sie für den Unterhalt zur Verfügung stehen und nicht lediglich berufsbedingte Aufwendungen ausgleichen.

---

581 Dazu *Hoppenz* FamRZ 88, 151.
582 Dazu *Hoppenz* FamRZ 88, 151.
583 Zur Berechnung, wenn nur Bruttoeinkommen bekannt ist: *OLG Hamburg* FamRZ 85, 1142.

Beispiele
534

(1) **Urlaubsgeld** und **Weihnachtsgeld** (13. Monatsgehalt) sind auf das ganze Jahr um-zulegen (BGH NJW 91, 1049: wegen Steuerprogression auch steuerrechtlich, da Jahres-steuer), ebenso **Tantiemen** und sonstige Gewinn- und Umsatzbeteiligungen (*OLG Hamburg* FamRZ 85, 1260); einmalig hohe **Gratifikationen** sind gar auf mehrere Jahre zu verteilen.

(2) Lohnbestandteile sind auch **Schicht- und Feiertagszuschläge** (*OLG München* NJW 82, 835: nur 2/3 sowie – abzüglich eines berufsbedingten Mehraufwandes – **Erschwer-niszulagen**.

(3) Die **Überstundenvergütung** ist unterhaltsrechtlich Einkommen, soweit Überstunden nur in geringem Umfang anfallen oder üblich sind; andernfalls ist sie nur nach Billigkeit anzurechnen (*BGH* NJW 80, 2251: Installateur; 82, 2664: Schachtmeister; 83, 2321: Cheffahrer; *OLG Hamburg* FamRZ 86, 1212: Assistenzarzt).

(4) Auch **Sachleistungen** des Arbeitgebers durch **Überlassung einer Wohnung oder eines Autos** sind Einkommen (*BGH* FamRZ 94, 21; *OLG Hamburg* FamRZ 87, 1044; *OLG München* FamRZ 99, 1350: Privatnutzung Firmenwagen, Schätzung des Privatan-teils).

(5) Obwohl unterhaltsrechtlich niemand verpflichtet ist, über eine volle Berufstätigkeit hinaus einer **Nebentätigkeit** nachzugehen, ist das **Nebeneinkommen** nicht in jedem Fall außer Betracht zu lassen, sondern, da es nun einmal vorhanden ist, nach Billigkeit zu be-rücksichtigen, wie es § 1577 II 2 für den Unterhaltsberechtigten ausdrücklich vorschreibt (*BGH* NJW 83, 153; *OLG Hamburg* FamRZ 90, 784: Mindestunterhalt minderjähriger Kinder; *OLG Hamm* FamRZ 95, 606; zurückhaltend *OLG Frankfurt* FamRZ 90, 62; *OLG Stuttgart* FamRZ 95, 1487; *OLG Schleswig* FamRZ 96, 217).

(6) Einkommen aus **Schwarzarbeit** ist, solange es fließt, zu berücksichtigen, auch wenn die Schwarzarbeit verboten und zu unterlassen ist (*Kalthoener/Büttner* NJW 91, 404).

535

(7) **Aufwandsentschädigung, Auslösung** und **Spesenersatz** sind Einkommen, soweit sie den tatsächlichen Mehraufwand übersteigen (*BGH* FamRZ 80, 342 u. *OLG Bamberg* FamRZ 97, 1339 u. *OLG Koblenz* FamRZ 2000 1154: Auslandszuschlag für Beamte; FamRZ 86, 780: Aufwandsentschädigung für Abgeordnete; NJW 94, 134: Aufwandsent-schädigung für Kampfflieger der Bundeswehr; *OLG Bamberg* FamRZ 99, 1082: Auf-wandsentschädigung für Bürgermeister). Der tatsächliche Aufwand ist nach § 287 II ZPO zu schätzen (*BGH* NJW 94, 134). Die Praxis schätzt ihn auf etwa 2/3 der Entschädigung.

536

(8) Das staatliche **Kindergeld** steht nicht dem Kind, sondern den Eltern zu, denn es soll deren Belastung durch die Betreuung und den Kindesunterhalt erleichtern (*BVerfG* NJW 90, 2869; *BGH* 70, 151; 103, 267; NJW 87, 647). **Für den Ehegattenunterhalt** ist es deshalb **Einkommen**, bestimmt freilich nicht die ehelichen Lebensverhältnisse für den Unterhaltsbedarf nach § 1578 I 1 (*BGH* FamRZ 97, 806: zu kompliziert; a.A. noch *BGH* NJW 92, 1621; 95, 717: ebenso zum Zählkindvorteil *BGH* NJW 2000, 3140; ferner *BGH* FamRZ 97, 806).

Da das **Kindergeld für minderjährige Kinder** in der Regel beiden Eltern zusteht, aber nur von einem Elternteil bezogen wird, **gleicht man es über den Kindesunterhalt hälf-tig aus**; die bisherige Rechtsprechung (*BGH* 70, 151; NJW 82, 1984; 88, 2375) ist seit 1.7.1998 in Gestalt des **§ 1612b** Gesetz. Kindergeld **für ein volljähriges Kind** steht nur dem Elternteil zu, der den Kindesunterhalt zahlt, und erhöht deshalb sein Einkommen (*BGH* NJW 90, 1477, 1480).

Einkommen sind auch der **Kinderzuschlag** zur Rente (*BGH* FamRZ 81, 28) und die kinderbezogene Erhöhung des Ortszuschlags (*BGH* NJW 89, 1033; ferner *OLG Koblenz* FamRZ 90, 90; *OLG Hamm* FamRZ 94, 895).

(9) **Vermögenswirksame Zusatzleistungen des Arbeitgebers und staatliche Sparzulagen** bleiben außer Betracht, da sie zweckgebunden sind und für den Unterhalt nicht zur Verfügung stehen (*BGH* NJW 80, 2252; zur betriebl. Altersvorsorge durch Direktversicherung: *OLG München* FamRZ 97, 613). Umgekehrt mindert die vermögenswirksame Leistung des Arbeitnehmers selbst sein Einkommen nicht, sondern bildet Vermögen (*BGH* NJW 80, 2252).

537

(10) Die **Abfindung** für den Verlust des Arbeitsplatzes ist Lohnersatz und in Höhe des bisherigen monatlichen Nettoeinkommens abzüglich des Arbeitslosengeldes angemessen auf die folgenden Monate und Jahre zu verteilen (*BGH* NJW 82, 822: Sozialplan; NJW 87, 1554 u. FamRZ 90, 271: bei beengten wirtschaftlichen Verhältnissen im Rahmen sparsamer Wirtschaftsführung auf einige Jahre; *OLG Braunschweig* FamRZ 95, 356: bis neue Arbeit gefunden; *OLG Koblenz* FamRZ 91, 573: auf 6 Jahre; *OLG München* FamRZ 95, 809; 98, 559: Verbrauch; *OLG Hamm* FamRZ 96, 219: auf 5 Jahre; FamRZ 99, 233: bis Rentenbezug; *OLG Oldenburg* FamRZ 96, 672: 5-6 Jahre; *OLG Frankfurt* FamRZ 2000, 611; *Strohal* FamRZ 96, 197: zur Abfindung für Vorruhestand).

538

(11) Lohnersatz sind nach dem AFG auch **Krankengeld** und **Krankenhaustagegeld** (*BGH* FamRZ 87, 36; NJW 94, 1003), **Kurzarbeitergeld, Arbeitslosengeld** (*BGH* NJW 84, 1811: zu § 844 II) und **Mutterschaftsgeld** nebst Zuschuss (BGH FamRZ 87, 1135).

539

(12) Einkommen sind ferner: die **Ausbildungsvergütung** abzüglich des ausbildungsbedingten Mehrbedarfs (*BGH* NJW 81, 2462; 88, 2371) und **BAföG-Leistungen** (*BGH* NJW 80, 393: soweit nicht subsidiär; FamRZ 85, 916: Darlehen).

(13) Der **Wehrsold** des Wehrpflichtigen deckt nur den Eigenbedarf (*BGH* NJW 90, 713); ebenso das **Hausgeld des Strafgefangenen**, während das Überbrückungsgeld erst bei Strafentlassung ausbezahlt wird (*BGH* NJW 82, 2491).

3.2 Berufsbedingte Aufwendungen

Das Nettoeinkommen ist um die berufsbedingten Aufwendungen des Erwerbstätigen zu kürzen (zu „bereinigen"). Dazu gehören Kosten für Fahrten zur Arbeitsstelle, für Arbeitskleidung, Arbeitsmaterial und Fortbildung sowie der Gewerkschaftsbeitrag[584]. Für die Fahrt zur Arbeitsstelle und zurück sind – vor allem bei engen wirtschaftlichen Verhältnissen – möglichst öffentliche Verkehrsmittel zu benutzen[585]. Wo ein eigener PKW erforderlich ist[586], orientieren sich die **Fahrtkosten** am km-Geld des Landesreisekostenrechts[587]. Damit ist der gesamte PKW-Aufwand abgedeckt; Anschaffungs- und Unterhaltskosten für das eigene Auto sind kein berufsbedingter Aufwand[588], die laufenden Fi-

540

---

584 *BGH* FamRZ 89, 483; *OLG Köln* FamRZ 85, 1166; *OLG Bamberg* FamRZ 87, 1295: nicht Arbeitszimmer für Beamten.
585 *BGH* NJW 82, 1869: FamRZ 89, 483; *OLG Dresden* FamRZ 99, 1351.
586 *BGH* NJW 82, 1869: Außendienst.
587 *BGH* FamRZ 91, 1414; NJW-RR 92, 1282.
588 *BGH* NJW-RR 92, 1282.

nanzierungskosten mindern allenfalls die Leistungsfähigkeit des Unterhaltsschuldners. Wenn die Höhe der Fahrtkosten einen angemessenen Unterhalt verhindert, ist ein Wohnungswechsel zu erwägen[589].

Der berufsbedingte Aufwand ist im einzelnen darzulegen und nachzuweisen. Der BGH hat abrupt die langjährige Praxis aufgegeben, dem Erwerbstätigen die Wahl zu lassen zwischen dem konkreten Nachweis und einer Pauschale von 5%[590].

Krankheitsbedingte Nachteile rechtfertigen einen zusätzlichen pauschalen Abzug[591].

3.3 Betreuungskosten und „Betreuungsbonus"

541 Zum **berufsbedingten Aufwand,** der vorweg vom Nettoeinkommen abzuziehen ist, zählen zweifellos auch die **Kosten der Betreuung eines minderjährigen Kindes,** die der sorgeberechtigte Ehegatte einem Dritten („Tagesmutter") dafür bezahlt, dass er ungehindert seiner Erwerbstätigkeit nachgehen kann[592]. Fraglich ist dagegen, ob der erwerbstätige Ehegatte auch ohne zusätzliche Kosten für die Betreuung eines minderjährigen Kindes einen pauschalen Betrag, den „Betreuungsbonus", vorweg von seinem Nettoeinkommen abziehen darf. Der BGH lehnt den „**Betreuungsbonus**" für den Regelfall ab, weil sich die Kindesbetreuung nicht in Geld aufwiegen lasse[593], und macht nur dann eine Ausnahme, wenn die Betreuung „besonders erschwert" sei[594].

542 Damit ist das Problem aber noch nicht gelöst. Ist der **unterhaltsberechtigte Ehegatte trotz Kindesbetreuung erwerbstätig,** kommt es nach §§ 1577, 1574 darauf an, ob seine Erwerbstätigkeit angemessen (zumutbar) oder unangemessen (unzumutbar) ist. Das Einkommen aus angemessener Erwerbstätigkeit ist nach § 1577 I voll auf den Unterhaltsbedarf anzurechnen, so dass der Ehegatte insoweit nicht bedürftig ist (RN 347). Das Einkommen aus unangemessener Erwerbstätigkeit hingegen wird nach § 1577 II entweder überhaupt nicht oder nur nach Billigkeit angerechnet (RN 356 ff.). Unangemessen ist etwa die volle Erwerbstätigkeit trotz Betreuung eines Kindes unter 16 Jahren (RN 380 f.).

543 Was dem unterhaltsberechtigten Ehegatten recht ist, sollte dem unterhaltspflichtigen billig sein, denn beide sind finanziell gleich zu behandeln[595]. Bedürftigkeit und Leistungsunfähigkeit folgen auch sonst ähnlichen Regeln. Zwar fehlt eine dem § 1577 II 2 entsprechende Vorschrift, die es dem **Unterhaltsschuldner** erlaubt, Einkommen aus unzumutbarer Erwerbstätigkeit wenigstens teilweise anrechnungsfrei für sich zu behalten. Aber auch ihm

---

589 *BGH* FamRZ 98 1501.
590 *BGH* FamRZ 95, 346.
591 *BGH* FamRZ 90, 982.
592 *BGH* NJW 82, 2662; 83, 2082; 91, 697; *OLG Köln* FamRZ 95, 1582; *OLG Hamm* FamRZ 98, 1588.
593 *BGH* NJW 82, 2662; 91, 697.
594 *BGH* NJW 91, 697; aber auch *BGH* NJW 86, 2054: Betreuungsbonus dafür, dass der geschiedene Ehemann seine Kinder von der neuen Ehefrau betreuen lässt; *OLG Köln* FamRZ 95, 1582: Betreuungskosten und Bonus; *OLG Brandenburg* FamRZ 96, 866: Betreuungsbonus für volle Erwerbstätigkeit neben der Betreuung eines 7jährigen Kindes; *OLG Hamburg* FamRZ 97, 357: 300,– DM je Kind; *OLG Stuttgart* FamRZ 97, 358: Erhöhung; *OLG Hamm* FamRZ 96, 1077: 200,- DM Bonus je Kind; 98, 1586, 1588.
595 *OLG Köln* FamRZ 93, 1115 zu § 1606 III; *OLG Hamm* FamRZ 94, 1036.

darf man **nicht zumuten, neben der Betreuung eines Kleinkindes einer vollen Erwerbstätigkeit nachzugehen,** vielmehr darf er sie jederzeit auf das zumutbare Maß beschränken. Tut er dies nicht, sollte man ihm wenigstens einen Teil der Einkünfte anrechnungsfrei lassen, entweder nach dem Rechtsgedanken des § 1577 II 2[596] oder nach § 242[597].

Keine Betreuungskosten sind die Fahrtkosten und sonstigen Aufwendungen, die dem nichtsorgeberechtigten Elternteil **für** seinen **Umgang mit dem gemeinschaftlichen Kind** erwachsen, so dass sie das Einkommen nicht verringern; das ist jedenfalls die Regel. Eine Ausnahme macht man nur dann, wenn das Einkommen so gering und der Aufwand so hoch ist, dass die volle Kostenbelastung dem Umgangsberechtigten schlechthin nicht zugemutet werden kann, weil sie sein Umgangsrecht zu stark behindert[598].   **544**

4. Einkommen aus selbständiger Erwerbstätigkeit

4.1 Berechnungsgrundlage

Während das Einkommen des Arbeitnehmers oder Beamten leicht mit Lohn- und Gehaltsabrechnungen nachzuweisen ist, lässt sich das Einkommen Selbständiger: der Unternehmer, Ärzte, Anwälte, Steuerberater, Architekten und Landwirte zum Ärger der Familienrichter nur schwer ermitteln, weil der Selbständige als Unterhaltspflichtiger es nicht liebt, seine Karten aufzudecken.   **545**

Berechnungsgrundlage sind die **Bilanzen mit Gewinn- und Verlustrechnungen nebst AfA-Liste** sowie die **Einkommensteuererklärungen und -bescheide,** die der Selbständige spätestens im Unterhaltsprozess auf Stufenklage (§ 254 ZPO) nach §§ 1580, 1605 vorlegen muss[590]. Wer nicht bilanzieren muss, hat wenigstens eine **Einnahmen-Überschuß-Rechnung** vorzulegen[600].

Diese Unterlagen binden den Familienrichter jedoch selbst dann nicht, wenn sie handels- und steuerrechtlich korrekt sind. Denn Handels- und Steuerrecht erlauben dem Selbständigen eine großzügigere Berechnung seines Einkommens. Man muss deshalb im Unterhaltsprozess vor allem den **bilanzierten Geschäftsaufwand,** die **Rückstellungen** und die **Abschreibungen** daraufhin überprüfen, **ob sie auch unterhaltsrechtlich anzuerkennen sind, und es ist Sache des unterhaltspflichtigen Selbständigen, dies im einzelnen überprüfbar darzulegen**[601]. Überhaupt muss der Unterhaltsschuldner das vom Unterhaltsgläubiger behauptete Einkommen „substantiiert" bestreiten, wenn er verhindern will, dass es unstreitig wird[602].   **546**

---

596 So *OLG Köln* FamRZ 84, 1108; *OLG Schleswig* FamRZ 90, 518: 15% je Kind; *OLG Hamburg* FamRZ 93, 1453; *OLG Hamm* FamRZ 94, 1036; 96, 488; *OLG Karlsruhe* FamRZ 98, 560; *OLG Koblenz* FamRZ 99, 1275.

597 So *BGH* NJW 82, 2664; 86, 2054; 91, 697; 2001. 973.

598 *BGH* NJW 95, 717.

599 *BGH* NJW 82, 1642; 82, 1645; 83, 1554; *OLG München* NJW-RR 88, 1285: Umsatzsteuererklärungen und -bescheide genügen nicht; *OLG Bamberg* FamRZ 89, 423: Jahresabschluß muss binnen 6 Monaten nach Ablauf des Geschäftsjahres erstellt sein.

600 Zur Ermittlung des Einkommens eines selbständigen Rechtsanwalts: *OLG München* NJW 93, 2186; zum Einkommen eines niedergelassenen Arztes: *OLG Karlsruhe* FamRZ 90, 1234.

601 *BGH* NJW 80, 2083; 85, 909; 87, 777.

602 *OLG Hamm* FamRZ 96, 1216.

4.2 Handels- und Steuerbilanz

547 Das Handelsrecht kennt die Handelsbilanz, das Steuerrecht die Steuerbilanz. Die **Handelsbilanz** (§§ 242 ff. HGB) soll für Anteilseigner, Kreditgeber und Kaufinteressenten klären, wo das Unternehmen wirtschaftlich steht. Die **Steuerbilanz** hingegen dient der höchstmöglichen Gewinnversteuerung und steht deshalb dem Unterhaltsrecht näher als die Handelsbilanz. Der zu versteuernde buchmäßige Gewinn deckt sich aber dann nicht mit dem wahren Gewinn, wenn die steuerrechtlich anerkannten Betriebsausgaben und Abschreibungen in dieser Höhe tatsächlich nicht angefallen sind und deshalb unterhaltsrechtlich nicht anerkannt werden[603].

548 Das Steuerrecht ermittelt den Gewinn des Selbständigen nach § 4 EStG auf zweierlei Art und Weise, je nachdem ob der Selbständige gesetzlich verpflichtet ist, Bücher zu führen und Jahresabschlüsse zu machen, oder ob er dazu gesetzlich nicht verpflichtet ist und es auch nicht freiwillig tut. Im ersten Fall ist der Gewinn gleich der positiven Differenz zwischen dem Betriebsvermögen am Ende des Wirtschaftsjahres und dem Betriebsvermögen am Ende des vorhergehenden Wirtschaftsjahres zuzüglich der Entnahmen und abzüglich der Einlagen. Grundlage der Berechnung ist der **Jahresabschluß (Bilanz)**. Im zweiten Fall ist der Gewinn gleich dem **Überschuss der Betriebseinnahmen über die Betriebsausgaben**.

549 Wer **buchführungspflichtig** ist, bestimmt z.B. § 141 AO mit §§ 238 ff. HGB. Die **doppelte Buchführung** ermöglicht eine doppelte Gewinnermittlung: sowohl durch die Bilanz als auch nach der Gewinn-Verlust-Formel. Alle Geschäftsvorfälle während des Geschäftsjahres werden doppelt verbucht: zum einen auf dem Bestandskonto zum anderen auf dem Erfolgskonto. Das Bestandskonto erfaßt das Betriebsvermögen, bestehend aus dem Anlagevermögen (Grundstücke und Gebäude) und dem Umlaufvermögen (Waren, Forderungen, Bankguthaben). Es ist gegliedert in Aktiv- und Passivkonten. Das Bestandskonto, saldiert im Schlussbilanzkonto, ergibt den aktuellen Stand des Betriebsvermögens und im Vergleich mit dem Vorjahr den Gewinn oder Verlust. Das Erfolgskonto gehört zum Kapitalkonto und ist unterteilt in Aufwands- und Ertragskonten, die alle betrieblichen Ausgaben und Einnahmen verbuchen. Zieht man den Aufwandssaldo vom Ertragssaldo ab, hat man den Gewinn oder Verlust, ausgewiesen durch die Gewinn- und Verlustrechnung. Sind die Bücher richtig geführt, stimmen die Ergebnisse des Bestands- und des Erfolgskontos überein.

550 Die **Bilanz** (Jahresabschluss) gibt zum Stichtag an, welches Betriebsvermögen vorhanden ist, wie es sich zusammensetzt und wem das Kapital gehört, das im Betriebsvermögen steckt. Das ist eine **Momentaufnahme zum Stichtag**. Die Entwicklung des Unternehmens dagegen offenbart sich erst, wenn man zwei aufeinanderfolgende Bilanzen miteinander vergleicht, etwa die Eröffnungsbilanz mit der Bilanz zum Ende des 1. Wirtschaftsjahres oder die Bilanzen der letzten beiden Jahre. Die Bilanz hat zwei Seiten: links die **Aktivseite** und rechts die **Passivseite**. Die Aktivseite verzeichnet die Aktiva: alle Sachen und Rechte, die das Betriebsvermögen bilden[604]. Die Passivseite verzeichnet die Passiva: das investierte Kapital, getrennt nach Eigen- und Fremdkapital (Kreditschulden). Die beiden Seiten müssen zum gleichen Ergebnis kommen. Ist die Passivseite leichter als die Aktivseite, weil der Kapitaleinsatz hinter dem erwirtschafteten Betriebsvermögen zurückbleibt, verkörpert der Differenzbetrag den erwirtschafteten Gewinn. Also setzt man den Gewinn zum Ausgleich der Bilanz auf der Passivseite

---

603 Dazu *Nickel* NJW 86, 2544; *Fischer-Winkelmann* FuR 95, 259; *Fischer-Winkelmann/Maier* FamRZ 96, 1391: Beteiligung an Personen- oder Kapitalgesellschaft.
604 Zur unterhaltsrechtl. Bewertung: *Nickel* FamRZ 85, 1219.

ein. Ist die Aktivseite leichter als die Passivseite, weil das Betriebsvermögen hinter dem Kapitaleinsatz zurückbleibt, verkörpert der Fehlbetrag den erwirtschafteten Verlust. Also setzt man den Verlust zum Ausgleich der Bilanz auf der Aktivseite ein.

Einlagen und **Entnahmen** sind Vorgänge, die betrieblich nicht veranlasst sind (§ 4 I 2, 5 EStG). Die Einlage führt dem Betriebsvermögen zusätzlich ein Wirtschaftsgut (Geld, Sache, Recht) zu. Die Entnahme entzieht dem Betriebsvermögen ein Wirtschaftsgut (Geld, Sache, Recht).

Die **Gewinn- und Verlustrechnung** ergänzt die Bestandsrechnung (Bilanz) und ermittelt das rechnerische Betriebsergebnis, entweder nach dem Gesamtkostenverfahren (§ 275 II HGB) oder nach dem Umsatzkostenverfahren (§ 275 III HGB).

4.3 Abschreibungen

Unterhaltsrechtlich sind vor allem die bilanzierten Abschreibungen problematisch. Das Steuerrecht kennt derzeit nicht weniger als 7 Abschreibungsarten[605].   **551**

- Die **lineare Abschreibung** (§ 7 I 1 EStG) entspricht dem gleichmäßigen Wertverlust eines Vermögensstücks während der mutmaßlichen Nutzungsdauer nach AfA-Tabellen.
- Die **degressive Abschreibung** (§ 7 II 1 EStG) ist dreimal so hoch wie die lineare bis zur Höchstgrenze von 30%, fällt aber Jahr für Jahr ab, weil sie immer nur aus dem jeweiligen Buchwert (Restwert) berechnet wird.
- Die **außergewöhnliche Abschreibung** (§ 7 I 5 EStG) beschränkt sich auf den außergewöhnlichen Substanzverlust durch Beschädigung oder Zerstörung. Daneben gibt es noch die **Leistungsabschreibung** (§ 7 I 4 EStG), die **Absetzung für Substanzverringerung/ AfS** durch Bergbau, Steinbruch oder Kiesgrube (§ 7 VI EStG), die **Sonderabschreibung** (§§ 7a-7g EStG), die zusätzlich zur linearen Abschreibung nur kraft besonderer gesetzlicher Erlaubnis möglich ist, schließlich die **Abschreibung geringwertiger Wirtschaftsgüter/GWG** (§ 6 II 1 EStG), deren Anschaffung oder Herstellung höchstens 800,– DM gekostet hat und die im Anschaffungs- o. Herstellungsjahr voll als Betriebsausgabe abgeschrieben werden können.

Die steuerliche Abschreibung ist unterhaltsrechtlich nur insoweit anzuerkennen, als sie dem wahren Verlust und der Notwendigkeit entspricht, für Reparatur oder Ersatzbeschaffung Rücklagen zu bilden, was der Selbständige im Einzelnen darlegen muss[606]. Die lineare Abschreibung, die auf Erfahrungswerten beruht, ist deshalb in der Regel unbedenklich[607]. Degressive und Sonderabschreibungen hingegen sind auf das lineare Maß zu beschränken[608].   **552**

---

605 Zur Abschreibung nach AfA: *Doerges* FamRZ 85, 765; *Kleinle* FamRZ 98, 1346; *Fischer-Winkelmann* FamRZ 99, 1403; *Weychardt* FamRZ 99, 1407; *Laws* FamRZ 2000, 588.
606 *BGH* NJW 80, 2083; 85, 909; 87, 777; FamRZ 85, 472; *OLG Hamm* FamRZ 96, 1216; ferner *Durchlaub* FamRZ 87, 1223.
607 *OLG Bremen* FamRZ 95, 936; *OLG Köln* FamRZ 96, 966.
608 *OLG Dresden* FamRZ 99, 850.

4.4 Dreijahresdurchschnitt

553 Da das Einkommen des Selbständigen oft stark schwankt, begnügt man sich in der Regel nicht mit dem monatlichen Durchschnittseinkommen des letzten Jahres, sondern nimmt vorsichtshalber den Durchschnitt der letzten 3 Jahre[609]. Zum Einkommen zählt auch die private Nutzung von Firmenauto und Firmentelefon[610].

554 Auch der Selbständige darf von seinem monatlichen Bruttoeinkommen außer der Einkommensteuer seine **Aufwendungen für eine angemessene Kranken- und Altersversicherung** abziehen[611]. Letztere orientiert sich, vor allem bei kleinen Einkommen, an den Sätzen der gesetzlichen Rentenversicherung[612]. Berufsbedingte Aufwendungen dagegen darf er nicht mehr abziehen, da sein gesamter Geschäftsaufwand schon in der Bilanz oder der Einnahmen-Überschuss-Rechnung verbucht ist.

4.5 Entnahmen

555 Lebt der Selbständige trotz mageren Geschäftsergebnissen dank umfangreicher Entnahmen auf großem Fuß, darf man die Entnahmen nicht mit dem Gewinn verwechseln, denn **soweit das Geschäftsergebnis die Entnahmen nicht rechtfertigt, lebt der Selbständige nicht vom Gewinn, sondern von der Substanz seines Vermögens, wenn nicht gar auf Pump**[613]. Die Höhe der Entnahmen lässt freilich auf den Lebensstandard und dieser auf das Einkommen des Selbständigen schließen[614]. Mag er darlegen, dass sein Unternehmen soviel nicht hergibt. Tut er dies nicht, hat er ein schlechtes Gewissen und darf sich nicht darüber beklagen, dass man ihn auch unterhaltsrechtlich an seinem Lebensstil mißt[615]. Steht aber fest, dass das Unternehmen die Entnahmen nicht rechtfertigt, sind sie unterhaltsrechtlich nur dann erheblich, wenn der Selbständige für eigenen oder fremden Unterhalt nach §§ 1578 I 1, 1577 III, 1581 S. 2 auch den Stamm seines Vermögens angreifen muss[616].

4.6 Sparrate

556 Auch beim Selbständigen bleibt für die Berechnung des Unterhaltsbedarfs der Teil des Einkommens außer Betracht, der nach den ehelichen Lebensverhältnissen nicht für den Unterhalt, sondern für die Vermögensbildung bestimmt ist und gespart wird[617].

---

609 *BGH* NJW 82, 1642, 1645; 83, 1554; 85, 909; 92, 1902; 92, 2477; FamRZ 85, 471; *OLG Karlsruhe* FamRZ 90, 1234.
610 *OLG Hamm* FamRZ 92, 1427; *KG* FamRZ 97, 360.
611 *BGH* FamRZ 85, 472.
612 *OLG Bamberg* FamRZ 87, 1181; 90, 1138.
613 *BGH* NJW 92, 1902; *OLG Frankfurt* FamRZ 88, 1285; *OLG Hamm* FamRZ 97, 674; *OLG Dresden* FamRZ 99, 850; *Stein* FamRZ 89, 343.
614 *BGH* NJW 92, 1902: Hilfsmittel der Einkommensermittlung, solange nicht Überschuldung feststeht; *OLG Düsseldorf* FamRZ 83, 397; *OLG Köln* FamRZ 91, 311; *OLG Hamm* FamRZ 93, 1088: Verdacht der Manipulation.
615 *OLG Frankfurt* FamRZ 92, 64; *OLG Hamm* FamRZ 96, 1216; *Stein* FamRZ 89, 343.
616 *OLG Hamm* FamRZ 97, 674; *Stein* FamRZ 89, 343.
617 *BGH* NJW 84, 292; 92, 2477.

5. Steuern auf das Einkommen[618]

5.1 Zusammenveranlagung und getrennte Veranlagung

Solange die Ehegatten zusammenleben, können sie nach § 26 EStG zwischen getrennter **557** Veranlagung (§ 26a EStG) und Zusammenveranlagung (§ 26b EStG) wählen. Letztere ist wegen des Ehegatten-Splittings (§ 32a V EStG) meistens günstiger als die getrennte Veranlagung, weil jeder Ehegatte nur aus der Hälfte des Gesamteinkommens besteuert wird. Der Steuervorteil ist um so größer, je mehr der eine und je weniger der andere verdient. Außerdem lässt sich ein negatives Einkommen des einen Ehegatten mit dem Einkommen des anderen Ehegatten verrechnen, was die Steuerlast zusätzlich verringert.

Die gemeinsame Veranlagung ist ausgeschlossen, wenn die Ehegatten sich während des Veranlagungszeitraums (§ 25 I EStG: Kalenderjahr) endgültig trennen oder gar rechtskräftig scheiden lassen. Jetzt erhöht sich durch getrennte Veranlagung die Steuerlast und verringert sich entsprechend das Nettoeinkommen. Denn der Lohnsteuerpflichtige wechselt meist von der günstigeren Steuerklasse III in die ungünstigere Steuerklasse I (§§ 38 I 2 Nr. 1, 38b EStG). Für die Zeit vor der Trennung freilich bleiben die Ehegatten zur gemeinsamen Veranlagung grundsätzlich verpflichtet (RN 37).

5.2 Begrenztes Real-Splitting nach Trennung

Statt des Ehegattensplittings kann der getrenntlebende oder geschiedene Unterhalts- **558** pflichtige durch „begrenztes Real-Splitting" den bezahlten Trennungs- oder Geschiedenenunterhalt bis zum jährlichen Höchstbetrag von 27 000,– DM als Sonderausgabe vom Einkommen absetzen (§ 10 I Nr. 1 EStG)[619], braucht dazu aber die Zustimmung des Unterhaltsberechtigten, weil dieser den Unterhalt als Einkommen versteuern muss (§§ 10 I Nr. 1, 22 Nr. 1a EStG). **Der Unterhaltsberechtigte** wiederum **ist** nach Treu und Glauben **verpflichtet, dem „begrenzten Real-Splitting" zuzustimmen**, im Normalfall durch Unterschrift unter die Anlage U zur Einkommensteuererklärung des Unterhaltspflichtigen[620], **freilich nur Zug um Zug gegen dessen Versprechen, dem Unterhaltsberechtigten alle finanziellen Nachteile aus der Besteuerung seines Unterhalts auszugleichen**[621]. Von anderen Leistungen des Unterhaltsschuldners darf der Unterhaltsberechtigte seine Zustimmung nicht abhängig machen[622], von einer Sicherheitsleistung nur dann, wenn er konkret befürchten muss, der andere werde die Steuernachteile nicht aus-

---

618 *Arens/Spieker* FamRZ 85, 121, 125: Steuererklärung und Steuerbescheid im Unterhaltsrecht; *Friederici* ZAP 91, 173; *Liebelt* NJW 94, 609: Steuerrecht bei Trennung u. Scheidung; *Arens/ Oltmanns* FamRZ 94, 1371: Unterhalt als außergewöhnliche Belastung; *Scholz* FamRZ 96, 65: Jahressteuergesetz u. Düss.Tabelle.

619 BFH FamRZ 2000, 1360: Überlassung Wohnhaus zur Nutzung als Unterhalt – Mietwert ist Sonderausgabe.

620 *Arens* AnwBl 89, 76; FamRZ 99, 1558.

621 *BGH* NJW 83, 1545; 85, 195; 86, 254; 88, 2886: auch Steuerberatungskosten; 92, 1391; FamRZ 97, 544:: keine Aufrechnung gegen Ersatzanspruch; ferner *OLG Frankfurt* FamRZ 90, 63; *OLG Hamm* FamRZ 90, 1004, 1244; 91, 830; *OLG Hamburg* FamRZ 91, 831; 2000, 888.

622 *BGH* NJW 83, 1545: Vorauszahlung der befürchteten Nachteile; 85, 195: Beteiligung an der Steuerersparnis; *OLG Hamm* FamRZ 91, 832: Unterhalt.

gleichen[623]. Umgekehrt ist der Unterhaltspflichtige zum Ausgleich auch dann verpflichtet, wenn der Unterhaltsberechtigte seine Zustimmung vorbehaltslos erteilt hat[624].

559 Wenn der Unterhaltsberechtigte wieder heiratet , mit seinem neuen Ehegatten zusammenveranlagt und nach dem Ehegatten-Splittingtarif besteuert wird, beschränkt sich sein Ausgleichsanspruch auf diejenigen steuerlichen Nachteile, die er bei getrennter Veranlagung durch Versteuerung der Unterhaltszahlungen erlitten hätte; dazu gehören nicht die Nachteile des neuen Ehegatten aus der Zusammenveranlagung[625].

Die unberechtigte Verweigerung der Zustimmung ersetzt diese nicht[626], verpflichtet aber aus positiver Forderungsverletzung zum Schadensersatz[627].

Die Klage auf Zustimmung zum begrenzten Real-Splitting betrifft den Ehegattenunterhalt und ist deshalb Familiensache[628], die Zustimmung selbst eine öffentlichrechtliche Willenserklärung, die analog § 894 ZPO vollstreckt wird[629].

5.3 Tatsächliche, nicht fiktive Steuerlast

560 Da die Ehegatten die Höhe der gesetzlichen Einkommensteuer nicht beeinflussen können, zählt unterhaltsrechtlich laut **BGH** nur die tatsächliche Steuerlast und spekuliert das Familiengericht nicht mit fiktiven Steuerbeträgen, weil dies angeblich viel zu unsicher ist[630]. Vom Bruttoeinkommen sind deshalb nur diejenigen Steuern abzuziehen, die gerade in dem Jahr anfielen und bezahlt werden, in dem auch das maßgebliche Einkommen erzielt wird. Das gleiche gilt für Steuervorauszahlungen, Steuernachzahlungen und Steuererstattungen[631].

561 Schon die ehelichen Lebensverhältnisse, die nach § 1578 I 1 den **Unterhaltsbedarf** des geschiedenen Ehegatten bestimmen, werden nur durch diejenige Einkommensteuer geprägt, die zur Zeit der Scheidung tatsächlich anfällt, nicht durch eine fiktive, die der Ehegatte ohne die Trennung schulden würde. Nach der endgültigen Trennung der Eheleute ist es in der Regel die Einkommensteuer nach der ungünstigeren Steuerklasse I. Diese ist zwar trennungsbedingt und kann streng genommen die ehelichen Lebensverhältnisse nicht mehr prägen. Der **BGH** hält sie gleichwohl für maßgeblich, um die zweifelhafte

---

623 *BGH* NJW 83, 1545; zur Vollstreckung in diesem Fall: BFH NJW 89, 1504; *OLG Düsseldorf* FamRZ 99, 1132.
624 *BGH* NJW 86, 254; zum Umfang der Ersatzleistung: *OLG Frankfurt* FamRZ 91, 834.
625 *BGH* NJW 92, 1391; FamRZ 92, 1050; *OLG Karlsruhe* FamRZ 91, 832; *OLG Stuttgart* FamRZ 91, 1063; a.A. *OLG Hamm* FamRZ 90, 757; *OLG Düsseldorf* FamRZ 91, 452.
626 BFH NJW 91, 125.
627 *BGH* NJW 88, 2886; ferner *OLG Köln* FamRZ 88, 1059: berechtigte Verweigerung; aber auch *OLG Düsseldorf* FamRZ 91, 192: schon Möglichkeit des begrenzten Real-Splitting ist Einkommen.
628 *OLG Hamm* FamRZ 87, 489.
629 BFH NJW 89, 1504; *OLG Frankfurt* FamRZ 89, 1321.
630 *BGH* NJW 80, 2251; 82 1986; 88, 2101; 88, 2105; 90, 1477; 90, 2886; 91, 224; 91, 1050; *OLG Frankfurt* FamRZ 89, 1300; zur Steuerlast des Selbständigen: *Fischer-Winkelmann* FamRZ 93, 880.
631 *BGH* NJW 80, 2252; 90, 1479: begrenztes Real-Splitting.

Berechnung der fiktiven Steuerlast nach der Steuerklasse III zu vermeiden[632]. Diesen Widerspruch zur allgemeinen Regel, dass trennungsbedingte Veränderungen des Einkommens die ehelichen Lebensverhältnisse nicht mehr bestimmen, gleicht der BGH dadurch aus, dass der Splitting-Vorteil der Steuerklasse III, den der unterhaltspflichtige geschiedene Ehegatte durch eine neue Heirat erlangt, auch dem unterhaltsberechtigten geschiedenen Ehegatten (und den Kindern aus dieser Ehe) zugutekommt und so dessen Bedarf nach § 1578 I 1 nachträglich erhöht[633]. Diese Änderung der Steuerklasse berechtigt unter den Voraussetzungen des § 323 ZPO zur Abänderungsklage[634]. Den neuen Splitting-Vorteil aus der Steuerklasse III verliert der unterhaltsberechtigte Ehegatte nur unter den Voraussetzungen der Härteklausel des § 1579 Nr. 7[635].

Allerdings darf der unterhaltspflichtige Ehegatte seine Steuerbelastung **nicht zum Nachteil des Unterhaltsberechtigten manipulieren**. Wählt er nach seiner Wiederheirat die ungünstige Steuerklasse V, um seinem neuen Ehegatten die günstigere Steuerklasse III zu verschaffen, darf dies nicht zu Lasten des unterhaltsberechtigten geschiedenen Ehegatten und der Kinder aus der früheren Ehe gehen, sondern rechtfertigt einen angemessenen – fiktiven – Steuerabschlag[636].   **562**

Außerdem sind beide Ehegatten auch nach der Scheidung unterhaltsrechtlich gehalten, alle **gesetzlichen Steuervorteile auszuschöpfen**[637]. Tun sie es nicht, werden sie so behandelt, als hätte sie es getan[638].

Die **Steuererstattung** nach gemeinsamer Veranlagung steht den Ehegatten gegenüber dem Finanzamt anteilig im Verhältnis ihrer Steuerzahlungen zu[639]. Dagegen hat der Unterhaltsberechtigte keinen Anspruch gegen den Unterhaltspflichtigen, an dessen Steuererstattung direkt teilzuhaben; diese erhöht freilich das Einkommen des Unterhaltspflichtigen[640].   **563**

6. Einkünfte aus Vermögen

6.1 Begriff

Vermögen ist die **Summe aller geldwerter Güter einer Person**. Unterhaltsrechtlich unterscheidet man zwischen dem Stamm und dem Ertrag des Vermögens. Den Stamm sei-   **564**

---

632 *BGH* NJW 88, 2101: anders nur, wenn der Ehegatte alsbald wieder heiratet; 88, 2105; 90, 1477; 90, 2886; 91, 224, 1050; a.A. *OLG Düsseldorf* FamRZ 89, 746.
633 *BGH* NJW 80, 2251; 85, 2268; 86, 2758; 88, 2105; 91, 1050; FamRZ 88, 148; 90, 981; aber auch *OLG Frankfurt* FamRZ 95, 1423: Nettoeinkommen nach Steuerklasse III in neuer Ehe höher als in alter.
634 *BGH* NJW 88, 2101.
635 *BGH* NJW 85, 2268; FamRZ 90, 983; *OLG Stuttgart* FamRZ 90, 753.
636 *BGH* NJW 80, 2251; *OLG Düsseldorf* FamRZ 86, 66; *OLG Koblenz* FamRZ 86, 1029; gilt nicht für Steuerklasse IV: *OLG Koblenz* FamRZ 88, 403; *OLG Köln* FamRZ 89, 65.
637 *BGH* FamRZ 88, 607; *OLG Hamm* FamRZ 87, 489; *OLG Bamberg* FamRZ 87, 1031: Eintragung Freibetrag auf Lohnsteuerkarte.
638 *OLG Bamberg* FamRZ 87, 1031; *OLG Hamburg* FamRZ 91, 196.
639 BFH NJW 91, 2103; zum internen Ausgleich *OLG Karlsruhe* FamRZ 91, 191, 441; *OLG Düsseldorf* FamRZ 91, 194; *OLG Hamm* FamRZ 96, 1413; *Dostmann* FamRZ 91, 760; *Arens* NJW 96, 704.
640 *BGH* FamRZ 84, 1211.

nes Vermögens muss man zum eigenen oder fremden Unterhalt nach §§ 1577 III, 1581 S. 2 dann nicht antasten, wenn dies unwirtschaftlich oder unbillig wäre. Der laufende Vermögensertrag hingegen ist als Einkommen stets in die Unterhaltsrechnung einzustellen. Er besteht aus Miet-, Pacht- und Kapitalzinsen (Darlehens- und Sparzinsen) sowie Gebrauchsvorteilen (§ 100) wie dem billigeren Wohnen im eigenen Haus (RN 567).

Da diese Einkünfte nicht durch Arbeit, sondern durch Kapitaleinsatz erzielt werden, verringern sie sich weder um berufsbedingte Aufwendungen noch um den „Erwerbstätigenbonus".

Beispiele

(1) **Zinsen** aus der Anlage des Zugewinnausgleichs (*BGH* NJW 85, 909; 86, 1342; FamRZ 85, 357) oder des Erlösanteils aus dem Verkauf des gemeinschaftlichen Hauses (*BGH* FamRZ 85, 356; 86, 439), aus der Auseinandersetzung der Gütergemeinschaft (*BGH* FamRZ 86, 441), aus gespartem Unterhalt (BGH NJW 85, 1344) oder Schmerzensgeld (*BGH* FamRZ 88, 1031);

(2) Einkünfte aus **ererbtem Vermögen** (BGH FamRZ 88, 1145; *OLG Koblenz* FamRZ 90, 51);

(3) laufende Bezüge aus der **Leibrente** (§ 759) für die Veräußerung eines Gesellschaftsanteils, auch soweit sie einen Tilgungsanteil enthalten, denn Vermögensstamm ist nur das Leibrentenstammrecht, das erst durch Rekapitalisierung angegriffen wird (*BGH* NJW 94, 935).

6.2 Fiktive Vermögenserträge

565 Zwar bestimmt jeder selbst, ob und wie er sein Vermögen anlegt. Unterhaltsrechtlich aber ist sowohl der Berechtigte als auch der Verpflichtete gehalten, sein Vermögen binnen angemessener Frist möglichst ertragsreich anzulegen. Den Einkünften, die er aus seinem Vermögen bezieht, stehen rechtlich diejenigen gleich, die er mit zumutbarer Anstrengung nachhaltig ziehen kann[641].

Beispiele

Beispiele für fiktive Einkünfte

(1) Das **Kapital aus dem Zugewinnausgleich** ist ebenso anzulegen (*BGH* NJW 86, 1342) wie **ererbtes Vermögen** (*BGH* NJW 88, 2801).

(2) Der **gesetzliche Pflichtteil** ist durchzusetzen und die erstrittene Geldsumme ertragreich anzulegen, wenn die Klage Erfolg verspricht und zumutbar erscheint (*BGH* NJW 93, 1920).

(3) **Wohnraum** darf man nicht leer stehen lassen oder unentgeltlich volljährigen Kindern mit eigenem Einkommen überlassen (*BGH* NJW 90, 711), auch nicht dem zahlungskräftigen neuen Lebensgefährten (*BGH* NJW 80, 124; 83, 683; 89, 1083). Ist die **Ehewohnung** durch die Trennung und den Auszug des einen Ehegatten für den anderen **zu groß** geworden, ist sie spätestens nach der Scheidung teilweise zu vermieten (*BGH* FamRZ 88, 150: für Vergangenheit nur bei Mutwille nach § 1579 Nr. 3; NJW 90, 711: Vermietung Dachgeschosswohnung; FamRZ 89, 1161: nicht schon während Trennung).

(4) Eine **unwirtschaftliche Kapitalanlage** ist, soweit zumutbar, ertragreich umzuschichten (*BGH* FamRZ 86, 439; 86, 561; NJW 92, 1046).

---

641 *BGH* NJW 88, 2801; 90, 711; 92, 1046; 93, 1920; FamRZ 86, 439, 441, 443; 90, 989.

(5) Spätestens nach der Scheidung ist das **gemeinschaftliche Wohnhaus**, wenn es nicht zu halten ist, zu veräußern, der Erlös zu verteilen und anzulegen (*OLG* Frankfurt NJW-RR 93, 7).

Derartige fiktive Einkünfte aber darf man dem Unterhaltsberechtigten oder -verpflichteten **nur solange zurechnen, als das Kapital, das anzulegen wäre, noch vorhanden ist.** Ist es bereits verbraucht, gilt für den unterhaltsberechtigten Ehegatten § 1579 Nr. 3: der Verbrauch ist in der Regel zu respektieren, es sei denn, der Unterhaltsberechtigte habe sich dadurch mutwillig bedürftig gemacht[642]. Das gleiche Ergebnis erreicht man für den Unterhaltsschuldner über § 242.

6.3 Bedarf, Bedürftigkeit und Leistungsunfähigkeit

Auch die Vermögenseinkünfte bestimmen nach § 1578 I 1 nur dann die ehelichen Lebensverhältnisse und den Unterhaltsbedarf des geschiedenen Ehegatten, wenn sie schon zur Zeit der Scheidung flossen und nicht trennungsbedingt sind. Trennungsbedingt sind etwa die Zinsen aus dem Zugewinnausgleich[643] oder aus dem Verkaufserlös für das gemeinschaftliche Eigenheim[644]. Der Unterhaltsberechtigte hingegen muss sich auch derartige Einkünfte nach § 1577 I, II auf seinen Bedarf anrechnen lassen, weil er insoweit nicht bedürftig ist[645]. Entsprechend erhöhen derartige Einkünfte die Leistungsfähigkeit des Unterhaltsschuldners[646].

566

7. Wohnvorteil

7.1 Begriff

Unter einem Wohnvorteil versteht man unterhaltsrechtlich das **mietfreie Wohnen im eigenen Haus.** Das ist eine geldwerte Sachnutzung in Gestaltung eines **Gebrauchsvorteils** (§ 100) und zählt zu den **Vermögenserträgen.** Geldwert hat das Wohnen im eigenen Haus freilich nur, wenn und **soweit der Wohnwert die Wohnkosten übersteigt und das Wohnen im eigenen Haus billiger ist als in einer gleichwertigen Mietwohnung**[647]. Maßstab ist die **ortsübliche Miete.** Den Geldwert des Wohnvorteils berechnet man als Differenz zwischen dem ortsüblichen Mietwert der eigenen Wohnung und den Wohnungskosten, die sich zusammensetzen aus den verbrauchsunabhängigen Grundstückskosten wie Grundsteuer und Gebäudeversicherung sowie den monatlichen Zins- und Tilgungsleistungen auf die Hauskredite[648].

567

---

642 *BGH* FamRZ 86, 562; 88, 159; 90, 991; *OLG Koblenz* FamRZ 90, 51.
643 *BGH* NJW 85, 909.
644 *BGH* FamRZ 84, 149; 85, 356; 90, 272; 92, 423.
645 *BGH* FamRZ 85, 356; 86, 439; 86, 437.
646 *BGH* FamRZ 86, 48.
647 *BGH* FamRZ 95, 870.
648 *BGH* FamRZ 85, 356; 86, 48, 439; 90, 989; 94, 1100; 95, 870; 2000, 950: nicht verbrauchsabhängige Kosten; einschränkend *OLG Braunschweig* FamRZ 96, 1216: nicht Grundsteuer, Feuerversicherung u. Schornsteinfeger, da sie meist auch der Mieter trage.

7.2 Mietersparnis

568 Unterhaltsrechtlich zählt der Wohnvorteil **in Höhe der monatlichen Mietersparnis** deshalb zum Einkommen, weil der Wohnbedarf einen Teil des Lebensbedarfs ausmacht, den die meisten Menschen für teures Geld in einer Mietwohnung decken müssen, während das mietfreie Wohnen im eigenen Haus diesen Aufwand erspart und dadurch das verfügbare Einkommen erhöht[649]. Aber auch das Wohnen im eigenen Haus hat seinen Preis. Es wird erkauft nicht nur mit Grundsteuer und Gebäudeversicherung, sondern vor allem mit Zins und Tilgung der laufenden Hauskredite, die deshalb in die Rechnung einzustellen sind[650].

7.3 Unterhaltsrechtliche Bedeutung

569 Als Vermögensertrag beeinflusst der Wohnvorteil Bedarf, Bedürftigkeit und Leistungsfähigkeit[651]. Der Wohnvorteil der Ehegatten bestimmt die ehelichen Lebensverhältnisse und damit den **Unterhaltsbedarf** des getrenntlebenden oder geschiedenen Ehegatten (§§ 1361 I, 1578 I 1). Der Wohnvorteil des Unterhaltsberechtigten mindert dessen **Bedürftigkeit** (§ 1577). Und der Wohnvorteil des Unterhaltsschuldners erhöht dessen **Leistungsfähigkeit** (§ 1581).

570 Bevor man einen Wohnvorteil bestimmter Höhe in die Unterhaltsrechnung einstellt, muss man allerdings prüfen, **ob das eigene Haus als Vermögensanlage überhaupt akzeptiert werden kann.** Denn im Unterhaltsrecht zählt nicht nur das Einkommen, das tatsächlich erzielt wird, sondern auch dasjenige, das mit zumutbarer Anstrengung erzielt werden kann. Unterhaltsberechtigter wie Unterhaltsschuldner sind deshalb gehalten, ihr Vermögen möglichst ertragreich anzulegen[652]. Wer dies nicht tut, wird so behandelt, als habe er die erzielbaren Einkünfte tatsächlich erzielt[653].

Beispiel

Beispiel nach BGH NJW 92, 1046

Die geschiedene Ehefrau erhält aus dem Verkauf des gemeinschaftlichen Hauses 300 000,– DM. Damit und mit einem Kredit in Höhe von 200 000,– DM baut sie ein Haus und bewohnt es mit ihren beiden minderjährigen Kindern aus der geschiedene Ehe. Sie ist nicht erwerbstätig. Für Zins und Tilgung zahlt sie monatlich 1400,– DM. Die ortsübliche Miete für das Haus beträgt 1750,– DM. Der Ehemann verdient monatlich 5500,– DM netto und hat noch weitere Einkünfte. Er zahlt 1220,– DM Kindesunterhalt. Die Ehefrau verlangt 2640,– DM Elementarunterhalt und 512,– DM Vorsorgeunterhalt.

Anspruchsgrundlage ist § 1570 mit § 1578 I 1. Der **Unterhaltsbedarf** der Ehefrau richtet sich nach den ehelichen Lebensverhältnissen, also nach dem Einkommen des Ehemanns und dem gemeinschaftlichen Wohnvorteil. Fraglich ist die **Bedürftigkeit** der Ehefrau. Musste sie ihren Erlösanteil aus dem Verkauf des gemeinschaftlichen Hauses so anlegen,

---

649 *BGH* FamRZ 95, 870.
650 *BGH* FamRZ 95, 870; 98, 87: bei Bedürftigkeit aber nur Zinsaufwand, da Tilgung Vermögen bildet.
651 *BGH* FamRZ 94, 1100; *Graba* FamRZ 95, 385.
652 *BGH* FamRZ 85, 356; 86, 439; 90, 989; NJW 92, 1044.
653 *BGH* NJW 92, 1044.

dass sie ihren Bedarf möglichst selbst decken kann, oder durfte sie ihn in den teueren Hausbau stecken?

Auch der unterhaltsberechtigte Ehegatte muss sich nicht nur diejenigen Einkünfte anrechnen lassen, die er tatsächlich hat, sondern auch diejenigen, die er mit zumutbarer Anstrengung haben könnte. Auf der anderen Seite bestimmt jeder Ehegatte selbst, wie er sein Barvermögen anlegt. Die Ehefrau hat sich hier für den Hausbau entschieden. **Diese Geldanlage ist unterhaltsrechtlich nur dann falsch, wenn sie eindeutig unwirtschaftlich ist** (*BGH* NJW 92, 1046). Und das ist sie erst dann, wenn sie weit weniger abwirft als eine Geldanlage, denn es kommt nicht nur auf die Höhe des Ertrags an, sondern auch auf das Maß an Sicherheit, und die Investition in eine Immobilie ist vielleicht sicherer als das Sparbuch oder das Wertpapier.

Wegen der hohen Grundstückslasten von monatlich 1400,– DM beträgt die Rendite aus dem Hausbau einschließlich Wohnvorteil monatlich nur 350,– DM, während das investierte Eigenkapital als Geldanlage 2100 DM brächte. **Danach ist der Hausbau eindeutig unwirtschaftlich** (*BGH* NJW 92, 1046). Der Wohnvorteil der Ehefrau gemessen am investierten Eigenkapital beträgt auch nur

$$\frac{1750,- \times 300\,000,- \text{DM}}{500\,000,- \text{DM}} = 1050,- \text{DM}$$

In diesem Fall spricht viel dafür, der Ehefrau eine Umschichtung ihres Vermögens anzusinnen und ihr die fiktiven Zinsen aus einer Geldanlage anzurechnen (BGH NJW 92, 1046: Aufhebung des anderslautenden Berufungsurteils und Zurückverweisung). Oder man zieht vom Mietwert des Hauses nur die Zins-, nicht auch die Tilgungszahlungen der Frau ab (*BGH* FamRZ 98, 87).

Obwohl der Wohnvorteil nur ein kleiner Baustein im großen Gebäude des Unterhaltsrechts ist, hat die obergerichtliche Rechtsprechung es fertig gebracht, durch spitzfindige Differenzierung jede Klarheit zu beseitigen. Auf der Suche nach einer Gerechtigkeit, die es nicht gibt, hat sie auch die Rechtssicherheit, die es geben könnte, verloren. Da letztlich Treu und Glauben (§ 242) für alles und jedes herhalten müssen[654], sind die Entscheidungen nicht mehr berechenbar. Welcher Familienrichter kann unter dem Druck seines Massengeschäftes da noch mithalten.

7.4 Bedarf nach den ehelichen Lebensverhältnissen

Das mietfreie Wohnen im eigenen Haus erhöht das Familieneinkommen um den Betrag der Mietersparnis, prägt dadurch die ehelichen Lebensverhältnisse nach § 1578 I 1 und erhöht so **den Unterhaltsbedarf um die Hälfte des Wohnvorteils**[655]. Da dies ein Vermögensertrag ist, gibt es keinen „Erwerbstätigenbonus"[656].   **571**

Streitig ist, ob stets der volle ortsübliche Mietwert anzusetzen oder der Wohnvorteil auf den angemessenen Mietwert zu beschränken ist, der höchstens 1/3 des verfügbaren Ein-   **572**

---

654 Z.B. *Graba* FamRZ 95, 385.
655 *BGH* FamRZ 85, 356; 86, 439; 90, 989; 95, 870; NJW 86, 1340, 1342; 89, 2809; 92, 1903; 2000, 950.
656 *BGH* NJW 89, 2809; FamRZ 95, 869, 871.

kommens betragen soll. Für den Trennungsunterhalt nach § 1361 hat die Rechtsprechung bis vor kurzem eine „Drittelobergrenze" gezogen, sie aber aufgegeben[657], so dass jetzt für Trennungs- und Geschiedenenunterhalt der gleiche Maßstab gilt[658]. Im Normalfall ist der volle objektive Mietwert abzüglich der Hauslasten anzusetzen[659]. Wird das Eigenheim durch Trennung und Scheidung für denjenigen, der es noch bewohnt, zu groß und zu teuer, ist an eine Teil-Vermietung oder gar an eine Veräußerung zu denken, vielleicht noch nicht während der Trennung, aber spätestens nach der Scheidung[660].

573   **Deshalb sind in der Regel nicht nur die monatlichen Zins-, sondern auch die Tilgungsleistungen auf die Hauskredite vom Mietwert abzuziehen**, da auch sie die ehelichen Lebensverhältnisse mitbestimmen und für den Unterhalt nicht zur Verfügung stehen[661]. Übersteigen sie den Wohnwert, entfällt nicht nur ein Wohnvorteil, sondern verringert der überschießende Teil der Hauslasten auch noch das Familieneinkommen. Ob die Eheleute sich diesen Aufwand leisten können, bestimmen sie selbst, nicht das Familiengericht. Diese Freiheit ist freilich nicht grenzenlos. Nach der Scheidung muss sich der bedürftige Ehegatte nicht damit abspeisen lassen, man habe das ganze Geld in die eigene Wohnung gesteckt und im Übrigen trockenes Brot gegessen. Eine übertrieben sparsame Lebensweise wird unterhaltsrechtlich genausowenig anerkannt wie der verschwenderische Luxus[662].

Unerheblich ist, ob die Ehewohnung einem Ehegatten oder beiden gemeinsam gehört. Dass der Alleineigentümer mit seinen Tilgungsleistungen Vermögen bildet, ändert nichts daran, dass das Wohnen im eigenen Haus mit und ohne Wohnvorteil die ehelichen Lebensverhältnisse bestimmt hat[663].

574   Für den **Trennungsunterhalt** ist maßgebend der **aktuelle Wohnwert**, für den **Geschiedenenunterhalt** der **Wohnwert zur Zeit der Scheidung**. Da das Gesetz den bedürftigen Ehegatten davor schützen soll, durch Trennung und Scheidung sozial abzustürzen, **können trennungs- und scheidungsbedingte Veränderungen die ehelichen Lebensverhältnisse nicht mehr verändern** (RN 308), weder der Auszug eines oder beider Ehegatten aus der eigenen Wohnung noch deren Veräußerung und schon gar nicht die Investition des Verkaufserlöses in eine andere Wohnung oder sonstige Vermögensanlage[664]. Dass der ausziehende Ehegatte seinen anteiligen Wohnvorteil verliert und „totes Kapital"

---

657 *BGH* FamRZ 98, 899; 2000, 351: überholt *BGH* NJW 86, 1340; 89, 2809; FamRZ 90, 989.
658 *BGH* FamRZ 98, 899; 2000, 351; 2000, 950; *OLG Koblenz* FamRZ 2000, 610; *Wohlgemuth* FamRZ 99, 621.
659 *BGH* FamRZ 98, 899; 2000, 351; 2000, 950.
660 *BGH* FamRZ 2000, 351; 2000, 950.
661 *BGH* FamRZ 95, 870; 98, 87: nur Zinszahlung, wenn unwirtschaftlich.
662 *BGH* FamRZ 95, 870; 98, 87; NJW 92, 1903: unangemessen strenger Tilgungsplan ist zeitlich zu strecken.
663 *BGH* FamRZ 95, 870, 871; NJW 86, 1342: Wohnvorteil in Haus, das Mann geerbt hat; NJW 92, 1903.
664 *BGH* FamRZ 85, 356 u. 86, 439: Zinsen aus Verkaufserlös; NJW 86, 1342 u. 89, 2809: Auszug eines Ehegatten; *OLG München* FamRZ 94, 967: Erwerb Eigentumswohnung aus Erlösanteil; *OLG Hamm* FamRZ 95, 1152: Veräußerung; *OLG Karlsruhe* FamRZ 93, 1092: Unterhaltsberechtigter erwirbt auch Haushälfte des Unterhaltsschuldners; *Gerhardt* FamRZ 92, 1123: Veräußerung Familienheim; a.A. *BGH* NJW 92, 1903: Auszug eines Ehegatten; *OLG Koblenz* FamRZ 89, 59: Verkaufserlös als Surrogat.

produziert, ist trennungsbedingt und deshalb für den Bedarf unerheblich[665]. Dem widerspricht es nicht, dass sich der Wohnwert nach der Scheidung durch Wegfall des einen oder anderen Hauskredits erhöht, denn diese Entwicklung ist bereits in der Ehe angelegt[666].

7.5 Bedürftigkeit

Nach der Scheidung muss jeder Ehegatte für seinen Unterhalt möglichst selbst sorgen **575** (§ 1569). Wohnt er im eigenen Haus, so deckt der Wohnvorteil seinen Wohnbedarf und ist deshalb auf seinen Unterhalt anzurechnen (§ 1577 I).

Wie aber soll man den Wohnvorteil berechnen, wenn der geschiedene Ehegatte seine Wohnung teilweise mit Krediten finanzieren muss? Soll sich der Wert des Wohnvorteils nach der Höhe des Unterhalts richten und auf den Teil des Unterhalts beschränken, der den Wohnbedarf decken soll[667]? Soll man statt eines Wohnwertes die (fiktiven) Zinsen aus einer Anlage des Eigenkapitals anrechnen[668]? Oder soll man den Wohnvorteil auf den Teil des Wohnwerts beschränken, den der Ehegatte mit seinem Eigenkapital erkauft hat[669]? Klar ist, dass der unterhaltsberechtigte Ehegatte nicht auf Kosten des Unterhaltspflichtigen Vermögen bilden darf. Er hat zwar Anspruch darauf, dass der andere seinen eheangemessenen Wohnbedarf decke, nicht aber darauf, dass er ihm eine eigene Wohnung finanziere[670].

Der Lösungsweg des BGH, den Wert des Wohnvorteils auf den unterhaltsrechtlichen **576** Wohnbedarf zu beschränken, leuchtet jedoch nicht ein und führt zu Zufallsergebnissen. Die Anrechnung von Zinsen aus einer fiktiven Anlage des Eigenkapitals ist immer dann verfehlt, wenn die Investition in eine eigene Wohnung unterhaltsrechtlich zu akzeptieren ist. Bleibt nur die Möglichkeit, den Wert des Wohnvorteils am investierten Eigenkapital zu messen, wie es das OLG Hamm tut.

Beispiel

Die geschiedene Ehefrau erhält als Zugewinnausgleich oder als Erlösanteil aus dem Verkauf des gemeinschaftlichen Hauses 50 000,– Euro, kauft für 85 000,– Euro eine Eigentumswohnung und finanziert den offenen Rest von 35 000,– Euro mit einem Bankkredit. Der Wohnwert beträgt unstreitig 350,– DM.

Der Wohnvorteil hat dann folgenden Wert:

$$\frac{350,-\text{ Euro} \times 50\,000,-\text{ Euro}}{85\,000,-\text{ Euro}} \;=\; 205,50 \text{ Euro}$$

Diese Rechnung ist einfach, klar und plausibel. Sie wird unterhaltsrechtlich freilich dann nicht anerkannt, wenn die Investition grob unwirtschaftlich ist (RN 570).

---

665 *OLG Karlsruhe* FamRZ 93, 1091; a.A. *BGH* NJW 92, 1903: statt vollen Wohnwert von 900,–
   DM nur 600,– DM, da Ehegatten Nutzungsausfall hälftig tragen müssten; NJW 2001. 2254.
666 *BGH* FamRZ 95, 869, 871.
667 So *BGH* FamRZ 86, 439; NJW 92, 1046.
668 So *OLG Bamberg* FamRZ 92, 1305.
669 So *OLG Hamm* FamRZ 95, 1418.
670 *BGH* NJW 92, 1044.

577 Zieht der unterhaltspflichtige Ehegatte während der Trennung aus der gemeinschaftlichen Wohnung aus, bringt dies dem bleibenden unterhaltsberechtigten Ehegatten noch keinen geldwerten Vorteil, die **Ehewohnung** ist lediglich **zu groß und zu teuer**. Es wäre deshalb unbillig, den Wohnvorteil auf den Unterhaltsbedarf sogleich voll anzurechnen. Für den **Trennungsunterhalt** (§ 1361) ist der Wohnvorteil des unterhaltsberechtigten Ehegatten deshalb zu beschränken auf den Mietzins für eine angemessene kleinere Wohnung[671]. Dies gilt jedenfalls während des ersten Trennungsjahres und bis zum endgültigen Scheitern der Ehe. **Spätestens nach der Scheidung** wird der unterhaltsberechtigte Ehegatte nicht mehr damit gehört, er wohne in einer zu großen und zu teuren Wohnung; mag er sie vermieten oder veräußern[672]. Soweit der unterhaltspflichtige Ehegatte weiterhin die Wohnkosten bezahlt, ist der unterhaltsberechtigte Ehegatte nicht bedürftig[673].

7.6 Leistungsunfähigkeit

578 Der **Wohnvorteil** des Unterhaltsschuldners **erhöht** dessen Einkommen und damit auch die **Leistungsfähigkeit**[674]. Der Wohnvorteil beschränkt sich freilich auch hier auf die Differenz zwischen dem ortsüblichen Mietwert und den laufenden Hauslasten. Je höher die Hauslasten, desto niedriger der Wohnvorteil und umgekehrt. Über den Wohnvorteil fließen deshalb auch die **Hauslasten** in die Unterhaltsberechnung ein. Als eheliche Schulden schwächen sie, soweit der Unterhaltsschuldner sie bedient, jedenfalls für den **Trennungsunterhalt** seine Leistungsfähigkeit, da zwischen Trennung und Scheidung, zumindest aber während des ersten Trennungsjahres, unterhaltsrechtlich alles beim Alten bleiben soll. Insoweit spielt es auch keine Rolle, ob die Ehewohnung beiden Ehegatten gemeinsam oder dem Unterhaltsschuldner allein gehört. Bis zur Zustellung des Scheidungsantrags profitiert der Unterhaltsberechtigte über den Zugewinnausgleich (§ 1384) an der Wertsteigerung, die das Alleineigentum des Unterhaltsschuldners erfährt.

579 **Spätestens ab Rechtskraft der Scheidung** jedoch darf in der Regel kein Ehegatte mehr auf Kosten des anderen Vermögen bilden. Jetzt kann der Unterhaltsschuldner sich nicht mehr darauf berufen, er könne deshalb keinen Unterhalt zahlen, weil die Lasten seines Hauses sein Einkommen aufzehrten. Statt dessen muss er sich vielleicht von diesen Lasten durch Veräußerung seines Hauses befreien, wenn nicht eine Veräußerung aus besonderem Grunde unmöglich oder unzumutbar ist[675].

580 Sind die **Hauslasten höher als der ortsübliche Mietwert**, so dass unter dem Strich kein Wohnvorteil herauskommt, mindern sie die Leistungsfähigkeit des Unterhaltsschuldners allenfalls insoweit, als sie die Kosten für eine angemessene Mietwohnung übersteigen, denn seinen Wohnbedarf muss jedermann auch als Mieter aus seinem laufenden Einkommen decken, der Unterhaltsberechtigte aus dem Unterhalt, der Unterhaltsschuldner aus dem Selbstbehalt[676].

---

671 *BGH* FamRZ 98, 899; 2000, 351.
672 *BGH* FamRZ 2000, 950; *OLG Karlsruhe* FamRZ 93, 1091; *OLG Hamm* FamRZ 95, 1419.
673 *OLG Düsseldorf* FamRZ 97, 559.
674 *BGH* FamRZ 86, 48; 2000, 950.
675 *BGH* FamRZ 2000, 950.
676 *BGH* FamRZ 87, 572, 575.

7.7 Nutzungsentschädigung

Die Frage, ob der Ehegatte, der aus dem gemeinschaftlichen Eigenheim auszieht, von **581**
dem anderen, der es nun allein bewohnt, eine Nutzungsentschädigung verlangen darf, ist
keine unterhaltsrechtliche, sondern eine schuldrechtliche, die sich freilich mit dem Unterhaltsrecht überschneidet. Gesetzliche Anspruchsgrundlage ist **§ 745 II**. Danach kann
jeder Teilhaber und Miteigentümer eine ordnungsgemäße Verwaltung und Benutzung
fordern[677]. Die endgültige Trennung erfordert eine **Neuregelung** (RN 234 ff.). Diese ist
aber nicht auf die **Zahlung einer Nutzungsvergütung** beschränkt, sondern kann auch
darin liegen, dass derjenige Ehegatte, der die Ehewohnung allein bewohnt, auch die
Hauslasten allein trägt[678], oder darin, dass die **Hauslasten in die Unterhaltsberechnung eingestellt werden**[679]. Keinesfalls darf der Unterhaltsschuldner den Unterhaltsberechtigten auf eine Nutzungsentschädigung statt Unterhalts verweisen[680].

8. Sonstige Einkünfte

Zu den Einkünften, die weder durch Erwerbstätigkeit erzielt noch aus dem Vermögen ge- **582**
zogen werden, gehören **Sozialrenten** jeder Art:

- **Altersrente** (*BGH* NJW 87, 1555; FamRZ 88, 1156; zum Vorruhestand: *Strohal* FamRZ
  96, 197) sowie **Berufs- und Erwerbsunfähigkeitsrente** (*BGH* NJW 85, 486: Nachzahlung; FamRZ 87, 913; 90, 269);
- **Unfallrente** (*BGH* FamRZ 82, 252), Kriegsopferrente nach dem BVG samt Pflege- und
  Schwerbeschädigtenzulage (*BGH* NJW 83, 1313; 82, 41) und BEG-Rente (*BGH* FamRZ
  83, 674; *OLG Hamm* FamRZ 91, 1198).

Wird aber die **Sozialrente für eine Körper- oder Gesundheitsbeschädigung** gezahlt, **583**
deckt sie **nach der gesetzlichen Vermutung des § 1578a** mit **§ 1610a nur den verlet-
zungsbedingten Mehraufwand**, so dass für den eigenen oder fremden Unterhalt nichts
mehr abfällt. Wer einen geringeren Aufwand behauptet, muss ihn beweisen[681].

Einkommen sind die **Abgeordnetenbezüge**[682] sowie die Übergangsgebührnisse und -bei- **584**
hilfen des **Zeitsoldaten**[683].

Arbeitslosen- und Sozialhilfe sind unterhaltsrechtlich Einkommen, soweit sie nicht nur **585**
subsidiär geleistet werden[684], also für den Bedarf nach § 1578 I 1 und in der Hand des Unterhaltsschuldners, nicht in der Hand des Unterhaltsberechtigten, denn die öffentliche Hand

---

677 Dazu *BGH* FamRZ 94, 98; 94, 822: in Höhe Kostenmiete; *OLG Köln* FamRZ 94, 962.
678 *BGH* 87, 265; NJW 86, 1339; *OLG Oldenburg* FamRZ 91, 1057; *OLG Düsseldorf* FamRZ 91,
    1143.
679 *BGH* NJW 86, 1339; FamRZ 94, 1100: Ausgleich über Unterhalt vermeidet Klage auf Nut-
    zungsentschädigung.
680 *BGH* NJW 86, 1340.
681 *OLG Hamm* NJW 92, 515: gilt bei Kriegsopferrente nur für Grundrente, nicht für Berufsscha-
    densausgleich; *Kalthoener* NJW 91, 1037; *Künkel* FamRZ 91, 1131.
682 *BGH* FamRZ 86, 780.
683 *BGH* FamRZ 87, 930.
684 *BGH* FamRZ 87, 456; 93, 418; 96, 1067.

leistet sie nur subsidiär mit der Folge, dass der Unterhaltsanspruch des Sozialhilfeempfängers in Höhe der gezahlten Sozialhilfe kraft Gesetzes auf den Sozialhilfeträger übergeht (§ 91 BSHG; § 140 AFG). Dies aber ist nur möglich, wenn Bedürftigkeit und Unterhaltsanspruch trotz Sozialhilfe fortbestehen[685]. Folgerichtig erlischt auch der Unterhaltsersatzanspruch aus § 844 II nicht dadurch, dass der Geschädigte Sozialhilfe bezieht[686].

586 **Keine Sozialhilfe, sondern Einkommen sind** folgende staatlichen Leistungen:

Wohngeld über den erhöhten Wohnbedarf hinaus[687].

Pflegegeld nach § 69a BSHG oder § 39 SGB VIII oder aus der Pflegeversicherung, soweit es nach §§ 1578a, 1610a den Pflegebedarf übersteigt[688]. Das Pflegegeld steht zwar nur dem Pflegebedürftigen zu, ist aber zu einem beträchtlichen Teil als Vergütung für die Dienste einer Pflegeperson bestimmt und wird so der Pflegeperson als Einkommen zugerechnet[689]. Ab 1.8.1999 beschränkt aber § 133 VI SGB XI die Anrechnung des Pflegegeldes der Pflegeversicherung auf den Unterhalt (*Marschner* ZAP 99, Fach 18 S. 611).

587 **Leistungen aus dem Kindererziehungsleistungsgesetz**[690], dagegen nicht das **Erziehungsgeld** nach § 9 I 1 Bundeserziehungsgeldgesetz, es sei denn nach § 9 I 2 im Falle des § 1579[691].

588 Einkommen sind schließlich die **Unterhaltsrente**[692]; die **Schadensersatz- und Schmerzensgeldrente**; die **Leibrente** aus Altenteils- oder Kaufvertrag[693] und die regelmäßigen Gewinne aus Skatspiel[694].

Kein Einkommen ist die nach § 44 II BVG **wiederauflebende Witwenrente** des Unterhaltsberechtigten, es sei denn ausnahmsweise nach Treu und Glauben[695].

589 **Kein Einkommen sind freiwillige unentgeltliche Leistungen Dritter**, solange sie der Dritte nur dem Empfänger, nicht auch dessen geschiedenem Ehegatten zukommen lassen will[696]; dies gilt nicht nur für Zahlungen, sondern auch für Dienstleistungen und Wohnung gewähren. Weder mindern sie die Bedürftigkeit des Unterhaltsberechtigten noch er-

---

685 *BGH* 115, 230; NJW 87, 1551; FamRZ 83, 574; 84, 364; 85, 1245; aber auch *OLG München* FamRZ 92, 213: Arbeitslosenhilfe Einkommen, wenn nicht subsidiär.
686 *BGH* 115, 228; FamRZ 93, 418.
687 *BGH* NJW 80, 2081; FamRZ 82, 587.
688 *BGH* NJW 87, 1201; *OLG Hamm* FamRZ 94, 895; NJW 97, 1081: zur Aufteilung; FamRZ 98, 1430, 1431; 99, 853; *OLG Koblenz* FamRZ 2000, 826; *Büttner* FamRZ 2000, 256.
689 *BGH* NJW 84, 2355; 87, 1201; *OLG Hamm* FamRZ 96, 36 u. NJW 97, 1081: pflegende Mutter; *OLG Braunschweig* FamRZ 96, 1216 u. *OLG Hamm* FamRZ 97, 1216: als Erwerbseinkommen des pflegenden Angehörigen nur zu 6/7; *OLG Hamm* FamRZ 97, 1081: zur Aufteilung des Pflegegeldes für Pflegekind.
690 *BGH* NJW 92, 364.
691 *OLG Nürnberg* FamRZ 95, 674; *OLG Düsseldorf* FamRZ 91, 592; *OLG Köln* FamRZ 89, 1178; *OLG Schleswig* FamRZ 89, 998.
692 *BGH* NJW 80, 934; *OLG Bamberg* FamRZ 83, 75; *OLG Stuttgart* FamRZ 83, 185; *OLG Hamm* FamRZ 88, 1270.
693 *BGH* NJW 94, 935; *OLG Köln* FamRZ 83, 643.
694 *OLG Düsseldorf* NJW 93, 3078.
695 *BGH* FamRZ 86, 889; *OLG Düsseldorf* FamRZ 96, 947, 948.
696 *BGH* NJW 80, 343; 85, 1339; FamRZ 80, 897; 93, 419: Ausnahmefall; 95, 537; *OLG Koblenz* FamRZ 97, 1079.

höhen sie die Leistungsfähigkeit des Unterhaltspflichtigen[697]. Wenn etwa die Ehefrau den schwerstbehinderten Unterhaltsschuldner aufopfernd pflegt, soll das, was dieser dadurch spart, nur ihm, nicht dem unterhaltsberechtigten Kind zugutekommen[698].

Einkommen ist dagegen die Vergütung, die der geschiedene Ehegatte dafür erhält, dass er einen Dritten, etwa den neuen Partner, in seine Wohnung aufnimmt oder ihm den Haushalt führt (RN 363, 504)[699]. Dagegen hat das bloße Zusammenleben mit einem neuen Partner noch keinen geldwerten Vorteil[700].   **590**

9. Vermögensstamm

Das Vermögen ist die Summe aller geldwerter Güter einer Person und besteht aus Eigentum, beschränkten dinglichen Rechten und Kapital: Bargeld, Spareinlagen, Bankguthaben, Darlehensforderungen, Pflichtteilsansprüchen und anderen Forderungen oder Unternehmensbeteiligungen[701]. Während der Ertrag, den ein Vermögen abwirft, als Einkommen stets in die Unterhaltsrechnung einzustellen ist, gilt dies für den Stamm des Vermögens nur beschränkt. Nach §§ 1577 III, 1581 S. 2 muss man den Stamm seines Vermögens dann nicht für eigenen oder fremden Unterhalt angreifen, wenn die Verwertung unwirtschaftlich oder unter Berücksichtigung der beiderseitigen Vermögensverhältnisse unbillig wäre. Die negative Fassung dieser Vorschriften („unwirtschaftlich" und „unbillig") zeigt an, dass die **Vermögensverwertung die gesetzliche Regel** und die Nichtverwertung die gesetzliche Ausnahme ist[702]. Ob die Vermögensverwertung billig oder unbillig ist, zeigt sich erst nach einer umfassenden Abwägung der beiderseitigen Interessen.   **591**

Für den Unterhaltsberechtigten gilt ein strengerer Maßstab als für den Unterhaltsschuldner. Der Unterhaltsberechtigte muss in der Regel bis auf einen bescheidenen „Notgroschen"[703] sein Vermögen verzehren, bevor er Unterhalt verlangen darf[704]. Der Verbrauch des Erlösanteils aus dem Verkauf des gemeinschaftlichen Hauses kann jedoch dann unbillig sein, wenn der Unterhaltsschuldner seinen Erlösanteil zur freien Verfügung hat; andernfalls stimmen die Proportionen nicht mehr[705].   **592**

Der **Unterhaltsschuldner** hingegen darf aus seinem Vermögen lebenslang seinen eigenen eheangemessenen Unterhalt decken und angemessene Rücklagen für Krankheit, Alter und Not bilden, bevor er Ehegattenunterhalt zahlen muss[706].

---

697 *BGH* FamRZ 95, 537.
698 *BGH* FamRZ 95, 537.
699 *BGH* NJW 80, 124; FamRZ 95, 537; *OLG Koblenz* FamRZ 97, 1079: Versorgung eines volljährigen erwerbstätigen Kindes.
700 *BGH* NJW 95, 962; *OLG Schleswig* FamRZ 96, 217.
701 *BGH* NJW 94, 935: Leibrentenstammrecht.
702 *BGH* NJW 93, 1920: Vermögensverwertung mit Einschränkungen.
703 *BGH* NJW 85, 907: 27 000,– DM bei Trennungsunterhalt.
704 *BGH* NJW 85, 911: Sparguthaben aus Zugewinnausgleich; FamRZ 82, 23: Bauplatz; FamRZ 86, 48: Ferienhaus; NJW 93, 1920: Pflichtteilsanspruch; *OLG Hamm* FamRZ 97, 1537: Pflichtteil.
705 *BGH* FamRZ 85, 356.
706 *BGH* NJW 89, 514: 150 000,– DM Schmerzensgeld für Querschnittslähmung ist in wenigen Jahren aufgezehrt.

10. Schulden

10.1 Unterhaltsrechtliche Bedeutung

593 Die Schulden – Gesetz und Rechtsprechung reden vornehmer von Verbindlichkeiten – spielen im undurchsichtigen Unterhaltsrecht eine besonders undurchsichtige Rolle. Wie das Einkommen tauchen sie an verschiedenen Stellen der Unterhaltsberechnung auf. Man muss nicht nur zwischen Ehegatten- und Kindesunterhalt unterscheiden, sondern beim Ehegattenunterhalt auch noch zwischen dem Bedarf des unterhaltsberechtigten und der Leistungsfähigkeit des unterhaltspflichtigen Ehegatten[707].

Eheliche Schulden bestimmen vielfach die **ehelichen Lebensverhältnisse** und damit den **Unterhaltsbedarf** des getrenntlebenden oder geschiedenen Ehegatten (§§ 1361 I, 1578 I 1). Auf der anderen Seite können Schulden des unterhaltspflichtigen Ehegatten dessen **Leistungsfähigkeit** schwächen (§ 1581). Bevor man aber eine Verbindlichkeit an passender Stelle in die Unterhaltsrechnung einstellt, muss man prüfen, ob sie unterhaltsrechtlich überhaupt zu berücksichtigen ist. Dies aber ist eine verwickelte Rechtsfrage, die unterschiedlich beantwortet wird, je nachdem ob es um den Unterhaltsbedarf oder um die Leistungsfähigkeit geht. Das hat man davon, dass man das Unterhaltsrecht auf weite Strecken am Grundsatz von Treu und Glauben ausrichtet.

Aber selbst wenn eine Verbindlichkeit zu berücksichtigen ist, dann **nicht schon** als **Verpflichtung, sondern nur** im Umfang ihrer tatsächlichen monatlichen **Verzinsung und/oder Tilgung**, weil erst sie die Familienkasse belastet. Eine Ausnahme macht man nur für die gesetzliche Unterhaltspflicht gegenüber gemeinschaftlichen Kindern[708].

Für die **Bedürftigkeit des unterhaltsberechtigten Ehegatten** spielen dessen Schulden in der Regel keine Rolle, denn der gesetzliche Ehegattenunterhalt soll nur den eigenen Lebensbedarf des Ehegatten decken, nicht auch noch dessen Schulden tilgen, weder Unterhaltspflichten noch Kreditschulden[709]. Hier ist allenfalls zu prüfen, ob der unterhaltsberechtigte Ehegatte nach § 1577 sein Einkommen voll auf seinen Unterhaltsbedarf anrechnen muss, oder vorher Kreditraten für notwendigen trennungsbedingten Mehrbedarf abziehen darf.

10.2 Bedarf nach den ehelichen Lebensverhältnissen

594 Der Unterhaltsbedarf des geschiedenen Ehegatten richtet sich nach den ehelichen Lebensverhältnissen (§ 1578 I 1). Diese werden durch den Teil des Familieneinkommens geprägt, der für den Unterhalt der Eheleute nachhaltig zur Verfügung steht. Für ihren Unterhalt aber stehen diejenigen Beträge nicht zur Verfügung, die die Ehegatten während der Ehe regelmäßig an ihre Gläubiger zahlen. Vom Nettoeinkommen sind deshalb außer den berufsbedingten Aufwendungen und der Sparrate zwecks Vermögensbildung auch noch der gesetzliche Kindesunterhalt sowie monatliche Zahlungen auf Versicherungen, Kredite und andere eheliche Verbindlichkeiten abzuziehen, bevor der anteilige Unter-

---

707 Dazu *Hoppenz* FamRZ 87, 314; *Bernreuther* FamRZ 95, 769.
708 *BGH* NJW 91, 2703; 94, 191; a.A. *OLG Hamm* FamRZ 95, 1488: nur titulierter oder bezahlter Unterhalt.
709 *BGH* NJW 86, 2713, 2716; 91, 2703; 92, 1042.

haltsbedarf des Ehegatten errechnet wird. Auf diese Weise wird das Nettoeinkommen „bereinigt". Erst das „bereinigte" Nettoeinkommen ist für den Unterhalt der Ehegatten bestimmt (RN 295, 300).

10.3 Leistungsunfähigkeit

Der regelmäßige Schuldendienst kann die Leistungsfähigkeit des Unterhaltsschuldners be- **595** schränken oder gar ausschließen. Aber weder geht die Schuldentilgung stets dem Unterhalt noch der Unterhalt stets der Schuldentilgung vor[710]. Vielmehr hängt alles von den besonderen Umständen ab. Man muss in jedem Einzelfall die **Interessen der drei Beteiligten**: des Gläubigers, des Unterhaltsschuldners und des Unterhaltsberechtigten nach Treu und Glauben **gegeneinander abwägen**[711]. Kriterien der Abwägung sind: Anlass, Grund und Zweck der Verbindlichkeit, der Zeitpunkt der Entstehung, die Dringlichkeit des Bedarfs, das Wissen des Unterhaltsschuldners um seine Unterhaltspflicht und die Möglichkeiten zur Wiederherstellung der Leistungsfähigkeit[712]. Damit ist alles und nichts gesagt und der Familienrichter hoffnungslos überfordert. Er weiß jetzt wenigstens, dass es **zwei Gruppen von Schulden** gibt: **berücksichtigungswürdige und berücksichtigungsunwürdige**[713].

Im übrigen gibt es nur **Faustregeln**. Schulden, die der Unterhaltspflichtige schon während des Zusammenlebens und im Einverständnis mit dem Unterhaltsberechtigten eingegangen ist, sind eher zu berücksichtigen als Schulden aus späterer Zeit[714], Schulden zur Finanzierung notwendiger Anschaffungen eher als andere Schulden. Problematisch sind Konsumentenkredite für den allgemeinen Lebensbedarf, da sie das verfügbare Einkommen nicht eigentlich verringern sondern nur im voraus verbrauchen. Hier ist vielleicht nur die Zinszahlung, nicht die Tilgung vom Einkommen abzuziehen[715].

Stets aber darf der Unterhaltsschuldner mit Rücksicht auf seine Unterhaltspflicht seine **596** Zahlungen nur im Rahmen eines **vernünftigen Tilgungsplans** von seinem Einkommen abziehen[716]. Vielleicht ist unterhaltsrechtlich überhaupt nur ein Teil der Kreditschulden anzuerkennen, so dass die Monatsraten entsprechend zu kürzen sind[717]. **Hauslasten** sind **in Höhe angemessener Wohnungskosten** schon deshalb **unerheblich**, weil diese zu den allgemeinen Lebenshaltungskosten gehören, die der Unterhaltsschuldner aus seinem Selbstbehalt decken muss[718]. Ist das Eigenheim zu teuer, muss der Unterhaltsschuldner es vielleicht veräußern[719].

Unerheblich sind **Schulden**, die der Unterhaltsschuldner leichtfertig ohne vernünftigen Grund oder gar für unnötigen Luxus eingegangen ist[720].

---

710 *BGH* NJW 84, 2352.
711 *BGH* NJW 82, 232; 82, 1641; 84, 1238; 84, 2352; 91, 697; 91, 2703.
712 *BGH* NJW 82, 232; 82, 380; 84, 1238; 84, 2352; 91, 697.
713 *BGH* NJW 82, 380: auch für Kindesunterhalt; 84, 1238.
714 *BGH* NJW 82, 232; 84, 2352; FamRZ 86, 254: Kindesunterhalt.
715 *OLG Hamm* FamRZ 90, 998; *OLG Düsseldorf* FamRZ 97, 559.
716 *BGH* NJW 82, 233; 82, 1641; 84, 1238; 84, 2351.
717 *BGH* FamRZ 86, 254: Kindesunterhalt.
718 *BGH* NJW 84, 1238.
719 *BGH* NJW 84, 1238; 84, 2352.
720 *BGH* NJW 82, 380: Kindesunterhalt; 84, 1238; *OLG Hamm* FamRZ 92, 1177; 92, 1178.

597 Unter diesen Voraussetzungen darf auch der **hochverschuldete Unterhaltsschuldner** angemessene Zins- und Tilgungszahlungen von seinem Einkommen abziehen, denn er hat ein schutzwürdiges Interesse daran, nicht nur ein Anwachsen seiner Schulden zu verhindern, sondern sie allmählich abzubauen und seine Leistungsfähigkeit wiederherzustellen[721].

598 Da der **Unterhaltsschuldner** seine Leistungsunfähigkeit beweisen **muss**, muss er auch **alle Umstände beweisen, die eine Berücksichtigung seiner Schuldzahlungen rechtfertigen**[722].

Beispiele
599
(1) Abzugsfähig ist das **Entgelt**, das der erwerbstätige Unterhaltsschuldner **für die Betreuung** eines minderjährigen Kindes in seinem Haushalt einem Dritten zahlt, während ein pauschaler „Betreuungsbonus" im Regelfall nicht gewährt wird (RN 541).

(2) Abzugsfähig sind **Kreditraten für einen Gewerbebetrieb**, aus dem die Eheleute schon während des Zusammenlebens ihren Lebensunterhalt bestritten, freilich nur im Rahmen eines vernünftigen Tilgungsplans (*BGH* NJW 82, 323: Trennungsunterhalt).

(3) Überhaupt sind **Schulden aus der Zeit des ehelichen Zusammenlebens** und der gemeinsamen Lebensführung grundsätzlich zu berücksichtigen (*BGH* NJW 84, 1237; 91, 2704), nicht jedoch Zins- und Tilgungsleistungen zu reiner Vermögensbildung, etwa im Bauherrenmodell (*BGH* FamRZ 87, 36; 87, 913; NJW 91, 2704).

(4) Streitig ist, ob der Unterhaltsschuldner **Monatsraten auf die Prozesskostenhilfe für den laufenden Unterhaltsprozess** oder andere familienrechtliche Streitigkeiten absetzen darf, oder ob er sie als allgemeine Lebenshaltungskosten aus seinem Selbstbehalt decken muss (für Abzug *OLG Karlsruhe* FamRZ 88, 202, 400; *OLG München* FamRZ 94, 898: trennungsbedingter Mehrbedarf; gegen Abzug *OLG Koblenz* FamRZ 91, 438). Gegen den Abzug der PKH-Raten für den laufenden Unterhaltsprozess spricht, dass er den Unterhaltsberechtigten zwingt, die Prozessführung des Unterhaltsschuldners auf Kosten des Unterhalts mitzufinanzieren.

14. Kapitel
Der Anspruch auf Auskunft

1. Anspruchsgrundlage

600 Da der nacheheliche Unterhalt von den ehelichen Lebensverhältnissen, der Bedürftigkeit des Berechtigten und der Leistungs(un)fähigkeit des Verpflichteten, also vom beiderseitigen Einkommen und Vermögen abhängt, jeder Ehegatte aber nur seine eigenen Verhältnisse zuverlässig kennt, ist er auf die Auskunft des anderen angewiesen. Anspruchsgrundlage ist § 1580 mit § 1605, bisweilen auch § 242. Anspruchsberechtigt ist jeder geschiedene Ehegatte, ob er Unterhalt verlangen oder sich gegen einen Unterhalt verteidigen will.

---

721 *BGH* NJW 82, 1641; 84, 2352: auch gegenüber notwendigem Ehegattenunterhalt; FamRZ 86, 254: Kindesunterhalt; *OLG Bamberg* NJW 93, 601.
722 *BGH* FamRZ 82, 157; 86, 254; NJW 92, 1624.

2. Rechtsfolge

2.1 Anspruch auf Auskunft

Rechtsfolge des § 1580 mit § 1605 I 1 ist ein Anspruch auf Auskunft. Die Auskunft ist **601** eine **Mitteilung von Tatsachen**, hier: der eigenen Einkünfte und des eigenen Vermögens. Gemeint sind **die gegenwärtigen realen Einkünfte und das gegenwärtige reale Vermögen**, nicht fiktive Einkünfte[723] und nicht der Verbleib früheren Vermögens[724]. Zu den Einkünften zählen vor allem das Einkommen aus selbständiger und unselbständiger Erwerbstätigkeit einschließlich der Steuererstattung[725], aber auch Vermögenserträge jeder Art wie Miet- und Pachtzinsen, Sparzinsen[726] und Wohnvorteil durch billiges Wohnen im eigenen Haus sowie sonstige laufende Einnahmen wie Altersrente, Unfallrente, Leibrente[727] oder Pflegegeld[728].

Die Auskunft ist nach § 1605 I 3 („Verzeichnis") **schriftlich** zu erteilen[729]. Die Rechtsprechung verlangt eine **übersichtliche und verständliche Mitteilung der nötigen Daten**, die es dem Auskunftsberechtigten erlaubt, seinen Unterhaltsanspruch oder seine Unterhaltspflicht zu berechnen[730].

2.2 Anspruch auf Vorlage von Belegen

Über die Höhe der Einkünfte, nicht des Vermögens[731], hat der Ehegatte auf Verlangen **602** **Belege**, insbesondere Bescheinigungen des Arbeitgebers **vorzulegen** (§ 1580 mit § 1605 I 2). Das ist ein zusätzlicher Anspruch, der im Prozess einen zusätzlichen bestimmten Klagantrag erfordert[732].

Der **Nichtselbständige** weist seinen Lohn oder sein Gehalt des letzten Jahres durch Vorlage einer **Jahreslohnbescheinigung** nebst monatlichen Abrechnungen des Arbeitgebers nach[733] und legt auf Verlangen auch den Arbeitsvertrag[734] oder die Abfindungsvereinbarung vor.

---

723 *OLG Bamberg* FamRZ 86, 685; *OLG Düsseldorf* FamRZ 97, 361.
724 *OLG Düsseldorf* FamRZ 81, 893; *OLG Hamburg* FamRZ 85, 394; *OLG Karlsruhe* FamRZ 86, 271.
725 *OLG Düsseldorf* FamRZ 91, 1315.
726 *OLG Karlsruhe* FamRZ 90, 756: Rendite aus Kapitalanlage.
727 *BGH* NJW 83, 1783: BEG-Rente.
728 *OLG Oldenburg* FamRZ 91, 817.
729 *OLG München* FamRZ 96, 738; *OLG Stuttgart* FamRZ 91, 84: nicht nur Einblick in die Unterlagen; *OLG Düsseldorf* FamRZ 81, 42: nicht nur Vorlage von Belegen.
730 *BGH* NJW 83, 2243; *OLG Hamm* FamRZ 92, 1190; *OLG München* FamRZ 96, 307, 738. *KG* FamRZ 97, 360: Selbständiger.
731 *OLG Hamburg* FamRZ 85, 394; *OLG Karlsruhe* FamRZ 86, 271.
732 *BGH* NJW 83, 1056: genaue Bezeichnung der Belege; FamRZ 83, 680.
733 *BGH* FamRZ 83, 996: 12 Monate.
734 *BGH* NJW 93, 3262.

Der **Selbständige** belegt sein Einkommen der letzten 3 Jahre[735] mit **Bilanzen, Gewinn- und Verlustrechnungen, Einkommenssteuererklärungen und -bescheiden**[736].

Vermögenseinkünfte belegt man mit Miet-, Pacht- und Sparverträgen sowie Kontoauszügen.

2.3 Anspruch auf Schadensersatz

Die Verletzung der Auskunftspflicht verpflichtet aus Verzug oder positiver Forderungsverletzung zum Schadensersatz[737].

3. Tatbestand

603 Der Auskunftsanspruch hat nach § 1580 mit § 1605 I 1 drei Voraussetzungen: Die Ehe der Parteien ist geschieden, der eine verlangt vom anderen Auskunft und die verlangte Auskunft ist erforderlich, um einen Unterhaltsanspruch oder eine Unterhaltspflicht zwischen den Parteien festzustellen.

Da man den Geschiedenenunterhalt bereits im Scheidungsverfahren als Folgesache im Verbund mit der Scheidung einklagen kann (§ 623 ZPO), auch mit der Stufenklage (§ 254 ZPO u. RN 1489 ff.), **entsteht der Auskunftsanspruch bereits mit der Rechtshängigkeit des Scheidungsantrags**[738].

Die verlangte Auskunft muss nach Grund und Umfang („soweit") für den Geschiedenenunterhalt erheblich sein[739]. Das ist dann der Fall, wenn alle Anspruchsvoraussetzungen nach §§ 1569 ff., die nicht von den wirtschaftlichen Verhältnissen der Parteien abhängen, erfüllt sind[740]. Was die wirtschaftlichen Verhältnisse der Parteien angeht, genügt die Möglichkeit, mit der verlangten Auskunft einen Unterhaltsanspruch zu begründen oder abzuwehren, auch wenn die erteilte Auskunft schließlich unergiebig sein sollte[741].

604 **Der Auskunftsanspruch entfällt nur dann, wenn die verlangte Auskunft** den Unterhaltsanspruch oder die Unterhaltspflicht unter keinem denkbaren rechtlichen Gesichtspunkt beeinflussen kann, sondern unterhaltsrechtlich **mit Sicherheit völlig unerheblich ist**[742].

Beispiele

(1) Der Berechtigte hat wirksam **auf Unterhalt verzichtet** (*BGH* NJW 83, 2243), die **Unterhaltspflicht** ist bereits **rechtskräftig verneint** (*OLG Köln* NJW-RR 87, 834), oder der **Unterhalt** ist mit Sicherheit nach § 1579 **verwirkt**.

---

735 *BGH* NJW 83, 1554: muss sich nicht mit Unterhaltszeitraum decken.
736 *BGH* NJW 82, 1642, 1645; 83, 2243; 93, 3262; *OLG München* FamRZ 89, 284; *OLG Bamberg* FamRZ 89, 423; *OLG Stuttgart* FamRZ 91, 84; *OLG Hamm* FamRZ 92, 1190; *Arens/ Spieker* FamRZ 85, 121.
737 *BGH* FamRZ 84, 163; a.A. *OLG Bamberg* FamRZ 90, 1235; *OLG Hamm* FamRZ 86, 1111.
738 *BGH* NJW 82, 1645; 94, 2618.
739 *BGH* NJW 83, 2243; 85, 1699; 93, 1920; 94, 2618.
740 *BGH* 85, 16; NJW 83, 2243.
741 *BGH* NJW 82, 2771; 94, 2618.
742 *BGH* NJW 82, 2771; 83, 2243; 93, 1920; 94, 2618.

(2) Der Pflichtteilsanspruch, über dessen Höhe die Ehefrau Auskunft begehrt, ist für den Unterhalt unerheblich, wenn man vom Ehemann nicht verlangen kann, ihn geltendzumachen (*BGH* NJW 82, 2771).

(3) Das Einkommen, das der Unterhaltsschuldner mitteilen soll, prägt weder die ehelichen Lebensverhältnisse nach § 1578 I 1, noch ist es für die Leistungsfähigkeit des Schuldners nötig (*BGH* NJW 85, 1699; *OLG Hamm* FamRZ 96, 736).

(4) Die geschiedenen Ehegatten sind so reich, dass sie einen Teil des Einkommens anlegen können, und die Leistungsfähigkeit des Unterhaltspflichtigen ist unstreitig auch für einen **konkret berechneten hohen Geschiedenenunterhalt** gesichert (*BGH* NJW 94, 2618; *OLG Hamm* FamRZ 96, 736; *OLG Düsseldorf* FamRZ 98, 1191: Kindesunterhalt).

(5) Bloße Zweifel am Unterhaltsanspruch: an der Höhe des Bedarfs, der Bedürftigkeit oder der Leistungsfähigkeit oder die Möglichkeit einer Verwirkung nach § 1579 verhindern die Auskunft noch nicht (*OLG München* FamRZ 89, 284).

(6) Zweifelhaft ist, ob es noch den Geschiedenenunterhalt betrifft, wenn ein Elternteil, der von einem volljährigen gemeinschaftlichen Kind auf Unterhalt in Anspruch genommen wird, seinen **Haftungsanteil nach § 1606 III 1** berechnen will und deshalb vom anderen Elternteil Auskunft verlangt. Lehnt man eine direkte oder entsprechende Anwendung der §§ 1580, 1605 ab, besteht der Auskunftsanspruch jedenfalls aus § 242 (*BGH* NJW 88, 1906).

(7) Wer meint, er habe **zuviel Unterhalt bezahlt** und könne die Überzahlung zurückfordern, hat nur dann Anspruch auf Auskunft nach § 1580 oder § 242, wenn er die Voraussetzungen eines Schadensersatzanspruchs aus § 823 II oder § 826 nachweist (*BGH* NJW 83, 2318).

4. Wartefrist für erneute Auskunft

Auskunft kann man nicht ständig, sondern nach § 1580 mit § 1605 II **nur alle zwei Jahre** verlangen, es sei denn, der Anspruchsteller mache glaubhaft, der Anspruchsgegner habe inzwischen wesentlich höhere Einkünfte oder weiteres Vermögen[743]. Die Wartefrist beginnt mit dem Schluss der mündlichen Verhandlung im Vorprozess oder mit dem Abschluß des gerichtlichen Vergleichs[744]. Die Auskunft für den Trennungsunterhalt zählt nicht für den Geschiedenenunterhalt[745].   605

5. Offenbarungspflicht ohne Aufforderung

Nach §§ 1580, 1605 I 1 ist der geschiedene Ehegatte nur auf Verlangen des anderen zur Auskunft verpflichtet. Das ist die gesetzliche Regel. Treu und Glauben nach **§ 242** können unter besonderen Umständen aber dazu verpflichten, dem anderen unaufgefordert die Aufnahme einer Erwerbstätigkeit oder einen sonstigen unterhaltserheblichen Um-   606

---

743 *OLG Hamm* FamRZ 91, 594: atypische Einkommensentwicklung.
744 *OLG Hamburg* FamRZ 84, 1142; *OLG Düsseldorf* NJW 93, 1079; FamRZ 97, 1281; *OLG Karlsruhe* FamRZ 92, 684: nicht Vergleich über einstw. Anordnung.
745 *OLG Hamm* FamRZ 96, 868; a.A. *OLG Thüringen* FamRZ 97, 1280.

stand mitzuteilen. Das Verschweigen verpflichtet unter den Voraussetzungen des § 826 zum Schadenserstz in Geld (zur Verwirkung nach § 1579: RN 489)[746].

6. Kein Zurückbehaltungsrecht

607 Obwohl beide Ehegatten zugleich auskunftsberechtigt und auskunftspflichtig sind, darf keiner seine Auskunft nach § 273 I solange zurückhalten, bis auch der andere Auskunft erteilt, denn dies würde den Zweck der Auskunftspflicht vereiteln[747].

15. Kapitel
Der Anspruch auf Sicherheitsleistung

608 § 1585a I 1 ist Anspruchsgrundlage für Sicherheitsleistung. Anspruchsberechtigt ist der Unterhaltsberechtigte, Anspruchsgegner der Unterhaltsschuldner. Zu sichern ist der gesetzliche Unterhaltsanspruch, in der Regel freilich nur bis zur Höhe eines Jahresbetrags, darüberhinaus nur, soweit es nach den besonderen Umständen des Falles angemessen erscheint. Auch die Art der Sicherheit richtet sich nach den Umständen und nicht nach § 232; die Bankbürgschaft dürfte oft die zweckmäßigste Sicherheit sein.

Der Anspruch auf Sicherheit hat zwei Voraussetzungen: einen gesetzlichen Anspruch auf Geschiedenenunterhalt und das Verlangen des Unterhaltsberechtigten nach Sicherheit. Durchgesetzt wird der Anspruch mit **Leistungsklage**, nicht mit einstweiliger Verfügung oder dinglichem Arrest.

16. Kapitel
Die Rückforderung überzahlten Unterhalts

1. Überblick

609 Es kommt vor, dass einer mehr Unterhalt bezahlt, als er nach Gesetz oder Vertrag zahlen soll. Hauptbeispiel ist die Unterhaltszahlung auf eine überhöhte einstweilige Anordnung des Familiengerichts.

Als Anspruchsgrundlagen bieten sich an: ungerechtfertigte Bereicherung nach §§ 812 ff., unerlaubte Handlung nach §§ 823 II, 826 sowie die vollstreckungsrechtlichen Spezialtatbestände der §§ 717 II, 945 ZPO. Die Erfolgsaussichten sind eher gering. Die Bereicherungsklage scheitert meistens an der Entreicherung des Unterhaltsempfängers

---

746 *BGH* NJW 86, 1751; 86, 2047; 88, 1965; *OLG Koblenz* FamRZ 87, 481, 1156.
747 *OLG Bamberg* FamRZ 85, 610; *OLG Köln* FamRZ 87, 714.

(§ 818 III), die Schadensersatzklage erfordert Betrugsvorsatz oder Schädigungsvorsatz und Sittenwidrigkeit, was schwer zu beweisen ist. Die §§ 717 II, 945 ZPO schließlich sind auf die Vollstreckung aus einer falschen einstweiligen Anordnung nicht anwendbar.

Über § 242 löst die Rechtsprechung den besonderen Fall, dass der unterhaltsberechtigte Ehegatte neben dem Unterhalt auch noch eine Erwerbsunfähigkeits- oder Versorgungsausgleichsrente bezieht, die nach der Unterhaltszahlung rückwirkend bewilligt und gezahlt wird.

2. Anspruch aus ungerechtfertigter Bereicherung

2.1 Anspruchsvoraussetzungen

Anspruchsgrundlage ist § 812 I 1, Rechtsfolge ein Anspruch auf Herausgabe des Erlangten oder auf Wertersatz (§ 818 II). Der Anspruch setzt voraus, dass der eine durch die Leistung des anderen und auf dessen Kosten etwas ohne rechtlichen Grund erlangt hat. Das „etwas" ist hier die Unterhaltszahlung in bestimmter Höhe und für eine bestimmte Zeitspanne.   **610**

Rechtsgrund der Unterhaltszahlung kann nur das **Gesetz oder** ein **Vertrag** sein. Rechtsgrundlos ist die Unterhaltszahlung, wenn und soweit der Zahlende weder durch Gesetz noch durch Vertrag zur Zahlung verpflichtet war. Die **rechtskräftige Verurteilung zu Unterhalt** stellt den Unterhaltsanspruch und damit den Rechtsgrund für die Unterhaltszahlungen zwischen den Prozessparteien unangreifbar fest. Was aufgrund des rechtskräftigen Urteils an Unterhalt bezahlt worden ist, kann deshalb nie als rechtsgrundlose Bereicherung zurückverlangt werden[748], es sei denn, der Bereicherungsanspruch sei erst nach Schluss der letzten mündlichen Tatsachenverhandlung (§§ 322 I, 767 II ZPO) entstanden[749].

Für Unterhaltszahlungen aufgrund einer einstweiligen Anordnung des Familiengerichts nach §§ 620 S. 1 Nr. 4 u. Nr. 6, 644 ZPO gilt dies nicht. Die **einstweilige Anordnung auf Unterhalt** ist zwar unanfechtbar (§ 620c ZPO) und kann nach Beendigung des Scheidungsverfahrens nicht mehr geändert, sondern nach § 620f ZPO nur noch durch eine endgültige Unterhaltsregelung ersetzt werden (RN 1773 ff.)[750]. Bis dahin gilt sie über die Scheidung hinaus weiter[751]. Dennoch ist die einstweilige Anordnung **kein Rechtsgrund** für das Behaltendürfen der Unterhaltszahlungen, denn anders als das rechtskräftige Unterhaltsurteil stellt sie den Unterhaltsanspruch nicht rechtskräftig fest, sondern beschränkt sich wie Arrest und einstweilige Verfügung auf eine vorläufige Regelung, die nach § 620f ZPO jederzeit rückwirkend durch ein Urteil im Unterhaltsprozess beseitigt werden kann[752].   **611**

Diese Unterscheidung zwischen Unterhaltsurteil und einstweiliger Anordnung über Unterhalt leuchtet ein, wenn man sich die **unterschiedlichen Streitgegenstände** klarmacht, denn Streitgegenstand der einstweiligen Anordnung ist nicht das Unterhaltsbegehren

---

748 *BGH* 83, 278; NJW 84, 2096; 94, 2234.
749 *BGH* 83, 278.
750 *BGH* NJW 83, 1330; 83, 2201; FamRZ 2000, 751: Rechtskraft Unterhaltsurteil.
751 *BGH* NJW 91, 705: Trennungsunterhalt gilt als Geschiedenenunterhalt weiter.
752 *BGH* 93, 183; NJW 84, 2095; *OLG Hamm* FamRZ 97, 431; 98, 1166.

selbst, sondern wie überall im einstweiligen Rechtsschutz nur das Sicherungs- und Regelungsbegehren; erst die Unterhaltsklage im Normalprozess (Hauptsache) zielt auf eine rechtskraftfähige Feststellung des Unterhaltsanspruchs.

612 Ist aber die einstweilige Anordnung auf Unterhalt kein Rechtsgrund, **darf der Anordnungsschuldner seine Unterhaltszahlungen sogleich als rechtsgrundlose Bereicherung zurückfordern, wenn weder Gesetz noch Vertrag ihn zum Unterhalt verpflichten.** Das Gesetz verlangt nicht, dass er zuvor die einstweilige Anordnung beseitige[753]. Dennoch wird er die Bereicherungsklage zweckmäßig mit der negativen Feststellungsklage verbinden und die Feststellung beantragen, dass er keinen Unterhalt schulde und auch bisher keinen geschuldet habe[754]. Mit Rechtskraft des Urteils, das die begehrte Feststellung trifft, ist die einstweilige Anordnung nach § 620f ZPO beseitigt und steht unangreifbar fest, dass der Anordnungsschuldner zum Unterhalt nicht verpflichtet ist und nicht verpflichtet war, die Unterhaltszahlungen also keinen Rechtsgrund hatten[755].

613 Eine andere Frage ist, ob der Empfänger der Unterhaltszahlungen vor einer rückwirkenden Beseitigung der einstweiligen Anordnung geschützt werden soll. Das Gesetz weiß davon nichts; eine entsprechende Anwendung der §§ 1585b, 1613 schießt über das Ziel hinaus[756]. Den nötigen **Vertrauensschutz** kann nur § 242 und nur für Grenzfälle bieten[757].

614 So wenig wie die einstweilige Anordnung gibt der **Prozessvergleich im Verfahren der einstweiligen Anordnung** einen Rechtsgrund für Unterhaltszahlungen ab. Auch hier ist der Zahlungsempfänger rechtsgrundlos bereichert, soweit er keinen gesetzlichen Anspruch auf Unterhalt hat[758]. Anders ist es nur dann, wenn der Vergleich nach dem Parteiwillen den Unterhalt endgültig regeln soll.

Rechtsgrundlos bereichert ist der Unterhaltsempfänger schließlich dann, wenn er den Unterhalt aufgrund eines **Prozessvergleichs** erhält, **dessen Geschäftsgrundlage rückwirkend entfallen** ist. Hier kann der Vergleichsschuldner die Abänderungsklage nach § 323 ZPO mit der Klage nach § 258 ZPO auf künftige Rückzahlung derjenigen Beträge verbinden, die während des Abänderungsverfahrens zuviel bezahlt oder vollstreckt werden[759].

2.2 Einwendungen

615 Die Bereicherungsklage ist mit der Feststellung, der Unterhalt sei ohne Rechtsgrund bezahlt worden, freilich noch lange nicht am Ziel, sondern scheitert nach § 818 III regelmäßig an der **Entreicherung des Unterhaltsempfängers.** Die Entreicherung begründet zwar eine anspruchsvernichtende Einwendung, die der Bereicherte beweisen muss[760]. Der Beweis wird aber durch die **tatsächliche Vermutung** (Beweis des ersten Anscheins)

---

753 *BGH* 93, 189; 118, 391; NJW 84, 2096.
754 *BGH* NJW 83, 1330; FamRZ 89, 850: auch Feststellung für die Vergangenheit.
755 *BGH* NJW 91, 705.
756 *BGH* MDR 89, 726 u. *OLG Hamm* FamRZ 88, 1057: kein Vertrauensschutz.
757 Dazu *OLG Oldenburg* FamRZ 89, 633; *Mertens* FamRZ 94, 602.
758 *BGH* FamRZ 91, 1175; NJW 83, 2200: zu § 1629 III.
759 *BGH* 118, 391; *OLG Karlsruhe* FamRZ 91, 352: Abänderungsklage nötig.
760 *BGH* 118, 383; FamRZ 2000, 751.

erleichtert, dass Überzahlungen von Lohn, Gehalt und Unterhalt nach der allgemeinen Lebenserfahrung ersatzlos verbraucht werden[761], so dass der Empfänger nicht mehr bereichert ist[762]. Diese Vermutung kann nur durch die Tatsache erschüttert werden, der Unterhaltsempfänger habe mit dem Unterhalt einen **bleibenden Vermögenswert** geschaffen, ihn angespart, investiert oder zur Schuldtilgung verwendet[763].

Gegen den Einwand der Entreicherung (§ 818 III) hilft nur der **Gegeneinwand der verschärften Haftung aus § 818 IV oder § 819 I,** den der Anspruchsteller beweisen muss. Aber auch diese Waffe ist meistens stumpf. Denn § 818 IV verlangt Rechtshängigkeit des Anspruchs auf Herausgabe der Bereicherung (§ 812) oder auf Wertersatz (§ 818 II). Die Rechtshängigkeit der negativen Feststellungsklage genügt nicht[764]. Und wie soll man dem Unterhaltsempfänger nach § 819 I nachweisen, er habe beim Empfang positiv gewusst, dass er auf den Unterhalt keinen Anspruch gehabt habe[765], wo er doch eine einstweilige Anordnung des Familiengerichts in Händen hat?   **616**

Der Unterhaltszahler kann auch nicht auf die Anspruchsgrundlage des § 820 I 2 umsteigen, denn sie ist **nicht** einmal **analog anwendbar.** Die einstweilige Anordnung des Familiengerichts ist nun einmal kein Rechtsgeschäft und mit einem solchen auch nicht vergleichbar[766].

Man kann dem Unterhaltsschuldner nicht einmal raten, den Unterhalt aus einer einstweiligen Anordnung nur unter Vorbehalt zu zahlen, denn damit schließt er lediglich den Einwand aus § 814 aus, nicht auch den aus § 818 III[767].

2.3 Überzahlung des Familien- oder Trennungsunterhalts

Eine Überzahlung des Familien- oder Trennungsunterhalts kann man in der Regel schon deshalb nicht zurückfordern, weil die **Auslegungsregel der §§ 1360b, 1361 IV 4** im Zweifel annimmt, der Unterhaltszahler beabsichtige nicht, später Ersatz zu verlangen. Der Rückzahlungsanspruch erfordert deshalb zusätzlich, dass der Unterhaltszahler bei der Unterhaltszahlung seine Absicht äußert, er werde eine Überzahlung zurückfordern, was kaum je beweisbar ist[768].   **617**

3. Anspruch aus unerlaubter Handlung

Als Anspruchsgrundlagen kommen nur § 823 II mit § 263 StGB und § 826 in Frage. Erstere verlangt einen vollendeten Betrug, letztere eine vorsätzliche sittenwidrige Schädigung. Beide Voraussetzungen erfüllt derjenige Unterhaltsberechtigte, der mit wissentlich   **618**

---

761 *BGH* 118, 383; FamRZ 2000, 751.
762 *BGH* 93, 183; 118, 383; NJW 84, 2095; FamRZ 2000, 751.
763 *BGH* 118, 383: rechtsgrundlose Zahlung muss Vermögenswert verursachen; daran fehlt es, wenn Empfänger auch ohne sie Schulden in gleicher Höhe getilgt hätte; *OLG Düsseldorf* FamRZ 99, 1059: deklarat. Anerkenntnis schließt § 818 III aus.
764 *BGH* 93, 183; 118, 390; FamRZ 2000, 751.
765 *BGH* 118, 392; NJW 84, 2096.
766 *BGH* NJW 84, 2095; FamRZ 2000, 751.
767 *BGH* 83, 278.
768 *BGH* 93, 187.

falschen Behauptungen über seine Bedürftigkeit die Unterhaltszahlungen erschwindelt. Der (Prozess)Lüge steht das vorsätzliche Verschweigen offenbarungspflichtiger Tatsachen gleich. Nun muss aber der Unterhaltsberechtigte auch im Unterhaltsprozess seine Verhältnisse in der Regel nicht ungefragt, sondern nach §§ 1580, 1605 nur auf Verlangen des Unterhaltspflichtigen offenbaren[769]. Ungefragt muss er ein neues Einkommen etwa nach einem Unterhaltsvergleich oder dann mitteilen, wenn der Unterhaltspflichtige keinen Anlass dazu hat, nach §§ 1580, 1605 II zu fragen, so dass das Schweigen nach Treu und Glauben (§ 242) offenbar unredlich ist (RN 606)[770].

Eine sittenwidrige vorsätzliche Schädigung nach § 826 kann unter besonderen Umständen darin liegen, dass der Unterhaltsberechtigte noch Unterhaltszahlungen entgegennimmt oder vollstreckt, obwohl der Unterhaltstitel falsch geworden ist, weil der Berechtigte inzwischen seinen Bedarf selbst decken kann[771].

4. Anspruch aus §§ 717 II, 945 ZPO

619 Wer aus einem vorläufig vollstreckbaren Unterhaltsurteil vollstreckt, tut es auf eigene Gefahr. Denn wenn das Urteil später aufgehoben oder geändert wird, muss er dem Schuldner nach § 717 II 1 ZPO den Vollstreckungsschaden ersetzen. Das ist eine Erfolgshaftung ohne Verschulden und ohne Entlastungsmöglichkeit. Das Gleiche gilt nach § 945 ZPO für den Vollzug einer einstweiligen Verfügung auf Notunterhalt. Den häufigsten Fall einer „vorläufigen" Vollstreckung erfassen diese Vorschriften freilich nicht: die **Vollstreckung einer einstweiligen Anordnung** des Familiengerichts über Unterhalt nach § 620 S. 1 Nr. 4, 6 ZPO. Sie macht den Unterhaltsberechtigten nicht schadensersatzpflichtig, wenn die einstweilige Anordnung später auf negative Feststellungsklage des Unterhaltspflichtigen nach § 620f ZPO beseitigt wird, denn die §§ 620 ff. ZPO sagen dazu nichts, sondern regeln die einstweilige Anordnung abschließend, so dass **die §§ 641g, 717 II, 945 ZPO auch nicht entsprechend anwendbar** sind[772]. Dem Unterhaltspflichtigen bleibt nur die Möglichkeit, mit der negativen Feststellungsklage analog §§ 707, 719, 769 ZPO den Antrag zu verbinden, die Zwangsvollstreckung aus der einstweiligen Anordnung einzustellen[773].

5. Anspruch aus § 242 BGB

620 Wenn der Unterhaltsberechtigte nach Antrag auf Erwerbsunfähigkeitsrente Unterhalt bekommt und sodann rückwirkend auch noch **Erwerbsunfähigkeitsrente**, was seine Bedürftigkeit nachträglich verringert oder gar ausschließt, so hat er nach Meinung des BGH nicht etwa den überzahlten Unterhalt zu erstatten, sondern die Rentenzahlung insoweit an den Unterhaltspflichtigen herauszugeben, als sich sein Unterhaltsanspruch verringert

---

769 *BGH* NJW 86, 1751; 86, 2047.
770 *BGH* NJW 86, 1751; 86, 2047; 88, 1965.
771 *BGH* NJW 86, 1751; 86, 2047; 88, 1965; *OLG Oldenburg* FamRZ 96, 804: nicht Entgegennahme für sich allein.
772 *BGH* 93, 188; NJW 84, 2095: Umkehrschluß aus § 641g ZPO; FamRZ 89, 850; 2000, 751.
773 *BGH* 93, 189; NJW 83, 1330.

hätte, wenn die Rente sogleich bezahlt worden wäre. Das Gleiche gilt für den Bezug von **Versorgungsausgleichsrente**, soweit er sich mit der Unterhaltszahlung überlappt. Der BGH begründet diesen Erstattungsanspruch seltsamerweise nicht mit ungerechtfertigter Bereicherung, sondern mit Treu und Glauben, die auch die Unterhaltsbeziehung beherrschen[774]. Mit diesem juristischen Kniff nimmt der BGH dem Zahlungsempfänger den Entreicherungseinwand des § 818 III.

17. Kapitel
Der Unterhalt im Einigungsvertrag

Das Familienrecht des BGB gilt nach Art. 234 § 1 EGBGB ab dem Beitritt der DDR zur **621** Bundesrepublik am **3.10.1990** auch in den neuen Bundesländern, soweit nichts anderes bestimmt ist. Für den Trennungsunterhalt ist nichts anderes bestimmt, wohl aber für den Geschiedenenunterhalt[775]. Nach Art. 234 § 5 S. 1 EGBGB sind die §§ 1569 ff. nur dann anwendbar, wenn die Ehe erst nach dem Beitritt rechtskräftig geschieden worden ist. Ist sie schon vor dem 3.10.1990 in der DDR geschieden worden, gilt weiterhin das Unterhaltsrecht der DDR (§§ 29-33 FGB), das allerdings durch das 1. FamÄndG ab 1.10.1990 geändert worden ist[776]. Unterhaltsvereinbarungen bleiben nach Art. 234 § 5 S. 2 EGBGB unberührt.

Wer zwar vor dem 3.10.1990 in der DDR geschieden worden war, aber durch seinen oder des anderen Ehegatten Wechsel in die Bundesrepublik nach internationalem Privatrecht einen Anspruch auf Unterhalt nach §§ 1569 ff. erworben hat[777], behält ihn und wird vom Einigungsvertrag nicht mehr berührt[778].

DDR-Unterhaltstitel können an die veränderten wirtschaftlichen Verhältnisse angepasst werden, Unterhaltsurteile nach § 323 ZPO, gerichtlich protokollierte Unterhaltsvereinbarungen nach § 242 BGB mit § 323 ZPO[779]. Dies gilt auch für Kindesunterhalt, den das DDR-Gericht im Scheidungsurteil zugesprochen hat[780].

---

774 *BGH* FamRZ 89, 718; 90, 269; anders aber *BGH* 83, 278: nach Bezug einer Versorgungsausgleichsrente Bereicherungsanspruch als Ersatz für Vollstreckungsabwehrklage, die nach Vollstreckungsende nicht mehr möglich ist.
775 Dazu *Adlerstein/Wagenitz* FamRZ 90, 1300.
776 Dazu *KG* FamRZ 92, 329; *Eberhardt* FamRZ 90, 917.
777 *BGH* 85, 16; 124, 57; FamRZ 94, 160, 824, 1582; 95, 473; DtZ 95, 410.
778 *BGH* 124, 57; NJW 94, 1582; 95, 1345; dazu *Brudermüller* FamRZ 94, 1022 u. *Dickmann* FamRZ 94, 1073.
779 *BGH* NJW 95, 1345; ferner *Brudermüller* FamRZ 95, 915.
780 *BGH* NJW 97, 735: auch zur Prozessführungsbefugnis des Kindes.

18. Kapitel
Internationales Unterhaltsrecht

1. Haager Übereinkommen

622 Das **Haager Übereinkommen über das auf Unterhaltspflichten anzuwendende Recht (HUK)** v. 2.10.1973 (BGBl 1986 II 837; 1987 II 225) erfasst alle Unterhaltspflichten aus Ehe, Familie, Verwandtschaft und Schwägerschaft und ist wortwörtlich von Art. 18 EGBGB übernommen worden. Obwohl es dem Art. 18 EGBGB vorgeht, wendet die Praxis oft nur den Art. 18 EGBGB an, der auch im Verhältnis zu Nichtvertragsstaaten gilt, so dass es nicht darauf ankommt, ob der ausländische Staat dem Abkommen beigetreten ist oder nicht[781].

2. Gesetzliches Unterhaltsstatut

2.1 Deutsches Unterhaltsrecht

623 Rechtsgrundlage ist **Art. 18 EGBGB**, dessen Systematik nicht leicht zu durchschauen ist. Die Prüfung beginnt in allen Fällen mit **Abs. 5**; danach ist deutsches Recht anzuwenden, wenn beide Parteien Deutsche sind und der Unterhaltsschuldner seinen gewöhnlichen Aufenthalt im Inland hat.

2.2 Geschiedenenunterhalt

624 Ist das nicht der Fall, gilt für den Geschiedenenunterhalt die Sonderregel des **Art. 18 Abs. 4 EGBGB**; danach ist, wenn die Scheidung hier ausgesprochen oder anerkannt worden ist, dasjenige nationale Recht maßgebend, nach dem die Ehe geschieden worden ist, auch wenn sich das Scheidungsgericht dabei vergriffen hat[782]. Dies gilt auch für die Abänderung eines Titels über Geschiedenenunterhalt und es gilt für die Trennung ohne Auflösung der Ehe (etwa nach italienischem Recht) sowie für die Nichtig- oder Ungültigerklärung der Ehe. Wenn es nach dem Scheidungsstatut keinen Geschiedenenunterhalt gibt, kann auch das deutsche Unterhaltsrecht nicht helfen, denn Art. 18 I 2, II EGBGB ist auf den Sonderfall des Abs. IV nicht anwendbar[783]. Eine unerträgliche Härte lässt sich nur über den ordre public des Art. 6 EGBGB vermeiden[784].

---

781 *BGH* FamRZ 91, 926; 2001, 412.
782 *BGH* FamRZ 91, 925: Recht der Dominikanischen Republik, wenn die Ehe dort geschieden und hier anerkannt wurde, beide Ehegatten Deutsche sind, die unterhaltsberechtigte Frau hier, der unterhaltspflichtige Mann aber in den USA lebt; *OLG Hamm* FamRZ 95, 886.
783 *BGH* FamRZ 91, 925, 927.
784 *BGH* FamRZ 91, 925, 927.

2.3 Trennungs- und Kindesunterhalt

Für den Trennungsunterhalt und den Kindesunterhalt gelten, wenn Art. 18 V EGBGB **625**
nicht passt, die allgemeinen Regeln des **Art. 18 I, II EGBGB**. Abs. 1 S. 1 knüpft direkt
am Unterhaltsrecht des Staates an, in dem der Unterhaltsberechtigte seinen gewöhnlichen Aufenthalt hat[785]. Gibt dieses Recht keinen Unterhaltsanspruch her, gilt hilfsweise
das Unterhaltsrecht des Staates, dem beide Parteien angehören (I 2), und weiter hilfsweise deutsches Unterhaltsrecht (II).

2.4 Umfang des Unterhaltsstatuts

Art. **18 VI EGBGB** regelt im Einzelnen, welche Vorfragen nach dem Unterhaltsstatut zu **626**
beantworten sind: Unterhaltsbedarf und Unterhaltsschuldner (Nr. 1); Klagebefugnis, gesetzliche Vertretung und Klagefrist (Nr. 2); Umfang der Unterhaltspflicht für Erstattungsanspruch eines Sozialhilfeträgers (Nr. 3). **Art. 18 VII EGBGB** schränkt dies insoweit
ein, als **Bedürftigkeit** des Berechtigten **und Leistungsfähigkeit** des Verpflichteten **auch
dann zu berücksichtigen** sind, wenn das – ausländische – Unterhaltsrecht etwas anderes
bestimmt.

2.5 Abänderung von Unterhaltstiteln

Das Unterhaltsstatut nach Art. 18 EGBGB gilt auch für die Abänderung eines Unterhalt- **627**
stitels. Während sich die Abänderung eines Titels über Geschiedenenunterhalt stets nach
dem Recht richtet, das auf die Scheidung angewendet worden ist (IV), folgt das Unterhaltsstatut des Abs. 1 dem jeweiligen Aufenthalt des Unterhaltsberechtigten. Das deutsche Gericht ändert auch ein ausländisches Unterhaltsurteil stets nach § 323 ZPO, denn
es wendet nur deutsches Prozessrecht an und § 323 ZPO gehört zum Prozessrecht[786]. Die
materiellen Voraussetzungen einer Änderung hingegen richten sich nach dem Unterhaltsstatut, wie es Art. 18 IV EGBGB für den Geschiedenenunterhalt ausdrücklich bestimmt.

2.6 Verbrauchergeldparität

Wie aber berechnet man den Unterhaltsbedarf in Euro, wenn nach Art. 18 I 1 EGBGB **628**
ausländisches Unterhaltsrecht anzuwenden ist, weil der Unterhaltsberechtigte im Ausland lebt? Die richtige Frage lautet: wieviel Kaufkraft in Euro braucht der Unterhaltsberechtigte im Ausland, um seinen Bedarf zu decken? Maßstab ist die Verbrauchergeldparität[787.]

---

785 *BGH* FamRZ 2001, 412: Trennungsunterhalt nach polnischem Recht; *OLG Karlsruhe* FamRZ
92, 58: Trennungsunterhalt nach französischem Recht.
786 *BGH* NJW 83, 1976.
787 Dazu *BGH* FamRZ 87, 682: Ehegattenunterhalt – Polen; FamRZ 92, 1060: Abänderung eines
polnischen Titels über Kindesunterhalt; *OLG Celle* FamRZ 90, 1390 u. 93, 103: Kindesunterhalt Polen; *OLG Hamm* FamRZ 94, 774: Trennungs- u. Kindesunterhalt Polen; *OLG Nürnberg* FamRZ 94, 1133: Kindesunterhalt Polen; *OLG Koblenz* FamRZ 95, 1439: Kindesunterhalt Polen; *Gutdeutsch* FamRZ 93, 1152; *Kemnade/ Scholz/Zieroth* FamRZ 96, 410: Polen;
Buseva FamRZ 97, 264: Bulgarien.

7. Teil
Der Zugewinnausgleich nach der Scheidung

1. Kapitel
Begriff des Zugewinnausgleichs

629 Ehegatten leben, wenn sie durch Ehevertrag nichts anderes vereinbaren, im gesetzlichen Güterstand der Zugewinngemeinschaft (§ 1363 I). Diese ist, ihrem Namen zum Trotz, **keine Vermögensgemeinschaft, sondern eine „Gütertrennung mit schuldrechtlichem Zugewinnausgleich"** am Ende des Güterstandes, denn jeder Ehegatte behält, was er schon hat und dazu erwirbt, und jeder verwaltet sein Vermögen selbst (§§ 1363 II 1, 1364). Nicht einmal der **Zugewinn**, den die Ehegatten während der Ehe erzielen, ist gemeinschaftlich, denn er ist kein greifbares Vermögen, sondern **nur eine Rechnungsgröße** (§ 1373). Außerdem wird er **erst am Ende des gesetzlichen Güterstandes ausgeglichen**. Der aber endet entweder durch Tod eines Ehegatten (§ 1371) oder „auf andere Weise" (§ 1372): durch ehevertragliche Aufhebung (§ 1414), rechtskräftige Auflösung der Ehe oder rechtskräftiges Urteil auf vorzeitigen Zugewinnausgleich (§ 1388). Die Ehe wird aufgelöst durch rechtskräftige Aufhebung (§ 1313 S. 2) oder Scheidung (§ 1564 S. 2).

630 Nach dem Tod eines Ehegatten gleicht das Gesetz den Zugewinn im Normalfall pauschal dadurch aus, dass es den gesetzlichen Erbteil des überlebenden Ehegatten um 1/4 erhöht, auch wenn der Verstorbene keinen Zugewinn hatte (§ 1371 I u. RN 115 ff.). In allen anderen Fällen ist der Zugewinn güterrechtlich nach §§ 1373-1390 auszugleichen (§ 1372). Häufigster Fall ist die **Scheidung der Ehe**. Der geschiedene Ehegatte mit dem geringeren Zugewinn hat nach § 1378 I gegen den anderen einen **Anspruch auf Zahlung der halben Differenz**[1]. Diesen Anspruch hat nach § 1371 II auch der überlebende Ehegatte, der weder Erbe noch Vermächtnisnehmer wird.

---

1 Zum Zugewinnausgleich nach Doppelehe: *BGH* FamRZ 80, 768.

2. Kapitel
Abgrenzung von anderen Ausgleichsansprüchen

1. Schuldrechtliche Ansprüche aus Vertrag und Gesetz

Wer da meint, der Zugewinnausgleich nach §§ 1372-1390 wickle die vermögensrechtlichen Beziehungen der Ehegatten bis auf Versorgungsausgleich (§ 1587 III) und Hausratsteilung (§§ 8 ff. HausratsVO) vollständig und erschöpfend ab, der irrt. Denn der gesetzliche Güterstand hindert die Ehegatten nicht im geringsten, miteinander Verträge aller Art zu schließen, einander zu beschenken, für- oder miteinander Kredite aufzunehmen, Gesellschaften zu gründen oder Miteigentum zu erwerben. Die vertragliche oder gesetzliche Abwicklung dieser besonderen Rechtsbeziehungen wird durch den Zugewinnausgleich nicht behindert, geschweige denn verhindert. Sie beeinflusst vielmehr ihrerseits den Zugewinnausgleich, denn in das Endvermögen sind auch die schuldrechtlichen Ansprüche und dinglichen Rechte einzustellen, die der eine Ehegatte am Stichtag gegen den anderen hat. Dies gilt auch für Ansprüche aus § 426 I 1 auf Gesamtschuldnerausgleich (RN 656)[2].

631

2. Familienrechtlicher Anspruch auf Ausgleich
einer ehebedingten Zuwendung

Die ehebedingte Zuwendung hingegen, die der eine Ehegatte dem anderen um der ehelichen Lebensgemeinschaft willen gemacht hat, verliert zwar ihre Geschäftsgrundlage, wenn die Ehe scheitert, und ist deshalb nach § 242 an die veränderte Lage anzupassen, jedoch schließt der gesetzliche Zugewinnausgleich einen zusätzlichen Geldausgleich nach § 242 in aller Regel aus (RN 241).

632

3. Versorgungsausgleich

Nicht in den Zugewinnausgleich fallen diejenigen Vermögenswerte, die das Gesetz vorrangig und ausschließlich dem Versorgungsausgleich unterwirft (§ 1587 III). Nach § 1587 I sind es „Anwartschaften oder Aussichten auf eine Versorgung wegen Alters, Berufs- oder Erwerbsunfähigkeit der in § 1587a II genannten Art", die der Ehegatte durch Arbeit oder mit seinem Vermögen erworben hat[3]. Gemeint sind aber **nur Rentenanwartschaften und -aussichten**. In den Zugewinnausgleich fallen deshalb alle **Kapitallebensversicherungen**, auch wenn sie der Altersversorgung dienen[4], ebenso Lebensversicherungen, die dem Ehegatten die Wahl lassen zwischen Kapital und Rente, solange er noch nicht die Rente gewählt hat[5]. Dagegen fallen Rentenanwartschaften, die der Ehe-

633

---

2 *BGH* NJW 88, 133; 91, 1740; FamRZ 97, 487; *Gerhard* FamRZ 2001, 661.
3 *BGH* NJW 95, 523.
4 *BGH* 88, 386; 117, 70; 118, 242; FamRZ 93, 794; *OLG Köln* FamRZ 2001, 158; ferner *Schmalz-Brüggemann* FamRZ 96, 1053.
5 *BGH* 88, 387.

gatte vor der Ehezeit erworben hat, weder in den Versorgungsausgleich (§ 1587 I 1) noch in den Zugewinnausgleich[6].

4. Hausratsteilung

634 Nicht in den Zugewinnausgleich fällt der **Hausrat, wenn und soweit er nach den HausratsVO verteilt werden kann,** denn die Sonderregelung der §§ 8, 9 HausratsVO geht vor[7]. Der Hausrat besteht aus beweglichen Sachen, die für die Ehewohnung und das Zusammenleben der Familie bestimmt sind[8]. Dazu gehört auch das Familienauto[9]. Nach der HausratsVO kann das Familiengericht aber nur Hausrat, der beiden Ehegatten gemeinsam gehört, ohne weiteres verteilen (§ 8 I). Dagegen darf es Hausrat, der einem Ehegatten allein gehört, dem anderen nur zuteilen, wenn dieser auf ihn angewiesen und der Verlust dem Eigentümer zumutbar ist (§ 9 I). Aber selbst dann kann das Familiengericht die Übereignung durch ein Mietverhältnis ersetzen (§ 9 II). In den Zugewinnausgleich fällt deshalb jeder Hausrat, der nach der HausratsVO nicht endgültig verteilt werden kann[10].

3. Kapitel
Gesetzliche Systematik

635 Die gesetzliche Regelung der §§ 1372-1390 ist unübersichtlich, weil unsystematisch. Der Zugewinnausgleich besteht aus einem Zahlungsanspruch desjenigen Ehegatten, der den geringeren Zugewinn hat. Man sollte meinen, die gesetzliche Anspruchsgrundlage stünde am Anfang der gesetzlichen Regelung. **Anspruchsgrundlage ist** aber weder § 1372 noch § 1373, sondern **§ 1378 I** (RN 636 ff.). **Die übrigen Vorschriften sind größtenteils Hilfs- oder Gegennormen.**

Der Zahlungsanspruch aus § 1378 I setzt voraus, dass der Anspruchsteller während der Ehe weniger Zugewinn erzielt hat als der Anspruchsgegner. Den Zugewinn definiert die Hilfsnorm des § 1373 als den Betrag, um den das Endvermögen das Anfangsvermögen eines Ehegatten übersteigt. Was das Gesetz unter Anfangs- und Endvermögen versteht und wie sie zu bewerten sind, sagen die Hilfsnormen der §§ 1374-1376 (RN 652 ff.). Auszugleichen ist der während des gesetzlichen Güterstandes erwirtschaftete Zugewinn. Das Gesetz arbeitet mit **Stichtagen für Anfang und Ende des gesetzlichen Güterstandes** (RN 647 ff.).

Einwendungen und Einreden gegen den Ausgleichsanspruch begründen (RN 686 ff.): § 1378 II (Beschränkung der Höhe nach auf den Bestand des vorhandenen Schuldnerver-

---

6 *BGH* NJW 95, 523: § 1374 II für Heiratserstattung nach § 1304 RVO a.F.
7 *BGH* 89, 137; NJW 91, 1547.
8 *BGH* 89, 137.
9 *BGH* NJW 91, 1552; *OLG Koblenz* FamRZ 94, 1255: Wohnwagen.
10 *BGH* 89, 137.

mögens); § 1378 III 2 (vertragliche Beschränkung); § 1380 (Vorausempfang); § 1378 IV (Verjährung); § 1381 (Leistungsverweigerung wegen grober Unbilligkeit) und § 1382 (Stundung).

Da der Ehegatte das Endvermögen des anderen oft nicht kennt, gibt ihm § 1379 einen **Anspruch auf Auskunft** (RN 702 ff.). Anspruchsgrundlagen sind auch § 1389 (Sicherheit für künftigen Zugewinnausgleich) und § 1390 (Herausgabe der Bereicherung, die ein Dritter dubios vom Ausgleichsschuldner erlangt hat). Dagegen begründen die §§ 1385, 1386 keinen Anspruch, sondern ein **Gestaltungsrecht auf vorzeitigen Zugewinnausgleich**, das durch Klage geltendzumachen ist (RN 709 f.).

4. Kapitel
Der Anspruch auf Zugewinnausgleich

1. Anspruchsgrundlage

Anspruchsgrundlage ist **§ 1378 I**. Danach steht dem Ehegatten mit dem niedrigeren Zugewinn die Hälfte des Überschusses, den der andere erzielt hat, als Ausgleichsforderung zu.   **636**

2. Rechtsfolge

2.1 Zahlungsanspruch

Rechtsfolge des § 1378 I ist ein **Anspruch auf Zahlung des hälftigen Überschusses**. **637** Gläubiger ist der Ehegatte mit dem niedrigeren Zugewinn, Schuldner ist der Ehegatte mit dem höheren Zugewinn. Dagegen hat der ausgleichsberechtigte Ehegatte keinen Anspruch auf Übernahme einzelner Vermögensstücke des Ausgleichsschuldners. Nach § 1383 kann zwar das Familiengericht den Schuldner verpflichten, dem Gläubiger bestimmte Vermögensstücke in Anrechnung auf den Ausgleichsanspruch zu übertragen, aber das ist nur eine Ermessensvorschrift für besondere Fälle, die dem Gläubiger allenfalls einen Anspruch auf fehlerfreie Ermessensentscheidung des Familiengerichts gibt.

2.2 Scheidungsverbund und Stufenklage

Obwohl der Ausgleichsanspruch erst mit Rechtskraft des Scheidungsurteils entsteht, **638** kann man ihn nach § 623 ZPO als Scheidungsfolgesache schon vorher **im Verbund mit der Scheidung** einklagen[11]. Zweckmäßig ist die **Stufenklage** nach § 254 ZPO: Der Anspruchsteller klagt gleichzeitig auf Auskunft (§ 1379 mit § 260 I), eidesstattliche Versi-

---

11 Prozesszinsen nach § 291 aber erst ab Rechtskraft der Scheidung: *BGH* FamRZ 86, 37, 40; *OLG Celle* FamRZ 91, 1066, 1070; *OLG Frankfurt* FamRZ 82, 866.

cherung (§ 260 II) und unbezifferte Zahlung des Betrags, der sich aus der Auskunft ergeben wird.

2.3 Abtretung, Pfändung und Aufrechnung

639 Ab Entstehung ist der Ausgleichsanspruch nach § 1378 III 1 **übertragbar**[12] und vererblich[13]. **Pfändbar** wird er erst durch vertragliche Anerkennung oder Rechtshängigkeit (§ 852 II ZPO). Jetzt erst kann gegen ihn aufgerechnet werden (§ 400).

2.4 Vereinbarung über Zugewinnausgleich

640 Bevor der Ausgleichsanspruch entstanden ist, kann man ihn weder abtreten noch belasten (§ 1378 III 1), sich nicht einmal zu einer solchen Verfügung verpflichten (§ 1378 III 3).

Ausnahmsweise wirksam ist eine **Vereinbarung der Ehegatten über den künftigen Zugewinnausgleich nach § 1378 III 2** nur dann, wenn sie während eines Ehescheidungs- oder Eheaufhebungsverfahrens und für den Fall der Auflösung der Ehe getroffen wird. Sie bedarf überdies der notariellen Beurkundung oder muss in einem Prozessvergleich beurkundet werden. Die Rechtsprechung erlaubt jedoch über den Gesetzeswortlaut hinaus auch Vereinbarungen vor Rechtshängigkeit des Scheidungsantrags, wenn sie die Form des § 1378 III 2 wahren, denn durch **notariellen Ehevertrag** nach § 1410 können die Ehegatten das Gleiche erreichen[14].

3. Anspruchsvoraussetzungen im Überblick

3.1 Höherer Zugewinn des Anspruchsgegners

641 Der Ausgleichsanspruch aus § 1378 I setzt voraus, dass der Zugewinn des Anspruchsgegners den Zugewinn des Anspruchstellers übersteigt.

Der **Zugewinn** ist nach gesetzlicher Definition des § 1373 derjenige Geldbetrag, um den das Endvermögen des Ehegatten das Anfangsvermögen übersteigt. Je höher das Anfangsvermögen, desto niedriger der Zugewinn und umgekehrt (RN 652 ff.). Auch für Anfangs- und Endvermögen gibt es gesetzliche Definitionen.

3.2 Endvermögen

Endvermögen ist nach § 1375 I das Vermögen, das dem Ehegatten nach Abzug der Verbindlichkeiten am Ende des Güterstandes gehört. Es erhöht sich nach § 1375 II um Beträge, die der Ehegatte unnötig verschenkt, verschwendet oder in Schädigungsabsicht verloren hat, es sei denn die Vermögensminderung liege schon mindestens 10 Jahre zu-

---

12 *OLG Düsseldorf* FamRZ 89, 181: formfrei.
13 *BGH* FamRZ 95, 597: nicht schon mit Rechtshängigkeit Scheidung, wenn Gläubiger vor Scheidung stirbt.
14 *BGH* 86, 143.

rück (§ 1375 III). Anspruchsvoraussetzung ist aber nur die Erhöhung des Endvermögens des Anspruchsgegners (RN 657 f.).

3.3 Anfangsvermögen

Anfangsvermögen ist nach § 1374 I das Vermögen, das dem Ehegatten nach Abzug der Verbindlichkeiten beim Eintritt des Güterstandes gehört. Nach § 1374 II erhöht es sich um dasjenige Vermögen, das der Ehegatte während des Güterstandes unentgeltlich von Dritten erworben hat; da sie den anderen Ehegatten nichts angehen, sollen sie ihm auch nicht zugutekommen. Anspruchsvoraussetzung ist aber nur das eigene Anfangsvermögen des Anspruchstellers (RN 659 ff.).

3.4 Bewertung des Vermögens

Unter **Vermögen** versteht man hier die **Summe aller geldwerten Güter des Ehegatten abzüglich seiner Verbindlichkeiten**, also den **Aktivsaldo in Geld**. Wie Anfangs- und Endvermögen zu bewerten sind, regelt lückenhaft § 1376. Maßgebend ist in der Regel der **volle wirtschaftliche Wert** der einzelnen Sachen und Rechte (RN 670 ff.).

3.5 Schematische Abrechnung nach Stichtagen

Auszugleichen ist der Zugewinn, den die Ehegatten während der Ehe gemeinsam erwirtschaftet haben. Das gemeinsame Erwirtschaften ist indes nur der gesetzgeberische Grundgedanke, jedoch keine Anspruchsvoraussetzung. **Abgerechnet wird schematisch dasjenige Vermögen, das jeder Ehegatte an den Stichtagen hat**, gleichgültig woher es kommt und ob es durch gemeinsame Arbeit, durch Glücksspiel oder als Schadensersatz erworben ist (RN 647 f.)[15]. **642**

3.6 Kein Verlustausgleich

Da die Ehegatten nur den Wertzuwachs ausgleichen sollen, nicht auch den Verlust, den der eine oder andere während der Ehe erlitten hat, **sind Endvermögen, Anfangsvermögen und Zugewinn nie negativ, sondern mindestens 0** (§§ 1374 I Hs. 2, 1375 I 2).

3.7 Entstehung und Fälligkeit

Der Ausgleichsanspruch entsteht und wird fällig mit dem **Ende des Güterstandes** (§ 1378 III 1). Dieser endet im Falle der Scheidung erst mit **Rechtskraft des Scheidungsurteils**, nicht schon mit Rechtshängigkeit des Scheidungsantrags. § 1384 ändert daran nichts, sondern vorverlegt nur den Stichtag für die Berechnung des Zugewinns auf den Tag, an dem der Scheidungsantrag rechtshängig wird[16].

---

15 *BGH* 68, 43: Lottogewinn; 80, 384: Schmerzensgeld; 82, 145: Abfindung für Verdienstausfall; NJW-RR 92, 900.
16 *BGH* FamRZ 86, 37, 40; 88, 925; 95, 597: Gläubiger stirbt vor der Scheidung.

Ab Fälligkeit ist der Ausgleichsanspruch aufrechenbar und berechtigt unter den Voraussetzungen des § 273 zur Zurückbehaltung[17].

4. Beweislast

4.1 Grundsatz

643 Nach allgemeiner Regel, die auch für familienrechtliche Ansprüche gilt, **trägt der Anspruchsteller die Beweislast für die Anspruchsvoraussetzungen, der Anspruchsgegner für die Einwendungen und Einreden.** Welche Tatsachen einen Anspruch begründen, bestimmt allein das Gesetz, hier die Anspruchsgrundlage des § 1378 I zusammen mit den beiden gesetzlichen Vermutungen des § 1377 I, III zum Anfangsvermögen.

4.2 Endvermögen und Überschuss

644 **Anspruchsbegründend sind der höhere Zugewinn des Anspruchsgegners und die Höhe des Überschusses**[18]. Da der Zugewinn nach § 1373 gleich dem Überschuss des Endvermögens über das Anfangsvermögen ist, muss der Anspruchsteller **Bestand und Höhe der beiden Endvermögen** beweisen[19]. Und da das Endvermögen gleich dem Überschuß der Aktiva über die Passiva ist (§ 1375 I), muss der Anspruchsteller nicht nur seine **eigenen Schulden** beweisen, sondern auch noch nachweisen, dass die **Schulden des Gegners** niedriger sind, als dieser behauptet, oder dass sie überhaupt nicht bestehen[20]. Der Beweis negativer Tatsachen ist zwar schwierig, aber nicht unmöglich, denn der Anspruchsteller muss kein Nichts beweisen, sondern nur die Angaben des Anspruchsgegner widerlegen. Dieser wiederum darf nicht pauschal irgendwelche Schulden vorbringen, sondern muss deren Entstehung und Höhe so genau („substantiiert") darlegen, dass der Anspruchsteller sie widerlegen kann[21].

4.3 Anfangsvermögen

645 Obwohl § 1573 den Zugewinn als Überschuss des End- über das Anfangsvermögen definiert, sind nur die beiderseitigen Endvermögen und das eigene Anfangsvermögen des Anspruchstellers Anspruchsvoraussetzungen. Dagegen begründen Bestand und Höhe des **Anfangsvermögens des Anspruchsgegners** eine anspruchshindernde **Einwendung, die der Anspruchsgegner beweisen muss**, denn sie kürzen oder verhindern den Ausgleichsanspruch[22]. Dies folgt aus der **gesetzlichen Vermutung des § 1377 III**, dass kein Anfangsvermögen vorhanden sei und das Endvermögen den Zugewinn bilde, wenn nicht die Ehegatten ihr Anfangsvermögen gemeinsam verzeichnet haben, was selten vor-

---

17 *BGH* FamRZ 2000, 355.
18 *BGH* NJW 87, 321: Höhe der Ausgleichsforderung.
19 *BGH* 107, 245: Wert der einzelnen Stücke der Endvermögen. NJW 87, 321: Endvermögen des Gegners trotz dessen Auskunft; *OLG Karlsruhe* FamRZ 89, 773.
20 *OLG Hamm* FamRZ 98, 237.
21 Dazu *BGH* NJW 85, 1775; 87, 1322; 89, 162; NJW-RR 92, 848.
22 *BGH* 107, 246; 113, 325; *OLG Karlsruhe* FamRZ 86, 1105: auch Fehlen von Schulden.

kommt. Behauptet der Anspruchsgegner ohne Verzeichnis gleichwohl ein Anfangsvermögen, muss er die gesetzliche Vermutung widerlegen und das Gegenteil beweisen (§ 292 ZPO).

Umgekehrt **muss der Anspruchsteller sein eigenes Anfangsvermögen beweisen**, denn es mindert seinen eigenen Zugewinn und begründet oder erhöht dadurch seinen Ausgleichsanspruch.

Haben die Ehegatten ihre Anfangsvermögen gemeinsam verzeichnet, wird nach § 1377 I vermutet, dass das Verzeichnis richtig sei. Wer etwas anderes behauptet, muss es beweisen (§ 292 ZPO).

Beweislast für und gegen den Anspruch auf Zugewinnausgleich

Anspruchsteller für Anspruchsvoraussetzungen	Anspruchsgegner für Einwendungen und Einreden
Höhe des Überschusses zwischen Zugewinn des Gegnes und eigenem Zugewinn im Einzelnen:	eigenes Anfangsvermögen (Aktiva – Passiva) –
Endvermögen des Gegners (Aktiva – Passiva + Erhöhung nach § 1375 II) +	Erhöhung Endvermögen des Anspruchstellers nach § 1375 II –
eigenes Endvermögen (Aktiva – Passiva) +	Beschränkung oder Ausschluß durch Ehevertrag (§ 1414) oder Vereinbarung nach § 1378 III 2 –
eigenes Anfangsvermögen (Aktiva – Passiva)	Höhe des eigenen Vermögens bei Rechtskraft der Scheidung (§ 1378 II) –
	Vorausempfang (§ 1380) –
	Verjährung (§ 1378 IV) –
	Tatsachen für grobe Unbilligkeit (§ 1381) –
	Stundung (§ 1382)

Bild 16: Beweislast für und gegen den Anspruch auf Zugewinnausgleich

5. Berechnung des Zugewinnausgleichs

646 Der Zugewinnausgleich lässt sich in folgenden **Rechenformeln** ausdrücken:

Ausgleichsanspruch	$=$	$\dfrac{\text{höherer Zugewinn} - \text{niedrigerer Zugewinn}}{2}$

Zugewinn jedes Ehegatten $\quad=\quad$ Endvermögen – Anfangsvermögen = mindestens 0

Endvermögen jedes Ehegatten $\quad=\quad$ Aktivvermögen (+ Werte nach § 1375 II)
– Schulden am Endstichtag = mindestens 0
(Ausnahme § 1375 I 2)

Anfangsvermögen jedes Ehegatten $\quad=\quad$ Aktivvermögen (+ privilegierter Erwerb nach
§ 1374 II) – Schulden am Anfangsstichtag
= mindestens 0

Für jeden Ehegatten sind folgende **Fragen** zu beantworten:

(a) **Endvermögen:**

- Welche Vermögensgegenstände gehören dem Ehegatten am Tag der Zustellung des Scheidungsantrags (Endstichtag)?
- Welchen Geldwert hat jeder einzelne Vermögensgegenstand am Endstichtag, und wie hoch ist die Summe der Einzelwerte?
- Welche Werte sind nach § 1375 II dem Endvermögen hinzuzurechnen?
- Welche Schulden in welcher Höhe hat der Ehegatte am Endstichtag?
- Wie hoch ist die Differenz aus Aktiva und Passiva?

(b) **Anfangsvermögen:**

- Welche Gegenstände gehörten dem Ehegatten am Tag der Heirat (Anfangsstichtag)?
- Welchen Geldwert hatte jeder einzelne Vermögensgegenstand am Anfangsstichtag, und wie hoch ist die Summe der Einzelwerte?
- Welche Schulden in welcher Höhe hatte der Ehegatte am Anfangsstichtag?
- Wie hoch ist die Differenz aus Aktiva und Passiva, hochgerechnet („indexiert") auf den Endstichtag?
- Ist dem Anfangsvermögen privilegierter Erwerb nach § 1374 II hinzuzurechnen, welchen Wert hatte er am Tage des Erwerbs und wie hoch ist der „indexierte" Wert zum Endstichtag?

(c) **Zugewinn:**

- Wie hoch ist die Differenz zwischen Endvermögen und („indexiertem") Anfangsvermögen?

(d) **Zugewinnausgleich:**

- Welcher Ehegatte hat den höheren Zugewinn und wie hoch ist der Überschuß?

6. Stichtage

647 Im Recht des Zugewinnausgleichs herrscht das Stichtagsprinzip. Endvermögen ist nur dasjenige Vermögen, das der Ehegatte „bei der Beendigung des Güterstandes" hat (§ 1375 I), und Anfangsvermögen ist nur dasjenige Vermögen, das der Ehegatte „beim Eintritt des Güterstandes" hat (§ 1374 I), so dass **nur der Überschuss am Stichtag aus-**

zugleichen ist[23]. Was die Ehegatten vor oder während der Ehe erworben haben, zählt nur, wenn und soweit es noch am Anfang oder am Ende des Güterstandes vorhanden ist.

Der gesetzliche Güterstand beginnt in aller Regel mit der Heirat; **Stichtag für das Anfangsvermögen** ist deshalb der **Tag der Heirat**. Stichtag für das Endvermögen ist nach § 1375 I allgemein der Tag, an dem der gesetzliche Güterstand endet. Endet er durch Scheidung, und das ist der häufigste Fall, macht § 1384 jedoch eine wichtige Ausnahme: **Stichtag für das Endvermögen** ist hier nicht erst der Tag, an dem das Scheidungsurteil rechtskräftig wird, sondern schon der **Tag, an dem der Scheidungsantrag nach §§ 253 I, 261 I ZPO rechtshängig wird**. Die Vorverlegung des Stichtags soll die Eheleute daran hindern, ihr Vermögen während des Scheidungsverfahrens zu manipulieren, zu verschleiern oder zu verringern[24]. Auch könnte der Zugewinnausgleich ohne den frühen Endstichtag nicht zusammen mit der Scheidung eingeklagt und entschieden werden.

Die Rechtsprechung hält an dem **frühen Endstichtag** unerbittlich fest und duldet keine Ausnahmen[25]. Maßgeblich ist die Rechtshängigkeit desjenigen Scheidungsantrags, der zur Scheidung führt[26]. Dass der Scheidungsantrag zurückgenommen oder abgewiesen wird, schadet dann nicht, wenn die Ehe in demselben Verfahren auf „Widerklage" geschieden wird[27]. Ebenso unerheblich ist, dass das Scheidungsverfahren zwecks Versöhnung der Ehegatten längere Zeit ruht[28] oder die Ehegatten schon viele Jahre lang getrennt leben[29]. § 1384 ist sogar entsprechend anzuwenden, wenn ein Ehegatte nach Rechtshängigkeit des – begründeten – Scheidungsantrags stirbt, obwohl der Güterstand hier erst durch Tod endet[30]. **648**

Vorverlegt wird aber nur der Berechnungsstichtag, nicht das Ende des Güterstandes; dieser endet erst mit Rechtskraft der Scheidung (§ 1378 III 1).

7. „Indexierung des Anfangsvermögens"

Nach dem Gesetz ist die Berechnung des Zugewinns eine simple Rechenoperation: Zugewinn gleich Endvermögen minus Anfangsvermögen. Die Sache hat jedoch einen Haken: Die nominellen Geldwerte der beiden Vermögensmassen sind keine gleichwertigen Rechengrößen, die man so einfach mit einander verrechnen könnte. Deutsche Mark und Euro sind während der Ehe nur nominell gleichgeblieben, dagegen hat sich ihre Kaufkraft durch Inflation und Preisauftrieb laufend verringert. Die Ehegatten sollen aber **nur den realen Wertzuwachs während der Ehe ausgleichen, nicht auch inflationäre Scheingewinne**. Kein Zugewinn ist deshalb die nominelle Wertsteigerung des Anfangs- **649**

---

23 *BGH* NJW 95, 2165; FamRZ 90, 972; 97, 487.
24 *BGH* 99, 304; NJW 83, 2244; 88, 2369.
25 *BGH* FamRZ 97, 487.
26 *BGH* NJW 79, 2099.
27 *BGH* 46, 215.
28 *BGH* FamRZ 83, 350; *OLG Hamm* FamRZ 92, 1180: 9 Jahre lang; *OLG Bremen* FamRZ 98, 1516 mit Einschränkung.
29 *OLG Hamm* FamRZ 87, 701.
30 *BGH* 99, 304.

vermögens durch Inflation und Kaufkraftschwund[31]. Real ist nur derjenige Wertzuwachs, der über die Steigerung der allgemeinen Lebenshaltungskosten hinaus eine zusätzliche Kaufkraft verkörpert[32].

650 **Zugewinn ist nicht schon die positive Differenz der Nominalwerte, sondern erst die positive Differenz der realen Kaufkraftwerte des End- und Anfangsvermögens.** Man muss deshalb den **inflationären Scheingewinn aus dem Endvermögen herausrechnen.** Zu diesem Zwecke rechnet man den Nominalwert des Anfangsvermögens auf denjenigen Betrag hoch, der am Endstichtag die gleiche Kaufkraft hat wie der Nominalbetrag am Anfangsstichtag. **Umrechnungsmaßstab ist der Lebenshaltungskostenindex** nach dem statistischen Jahrbuch für die Bundesrepublik Deutschland[33], zweckmäßig der Jahres-, nicht der Monatsindex[34].

651 Die **Umrechnungsformel** lautet[35]:

$$\text{realer Geldwert des Anfangsvermögens} \ = \ \frac{\text{Nominalwert} \ \times \ \text{Index für Endstichtag}}{\text{Index für Anfangsstichtag}}$$

Der **privilegierte Erwerb**, der nach § 1374 II das Anfangsvermögen erhöht, ist mit dem **Index für den Erwerbsstichtag** gesondert hochzurechnen[36]. Für anderen Erwerb während des Güterstandes gilt dies nicht. Wenn er am Endstichtag noch vorhanden ist, fällt er in das Endvermögen, andernfalls zählt er nicht. Die Indexierung entfällt, wenn das Anfangsvermögen = 0 ist[37].

5. Kapitel
Der Zugewinn

1. Vermögen

652 Das Vermögen ist kein Recht, sondern nur die **Summe aller geldwerten Güter einer Person.** Auch Anfangs- und Endvermögen bestehen aus allen rechtlich geschützten, geldwerten Gegenständen, die dem Ehegatten am Stichtag gehören: aus Sachen, Rechten und anderen Vermögenswerten wie dem good will eines Unternehmens[38]. Dazu gehören nicht nur vererbliche, sondern auch unvererbliche Gegenstände, wenn sie am Stichtag einen greifbaren Vermögenswert haben[39]. Vermögenswert haben nur gegenwärtige Rechte,

---

31 *BGH* 61, 385.
32 *BGH* 67, 262: Wertsteigerung der Lebensversicherung durch weitere Prämienzahlungen.
33 *BGH* 61, 385; NJW 84, 434; *OLG Frankfurt* FamRZ 83, 395; *OLG Hamm* FamRZ 84, 275.
34 Abgedruckt im *Palandt/Diederichsen*, 55. Aufl. zu § 1376.
35 *BGH* 61, 385.
36 *BGH* 101, 65.
37 *BGH* NJW 84, 434.
38 *BGH* 67, 262; 68, 163; 80, 384; 82, 149; 87, 367; 117, 70; NJW 93, 2805; ferner *Gernhuber* FamRZ 84, 1053.
39 *BGH* NJW 83, 2141; 87, 321; FamRZ 88, 593; *KG* FamRZ 88, 171; *OLG Koblenz* FamRZ 88, 64; a.A. noch *BGH* 68, 163; 80, 384.

die schon entstanden sind, nicht künftige, die noch in den Sternen stehen, wohl aber bedingte, befristete und unsichere Rechte[40].

Unerheblich ist, woher das Vermögen kommt, ob es durch Arbeit, Vermögensanlage, Glücksspiel oder als Schadensersatz erworben wurde. Das gemeinsame Erwirtschaften während der Ehe ist zwar der Grundgedanke des Gesetzes, aber keine Anspruchsvoraussetzung[41]. **653**

Beispiele 654

Beispiele für gegenwärtige, reale Vermögenswerte

(1) Hälftiges **Miteigentum** der Ehegatten am Wohn- oder Betriebsgrundstück ist vorsichtshalber in die Abrechnung einzustellen, denn ob es sich gegenseitig aufhebt, hängt von der Höhe der Schulden ab, die jeder Ehegatte hat (*Dörr* NJW 89, 1954).

(2) Dingliche Rechte wie **Nießbrauch** und **Wohnrecht** haben, obwohl unveräußerlich und unvererblich, Vermögenswert (*BGH* FamRZ 88, 593; *KG* FamRZ 88, 171; *OLG Koblenz* FamRZ 88, 64), ebenso das **Recht zum Besitz und zur Nutzung einer Wohnung aus Leihe** (*OLG Celle* FamRZ 93, 1204).

(3) Benutzt der Ehegatte sein **Auto** im Wesentlichen allein, ist es kein Hausrat, sondern fällt in den Zugewinnausgleich (BGH NJW 91, 1547).

(4) Zum Vermögen gehören **Bargeld und Bankguthaben gleich welcher Herkunft** (*BGH* 68, 43: Lottogewinn; 80, 384: Schmerzensgeld; 82, 145: Abfindung für Verdienstausfall; NJW 81, 1038: Augleichszahlung nach Bundesversorgungsgesetz).

(5) Geldwert haben, auch schon vor Fälligkeit **Forderungen**: auf Rückzahlung eines **Darlehens**, auf Herausgabe einer **Bereicherung** (*OLG Köln* FamRZ 91, 816), auf Übereignung eines Grundstücks aus **Kauf** (*OLG Düsseldorf* FamRZ 89, 1181), auf Ausgleichszahlung aus **Leasingvertrag** (*OLG Bamberg*, NJW 96, 399), auf **Gesamtschuldnerausgleich**, auch zwischen den Eheleuten (*BGH* NJW 91, 1740) sowie auf Übertragung der Haushälfte des anderen Ehegatten aus § 242 (*BGH* 68, 299), ebenso titulierte **Unterhaltsrückstände** (*OLG Celle* FamRZ 91, 944; *OLG Hamm* FamRZ 92, 679) und **Steuererstattungsansprüche** (*OLG Köln* FamRZ 99, 656; *Arens* FamRZ 99, 257).

(6) Als **Anwartschaftsrechte** sind bereits bedingte und befristete Rechte in die Vermögensbilanz einzustellen, so das **Nacherbenrecht** zwischen Erbfall und Nacherbfall (*BGH* 87, 367), Rechte aus einer **Kapitallebensversicherung vor dem Versicherungsfall** (*BGH* 67, 262; 117, 70; 118, 242) sowie **befristeter Anspruch auf Abfindung für Verlust des Arbeitsplatzes** (*BGH* NJW 2001, 439).

(7) Handelt es sich um eine **Kapitallebensversicherung**, die der Arbeitgeber als **Direktversicherung** für seinen Arbeitnehmer **zwecks beruflicher Altersversorgung** abgeschlossen hat, fällt das Bezugsrecht des Arbeitnehmers dann in den Zugewinnausgleich, wenn es entweder unwiderruflich oder unverfallbar ist (BGH 117, 70; FamRZ 93, 1303; ferner *Voit* FamRZ 92, 1385).

(8) Hat der Versicherungsnehmer einer **gemischten Kapitallebensversicherung** bestimmt, dass die Versicherungssumme im Erlebensfall an ihn selbst, im Fall seines vorzeitigen Todes unwiderruflich an den Ehegatten ausbezahlt werden soll, fällt sowohl das aufschiebend bedingte Recht des Versicherungsnehmers als auch das auflösend bedingte Bezugsrecht des anderen Ehegatten in den Zugewinnausgleich (*BGH* 118, 242).

---

40 *BGH* 82, 145; 87, 367; 117, 70; NJW 93, 2805; FamRZ 2001, 278: Anwartschaft auf Abfindung.
41 *BGH* 68, 43; 80, 384; 82, 145; NJW-RR 92, 900.

(9) Zum Vermögen gehören schließlich **gewerbliche Unternehmen, Unternehmensbeteiligungen** und **freiberufliche Praxen**, ein **Firmenwert oder good will** freilich nur, wenn der Markt dafür mehr bezahlt als für die Substanz des Unternehmens, und das tut er nur, wenn der Firmenwert sich von der Person des Unternehmers ablösen lässt (*BGH* 68, 163: Handelsvertretung; 70, 224: Bäckerei; 75, 195: Unternehmensbeteiligung; NJW 77, 378: freiberufliche Praxis; NJW 82, 2441: Einzelhandelsunternehmen; FamRZ 91, 43: Arztpraxis; NJW 99, 784: Steuerberaterpraxis).

(10) **Wersteigerung** eines DDR-Grundstücks durch Wiedervereinigung (*OLG Düsseldorf* FamRZ 99, 225).

Beispiele
655

Noch keinen gegenwärtigen Vermögenswert haben

(1) der **Lohnanspruch** aus einem Dienst- oder Arbeitsverhältnis, **soweit er erst künftig fällig wird** (*BGH* 82, 145; 82, 149; NJW 80, 229; 81, 1038), und der **Anspruch auf künftigen Unterhalt** (*OLG Celle* FamRZ 91, 944);

(2) das **Bezugsrecht aus fremder Lebensversicherung, solange der Versicherungsnehmer es noch beliebig widerrufen kann**, falls es sich nicht um eine unverfallbare Direktversicherung zur betrieblichen Altersversorgung handelt (*BGH* 117, 70; FamRZ 93, 1303);

(3) der Anspruch gegen den Rentenversicherungsträger auf **Witwenabfindung**, der erst mit der Wiederverheiratung entsteht (BGH 82, 149: Anfangsvermögen), während der Anspruch auf **Beitragserstattung** schon zur Zeit der Heirat Vermögenswert hat (*OLG Karlsruhe* FamRZ 94, 1447);

(4) die **Ausgleichszahlung** nach § 38 SVG, wenn der Soldat erst nach dem Stichtag in den Ruhestand tritt (*BGH* NJW 82, 1982), und die **Übergangshilfe** nach § 12 I SVG, wenn das Dienstverhältnis des Soldaten erst nach dem Stichtag endet (*BGH* NJW 83, 2141).

2. Verbindlichkeiten

656 Vom Aktivvermögen sind nach §§ 1374 I, 1375 I die Schulden abzuziehen, die am Stichtag bestehen, auch wenn sie noch nicht fällig sind[42]; es genügt, dass sie bedingt oder befristet entstanden sind. Gesamtschulden der Ehegatten sind nach § 426 I 1 intern aufzuteilen, also bei jedem Ehegatten hälftig anzusetzen, wenn nichts anderes bestimmt ist[43]. Hat ein Ehegatte die Gesamtschuld im Innenverhältnis ausnahmsweise allein zu tragen (RN 224), mindert sie nur sein Vermögen[44].

Künftige Schulden zählen nicht, weder die titulierte Verpflichtung zu künftiger Unterhaltszahlung[45] noch die Steuerschuld für das laufende Jahr, denn als Jahressteuer ist sie

---

42 *BGH* NJW 91, 1550; *OLG Frankfurt* FamRZ 90, 998: Aussteuerversprechen, auch wenn nicht klagbar.
43 *BGH* NJW 88, 133; 91, 1740; *OLG Koblenz* FamRZ 98, 238: u.U. auch andere Schulden.
44 *BGH* FamRZ 97, 487; *OLG Bamberg* FamRZ 94, 958; *OLG Hamm* FamRZ 97, 363: auch wenn der andere mittellos ist.
45 *OLG Celle* FamRZ 91, 944; *OLG Hamm* FamRZ 92, 679: anders Unterhaltsrückstände.

noch nicht entstanden[46]. Bereits entstanden sind dagegen fällige Vorauszahlungen und „latente" Steuerschulden aus einer Veräußerung[47].

3. Endvermögen

Endvermögen ist der Überschuss der Aktiva über die Passiva des Ehegatten am Ende des Güterstandes (§ 1375 I). Endstichtag ist im Falle der Scheidung der Tag, an dem der Scheidungsantrag rechtshängig wird (§ 1384). **657**

Das Endvermögen ist mindestens 0, ein **negatives Endvermögen gibt es rechtlich nicht**, denn die Ehegatten sollen nur den Wertzuwachs ausgleichen, nicht auch die Verluste. Diese Regel hat eine winzige **Ausnahme**: Wenn und soweit dem Ausgleichsberechtigten nach § 1390 ein Dritter haftet, dürfen nach § 1375 I 2 Schulden des Ausgleichspflichtigen auch über den Bestand der Aktiva hinaus abgezogen werden, damit der Ausgleichsberechtigte insgesamt nicht mehr bekommt, als er ohne die dubiose Vermögensminderung nach § 1375 II bekäme.

Nach § 1375 II erhöht sich das Endvermögen um diejenigen Beträge, um die der Ehegatte während des Güterstandes sein Vermögen auf anstößige Weise verringert hat; das Gesetz nennt drei Verhaltensweisen: erstens **unentgeltliche Zuwendungen**[48] ohne sittliche Verpflichtung oder Anstandsrücksicht, zweitens die **Verschwendung**[49] und drittens **Handlungen in Benachteiligungsabsicht**[50]. Das Gesetz lässt derartige Vermögensminderungen nicht gelten und rechnet das Endvermögen so ab, als wären die fehlenden Beträge noch vorhanden. Maßgebend ist der Wert zur Zeit der Vermögensminderung (§ 1376 II). Die **Beweislast** trägt jeweils der andere Ehegatte, denn § 1375 II ist eine Ausnahme vom Stichtagsprinzip des § 1375 I[51]. **658**

4. Anfangsvermögen

4.1 Reales Anfangsvermögen

Über Bestand und Höhe der beiderseitigen Anfangsvermögen streiten Ehegatten besonders gern und verbissen, wenn sie nach langen Ehejahren entdecken, dass ein hohes Anfangsvermögen den Zugewinn verringert. Also treiben sie das eigene Anfangsvermögen kunstvoll in die Höhe und drücken dasjenige des Gegners ins Nichts hinunter. Dagegen hilft ein gemeinsames Verzeichnis, denn es hat die Vermutung der Richtigkeit für sich (§ 1377 I). Fehlt ein gemeinsames Verzeichnis, wird vermutet, dass kein Anfangsvermö- **659**

---

46 *BGH* NJW 91, 1547.
47 *BGH* 98, 389; FamRZ 89, 1276; NJW 91, 1547; ferner *Tiedtke* FamRZ 90, 1188; *Fischer-Winkelmann* FuR 93, 1; *Arens* FamRZ 99, 257.
48 *BGH* FamRZ 86, 567: Leistungen ohne Gegenleistung; *OLG Celle* FamRZ 93, 1204: nicht Investition auf fremdem Grundstück im eigenen Interesse.
49 *BGH* 82, 132: Spielverluste in Spielbank; *OLG Rostock* FamRZ 2000, 228: Verbrennen von Bargeld.
50 Dazu *OLG Frankfurt* FamRZ 94, 1097; *OLG Rostock* FamRZ 2000, 228.
51 *OLG Düsseldorf* FamRZ 81, 806.

gen vorhanden und das Endvermögen auch schon der Zugewinn sei (§ 1377 III). Wer diese Rechtsfolge nicht gelten lässt, muss das Gegenteil beweisen (§ 292 ZPO). Deshalb **muss jeder Ehegatte Bestand und Höhe seines eigenen Anfangsvermögens beweisen**[52].

Das Anfangsvermögen ist der Überschuss der Aktiva über die Passiva[53] am Anfang des Güterstandes (§ 1374 I). **Stichtag** ist der **Tag der Heirat**. Was der Ehegatte vorher erworben und wieder veräußert hat, zählt nicht. Das Anfangsvermögen ist mindestens 0, **ein negatives Anfangsvermögen gibt es rechtlich nicht** (§ 1374 I Hs. 2), denn die Ehegatten sollen nur den Wertzuwachs ausgleichen, nicht auch die Verluste[54].

4.2 Fiktives Anfangsvermögen durch „privilegierten Erwerb"

660 Nach § 1374 II erhöht sich das Anfangsvermögen um den Wert derjenigen Vermögensgegenstände, die der Ehegatte während des Güterstandes von Todes wegen, mit Rücksicht auf ein künftiges Erbrecht, durch Schenkung oder als Ausstattung erworben hat. Dies alles sind **„unentgeltliche" Zuwendungen Dritter, die dem anderen Ehegatten auch nicht anteilig zugute kommen sollen, weil sie auf der persönlichen Beziehung des Dritten zum Erwerber beruhen**[55]. Diesen „privilegierten Erwerb" entzieht das Gesetz elegant dadurch dem Zugewinnausgleich, dass es ihn dem Anfangsvermögen des Erwerbers zuschlägt und so dessen Zugewinn verringert[56].

Ist das **Anfangsvermögen überschuldet**, wird der Zweck des Gesetzes nur dann vollständig erfüllt, wenn man den **„privilegierten Erwerb"** nicht mit dem Defizit des überschuldeten Anfangsvermögens verrechnet, sondern **in voller Höhe als Anfangsvermögen ansetzt**[57]. Ob der „privilegierte Erwerb" noch im Endvermögen vorhanden ist, spielt keine Rolle. Ist er noch im Endvermögen vorhanden, wird er durch § 1374 II neutralisiert, andernfalls hat der Gegner Pech.

4.3 Privilegierter Erwerb „von Todes wegen"

661 „Von Todes wegen" ist etwa das **Nacherbenrecht** erworben, das zwischen Erbfall und Nacherbfall nicht lediglich eine ungesicherte Erbaussicht, sondern als aufschiebend bedingtes Erbrecht bereits eine gesicherte Erbanwartschaft ist[58]. Privilegiert ist **auch** der **Wertzuwachs**, der dadurch entsteht, dass das Nacherbenrecht während des Güterstandes durch den Erbfall zum vollen Erbrecht erstarkt[59]. Von Todes wegen ist schließlich die Befreiung von der Verbindlichkeit erlangt, wenn der Schuldner den Gläubiger beerbt und so die Schuld durch Konfusion erlischt[60].

---

52 *BGH* 113, 325; *OLG Karlsruhe* FamRZ 86, 1105: auch Fehlen von Schulden.
53 *BGH* NJW 95, 2165: Gesamtschuld der Ehegatten; *OLG Celle* FamRZ 2000, 226: Aussteuer.
54 *BGH* FamRZ 84, 31; NJW 95, 2165.
55 *BGH* 101, 70; 111, 12; NJW 90, 3019.
56 *BGH* NJW 90, 3019; 95, 2165.
57 *BGH* NJW 95, 2165; *OLG Bamberg* FamRZ 88, 506.
58 *BGH* 87, 367.
59 *BGH* 87, 367.
60 *OLG Düsseldorf* FamRZ 88, 287.

4.4 Privilegierter Erwerb „mit Rücksicht auf ein künftiges Erbrecht"

„Mit Rücksicht auf ein künftiges Erbrecht" erwirbt der Ehegatte dann, wenn er und der Dritte damit eine **künftige Erbfolge vorwegnehmen** wollen[61]. Das ist etwa dann der Fall, wenn der Ehegatte zu Lebzeiten seiner Eltern deren Hof, Gewerbebetrieb oder Wohnhaus übernimmt[62], mögen seine „Gegenleistungen" den Wert der Zuwendung auch erschöpfen oder gar übersteigen[63]. Dass der Ehegatte gesetzlicher oder vertraglicher Erbe sei, verlangt das Gesetz nicht. **662**

Problematisch ist die **Bewertung des privilegierten Erwerbs**. Soll man von dem, was der Ehegatte „mit Rücksicht auf ein künftiges Erbrecht" erworben hat, all das abziehen, was der Dritte sich im Übergabevertrag vorbehält oder versprechen lässt? Die Rede ist von Nießbrauch, Wohnrecht, Reallast und Leibgedinge (Altenteil), von Gleichstellungsgeldern und valutierten Grundpfandrechten, die der Ehegatte übernehmen soll. Zweifellos mindern alle diese Lasten und Verpflichtungen den Wert der Zuwendung. Gleichwohl zieht man nur die **valutierten Grundpfandrechte**, die der Ehegatte übernimmt, sowie die **Gleichstellungsgelder**, die er seinen Geschwistern zahlen soll, vom Wert des übertragenen Hofs, Grundstücks oder Unternehmens ab, denn sie mindern in der Tat den Wert der Zuwendung, weil der Ehegatte ein für allemal per saldo **nur** die **Wertdifferenz** erwirbt[64]. **663**

Für **Nießbrauch, Wohnrecht** und **Leibgedinge (Altenteil)**, die der Dritte sich im Übergabevertrag vorbehält, gilt dies nicht. Sie sind auf die Person des Dritten (Eltern, Elternteil oder naher Verwandter) zugeschnitten und von Anfang an auf dessen Lebenszeit begrenzt. Ihr Wert sinkt zwangsläufig in dem Maße, in dem der Dritte altert und seine Lebenserwartung schrumpft. Sie erlöschen gar ersatzlos, wenn der Dritte während des Güterstandes stirbt. In gleichem Maße wächst der Wert des erworbenen Vermögens. **Dieser Wertzuwachs durch allmähliches Absinken oder gar Erlöschen der Belastung ist gleichfalls privilegierter Erwerb nach § 1374 II** und darf das Endvermögen des Ehegatten nicht erhöhen, denn auch er beruht auf der persönlichen Beziehung des bedachten Ehegatten zum Dritten, die den anderen nichts angeht[65]. **664**

Nimmt man das Gesetz beim Wort, kann man zwar, wenn der privilegierte Erwerb noch im Endvermögen vorhanden ist, vom Anfangsvermögen den vollen Wert von Nießbrauch, Wohnrecht oder Leibgedinge zur Zeit des Erwerbs abziehen, vom Endvermögen dagegen nur den geringeren Wert am Endstichtag, muss dann aber nach § 1374 II den zwischenzeitlichen Wertzuwachs durch Absinken oder gar Erlöschen von Nießbrauch, Wohnrecht oder Altenteil wieder dem Anfangsvermögen zuschlagen. Das ist jedoch ein beschwerlicher Umweg; es geht auch einfacher: **Man beachtet Nießbrauch, Wohnrecht und Leibgedinge überhaupt nicht, sondern schlägt den Erwerb voll dem Anfangsvermögen zu**[66]. In den Zugewinnausgleich fallen nur Wertsteigerungen, wäh- **665**

---

61 *BGH* NJW 90, 3018; 95, 1349; FamRZ 90, 1084.
62 *BGH* NJW 90, 3018; FamRZ 90, 1084.
63 *BGH* FamRZ 90, 1083.
64 *BGH* NJW 90, 3018.
65 *BGH* 111, 8.
66 *BGH* 111, 8: lebenslanger Nießbrauch; NJW 90, 3018 u. FamRZ 90, 1083: Leibgedinge, Beerdigungskosten und Grabpflege; *OLG Schleswig* FamRZ 91, 943: Altenteil; a.A. *OLG Karlsruhe* FamRZ 90, 56; wieder anders *OLG Bamberg* FamRZ 95, 607.

rend der Ehezeit, die auf anderen Gründen, etwa einer Bebauung oder einer Erhöhung des Marktwertes **beruhen,** falls der Erwerb noch im Endvermögen vorhanden ist[67]. Im Übrigen spielt es für § 1374 II keine Rolle, ob der „privilegierte Erwerb" noch im Endvermögen vorhanden oder aber verbraucht ist.

666 Mit Rücksicht auf ein künftiges Erbrecht erworben ist auch die **Lebensversicherungssumme**, die ein Ehegatte **aus der Versicherung eines nahen Angehörigen** erhält, denn sie ist weder ein Geschenk noch ein Erwerb von Todes wegen. Geschenkt sind höchstens die Versicherungsprämien, während die Versicherungssumme aus dem Vermögen des Versicherers fließt. Und von Todes wegen ist sie deshalb nicht erworben, weil der Ehegatte sie nach §§ 328, 330, 331 unmittelbar aus dem Versicherungsvertrag erhält, und der ist ein Rechtsgeschäft unter Lebenden[68].

4.5 Privilegierter Erwerb „durch Schenkung"

667 Schenkung nach § 1374 II ist Schenkung nach § 516. Diese besteht aus einer Zuwendung und der Einigung der Vertragspartner über ihre Unentgeltlichkeit[69]. Unentgeltlich ist eine Zuwendung dann, wenn sie nach dem Parteiwillen rechtlich nicht von einer Gegenleistung des Empfängers abhängen soll, weder durch eine Verknüpfung von Leistung und Gegenleistung im gegenseitigen Vertrag noch durch eine Bedingung (§ 158) oder einen anderen Rechtszweck[70].

Die **gemischte Schenkung** – nach dem Parteiwillen soll nur ein Teil der Zuwendung unentgeltlich sein – erhöht das Anfangsvermögen nur um den unentgeltlichen Teil der Zuwendung, also etwa um die Differenz zwischen Gesamtwert und Gegenleistung[71].

Beispiele

(1) Gestattet der Grundstückseigentümer (die Mutter) dem Ehegatten, ein Grundstück auf eigene Kosten mit einem Wohnhaus zu bebauen und darin eine Eigentumswohnung zu erwerben, so ist **nur der Grundstücksanteil unentgeltlich** erworben, während das Sondereigentum an der Wohnung rechtlich mit der Bauleistung des Ehegatten verknüpft und deshalb entgeltlich erworben ist (*BGH NJW 92, 2566*).

(2) Erwirbt der Ehegatte von seinen Eltern ein Grundstück zu einem Preis, der weit unter dem Verkehrswert liegt, handelt es sich **dem ersten Anschein nach** um eine **gemischte Schenkung** (*BGH 82, 274; NJW 87, 892; 92, 2566; OLG Bamberg FamRZ 90, 408*).

(3) Keine Schenkung, sondern **Leihe** (§ 604) ist die unentgeltliche Überlassung einer Sache zum Gebrauch (*BGH 82, 354*). Keine Schenkung, sondern **Arbeitslohn** ist im Zweifel eine freiwillige Leistung des Arbeitgebers (*OLG München FamRZ 95, 1069*). Weder Schenkung noch Ausstattung ist die **Arbeit**, die Eltern für ihr verheiratetes Kind, etwa beim Hausbau, leisten (*BGH 101, 229*).

(4) Keine Schenkung, sondern **eine Art ehebedingte Zuwendung** ist schließlich all das, was Schwiegereltern dem Ehegatten zuwenden, um dessen Ehe wirtschaftlich zu sichern, denn auch hier fehlt angeblich die Einigung über die Unentgeltlichkeit (*BGH NJW 95,*

---

67 *BGH* 111, 8.
68 *BGH* NJW 95, 3113.
69 *BGH* 101, 68; NJW 92, 2567.
70 *BGH* 116, 178; NJW 92, 2567; *OLG Karlsruhe* FamRZ 93, 1444.
71 *BGH* NJW 92, 2567; *OLG Bamberg* FamRZ 90, 408.

1889). Dies hat zur erwünschten Folge, dass die Zuwendung, soweit noch im Endvermögen vorhanden, güterrechtlich auszugleichen ist und ein Erstattungsanspruch der Schwiegereltern in aller Regel ausscheidet (*BGH* NJW 95, 1889). Die Ähnlichkeit mit der ehebedingten Zuwendung unter Ehegatten (RN 238 ff.) ist beabsichtigt.

Obwohl § 1374 II allgemein von „Schenkung" spricht, meint er nach Sinn und Zweck der „Privilegierung" **nur Schenkungen Dritter**. Schenkungen unter Ehegatten erhöhen das Anfangsvermögen des Empfängers nicht, sondern werden, soweit sie am Endstichtag noch vorhanden sind, güterrechtlich ausgeglichen[72]. **668**

4.6 Privilegierter Erwerb als Ausnahme mit Gegenausnahmen

Überhaupt sieht die Rechtsprechung in **§ 1374 II eine enge und starre Ausnahmevorschrift**, die sich auf anderen Erwerb auch nicht entsprechend anwenden lasse[73] weder auf den Lottogewinn[74] noch auf Schmerzensgeld und andere Ersatzleistungen[75]. **669**

Dennoch hat auch diese Ausnahme eine **Gegenausnahme**: Die **Heiratserstattung** aus der gesetzlichen Rentenversicherung ist zwar „noch kein echtes Anfangsvermögen", da der Anspruch erst mit der Heirat entsteht, fällt aber nach § 1587 I 1, III weder in den Versorgungs- noch in den Zugewinnausgleich. Diese Vorgabe des Gesetzes lässt sich technisch nur durch entsprechende Anwendung des § 1374 II verwirklichen: Die Heiratserstattung ist „privilegierter Erwerb" und zählt zum Anfangsvermögen[76].

Nach § 1374 II Hs. 2 erhöht der „privilegierte Erwerb" das Anfangsvermögen ausnahmsweise dann nicht, wenn und soweit er den Umständen nach zu den **Einkünften** zählt und deshalb nicht zur Vermögensbildung, sondern zum Verbrauch bestimmt ist[77].

5. Bewertung der einzelnen Vermögensstücke

5.1 Bewertungsgrundsatz

Da der Zugewinn in Geld auszugleichen ist, muss man den Geldwert des beiderseitigen Anfangs- und Endvermögens ermitteln. Da aber Anfangs- und Endvermögen nichts anderes sind als die Summe der geldwerten Güter abzüglich der Verbindlichkeiten, die ein Ehegatte am Stichtag hat, muss man jedes Vermögensstück und jede Verbindlichkeit einzeln bewerten und die Einzelwerte anschließend addieren (Aktiva) oder subtrahieren (Passiva). Diese Bewertung ist oft schwierig und Anlass zu erbittertem Streit zwischen den Ehegatten. Denn das Gesetz beschränkt sich in § 1376 auf zwei magere Aussagen und überlässt alles andere der Rechtsprechung. **670**

72 *BGH* 82, 234; 101, 65; FamRZ 88, 374; *OLG Frankfurt* FamRZ 87, 62; a.A. *OLG München* FamRZ 87, 67.
73 *BGH* NJW 95, 523.
74 *BGH* 68, 43.
75 *BGH* 80, 384; 82, 145; 82, 149.
76 *BGH* NJW 95, 523.
77 *BGH* 101, 229: laufender Lebensbedarf; *OLG Zweibrücken* FamRZ 84, 276.

671 Nach § 1376 I-III gilt das **Stichtagsprinzip auch für die Bewertung:** Maßgeblich ist der Zeitwert am Anfangs- oder Endstichtag[78]. Und nach § 1376 IV ist ein land- oder forstwirtschaftlicher Betrieb unter bestimmten Voraussetzungen mit dem Ertragswert anzusetzen. Mehr verrät das Gesetz nicht. Wie aber soll man ein Wohnhaus oder eine Lebensversicherung bewerten und wie einen Handwerksbetrieb oder eine Arztpraxis? Da es **keine gesetzliche Bewertungsmethode** gibt, muss das Familiengericht die Antwort selbst finden[79]. Es hat dazu einen gewissen Beurteilungsspielraum, darf freilich weder die Denkgesetze verletzen noch die allgemeine Lebenserfahrung mißachten[80].

672 Um beiden Ehegatten gerecht zu werden, ist stets **der „wahre" wirtschaftliche Wert am Stichtag** zu ermitteln[81]. Ob dies der **Sachwert** oder der **Ertragswert** oder der **Veräußerungswert** ist, hängt davon ab, ob der einzelne Vermögensgegenstand vom Ehegatten selbst genutzt wird, ob er Rendite abwerfen soll oder zur Veräußerung bestimmt ist[82]. Zur Veräußerung ist er etwa dann bestimmt, wenn er des Zugewinnausgleichs wegen veräußert werden muss; man spricht dann vom **Liquidationswert**[83]. Ist eine Veräußerung weder erforderlich noch beabsichtigt, bleiben vorübergehende konjunkturelle Schwankungen des Marktpreises außer Betracht. Das Stichtagsprinzip verlangt nicht, exakt den Marktpreis zum Stichtag anzusetzen, wenn eine Marktflaute den Marktpreis vorübergehend unter den nachhaltigen Sach- oder Ertragswert drückt[84].

673 Oft bleibt nur die **Schätzung** nach § 287 II ZPO[85], vor allem für bedingte, befristete und unsichere Rechte sowie für Forderungen und Verbindlichkeiten, die noch nicht fällig sind[86].

5.2 Land- oder forstwirtschaftlicher Betrieb

674 Nach § 1376 IV ist ein land- oder forstwirtschaftlicher Betrieb unter zwei Voraussetzungen nur mit dem **Ertragswert** statt mit dem höheren Sachwert anzusetzen: wenn der Eigentümer nach § 1378 I ausgleichspflichtig und zu erwarten ist, dass er oder ein Abkömmling den Betrieb weiterführen oder wiederaufnehmen werde. Mit dieser Einschränkung korrigierte der Gesetzgeber die verfassungswidrige frühere Fassung des § 1376 IV, die ausnahmslos den Ertragswert vorschrieb und damit die Grundrechte des ausgleichsberechtigten Ehegatten aus Art. 3 I, 6 I GG verletzte[87]. Da der Ertragswert meist niedriger ist als der Sachwert, kommt der ausgleichsberechtigte Ehegatte des Hofeigentümers zu kurz. Diese Benachteiligung ist nur mit dem öffentlichen Interesse daran zu rechtfertigen, die Leistungsfähigkeit bäuerlicher Familien zu erhalten[88]. Keinen Schutz verdient

---

78 *BGH* NJW 93, 2805; 95, 2781.
79 *BGH* FamRZ 86, 37; NJW 93, 2806; 95, 2781; 99, 784.
80 *BGH* NJW 70, 2018; FamRZ 86, 37.
81 *BVerfG* NJW 85, 1329; *BGH* FamRZ 86, 37; NJW 95, 1781; 99, 784.
82 *BGH* FamRZ 86, 39; 89, 1276.
83 *BGH* NJW 93, 2805; 95, 2781.
84 *BGH* FamRZ 86, 37; 92, 918.
85 *BGH* 117, 82; NJW 95, 2781.
86 *BGH* 117, 80; NJW 95, 2781; 99, 784; *OLG München* FamRZ 2000, 1152; ferner *Hans-Tilker* FamRZ 97, 1188: streitige Forderungen.
87 *BVerfG* NJW 85, 1329; 89, 3211.
88 *BVerfG* NJW 89, 3211; *BGH* 113, 325.

hingegen derjenige Land- oder Forstwirt, der seinen Betrieb ohnehin aufgeben will oder muss. Deshalb hat der ausgleichspflichtige Land- oder Forstwirt, der sich nach § 1376 IV auf den Ertragswert beruft, die **Beweislast** dafür, dass er selbst oder ein Abkömmling den Hof voraussichtlich weiterführen werde[89]. Für hinzuerworbene Nutzflächen gilt der Ertragswert nur, wenn sie für den Betrieb lebenswichtig sind[90].

Der **Ertragswert** ist nach § 1376 IV Hs. 2 mit § 2049 II gleich dem Reinertrag, den der Betrieb nach seiner bisherigen wirtschaftlichen Bestimmung nachhaltig abwirft. Die Einzelheiten regelt nach Art. 137 EGBGB das Landesrecht.

5.3 Grundstücke

Den streitigen Wert eines Grundstücks ermittelt das Familiengericht mit Hilfe gerichtlicher Sachverständiger. Der Sachverständige hält sich an die **WertermittlungsVO** (BGBl I 1988, 2209; Sartorius Nr. 310). Diese bietet drei Verfahren an: das Vergleichswert-, das Ertragswert- und das Sachwertverfahren je nach der Art des Grundstücks und den Gepflogenheiten der Praxis. Der **Vergleichswert** orientiert sich an den Verkäufen gleichartiger Grundstücke laut Kaufpreissammlung der Gemeinde[91]. Der **Ertragswert** entspricht dem nachhaltig erzielbaren Reinertrag etwa durch Vermietung oder Verpachtung. Der **Sachwert** ist die Summe aus Bodenwert und Gebäudewert. Zusätzlich soll der Sachverständige die Lage auf dem örtlichen Grundstücksmarkt und die Kaufpreissammlung der Gemeinde berücksichtigen. **675**

Für Ein- und Zweifamilienhäuser sowie Eigentumswohnungen, die der Ehegatte selbst nutzt, setzt man in der Regel den **Sachwert** an, da nicht der Ertrag, sondern die Eigennutzung im Vordergrund steht[92]. Der **Ertragswert** ist dagegen der richtige Wert für Renditeobjekte wie Mietshäuser und Geschäftsgebäude, denn sie sollen einen Ertrag abwerfen[93]. **676**

Der **Veräußerungswert** entspricht dem erzielbaren Marktpreis und ist deshalb eine schwankende Größe. Oft deckt er sich mit dem Sach- oder Ertragswert. Der Marktpreis zum Stichtag ist stets dann maßgeblich, wenn der Ehegatte das Grundstück ohnehin veräußern will oder wegen des Zugewinnausgleichs veräußern muss[94]. Andernfalls bleiben vorübergehende konjunkturelle Schwankungen des Marktpreises außer Betracht. Das Stichtagsprinzip verlangt nicht, auch während einer Marktflaute exakt den Marktpreis zum Stichtag anzusetzen, obwohl der wahre Wert höher ist[95].

Dingliche Belastungen sind abzuziehen, soweit sie den Grundstückswert mindern. So behindert das langfristige Wiederkaufsrecht der öffentlichen Hand zwar nicht die Nutzung, wohl aber die Veräußerung des Grundstücks und mindert deshalb den Bodenwert

---

89 *BGH* FamRZ 89, 1276.
90 *BGH* 113, 325.
91 *BGH* FamRZ 92, 918: aber nur vergleichbare Grundstücke.
92 *BGH* NJW 70, 2018: zum Schadensersatz wegen überhöhter Baukosten: Mittelwert zw. Sach- u. Ertragswert grob falsch, wenn zu weit auseinander; FamRZ 86, 37: Mittelwert aus Sach- u. Ertragswert nicht beanstandet; FamRZ 92, 918: Sachwert hat größeres Gewicht.
93 *BGH* NJW 70, 2018; *OLG Frankfurt* FamRZ 80, 576; *OLG Düsseldorf* FamRZ 89, 280.
94 *BGH* FamRZ 89, 1278; 92, 918.
95 *BGH* FamRZ 86, 37; 92, 918; *OLG Celle* FamRZ 92, 1300.

um einen angemessenen Wertabschlag[96]. Der Veräußerungswert (Liquidationswert) verringert sich auch um die Kosten und Steuern, die bei einer Veräußerung anfallen[97].

5.4 Forderungen und andere Rechte

677 **Fällige Geldforderungen** setzt man mit ihrem Nennbetrag an[98]. **Betagte Geldforderungen** sind abzuzinsen, da eine Forderung, die noch nicht fällig ist, weniger wert ist als eine fällige[99].

Andere Forderungen und sonstige Rechte muss man schätzen. Bedingte, befristete und unsichere Rechte sind weniger wert als unbedingte und sichere, so dass ein angemessener **Wertabschlag** geboten ist[100]; § 2313, der diese Frage für die Pflichtteilsberechnung beantwortet, ist nicht entsprechend anwendbar[101].

Beispiele

> Unsicher ist etwa eine **Kapitallebensversicherung**, die der Arbeitgeber für den Ehegatten als Direktversicherung auf den Todes- und Erlebensfall abgeschlossen hat, denn niemand weiß, ob der versicherte Ehegatte sein 65. Lebensjahr vollenden wird; stirbt er aber vorher, fällt die Versicherungssumme an die Hinterbliebenen (*BGH* 117, 81).
>
> Unsicher sind auch das aufschiebend bedingte Anrecht des Versicherungsnehmers und das auflösend bedingte Anrecht des bezugsberechtigten Ehegatten aus einer **gemischten Kapitallebensversicherung**, die bestimmt, dass die Versicherungssumme im Erlebensfall an den Versicherungsnehmer, im Todesfall aber unwiderruflich an den Ehegatten ausbezahlt werden soll. Als Schätzfaktor bietet sich hier die Überlebenswahrscheinlichkeit nach der allgemeinen Sterbetafel an (*BGH* 118, 251).

678 Ansprüche aus einer **laufenden Kapitallebensversicherung** hat man bislang auf den Rückkaufwert beschränkt. Dies war in den meisten Fällen falsch, denn **der Rückkaufwert ist ein Liquidationswert** für den Fall der Kündigung und bleibt wegen des hohen Stornoabzugs nach § 176 IV VVG weit hinter dem wahren Zeitwert der Versicherung zurück. Er ist nur dann der richtige Wert, wenn die Lebensversicherung wegen des Zugewinnausgleichs gekündigt werden muss. In allen anderen Fällen ist der „wahre" **Zeitwert** nach § 287 II ZPO zu schätzen[102]. Er ist um so höher, je näher der Versicherungsfall bevorsteht.

Beispiel

> Der Rückkaufwert zum Stichtag (15.2.85) beträgt 52 282,– DM. Im Versicherungsfall (Januar 1986) werden 83 000,– DM ausbezahlt. Das OLG schätzt den Zeitwert der Versicherung zum Stichtag auf 81 324,– DM, der BGH lässt es gelten (*BGH* NJW 95, 2781).

---

96 *BGH* NJW 93, 2806, 2808.
97 *BGH* FamRZ 89, 1276.
98 *BGH* NJW 91, 1549.
99 *BGH* 117, 80.
100 *BGH* 117, 80; 118, 251; NJW 93, 2805; 2001, 439: Anwartschaft; FamRZ 2001, 413: Kurswert von Wertpapierdepot.
101 *BGH* 87, 367: Nacherbenrecht; 118, 250: Lebensversicherung.
102 *BGH* NJW 95, 2781; *OLG Stuttgart* FamRZ 93, 192: Rückkaufwert + Überschussbeteiligung; *Raube/Eitelberg* FamRZ 97, 1322.

5.5   Unternehmen und Unternehmensbeteiligungen

Das schwierigste Problem des Zugewinnausgleichs ist die Bewertung von Unternehmen **679** und freiberuflichen Praxen[103]. Da weder Gesetz noch Betriebswirtschaftslehre verbindliche Bewertungsrichtlinien liefern[104], sondern die Richter und Sachverständigen ihrem Schicksal überlassen, ist die Verwirrung vollkommen.

Klar ist nur, dass der **„volle wirkliche Wert" zum Stichtag**[105] zu ermitteln ist, und der ist stets eine objektive Größe, die man von der subjektiven Leistungsfähigkeit und dem Können des Unternehmers trennen muss, denn in den Zugewinnausgleich fallen nur objektiv erfassbare Vermögenswerte, nicht auch die Arbeitskraft des Ehegatten[106]. Zur Ermittlung des „vollen wirklichen Wertes" eines Unternehmens bieten sich nicht weniger als vier Werte an: der Substanzwert und der Liquidationswert, der Ertragswert und der Firmenwert oder good will.

Der **Liquidationswert** reduziert sich auf den erzielbaren Erlös aus dem Verkauf der einzelnen Einrichtungsgegenstände abzüglich der Veräußerungskosten wie Einkommensteuer und Verkaufsprovision[107]. Er ist aber nur dann der richtige Wert, wenn das Unternehmen am Stichtag oder wenigstens alsbald danach liquidiert werden soll[108], weil es nicht rentiert oder der Unternehmer anders den Zugewinnausgleich nicht bezahlen kann[109]. Die Entscheidung über Aufgabe oder Fortführung trifft zwar der Unternehmer. Der Liquidationswert ist aber auch dann anzusetzen, wenn eine Fortführung wirtschaftlich nicht mehr vertretbar ist[110].

680

Die Liquidation ist freilich die Ausnahme. Wird das Unternehmen über den Stichtag hinaus fortgeführt, bietet sich der Substanzwert oder der Ertragswert als Maßstab an. Der **Substanzwert** ist der Verkehrswert der Betriebseinrichtung zuzüglich Bankguthaben und Außenstände abzüglich der Verbindlichkeiten, kann also auch negativ sein. Die Betriebseinrichtung bewertet man hier nicht nach dem gegenwärtigen Verkaufswert (Liquidationswert), sondern nach den Kosten für eine Ersatzbeschaffung. Der **Ertragswert** ist die kapitalisierte künftige Ertragsfähigkeit, geschätzt an Hand des Ertrags der vergangenen 3-5 Jahre[111]. Die **Rechtsprechung kombiniert Substanz- und Ertragswert** derart, dass sie den Substanzwert je nach dem Maß der Ertragsfähigkeit durch einen Zuschlag anhebt oder durch einen Abschlag absenkt, weil die Ertragsfähigkeit den Verkehrswert mitbestimmt[112].

681

---

103 Dazu *Piltz-Wissmann* NJW 85, 2673; *Rid* NJW 86, 1317; *Kotzur* NJW 88, 3239; *Reimann* FamRZ 89, 1248; *Klingelhöffer* FamRZ 91, 882.
104 *BGH* NJW 82, 2441; 99, 784.
105 *BGH* 75, 195; NJW 82, 2441; 91, 1548; 99, 784.
106 *BGH* 68, 163; FamRZ 86, 776; NJW 91, 1548.
107 *BGH* NJW 82, 2497; FamRZ 86, 779.
108 *BGH* NJW 82, 2497: 3 Jahre nach Stichtag.
109 *BGH* NJW 92, 2441; FamRZ 86, 779.
110 *BGH* NJW 82, 2497; 73, 509.
111 *BGH* NJW 82, 2441; 91, 1547: nur für große Unternehmen; *OLG Bamberg* FamRZ 95, 610.
112 *BGH* 68, 163: Handelsvertretung u. Baustoffhandel; 70, 224: kleine Bäckerei; 75, 195: Zahnlabor; NJW 78, 1319; 82, 575: Zahnlabor: Mittel aus Substanz- u. Ertragswert nicht beanstandet; 82, 2441: Schuhfabrik; *OLG Düsseldorf* FamRZ 84, 699: Druckerei; *OLG Bamberg* FamRZ 95, 607: kleiner Handwerksbetrieb: Mittel aus Substanz- u. Ertragswert.

682 Der **Firmenwert oder good will** ist Ausdruck schwer faßbarer Werte wie Name, Standort, Kundenstamm, Geschäftsverbindungen und know how[113]. Er ist positiv, wenn der Ertragswert den Substanzwert übersteigt. Er ist negativ, wenn der Ertragswert hinter dem Substanzwert zurückbleibt. So gesehen ist der schwer fassbare good will nichts anderes als ein **positiver Ertragswert**, während ein negativer Ertragswert den Wert des Unternehmens noch unter den Liquidationswert drücken kann[114]. Einen good will hat das Unternehmen freilich nur dann, wenn seine Ertragsfähigkeit nicht allein von der persönlichen Leistung des Unternehmers abhängt, sondern sich von der Person trennen und auf einen Erwerber übertragen lässt. Dies setzt zweierlei voraus: Erstens, dass es überhaupt einen Markt für derartige Unternehmen gibt, und zweitens, dass der **Marktwert des Unternehmens den Substanzwert übersteigt**[115]. Die richtige Frage lautet: Gibt es Kaufinteressenten, die bereit sind, für das Unternehmen mehr zu bezahlen als den Substanzwert[116]. Dazu sind sie nur bereit, wenn sie eine angemessene Verzinsung des investierten Kapitals erwarten dürfen[117].

683 Der Wert einer **Unternehmensbeteiligung** richtet sich nach der Größe der Beteiligung und dem Verkehrswert des Unternehmens einschließlich eines good will[118]. Eine vertraglich vereinbarte niedrigere Abfindung, etwa zum Buchwert, bestimmt nur dann direkt den Wert, wenn die Beteiligung am Stichtag bereits gekündigt ist und sich dadurch auf den Abfindungsbetrag reduziert[119]. Andernfalls ist der weitere Nutzungswert für den Inhaber zu schätzen, auch wenn die Beteiligung nicht vererblich ist[120]. Von der Beteiligung an einer Abschreibungsgesellschaft sind negative Kapitalkonten und künftige Steuerschulden nicht abzuziehen, da sie am Stichtag noch nicht drücken[121].

5.6 Freiberufliche Praxen

684 Der Wert einer freiberuflichen Praxis des Arztes, Zahnarztes, Rechtsanwalts, Steuerberaters, Architekten oder Bauingenieurs wird genauso ermittelt wie der Wert eines gewerblichen Unternehmens. Soweit vorhanden und in der Praxis bewährt sind die **Richtlinien der Standesorganisation** zu beachten[122]. Auch hier wird der **Substanzwert** in Gestalt des Zeitwerts der Einrichtung nebst Pkw, Bankguthaben und offenen Honorarforderungen[123] **nach dem Maß der Ertragsfähigkeit angehoben oder abgesenkt**[124]. Die Rechtsprechung bejaht auch hier die Möglichkeit eines **good will**, vorausgesetzt derartige Pra-

---

113 *BGH* FamRZ 77, 38; 99, 361.
114 *BGH* NJW 82, 2441; FamRZ 86, 779.
115 *BGH* 68, 163; 70, 224; NJW 91, 1548; ferner *Michalski/Zeidler* FamRZ 97, 397.
116 *BGH* 68, 163: Handelsvertretung nur selten; 70, 224; NJW 78, 1319.
117 *BGH* NJW 78, 1319; 82, 2441; *OLG Koblenz* FamRZ 83, 167.
118 *BGH* 75, 195; FamRZ 99, 361; *OLG Schleswig* FamRZ 86, 1208; *OLG Hamm* FamRZ 98, 235; ferner *Michalski/Zeidler, Kleinle, Schröder* FamRZ 97, 397, 1133, 1135.
119 *BGH* 75, 195; NJW 87, 321; 99, 784; ferner *OLG Hamm* FamRZ 98, 235.
120 *BGH* NJW 87, 321: allenfalls Abschlag vom Verkehrswert.
121 *BGH* FamRZ 86, 37.
122 *BGH* NJW 91, 1547: Richtlinien zur Bewertung von Arztpraxen; Bundesrechtsanwaltskammer – Mitteilungen 1986, 119.
123 *BGH* NJW 91, 1549.
124 *BGH* NJW 91, 1548: Substanzwert + 25% Jahresumsatz der Facharztpraxis.

xen haben einen Markt und die Ertragsfähigkeit lässt sich von der Person des jeweiligen Inhabers ablösen[125]. Ebendas aber ist fraglich, weil der Ertrag einer freiberuflichen Praxis in besonderem Maße vom Einsatz und Können des Inhabers abhängt[126].

Der Wert einer **Gesellschaftsbeteiligung an einer freiberuflichen Praxis** richtet sich auch hier danach, ob die Gesellschaft schon gekündigt ist oder fortbesteht; im ersten Fall reduziert er sich auf das – vereinbarte oder gesetzliche – Auseinandersetzungsguthaben, im zweiten Fall bemisst er sich nach dem anteiligen Nutzungswert abzüglich eines Abschlags mangels freier Verwertbarkeit[127].

5.7 Verbindlichkeiten

Schulden bewertet man nicht anders als Forderungen: fällige Geldschulden nach ihrem Nennbetrag[128], andere Schulden, insbesondere bedingte und unsichere zum Schätzwert[129]. Schulden, die am Stichtag zwar entstanden, aber noch nicht fällig sind, belasten das Vermögen noch nicht voll und sind deshalb abzuzinsen[130]. **685**

6. Kapitel
Einwendungen und Einreden
gegen den Anspruch auf Zugewinnausgleich

1. Überblick

Nach den Vorschriften des Ehegüterrechts kann der Anspruchsgegner dem Anspruch auf Zugewinnausgleich Folgendes entgegenhalten: **686**

- Der Zugewinnausgleich sei durch **Ehevertrag** nach §§ 1414, 1408, 1410 oder Vereinbarung nach § 1378 III 2 ausgeschlossen, beschränkt oder anders geregelt als im Gesetz (RN 84-88, 640);
- der Anspruch sei nach § 1378 II **der Höhe nach auf das vorhandene Vermögen beschränkt** (RN 687);
- der Anspruchsteller müsse sich nach § 1380 **Vorausempfänge anrechnen** lassen (RN 688 ff.);
- der Ausgleichsanspruch sei nach § 1378 IV **verjährt** (RN 691 ff.);

---

125 *BGH* FamRZ 77, 38: Vermessungsbüro; NJW 91, 1550: ideeller Wert einer Facharztpraxis = 1/5 × (Bruttoumsatz – kalkulatorischer Arztlohn des Inhabers); FamRZ 99, 361: Steuerberaterpraxis; FamRZ 99, 361: Steuerberaterpraxis; *OLG Koblenz* FamRZ 88, 950: praktischer Arzt.

126 *OLG München* FamRZ 84, 1096: verneint für Architekturbüro; *OLG Saarbrücken* FamRZ 84, 794: verneint für Anwaltssozietät, wenn Beteiligung nicht übertragbar; *OLG Frankfurt* FamRZ 87, 485: bejaht für Aufnahme jüngerer Kollegen in Anwaltssozietät zwecks Altersversorgung des Seniors; *Klingelhöffer* FamRZ 91, 882.

127 *BGH* FamRZ 99, 361: Steuerberaterpraxis.

128 *BGH* NJW 91, 1550.

129 *BGH* NJW 91, 1550; 93, 2805.

130 *BGH* 117, 80; NJW 90, 3019; *OLG Hamm* FamRZ 95, 611.

- der Zugewinnausgleich sei nach § 1381 **grob unbillig** (RN 695 ff.);
- der Ausgleichsanspruch müsse nach § 1382 **gestundet** werden (RN 701).

Dies alles sind Einwendungen oder Einreden, die den Ausgleichsanspruch aus besonderem Grunde beschränken, ausschließen oder hemmen. Die **Beweislast** trägt stets der **Anspruchsgegner**.

Fehlt ein gemeinsames Verzeichnis über das Anfangsvermögen, begründet auch die Behauptung des Anspruchsgegners, er habe ein **Anfangsvermögen** in bestimmter Höhe gehabt, eine Einwendung, die den Ausgleichsanspruch kürzt oder ausschließt und deshalb vom Anspruchsgegner zu beweisen ist (RN 645).

Das **allgemeine Zurückbehaltungsrecht** aus § 273 wird durch die Spezialregeln über den Zugewinnausgleich nicht ausgeschlossen[131].

2. Beschränkung des Ausgleichsanspruchs auf den Bestand des Vermögens

687 Nach § 1378 II wird die Ausgleichsforderung der Höhe nach auf den **Wert** beschränkt, den das Vermögen des Ausgleichsschuldners nach Abzug der Verbindlichkeiten **am Ende des Güterstandes** hat. Im Falle der Scheidung endet der Güterstand erst mit **Rechtskraft der Scheidung**. § 1384 ändert daran nichts. Die Vorverlegung des Stichtages auf die Zustellung des Scheidungsantrags soll die Ehegatten daran hindern, während des Scheidungsverfahrens ihr Vermögen zu manipulieren. Dagegen schützt § 1378 II die Altgläubiger des Ausgleichsschuldners vor der Konkurrenz durch den Ausgleichsberechtigten[132]. Deshalb lässt sich die Anspruchskürzung weder durch Sicherheitsleistung des Ausgleichsschuldners nach § 1389 noch durch dinglichen Arrest verhindern, denn diese Sicherheiten sind akzessorisch und entstehen auch nur in Höhe der gekürzten Ausgleichsforderung[133].

Der Einwand aus § 1378 II scheitert jedoch am **Gegeneinwand des Rechtsmissbrauchs** nach § 242, wenn der Ausgleichsschuldner sein Vermögen während des Scheidungsverfahrens verschleudert hat[134].

3. Anrechnung von Vorausempfängen

3.1 Einwendung und gesetzliche Auslegungsregel

688 Nach § 1380 I 1 sind Vorausempfänge auf die Ausgleichsforderung anzurechnen. Vorausempfang ist jede Zuwendung, die der ausgleichspflichtige Ehegatte dem anderen durch Rechtsgeschäft unter Lebenden gemacht und dabei bestimmt hat, dass sie auf die Ausgleichsforderung anzurechnen sei. Gemeint sind **alle freiwilligen vermögenswerten**

---

131 *BGH* 92, 194: aber vielleicht durch § 242; FamRZ 85, 48; 90, 254: Zurückbehaltung des Zugewinnausgleichs gegen andern vermögensrechtl. Anspruch aus Scheitern der Ehe; NJW 2000, 948: ZBR u. Aufrechnung.
132 *BGH* NJW 88, 2369.
133 *BGH* NJW 88, 2369; a.A. *OLG Frankfurt* FamRZ 84, 895; *OLG Hamm* FamRZ 86, 1106.
134 *BGH* NJW 88, 2369 lässt es offen.

Leistungen ohne Gegenleistung, nicht nur Schenkungen, sondern **auch ehebedingte Zuwendungen** und Zuvielzahlungen von Unterhalt, die man nach § 1360b nicht zurückfordern kann[135].

§ 1380 I 1 gibt dem Ausgleichsschuldner eine anspruchskürzende **Einwendung**. Beweisen muss er nicht nur die freiwillige Leistung und deren Höhe, sondern auch seine **Anrechnungsbestimmung** bei der Leistung. Diesen Beweis erleichtert ihm die **gesetzliche Auslegungsregel des § 1380 I 2**; danach sind im Zweifel alle diejenigen Zuwendungen anzurechnen, die den Wert üblicher Gelegenheitsgeschenke übersteigen. Was üblich ist, bestimmen die Lebensverhältnisse der Parteien. Der Ausgleichsschuldner muss nur noch den Wert der Zuwendung und die Höhe üblicher Geschenke beweisen.

3.2 Berechnung

Da das Gesetz die anrechenbare Zuwendung als Vorausempfang wertet, wird der **Zugewinnausgleich so berechnet, als ob die anrechenbare Leistung noch nicht im Zugewinn des Ausgleichsberechtigten, sondern noch im Zugewinn des Ausgleichsschuldners enthalten wäre**[136]. Deshalb rechnet man sie – mit dem Wert zur Zeit der Zuwendung (§ 1380 II) – aus dem Zugewinn des Ausgleichsberechtigten heraus und in den Zugewinn des Ausgleichsschuldners hinein, bevor man sie vom Ausgleichsanspruch abzieht (§ 1380 I 1).

689

Beispiel

> Der Zugewinn des Mannes beträgt 30 000,– Euro, der Zugewinn der Frau 15 000,– Euro. Nach § 1378 I hat die Frau einen Ausgleichsanspruch von 7 500,– Euro. Der Mann wendet ein, er habe der Frau während der Ehe seine Haushälfte im Wert von 25 000,– Euro unentgeltlich übereignet. Nach § 1380 I 2 ist die Zuwendung im Zweifel anzurechnen. Gerechnet wird so, als wäre die Haushälfte noch im Zugewinn des Mannes, also:
>
> $$\frac{(30\,000,\text{– Euro} + 25\,000,\text{– Euro}) - (15\,000,\text{– Euro} - 25\,000,\text{– Euro} = \text{mind. } 0)}{2}$$
>
> $$= \frac{55\,000,\text{– Euro}}{2} = 27\,500,\text{– Euro abzüglich } 25\,000,\text{– Euro} = 2500,\text{– Euro}$$
>
> Restanspruch der Frau = 2500,– Euro.

3.3 Anrechnung nur auf Ausgleichsforderung

§ 1380 regelt nur die Anrechnung von Vorausempfänger auf die Ausgleichsforderung, setzt also voraus, dass der **Empfänger der Zuwendung zugleich** der **Gläubiger der Ausgleichsforderung** ist[137]. Mehr sagt diese Bestimmung nicht. Sie verhindert nicht, dass der Empfänger der Zuwendung, wenn er den höheren Zugewinn erzielt, dem Zuwendenden zum Ausgleich verpflichtet wird[138]. § 1380 ist deshalb erst anwendbar, wenn

690

---

135 *BGH* NJW 83, 1113; FamRZ 2001, 413: nach Scheitern der Ehe überlässt Ehemann Wertpapierdepot der Ehefrau; *OLG Köln* FamRZ 98, 1515.
136 *BGH* 82, 235; *OLG Köln* FamRZ 98, 1515.
137 *BGH* 82, 234; 101, 71.
138 *BGH* 82, 234 u. 101, 71: auch nicht über § 1374 II.

feststeht, dass der Empfänger der Zuwendung vom Zuwendenden nach § 1378 I Ausgleich verlangen darf. Dieser Ausgleichsanspruch wird nach § 1380 gekürzt oder erlischt durch Anrechnung.

Beispiel

> Der Mann hat einen Zugewinn von 60 000,– Euro, die Frau von 70 000,– Euro einschließlich einer Haushälfte im Werte von 50 000,– Euro, die der Mann ihr während der Ehe unentgeltlich zugewendet hat. Die Haushälfte wird nicht dem Anfangsvermögen zugerechnet, denn § 1374 II beschränkt sich auf unentgeltliche Zuwendungen Dritter (*BGH* 82, 234; 101, 65). Also hat der Mann einen Ausgleichsanspruch von 5000,– Euro. § 1380 ist nicht anwendbar, weil nicht die Frau als Empfängerin der Zuwendung, sondern der Mann einen Ausgleichsanspruch hat. Einen Vorausempfang kann man nach § 1380 nur auf den Ausgleichsanspruch des Empfängers anrechnen (*BGH* 82, 234; 101, 71).
>
> Eine andere Frage ist, ob der Mann die Haushälfte als ehebedingte Zuwendung nach § 242 zurückfordern kann, weil durch Scheidung der Ehe die Geschäftsgrundlage weggefallen sei. Er kann es nur dann, wenn das Ergebnis des gesetzlichen Zugewinnausgleichs für ihn schlechthin unerträglich ist (*BGH* 115, 132; FamRZ 92, 293), und das ist selten der Fall.

4. Verjährung der Ausgleichsforderung

4.1 Verjährungseinrede und Beweislast

691   Nach § 1378 IV 1 verjährt der Anspruch auf Zugewinnausgleich in 3 Jahren. Die berechtigte Leistungsverweigerung hemmt den verjährten Anspruch auf Dauer, so dass er gegen den Willen des Schuldners nicht mehr durchgesetzt werden kann. Die **Beweislast** für die Voraussetzungen der Verjährung trägt der Schuldner[139].

4.2 Beginn der Verjährung

692   **Die Verjährung beginnt mit der Kenntnis des Ausgleichsberechtigten vom Ende des Güterstandes.** Ohne diese Kenntnis verjährt der Anspruch spätestens in 30 Jahren nach dem Ende des Güterstandes (§ 1378 IV 2). Das sind Hilfsnormen zu § 222 I, der den Ausgleichsschuldner berechtigt, die Erfüllung der verjährten Forderung endgültig zu verweigern[140].

Im Falle der Scheidung endet der Güterstand mit **Rechtskraft des Scheidungsurteils**. Früher kann die Verjährung des Ausgleichsanspruchs nie beginnen[419]. Das Scheidungsurteil wird rechtskräftig durch beiderseitigen Verzicht auf Rechtsmittel und Anschlussrechtsmittel oder durch Ablauf der Berufungsfrist[142]. Ein rechtzeitiger Antrag auf Pro-

---

139   *BGH* 100, 210.
140   *OLG Karlsruhe* FamRZ 84, 894: gilt auch für vereinbarten Zugewinnausgleich.
141   *BGH* 107, 240.
142   *BGH* 100, 203; 107, 240: Möglichkeit der Anschlussberufung gegen Verbundurteil hemmt Rechtskraft; NJW 96, 2152: beiderseitiger Rechtsmittelverzicht.

zesskostenhilfe für die Berufung ändert daran nichts, erst die Nachholung der Berufung nebst Wiedereinsetzung gegen die Versäumung der Berufungsfrist hemmen rückwirkend die formelle Rechtskraft[143].

4.3 Kenntnis des Ausgleichsberechtigten

Vom Ende des Güterstandes erfährt der Ehegatte erst, wenn er weiß, dass das Schei- **693** dungsurteil rechtskräftig ist. Nötig ist das **Wissen um die Rechtswirkung der Rechtskraft**. Die Kenntnis der Tatsachen, die das Scheidungsurteil rechtskräftig werden lassen, genügt nicht. Der Ehegatte muss diese Tatsachen auch in ihrer rechtlichen Bedeutung erfassen, so dass sein Rechtsirrtum den Verjährungsbeginn verhindert[144]. Die Kenntnis des Prozessbevollmächtigten ist dem Ehegatten nicht nach § 166 zuzurechnen, da es an einer Willenserklärung fehlt, es sei denn der Prozessbevollmächtigte sei schon bei Rechtskraft der Scheidung damit beauftragt, den Zugewinnausgleich durchzusetzen und die erforderlichen Tatsachen zu ermitteln, denn dann ist er ein „Wissensvertreter" analog § 166 I[145].

4.4 Hemmung und Unterbrechung der Verjährung

Die Verjährung wird nach allgemeinen Regeln gehemmt (§§ 202 ff.)[146] und unterbrochen **694** (§§ 208 ff.) Gehemmt wird sie analog § 852 II auch durch Verhandlungen über den Zugewinnausgleich[147]. Unterbrochen wird sie nach § 208 durch Anerkenntnis[148] oder nach § 209 I durch Klage auf Zugewinnausgleich[149]. Eine Stufenklage (§ 254 ZPO) genügt. Die bezifferte Teilklage unterbricht nur in Höhe des eingeklagten Teils[150], die isolierte Auskunftsklage überhaupt nicht. Der Klageerhebung steht nach § 209 II Nr. 1 die Zustellung des Mahnbescheids gleich[151].

In Grenzfällen hilft vielleicht der Einwand unzulässiger Rechtsausübung aus § 242[152].

---

143 *BGH* 100, 203.
144 *BGH* 100, 206; FamRZ 95, 797; 96, 853; 97, 804: Anwesenheit bei beiderseitigem Rechtsmittelverzicht genügt nicht u. falsches Rechtskraftzeugnis kann Kenntnis verhindern; NJW 98, 2679.
145 *BGH* 100, 208; NJW 97, 2049.
146 *BGH* FamRZ 99, 571: Stillhalteabkommen erfordert Vertrag; *OLG München* FamRZ 96, 418: Armut u. rechtzeitiger Antrag auf Prozesskostenhilfe.
147 *BGH* FamRZ 84, 655 lässt es offen; NJW 99, 1101: Stillhalteabkommen.
148 *BGH* FamRZ 99, 571: Auskunft ü. Endvermögen ist keine Anerkenntnis; a.A. *OLG Hamburg* FamRZ 84, 892.
149 *BGH* 100, 207: nur wirksame Klage durch zugelassenen RA; FamRZ 83, 27: nicht Pflichtteilsklage nach § 1371 I; NJW 93, 2439: nicht Klage auf Anpassung Erbteilungsvertrag; FamRZ 94, 751: Zahlungsantrag nicht nötig, auch Klage auf Übereignung Grundstückshälfte; FamRZ 96, 853: Klage muss nur wirksam, nicht zulässig sein; auch mehrere wirksame Teilklagen; FamRZ 96, 1271: Anspruch auf Wertausgleich, auch wenn nicht schlüssig.
150 *BGH* FamRZ 96, 853 u. 96, 1271: nur im Umfang Streitgegenstand = Klageantrag + Sachverhalt.
151 *BGH* FamRZ 96, 1271: Rechtshängigkeit nicht nötig.
152 *BGH* FamRZ 99, 571.

5. Leistungsverweigerung wegen grober Unbilligkeit

5.1 Rechtsfolge der Einrede

695 Nach § 1381 I darf der Ausgleichsschuldner die Zahlung verweigern, soweit der Ausgleich des Zugewinns nach den Umständen des Falles grob unbillig wäre. Rechtsfolge ist ein **Leistungsverweigerungsrecht:** Nicht schon die grobe Unbilligkeit schließt den Ausgleichsanspruch aus, erst die **Leistungsverweigerung wegen grober Unbilligkeit** hemmt den Anspruch dauerhaft und begründet wie die Verjährung eine **Einrede**. Die **Beweislast** trägt der Ausgleichsschuldner[153].

Ob die Leistungsverweigerung den Ausgleichsanspruch vollständig hemmt oder nur kürzt, hängt davon ab, in welchem Umfang der Zugewinnausgleich grob unbillig ist („soweit"). In den meisten Fällen genügt eine Kürzung[154]. Der Ausgleichsschuldner darf erst dann jegliche Zahlung verweigern, wenn weder eine Kürzung noch eine Stundung (§ 1382) noch beides zusammen die unbillige Härte beseitigt[155].

5.2 Härteregel

696 Die Härteregel des § 1381 I erlaubt dem Gericht nicht allgemein, den Zugewinnausgleich nach Billigkeit zu korrigieren, sondern soll **nur schlechthin unerträgliche Entscheidungen verhindern**[156]. Als Spezialnorm verdrängt § 1381 die allgemeine Regel des § 242[157].

5.3 Grobe Unbilligkeit

Die grobe Unbilligkeit ist ein enger und strenger Rechtsbegriff, der nur Ausnahmesituationen erfasst und eine äußerste „Opfergrenze" zieht[158]. Die Anforderungen an eine Kürzung des Zugewinnausgleichs nach § 1381 sind höher als die Anforderungen an eine Unterhaltskürzung nach § 1579, da der Zugewinn bereits erwirtschaftet ist[159].

697 Nach **§ 1381 II** kann der volle Zugewinnausgleich vor allem dann grob unbillig sein, wenn der ausgleichsberechtigte Ehegatte längere Zeit hindurch seine wirtschaftlichen Verpflichtungen aus der Ehe schuldhaft nicht erfüllt hat. Gemeint ist vor allem die Verletzung der gesetzlichen Unterhaltspflicht aus §§ 1360, 1360a, 1361, 1601[160]. Nach dem klaren Gesetzeswortlaut rechtfertigt nur die **schuldhafte Verletzung** derartiger **wirtschaftlicher Verpflichtungen** eine Kürzung des Zugewinnausgleichs[161]. Aber das ist nur ein **gesetzliches Beispiel („insbesondere")**. Auch andere wirtschaftliche Umstände wie

---

153 *BGH* NJW 70, 1600.
154 *BGH* 46, 343; NJW 70, 1600.
155 *BGH* NJW 70, 1600; 73, 749.
156 *BGH* NJW 73, 749; 80, 1462; FamRZ 92, 788; *OLG Bamberg* FamRZ 90, 410.
157 *BGH* FamRZ 89, 1276, 1279.
158 *BGH* NJW 73, 749.
159 *BGH* NJW 83, 117: zum Versorgungsausgleich.
160 *OLG Düsseldorf* FamRZ 87, 821: auch Kindesunterhalt.
161 *BGH* FamRZ 92, 787.

Existenzgefährdung und Versorgungslage können den vollen Zugewinnausgleich grob unbillig machen, wie überhaupt die beiderseitigen Einkommens- und Vermögensverhältnisse zu berücksichtigen sind[162].

§ 1381 I beschränkt sich überhaupt nicht auf wirtschaftliche Notsituationen. Der volle Zugewinnausgleich ist vielleicht auch dann grob unbillig, wenn der ausgleichsberechtigte Ehegatte seine **persönlichen ehelichen Pflichten jahrelang schwer verletzt und dadurch die Ehe schuldhaft zerstört hat**[163]. Da der Zugewinn aber bereits erwirtschaftet ist, genügt nicht jede eheliche Untreue, auch wenn sie bereits eine Kürzung des Unterhalts nach § 1579 Nr. 6 rechtfertigt[164]. Man muss auch bedenken, dass Trennungs- und Scheidungsverschulden den Zugewinnausgleich in aller Regel nicht beeinflussen[165].

698

Beispiele für grobe Unbilligkeit

(1) Der ausgleichsberechtigte Ehemann hat **jahrelang keinen Unterhalt an seine minderjährigen Kinder bezahlt**, so dass die ausgleichspflichtige Ehefrau allein für die Kinder sorgen musste (*OLG Düsseldorf* FamRZ 87, 821: § 1381 II). Umgekehrt hat der ausgleichsberechtigte Ehegatte 70 000,– DM **zuviel Unterhalt bezahlt** (*OLG Köln* FamRZ 98, 1370).

(2) Der volle Zugewinnausgleich **gefährdet die wirtschaftliche Existenz des Schuldners**, während der Gläubiger auf das Geld nicht angewiesen ist (*BGH* NJW 70, 1600: im Einzelfall verneint).

(3) Der volle Zugewinnausgleich macht den ausgleichspflichtigen Ehemann unterhaltsbedürftig und **unterhaltsrechtlich** von der Ehefrau **abhängig**, die bereits ausreichend versorgt ist (*BGH* NJW 73, 749).

(4) Die Ehegatten veräußern während des Scheidungsverfahrens ein gemeinsames Grundstück zu einem **Preis**, der **niedriger** ist **als** der **Wert zum Stichtag** und allein den ausgleichspflichtigen Ehemann belastet, weil nur er einen Zugewinn erzielt hat (*OLG Hamburg* FamRZ 88, 1166: Zugewinnberechnung nach Verkaufserlös).

(5) Der Ehemann erwirbt in der Teilungsversteigerung den Miteigentumsanteil der Ehefrau am gemeinschaftlichen Grundstück zu einem **Preis**, der **unter dem Verkehrswert zum Stichtag** liegt, und ist nur des höheren Verkehrswerts wegen ausgleichsberechtigt (*OLG Düsseldorf* FamRZ 95, 1145: volle Leistungsverweigerung).

(6) Der ausgleichsberechtigte Ehemann hat die Ehefrau vorsätzlich getötet (*OLG Karlsruhe* FamRZ 87, 823).

(7) Die ausgleichsberechtigte Ehefrau hat **am Ende einer langen Ehe mit mehreren Männern die Ehe gebrochen und dadurch die Ehe zerstört** (*OLG Hamm* FamRZ 89, 1188: Kürzung um 1/3).

(8) Die ausgleichsberechtigte Ehefrau verursacht durch ehewidrige Beziehungen zu einem anderen Mann die Trennung, und der Ehemann erwirtschaftet seinen Zugewinn erst nach der Trennung (*BGH* FamRZ 80, 877: im Einzelfall verneint).

Beispiele 699

---

162 *BGH* NJW 73, 749; FamRZ 92, 789; *OLG Frankfurt* FamRZ 83, 921; *OLG Celle* FamRZ 92, 1300.
163 *BGH* 46, 343; NJW 80, 1462.
164 *BGH* NJW 70, 1600; 83, 117; *OLG Bamberg* FamRZ 90, 410.
165 *OLG Bamberg* FamRZ 90, 410.

(9) Die ausgleichsberechtigte Ehefrau hat durch Ehebruch nicht nur die Ehe zerstört, sondern durch **Geburt eines scheinehelichen Kindes** den Ehemann auch mit Kosten für Kindesunterhalt und Ehelichkeitsanfechtung belastet (*OLG Köln* FamRZ 91, 1192: Kürzung des Zugewinns des Mannes um diese Kosten).

Beispiele
700

Beispiele gegen grobe Unbilligkeit

Da der Zugewinn im Einzelfall nicht gemeinsam erwirtschaftet sein muss und seine Herkunft grundsätzlich unerheblich ist, begründen die folgenden Umstände für sich allein noch keine unbillige Härte:

(1) Der ausgleichsberechtigte Ehegatte hat **zum Zugewinn nichts beigetragen** (*BGH* FamRZ 92, 787).

(2) Die Ehegatten leben schon **jahrelang getrennt** (*BGH* NJW 73, 779; 80, 1462).

(3) Der Zugewinn besteht aus einem **Lottogewinn** oder einer **Schadensersatzzahlung**; der BGH, der diesen Erwerb nicht analog § 1374 II dem Anfangsvermögen zurechnet, verweist zwar auf § 1381, verneint aber im Einzelfall eine grobe Unbilligkeit (*BGH* 68, 43: Lottogewinn; 80, 384: Schmerzensgeld; 82, 145: Abfindung für Verdienstausfall).

(4) Ein einmaliger oder gar heimlicher **Ehebruch** genügt für § 1381 so wenig (*OLG Düsseldorf* NJW 81, 829) wie die Ansteckung mit einer Geschlechtskrankheit (*OLG Bamberg* FamRZ 90, 410).

6. Stundung der Ausgleichsforderung

701 Nach § 1382 I 1 **stundet das Familiengericht auf Antrag die Ausgleichsforderung**, soweit sie unstreitig ist und wenn die sofortige Zahlung zur Unzeit erfolgen würde. Ist ein Rechtsstreit über den Zugewinnausgleich anhängig, muss der Stundungsantrag in diesem Verfahren gestellt werden (§ 1382 V). Andernfalls ist der Rechtspfleger zuständig (§§ 3 Nr. 2a, 14 Nr. 2 RPflG). In der Regel ist dem Ausgleichsschuldner auch eine Versilberung seines Vermögens zumutbar, wenn anders er den Ausgleich nicht bezahlen kann. Die Stundung ist jedoch dann angebracht, wenn der Ausgleichsschuldner Vermögensteile überstürzt veräußern müsste, vor allem aber, wenn die sofortige Zahlung die Wohn- oder sonstigen Lebensverhältnisse gemeinsamer Kinder nachhaltig verschlechtern würde (§ 1382 I 2). Keinesfalls muss der Ausgleichsschuldner Knall auf Fall sein Wohnhaus verkaufen, das er zusammen mit den gemeinschaftlichen Kindern bewohnt.

Die gestundete Forderung ist zu verzinsen (§ 1382 II). Das Familiengericht kann auf Antrag des Gläubigers anordnen, dass der Schuldner für die gestundete Forderung Sicherheit leiste (§ 1382 III). Höhe und Fälligkeit der Zinsen sowie Art und Umfang der Sicherheit setzt es nach billigem Ermessen fest (§ 1382 IV). Und es kann eine rechtskräftige Entscheidung auf Antrag ändern, wenn sich die Verhältnisse nachträglich ändern (§ 1382 VI).

7. Kapitel
Der Auskunftsanspruch

1. Anspruchsgrundlage

§ 1379 I gibt jedem Ehegatten nach Beendigung des Güterstandes gegen den anderen **702**
Ehegatten je einen Anspruch auf Auskunft über den Bestand des Endvermögens (S. 1),
auf Zuziehung bei Aufnahme des Vermögensverzeichnisses[166] und auf Wertermittlung
(S. 2), schließlich auf Aufnahme des Vermögensverzeichnisses durch den zuständigen
Beamten oder Notar (S. 3). Diese Ansprüche sollen die Berechnung von Zugewinn und
Ausgleichsanspruch ermöglichen. Sie setzen deshalb nur voraus, dass der Güterstand be-
endet (I) oder Antrag auf Scheidung oder Aufhebung der Ehe gestellt ist (II).

2. Auskunft

Die Auskunft über das eigene Endvermögen am Stichtag besteht nach § 260 I aus einem **703**
**schriftlichen Bestandsverzeichnis, das die einzelnen Gegenstände des Endvermö-
gens**[167] **und die Schulden zum Stichtag übersichtlich und geordnet, also prüfbar, zu-
sammenstellt**[168]. Vollstreckungsrechtlich handelt es sich um eine unvertretbare Handlung nach § 888 I ZPO[169]. Zweckmäßig ist die **Stufenklage** (§ 254 ZPO) auf Auskunft
(§ 260 I), eidesstattliche Versicherung (§ 260 II) und unbezifferte Zahlung des Ausgleichsbetrags, der sich aus der Auskunft ergeben wird.

Die einzelnen Vermögensgegenstände sind nach Art und Zahl zu verzeichnen, nicht nur
Wertsachen, auch Sachen des persönlichen Bedarfs, Mengen geringwertiger Sachen freilich nur pauschal[170]. Bewerten muss der Ehegatte seine Vermögensstücke nach § 1379
I 1 nicht, er muss aber ihre **wertbildenden Faktoren angeben**, damit der andere sich
selbst ein Bild machen kann[171]. Grundstücke bewertet man nach Lage, Größe, Bebauung,
Bebaubarkeit oder sonstiger Nutzung, nach Belastungen, Einheits- und Feuerversiche-
rungswert[172]; Kraftfahrzeuge nach Fabrikat, Modell, Alter und Fahrleistung; die Arztpraxis nach Einrichtung, Jahresumsätzen sowie Zahl der Kassen- und Privatpatienten[173].

---

166 *KG* FamRZ 98, 1514: auch noch nach Erstellung Bestandsverzeichnis.
167 *BGH* 89, 137: nicht Hausrat, der nach HausratsVO verteilbar.
168 *BGH* 84, 32; 89, 139; *OLG München* FamRZ 95, 737.
169 *OLG Bamberg* FamRZ 99, 312: Anspruch auf Wertermittlung (§ 1379 S. 2) vollstreckbar
    nach § 887 ZPO.
170 *BGH* 89, 141.
171 *BGH* 84, 32; FamRZ 89, 157; *OLG München* FamRZ 95, 737.
172 *OLG Düsseldorf* FamRZ 86, 168: landwirtschaftl. Anwesen.
173 *BGH* FamRZ 89, 157.

3. Wertermittlung und Belege

704   Die Wertermittlung nach § 1379 I 2 ist nicht Bestandteil der Auskunft, sondern Gegenstand eines selbständigen Anspruchs. Gemeint ist die Wertermittlung durch den Anspruchsgegner selbst oder dessen Hilfskräfte und auf dessen Kosten[174]. Ist er dazu nicht imstande, hat der andere Ehegatte zwar Anspruch auf Wertermittlung durch einen Sachverständigen, aber auf eigene Kosten, denn § 1379 sagt dazu nichts[175].

Über den Wortlaut des § 1379 hinaus muss der Anspruchsgegner jedoch diejenigen **Belege vorlegen**, die für die Wertermittlung erforderlich sind. Vor allem Unternehmen, Unternehmensbeteiligungen und freiberufliche Praxen lassen sich nur anhand der Geschäftsunterlagen, Gesellschaftsverträge, Bilanzen, Gewinn- und Verlustrechnungen bewerten[176].

4. Nur End-, nicht Anfangsvermögen

705   Der Auskunftsanspruch beschränkt sich aus gutem Grunde auf das Endvermögen. Über sein Anfangsvermögen muss der Ehegatte keine Auskunft erteilen. Entweder ist ein gemeinschaftliches Verzeichnis vorhanden, dessen Richtigkeit vermutet wird (§ 1377 I), oder es ist kein gemeinschaftliches Verzeichnis vorhanden, dann wird vermutet, dass auch kein Anfangsvermögen vorhanden war (§ 1377 III). Wer diese Vermutung nicht gelten lässt, muss das Gegenteil beweisen (§ 292 ZPO). Diese vernünftige Beweislastregel darf man nicht mit einer Auskunftspflicht aushöhlen[177].

Die Auskunft beschränkt sich überdies auf den Bestand des vorhandenen Endvermögens und erstreckt sich nicht auf diejenigen Vermögenswerte, die vielleicht dem Endvermögen nach § 1375 II fiktiv hinzuzurechnen sind[178].

5. Ohne Ausgleichsanspruch keine Auskunft

706   Da der Auskunftsanspruch dem Ehegatten helfen soll, den Zugewinnausgleich richtig zu berechnen, entfällt er nur dann, wenn bereits sicher ist, dass ein Ausgleichsanspruch nicht bestehen kann[179]. Deshalb schließt das Leistungsverweigerungsrecht des Ausgleichsschuldners aus § 1381 den Auskunftsanspruch nur dann aus, wenn es bereits in vollem Umfang außer jedem Zweifel steht[180].

---

174 *BGH* 64, 63; 84, 32.
175 *BGH* 84, 31; *OLG Karlsruhe* FamRZ 95, 736.
176 *BGH* 75, 195; *OLG Koblenz* FamRZ 82, 280; *OLG Hamm* FamRZ 83, 812: Sozietätsvertrag; *OLG Düsseldorf* FamRZ 99, 1070: Bilanzen der letzten 5 Jahre.
177 *BGH* 82, 135; *OLG Karlsruhe* FamRZ 86, 1105; *OLG Nürnberg* FamRZ 86, 272; a.A. *OLG Schleswig* FamRZ 83, 1126: § 242.
178 *BGH* 82, 132: allenfalls Auskunft nach § 242; *OLG Köln* FamRZ 97, 1336; *OLG Bremen* FamRZ 99, 94; *OLG Köln* FamRZ 99, 1071.
179 *BGH* NJW 72, 433; 80, 1462; FamRZ 83, 157; 97, 800: keine Auskunft über Vermögen, das durch Ehevertrag dem Zugewinnausgleich entzogen ist; *OLG Koblenz* FamRZ 85, 286.
180 *BGH* NJW 80, 1462; a.A. *BGH* 44, 163.

6. Anspruch auf eidesstattliche Versicherung

In der Regel erlischt der Auskunftsanspruch auch durch Erteilung einer falschen oder un- **707** vollständigen Auskunft. Dagegen hilft nur der Anspruch auf eidesstattliche Versicherung (§ 260 II), wenn zusätzlich der **konkrete Verdacht** besteht, die Auskunft sei nicht mit der gehörigen Sorgfalt erteilt worden[181]. Dieser Verdacht besteht nicht schon dann, wenn die Auskunft in einzelnen Punkten unvollständig oder falsch ist; umgekehrt kann er auch dann begründet sein, wenn die Auskunft inhaltlich keine Mängel hat[182].

7. Zurückbehaltungsrecht

Streitig ist, ob der Ehegatte die Auskunft nach § 273 I solange verweigern darf, bis auch **708** der andere Auskunft erteilt. Dagegen spricht, dass die Auskunftsverweigerung die beiden Ansprüche samt Zugewinnausgleich blockiert und so den Zweck des § 1379 verfehlt[183].

8. Kapitel
Der vorzeitige Zugewinnausgleich

1. Ausnahmefälle

In vier Fällen kann ein Ehegatte auf vorzeitigen Zugewinnausgleich klagen: **709**

- erstens nach dreijähriger Trennung (§ 1385);
- zweitens, wenn der andere Ehegatte längere Zeit hindurch die wirtschaftlichen Verpflichtungen aus der Ehe schuldhaft nicht erfüllt hat und voraussichtlich auch in Zukunft nicht erfüllen wird (§ 1386 I);
- drittens, wenn der andere Ehegatte die künftige Ausgleichsforderung durch ein Rechtsgeschäft über sein ganzes Vermögen nach § 1365 oder durch Vermögensminderung nach § 1375 II erheblich gefährdet (§ 1386 II)[184];
- viertens, wenn der andere Ehegatte sich ohne ausreichenden Grund beharrlich weigert, über den Bestand seines Vermögens Auskunft zu erteilen (§ 1386 III)[185].

---

181 *BGH* 89, 139, 140: Verschulden nötig; *OLG Köln* FamRZ 97, 1336.
182 *BGH* 89, 139.
183 *OLG Frankfurt* FamRZ 85, 483; *OLG Stuttgart* FamRZ 84, 273; *OLG Thüringen* FamRZ 97, 1335.
184 *OLG Düsseldorf* NJW 91, 2028.
185 *OLG Hamm* FamRZ 2000, 228.

2. Rechtsfolge

710   **Der Ehegatte klagt** nicht etwa auf Zahlung des Zugewinnausgleichs, sondern „**auf vorzeitigen Zugewinnausgleich**". Das ist **keine Zahlungs-, sondern eine Gestaltungsklage**. Denn das Gericht verurteilt nicht – vorzeitig – zur Zahlung, sondern erkennt auf vorzeitigen Zugewinnausgleich (§ 1388). Das aber ist ein **Gestaltungsurteil, das ab Rechtskraft den gesetzlichen Güterstand beendet und durch Gütertrennung ersetzt**[186]. Zwar zieht § 1387 den Stichtag für die Berechnung des Zugewinns auf den Tag der Klageerhebung vor, aber nur für den Fall, dass das Gericht der Klage stattgibt. Erst jetzt kann der Ehegatte auf Auskunft und Zahlung klagen[187].

Einen Anspruch auf Auskunft analg § 1379 hat der Anspruchsteller wohl noch nicht, denn die §§ 1385 ff. öffnen nur die Tür zum Zugewinnausgleich[188].

9. Kapitel
Der Anspruch auf Sicherheitsleistung

711   § 1389 gibt dem Ehegatten einen Anspruch auf Sicherheitsleistung, wenn sein künftiger Anspruch auf Zugewinnausgleich durch das Verhalten des anderen Ehegatten erheblich gefährdet wird und außerdem Antrag auf Scheidung oder Aufhebung der Ehe gestellt oder Klage auf vorzeitigen Zugewinnausgleich erhoben ist. Den Anspruch aus § 1389 verfolgt man mit der **Leistungsklage**. Die Art der Sicherheit richtet sich nach §§ 232 ff., der Anspruchsgegner hat die Wahl. Erst im Vollstreckungsverfahren geht das Wahlrecht auf den Gläubiger über (§ 887 ZPO mit § 264 BGB)[189]. Die Sicherheit ist akzessorisch und schützt den Ausgleichsberechtigten nicht vor einer Anspruchskürzung nach § 1378 II[190].

Die Sicherung durch **dinglichen Arrest** wird an anderer Stelle behandelt (RN 1619).

---

186 *OLG Celle* FamRZ 83, 171.
187 *OLG Celle* FamRZ 83, 171.
188 *OLG Hamm* FamRZ 2000, 228; *OLG Nürnberg* FamRZ 98, 685; a.A. *OLG Celle* FamRZ 2000, 1368.
189 *OLG Köln* FamRZ 83, 710; *OLG Düsseldorf* FamRZ 84, 704.
190 *BGH* NJW 88, 2369.

10. Kapitel
Der Anspruch des ausgleichsberechtigten Ehegatten gegen Dritte

§ 1390 ist ein Fremdkörper im Recht des Zugewinnausgleichs, denn er gibt dem ausgleichsberechtigten Ehegatten einen **Bereicherungsanspruch gegen Dritte, um den Rechtsverlust aus § 1378 II auszugleichen.** Nach dieser Vorschrift beschränkt sich der Ausgleichsanspruch auf den Wert des Vermögens, das der Ausgleichsschuldner nach Abzug der Verbindlichkeiten am Ende des Güterstandes noch hat. Dieses Vermögen ist vor allem dann geringer als der Ausgleichsanspruch, wenn der Ausgleichsschuldner es noch während des Güterstandes verschoben oder durchgebracht hat.

712

Soweit der Ausgleichsanspruch nach § 1378 II gekürzt wird, hat der ausgleichsberechtigte Ehegatte nach § 1390 I 1 gegen den bereicherten Dritten einen Anspruch auf Herausgabe des Erlangten **nach den Vorschriften der ungerechtfertigten Bereicherung** zum Zwecke der Befriedigung wegen des ausgefallenen Forderungsteils. Die Verweisung auf die §§ 812 ff. ist eine **Rechtsfolgenverweisung:** In erster Linie ist das Erlangte selbst herauszugeben (§ 812 I 1), hilfsweise der Wert in Geld zu ersetzen (§ 818 II). Herausgabe zur Befriedigung bedeutet rechtlich **Duldung der Zwangsvollstreckung in das Erlangte.** Der Dritte darf die Herausgabe durch Zahlung abwenden (§ 1390 I 2).

713

Der Anspruch setzt voraus: Der ausgleichspflichtige Ehegatte hat den Ausgleichsanspruch des anderen Ehegatten **in Benachteiligungsabsicht** verkürzt, entweder durch unentgeltliche Zuwendung an den Dritten (I 1) oder durch eine andere Rechtshandlung zugunsten des Dritten, falls dieser die Benachteiligungsabsicht des Ausgleichsschuldners kannte (II).

Der Anspruch aus § 1390 verjährt in drei Jahren nach Beendigung des Güterstandes (§ 1390 III 1).

Sobald Antrag auf Scheidung oder Aufhebung gestellt oder Klage auf vorzeitigen Zugewinnausgleich erhoben ist, hat der ausgleichsberechtigte Ehegatte gegen den bereicherten Dritten zusätzlich Anspruch auf Sicherheitsleistung (§ 1390 IV mit §§ 232 ff.).

Wenn der ausgleichspflichtige Ehegatte sein Vermögen erst nach Beendigung des Güterstandes in Benachteiligungsabsicht mindert, hilft nicht mehr § 1390, sondern nur noch § 826 oder das AnfG.

313

11. Kapitel
Das Ehegüterrecht im Einigungsvertrag

714 Seit dem Beitritt der DDR zur Bundesrepublik am 3.10.1990 gilt das Familienrecht des BGB nach Art. 234 § 1 EGBGB auch in den neuen Bundesländern, soweit nichts anderes bestimmt ist. Für das eheliche Güterrecht bestimmt Art. 234 § 4 EGBGB etwas anderes[191]. Zwar wurde der Güterstand der Eigentums- und Vermögensgemeinschaft des FGB am 3.10.1990 in den gesetzlichen Güterstand der Zugewinngemeinschaft übergeleitet (I), aber die Ehegatten konnten dies binnen 2 Jahren durch Erklärung gegenüber dem Kreisgericht verhindern (II-III). Und gaben sie diese Erklärung nicht ab, war das bis zum 3.10.1990 erworbene gemeinsame Eigentum und Vermögen nach §§ 39, 40 FGB auseinanderzusetzen (IV)[192]. Wurde die Ehe schon vor dem 3.10. 1990 geschieden, blieb es beim bisherigen Recht des FGB (V)[193].

12. Kapitel
Internationales Ehegüterrecht

715 Gesetzliche Kollisionsnorm ist **Art. 15 EGBGB**. Vorrang hat die **Rechtswahl der Ehegatten** (II mit Art. 4 II)[194], wählbar ist das Sachrecht des Staates, dem einer angehört (Nr. 1), oder des Staates, in dem einer seinen gewöhnlichen Aufenthalt hat (Nr. 2), oder für das unbewegliche Vermögen das Recht des Lageorts (Nr. 3). Die Rechtswahl ist formbedürftig (III mit Art. 14 IV).

716 Ohne wirksame Rechtswahl unterliegen die güterrechtlichen Wirkungen dem **Statut für die allgemeinen Wirkungen der Ehe** (Art. 15 I mit Art. 14). Dieses knüpft nach Art. 14 I EGBGB primär an der Staatsangehörigkeit, hilfsweise am gewöhnlichen Aufenthalt und zuletzt an der engsten Verbindung an, ganz wie das Scheidungsstatut (RN 260).

Soweit Art. 15 mit Art. 14 auf ausländisches Recht verweist, handelt es sich um eine **Gesamtverweisung** auf das ausländische Kollisionsrecht, das die Verweisung entweder annimmt, weitergibt oder zurückgibt.

---

191 Dazu *Brudermüller/Wagenitz* FamRZ 90, 1296; *Wassermann* FamRZ 90, 333; *Pawlowski/Lipp* FamRZ 92, 377; ferner *Lipp* FamRZ 96, 1117.
192 Dazu *BGH* FamRZ 92, 414, 421, 531, 537: vertragliche Auseinandersetzung; FamRZ 99, 1197: Ausgleichsanspruch aus § 40 FGB; *KG* FamRZ 92, 563, 566: Ausgleichsanspruch aus § 40 FGB; 92, 1429: Schadensersatzanspruch; *OLG Brandenburg* FamRZ 96, 670: Ausgleichsanspruch aus § 40 FGB; *OLG Thüringen* FamRZ 97, 1014 u. *OLG Rostock* FamRZ 97, 1158: kein Ausgleich nach § 40 FGB, wenn Option aus Art. 234 § 4 II EGBGB nicht ausgeübt wird.
193 *KG* FamRZ 92, 1430; *OLG Brandenburg* FamRZ 96, 667.
194 *OLG Frankfurt u. Köln* FamRZ 96, 1478, 1479.

Das Güterrechtsstatut gilt in der Regel für alle güterrechtlichen Folgen der Ehe, es gibt jedoch Ausnahmen. Wählen die Ehegatten für ihr Grundvermögen eine andere Rechtsordnung (Art. 15 II Nr. 3), oder trifft das maßgebliche ausländische Kollisionsrecht diese Unterscheidung (Art. 3 III), wird das Güterrechtstatut gespalten.

Von Art. 15 EGBGB unberührt bleibt das Gesetz über den ehelichen Güterstand von Vertriebenen und Flüchtlingen vom 4.8.1969 (BGBl I 1067).

Für Altehen, die vor dem 1.9.1986 geschlossen wurden, liefert Art. 220 III EGBGB eine detaillierte Übergangsregelung[195].

---

195 *BGH* NJW 93, 385: Rechtswahl nach Art. 220 III 1 Nr. 2 ist formfrei.

8. Teil
Ehewohnung und Hausrat nach Trennung und Scheidung

1. Kapitel
Zusammenleben, Trennung, Scheidung

717 Solange man **zusammenlebt**, hat jeder Ehegatte wie selbstverständlich unmittelbaren **Mitbesitz** (§ 866) an der Ehewohnung, der Wohnungseinrichtung und dem übrigen Hausrat einschließlich des Familienautos, wem immer diese Sachen gehören: beiden Ehegatten gemeinsam, einem Ehegatten allein oder einem Dritten.

Dies ändert sich mit der endgültigen **Trennung**: Wer aus der Ehewohnung auszieht, um getrennt zu leben oder sich gar scheiden zu lassen, verliert freiwillig oder unter dem Druck des ehelichen Streits seinen unmittelbaren Mitbesitz und behält allenfalls noch seinen Anspruch auf unmittelbaren Mitbesitz, denn das **Recht zum Besitz** an Ehewohnung und Hausrat aus § 1353 I 2 erlischt normalerweise erst mit Rechtskraft der **Scheidung**[1]. Weicht ein Ehegatte aus freien Stücken, um dem anderen, vielleicht der Kinder wegen, die Wohnung auf Dauer zu überlassen, kann man darin eine vertragliche Einigung der Ehegatten sehen. Oft aber verlässt ein Ehegatte die Ehewohnung nur widerwillig, weil er das Zusammenleben nicht mehr ertragen kann.

So entsteht, schon vor der Scheidung und erst recht danach, der dringende Bedarf nach einer gerichtlichen Regelung: Wer darf in der Ehewohnung bleiben und wie ist der Hausrat zu verteilen? Schuld- und Sachenrecht geben keine brauchbare Antwort. Der Eigentümer hat nicht stets den Vorrang; die Situation erfordert bisweilen auch Eingriffe in das Eigentum. Hier ist das **Familienrecht** gefordert, das vor allem auch Inhalt und Schranken des Eigentums nach Art. 14 I 2 GG bestimmen muss[2]. Es **unterscheidet zwischen Trennung** (§§ 1361a, 1361b) **und Scheidung** (§§ 1 ff. HausratsVO). Zuständig ist stets das **Familiengericht**, das nach den besonderen Regeln der HausratsVO, einem Ableger des FGG, verfährt (§§ 11 ff., 18a HausratsVO).

---

1 *BGH* FamRZ 71, 216; *OLG Hamm* FamRZ 91, 81.
2 *BVerfG* NJW 92, 106.

2. Kapitel
Familienrecht und Sachenrecht, Zivilprozess und freiwillige Gerichtsbarkeit

1. Eigentum und Besitz an Ehewohnung und Hausrat

Das Sachenrecht gilt auch für Ehegatten und zwischen Ehegatten. Der gesetzliche Güterstand der Zugewinngemeinschaft ist keine Vermögensgemeinschaft, sondern Gütertrennung mit einem Wertausgleich in Geld am Ende des Güterstandes (RN 629). Jeder Ehegatte erwirbt nach den Regeln des Sachenrechts auch während der Ehe Eigentum und beschränkte dingliche Rechte für sich allein, wenn Vereinbarung oder Umstände nichts anderes ergeben, und jeder Ehegatte verwaltet sein Vermögen selbst (§§ 1363 II, 1364). **718**

Deshalb kann die **Ehewohnung** einem Ehegatten allein gehören oder beiden gemeinsam oder einem Dritten, der sie einem Ehegatten oder beiden vermietet oder unentgeltlich überlassen hat. **Stets aber ist jeder Ehegatte**, auch der Nichteigentümer und Nichtmieter, **unmittelbarer Mitbesitzer oder hat wenigstens einen Anspruch auf unmittelbaren Mitbesitz**, der sich unmittelbar aus der Pflicht zur ehelichen Lebensgemeinschaft nach § 1353 I 2 ableiten lässt[3]. Umgekehrt scheitert der Herausgabeanspruch des Eigentümer-Ehegatten aus § 985 am Besitzrecht des anderen aus §§ 986 I, 1353 I 2.

Dies alles gilt auch für den **Hausrat**, jedoch wird Hausrat, den ein Ehegatte **während der Ehe** für den gemeinsamen Haushalt **anschafft, in aller Regel gemeinschaftliches Eigentum** beider Ehegatten. Dies folgt zwar nicht schon aus der Schlüsselgewalt des § 1357 I, die nur verpflichtet, wohl aber aus einer lebensnahen Auslegung der dinglichen Einigung nach § 929[4]. Alleineigentum des anschaffenden Ehegatten nimmt man nur dann an, wenn dieser es ausdrücklich so haben wollte oder die besonderen Umstände dafür sprechen[5]. **719**

Solange die Ehegatten friedlich zusammenleben, gibt es freilich keine Probleme, und sobald sie anfangen zu streiten, sind Trennung und Scheidung nicht mehr weit weg. Die Trennung allein ändert die Rechtslage noch nicht. **Das Recht des Nichteigentümer-Ehegatten auf unmittelbaren Mitbesitz an Ehewohnung und Hausrat endet** nicht schlagartig mit der – endgültigen – Trennung, die das Scheitern der Ehe anzeigt, sondern **erst mit der abweichenden Entscheidung des Familiengerichts oder mit der rechtskräftigen Scheidung**[6]. **720**

---

3 *BGH* 71, 216; *OLG Hamm* FamRZ 91, 81.
4 *BGH* 114, 74; *OLG Koblenz* FamRZ 92, 1303.
5 *BGH* 114, 74: je hälftiges Miteigentum.
6 *BGH* 71, 216.

2. Hausratsverordnung und FGG vor ZPO

721 **Ab Trennung** der Ehegatten (§ 1361a) **oder Trennungsabsicht** eines Ehegatten (§ 1361b) darf der Eigentümer-Ehegatte nicht mehr beim Zivilgericht auf Herausgabe aus § 985 klagen, sondern muss beim Familiengericht einen Antrag nach der HausratsVO stellen[7]. Ebensowenig darf der Ehegatte, der seinen Mitbesitz durch verbotene Eigenmacht des anderen verloren hat, vor dem Zivilgericht auf Herausgabe aus §§ 861, 862 klagen oder eine einstweilige Verfügung nach §§ 935, 940 ZPO beantragen, sondern muss beim Familiengericht eine einstweilige Anordnung nach §§ 13 IV, 18a HausratsVO, während des Scheidungsverfahrens nach § 620 I Nr. 7 ZPO beantragen[8]. Denn der Streit der Ehegatten um Ehewohnung und Hausrat ist eine **Familiensache** nach § 621 S. 1 Nr. 7 ZPO, § 23b I 2 Nr. 8 GVG, für die das **Familiengericht** ausschließlich zuständig ist. Das Familiengericht aber prozessiert hier gemäß § 621a ZPO nicht nach der ZPO, sondern nach der **HausratsVO und** dem **FGG**.

Dies hat zur Folge: Klage und Antrag auf einstweilige Verfügung aus §§ 985, 861, 862 sind bereits unzulässig; statt dessen beantragt der Ehegatte beim Familiengericht Zuteilung der Ehewohnung oder Hausratsteilung nach §§ 1361a, 1361b; §§ 1 ff. HausratsVO, im Eilfall durch einstweilige Anordnung nach § 13 IV HausratsVO oder § 620 S. 1 Nr. 7 ZPO[9]. Dass der eine Ehegatte seinen Mitbesitz durch verbotene Eigenmacht des anderen verloren hat, kann auch im Verfahren der HausratsVO oder des § 620 ZPO berücksichtigt werden[10].

Da das Familiengericht nicht erst nach der Scheidung (§ 1 HausratsVO), sondern schon ab Trennung der Ehegatten (§ 1361a), ja ab Trennungsabsicht eines Ehegatten (§ 1361b) zuständig ist, muss der Ehegatte auch seinen Anspruch aus § 1353 I 2 auf unmittelbaren Mitbesitz an der Ehewohnung im Verfahren der HausratsVO geltendmachen[11].

722 Jedoch beschränkt sich die **Kompetenz des Familiengerichts** auf die Zuteilung der Ehewohnung und die Verteilung des Hausrats[12]. Dazu gehört auch noch der Streit über eine vereinbarte Benutzung der Ehewohnung[13] sowie der Streit über die Verteilung von Hausrat, den ein Ehegatte eigenmächtig veräußert hat[14]. Dagegen ist der Streit über Schadensersatz wegen Beschädigung oder Zerstörung von Hausrat vor dem Prozessgericht auszutragen[15].

---

7 *BGH* 71, 216.

8 *OLG Schleswig* FamRZ 97, 892.

9 *BGH* 67, 217: während Scheidungsverf.; 71, 216; NJW 83, 47: in Anspruch aus § 861, aber Umdeutung des falschen Antrags; FamRZ 84, 575; *OLG Düsseldorf* FamRZ 94, 390; *OLG Oldenburg* FamRZ 94, 1254; *OLG* Schleswig FamRZ 97, 892; *OLG Köln* u. *OLG Karlsruhe* FamRZ 2001, 175, 760: Besitzschutz durch § 1361a oder § 1361b; ferner *Hambitzer* FamRZ 89, 236; *Menter* FamRZ 97, 76.

10 *OLG Düsseldorf* FamRZ 86, 276; *OLG Zweibrücken* FamRZ 87, 1146; *OLG Hamm* FamRZ 96, 1411; *OLG Köln* FamRZ 97, 1276.

11 *OLG Hamm* FamRZ 91, 81.

12 *BGH* 89, 143: **Streit über Besitz, Gebrauch u. Wertausgleich**; *OLG Bamberg* FamRZ 97, 378: Herausgabe Hausrat an Alleineigentümer.

13 *OLG Köln* FamRZ 87, 77.

14 *BGH* NJW 83, 40.

15 *BGH* NJW 80, 192, 2476; FamRZ 88, 155.

3. Familienrecht vor Sachenrecht

Die besonderen Vorschriften der **§§ 1361a, 1361b und** der **HausratsVO verdrängen**   723
aber nicht nur die allgemeinen Regeln der ZPO über Klage und einstweilige Verfügung,
sondern **auch die dinglichen Anspruchsgrundlagen der §§ 985, 861, 862**, denn das Familiengericht hält sich materiellrechtlich nur an die §§ 1361a, 1361b oder die §§ 1 ff.
HausratsVO.

3. Kapitel
Gesetzliche Systematik

1. Getrenntleben und Scheidung

Das Gesetz unterscheidet zwischen Getrenntleben und Scheidung. Welcher Ehegatte die   724
Ehewohnung und/oder den Hausrat bekommen soll, regeln die §§ 1361 a, 1361b für die
Dauer des Getrenntlebens bis zur Scheidung und die HausratsVO für die Zeit nach der
Scheidung. Dabei fällt auf, dass die Ehewohnung nach § 1361b I schon vor der Trennung
einem Ehegatten zugeteilt werden kann, wenn auch nur einer von beiden getrennt leben
will. Während die §§ 1361a, 1361b nur die Zeit bis zur rechtskräftigen Scheidung überbrücken sollen, ermöglicht die HausratsVO endgültige und dauerhafte Regelungen.

2. Anspruchsgrundlagen und Billigkeit

Nach Anspruchsgrundlagen im klassischen Sinn des Schuld- und Sachenrechts sucht   725
man hier deshalb vergebens, weil das Gesetz auf fest umrissene Tatbestände und klare
Rechtsfolgen verzichtet und dem Familiengericht statt dessen weithin erlaubt, nach „**Billigkeit**" (§ 1361a I 2, II; § 8 III 2 HausratsVO) oder „**billigem Ermessen**" (§ 2 HausratsVO) zu entscheiden oder aber so, dass eine „**schwere Härte**" oder eine „**unbillige
Härte**" vermieden werde (§ 1361b I 1; § 3 I HausratsVO). Hausrat, der beiden Ehegatten
gehört, soll „**gerecht und zweckmäßig**" verteilt werden (§ 8 I HausratsVO). Dies alles
sind **Ermessensentscheidungen**, die dem Familiengericht die Wahl zwischen mehreren
Rechtsfolgen lassen. Das Ermessen ist allerdings nicht frei, sondern gebunden. Stets
muss das Familiengericht klären, wem die Ehewohnung oder der Hausrat gehört: beiden
Ehegatten gemeinsam oder einem allein oder einem Dritten. Es liegt auf der Hand, dass
jeder gesetzliche Eingriff in das verfassungsrechtlich geschützte Eigentum eines Ehegatten nach Art. 14 I 2 GG gesetzlicher Rechtfertigung bedarf. Ehewohnung und Hausrat
sind deshalb **vorrangig dem Alleineigentümer zu überlassen** (§§ 3, 9 HausratsVO).
Die Eigentumsfrage ist also stets vorweg zu beantworten.

Auch wenn das Gesetz keine exakten Anspruchsgrundlagen und Gegennormen, sondern
nur Handlungsanweisungen für das gerichtliche Ermessen liefert, empfiehlt sich auch
hier die **Anspruchsmethode**. Die §§ 1361a I 1, 1361b I 1, II sind als Anspruchsgrundla-

gen formuliert und die §§ 3-5, 8, 9 HausratsVO lassen sich unschwer so verstehen, wenn auch als Anspruchsgrundlagen minderer Güte. Jeder Ehegatte hat zumindest einen Anspruch auf fehlerfreie Ermessensausübung.

4. Kapitel
Ehewohnung und Hausrat während des Getrenntlebens

1. Anspruchsgrundlagen und Rechtsgestaltung

726 Wer in der Zeit zwischen Trennung und Scheidung die Ehewohnung oder den Hausrat gebrauchen darf, entscheidet im Streitfall das Familiengericht auf Antrag eines Ehegatten nach §§ 1361a, 1361b und den Verfahrensregeln der HausratsVO (§ 18a)[16].

„Anspruchsgrundlagen" sind die §§ 1361a I 1, 2, 1361b I, II. Der Ehegatte hat indes keinen Anspruch auf eine bestimmte Regelung, sondern nur auf fehlerfreie Ermessensausübung, denn das Familiengericht entscheidet weithin nach Ermessen. Es stellt auch nicht lediglich fest, welcher Ehegatte recht hat, und verurteilt den anderen in der Regel nicht zu einer bestimmten Leistung, sondern gestaltet das Rechtsverhältnis der Ehegatten an Ehewohnung und Hausrat nach seinem Ermessen neu, freilich mit gebührender Rücksicht auf das Eigentum eines Ehegatten (§ 1361a I 1, 1361b I 2).

2. Getrenntleben

727 Die §§ 1361a, 1361b erfassen nur die Zeit zwischen Trennung und rechtskräftiger Scheidung. Folgerichtig erlischt jede gerichtliche Regelung nach §§ 1361a, 1361b mit Rechtskraft der Scheidung von selbst. Das Getrenntleben ist ein komplizierter Rechtsbegriff, den § 1567 für die Scheidung näher bestimmt (RN 249); diese Bestimmung gilt entsprechend für die §§ 1361a, 1361b.

Den Gebrauch der Ehewohnung kann das Familiengericht nach § 1361b I 1 freilich schon dann regeln, wenn auch nur ein Ehegatte getrennt leben und dafür die Ehewohnung haben will; aber auch die Trennungsabsicht muss auf ein Getrenntleben nach § 1567 zielen.

3. Ehewohnung

3.1 Anspruchsgrundlage

728 Leben die Ehegatten getrennt oder will einer getrennt leben, darf ein Ehegatte nach § 1361b I 1 verlangen, dass der andere ihm die Ehewohnung oder einen Wohnungsteil zur alleinigen Benutzung überlasse, soweit dies notwendig ist, um eine schwere Härte zu

---

16 Zu den Einzelheiten: *Brudermüller* FamRZ 99, 129, 193; *Erbath* FamRZ 98, 1107.

vermeiden. Da § 1361b erst durch Gesetz v. 20.2.1986 ins BGB eingefügt wurde, ist die ältere Rechtsprechung überholt, die eine Zuweisung der Ehewohnung erst nach Scheidungsantrag zuließ.

Seiner Formulierung nach ist § 1361b I 1 eine echte Anspruchsgrundlage, Rechtsfolge ein Anspruch des einen gegen den anderen Ehegatten auf Überlassung der Ehewohnung oder eines Wohnungsteils. Dieser Anspruch steht aber auf schwachen Beinen. Er beschränkt sich auf eine **Überlassung nur zur Benutzung**, nicht zur freien Verfügung, und er zielt **nur** auf eine **vorläufige Regelung bis zur Rechtskraft der Scheidung**, weshalb das Familiengericht anders als nach § 5 I HausratsVO in das Wohnungsmietverhältnis nicht eingreifen darf[17]. **729**

Vor allem aber muss das Familiengericht das Eigentum oder sonstige dingliche Nutzungsrecht eines Ehegatten an der Ehewohnung „besonders berücksichtigen" (§ 1361b I 2) und darf die Ehewohnung einem Ehegatten nur zuweisen, soweit dies notwendig ist, um eine **schwere Härte** zu **vermeiden**. Das aber ist eine hohe Hürde, die man so leicht nicht überspringt. Sie ist deshalb so hoch, weil das Gesetz den status quo möglichst erhalten will, denn die Ehe ist zwar gestört, besteht aber noch und kann vielleicht gerettet werden. Deshalb **ist alles zu vermeiden, was die Trennung zementiert und die Scheidung erleichtert**[18]. **730**

Die Zuweisung der Ehewohnung an einen Ehegatten soll unerträgliche Spannungen abbauen, nicht den Streit verschärfen[19]. Mit diesem Gesetzeszweck verträgt es sich schwerlich, in der Trennung nur eine Vorbereitung zur Scheidung zu sehen und eine Regelung nach § 1361b schon deshalb abzulehnen, weil nicht nur die Trennung, sondern auch die Ehe fortdauern soll[20]. Großzügiger darf das Familiengericht erst dann verfahren, wenn nach Ablauf des Trennungsjahres feststeht, dass die Ehe unheilbar zerrüttet ist[21].

3.2 Begriff der Ehewohnung

Ehewohnung ist die Wohnung, in der die Ehegatten ihren gemeinsamen Lebensmittelpunkt gefunden haben (RN 748). **731**

3.3 Eigentum an der Ehewohnung

Nach § 1361b I 2 ist das **Alleineigentum eines Ehegatten** an der Ehewohnung „besonders zu berücksichtigen", ebenso das Eigentum, das der Ehegatte mit einem Dritten teilt, und sein sonstiges **dingliches Nutzungsrecht** an der Ehewohnung[22]. Während der dinglich berechtigte Ehegatte nach der Scheidung ein klares Vorrecht auf die Ehewohnung **732**

---

17 *OLG Zweibrücken* FamRZ 90, 55; *OLG Köln* FamRZ 94, 632; ferner *Volmer* 99, 262.
18 *OLG Köln* FamRZ 87, 77; 97, 943; *OLG Bamberg* FamRZ 90, 1353; *OLG Schleswig* FamRZ 91, 82; *OLG Frankfurt* FamRZ 96, 289.
19 *OLG Bamberg* FamRZ 92, 1299.
20 So aber *OLG Bamberg* FamRZ 92, 1299.
21 *OLG Bamberg* FamRZ 90, 1353.
22 *OLG Köln* FamRZ 87, 77: dingliches Wohnrecht des einen gegen Alleineigentum des anderen nicht besonders zu berücksichtigen; dagegen zu Recht für § 3 HausratsVO: *OLG Stuttgart* FamRZ 90, 1260.

hat (§ 3 HausratsVO), ist das dingliche Recht vor der Scheidung **nur ein Argument** für oder gegen die „schwere Härte"[23]. Noch ist die Ehe nicht geschieden und rechtfertigt das Alleineigentum des Ehegatten für sich allein keine Änderung des status quo.

3.4 Schwere Härte

733 Die Zuweisung der Ehewohnung oder eines Wohnungsteils an einen Ehegatten allein muss notwendig sein, um eine schwere Härte zu vermeiden. Die schwere Härte ist ein unbestimmter Rechtsbegriff, der sich nicht definieren, sondern nur allgemein umschreiben lässt. Sie muss im weiteren Zusammenleben mit dem anderen Ehegatten unter einem Dach liegen und beschränkt sich auf **Ausnahmefälle**[24]. Das **weitere Zusammenleben unter einem Dach** bedeutet für den Anspruchsteller dann eine schwere Härte, wenn es aufgrund bestimmter konkreter Vorfälle schier **unerträglich** geworden ist[25]. Das Gesetz verlangt zwar keine akute Gefahr für Leib und Leben, begnügt sich aber auch nicht mit den üblichen Spannungen und Reibereien in einer gestörten Ehe[26]. Die pauschale Behauptung ständiger Beschimpfungen, Bedrohungen und Mißhandlungen genügt nie, die **Vorwürfe** des Antragstellers müssen nicht nur **schwer**, sondern auch **konkret und nachweisbar** sein[27].

734 Obwohl § 1361b I anders als § 2 HausratsVO das **Kindeswohl** nicht eigens erwähnt, hat es auch für § 1361b besonderes Gewicht und gibt oft den Ausschlag für den betreuenden Ehegatten, denn die Kinder leiden unter den elterlichen Streitigkeiten noch stärker als die Ehegatten selbst[28].

Beispiele

(1) Das **Kindeswohl** leidet derart unter den ehelichen Spannungen und Streitereien, dass es nur noch durch Auszug des nichtbetreuenden Störenfrieds gewahrt werden kann. Das ist spätestens der Fall, wenn das **Kind bereits psychisch gestört** ist und auffällig reagiert (*OLG Koblenz* FamRZ 87, 852; *OLG Celle* FamRZ 92, 676; *OLG Frankfurt* FamRZ 96, 289; *OLG München* FamRZ 96, 730: gesundheitl. Beeinträchtigung; enger *OLG Düsseldorf* FamRZ 88, 1058: „ziemliche Belastung für Kinder" genügen nicht, es sei eine schwere Gesundheitsgefahr nötig). Die **wiederholte Misshandlung** eines kleinen Kindes durch den Vater ist ein krasses Beispiel (*OLG Köln* FamRZ 96, 1220).

(2) Die Rückkehr des Mannes in die Ehewohnung, um dort weiterhin getrennt zu leben, ist für Frau und Kinder schon dann eine schwere Härte, wenn das neuerliche Zusammen-

---

23 *OLG Hamm* FamRZ 89, 739; *OLG Hamburg* FamRZ 92, 1298; *OLG Köln* FamRZ 94, 632: Frage der Zumutbarkeit.
24 *KG* FamRZ 87, 850: unerträgliche Belastung; *OLG Schleswig* NJW 90, 2826: wegen außergewöhnlicher Umstände dringend nötig; *OLG München* FamRZ 96, 730: hohe Anforderungen; FamRZ 98, 1070: keine längere Räumungsfrist; *OLG Hamm* FamRZ 98, 1172 u. *OLG Karlsruhe* FamRZ 99, 1087: keine Zuweisung zwecks Veräußerung.
25 *KG* FamRZ 87, 850; *OLG Bamberg* FamRZ 90, 1353; *OLG Schleswig* FamRZ 91, 82; *OLG Karlsruhe* FamRZ 91, 1440; *OLG Frankfurt* FamRZ 96, 289.
26 *OLG Frankfurt* FamRZ 96, 289.
27 *OLG Düsseldorf* FamRZ 88, 1058; *OLG Schleswig* NJW 90, 2826; FamRZ 91, 82; *OLG Karlsruhe* FamRZ 91, 1440.
28 *OLG Koblenz* FamRZ 87, 852; *OLG Düsseldorf* FamRZ 88, 1058; *OLG Bamberg* FamRZ 90, 1353; 95, 560; *OLG Celle* FamRZ 92, 465; *OLG Frankfurt* FamRZ 96, 289.

leben unter einem Dach den ehelichen Streit verschärft und das **Kindeswohl** beeinträchtigt (*OLG* Frankfurt FamRZ 96, 289).

(3) Das **Kindeswohl** gibt schon dann den Ausschlag, wenn der betreuende Ehegatte mit den Kindern auf die Ehewohnung angewiesen ist, während der andere den Kriegsschauplatz leichter verlassen kann, weil er nur eine kleine Wohnung braucht und diese leichter findet (*KG* FamRZ 91, 467; *OLG Celle* FamRZ 92, 465). Schutz verdienen auch Kinder der Frau aus einer früheren Verbindung, die im ehelichen Haushalt leben (*OLG Schleswig* FamRZ 91, 1301).

(4) Der **lebensbedrohlich erkrankte Ehegatte** erträgt nach einer Tumor-Operation das Zusammenleben nicht mehr (*OLG Thüringen* FamRZ 97 659).

(5) Während der **schwer lungenkranke Mann** im Krankenhaus liegt, verbringt die Frau dessen Sachen eigenmächtig vom EG ins OG des gemeinschaftlichen Hauses und zieht selbst ins EG, auf das der kranke Mann stärker angewiesen ist als die Frau (*OLG Hamm* FamRZ 93, 1441).

(6) Die Frau zieht aus, um mit ihrem neuen Freund eine Wohnung zu suchen, der Mann bleibt mit zwei minderjährigen Kindern in der Ehewohnung. Dann verlässt auch der Mann mit der älteren Tochter die Ehewohnung und kommt vorläufig bei seinem Bruder unter, während die Frau mit der jüngeren Tochter und ihrem neuen Freund in die Ehewohnung einzieht. Der Mann, der bei seinem Bruder nicht länger bleiben kann, fordert den **neuen Freund der Frau** vergeblich auf, die Ehewohnung zu verlassen. Dieser Zustand bedeutet für den Mann eine schwere Härte (*OLG Hamm* FamRZ 93, 1442).

(7) Im Übrigen begründen vor allem **schwere oder wiederholte Mißhandlungen**, furchterregende **Gewalttätigkeiten** und **Bedrohungen, dauernde schwere Beschimpfungen, Trunksucht** und **Drogenabhängigkeit** eine schwere Härte (*OLG Schleswig* NJW 90, 2826; *OLG Karlsruhe* FamRZ 91, 1440; *OLG München* FamRZ 96, 730).

(8) Wer **freiwillig die Ehewohnung verlässt**, um mit einem anderen Partner zusammenzuleben, kann sich schwerlich auf eine schwere Härte berufen (*OLG Köln* FamRZ 87, 77; 96, 547; *OLG Düsseldorf* FamRZ 98, 1171; ferner *KG* NJW-RR 93, 132: nach endgültigem Auszug aus der Ehewohnung kein Anspruch mehr aus § 1361b).

Das gleiche gilt auch dann, wenn beide Ehegatten bereits verpflichtet sind, die gemietete Ehewohnung sofort zu räumen (*OLG Oldenburg* FamRZ 93, 1342).

Die Zuweisung der ganzen Wohnung ist nur dann notwendig, wenn nicht schon eine **735**
Aufteilung der Wohnung die schwere Härte vermeidet (zu § 6 HausratsVO: RN 756). Dies hängt sowohl von Größe und Zuschnitt der Ehewohnung als auch davon ab, ob die Ehegatten dank dieser Aufteilung einigermaßen an einander vorbeikommen und die Kinder nicht mehr mitten im ehelichen Spannungsfeld stehen[29].

3.5 Benutzungsvergütung

Ist ein Ehegatte nach § 1361b I verpflichtet, dem anderen die Ehewohnung ganz oder **736**
teilweise zur alleinigen Benutzung zu überlassen, kann er dafür nach § 1361b II vom anderen Ehegatten eine Vergütung verlangen, soweit dies der Billigkeit entspricht[30].

---

29 *OLG Frankfurt* FamRZ 87, 159; *OLG Düsseldorf* FamRZ 88, 1058.
30 Zu den Einzelheiten: *Brudermüller* FamRZ 89, 7.

§ 1361b II ist Anspruchsgrundlage. Rechtsfolge ist ein Anspruch auf Zahlung einer Benutzungsvergütung. Der Anspruch hat zwei Voraussetzungen: erstens die **gesetzliche Verpflichtung** des Anspruchstellers **zur Überlassung der Ehewohnung** an den anderen nach § 1361b I **und** zweitens die **Billigkeit,** von der nicht nur die Vergütung überhaupt, sondern auch ihre Höhe abhängt. Damit verflüchtigt sich auch dieser Anspruch in einer **Ermessensentscheidung** des Familiengerichts.

Ob der Anspruchsteller zur Überlassung der Ehewohnung verpflichtet ist, richtet sich nach § 1361b I. Dass das Familiengericht schon entschieden und die Wohnung zugewiesen habe, verlangt § 1361 II nicht; die Überlassungspflicht genügt.

Fraglich ist nur, ob es eine gesetzliche Überlassungspflicht sein muss oder auch eine vertragliche sein darf[31], die stillschweigend dadurch entsteht, dass ein Ehegatte aus freien Stücken auszieht und so dem anderen die Ehewohnung überlässt[32].

737 Sind die **Ehegatten Miteigentümer der Ehewohnung,** spitzt sich der Streit auf die Frage zu, ob § 1361b II oder § 745 II die richtige Anspruchsgrundlage für den Ehegatten sei, der freiwillig die Ehewohnung verlassen hat. Viel spricht dafür, dass die Sonderregel des § 1361b II und die Spezialzuständigkeit des Familiengerichts auch in diesem Fall die allgemeine schuldrechtliche Regel des § 745 II und die Zuständigkeit des Prozessgerichts verdrängen, mit der Folge, dass die Festsetzung einer Benutzungsvergütung durch das Familiengericht zugleich die Benutzung nach § 745 II neu regelt[33]. Die frühere Rechtsprechung des BGH steht dem nur scheinbar entgegen, denn sie ist älter als § 1361b und beruft sich noch darauf, die Voraussetzungen der HausratsVO seien nicht erfüllt[34].

738 Der **Billigkeit** entspricht eine Vergütung vor allem dann, wenn der Allein- oder Miteigentümer auszieht und nach § 745 II eine Neuregelung verlangen kann. Die Höhe der Vergütung orientiert sich am ortsüblichen Mietwert abzüglich der Hauslasten, die der Benutzer zahlt[35].

Ausgeschlossen ist die Nutzungsvergütung dann, wenn die Ehegatten an der Ehewohnung ein **dingliches Wohnrecht als Gesamtberechtigte** nach § 428 haben, denn in diesem Fall verursacht der Auszug aus der Ehewohnung keinen Vermögensvorteil des anderen[36].

---

31 *OLG Köln* FamRZ 87, 77: § 1 HausratsVO kein Hindernis, da hier nicht anwendbar; a.A. *OLG Dresden* FamRZ 2000, 1104.

32 So *OLG Schleswig* FamRZ 88, 722; *Brudermüller* FamRZ 89, 10; noch weiter geht *OLG Braunschweig* FamRZ 96, 548: § 1361b II analog, aber erst nach Zahlungsaufforderung; a.A. *OLG Koblenz* FamRZ 89, 85: zu Miteigentum; *Graba* NJW 87, 1721, 1723.

33 *OLG Hamm* FamRZ 84, 1016: zur gemeinsam gemieteten Wohnung; *OLG Frankfurt* FamRZ 92, 677: Umdeutung Klage in Antrag nach HausratsVO; *Brudermüller* FamRZ 89, 10; a.A. *OLG Koblenz* FamRZ 89, 85.

34 *BGH* 71, 221; NJW 82, 1753; 83, 1845; 86, 1339; aber auch *BGH* NJW 96, 2154, freilich ohne Begründung.

35 *OLG Schleswig* FamRZ 88, 722; *OLG Köln* FamRZ 97, 943: keine Benutzungsvergütung schuldet armer Ehegatte, der kleines Kind betreut.

36 *BGH* NJW 96, 2153, 2154; dazu *Erbarth* NJW 97, 974.

4. Hausrat

4.1 Anspruchsgrundlage

Anspruchsgrundlage ist § 1361a I 1; danach kann jeder Ehegatte vom anderen sein Ei- **739** gentum herausverlangen. Dagegen wird Hausrat, der beiden Ehegatten gemeinsam gehört, gemäß § 1361a II nach Billigkeit verteilt, so dass die Ehegatten allenfalls Anspruch auf fehlerfreie Ermessensausübung haben. Außerdem entscheidet das Familiengericht nur, wenn die Ehegatten sich nicht einigen können (§ 1361a III 1).

Hausrat übereignen können nur die Ehegatten selbst. Das Familiengericht überlässt Hausrat des einen Ehegatten dem anderen **nur zum Gebrauch auf Zeit**[37], nicht zu Eigentum (§ 1361a IV), denn die Ehe ist noch nicht geschieden. Für die Benutzung fremden Hausrats kann das Familiengericht eine angemessene Vergütung festsetzen (§ 1361a III 2), auch das eine reine Ermessensentscheidung.

Da § 1361a nur die Zeit bis zur Scheidung überbrücken soll, darf sich die Verteilung des Hausrats auf einige notwendige Gegenstände beschränken[38].

4.2 Begriff des Hausrats

„Haushaltsgegenstände" (§ 1361a I 1, II) sind bewegliche Sachen, die nach dem Lebens- **740** zuschnitt der Ehegatten für Ehewohnung, Hauswirtschaft und Familienleben bestimmt sind (RN 764).

Verteilt werden kann auch Hausrat, den ein Ehegatte eigenmächtig aus der Ehewohnung entfernt hat, denn auch dieser Streit ist nach § 1361a mit § 18a HausratsVO zu entscheiden[39]. Nicht vor das Familiengericht, sondern vor das Prozessgericht gehört dagegen der Streit darüber, ob die frühere Schenkung von Möbelstücken nach dem Scheitern der Ehe wirksam widerrufen worden sei[40].

4.3 Fehlende Einigung

Nach § 1361a III 1 entscheidet das Familiengericht nur, wenn die Ehegatten sich nicht **741** einigen können. Also ist die fehlende Einigung eine negative Voraussetzung der Hausratsteilung, die das Familiengericht vorweg klären muss (zu § 1 I HausratsVO: RN 767).

---

37 *OLG Koblenz* NJW 91, 3224: handelt es sich um das Familienauto, wird der andere Ehegatte Halter.
38 *BayObLG* FamRZ 72, 465; *OLG Düsseldorf* FamRZ 99, 1270; *OLG Brandenburg* FamRZ 2000, 1102.
39 *BGH* FamRZ 82, 1200; *OLG Düsseldorf* FamRZ 86, 276; *OLG Zweibrücken* FamRZ 87, 1146; a.A. *OLG Düsseldorf* FamRZ 83, 164.
40 *OLG Celle* FamRZ 97, 381.

4.4 Alleineigentum eines Ehegatten

742 Nach § 1361a I 1 darf jeder Ehegatte vom anderen diejenigen Haushaltsgegenstände herausverlangen, die ihm allein gehören; das ist der Herausgabeanspruch aus § 985. Umgekehrt muss er seinen eigenen Hausrat nicht an den anderen herausgeben, wenn er ihn schon besitzt. Schwierig ist oft der **Nachweis des Alleineigentums**. Denn wenn der Ehegatte Hausrat nicht schon nachweislich, etwa durch ein gemeinsames Verzeichnis, in die Ehe mitgebracht oder bei der Heirat von seinen Eltern als Ausstattung bekommen[41], sondern erst **während der Ehe angeschafft** hat, steht ihm die Vermutung im Wege, dass dieser Hausrat zu Miteigentum erworben wurde[42]. Streng genommen handelt es sich zwar nicht um eine Vermutung, sondern um eine **Auslegungsregel** für die dingliche Einigung nach § 929, aber auch sie bürdet dem Ehegatten den Beweis auf, dass die dingliche Einigung ausnahmsweise anders zu verstehen sei[43].

743 Aber auch wenn der Ehegatte sein Alleineigentum nachweist, scheitert er leicht an § 1361a I 2, der ihn verpflichtet, Hausrat, den der andere für seinen Haushalt braucht, zum Gebrauch zu überlassen, soweit dies billig erscheint. Umgekehrt hat der andere, der den nötigen Hausrat noch nicht besitzt, Anspruch auf Überlassung zum Gebrauch. **§ 1361a I 2 gibt dem anderen Ehegatten also zweierlei: Erstens eine Einwendung gegen den Herausgabeanspruch des Alleineigentümers aus § 1361a I 1 und zweitens einen eigenen Überlassungsanspruch gegen den Alleineigentümer.** Dieser Anspruch beschränkt sich aber auf einige elementare Hausratsgegenstände, die der andere Ehegatte dringend braucht und sich nicht selbst beschaffen kann[44].

4.5 Miteigentum der Ehegatten

744 Hausrat, der beiden gemeinsam gehört, ist zwischen ihnen nach **Billigkeit** zu verteilen (§ 1361a II). Die gesetzliche Vermutung des § 8 II HausratsVO für Miteigentum (RN 769) gilt hier zwar nicht, wohl aber die allgemeine **Auslegungsregel**, dass während der Ehe angeschaffter Hausrat von beiden gemeinsam erworben werde (RN 742). Danach ist Miteigentum der Ehegatten nach § 1361a II die gesetzliche Regel und das Alleineigentum nach § 1361a I die gesetzliche Ausnahme.

Verteilt wird der Hausrat aber wiederum nur zum Gebrauch, nicht zu Alleineigentum (§ 1361a IV).

4.6 Benutzungsvergütung

745 Das Familiengericht kann nach § 1361a III 2 immer dann eine angemessene Benutzungsvergütung festsetzen, wenn es einem Ehegatten Hausrat zuteilt, der (auch) dem anderen gehört[45], also im Falle des § 1361a I 2 und im Falle des § 1361a II, es sei denn, die Miteigentumsstücke würden gleichwertig verteilt.

---

41 *OLG Köln* FamRZ 86, 703.
42 *BGH* 114, 74; *OLG Koblenz* FamRZ 92, 1303.
43 *BGH* 114, 74.
44 *OLG Köln* FamRZ 86, 703; *OLG Stuttgart* FamRZ 95, 1275: auch geleastes Familienauto. *OLG München* FamRZ 98, 1230: Familienauto, Übernahme Steuer u. Versicherung; *OLG Karlsruhe* FamRZ 2001, 760: Familienauto für Kinder.
45 *OLG München* FamRZ 98, 1230: Auto.

5. Kapitel
Ehewohnung und Hausrat nach der Scheidung

1. Rechtsgestaltende Regelung

Ihren Streit darüber, wer nach der Scheidung die Ehewohnung bekommen soll und wie **746**
der Hausrat zu verteilen sei, tragen die Eheleute nicht auf Klage vor dem Prozessgericht
aus, sondern mit einem Antrag zum Familiengericht im Verfahren der freiwilligen Gerichtsbarkeit nach der HausratsVO, entweder schon als Folgesache im Scheidungsverfahren (§ 623 ZPO) oder als selbständige Familiensache erst nach Rechtskraft der Scheidung. **Die HausratsVO regelt** aber **nicht nur das Verfahren, sondern auch das materielle Recht.** Anders als das Prozessgericht stellt das Familiengericht nicht lediglich fest,
ob das Begehren eines Ehegatten berechtigt sei, verurteilt in der Regel auch nicht zu einer Leistung, sondern gestaltet weithin die Rechtsverhältnisse an der Ehewohnung und
am Hausrat neu (§ 2), freilich mit gebührender Rücksicht auf das Eigentum eines Ehegatten (§§ 3 I, 9 I). Da das Familiengericht einen beträchtlichen **Ermessensspielraum**
hat, sind seine Entscheidungen oft nicht mehr voraussehbar. Um so erbitterter kämpfen
die Ehegatten um Ehewohnung und Hausrat, auf die oft beide angewiesen sind.

2. Ehewohnung

2.1 Rechtsgestaltung nach Ermessen

Den Streit geschiedener Ehegatte um die Ehewohnung entscheidet das Familiengericht **747**
auf Antrag gemäß §§ 1-7 HausratsVO nach billigem Ermessen (§ 2 S. 1), muss dabei
aber vor allem das Wohl der Kinder und die Erfordernisse des Gemeinschaftslebens berücksichtigen (§ 2 S. 2).

Die Ermessensentscheidung des Familiengerichts gestaltet die Rechtsverhältnisse an der
Ehewohnung neu (§ 2 S. 1), setzt jedoch voraus, dass die Ehegatten sich über den Gebrauch der Ehewohnung nicht einigen können (§ 1 I) und hängt außerdem davon ab,
wem die Ehewohnung gehört: einem Ehegatten allein, beiden Ehegatten gemeinsam oder
einem Dritten (§§ 3-5).

2.2 Begriff der Ehewohnung

„Ehewohnung" ist die gemeinsame Wohnung, in der die Ehegatten ihren Lebensmittel- **748**
punkt gefunden haben, wem immer sie gehört, ob einem Ehegatten allein oder beiden gemeinsam oder einem Dritten, der sie den Ehegatten entgeltlich oder unentgeltlich zum
Gebrauch überlassen hat[46]. Sie besteht aus allen Räumen und Nebenräumen, die zum gemeinsamen Wohnen bestimmt sind. Als Wohnung kann auch ein Wochenendhaus oder

---

[46] *BGH* FamRZ 90, 987; *OLG München* FamRZ 86, 1019; *OLG Stuttgart* FamRZ 90, 1354:
Benutzungsrecht kraft Verwaltungsakt der Obdachlosenpolizei.

eine Gartenlaube dienen, wenn die Ehegatten darin nicht nur gelegentlich wohnen[47]. Da man seinen Lebensmittelpunkt sicherlich auf mehrere Orte verteilen kann, sollte man nicht zu kleinlich verfahren[48], denn es kann nicht schaden, wenn gleich mehrere Ehewohnungen vorhanden sind. Ihren Charakter als Ehewohnung verliert eine Wohnung weder durch den Auszug eines Ehegatten[49] noch durch langjähriges Getrenntleben[50]. Eine andere Frage ist, ob ein Ehegatte, der aus freien Stücken endgültig ausgezogen ist, noch Anspruch auf die Wohnung erheben kann[51].

2.3 Fehlende Einigung

749 Nach § 1 I regelt das Familiengericht den Gebrauch der Ehewohnung nur, wenn die Eheleute sich darüber nicht einigen können. Das ist eine **negative Voraussetzung**, die stets vorweg geklärt werden muss[52]. Aber nur die vollständige und endgültige Einigung, die gegen alle Beteiligten einschließlich des Vermieters wirkt, verhindert die gerichtliche Regelung[53].

2.4 Fallgruppen

750 Die HausratsVO unterscheidet drei Fälle: Die Ehewohnung gehört einem Ehegatten allein oder zusammen mit einem Dritten (§ 3); es handelt sich um eine Dienst- oder Werkswohnung (§ 4); die Wohnung ist gemietet (§ 5). Nicht besonders geregelt ist der Fall, dass beide Ehegatten Miteigentümer der Ehewohnung sind, so dass es bei der allgemeinen Ermessensregel des § 2 bleibt (RN 754).

2.5 Alleineigentum eines Ehegatten

751 Es versteht sich von selbst, dass der Ehegatte, dem die Ehewohnung allein gehört, schon wegen Art. 14 I 1 GG nicht ohne Not daraus verjagt werden darf. Auch nach der Scheidung hat er das **Vorrecht auf alleinigen Gebrauch**. Gleiches gilt, wenn er zusammen mit einem Dritten Miteigentümer ist oder wenn er, allein oder zusammen mit einem Dritten, ein dingliches Nutzungsrecht hat aus Nießbrauch, Erbbaurecht, dinglichem Wohnrecht oder Dauerwohnrecht. In diesen Fällen muss das Familiengericht die Ehewohnung

---

47 *BGH* FamRZ 90, 987; *KG* FamRZ 74, 198: Ferienhaus im Ausland; *OLG Zweibrücken* FamRZ 81, 259: nicht wenn Lebensmittelpunkt anderswo; *OLG Frankfurt* FamRZ 82, 398: wenn regelmäßig bewohnt; *OLG München* FamRZ 94, 1331: nicht Ferienwohnung neben Hauptwohnung.
48 *BGH* FamRZ 90, 987.
49 *OLG Hamm* FamRZ 89, 739
50 *OLG München* FamRZ 86, 1019.
51 *OLG Köln* FamRZ 87, 77 u. 96, 547: zu § 1361b.
52 *OLG Celle* NJW 64, 1861; *OLG Düsseldorf* FamRZ 80, 170; 86, 1132; *OLG Hamm* FamRZ 80, 901: im Streitfall Feststellungsantrag beim Familiengericht zulässig.
53 *OLG Düsseldorf* FamRZ 80, 170; *OLG München* FamRZ 86, 1019; 95, 1205, 1206: nicht vorläufige befristete Gebrauchsvereinbarung; *OLG Hamm* FamRZ 94, 388: nicht Einigung ohne Zustimmung des Vermieters; ebenso *OLG Hamburg* FamRZ 90, 651; *OLG Karlsruhe* FamRZ 95, 45.

in der Regel dem dinglich berechtigten Ehegatten zuweisen[54]. Dies steht zwar nicht ausdrücklich im Gesetz, folgt aber zwingend aus § 3, der eine Zuweisung an den „anderen" Ehegatten nur erlaubt, wenn dies notwendig ist, um eine unbillige Härte zu vermeiden. **Also ist die Zuweisung an den dinglich berechtigten Ehegatten die gesetzliche Regel, die Zuweisung an den „anderen" Ehegatten die gesetzliche Ausnahme.** Für richterliches Ermessen nach § 2 ist insoweit kein Platz[55]. Die unbillige Härte aber ist eine hohe Hürde[56].

Ist der eine Ehegatte Eigentümer, der andere kraft beschränkten dinglichen Rechts wohnberechtigt, hat der andere immer dann das stärkere Recht, wenn er den Eigentümer von einer Mitbenutzung ausschließen darf[57]; das aber ist die Regel, weil das beschränkte dingliche Wohnrecht ein absolutes Recht an fremder Sache ist, das in erster Linie gegen den Eigentümer wirkt und dessen (Mit-)Gerauch ausschließt. Schuldrechtliche Ansprüche des einen Ehegatten auf die Wohnung des anderen fallen dagegen nicht unter § 3[58]. **752**

Wann aber ist die Zuweisung der Ehewohnung an den „anderen" Ehegatten nach § 3 I notwendig, um eine „unbillige Härte" zu vermeiden? Obwohl die „unbillige Härte" des § 3 I nicht viel anders klingt als die „schwere Härte" des § 1361b I, darf man beides nicht über einen Leisten schlagen, denn die Situation des Getrenntlebens ist eine andere als die nach der Scheidung. Während § 1361b I den Weg zur Versöhnung offen halten, die Scheidung also nicht erleichtern, sondern erschweren soll, hat § 3 es bereits mit geschiedenen Ehegatten zu tun, die nur noch mäßige Rücksicht auf einander nehmen müssen, so dass die alleinige dingliche Berechtigung eines Ehegatten nicht so leicht beiseite geschoben werden darf. Der andere Ehegatte verdient nur dann den Vorzug, **wenn der Verlust der bisherigen Ehewohnung ihn außergewöhnlich hart träfe**[59]. **753**

Während der dinglich berechtigte Ehegatte dem anderen Ehegatten gegenüber in aller Regel auf seinem Recht beharren darf, darf er es seinen minderjährigen Kindern, die mit dem anderen Ehegatten zusammenleben, vielleicht nicht, denn nach § 2 ist „insbesondere das Wohl der Kinder … zu berücksichtigen". Das **Kindeswohl** gibt denn auch oft den Ausschlag. So kann der Verlust der Ehewohnung für den anderen Ehegatten schon deshalb eine unbillige Härte sein, weil er der Kinder wegen sehr viel schwerer eine angemessene Wohnung findet als der dinglich berechtigte Ehegatte[60]. Im Übrigen hat das Familiengericht bei seiner Ermessensentscheidung nach § 2 alle Umstände des Falles zu berücksichtigen[61] und die Interessen der geschiedenen Ehegatten gegeneinander abzuwägen. **754**

---

54 *OLG München* FamRZ 95, 1206.
55 *OLG München* FamRZ 95, 1206.
56 *BVerfG* NJW 92, 106: genossenschaftl. Bindung des Eigentums noch kein Hindernis; *OLG München* FamRZ 91, 1452.
57 *OLG Stuttgart* FamRZ 90, 1260.
58 *OLG Köln* FamRZ 92, 323: zu Ausnahmefall im Scheidungsverbund.
59 *OLG Köln* FamRZ 92, 323: Umzug auch mit 3 minderj. Kindern zumutbar, wenn genügend Geld vorhanden; *OLG München* FamRZ 95, 1295: Unbequemlichkeit durch Umzug u. schlechtere Unterbringung mangels ausreichender Unterhaltszahlungen genügen nicht.
60 *OLG Karlsruhe* FamRZ 81, 1087 u. RN 734 zu § 1361b.
61 *KG* FamRZ 88, 182: Scheidungsverschulden nur, wenn schwer u. einseitig.

755 § 3 rechtfertigt anders als § 8 für den Hausrat keinen dinglichen Eingriff in das Eigentum an der Ehewohnung; das Familiengericht übereignet die Ehewohnung dem anderen Ehegatten nicht, sondern überlässt sie ihm **nur auf Zeit zum Gebrauch**[62]. Zu diesem Zweck kann und wird es nach § 5 II gleichzeitig ein – befristetes oder unbefristetes – **Mietverhältnis** zwischen den Eheleuten begründen und den Mietzins festsetzen[63] **oder** den anderen Ehegatten wenigstens zu einer **Nutzungsvergütung** verpflichten[64]. Das durch Richterspruch begründete Mietverhältnis richtet sich, soweit das Familiengericht nichts anderes bestimmt, nach den §§ 535 ff. über das vertragliche Mietverhältnis[65].

756 Die Zuweisung der ganzen Ehewohnung an den anderen Ehegatten ist nach § 6 I 1 dann nicht notwendig, wenn die unbillige Härte durch Teilung der Wohnung vermieden werden kann. Seinem Wortlaut nach ist § 6 I 1 nur eine „Kann"-Vorschrift, in Wirklichkeit aber eine „Soll"-Vorschrift. Denn wenn eine **Teilung der Wohnung** möglich und zweckmäßig ist, wäre die Zuweisung der ganzen Wohnung an den anderen Ehegatten weder notwendig noch verhältnismäßig und verletzte rechtswidrig das Grundrecht des Eigentümers aus Art. 14 I GG. In diesem Fall regelt das Familiengericht nicht nur die Kosten der Teilung und ihre spätere Beseitigung (§ 6 I 2), sondern begründet für die Teilwohnung des anderen Ehegatten ein Miet- oder Nutzungsverhältnis (§ 6 II).

757 **Eine Ausgleichszahlung** des anderen Ehegatten für die Ehewohnung **kennt das Gesetz nicht**. Die §§ 8 III 2, 9 II 2, die für die endgültige Zuweisung von Hausrat eine Ausgleichszahlung des Empfängers vorsehen, sind nicht entsprechend anwendbar, weil die Ehewohnung anders als der Hausrat nicht zu Eigentum, sondern nur zum Gebrauch auf Zeit zugewiesen wird und der Gebrauch durch Mietzins vergütet werden kann[66]. Die HausratsVO bietet auch keine Handhabe für Ansprüche auf rückständige Nutzungsvergütung, sondern regelt nur den künftigen Besitz und Gebrauch der Ehewohnung[67].

2.6 Miteigentum beider Ehegatten

758 Da die §§ 3-5 den Fall nicht regeln, dass die Ehewohnung beiden Ehegatten zu Miteigentum gehört oder beide an einem Erbbaurecht, Nießbrauch oder dinglichen Wohnrecht teilhaben, bleibt es bei der allgemeinen Regel des § 2: Das Familiengericht entscheidet nach billigem Ermessen[68]. Aber auch hier greift es nicht in das dingliche Recht ein, sondern regelt nur den Gebrauch auf Zeit[69], entweder durch Aufteilung der Wohnung, soweit möglich (§ 6 i.V.m. § 745) oder durch Begründung eines Miet- oder Nutzungsverhältnisses, wenn die Ehewohnung einem Ehegatten allein zugewiesen wird (§ 5 II mit §§ 535 ff. o. 745)[70].

---

62 *BayObLG* FamRZ 71, 34; *KG* FamRZ 86, 72; *OLG München* FamRZ 95, 1206.
63 *OLG München* FamRZ 90, 530; 95, 1206.
64 *OLG München* FamRZ 95, 1206.
65 *BayObLG* NJW 73, 2295: auch Mieterschutz nach § 556b.
66 *OLG Hamm* FamRZ 93, 1462; ferner *OLG Hamburg* FamRZ 88, 80: nach HausratsVO auch keine Ausgleichszahlung für Investition in Wohnung des Eigentümer-Ehegatten; a.A. *Brudermüller* FamRZ 89, 7.
67 *OLG Hamburg* FamRZ 82, 941.
68 *KG* FamRZ 86, 72; *OLG Stuttgart* FamRZ 90, 1260.
69 *KG* FamRZ 86, 72.
70 *BayObLG* NJW 73, 2299: Nutzungsvergütung in Höhe des halben Mietwerts.

2.7 Dienst- oder Werkwohnung

Die Dienst- oder Werkwohnung, die einem Ehegatten aufgrund des Dienst- oder Arbeits- **759** verhältnisses überlassen ist, soll das Familiengericht in der Regel diesem Ehegatten zuweisen, dem anderen nur dann, wenn der Dienstherr oder Arbeitgeber damit einverstanden ist (§ 4) und die Zuweisung billigem Ermessen entspricht (§ 2). Die Zustimmung des Dritten ist nötig, um das Dienst- oder Arbeitsverhältnis nicht zu gefährden[71]. § 4 verbietet die Zuweisung ohne Einverständnis des Dritten aber nicht ausnahmslos, sondern nur im Regelfall („soll")[72].

2.8 Mietwohnung

Ist die Ehewohnung eine Mietwohnung, kann das Familiengericht sie nach § 5 I 1 einem **760** Ehegatten zum alleinigen Gebrauch zuweisen und bestimmen, dass dieser Ehegatte das gemeinschaftliche Mietverhältnis allein fortsetze oder in das Mietverhältnis des anderen an dessen Stelle eintrete.

Rechtsfolge des § 5 I 1 ist, wenn beide Ehegatten Mieter sind oder die Wohnung dem Nicht-Mieter zugewiesen wird, stets eine **Änderung des Mietverhältnisses für die Zukunft:** Entweder scheidet einer der beiden Mieter aus, oder der eine wird durch den anderen ersetzt[73]. Dieser Eingriff in das laufende Mietverhältnis wirkt auch gegen den Vermieter, der deshalb am Verfahren zu beteiligen ist (§ 7). Seine Zustimmung ist zwar nicht erforderlich[74], aber wünschenswert; jedenfalls sind auch seine Interessen gebührend zu berücksichtigen. So kann das Familiengericht die Ansprüche des Vermieters aus dem Mietverhältnis durch geeignete Anordnungen sichern (§ 5 I 2), etwa durch eine befristete Mithaftung des ausziehenden, zahlungsfähigen Ehegatten[75]. Die gerichtliche Regelung des Mietverhältnisses erfordert schon deshalb besondere Sorgfalt, weil sie später nur noch nach § 17 geändert werden kann[76].

Eine **Einigung der Ehegatten** über den Gebrauch der Mietwohnung wirkt gegen den **761** Vermieter nur, wenn er zustimmt. Andernfalls hindert sie trotz § 1 I eine gerichtliche Regelung nach § 5 I nicht, denn diese wirkt auch gegen den Vermieter[77]. Auch die Kündigung durch den Mieter-Ehegatten ist nach der Rechtsprechung kein Hindernis, sondern lässt sich durch rückwirkende Begründung eines Mietverhältnisses unterlaufen[78].

Ob und wie das Mietverhältnis zu ändern sei, entscheidet das Familiengericht nach sei- **762** nem **billigen Ermessen** unter gebührender Berücksichtigung aller Umstände des Einzel-

---

71 *BayObLG* MDR 72, 328; *OLG Hamburg* FamRZ 82, 939: Werkwohnung nach Fristablauf gewöhnliche Wohnung; dagegen *OLG Frankfurt* FamRZ 91, 838.
72 *OLG Hamm* FamRZ 81, 183; *OLG Frankfurt* FamRZ 91, 838; 92, 695.
73 *OLG Karlsruhe* FamRZ 95, 45: ausscheidender Ehegatte haftet nicht mehr für künftigen Mietzins; *OLG Köln* FamRZ 99, 672: trotz Einigung, wenn Vermieter Entlassung eines Ehegatten aus Mietverhältnis ablehnt.
74 *KG* FamRZ 84, 1242.
75 OLG *Celle* FamRZ 98, 1538; OLG *Karlsruhe* FamRZ 99, 300.
76 *OLG München* FamRZ 90, 530.
77 *OLG Hamburg* FamRZ 90, 651; *OLG Hamm* FamRZ 94, 388; *OLG Karlsruhe* FamRZ 95, 45.
78 *OLG Hamburg* FamRZ 82, 939; *KG* FamRZ 84, 1242.

falles und vor allem des Kindeswohls und der „Erfordernisse des Gemeinschaftslebens",
womit wohl Arbeitsplatz, Hausgemeinschaft, Nachbarschaft und ähnliches gemeint sind[79].

Streitig ist, ob das Familiengericht dem weichenden Mieter-Ehegatten nach § 2 einen
Ausgleichsanspruch in Geld zusprechen darf[80].

3. Hausrat

3.1 Rechtsgestaltung nach Ermessen

763 Auch den Streit geschiedener Ehegatten um den Hausrat entscheidet das Familiengericht
auf Antrag nach §§ 1, 2, 8-10 HausratsVO weitgehend nach seinem Ermessen (§ 2). Das
richterliche Ermessen ist aber auch hier an zwei Voraussetzungen gebunden: erstens an
die Nichteinigung der Ehegatten über den Hausrat (§ 1 I) und zweitens an das Eigentum
am Hausrat (§§ 8, 9).

Die HausratsVO regelt abschließend **alle Streitigkeiten geschiedener Ehegatten über
Besitz, Gebrauch und Herausgabe von Hausrat sowie über einen Wertausgleich**[81].
Dazu gehören auch noch der Streit über die Verteilung von Hausrat, den ein Ehegatte eigenmächtig veräußert hat[82], sowie der Streit darüber, ob bestimmte Hausratsstücke unter
eine ehevertragliche Eigentumsregelung fallen[83]. Für alle diese Streitigkeiten ist das Familiengericht ausschließlich zuständig, nicht auch für Schadensersatzansprüche wegen
Beschädigung, Zerstörung oder Veräußerung von Hausrat[84].

3.2 Begriff

764 „Wohnungseinrichtung und sonstiger Hausrat" (§ 1 I; § 8 I spricht nur noch von „Hausrat") bestehen aus **allen beweglichen Sachen, die nach dem Lebenszuschnitt der Ehegatten für Ehewohnung, Hauswirtschaft und Familienleben bestimmt sind**[85]. Dazu
gehören auch Einrichtungsgegenstände von hohem Wert wie antike Möbel, wertvolle
Teppiche, alte Uhren und echte Gemälde, wenn sie nicht nur als Kapitalanlage dienen,
sondern Wohnung und Familienleben verschönern sollen[86]. Sogar das Auto ist Hausrat,
wenn es als **Familienauto** überwiegend der ganzen Familie und nicht nur dem einen
oder anderen Ehegatten zur Verfügung steht[87].

---

79 *KG* FamRZ 88, 182: Scheidungsverschulden nur, wenn schwer u. einseitig.
80 Ja: *BayObLG* NJW 60, 102; nein: *OLG Hamburg* FamRZ 88, 80; ferner *Brudermüller* FamRZ
    89, 8.
81 *BGH* 89, 143; *OLG Zweibrücken* FamRZ 99, 672: zu verteilen ist der gesamte Hausrat.
82 *BGH* NJW 83, 47.
83 *OLG Düsseldorf* FamRZ 86, 1133.
84 *OLG Hamm* FamRZ 71, 31; *KG* FamRZ 74, 195.
85 *BGH* 89, 145; NJW 84, 1758; *OLG Zweibrücken* FamRZ 98, 1432: Familienhund.
86 *BGH* NJW 84, 1758; *OLG Düsseldorf* FamRZ 86, 1132; *OLG Bamberg* FamRZ 97, 378.
87 *BGH* NJW 91, 1552; *OLG Hamm* FamRZ 90, 54, 1126; *OLG Hamburg* FamRZ 90, 1118; *OLG
    Düsseldorf* FamRZ 92, 1445; *KG* FamRZ 92, 696: Wohnmobil; *OLG Koblenz* MDR 94, 589:
    Wohnwagen; *OLG Stuttgart* FamRZ 95, 1275: geleastes Auto; *OLG München* FamRZ 98,
    1230; *OLG Karlsruhe* FamRZ 2001, 760.

Kein Hausrat sind wesentliche Bestandteile des Gebäudes oder Grundstücks nach § 94 **765** wie mancherorts die Einbauküche[88] sowie bewegliche Sachen, die zum **persönlichen Gebrauch** eines Familienmitglieds bestimmt sind[89], dem **Beruf eines Ehegatten** dienen oder nur eine **Kapitalanlage** bilden[90]; für sie gelten die allgemeinen Regeln des Schuld- und Sachenrechts[91].

Ob es sich um Hausrat handelt, wem er gehört und wer ihn besitzt, richtet sich nach den **766** Umständen bei Rechtskraft der Scheidung, die das Familiengericht nach § 12 FGG von sich aus ermittelt[92]. Hausrat, der bei Rechtskraft der Scheidung nicht mehr vorhanden ist, kann auch nicht mehr herausgegeben werden; das schließt aber nur eine Herausgabeanordnung aus, nicht auch eine Zuweisung des Eigentums, vor allem an den letzten Besitzer, was eine Schadensersatzklage vor dem Prozessgericht verhindern kann[93].

3.3 Fehlende Einigung

Nach § 1 I verteilt das Familiengericht den Hausrat nur, wenn die Ehegatten sich anläss **767** lich der Scheidung darüber nicht einigen können. Das Familiengericht muss, da es an Vereinbarungen der Ehegatten gebunden ist, diese **negative Voraussetzung** stets vorweg klären. Auch die **Teileinigung** bindet. Haben die Ehegatten bereits einen Teil des Hausrats verteilt, ist nur noch der Rest zu verteilen[94]. Auf der anderen Seite soll das Familiengericht alle Hausratsgegenstände, über die die Eheleute sich noch nicht geeinigt haben, in einem Aufwaschen verteilen[95].

3.4 Fallgruppen nach Eigentum

Das Gesetz unterscheidet zwei Fälle: Der Hausratsgegenstand gehört entweder beiden **768** Ehegatten gemeinsam (§ 8) oder einem Ehegatten allein (§ 9). Auch hier hat der Alleineigentümer den besseren Stand, denn die Zuteilung an den anderen Ehegatten ist nach § 9 I die gesetzliche Ausnahme. Dies aber beschränkt das gerichtliche Ermessen nach § 2. Deshalb muss das Familiengericht stets **vorweg die Eigentumsfrage klären**[96]. Erleichtert wird die Antwort durch die gesetzliche Vermutung des § 8 II für gemeinsames Eigentum. Dann aber ist **das gemeinsame Eigentum der Ehegatten (§ 8) die gesetzliche Regel**, das Alleineigentum eines Ehegatten (§ 9) die gesetzliche Ausnahme.

Vom Hausrat, der keinem Ehegatten gehört, weiß die HausratsVO nichts, mit der einzigen Ausnahme des Vorbehaltseigentums (§ 10 II). Im Übrigen gilt § 2[97].

88 *OLG Frankfurt* FamRZ 82, 938; *OLG Hamm* FamRZ 91, 89.
89 Im Scheidungsverfahren aber einstw. Anordnung nach § 620 I Nr. 8 ZPO.
90 *BGH* 89, 145; *OLG Düsseldorf* FamRZ 86, 1134: Münzensammlung u. Schreinerwerkzeug.
91 *OLG Düsseldorf* FamRZ 78, 358: Herausgabeklage vor Prozessgericht.
92 *OLG Düsseldorf* FamRZ 86, 1132, 1134; *OLG Karlsruhe* FamRZ 87, 849; *OLG Bamberg* FamRZ 96, 1293.
93 *OLG Düsseldorf* FamRZ 86, 1134; *OLG Hamm* FamRZ 90, 1126.
94 *BGH* 18, 143; *OLG Hamm* FamRZ 90, 1126: Familienauto.
95 *BGH* 18, 143 u. *OLG Zweibrücken* FamRZ 83, 1148: keine Teilentscheidungen.
96 *BayObLG* FamRZ 65, 33: keine Aussetzung; *KG* FamRZ 74, 195; *OLG Bamberg* FamRZ 96, 1293.
97 *OLG Hamm* FamRZ 90, 531: Leihe; *OLG Stuttgart* FamRZ 95, 1275: Leasing.

3.5 Gemeinsames Eigentum der Ehegatten

769 Hausrat, der beiden Ehegatten gemeinsam gehört, verteilt das Familiengericht nach § 8 I gerecht und zweckmäßig. Dass er beiden gemeinsam gehöre, wird nach § 8 II vermutet für Hausrat, der nach der Heirat für den gemeinsamen Haushalt angeschafft worden ist. § 8 II ist trotz seiner Formulierung („gilt") keine Fiktion, sondern eine **widerlegbare gesetzliche Vermutung** für die Hausratsteilung; wer sie nicht gelten lässt, muss sein Alleineigentum beweisen. Dieser Beweis aber ist schwer zu führen, denn er muss auch noch die **allgemeine Auslegungsregel** überwinden, dass Hausrat, den ein Ehegatte während der Ehe anschafft, von beiden zu Miteigentum erworben werde[98]. Dagegen bleibt Hausrat, den ein Ehegatte in die Ehe mitbringt, solange sein Eigentum, bis er dem anderen daran Miteigentum überträgt, was sich nicht von selbst versteht.

770 Das Familiengericht verteilt den Hausrat so, dass es Stück für Stück dem einen oder dem anderen Ehegatten überträgt und zwar zu Alleineigentum, nicht nur zum Gebrauch auf Zeit (§ 8 III 1); das ist eine **Übereignung kraft Richterspruchs** zum Zeitpunkt der Rechtskraft des Beschlusses (§ 16 I 1).

Gleichzeitig soll das Familiengericht den Empfänger zu einer billigen **Ausgleichszahlung** verpflichten etwa in Höhe des halben Wertes[99]. Nach dem klaren Wortlaut des § 8 III 2 ist die Ausgleichszahlung untrennbar mit einer Hausratsteilung nach § 8 I verknüpft; eine isolierte Ausgleichszahlung für eine vereinbarte Hausratsteilung gibt es nicht[100].

771 Die Hausratsteilung soll nach § 8 I nicht nur gerecht, sondern auch zweckmäßig sein. Das ist viel verlangt. Schon das billige Ermessen nach § 2 mutet dem Familiengericht fast Unmögliches zu. In der Regel wird man den Hausrat so verteilen, dass jeder etwa die Hälfte an Wert und möglichst noch das bekommt, was er dringender braucht als der andere[101].

Zwei kluge Amerikaner haben sich eine vernünftige **Methode der Hausratsteilung** ausgedacht[102]: Jeder Ehegatte verzeichnet streng geheim für sich die Rangfolge der streitigen Sachen, indem er jede einzelne mit einer Zahl zwischen 0 und 100 so bewertet, dass die Summe der Einzelwerte 100 ergibt. Es bekommt dann jeder Ehegatte diejenigen Sachen, die er höher bewertet als der andere, bis zum Gesamtwert von 50. Bekommt ein Ehegatte auf diese Weise mehr als 50, kann man den Wertunterschied durch Verkauf des einen oder anderen Stücks und entsprechende Erlösteilung ausgleichen. Diese Methode hat den Vorteil, dass sich hinterher keiner über die Verteilung beklagen kann, während sonst oft das, was der eine Ehegatte als besonders wertvoll bezeichnet, auch der andere haben will, und sei es nur aus Neid oder Mißgunst.

---

98 *BGH* 114, 74; *OLG Koblenz* FamRZ 92, 1303.
99 *OLG Stuttgart* FamRZ 93, 1461: Familienauto.
100 *OLG Frankfurt* FamRZ 83, 730; *OLG Zweibrücken* FamRZ 85, 819; 87, 165; *BayObLG* FamRZ 85, 1057; *OLG Naumburg* FamRZ 94, 390; ferner *OLG Hamm* FamRZ 96, 1423: kein Ausgleich für fehlenden Hausrat.
101 *OLG Düsseldorf* FamRZ 87, 1055: Herkunft der Mittel für die Anschaffung unerheblich. *OLG Karlsruhe* FamRZ 87, 848: denkbar auch Zuteilung des ganzen Hausrats an einen Ehegatten gegen Ausgleichszahlung.
102 GEO 1996 Nr. 9, S. 146.

Schulden, die mit dem verteilten Hausrat zusammenhängen wie Restkaufpreis, Kreditra- **772** ten, Reparaturkosten oder Versicherungsprämien, kann das Familiengericht im Innenverhältnis gleichfalls verteilen (§ 10 I).

3.6 Alleineigentum eines Ehegatten

Hausrat, der nachweislich einem Ehegatten allein gehört, ist in aller Regel schon wegen **773** Art. 14 I GG tabu. Deshalb darf das Familiengericht nach § 9 I dem anderen Ehegatten nur notwendige Gegenstände zuweisen und auch sie nur dann, wenn der andere Ehegatte auf ihre Weiterbenutzung angewiesen ist und der Verlust dem Eigentümer zugemutet werden kann; das aber ist eine eng begrenzte Ausnahme. Notwendig, weil unentbehrlich, sind etwa Bett, Bettwäsche und Geschirr, vielleicht auch Herd, Kühlschrank und Waschmaschine, die der andere Ehegatte mangels Geldes sich nicht anderweit besorgen kann. Dem Eigentümer zumutbar ist der Verlust noch am ehesten zum Wohl der Kinder (§ 2).

Was dem Alleineigentümer verbleibt, muss man ihm nicht noch zuweisen, es genügt die Feststellung seines besseren Rechts, vielleicht verbunden mit einer Herausgabeanordnung gegen den anderen (§ 15)[103].

Dem Nichteigentümer wird der Hausrat in der Regel nicht zu Eigentum, sondern nur zum Gebrauch auf Zeit zugewiesen, verbunden mit der Begründung eines Mietverhältnisses (§ 9 II 1). Eine Übereignung durch Richterspruch ist nur dann erlaubt, wenn sie notwendig ist, und nur gegen angemessene Entschädigung (§ 9 II 2).

3.7 Vorbehaltseigentum eines Ehegatten

Der Ehegatte, der unter Eigentumsvorbehalt Hausrat erworben hat (§§ 929, 158 I), ist bis **774** zur vollen Kaufpreiszahlung zwar noch nicht Eigentümer, aber doch schon mitten auf dem Weg zum Eigentum. Obwohl sein dingliches Anwartschaftsrecht im Rechtsverkehr wie Eigentum behandelt wird, stellt die HausratsVO es dem Eigentum nicht gleich, sondern bestimmt in § 10 II nur, dass Hausrat, an dem ein Ehegatte Vorbehaltseigentum hat, dem anderen nur mit Zustimmung des Gläubigers zugeteilt werden soll. Daraus kann man schließen, dass streitiger Hausrat auch dann nach §§ 1, 2 zu verteilen ist, wenn die Ehegatten nur Besitzer sind[104].

3.8 Einwendungen gegen Hausratsteilung

Der „Anspruch" auf Hausratsteilung kann wie jedes andere Recht nach § 242 verwirkt **775** werden, wenn der Ehegatte mit seinem Antrag nach der Scheidung allzulange zuwartet und so den Eindruck erweckt, der Hausrat sei schon verteilt.

---

103 *OLG Karlsruhe* FamRZ 87, 849.
104 *OLG Hamm* FamRZ 90, 531: Leihgabe der Eltern mit Aussicht auf Erwerb von Todes wegen; Zustimmung des Verleihers nicht nötig.

Beispiel

> Nach jahrelangem Scheidungsverfahren, Vermögensauseinandersetzung und Herausgabe einzelner Hausratsgegenstände unternimmt der Ehegatte 3 Jahre lang nichts, bevor er Hausratsteilung beantragt (*OLG Bamberg* FamRZ 92, 332).

Da die Hausratsteilung den beiderseitigen Bedarf an der erforderlichen Wohnungseinrichtung decken soll, ist ein **Zurückbehaltungsrecht** gegen den Herausgabeanspruch **ausgeschlossen**[105]. Folgerichtig kann man gegen den Anspruch auf Ausgleichszahlung aus §§ 8 III 2, 9 II 2 auch **nicht aufrechnen**[106].

3.9 Auskunftsanspruch

776 Streitig ist, ob ein Ehegatte vom anderen zur Vorbereitung des Hausratsteilungsverfahrens Auskunft über den Bestand des Hausrats verlangen kann. Als Anspruchsgrundlage kommt nur **§ 242** in Betracht. Voraussetzung ist ein Schuldverhältnis, in dem der Gläubiger zur Vorbereitung seines Anspruchs dringend auf Information angewiesen ist, die er selbst nicht hat und die der Schuldner leicht und zumutbar geben kann. Diese außerordentliche Anspruchsgrundlage greift nur in Ausnahmefällen, zumal das Familiengericht im Hausratsteilungsverfahren die nötigen Informationen nach § 13 I HausratsVO, § 621a ZPO, § 12 FGG von Amts wegen beschafft und an Parteianträge nicht gebunden ist[107].

6. Kapitel
Ehewohnung und Hausrat im Einigungsvertrag

777 Das Familienrecht des BGB, zu dem auch die Vorschriften über Ehewohnung und Hausrat gehören, ob sie nun im BGB selbst (§§ 1361a, 1361b) oder in der HausratsVO stehen, gilt nach Art. 234 § 1 EGBGB ab 3.10.1990 auch in den neuen Bundesländern, soweit nichts anderes bestimmt ist.

Art. 234 § 4 V bestimmt nur insoweit etwas anderes, als das bisherige Recht auch für die Ehewohnung maßgeblich bleibt, wenn die Ehe schon vor dem 3.10.1990 geschieden worden ist.

---

105 *BayObLG* FamRZ 61, 220; 75, 421; *OLG Hamm* FamRZ 81, 875; *OLG Köln* FamRZ 93, 1463.
106 *OLG Hamm* FamRZ 81, 293; *OLG Köln* FamRZ 93, 1463.
107 Deshalb ablehnend: *OLG Düsseldorf* FamRZ 85, 1152; *OLG Celle* FamRZ 86, 491; großzügiger: *KG* FamRZ 82, 68; *OLG Düsseldorf* FamRZ 87, 81; *OLG Frankfurt* FamRZ 88, 645.

7. Kapitel
Internationales Privatrecht für Ehewohnung und Hausrat

Die Frage, welcher Ehegatte nach Trennung oder Scheidung die Ehewohnung bekom- **778** men, und wie der Hausrat verteilt werden soll, ist im internationalen Privatrecht nirgends ausdrücklich geregelt, weder in internationalen Abkommen noch im EGBGB. Wo also soll man rechtlich anknüpfen: am Unterhalt (Art. 18)[108], an den allgemeinen Ehewirkungen (Art. 14), an der Scheidung (Art. 17)[109], an der örtlichen Lage von Ehewohnung und Hausrat oder gar an der lex fori?

Keiner dieser Anknüpfungspunkte überzeugt. Die Anknüpfung am Unterhalt ist gekünstelt, da nach deutschem Rechtsverständnis, auf das es hier ankommt, weder die Zuweisung der Ehewohnung noch die Verteilung des Hausrats auch nur entfernt mit Unterhalt zu tun hat. Die örtliche Lage erscheint auf den ersten Blick plausibler, jedoch handelt es sich nicht um einen Gegenstand des Sachenrechts, sondern um Billigkeitsentscheidungen des Familienrechts. Die lex fori paßt deshalb nicht, weil sie nur für das Prozeßrecht gilt, Ehewohnung und Hausrat aber nach materiellrechtlichen Regeln verteilt werden. So bleibt nur noch die Anknüpfung an die allgemeinen Wirkungen der Ehe, nach der Scheidung über Art. 17, obwohl es sich hier um recht spezielle Wirkungen einer gescheiterten Ehe handelt. Was aber gilt dann, wenn die nach Art. 14 EGBGB anzuwendende ausländische Rechtsordnung keine vergleichbare Regeln für Ehewohnung und Hausrat kennt? Dann wenden manche „wegen des starken Inlandsbezugs" kurz angebunden deutsches Recht an, womit man wieder bei der lex fori wäre[110]. Man sieht: Wo ein Wille ist, ist auch ein Weg.

---

108 So *OLG Düsseldorf* NJW 90, 3091; *OLG Frankfurt* FamRZ 91, 1190; *OLG Karlsruhe* FamRZ 2000, 1577 lässt offen, wenn beide Ehegatten Türken, da türkisches Rechts dazu nichts sagt.
109 So *OLG Stuttgart* FamRZ 90, 1354; *KG* FamRZ 91, 1190, 1191; *OLG Frankfurt* FamRZ 94, 633.
110 *OLG Frankfurt* FamRZ 94, 633.

9. Teil
Der Versorgungsausgleich

1. Kapitel
Sinn und Zweck

779 Der Versorgungsausgleich, materiellrechtlich eine Scheidungsfolge (§ 1587 I 1), prozessual eine Familiensache (§ 23b I 2 Nr. 7 GVG; § 621 I Nr. 6 ZPO), die das Familiengericht von Amts wegen zusammen mit der Scheidung verhandeln und entscheiden soll (§ 623 I 3 ZPO), ist ohne jeden Zweifel die stärkste Errungenschaft des modernen Scheidungsrechts, **denn er soll den Unterschied in der Altersversorgung der Ehegatten ausgleichen, der während der Ehe entstanden ist, und auch dem sozial schwächeren Ehegatten eine eigenständige Altersversorgung verschaffen**[1]. Zu diesem Zweck soll derjenige Ehegatte, der während der Ehe die werthöheren Anrechte auf eine Versorgung wegen Alters, Berufs- oder Erwerbsunfähigkeit erworben hat, dem anderen **die Hälfte des Überschusses abgeben** (§ 1587a I 2), damit beide gleichmäßig am ehelichen Erwerb teilhaben. Der „Halbteilungsgrundsatz" beherrscht nicht nur den Zugewinnausgleich (§ 1378 I) und den nachehelichen Unterhalt (§ 1578 I 1), sondern auch den Versorgungsausgleich[2].

Den **schematischen Wertausgleich** rechtfertigt die Annahme, dass beide Ehegatten, wie immer sie ihre Rollen in der ehelichen Lebensgemeinschaft verteilt haben, durch ihre gemeinsame arbeitsteilige Lebensführung (§ 1356) gleichermaßen zum Erwerb der beiderseitigen Versorgungsanrechte beigetragen haben, denn die eheliche Lebensgemeinschaft ist auch eine **Versorgungsgemeinschaft**, deren Scheitern einen Ausgleich erfordert[3].

780 Der Versorgungsausgleich schützt vor allem denjenigen Ehegatten, der den Haushalt geführt und im gemeinschaftlichen Interesse auf eine eigene Erwerbstätigkeit samt eigener Altersversorgung verzichtet hat. Dadurch hat er es dem anderen Ehegatten ermöglicht, mit voller Kraft seinem Beruf nachzugehen und eine eigene Altersversorgung aufzubauen. Da Erwerbstätigkeit und Haushaltsführung gleichwertig sind, soll der Versorgungsausgleich auch der **Hausfrau und** dem **Hausmann** eine **eigenständige Altersversorgung verschaffen**[4]. „Eigenständig" ist diejenige Altersversorgung, die weder vom Zahlungswillen noch von der Zahlungsfähigkeit des ausgleichspflichtigen Ehegatten abhängt, sondern dem ausgleichsberechtigten Ehegatten eigene Versorgungsansprüche gegen den Versorgungsträger verschafft und durch Versicherungszeiten vor und nach der Ehe ausgebaut werden kann[5].

---

1 *BVerfG* NJW 84, 2147; *BGH* 74, 44.
2 *BVerfG* NJW 84, 2147; *BGH* NJW 89, 2814; 92, 313.
3 *BGH* 81, 196; FamRZ 89, 1062.
4 *BVerfG* NJW 84, 2147.
5 *BGH* 74, 44.

Die „Hausfrauenehe" ist aber nur ein ebenso krasses wie einleuchtendes Beispiel; sie ist **781** keine Anspruchsvoraussetzung. Der **Grundsatz der Halbteilung gilt schematisch** auch dann, wenn die Ehegatten in kinderloser Ehe gemeinsam den Haushalt führen und jeder seinem Beruf nachgeht, der eine aber mehr verdient und während der Ehe höhere Versorgungsanrechte erwirbt als der andere. Sollte der schematische Wertausgleich im Einzelfall aus besonderen Gründen grob und unbillig sein, kann das Familiengericht ihn nach §§ 1587c, 1587h kürzen oder ausschließen. **Danach ist das gemeinsame Erwirtschaften der beiderseitigen Versorgungsrechte keine Anspruchsvoraussetzung**, die der Anspruchsteller beweisen müsste, **die grobe Unbilligkeit im Einzelfall vielmehr eine anspruchshindernde Einwendung**, die der Anspruchsgegner beweisen muss (RN 987).

2. Kapitel
Rechtliche Konstruktion

1. Öffentlichrechtlicher und schuldrechtlicher Versorgungsausgleich

Das Gesetz trennt scharf zwischen dem öffentlichrechtlichen und dem schuldrechtlichen **782** Versorgungsausgleich. Ersteren regelt es breit in den §§ 1587a-1587e und §§ 1, 3, 3b VAHRG, letzteren mit knappen Strichen in den §§ 1587f-1587n und nicht mehr so knapp in den §§ 2, 3a VAHRG. Der **Unterschied** liegt vor allem **in den Rechtsfolgen.** Während der öffentlichrechtliche Versorgungsausgleich dem Ehegatten mit den niedrigeren Versorgungsanrechten eine **eigenständige Altersversorgung mit eigenen Ansprüchen gegen den Versorgungsträger** verschafft, gibt ihm der schuldrechtliche Versorgungsausgleich **nur einen Anspruch gegen den anderen Ehegatten auf Zahlung einer Ausgleichsrente** und bürdet ihm so das Risiko auf, dass der ausgleichspflichtige Ehegatte sie nicht bezahlen kann. **Deshalb ist der öffentlichrechtliche Versorgungsausgleich die gesetzliche Regel, der schuldrechtliche Versorgungsausgleich hingegen nur die gesetzliche Ausnahme, die möglichst zu vermeiden ist (§ 2 VAHRG).**

Genaugenommen ist öffentlichrechtlich nur derjenige Ausgleich, der Rechtsfolgen des öffentlichen Sozialversicherungsrechts setzt. Dies trifft sowohl auf die Übertragung als auch auf die Begründung von Anwartschaften in der gesetzlichen Rentenversicherung zu, sei es nach § 1587b I, II BGB, sei es nach §§ 1 III, 3b I Nr. 1 VAHRG. Dagegen ist die Verpflichtung, Beiträge in die gesetzliche Rentenversicherung des anderen Ehegatten zu zahlen (§ 3b I Nr. 2 VAHRG) schwerlich eine öffentlichrechtliche, ganz zu schweigen von der Realteilung einer privaten betrieblichen Altersversorgung oder einer privaten Rentenversicherung (§ 1 II VAHRG).

Aber so genau darf man den Begriff „öffentlichrechtlich" hier nicht nehmen. Das Gesetz **783** selbst verwendet ihn klugerweise nicht. Die gesetzliche Systematik spricht für eine andere Abgrenzung: **„Öffentlichrechtlich" ist der Versorgungsausgleich stets dann, wenn er nicht ausnahmsweise schuldrechtlich ist, und schuldrechtlich ist er nur dann, wenn alle anderen Ausgleichsformen einschließlich der Realteilung und der Verpflichtung zur Beitragszahlung in die gesetzliche Rentenversicherung ausschei-**

den. Für diese Abgrenzung spricht § 1587a II Nr. 3 S. 3, der nicht die betriebliche Altersversorgung schlechthin, sondern nur die verfallbaren Anwartschaften in den schuldrechtlichen Versorgungsausgleich verweist[6]. Auch § 2 VAHRG sagt, dass schuldrechtlich nur diejenigen Anwartschaften auszugleichen seien, die man nicht nach § 1 VAHRG ausgleichen könne; dann aber ist auch die Realteilung nach § 1 II VAHRG „öffentlichrechtlich".

2. Anspruch oder Gestaltungsrecht

784 **Rechtsgrundlage des öffentlichrechtlichen Versorgungsausgleichs ist § 1587a I.** Danach ist der Ehegatte mit den werthöheren Anwartschaften ausgleichspflichtig (S. 1) und steht dem anderen Ehegatten als Ausgleich die Hälfte des Wertunterschiedes zu (S. 2). Wenn das, so schwerfällig es auch formuliert ist, keine Anspruchsgrundlage ist, was soll es dann sein? An anderer Stelle (§ 1587e IV) spricht das Gesetz ausdrücklich von einem „**Ausgleichsanspruch**". Korrekt ist diese Ausdrucksweise freilich nicht. Der moderne Gesetzgeber formuliert nicht mehr so präzise wie der BGB-Gesetzgeber.

785 Der Anspruch des BGB ist nach § 194 I das Recht, von einem anderen ein Tun oder Unterlassen zu verlangen. Der andere ist zu diesem Tun oder Unterlassen rechtlich verpflichtet. Erfüllt er seine Verpflichtung nicht freiwillig (§ 362 I), kann der Berechtigte ihn auf die geschuldete Leistung verklagen und das Leistungsurteil vollstrecken. Auf den Versorgungsausgleich passt dies alles in der Regel nicht. Den öffentlichrechtlichen Versorgungsausgleich kann der ausgleichspflichtige Ehegatte nicht selbst durchführen. Deshalb kann er auch nicht auf Leistung des Versorgungsausgleichs verklagt werden. Statt dessen **überträgt oder begründet das Familiengericht Rentenanwartschaften in der gesetzlichen Rentenversicherung** (§ 1587b I, II; §§ 1 III, 3b I Nr. 1 VAHRG) **oder verteilt eine private Altersversorgung** (§ 1 II VAHRG). Das ist **richterliche Rechtsgestaltung**; sie erfordert weder Klage noch Antrag, sondern obliegt dem Familiengericht von Amts wegen im Scheidungsverfahren (§ 623 I 3 ZPO). Dann aber hat der ausgleichsberechtigte Ehegatte keinen Anspruch auf den Versorgungsausgleich, sondern nur ein **privates Recht auf richterliche Rechtsgestaltung**[7]. Die Parteien können nicht einmal durch Vertrag Rentenanwartschaften in der gesetzlichen Rentenversicherung übertragen oder begründen (§ 1587o 2); dazu ist nur das Familiengericht imstande.

786 Immerhin begründet auch der öffentlichrechtliche Versorgungsausgleich ein **privates Vermögensrecht des einen gegen den anderen Ehegatten**[8], das man methodisch wie einen Anspruch behandeln kann, solange man seine Eigenart im Auge behält, spricht doch das Gesetz selbst in § 1587e IV von einem „Ausgleichsanspruch". Auch hier trennt man die „Anspruchsvoraussetzungen" von den „anspruchsfeindlichen" Einwendungen, auch hier ist die **Beweislast** das Kriterium (RN 795).

787 Der **schuldrechtliche Versorgungsausgleich** hingegen besteht aus einem **echten Anspruch auf Zahlung einer Ausgleichsrente** (§ 1587g I 1), die der Unterhaltsrente nach-

---

6 *BGH* 84, 158: unverfallbare Anwartschaften sind durch Beitragszahlung „öffentlichrechtlich" auszugleichen; FamRZ 98, 421: Realteilung ist „öffentlichrechtlicher VA".
7 *BGH* FamRZ 89, 1062: kein Anspruch, aber privates Vermögensrecht.
8 *BGH* FamRZ 89, 1062.

gebildet ist. Dass man die Ausgleichsrente nicht einklagt, sondern vor dem Familiengericht beantragt (§ 1587f), erklärt sich aus § 621a I ZPO, der auch den schuldrechtlichen Versorgungsausgleich in das Verfahren der freiwilligen Gerichtsbarkeit verweist.

3. Kapitel
Gesetzliche Systematik

1. BGB und VAHRG

1.1 BGB

Der Aufbau des Gesetzes ist unbeholfen und schwerfällig, die Lektüre eine Strafe Gottes. Dies gilt bereits für die Vorschriften des BGB. Sie sind in 5 Abschnitte unterschiedlichen Gewichts gegliedert: **788**

1. „Grundsatz" (§ 1587);
2. „Wertausgleich von Anwartschaften oder Aussichten auf eine Versorgung" (§§ 1587a-1587e);
3. „Schuldrechtlicher Versorgungsausgleich" (§§ 1587f-1587n);
4. „Parteivereinbarungen" (§ 1587o);
5. „Schutz des Versorgungsschuldners" (§ 1587p).

§ 1587 formuliert aber nicht nur einen „Grundsatz", sondern bereits die wichtigsten Anspruchsvoraussetzungen. Hinter dem „Wertausgleich" der §§ 1587a-1587e verbirgt sich der öffentlichrechtliche Versorgungsausgleich. Obwohl er den absoluten Schwerpunkt der ganzen Regelung setzt, ist dieser zweite Abschnitt nicht weiter untergegliedert. Warum auch musste der Gesetzgeber den so überaus wichtigen Versorgungsausgleich in die kleine Lücke zwischen dem § 1586b und dem § 1588 hineinzwängen! Ärgerlich ist vor allem § 1587a, ein wahres Monster, extrem unübersichtlich und nicht mehr lesbar. Warum hat man diesen Bandwurm nicht in ein oder zwei Dutzend Einzelbestimmungen zerlegt? Die Antwort ist banal: Weil das Alphabet nicht genügend Buchstaben hat, um diese Einzelbestimmungen zu kennzeichnen.

1.2 VAHRG

Das Verständnis wird auch noch dadurch erschwert, dass die gesetzliche Regelung nicht aus einem Guss ist, sondern sich auf zwei Gesetze verteilt. Nachdem das BVerfG wiederholt Teile der gesetzlichen Regelung für verfassungswidrig und nichtig erklärt hat[9], musste der Gesetzgeber nachbessern. Er tat dies mit dem **Gesetz zur Regelung von Härten im Versorgungsausgleich** (1. VAHRG v. 21.2.1983)[10] und mit dem **Gesetz über weitere Maßnahmen auf dem Gebiet des Versorgungsausgleichs** (2. VAHRG v.   **789**

---

9 *BVerfG* NJW 80, 692; 83, 1417; 86, 1321.
10 Dazu *Hahne/Glockner* FamRZ 83, 221.

8.12.1986). Im BGB waren die neuen Vorschriften nicht mehr unterzubringen, weil der Platz zwischen § 1587p und § 1588 zu klein war. Das 2. VAHRG hat man zur weiteren Erschwerung des Verständnisses in das 1. VAHRG hineingestopft; die Flickarbeit erkennt man an den kleinen Buchstaben (§§ 3a, 3b, 10a, 10d).

Das VAHRG besteht aus 4 Abschnitten und etlichen Unterabschnitten:

„I Maßnahmen zur Beseitigung der Beitragszahlungspflicht im Versorgungsausgleich" (§§ 1-3);

„Ia Verlängerung des schuldrechtlichen Versorgungsausgleichs" (§ 3a);

„Ib Regelung des Versorgungsausgleichs in anderer Weise" (§ 3b);

„II Auswirkungen des Versorgungsausgleichs in besonderen Fällen" (§§ 4-10);

„IIa Abänderung von Entscheidungen über den Versorgungsausgleich" (§ 10a);

„IIb Maßnahmen zur Verringerung des Verwaltungsaufwands" (§ 10d);

„III Auskunftspflicht im Versorgungsausgleich" (§ 11);

„IV Übergangs- und Schlussbestimmungen" (§ 13).

Das Verständnis wird durch diese Gliederung keineswegs erleichtert. Wer den Versorgungsausgleich begreifen will, muss das gesetzliche Dornengestrüpp erst mühsam entwirren. Die wichtigste Frage lautet: Wie hängt das VAHRG und wie hängen vor allem deren §§ 1-3b mit den §§ 1587ff rechtlich zusammen? Es ist dies die **Frage nach der jeweils richtigen Ausgleichsform**.

1.3 Ausgleichsformen des BGB und des VAHRG

790 An den beiden Ausgleichsformen des **§ 1587b I, II** hat das VAHRG nichts geändert; sie behalten auch ihren gesetzlichen Vorrang. Anwartschaften in der gesetzlichen Rentenversicherung werden nach wie vor durch Übertragung (**Splitting**), Anwartschaften auf eine Beamtenversorgung durch Begründung (**Quasi-Splitting**) von Anwartschaften in der gesetzlichen Rentenversicherung ausgeglichen.

791 Als dritte Ausgleichsform hat § 1587b III 1 die Verpflichtung zur Beitragszahlung in die gesetzliche Rentenversicherung vorgesehen. Das BVerfG hat diese Vorschrift für verfassungswidrig und nichtig erklärt[11]. Die **§§ 1, 3b VAHRG** füllen die Gesetzeslücke aus. Die Verpflichtung zur Beitragszahlung wird ersetzt durch zwei neue Ausgleichsformen: die **Realteilung** und die **erweiterte Begründung von Anwartschaften in der gesetzlichen Rentenversicherung (§ 1 II, III VAHRG)**. Lassen sich dadurch nicht alle Versorgungsanrechte ausgleichen, erlaubt **§ 3b I VAHRG** dem Familiengericht, entweder ein **anderes Anrecht**, etwa aus der Zeit vor der Heirat, zum Ausgleich **zu verwenden** (Nr. 1) oder den ausgleichspflichtigen Ehegatten zur **Beitragszahlung in die gesetzliche Rentenversicherung** zu verurteilen (Nr. 2). Die Verpflichtung zur Beitragszahlung ist also nicht restlos verschwunden, wird aber durch die Realteilung und die erweiterte Begründung von Anwartschaften in der gesetzlichen Rentenversicherung zurückgedrängt.

§ 3 VAHRG stellt klar, dass das VAHRG systematisch ein Bestandteil des BGB ist, so dass die §§ 1587 ff. unmittelbar oder wenigstens entsprechend auch für die Ausgleichsformen des VAHRG gelten.

---

11 *BVerfG* NJW 83, 1417.

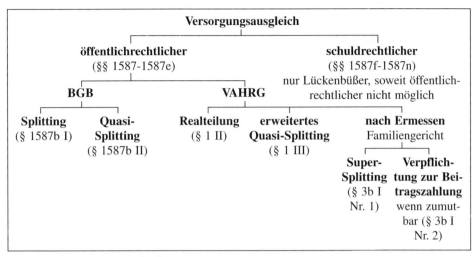

Bild 17: Versorgungsausgleich

2. Anspruchsgrundlagen und Gegennormen

2.1 Öffentlichrechtlicher Versorgungsausgleich

Wie schon beim nachehelichen Unterhalt und beim Zugewinnausgleich kostet es auch **792** beim öffentlichrechtlichen Versorgungsausgleich einige Mühe, die **Anspruchsgrundlage** zu finden. Ist es § 1587 I oder § 1587a I oder § 1587b I, II? Die Antwort lautet: weder-noch, man muss vielmehr alle drei Bestimmungen zusammenlesen. Der moderne Gesetzgeber ist nicht mehr fähig, Rechtsfolge und Tatbestand einer Anspruchsgrundlage in einer einzigen Vorschrift übersichtlich und verständlich zu fassen.

Kern der Anspruchsgrundlage ist § 1587a I, denn Satz 2 nennt als Rechtsfolge das **793** Recht auf hälftigen Ausgleich des Wertunterschieds und Satz 1 erklärt den Ehegatten mit den werthöheren Anwartschaften zum Ausgleichsschuldner. Ergänzt wird diese Rechtsfolge durch **§ 1587b I, II und §§ 1, 3b VAHRG,** welche die **Art und Weise des Ausgleichs** regeln.

Die **Anspruchsvoraussetzungen** findet man in **§ 1587 I** und **§ 1587a II-VIII.** Nach der **794** gesetzlichen Terminologie ist § 1587 zwar nur ein „Grundsatz" („... findet ein Versorgungsausgleich statt ..."), doch hier untertreibt das Gesetz, denn § 1587 I nennt bereits drei Anspruchsvoraussetzungen: die Ehescheidung, die auszugleichenden Versorgungsanrechte und deren Erwerb in der Ehezeit, die in § 1587 II exakt definiert wird. Anspruchsbegründend ist auch die Ermittlung und Bewertung der einzelnen Versorgungsanrechte und ihrer Ehezeitanteile nach § 1587a II-VIII.

Die **Beweislast** für alle anspruchsbegründenden Tatsachen trägt der „Anspruchsteller". **795** Zwar ermittelt das Familiengericht die erforderlichen Daten im Verfahren der freiwilligen Gerichtsbarkeit von sich aus (§ 621a I 1 ZPO mit § 12 FGG)[12], so dass der „An-

---

12 *BGH* 92, 5; *OLG Thüringen* FamRZ 2000, 673.

spruchsteller" Beweis weder antreten noch führen muss. Gleichwohl gibt es auch hier eine Beweislast. Kann nämlich das Familiengericht eine Anspruchsvoraussetzung nicht ermitteln, entscheidet es gegen den „Anspruchsteller"[13].

796 **Gegennormen**, die den öffentlichrechtlichen Versorgungsausgleich ausschließen, kürzen oder hemmen, findet man in § 1408 II 1 (Ehevertrag), § 1587c (Härteklausel), § 1587d (Ruhen der Beitragszahlungspflicht) und § 1587e II (Tod des Ausgleichsberechtigten). Die **Beweislast** trägt der ausgleichspflichtige Anspruchsgegner[14]. Die Voraussetzungen des § 10a VAHRG, der die Abänderung einer rechtskräftigen Entscheidung über den Versorgungsausgleich erlaubt, muss derjenige beweisen, der die Änderung begehrt[15].

2.2 Schuldrechtlicher Versorgungsausgleich

797 Auch die Anspruchsgrundlage für den schuldrechtlichen Versorgungsausgleich muss man aus mehreren Vorschriften zusammensetzen. § 1587g I 1 formuliert die Rechtsfolge: den Anspruch auf Zahlung einer Ausgleichsrente. Den Tatbestand liefern § 1587f mit § 2 VAHRG sowie § 1587g I 2, der die Fälligkeit regelt. Die Rechtsfolge wird ergänzt durch § 3a VAHRG, der den schuldrechtlichen Versorgungsausgleich über den Tod des Ausgleichsschuldners hinaus verlängert. Den Tatbestand ergänzen § 1587 I, II und § 1587g II. Alles zusammen ergibt einen bunten Flickenteppich.

Anspruchsgrundlagen sind außerdem § 1587i für eine anteilige Abtretung der Versorgungsansprüche und § 1587l für eine vorzeitige Abfindung. Dagegen sind § 1587h (Härteklausel) und § 1587m (Tod des Ausgleichsberechtigten) Gegennormen, die den Anspruch auf schuldrechtlichen Versorgungsausgleich ausschließen.

Auch hier muss der Anspruchsteller die Anspruchsvoraussetzungen, der Anspruchsgegner die Einwendungen beweisen.

2.3 Gesetz und Vertrag

798 Durch ausdrückliche Erklärung im Ehevertrag können die Ehegatten den Versorgungsausgleich ausschließen (§ 1408 II 1 u. RN 1052). Im Übrigen haben sie nur wenig Spielraum für vertragliche Regelungen. Zum Schutze des sozial schwächeren Ehegatten beschränkt § 1587o die Vertragsfreiheit stark: Da die Ehegatten über den öffentlichrechtlichen Versorgungsausgleich nicht frei verfügen, können sie von der gesetzlichen Regelung nur im Zusammenhang mit der Scheidung und nur mit Genehmigung des Familiengerichts abweichen (RN 1052 ff.). Freie Hand haben die Ehegatten nur beim schuldrechtlichen Versorgungsausgleich. Da der ausgleichsberechtigte Ehegatte den erforderlichen Antrag stellen oder auch nicht stellen kann, kann er auf seinen Anspruch auch verzichten (RN 1066).

---

13 *BGH* NJW 89, 2811: Ehezeitende durch Zustellung des Scheidungsantrags nicht feststellbar; *OLG Köln* FamRZ 86, 689 u. *OLG Düsseldorf* FamRZ 94, 903: ausländische Versorgung nicht zu ermitteln; *OLG Schleswig* FamRZ 90, 527: Wertunterschied nicht zu klären; *OLG Hamm* FamRZ 2000, 672, 674; *OLG Karlsruhe* FamRZ 2000, 677.

14 *BGH* NJW 88, 1839: § 1587c.

15 *BGH* NJW 89, 29; 89, 32.

3. Gesetzessprache

Die gesetzliche Regelung des Versorgungsausgleichs ist überaus kompliziert. Schuld **799** daran ist nicht nur die schwer verdauliche Materie: Sozialversicherungsrecht, Beamtenversorgungsrecht, Privatversicherungsrecht und Versicherungsmathematik, sondern auch das sprachliche Unvermögen des modernen Gesetzgebers. Auf der einen Seite will er alles bis in die letzten Verästelungen perfekt regeln, auf der anderen Seite kann er sich nicht mehr verständlich machen. Solange die Gesetze nicht als EDV-Programme für Richter-Roboter, sondern als Sprachtexte auch für den Bürger abgefasst werden, sollten sie wenigstens lesbar sein. Die §§ 1587 ff. sind es auf weite Strecken nicht mehr. Eine sprachliche Missgeburt sondersgleichen ist § 1587a, nicht nur die längste, sondern auch die dunkelste Vorschrift des ganzen BGB. Der gute Rat, das Gesetz immer und immer wieder zu lesen, muss hier auf taube Ohren stoßen. Schon nach den ersten Sätzen dieses Monsters gibt der Leser entnervt auf.

4. Tabellen

Die **gesetzliche Rentenversicherung**, noch immer das Muster jeder Altersversorgung, **800** ist durch die Verknüpfung mit den Löhnen und Gehältern eine dynamische Einrichtung und deshalb ständig in Bewegung. Sie arbeitet mit amtlichen Rechengrößen und Angleichungsfaktoren, der Versorgungsausgleich mit monatlichen Rentenanwartschaften und Entgeltpunkten, mit Höchstbeträgen, Barwerten und Deckungskapitalien. Alle diese Daten werden alljährlich in Gestalt von Tabellen zum Versorgungsausgleich in den Fachzeitschriften veröffentlicht.

4. Kapitel
Rechtsfolge des öffentlichrechtlichen Versorgungsausgleichs

1. Privates Recht auf richterliche Rechtsgestaltung

Nach § 1587 I 1 findet zwischen geschiedenen Ehegatten ein Versorgungsausgleich statt; **801** was dies für den öffentlichrechtlichen Versorgungsausgleich bedeutet, sagt § 1587a I: Der Ehegatte mit den werthöheren Anwartschaften ist ausgleichspflichtig (S. 1) und dem anderen Ehegatten steht als Ausgleich die Hälfte des Wertunterschieds zu (S. 2). Dieser Ausgleichsanspruch ist freilich kein Zahlungsanspruch, genaugenommen überhaupt kein Anspruch, sondern ein privates Recht auf richterliche Rechtsgestaltung, da nicht der ausgleichspflichtige Ehegatte selbst, sondern nur das Familiengericht den Ausgleich durchführen kann. So steht es in § 1587b I, II und §§ 1, 3b VAHRG.

2. Ausgleichsformen

802 Diese Vorschriften regeln die Art und Weise des Ausgleichs. Die Ausgleichsform wiederum hängt von der Art des auszugleichenden Versorgungsanrechts ab. Das Gesetz unterscheidet drei Arten: gesetzliche Rentenversicherung, Beamtenversorgung und sonstige Altersversorgung. Anwartschaften in der gesetzlichen Rentenversicherung werden durch **Übertragung** ausgeglichen (§ 1587b I), Anwartschaften auf Beamtenversorgung durch **Begründung** von Anwartschaften in der gesetzlichen Rentenversicherung (§ 1587b II); die Übertragung nennt man **Splitting**, die Begründung **Quasi-Splitting**.

Sonstige Versorgungsanrechte sind **nach dem VAHRG** auszugleichen, das nach § 1 I den verfassungswidrigen und nichtigen § 1587b III Hs. 1 ersetzt. Soweit rechtlich teilbar, sind sie zwischen den Ehegatten real zu teilen (§ 1 II). Anwartschaften bei einem öffentlichrechtlichen Versorgungsträger außerhalb der gesetzlichen Rentenversicherung sind nach dem Vorbild der Beamtenversorgung durch Begründung von Anwartschaften in der gesetzlichen Rentenversicherung auszugleichen (§ 1 III).

803 Ist auch das nicht möglich, bleibt nach § 2 VAHRG nur noch der **schuldrechtliche Versorgungsausgleich**. Jedoch erlaubt § 3b I VAHRG dem Familiengericht, andere Versorgungsrechte, die an sich nicht auszugleichen sind, zum Ausgleich heranzuziehen (Nr. 1) oder den ausgleichspflichtigen Ehegatten zu verpflichten, für den anderen Beiträge in die gesetzliche Rentenversicherung einzuzahlen (Nr. 2). Auf diese beiden Ausgleichsformen hat der ausgleichsberechtigte Ehegatte jedoch keinen Anspruch, denn das Familiengericht entscheidet nach seinem Ermessen. Das Ermessen ist allerdings kein freies, sondern ein pflichtgemäßes, weil auch § 3b I VAHRG den schwachen schuldrechtlichen Versorgungsausgleich möglichst verhindern soll; dieser ist nur der unvermeidliche Lückenbüßer und steht deshalb an letzter Stelle (§ 1587 f; § 2 VAHRG).

804 Obwohl die Art und Weise des Ausgleichs die Rechtsfolge bestimmt, sollen ihre technischen Einzelheiten erst im Anschluss an den Tatbestand des Versorgungsausgleichs beschrieben werden (RN 935 ff.). Die richtige Ausgleichsform hängt nämlich davon ab, welche Versorgungswerte die Ehegatten in der Ehe erworben haben und welcher Ehegatte ausgleichspflichtig ist. Auch lassen sich Rechtsfolgen und Tatbestand des Versorgungsausgleichs nicht so sauber von einander trennen wie bei „richtigen" Ansprüchen des BGB.

3. „Einmalausgleich" des Wertunterschieds in eine Richtung

805 Nach § 1587a I 2 ist nicht etwa jede einzelne Altersversorgung für sich auszugleichen, sondern nur der Wertunterschied zwischen allen Versorgungsanrechten des einen und allen Versorgungsanrechten des anderen Ehegatten, soweit sie in der Ehezeit erworben sind. Den Wertunterschied offenbart erst die **Ausgleichsbilanz**. Das Familiengericht muss nicht nur alle Anrechte beider Ehegatten ermitteln und den Ehezeitanteil jedes einzelnen Anrechts nach § 1587a II-VIII bewerten, sondern auch alle Anrechte des einen und alle Anrechte des anderen Ehegatten addieren, um herauszufinden, welcher Ehegatte in der Ehezeit insgesamt die werthöheren Anrechte erworben hat und wie hoch der Wertunterschied ist.

Dieser Ehegatte und nur er ist nach § 1587a I 1 ausgleichspflichtig. Denn **nach** **806**
§ 1587b III 3 wird die Altersversorgung geschiedener Ehegatten **öffentlichrechtlich**
stets nur einmal und in einer Richtung ausgeglichen: vom ausgleichspflichtigen Ehegatten mit den insgesamt werthöheren Anrechten zum ausgleichsberechtigten Ehegatten
mit den insgesamt niedrigeren Anrechten[16].

Beispiel
807

Beispiel einer Ausgleichsbilanz		
	Ehemann	Ehefrau
gesetzliche Rentenversicherung	50	100
Beamtenversorgung	200	–
betriebliche Altersversorgung	–	50
Summe	250	150

Ausgleichsanspruch der Frau $= 1/2 \times (250 - 150) = 50$.

Hälftig auszugleichen ist nicht jedes einzelne Versorgungsrecht, sondern nur der Wertunterschied insgesamt, denn der Ausgleich verläuft stets in eine Richtung (§ 1587b III 3),
hier vom Ehemann zur Ehefrau. Also sind nach § 1587b II zu Lasten der Beamtenversorgung des Ehemanns auf dem Konto der Ehefrau bei der gesetzlichen Rentenversicherung
Anwartschaften in Höhe von monatlich 50,– Euro zu begründen.

Der – vorrangige – Ausgleich durch Splitting nach § 1587b I scheidet aus, weil der Ehemann in der gesetzlichen Rentenversicherung nicht die höheren Anwartschaften hat und
die Ehefrau nicht ausgleichspflichtig ist.

5. Kapitel

Tatbestand des öffentlichrechtlichen Versorgungsausgleichs im Überblick

1. Anspruchsvoraussetzungen

Der öffentlichrechtliche Versorgungsausgleich hat nach §§ 1587, 1587a I drei Vorausset- **808**
zungen: Erstens ist die Ehe rechtskräftig geschieden (RN 815); zweitens hat zumindest
ein Ehegatte in der Ehezeit durch seine Arbeit oder mit seinem Vermögen Anwartschaften auf eine fortlaufende Versorgung wegen Alters, Berufs- oder Erwerbsunfähigkeit erworben (RN 817, 822); drittens besteht ein Wertunterschied zwischen den Anrechten des
einen und den Anrechten des anderen Ehegatten, der hälftig auszugleichen ist
(RN 840 ff.). Die **Beweislast** trägt der „Anspruchsteller" (RN 795).

---

16 *BGH* FamRZ 83, 1003: „Einmalausgleich"; *OLG Celle* FamRZ 85, 1052; *OLG Karlsruhe*
FamRZ 94, 1180; *OLG Düsseldorf* FamRZ 94, 903: auch ausländische Anrechte in Bilanz einstellen.

2. Technische Durchführung

Das Familiengericht verfährt Schritt für Schritt so:

809 (1) Zuerst **ermittelt** es **alle Versorgungsanrechte, die** die Ehegatten **während der Ehe erworben** haben. § 1587a II nennt die wichtigsten Versorgungsarten: Beamtenversorgung (Nr. 1), gesetzliche Rentenversicherung (Nr. 2), betriebliche Altersversorgung (Nr. 3), private Rentenversicherung (Nr. 5) und „sonstige" (Nr. 4), wozu etwa berufsständische Altersversorgungen gehören.

810 (2) Dann **bewertet** das Familiengericht den **Ehezeitanteil jedes einzelnen Versorgungsanrechts** nach dem gesetzlichen Maßstab des § 1587a II. Es ermittelt den Wert der Versorgungsleistung, den der Ehegatte bekäme, wenn der Versicherungsfall am Ende der Ehezeit eingetreten wäre; das ist eine fiktive Größe, aus der der Ehezeitanteil **pro rata temporis** herausgerechnet wird. Diese Fiktion erübrigt sich, wenn der Ehegatte bereits eine unentziehbare Versorgung wegen Alters oder Erwerbsunfähigkeit bezieht; in diesem Fall wird der Ehezeitanteil aus dem tatsächlichen Wert der laufenden Versorgung errechnet. Für atypische Versorgungen, die nicht in das gesetzliche Schema des § 1587a II Nr. 1-5 passen, setzt das Familiengericht den richtigen Bewertungsmaßstab nach billigem Ermessen selbst (§ 1587a V).

811 (3) Jetzt muss das Familiengericht diejenigen **Versorgungsanrechte, die nicht volldynamisch sind,** „dynamisieren", damit es sie mit den volldynamischen Anrechten vergleichen und verrechnen kann (§ 1587a III, IV). Volldynamisch sind die Anwartschaften in der gesetzlichen Rentenversicherung und in der Beamtenversorgung, denn sie steigen automatisch mit den Löhnen und Gehältern. Ob auch eine andere Anwartschaft „in gleicher oder nahezu gleicher Weise steigt" (§ 1587a III), muss das Familiengericht von Fall zu Fall klären und, wenn das nicht der Fall ist, sie mit Hilfe des Deckungskapitals oder nach der BarwertVO in eine dynamische Anwartschaft umrechnen (§ 1587a III, IV).

812 (4) Anschließend addiert das Familiengericht, für jeden Ehegatten getrennt, die Werte der verschiedenen Anwartschaften und **ermittelt den Wertunterschied**, jeweils in monatlichen Rentenbeträgen.

813 (5) Den **Wertunterschied gleicht es** schließlich **hälftig aus** durch:
(a) **Übertragung** von Anwartschaften in der gesetzlichen Rentenversicherung (**Splitting** nach § 1587b I);
(b) **Begründung** von Anwartschaften in der gesetzlichen Rentenversicherung zu Lasten der Beamtenversorgung (**Quasi-Splitting** nach § 1587b II);
(c) **Realteilung** sonstiger teilbarer Anwartschaften (§ 1 II VAHRG);
(d) **erweiterte Begründung** von Anwartschaften in der gesetzlichen Rentenversicherung zu Lasten der Versorgung bei einem anderen öffentlichrechtlichen Versorgungsträger (§ 1 III VAHRG);
(e) erweiterte Übertragung oder Begründung von Anrechten, die an sich zum Ausgleich nicht verfügbar sind (**Supersplitting** nach § 3b I Nr. 1 VAHRG) oder
(f) Verpflichtung zur **Zahlung von Beiträgen in die gesetzliche Rentenversicherung** (§ 3b I Nr. 2 VAHRG).

814 (6) Soweit ein öffentlichrechtlicher Versorgungsausgleich nicht möglich ist, verweist das Familiengericht die Eheleute auf den schwachen **schuldrechtlichen Versorgungsaus-**

gleich (§ 1587f; § 2 VAHRG), der keine Scheidungsfolgesache nach § 623 ZPO ist, weil er erst im Versorgungsfall fällig wird (§ 1587g I 2).

6. Kapitel
Ehescheidung, Altersversorgung, Ehezeit

1. Ehescheidung

Nach § 1587 I 1 findet der Versorgungsausgleich zwischen geschiedenen Ehegatten statt. **815** Vor **Rechtskraft des Scheidungsurteils** gibt es keinen Versorgungsausgleich. § 1587 II ändert daran nichts. Zwar endet die „Ehezeit" schon mit der Rechtshängigkeit des Scheidungsantrags, aber damit beschränkt das Gesetz nur den Gegenstand des Versorgungsausgleichs, denn auszugleichen sind nur die „in der Ehezeit" erworbenen Anrechte auf Altersversorgung. Diese zeitliche Beschränkung erklärt sich daraus, dass der Versorgungsausgleich bereits im Verbund mit der Scheidung geregelt werden soll (§ 623 III ZPO). Das aber ist nur möglich, wenn die erforderlichen Daten rechtzeitig vor der Scheidung ermittelt und mit den Eheleuten verhandelt werden können (§ 53b I FGG). Die Entscheidung über den Versorgungsausgleich hingegen wird erst mit Rechtskraft wirksam (§ 53g FGG) und frühestens mit Rechtskraft des Scheidungsurteils (§ 629d ZPO).

Nach § 1318 III ist der Versorgungsausgleich in der Regel auch nach rechtskräftiger Aufhebung der Ehe durchzuführen.

2. Gegenstand des Versorgungsausgleichs

Gegenstand des Versorgungsausgleichs sind nach § 1587 I alle Anwartschaften und Aus- **816** sichten auf eine Versorgung wegen Alters, Berufs- oder Erwerbsunfähigkeit, die die Ehegatten oder einer von ihnen in der Ehezeit begründet oder aufrechterhalten haben (S. 1), soweit sie dies mit Hilfe ihres Vermögens oder durch ihre Arbeit getan haben (S. 2).

2.1 Versorgung wegen Alters, Berufs- oder Erwerbsunfähigkeit

Nach § 1587 I 1 ist nur die Versorgung wegen Alters, Berufs- oder Erwerbsunfähigkeit **817** auszugleichen. Die Altersversorgung besteht aus einer Geldrente, die der Versorgungsträger dem Versorgten von einem bestimmten Lebensalter an zahlen soll. Berufs- und Erwerbsunfähigkeit sind für die gesetzliche Rentenversicherung in §§ 43 II, 44 II SGB VI definiert.

§ 1587a II, der die Bewertung der Versorgungsanwartschaften regelt, nennt die **wichtigsten Versorgungsarten:**

- die Beamtenversorgung durch den öffentlichen Dienstherrn (Nr. 1);
- die gesetzliche Rentenversicherung für Arbeitnehmer (Nr. 2);
- die betriebliche Altersversorgung (Nr. 3);
- die private Rentenversicherung (Nr. 5).

Der Rest fällt unter den Auffangtatbestand des § 1587a II Nr. 4; es sind dies „**sonstige Renten und ähnliche wiederkehrende Leistungen**, die der Versorgung wegen Alters, wegen Berufs- oder Erwerbsunfähigkeit zu dienen bestimmt sind". Darunter fallen etwa die **berufsständischen Altersversorgungen** der freien Berufe und der Landwirte sowie **ausländische Altersversorgungen**[17].

818 Aus der gesetzlichen Definition folgt zweierlei: Auszugleichen sind erstens **nur Versorgungsanrechte auf eine Geldrente**, nicht auf ein Kapital, und zweitens nur Rentenrechte wegen Alters, Berufs- oder Erwerbsunfähigkeit. Ob die Geldrente im Einzelfall der Altersversorgung oder einem anderen Zweck dienen soll, bestimmt die Zweckvereinbarung, die nach § 157 durch Auslegung zu ermitteln ist[18].

Beispiele

(1) Private **Rentenlebensversicherungen** fallen in den Versorgungsausgleich (*OLG Hamburg* FamRZ 87, 721: auch mit Kapitalwahlrecht, solange es nicht ausgeübt wird; *OLG Celle* FamRZ 99, 1201: auch wenn Kapitalwahlrecht zwischen Ehezeitende u. Entscheidung ausgeübt wird), **Kapitallebensversicherungen** dagegen in den Zugewinnausgleich, selbst wenn sie der Altersversorgung dienen (*BGH* 88, 386; 117, 70; 118, 242; FamRZ 93, 794; ferner *Schmalz-Brüggemann* FamRZ 96, 1053).

(2) In den Zugewinnausgleich fällt auch die **Kapitallebensversicherung mit Rentenwahlrecht**, solange der Ehegatte während der Ehezeit noch nicht die Rente gewählt hat (*BGH* 88, 387).

(3) Umgekehrt fällt das **betriebliche Rentenversprechen** der GmbH zur Altersversorgung ihres Geschäftsführers auch dann in den Versorgungsausgleich, wenn der Versprechensempfänger beabsichtigt, die Altersrente später durch ein Kapital abfinden zu lassen, denn die Zweckbestimmung richtet sich nicht nach den Motiven und Absichten eines Beteiligten, sondern nach der Vereinbarung (*BGH* NJW 93, 1262).

(4) Anders als Geldrenten sind **Sachleistungen und Wohnrechte** aus einem Leibgeding- oder Altenteilvertrag nicht nach §§ 1587 ff. auszugleichen (*BGH* FamRZ 93, 682).

(5) Die lebenslange **Geldrente**, die der Erwerber von Gesellschaftsanteilen dem Veräußerer verspricht, fällt dann in den Versorgungsausgleich, wenn sie nicht als Kaufpreis, sondern als Altersversorgung vereinbart ist. Maßgeblich ist die **vereinbarte Zweckbestimmung**, die durch Auslegung nach § 157 zu ermitteln ist (*BGH* FamRZ 88, 936). Der Altersversorgung dient die Geldrente dann, wenn sie den Empfänger im Anschluss an das aktive Arbeitsleben versorgen soll; an die Altersgrenze der gesetzlichen Rentenversicherung ist die privatrechtliche Leibrente nicht gebunden (*BGH* FamRZ 88, 936).

2.2 Anwartschaften und Aussichten auf Versorgung

819 Nach § 1587 I sind sowohl Anwartschaften als auch Aussichten auf eine Versorgung auszugleichen.

Anwartschaften sind nach Grund und Höhe bereits **rechtlich gesichert** und begründen schon jetzt einen Anspruch auf künftige Altersversorgung.

---

17 *BGH* FamRZ 82, 473; 2001, 284.
18 *BGH* FamRZ 88, 936; NJW 93, 1262; FamRZ 97, 166: Unterhaltsbeiträge an Beamten, der aus disziplinarischen Gründen entlassen wurde, fallen nicht in den VA.

Aussichten hingegen sind **rechtlich noch unsicher** und begründen noch keinen Anspruch auf künftige Altersversorgung, lassen ihn aber nach dem gewöhnlichen Verlauf der beruflichen Entwicklung erwarten[19]. Gleichwohl sind auch sie auszugleichen. Erweist sich der Ausgleich später als falsch, weil sich die Aussicht in Luft auflöst, kann der benachteiligte Ehegatte nach § 10a VAHRG die Abänderung der falschen Entscheidung verlangen.

2.3 Laufende Versorgung

Wenn § 1587 I schon den Ausgleich von Anwartschaften und Aussichten auf eine Altersversorgung anordnet, sind erst recht die Leistungen aus einer laufenden Versorgung auszugleichen, die der Ehegatte schon in der Ehezeit bezieht. Folgerichtig nennt das Gesetz an anderer Stelle neben der Versorgungsanwartschaft auch die Versorgung selbst (§ 1587a II Nr. 1, III) sowie die Leistungen aus der Versorgung (§ 1587a II Nr. 3 u. Nr. 4, IV). **820**

Beispiele

(1) Ein Ehegatte wird schon während der Ehezeit als Beamter wegen Dienstunfähigkeit oder als Berufssoldat auf eigenen Antrag in den Ruhestand versetzt (*BGH* 82, 67; 90, 52; NJW 92, 313; FamRZ 89, 727; 96, 216) oder bezieht als Arbeitnehmer schon Altersruhegeld (*BGH* NJW 94, 1214: Bruttozahlbetrag maßgeblich).
(2) Beide Ehegatten sind schon Rentner (*BGH* NJW 80, 396; FamRZ 85, 1119; 86, 337; 89, 1119).
(3) Ein Ehegatte bezieht bereits eine unentziehbare Erwerbsunfähigkeitsrente (*BGH* FamRZ 86, 337; NJW 89, 1995; FamRZ 97, 1535: Versorgungsrente der VBL, auch wenn noch verfallbar) oder eine unentziehbare Rente wegen Minderung der Erwerbsfähigkeit (*BGH* FamRZ 97, 160; dazu *Schmeiduck* FamRZ 98, 594).

Sobald aber ein Ehegatte eine Vollrente wegen Alters bezieht, lassen sich für ihn keine Anwartschaften in der gesetzlichen Rentenversicherung mehr begründen; so bestimmt es § 1587b III Hs. 2, der noch gilt. Denn das Recht auf freiwillige Versicherung durch Beitragszahlung endet, sobald der Versicherer durch bindenden Bescheid eine Vollrente wegen Alters bewilligt (§§ 7 III, 187 IV SGB VI)[20]. **821**

2.4 Altersversorgung mit Hilfe des eigenen Vermögens oder durch eigene Arbeit

Dem Versorgungsausgleich unterfallen nur diejenigen Anrechte auf eine Altersversorgung, die der Ehegatte mit Hilfe seines Vermögens oder durch seine Arbeit begründet oder aufrechterhalten hat (§ 1587 I 2). So muss der Ehegatte die Arbeitnehmerbeiträge zur gesetzlichen Rentenversicherung durch eigene Arbeit verdient oder die Prämien für die private Rentenversicherung aus eigener Tasche bezahlt haben. Die Herkunft des Vermögens, mit dem der Ehegatte seine Altersversorgung finanziert, ist unerheblich, wenn es nur sein eigenes Vermögen ist[21]. **822**

---

19 *BGH* 81, 100: Zeitsoldat; FamRZ 82, 362: Widerrufs- u. Probebeamter; FamRZ 89, 36: Invaliditätsrente wird erst nach Ehezeit bewilligt; *OLG Düsseldorf* FamRZ 92, 68.
20 *BGH* FamRZ 88, 938.
21 *BGH* FamRZ 84, 570; 86, 337; 87, 48; NJW 84, 1542; 92, 1888.

Beispiele

(1) Die Anwartschaften in der gesetzlichen Rentenversicherung fallen auch dann in den Versorgungsausgleich, wenn der Ehegatte sie mit **freiwilligen Beiträgen aus seinem Vermögen** erworben hat, das er schenkweise von einem Dritten oder dem anderen Ehegatten erlangt (*BGH* FamRZ 84, 570; 87, 48) oder bereits in die Ehe mitgebracht hatte (*BGH* FamRZ 86, 337).

(2) Hat dagegen der **Dritte** die freiwilligen Beiträge **zugunsten des Ehegatten direkt in die gesetzliche Rentenversicherung eingezahlt**, so hat der Ehegatte die Anwartschaften nicht mehr mit Hilfe seines Vermögens begründet, so dass sie nicht nach §§ 1587 ff. auszugleichen sind (*BGH* FamRZ 83, 262; 84, 570).

(3) Der Hofübergeber, der sich als **Altenteil** eine Geldrente versprechen lässt, hat sie mit seinem Vermögen erworben, während das Leibgedinge zugunsten eines Kindes unentgeltlich ist und deshalb nicht dem § 1587 I entspricht (*BGH* FamRZ 82, 909).

(4) **Weder** mit Hilfe des eigenen Vermögens **noch** durch eigene Arbeit sind erworben:
- Schadensersatz- und Schmerzensgeldrenten;
- Unfallrenten der Berufsgenossenschaft oder einer privaten Unfallversicherung (*BGH* NJW 89, 2812, 2814);
- Kriegsopferrenten (*BGH* FamRZ 81, 239; 92, 165);
- Hinterbliebenenrenten (*BGH* FamRZ 92, 165);
- Leistungen aus dem Kindererziehungsleistungsgesetz (*BGH* NJW 91, 1826; *OLG Stuttgart* FamRZ 89, 185; *OLG Karlsruhe* FamRZ 90, 526), dem Bundesentschädigungsgesetz oder dem Gesetz über die Entschädigung für Opfer von Gewalttaten.

823 Bezahlt der Ehegatte die freiwilligen **Beiträge** zur gesetzlichen Rentenversicherung oder die Prämien für eine private Rentenversicherung **aus dem vorzeitigen Zugewinnausgleich**, so begründet er die Rentenanwartschaften zwar mit Hilfe seines Vermögens, muss sie aber dennoch nicht nach §§ 1587 ff. ausgleichen. Dies ist eine **Ausnahme** von der Regel, dass die Herkunft des Vermögens unerheblich sei, denn hier ist sie aus besonderem Grund erheblich. Zugewinn- und Versorgungsausgleich schließen sich gegenseitig aus. Der Versorgungsausgleich darf nicht den ausbezahlten Zugewinnausgleich verkürzen. Was der Ehegatte als – vorzeitigen – Zugewinnausgleich erhält, darf er behalten und muss es auch dann nicht über den Versorgungsausgleich mit dem Ehegatten teilen, wenn er damit Versorgungsanwartschaften erworben hat[22].

3. Erwerb von Versorgungsanrechten in der Ehezeit

3.1 „In-Prinzip"

824 Nach § 1587 I 1 findet der Versorgungsausgleich nur statt über Anrechte, die die Ehegatten **„in der Ehezeit" begründet oder aufrechterhalten** haben. Auch das ist eine Anspruchsvoraussetzung, die der Anspruchsteller beweisen muss[23]. Soweit die Anrechte

---

22 *BGH* NJW 92, 1888; *OLG Köln* FamRZ 96, 1549: allgemein für Vermögensauseinandersetzung.

23 *BGH* NJW 89, 2811: Datum der Zustellung des Scheidungsantrags für Ende der Ehezeit; *OLG Schleswig* FamRZ 90, 527: Versicherungskonto nicht aufklärbar.

durch Beitragszahlung begründet werden, müssen die Beiträge in der Ehezeit bezahlt werden; ob sie versicherungsrechtlich für die Ehezeit oder eine Zeitspanne außerhalb der Ehezeit bezahlt werden, ist dagegen unerheblich. **Das Gesetz verlangt eine Leistung in der Ehezeit, nicht auch für die Ehezeit**, weil die Versorgungsgemeinschaft der Ehegatten, die den Versorgungsausgleich rechtfertigt, auf den beiderseitigen Leistungen in der Ehezeit gründet („In-Prinzip")[24].

Beispiele
825

(1) Es liegt auf der Hand, dass eine Altersversorgung insoweit nicht in der Ehezeit erworben ist, als der **Versorgungsfall schon vor der Ehezeit** eingetreten war (*BGH* 82, 66, 78: vorzeitiger Ruhestand des Beamten wegen Dienstunfähigkeit; FamRZ 86, 337: wegen weiterer Zurechnungszeiten nicht schon Berufs- oder Erwerbsunfähigkeit in gesetzl. Rentenversicherung) oder das **Versorgungsverhältnis erst nach der Ehezeit** zustandekommt (*BGH* FamRZ 84, 569: Beamtenverhältnis; *OLG Hamburg* FamRZ 87, 285: Ausbildungsverhältnis). Hat das Versorgungsverhältnis schon vor der Ehezeit begonnen, ist nur der Ehezeitanteil dieser Versorgung nach §§ 1587 ff. auszugleichen, während die vor der Ehezeit erworbenen Anrechte nach § 1587 III auch nicht in den Zugewinn fallen (*BGH* NJW 95, 523).

826

(2) Rentenanwartschaften, die ein Ehegatte durch **Nachzahlung freiwilliger Beiträge** in die gesetzliche Rentenversicherung **für die Zeit vor der Ehe** begründet, fallen in den Versorgungsausgleich, wenn die Zahlungen in der Ehezeit geleistet werden; sie fallen nicht in den Versorgungsausgleich, wenn die Beiträge zwar für die Ehezeit, aber erst nach deren Ende nachbezahlt werden (*BGH* 81, 196; NJW 85, 2024; FamRZ 93, 293; 97, 414; 96, 1538: Zeitpunkt der Zahlung, bei unbarer Zahlung nicht vor Belastung des Kontos; *OLG Koblenz* FamRZ 92, 825: Zahlung durch Abbuchung vom Konto; *KG* FamRZ 96, 1552; *OLG Nürnberg* FamRZ 96, 1550).

827

(3) Nicht in der Ehezeit erworben sind die Rechte aus einer **Berufsunfähigkeitsversicherung**, die – etwa als Zusatz zur Kapitallebensversicherung, um diese beitragsfrei aufrechtzuerhalten – über die Ehezeit hinaus zur Prämienzahlung verpflichtet, denn es handelt sich um eine reine Risikoversicherung, die nur mit der jeweils letzten Prämienzahlung aufrechterhalten wird und vor dem Versicherungsfall kein Deckungskapital bildet (*BGH* FamRZ 86, 344; 88, 488). Wird die letzte Prämie vor dem Versicherungsfall erst nach der Ehezeit bezahlt, ist auch das Versorgungsanrecht erst nach der Ehezeit erworben. In den Versorgungsausgleich fällt die Berufsunfähigkeitsrente nur, wenn der Versorgungsfall schon in der Ehezeit eintritt.

3.2 Ehezeit

Obwohl die Ehe von der Heirat bis zur Rechtskraft der Scheidung dauert, **definiert** **828** § 1587 II die „Ehezeit" aus praktischen Gründen anders: **Für den Versorgungsausgleich beginnt die Ehezeit schon am Ersten des Monats, in dem die Ehegatten geheiratet haben, und endet schon am Letzten des Monats, der dem Eintritt der Rechts-**

24 *BGH* 81, 196; NJW 85, 2024; 92, 1888; FamRZ 82, 36; 83, 683; 84, 569; 86, 337; 87, 364; 93, 293; 97, 414; *OLG Karlsruhe* FamRZ 92, 689; *OLG Koblenz* FamRZ 92, 825; *KG* FamRZ 96, 1552; *OLG Nürnberg* FamRZ 96, 1550; *OLG Hamm* FamRZ 98, 297; *OLG Köln* FamRZ 2000, 157.

hängigkeit des Scheidungsantrags vorangeht. Rechtshängig wird der Scheidungsantrag durch Zustellung an den Antragsgegner (§§ 608, 261 I, 253 I ZPO).

Beispiel

> Die Parteien haben am 27.6.1986 geheiratet. Der Scheidungsantrag der Frau wird dem Mann am 19.11.1996 zugestellt und damit rechtshängig.
>
> Für den Versorgungsausgleich dauert die „Ehezeit" nach § 1587 II vom 1.6.1986 bis zum 31.10.1996. Diese **Stichtage** teilt das Familiengericht den Versorgungsträgern zur Berechnung der Ehezeitanteile mit. Falsche Stichtage verursachen zwangsläufig auch falsche Rentenauskünfte.

829 Die gesetzliche Definition der Ehezeit gilt zwingend überall dort, wo die Ehezeit für den Versorgungsausgleich eine Rolle spielt[25]. Auch wenn das Gesetz an anderer Stelle – fälschlich – auf den Zeitpunkt abstellt, in dem der Scheidungsantrag rechtshängig wird (§ 1587a II Nr. 1-5), endet die „Ehezeit" rechtlich bereits am Letzten des vorausgehenden Monats[26].

Gegenüber der tatsächlichen Ehezeit hat die gesetzliche Ehezeit des § 1587 II **zwei praktische Vorteile:** Erstens lässt sich der Ehezeitanteil einer Versorgung nach vollen Monaten berechnen[27] und zweitens hat das Familiengericht, das den Versorgungsausgleich im Verbund mit der Scheidung regeln soll, ausreichend Zeit für die Ermittlung und Berechnung der Versorgungsanwartschaften[28].

Einzelheiten:

830 Die Ehezeit endet durch **Zustellung desjenigen Scheidungsantrags, der** das Scheidungsverfahren in Gang setzt, das zur Scheidung führt (*BGH* NJW 82, 280; 86, 1040; 91, 2490; FamRZ 82, 1005; 94, 825: Trennungsantrag italienischen Rechts ist kein Scheidungsantrag), auch wenn dieser Scheidungsantrag in mündlicher Verhandlung nicht mehr gestellt und die Ehe auf Antrag des Gegners in demselben Verfahren geschieden wird (*BGH* NJW 82, 280).

Da Aufhebung und Scheidung der Ehe nahezu die gleichen Rechtsfolgen haben, ist schon die **Zustellung des Aufhebungsantrags** maßgeblich, wenn die Ehe in diesem Verfahren schließlich geschieden wird (*BGH* FamRZ 89, 153).

Der Scheidungsantrag wird auch dann rechtshängig, wenn er versehentlich zusammen mit dem Antrag auf Prozesskostenhilfe zugestellt wird und das Familiengericht nicht klargestellt hat, dass nur der Antrag auf Prozesskostenhilfe zugestellt werden sollte (*BGH* FamRZ 87, 362).

Wird die Ehe schließlich in diesem Verfahren geschieden, verlängert auch ein **jahrelanger Verfahrensstillstand** die Ehezeit nicht (*BGH* FamRZ 83, 38; NJW-RR 93, 898). Gegen die starre Regel des § 1587 II hilft aber vielleicht der Einwand des Rechtsmissbrauchs (§ 242), wenn die Ehegatten das Scheidungsverfahren irrig für erledigt hielten und wieder lange Zeit zusammenlebten, bevor es dann doch noch zur Scheidung kam (*BGH* NJW 86, 1040; *OLG Köln* NJW-RR 93, 8). Außerdem kann eine **überlange Trennungszeit** den vollen Versorgungsausgleich grob unbillig machen (§ 1587c Nr. 1 u. RN 1009).

---

25 Auch für Vereinbarungen nach § 1587o: *BGH* NJW 90, 1363; *KG* FamRZ 94, 1038; *OLG Celle* FamRZ 94, 1039.
26 *BGH* 82, 66, 70; 90, 56; FamRZ 95, 28.
27 *BGH* 81, 196; 90, 52; NJW 89, 30.
28 *BGH* NJW 89, 30.

Beantragen beide Ehegatten nacheinander in verschiedenen Verfahren die Scheidung, zählt die Zustellung des früheren Antrags dann nicht, wenn dieses Verfahren ausgesetzt und nicht wieder aufgenommen, die Ehe vielmehr auf den späteren Antrag im anderen Verfahren geschieden wird (*BGH* NJW 91, 2490).

Die **Rücknahme des Scheidungsantrags** beseitigt nach §§ 608, 269 III ZPO rückwirkend Rechtshängigkeit und Endstichtag (*BGH* FamRZ 90, 385).

Der **unwirksame Scheidungsantrag** wird trotz Zustellung nicht rechtshängig und setzt auch keinen Endstichtag. Da im Scheidungsverfahren **Anwaltszwang** herrscht (§ 78 II Nr. 1 ZPO), ist der Scheidungsantrag durch den Ehegatten selbst oder einen nicht zugelassenen Anwalt unwirksam. Unwirksam ist auch die Zustellung an den anderen Ehegatten statt nach § 176 ZPO an dessen Prozessbevollmächtigten (*BGH* NJW 84, 926: auch zur Heilung nach §§ 187, 295 ZPO).

4. Materiellrechtlicher und prozessualer Endstichtag

Man muss zwischen dem materiellrechtlichen und dem prozessualen Endstichtag unter- **831** scheiden; ersterer beendet die Ehezeit, letzterer bezeichnet den Zeitpunkt, bis zu dem das Familiengericht im Scheidungsverfahren neue Tatsachen zum Versorgungsausgleich verwerten darf.

4.1 Materiellrechtlicher Endstichtag

Die Ehezeit endet nach § 1587 II am Letzten des Monats, der der Rechtshängigkeit des **832** Scheidungsantrags vorausgeht; das ist der materiellrechtliche Endstichtag. Er bestimmt, ob ein Versorgungsanrecht gemäß § 1587 I 1 noch in der Ehezeit begründet worden ist (RN 824), und fixiert in einer **Momentaufnahme**[29] die Faktoren, nach denen das Versorgungsanrecht und sein Ehezeitanteil nach § 1587a II zu bewerten sind. Gemeint sind die **veränderlichen individuellen Umstände** wie Besoldungs- und Tarifgruppe, Dienstalterstufe, Betriebszugehörigkeit und Einkommenshöhe. Für sie gilt das **Stichtagsprinzip des § 1587 II**: Maßgeblich ist die Besoldungsgruppe oder Einkommenshöhe am Stichtag. Spätere Veränderungen durch Beförderung oder Laufbahnwechsel, durch Erhöhung der Dienstalterstufe oder des Einkommens beeinflussen die Bewertung des Ehezeitanteils eines Versorgungsanrechts nicht mehr[30].

Das Stichtagsprinzip hat zwei **Ausnahmen**, beide **bei der betrieblichen Altersversor- 833 gung**: erstens deren Verfallbarkeit oder Unverfallbarkeit, die sich gemäß § 1587a II Nr. 3 S. 3 nach den Umständen zur Zeit der Entscheidung über den Versorgungsausgleich richtet (RN 888), und zweitens die Fortdauer der Betriebszugehörigkeit, für die nach der neueren Rechtsprechung das gleiche gilt (RN 896).

---

29 *BGH* 84, 178; FamRZ 94, 1583.
30 *BGH* 81, 100: Zeitsoldat wird Berufssoldat oder Beamter; 84, 158; 90, 57; 93, 226; FamRZ 86, 977; 87, 918; 99, 157; 99, 221: Beförderung des Beamten, auch wenn absehbar; FamRZ 91, 1421: Gehaltserhöhung u. betriebl. Altersversorgung; FamRZ 94, 1583: berufsständische Altersversorgung.

4.2 Prozessualer Endstichtag

834 Prozessualer Endstichtag ist im Regelfall, wenn über den Versorgungsausgleich im Scheidungsverbund mündlich verhandelt wird, der Tag der **letzten mündlichen Tatsachenverhandlung**. Die tatsächlichen Verhältnisse an diesem prozessualen Endstichtag bestimmen nicht nur, ob eine betriebliche Altersversorgung noch verfallbar oder schon unverfallbar ist (§ 1587a II Nr. 3 S. 3), sondern auch, **ob überhaupt ein Versorgungsausgleich durchzuführen und wie der Wertunterschied auszugleichen ist (Ausgleichsform)**[31].

Da das Familiengericht nach dem Gesetz urteilt, das zur Zeit der letzten mündlichen Verhandlung gilt, berücksichtigt es auch **Gesetzesänderungen** sowie **Satzungsänderungen der Versorgungsträger**, die erst nach der Ehezeit in Kraft getreten sind und rückwirkend den Wert des Ehezeitanteils der Altersversorgung beeinflussen[32].

835 Das Familiengericht darf auch nicht die Augen vor der Tatsache verschließen, dass die Rentenanwartschaft in der Zeit zwischen dem Ehezeitende und der letzten mündlichen Verhandlung endgültig erloschen ist oder sich bereits in eine laufende Rente verwandelt hat. Der **endgültige Verlust einer Altersversorgung** ist schon deshalb zu berücksichtigen, weil es mangels Masse nichts mehr auszugleichen gibt, denn ausgleichen kann man nur Versorgungsrechte, die auch noch zur Zeit der letzten mündlichen Verhandlung über den Versorgungsausgleich bestehen[33].

Beispiele
- Verlust der gesetzlichen Rentenanwartschaften durch **Beitragserstattung** (*BGH* NJW 86, 1932), auch wenn diese nach § 10d VAHRG verboten ist (*BGH* NJW 95, 135);
- Verlust der Beamtenversorgung durch **Ausscheiden aus dem Beamtenverhältnis** (*BGH* NJW 89, 2811; FamRZ 89, 42, 43, 1058; 97, 158);
- Verlust der Ärzteversorgung durch **Beitragserstattung** (*BGH* NJW 92, 312);
- Verlust der landwirtschaftlichen Altersversorgung durch **Aufgabe der Landwirtschaft** ohne Weiterversicherungserklärung (*BGH* FamRZ 86, 892; 87, 1016).

836 Was die **Beitragserstattung** betrifft, geht die Altersversorgung nicht schon durch den Anspruch auf Beitragserstattung verloren, sondern erst durch den bestandskräftigen Erstattungsbescheid des Versorgungsträgers[34]. Die Erstattungssumme ist keine Altersversorgung mehr, sondern ein Kapital, das nicht in den Versorgungsausgleich fällt[35].

837 Auf der anderen Seite ist nicht die Rentenanwartschaft auszugleichen, die der Ehegatte in der Ehezeit erworben hat, sondern die **laufende Altersrente** oder das laufende Altersruhegehalt, wenn der Versorgungsfall in der Zeit zwischen Ehezeitende und letzter mündlicher Verhandlung eingetreten ist, denn der Ehezeitanteil der Rentenanwartschaft

---

31 *BGH* 84, 177; 93, 222; FamRZ 86, 892; 91, 1416; 91, 1421; 99, 221.
32 *BGH* 90, 52; FamRZ 83, 1004; 84, 565; 85, 688; 86, 447; 86, 449; 86, 977; 88, 1252; 89, 1251; 90, 382; 93, 294; 93, 414; 95, 27; NJW 93, 465.
33 *BGH* NJW 86, 1932; 89, 2811; 92, 312; FamRZ 86, 892; 87, 1016.
34 *BGH* NJW 86, 1932; 92, 312.
35 *BGH* NJW 92, 312.

ist nach § 1587a II nur eine fiktive Größe, der Ehezeitanteil der laufenden Rente hingegen eine reale Größe; Fiktionen aber sind möglichst zu vermeiden[36].

Überhaupt muss das Familiengericht alle **materiellrechtlichen Veränderungen** berücksichtigen, die sich **in der Zeit zwischen dem Ende der Ehezeit und der letzten mündlichen Verhandlung** ereignen, denn die Entscheidung über den Versorgungsausgleich soll mit der materiellen Rechtslage möglichst übereinstimmen. Ein starkes **Argument** liefert **§ 10a VAHRG:** Wenn derartige Veränderungen sogar einen Eingriff in die Rechtskraft der Entscheidung über den Versorgungsausgleich rechtfertigen, darf man sie auch schon im Scheidungsverfahren berücksichtigen[37], und man muss sie dort in der Regel berücksichtigen, weil es widersinnig wäre, die Parteien sehenden Auges mit einer falschen Entscheidung in das Abänderungsverfahren nach § 10a VAHRG zu jagen[38].

838

- Der beamtete Ehegatte tritt **vorzeitig in den Ruhestand** (*BGH* FamRZ 89, 492; 95, 30; NJW 92, 313), wird **dienstunfähig** (*BGH* FamRZ 89, 727) oder ohne Dienstbezüge **beurlaubt** (*BGH* FamRZ 88, 940).
- Die **Verlängerung der Teilzeitbeschäftigung** der Ehefrau (Lehrerin) wird bewilligt (*BGH* FamRZ 89, 1060).
- Die **Anrechnung einer Altersrente** auf die Beamtenversorgung ändert sich aufgrund der Ruhensvorschrift des § 55 BeamtVG (*BGH* 90, 52).
- Die **Betriebszugehörigkeit** eines Ehegatten, die nach § 1587a II Nr. 3 S. 1 die Bewertung des Ehezeitanteils der betrieblichen Altersversorgung bestimmt, **endet** vorzeitig durch Tod (*BGH* 110, 32).
- Ein verfallbares Versorgungsanrecht **wird unverfallbar**, was bei der betrieblichen Altersversorgung nach § 1587a II Nr. 3 S. 3 bewirkt, dass der Versorgungsausgleich nicht mehr schuldrechtlich, sondern öffentlichrechtlich durchzuführen ist (*BGH* FamRZ 89, 1251; 91, 1424; *OLG Hamm* FamRZ 94, 1468: durch vorzeitige Erwerbsunfähigkeit).
- Der Ehezeitanteil der Ärzteversorgung erhöht sich durch einen **Wechsel des Versorgungsträgers** (*OLG Nürnberg* FamRZ 96, 1481).

Beispiele 839

Stets aber muss die Änderung bereits eingetreten sein, es genügt nicht, dass sie unmittelbar bevorsteht und mit großer Wahrscheinlichkeit zu erwarten ist[39].

---

36 *BGH* 82, 66; FamRZ 86, 689; 89, 492; 89, 727; 90, 1341; NJW 92, 313; 97, 160; 97, 315; aber auch FamRZ 94, 1583 zur berufsständischen Altersversorgung.
37 *BGH* NJW 92, 312: auch ohne die besonderen Vorauss. des § 10a VAHRG.
38 *BGH* NJW 89, 2811; 92, 313; FamRZ 88, 1148; 89, 492; 89, 1060; 94, 92.
39 *BGH* FamRZ 87, 918; 94, 1583; *OLG Hamm* FamRZ 88, 625.

7. Kapitel
Der Ehezeitanteil der Versorgungsanrechte

1. Fiktiver und realer Wert

840 Bevor das Familiengericht nach § 1587a I mit § 1587b oder §§ 1, 3b VAHRG den Wertunterschied zwischen den beiderseitigen Altersversorgungen hälftig ausgleichen kann, muss es jedes einzelne Versorgungsanrecht bewerten und daraus den auf die Ehezeit entfallenden Teil berechnen. Solange der Ehegatte noch keine Altersversorgung bezieht, ist die Berechnung wohl oder übel fiktiv, denn sie ermittelt, **wie hoch die Altersrente oder Pension wäre, wenn der Ehegatte am Ende der Ehezeit in den Ruhestand träte, und berechnet aus diesem fiktiven Wert den Ehezeitanteil.** Die Fiktion ist unnötig, wenn der Ehegatte seine Altersrente oder Pension schon bezieht. In diesem Fall bemisst sich der Ehezeitanteil nach dem wahren Wert der laufenden Rente (RN 837).

2. Gesetzliche Bewertungsmaßstäbe

841 Wie der Ehezeitanteil einer Altersversorgung zu bewerten ist, regelt **§ 1587a II** verbindlich **für die wichtigsten Versorgungsarten:** die Beamtenversorgung (Nr. 1), die gesetzliche Rentenversicherung (Nr. 2), die betriebliche Altersversorgung (Nr. 3), sonstige Anrechte wie berufsständische Altersversorgungen der freien Berufe (Nr. 4) und die private Rentenversicherung (Nr. 5). Atypische Versorgungsarten, die in keine dieser Schubladen passen, bewertet das Familiengericht in Anlehnung an § 1587a II nach billigem Ermessen (§ 1587a V). **Alle diese Vorschriften handeln nur von der Berechnung und Bewertung des Ehezeitanteils** der einzelnen Versorgungsanrechte und damit des Wertunterschieds zwischen den beiderseitigen Altersversorgungen. **Ausgeglichen wird der Wertunterschied nach § 1587b oder §§ 1, 3b VAHRG.** Die Bewertung der Versorgungsanrechte ist deshalb von ihrem Ausgleich streng zu trennen.

842 Obwohl die gesetzlichen Bewertungsvorschriften recht schematisch in das „Eigentum" (Art. 14 GG) des ausgleichspflichtigen Ehegatten eingreifen, sind sie grundsätzlich verfassungsgemäß, jedoch muss das Familiengericht ein verfassungswidriges Ergebnis im Einzelfall durch Kürzung oder Ausschluss des Versorgungsausgleichs nach § 1587c verhindern[40].

Der **Ehezeitanteil** einer Altersversorgung bemisst sich in der Regel **pro rata temporis** nach der Formel[41]:

$$\text{Ehezeitanteil} = \text{insges. erreichbare Rente} \times \frac{\text{Dauer der Versorgungszugehörigkeit in der Ehezeit}}{\text{Dauer der erreichbaren Versorgungszugehörigkeit}}$$

---

40 *BVerfG* NJW 93, 1059 zu § 1587a II Nr. 1.
41 *Glockner* FamRZ 80, 308, 309.

Für die Bewertung des Ehezeitanteils kommt es nach **§ 1587a VII 1** nicht darauf an, ob **843** eine vorgeschriebene **Wartezeit**, Mindestbeschäftigungszeit oder ähnliche zeitliche Voraussetzung am Ende der Ehezeit schon erfüllt ist, denn diese Voraussetzung kann auch noch später erfüllt werden und aus der bloßen Anwartschaft oder Aussicht ein Anspruch auf Rente erwachsen[42]. Steht jedoch bereits fest, dass der Ehegatte die Wartezeit nicht mehr erfüllen kann, fehlt es bereits an einer werthaltigen Anwartschaft oder Aussicht. Außerdem macht § 1587a VII zwei Ausnahmen: Erstens sind verfallbare Anwartschaften auf eine betriebliche Altersversorgung nicht öffentlichrechtlich auszugleichen (S. 1 Hs. 2 mit § 1587a II Nr. 3 S. 3); zweitens sind solche Zeiten zu beachten, von denen die Rente nach Mindesteinkommen in der gesetzlichen Rentenversicherung abhängt (S. 2).

Aus der Wertberechnung sind nach **§ 1587a VIII** stets **auszuscheiden: Kinderzuschläge und andere familienbezogene Bestandteile der Rente**[43].

3. Rangfolge der gesetzlichen Bewertungsmaßstäbe

Die gesetzliche Reihenfolge der Bewertungsmaßstäbe in **§ 1587a II** ist auch eine Rang- **844** folge[44], welche die Methode der rechtlichen Prüfung bestimmt. Am Anfang stehen **Beamtenversorgung (Nr. 1)** und **gesetzliche Rentenversicherung (Nr. 2)**. Ob ein Ehegatte Beamter oder gesetzlich rentenversichert ist, lässt sich leicht feststellen. Schwieriger ist es bereits, die „Versorgung nach beamtenrechtlichen Vorschriften und Grundsätzen", die noch zur Beamtenversorgung zählt, richtig von der betrieblichen oder berufsständischen Altersversorgung abzugrenzen. An dritter Stelle steht die **betriebliche Altersversorgung** mit ihrer bunten und komplexen Vielfalt **(Nr. 3)**. Es folgt, entgegen der gesetzlichen Reihenfolge, die **vertragliche Rentenversicherung (Nr. 5)**, denn die **Nr. 4 ist ein Auffangtatbestand** für Versorgungen, die weder den Nr. 1-3 noch der Nr. 5 unterfallen, vorausgesetzt, sie lassen sich in eine der vier Fallgruppen einordnen. Andernfalls bleibt als **allerletzter Auffangtatbestand** die Ermessensvorschrift des § 1587a V.

---

42 *BGH* FamRZ 86, 975: gilt nicht für Verwendungszeit als Kampfflieger.
43 Dazu *OLG Celle* FamRZ 86, 913; *OLG Frankfurt* FamRZ 88, 404.
44 *BGH* FamRZ 94, 232: Nr. 1 geht Nr. 3 vor.

8. Kapitel
Der Ehezeitanteil der Beamtenversorgung

1. Beamtenversorgung

845 Den Ehezeitanteil der Versorgung aus einem öffentlichrechtlichen Dienstverhältnis bewertet man nach § 1587a II Nr. 1[45]. Diese Vorschrift gilt nach S. 1 nicht nur für alle Beamten, Richter und Berufssoldaten[46], sondern **auch für Nichtbeamte, die Versorgungsansprüche „nach beamtenrechtlichen Vorschriften oder Grundsätzen" haben**[47].

846 Für die Gruppe der Nichtbeamten muss man jedoch zwischen der Bewertung und dem Ausgleich ihrer Altersversorgung unterscheiden. **Bewertet wird die beamtenrechtliche Versorgung des Nichtbeamten** genauso wie diejenige des Beamten **nach § 1587a II Nr. 1**, auch wenn der Dienstherr privatrechtlich organisiert ist, vorausgesetzt er selbst verspricht die Altersversorgung[48]. **Ausgeglichen wird die beamtenähnliche Versorgung** aber nur dann durch Begründung von Anwartschaften in der gesetzlichen Rentenversicherung nach § 1587b II oder § 1 III VAHRG, wenn der Dienstherr eine juristische Person des öffentlichen Rechts ist[49]; andernfalls ist sie nach §§ 1 II, 3b VAHRG oder gar schuldrechtlich auszugleichen[50].

2. Gesetzliche Bemessungsgrundlage

847 Gesucht ist der Ehezeitanteil der Beamtenversorgung, der in die Ausgleichsbilanz einzustellen ist.

Bemessungsgrundlage ist nach **§ 1587a II Nr. 1** das – fiktive – Ruhegehalt, das der Ehegatte als Beamter bekäme, wenn er am Ende der Ehezeit in den Ruhestand träte (S. 1). Dabei wird die bis zum Ende der Ehezeit zurückgelegte ruhegehaltsfähige Dienstzeit um die Zeit bis zur vorgeschriebenen Altersgrenze – fiktiv – verlängert und so die „Gesamtzeit" ermittelt (S. 2). Der Ehezeitanteil der Versorgung ist dann gleich dem Teil des Ruhegehalts, der dem Verhältnis der in die Ehezeit fallenden ruhegehaltsfähigen Dienstzeit zur Gesamtzeit entspricht (S. 3). Unfallbedingte Erhöhungen bleiben außer Betracht (S. 4).

---

45 *BGH* FamRZ 94, 232: Nr. 1 geht Nr. 3 vor.

46 *BGH* NJW 82, 1745: Beamter auf Probe; 83, 1784: beamteter Hochschullehrer; NJW 92, 177 u. FamRZ 95, 414: Bürgermeister als kommunaler Wahlbeamter; FamRZ 96, 215: Berufssoldat; *BGH* 81, 100: nicht Zeitsoldat; NJW 82, 1754: nicht Widerrufsbeamter im Vorbereitungsdienst.

47 *BGH* FamRZ 85, 794: Privatschullehrer; 86, 248: wissenschaftl. Mitarbeiter am Max-Planck-Institut; 94, 232: Angestellter einer Landesbank; *OLG Frankfurt* FamRZ 87, 719: evangel. Pfarrer; *OLG Düsseldorf* FamRZ 91, 1205: Chefarzt.

48 *BGH* FamRZ 94, 232: zur Abgrenzung v. betriebl. Altersversorgung.

49 *BGH* FamRZ 94, 232: Westdeutsche Landesbank.

50 *BGH* FamRZ 85, 794: Schulverein; 86, 248: Max-Planck-Gesellschaft; *OLG Düsseldorf* FamRZ 91, 1205: privatrechtl. Krankenhausträger.

Endstichtag, der das Ende der Ehezeit fixiert, ist gegen den Wortlaut des § 1587a II Nr. 1 S. 1 aber nicht der Tag, an dem der Scheidungsantrag rechtshängig wird, sondern auch hier der Letzte des vorausgehenden Monats (§ 1587 II u. RN 828).

Die **Faktoren der Bewertung** sind: das – fiktive – monatliche Ruhegehalt am Ende der Ehezeit, die in die Ehezeit fallende ruhegehaltsfähige Dienstzeit und die gesamte ruhegehaltsfähige Dienstzeit bis zur Altersgrenze (Gesamtzeit).

Die **Formel** des § 1587a II Nr. 1 S. 3 lautet[51]: **848**

$$\text{Ehezeitanteil} = \frac{\text{fiktives Ruhegehalt am Ende der Dienstzeit} \times \text{in die Ehezeit fallende ruhegehaltsfähige Dienstzeit}}{\text{Gesamtzeit}}$$

Beispiel

Heirat	23.4.1973
Zustellung des Scheidungsantrags	11.5.2001
Ehezeit nach § 1587 II	1.4.1973 – 30.4.2001 = 28 Jahre u. 30 Tage
ruhegehaltsfähige Dienstzeit bis zum Ende der Ehezeit	36 Jahre u. 50 Tage
Gesamt(dienst)zeit bis zur Altersgrenze von 65 Jahren am 31.3.2013	48 Jahre u. 20 Tage
ruhegehaltsfähige Dienstbezüge am Ende der Ehezeit mit Stellenzulage, aber Ortszuschlag für Ledige	2818,78 Euro
Ruhegehaltssatz am Ende der Gesamtzeit (Höchstsatz)	75%
fiktives monatliches Ruhegehalt am Ende der Gesamtzeit	2114,09 Euro

$$\text{Ehezeitanteil} = \frac{\text{fiktives Ruhegehalt am Ende der Dienstzeit} \times \text{in die Ehezeit fallende ruhegehaltsfähige Dienstzeit}}{\text{Gesamtzeit}}$$

$$= 2114,09 \text{ Euro} \times \frac{28 \text{ Jahre und 30 Tage}}{48 \text{ Jahre und 20 Tage}}$$

$$= 2114,09 \text{ Euro} \times \frac{28,08 \text{ Jahre}}{48,05 \text{ Jahre}}$$

Ehezeitanteil = monatliche Rentenanwartschaft von 1235,45 Euro

3. Fiktives Ruhegehalt am Ende der Ehezeit

Das Ruhegehalt des Beamten ist im Beamtenversorgungsgesetz (BeamtVG), das Ruhegehalt des Berufssoldaten im Soldatenversorgungsgesetz (SVG) geregelt. Rechtsgrundlage einer beamtenähnlichen Versorgung ist die Satzung des Versorgungsträgers oder das vertragliche Versorgungsversprechen. **849**

---

51 *BGH* 82, 70; FamRZ 97, 1534 u. 98, 419: auch für zweimal geschiedenen Beamten.

Das Ruhegehalt des Beamten bemisst sich nach einem bestimmten Prozentsatz seiner letzten ruhegehaltsfähigen Dienstbezüge. Seit dem BeamtVÄndG v. 18.12.1988, in Kraft seit 1.1.1992, wächst es mit jedem Dienstjahr linear um 1,875%, bis es nach 40 Dienstjahren den Höchstsatz von 75% erreicht (§ 14 I 1 BeamtVG), so dass weitere Dienstjahre nichts mehr bringen. Für den Versorgungsausgleich muss die bislang erworbene Versorgung dennoch gleichmäßig auf die einzelnen Dienstjahre verteilt werden[52].

850   Steht der Ehegatte am Ende der Ehezeit noch im aktiven Dienst, ist **das – fiktive – Altersruhegehalt** zu ermitteln, **das er bekäme, wenn er am Ende der Ehezeit in den Ruhestand träte**. Nach geltendem Versorgungsrecht richtet es sich nach den ruhegehaltsfähigen Dienstbezügen und der ruhegehaltsfähigen Dienstzeit (§ 4 III BeamtVG)[53]. **Diese Bemessungsgrundlage wird in einer Momentaufnahme ein für allemal auf den letzten Tag der Ehezeit fixiert**; spätere Veränderungen der individuellen Bewertungsfaktoren durch Beförderung oder Laufbahnwechsel beeinflussen die Bewertung nicht mehr; so will es das **gesetzliche Stichtagsprinzip** des Versorgungsausgleichs (RN 832)[54].

851   Damit nicht zu verwechseln sind allgemeine **rückwirkende Wertveränderungen kraft Gesetzes**, die das Familiengericht auch dann beachten muss, wenn sie erst nach dem Ende der Ehezeit, aber noch vor der letzten mündlichen Verhandlung eintreten (RN 834)[55].

Beispiele   Änderung des BeamtVG (*BGH* FamRZ 93, 414), etwa durch neue Ruhensregelung (BGH 90, 52);

gesetzliche Einführung von Kindererziehungszeiten (*BGH* FamRZ 86, 449);

rückwirkende Anordnung der Ruhegehaltsfähigkeit einer Stellenzulage (*BGH* FamRZ 95, 27);

rückwirkende Besoldungserhöhung (*OLG Saarbrücken* FamRZ 94, 758).

852   Die ruhegehaltsfähigen Dienstbezüge bestehen aus dem Grundgehalt nach Besoldungsgruppe und etwaigen Zulagen[56]. Unfallbedingte Erhöhungen bleiben jedoch ebenso außer Betracht (§ 1587a II Nr. 1 S. 4) wie Kinderzuschläge und andere familienbezogene Bestandteile (§ 1587a VIII).

4. Ruhegehaltsfähige Dienstzeit

853   Die ruhegehaltsfähige Dienstzeit ist in §§ 5 ff. BeamtVG geregelt[57]. Die gewöhnliche Dienstzeit (§ 6), zu der unter bestimmten Voraussetzungen auch Ausbildungszeiten gehören[58], wird verlängert um Anrechnungszeiten: manche Zeiten müssen angerechnet

---

52 *BGH* FamRZ 93, 414: aber Besitzstandsschutz nach § 85 BeamtVG für Übergangszeit.
53 *BGH* FamRZ 95, 27.
54 *BGH* NJW 82, 222; 84, 1612; FamRZ 87, 918; 95, 27.
55 *BGH* 90, 52; FamRZ 93, 414; 95, 27.
56 *BGH* FamRZ 86, 975: Flieger der Bundeswehr; 95, 27: Polizei; FamRZ 99, 713: Sonderzuwendung zwar statisch, aber mit Nennbetrag auszugleichen.
57 *BGH* NJW 92, 313: rechtskräftige Feststellung des Verwaltungsgerichts bindet.
58 *BGH* NJW 81, 1506 u. 84, 1548: auch wenn Anrechnung noch nicht beantragt ist.

werden (§ 10: Arbeitsverhältnis im öffentlichen Dienst), wieder andere können angerechnet werden (§ 11: Tätigkeit als Rechtsanwalt oder Notar)[59]. Verkürzt wird die Dienstzeit durch Teilzeitbeschäftigung[60] und Beurlaubung ohne Dienstbezüge[61].

5. Gesamtzeit

Die Gesamtzeit des § 1587a II Nr. 1 S. 2 erstreckt sich im Normalfall bis zur allgemei- **854** nen Altersgrenze von derzeit 65 Jahren. Vorgezogene Altersgrenzen für Polizeibeamte und fliegendes Personal sind aber zu beachten[62]. Beim Wahlbeamten (Bürgermeister) endet die Gesamtzeit schon mit der laufenden Wahlperiode[63].

6. Tatsächliches Ruhegehalt

Bezieht der Ehegatte schon während der Ehezeit ein Ruhegehalt, rechnet man nicht fik- **855** tiv, sondern real mit dem tatsächlich bezogenen Ruhegehalt und der tatsächlichen Dienstzeit bis zur Pensionierung[64]. Dies gilt selbst dann, wenn der Ehegatte erst nach der Ehezeit, aber noch vor der letzten mündlichen Verhandlung in den Ruhestand tritt und Anspruch auf den höchsten Ruhegehaltssatz von 75% hat[65]. Maßgeblich ist stets der Bruttozahlbetrag[66].

Hier rechnet man nach der **Formel**[67]:

$$\text{Ehezeitanteil} = \text{tatsächliches Ruhegehalt} \times \frac{\text{i. d. Ehezeit fallende ruhegehaltsähige Dienstzeit}}{\text{Gesamtzeit bis Eintritt in Ruhestand}}$$

Dies gilt auch dann, wenn der Beamte wegen Dienstunfähigkeit vorzeitig in den Ruhestand tritt, da das Ruhegehalt auf die höchste erreichte Dienstaltersstufe hochgerechnet wird (§§ 5 II, 13 I BeamtVG)[68]. Unbillige Härten sind nach § 1587c zu verhindern[69].

7. Gesetzliche Ruhensvorschriften

Hat ein Ehegatte mehrere beamtenrechtliche Versorgungen oder neben der Beamtenver- **856** sorgung noch Anwartschaften in der gesetzlichen Rentenversicherung oder eine Zusatzversorgung des öffentlichen Dienstes, darf man sie nicht einfach addieren, sondern muss

---

59 *BGH* FamRZ 95, 28: keine Verlängerung durch erhöhte Berücksichtigung von Zeiten, die West-Beamter im Beitrittsgebiet arbeitet.
60 *BGH* NJW 86, 1935 u. § 6 I 3 BeamtVG.
61 *BGH* NJW 86, 1934; FamRZ 88, 940.
62 *BGH* NJW 82, 2374, 2377, 2379.
63 *BGH* NJW 92, 177; FamRZ 95, 414.
64 *BGH* 82, 66; FamRZ 89, 492; 90, 1341; 91, 1415; 95, 30; 96, 215.
65 *BGH* NJW 92, 313; FamRZ 95, 30; 96, 215.
66 *BGH* NJW 94, 1214: zur betrieblichen Altersversorgung.
67 *BGH* NJW 92, 313: FamRZ 96, 215.
68 *BGH* NJW 92, 313; FamRZ 89, 492; 90, 1341.
69 *BGH* FamRZ 90, 1341.

nach § 1587a VI die gesetzlichen Ruhensvorschriften der §§ 54-56 BeamtenVG beachten, denn sie begrenzen die Versorgungsbezüge auf den Betrag des Ruhegehalts, den der Beamte aus dem früheren Dienstverhältnis oder dem Beamtenverhältnis höchstens erhielte. Dies soll getreu dem beamtenrechtlichen Grundsatz der Alimentation eine **Überversorgung verhindern**[70].

9. Kapitel
Der Ehezeitanteil der gesetzlichen Rentenversicherung

1. Gesetzliche Rentenversicherung

857 Die gesetzliche Rentenversicherung ist ein Zweig am Baum der Sozialversicherung und seit dem Rentenreformgesetz 92 im SGB VI geregelt[71]. Sie ist eine **Pflichtversicherung** für „Beschäftigte" (§ 1), „Selbständig Tätige" (§ 2), „Sonstige" (§ 3) und gewisse Antragsteller (§ 4), wenn sie nicht allgemein versicherungsfrei (§ 5) oder im Einzelfall auf Antrag von der Versicherungspflicht befreit sind (§ 6). Neben der Pflichtversicherung gibt es noch die **freiwillige Versicherung** in beliebiger Höhe für Personen, die nicht pflichtversichert sind (§ 7), sowie die zwingende **Nachversicherung** zu Lasten des Dienstherrn für Beamte, Richter und Soldaten, die ohne beamtenrechtliche Versorgung aus dem öffentlichrechtlichen Dienstverhältnis ausscheiden (§ 8).

858 **Rentenversicherungsträger** sind nach §§ 125 ff.: die Landesversicherungsanstalten (LVA), die Bundesversicherungsanstalt für Angestellte (BfA), die Bahnversicherungsanstalt, die Bundesknappschaft und die Seekasse, alles **juristische Personen des öffentlichen Rechts**. Schon daraus folgt, dass Anrechte gegen ausländische Sozialversicherungsträger nicht nach §§ 1587a II Nr. 2, 1587b ausgeglichen werden können, sondern dem § 1587a V unterfallen und schuldrechtlich auszugleichen sind.

Das SGB VI ist ein umfangreiches Gesetz von 320 Paragraphen und vielen neuen Rechtsbegriffen. Es gilt einheitlich für alle Arbeitnehmer und ersetzt die alten Spezialgesetze für die Arbeiterrentenversicherung (RVO), die Angestelltenversicherung (AVG) und die knappschaftliche Rentenversicherung (RKG).

859 Die gesetzliche Rentenversicherung ist nach wie vor **lohn- und beitragsbezogen** und wird im Umlageverfahren finanziert (§ 153). Sie soll dem Versicherten nach einem anstrengenden Arbeitsleben auch im Ruhestand den bisherigen Lebensstandard sichern. Die **Regelaltersrente** bekommt der Versicherte derzeit nach Vollendung des 65. Lebensjahres und Erfüllung einer **Wartezeit** von 60 Monaten (§§ 35, 50 I). Daneben gibt es **besondere Altersrenten** für langjährig Versicherte, Schwerbehinderte, Berufs- und Erwerbsunfähige sowie Arbeitslose mit unterschiedlichen Wartezeiten (§§ 36-38); auch

---

70 *BGH* 90, 52; FamRZ 93, 1005; 85, 688; 87, 798; 89, 263; 93, 414, 95, 413; 96, 98; 2000, 746, 748, 749: auch zur Berechnung; *BVerwG* NJW 92, 852; ferner *Schmitz* FamRZ 89, 123.
71 Zur Neuregelung: *Schmeiduch* FamRZ 91, 377; *Ruland* NJW 92, 1; zur Anwendung auf Altfälle: *BGH* NJW 93, 465; 96, 1344.

Frauen haben noch ihre eigene Sonderregel (§ 39). Für manche vorzeitigen Altersrenten sind die Altersgrenzen jedoch ab 1.1.1997 angehoben worden[72]. **Die Rente wegen Berufs- oder Erwerbsunfähigkeit folgt eigenen Regeln** (§§ 43, 44).

2. Bemessungsgrundlage

Die Höhe der Altersrente hängt nach wie vor davon ab, wie lange der Versicherte welche **860** Beiträge bezahlt hat (§ 63). Es gibt indes nicht nur „**Beitragszeiten**", sondern auch „**beitragsfreie Zeiten**"[73], „**Kindererziehungszeiten**"[74], „**Berücksichtigungszeiten**", „**Anrechnungszeiten**" und für die Rente wegen Berufs- oder Erwerbsunfähigkeit eine „**Zurechnungszeit**"[75]. Alle diese Zeiten fasst das SGB VI in den §§ 54–62 unter dem Oberbegriff „**Rentenrechtliche Zeiten**" zusammen. Sie müssen im Inland zurückgelegt werden (§ 113 I Nr. 1). Diese Regel hat jedoch ein paar Ausnahmen. Das **Fremdenrentengesetz** v. 25.2.1960 (BGBl. I 93) i.d.F. v. 11.11.1996 (BGBl. I 1674) stellt bestimmte ausländische Beitragszeiten den inländischen gleich, ebenso Beitragszeiten in der früheren DDR, wenn der Versicherte noch vor dem 18.5.1990 in die Bundesrepublik gezogen ist (RN 1080)[76]. Schließlich sind ausländische Beitragszeiten dann zu berücksichtigen, wenn zwischenstaatliche Sozialversicherungsabkommen es so bestimmen.

3. Rentenformel

Unerheblich ist, ob die Beitragszeiten in einem einzigen oder aber in verschiedenen **861** Zweigen der öffentlichen Rentenversicherung zurückgelegt worden sind, denn stets wird die Altersrente einheitlich aus der Summe aller Zeiten berechnet nach der neuen **Rentenformel** der §§ 63 VI, 64:

$$\text{Monatsrente} = \text{pEP} \times \text{aRW} \times \text{RAF}$$

Danach ist die Monatsrente das Produkt aus den persönlichen Entgeltpunkten (pEP), dem aktuellen Rentenwert (aRW) und dem Rentenartfaktor (RAF). Die persönlichen Entgeltpunkte wiederum sind das Produkt aus den Entgeltpunkten (EP) und dem Zugangsfaktor (ZF).

Die **Entgeltpunkte** drücken das Verhältnis aus zwischen dem individuellen Bruttojahres- **862** arbeitsentgelt des einzelnen Versicherten und dem durchschnittlichen Bruttojahresarbeitsentgelt aller Versicherten im jeweiligen Versicherungsjahr:

$$\text{EP} = \frac{\text{jährliches Individualarbeitsentgelt}}{\text{jährliches Durchschnittsarbeitsentgelt}}$$

---

72 Dazu *Löschau* ZAP 97, 523.
73 Dazu *BVerfG* NJW 92, 2213.
74 *BVerfG* FamRZ 96, 1137: verfassungswidriges Ergebnis bei Zusammentreffen von Beitrags- u. Kindererziehungszeiten; dazu *OLG Koblenz, Celle, Frankfurt* FamRZ 97, 1218, 1220; *Schmeiduch* FamRZ 98, 530.
75 Dazu *BGH* FamRZ 86, 337.
76 Dazu *BGH* FamRZ 91, 421; 92, 295.

Also erlangt der statistische Durchschnittsverdienst in jedem Versicherungsjahr 1 EP (§ 63 II 2) und nach 30 Versicherungsjahren 30 EP; das ist der gesetzliche Maßstab. Wer stets das 1 1/2-fache des Durchschnitts verdient, erlangt jedes Jahr 1,5 EP und nach 30 Jahren 45 EP. Wer hingegen stets nur 3/4 des Durchschnitts verdient, erlangt jedes Jahr nur 0,75 EP und nach 30 Jahren 22,5 EP.

863 Die **persönlichen EP** sind nach § 66 I gleich der Summe aller EP für Beitragszeiten, beitragsfreie Zeiten, Zuschläge für beitragsgeminderte Zeiten sowie Zu- und Abschläge aus einem durchgeführten Versorgungsausgleich, vervielfältigt mit dem **Zugangsfaktor** (ZF). Dieser richtet sich nach dem Alter des Versicherten bei Rentenbeginn (§ 77) und gleicht Abweichungen von der Regelaltersgrenze von derzeit 65 Jahren aus (§ 63 V), ist also wertneutral, wenn es um die Regelaltersgrenze geht. Für den Versorgungsausgleich spielt der ZF normalerweise schon deshalb keine Rolle, weil § 1587a II Nr. 2 auf die Regelaltersgrenze abstellt.

864 Der **aktuelle Rentenwert** (aRW) drückt die Dynamik der gesetzlichen Altersrente schon im Anwartschaftsstadium aus, also ihre Anpassung an die jeweiligen Löhne und Gehälter, und wechselt deshalb von Jahr zu Jahr (§ 65). Er ist ein Durchschnittswert und bezeichnet den Monatsbetrag der Altersrente, der sich ergibt, wenn für ein Kalenderjahr Beiträge aus dem Durchschnittsarbeitsentgelt aller Versicherten bezahlt worden sind (§ 68 I).

865 Der **Rentenartfaktor** (RAF) schließlich hängt von der Art der Rente ab: Alters- und Erwerbsunfähigkeitsrente haben den wertneutralen Faktor 1,0, die Berufsunfähigkeitsrente dagegen nur den Faktor 0,6667 (§ 67).

Die neue Rentenformel beschränkt sich auf Anrechte, die der gesetzlichen Rentenanpassung nach § 65 unterliegen. Sie erstreckt sich deshalb weder auf Höherversicherungsanteile aus zusätzlichen freiwilligen Beiträgen (§§ 234, 269) noch auf Kinderzuschüsse zur laufenden Rente (§ 270).

4. Berechnung des Ehezeitanteils

4.1 Fiktive Monatsrente

866 Nach **§ 1587a II Nr. 2** ist der auszugleichende Ehezeitanteil der gesetzlichen Rentenversicherung gleich dem Rentenbetrag, der sich am Ende der Ehezeit aus den auf die Ehezeit entfallenden Entgeltpunkten ohne Rücksicht auf den Zugangsfaktor ergäbe. Was Ehezeit ist, bestimmt auch hier verbindlich § 1587 II[77]. Da der Zugangsfaktor (§ 77 SGB VI) nicht berücksichtigt wird, zählt nur die Vollrente wegen Alters (§§ 35 ff. SGB VI), die der Ehegatte erhielte, wenn am Ende der Ehezeit der Versicherungsfall einträte, weil die Altersgrenze erreicht wäre. Diese Altersrente ist solange ein **fiktiver Betrag**, als der Ehegatte die Altersgrenze noch nicht erreicht hat und die Altersrente noch nicht bezieht[78].

---

77 *BGH* FamRZ 91, 173.
78 Dazu *Ruland* NJW 92, 77.

Das Familiengericht ermittelt diesen Betrag aus den Auskünften des Rentenversiche- **867** rungsträgers zu den Stichtagen der Ehezeit (§ 11 II VAHRG; § 53b II 2 FGG). Der Rentenversicherungsträger errechnet den Ehezeitanteil nach der Rentenformel der §§ 63 VI, 64 i.V.m. § 124 II SGB VI. Da der Rentenartfaktor der Vollrente wegen Alters stets 1,0 ist (§ 67 Nr. 1 SGB VI) und der Zugangsfaktor außer Betracht bleibt, reduziert sich die Rentenformel auf 2 Faktoren und lautet:

$$\textbf{Monatsrente = Entgeltpunkte} \times \textbf{aktueller Rentenwert}$$

Maßgeblich ist die Zahl der Entgeltpunkte, die am Ende der Ehezeit auf die Ehezeit entfallen (§ 124 II SGB VI). Die **Formel** lautet dazu:

$$\begin{array}{ll} \textbf{auszugleichende} \\ \textbf{(fiktive) Monatsrente} \end{array} = \dfrac{\textbf{Gesamtzahl der EP} \times \textbf{Ehezeitmonate} \times \textbf{aRW}}{\textbf{Summe aller rentenrechtlichen Zeiten}}$$

Ob der Ehegatte schon die gesetzliche Wartezeit (§§ 50 ff. SGB VI) erfüllt hat, ist nach § 1587a VII unerheblich; das Gesetz unterstellt, dass der Versicherte die Wartezeit noch erfüllen werde.

4.2 Reale Monatsrente

Die fiktive Berechnung des Ehezeitanteils erübrigt sich, wenn der **Ehegatte schon wäh-** **868** **rend der Ehezeit eine unentziehbare Rente bezieht,** denn die Realität ist dann stärker als die Fiktion des § 1587 II Nr. 2[79]. Dies gilt nicht nur für die Altersrente, sondern **auch** für die **Erwerbsunfähigkeitsrente**, wenn mit ihrem Entzug nicht mehr zu rechnen ist[80]. Maßgeblich ist der **Bruttozahlbetrag**; der Krankenversicherungsbeitrag wird nicht abgezogen[81].

4.3 Beitragserstattung

Umgekehrt erlöschen alle Versorgungsanrechte, so dass mangels Masse nichts mehr auszugleichen ist, wenn die bezahlten Beiträge zur gesetzlichen Rentenversicherung während der Ehezeit nach § 210 SGB VI erstattet werden (RN 835)[82].

---

79 *BGH* FamRZ 82, 33; 96, 406; NJW 97, 315.
80 *BGH* FamRZ 84, 673; 85, 688; 89, 35, 721; 97, 1535; *OLG Bamberg* FamRZ 90, 73; *OLG Frankfurt* FamRZ 92, 69; *OLG Karlsruhe* FamRZ 94, 904; 99, 921; *Schmeiduch* FamRZ 91, 377, 382.
81 *BGH* NJW 94, 1214.
82 *BGH* FamRZ 86, 657: ab Bestandskraft des Erstattungsbescheids.

10. Kapitel
Der Ehezeitanteil der betrieblichen Altersversorgung

1. Gesetzliche Systematik

869   **§ 1587a II Nr. 3** regelt die Bewertung der betrieblichen Altersversorgung. Wie die Flut höchstrichterlicher Entscheidungen zeigt, tut sich die Praxis mit dieser Versorgungsart besonders schwer[83]. Schuld daran ist die bunte Vielfalt rechtlicher Gestaltungen und Versorgungsträger. Unterschiedlich sind nicht nur der Umfang der Versorgung und ihre Finanzierung, sondern auch Verfallbarkeit und Dynamik sowie der Zusammenhang mit anderen Versorgungsarten.

Methodisch empfiehlt sich folgende Reihenfolge der rechtlichen Prüfung:

(1) Fällt das Versorgungsanrecht überhaupt in den **Versorgungsausgleich oder** aber in den **Zugewinnausgleich (§ 1587 u. RN 818)**?

(2) Handelt es sich um eine **betriebliche Altersversorgung** nach § 1587a II Nr. 3 **oder** aber um eine **andere Versorgungsart** nach § 1587a II Nr. 1, Nr. 4 oder Nr. 5 (RN 870 ff.)?

(3) Ist das Versorgungsanrecht noch **verfallbar**, dann nur schuldrechtlicher Versorgungsausgleich, **oder** schon **unverfallbar**, dann öffentlichrechtlicher Versorgungsausgleich (§ 1587a II Nr. 3 S. 3 u. RN 883 ff.)?

(4) Ist die betriebliche Altersversorgung eine selbständige **Zusatzversorgung oder** aber Teil einer **Gesamtversorgung** (RN 880 ff.)?

(5) Wie ist der Ehezeitanteil der betrieblichen Altersversorgung zu bewerten: nach § 1587a II Nr. 3a, weil die **Betriebszugehörigkeit noch andauert, oder** nach §§ 1587a II Nr. 3b, weil die Betriebszugehörigkeit **schon beendet** ist (RN 894 ff.)?
Und wenn die betriebliche Altersversorgung Teil einer Gesamtversorgung ist: Wird der Ehezeitanteil nach der **Hochrechnungs- oder** nach der **VBL-Methode** berechnet (RN 900 ff.)?

(6) Ist das Versorgungsanrecht **dynamisch oder statisch**? Ist es mit seinem vollen nominellen Wert in die Abrechnung einzustellen oder muss es erst noch nach der BarwertVO dynamisiert werden (RN 903 ff.)?

(7) Ist der Ausgleich **öffentlichrechtlich** nach §§ 1, 3b VAHRG **oder schuldrechtlich** nach § 1587f durchzuführen?

2. Begriff der betrieblichen Altersversorgung

870   Nach der gesetzlichen Definition des § 1 BetrAVG (Gesetz zur Verbesserung der betrieblichen Altersversorgung v. 19.12.1974, BGBl I 3610) **wird die betriebliche Altersversorgung einem Arbeitnehmer aus Anlass des Arbeitsverhältnisses und (wenigstens auch) auf Kosten des Arbeitgebers gewährt.** Dafür gibt es mehrere Gestaltungsmöglich-keiten[84]: die Direktzusage des Arbeitgebers, die Direktversicherung durch den Arbeitgeber, die Versorgungszusage einer Pensions- oder Unterstützungskasse, schließlich

---

83 Dazu und zum Folgenden: *Glockner* FamRZ 88, 777–783; 94, 900; *Langohr-Plato* ZAP 2000, Fach 17 S. 513.

84 Dazu *BGH* FamRZ 93, 794.

die Zusatzversorgung des öffentlichen Dienstes, die wiederum viele Gesichter hat. Richtet sich die Versorgung aber nach „beamtenrechtlichen Grundsätzen", gilt nicht § 1587a II Nr. 3, sondern § 1587a II Nr. 1[85].

„**Aus Anlass des Arbeitsverhältnisses**" wird die Versorgung dann gewährt, wenn der **871** Arbeitgeber sie dem Arbeitnehmer unmittelbar oder mittelbar verspricht und zumindest teilweise bezahlt. Ob und welche Versorgungszusage der Arbeitgeber gemacht hat, muss man im Zweifel nach §§ 133, 157 durch Auslegung klären[86]. Einen Rechtsanspruch auf die Altersrente muss die Versorgungszusage dem Arbeitnehmer nicht geben, denn nach § 1587 I sind bereits Aussichten auf eine Versorgung auszugleichen. Auch verfallbare Versorgungsanrechte fallen in den VA, sind nach § 1587a II Nr. 3 S. 3 aber nur schuldrechtlich auszugleichen. Umgekehrt sind nicht nur Anwartschaften und Aussichten, sondern erst recht laufende Versorgungsrenten auszugleichen[87].

Versorgungsträger ist stets derjenige, der die Versorgung verspricht und im Versor- **872** gungsfall zu leisten hat. Dies kann der Arbeitgeber selbst sein (Direktzusage) oder ein Dritter (Versicherer, Pensions- oder Unterstützungskasse).

Sieht man von dem Sonderfall der Unterstützungskassen ab, erlangt der Arbeitnehmer ab Erteilung der Versorgungszusage oder vereinbartem Versicherungsbeginn, frühestens ab Betriebszugehörigkeit eine **rechtlich gesicherte Anwartschaft auf betriebliche Altersversorgung** (§ 1 II 4, III 1 BetrAVG). Die tatsächliche Betriebszugehörigkeit kann sich um „gleichgestellte Zeiten" (Mutterschutz, Wehrdienst) verlängern. Sind laut Versorgungszusage auch frühere Beschäftigungszeiten zu berücksichtigen, muss man im Zweifelsfall durch Auslegung klären, ob diese Zeiten die Wartezeit verkürzen oder die Unverfallbarkeit beschleunigen oder die Höhe der Versorgung beeinflussen sollen[88].

3. Direktzusage

Das direkte Versorgungsversprechen des Arbeitgebers selbst heißt Direktzusage (§ 1 I Be- **873** trAVG) und ist Bestandteil des Arbeits- oder Dienstvertrags. Die versprochene Versorgung ist ein Teil der Arbeitsvergütung und wird voll vom Arbeitgeber finanziert, meistens aus Pensionsrückstellungen. Versorgungsträger ist denn auch der Arbeitgeber selbst[89].

> Die GmbH verspricht ihrem Geschäftsführer anstelle eines Geschäftsführergehalts ein **Beispiel** Ruhegehalt. Das ist eine auszugleichende betriebliche Altersversorgung kraft Direktzusage des Arbeitgebers. Dass der Geschäftsführer eine Kapitalabfindung anstrebt, ändert daran nichts. Ob die GmbH ein monatliches Ruhegehalt oder ein Kapital versprochen hat, muss im Zweifelsfall durch Auslegung des Versorgungsversprechens geklärt werden (*BGH* NJW 93, 1262). Selbst ein Kapitalwahlrecht des Geschäftsführers schadet solange nicht, als es nicht ausgeübt wird (*BGH* FamRZ 93, 794).

---

85 *BGH* FamRZ 94, 232: auch zur Abgrenzung.
86 *BGH* NJW 93, 1262: Direktzusage; FamRZ 93, 793: Direktversicherung; *BAG* FamRZ 95, 673, 674: „Mindestrente".
87 *BGH* 81, 152; NJW 82, 229.
88 *BGH* FamRZ 83, 1001; 85, 263; 86, 338.
89 *BGH* FamRZ 83, 1001: NDR; FamRZ 84, 1212: Stadt Berlin; FamRZ 87, 52: ZDF; FamRZ 95, 88: RWE; NJW 93, 1262: GmbH.

4. Direktversicherung

874 Eine mittelbare Zuwendung des Arbeitgebers an den Arbeitnehmer ist die Direktversicherung (§ 1 II BetrAVG mit §§ 328, 330 BGB): **Der Arbeitgeber schließt mit einem Versicherer im eigenen Namen einen Rentenversicherungsvertrag auf das Leben des Arbeitnehmers** und bestimmt entweder den einzelnen Arbeitnehmer oder die ganze Gruppe seiner Arbeitnehmer als Bezugsberechtigte (Einzel- oder Gruppenversicherung). Versorgungsträger ist hier der Versicherer, der Arbeitgeber nur Versicherungsnehmer. Der Arbeitnehmer ist Versicherter und begünstigter Dritter. Die Versicherungsbeiträge bezahlen entweder der Arbeitgeber allein oder Arbeitgeber und Arbeitnehmer gemeinsam[90].

875 Schließt der Arbeitnehmer selbst den Versicherungsvertrag ab, und sei es auf Kosten des Arbeitgebers, handelt es sich nicht mehr um eine betriebliche Altersversorgung nach § 1587a II Nr. 3, sondern um eine Rentenversicherung nach § 1587a II Nr. 5. Und lautet die Lebensversicherung nicht auf eine Rente, sondern auf ein Kapital, fällt sie überhaupt nicht in den Versorgungsausgleich, sondern in den Zugewinnausgleich (RN 818). Dies gilt selbst dann, wenn sie vom Arbeitgeber „zur betrieblichen Altersversorgung" abgeschlossen und bezahlt wird[91].

Beispiele

(1) Der Arbeitgeber schließt für den Arbeitnehmer vereinbarungsgemäß (kraft Arbeitsvertrags, Betriebsvereinbarung oder Tarifvertrags) einen unwiderruflichen Rentenversicherungsvertrag über monatlich 217,– Euro für den Fall ab, dass der Arbeitnehmer 60 Jahre alt werde; das ist eine betriebliche Altersversorgung.

(2) Verspricht der Arbeitgeber hingegen eine Kapitallebensversicherung über 39 500,– Euro, fällt das Bezugsrecht des Arbeitnehmers selbst dann nicht in den Versorgungsausgleich, wenn der Arbeitgeber entgegen seiner Zusage für den Arbeitnehmer einen Rentenversicherungsvertrag über monatlich 217,– Euro abschließt.

Ob es sich um eine betriebliche Altersversorgung nach §§ 1587 I, 1587a II Nr. 3 handelt, richtet sich nur nach der **arbeitsvertraglichen Versorgungszusage des Arbeitgebers**, nicht nach dem Versicherungsvertrag zwischen Arbeitgeber und Versicherer, an dessen Abschluss der Arbeitnehmer nicht beteiligt ist. Wenn dem Arbeitnehmer die vertragswidrige Gestaltung des Versicherungsvertrags nicht gefällt, mag er den Arbeitgeber auf Vertragserfüllung oder Schadensersatz wegen Nichterfüllung in Anspruch nehmen (*BGH* FamRZ 93, 793).

5. Pensionskasse und Unterstützungskasse

876 Schuldner der betrieblichen Versorgungszusage ist oft eine **Pensionskasse** (§ 1 III 1 BetrAVG). Das ist eine Einrichtung des Arbeitgebers, rechtlich aber selbständig, eine **juristische Person des Privatrechts** also, und meistens als Versicherungsverein auf Gegenseitigkeit organisiert. Vor allem Großunternehmen und Arbeitgebervereinigungen ha-

---

90 *BGH* FamRZ 93, 793.
91 *BGH* 117, 70; FamRZ 84, 156.

ben Pensionskassen[92]. Versorgungsträger ist die Pensionskasse. Finanziert wird sie mit Beiträgen auch der Arbeitgeber. Dem versicherten Arbeitnehmer gibt sie einen Rechtsanspruch auf die Versorgung[93].

Auch die **Unterstützungskasse** (§ 1 IV BetrAVG) ist eine juristische Person des Privatrechts. Von der Pensionskasse unterscheidet sie sich darin, dass sie ausschließlich aus Beiträgen des Arbeitgebers nebst Zinserträgen des Kassenvermögens finanziert wird und deshalb die Versorgungszusage durch einen **Widerrufsvorbehalt** einschränkt, so dass der Arbeitnehmer **keinen Rechtsanspruch auf Versorgung** erlangt. Da aber die Unterstützungskasse ihre Versorgungszusage nicht nach freiem Belieben, sondern nur aus triftigem Grund widerrufen darf[94], erlangt der versicherte Arbeitnehmer immerhin eine **Aussicht auf Altersversorgung**, die nach § 1587 I bereits in den Versorgungsausgleich fällt[95]. **877**

6. Zusatzversorgung des öffentlichen Dienstes

Zur betrieblichen Altersversorgung gehört nach § 18 BetrAVG schließlich die Zusatzversorgung des öffentlichen Dienstes[96]. Sie soll die Altersversorgung der Arbeiter und Angestellten des öffentlichen Dienstes der Beamtenversorgung angleichen[97]. Versorgungsträger ist hauptsächlich die **Versorgungsanstalt des Bundes und der Länder (VBL)**. Daneben gibt es noch eine Reihe besonderer Einrichtungen: die Versorgungsanstalt der Deutschen Post (VAP)[98]; die Bahnversicherungsanstalt (BVA)[99]; die Versorgungsanstalten der Deutschen Bühnen und der Deutschen Kulturorchester[100]; außerdem kirchliche und kommunale Zusatzversorgungskassen[101]. Es sind dies alles **juristische Personen des öffentlichen Rechts**, denn die Altersversorgung des öffentlichen Dienstes ist eine öffentliche Aufgabe, die freilich in privatrechtlicher Form erfüllt wird[102]. Die Versorgungsträger haben nämlich ihre Rechtsbeziehung zu den versicherten Arbeitnehmern in ihren **Satzungen privatrechtlich gestaltet**[103]. Die Satzungen sind keine Rechtsnormen, die objektives Recht setzen, sondern nur eine Art allgemeine Geschäftsbedingungen[104], **878**

---

92 *BGH* FamRZ 87, 52: ZDF; FamRZ 92, 792: Stadt Düsseldorf; FamRZ 92, 1052: Beamtenversicherungsverein des Deutschen Bank- und Bankiergewerbes; *OLG München* FamRZ 91, 1450: chemische Industrie; *OLG Celle* FamRZ 94, 1463: Zusatzversorgungskasse des Baugewerbes; *BGH* FamRZ 97, 166 u. *OLG Hamm* FamRZ 94, 1465: Fa. Nestlé.
93 *BGH* FamRZ 87, 53.
94 *BAG* NJW 80, 79.
95 *BGH* FamRZ 86, 338; ferner *OLG* Köln FamRZ 87, 1156.
96 *BGH* 81, 155; 84, 164; 93, 224; NJW 96, 120; FamRZ 96, 158.
97 *BGH* 93, 222; NJW 96, 120.
98 *BGH* 93, 222; 94, 349.
99 *BGH* NJW 83, 38.
100 *BGH* FamRZ 85, 1235: Bewertung aber nach § 1587a II Nr. 3 S. 2 u. Nr. 4; *OLG München* FamRZ 95, 816; *OLG Nürnberg* FamRZ 96, 551; *OLG Karlsruhe* FamRZ 96, 552.
101 *BGH* 84, 158.
102 *BGH* 94, 349.
103 *BGH* 81, 152, 162, 163; 94, 349.
104 *BGH* 81, 163.

die aber für alle diejenigen gelten, die als Arbeiter oder Angestellte in den öffentlichen Dienst eintreten, denn es herrscht Versicherungszwang (§ 18 BetrAVG)[105].

879 Finanziert wird die Zusatzversicherung aus Umlagen der Arbeitgeber (§ 18 II BetrAVG). Der versicherte Arbeitnehmer behält die Versorgung auch dann, wenn er innerhalb des öffentlichen Dienstes den Arbeitgeber wechselt; seine Versorgungsanrechte werden dann in das neue Arbeitsverhältnis überführt. Wer vorzeitig aus dem öffentlichen Dienst ausscheidet, kann sich freiwillig weiterversichern, mit eigenen Beiträgen oder beitragsfrei.

Von den anderen Formen der betrieblichen Altersversorgung unterscheidet sich die Zusatzversorgung des öffentlichen Dienstes weniger in der Bewertung als im Ausgleich; da der **Versorgungsträger eine juristische Person des öffentlichen Rechts** ist, erlaubt § 1 III VAHRG das Quasi-Splitting entsprechend § 1587b II (RN 975).

§ 18 BetrAVG war allerdings insoweit verfassungswidrig (Art. 3 I, 12 I GG) und nichtig, als er unterschiedlich hohe Versorgungszusagen desselben öffentlichen Arbeitgebers gleich und die Verfallbarkeit betrieblicher Altersrenten der Privatwirtschaft und des öffentlichen Dienstes ungleich behandelte[106].

Verfassungswidrig ist auch die Berechnung der Versorgungsrente Teilzeitberechtigter nach Maßgabe der Nettogesamtversorgung[107].

7. Gesamtversorgung

7.1 „Echte" Gesamtversorgung

880 Die betriebliche Altersversorgung steht selten allein. Meistens ergänzt sie eine andere Versorgungsart wie die gesetzliche Rentenversicherung oder bildet mit dieser zusammen eine Gesamtversorgung.

Von einer Gesamtversorgung spricht man dann, wenn der **Träger der betrieblichen Altersversorgung die volle Versorgung bestimmten Umfangs verspricht, aber zugleich bestimmt, dass andere Versorgungen wie die gesetzliche Rente ganz oder teilweise auszurechnen seien**[108]. Die gesetzliche Rente ist dann die **Grundversorgung**, die Betriebsrente eine **Zusatzversorgung**, welche die Differenz zwischen Gesamtversorgung und Grundversorgung decken soll.

Beispiele

(1) Die Pensionskasse des Arbeitgebers verspricht dem Arbeitnehmer 70% des letzten Arbeitsentgelts als Betriebsrente mit der Bestimmung, dass andere Versorgungsleistungen darauf anzurechnen seien. Beträgt die versprochene Gesamtversorgung 1500,– Euro und die gesetzliche Rente 900,– Euro, verbleibt eine Betriebsrente von 600,– Euro. Das ist eine **echte Gesamtversorgung**.

---

105 *BGH* 93, 226; FamRZ 84, 1212.
106 *BVerfG* FamRZ 99, 279; 2000, 3341 u. Gesetz zur Änderung des Gesetzes zur Verbesserung der betrieblichen Altersversorgung v. 21.12.2000 (BGBl. I 1914 u. FamRZ 2001, 214).
107 *BVerfG* FamRZ 99, 1575: Lücke ist durch ergänzende Vetragsauslegung zu schließen.
108 *Glockner* FamRZ 87, 333; 94, 900: keine Gesamtversorgung, sondern zusammengesetzte betriebl. Altersversorgung, wenn Pensionskasse die Grundversorgung und Direktzusage eine Zusatzversorgung bilden.

(2) Der Arbeitnehmer hat Anwartschaften sowohl in der gesetzlichen Rentenversicherung als auch gegenüber einer rechtlich selbständigen Pensionskasse und aus einer Direktzusage des Arbeitgebers. Letzterer verspricht dem Arbeitnehmer, die Versorgung aus gesetzlicher Rente und Betriebsrente aufzustocken auf 70% des ruhegeldfähigen Arbeitsentgelts aus dem Durchschnitt der letzten 24 Kalendermonate vor Rentenbeginn. Die Rente aus der Direktzusage hängt hier der Höhe nach von der Höhe der beiden anderen Versorgungen ab. Die Betriebsrente der Pensionskasse dagegen hängt weder von der gesetzlichen Rente noch von der Direktzusage ab. Der BGH nennt dies eine **mehrstufige Gesamtversorgung:** Die Direktzusage ergänzt die Grundversorgung, die aus gesetzlicher Rente und Betriebsrente besteht (*BGH* FamRZ 94, 23; ferner *OLG Celle* FamRZ 95, 366).

Die Bewertung der Zusatzversorgung nach § 1587a II Nr. 3 ist deshalb problematisch, weil sie keine feste, sondern eine **variable Größe** ist, die von der Grundversorgung abhängt und deshalb nicht isoliert bewertet werden kann (RN 901).

7.2 „Limitierte" betriebliche Altersversorgung

Von der echten Gesamtversorgung unterscheidet man die **„limitierte" betriebliche Altersversorgung.** Sie bestimmt, dass die Betriebsrente insoweit zu kürzen ist, als die Summe aus gesetzlicher Rente und Betriebsrente einen bestimmten Höchstbetrag übersteigt. Im Kürzungsfall handelt es sich um eine Art Gesamtversorgung. Dieser Fall muss aber nicht eintreten. Solange gesetzliche Rente und Betriebsrente zusammen den **Höchstbetrag** nicht überschreiten, stehen sie selbständig nebeneinander und können deshalb auch isoliert bewertet werden[109]. **881**

Beispiel

Die betriebliche Altersversorgung begrenzt die Versorgung aus gesetzlicher Rente und Betriebsrente auf 75% des anrechnungsfähigen Einkommens, also auf insgesamt 1500,– Euro, wenn das anrechnungsfähige Einkommen 2000,– Euro beträgt. Steht dem Arbeitnehmer eine gesetzliche Rente von 1000,– Euro und – ungekürzt – eine Betriebsrente von 750,– Euro zu, wird diese um 250,– Euro auf 500,– Euro gekürzt. In diesem Fall hängt die Betriebsrente wie bei einer echten Gesamtversorgung von der gesetzlichen Rente ab, was bei der Bewertung zu berücksichtigen ist. Beträgt die Betriebsrente hingegen – ungekürzt – nicht mehr als 500,– Euro, bleibt sie dem Arbeitnehmer ungekürzt erhalten, steht also selbständig neben der gesetzlichen Rente und kann deshalb unabhängig und isoliert bewertet werden (*BGH* FamRZ 91, 1421; *Glockner* FamRZ 87, 333).

7.3 Zusatzversorgung des öffentlichen Dienstes

Die Zusatzversorgung des öffentlichen Dienstes ist Teil einer Gesamtversorgung; sie soll die Differenz zwischen der Gesamtversorgung bestimmter Höhe und der Grundversorgung durch die gesetzliche Rente decken, diese also aufstocken, um die Versorgung der **882**

---

109 *BGH* FamRZ 91, 1421; *Glockner* FamRZ 87, 333.

Arbeiter und Angestellten des öffentlichen Dienstes an die Beamtenversorgung anzugleichen. Die Höhe der Zusatzversorgung hängt deshalb stets von der Höhe der Grundversorgung durch die gesetzliche Rente ab und kann nur in Abhängigkeit von der gesetzlichen Rente bewertet werden[110].

8. Öffentlichrechtlicher oder schuldrechtlicher Ausgleich

8.1 Unverfallbares oder verfallbares Anrecht

883 Nicht alle Anrechte aus der betrieblichen Altersversorgung sind **öffentlichrechtlich** auszugleichen, sondern **nur die unverfallbaren**, während die verfallbaren schuldrechtlich auszugleichen sind; so bestimmt es ausdrücklich § 1587a II Nr. 3 S. 3 mit § 1587f Nr. 4. Das ist eine Sonderregel für die betriebliche Altersversorgung, die sich auf andere Versorgungsarten nicht übertragen lässt[111].

Der öffentlichrechtliche Versorgungsausgleich wird – in der Regel – bereits im Scheidungsurteil durchgeführt, ohne das verfallbare Anrecht aus der betrieblichen Altersversorgung in die Abrechnung einzustellen, denn rechtlich zählt es noch nicht. Da dies gleichermaßen für beide Ehegatten gilt, nicht nur für den ausgleichspflichtigen, sondern auch für den ausgleichsberechtigten[112], kann der schuldrechtliche Versorgungsausgleich dermaleinst (§ 1587g I 2) in die umgekehrte Richtung verlaufen. War etwa der Ehemann Schuldner des öffentlichrechtlichen Versorgungsausgleichs im Scheidungsurteil, kann beim späteren schuldrechtlichen Versorgungsausgleich die Ehefrau ausgleichspflichtig werden[113]. Das ist eine Ausnahme von der Regel des „Einmalausgleichs" in eine Richtung (RN 806).

884 Das Begriffspaar **verfallbar/unverfallbar** darf man nicht mit dem Begriffspaar **statisch/ dynamisch** verwechseln, denn die Rechtsfolgen sind verschieden[114]. Die Verfallbarkeit oder Unverfallbarkeit eines Anrechts auf betrieblicher Altersversorgung bestimmt nach § 1587a II Nr. 3 S. 3 die Ausgleichsform: entweder öffentlichrechtlicher oder nur schuldrechtlicher Versorgungsausgleich. Die Statik oder Dynamik des Anrechts hingegen bestimmt nach § 1587a III Nr. 2, IV nur die Art der Bewertung: Hängt das Anrecht nach dem Vorbild der gesetzlichen Rentenversicherung oder der Beamtenversorgung von der Lohn- und Gehaltsentwicklung ab, ist es wie diese volldynamisch und wird deshalb mit seinem Nominalwert in die Abrechnung eingestellt, während das statische Anrecht, das mit den Löhnen und Gehältern nicht Schritt hält, mit Hilfe der BarwertVO erst noch „dynamisiert" werden muss (RN 912 ff.).

---

110 *BGH* 93, 228; FamRZ 90, 278.
111 *BGH* FamRZ 88, 52: berufsständische Versorgung Selbständiger.
112 *BGH* 84, 187, 189; NJW 84, 234; FamRZ 88, 822.
113 *BGH* 84, 190.
114 *BGH* FamRZ 91, 1418.

8.2 Unverfallbar dem Grunde und der Höhe nach

Ob ein Versorgungsanrecht schon unverfallbar ist oder noch verfallen kann, ist eine **885** schwierige Rechtsfrage[115]. Antwort geben die §§ 1, 2 BetrAVG und die Satzungen der Versorgungsträger. Der Begriff der Unverfallbarkeit entstammt dem Arbeitsrecht und bedeutet, **dass das Versorgungsanrecht dem Arbeitnehmer auch dann bleibt, wenn er vor dem Versorgungsfall aus dem Arbeitsverhältnis ausscheidet.** Das BetrAVG unterscheidet die Unverfallbarkeit dem Grunde nach (§ 1) und die Unverfallbarkeit der Höhe nach (§ 2). Öffentlichrechtlich ist das Anrecht nach § 1587a II Nr. 3 S. 3 nur auszugleichen, wenn es **sowohl dem Grunde als auch der Höhe nach unverfallbar ist**[116].

Dem Grunde nach ist ein Anrecht nach § 1 I BetrAVG dann **unverfallbar**, wenn der **886** versicherte Arbeitnehmer 35 Jahre alt ist und entweder schon 10 Jahre lang die betriebliche Versorgungszusage hat oder schon mindestens 12 Jahre dem Betrieb angehört und seit mindestens 3 Jahren betrieblich gegen Alter versichert ist; das sind die zeitlichen Schranken der Versorgung. Wer aus dem Arbeitsverhältnis ausscheidet, bevor er die gesetzlichen Fristen erfüllt hat, verliert die Versorgung schon dem Grunde nach, denn sie ist noch in vollem Umfang verfallbar[117].

Das Anrecht ist nach § 2 BetrAVG **auch der Höhe nach unverfallbar**, wenn sich der Versorgungswert durch das Ausscheiden aus dem Arbeitsverhältnis nicht mehr verringern kann.

Nach Grund und Höhe ist das Versorgungsanrecht also erst dann **unverfallbar**, wenn **887** es von der künftigen beruflichen Entwicklung des versicherten Arbeitnehmers nicht mehr abhängt, dieser vielmehr einen bestimmten Versorgungswert auch dann behält, wenn er vor dem Versorgungsfall aus dem Arbeitsverhältnis ausscheidet[118].

Die Erfüllung einer bestimmten **Wartezeit** ist Anspruchsvoraussetzung für die Altersrente im Versorgungsfall und hat mit der Verfallbarkeit an sich nichts zu tun, es sei denn, Gesetz oder Satzung mache die Unverfallbarkeit davon abhängig, dass der Arbeitnehmer eine bestimmte Wartezeit erfülle, wie es bei der Zusatzversorgung im öffentlichen Dienst der Fall ist. § 1587a VII 1, der Wartezeiten allgemein für unerheblich erklärt, gilt in diesem Fall nicht, denn „Absatz 2 Nr. 3 Satz 3 bleibt unberührt"[119]. Soweit die Unverfallbarkeit von der Dauer der Betriebszugehörigkeit abhängt und die Versorgungszusage die Berücksichtigung früherer Beschäftigungszeiten vorsieht, muss man im Zweifelsfall durch Auslegung klären, ob dadurch die Wartefrist verkürzt oder die Rentenhöhe gesteigert werden soll[120].

Die §§ 1, 2 BetrAVG formulieren **unabdingbare Mindestvoraussetzungen der Unverfallbarkeit**, von denen der Versorgungsträger nicht zum Nachteil des Arbeitnehmers ab-

---

115 *BGH* FamRZ 87, 55: kann im Prozess nicht unstreitig gestellt werden.
116 *BGH* 84, 164, 165; FamRZ 91, 1416; 91, 1421.
117 *BGH* FamRZ 91, 1422.
118 *BGH* 84, 167; 92, 154; 93, 222; FamRZ 86, 341; 87, 55; 88, 822; 89, 844; 96, 158; 91, 1416: Verlust weiterer Dynamik; *OLG Hamburg* FamRZ 89, 68; *OLG Celle* FamRZ 94, 1463.
119 *BGH* 84, 178.
120 *BGH* NJW 84, 234; FamRZ 85, 264; 86, 338.

weichen darf (§ 17 III 2 BetrAVG). Wohl aber darf er die Unverfallbarkeit zugunsten des Arbeitnehmers erleichtern[121].

8.3 Stichtag für die Unverfallbarkeit

888 Stichtag für die Verfallbarkeit oder Unverfallbarkeit der betrieblichen Altersversorgung ist nach ausdrücklicher Bestimmung des § 1587a II Nr. 3 S. 3 nicht das Ende der Ehezeit (§ 1587 II), sondern „der Zeitpunkt des Erlasses der **Entscheidung**" **in der letzten Tatsacheninstanz**[122]. Wenn also ein verfallbares Anrecht in der Zeit zwischen dem Ehezeitende und der Entscheidung der letzten Tatsacheninstanz unverfallbar wird, ist es öffentlichrechtlich auszugleichen[123]. Und wenn es noch später unverfallbar wird, kann sogar die rechtskräftige Entscheidung nach § 10a VAHRG auf Antrag geändert werden[124]. Auf der anderen Seite richtet sich die Verfallbarkeit ausschließlich nach Gesetz und Satzung und nicht nach der größeren oder geringeren Wahrscheinlichkeit einer künftigen Betriebszugehörigkeit. § 1587a II Nr. 3 S. 3 bürdet das Risiko der Verfallbarkeit voll dem ausgleichsberechtigten Ehegatten auf[125].

Soweit es freilich nicht um die Verfallbarkeit, sondern um die Bewertung des Ehezeitanteils geht, ist nach § 1587 II auch für die betriebliche Altersversorgung ein für allemal die tatsächliche Bemessungsgrundlage (Lohn, Gehalt) am Ende der Ehezeit maßgeblich[126].

8.4 Sonderregeln für die Zusatzversorgung des öffentlichen Dienstes

889 Die Zusatzversorgung des öffentlichen Dienstes hat ihre eigenen Regeln, denn die §§ 1, 2 BetrAVG gelten hier nicht[127]. Statt dessen **regeln die Versorgungsträger die Verfallbarkeit in ihren Satzungen**. Auch hier ist eine Versorgungsanwartschaft erst dann nach Grund und Höhe unverfallbar, wenn sie nach der einschlägigen Satzung mit einem bestimmten Versorgungswert dem Arbeitnehmer auch dann verbleibt, wenn er vor dem Versicherungsfall aus einem Arbeitsverhältnis des öffentlichen Dienstes ausscheidet[128]. Die Satzung der Versorgungsanstalt des Bundes und der Länder (VBLS), der die Satzungen der übrigen Versorgungsträger nachgebildet sind, unterscheidet zwischen der Versicherungs- und der Versorgungsrente.

890 Die **werthöhere Versorgungsrente** ist Bestandteil einer Gesamtversorgung (RN 880) und hat drei Voraussetzungen: Der versicherte Arbeitnehmer hat die Wartezeit von 60 Monaten erfüllt, der Versorgungsfall ist eingetreten und der Arbeitnehmer war bis zuletzt

---

121 *BGH* 84, 166.
122 *BGH* 93, 225; FamRZ 82, 1195; 89, 1251; 91, 1421.
123 *BGH* FamRZ 89, 1251.
124 *BGH* FamRZ 88, 824; 90, 1339: auch zum umgekehrten Fall, dass Berufsunfähigkeitsrente nachträglich vor Altersgrenze wegfällt.
125 *BGH* 84, 182; 93, 222; FamRZ 88, 824; 91, 1422.
126 *BGH* FamRZ 91, 1421.
127 *BGH* 84, 166.
128 *BGH* 84, 167.

im öffentlichen Dienst beschäftigt[129]. Versicherungsfall ist nicht nur das Erreichen der Altersgrenze, sondern auch die vorzeitige Berufs- oder Erwerbsunfähigkeit[130] sowie der vorzeitige Tod des Versicherten[131].

Die **wertniedrigere Versicherungsrente** hingegen ist streng beitragsbezogen und wird auch dann bezahlt, wenn der versicherte Arbeitnehmer nach Erfüllung der Wartezeit von 5 Jahren aus dem öffentlichen Dienst ausscheidet und beitragsfrei versichert bleibt oder sich freiwillig weiterversichert. Erfüllt er zusätzlich die Voraussetzungen des § 1 I BetrAVG, bekommt er eine „qualifizierte" Versicherungsrente.

Die **Versorgungsrente** ab Versorgungsfall ist deshalb werthöher, weil sie im Stadium sowohl der Anwartschaft als auch der Leistung an die Löhne und Gehälter gekoppelt und deshalb wie die gesetzliche Rente und die Beamtenversorgung **voll dynamisch** ist, denn als Bestandteil einer Gesamtversorgung soll sie den Wertunterschied zwischen der versprochenen Gesamtversorgung und der Grundversorgung durch die gesetzliche Rente decken[132]. Die **Versicherungsrente** bis zum Versorgungsfall hingegen ist **nur statisch**, da sie von den bezahlten Beiträgen abhängt[133]. **891**

Dieser grundlegende Unterschied zwischen Versorgungs- und Versicherungsrente bestimmt auch die Verfallbarkeit oder Unverfallbarkeit eines Anrechts. **Die Versorgungsrente wird** – nach Erfüllung der Wartezeit – **erst mit Eintritt des Versorgungsfalls und nur dann unverfallbar, wenn der versicherte Arbeitnehmer jetzt noch im öffentlichen Dienst beschäftigt ist**, denn wenn er vorher den öffentlichen Dienst verlässt (oder Beamter wird), bleibt ihm nur die Versicherungsrente[134]. Also hängt die Versorgungsrente bis zum Versorgungsfall davon ab, dass der Versicherte als Arbeitnehmer im öffentlichen Dienst steht, und ist deshalb noch verfallbar. **Die Versicherungsrente hingegen wird schon nach Erfüllung der Wartezeit von 60 Monaten unverfallbar**[135]. **Vor Eintritt des Versorgungsfalls ist deshalb nur die statische Anwartschaft auf die Versicherungsrente öffentlichrechtlich auszugleichen, während der Wertunterschied zur volldynamischen Versorgungsrente nur schuldrechtlich ausgeglichen werden kann**[136]. **892**

Die Erfüllung der Wartezeit ist also die Mindestvoraussetzung jeder Unverfallbarkeit, macht für sich allein aber nur die statische Versicherungsrente unverfallbar. Die dynamische Versorgungsrente hingegen wird erst unverfallbar, wenn nach Erfüllung der Wartezeit der Versorgungsfall eintritt und der versicherte Arbeitnehmer noch im öffentlichen **893**

---

129 *BGH* 84, 169; 94, 222.
130 *BGH* 93, 222: Erwerbsunfähigkeit in gesetzl. Rentenversicherung; FamRZ 90, 1339: Berufsunfähigkeit, auch wenn unsicher, ob Rente bis Altersgrenze bezahlt werden wird; FamRZ 96, 158: Berufsunfähigkeit; Altersgrenze dagegen noch verfallbar, da Versicherter wieder berufsfähig od. Beamter werden kann; *OLG Hamm* FamRZ 94, 1468.
131 *BGH* FamRZ 90, 1339.
132 *BGH* 84, 169; FamRZ 89, 1252; 90, 984; 91, 174.
133 *BGH* 84, 168, 170; FamRZ 89, 1251; 90, 381; zur Besitzstandsrente für Altfälle: *BGH* 84, 169, 171; FamRZ 90, 276.
134 *BGH* 84, 158, 174; 93, 222; FamRZ 89, 1251; 96, 158; NJW 96, 120.
135 *BGH* 84, 173; FamRZ 86, 250.
136 *BGH* 84, 158, 177, 179; 93, 222; FamRZ 89, 1251; 97, 1535: anders bei Bezug der Versorgungsrente.

Dienst steht; sie kann deshalb noch nach jahrzehntelanger Beschäftigung im öffentlichen Dienst verfallen, wenn der Versicherte kurz vor dem Versorgungsfall den öffentlichen Dienst verlässt[137].

9. Ehezeitanteil der unverfallbaren betrieblichen Altersversorgung

9.1 Gesetzliche Systematik

894 Der auszugleichende Ehezeitanteil einer unverfallbaren betrieblichen Altersversorgung ist nach § 1587a II Nr. 3 S. 1 zu bewerten. Das Gesetz unterscheidet zwei Fälle: Entweder dauert die Betriebszugehörigkeit des versicherten Ehegatten „bei Eintritt der Rechtshängigkeit des Scheidungsantrags" noch an (a), oder sie ist schon vorher beendet worden (b).

Soweit allerdings Anwartschaft und Leistung der betrieblichen Altersversorgung nach einem Bruchteil entrichteter Beiträge bemessen werden, richtet sich die Bewertung des Ehezeitanteils nicht nach Nr. 3, sondern nach Nr. 4c des § 1587a II (§ 1587a II Nr. 3 S. 2); dies trifft zu auf die beitragsbezogene Versicherungsrente aus der Zusatzversorgung des öffentlichen Dienstes. Dies ändert aber nichts daran, dass es sich um eine betriebliche Altersversorgung handelt, die nach § 1587a II Nr. 3 S. 3 nur dann öffentlichrechtlich auszugleichen ist, wenn sie bereits unverfallbar ist (RN 883)[138].

9.2 Betriebszugehörigkeit

895 Unter „Betriebszugehörigkeit" versteht man die nach Monaten bemessene Zeitspanne zwischen Eintritt und Austritt aus demjenigen Betrieb, der den Arbeitnehmer direkt oder indirekt versichert. Maßgeblich ist stets der Eintritt in den Betrieb[139], nicht der spätere Eintritt in die Pensionskasse[140]. Die Zeitspanne der Betriebszugehörigkeit kann sich nach der maßgeblichen Versorgungsregelung um gesetzlich erlaubte Fehlzeiten und/oder „gleichgestellte Zeiten" (§ 1587a II Nr. 3 S. 1a und 1b) verlängern. Gesetzlich erlaubt sind Fehlzeiten durch Mutterschaft, Wehr- und Zivildienst. „Gleichgestellt" ist eine Zeit nur kraft besonderer Bestimmung in der maßgeblichen Versorgungsordnung[141] und nur dann, wenn sie nicht lediglich die Wartezeit abkürzen oder die Unverfallbarkeit beschleunigen, sondern auch den Versorgungswert erhöhen soll[142].

896 **Stichtag für die Fortdauer oder das Ende der Betriebszugehörigkeit** ist gegen den Wortlaut des § 1587a II Nr. 3 nicht das Ende der Ehezeit nach § 1587 II, sondern der **Tag der Entscheidung über den Versorgungsausgleich**. Wenn also die Betriebszugehörigkeit in der Zeit zwischen dem Ende der Ehezeit und der Entscheidung in der letzten Tat-

---

137 *BGH* 84, 174.
138 *BGH* 84, 164.
139 *BGH* FamRZ 89, 846: auch wenn Versorgungsordnung es anders bestimmt; FamRZ 97, 167.
140 *OLG Hamm* FamRZ 91, 955; *OLG Celle* FamRZ 95, 366; *Glockner* FamRZ 94, 900; a.A. für Gesamtversorgung: *OLG Düsseldorf* FamRZ 94, 517.
141 *BGH* 93, 236: VBL-Satzung; FamRZ 91, 1417: Vertrag; FamRZ 97, 167.
142 *BGH* 93, 236; FamRZ 85, 264; 85, 363; 86, 340; 91, 1417; 92, 791.

sacheninstanz vorzeitig endet, gilt nicht Nr. 3a, sondern Nr. 3b des § 1587a II[143]. Andernfalls würde der Halbteilungsgrundsatz des § 1587a I 2 verletzt. Ein starkes Argument liefert § 10a VAHRG; nach dieser Vorschrift kann die Entscheidung über den Versorgungsausgleich geändert werden, wenn sich der Wertunterschied der beiderseitigen Versorgungen später ändert. Dann aber ist diese Änderung schon in der ersten Entscheidung über den Versorgungsausgleich zu berücksichtigen, wenn sie zwar erst nach dem Ende der Ehezeit, aber noch vor der Entscheidung eintritt (RN 834)[144]. Der Stichtag des § 1587 II beschränkt sich auf die tatsächliche Bemessungsgrundlage (Lohn, Gehalt); er gilt nicht für rechtliche Veränderungen und die rechtliche Bemessungsgrundlage (RN 832)[145].

9.3 Betriebszugehörigkeit dauert an

Gehört der versicherte Ehegatte dem Betrieb zur Zeit der Entscheidung über den VA noch an, berechnet man den Ehezeitanteil **pro rata temporis aus der fiktiven Altersrente**, denn nach § 1587a II Nr. 3a ist „der Teil der Versorgung zugrundezulegen, der dem Verhältnis der in die Ehezeit fallenden Betriebszugehörigkeit zur gesamten Betriebszeit ab Eintritt in den Betrieb bis zur vorgesehenen festen Altersgrenze entspricht"[146]; „gleichgestellte Zeiten" sind einzubeziehen. Die **Formel** lautet: **897**

$$\text{Ehezeitanteil} = \frac{\text{fiktive Altersrente bei Erreichen der Altersgrenze, aber auf der Bemessungsgrundlage am Ende der Ehezeit}}{} \times \frac{\text{tatsächliche Betriebszugehörigkeit in Ehezeit}}{\text{fiktive Gesamtbetriebszugehörigkeit bis Altersgrenze}}$$

Die **Bemessungsgrundlage** richtet sich auch hier einzig und allein nach den tatsächlichen Verhältnissen am Ende der Ehezeit und ist deshalb eine feste unabänderliche Größe (RN 832). Ist die betriebliche Altersversorgung gehaltsabhängig, so bleibt das Gehalt am Ende der Ehezeit ein für allemal maßgeblich und sind spätere Gehaltserhöhungen unerheblich[147]. Darin unterscheidet sich die tatsächliche Bemessungsgrundlage sowohl von der Verfallbarkeit als auch von der Betriebszugehörigkeit, die beide nach den Verhältnissen zur Zeit der Entscheidung zu beurteilen sind und dem § 10a VAHRG unterfallen (RN 1655 ff.).   **898**

9.4 Betriebszugehörigkeit schon beendet

Gehört der versicherte Ehegatte zur Zeit der Entscheidung über den Versorgungsausgleich dem Betrieb nicht mehr an, ist nach § 1587a II Nr. 3b „der Teil der erworbenen Versorgung zugrundezulegen, der dem Verhältnis der in die Ehezeit fallenden Betriebs-   **899**

---

143 *BGH* 110, 224; a.A. noch *BGH* 93, 226; 98, 390.
144 *BGH* 110, 228.
145 *BGH* 110, 224; FamRZ 86, 977.
146 *BGH* FamRZ 97, 285; ferner *Glockner* FamRZ 94, 900.
147 *BGH* FamRZ 91, 1421; zur Bewertung beitragsabhängiger Versorgung: *Glockner* FamRZ 88, 777.

zugehörigkeit zur gesamten Betriebszugehörigkeit entspricht"; „gleichgestellte Zeiten" sind einzubeziehen.

Die Betriebszugehörigkeit endet normal durch Erreichen der Altersgrenze oder vorzeitig durch Tod, Invalidität oder Verlassen des Betriebs vor dem Versicherungsfall[148].

Da hier die tatsächliche Gesamtdauer der Betriebszugehörigkeit schon unabänderlich feststeht, wäre eine fiktive Hochrechnung auf die Altersgrenze überflüssig und falsch[149]. Im Übrigen rechnet man wie nach Nr. 3a.

$$\textbf{Ehezeitanteil} = \text{erworbene Versorgung} \times \frac{\text{Beriebszugehörigkeit in Ehezeit}}{\text{gesamte Betriebszugehörigkeit}}$$

9.5 Besonderheiten der Gesamtversorgung

900 Ist die betriebliche Altersversorgung Bestandteil einer Gesamtversorgung, soll sie den Wertunterschied zwischen der zugesagten Gesamtversorgung und der Grundversorgung decken, hängt also der Höhe nach von der Grundversorgung ab (RN 880)[150]. Dies erschwert die Berechnung ihres Ehezeitanteils. Dazu gibt es zwei Methoden: die Betriebszeiten- oder Hochrechnungsmethode und die VBL-Methode, die von der Versorgungsanstalt des Bundes und der Länder angewendet wird[151].

901 **Der BGH zieht die VBL-Methode vor**, weil sie die Halbteilung der Ehezeitanteile besser sichere[152]. Im Falle des § 1587a II Nr. 3a rechnet er die Gesamt- und die Grundversorgung nicht je für sich bis zur fiktiven Altersgrenze hoch, sondern nur die Gesamtversorgung, errechnet daraus den Ehezeitanteil und zieht davon den Ehezeitanteil der Grundversorgung ab, so dass der gesuchte Ehezeitanteil der betrieblichen Altersversorgung übrigbleibt. Es sind dies **3 Rechenschritte**[153]:

1. Schritt: Man rechnet auf der Bemessungsgrundlage am Ende der Ehezeit den Wert der zugesagten Gesamtversorgung fiktiv auf den künftigen Versorgungsfall durch Erreichen der Altersgrenze hoch.

2. Schritt: Aus dem fiktiven Wert der Gesamtversorgung rechnet man ihren Ehezeitanteil pro rata temporis heraus (RN 897 ff.).

3. Schritt: Vom Ehezeitanteil der Gesamtversorgung zieht man den Ehezeitanteil der separat berechneten Grundversorgung (meist gesetzliche Rentenversicherung) ab. Übrig bleibt der **Ehezeitanteil der betrieblichen Altersversorgung**, der die Grundversorgung bis zur Höhe der Gesamtversorgung aufstocken soll[154].

---

148 *BGH* 110, 224: Tod nach Ehezeitende; *OLG Karlsruhe* FamRZ 90, 1250: Altersgrenze erreicht; *OLG Hamburg* FamRZ 94, 1467: fiktiver Versicherungsfall nach § 18 II Nr. 1 BetrAVG; *OLG Hamburg* FamRZ 91, 201: qualifizierte Versicherungsrente aus Zusatzversorgung d. öffentlichen Dienstes, die Ausscheiden fingiert; dagegen *KG* FamRZ 94, 1112.
149 *BGH* 110, 224.
150 *BGH* 93, 228.
151 Zu den Methoden: *Glockner* FamRZ 89, 802.
152 *BGH* 93, 233; FamRZ 98, 420.
153 *BGH* 93, 222, 228 ff.; FamRZ 94, 23; 96, 158 f.
154 *BGH* 93, 229.

Obwohl die **VBL-Methode** für die Zusatzversorgung des öffentlichen Dienstes entwickelt wurde[155], passt sie **auch für jede andere betriebliche Altersversorgung**, die Bestandteil einer Gesamtversorgung ist[156].

Auf „limitierte" Versorgungszusagen (RN 881) ist die VBL-Methode dann anwendbar, **902** wenn die beiden Renten zusammen mit Sicherheit den Höchstbetrag übersteigen und so eine Gesamtversorgung bilden; andernfalls ist jedes Versorgungsrecht für sich zu bewerten[157].

Schließlich wird die VBL-Methode auch auf den Fall des § 1587a II Nr. 3b angewendet, wenn also die Betriebszugehörigkeit schon beendet ist[158].

10. Dynamische und statische Anrechte der betrieblichen Altersversorgung

10.1 Begriff

In der Altersversorgung gibt es Anrechte unterschiedlicher Qualität: dynamische und sta- **903** tische. **Dynamisch ist ein Anrecht dann, wenn es sich den Löhnen und Gehältern anpasst und zumindest annähernd gleich steigt wie diese**[159]. Kraft Gesetzes tun dies nur die **gesetzliche Rentenversicherung** und die **Beamtenversorgung**, und zwar sowohl die Anwartschaften vor dem Versorgungsfall (**Anwartschaftsstadium**) als auch die Renten nach dem Versorgungsfall (**Leistungsstadium**)[160]. Die gesetzliche Rentenversicherung sichert ihre Dynamik im Anwartschaftsstadium durch die Umrechnung der Entgeltpunkte mittels des aktuellen Rentenwerts (§§ 63 II, 68 SGB VI) und im Leistungsstadium durch die jährliche Rentenanpassung. Die Beamtenversorgung ist nach § 70 I BeamtVG an die Dienstbezüge angepasst.

Andere Versorgungsarten können dynamisch sein, müssen es aber nicht. Man unterschei- **904** det drei Stufen: Volldynamik, Teildynamik und Statik. **Volldynamisch** ist ein Anrecht nach § 1 I 2 BarwertVO dann, wenn es wie die gesetzliche Rentenversicherung und die Beamtenversorgung sich sowohl im Anwartschafts- als auch im Leistungsstadium der allgemeinen Einkommensentwicklung anpasst[161]. Beschränkt sich die Anpassung auf das Anwartschafts- oder das Leistungsstadium, nennt man es **teildynamisch**[162]. **Statisch** ist

---

155 *BGH* 93, 222.
156 *BGH* FamRZ 91, 1416: auch zu dem Fall, dass gesetzl. Rentenvers. aus Zeit vor Betriebszugehörigkeit anzurechnen; FamRZ 91, 1421: mit Rechenbeispiel; FamRZ 94, 23: Gesamtversorgung aus gesetzl. Rentenversich., Pensionskasse u. Direktzusage; *OLG Karlsruhe* FamRZ 90, 888; *OLG Frankfurt* FamRZ 90, 1427; *OLG München* FamRZ 91, 576; a.A. *OLG München* FamRZ 91, 338: „modifizierte" VBL-Methode; *OLG Braunschweig* FamRZ 95, 364: Hochrechnungsmethode für Sonderfall „Essener Verbund".
157 *BGH* FamRZ 91, 1421; 95, 89; dazu *Gutdeutsch* FamRZ 95, 1272.
158 *BGH* FamRZ 96, 119; 96, 158: aber Besonderheiten bei Berufsunfähigkeit; NJW 96, 119; *OLG* Karlsruhe FamRZ 90, 1250.
159 *BGH* 85, 194; FamRZ 87, 1242; NJW 83, 1379; 89, 2812; 92, 174.
160 *BGH* 85, 198.
161 *BGH* 85, 198; FamRZ 85, 1120; NJW 83, 1379; 89, 2812; 92, 174.
162 *BGH* 85, 199; FamRZ 87, 1241; ferner *Klattenhoff* FamRZ 2000, 1257.

es, wenn die Anpassung in beiden Stadien fehlt[163]. **Maßstab sind nur die Löhne und Gehälter**, nicht die Lebenshaltungskosten[164]. Es kommt nicht so sehr darauf an, ob die einschlägige Versorgungsordnung die Anpassung vorschreibt, als vielmehr darauf, ob die Versorgung auf lange Sicht mit der gesetzlichen Rentenversicherung oder Beamtenversorgung **tatsächlich** Schritt hält[165].

10.2 Problem der Vergleichbarkeit

905 Nach dem Gesetz sind alle Versorgungsanrechte der Ehegatten mit ihren Ehezeitanteilen in die Ausgleichsbilanz einzustellen und regelmäßig in einem Zuge auszugleichen. Nun lassen sich minderwertige statische oder teildynamische Anrechte aber nicht einfach mit höherwertigen volldynamischen Anrechten vergleichen und verrechnen. Während man den Ehezeitanteil volldynamischer Anrechte mit ihrem vollen Nominalwert in die Abrechnung einstellt, muss man alle anderen Anrechte erst noch **vergleichbar machen** und auf das höhere Niveau der volldynamischen Anrechte heben („**dynamisieren**"), was zwangsläufig ihren Nominalwert verringert. Rechtsgrundlage ist allgemein § 1587a III und speziell für die betriebliche Altersversorgung § 1587a IV mit III Nr. 2 und der BarwertVO. Soweit § 1587a IV alle Anrechte der betrieblichen Altersversorgung unterschiedslos einer Umrechnung unterwirft, ist er zu weit gefasst, denn umzurechnen sind auch hier nur Anrechte, die nicht volldynamisch sind (so richtig § 1 I 2 BarwertVO).

906 Die richtige Frage lautet: **steigt der Wert des Versorgungsanrechts „in gleicher oder nahezu gleicher Weise" wie der Wert der gesetzlichen Rentenversicherung oder der Beamtenversorgung?** Wird die Frage bejaht, ist das Anrecht volldynamisch und wird ohne Umrechnung mit seinem vollen Nominalwert in die Abrechnung gestellt und ausgeglichen[166]. Andernfalls ist das Anrecht nicht volldynamisch und muss erst noch nach der BarwertVO umgerechnet werden, bevor es mit volldynamischen Anrechten verrechnet werden kann.

907 Ist freilich die Versorgung wenigstens im Leistungsstadium volldynamisch, wird sie schon dann ohne Umrechnung mit dem vollen Nennbetrag in die Abrechnung eingestellt, wenn die Rente am Stichtag bereits bezahlt wird, denn in diesem Fall ist die Statik oder Dynamik der Anwartschaft nicht mehr erheblich[167]. Dass der Rentenbezug am Stichtag unmittelbar bevorsteht, genügt aber nicht[168].

10.3 Gesetzlicher Maßstab

908 Gesetzlicher Maßstab ist **wahlweise die gesetzliche Rentenversicherung oder die Beamtenversorgung**; es genügt, dass die betriebliche Altersversorgung mit einem der beiden Muster vergleichbar ist[169]. Auch verlangt das Gesetz nicht, dass der Wert der betrieb-

---

163 *BGH* FamRZ 87, 52.
164 *BGH* FamRZ 87, 1242.
165 *BGH* 85, 194; FamRZ 87, 1242; 92, 1053; 97, 168: Prognose der weiteren Entwicklung und bisherige Entwicklung als Indiz.
166 *BGH* 85, 194; NJW 92, 174; 92, 175; FamRZ 92, 47: laufende dynamische Rente.
167 *BGH* NJW 92, 175; FamRZ 92, 47.
168 *BGH* FamRZ 94, 1583.
169 *BGH* FamRZ 83, 998; 92, 1054.

lichen Altersversorgung „in gleicher Weise" steige wie der Wert der gesetzlichen Rentenversicherung oder der Beamtenversorgung; es genügt schon, dass er „**in nahezu gleicher Weise**" steigt[170]. Dies erfordert eine **Prognose in die Zukunft auf der Grundlage der bisherigen Handhabung**[171]. Sie offenbart sich, wenn man die Steigerungsraten in den drei Versicherungsarten über viele Jahre hin miteinander vergleicht[172].

Die Art der Finanzierung interessiert solange nicht, als die erforderliche Dynamik über die Jahre hin gesichert erscheint. So schadet es nicht, dass die Versorgung aus dem Deckungskapital nebst Zinsüberschüssen und Vermögenserträgen finanziert wird[173]. Wenn freilich die Versorgung ausschließlich mit Beiträgen finanziert wird, kann sie selbst dann nicht volldynamisch sein, wenn die Beiträge sich nach dem Einkommen richten, denn die Beitragsdynamik ist noch keine Einkommensdynamik[174]. Nur statisch ist die Versorgung auch dann, wenn sie im Anwartschaftsstadium zwar an die tarifliche Lohnentwicklung gekoppelt ist, diese Dynamik aber durch vorzeitiges Ausscheiden aus dem Betrieb noch verfallen kann, weil dann stets der letzte Lohn maßgeblich bleibt[175].

Beispiele
909

Beispiele für volldynamische Anrechte

Beamtenversicherung des Deutschen Banken- und Bankiersgewerbes (*BGH* FamRZ 92, 1051);

Versorgung der Rheinisch-Westfälischen ElektrizitätsAG (*BGH* FamRZ 95, 88).

Versorgungsrente der Zusatzversorgung des öffentlichen Dienstes ab Versorgungsfall (BGH 84, 158 u. 93, 222: nicht auch Versicherungsrente; FamRZ 90, 984);

Nestlé-Pensionskasse und Allgäuer Alpenmilch GmbH (*BGH* FamRZ 97, 166; *OLG Celle* FamRZ 95, 366; a.A. *OLG Hamm* FamRZ 94, 1465).

Beispiele für teildynamische Anrechte
910

Die Direktzusage des Arbeitgebers als Teil einer Gesamtversorgung ist im Anwartschaftsstadium statisch, wenn die Dynamik bei vorzeitigem Ausscheiden aus dem Arbeitsverhältnis verfällt, während die Betriebsrente sich dynamisch an die gesetzliche Rente anpaßt (*BGH* FamRZ 94, 23);

Versorgungsanstalt der deutschen Bühnen und Versorgungsanstalt der deutschen Kulturorchester: Anwartschaftsstadium statisch, Leistungsstadium volldynamisch (*BGH* FamRZ 97, 161; 97, 164; *OLG München* FamRZ 95, 816; *OLG Nürnberg* FamRZ 96, 551; *OLG Karlsruhe* FamRZ 96, 552).

Beispiele für statische Anrechte
911

Die Versorgungszusage einer Pensionskasse als Teil einer Gesamtversorgung ist sowohl im Anwartschaftsstadium als auch im Leistungsstadium statisch, wenn die Anwartschaft sich zwar an den Tariflohn anpasst, diese Dynamik aber durch Ausscheiden aus dem Be-

---

170 *BGH* FamRZ 92, 1054: hinkt nicht mehr als 1 Prozentpunkt hinterher; FamRZ 83, 1379: kein wesentliches Zurückbleiben.
171 *BGH* FamRZ 92, 1053; 98, 424: Entwicklung Anrecht bis in jüngste Zeit.
172 *BGH* FamRZ 92, 1053: 15 Jahre; *Gutdeutsch* FamRZ 97, 793: Tabelle bis 1997.
173 *BGH* FamRZ 92, 1053.
174 *BGH* FamRZ 85, 1119; 87, 1241; 89, 156; 91, 310; 96, 481; *OLG Karlsruhe* FamRZ 93, 1212.
175 *BGH* FamRZ 89, 844; 91, 1421; 94, 23; NJW-RR 93, 642.

trieb noch verfallen kann, und wenn die Betriebsrente nicht an die Löhne, sondern an die Überschussbeteiligung gekoppelt ist (BGH FamRZ 94, 23: Anwartschaftsdeckungsverfahren; ferner *BGH* FamRZ 98, 420: „Essener Verband").

Die Direktzusage der Hamburgischen Electrizitäts-Werke AG ist statisch, weil die Dynamik im Anwartschaftsstadium durch vorzeitiges Ausscheiden aus dem Arbeitsverhältnis verfällt und die Betriebsrente nur nach § 16 BetrAVG anzupassen ist, was noch keine Dynamik begründet (*BGH* FamRZ 91, 1423, 1424).

10.4 Umrechnung nach der BarwertVO

912 Nach § 1587a IV sind alle Anrechte der betrieblichen Altersversorgung, die nicht volldynamisch sind, umzurechnen, bevor sie mit volldynamischen Anrechten verrechnet und ausgeglichen werden können. Wie das zu geschehen hat, sagt § 1587a III Nr. 2 mit der BarwertVO. Da § 1587a IV nur auf die Nr. 2, nicht auch auf die Nr. 1 des § 1587a III verweist, spielt es keine Rolle, ob die Rente aus einem Deckungskapital geleistet wird oder nicht, denn **für die betriebliche Altersversorgung gilt ausschließlich § 1587a III Nr. 2 mit der BarwertVO**[176]. Danach „ist die Regelaltersrente zugrundezulegen, die sich ergäbe, wenn ein Barwert der Teilversorgung für den Zeitpunkt des Ehezeitendes ermittelt und als Beitrag in die gesetzliche Rentenversicherung entrichtet würde".

913 Das Zauberwort heißt **Barwert**. Es ist dies der kapitalisierte Wert einer Altersversorgung in Gestalt einer bestimmten Geldsumme. Wenn man den Barwert des Ehezeitanteils einer nicht dynamischen betrieblichen Altersversorgung in die gesetzliche Rentenversicherung einzahlt, bekommt man dafür eine gesetzliche Rentenanwartschaft in bestimmter Höhe und damit den dynamischen Wert der betrieblichen Altersversorgung, der jetzt in die Abrechnung eingestellt und ausgeglichen werden kann.

Wie der Barwert zu ermitteln ist, bestimmt die **BarwertVO** v. 24.6.77 (BGBl I, 1014) in der Fassung v. 22.5.84 (BGBl I, 692). Sie ist eine Rechtsverordnung der Bundesregierung auf der gesetzlichen Ermächtigungsgrundlage des § 1587a III Nr. 2 S. 2 und nach ihrem § 1 III zwingendes Recht, das dem Familienrichter keinen Spielraum lässt[177]. Sie gilt, wie § 1 I 2 überflüssigerweise nochmals betont, nur für Anrechte, die nicht volldynamisch sind[178].

914 Die BarwertVO liefert die Faktoren für die Umrechnung („Dynamisierung") in **6 Tabellen**, je nachdem, ob die lebenslange betriebliche Altersversorgung schon im Anwartschaftsstadium nicht volldynamisch ist (§ 2: Tabellen 1-3) oder nur im Anwartschaftsstadium (§ 3: Tabellen 1-6). Innerhalb dieser beiden Gruppen unterscheidet die BarwertVO danach, ob es sich um eine kombinierte Versorgung für Alter und Invalidität handelt (Tabellen 1 und 4) oder um eine isolierte Versorgung nur für Alter (Tabelle 2 und 5) oder nur für Invalidität (Tabellen 3 und 6).

---

176 *BGH* FamRZ 91, 310; 94, 23.
177 *BGH* FamRZ 87, 1241; 88, 488; 91, 310, 1421; 92, 165; NJW 93, 465.
178 *BGH* 85, 194; FamRZ 89, 35; NJW 92, 174, 175.

Auch der Barwert einer zeitlich begrenzten Versorgung wird zunächst nach diesen Tabellen berechnet (§ 4 I), dann aber verhältnismäßig gekürzt (§ 4 II). Eine 7. Tabelle erfasst nach § 5 die bereits laufende nicht-dynamische Rente[179].

Ergibt der so errechnete Barwert, wenn man ihn in die gesetzliche Rentenversicherung einzahlt, eine höhere Rente als diejenige aus der betrieblichen Altersversorgung vor der Umrechnung, ist sie nach § 6 entsprechend zu kürzen, denn die Umrechnung nach der BarwertVO soll ein nicht-dynamisches Anrecht nur mit der dynamischen gesetzlichen Rente vergleichbar machen, nicht aber künstlich erhöhen; höher als der nominelle Wert einer nicht-dynamischen Versorgung kann auch der „dynamisierte" Wert nie sein.

Da die BarwertVO nur die Ermittlung des Barwerts einer nicht-dynamischen Versorgung **915** regelt, muss zusätzlich die gesetzliche Rente errechnet werden, die sich ergibt, wenn man den Barwert in die gesetzliche Rentenversicherung einzahlt. Dies erfordert folgende **Rechenschritte:**

(1) Berechnung des Ehezeitanteils der nicht-dynamischen betrieblichen Altersversorgung nach § 1587a II Nr. 3;
(2) Umrechnung des Ehezeitanteils in den Barwert nach der BarwertVO und zwar:
    a) Umrechnung der Monatsrente in eine Jahresrente;
    b) Errechnung des Kapitalwerts der Jahresrente nach der passenden Tabelle;
(3) Umrechnung des Barwerts mit der amtlichen Rechengröße (§ 188 SGB VI) in Entgeltpunkte der gesetzlichen Rentenversicherung;
(4) Umrechnung der Entgeltpunkte in (volldynamische) gesetzliche Rentenanwartschaften durch Multiplikation mit dem aktuellen Rentenwert.

11. Kapitel
Der Ehezeitanteil der vertraglichen Rentenversicherung

1. Begriff

Anrechte aus einem „Versicherungsvertrag, der zur Versorgung des Versicherten einge- **916** gangen wurde", sind nach § 1587a II Nr. 5 zu bewerten. Gemeint ist nach § 1587 I **nur der Rentenversicherungsvertrag (Leibrentenvertrag) für den Fall des Alters, der Berufs- oder Erwerbsunfähigkeit**, also weder die Kapitallebensversicherung (RN 818) noch – mangels Deckungskapitals – die reine Risikoversicherung[180]. Der Versicherungsvertrag des Arbeitgebers zugunsten des Arbeitnehmers aufgrund des Arbeitsverhältnisses gehört als „Direktversicherung" zur betrieblichen Altersversorgung und wird deshalb vorrangig nach § 1587a II Nr. 3 bewertet (RN 874). Da § 1587a II Nr. 5 im Gegensatz zu § 1587a II Nr. 3 u. 4 nur Anwartschaften nennt, zählen hier bloße Aussichten auf eine Versorgung rechtlich noch nicht[181].

---

179 Dazu *BGH* FamRZ 99, 218; *OLG Düsseldorf u. München* FamRZ 97, 87, 89; *Gutdeutsch* FamRZ 97, 80.
180 *BGH* NJW 86, 1344: Berufsunfähigkeitszusatzversicherung.
181 *BGH* NJW 86, 1344.

§ 1587a II Nr. 5 unterscheidet zwei Fallgruppen danach, ob die Prämienzahlungspflicht die Ehezeit überdauert (Nr. 5a) oder vorher endet (Nr. 5b)

2. Prämienzahlungspflicht überdauert Ehezeit

917 In diesem Fall ist der Ehezeitanteil der Versorgung nach § 1587a II Nr. 5a gleich dem Rentenbetrag, der sich nach Umwandlung in eine prämienfreie Versicherung ergäbe, wenn der Versicherungsfall am Ende der Ehezeit einträte (S. 1). Dieser Betrag ist entsprechend zu kürzen, wenn auch schon für die Zeit vor der Ehe Prämien bezahlt worden sind (S. 2). Dass die Umwandlung in eine prämienfreie Versicherung nach den Versicherungsbedingungen vielleicht nicht möglich ist, ändert an der gesetzlichen Fiktion nichts[182].

918 Mit dem ersten Rechenschritt ist das **Deckungskapital** zu ermitteln[183]. Es ist dies die verzinsliche Ansammlung desjenigen Teils der bezahlten Prämien, der nicht den Verwaltungsaufwand decken soll. Die Höhe dieses Kapitals und der Zinsfuß richten sich nach dem von der Aufsichtsbehörde genehmigten Geschäftsplan des Versicherers. Der Stornoabzug für die Umwandlung in eine prämienfreie Versicherung nach § 174 IV VVG bleibt außer betracht, da die Umwandlung hier nur fingiert, aber nicht wirklich vollzogen wird[184]. Da aber nur der Wertzuwachs in der Ehezeit auszugleichen ist, muss man das vor der Ehe erworbene Deckungskapital abziehen.

Das so ermittelte **Deckungskapital** wird mit dem zweiten Rechenschritt **fiktiv in eine Versicherung einbezahlt**, die der vorhandenen gleicht. Heraus kommt der Wert des Ehezeitanteils der Versicherung, ausgedrückt in einer Monatsrente.

3. Prämienzahlungspflicht überdauert Ehezeit nicht

919 Endet die Prämienzahlungspflicht spätestens am Ende der Ehezeit, ist der Ehezeitanteil der Versorgung nach Nr. 5b gleich dem Rentenbetrag, der sich ergäbe, wenn der Versicherungsfall am Ende der Ehezeit einträte (S. 1). Dieser Betrag ist entsprechend zu kürzen, wenn Prämien auch schon für die Zeit vor der Ehe bezahlt worden sind (S. 2 mit Nr. 5a S. 2).

4. Rentenbezug schon in Ehezeit

920 Solange die Prämienzahlungspflicht fortbesteht, ist das Deckungskapital sowohl für die gesamte Versicherungszeit als auch für die Ehezeit eine fiktive Größe, die sich erst mit Eintritt des Versicherungsfalls durch Altersgrenze oder Invalidität realisiert. Wenn aber der versicherte Ehegatte schon während der Ehezeit eine **Leibrente wegen Alters** bezieht, ist der auszugleichende **Ehezeitanteil** gleich der Differenz aus dem Zahlbetrag der

---

182 *BGH* NJW 86, 1344.
183 *BGH* NJW 89, 1344.
184 *BGH* NJW 86, 1344.

laufenden Rente und dem fiktiven Rentenbetrag, der zu bezahlen wäre, wenn der Versicherungsfall am Anfang der Ehe eingetreten wäre.

Handelt es sich aber um eine **Rente wegen Berufsunfähigkeit** und ist der letzte Beitrag in der Ehezeit bezahlt worden, so ist ihr Zahlbetrag voll auszugleichen, da am Anfang der Ehe noch kein Deckungskapital vorhanden war, denn die Versicherung wegen Berufsunfähigkeit wird immer nur mit dem letzten Beitrag aufrechterhalten[185].

5. Dynamik

Die vertragliche Rentenversicherung ist **so gut wie nie volldynamisch**, denn sie hängt in aller Regel von den **Beitragszahlungen** ab und wird deshalb aus einem **individuellen Deckungskapital** finanziert[186]. Ihr Ehezeitanteil muss deshalb nach § 1587a III umgerechnet („dynamisiert") werden, bevor man ihn mit volldynamischen Anrechten verrechnet und ausgleicht (RN 905). Das Gesetz unterscheidet zwei Fälle: Die Leibrente ist entweder aus einem Deckungskapital zu leisten (Nr. 1) oder wird anderweit finanziert (Nr. 2); ersteres ist die Regel, letzteres die Ausnahme. **921**

Wird die Rente aus einem **Deckungskapital** geleistet, ist nach § 1587a III Nr. 1 „die Regelaltersrente zugrundezulegen, die sich ergäbe, wenn der während der Ehe gebildete Teil des Deckungskapitals … in die gesetzliche Rentenversicherung entrichtet würde". Da die gesetzliche Rentenversicherung mit Entgeltpunkten rechnet, lautet die **Frage: Wieviele Entgeltpunkte kann man mit dem während der Ehezeit gebildeten Deckungskapital „kaufen"**? Also muss man das Deckungskapital nach der jährlich bekanntgemachten Rechengröße (§ 188 SGB VI) in Entgeltpunkte und diese dann in eine Monatsrente umrechnen.

Diese Umrechnung (Nr. 1) ist genauer als die nach der BarwertVO (Nr. 2), weil sie mit einem individuellen Deckungskapital, die BarwertVO hingegen mit einem pauschalen Durchschnittswert rechnet[187]. Die Nr. 1 geht deshalb der Nr. 2 immer dann vor, wenn zumindest wesentliche Teile der Altersrente aus dem Deckungskapital bezahlt werden[188]. Folgerichtig ist die BarwertVO nach § 1 II auf Versicherungsverträge nur dann anwendbar, wenn die Altersrente nicht aus einem Deckungskapital geleistet wird. **922**

---

185 Dazu *BGH* NJW 86, 1344.
186 *OLG München* FamRZ 91, 576: trotz Zuwachsraten aus Überschussbeteiligung.
187 *BGH* FamRZ 89, 156; 91, 313; 92, 165.
188 *BGH* 85, 194; FamRZ 89, 156; 92, 165.

12. Kapitel
Der Ehezeitanteil „sonstiger" Versorgungsanrechte

1. Auffangtatbestand

923 „Sonstige" Versorgungsanrechte sind nach § 1587a Nr. 4 zu bewerten. Gemeint sind alle Anrechte, die im Rahmen des § 1587a II weder unter die Nr. 1-3 noch unter die Nr. 5 fallen, denn die Nr. 4 ist ein Auffangtatbestand und Lückenbüßer, der nur eingreift, wenn die gesetzlichen Maßstäbe der Nr. 1-3 u. 5 nicht passen.

Dies trifft vor allem auf die **berufsständische Altersversorgung der freien Berufe** zu, also der Ärzte und Apotheker, der Rechtsanwälte, Notare und Steuerberater, der Architekten und selbständigen Ingenieure, der Seelotsen[189] und Bezirksschornsteinfeger. **Versorgungsträger** sind die Versorgungswerke der Ärzte- und Apothekenkammern, der Rechtsanwalts- und Architektenkammern usw., alles **juristische Personen des öffentlichen Rechts**. Das ist wichtig für die Ausgleichsart: Wo die Realteilung nach § 1 II VAHRG nicht möglich ist, kommt das Quasi-Splitting nach § 1 III VAHRG in Betracht. Die Mitgliedschaft im jeweiligen Versorgungswerk ist in der Regel Pflicht, jedoch kann die Satzung davon befreien[190].

924 Die Nr. 4 galt bis 31.12.1994 auch für die gesetzliche Altershilfe der Landwirte (GAL)[191]. Seit 1.1.1995 hat aber das neue **Gesetz über die Alterssicherung der Landwirte (ALG)** in §§ 23 ff. seine eigene Rentenformel und seinen eigenen Bewertungsmaßstab[192].

925 § 1587a II Nr. 4 verlangt für den öffentlichrechtlichen Versorgungsausgleich nicht, dass das Anrecht schon unverfallbar sei, denn § 1587a II Nr. 3 S. 3 ist eine Sonderregel für die betriebliche Altersversorgung, die sich auf die berufsständische Altersversorgung nicht übertragen lässt[193]. Sollte das ausgeglichene Anrecht später verfallen, kann die Entscheidung des Familiengerichts nach § 10a VAHRG korrigiert werden.

2. Vier Fallgruppen nach Bemessungsgrundlage

926 Für die Bewertung des Versorgungsanrechts unterscheidet § 1587a II Nr. 4 nicht weniger als 4 Fallgruppen. Die Altersrente bemisst sich: entweder nach der Dauer einer Anrechnungszeit (Nr. 4a) oder nicht nur nach der Dauer einer Anrechnungszeit und auch nicht nach den Grundsätzen der gesetzlichen Rentenversicherung (Nr. 4b) oder nach einem Bruchteil der entrichteten Beiträge (Nr. 4c) oder nach den Grundsätzen der gesetzlichen Rentenversicherung (Nr. 4d). Die Nr. 4b ist demnach ein Auffangtatbestand im Auffangtatbestand, der nur eingreift, wenn die anderen drei Möglichkeiten ausscheiden.

---

189 *BGH* FamRZ 88, 51.
190 *OVG Münster* NJW 90, 592
191 Dazu *BGH* FamRZ 84, 42; 88, 378.
192 *OLG Celle* FamRZ 95, 1360; 97, 1340; *OLG Köln* FamRZ 98, 1438; *Greßmann/Klattenhoff* FamRZ 95, 579: auch zur Übergangsregelung; *Greßmann* ZAP 96, 343.
193 *BGH* FamRZ 88, 52.

Nach der Dauer einer Anrechnungszeit (Nr. 4a) bemisst sich die Altersrente dann, wenn für jedes anzurechnende Versicherungsjahr ein bestimmter Rentenbetrag zu leisten, die anzurechnende Versicherungsdauer also der einzige Bemessungsfaktor ist. Das kommt selten vor. **927**

Bemisst sich die Rente **nach einem Bruchteil entrichteter Beiträge (Nr. 4c)**, ist der Ehezeitanteil gleich der Monatsrente, die sich aus den für die Ehezeit entrichteten Beiträgen ergäbe, wenn der Versorgungsfall am Ende der Ehezeit eingetreten wäre. **928**

> Bayerische Ärzteversorgung (*BGH* NJW 83, 337);
> Versorgungswerk der Landesärztekammer Hessen (*BGH* FamRZ 87, 361; 92, 165; a.A. *OLG München* FamRZ 92, 187: Nr. 5);
> Hessische Zahnärzteversorgung (*BGH* FamRZ 88, 488);
> Versorgungswerk der Zahnärztekammer Schleswig-Holstein (*BGH* FamRZ 96, 481);
> Versorgungswerk der Architektenkammer Baden-Württemberg (*BGH* FamRZ 91, 310);
> Versorgungsanstalt der deutschen Kulturorchester (*BGH* FamRZ 85, 1235: zwar betriebliche Altersversorgung, aber Bewertung nach Nr. 4c).

Beispiele

Bemisst sich die Altersrente **nach den Grundsätzen der gesetzlichen Rentenversicherung (Nr. 4d)**, ist der Ehezeitanteil gleich dem Teilbetrag der sich am Ende der Ehezeit ergebenden Altersrente, der dem Verhältnis der in die Ehezeit fallenden Versicherungsjahre zu den insgesamt zu berücksichtigenden Versicherungsjahren entspricht. **929**

> Ärzteversorgung Westfalen-Lippe (*BGH* FamRZ 96, 95);
> Baden-Württembergische Ärzteversorgung (*OLG Karlsruhe* FamRZ 90, 1252).
> Hüttenknappschaftliche Pensionsversicherung im Saarland (*BGH* FamRZ 84, 573: zwar betriebliche Altersversorgung, aber Bewertung nach Nr. 4d);

Beispiele

Auffangtatbestand Nr. 4b: Bemisst sich die Rente nicht oder nicht nur nach einer Anrechnungszeit und auch nicht nach den Grundsätzen der gesetzlichen Rentenversicherung, so ist der Ehezeitanteil gleich dem Teilbetrag der vollen Rente, der dem Verhältnis der in die Ehezeit fallenden und zu berücksichtigenden Versicherungszeit zur voraussichtlichen Gesamtdauer der Versicherung bis zur maßgeblichen Altersgrenze entspricht. Gerechnet wird hier **pro rata temporis** wie bei der Beamtenversorgung und der betrieblichen Altersversorgung. Die Formel lautet: **930**

$$\textbf{Ehezeitanteil} = \text{volle Rente} \times \frac{\text{Versicherungszeit in Ehezeit}}{\text{Gesamtdauer der Versicherung bis Altersgrenze}}$$

> Nordhessische Ärzteversorgung (*BGH* FamRZ 83, 265);
> Bayerische Apothekerversorgung (*BGH* FamRZ 89, 35);
> Versorgungswerk der Rechtsanwaltskammer des Saarlandes (*BGH* FamRZ 90, 382) und der Rechtsanwälte im Lande NRW (*BGH* NJW 92, 174);
> Notarkasse München (*BGH* FamRZ 85, 1236);
> Gemeinsame Ausgleichskasse im Seelotsenwesen der Reviere (*BGH* FamRZ 88, 53);
> Versorgungswerk der Steuerberater u. Steuerbevollmächtigten im Saarland (*OLG Saarbrücken* FamRZ 92, 449).

Beispiele

3. Dynamik

931 Auch in der berufsständischen Altersversorgung gibt es volldynamische und andere Anrechte. **Auch hier muss man Anrechte, die nicht volldynamisch sind, nach § 1587a III in volldynamische Anrechte umrechnen** („dynamisieren"), bevor man sie mit volldynamischen Anrechten etwa der gesetzlichen Rentenversicherung oder der Beamtenversorgung verrechnen und ausgleichen kann (RN 905). Wie bei der vertraglichen Rentenversicherung nach § 1587a II Nr. 5 gibt es **zwei Umrechnungsarten**, je nach dem ob die Altersrente aus einem Deckungskapital zu leisten ist (§ 1587a III Nr. 1 u. RN 921) oder nicht (§ 1587a III Nr. 2). Die **Nr. 1 geht** der **Nr. 2 des § 1587a III vor**, da die Umrechnung nach dem Deckungskapital genauer ist als die Umrechnung nach der BarwertVO[194]. Die Nr. 1 setzt allerdings voraus, dass zumindest wesentliche Teile der Altersrente aus dem Deckungskapital zu leisten sind[195].

Beispiele

932

Beispiele für volldynamische Anrechte

Nordrheinische Ärzteversorgung (*BGH* NJW 83, 1378);

Versorgungswerk der Rechtsanwälte im Lande NRW (*BGH* NJW 92, 174) und in Schleswig-Holstein (*BGH* FamRZ 96, 97), sowie der Wirtschaftsprüfer im Lande NRW (*OLG Düsseldorf* FamRZ 96, 1483);

Notarkasse München (*BGH* FamRZ 85, 1237);

Gemeinsame Ausgleichskasse im Seelotsenwesen der Reviere (*BGH* FamRZ 88, 53).

933

Beispiele für nicht-volldynamische Anrechte

Bayerische Apothekerversorgung im Anwartschaftsstadium statisch, im Leistungsstadium volldynamisch (*BGH* FamRZ 87, 1241; 89, 35; 92, 47; *OLG Nürnberg* FamRZ 96, 553);

Versorgungswerk der Apothekerkammer Nordrhein im Anwartschaftsstadium statisch, im Leistungsstadium volldynamisch (*OLG Köln* FamRZ 93, 1458);

Bayerische Ärzteversorgung im Anwartschaftsstadium statisch, im Leistungsstadium volldynamisch (*BGH* 85, 194; FamRZ 94, 1584: Umrechnung nach Nr. 2; offen ob nach Umstellung auf offenes Deckungsplanverfahren Umrechnung nach Nr. 1; *OLG Nürnberg* FamRZ 96, 553);

Hessische Zahnärzteversorgung u. Altersversorgungswerk der Zahnärztekammer Niedersachsen im Anwartschaftsstadium statisch, im Leistungsstadium volldynamisch (*BGH* FamRZ 88, 488; 89, 155: Umrechnung nach Nr. 1);

Versorgungswerk der Landesärztekammer Hessen im Anwartschaftsstadium statisch, im Leistungsstadium volldynamisch (BGH FamRZ 92, 165: Umrechnung nach Nr. 2; a.A *OLG München* FamRZ 92, 186: Nr. 1);

Versorgungswerk der Architektenkammer Baden-Württemberg weder im Anwartschaftsstadium noch im Leistungsstadium dynamisch (*BGH* FamRZ 91, 310: Umrechnung nach Nr. 1; *OLG Karlsruhe* FamRZ 91, 1066: ebenso, aber Bereinigung des Deckungskapitals um Anteile der Hinterbliebenenversorgung).

---

194 *BGH* 85, 195; FamRZ 89, 156; 92, 165; kritisch zur BarwertVO: *OLG München u. Stuttgart* FamRZ 2001, 491, 493; a.A. *OLG Oldenburg* FamRZ 2001, 496.
195 *BGH* FamRZ 92, 165.

4. Bewertung atypischer Versorgungsanrechte

Es gibt Altersversorgungen, die in keine Schublade des § 1587a II Nr. 1-5 passen, weil sie sich allen gesetzlichen Bewertungsmaßstäben entziehen. Für sie gilt **der allerletzte Auffangtatbestand des § 1587a V:** Der Familienrichter bewertet die atypische Versorgung „in sinngemäßer Anwendung der vorstehenden Vorschriften nach billigem Ermessen"[196]. Im Einzelfall kommt es darauf an, ob die Versorgung etwa entsprechend der gesetzlichen Rentenversicherung (§ 1587a II Nr. 2) zu bewerten oder wie die betriebliche Altersversorgung (§ 1587a II Nr. 3) auf eine Gesamtzeit bezogen ist oder wie die private Rentenversicherung (§ 1587a II Nr. 5) von den Beiträgen abhängt.

934

Ist der Ehegatte während der Ehe Zeitsoldat, erwirbt er aus seinem Dienstverhältnis eine alternative Versorgungsaussicht: Entweder wird er nach seiner Dienstzeit Berufssoldat bzw. Beamter auf Lebenszeit, so dass ihm der Wehrdienst als ruhegehaltsfähige Dienstzeit anzurechnen ist, oder er hat Anspruch auf Nachversicherung in der gesetzlichen Rentenversicherung. Diese atypische Versorgungsaussicht (§ 1587 I 1) aber fällt unter keine der 5 Versorgungsarten des § 1587a II und ist deshalb nach § 1587a V zu bewerten. Maßgebend ist der Wert der Nachversicherung auch dann, wenn der Ehegatte nach der Ehezeit Berufssoldat oder Beamter auf Lebenszeit werden sollte (BGH 81, 100).

Beispiel

13. Kapitel
Die Durchführung des öffentlichrechtlichen Versorgungsausgleichs

1. Ausgleichsformen

Wie der Wertunterschied öffentlichrechtlich auszugleichen ist, sagt § 1587b: **entweder durch Übertragung (I) oder durch Begründung (II) von Anwartschaften in der gesetzlichen Rentenversicherung (II).** Die dritte Möglichkeit: Beitragszahlung in die gesetzliche Rentenversicherung (III 1) hat das BVerfG in dieser Form für verfassungswidrig und nichtig erklärt[197]. Das **VAHRG** füllt die Gesetzeslücke aus und liefert vier weitere Ausgleichsformen: die **Realteilung** nach § 1 II, das **erweiterte Quasi-Splitting** durch Begründung von Anwartschaften in der gesetzlichen Rentenversicherung nach § 1 III, das **Super-Splitting** durch zusätzliche Übertragung oder Begründung von Anwartschaften in der gesetzlichen Rentenversicherung oder durch Realteilung nach § 3b I Nr. 1, schließlich die **Verpflichtung zur Beitragszahlung in die gesetzlichen Rentenversicherung** nach § 3b I Nr. 2. Was freilich auch nach §§ 1 II, III, 3b I VAHRG nicht ausgeglichen werden kann, muss wohl oder übel schuldrechtlich ausgeglichen werden (§ 1587f u. § 2 VAHRG).

935

---

196 *BGH* FamRZ 94, 568: § 1587a V bewertet nicht nur, sondern erweitert auch noch den Kreis der auszugleichenden Versorgungen über § 1587 I 1 hinaus.
197 *BVerfG* NJW 83, 1417.

2. Rangfolge der Ausgleichsformen

2.1 Splitting vor Quasi-Splitting und BGB vor VAHRG

936   Die gesetzliche Reihenfolge des § 1587b begründet eine zwingende Rangfolge der Ausgleichsformen[198]: **Abs. 1 geht dem Abs. 2 und dieser den §§ 1, 3b VAHRG vor**[199]. Die rangschlechtere Ausgleichsform ist nur erlaubt, wenn und soweit die rangbessere rechtlich unmöglich ist[200]. Nach diesen Vorschriften aber **darf man dem ausgleichspflichtigen Ehegatten nicht nur von der Summe seiner in der Ehezeit erworbenen Anrechte sondern auch von jedem einzelnen Anrecht nicht mehr als die Hälfte nehmen**[201]. Von dieser strengen gesetzlichen Regel weicht nur das Super-Splitting des § 3b I Nr. 1 VAHRG ab, um den schuldrechtlichen VA (§ 2 VAHRG) doch noch zu vermeiden.

Immer dann, wenn der ausgleichspflichtige Ehegatte werthöhere Anwartschaften in der gesetzlichen Rentenversicherung hat, sind diese, soweit rechtlich möglich, bis zur Höhe des hälftigen Wertunterschiedes auf den ausgleichsberechtigten Ehegatten zu übertragen (**Splitting nach § 1587b I**).

Hat der ausgleichspflichtige Ehegatte keine werthöheren Anwartschaften in der gesetzlichen Rentenversicherung, aber werthöhere Anrechte auf die Beamtenversorgung, sind bis zur Höhe des hälftigen Wertunterschiedes zu Lasten der Beamtenversorgung Anwartschaften in der gesetzlichen Rentenversicherung zu begründen (**Quasi-Splitting nach § 1587b II**).

2.2 Kombination aus Splitting und Quasi-Splitting

937   Hat der ausgleichspflichtige Ehegatte werthöhere Anwartschaften sowohl in der gesetzlichen Rentenversicherung als auch in der Beamtenversorgung, ist **zuerst** der Wertunterschied der Anwartschaften in der gesetzlichen Rentenversicherung durch **Splitting** nach § 1587b I hälftig auszugleichen, **bevor** der **Rest durch Quasi-Splitting** nach § 1587b II ausgeglichen wird. Das Gesetz schreibt diese Rangfolge in § 1587b II zwingend vor („… in Höhe der Hälfte des nach Anwendung von Abs. 1 noch verbleibenden Wertunterschiedes."). Das Familiengericht darf sie nicht dadurch unterlaufen, dass es statt dessen durch Splitting weitere Anwartschaften in der gesetzlichen Rentenversicherung überträgt, denn **§ 1587b I beschränkt das Splitting auf die Hälfte des Wertunterschiedes der Anwartschaften in der gesetzlichen Rentenversicherung**[202]. Eine zusätzliche Übertragung von Anwartschaften in der gesetzlichen Rentenversicherung (Super-Splitting) ist nur unter den Voraussetzungen des § 3b I Nr. 1 VAHRG erlaubt.

---

198   *BGH* NJW 83, 2443; *Ruland* NJW 92, 82.
199   *BGH* FamRZ 83, 1003.
200   *BGH* FamRZ 83, 1003; *OLG Karlsruhe* FamRZ 91, 458; *OLG München* FamRZ 93, 1460.
201   *BGH* 81, 152; FamRZ 86, 250.
202   *BGH* 81, 152; FamRZ 86, 250: Verbot des „Supersplitting".

2.3 Rangfolge nach dem VAHRG

Wenn und soweit der Ausgleich weder durch Splitting nach § 1587b I noch durch Quasi-Splitting nach § 1587b II vollzogen werden kann, kommen die Ausgleichsformen des VAHRG, die den § 1587b III 1 ersetzen, zum Zug: Realteilung (§ 1 II), erweitertes Quasi-Splitting (§ 1 III), Super-Splitting (§ 3b I Nr. 1) und Beitragszahlung in die gesetzliche Rentenversicherung (§ 3b I Nr. 2). Das ist nicht nur dann der Fall, wenn der ausgleichspflichtige Ehegatte werthöhere Anwartschaften weder in der gesetzlichen Rentenversicherung noch in der Beamtenversorgung hat, sondern auch dann, wenn Splitting und Quasi-Splitting nach § 1587b I, II den vollen Ausgleich nicht erlauben; in diesem Fall ist der Restanspruch nach dem VAHRG auszugleichen.

938

Die Realteilung nach § 1 II geht dem erweiterten Quasi-Splitting nach § 1 III nicht **vor**, obwohl es dort heißt: „Findet ein Ausgleich nach Abs. 2 nicht statt …". Vielmehr sind das real teilbare und das nach § 1 III ausgleichbare Anrecht des ausgleichspflichtigen Ehegatten **anteilig** auszugleichen (RN 971).

939

Dagegen stehen die beiden **Ausgleichsformen des § 3b I VAHRG:** das Super-Splitting (Nr. 1) und die Beitragszahlung (Nr. 2) deshalb **an letzter Stelle**, weil sie die allerletzten Möglichkeiten bieten, den schuldrechtlichen VA zu vermeiden, und überdies im **Ermessen** des Familiengerichts („kann das Familiengericht …") stehen.

2.4 Beispiele zur Rangfolge der Ausgleichsformen

Beispiel 940

Beispiel nach BGH FamRZ 83, 1003		
	Ehemann	Ehefrau
ges. RV	550	200
betr. AV	350 (Pensionskasse)	100 (Zusatzversorgung des öffentl. Dienstes)
	900	300

Ausgleichspflichtig ist der Ehemann in Höhe von $900 - 300 = 600 : 2 = 300$. Falsch wäre es, den ganzen Wertunterschied von 300 durch Splitting nach § 1587b I auszugleichen, denn das **Splitting** darf dem Ehemann höchstens den halben Wertunterschied zwischen den gesetzlichen Rentenanwartschaften nehmen. Da der Ehemann auch in der betrieblichen Altersversorgung die werthöheren Anwartschaften hat, ist deshalb **getrennt zu saldieren und auszugleichen**. Das Splitting nach § 1587b I beschränkt sich auf den Ausgleich der gesetzlichen Rentenanwartschaften in Höhe von $550 - 200 = 350 : 2 = 175$.

Der **verbleibende Wertunterschied** von 250 ist hälftig **möglichst nach dem VAHRG auszugleichen:** durch Realteilung nach § 1 II oder erweitertes Quasi-Splitting nach § 1 III. Beides ist hier nicht möglich, da die betriebliche Altersversorgung des Ehemanns keine Realteilung erlaubt und der Versorgungsträger keine juristische Person des öffentlichen Rechts ist. Übrig bleiben die Ausgleichsformen des § 3b I VAHRG, die im Ermessen des Familiengerichts stehen (so auch *OLG Karlsruhe* FamRZ 91, 458). Macht es davon keinen Gebrauch, muss der restliche Wertunterschied von 250 nach § 1587f und § 2 VAHRG dermaleinst (§ 1587g I 2) schuldrechtlich ausgeglichen werden.

Beispiel 941

Beispiel nach OLG München FamRZ 93, 1460		
	Ehemann	Ehefrau
ges. RV	650	600
BeamtenV	2200	–
betriebliche AV durch Zusatzversorgung des öffentl. Dienstes	50	100
	2900	700

Der Ehemann ist **ausgleichspflichtig** in Höhe von 2900 – 700 = 2200 : 2 = 1100. Da der Ehemann auch die werthöheren Anwartschaften in der gesetzlichen Rentenversicherung hat, sind diese nach § 1587b I vorweg durch **Splitting** auszugleichen in Höhe von 650 – 600 = 50 : 2 = 25. Die Zusatzversorgung des öffentlichen Dienstes ist keine gesetzliche, sondern nur eine betriebliche Altersversorgung.

Anschließend ist die Beamtenversorgung durch **Quasi-Splitting** nach § 1587b II auszugleichen und zwar **in Höhe des restlichen Wertunterschiedes** von 2200 + 50 – 100 = 2150 : 2 = 1075. Die beiderseitigen betrieblichen Altersversorgungen sind in diesen Wertausgleich einzubeziehen, weil diejenige der Ehefrau werthöher ist und deshalb den Wertunterschied samt Ausgleich nur verringert. Hätte der Ehemann auch die werthöhere betriebliche Altersversorgung, müsste man sie in einem dritten Schritt gesondert nach dem VAHRG oder aber schuldrechtlich ausgleichen.

3. Übersicht über die gesetzlichen Ausgleichsformen und ihre Kombinationen

942 (1) **Nur gesetzliche Rentenversicherung**

Haben beide Ehegatten nur Anwartschaften in der gesetzlichen Rentenversicherung, ist der Wertunterschied nach § 1587b I durch Übertragung gesetzlicher Rentenanwartschaften (**Splitting**) hälftig auszugleichen.

943 (2) **Nur Beamtenversorgung**

Haben beide Ehegatten nur Anrechte auf eine Beamtenversorgung, ist der Wertunterschied nach § 1587b II durch Begründung von Anwartschaften in der gesetzlichen Rentenversicherung (**Quasi-Splitting**) hälftig auszugleichen.

944 (3) **Gesetzliche Rentenversicherung und Beamtenversorgung**

Stehen in der Ausgleichsbilanz sowohl Anwartschaften in der gesetzlichen Rentenversicherung als auch Anrechte auf Beamtenversorgung, **kommt es darauf an, wer die werthöheren Anwartschaften in der gesetzlichen Rentenversicherung hat.**

(a) Ist es der **Ausgleichsschuldner**, geht das **Splitting** nach § 1587b I vor: Der Wertunterschied ist vorweg durch Übertragung gesetzlicher Rentenanwartschaften auszugleichen. In diesen Ausgleich sind alle Versorgungsanrechte einzubeziehen, wenn der Ausgleichsschuldner nicht auch die werthöhere Beamtenversorgung hat.

(b) Hat der **Ausgleichsberechtigte** die höheren Anwartschaften in der gesetzlichen Rentenversicherung, ist der Wertunterschied nach § 1587b II durch **Quasi-Splitting** hälftig auszugleichen.

(4) Gesetzliche Rentenversicherung und Beamtenversorgung und betriebliche oder 945
berufsständische Altersversorgung oder private Rentenversicherung

Auch hier **kommt es darauf an, wer die werthöheren gesetzlichen Rentenanwartschaften hat.**

(a) Ist es der **Ausgleichsschuldner**, geht das **Splitting** nach § 1587b I vor: Der Wertunterschied ist vorweg durch Übertragung gesetzlicher Rentenanwartschaften auszugleichen. In diesen Wertausgleich sind auch alle anderen Versorgungsanrechte beider Eheleute einzubeziehen, soweit der Ausgleichsschuldner nicht auch die werthöhere Beamtenversorgung oder sonstige Versorgung hat[203].

Hat der **Ausgleichsschuldner auch noch die werthöhere Beamtenversorgung oder sonstige Versorgung**, muss man **getrennt saldieren:** In einem ersten Schritt ist nur der Wertunterschied zwischen den gesetzlichen Rentenanwartschaften durch **Splitting** nach § 1587b I hälftig auszugleichen. Der restliche Wertunterschied ist in einem zweiten Schritt durch **Quasi-Splitting** nach § 1587b II oder nach dem **VAHRG** auszugleichen[204].

(b) Hat der **Ausgleichsberechtigte** die **werthöheren gesetzlichen Rentenanwartschaften**, scheidet das Splitting nach § 1587b I aus. Jetzt richtet sich die Ausgleichsform danach, wer die werthöhere Beamtenversorgung hat.

Hat der **Ausgleichsschuldner** die **werthöhere Beamtenversorgung**, ist der Wertunterschied vorweg durch **Quasi-Splitting** nach § 1587b II hälftig auszugleichen.

In diesen Wertausgleich sind auch die sonstigen Versorgungsanrechte beider Ehegatten einzubeziehen, soweit der Ausgleichsschuldner nicht auch die werthöheren sonstigen Versorgungsanrechte hat.

Andernfalls muss man **getrennt saldieren:** In einem ersten Schritt ist nur der Wertunterschied zwischen den Beamtenversorgungen durch Quasi-Splitting nach § 1587b II auszugleichen. Der restliche Wertunterschied ist in einem zweiten Schritt nach dem VAHRG auszugleichen.

(5) Nur betriebliche oder berufsständische Altersversorgung oder private Renten- 946
versicherung

Haben beide Ehegatten nur betriebliche Altersversorgungen, ist der Wertunterschied hälftig nach dem **VAHRG** auszugleichen: durch Realteilung, wenn rechtlich möglich (§ 1 II), oder erweitertes Quasi-Splitting, wenn der Ausgleichsschuldner die werthöhere Zusatzversorgung für den öffentlichen Dienst hat (§ 1 III), hilfsweise durch Super-Splitting oder Verpflichtung zur Beitragszahlung (§ 3b I) oder schließlich, wenn alle diese Möglichkeiten ausscheiden, **schuldrechtlich** (§ 1587f; § 2 VAHRG).

(6) Betriebliche und berufsständische Altersversorgung und/oder private Renten- 947
versicherung

---

203 *OLG München* FamRZ 93, 1469.
204 *BGH* FamRZ 83, 1003; *OLG Karlsruhe* FamRZ 91, 458; *OLG München* FamRZ 93, 1460;
   OLG Stuttgart FamRZ 96, 1083: bei Teilausgleich durch Splitting u. Restausgleich durch
   Quasi-Splitting ist Betriebsrente des Ausgleichsberechtigten beim Quasi-Splitting zu verrechnen.

Stehen in der Ausgleichsbilanz sowohl Anwartschaften in der betrieblichen als auch in der berufsständischen Altersversorgung und/oder der privaten Rentenversicherung, richtet sich der Ausgleich nur nach dem **VAHRG:** Realteilung (§ 1 II), erweitertes Quasi-Splitting (§ 1 III), Super-Splitting (§ 3b I Nr. 1) oder Verpflichtung zur Beitragszahlung (§ 3b I Nr. 2). Die Ausgleichsformen des VAHRG sind anders als diejenigen des § 1587b **gleichrangig**. Hat der Ausgleichsschuldner Anrechte aus mehreren Versorgungen, sind sie **anteilig auszugleichen** (RN 971).

14. Kapitel
Übertragung von Anwartschaften
in der gesetzlichen Rentenversicherung (Splitting)

1. Rechtsfolge des Splitting

948 Nach § 1587b I 1 wird die Altersversorgung der Ehegatten vorrangig (RN 936 f.) dadurch ausgeglichen, dass das Familiengericht Anwartschaften des ausgleichspflichtigen Ehegatten aus der gesetzlichen Rentenversicherung in Höhe des halben Wertunterschiedes auf den ausgleichsberechtigten Ehegatten überträgt. Diese Ausgleichsform heißt Splitting und ist nichts anderes als eine Realteilung.

Die **Entscheidungsformel** lautet etwa:

„Vom Versicherungskonto Nr. … des Antragsgegners bei der LVA Baden werden auf das Versicherungskonto Nr. … der Antragstellerin bei der BfA Berlin monatliche Rentenanwartschaften in Höhe von … DM, bezogen auf den … übertragen. Der Monatsbetrag ist in Entgeltpunkte umzurechnen."

Mit Rechtskraft der Entscheidung des Familiengerichts gehen die übertragenen Anwartschaften vom ausgleichspflichtigen Ehegatten auf den ausgleichsberechtigten Ehegatten über (§ 629d ZPO; § 53g I FGG)[205]. Ist der ausgleichsberechtigte Ehegatte noch nicht Mitglied der gesetzlichen Rentenversicherung, so wird er es jetzt kraft des Versorgungsausgleichs. Das ist die **Rechtsfolge richterlicher Rechtsgestaltung**[206].

2. Technische Abwicklung des Splitting

949 Wie das Splitting technisch abgewickelt wird, regeln nach § 1587b I 2 die Vorschriften über die gesetzliche Rentenversicherung. Der zuständige Rentenversicherungsträger (§ 125 SGB VI) bucht die übertragenen Rentenanwartschaften vom Konto des ausgleichspflichtigen Ehegatten ab und schreibt sie dem Konto des ausgleichsberechtigten Ehegatten gut (§ 76 I SGB VI). Der ausgleichspflichtige Ehegatte kann die Kürzung sei-

---

205 *BSG* FamRZ 91, 934: Altersruhegehalt des Ausgleichsberechtigten erhöht sich erst ab Rechtskraft des Versorgungsausgleichs, nicht der Scheidung.
206 *BSG* FamRZ 90, 1348: aber keine Gleichstellung mit Pflichtbeiträgen.

ner Versorgung durch Beitragszahlung verhindern (§ 187 I Nr. 1 SGB VI), solange die (volle) Altersrente noch nicht bestandskräftig bewilligt ist (§ 187 IV SGB VI).

Die Anordnung des Familiengerichts, die übertragenen Rentenanwartschaften in **Entgeltpunkte (EP)** umzurechnen (§ 1587b VI) hat seinen Grund darin, dass der hälftige Wertausgleich keine feste, sondern eine veränderliche dynamische Größe ist. Der Versorgungsausgleich kann für 1 Jahr Ehezeit nicht mehr als 2 EP übertragen (§ 76 II 3 SGB VI), so dass die Summe aus bereits vorhandenen und durch den Versorgungsausgleich erworbenen EP im Jahresdurchschnitt höchstens 2 EP ergibt. Umgerechnet wird so, dass der übertragene Monatsbetrag der Rentenanwartschaft durch den aktuellen Rentenwert am Ende der Ehezeit geteilt wird (§ 76 IV SGB VI). Die EP aus dem Versorgungsausgleich werden zu den bereits vorhandenen persönlichen EP addiert (§ 66 I Nr. 4 SGB VI) und so gleichfalls dynamisiert. Letztlich verliert der ausgleichspflichtige und gewinnt der ausgleichsberechtigte Ehegatte also keinen festen monatlichen Rentenbetrag, sondern Entgeltpunkte, die durch spätere Rentenanpassung an Wert gewinnen oder verlieren werden. **950**

Eine laufende Altersrente des ausgleichspflichtigen Ehegatten wird durch den Versorgungsausgleich in der Regel aber erst gekürzt, wenn auch der ausgleichsberechtigte Ehegatte die übertragene Versorgung in Anspruch nimmt (**Rentnerprivileg** nach § 101 III 1 SGB VI)[207]. Die laufende Altersrente des ausgleichsberechtigten Ehegatten erhöht sich erst in dem auf die Rechtskraft des Versorgungsausgleichs folgenden Monat (§§ 99 I, 100 II SGB VI). **951**

3. Voraussetzungen des Splitting

3.1 Gesetzlicher Normalfall

Das Rentensplitting nach § 1587b I setzt voraus, dass der ausgleichspflichtige Ehegatte (S) in der Ehezeit Anwartschaften in der gesetzlichen Rentenversicherung erworben hat, die werthöher sind als die Anwartschaften des ausgleichsberechtigten Ehegatten (Gl) in der gesetzlichen Rentenversicherung und/oder in der Beamtenversorgung. **952**

Formel: ges. RV des S > ges. RV + BeamtV des Gl

Welcher Ehegatte ausgleichspflichtig ist, erfährt man aus der **Ausgleichsbilanz**, in die alle Versorgungsanrechte beider Ehegatten, nicht nur diejenigen aus der gesetzlichen Rentenversicherung und Beamtenversorgung, mit ihren Werten nach § 1587a II-VIII einzustellen sind. Das ist der erste Schritt der rechtlichen Prüfung.

Jetzt erst lässt sich, mit einem zweiten Schritt, feststellen, ob die Anwartschaften des ausgleichspflichtigen Ehegatten in der gesetzlichen Rentenversicherung werthöher sind als die Summe der Anwartschaften des ausgleichsberechtigten Ehegatten in der gesetzlichen Rentenversicherung und in der Beamtenversorgung. Andere Anrechte werden in diesen Wertvergleich – grundsätzlich – nicht einbezogen[208]. Anrechte aus einer ausländi- **953**

---

207 Dazu *Heilemann* FamRZ 95, 1192.
208 *OLG München* FamRZ 93, 1460; *OLG Koblenz* FamRZ 94, 1180.

schen gesetzlichen Rentenversicherung bleiben schon deshalb draußen, weil das Familiengericht sie nicht übertragen kann[209].

Dass der ausgleichsberechtigte Ehegatte überhaupt Anwartschaften in der gesetzlichen Rentenversicherung oder der Beamtenversorgung hat, verlangt § 1587b I nicht, sondern gilt erst recht, wenn es daran fehlt[210], und er gilt auch dann, wenn schon beide Ehegatten im Ruhestand leben[211].

Beispiel 1

	S(chuldner)	Gl(äubiger)	Splitting
ges. RV	400	–	= 200

Beispiel 2

	S	Gl	Splitting
ges. RV	400	100	= 150

Beispiel 3

	S	Gl	Splitting
ges. RV	400	–	= 150
BeamtenV	–	100	

Beispiel 4

	S	Gi	Splitting
ges. RV	400	100	= 50
BeamtenV	–	200	

3.2 Weitere Versorgungsanrechte des Ausgleichsberechtigten

954 Hat der ausgleichspflichtige Ehegatte entsprechend § 1587b I die werthöheren Anwartschaften in der gesetzlichen Rentenversicherung und der ausgleichsberechtigte Ehegatte neben Anwartschaften in der gesetzlichen Rentenversicherung oder in der Beamtenversorgung noch andere Anrechte oder überhaupt nur andere Anrechte, sind auch sie über den Wortlaut des § 1587b I hinaus ins Splitting einzubeziehen, denn der VA soll nur einmal und in einem Zug durchgeführt werden, und die zusätzlichen Anrechte des ausgleichsberechtigten Ehegatten **verringern lediglich den Wertunterschied**, so dass dem Ausgleichsschuldner stets mehr als die Hälfte des Wertunterschieds der gesetzlichen Rentenanwartschaften bleibt[212].

---

209 *OLG Bamberg* FamRZ 86, 691: Österreich.
210 *BGH* NJW 80, 396.
211 *BGH* NJW 80, 396.
212 *OLG Karlsruhe* FamRZ 94, 1180.

Beispiel 5

	S	Gl	Splitting
ges. RV	400	–	= 100
betriebliche AV	–	200	

Beispiel 6

	S	Gl	Splitting
ges. RV	400	100	
BeamtenV	–	50	= 100
private RV	–	50	

3.3 Weitere Versorgungsanrechte des Ausgleichsschuldners

Getrennt saldieren und ausgleichen muss man aber stets dann, wenn der ausgleichs- **955** pflichtige Ehegatte neben Anwartschaften in der gesetzlichen Rentenversicherung noch andere Anrechte hat, die **werthöher** sind als die entsprechenden Anrechte des ausgleichsberechtigten Ehegatten[213]. Andernfalls würde das Splitting dem ausgleichspflichtigen Ehegatten mehr als die Hälfte des Wertunterschieds der gesetzlichen Rentenanwartschaften nehmen, und das ist nur nach § 3b I Nr. 1 VAHRG erlaubt.

Beispiel 7

	S	Gl	Splitting	VAHRG o. schuldrechtl.
ges. RV	400	200	= 100	
betriebl. AV	50	30		= 10

3.4 Kein Splitting

Sind die Anwartschaften des ausgleichspflichtigen Ehegatten in der gesetzlichen Renten- **956** versicherung nicht werthöher als die Anwartschaften des ausgleichsberechtigten Ehegatten in der gesetzlichen Rentenversicherung und in der Beamtenversorgung, beruht die Ausgleichspflicht also auf anderen Anrechten, ist das Splitting nach § 1587b I ausgeschlossen[214] und der Ausgleich muss nach § 1587b II oder nach dem VAHRG vollzogen werden.

Beispiel 8

	S	Gl	Splitting	Quasi-Splitting
ges. RV	400	400	= 0	
BeamtenV	400	–		= 200

---

213 *BGH* FamRZ 83, 1003; *OLG Hamburg* FamRZ 85, 80; *OLG Karlsruhe* FamRZ 91, 458.
214 *OLG Celle* FamRZ 85, 1052.

3.5 Höchstbetrag des Splitting

957 **§ 1587b V begrenzt zwingend den Monatsbetrag der übertragbaren Rentenanwartschaften.** Dieser darf zusammen mit dem Monatsbetrag gesetzlicher Rentenanwartschaften, die der ausgleichsberechtigte Ehegatte für dieselbe Zeit bereits erworben hat, den Höchstbetrag des § 76 II 3 SGB VI nicht übersteigen. Soweit das Splitting den Höchstbetrag übersteigen würde, ist der VA nach § 1587f Nr. 2 schuldrechtlich durchzuführen[215]. Der Höchstbetrag rechtfertigt sich daraus: Die gesetzliche Rentenversicherung ist eine Pflichtversicherung mit einer Beitragsbemessungsgrenze, die es den Versicherten nicht erlaubt, allmonatlich mehr als 1/6 Entgeltpunkte oder jährlich mehr als 2 Entgeltpunkte zu erwerben[216]. Dies gilt auch für den VA. Dieser darf den ausgleichsberechtigten Ehegatten nicht besser stellen als er stünde, wenn er während der ganzen Ehezeit rentenversichert gewesen wäre[217]. Dann aber hätte er allerhöchstens 2 Entgeltpunkte pro Versicherungsjahr erwerben können. Die Auskunft des Rentenversicherungsträgers nennt – bezogen auf die Ehezeit – auch den Höchstbetrag. Diese gesetzliche Beschränkung können die Ehegatten auch nicht durch Vereinbarung aufheben (§ 1587o I 2), denn es handelt sich um **zwingendes Rentenrecht**. Allerdings ist der Rentenversicherungsträger auch an eine falsche rechtskräftige Entscheidung des Familiengerichts gebunden, da die unabänderliche richterliche Rechtsgestaltung stärker ist als das Verbot des § 1587b V[218].

Auf den Höchstbetrag sind Rentenanwartschaften nicht anzurechnen, die der ausgleichsberechtigte Ehegatte durch Nachentrichten von Beiträgen zwar in der Ehezeit, aber nicht für die Ehezeit, sondern für eine voreheliche Zeit begründet hat. Da hier nicht das Familienrecht, sondern das Rentenversicherungsrecht die Obergrenze zieht, gilt nicht das „In-Prinzip" (RN 824), sondern das „Für-Prinzip"[219].

---

215 *BGH* FamRZ 89, 720; 91, 420 u. *OLG Hamm* FamRZ 88, 957: gilt auch für Super-Splitting nach § 3 b I Nr. 1 VAHRG.
216 *Schmeiduch* FamRZ 91, 387.
217 *BGH* FamRZ 89, 720.
218 *BSG* NJW 91, 3237.
219 *BGH* FamRZ 91, 420.

15. Kapitel
Begründung von Anwartschaften
in der gesetzlichen Rentenversicherung (Quasi-Splitting)

1. Rechtsfolge des Quasi-Splitting

Nach § 1587b II 1 wird die Altersversorgung der Ehegatten dadurch ausgeglichen, dass **958** das Familiengericht für den ausgleichsberechtigten und zu Lasten des ausgleichspflichtigen Ehegatten Anwartschaften in der gesetzlichen Rentenversicherung begründet. Diese Ausgleichsform heißt Quasi-Splitting und wirkt wie eine Nachversicherung auf Kosten der Beamtenversorgung. Eine Übertragung von Anrechten der Beamtenversorgung durch Splitting erlaubt das Beamtenbesoldungsrecht nicht.

Die **Entscheidungsformel** lautet etwa:

„Zu Lasten der für den Antragsgegner beim Land Baden-Württemberg, Landesamt für Besoldung unter Personal Nr. … bestehenden Versorgungsanwartschaften werden für die Antragstellerin auf dem Versicherungskonto Nr. … bei der LVA Württemberg monatlich Rentenanwartschaften in Höhe von … DM, bezogen auf den …, begründet. Der Monatsbetrag ist in Entgeltpunkte umzurechnen."

Mit Rechtskraft der Entscheidung des Familiengerichts erwirbt der ausgleichsberechtigte Ehegatte die begründeten Anwartschaften auf Kosten des ausgleichspflichtigen (§ 629d ZPO; § 53g I FGG; §§ 8 I Nr. 2, 76 SGB VI). Das ist die Rechtsfolge richterlicher Rechtsgestaltung.

2. Technische Abwicklung des Quasi-Splitting

Die technische Abwicklung richtet sich nach den Vorschriften über die gesetzliche Rentenversicherung (§ 1587b II 2). Der zuständige Rentenversicherungsträger (§ 125 SGB VI) schreibt dem Versicherungskonto des ausgleichsberechtigten Ehegatten die begründeten Rentenanwartschaften gut oder richtet dieses Konto, wo es noch fehlt, neu ein. Da das Quasi-Splitting auf Kosten der Beamtenversorgung geht, hat der Dienstherr des ausgleichspflichtigen Ehegatten und Träger der Versorgungslast[220] dem Rentenversicherungsträger dessen Aufwand zu erstatten (§ 225 I SGB VI). Entsprechend kürzt er die Versorgungsbezüge des ausgleichspflichtigen Ehegatten (§ 57 I 1 BeamtVG), nicht schon die Dienstbezüge. **959**

Die **Kürzung der Versorgungsbezüge** ist **nach § 57 I 1 BeamtVG** die gesetzliche **960** Regel[221]. Diese hat jedoch vier **Ausnahmen:**

- **Erste Ausnahme:** Der ausgleichspflichtige Ehegatte wendet die Kürzung nach § 58 BeamtVG durch Zahlung des erforderlichen Geldbetrages ab.

---

220 *BGH* FamRZ 81, 856: zur Zeit der Entscheidung über den VA.
221 *BVerwG* FamRZ 91, 429: zur Kürzung, wenn geschiedene Ehegatten sich wieder heiraten und beamteter Ehegatte stirbt.

- **Zweite Ausnahme:** Bezieht der ausgleichspflichtige Ehegatte schon bei Rechtskraft des VA ein Ruhegehalt, wird dieses erst dann gekürzt, wenn auch der ausgleichsberechtigte Ehegatte aus dem VA eine Rente bezieht; dieser **Besitzstandsschutz** nach § 57 I 2 BeamtVG entspricht dem **Rentnerprivileg** des § 101 III SGB VI (RN 951).
- **Dritte Ausnahme:** Die Kürzung wird auf Antrag ganz oder teilweise zurückgenommen, wenn der ausgleichsberechtigte Ehegatte bis zum Tod des ausgleichspflichtigen Ehegatten höchstens 2 Jahresbeträge bezogen hat (§ 4 VAHRG u. RN 1015).
- **Vierte Ausnahme:** Die Kürzung unterbleibt solange, als der ausgleichsberechtigte Ehegatte noch nicht versorgungsberechtigt ist und gegen den ausgleichspflichtigen Ehegatten einen **Anspruch auf Unterhalt** hat (§ 5 VAHRG u. RN 1018).

3. Voraussetzungen des Quasi-Splitting

3.1 Gesetzlicher Normalfall

961   Das Quasi-Splitting nach **§ 1587b II 1** hat drei Voraussetzungen:

Erste Voraussetzung: Der ausgleichspflichtige Ehegatte hat in der Ehezeit Anrechte auf eine Beamtenversorgung nach § 1587a II Nr. 1 erworben. Erforderlich ist eine echte Beamtenversorgung aus einem Beamtenverhältnis bei einem öffentlichrechtlichen Versorgungsträger[222]. Die Versorgung eines Arbeitnehmers aus einem privatrechtlichen Arbeitsverhältnis „nach beamtenrechtlichen Vorschriften oder Grundsätzen" ist zwar nach § 1587a II Nr. 1 genauso zu bewerten wie die echte Beamtenversorgung, wird aber nicht nach § 1587b II 1 ausgeglichen[223].

962   **Zweite Voraussetzung:** Die Anrechte des ausgleichspflichtigen Ehegatten auf eine Beamtenversorgung sind allein oder zusammen mit Anwartschaften in der gesetzlichen Rentenversicherung werthöher als die entsprechenden Anwartschaften des ausgleichsberechtigten Ehegatten.

Formel: BeamtV + ges. RV des S > BeamtV + ges. RV des Gl

Welcher Ehegatte ausgleichspflichtig ist, erfährt man auch hier aus der **Ausgleichsbilanz**, in die alle Versorgungsanrechte beider Ehegatten, nicht nur diejenigen aus einer Beamtenversorgung und der gesetzlichen Rentenversicherung, mit ihren Werten nach § 1587a einzustellen sind. Erst wenn man weiß, welcher Ehegatte ausgleichspflichtig ist, lässt sich feststellen, ob dieser die werthöheren Anwartschaften auf eine Beamtenversorgung und in der gesetzlichen Rentenversicherung hat. Andere Anrechte werden in diesen Wertausgleich – grundsätzlich – nicht einbezogen (zu § 1587b I 1: RN 953).

§ 1587b II 1 verlangt freilich nicht, dass auch der ausgleichsberechtigte Ehegatte Anwartschaften auf eine Beamtenversorgung oder in der gesetzlichen Rentenversicherung erworben habe, sondern gilt erst recht, wenn er nur andere oder überhaupt keine Anwart-

---

222 *BGH* FamRZ 84, 569: nicht Arbeitsverhältnis, das später nach Ehezeit als ruhegehaltsfähig anerkannt wird.
223 *BGH* NJW 85, 2711: Privatschule; FamRZ 87, 918: private Fachhochschule; FamRZ 86, 248: Max-Planck-Gesellschaft.

schaften erworben hat (zu § 1587b I 1 : RN 953), und er gilt auch dann, wenn schon beide Ehegatten im Ruhestand leben[224].

Dritte Voraussetzung: Ein Splitting nach § 1587b I, das stets vorgeht (RN 936), ist **963** überhaupt nicht oder nicht in vollem Umfang des hälftigen Wertunterschiedes möglich; im letzten Fall ist nur der „**noch verbleibende Wertunterschied**" durch Quasi-Splitting auszugleichen.

§ 1587b V begrenzt auch hier den Monatsbetrag der begründbaren Rentenanwartschaften zwingend auf den Höchstbetrag des § 76 II 3 SGB VI (RN 957).

Beispiel 1

	S	Gl	Quasi-Splitting
BeamtV	400	100	= 150

Beispiel 2

	S	Gl	Quasi-Splitting
BeamtV	400		= 150
ges. RV	–	100	

Beispiel 3

	S	Gl	Quasi-Splitting
BeamtV	400	200	= 50
ges. RV	–	100	

Beispiel 4

	S	Gl	Quasi-Splitting
BeamtV	400	200	= 50
ges. RV	100	200	

3.2 Vorrang des Splitting

Wenn der ausgleichspflichtige Ehegatte auch in der gesetzlichen Rentenversicherung die **964** werthöhere Anwartschaften hat, ist der Wertunterschied vorrangig durch Splitting nach § 1587b I auszugleichen und in diesen Wertausgleich auch die Beamtenversorgung des ausgleichsberechtigten Ehegatten einzubeziehen und gegenzurechnen. Durch **Quasi-Splitting** nach § 1587b II ist dann nur noch der **restliche Wertunterschied hälftig** auszugleichen.

Beispiel 5

	S	Gl	Splitting	Quasi-Splitting
ges. RV	400	200	= 50	= 200
BeamtenV	400	100		

---

224 *BGH* NJW 80, 396; FamRZ 82, 258.

Der halbe Wertunterschied beträgt 800 – 300 = 500 : 2 = 250. Er ist nach § 1587b II mit § 1587b I vorrangig durch Splitting auszugleichen. In diesen Ausgleich ist auch die Beamtenversorgung des Ausgleichsberechtigten einzubeziehen, also 400 – 200 – 100 = 100 : 2 = 50. In einem zweiten Schritt ist die werthöhere Beamtenversorgung des Ausgleichsschuldners nach § 1587b II durch Quasi-Splitting hälftig auszugleichen.

3.3 Weitere Versorgungsanrechte des Ausgleichsberechtigten

965 Über den Wortlaut des § 1587b II hinaus ist auch die betriebliche, berufsständische oder vertragliche Altersversorgung des Ausgleichsberechtigten in den Wertvergleich einzubeziehen und gegenzurechnen, denn sie verringert den Wertunterschied nur.

Beispiel 6

	S	Gl	Quasi-Splitting
BeamtV	400	–	
ges. RV	–	200	= 50
betriebl. AV	–	100	

3.4 Weitere Versorgungsanrechte des Ausgleichsschuldners

966 Hat der Ausgleichsschuldner nicht nur die werthöhere Beamtenversorgung, sondern auch noch werthöhere andere Versorgungsanrechte, darf man nicht alles in einen Topf werfen, sondern muss **getrennt saldieren**, damit der Ausgleichsschuldner nicht nur von der Summe aller seiner Anrechte, sondern auch von jeder einzelnen Versorgungsart mindestens den halben Wertunterschied behält.

Beispiel 7

	S	Gl	Quasi-Splitting	VAHRG
BeamtV	500	200	= 135	= 25
private RV	50	30		

Der halbe Wertunterschied beträgt 550 – 230 = 320 : 2 = 160. Falsch wäre es, den vollen Wertunterschied hälftig durch Quasi-Splitting auszugleichen, denn der hälftige Wertunterschied zwischen der Beamtenversorgung beträgt nur 500 – 200 = 300 : 2 = 150 und mehr als diese Hälfte darf man dem Ausgleichsschuldner nicht nehmen. Dagegen darf man die private Rentenversicherung des Ausgleichsberechtigten in den Wertvergleich einbeziehen, weil sie den Ausgleich durch Quasi-Splitting lediglich verkürzt. Das Quasi-Splitting beschränkt sich also auf 500 – 200 – 30 = 270 : 2 = 135. Der restliche Wertunterschied von 160 – 135 = 25 ist in einem zweiten Schritt nach dem VAHRG auszugleichen, möglichst durch Realteilung nach § 1 II, oder aber schuldrechtlich.

3.5 Kein Quasi-Splitting

967 Der Wertausgleich durch Quasi-Splitting nach § 1587b II scheidet aus, wenn der ausgleichspflichtige Ehegatte nicht die werthöhere Beamtenversorgung hat, seine Ausgleichspflicht also auf anderen Versorgungsanrechten beruht.

	S	Gl	Quasi-Splitting	VAHRG
BeamtV	400	500		= 50
private RV	200			

Der Wertunterschied von 600 – 500 = 100 ist hälftig zu Lasten der privaten Rentenversicherung nach dem VAHRG oder schuldrechtlich auszugleichen.

16. Kapitel
Ausgleichsformen des VAHRG

1. Nachrang hinter Splitting und Quasi-Splitting

Nach dem VAHRG werden etwa betriebliche und berufsständische Altersversorgungen sowie private Rentenversicherungen ausgeglichen. Die Ausgleichsformen des VAHRG sind aber nur erlaubt, wenn und soweit der Wertunterschied weder durch Splitting nach § 1587b I noch durch Quasi-Splitting nach § 1587b II ausgeglichen werden kann, denn die gesetzliche Reihenfolge des § 1587b ist zugleich eine verbindliche Rangfolge der Ausgleichsformen, an der die Nichtigkeit des § 1587b III 1 und das VAHRG nichts geändert haben (RN 935). **968**

Einen Vor- oder Nachrang hat aber nur die Ausgleichsform selbst. Dagegen sind nach § 1587b III 3 unabhängig von der Ausgleichsform alle Versorgungsanrechte beider Ehegatten in die **Ausgleichsbilanz** einzustellen. Nur so erfährt man, welcher Ehegatte ausgleichspflichtig und in welcher Form der Wertunterschied auszugleichen ist. Die zwingende Regel des § 1587b III 3 HS. 2, dass der **VA nur einmal durchzuführen** ist **und stets in eine Richtung** verläuft, nämlich vom ausgleichspflichtigen zum ausgleichsberechtigten Ehegatten, gilt auch für die Ausgleichsformen des VAHRG (RN 806). **969**

Hat ein Ehegatte oder haben gar beide Ehegatten in der Ehezeit auch Anwartschaften in der gesetzlichen Rentenversicherung oder auf Beamtenversorgung erworben, so kann der Wertunterschied freilich nur insoweit nach dem VAHRG ausgeglichen werden, als weder das Splitting nach § 1587b I noch das Quasi-Splitting nach § 1587b II rechtlich möglich ist. Das ist dann der Fall, **wenn der ausgleichsberechtigte Ehegatte die werthöhere gesetzliche Rentenversicherung oder Beamtenversorgung hat.** In diesem Fall sind die Anwartschaften in der gesetzlichen Rentenversicherung oder Beamtenversorgung **nur Rechnungsposten in der Ausgleichsbilanz**, dürfen selbst aber nicht nach § 1587b I, II ausgeglichen werden (zum Verbot des Super-Splitting: RN 937). **970**

2. Anteilige Belastung mehrerer Versorgungsträger

971 Hat der ausgleichspflichtige Ehegatte mehrere Altersversorgungen außerhalb der gesetzlichen Rentenversicherung und der Beamtenversorgung, die nach dem VAHRG auszugleichen sind, gibt es dafür keine gesetzlichen Rangfolge. **Die verschiedenen Versorgungen sind nicht in bestimmter Reihenfolge, sondern anteilig auszugleichen.** Der jeweilige Anteil bemisst sich **nach dem Wertverhältnis der Ehezeitanteile zum Ausgleichsbetrag**[225]. Deshalb hat die Realteilung nach § 1 II VAHRG keinen Vorrang vor dem erweiterten Quasi-Splitting nach § 1 III VAHRG trotz dessen negativer Formulierung, vielmehr sind das real teilbare und das durch erweitertes Quasi-Splitting ausgleichbare Anrecht anteilig auszugleichen[226].

972 Diese Regel hat freilich eine **Ausnahme**: Verbleibt nach dem anteiligen Ausgleich ein Rest, der schuldrechtlich ausgeglichen werden müsste, darf das Familiengericht nach seinem Ermessen die eine oder andere Quote erhöhen, um den schuldrechtlichen VA zu vermeiden. Das Interesse der Versorgungsträger an gleichmäßiger Belastung wiegt leichter als das Interesse des ausgleichsberechtigten Ehegatten an einer eigenständigen Altersversorgung[227].

Beispiel

Der Ehemann hat folgende Versorgungsanrechte:

Ärzteversorgung Baden-Württemberg	2087,47 Euro
kommunaler Versorgungsverband Baden-Württemberg dynamisiert	+ 122,92 Euro
	2210,39 Euro
Die Ehefrau hat gesetzliche Rentenanwartschaften bei der BfA	− 107,65 Euro
Wertunterschied	2102,74 Euro
hälftiger Ausgleich	1051,37 Euro

Die Ärzteversorgung von Baden-Württemberg ist real teilbar (BGH FamRZ 94, 91), der kommunale Versorgungsverband eine juristische Person des öffentlichen Rechts. Der Wertunterschied ist deshalb durch **Realteilung** nach § 1 II VAHRG und **erweitertes Quasi-Splitting** nach § 1 III VAHRG hälftig auszugleichen und zwar **anteilig nach dem Verhältnis der Ehezeitanteile**:

$$\text{Realteilung} = \frac{2087,47 \times 1051,37}{2210,39} = 992,90 \text{ Euro}$$

$$\text{Quasi-Splitting} = \frac{122,92 \times 1051,37}{2210,39} = 58,47 \text{ Euro}$$

Die Ehefrau erhält durch Realteilung Anwartschaften in der Ärzteversorgung von Baden-Württemberg von monatlich 992,90 Euro. In Höhe von 58,47 Euro werden zu Lasten des kommunalen Versorgungsverbandes von Baden-Württemberg bei der BfA Anwartschaften in der gesetzlichen Rentenversicherung begründet.

---

225 *BGH* NJW 94, 48: u. FamRZ 2001, 477: „Quotierung" statt Rangfolge; *OLG Karlsruhe u. OLG Celle* FamRZ 99, 925, 926.
226 *BGH* NJW 94, 48.
227 *BGH* NJW 94, 48.

3. Realteilung

3.1 Rechtsfolge

Nach § 1 II 1 VAHRG begründet das Familiengericht für den ausgleichsberechtigten und **973** zu Lasten des ausgleichspflichtigen Ehegatten ein Anrecht außerhalb der gesetzlichen Rentenversicherung oder kürzer: Das Familiengericht überträgt das auszugleichende An-recht in Höhe des hälftigen Wertunterschiedes. Das Gesetz nennt diese Ausgleichsform Realteilung; man kann sie auch als **Splitting außerhalb der gesetzlichen Rentenversi-cherung** bezeichnen. Wie das Rentensplitting nach § 1587b I verschafft auch die Real-teilung dem ausgleichsberechtigten Ehegatten eine eigenständige, von der Person des ausgleichspflichtigen Ehegatten unabhängige Altersversorgung. Denn mit Rechtskraft der Entscheidung des Familiengerichts verliert der ausgleichspflichtige und erwirbt der ausgleichsberechtigte Ehegatte den übertragenen Teil der Altersversorgung. Das ist die Rechtsfolge richterlicher Rechtsgestaltung.

Die Realteilung einer privaten Rentenversicherung erfasst auch die Berufsunfähigkeits-Zusatzversicherung, es sei denn, der ausgleichsberechtigte Ehegatte lehne sie ab oder die Risikoprüfung mache ihn unversicherbar[228].

3.2 Voraussetzungen

Die Realteilung hat zwei Voraussetzungen: Der Wertunterschied kann weder durch Split- **974** ting nach § 1587b I noch durch Quasi-Splitting nach § 1587b II voll ausgeglichen wer-den (§ 1 I VAHRG), und der ausgleichspflichtige Ehegatte hat ein **real teilbares An-recht**. Ob und unter welchen Voraussetzungen ein Versorgungsanrecht real teilbar ist, bestimmt allein die einschlägige Regelung: die Satzung des Versorgungsträgers, der Ta-rifvertrag, die Betriebsvereinbarung oder der Versicherungsvertrag (§ 1 II 2 VAHRG), je-doch genügt auch die **Zustimmung des Versorgungsträgers im Einzelfall**[229]. Erforder-lich ist eine „Regelung", die es erlaubt, dem ausgleichsberechtigten Ehegatten durch Ab-tretung eine eigenständige Versorgung zu verschaffen, die von der Person des ausgleichs-pflichtigen Ehegatten rechtlich nicht mehr abhängt[230]. Real teilbar sind vor allem manche berufsständischen Altersversorgungen.

> Bayerische Ärzteversorgung, wenn auch der ausgleichsberechtigte Ehegatte Arzt ist **Beispiele**
> (*BGH* FamRZ 88, 1254; *OLG Nürnberg* FamRZ 89, 1097: auch laufende Rente; FamRZ
> 95, 815; *OLG München* FamRZ 91, 956: auch zu § 1587b IV);
> Ärzteversorgung von Baden-Württemberg (*BGH* FamRZ 94, 91);
> kassenärztliche Vereinigung Hessen: erweiterte Honorarverteilung (*BGH* FamRZ 89, 953
> m.Anm. Held FamRZ 89, 1281);
> Versorgungswerk der Landesärztekammer Hessen (*OLG Frankfurt* FamRZ 89, 70);
> Direktzusage des Arbeitgebers (*BGH* FamRZ 93, 173);

---

228 *BGH* FamRZ 94, 559.
229 *BGH* FamRZ 97, 169.
230 *BGH* FamRZ 85, 799; 88, 1254; 89, 953; 97, 1470: auch ohne Härteregel.

Pensionskasse der chemischen Industrie (*OLG Karlsruhe* FamRZ 93, 1212);
Pensionskasse des ZDF (*OLG Frankfurt* FamRZ 98, 626: eingeschränkte Zustimmung).

Erlaubt der Versorgungsträger die Realteilung erst nach rechtskräftigem Versorgungsausgleich, darf der ausgleichsberechtigte Ehegatte unter den Voraussetzungen des § 10a VAHRG Abänderung der Entscheidung in eine Realteilung verlangen[231].

4. Erweitertes Quasi-Splitting

4.1 Rechtsfolge

975 Nach § 1 III VAHRG begründet das Familiengericht in Höhe des halben Wertunterschiedes Anwartschaften in der gesetzlichen Rentenversicherung, denn „die Vorschriften über den Ausgleich von Anrechten aus einem öffentlichrechtlichen Dienstverhältnis (Quasi-Splitting nach § 1587b II) gelten sinngemäß". Diese Ausgleichsform nennt man **„erweitertes" Quasi-Splitting**, weil sie **außerhalb der Beamtenversorgung** angewendet wird.

Sind mehrere Anrechte unterschiedlicher Höhe bei verschiedenen öffentlichrechtlichen Versorgungsträgern auszugleichen, werden alle Anrechte anteilig nach dem Verhältnis ihrer Ehezeitanteile zum Ausgleich herangezogen (RN 971)[232].

4.2 Voraussetzungen

976 Das erweiterte Quasi-Splitting hat zwei Voraussetzungen: Der Wertunterschied kann weder durch Splitting nach § 1587b I noch durch Quasi-Splitting nach § 1587b II voll ausgeglichen werden (§ 1 I VAHRG) und das auszugleichende Anrecht richtet sich gegen einen **öffentlichrechtlichen Versorgungsträger außerhalb der gesetzlichen Rentenversicherung**. Ob ein Versorgungsträger öffentlichrechtlich ist, bestimmt allein seine Rechtsform; es muss sich um eine juristische Person (Körperschaft, Anstalt oder Stiftung) des öffentlichen Rechts handeln[233]. In Betracht kommen deshalb nur betriebliche und berufsständische Altersversorgungen.

Beispiele
ZDF (*BGH* 99, 10; FamRZ 87, 52), Bayerischer Rundfunk (*BGH* 92, 152) und Südwestfunk (*OLG Koblenz* FamRZ 87, 717);
Versorgungsanstalt des Bundes und der Länder/VBL (*BGH* FamRZ 89, 1252; 90, 380) und Zusatzversorgung des öffentlichen Dienstes für Gemeindebedienstete (*BGH* FamRZ 86, 894);
Bund und Länder als Träger der Abgeordnetenversorgung (*BGH* FamRZ 88, 380);
Ärzteversorgung Westfalen-Lippe (*BGH* FamRZ 83, 998) wie alle berufsständischen Altersversorgungen bei Ärztekammern, Anwaltskammern und anderen öffentlichrechtlichen Standesorganisationen;

---

231 *BGH* FamRZ 93, 173.
232 *BGH* FamRZ 84, 1214; 91, 314; *OLG Saarbrücken* FamRZ 92, 70.
233 *BGH* 92, 152; 99, 13; FamRZ 87, 52.

Versorgungsanstalt der Stadt Hannover (*BGH* NJW 84, 2879) und Berliner Verkehrsbetriebe als Eigenbetriebe (*BGH* FamRZ 84, 1212).
Gegenbeispiele: privatrechtlich organisiert sind:
Pensionskasse des ZDF im Unterschied zum ZDF selbst (*BGH* 99, 10);
privatrechtliche Stiftung „Hamburger öffentliche Bücherhallen" (*BGH* FamRZ 93, 299);
Max-Planck-Gesellschaft (*BGH* FamRZ 86, 248).

Der Ausgleich ist auch dann nach § 1 III VAHRG durchzuführen, wenn der ausgleichspflichtige Ehegatte nach Rechtskraft der Scheidung stirbt und der Versorgungträger deshalb seinen Aufwand nicht mehr durch Kürzung der Versorgungsbezüge ausgleichen kann[234].

5. Super-Splitting und Verpflichtung zur Beitragszahlung

5.1 Gesetzliche Systematik

Wenn und soweit der Wertunterschied weder durch Splitting (§ 1587b I) noch durch **977** Quasi-Splitting (§ 1587b II) und auch nicht durch Realteilung (§ 1 II VAHRG) oder erweitertes Quasi-Splitting (§ 1 III VAHRG) ausgeglichen werden kann, bleibt nach § 1587f und § 2 VAHRG nur noch der schuldrechtliche VA. Aber das ist nicht so ernst gemeint, wie es formuliert ist. Denn **§ 3b VAHRG erlaubt dem Familiengericht, um den schwachen schuldrechtlichen VA doch noch zu vermeiden, zwei weitere Ausgleichsformen: das Super-Splitting und die Verpflichtung zur Beitragszahlung in die gesetzliche Rentenversicherung**[235].

Das Super-Splitting nach § 3b I Nr. 1 VAHRG ermöglicht die Übertragung oder Begründung von Anwartschaften in der gesetzlichen Rentenversicherung sowie die Realteilung anderer Anrechte, die nach § 1587b I, II, § 1 II, III VAHRG nicht zum Ausgleich verwendet werden dürfen, weil dies den Halbteilungsgrundsatz verletzte oder weil sie nicht in der Ehezeit erworben worden sind.

Die Verpflichtung zur Beitragszahlung tritt trotz Nichtigkeit des § 1587b III 1 durch die Hintertür des § 3b I Nr. 2 VAHRG wieder auf die Bühne, denn verfassungswidrig ist sie nicht schlechthin, sondern nur als einzige Ausgleichsform hinter Splitting und Quasi-Splitting[236], und verfassungswidrig wäre auch der völlige Verzicht auf die Verpflichtung zur Beitragszahlung, weil Realteilung und erweitertes Quasi-Splitting allein nicht genügen, um den schwachen schuldrechtlichen VA möglichst weit zurückzudrängen[237].

§ 3b VAHRG ist nur eine **Ermessensvorschrift:** Das Familiengericht kann so verfahren, **978** muss es aber nicht, sondern entscheidet von Fall zu Fall nach seinem pflichtgemäßen

---

234 *BGH* NJW 86, 185.
235 Dazu *BGH* FamRZ 87, 918; 99, 158: statt Realteilung; *Ruland* NJW 87, 345; *Wagenitz* FamRZ 87, 1.
236 *BVerfG* NJW 83, 1417.
237 *BVerfG* NJW 86, 1321.

Ermessen[238] und trifft auch die Wahl zwischen mehreren Anrechten bei verschiedenen Versorgungsträgern[239]. Das Familiengericht muss seine Ermessensentscheidung aber am Ziel des § 3b VAHRG ausrichten, den ausgleichsberechtigten Ehegatten vor den Nachteilen des schuldrechtlichen VA zu schützen[240]. Da der ausgleichsberechtigte Ehegatte auf dessen Schutz verzichten kann, ist § 3b VAHRG gegen seinen erklärten Willen nicht anwendbar[241]. Außerdem können die Eheleute den Ausgleich nach § 3b VAHRG ohne Zustimmung der Versorgungsträger vertraglich ausschließen[242]. Und wo der gesetzliche Schutz voraussichtlich versagen wird, gilt § 1587b IV entsprechend[243]. Die Verpflichtung zur Beitragszahlung nach § 3b I Nr. 2 VAHRG muss überdies dem ausgleichspflichtigen Ehegatten zumutbar sein.

Schließlich gilt die Höchstbetragsschranke des § 1587b V (RN 957) auch für § 3b VAHRG[244].

5.2 Super-Splitting

979 Wenn und soweit der Wertunterschied nicht nach § 1587b I, II oder § 1 II, III VAHRG ausgeglichen werden kann, darf das Familiengericht nach seinem **pflichtgemäßen Ermessen** „ein anderes vor oder in der Ehezeit erworbenes Anrecht des Verpflichteten, das seiner Art nach durch Übertragung oder Begründung von Anrechten ausgeglichen werden kann, zum Ausgleich heranziehen".

Ein „**anderes Anrecht**" ist ein solches, das zwar seiner Art nach übertragbar, begründbar oder real teilbar ist, aber nicht schon nach § 1587b I, II oder § 1 II, III VAHRG ausgeglichen werden kann. Denn diese Vorschriften verbieten es, dem ausgleichspflichtigen Ehegatten durch Super-Splitting mehr als die Hälfte des Wertunterschiedes in einer Versorgungsart zu nehmen (RN 936). Vor der Ehezeit erworbene Anrechte sind nach diesen Vorschriften ohnehin tabu. Über diese gesetzliche Schranken darf sich das Familiengericht nach § 3b I Nr. 1 VAHRG ausnahmsweise hinwegsetzen.

Dem Super-Splitting unterfallen sowohl Anwartschaften in der gesetzlichen Rentenversicherung[245] und in der Beamtenversorgung als auch Anwartschaften gegen andere öffentlichrechtliche Versorgungsträger i.S.d. § 1 III VAHRG sowie real teilbare privatrechtliche Versorgungen[246]. Dagegen können verfallbare Anrechte auf eine betriebliche Altersversorgung wegen § 1587a II Nr. 3 S. 3 und ausländische Anrechte mangels Eingriffsrechts des Familiengerichts[247] überhaupt nicht öffentlichrechtlich ausgeglichen werden.

---

238 *BGH* NJW 92, 3234.
239 *BGH* NJW 92, 1957.
240 *BGH* NJW 92, 1957; 92; 3234; FamRZ 97, 168.
241 *BGH* NJW 92, 3234; *OLG Köln* FamRZ 99, 1205.
242 *BGH* NJW 89, 1859; 92, 3234.
243 *BGH* NJW 92, 3234; *OLG Karlsruhe* FamRZ 88, 954.
244 *BGH* FamRZ 89, 720; *OLG Düsseldorf* FamRZ 91, 1206.
245 *OLG Celle* FamRZ 87, 391: Ausgleich betriebl. AV durch zusätzliches Renten-Splitting.
246 *OLG Karlsruhe* FamRZ 94, 1180: Ärzteversorgung.
247 *OLG Hamm* FamRZ 89, 759; *OLG München* FamRZ 96, 554.

§ 3b I Nr. 1 VAHRG ist nicht nur dann anwendbar, wenn der vorrangige Ausgleich nach **980** § 1587b I, II und § 1 II, III VAHRG überhaupt ausscheidet, sondern vor allem dann, wenn dadurch der Wertunterschied nicht vollständig ausgeglichen werden kann. Der **verbleibende Rest**, der nach § 1587f u. § 2 VAHRG schuldrechtlich auszugleichen wäre, kann durch Super-Splitting ausgeglichen werden.

Eine Grenze zieht § 3b I Nr. 1 S. 2: Der Wert des Super-Splitting darf, bezogen auf das Ehezeitende, insgesamt 2% des auf einen Monat entfallenden Teils der am Ende der Ehezeit maßgeblichen Bezugsgröße nicht übersteigen[248].

Beispiele für Super-Splitting   **Beispiele** **981**

(1) Der ausgleichspflichtige Ehegatte hat nicht nur die werthöheren Anwartschaften in der gesetzlichen Rentenversicherung, sondern auch noch eine unverfallbare Anwartschaft in der betrieblichen Altersversorgung, die weder real teilbar ist noch sich gegen einen öffentlichrechtlichen Versorgungsträger richtet und deshalb schuldrechtlich auszugleichen wäre. Zuerst ist der Wertunterschied zwischen den Anwartschaften in der gesetzlichen Rentenversicherung **vorrangig** durch **Splitting** nach § 1587b I auszugleichen. Dabei muss dem ausgleichspflichtigen Ehegatte zumindest die Hälfte des Wertunterschieds bleiben. Um den schuldrechtlichen VA der betrieblichen Altersversorgung zu vermeiden, kann das Familiengericht nach § 3b I Nr. 1 VAHRG **durch Super-Splitting weitere Anwartschaften in der gesetzlichen Rentenversicherung** bis zur Höchstbetragsgrenze des § 1587b V auf den ausgleichsberechtigten Ehegatten **übertragen und dem ausgleichspflichtigen Ehegatten die betriebliche Altersversorgung voll belassen** (*BGH* FamRZ 89, 720; *OLG Hamm* FamRZ 88, 957).

(2) Beide Ehegatten sind Ärzte. Der Ehemann hat nicht nur die werthöheren und real teilbaren Anrechte in der Ärzteversorgung, sondern auch noch eine Zusatzversorgung gegen einen öffentlichrechtlichen Versorgungsträger. Vorweg ist der **Wertunterschied** zwischen den Anrechten **in der Ärzteversorgung durch Realteilung** nach § 1 II VAHRG auszugleichen. Die Zusatzversorgung kann nach § 1 III VAHRG durch Quasi-Splitting ausgeglichen werden. Wenn aber die zu begründenden Anwartschaften in der gesetzlichen Rentenversicherung der Ehefrau nichts nützen, weil sie dort noch nicht versichert ist und weitere Anwartschaften voraussichtlich nicht erwerben kann, ist ein **Super-Splitting zu Lasten der Ärzteversorgung** nach § 3b I Nr. 1 VAHRG in Betracht zu ziehen (*OLG Karlsruhe* FamRZ 94, 1180).

5.3 Verpflichtung zur Beitragszahlung

Wenn und soweit der Wertunterschied weder nach § 1587b I, II noch nach § 1 II, III **982** VAHRG ausgeglichen werden kann, darf das Familiengericht nach seinem **pflichtgemäßen Ermessen** den ausgleichspflichtigen Ehegatten verpflichten, für den ausgleichsberechtigten Ehegatten Beiträge in die gesetzliche Rentenversicherung zu zahlen.

Diese Ausgleichsform ist nach § 3b I Nr. 2 S. 1 Hs. 2 freilich nur solange möglich, als der ausgleichsberechtigte Ehegatte noch keinen Anspruch auf die gesetzliche Vollrente wegen Alters hat, denn auch die Beiträge nach § 3b I Nr. 2 VAHRG sollen Versorgungs-

---

248 *OLG Frankfurt* FamRZ 89, 401.

anwartschaften begründen, was nicht mehr möglich ist, wenn die Vollrente wegen Alters bereits bestandskräftig bewilligt ist (§ 187 IV SGB VI); das Erreichen der Altersgrenze schadet für sich allein noch nicht[249].

Die Höhe des Beitrags richtet sich nach dem hälftigen Wertunterschied, der dem ausgleichspflichtigen Ehegatten zusteht. Die Frage lautet: **Was kostet eine gesetzliche Rentenanwartschaft in Höhe des monatlichen Ausgleichsbetrags?** Die Antwort findet man im Recht der gesetzlichen Rentenversicherung. Danach muss man den monatlichen Ausgleichsbetrag nach § 187 SGB VI in Entgeltpunkte umrechnen und aus ihnen den erforderlichen Zahlbetrag errechnen. Es handelt sich nicht etwa um eine fortlaufende monatliche Beitragsleistung, sondern um eine **Einmalzahlung**; jedoch kann das Gericht Ratenzahlung bewilligen (§ 3b I Nr. 2 S. 2).

983 Der ausgleichspflichtige Ehegatte darf nur dann zur Beitragszahlung verpflichtet werden, wenn und „**soweit** ihm dies nach seinen wirtschaftlichen Verhältnissen **zumutbar** ist". Diese zusätzliche Voraussetzung ist das Hauptproblem und die Schwäche dieser Ausgleichsform. Während die anderen Ausgleichsformen dem ausgleichspflichtigen Ehegatten lediglich einen Teil seiner Altersversorgung wegnehmen, bürdet ihm § 3b I Nr. 2 oft eine schwere Zahlungslast in fünf- und sechsstelliger Höhe auf. Das Gesetz macht die Zumutbarkeit deshalb von den wirtschaftlichen Verhältnissen des ausgleichspflichtigen Ehegatten abhängig[250].

Unzumutbar ist die Verpflichtung zur Beitragszahlung stets dann, wenn sie den angemessenen **Unterhalt** des ausgleichspflichtigen Ehegatten **gefährdet**[251] oder **außer Verhältnis zum Nutzen** des Ausgleichsberechtigten steht[252]. Auch mutet man dem Ausgleichspflichtigen in der Regel **nicht zu, wesentliche Teile seines Zugewinns, Zugewinnausgleichs** oder **sonstigen Vermögensausgleich einzusetzen**[253] oder gar sein **bescheidenes Eigenheim zu veräußern**[254]. Muss er es aber zwecks Zugewinnausgleichs oder Teilung des gemeinschaftlichen Eigentums ohnehin veräußern, kann die Beitragszahlung aus dem Erlös(anteil) dann zumutbar sein, wenn ihm noch genügend Einkommen und Kapital für einen angemessenen Lebensstandard bleiben[255]. Allgemein lässt sich nur sagen, dass die Schwelle der Zumutbarkeit nach § 3b I Nr. 2 VAHRG höher ist als die Schwelle des Selbstbehalts im Unterhaltsrecht, da dem ausgleichsberechtigten Ehegatten immer noch der schuldrechtliche VA bleibt[256].

---

249 *BGH* FamRZ 88, 936, 938; *BSG* MDR 84, 787; *OLG Düsseldorf* FamRZ 91, 1205.
250 *BGH* FamRZ 97, 168: strenger Maßstab; 88, 939: kein Höchstbetrag; *OLG Düsseldorf* FamRZ 88, 404; *OLG Celle* FamRZ 95, 366; *OLG Hamm* FamRZ 99, 929, 930.
251 *OLG Celle* FamRZ 95, 368; *OLG Hamm* 96, 171.
252 *OLG Düsseldorf* FamRZ 91, 1205.
253 *BGH* FamRZ 97, 166, 169.
254 *OLG München* FamRZ 88, 955; *OLG Hamm* FamRZ 89, 400; 90, 1255.
255 *OLG Hamm* FamRZ 90, 1255; *OLG Celle* FamRZ 95, 366.
256 *OLG Hamm* FamRZ 96, 171.
257 *OLG Hamm* FamRZ 90, 1255.

Die Zumutbarkeit lässt sich durch **Ratenzahlung** erhöhen (§ 3b I Nr. 2 S. 2). Vielleicht ist auch nur die Zahlung eines Teilbetrags zumutbar, so dass der Rest schuldrechtlich auszugleichen ist[257].

(1) Der an sich schuldrechtlich auszugleichende Monatsbetrag von 647,55 DM kostet in der gesetzlichen Rentenversicherung 139 000,– DM. Der ausgleichspflichtige Ehegatte hat nach Zahlung des Zugewinnausgleichs noch 67 000,– DM. Außerdem gehören ihm ein Zweifamilienhaus und eine Lebensversicherung mit einem Rückkaufwert von 165 000,– DM. Das **OLG Hamm** (FamRZ 90, 1255) hält nur eine Beitragszahlung von 69 500,– DM für eine gesetzliche Altersrente von monatlich 323,78 DM für zumutbar und verweist den ausgleichsberechtigten Ehegatten wegen der restlichen Monatsrente von 323,78 DM auf den schuldrechtlichen VA. Dieses Ergebnis ist, wie man sieht, nicht mehr voraussehbar und nur schwer zu begründen. Das ist der Preis für die Zumutbarkeitsentscheidung.

(2) Das **OLG Düsseldorf** (FamRZ 88, 404) hielt im Jahre 1988 eine Beitragszahlung von 17 500,– DM für eine Monatsrente von 90,20 DM in der Form für zumutbar, dass der ausgleichspflichtige Ehemann Monatsraten von 400,– DM zahlte. Von seinem Einkommen blieben ihm dann noch 2400,– DM; damit könne er seine Miete von monatlich 1000,– DM und seinen eigenen Unterhalt bezahlen, zumal er nach 20 Ehejahren keinen Ehegattenunterhalt schulde.

(3) Eine Beitragszahlung von 70 000,– DM hält das **OLG Celle** (FamRZ 95, 366) für zumutbar, da der ausgleichspflichtige Ehemann aus dem Verkauf des gemeinschaftlichen Hauses, das nicht zu halten war, einen Erlösanteil von 100 000,– DM bekommen hat und monatlich 4000,– DM netto verdient.

(4) Für unzumutbar hält das **OLG Hamm** (FamRZ 96, 171) eine Beitragszahlung von 10 000,– DM, wenn der ausgleichspflichtige Ehemann zwar monatlich knapp 4000,– netto verdient, ihm nach Abzug notwendiger Belastungen aber nur noch der notwendige Selbstbehalt verbleibt und sein Girokonto beträchtlich überzogen ist.

Beispiele 984

6. Versorgungsausgleich „in anderer Weise"

Wenn sich das Splitting (§ 1587b I) oder Quasi-Splitting (§ 1587b II) voraussichtlich nicht zugunsten des ausgleichsberechtigten Ehegatten auswirkt oder nach den Umständen des Falles unwirtschaftlich ist, soll das Familiengericht nach § 1587b IV Hs. 1 den Ausgleich auf Antrag „in anderer Weise" regeln[258]. Dies gilt entsprechend für die Ausgleichsformen des VAHRG[259]. **985**

„In anderer Weise" heißt **schuldrechtlich** (§ 1587f Nr. 5)[260] **oder durch Übertragung anderer Vermögenswerte** wie Grundstücke, Wertpapiere, Kapital, vor allem aber durch **Super-Splitting** von Anwartschaften in der betrieblichen oder berufsständischen Altersversorgung[261]. Die bloße Ablehnung des VA in der gesetzlichen Form ist noch keine Re-

---

258 *BGH* NJW 83, 513: nicht von Amts wegen.
259 *BGH* NJW 92, 3234: § 3 b VAHRG; *OLG München* FamRZ 91, 956.
260 *BGH* 81, 192.
261 *OLG Karlsruhe* FamRZ 83, 1239; *OLG München* FamRZ 91, 956 u. *OLG Karlsruhe* FamRZ 94, 1180: erweiterte Realteilung der Ärzteversorgung.

gelung „in anderer Weise"[262]. Ausdrücklich verboten ist dagegen das Super-Splitting von Anwartschaften in der gesetzlichen Rentenversicherung oder Beamtenversorgung (§ 1587b IV Hs. 2 mit § 1587o I 2)[263]; nur § 3b I Nr. 1 VAHRG erlaubt eine Ausnahme.

986 Die gesetzlichen Ausgleichsformen bringen dem Ausgleichsberechtigten etwa dann **keinen Vorteil**, wenn er die Voraussetzungen einer Altersrente, vor allem die vorgeschriebene Wartezeit voraussichtlich nie erfüllen kann[264].

Ob der VA in gesetzlicher Form **unwirtschaftlich** ist, richtet sich ganz nach den Umständen des Falles[265]. Das Quasi-Splitting nach § 1587b II ist nicht schon deshalb unwirtschaftlich, weil beide Ehegatten Beamte sind, zumal die beamtenrechtliche Versorgung durch Bezug eines Altersruhegehalts in der gesetzlichen Rentenversicherung nicht gekürzt wird[266]. Geringer Wertunterschied und großer Verwaltungsaufwand genügen gleichfalls noch nicht[267].

17. Kapitel
Kürzung und Ausschluss
des öffentlichrechtlichen Versorgungsausgleichs

1. Gesetzliche Systematik

1.1 Gegennorm und Beweislast

987 Nach § 1587c findet ein öffentlichrechtlicher Versorgungsausgleich unter bestimmten Voraussetzungen nicht statt. Das ist, wie die negative Formulierung zeigt, eine Gegennorm, die den Versorgungsausgleich nach §§ 1587-1587b, obwohl alle gesetzlichen Voraussetzungen erfüllt sind, ausschließt und eine **anspruchshindernde Einwendung** begründet[268]. Die **Beweislast** trägt deshalb der ausgleichspflichtige Ehegatte[267]. Beweisbar sind auch hier nur Tatsachen. Die grobe Unbilligkeit nach § 1587c Nr. 1 ist keine Tatsache, sondern ein Rechtsbegriff, den das Familiengericht auslegen und anwenden muss. Beweisbar sind aber die tatsächlichen Umstände, die den VA grob unbillig machen. Auf sie beschränkt sich die Beweislast[269].

---

262 *BGH* FamRZ 83, 263.
263 *BGH* FamRZ 86, 250.
264 *BGH* NJW 80, 397; *OLG Hamm* FamRZ 91, 954; *OLG München* FamRZ 91, 956; *OLG Karlsruhe* FamRZ 94, 1180.
265 Dazu *BGH* NJW 84, 1549; FamRZ 86, 250.
266 *BGH* FamRZ 84, 667.
267 *BGH* FamRZ 83, 461: geschiedene Ehegatten heiraten sich wieder.
268 *BGH* FamRZ 89, 491: Ausnahmetatbestand; NJW 89, 2812: äußerste Grenze; FamRZ 90, 1341: keine anspruchsbegründende, sondern anspruchsbegrenzende Norm.
269 *BGH* FamRZ 88, 709; 89, 1061, 1062; 90, 1341.

1.2 Keine Amtsermittlung

Das Familiengericht ermittelt die tatsächlichen Ausschlußgründe nach § 1587c nicht von **988** Amts wegen, sondern überlässt es dem ausgleichspflichtigen Ehegatten, sie in das Verfahren einzuführen und zu beweisen. Das Verfahren über den VA ist zwar eine Angelegenheit der freiwilligen Gerichtsbarkeit (§ 621a I ZPO), aber auch eine echte Streitsache, in der sich die Ehegatten als Prozessgegner gegenüberstehen. § 12 FGG gilt deshalb für § 1587c nicht[271].

1.3 Härteregel gegen verfassungswidrige Ergebnisse

§ 1587c dient ebenso wie § 242 der Einzelfallgerechtigkeit[272]. Er soll unbillige Härten, **989** vor allem verfassungswidrige Grundrechtsverletzungen durch den pauschalen und schematischen VA verhindern[273]. Die Anrechte auf eine Altersversorgung sind verfassungsrechtlich Eigentum und genießen den Grundrechtsschutz des Art. 14 I GG, die Beamtenversorgung außerdem den Schutz des Art. 33 V GG. Jeder staatliche Eingriff in diese Rechte bedarf der verfassungsrechtlichen Rechtfertigung. Der öffentlichrechtliche VA ist im Normalfall durch Art. 6 I und 3 II GG gerechtfertigt, die eine gleichmäßige Teilhabe beider Ehegatten an den während der Ehe erworbenen Versorgungsanrechten fordern. Es kommt jedoch immer wieder vor, dass der schematische Versorgungsausgleich den Halbteilungssatz verletzt oder dessen Zweck verfehlt und zu einem **verfassungswidrigen Ergebnis** führt. Das aber ist **durch Kürzung oder Ausschluss des Versorgungsausgleichs nach § 1587c zu verhindern**[274]. § 1587c bleibt gleichwohl eine **Ausnahmebestimmung für Grenzfälle**, in denen das Ergebnis des öffentlichrechtlichen Versorgungsausgleichs streng nach Gesetz schlechthin unerträglich ist[275].

Die **Härteregel des § 1587c** ist spezieller und strenger als das allgemeine Gebot von **990** Treu und Glauben und **verdrängt** deshalb **den § 242**[276]. Sie stellt an den Ausschluss des Versorgungsausgleichs strengere Anforderungen als § 1579 an den Ausschluss des nachehelichen Unterhalts, denn die auszugleichende Altersversorgung ist bereits in der Ehezeit gemeinsam erwirtschaftet, während der nacheheliche Unterhalt einen künftigen Bedarf decken soll. Deshalb mag etwa das eheähnliche Zusammenleben des unterhaltsberechtigten Ehegatten mit einem Dritten den Unterhaltsanspruch nach § 1579 Nr. 6 o. Nr. 7 ausschließen, den Versorgungsausgleich schließt es nach § 1587c noch nicht aus[277].

1.4 Drei Fallgruppen mit Auffangtatbestand

Der Tatbestand des § 1587c unterscheidet drei Fallgruppen: die grobe Unbilligkeit **991** (Nr. 1), die Manipulation der eigenen Altersversorgung (Nr. 2) und die grobe Verletzung

---

270 *BGH* FamRZ 88, 709; 90, 1341.
271 *BGH* NJW 88, 1839; 92, 176; FamRZ 89, 1061; *OLG* Hamm FamRZ 91, 1451.
272 *BGH* FamRZ 90, 1341: keine generelle Korrektur.
273 *BVerfG* NJW 80, 692; 84, 2147; 93, 1059.
274 *BVerfG* NJW 80, 692; 84, 2147; 93, 1059; *BGH* FamRZ 85, 797; 88, 709, 822; 89, 491.
275 *BGH* NJW 89, 2812.
276 *BGH* FamRZ 81, 756; NJW 92, 3293: Verwirkung.
277 *BGH* NJW 83, 117; 83, 165; FamRZ 85, 47; 87, 362.

der Verpflichtung zum Familienunterhalt (Nr. 3). So vage diese Voraussetzungen auch sind, hat das Familiengericht doch kein Ermessen[278], sondern nur einen gewissen **Beurteilungsspielraum** für die Auslegung der unbestimmten Rechtsbegriffe, denn es „kann" den VA nicht ausschließen, sondern muss ihn ausschließen („Ein VA findet nicht statt"), wenn die gesetzlichen Voraussetzungen erfüllt sind[279]. Während die beiden Fallgruppen Nr. 2 und Nr. 3 noch einigermaßen fassbar sind, ist die Nr. 1 eine Generalklausel und ein Auffangtatbestand für alle anderen Härtefälle, in denen der Versorgungsausgleich „grob unbillig" ist. Dieser unbestimmte Rechtsbegriff aber lässt sich nur über Fallgruppen erschließen (RN 999).

2. Rechtsfolge

992 Nach § 1587c findet ein VA nicht statt. Rechtsfolge ist also ein **Ausschluß des VA**. Ausgeschlossen wird der VA aber nur, „soweit" die Voraussetzungen des § 1587c erfüllt sind. Rechtsfolge ist deshalb auch die **Kürzung des VA**[808]. Eine Erhöhung eines unbillig niedrigen VA erlaubt das Gesetz dagegen nicht; § 1587c soll den ausgleichspflichtigen Ehegatten nur entlasten, nicht zusätzlich belasten[281].

Soweit mehrere Anrechte auszugleichen sind und der VA nur zu kürzen ist, darf das Familiengericht das eine Anrecht voll ausgleichen, dass andere kürzen oder überhaupt nicht ausgleichen[282].

Gegen den rechtskräftigen VA hilft § 1587c nicht mehr, denn die grobe Unbilligkeit ist für sich allein noch kein Abänderungsgrund nach § 10a I Nr. 1 VAHRG[283]. Nur wenn aus anderen Gründen die besonderen Voraussetzungen des § 10a I Nr. 1-3 erfüllt sind, ist auch eine Kürzung nach § 1587c möglich[284].

Nach dem Tod des ausgleichspflichtigen Ehegatten wird nicht mehr gekürzt[285].

3. Treuwidrige Manipulation der eigenen Altersversorgung

993 Nach **§ 1587c Nr. 2** ist der VA ausgeschlossen, soweit der Ausgleichsberechtigte in Erwartung der Scheidung oder nach der Scheidung durch Handeln oder Unterlassen den Erwerb von Versorgungsanrechten verhindert oder erworbene Anrechte verloren hat. Gemeint ist die treuwidrige Manipulation der eigenen Versorgung: **Der ausgleichsberechtigte Ehegatte hat mit Blick auf die Scheidung und den VA ohne vernünftigen Grund die Ausgleichsbilanz durch Verhinderung oder Vernichtung seiner eigenen**

---

278 Mißverständlich *BGH* FamRZ 89, 1060, 1062.
279 Dennoch wie Ermessensentscheidung nur beschränkt revisibel: *BGH* FamRZ 81, 757; 83, 1217; 87, 363; 89, 1060; 90, 1341.
280 *BGH* FamRZ 89, 1060.
281 *BGH* 82, 80; FamRZ 87, 48; NJW 85, 2024; 92, 312; 92, 3299.
282 *BGH* NJW 84, 120; FamRZ 88, 826; für anteilige Kürzung: *OLG Düsseldorf* FamRZ 95, 1277.
283 *BGH* NJW 89, 1999; 95, 136; FamRZ 96, 1540: deshalb im Erstverfahren Prognose nötig.
284 *BGH* NJW 95, 136 lässt es offen.
285 *OLG Frankfurt* FamRZ 95, 299.

Versorgung bewusst zu seinen Gunsten gesteuert[286]. Dagegen bleibt es beim ungekürzten VA, wenn dem Verhalten des Ausgleichsberechtigten jeder zeitliche Zusammenhang mit der Scheidung fehlt[286]. So muss der ausgleichspflichtige Ehegatte es hinnehmen, dass der ausgleichsberechtigte Ehegatte lange vor der Scheidung eine berufliche Fehlentscheidung getroffen oder eine Aufstiegschance nicht genutzt hat[287].

4. Gröbliche Verletzung der Verpflichtung zum Familienunterhalt

Nach **§ 1587c Nr. 3** ist der VA ausgeschlossen, soweit der Ausgleichsberechtigte wäh- **994** rend der Ehe längere Zeit seine Pflicht, zum Familienunterhalt beizutragen, verletzt hat. Dies entspricht dem Ausschluss des nachehelichen Unterhalts nach § 1579 I Nr. 5.

Die Verpflichtung zum Familienunterhalt ist in §§ 1360, 1360a geregelt. Die Familie besteht aus den Ehegatten und ihren gemeinschaftlichen Kindern[288]. Familienunterhalt nach § 1360 ist nur während des Zusammenlebens der Ehegatten zu leisten, so dass die Verletzung der Verpflichtung zum Trennungsunterhalt nach § 1361 nicht mehr unter § 1587c Nr. 3 fällt[290].

Auch genügt nicht jede Verletzung der Familienunterhaltspflicht. Das Gesetz verlangt eine **gröbliche Verletzung über eine längere Zeit hin**. Gröblich ist die vorsätzliche oder leichtfertige Unterhaltspflichtverletzung, die die unterhaltsbedürftige Familie in Not stürzt[291].

> (1) Der Ehemann gibt seinen unrentablen Handwerksbetrieb auf und überlässt es, statt eine andere Arbeit zu suchen, der Ehefrau, neben Haushalt und Kindesbetreuung auch noch das nötige Geld zu verdienen. § 1587c Nr. 3 beschränkt hier die Kürzung des VA nicht etwa darauf, nur diejenigen Versorgungsanwartschaften der Ehefrau beiseite zu lassen, die auf die Zeit der Unterhaltspflichtverletzung des Ehemannes entfallen, sondern befiehlt diejenige Kürzung bis hin zum völligen Ausschluss des VA, die den besonderen Umständen dieses Falles entspricht (**BGH** FamRZ 87, 50, 51; ähnlich *OLG Köln* FamRZ 86, 580: Ehemann verbraucht sein hohes Einkommen für sich).
>
> (2) Der Ehemann hat abredewidrig sein Studium verschleppt, sich erstmals im Alter von 50 Jahren zu einer Erwerbstätigkeit aufgerafft und während 18 Ehejahren kaum etwas zum Familienunterhalt beigetragen. Das **OLG Hamm** (FamRZ 91, 1451) kürzt den Ausgleichsanspruch des Ehemannes von 718,52 DM auf 250,– DM monatlich.

Beispiele

---

286 *BGH* NJW 86, 1934; FamRZ 88, 710.
287 *BGH* FamRZ 82, 909; 86, 568; 88, 710.
288 *BGH* FamRZ 88, 710.
289 Auch Kindesunterhalt: *BGH* FamRZ 86, 658; *OLG Celle* FamRZ 87, 837.
290 *BGH* FamRZ 86, 658 u. 89, 1061 lassen es offen; a.A. *OLG Celle* FamRZ 87, 837.
291 *BGH* FamRZ 86, 658; 87, 50 u. 89, 1061: besonderes Gewicht über Nichterfüllung hinaus;
OLG Hamburg FamRZ 84, 712; *OLG Karlsruhe* FamRZ 88, 71.

5. Auffangtatbestand der groben Unbilligkeit

995 Nach § 1587c Nr. 1 ist der VA ausgeschlossen, soweit er grob unbillig ist. Zu berücksichtigen sind die beiderseitigen Verhältnisse, insbesondere der Vermögenserwerb während der Ehe oder im Zusammenhang mit der Scheidung. Trennungs- und Scheidungsursachen sind für sich allein unerheblich.

5.1 Grobe Unbilligkeit

996 § 1587c Nr. 1 ist eine **Generalklausel** und ein **Auffangtatbestand**[292] für den grob unbilligen VA, der nicht schon nach Nr. 2 oder Nr. 3 ausgeschlossen ist. Die grobe Unbilligkeit ist kein griffiges Tatbestandsmerkmal, sondern wie Treu und Glauben ein schwieriger unbestimmter Rechtsbegriff, der nur über Fallgruppen fassbar wird.

Nach der Rechtsprechung ist ein VA dann **grob unbillig, wenn die starre Durchführung des schematischen Ausgleichs aus besonderen Gründen dem gesetzlichen Grundgedanken in unerträglicher Weise widerspricht und zu einem unhaltbaren Ergebnis führt**[293]. Viel gewonnen ist mit diesem Definitionsversuch nicht, aber die grobe Unbilligkeit ist nun einmal so wenig definierbar wie Treu und Glauben. Immerhin wird deutlich, dass es sich um **Grenzfälle** handelt, in denen der VA streng nach dem Gesetz zu einem schlechthin unerträglichen Ergebnis führt. Unerträglich ist **vor allem die Grundrechtsverletzung zu Lasten des Ausgleichsschuldners**, die nicht durch Art. 6 I u. 3 II GG gedeckt ist und deshalb den Zweck des VA verfehlt[294].

Den **Maßstab** liefert stets **der Normalfall**, in dem der VA beide Ehegatten, vor allem die nicht erwerbstätige Hausfrau und Mutter, gleichermaßen an den in der Ehe erworbenen Versorgungsanrechten beteiligt und auch ihr den Grundstock für eine eigenständige Altersversorgung legt[295].

5.2 Verhältnisse der Eheleute

997 Nach § 1587c Nr. 1 sind die beiderseitigen Verhältnisse zu berücksichtigen, insbesondere der beiderseitige Vermögenserwerb in der Ehe oder im Zusammenhang mit der Scheidung[296]. Letzterer ist aber nur ein besonderes Beispiel („insbesondere"). Zu berücksichtigen sind deshalb auch Alter, Gesundheit und Erwerbsfähigkeit[297] sowie die Möglichkeit oder Unmöglichkeit, die Altersversorgung durch künftige Erwerbstätigkeit wei-

---

292 *BGH* 74, 83.
293 *BGH* 74, 38, 83; NJW 86, 1936; 89, 2812; FamRZ 88, 490, 709.
294 *BVerfG* NJW 93, 1059.
295 *BGH* FamRZ 84, 469: Hausfrauenehe.
296 *BGH* FamRZ 81, 130 u. 88, 47: Grund- u. Kapitalvermögen bei Gütertrennung; FamRZ 88, 47: Erbschaft von 6 Mio., die nicht dem Zugewinnausgleich unterliegen; FamRZ 88, 940: auch Vermögenserwerb nach der Scheidung; NJW 89, 1998: wiederauflebende Witwenrente.
297 *BGH* FamRZ 81, 756: krankheitsbedingte Minderung der Erwerbsfähigkeit; NJW 82, 224: vorzeitige Erwerbsunfähigkeit; dazu auch *OLG Koblenz* FamRZ 96, 555; *OLG Hamm* FamRZ 97, 27.

ter auszubauen[298], schließlich ehebedingte Versorgungsnachteile durch Haushalt und Kindesbetreuung[299]. Trennungs- und Scheidungsgründe rechtfertigen für sich allein nach § 1587c Nr. 1 Hs. 2 noch keine Kürzung. Aber auch diese Ausnahme hat ihre Ausnahme: die schwere eheliche Verfehlung (RN 1011). Grob unbillig ist der VA also dann, wenn die Ehegatten, was ihre **Altersversorgung** betrifft, **eklatant unterschiedlich** die Ehe verlassen[300].

Dass beide Ehegatten in kinderloser Ehe erwerbstätig waren und annähernd gleichhohe **998** Versorgungsanrechte erworben haben, macht den **Ausgleich des geringen Wertunterschiedes** vielleicht fragwürdig, aber nicht grob unbillig, sondern erfüllt voll den Zweck des VA[301]. Zwar soll der VA vor allem die nicht erwerbstätige Hausfrau an der Altersversorgung des erwerbstätigen Ehemannes hälftig beteiligen[302], aber darin erschöpft er sich nicht. Auch in der Doppelverdienerehe, die keinen Ehegatten beruflich benachteiligt, soll die besser verdienende Ehefrau dem Ehemann und umgekehrt die Hälfte des Wertunterschiedes, und sei er auch gering, abgeben, denn die Ehe ist auch in diesem Fall eine Versorgungsgemeinschaft, an der jeder Ehegatte hälftig teilhaben soll[303].

Letztlich zeigt erst die **umfassende Abwägung aller Umstände** des Einzelfalles, ob der VA grob unbillig ist oder nicht[304]. Die künftige Entwicklung der Altersversorgungen wird aber nur dann berücksichtigt, wenn sie bereits zuverlässig vorauszusehen ist[305].

5.3 Fallgruppen

Damit sich die grobe Unbilligkeit nicht in unberechenbare Kasuistik verliere, was jede **999** Rechtssicherheit verhindern würde, muss man auch die Generalklausel des § 1587c Nr. 1 in Fallgruppen auflösen, die freilich keine festumrissenen Tatbestände haben, sondern nach allen Seiten offen sind, da stets alle Umstände des Einzelfalles gegeneinander abzuwägen sind (RN 998). Die wichtigsten Fallgruppen sind:

- die Grundrechtsverletzung durch konstruktive Mängel des gesetzlichen VA (RN 1000);
- die ungleiche Rollenverteilung in der Ehe (RN 1001);
- die ungleichen Versorgungsaussichten der Eheleute (RN 1004);
- das krasse wirtschaftliche Ungleichgewicht (RN 1005);
- die steuerliche Ungleichbehandlung (RN 1008);
- die extrem lange Trennungszeit (RN 1009);
- die extrem kurze Ehe (RN 1010)
- und die schwere eheliche Verfehlung (RN 1011).

---

298 *BGH* FamRZ 81, 756; 88, 489; *OLG Frankfurt* FamRZ 90, 1259; *OLG Karlsruhe* FamRZ 94, 904.
299 *BGH* FamRZ 88, 47; 88, 489.
300 *BGH* NJW 89, 2812; FamRZ 99, 499; *OLG Karlsruhe* FamRZ 92, 689.
301 *BGH* FamRZ 89, 492.
302 *BGH* FamRZ 83, 1217; 84, 467.
303 *BGH* FamRZ 86, 563; 88, 709; 89, 492; 89, 1062; *OLG Düsseldorf* FamRZ 86, 68; *OLG Bamberg* FamRZ 2000, 892.
304 *BGH* FamRZ 82, 795; 83, 32; 87, 363; 88, 489; 89, 1062; 90, 1341.
305 *BGH* NJW 86, 1936.

5.4 Konstruktive Mängel des gesetzlichen Versorgungsausgleichs

1000   Grob unbillig ist der VA durch Splitting (§ 1587b I) oder Quasi-Splitting (§ 1587b II) vor allem dann, wenn er die nach Art. 14 I u. Art. 33 V GG geschützte Altersversorgung des ausgleichspflichtigen Ehegatten in einem Ausmaß kürzt, das durch Ehe (Art. 6 I GG) und Gleichheitssatz (Art. 3 II GG) nicht zu rechtfertigen ist (RN 989)[306].

Beispiel

> Beide Ehegatten sind Beamte. Am Anfang der Ehe war der Mann Inspektor, die Frau als Praktikantin rentenversichert. Am Ende der Ehezeit, 18 Jahre später, war der Mann Amtmann, die Frau Oberinspektorin. Das Einkommen des Mannes war stets höher als das der Frau. Weil die Frau aber erst während der Ehe und später als der Mann Beamtin geworden war, ist der Ehezeitanteil ihrer Versorgung um 82,– Euro monatlich höher als derjenige des Mannes und müsste deshalb hälftig ausgeglichen werden.
>
> Ein VA streng nach § 1587, 1587a II Nr. 1, 1587b II zu Lasten der Frau verletzte aber deren Grundrechte aus Art. 14 I, 33 V GG dermaßen, dass er durch Art. 6 I, 3 II GG nicht mehr zu rechtfertigen ist. Obwohl der Mann während der ganzen Ehe stets mehr verdient und werthöhere Versorgungsanrechte erworben, auch keinerlei berufliche Nachteile durch die Ehe erlitten hat, wäre er nur deshalb ausgleichsberechtigt, weil der **Ehezeitanteil** seiner Versorgung kleiner ist als derjenige der Frau. Das aber ist nur deshalb so, weil seine ruhegehaltsfähige Dienstzeit insgesamt länger ist als diejenige der Frau, so dass zu deren Lasten pro rata temporis zwangsläufig ein größerer Ehezeitanteil herauskommt. Schuld daran ist die **Bewertungsvorschrift des § 1587a II Nr. 1**. Ist der Ausgleichsbetrag von monatlich 41,– Euro auch gering, so verfehlt der VA doch in vollem Umfang den Zweck des Gesetzes, die in der Ehe erworbenen Versorgungsanrechte gleichmäßig auf beide Ehegatten zu verteilen. Diesen konstruktiven Mangel des Gesetzes muss das Familiengericht nach § 1587c Nr. 1 durch Ausschluss des VA ausbügeln, weil anders ein verfassungswidriges Ergebnis nicht verhindert werden kann (**BVerfG** NJW 93, 1059; ferner **BVerfG** NJW 84, 2147: VA über 464,62 DM monatlich, obwohl Versorgungsgefälle nur 50,– DM monatlich; **BGH** FamRZ 85, 797: erhöhter Ortszuschlag verfälscht Wertunterschied; *KG* FamRZ 98, 1373).

5.5 Ungleiche Rollenverteilung in der Ehe

1001   Die Ehe ist auch eine Versorgungsgemeinschaft. Deshalb sollen die Versorgungsanrechte, soweit sie in der Ehe erworben wurden, nach der Scheidung hälftig verteilt werden. Erwerbstätigkeit und Haushaltsführung sind gleichwertig. Die Ehegatten selbst verteilen die Rollen. Die Hausfrau ohne eigene Altersversorgung verdient die Altersversorgung des berufstätigen Ehemannes mit. In der Regel wird kein Ehegatte nach der Scheidung damit gehört, er habe für die Familie mehr geleistet als der andere.

Es gibt jedoch **Ehen, die das gesetzliche Leitbild ins Gegenteil verkehren**. Der VA ist grob unbillig, wenn die Ehefrau nicht nur den Haushalt führt und die Kinder versorgt, sondern auch noch das nötige Geld für den Familienunterhalt verdient, während der Ehemann sich seiner Berufsausbildung widmet, dadurch eine höhere berufliche Qualifikation erlangt und sich dann scheiden lässt. Dass er in diesem krassen Fall nicht auch noch

---

306 *BVerfG* NJW 93, 1159.

an der Altersversorgung der Frau schmarotzen darf, versteht sich von selbst[307]. Beschränkt sich die einseitige Rollenverteilung auf einen Teil der Ehezeit, ist der VA entsprechend zu kürzen[308].

Beispiele 1002

(1) Die Parteien heiraten im Jahre 1976. Der Scheidungsantrag der Frau wird dem Mann im Jahre 1985 zugestellt. Die Frau arbeitet während der ganzen Ehe als Finanzbeamtin und führt den Haushalt, während der Mann 1977 das Abitur nachholt und Rechtswissenschaft studiert. Die Frau erwirbt in der Ehe Anwartschaften auf Beamtenversorgung von monatlich 483,30 DM, der Mann Anwartschaften in der gesetzlichen Rentenversicherung von monatlich 117,50 DM. An sich müsste die Frau den Wertunterschied nach § 1587b II hälftig ausgleichen. Dies wäre jedoch grob unbillig. Der VA ist deshalb in vollem Umfang nach § 1587c Nr. 1 ausgeschlossen. **Der Ehemann hat während der ganzen Ehe zum Familienunterhalt so gut wie nichts beigetragen, sondern sich ganz seiner Berufsausbildung gewidmet. Er hat durch die Ehe nicht nur keine beruflichen Nachteile erlitten, sondern im Gegenteil – auf Kosten der Frau – eine qualifizierte Berufsausbildung erlangt.** Ob die Frau auf ihre Altersversorgung dringend angewiesen ist oder einen Teil leicht abgeben kann, spielt in diesem krassen Fall keine Rolle. Der VA ist schon deshalb grob unbillig, weil der Mann zur Altersversorgung der Frau rein gar nichts beigetragen, sondern nur für sich gesorgt hat (**BGH** FamRZ 88, 600; 89, 1060: Kürzung des VA, wenn sich Ausbildung des Mannes auf 5 von 9 Ehejahren beschränkt; ferner *OLG Hamm* FamRZ 88, 517; 91, 1451; *OLG Frankfurt* FamRZ 94, 1472; *OLG Köln* FamRZ 94, 1473; *OLG Zweibrücken* FamRZ 96, 491; *OLG Stuttgart* FamRZ 2000, 894; *OLG Karlsruhe* FamRZ 2000, 159).

(2) Das Gleiche gilt im umgekehrten Fall: **Der Mann trägt nicht nur die vollen Lasten der Familie, sondern finanziert der Frau**, obwohl sie bereits eine Berufsausbildung hat, **auch noch ein Studium**, nach dessen Abschluss der Ehe alsbald scheitert (**BGH** FamRZ 83, 1217; *OLG Hamm* FamRZ 86, 72; *OLG Köln* FamRZ 89, 1197: Kürzung des VA, wenn Studium sich auf Teil der Ehezeit beschränkt).

(3) Der VA ist auch dann ausgeschlossen, wenn zwar beide Ehegatten erwerbstätig sind, der eine aber **sein Einkommen für sich verbraucht, ohne für sein Alter vorzusorgen** (**OLG Köln** FamRZ 86, 580; 98, 1370: bewusste Umgehung der Beitragspflicht mit Blick auf die Scheidung).

Der Ausschluß des VA scheitert in diesen Fällen nicht daran, dass die ungleiche und einseitige Rollenverteilung dem gemeinsamen Lebensplan der Ehegatten entspricht, denn der VA wird nicht deshalb ausgeschlossen, weil der ausgleichsberechtigte Ehegatte gegen den Willen des anderen sich ausschließlich selbst verwirklicht, sondern deshalb, weil er entgegen dem gesetzlichen Leitbild weder zum Familienunterhalt noch zur Altersversorgung des ausgleichspflichtigen Ehegatten etwas beigetragen hat[309]. **1003**

---

307 *BGH* FamRZ 88, 600.
308 *BGH* FamRZ 89, 1060.
309 *BGH* FamRZ 89, 1060; a.A. *OLG Karlsruhe* FamRZ 88, 70; *OLG Düsseldorf* FamRZ 94, 906.

5.6 Ungleiche Versorgungsaussichten

1004 Der VA kann grob unbillig sein, soweit nur der ausgleichsberechtigte, nicht auch der ausgleichspflichtige Ehegatte seine Altersversorgung durch Erwerbstätigkeit weiter aufstocken kann[310].

Beispiel

> Bezieht der ausgleichspflichtige Ehemann schon in der Ehezeit eine unentziehbare Erwerbsunfähigkeitsrente oder eine Altersrente oder ein Ruhegehalt, ist nicht mehr seine Anwartschaft auf Altersversorgung, sondern die am Ehezeitende bezogene Monatsrente pro rata temporis auszugleichen, ohne dass er sie durch Erwerbstätigkeit weiter aufstocken kann. Wenn nun die ausgleichsberechtigte Ehefrau durch VA und eigene Erwerbstätigkeit bis zum Versorgungsfall eine weitaus höhere Altersversorgung als der ausgleichspflichtige Ehemann erlangen wird, ist der VA auf den Betrag zu kürzen, den die Ehefrau erhielte, wenn der Ehemann am Ende der Ehezeit noch erwerbstätig gewesen wäre und nur seine Anwartschaften auf Altersversorgung ausgleichen müsste (**BGH** 82, 66, 80; FamRZ 99, 497, 499). Voraussetzung ist allerdings eine sichere Prognose (**BGH** FamRZ 91, 1341). Die Kürzung kann auch daran scheitern, dass die ausgleichsberechtigte Ehefrau viele Jahre lang den Haushalt geführt und die Kinder großgezogen hat (**BGH** FamRZ 91, 1341).

5.7 Wirtschaftliches Ungleichgewicht

1005 Der Versorgungsausgleich, der beide Ehegatten gleichermaßen sozial sichern soll, ist grob unbillig, wenn er ein kräftiges wirtschaftliches Ungleichgewicht verursacht, weil der ausgleichsberechtigte Ehegatte anderweit gut versorgt ist, während der ausgleichspflichtige seine Altersversorgung dringend selbst braucht[311].

§ 1587c Nr. 1 bestimmt ausdrücklich, dass insbesondere der beiderseitige Vermögenserwerb während der Ehe oder im Zusammenhang mit der Scheidung zu berücksichtigen sei. Dass der ausgleichsberechtigte Ehegatte wirtschaftlich besser steht als der ausgleichspflichtige, rechtfertigt freilich noch keine Kürzung[312]. Grob unbillig ist der Versorgungsausgleich erst dann, **wenn der ausgleichspflichtige Ehegatte auf seine Altersversorgung dringend angewiesen ist und der andere sie nicht braucht**, weil er bereits durch Grund- oder Kapitalvermögen oder sonstwie ausreichend versorgt ist[313]. Unter dieser Schwelle sind die Vermögensverhältnisse belanglos, denn § 1587c Nr. 1 soll nur unerträgliche Ergebnisse verhindern[314]. Die Bedürftigkeit des ausgleichspflichtigen Ehegat-

---

310 *BGH* 82, 66, 80; FamRZ 89, 727; 91, 1341; 99, 497; 99, 499; *OLG Hamm* FamRZ 99, 933: noch keine unerträgliche Schieflage; *OLG Bamberg* FamRZ 2001, 162: Altersvorsorge durch Vermögen fällt in den Zugewinnausgleich.

311 *BGH* NJW 82, 989; 89, 1998; 92, 176; FamRZ 87, 51, 255, 364, 923; 88, 47, 490; 89, 46, 491; 99, 714.

312 *BGH* FamRZ 87, 923; 89, 491; 99, 714.

313 *BGH* FamRZ 88, 47: Millionenerbschaft; FamRZ 87, 364: Grundbesitz u. Mieteinnahmen; FamRZ 89, 491

314 *BGH* FamRZ 87, 51, 923; 89, 757; NJW 92, 176; aber auch *OLG Karlsruhe* FamRZ 92, 689; *OLG München* FamRZ 93, 1320; *OLG Düsseldorf* FamRZ 94, 1470; *OLG Bamberg* FamRZ 97, 29.

ten zählt erst dann, wenn der ausgleichsberechtigte bereits ausreichend versorgt ist[315] oder der ausgleichspflichtige durch den Versorgungsausgleich unterhaltsbedürftig würde und einen Teil des Versorgungsausgleichs als Unterhalt zurückfordern dürfte[316].

Beispiele
1006

(1) Der Mann lebt im Altersheim, das monatlich 1186,– DM kostet. Er bezieht eine Altersrente von 1077,– DM und eine Grundrente wegen Kriegsbeschädigung von 154,– DM monatlich. Die Frau hat aus der Zeit vor der Ehe eine Erwerbsunfähigkeitsrente von monatlich 190,27 DM sowie ab Scheidung eine wiederauflebende Witwenrente nach ihrem verstorbenen früheren Ehemann von monatlich 1014,– DM, die, wenn sie einen VA bekäme, auf monatlich 846,– DM gekürzt würde. Der Mann ist auf seine Renten dringend angewiesen, weil er ohne sie das Altersheim nicht mehr bezahlen könnte und in die Sozialhilfe getrieben würde. Die Frau ist durch ihre – ungekürzten – Renten vergleichsweise ausreichend versorgt. Ihre Witwenrente ist nach dem BVG zwar subsidiär, muss hier aber ausnahmsweise doch berücksichtigt werden, **um den Mann vor der Sozialhilfe zu bewahren**. Der VA ist deshalb nach § 1587c Nr. 1 ausgeschlossen (**BGH** NJW 89, 1998: Altehe; ferner *OLG München* NJW 93, 2057).

(2) Der Mann, von Beruf Schreinermeister, erwarb in der Ehe gesetzliche Rentenanwartschaften von monatlich 714,– DM. Die Frau war während der Ehe nicht erwerbstätig, so dass ihr an sich ein Ausgleich in Höhe von 357,– DM zusteht. Der Mann hat jedoch für sie durch Nachentrichten von Beiträgen in der gesetzlichen Rentenversicherung Anwartschaften für die Ehezeit begründet und zwar durch Zahlungen in der Ehezeit in Höhe von monatlich 13,90 DM und durch Zahlungen nach der Ehezeit in Höhe von monatlich 505,50 DM. Außerdem hat er ihr während der Ehe im Güterstand der Gütertrennung Grundstücke übertragen, aus denen sie monatliche Mieten von 3350,– DM zieht. Familiengericht und Oberlandesgericht haben den VA zugunsten der Frau auf monatlich 97,40 DM gekürzt, der **BGH** (FamRZ 87, 364) hat es bestätigt. Ein höherer Ausgleich wäre grob unbillig, da weder die Nachzahlungen in die gesetzliche Rentenversicherung noch die Übertragung der Grundstücke güterrechtlich auszugleichen sind. Damit hat der Mann den gesetzlichen **Zweck des VA bereits** selbst **erfüllt** und die Frau sozial ausreichend gesichert. Ein weiterer VA würde wirtschaftlich ein grobes Ungleichgewicht zwischen den Eheleuten schaffen, und das muss § 1587c Nr. 1 verhindern.

1007

(3) Leicht fällt der Ausschluss des VA, wenn der ausgleichsberechtigte Ehegatte durch ein **Millionenvermögen und dessen Erträge** bereits gut versorgt ist, während der ausgleichspflichtige kein nennenswertes Vermögen hat und am Vermögen des ausgleichsberechtigten auch nicht teilhat, sei es dass man in Gütertrennung lebt, sei es dass im gesetzlichen Güterstand das Anfangsvermögen mit Rücksicht auf privilegierten Erwerb nach § 1374 II höher ist als das Endvermögen (**BGH** FamRZ 88, 47: Erbschaft von 6 Mio.; *OLG Köln* FamRZ 92, 322: Erbschaft einer 5/12 Beteiligung an einer KG, die 40-50 Mio. wert ist, während der Ausgleichspflichtige nur 800 000,– DM besitzt).

(4) Der VA kann aber schon dann grob und unbillig sein, wenn der ausgleichspflichtige vermögenslose Ehegatte seine Altersversorgung selbst braucht, während der ausgleichsberechtigte sich im Alter aus **Vermögenserträgen** unterhalten kann (**OLG** *Hamm* FamRZ 88, 627: monatliche Erträge aus Grund- und Kapitalvermögen von 3280,– DM; *OLG Hamburg* FamRZ 88, 628: monatliche Zinsen von 3000,– DM aus Kapital von

---

315 *BGH* FamRZ 87, 51; 89, 757.-
316 *BGH* FamRZ 87, 255; *OLG Düsseldorf* FamRZ 95, 1277.

600 000,– DM; *OLG Celle* FamRZ 89, 1098: Unfallrente; *OLG München* FamRZ 95, 299: ausgleichsberechtigter Ehemann wohnt mietfrei im ererbten Haus, während Ehefrau mit 3 Kindern hohe Miete zahlen muss; *KG* FamRZ 97, 28: nur geringe Anwartschaften u. Berechtigter hat nach Gütertrennung Vermögen).

5.8 Steuerliche Ungleichbehandlung

1008 Dass die beiderseitigen Versorgungsbezüge unterschiedlich besteuert werden, die Beamtenpension z.B. voll, die gesetzliche Altersrente nur zu einem geringen Teil, rechtfertigt in der Regel noch keine Kürzung des VA nach § 1587c Nr. 1, weil der Versorgungsfall meistens noch in weiter Ferne liegt, so dass das Familiengericht noch nicht weiß, wie die Versorgungsbezüge dermaleinst besteuert werden[317].

§ 1587c Nr. 1 ist jedoch anwendbar, **wenn die ungleiche Besteuerung bereits feststeht**, weil schon beide Ehegatten ihre Altersversorgung beziehen. In diesem Fall ist der VA zu Lasten des steuerbegünstigten Ausgleichsberechtigten so zu kürzen, dass die Eheleute aus den Ehezeitanteilen ihrer Versorgungen gleichhohe Nettorenten bekommen[318].

5.9 Überlange Trennungszeit

1009 Der Versorgungsausgleich rechtfertigt sich daraus, dass die Ehe auch eine Versorgungsgemeinschaft ist. Alle Versorgungsanrechte, die der eine und der andere Ehegatte in der Ehezeit erwirbt, werden beiden Ehegatten, wie immer sie die Rollen in der Ehe verteilt haben, gemeinsam zugerechnet und nach der Scheidung hälftig verteilt. Die Ehezeit endet nach § 1587 II aber nicht schon mit der endgültigen Trennung, sondern erst mit der Zustellung des Scheidungsantrags, unabhängig davon, wie lange die Eheleute schon getrennt leben. So kommt es immer wieder vor, dass der Scheidungsantrag nicht schon nach Ablauf des Trennungsjahres, sondern erst viele Jahre nach der Trennung gestellt wird.

Während der Trennung aber bilden die Ehegatten in aller Regel **keine Versorgungsgemeinschaft mehr**, vielmehr wirtschaftet jeder für sich. Dies gibt Anlass zur Prüfung, ob der Versorgungsausgleich im Einzelfall nicht grob unbillig sei[319].

Feste Regeln gibt es nicht. Während eine Trennungszeit von 5 1/2 Jahren nach 23 Jahren des Zusammenlebens noch nicht ins Gewicht fällt[320], dürfte eine Trennungszeit von 12 Jahren nach 15 Jahren des Zusammenlebens eine entsprechende Kürzung des Versorgungsausgleichs rechtfertigen[321].

---

317 *BGH* NJW 88, 1839; 89, 1999; 89, 2812; 93, 588; 95, 136; *OLG Saarbrücken* FamRZ 92, 1313.
318 *BGH* NJW 89, 2814; 95, 136; *OLG München* FamRZ 2000, 161.
319 *BGH* NJW 85, 1284; 93, 588; FamRZ 82, 475; 83, 36; 84, 467; 85, 281; 86, 252.
320 *BGH* NJW 93, 588; *OLG Hamm* FamRZ 95, 1363: 5 Jahre Trennung in 15 Ehejahren.
321 *OLG Köln* FamRZ 88, 849; NJW-RR 92, 67: Ausgleichsberechtigter die ganze Ehezeit in Strafhaft; *OLG Düsseldorf* FamRZ 93, 1324: 10 1/2 Jahre Trennung nach 18 Jahren Zusammenlebens; *KG* FamRZ 97, 31: 13 Jahre Trennung während 32 Ehejahren; *OLG München* FamRZ 85, 79: Ausgleichsberechtigter verschuldet 9 Jahre Trennung; FamRZ 86, 1116: 15 Jahre Wochenend-Ehe genügen nicht; *OLG Celle* FamRZ 2001, 163: 14 1/2 Jahre Trennung.

5.10 Extrem kurze Ehe

Der VA ist nach § 1587c Nr. 1 grob unbillig, wenn die Ehe bis zur Zustellung des Scheidungsantrags **nur wenige Monate oder gar Wochen** gedauert hat, so dass eine eheliche Versorgungsgemeinschaft noch gar nicht nicht entstehen konnte[322]. **1010**

An einer ehelichen Versorgungsgemeinschaft (nach deutschem Recht) fehlt es auch dann, wenn der ausgleichsberechtigte Ehegatte seinen Ausgleichsanspruch erst kurz vor der Scheidung durch Erwerb der deutschen Staatsangehörigkeit erlangt hat[323].

5.11 Schwere eheliche Verfehlung

Trennungs- und Scheidungsgründe rechtfertigen nach § 1587c Nr. 1 Hs. 2 für sich allein noch keine Kürzung des VA. Das Gesetz will verhindern, dass die Schuldfrage des früheren Scheidungsrechts durch die Hintertüre von Härteregeln doch wieder die Scheidungsfolgen bestimmt[324]. Ganz vermeiden lässt sich das aber nicht. Zwar macht nicht schon jede schuldhafte Zerrüttung der Ehe durch den Ausgleichsberechtigten den VA grob unbillig. Eine schwere eheliche Verfehlung des ausgleichsberechtigten Ehegatten rechtfertigt aber dann eine Kürzung, wenn sie den ausgleichspflichtigen so schwer trifft, dass der volle VA unerträglich wäre[325]. **Die wirtschaftliche Schädigung des Ausgleichspflichtigen wiegt schwerer als die persönliche Kränkung**[326]. **Letztere erfordert in Anlehnung an § 2335 I ein schweres Verschulden**[327]. **1011**

<div align="center">**Beispiele für grobe Unbilligkeit**</div> (1) Die Frau spiegelt dem Manne bewusst wahrheitswidrig vor, das während der Ehe geborene **Ehebruchskind** sei seines, und hält ihn so von einer Anfechtung der Vaterschaft ab, die ihn von seiner Unterhaltspflicht befreite (*BGH* NJW 83, 117: schon Täuschung genügt; FamRZ 85, 267; *OLG Hamm* NJW 92, 1515: Verschweigen der Nichtehelichkeit und 11 Jahre Unterhaltslast; *OLG Brandenburg* FamRZ 99, 932; *OLG Karlsruhe* FamRZ 94, 1474: nach langer Hausfrauenehe nur Kürzung; aber auch *BGH* FamRZ 87, 363: nicht immer Kürzung). Dieser Verwurf ist aber erst nach rechtskräftiger Feststellung der Nichtvaterschaft zulässig (*BGH* NJW 83, 824). (2) Die Ehefrau hat die gemeinschaftlichen **Kinder vorsätzlich getötet** (*OLG Hamburg* NJW 82, 1823: Anlehnung an § 2335 I; *OLG Nürnberg* FamRZ 82, 308). (3) Die Frau **versucht** gemeinsam mit ihrem Liebhaber, den Mann **zu töten** (*OLG Frankfurt* FamRZ 90, 1259: nach langer Hausfrauenehe nur Kürzung).

Beispiele 1012

---

322 *BGH* FamRZ 81, 945: 6 Wochen; *KG* FamRZ 81, 680: 46 Monate nicht extrem kurz; *OLG* Hamm FamRZ 85, 78: 10 Monate Zusammenleben in 2 Jahren Ehe nicht extrem kurz; *OLG Köln* FamRZ 98, 301: 14 Monate Ehe.
323 *BGH* FamRZ 82, 795; *OLG Stuttgart* FamRZ 84, 291.
324 *BGH* NJW 83, 118.
325 *BVerfG* NJW 80, 692; *BGH* 74, 38; NJW 83, 825; 90, 2745; FamRZ 84, 665; 85, 1239; 87, 363; 89, 1062; *OLG* Karlsruhe FamRZ 90, 527.
326 *BGH* NJW 83, 117; 90, 2745; FamRZ 89, 1062.
327 *BGH* NJW 90, 2745; *OLG Bamberg* FamRZ 98, 1396: sexuelles Dopelleben; FamRZ 99, 932; *OLG Hamburg* FamRZ 2000, 893.

(4) Der Ehemann spielt nach der Trennung sein Unternehmen, eine Salatstube, in der die Ehefrau angestellt ist, seiner neuen Partnerin in die Hände, **entzieht** dadurch seiner **Familie die Existenzgrundlage** und hinterlässt 180 000,– DM Geschäftsschulden, die möglicherweise an der Ehefrau hängen bleiben (*OLG Karlsruhe* FamRZ 90, 527: Ausschluss des VA).

1013

Beispiele gegen grobe Unbilligkeit

(1) Die Frau bricht aus der Ehe aus und wendet sich einem anderen Mann zu (*BGH* NJW 83, 165; 84, 2358; FamRZ 85, 47).

(2) Die Frau bezeichnet den Mann nach der Trennung in mehreren Gerichtsverfahren als prozessunfähig (*BGH* FamRZ 89, 1062).

(3) Die Frau lässt den Mann im Glauben, das Ehebruchskind sei sein Kind (*BGH* FamRZ 87, 363). Den Widerspruch zu BGH FamRZ 83, 35 begründet der BGH damit, dass auch eine andere Wertung möglich und die tatrichterliche Entscheidung nur beschränkt revisibel sei.

(4) Die Frau versucht, sich und das gemeinschaftliche Kind zu töten, ist aber möglicherweise schuldunfähig und wird deshalb in der Psychiatrie untergebracht (*BGH* NJW 90, 2745: Anlehnung an § 2335 I).

(5) Die Frau beschimpft den Mann als „Drecksau" und „Schwein" und wird gegen ihn tätlich (*BGH* FamRZ 85, 1239).

(6) Die Frau hat sich während der letzten 2 1/2 von 11 Ehejahren dem Trunke ergeben, nachdem sie aus dem Berufsleben ausgeschieden ist (*OLG Hamburg* FamRZ 84, 396).

(7) Nach langer Hausfrauenehe nimmt die Frau mit gefälschter Unterschrift des Mannes Kredite über 13 000,– DM auf (*OLG Nürnberg* FamRZ 86, 580).

(8) Die Frau schwärzt den Mann bei Arbeitgeber (erfolglos) und Finanzamt (kleine Steuernachzahlung und Geldbuße) an (*OLG Hamm* FamRZ 97, 566).

18. Kapitel
Härteregeln des VAHRG
gegen die Durchführung des Versorgungsausgleichs

1. Überblick

1014 Nach § 1587a I soll der Versorgungsausgleich dem Ehegatten mit den wertniedrigeren Versorgungsanrechten – möglichst durch Splitting oder Quasi-Splitting nach § 1587b I, II – einen Ausgleich in Höhe des halben Wertunterschiedes verschaffen. In dieser Höhe wird die Altersversorgung des ausgleichspflichtigen Ehegatten gekürzt.

Die Kürzung ist dann nicht zu rechtfertigen, wenn der Ausgleichsberechtigte stirbt, bevor er aus dem VA eine Rente beziehen kann. Sie ist nicht voll gerechtfertigt, wenn der Ausgleichsberechtigte bis zu seinem Tode nur geringe Leistungen aus dem VA bezogen hat. Die Kürzung soll schließlich solange unterbleiben, als der Ausgleichsberechtigte aus dem VA noch keine Rente beziehen kann und gegen den Ausgleichsschuldner einen Anspruch auf Unterhalt hat. Diese Ausnahmesituationen und ihre Abwicklung regelt das VAHRG in den §§ 4-10 unter der farblosen Überschrift: „Auswirkungen des VA in besonderen Fällen". Es handelt sich um **Härtegründe, die eine Kürzung der laufenden Versorgungsbezüge** (nicht der Anwartschaften) **des Ausgleichsschuldners verhindern**, an der Entscheidung des Familiengerichts über den VA aber nichts ändern; diese ist nicht etwa falsch, sie soll lediglich nicht vollzogen werden[328].

2. Tod des Ausgleichsberechtigten vor Rentenbezug

2.1 Rechtsfolge

Nach § 4 I VAHRG wird die Versorgung des Ausgleichsschuldners aufgrund des VA nicht gekürzt; das ist die Rechtsfolge dieser Härteregel. Der Ausgleichsschuldner behält seine Versorgungsbezüge voll, als wäre kein VA durchgeführt worden. Hat der Ausgleichsschuldner die Kürzung durch Zahlung des erforderlichen Betrags abgewendet, gibt ihm § 8 VAHRG einen Anspruch auf Erstattung. Dagegen hat er vor Eintritt seines Versorgungsfalles noch keinen Anspruch gegen den Rentenversicherungsträger auf Rückübertragung der abgebuchten Anwartschaften, denn die Kürzung entfällt erst im Versorgungsfall[329].

1015

Die Rechtsfolgen der §§ 4 I, 7, 8 VAHRG **vollzieht der Leistungsträger auf Antrag** des Ausgleichsschuldners oder dessen Hinterbliebenen (§ 9 I, II 1 VAHRG). Nach Antragstellung sind die Ansprüche vererblich (§ 9 III). Im Streitfall entscheidet das **Sozialgericht**.

2.2 Voraussetzungen

§ 4 I VAHRG hat zwei Voraussetzungen: Der VA ist bereits durch Splitting oder Quasi-Splitting nach § 1587b I, II vollzogen, und der Anspruchsberechtigte ist gestorben, bevor er aus dem VA eine Rente beziehen konnte. Für die Realteilung nach § 1 II VAHRG gilt dies nicht, wohl aber für das erweiterte Quasi-Splitting nach § 1 III VAHRG; so bestimmt es § 10 VAHRG.

Für die Verpflichtung zur Beitragszahlung nach § 3b I Nr. 2 VAHRG gilt nicht § 4, sondern § 7 VAHRG: Der Ausgleichsschuldner hat unter den Voraussetzungen des § 4 I VAHRG Anspruch auf Erstattung des bezahlten Betrags.

---

328 *BSG* FamRZ 89, 971; 90, 619.
329 *BSG* FamRZ 89, 971; 90, 619.

3. Tod des Ausgleichsberechtigten nach geringem Rentenbezug

3.1 Rechtsfolge

1016   Nach § 4 II VAHRG wird die Versorgung des Ausgleichsschuldners aufgrund des **VA nicht gekürzt, jedoch sind die bezogenen Leistungen anzurechnen.** Im Übrigen hat § 4 II die gleichen Rechtsfolgen wie § 4 I.

3.2 Voraussetzungen

§ 4 II VAHRG hat zwei Voraussetzungen: Der VA ist bereits durch Splitting oder Quasi-Splitting (§ 1587b I, II, §§ 1 III, 10 VAHRG) vollzogen und aus dem VA wurden oder werden Leistungen gewährt, „die insgesamt **2 Jahresbeträge** einer auf das Ende des Leistungsbezugs ohne Berücksichtigung des Zugangsfaktors berechneten Vollrente wegen Alters aus der gesetzlichen Rentenversicherung **nicht übersteigen**"[330]. Dagegen bleibt es bei der vollen Kürzung der Versorgungsbezüge des Ausgleichsschuldners, wenn die Grenze der 2 Jahresbeträge auch nur geringfügig überschritten ist[331].

Wenn das Gesetz von Leistungen spricht, meint es Rentenzahlungen des Sozialversicherungsrechts an den Ausgleichsberechtigten[332] (§ 33 SGB VI) oder an dessen Hinterbliebene[333].

4. Nachversicherung

1017   § 4 I, II VAHRG ist auch dann anwendbar, wenn der Ausgleichsschuldner nach Vollzug des Quasi-Splittings nach § 1587b II und Kürzung seiner Beamtenversorgung aus dem Beamtenverhältnis ausscheidet und durch Nachversicherung in der gesetzlichen Rentenversicherung (§ 8 SGB VI) vor dem 1.1.1992 eine niedrigere Versorgung erlangt hat. § 4 III VAHRG bestimmt zusätzlich, dass der Dienstherr dem Rentenversicherungsträger über § 1587b II hinaus die Erhöhung aus § 4 I, II VAHRG erstatten soll.

5. Unterhaltsfälle

1018   Nach § 5 VAHRG werden die Versorgungsbezüge des Ausgleichsschuldners trotz Splitting oder Quasi-Splitting nach § 1587b I, II, §§ 1 III, 10 VAHRG solange nicht gekürzt, als der Ausgleichsberechtigte aus dem VA noch keine Rente beziehen kann und gegen den Ausgleichsschuldner einen Anspruch auf Ehegattenunterhalt hat oder nur deshalb nicht hat, weil der Ausgleichsschuldner durch Kürzung seiner Versorgungsbezüge nicht mehr leistungsfähig ist. Die Höhe des Unterhaltsanspruchs ist unerheblich.

---

330 Zur Berechnung: *BSG* FamRZ 90, 874.
331 *BVerfG* NJW 89, 1983: verfassungsgemäß.
332 *BSG* FamRZ 92, 1412: auch Zuschuß zur Krankenversicherung; FamRZ 93, 1431: auch Reha-Leistungen, wenn nach Rechtskraft des VA bewilligt.
333 *BSG* FamRZ 92, 1412 u. 1413: auch Kinderzuschuss zur Halbwaisenrente.

Die Kürzung entfällt nur für die Dauer der Unterhaltspflicht (oder der Leistungsunfähigkeit)[334]. Sobald die Unterhaltspflicht aus anderen Gründen erlischt, etwa durch Erlass, Tod, Wiederverheiratung oder Wegfall der Bedürftigkeit des Ausgleichsberechtigten, wird die Versorgung gekürzt. Daraus erklärt sich die Auskunftspflicht des Ausgleichsschuldners gegenüber dem Leistungsträger nach § 9 V VAHRG. Dagegen steht die Kapitalabfindung des Unterhalts der laufenden Unterhaltszahlung gleich und verhindert die Kürzung[335]. Nachzahlungen der Rente stehen dem Ausgleichsberechtigten und Ausgleichsschuldner nach § 6 VAHRG je hälftig zu[336].

Die Rechtsfolgen der §§ 5, 6 VAHRG **vollzieht** der Leistungsträger nach § 9 I, II VAHRG auf Antrag. Im Streitfall entscheidet das **Sozialgericht**.

19. Kapitel
Der schuldrechtliche Versorgungsausgleich

1. Lückenbüßer und Auffangtatbestand

Der schuldrechtliche VA ist der schwächliche Bruder des öffentlichrechtlichen und wegen seiner Schwächen nur Lückenbüßer und Auffangtatbestand. Schwach ist er deshalb, weil er den ausgleichsberechtigten Ehegatten nicht unmittelbar und „dinglich" an der Altersversorgung des ausgleichpflichtigen beteiligt, sondern ihm **nur** einen gewöhnlichen **Zahlungsanspruch** gibt, der erst im Versorgungsfall fällig wird und dessen Erfüllung vom guten Willen und der Leistungsfähigkeit des Ausgleichsschuldners abhängt.　　**1019**

Aus diesem Grunde **ist die Altersversorgung nach § 1587f und § 2 VAHRG nur dann schuldrechtlich auszugleichen, wenn und soweit sie nicht öffentlichrechtlich ausgeglichen werden kann**, weder durch Splitting oder Quasi-Splitting nach § 1587b I, II noch durch Realteilung oder erweitertes Quasi-Splitting nach § 1 II, III VAHRG und auch nicht durch Super-Splitting oder Beitragszahlung nach § 3b VAHRG, denn alle diese Ausgleichsformen gehören zum öffentlichrechtlichen VA (RN 783)[337]. Man kann es auch so formulieren: Der schuldrechtliche VA ist gegenüber allen Formen des öffentlichrechtlichen **subsidiär**[338].

Öffentlichrechtlicher und schuldrechtlicher VA sind zwei grundverschiedene Ausgleichsformen, die man nicht miteinander vermengen darf[339]. Deshalb lassen sich Fehler des öffentlichrechtlichen VA nicht mehr schuldrechtlich korrigieren, auch nicht über § 10a VAHRG[340].

334　*BVerwG* FamRZ 91, 429.
335　*BGH* NJW 94, 2481; *BSG* FamRZ 94, 752.
336　Dazu *BSG* FamRZ 92, 1415.
337　*BGH* FamRZ 93, 299: § 3 b I Nr. 1 VAHRG; *OLG Hamm* FamRZ 94, 1528.
338　*BGH* FamRZ 80, 129; 87, 149; *OLG Köln* FamRZ 90, 294; *OLG Celle* FamRZ 93, 1328; *OLG Hamm* FamRZ 94, 1528.
339　*BGH* FamRZ 90, 606.
340　*BGH* NJW 93, 330; *OLG Hamm* FamRZ 94, 1526, 1528; aber auch *OLG Celle* FamRZ 93, 1331.

2. Rechtliche Konstruktion

1020 Der schuldrechtliche VA begründet nur einen **Anspruch des ausgleichsberechtigten gegen den ausgleichspflichtigen Ehegatten auf Zahlung einer Ausgleichsrente** (§ 1587g I 1), die der Unterhaltsrente nachgebildet ist (§ 1587k). Die Ausgleichsrente wird **erst im Versorgungsfall fällig** (§ 1587g I 2). Ab Fälligkeit der Ausgleichsrente hat der Ausgleichsberechtigte zusätzlich einen Anspruch auf Abtretung der anteiligen Versorgungsbezüge des Ausgleichspflichtigen (§ 1587i). Vor Fälligkeit der Ausgleichsrente gibt § 1587l zwar einen Anspruch auf Abfindung, aber nur wenn und soweit sie dem Ausgleichspflichtigen zumutbar ist.

Einen Direktanspruch gegen den Versorgungsträger hat der Ausgleichsberechtigte gerade nicht. An den Versorgungsträger darf er sich erst nach dem Tode des Ausgleichspflichtigen und nur dann halten, wenn die Satzung des Versorgungsträgers eine Hinterbliebenenversorgung gewährt; in diesem Ausnahmefall **verlängert sich der schuldrechtliche VA nach § 3a VAHRG über den Tod des Ausgleichsschuldners hinaus und wird zur Geschiedenen-Hinterbliebenenrente.**

3. Gesetzliche Systematik

1021 **Anspruchsgrundlage ist § 1587g I 1**, denn er begründet den Anspruch auf Zahlung einer Ausgleichsrente. Wie im modernen Familienrecht üblich, ist die Anspruchsgrundlage aber nicht vollständig: Sie regelt nur die Rechtsfolge, den Tatbestand dagegen muss man anderswo suchen. Man findet ihn schließlich in den Hilfsnormen der §§ 1587f (mit § 2 VAHRG), § 1587g II (mit § 1587a) und § 1587k I (mit § 1585b II, III).

§ 1587f zählt zusammen mit § 2 VAHRG abschließend die Fälle auf, in denen der VA ausnahmsweise schuldrechtlich durchzuführen ist, weil er öffentlichrechtlich nicht machbar ist. § 1587g II bestimmt, dass der Wert der auszugleichenden Versorgungsanrechte genauso zu ermitteln und zu berechnen sei wie beim öffentlichrechtlichen VA. § 1587k I schließlich macht den Anspruch auf rückständige Ausgleichszahlungen wie beim Unterhalt abhängig von Verzug oder Rechtshängigkeit. Die **Beweislast** für alle anspruchsbegründenden Tatsachen trägt der Anspruchsteller.

Anspruchsgrundlagen sind auch § 1587i und § 1587l. Ersterer begründet zusätzlich zum Rentenanspruch einen Anspruch auf anteilige Abtretung der laufenden Versorgungsbezüge, letzterer einen Anspruch auf vorzeitige Abfindung. Die **Beweislast** trägt auch hier der Anspruchsteller. Schließlich sind die geschiedenen Ehegatten einander nach § 1587k I und § 1580 zur Auskunft verpflichtet.

1022 **Gegennormen**, die den Ausgleichsanspruch ausschließen, sind die Härteregel des § 1587h, die weitgehend dem § 1587c nachgebildet ist, sowie die §§ 1587k II, 1587m, denen zufolge alle Ansprüche mit dem Tod des Berechtigten erlöschen. In der Regel erlischt der Ausgleichsanspruch auch mit dem Tod des Ausgleichsschuldners[341], es sei denn, der Versorgungsträger gewähre satzungsgemäß eine Hinterbliebenenrente, was den schuldrechtlichen VA nach § 3a VAHRG über den Tod hinaus verlängert. Die Erlö-

---

341 *BGH* FamRZ 89, 950.

schensgründe muss der Schuldner, den anspruchserhaltenden Gegeneinwand des § 3a VAHRG der Gläubiger beweisen.

Der Anspruch auf den schuldrechtlichen VA erlischt schließlich dann oder entsteht erst gar nicht, wenn die Eheleute ihn vertraglich ausschließen. Da der schuldrechtliche VA nur auf Antrag durchgeführt wird (§ 1587f), ist er auch frei verzichtbar; eine Genehmigung des Familiengerichts nach § 1587o ist nicht erforderlich (RN 1066).

4. Rechtsfolgen

4.1 Anspruch auf Ausgleichsrente

Rechtsfolge des schuldrechtlichen VA ist nach § 1587g I 1 ein Anspruch auf Zahlung einer Ausgleichsrente. Die **Ausgleichsrente** ist nach § 1587k I der Unterhaltsrente nachgebildet und wie diese eine **regelmäßig wiederkehrende Geldzahlung**, die monatlich im voraus fällig wird und auch dann in voller Monatshöhe zu zahlen ist, wenn der Ausgleichsanspruch im Laufe des Monats durch Tod des Gläubigers erlischt (§ 1585 I 2, 3). Dadurch wird die Ausgleichsrente aber noch keine Unterhaltsrente, denn sie soll nicht den Lebensbedarf des Gläubigers decken, sondern die gemeinsam erwirtschaftete Altersversorgung hälftig verteilen, so dass sie weder Bedürftigkeit des Gläubigers voraussetzt noch wegen Leistungsunfähigkeit des Schuldners erlischt[342], sondern allenfalls an der Härteregel des § 1587h Nr. 1 scheitert. Allerdings verringert die Ausgleichszahlung die Bedürftigkeit des Gläubigers und damit seinen Unterhaltsanspruch gegen den Schuldner[343]. **1023**

Die **Höhe der Ausgleichsrente** richtet sich nach dem halben Wertunterschied der schuldrechtlich auszugleichenden Versorgungsrechte (§ 1587g I 1)[344]. Bewertet werden die Versorgungsrechte wie beim öffentlichrechtlichen VA (§ 1587g II 1 mit § 1587a), jedoch sind auch Veränderungen in der Zeit zwischen dem Ende der Ehezeit und der Ehescheidung zu berücksichtigen (§ 1587g II 2 u. RN 1033). **Auszugleichen sind die Bruttoversorgungsbezüge des Schuldners,** der einbehaltene Krankenversicherungsbeitrag ist nicht vorweg abzuziehen[345]. **1024**

4.2 Anspruch auf Abtretung der Versorgungsbezüge

Neben dem Anspruch auf eine Ausgleichsrente hat der Gläubiger nach § 1587i I in Höhe der Ausgleichsrente einen Anspruch auf Abtretung der Versorgungsbezüge, die für den gleichen Zeitabschnitt fällig geworden sind oder fällig werden[346]. Gesetzliche und ver- **1025**

---

342 *BGH* NJW 85, 2706; *OLG Hamm* NJW 91, 184.
343 *OLG Celle* FamRZ 82, 501.
344 *OLG Celle* FamRZ 93, 1330: auch hier Saldierung u. Ausgleich des Wertunterschieds.
345 *BGH* NJW 94, 1214; *OLG Düsseldorf* FamRZ 85, 720; *OLG Karlsruhe* FamRZ 91, 1322; *OLG Düsseldorf* FamRZ 97, 677; a.A. *OLG Hamm* FamRZ 87, 290.
346 *OLG Hamm* FamRZ 87, 290 u. *OLG Celle* FamRZ 93, 1328, 1332: nicht für rückständige Ausgleichrente.

tragliche Abtretungsverbote (§§ 399, 400) sind kein Hindernis (§ 1587i II). Erst die Abtretung verschafft dem Gläubiger nach § 398 einen Direktanspruch gegen den Versorgungsträger[347] und damit doch noch eine eigenständige Altersversorgung.

Die Abtretung der Versorgungsbezüge ersetzt den Anspruch auf die Ausgleichsrente nicht, sondern verstärkt ihn nur und tritt erfüllungshalber neben ihn. Erfüllt sind beide Ansprüche erst mit Zahlung des Schuldners oder des Versorgungsträgers.

5. Anspruchsvoraussetzungen

5.1 Übersicht

1026   Schuldrechtlich ist die Altersversorgung nur dann auszugleichen, wenn und soweit sie nicht öffentlichrechtlich nach § 1587b I, II u. §§ 1 II, III 3b I VAHRG ausgeglichen werden kann. § 1587f zählt diese Fälle im Einzelnen auf und § 2 VAHRG ergänzt sie. Oft kann die Altersversorgung nur zum Teil öffentlichrechtlich ausgeglichen werden; der Rest des Wertunterschiedes („insoweit") ist dann schuldrechtlich auszugleichen.

1027   Die gesetzliche Regel des § 1587b III 3, dass der öffentlichrechtliche Versorgungsausgleich nur einmal und in eine Richtung durchzuführen ist (RN 805), gilt auch für den schuldrechtlichen Versorgungsausgleich. Auch schuldrechtlich ist nur derjenige Ehegatte ausgleichspflichtig, der in der Ehezeit die werthöheren Anrechte erworben hat. Auch hier sind die schuldrechtlich auszugleichenden Versorgungsanrechte beider Ehegatten zu **saldieren und** miteinander zu **verrechnen**, so dass es nur einen Gläubiger und einen Schuldner gibt[348]. Wenn aber nicht alle Versorgungsanrechte entweder öffentlichrechtlich oder schuldrechtlich auszugleichen sind, gibt es anstelle des Gesamtausgleichs zwei Ausgleiche: **Vorweg ist der Wertunterschied, soweit nach § 1587b I, II und §§ 1 II, III, 3b I VAHRG möglich, öffentlichrechtlich auszugleichen, bevor der Rest schuldrechtlich ausgeglichen wird.** In diesem Fall kommt es vor, dass der Schuldner des öffentlichrechtlichen Versorgungsausgleichs Gläubiger des schuldrechtlichen Versorgungsausgleichs wird und umgekehrt[349].

Beispiele

(1) Beide Ehegatten haben in der Ehezeit Anwartschaften in der gesetzlichen Rentenversicherung erworben, der Ehemann außerdem in der Schweiz Anrechte auf die AHV und eine unverfallbare betriebliche Altersversorgung. Sind die Anwartschaften des Ehemanns insgesamt werthöher, ist er auch dann ausgleichspflichtig, wenn seine Anwartschaften in der gesetzlichen Rentenversicherung wertniedriger sind als diejenigen der Ehefrau. Da ein Splitting nach § 1587b I ausscheidet, wenn der ausgleichspflichtige Ehemann nicht die werthöheren Anwartschaften in der gesetzlichen Rentenversicherung hat, und das Familiengericht auch nicht nach § 1 II, III oder § 3b I Nr. 1 VAHRG in die Schweizer Versorgungen eingreifen darf, bleibt insgesamt nach § 2 VAHRG **nur der schuldrechtliche Versorgungsausgleich.**

---

347   *BGH* 84, 180.
348   *OLG Koblenz* FamRZ 92, 687; *OLG Celle* FamRZ 93, 1331; *Kemnade* FamRZ 99, 821: Ausgleichsbilanz.
349   *BGH* 84, 158, 191.

(2) Haben dagegen beide Ehegatten neben Anwartschaften in der gesetzlichen Renten-versicherung auch noch verfallbare Anwartschaften auf eine betriebliche Altersversor-gung, sind letztere nach § 1587a II Nr. 3 S. 3 vom öffentlichrechtlichen Versorgungsaus-gleich ausgeschlossen. Öffentlichrechtlich auszugleichen sind nur die beiderseitigen ge-setzlichen Rentenanwartschaften, so dass die Ehefrau, wenn sie die werthöheren hat, durch Splitting nach § 1587b I den halben Wertunterschied an den Ehemann abgeben muss. Die noch verfallbaren Anwartschaften auf eine betriebliche Altersversorgung sind nach § 1587f Nr. 4 dermaleinst im Versorgungsfall schuldrechtlich auszugleichen. Falls dann der Ehemann die werthöheren Anrechte hat, schuldet er der Ehefrau nach § 1587g I eine Ausgleichsrente in Höhe des halben Wertunterschiedes. In diesem Fall **verlaufen öf-fentlichrechtlicher und schuldrechtlicher Versorgungsausgleich** wohl oder übel **in entgegengesetzte Richtungen** (BGH 84, 158, 191: **schuldrechtlicher Rückausgleich**).

Auch der **Ehezeitanteil** der schuldrechtlich auszugleichenden Versorgungsanrechte ist über § 1587g II **nach § 1587a zu bewerten**, jedoch erübrigt sich hier meistens eine Dy-namisierung statischer Anrechte nach § 1587a III, IV (RN 1032).   **1028**

Da der schuldrechtliche Versorgungsausgleich erst im Versorgungsfall fällig wird (§ 1587g I 2), ist auch der Versorgungsfall Anspruchsvoraussetzung.

Für die Vergangenheit darf der Gläubiger die Ausgleichsrente nur verlangen, soweit er den Schuldner in Verzug gesetzt oder „verklagt" hat (§ 1587k I mit § 1585b II, III); auch das sind Anspruchsvoraussetzungen.

5.2 Lückenbüßerfälle

§ 1587f zählt 5 Fälle auf, in denen die Altersversorgung schuldrechtlich auszugleichen ist, weil sie öffentlichrechtlich nicht ausgeglichen werden kann. **Diese Aufzählung ist vollständig**[350]. Sie wird **ergänzt durch § 2 VAHRG**, der den schuldrechtlichen Versor-gungsausgleich dann erlaubt, wenn auch die Ausgleichsformen des VAHRG nicht pas-sen. Da auch sie zum öffentlichrechtlichen Versorgungsausgleich gehören, bleibt es da-bei: Schuldrechtlich ist die Altersversorgung nur dann auszugleichen, wenn ein öffent-lichrechtlicher Versorgungsausgleich nicht möglich ist[351]. Umgekehrt kann ein Versor-gungsrecht, das öffentlichrechtlich auszugleichen ist, auch nicht teilweise schuldrechtlich ausgeglichen werden[352].   **1029**

Die Fälle des § 1587f im Einzelnen:

Nr. 1: Die Verpflichtung zur Beitragszahlung in die gesetzliche Rentenversicherung ist nach § 1587b III 1 Hs. 2 nicht mehr möglich, weil der Ausgleichsberechtigte schon einen Anspruch auf Altersruhegehalt hat. Nachdem § 1587b III 1 für verfassungswidrig erklärt ist, kommt dies nur noch in Altfällen vor. Für die Beitragszahlung nach § 3b I Nr. 2 VAHRG gilt über § 2 VAHRG aber das Gleiche.   **1030**

---

350 *BGH* 81, 190; FamRZ 86, 338; NJW 87, 1018: keine Analogie.
351 *OLG Karlsruhe* FamRZ 88, 1290: auch § 3b I Nr. 1 VAHRG geht vor.
352 *BGH* NJW 87, 1018.

Nr. 2: Die Übertragung oder Begründung von Anwartschaften in der gesetzlichen Rentenzahlung scheitert teilweise an der Höchstbetragsgrenze des § 1587b V; der übersteigende Betrag ist schuldrechtlich auszugleichen[353].

Nr. 3: Der Ausgleichsschuldner zahlt nicht die nach § 1587b III 1 Hs. 1, jetzt § 3b I Nr. 2 VAHRG geschuldeten Beträge in die gesetzliche Rentenversicherung[354].

Nr. 4: Die betriebliche Altersversorgung ist noch verfallbar und fällt deshalb nach § 1587a II Nr. 3 S. 3 nicht in den öffentlichrechtlichen VA[355].

Nr. 5: Das Familiengericht hat sich nach § 1587b IV für den schuldrechtlichen VA entschieden oder die Eheleute haben ihn nach § 1587o vereinbart.

1031 § 2 VAHRG: Der Ausgleich kann auch nicht in der Form des § 1 II, III oder des § 3b I VAHRG vollständig durchgeführt werden, vielmehr bleibt ein Rest, der schuldrechtlich auszugleichen ist[356]. Das Gleiche gilt, wenn und soweit das Familiengericht den öffentlichrechtlichen VA fehlerhaft, aber rechtskräftig abgelehnt hat[357]. Rechtlich unmöglich ist der öffentlichrechtliche VA auch dann, wenn der Ausgleichsschuldner nur ausländische Versorgungsanrechte hat, in die das deutsche Gericht nicht eingreifen darf[358].

Dagegen ist auch der schuldrechtliche VA undurchführbar, wenn der öffentlichrechtliche nur daran scheitert, dass die Höhe einer ausländischen Anwartschaft nicht feststellbar ist und der Erwerber ohne sie ausgleichsberechtigt, mit ihr aber vielleicht ausgleichspflichtig wäre[359].

5.3 Bewertung der Ehezeitanteile

1032 Der schuldrechtliche Versorgungsausgleich unterscheidet sich vom öffentlichrechtlichen grundsätzlich nur in der Ausgleichsform, nicht in der Bewertung, denn § 1587a gilt über § 1587g II 1 auch für ihn[360], allerdings nur entsprechend, soweit er überhaupt passt[361]. Da sich der schuldrechtliche Versorgungsausgleich in aller Regel außerhalb der gesetzlichen Rentenversicherung abspielt, ist eine Umrechnung statischer Versorgungsanrechte in volldynamische nach § 1587a III, IV entbehrlich[362]. Ist nach einem öffentlichrechtlichen Teilausgleich der schuldrechtlich auszugleichende Rest schon „dynamisiert", wird gar eine Rückrechnung in den statischen Wert empfohlen[363].

---

353 *OLG Celle* FamRZ 93, 1330.

354 Dazu *BGH* 81, 190.

355 Dazu *BGH* 84, 158, 191; FamRZ 90, 276, 279; 90, 381.

356 *OLG Hamm* FamRZ 94, 1526.

357 *OLG Hamm* FamRZ 94, 1528.

358 *BGH* NJW 89, 1997: Polen; *OLG München* FamRZ 96, 554: zwischenstaatl. Versorgungsträger.

359 A.A. *OLG Düsseldorf* FamRZ 94, 903.

360 *BGH* NJW 94, 1214: über § 1587a gilt auch § 1587: Ausgleich d. Bruttobezüge; FamRZ 2000, 89.

361 *BGH* NJW 93, 330; FamRZ 2001, 25.

362 *BGH* NJW 85, 2707; 93, 330; FamRZ 2000, 89; *OLG Karlsruhe* FamRZ 2000, 235.

363 *OLG Hamm* FamRZ 94, 1526; zum Teilausgleich: *Gutdeutsch* FamRZ 2000, 1201.

Nach § 1587g II 2 sind auch alle Veränderungen in der Zeit zwischen dem Ende der Ehe- **1033**
zeit und der Entscheidung über den schuldrechtlichen Versorgungsausgleich zu berücksichtigen, wenn sie betreffen: den Wert der schuldrechtlich auszugleichenden Versorgung
sowie den Wegfall oder den Eintritt ihrer Voraussetzungen. **Stichtag** ist also der Tag der
letzten Tatsachenverhandlung im Verfahren über den schuldrechtlichen Versorgungsausgleich, denn der Ausgleich des aktuellen Rentenwerts wird dem Halbteilungsgrundsatz
am besten gerecht[364].

> (1) Die Betriebszugehörigkeit des Ehegatten endet vorzeitig durch Tod oder Ausschei- **Beispiele**
> den aus dem Betrieb, so dass seine betriebliche Altersversorgung nach § 1587a II Nr. 3
> S. 1b) zu bewerten ist (*BGH* 110, 224 abweichend von *BGH* 98, 390).
> (2) Ein Ehegatte wird vorzeitig erwerbsunfähig (*BGH* NJW 93, 330 abweichend von
> *BGH* 98, 390).
> (3) Das betriebliche Ruhegehalt wird erhöht (*BGH* NJW 93, 330).
> (4) Der Ehegatte, der zur Altersversorgung eine private Rentenversicherung abgeschlos-
> sen hat, übt sein Kapitalwahlrecht aus, so dass die Versorgung nach § 1587 I aus dem VA
> herausfällt (*OLG Hamburg* FamRZ 87, 721).

Unberücksichtigt bleiben aber auch hier diejenigen individuellen Veränderungen, **1034**
die den Wert des Ehezeitanteils nicht mehr berühren können; dazu gehören Beförderung und beruflicher Aufstieg, Laufbahn- und Berufswechsel[365], Nachzahlung in die gesetzliche Rentenversicherung und erhöhte Beitragszahlungen in die private Rentenversicherung. § 1587g II 2 erlaubt auch nicht, die Fehler eines öffentlichrechtlich durchgeführten VA schuldrechtlich zu korrigieren[366].

Verzichtet der ausgleichspflichtige Ehegatte auf die auszugleichende Versorgung zu dem
einzigen Zweck, den schuldrechtlichen VA zu verhindern, so ist dies kein Problem des
§ 1587g II 2[367], sondern des § 1587h und des § 826.

5.4 Fälligkeit

Der Anspruch auf die Ausgleichsrente wird nach § 1587g I 2 erst fällig[368], wenn entwe- **1035**
der beide Ehegatten bereits eine Versorgung erlangt haben oder der Ausgleichsschuldner
eine Versorgung erlangt und der Ausgleichsberechtigte das 65. Lebensjahr vollendet hat
oder auf unabsehbare Zeit erwerbsunfähig ist. Eine Versorgung hat der Ehegatte dann
„erlangt", wenn der Versorgungsträger bereits eine Rente wegen Alters oder Invalidität
zahlt oder sie zumindest bindend festgesetzt hat; ein Anspruch auf die Versorgungsleistung genügt ohne Rentenbescheid nicht[369].

---

364 *BGH* 110, 224.
365 *BGH* 110, 224.
366 *BGH* NJW 93, 330: auch nicht nach § 1587g III mit § 1587d II; § 10a VAHRG genügt.
367 So aber *OLG Karlsruhe* FamRZ 86, 917.
368 *BGH* 81, 190 u. FamRZ 86, 339: § 1587g I 2 regelt Fälligkeit; FamRZ 2001, 27.
369 *BGH* FamRZ 88, 939: lässt es offen, begnügt sich aber mit Abfindung der Rente.

Beispiele

> **Beispiele für Fälligkeit**
>
> Der ausgleichspflichtige Ehemann bezieht eine Altersrente, die Ehefrau ist 65 Jahre alt (*BGH* FamRZ 90, 276).
>
> Der Mann bezieht Altersrente, die Frau eine unverfallbare Erwerbsunfähigkeitsrente (*BGH* FamRZ 90, 381; 93, 361; *OLG Hamm* FamRZ 94, 1529) oder umgekehrt (*BGH* FamRZ 87, 146).

5.5 Ausgleichsrente für Vergangenheit

1036　Für die Vergangenheit kann man nach § 1587k I mit § 1585b II, III die Ausgleichsrente entsprechend der Unterhaltsrente **nur ab Verzug oder Rechtshängigkeit** verlangen[370]. Der Verzug erfordert auch hier eine Mahnung (§ 284 I), also eine dringende Zahlungs-aufforderung, die aber nicht beziffert werden muss[371].

Dass die Entscheidung über den schuldrechtlichen VA nach § 53g I FGG mit § 629d ZPO erst mit Rechtskraft wirksam und vollstreckbar wird, schließt eine Verurteilung zur Zahlung von Rückständen nicht aus, sondern verhindert nur die vorläufige Vollstreckbar-keit vor Rechtskraft[372].

6. Ausschluss des schuldrechtlichen Versorgungsausgleichs durch Härteregel

1037　Nach **§ 1587h** entsteht, obwohl alle Anspruchsvoraussetzungen der §§ 1587f, 1587g er-füllt sind, in drei Ausnahmefällen doch kein Ausgleichsanspruch oder nur ein gekürzter („soweit"). Die **Beweislast** trägt der **Ausgleichsschuldner**. § 242 ist daneben nicht anwendbar[373].

Die Nrn. 2 und 3 des § 1587h decken sich voll mit § 1587c Nr. 2 und Nr. 3, der den öf-fentlichrechtlichen VA ausschließt (RN 993 f.)[374].

Neu ist die **Nr. 1:** Der Ausgleichsberechtigte kann seinen angemessenen Unterhalt auch ohne VA bestreiten, während der VA für den Ausgleichsschuldner mit Rücksicht auf die beiderseitigen wirtschaftlichen Verhältnisse **unbillig hart** wäre. Dies ist dann der Fall, wenn der **Ausgleichsschuldner seine Altersversorgung für seinen eigenen Unterhalt benötigt**; dass der Gläubiger nicht bedürftig ist, begründet für sich allein noch keine un-billige Härte[375].

1038　Seltsamerweise fehlt hier die allgemeine Härteregel des § 1587c Nr. 1 (RN 995 ff.). Die Rechtsprechung hält dies für ein Versehen des Gesetzgebers und füllt die Gesetzeslücke

---

370　*BGH* FamRZ 89, 950: Fälligkeit u. Verzug o. Rechtshängigkeit; *OLG Hamm* FamRZ 87, 290.
371　*BGH* FamRZ 89, 950; *KG* FamRZ 87, 289; *OLG Hamm* FamRZ 90, 889.
372　*BGH* FamRZ 85, 263.
373　*BGH* NJW 92, 3293.
374　*OLG Hamburg* FamRZ 87, 723: Nr. 2 nicht entspr., wenn Schuldner private Rente durch Wahl eines Kapitals verliert.
375　*BGH* NJW 85, 2706; 94, 1215; *OLG Hamm* FamRZ 87, 291; 90, 889.

durch **entsprechende Anwendung des § 1587c Nr. 1** aus[376]. Maßgebend sind die Verhältnisse der Eheleute zur Zeit der Entscheidung über den schuldrechtlichen VA[377].

7. Erlöschen des Ausgleichsanspruchs durch Tod des Berechtigten

Der Anspruch auf den schuldrechtlichen VA erlischt wie selbstverständlich mit dem Tod des Berechtigten (§ 1587k II 1).   **1039**

Der Anspruch gegen den Versorgungsträger, den der Berechtigte für die Zeit nach seinem Tod durch Abtretung nach § 1587i bereits erworben hat, erlischt zwar nicht, fällt aber an den Ausgleichsschuldner zurück (§ 1587k II 2 mit § 412).

Den Tod des Berechtigten überdauern nur Ansprüche auf Erfüllung oder auf Schadensersatz wegen Nichterfüllung für die Zeit vor seinem Tod (§ 1587k II 1 Hs. 2 mit § 1586 II).

8. Erlöschen des Ausgleichsanspruchs durch Tod des Ausgleichsschuldners und verlängerter schuldrechtlicher Versorgungsausgleich

8.1 Erlöschen des Ausgleichsanspruchs

Der Anspruch auf den schuldrechtlichen VA **erlischt für die Zukunft** auch **durch Tod des Ausgleichsschuldners**; die Erben haften nicht. Dies steht zwar nicht im Gesetz, folgt aber aus Sinn und Zweck des schuldrechtlichen VA. § 1587e IV, der das Gegenteil bestimmt, gilt nur für den öffentlichrechtlichen VA, und § 1587k I, der auf das Unterhaltsrecht verweist, spart ausgerechnet den § 1586b aus, der die Unterhaltspflicht vererblich macht. Da die Ausgleichsrente den Berechtigten an der Versorgungsrente des Schuldners beteiligen soll und die Versorgungsrente mit dem Tod des Schuldners endet, erlischt folgerichtig auch der Anspruch auf die Ausgleichsrente[378]. Bestehen bleibt nur der Anspruch auf rückständige Ausgleichsrente ab Verzug oder Rechtshängigkeit, für die der Erbe haftet[379]. Endet die Versorgung des Schuldners nach der Satzung des Versorgungsträgers nicht schon mit dem Tod des Schuldners, sondern erst nach Ablauf des Sterbemonats oder noch später, bleibt auch der Anspruch auf die Ausgleichsrente noch solange bestehen[380].   **1040**

8.2 Verlängerung des schuldrechtlichen Versorgungsausgleichs

Um auch dem schuldrechtlichen VA einen Anstrich von Eigenständigkeit zu verpassen, **verlängert ihn § 3a VAHRG** unter bestimmten Voraussetzungen **über den Tod des Ausgleichsschuldners hinaus**. Anstelle der Ausgleichsrente aus § 1587g I 1, die mit   **1041**

---

376 *BGH* NJW 84, 611; 85, 2706; *OLG Hamm* FamRZ 87, 291; *OLG Karlsruhe* FamRZ 89, 762; *OLG Celle* FamRZ 93, 1328, 1332.
377 *BGH* NJW 85, 2706; *OLG Karlsruhe* FamRZ 89, 762.
378 *BGH* FamRZ 89, 950.
379 *BGH* FamRZ 89, 950.
380 *BGH* FamRZ 89, 950 lässt es offen.

dem Tod des Ausgleichsschuldners erlischt, **erlangt der Ausgleichsberechtigte nach § 3a I 1 VAHRG gegen den Versorgungsträger einen Anspruch auf die Ausgleichsrente im Umfang des § 1587g I 1, aber nur bis zur Höhe der Hinterbliebenenversorgung,** die der Versorgungsträger gewähren würde, wenn die Ehe nicht geschieden worden wäre, sondern bis zum Tod des Ausgleichsschuldners fortbestanden hätte[381]. Auf diese Weise wird der schuldrechtliche VA mittels der Hinterbliebenenversorgung über den Tod des Ausgleichsschuldners hinaus verlängert[382].

1042 Der verlängerte schuldrechtliche VA hat also drei **Voraussetzungen:** Erstens einen **Anspruch auf Ausgleichsrente** nach § 1587g I 1; zweitens den **Tod des Ausgleichsschuldners,** der den Ausgleichsanspruch auslöscht[383]; drittens eine Bestimmung in der **Satzung des Versorgungsträgers, die für den Fall, dass der Ausgleichsschuldner vorzeitig stirbt, eine Hinterbliebenenversorgung verspricht**[384]. Obwohl der ausgleichsberechtigte Ehegatte nach der Scheidung kein Hinterbliebener mehr ist, wird er von § 3a I 1 VAHRG so behandelt, als wäre er es noch, und diese **Fiktion** kann durch die Satzung des Versorgungsträgers nicht beseitigt werden[385]. Entweder verspricht die Satzung eine Hinterbliebenenversorgung oder sie verspricht keine, dagegen kann sie den geschiedenen Ehegatten nicht isoliert ausschließen.

1043 Auch der verlängerte schuldrechtliche VA tritt hinter den öffentlichrechtlichen VA zurück (RN 1029), zu dem auch der Ausgleich nach § 3b I VAHRG gehört[386].

1044 Weitere **Einzelheiten** und etliche **Ausnahmen** regelt der aufgeblähte und unübersichtliche § 3a VAHRG in Abs. 1 S. 2 bis Abs. 9 S. 4:
- Dass der **Ausgleichsschuldner** schon eine Versorgungsrente bezieht, ist abweichend von § 1587g I 2 nicht nötig, sein **Tod ersetzt den Versorgungsfall** (I 2).
- Sind mehrere Versorgungen des Ausgleichsschuldners schuldrechtlich auszugleichen, haften die Versorgungsträger nur **anteilig** (I 3).
- Eine **laufende Ausgleichsrente** ist ebenso anzupassen wie die Hinterbliebenenversorgung (I 4).
- **Ausgeschlossen ist die Verlängerung des schuldrechtlichen VA:** wenn eine Realteilung möglich ist (II Nr. 1); wenn der Versorgungsträger dem Ausgleichsberechtigten einen anderen gleichwertigen Ausgleich, z.B. Unterhalt gewährt (II Nr. 2 u. *OLG Düsseldorf* FamRZ 2000, 829); wenn der schuldrechtliche VA nur nach § 1587f Nr. 5 mit § 1587b IV zulässig ist (III 1).
- Eine vereinbarte höhere Ausgleichsrente bestimmt im Falle des § 1587f Nr. 5 mit § 1587o die Höhe des verlängerten schuldrechtlichen VA nur mit Zustimmung des Versorgungsträgers (III 2).

---

381 Dazu *Wagenitz* FamRZ 87, 5.
382 *BVerfG* NJW 93, 2923: § 3a VAHRG verletzt keine Grundrechte des Versorgungsträgers, sondern schließt nur eine Versorgungslücke.
383 *BGH* 110, 224: S stirbt nach Rechtskraft des Urteils, das Eheleute auf schuldrechtl. VA verweist.
384 *BGH* 93, 17 u. 94, 344.
385 *OLG* Karlsruhe FamRZ 88, 1290.
386 *OLG* Karlsruhe FamRZ 88, 1290: Nr. 1; *OLG* Hamm FamRZ 96, 171: Nr. 2, aber Möglichkeit des § 3a kann Beitragszahlung unzumutbar machen; zum verlängerten schuldrechtl. VA nach öffentlichrechtl. Teilausgleich: *BGH* FamRZ 2000, 89; *OLG Karlsruhe u. München* FamRZ 2000, 235, 1222; *Gutdeutsch* FamRZ 2000, 1201.

- Damit der Versorgungsträger nicht doppelt belastet werde, **wird die Witwen- oder Witwerrente um die verlängerte Ausgleichsrente gekürzt**, so dass beide zusammen die Hinterbliebenenrente bilden (IV 1). Dies gilt auch über den Tod des Berechtigten hinaus (IV 2 mit Ausnahme in IV 3).

- Da das Familiengericht einen ausländischen, zwischenstaatlichen oder überstaatlichen Versorgungsträger nicht zur Zahlung der Ausgleichsrente verurteilen kann, schuldet sie die Witwe oder der Witwer des Ausgleichsschuldners (V 1). Zahlungen des Versorgungsträgers werden angerechnet (V 2).

- Abs. VI regelt durch Verweisung auf andere Bestimmungen Einzelheiten über Zahlungsweise, Fälligkeit, Nachzahlung, Abänderung und Erlöschen.

- Abs. VII schützt den zahlungspflichtigen Versorgungsträger vor Doppelzahlungen (zur Nr. 1: *OLG Karlsruhe* FamRZ 93, 75).

- Abs. VIII verpflichtet den Ausgleichsberechtigten sowie den Ehegatten des verstorbenen Ausgleichsschuldners wechselseitig zur **Auskunft**.

- Abs. IX schließlich ist **Verfahrensrecht**; er regelt die Zuständigkeit des Familiengerichts (S. 1), die Verfahrensbeteiligten (S. 2), die einstweilige Anordnung der Ausgleichsrente (S. 3) und die Anfechtbarkeit der Entscheidungen (S. 4).

9. Anspruch auf vorzeitige Abfindung

Nach § 1587l I darf der ausgleichsberechtigte Ehegatte wegen seiner künftigen Ausgleichsansprüche eine Abfindung verlangen, wenn sie dem Ausgleichsschuldner wirtschaftlich zumutbar ist. Während der Anspruch auf die Ausgleichsrente nach § 1587g I 2 erst im Versorgungsfall fällig wird, der meistens erst lange Zeit nach der Scheidung eintritt, kann die Abfindung, soweit zumutbar, schon ab Rechtskraft der Scheidung verlangt werden, nimmt also den späteren schuldrechtlichen VA vorweg. **1045**

9.1 Rechtsfolge

§ 1587l I ist eine echte, wenngleich schwache **Anspruchsgrundlage. Rechtsfolge** ist ein **Anspruch auf eine Abfindung in Geld.** Die Abfindung ist ein Kapitalbetrag, der nur auf Antrag in Raten bezahlt werden darf (III 3). Die Höhe der Abfindung richtet sich nach dem Zeitwert der auszugleichenden Versorgungsrechte (II). **1046**

Die Abfindung ist **zweckgebunden:** Sie ist nicht an den Ausgleichspflichtigen selbst, sondern entweder in **die gesetzliche Rentenversicherung oder in eine private Renten- oder Lebensversicherung zu zahlen** (III 1), um dem Berechtigten doch noch eine eigenständige Versorgung zu verschaffen. Zwischen diesen beiden Versicherungsarten hat der Berechtigte nach dem Gesetz die Wahl, nach der Rechtsprechung hingegen muss er die billigere Versicherungsart wählen[387], und das ist meistens die private Renten- oder Lebensversicherung. **1047**

In diesem Fall muss der Berechtigte den **Versicherungsvertrag** schon im Verfahren nach § 1587l nachweisen, damit das Familiengericht ihn in den Tenor seiner Entscheidung aufnehmen und der Schuldner gezielt auf diesen Vertrag zahlen kann. Der Versi-

---

387 *BGH* FamRZ 83, 576; 84, 465; *KG* FamRZ 90, 1257.

cherungsvertrag muss vom Berechtigten auf seine eigene Person für den Fall des Todes und des Erlebens des 65. oder eines niedrigeren Lebensjahres abgeschlossen sein und vorsehen, dass Gewinnanteile die Versicherungsleistung erhöhen (III 2).

Die Zweckbindung beschränkt sich aber auf die Zahlung der Abfindung. Sobald sie geleistet ist, kann der Berechtigte über die Versicherung frei verfügen, muss sich unterhaltsrechtlich allerdings so behandeln lassen, als habe er nicht die Abfindung, sondern eine Ausgleichsrente nach § 1587g bekommen, und sei insoweit nicht mehr bedürftig (§ 1587n).

9.2 Anspruchsvoraussetzungen

1048 Der Anspruch auf Abfindung hat nach § 1587l I zwei Voraussetzungen: Der Anspruchsteller hat einen **künftigen Anspruch auf schuldrechtlichen VA** nach § 1587g I 1, und die **Abfindung** ist dem Anspruchsgegner **wirtschaftlich zumutbar**. Einen künftigen Ausgleichsanspruch hat der Anspruchsteller dann, wenn alle Voraussetzungen der Ausgleichsrente erfüllt sind und nur die Fälligkeit nach § 1587g I 2 noch fehlt[388]. Dagegen begründet die Anwartschaft auf eine verfallbare betriebliche Altersversorgung noch keinen künftigen Ausgleichsanspruch[389].

Der öffentlichrechtliche VA geht auch der Abfindung vor, denn diese nimmt den schuldrechtlichen VA vorweg. Da aber ausländische Versorgungsrechte nicht einmal unter § 3b I Nr. 2 VAHRG fallen (§ 3b II VAHRG), können sie nach § 1587l abgefunden werden[390].

1049 Da sich die Höhe der Abfindung nach dem Zeitwert der schuldrechtlich auszugleichenden Anrechte richtet (§ 1587l II), muss man zuerst den jeweiligen **Ehezeitanteil** (§ 1587g II 1 mit § 1587a), sodann den **Zeitwert zur Zeit der Entscheidung** über die Abfindung (§ 1587g II 2)[391] und schließlich den **Abfindungsbetrag** errechnen, **der** als Beitrag in die gewählte Versorgung den **Wertunterschied hälftig ausgleicht**. Die Frage lautet: Was kostet eine Monatsrente in Höhe des hälftigen Wertunterschiedes, je nach Wahl des Berechtigten, in der gesetzlichen Rentenversicherung oder in einer privaten Renten- oder Lebensversicherung?

1050 Das Problem und die Schwäche des Abfindungsanspruchs liegen darin, **dass die Abfindung dem Schuldner wirtschaftlich zumutbar sein muss**. Während man früher dem Schuldner noch zumutete, bis auf einen Notgroschen von wenigen Tausend DM notfalls auch sein Eigenheim zu veräußern oder einen Kredit aufzunehmen, ist man seit der Neufassung des Gesetzes im Jahre 1986 nicht mehr so streng: Weder muss der Schuldner sein bescheidenes Familieneigenheim veräußern noch ohne weiteres einen Kredit aufnehmen, sondern darf zuerst seinen eigenen angemessenen Unterhalt decken, ganz wie nach § 3b I Nr. 2 VAHRG (RN 983). Ratenzahlungen können eine Abfindung zumutbar machen (§ 1587l III 3).

---

388 *BGH* FamRZ 84, 668; *OLG Stuttgart* FamRZ 89, 760.
389 *BGH* FamRZ 84, 668.
390 *KG* FamRZ 90, 1257; *OLG Karlsruhe* FamRZ 96, 673: auch noch nach Auszahlung der schweizer „Freizügigkeitsleistung".
391 *KG* FamRZ 90, 1258.

Mit Rechtskraft der Entscheidung, die zur Abfindung verpflichtet, erlöschen die künftigen Ausgleichsansprüche. Der Abfindungsanspruch selbst erlischt mit dem Tod des Berechtigten, soweit er noch nicht erfüllt ist (§ 1587m). **1051**

20. Kapitel
Vereinbarungen über den Versorgungsausgleich

1. Vertragsfreiheit und ihre Schranken

Im Familienrecht ist die Vertragsfreiheit bedeutend kleiner als im Schuldrecht. Dies gilt **1052** vor allem für den öffentlichrechtlichen Versorgungsausgleich. Es gibt nur zwei Möglichkeiten: den **Ehevertrag nach § 1408 II 1 und die Vereinbarung „im Zusammenhang mit der Scheidung" nach § 1587o**[392]. Beide sind streng formbedürftig. Die Vereinbarung nach § 1587o muss außerdem zum Schutze des sozial schwächeren Ehegatten und der Solidargemeinschaft der Versicherten[393] vom Familiengericht genehmigt werden. Zwar kann man in beiden Fällen den Versorgungsausgleich vollständig ausschließen, beliebig ändern aber kann man ihn nicht. Es liegt auf der Hand, dass die Ehegatten mit ihrer Vereinbarung in die Rechte Dritter nicht eingreifen dürfen. Deshalb können sie mangels Verfügungsmacht Anwartschaften in der gesetzlichen Rentenversicherung weder übertragen noch begründen, denn dazu ist allein das Familiengericht befugt.

Ehevertrag und Vereinbarung nach § 1587o sind **familienrechtliche Verträge**, keine **1053** schuldrechtlichen. Vergleichscharakter nach § 779 haben sie nur dann, wenn beide Ehegatten darin gegenseitig nachgeben[394]. Auch die Vereinbarung nach § 1587o ist ein materiellrechtlicher Vertrag über den Versorgungsausgleich, ob er nun außerhalb des Scheidungsverfahrens oder im Scheidungsverfahren geschlossen wird[395]. Wenn der ausgleichsberechtigte Ehegatte auf die Durchführung des Versorgungsausgleichs verzichtet, verzichtet er nicht lediglich auf das Verfahren, sondern auch auf den materiellen Ausgleichsanspruch aus § 1587a I 2[396].

2. Rechtsfolge

Soweit die Ehegatten den VA durch Ehevertrag nach § 1408 II 1 oder Vereinbarung nach **1054** § 1587o wirksam ausschließen, erübrigt sich nach § 53d S. 1 FGG die Entscheidung des Familiengerichts über den VA, denn das Verfahren wird durch den vereinbarten Ausschluss unmittelbar beendet[397]. Wenn sich jedoch herausstellt, dass die Vereinbarung aus

---

392 Zur Wirksamkeit eines vor dem 1.7.77 vereinbarten Ausschlusses: *BGH* NJW 95, 3251.
393 *BVerfG* FamRZ 82, 769; *BGH* FamRZ 83, 46.
394 *BGH* NJW 94, 579.
395 *BGH* NJW 94, 579.
396 *BGH* NJW 94, 579.
397 *BGH* NJW 91, 1743; 94, 579; FamRZ 91, 681.

irgendeinem Grunde unwirksam ist, muss über den VA doch noch entschieden werden, es sei denn, die Genehmigung sei entsprechend § 621e III 2 mit § 516 ZPO endgültig unangreifbar geworden[398].

Entscheiden muss das Familiengericht auch dann, wenn die Ehegatten den Versorgungsausgleich nur teilweise ausschließen und den Rest ungeregelt lassen. Schließt die Vereinbarung den VA nicht vollends aus, sondern regelt sie ihn nur anders als das Gesetz, wird der vollstreckbare Teil, etwa das Versprechen einer Ausgleichszahlung oder Gegenleistung nach den Vorschriften der ZPO vollstreckt (§ 53g III FGG).

3. Abgrenzung zwischen Ehevertrag und „Vereinbarung im Zusammenhang mit der Scheidung"

1055   Ehevertrag und Vereinbarung „im Zusammenhang mit der Scheidung" lassen sich nicht ein für allemal klar voneinander abgrenzen, sondern **überschneiden sich:** Bald sind sie nebeneinander möglich, bald schließen sie sich aus. Zwar wirken sich beide Vereinbarungen erst aus, wenn die Ehe geschieden wird, aber die Motivation der Ehegatten ist eine verschiedene. Den Ehevertrag schließen sie schon vor der Heirat oder während des ehelichen Zusammenlebens, die Vereinbarung nach § 1587o hingegen nach der Trennung oder gar im Scheidungsverfahren; das ist jedenfalls der Normalfall[399]. Deshalb bedarf nur die Vereinbarung nach § 1587o der Genehmigung des Familiengerichts[400] und wird der Ehevertrag wegen der Nähe zum Scheidungsverfahren nach § 1408 II 2 unwirksam, wenn binnen Jahresfrist Scheidungsantrag gestellt wird[401].

Daraus folgt: **Vor der Heirat** kann man den Versorgungsausgleich **nur** durch **Ehevertrag** ausschließen, **während des Scheidungsverfahrens** und bis zur Rechtskraft der Entscheidung über den Versorgungsausgleich **nur nach § 1587o**, um die gerichtliche Inhaltskontrolle zu sichern[402].

1056   In der **Zeit zwischen Heirat und Scheidungsverfahren** kommt es darauf an, ob die Eheleute den Versorgungsausgleich „im Zusammenhang mit der Scheidung" regeln wollen oder nicht; im ersten Fall gilt § 1587o, im zweiten Fall § 1408 II. Sie können ihren Willen im Vertrag ausdrücken, etwa durch Hinweis auf die Jahresfrist des § 1408 II 2[403]. Andernfalls muss man den **Parteiwillen** durch Auslegung ermitteln (§ 157). Soll die vertragliche Regelung des Versorgungsausgleichs die Versöhnung der Ehegatten erleichtern und eine Scheidung verhindern, spricht dies für einen Ehevertrag[404]. Dass der eine oder andere Ehegatte schon Scheidungsabsichten hegt, schließt den Ehevertrag noch nicht aus

---

398 *BGH* NJW 94, 579.
399 *BVerfG* FamRZ 82, 773.
400 *BVerfG* FamRZ 82, 773.
401 *BGH* FamRZ 85, 46.
402 *BGH* NJW 82, 1464, 1465; FamRZ 87, 467; 89, 1060, 1062; *OLG Düsseldorf* FamRZ 86, 69: schon ab Eingang Scheidungsantrag; *OLG Koblenz* FamRZ 89, 407.
403 *BGH* FamRZ 83, 459.
404 *OLG Koblenz* FamRZ 86, 1220: auch während Scheidungsverfahren, wenn Scheidungsantrag zurückgenommen wird; ferner *OLG Köln* FamRZ 97, 1539.

und erfordert noch keine Genehmigung des Familiengerichts nach § 1587o II 3[405]. Wenn dagegen der scheidungswillige Ehegatte die Jahresfrist des § 1408 II 2 nicht abwarten oder den Versorgungsausgleich als Scheidungsfolge regeln will, bleibt nur die genehmigungsbedürftige Vereinbarung nach § 1587o.

4. Form der Vereinbarung über den Versorgungsausgleich

4.1 Ehevertrag

Durch Ehevertrag kann der VA nach § 1408 II 1 nur ausgeschlossen werden, wenn der **1057** Ausschluss **ausdrücklich erklärt** wird. Ausdrücklich ist das Gegenteil von stillschweigend. Das Gesetz verlangt eine deutliche Sprache, es genügt nicht, dass der Ausschluss nur zwischen den Zeilen durch schlüssiges Verhalten erklärt wird[406]. Nach § 1410 muss der Ehevertrag **notariell beurkundet** werden, was fachliche Beratung und Warnung sichert. Aufheben kann man den vertraglichen Ausschluss des VA formfrei, denn die Aufhebung stellt nur den erwünschten gesetzlichen Ausgleich wieder her[407].

4.2 Vereinbarung „im Zusammenhang mit der Scheidung"

Auch die Vereinbarung nach § 1587o ist **notariell zu beurkunden** (II 1), kann aber **1058** **auch** in der **Form des Prozessvergleichs** vor dem Familiengericht geschlossen werden (II 2 mit § 127a). Im Scheidungsverfahren, das nach § 623 ZPO auch den VA erledigen soll, herrscht nach § 78 II 1 Nr. 1 ZPO überdies **Anwaltszwang:** Beide Ehegatten müssen sich bei Abschluss der Vereinbarung über den VA, obwohl sie ohne gegenseitiges Nachgeben kein Vergleich ist, durch einen beim Familiengericht zugelassenen Rechtsanwalt vertreten lassen[408]. Anders als § 1408 II 1 verlangt § 1587o keine ausdrücklichen Erklärungen, wohl aber Willenserklärungen[409].

Schließlich bedarf die Vereinbarung nach § 1587o II 3 noch der **Genehmigung des Familiengerichts** (RN 1072); dies unterscheidet sie vom Ehevertrag. Form und Genehmigung haben miteinander nichts zu tun. Die formwidrige Vereinbarung ist nach § 125 nichtig, und daran ändert auch die Genehmigung nichts[410], denn das Familiengericht kann nur formgültige Vereinbarungen genehmigen. Umgekehrt ist ohne Genehmigung auch die formgültige Vereinbarung unwirksam.

---

405 *BGH* FamRZ 83, 459; *OLG Bamberg* FamRZ 84, 483; *OLG Frankfurt* FamRZ 86, 1005; *OLG Düsseldorf* FamRZ 87, 953.
406 *BGH* FamRZ 89, 1062: Ausschluss aller vermögensrechtl. Ansprüche ohne jeden Hinweis auf den VA.
407 *OLG Karlsruhe* FamRZ 95, 362.
408 *BGH* NJW 91, 1743; *OLG Köln* FamRZ 98, 373.
409 *BGH* NJW 83, 1319: Wunsch, VA nicht durchzuführen, genügt nicht.
410 *BGH* NJW 91, 1743; *OLG Köln* FamRZ 98, 373.

5. Ausschluß und Änderung des Versorgungsausgleichs

5.1 Teilausschluss und Änderung auch durch Ehevertrag

1059 Nach § 1408 II 1 können die Ehegatten den Versorgungsausgleich durch Ehevertrag ausschließen. Nach § 1587o I 1 können sie „im Zusammenhang mit der Scheidung" eine Vereinbarung über den Versorgungsausgleich schließen. Obwohl § 1408 II 1 nur vom Ausschluss des Versorgungsausgleich, § 1587o I 1 dagegen ganz allgemein von einer Vereinbarung über den Versorgungsausgleich spricht, meinen beide das Gleiche: **Die Ehegatten können den Versorgungsausgleich vertraglich nicht nur (vollständig) ausschließen, sondern auch kürzen oder anders regeln**, als das Gesetz es tut[411].

5.2 Keine Übertragung oder Begründung gesetzlicher Rentenanwartschaften

1060 Eine unübersteigbare Schranke der Vertragsfreiheit zieht § 1587o I 2, der wie selbstverständlich auch für den Ehevertrag gilt[412]. Danach können die Ehegatten Anwartschaften in der gesetzlichen Rentenversicherung weder übertragen noch begründen. Der BGH sieht darin ein gesetzliches Verbot nach § 134[413]. Dies gibt jedoch ein schiefes Bild, denn **den Ehegatten fehlt kraft zwingenden Rentenversicherungsrechts bereits die Verfügungsmacht**[414]. Die gesetzliche Rentenversicherung ist wie die Beamtenversorgung öffentliches, weithin zwingendes Recht, das den Ehegatten nicht erlaubt, über ihre Altersversorgung frei zu verfügen (§§ 32, 46 SGB I; nur widerrufl. Verzicht gegen Leistungsträger, 53 II SGB I; § 3 III BeamtVG). Zur Übertragung und Begründung von Anwartschaften in der gesetzlichen Rentenversicherung ist nach § 1587b I, II und § 1 III VAHRG nur das Familiengericht befugt.

1061 Erst recht können die Parteien nicht vereinbaren, dass mehr gesetzliche Rentenanwartschaften zu übertragen seien, als insgesamt in der Ehezeit erworben wurden und auszugleichen sind. Das **Super-Splitting** über das Maß des § 1587b I, II hinaus ist in der Regel sogar dem Familiengericht „verboten" und nur unter den Voraussetzungen des § 3b I Nr. 1 VAHRG ausnahmsweise erlaubt, um den schuldrechtlichen Versorgungsausgleich zu vermeiden; für die Parteien ist es schlechthin und ausnahmslos unmöglich[415]. Wenn aber schon eine Erhöhung des Splittings oder Quasi-Splittings **durch Vertrag ausgeschlossen** ist, dann erst recht eine **Umkehrung der Ausgleichspflicht in die falsche Richtung**[416].

1062 **Die Verfügungsbeschränkung des § 1587o I 2 verhindert** nicht erst die offene, unmittelbare Erhöhung des Ausgleichs, sondern **bereits die verdeckte, mittelbare Erhöhung**. Nichtig ist schon der Teilausschluss des Versorgungsausgleichs durch **Weglassen von Versorgungsanrechten des Ausgleichsberechtigten**, wenn dadurch mehr Anwartschaften in der gesetzlichen Rentenversicherung übertragen oder begründet werden

---

411 *BGH* FamRZ 86, 890; 90, 273.
412 *BGH* NJW 90, 1363; *OLG Hamm* FamRZ 90, 416.
413 *BGH* NJW 90, 1363.
414 So richtig *OLG Frankfurt* FamRZ 83, 405; *OLG Koblenz* FamRZ 83, 406.
415 *BGH* NJW 90, 1363; FamRZ 90, 384.
416 *BGH* FamRZ 90, 384.

müssten, als wenn die ausgeklammerten Versorgungsanrechte in die Abrechnung einbezogen würden[417]. § 1587o I 2 erlaubt insoweit nur das Weglassen von Versorgungsanrechten des Ausgleichsschuldners, denn dadurch verringert sich die Ausgleichspflicht[418].

Zwingend ist wegen § 1587o I 2 auch die **Berechnung der Ehezeit** nach § 1587 II. Dies **1063** hindert die Ehegatten jedoch nicht, den Versorgungsausgleich vertraglich auf einen Teil der in der Ehezeit erworbenen Anwartschaften zu beschränken oder außerhalb der Ehezeit erworbenen Anwartschaften in die Abrechnung einzustellen, solange dadurch § 1587o I 2 nicht verletzt wird[419].

Eine Vereinbarung, die gegen § 1587o I 2 oder anderes zwingendes Versorgungsrecht **1064** verstößt, ist **nichtig** und bindet weder die Ehegatten noch die Versorgungsträger. Die Genehmigung des Familiengerichts ändert daran nichts[420].

5.3 Gestaltungsspielraum

Das Gesetz lässt den Ehegatten für den öffentlichrechtlichen Versorgungsausgleich etwa **1065** folgenden Gestaltungsspielraum[421]:

(1) **voller** bedingungs- und entschädigungsloser **Ausschluss**;

(2) **bedingter Ausschluss** für den Fall der Wiederverheiratung (*OLG Stuttgart* FamRZ 86, 1007) oder für den Fall, dass der Ehemann (oder die Ehefrau) ausgleichsberechtigt sei;

(3) Ausschluss gegen **Abfindung**;

(4) **schuldrechtlicher statt öffentlichrechtlicher Versorgungsausgleich**;

(5) **Teilausschluß durch Verringerung der Ausgleichsquote** (*BGH* NJW 86, 2316 u. 90, 1363: auch zur Grenze durch § 1587o I 2) oder **durch Beschränkung auf einen Teil der in der Ehezeit erworbenen Anrechte** (*BGH* FamRZ 90, 384 u. NJW 90, 1363: auch zur Grenze durch § 1587o I 1) oder **durch „Verkürzung der Ehezeit"** (*OLG Hamm* FamRZ 90, 416; *OLG Frankfurt* FamRZ 96, 550);

(6) **Einbeziehung verfallbarer Anrechte** (*BGH* FamRZ 87, 578);

(7) **Teilvereinbarung über schuldrechtlichen Versorgungsausgleich** wegen ungeklärter Fehlzeiten in der gesetzlichen Rentenversicherung (*OLG Frankfurt* FamRZ 87, 494);

(8) **Saldierung von „angleichungsdynamischen" und anderen Rentenanwartschaften** vor der Einkommensangleichung in den neuen Bundesländern (*OLG Dresden* FamRZ 96, 742).

Der **schuldrechtliche Versorgungsausgleich** durch Zahlung einer Ausgleichsrente **1066** (§ 1587g), für den § 1587o I 2 ohnehin nicht gilt, **lässt sich in jeder Hinsicht durch Vertrag frei und ohne Genehmigung regeln**[422]. Die Verlängerung über den Tod des Ausgleichsschuldners hinaus beschränkt sich allerdings auf die gesetzliche Höhe der Ausgleichsrente (§ 3a III 2 VAHRG).

---

417 *BGH* FamRZ 88, 153; 90, 273; *OLG Koblenz* FamRZ 86, 273; *OLG Düsseldorf* FamRZ 87, 839; *OLG Karlsruhe* FamRZ 2000, 1155.
418 *BGH* FamRZ 86, 890.
419 *BGH* NJW 90, 1363; *KG* FamRZ 94, 1038; *OLG Celle* FamRZ 94, 1039.
420 *BGH* NJW 91, 1743 zur formwidrigen Vereinbarung; *OLG Frankfurt* FamRZ 83, 405; *OLG Koblenz* FamRZ 83, 406.
421 Dazu *Zimmermann/Becker* FamRZ 83, 1; *Eichenhofer* DNotZ 94, 216 ff.
422 *OLG Karlsruhe* FamRZ 89, 762.

6. Allgemeine Schranken der Vertragsfreiheit

6.1 Nichtigkeit

1067   Die allgemeinen Schranken der Vertragsfreiheit durch §§ **134, 138** gelten auch für den Ehevertrag und für die Vereinbarung nach § 1587o. Die vereinbarte Regelung des VA ist ausnahmsweise **nichtig, wenn sie ein gesetzliches Verbot oder die guten Sitten verletzt.** Dass ein Ehegatte ohne Gegenleistung oder Abfindung auf den VA verzichtet, ist für sich allein weder verboten noch sittenwidrig[423]; dazu ist mehr nötig, etwa die Ausnutzung der Unerfahrenheit, der geistigen Beschränkung oder einer besonderen Notlage des Verzichtenden[424] oder der soziale Abstieg in die Sozialhilfe[425]. Dies gilt auch für die Vereinbarung nach § 1587o; wenn das Familiengericht die vereinbarte Regelung darüberhinaus für unausgewogen hält, mag es die Genehmigung versagen.

Der Nichtigkeitsgrund der fehlenden Vergleichsgrundlage nach § 779 setzt einen Vergleich, also gegenseitiges Nachgeben voraus; daran aber fehlt es oft[426].

6.2 Anfechtung

1068   Da auch der familienrechtliche Vertrag aus Willenserklärungen besteht, kann jeder Ehegatte seine Vertragserklärung nach §§ 119 ff. **wegen Irrtums, arglistiger Täuschung oder widerrechtlicher Drohung anfechten,** wenn er seinen Willensmangel beweisen kann[427].

6.3 Teil- und Totalnichtigkeit

Teilnichtigkeit des Ehevertrags zerstört im Zweifel den ganzen Vertrag, denn § 139 gilt auch für Rechtsgeschäfte des Familienrechts[428].

6.4 Geschäftsgrundlage und Rechtsmissbrauch

1069   Fraglich ist dagegen, ob die Regeln über das Fehlen und den Wegfall der Geschäftsgrundlage auch für den vereinbarten Ausschluss des Versorgungsausgleichs gelten. Das Gebot von Treu und Glauben nach § 242 beherrscht zwar über das Schuldrecht hinaus das ganze Zivilrecht, also auch das Familienrecht, eine Geschäftsgrundlage hat aber nur der Verpflichtungsvertrag, nicht die dingliche Verfügung[429]. Der Ausschluss des Versor-

---

423 *BGH* NJW 95, 3251, 3252; 97, 126; 97, 192; FamRZ 96, 1536; *OLG Hamm* FamRZ 2000, 830; *OLG Köln* FamRZ 2000, 832.
424 *BGH* FamRZ 96, 1536; *OLG Hamm* FamRZ 90, 416; *OLG Köln u. Frankfurt* FamRZ 97, 1539, 1540.
425 *OLG Oldenburg* FamRZ 90, 295.
426 *BGH* FamRZ 87, 578; NJW 94, 579.
427 *OLG Düsseldorf* FamRZ 87, 953.
428 *BGH* FamRZ 91, 681; *OLG Koblenz* FamRZ 86, 273; zu salvatorischen Klauseln gegen § 139: *Keilbach* FamRZ 92, 1118.
429 *BGH* 25, 293; 38, 146; 40, 334; 47, 388; 88, 185; 96, 371.

gungsausgleichs ist jedoch nichts anderes als ein „dinglicher" Verzicht[430]. Dennoch unterwirft der BGH auch ihn den Regeln über die Geschäftsgrundlage[431]. Das ist nicht richtig. Eine Geschäftsgrundlage hat die Parteivereinbarung über den Versorgungsausgleich nur, soweit sie verpflichtet, etwa zu einer Beitragszahlung[432], Abfindung oder Gegenleistung oder zur Ausgleichsrente nach § 1587g.

Wohl aber kann die Vereinbarung am **Einwand der unzulässigen Rechtsausübung oder des Rechtsmißbrauchs aus § 242** scheitern[433]. Die Rechtsfolgen sind die gleichen wie beim Fehlen oder Wegfall der Geschäftsgrundlage.

7. Unwirksamkeit des Ehevertrags durch Scheidungsantrag

Nach § 1408 II 2 wird der Ausschluß des Versorgungsausgleichs durch Ehevertrag ohne **1070** weiteres unwirksam, wenn ein Ehegatte binnen Jahresfrist nach Vertragsschluss die Scheidung beantragt[434]. Die kurze Zeitspanne zwischen Ausschluss des Versorgungsausgleichs und Scheidungsverfahren verrät, dass die Scheidung schon bei Vertragsschluss im Schwange war. In dieser Situation aber ist nur noch eine Vereinbarung nach § 1587o mit gerichtlicher Inhaltskontrolle möglich. § 1408 II 2 gilt erst recht, wenn der Scheidungsantrag schon zur Zeit des Vertragsschlusses gestellt ist[435].

Die **Jahresfrist** beginnt mit Abschluss des Ehevertrags, aber nie vor der Heirat. Der **1071** Scheidungsantrag wird gestellt durch Zustellung der Antragsschrift[436]. Wird der Scheidungsantrag „demnächst" zugestellt, ist er entsprechend § 270 III ZPO schon mit Eingang beim Familiengericht gestellt[437]. Der Antrag auf Prozesskostenhilfe ist noch kein Scheidungsantrag[438]. Auch der unwirksame Scheidungsantrag hat nicht die Rechtsfolge des § 1408 II 2; unwirksam, nicht nur unzulässig, ist der Scheidungsantrag durch einen beim Familiengericht nicht zugelassenen Anwalt[439]. Durch Rücknahme des Scheidungsantrags lebt der unwirksame Ausschluss des Versorgungsausgleichs wieder auf, denn § 269 III 1 ZPO unterstellt, dass die Scheidung nie anhängig gewesen sei[440].

Der Fristablauf schadet nach § 242 ausnahmsweise dann nicht, wenn der rechtzeitige Scheidungsantrag des verzichtenden Ehegatten vom anderen Ehegatten treuwidrig verhindert wurde und alsbald nachgeholt wird[441].

---

430 *BGH* NJW 94, 579.
431 *BGH* NJW 94, 579; ebenso *OLG Schleswig* FamRZ 86, 70.
432 *BGH* FamRZ 88, 1254.
433 *BGH* FamRZ 96, 1537; *OLG Köln u. Frankfurt* FamRZ 97, 1539, 1540.
434 *OLG Düsseldorf* FamRZ 87, 953; nicht kurz danach; *OLG Hamburg* FamRZ 91, 1067: Genehmigung des Familiengerichts heilt nicht.
435 *BGH* NJW 87, 1768.
436 *BGH* FamRZ 85, 45; 92, 1405; *OLG Köln* FamRZ 95, 1588.
437 *BGH* FamRZ 92, 1405; *OLG Köln* FamRZ 95, 1588.
438 *BGH* FamRZ 99, 155: auch nicht mit bedingtem Scheidungsantrag für Fall der PKH.
439 *BGH* FamRZ 87, 365; *OLG Düsseldorf* FamRZ 80, 798.
440 *BGH* FamRZ 86, 788.
441 *BGH* NJW 93, 1004.

8. Genehmigung der Vereinbarung durch das Familiengericht

8.1 Schutz des sozial schwächeren Ehegatten vor Übervorteilung

1072 Die Vereinbarung über den VA nach § 1587o bedarf der Genehmigung des Familiengerichts (II 3). Damit unterwirft das Gesetz sie einer gerichtlichen Inhaltskontrolle[442]. **Die Genehmigung ist jedoch die gesetzliche Regel**[443], **ihre Versagung die gesetzliche Ausnahme**, denn das Familiengericht soll sie **nur verweigern, „wenn** unter Einbeziehung der Unterhaltsregelung und der Vermögensauseinandersetzung offensichtlich die vereinbarte Leistung nicht zur Sicherung des Berechtigten für den Fall der Erwerbsunfähigkeit und des Alters geeignet ist oder zu keinem nach Art und Höhe angemessenen Ausgleich unter den Eheleuten führt" (II 4). Wo das nicht der Fall ist, haben die Ehegatten Anspruch auf Genehmigung[444]. Nach Art. 2 I, 3 I, 6 I GG darf die Vertragsfreiheit – über die strenge Form hinaus – durch Genehmigungsvorbehalt nur beschränkt werden, **wenn die Vereinbarung den Zweck des VA „offensichtlich" verfehlt**[445]. Denn der Genehmigungsvorbehalt soll nur verhindern, dass der ausgleichsberechtigte sozial schwächere Ehegatte unter dem Druck der Scheidung übervorteilt werde[446].

8.2 Kriterien der Übervorteilung

1073 § 1587o II 4 nennt zwei Kriterien für die Versagung der Genehmigung: entweder eignet sich die vereinbarte Leistung des Ausgleichspflichtigen nicht dazu, den Ausgleichsberechtigten gegen Invalidität und Alter zu sichern, oder sie führt nach Art und Höhe zu keinem angemessenen Ausgleich zwischen den Ehegatten. Das Gesetz geht also von dem Fall aus, dass die Vereinbarung den gesetzlichen VA nicht etwa ersatzlos ausschließt, sondern durch eine andere „Leistung" ersetzt[447]. Die Rechtsprechung sieht das nicht so eng[448]. Der entschädigungslose Ausschluss des VA ist zwar unerwünscht, aber nicht in jedem Fall von einer Genehmigung ausgeschlossen (RN 1077)[449].

1074 Nötig ist stets eine **Abwägung der beiderseitigen Interessen**, die auch Billigkeitsgründe miteinbezieht[450]. Den gesetzlichen Zweck des VA, auch dem sozial schwächeren Ehegatten zu einer eigenständigen Altersversorgung zu verhelfen, verfehlt die Vereinbarung der Ehegatten erst dann, wenn **der ausgleichsberechtigte Ehegatte auf den VA angewiesen** ist, weil er für Invalidität und Alter nicht selbst vorsorgen kann und auch keinen geeigneten und angemessenen Ausgleich erhält[451]. Nicht viel griffiger ist die Formel, die Genehmigung sei dann zu versagen, wenn die Vereinbarung den ausgleichsbe-

---

442 *BVerfG* NJW 82, 2365: verfassungsgemäß.
443 *BGH* NJW 94, 580: „grundsätzlich" Vertragsfreiheit; *OLG München* FamRZ 97, 1082: aber keine Genehmigung im voraus; *KG* FamRZ 2000, 1157.
444 *BGH* NJW 82, 1463; 94, 580.
445 *BVerfG* NJW 82, 2365; *BGH* NJW 94, 580.
446 *BGH* NJW 94, 580.
447 *BGH* NJW 87, 1769.
448 *BGH* NJW 87, 1769.
449 *BGH* NJW 82, 1463; 87, 1769; *OLG Oldenburg* FamRZ 90, 295.
450 *BGH* NJW 82, 1465.
451 *BGH* NJW 87, 1770, 1772.

rechtigten Ehegatten unter dem Druck der Scheidung übervorteile[452]. Denn einen vollen Wertausgleich verlangt das Gesetz gerade nicht[453].

Die richtige Frage lautet so: **Wird der gesetzliche Zweck des VA**, dem sozial schwächeren Ehegatten eine eigene Altersversorgung zu verschaffen, auch ohne den (vollen) gesetzlichen VA noch einigermaßen verwirklicht oder aber „**offensichtlich" verfehlt**[454]? Die Antwort hängt davon ab, wie sich die eigene Altersversorgung des Ausgleichsberechtigten voraussichtlich entwickeln wird, wie Unterhalt und Vermögensauseinandersetzung geregelt sind, welches Einkommen und welches Vermögen die Ehegatten haben[455].   **1075**

Beispiele

(1) Der ausgleichsberechtigte Ehegatte ist durch sicheren Arbeitsplatz und reichliches Einkommen für den Ernstfall gerüstet und **auf den VA nicht angewiesen** (*BGH* NJW 82, 1464, 1466; 87, 1769; 94, 581).

(2) Auch der **Vermögenswert aus der Hand eines Dritten** kann den VA entbehrlich machen. Dass der ausgleichsberechtigte Ehegatte kurz vor der Heirat mit einem wohlhabenden Partner steht, ist „in Anbetracht der Wechselfälle des Lebens" aber noch kein geeigneter Ersatz für den VA (*BGH* NJW 82, 1463, 1464).

(3) Dagegen kann ein geeigneter **Lebensversicherungsvertrag**, der auch gegen Invalidität sichert, den VA ersetzen (*BGH* NJW 82, 1463, 1464; OLG Karlsruhe FamRZ 82, 395), ebenso eine angemessene **Kapitalabfindung** (*OLG Hamburg* FamRZ 91, 202; aber auch *OLG Düsseldorf* FamRZ 95, 1496) oder eine sonstige ertragreiche **Vermögenszuwendung** (*OLG Stuttgart* FamRZ 86, 1007: Überlassung Ehewohnung u. Hausrat noch kein angemessener Ausgleich).

Wenn sich die Ehegatten, beraten durch ihre Anwälte, umfassend über die Scheidungsfolgen: den Unterhalt, die Vermögensauseinandersetzung und den VA vertraglich einigen, liegt eine Übervorteilung des Ausgleichsberechtigten eher fern.   **1076**

Beispiel

Die Ehegatten waren in den letzten 15 Jahren ihrer 30jährigen Ehe selbständige Unternehmer: in der Rechtsform einer OHG führten sie ein Hotel und ein Restaurant auf eigenem Grundstück. Nach Zustellung des Scheidungsantrags setzten sie die OHG auseinander: Gegen Zahlung von 100 000,– DM in Monatsraten übernahm die Ehefrau den Anteil ihres Mannes und die Miteigentumshälfte an dem Grundstück und stellte den jetzt vermögenslosen Ehemann von den Geschäftsschulden von 1,8 Mio. frei. Außerdem verzichteten beide Ehegatten auf nachehelichen Unterhalt, Zugewinn- und Versorgungsausgleich. Da der Ehemann früher Anwartschaften in der gesetzlichen Rentenversicherung erworben hatte, wäre er nach §§ 1587 ff. in Höhe von monatlich 390,– DM ausgleichspflichtig gewesen.

Der BGH billigt den Ausschluss des Versorgungsausgleichs, weil die Ehefrau ausreichend gesichert sei und der vermögenslose Ehemann seine eigene Altersversorgung selbst brauche. Das Risiko, dass das Unternehmen der Frau später scheitere, trage allein die Frau, da die Genehmigung nur von den Verhältnissen zur Zeit der Vereinbarung abhänge (*BGH* NJW 94, 580).

---

452 *BGH* NJW 82, 1463; 87, 1771; 94, 580.
453 *BGH* NJW 87, 1770; 94, 580.
454 *BGH* NJW 94, 580.
455 *BGH* NJW 94, 580.

1077 Im Übrigen ist **der entschädigungslose Verzicht auf den Versorgungsausgleich in der Regel nicht zu genehmigen**[456]. Es gibt jedoch Ausnahmen: Entweder ist die auszugleichende Wertdifferenz und damit auch der Verzicht geringfügig, oder der Versorgungsausgleich wäre ohnehin nach der Härteregel des § 1587c ausgeschlossen[457], oder es gibt wenigstens beachtliche Härtegründe nach § 1587c Nr. 1, die vielleicht den Versorgungsausgleich noch nicht ausschließen, aber die Genehmigung rechtfertigen[458].

21. Kapitel
Der Anspruch auf Auskunft

1078 Die Ehegatten sind nicht nur dem Familiengericht sondern auch einander zur Auskunft über ihre Altersversorgung verpflichtet. Anspruchsgrundlage ist für den öffentlichrechtlichen VA § 1587e I und für den schuldrechtlichen § 1587k I.

Nach § 1587e I mit § 1580 muss die Auskunft **für den VA erforderlich und geeignet** sein. Als unvertretbare Handlung ist sie nach § 53g III FGG mit § 888 I ZPO vollstreckbar[459].

Der Anspruch entsteht nicht erst mit Rechtskraft der Scheidung, sondern schon **mit Zustellung des Scheidungsantrags**, da der VA nach § 623 ZPO im Verbund mit der Scheidung geregelt werden soll[460].

Da der Auskunftsanspruch nur ein Hilfsanspruch für den VA ist, klagt man ihn nicht ein, sondern verfolgt ihn mit einem **Antrag** im Verfahren der freiwilligen Gerichtsbarkeit, in der Regel im Verbund mit der Scheidung[461].

Der Anspruch auf **Auskunft** entsteht **ausnahmsweise nicht**, wenn ein VA nicht durchzuführen ist, weil die Eheleute ihn durch Ehevertrag ausgeschlossen haben[462]. Und er erlischt mit rechtskräftiger Regelung des VA, mag sie auch falsch sein[463], sowie mit dem Tod des Ausgleichsberechtigten (§ 1587e II), dagegen nicht mit dem Tod des Ausgleichsschuldners (§ 1587e III).

Für den schuldrechtlichen VA gilt nach § 1587k I mit § 1580 im Wesentlichen das Gleiche.

---

456 *BGH* NJW 83, 1319: trotz erneuter Heirat der Parteien; NJW 87, 1769.
457 *BGH* NJW 82, 1463; 82, 1464, 1465.
458 *BGH* NJW 82, 1464, 1465; *OLG Oldenburg* FamRZ 90, 295: ausgleichspflichtige Ehefrau betreut schwerbehindertes gemeinsames Kind; *OLG Hamburg* FamRZ 91, 202.
459 *BGH* FamRZ 83, 578: Beugemittel, nicht Ordnungsmittel.
460 *OLG Köln* FamRZ 86, 918: nötig außerdem Ablauf des Trennungsjahres oder Voraussetzungen des § 1565 II für vorzeitige Scheidung; *OLG Düsseldorf* FamRZ 90, 46: vor Zustellung des Scheidungsantrags aber vielleicht Auskunft aus § 242.
461 *BGH* FamRZ 81, 533; *OLG Zweibrücken* FamRZ 85, 1270.
462 *BGH* FamRZ 81, 533.
463 *BGH* NJW 82, 1646; FamRZ 84, 465: rechtskräftige Versagung; Anspruch auf Auskunft nach § 242 zur Vorbereitung eines Schadensersatzanspruchs gegen einen Dritten ist keine Familiensache.

Im Verfahren über den VA ermittelt das Familiengericht die nötigen Daten nach § 12 **1079** FGG von sich aus (RN 1640) und sind ihm die Versorgungsträger nach § 53b II FGG zur Auskunft verpflichtet.

Da eine Vereinbarung über den VA nach § 1408 II oder § 1587o auch außerhalb des Verfahrens ohne Kenntnis der Versorgungswerte kaum möglich ist, dürfen die Ehegatten von ihren Versorgungsträgern nach § 109 III 1 mit §§ 125 ff. SGB VI Auskunft über Ehezeitanteil und Wert ihrer Versorgung verlangen[464].

22. Kapitel
Versorgungsausgleich und neue Bundesländer

1. Einigungsvertrag

Das Familienrecht des BGB gilt nach Art. 234 § 1 EGBGB ab 3.10.1990 auch in den **1080** neuen Bundesländern, soweit nichts anderes bestimmt ist.

Für den Versorgungsausgleich bestimmt **Art. 234 § 6 EGBGB** in zweierlei Hinsicht etwas anderes: Erstens gilt das Recht des Versorgungsausgleichs dann nicht, wenn die Ehe in den neuen Bundesländern geschieden worden war, bevor die gesetzliche Rentenversicherung am 1.1.1992 auch dort in Kraft getreten ist (S. 1). Zweitens findet der Versorgungsausgleich insoweit nicht statt, als die Ehe zwar nach dem 1.1.1992 geschieden wurde, der Versorgungsausgleich aber vor dem 3.10.1990 Gegenstand oder Grundlage einer Vereinbarung oder Gerichtsentscheidung über die Vermögensverteilung geworden ist (S. 2).

Wie aber ist es, wenn das bis zum 3.10.1990 auf die DDR entsprechend angewandte internationale Privatrecht nach Art. 17 III EGBGB einen Versorgungsausgleich vorsah? Da der Einigungsvertrag dazu nichts sagt, bleibt es in diesem Fall beim Versorgungsausgleich[465].

Umgekehrt gibt es auch nach dem 1.1.1992 keinen Versorgungsausgleich, wenn die Ehe schon vor dem 1.9.1986 geschieden oder wenigstens der Scheidungsantrag rechtshängig geworden ist und nach dem früheren internationalen Privatrecht ein Versorgungsausgleich nicht in Betracht kam[466]. Daran ändert sich auch dann nichts, wenn der eine oder andere Ehegatte nach dem 3.10.1990 in die Bundesrepublik übergesiedelt ist[467].

---

464 *Schmeiduch* FamRZ 91, 377.
465 *BGH* 91, 186; FamRZ 91, 421; 92, 295; 94, 884.
466 *BGH* FamRZ 94, 884.
467 *BGH* FamRZ 94, 884: keine entsprechende Anwendung des Art. 17 III 2 Nr. 1 auf Altfälle; anders wohl, wenn Scheidungsantrag erst nach 1.9.86 rechtshängig geworden ist.

2. Überleitung des Versorgungsausgleichs auf das Beitrittsgebiet

1081   Zusammen mit der gesetzlichen Rentenversicherung ist auch der Versorgungsausgleich am 1.1.1992 in den neuen Bundesländern in Kraft getreten.

Die gesetzliche Rentenversicherung wurde durch das Rentenüberleitungsgesetz (RÜG) v. 25.7.1991 (BGBl I 1606) auf die neuen Bundesländer erstreckt. Wegen der unterschiedlichen Entwicklung der Rentenversicherung in der Bundesrepublik und in der DDR waren Übergangsregeln erforderlich für die Zeit bis zur vollen Angleichung der Einkommen. So gibt es für die in der DDR erworbenen Rentenanwartschaften einen aktuellen Rentenwert Ost (§ 255a SGB VI) und Entgeltpunkte Ost (§ 254d SGB VI). Sie gelten für alle Versicherten, die noch am 18.5.1990 in der DDR gelebt haben.

Dieser **18.5.1990** ist ein wichtiger **Stichtag**. Denn wer bis zum 18.5.1990 in die Bundesrepublik übergesiedelt ist, fällt unter das Fremdrentengesetz v. 25.2.1960 (BGBl I 93) und hat den Vorteil, dass seine in der DDR erworbenen Rentenanwartschaften denen in der Bundesrepublik wertgleich sind.

1082   Auf Personen, die erst nach dem 18.5.1990 in die Bundesrepublik gewechselt sind, ist nach Art. 23 § 1 des Vertrags über die Währungs-, Wirtschafts- und Sozialunion das Fremdrentengesetz nicht mehr anwendbar. Für Ehegatten gilt statt dessen das Gesetz zur Überleitung des Versorgungsausgleichs auf das Beitrittsgebiet (VAÜG) vom 25.7.1991 (BGBl I 1606)[468]. Ihre im Beitrittsgebiet erworbenen Rentenanwartschaften werden bis zur vollen Angleichung der Einkommen nur mit Entgeltpunkten Ost bewertet und als „angleichungsdynamisch" bezeichnet (§ 1 VAÜG).

1083   Es liegt auf der Hand, dass der Wertunterschied zwischen Entgeltpunkten West und Entgeltpunkten Ost die Durchführung des Versorgungsausgleichs erschwert. Keine Schwierigkeiten gibt es dann, wenn entweder beide Ehegatten nur Entgeltpunkte Ost oder durch Übersiedlung in die Bundesrepublik bis 18.5.1990 nur Entgeltpunkte West erworben haben. **Stehen sich dagegen Entgeltpunkte West und Entgeltpunkte Ost gegenüber, muss man die besonderen Vorschriften der §§ 2, 3 VAÜG beachten.**

Nach **§ 2 I VAÜG** ist der Versorgungsausgleich vor der Einkommensangleichung nur durchzuführen, wenn

1. die Ehegatten in der Ehezeit keine angleichungsdynamischen Anrechte minderer Art (definiert in § 1 III) erworben haben und
    a) nur angleichungsdynamische Anrechte zu berücksichtigen sind oder
    b) der Ehegatte mit den werthöheren angleichungsdynamischen Anrechten auch die werthöheren nichtangleichungsdynamischen Anrechte erworben hat;
2. die Voraussetzungen der Nr. 1 nicht vorliegen, aus einem im Versorgungsausgleich zu berücksichtigenden Anrecht aufgrund des Versorgungsausgleichs jedoch Leistungen zu erbringen oder zu kürzen wären[469].

Andernfalls ist der Versorgungsausgleich **auszusetzen** (§ 628 I ZPO entsprechend) und nur unter den Voraussetzungen des § 2 II, III VAÜG wiederaufzunehmen.

---

468 Dazu *Hahne* FamRZ 91, 1392; *Gutdeutsch* FamRZ 92, 753.
469 Dazu *OLG Nürnberg* FamRZ 95, 1362.

23. Kapitel
Das internationale Recht des Versorgungsausgleichs

Der Versorgungsausgleich folgt nach **Art. 17 III 1 EGBGB**[470] dem **Scheidungsstatut** des Art. 17 I 1, ist allerdings nur durchzuführen, wenn ihn das Recht eines der Staaten kennt, denen die Ehegatten zur Zeit der Rechtshängigkeit des Scheidungsantrags angehören. **1084**

Andernfalls ist der Versorgungsausgleich nach **Art. 17 III 2** auf Antrag eines Ehegatten nach deutschem Recht durchzuführen, wenn entweder der andere Ehegatte in der Ehezeit eine inländische Versorgungsanwartschaft erworben hat (Nr. 1)[471] oder wenn die allgemeinen Wirkungen der Ehe während eines Teils der Ehezeit einem Recht unterlagen, das den Versorgungsausgleich kennt (Nr. 2). Beide Alternativen scheiden jedoch aus, soweit der Versorgungsausgleich unbillig ist.

Daraus folgt: **Wird die Ehe nach deutschem Recht geschieden und ist eine Ehegatte Deutscher, ist der Versorgungsausgleich nach deutschem Recht durchzuführen**[472]. **1085**
Wird die Ehe dagegen nach ausländischem Recht geschieden, gibt es einen Versorgungsausgleich allenfalls nach ausländischem Recht, es sei denn, das ausländische Gericht hätte nach deutschem Recht scheiden müssen[473]. Keinen Versorgungsausgleich gibt es, wenn das Scheidungsstatut für eine Ausländerehe sich nur auf Art. 17 I 1 mit Art. 14 I Nr. 2 oder Nr. 3 stützt und keines der Heimatrechte einen Versorgungsausgleich kennt (Umkehrschluß aus Art. 17 III 1 Hs. 1). Wird die Ehe im Ausland nach deutschem Recht geschieden, kann der Versorgungsausgleich nachträglich im Inland durchgeführt werden[474].

---

470 *BGH* NJW 91, 3087: gilt nicht für Altehen, auf die nach Art. 220 I EGBGB das frühere IPR anzuwenden war; ferner *Lorenz* FamRZ 87, 645.
471 Dazu *OLG Stuttgart* FamRZ 91, 1068: Scheidung türkischer Eheleute in der Türkei.
472 *BGH* NJW 89, 1997: Altehe: beide Ehegatten sind Deutsche und wurden in Deutschland geschieden, der eine lebt aber in Polen.
473 *BGH* NJW 93, 2047: Scheidung deutsch-niederländischer Ehe in Niederlanden.
474 *BGH* NJW 93, 2047: Art. 17 I 1 mit Art. 14 I Nr. 3.

2. Buch

Das Kind und seine Eltern

10. Teil
Gesetzliche Systematik des Kindschaftsrechts

1. Kapitel
Die Verwandtschaft und das Kind

1. Verwandtschaftsrecht gleich Kindschaftsrecht

Das 4. Buch „Familienrecht" des BGB regelt nach dem 1. Abschnitt, der von der Ehe **1086** handelt, im 2. Abschnitt die „Verwandtschaft", wo man eigentlich die „Kindschaft" erwartet. Rechtlich besteht die Verwandtschaft denn auch zum allergrößten Teil aus Kindern, so dass die einleitenden §§ 1589, 1590 wie verloren wirken. Zwar handelt der wichtige 3. Titel „Unterhaltspflicht" nicht speziell von Eltern und Kinder, sondern allgemein von Verwandten in gerader Linie, prozessiert wird aber bis auf ein paar vereinzelte Ausnahmen nur über Kindesunterhalt. Man darf deshalb das Verwandtschaftsrecht didaktisch getrost mit dem Kindschaftsrecht gleichsetzen.

2. Begriff und Rechtsfolgen der Verwandtschaft

§ 1589 definiert die Verwandtschaft und unterscheidet zwei Gruppen: die Verwandten in **1087** gerader Linie und die Verwandten in der Seitenlinie. **In gerader Linie** sind Personen verwandt, deren eine von der anderen abstammt (S. 1), also Eltern und Kinder, Großeltern und Enkel, Urgroßeltern und Urenkel. Andere Personen sind **in der Seitenlinie** verwandt, wenn sie von derselben dritten Person abstammen (S. 2) wie Geschwister, Vettern und Basen, Onkel/Tanten und Nichten/Neffen. Der Grad der Verwandtschaft richtet sich nach der Zahl der vermittelnden Geburten (S. 3).

Die Rechtsfolgen der Verwandtschaft sind über das ganze Recht verstreut. Verwandte in gerader Linie sind einander zu Unterhalt verpflichtet (§ 1601). Die Ehe zwischen Verwandten in gerader Linie oder zwischen Geschwistern ist aufhebbar (§ 1314 I mit § 1307). Der Verwandte wird nach dem Grad seiner Verwandtschaft mit dem Erblasser gesetzlicher Erbe (§§ 1924 ff.). Abkömmlinge und Eltern des Erblassers sind neben den Ehegatten pflichtteilsberechtigt (§ 2303). Schließlich dürfen Verwandte in gerader Linie und bis zum 3. Grad der Seitenlinie vor Gericht das Zeugnis oder die Auskunft verweigern (§§ 383 I Nr. 3, 384 ZPO; §§ 52 I Nr. 3, 55 StPO).

3. Begriff und Rechtsfolgen der Schwägerschaft

1088   Die Schwägerschaft ist zivilrechtlich viel schwächer als die Verwandtschaft: weder verpflichtet sie zu Unterhalt noch begründet sie ein gesetzliches Erbrecht, sondern allenfalls ein Zeugnis- oder Auskunftsverweigerungsrecht (§§ 383 I Nr. 3, 384 ZPO; §§ 52 I Nr. 3, 55 StPO).

Verschwägert sind nach § 1590 nur die Verwandten des einen Ehegatten mit dem anderen Ehegatten (I 1), nicht auch die beiderseitigen Verwandten. Linie und Grad der Schwägerschaft richten sich nach der vermittelnden Verwandtschaft (I 2). Nach § 1590 II überdauert die Schwägerschaft die Ehe, auf der sie beruht.

2. Kapitel
Die Kindschaftsrechtsreform

1089   Am **1.7.1998** traten drei Reformgesetze in Kraft, die endlich den Verfassungsauftrag des Art. 6 V GG erfüllen sollen, dem nichtehelichen Kind möglichst die gleichen Entwicklungsbedingungen zu verschaffen, wie dem ehelichen Kind[1].

1.   Das **Gesetz zur Reform des Kindschaftsrechts (KindRG)** regelt nicht nur die Abstammung von Grund auf neu, sondern greift auch kräftig in die elterliche Sorge ein, um die gemeinsame Verantwortung beider Eltern über Trennung und Scheidung hinaus zu stärken (RN 1091, 1151).
2.   Das **Besitandschaftsgesetz** ersetzt die obligatorische Amtspflegschaft für das nichteheliche Kind durch einen Beistand, den jeder Elternteil beantragen kann.
3.   Das **Gesetz zur Vereinheitlichung des Unterhaltsrechts minderjähriger Kinder (KindUG)** stellt das nichteheliche Kind dem ehelichen gleich und eröffnet dem minderjährigen Kind die Möglichkeit, in einem vereinfachten Verfahren rasch einen Titel über eine dynamische Unterhaltsrente zu erlangen (RN 1202).

---

1 *BVerfG* FamRZ 92, 157.

3. Kapitel
Die Themen des Kindschaftsrechts

Unter der Überschrift „Verwandtschaft" regelt der „Zweite Abschnitt" nach den einleitenden Definitionen für Verwandtschaft (§ 1589) und Schwägerschaft (§ 1590) folgende Themen:

- „**Abstammung**" (§§ 1591-1600e);
- „**Unterhaltspflicht**" (§§ 1601-1615o);
- „**Rechtsverhältnis zwischen den Eltern und dem Kind im allgemeinen**" (§§ 1616-1625);
- „**Elterliche Sorge**" (§§ 1626-1698b);
- „**Beistand**" (§§ 1712-1717);
- „**Annahme als Kind**" (§§ 1741-1772).

Wie man sieht, hat die Kindschaftsrechtsreform an manchen Stellen breite Schneisen in das BGB geschlagen und ganze Abschnitte gestrichen, so die §§ 1600f-1600o zur nichtehelichen Abstammung, die §§ 1615b-1615k zum Unterhalt des nichtehelichen Kindes, die §§ 1705-1711 zur elterlichen Sorge für das nichteheliche Kind und die §§ 1719-1740g zur Legitimation nichtehelicher Kinder.

11. Teil
Die Abstammung

1. Kapitel
Gesetzliche Systematik

1091 Das **KindRG** präsentiert ein völlig neues Abstammungsrecht[1]. Erstmals in der Geschichte des BGB befasst sich das Gesetz nicht nur mit der Vaterschaft, sondern auch mit der **Mutterschaft** und stellt sie sogar an den Anfang des Abstammungsrechts (§ 1591). Da steht sie denn einsam und verlassen und wird geradezu erdrückt von der nachdrängenden **Vaterschaft**, die in breiter Phalanx das Abstammungsrecht nach wie vor beherrscht (§§ 1592-1600e), aber kaum wiederzuerkennen ist in ihrem neuem Gewand. Denn **die Trennung zwischen ehelicher und nichtehelicher Geburt ist beseitigt.** Fortan gibt es weder eheliche noch nichteheliche Kinder, sondern nur noch Kinder, die einen Vater haben oder suchen, keinen ehelichen oder nichtehelichen, sondern schlicht einen Vater.

Vater wird man heutzutage als Ehemann der Mutter, durch Anerkennung der Vaterschaft oder durch gerichtliche Feststellung; davon handeln die §§ 1592-1599.

Da es keine eheliche Abstammung mehr gibt, kann man die Ehelichkeit auch nicht mehr anfechten und das eheliche Kind in ein nichteheliches verwandeln. Anfechten kann man nach §§ 1600-1600c nur noch die **Vaterschaft**, solange sie gerichtlich noch nicht festgestellt ist, denn wer Vater nur kraft Heirat mit der Mutter oder kraft Anerkennung geworden ist, muss nicht auch genetisch der Vater sein. Um den aber geht es letztlich auch im Abstammungsrecht[2]. Prozessual gewinnt man Klarheit mit einer **Feststellungs- oder Anfechtungsklage im Statusprozess vor dem Familiengericht** (§ 1600e BGB mit §§ 640 ff. ZPO).

---

1 Dazu *Gaul* FamRZ 97, 1441; 2000, 1461; *Schwab/Wagenitz* FamRZ 97, 1377; *Wieser* FamRZ 98, 1004.
2 *BGH* FamRZ 89, 1068.

2. Kapitel
Die Mutterschaft

Lange Zeit war die Mutterschaft rechtlich kein Thema, weil die Frau, die das Kind gebo-   **1092**
ren hat, auch genetisch die Mutter war. Die Gefahr, dass das Kind unmittelbar nach der
Geburt im Krankenhaus vertauscht würde, konnte vernachlässigt werden. Ei- und Em-
bryonenspende haben inzwischen auch die Frage nach der richtigen Mutter gestellt.

**§ 1591 stellt nun apodiktisch fest: „Mutter eines Kindes ist die Frau, die es geboren
hat".** Punktum. Der Gesetzgeber hat gesprochen und duldet, wenn man seinen Worten
glauben darf, keinen Widerspruch. Zweifel an der Mutterschaft sind rechtlich nicht erlaubt und deshalb unerheblich. Denn Ei- und Embryonenspenden sind in aller Regel verboten (§ 1 I Nr. 1 Embryonenschutzgesetz; §§ 13c, 13d Adoptionsvermittlungsgesetz),
und wo sie ausnahmsweise zulässig sind, sollen sie die Mutterschaft der Frau, die das
Kind geboren hat, nicht in Frage stellen dürfen. Wenn das richtig ist, hat weder die Spen-
derin noch das Kind rechtlich eine Handhabe, die wahre Mutterschaft gerichtlich klären
zu lassen. So wie aber das Kind unter Umständen Anspruch darauf hat, von seiner Mutter zu erfahren, wer sein Vater sei[3], ist es vielleicht auch zur Frage berechtigt, wer genetisch seine Mutter sei. Auch die Frau, die nur das Ei gespendet hat, mag die Frage stellen, warum sie als Mutter einfach übergangen werde. Ob der Gesetzgeber diese Fragen
durch eine apodiktische Definition der Mutterschaft verhindern darf, erscheint fraglich.

3. Kapitel
Die Vaterschaft im Überblick

Nach **§ 1592** wird man auf dreierlei Art und Weise Vater: erstens als **Ehemann der**   **1093**
Mutter (Nr. 1), zweitens durch **Anerkennung der Vaterschaft** (Nr. 2) und drittens
durch **gerichtliche Feststellung der Vaterschaft** (Nr. 3 mit § 1600d).

Rechtlich unterscheidet das Gesetz nicht mehr zwischen ehelicher und nichtehelicher
Abstammung. Die Ehelichkeits- und Beiwohnungsvermutungen alten Rechts sind beseitigt. Schon die **Geburt in der Ehe** macht den Ehemann in aller Regel zum Vater. Diese
Vaterschaft endet jedoch, sobald das Gericht aufgrund einer Anfechtung feststellt, dass
der Ehemann nicht der Vater ist (§ 1599 I).

Die **Anerkennung der Vaterschaft** bedarf stets der Zustimmung der Mutter (§ 1595 I),
bisweilen auch der Zustimmung des Kindes (§ 1595 II) und wird, solange rechtlich noch
ein anderer Mann nach § 1592 Nr. 1 oder Nr. 2 Vater ist, erst wirksam, wenn dessen Vaterschaft endet (§ 1594 II).

---

3 *BVerfG* FamRZ 97, 869.

Gerichtlich festgestellt wird die Vaterschaft nach §§ 1592 Nr. 3, 1600d dann, wenn ein Vater nach § 1592 Nr. 1 (Ehe mit Mutter) oder § 1592 Nr. 2 (Anerkennung der Vaterschaft) fehlt. Das Gesetz arbeitet nach wie vor mit der **Vermutung**, dass derjenige Mann rechtlich der Vater sei, der mit der Mutter in der Empfängniszeit geschlechtlich verkehrt habe, wenn nicht schwerwiegende Zweifel an der genetischen Vaterschaft bestehen (§ 1600d II). Die **Empfängniszeit** wird – europafreundlich – neu bestimmt (§ 1600d III). Festgestellt wird die Vaterschaft in einem besonderen **Statusverfahren** (§§ 640 ff. ZPO) mit Hilfe wissenschaftlicher Abstammungsgutachten.

Da die Vaterschaft kraft Ehe mit der Mutter oder kraft Anerkennung mit der genetischen Vaterschaft nicht immer übereinstimmt, kann man sie im Zweifelsfall gerichtlich überprüfen lassen mittels einer „**Anfechtung der Vaterschaft**". In den §§ 1600 ff. regelt das Gesetz die Einzelheiten: Berechtigung, Frist und Form der Anfechtung.

4. Kapitel
Die Vaterschaft kraft Ehe mit der Mutter

1094   Nach **§ 1592 Nr. 1** ist Vater eines Kindes der Mann, der zur Zeit der Geburt mit der Mutter verheiratet ist. Das ist eine klare Regel. Will der Ehemann seine Vaterschaft nicht gelten lassen, muss er sie nach §§ 1599 ff. gerichtlich anfechten.

§ 1593 regelt zwei **Sonderfälle**: Der Ehemann der Mutter ist auch dann der Vater, wenn die Ehe zwar vor der Geburt durch Tod aufgelöst wurde, das Kind aber noch binnen 300 Tagen nach der Auflösung geboren wird (I 1). Steht fest, dass das Kind mehr als 300 Tage vor seiner Geburt empfangen wurde, ist dieser Zeitraum maßgebend (I 2).

Wird das Kind erst geboren, nachdem die Mutter eine weitere Ehe geschlossen hat, und wären sowohl der frühere Ehemann nach § 1593 I 1, 2 als auch der neue Ehemann nach § 1592 Nr. 1 der Vater, so entscheidet sich das Gesetz für den neuen Ehemann (I 3), denn zwei Väter wären zuviel des Guten. Der frühere Ehemann ist damit freilich noch nicht endgültig entlassen, sondern wird dann Vater, wenn der neue Ehemann seine Vaterschaft erfolgreich angefochten hat (I 4).

1095   **§ 1599** regelt zwei **Ausnahmen** von §§ 1592 Nr. 1, 1593: Danach ist der Ehemann der Mutter nicht der Vater, wenn er seine Vaterschaft erfolgreich angefochten hat und das Gericht rechtskräftig feststellt, dass er nicht der Vater sei (I).

Der Ehemann der Mutter ist auch dann nicht der Vater, wenn das Kind erst nach Anhängigkeit eines Scheidungsantrags geboren wird und ein Dritter spätestens binnen eines Jahres nach Rechtskraft des Scheidungsurteils die Vaterschaft anerkennt (II 1). Da die Scheidung im Normalfall erst nach Ablauf eines Trennungsjahres beantragt werden kann, spricht hier die Lebenserfahrung gegen die Vaterschaft des (Noch-)Ehemanns. Deshalb gilt die Sperre des § 1594 II nicht für die Anerkennung der Vaterschaft durch den Dritten (II 1 Hs. 2). Sie erfordert aber über die Erklärungen nach §§ 1595, 1596 hinaus auch noch die Zustimmung des Mannes, der zur Zeit der Geburt mit der Mutter des

Kindes verheiratet ist (II 2)[4]. Wirksam wird die Anerkennung des Dritten frühestens mit Rechtskraft des Scheidungsurteils (II 3).

5. Kapitel
Die Vaterschaft kraft Anerkennung

Nach **§ 1592 Nr. 2** ist Vater eines Kindes der Mann, der die Vaterschaft anerkannt hat. Was dazu erforderlich ist, sagen die §§ 1594-1598. Diese Vorschriften sind zwingend. Auf der anderen Seite regeln sie die Wirksamkeitsvoraussetzungen vollständig und abschließend (§ 1598 I „... nur unwirksam, wenn ...").

1. Rechtsfolgen

Die wirksame Anerkennung macht den Mann zum Vater mit allen Rechten und Pflichten, auch wenn er genetisch nicht der Vater ist. Wer dies nicht mehr ertragen kann, muss die anerkannte Vaterschaft vor Gericht anfechten (§§ 1599-1600e). **1096**

§ 1594 I stellt klar, dass man die Rechtsfolgen der anerkannten Vaterschaft, soweit das Gesetz nichts anderes sagt, erst geltendmachen kann, nachdem das Anerkenntnis wirksam geworden ist. Wirksam wird das Anerkenntnis erst, wenn alle gesetzlichen Voraussetzungen erfüllt sind (§ 1598 I). Eine Ausnahme macht das Gesetz nur für den Fall, dass die Anerkennung bereits seit 5 Jahren in ein deutsches Personenstandsbuch eingetragen ist (§ 1598 II).

Vor allem aber wird die Anerkennung der Vaterschaft solange nicht wirksam, als noch die Vaterschaft eines anderen Mannes besteht (§ 1594 II), etwa nach § 1592 Nr. 1 oder § 1593.

2. Anerkennungserklärung des Mannes

Die Anerkennung der Vaterschaft ist eine familienrechtliche Willenserklärung des Inhalts, dass der Mann sich zu „seinem" Kind bekenne. **1097**

Der Mann muss höchstselbst anerkennen; Stellvertretung durch Bevollmächtigte ist ausgeschlossen (§ 1596 IV). Dies gilt auch für den beschränkt geschäftsfähigen Mann, der freilich die Zustimmung seines gesetzlichen Vertreters braucht (§ 1596 I 1, 2). Für den geschäftsunfähigen Mann hingegen kann nur der gesetzliche Vertreter mit Genehmigung des Vormundschaftsgerichts anerkennen (§ 1596 I 3). Dies wiederum gilt nicht für den Betreuten, der geschäftsfähig und nicht durch einen Einwilligungsvorbehalt (§ 1903) beschränkt ist (§ 1596 III).

---

4 *OLG Zweibrücken* FamRZ 2000, 548: Jahresfrist nicht für Zustimmung der Mutter und ihres Ehemanns.

Dass man die Vaterschaft nur bedingungslos und unbefristet anerkennen kann, versteht sich von selbst (§ 1594 III) Dagegen steht nichts im Wege, die Vaterschaft bereits vor der Geburt des Kindes anzuerkennen (§ 1594 IV).

1098 Die Anerkennung der Vaterschaft ist formbedürftig: der Mann muss sie **öffentlich beurkunden** lassen (§ 1597 I), entweder vor dem Notar oder vor dem Jugendamt (§ 59 I 1 Nr. 1 SGB VIII)[5]. Die strenge Form bietet fachlichen Rat, schützt vor Übereilung und sichert den Beweis. Beglaubigte Abschriften sind dem Vater, der Mutter, dem Kind und dem Standesbeamten zu übersenden (§ 1597 II).

Die Anerkennung ist grundsätzlich unwiderruflich. Der Mann darf sie nur dann widerrufen, wenn sie ein Jahr nach der Beurkundung aus irgend einem Grunde immer noch nicht wirksam geworden ist (§ 1597 III 1). Für den Widerruf gelten weithin die gleichen Regeln wie für die Anerkennung (§ 1597 III 2).

3. Zustimmungserklärungen der Mutter und des Kindes

1099 Die Anerkennung der Vaterschaft bedarf ausnahmslos der Zustimmung der Mutter (§ 1595 I), die insoweit nicht als gesetzliche Vertreterin des Kindes, sondern aus eigenem Recht handelt. Die Zustimmung des Kindes ist nur dann nötig, wenn die Mutter insoweit keine elterliche Sorge hat (§ 1595 II).

Für die Zustimmung gilt § 1594 III, IV entsprechend: auch sie ist bedingungs- und befristungsfeindlich, kann aber schon vor der Geburt des Kindes erklärt werden. Auch sie muss **öffentlich beurkundet** (§ 1597 I, II) und höchstpersönlich erteilt werden (§ 1596 IV). Ist die Mutter nur beschränkt geschäftsfähig, braucht sie die Zustimmung ihres gesetzlichen Vertreters (§ 1596 I 4). Dies gilt an sich auch für das Kind (§ 1596 II 2). Für das geschäftsunfähige oder noch nicht 14 Jahre alte Kind hingegen kann nur der gesetzliche Vertreter zustimmen (§ 1596 II 1).

0b eine Zustimmung erforderlich und wirksam ist, richtet sich ausschließlich nach §§ 1594-1597 (§ 1598 I mit Ausnahme in II).

---

5 Dazu *BGH* NJW 95, 2346.

6. Kapitel
Die Anfechtung der Vaterschaft

1. Fiktive und genetische Vaterschaft

Nach § 1599 I gelten die §§ 1592 Nr. 1 und Nr. 2, 1593 nicht, wenn aufgrund einer An- **1100**
fechtung rechtskräftig festgestellt ist, dass der Mann nicht der Vater des Kindes ist. Was
heißt das? Auch das Abstammungsrecht zielt letztlich auf die genetische Vaterschaft, begnügt sich aber aus praktischen Gründen – vorerst – mit handlichen Tatbeständen, die
nach allgemeiner Lebenserfahrung mit der Genetik übereinstimmen. Wer zur Zeit der
Geburt mit der Mutter verheiratet ist oder seine Vaterschaft anerkennt, ist meistens auch
genetisch der Vater, muss es aber nicht sein. Im Zweifelsfall ist die Vaterschaft kraft Ehe
mit der Mutter oder kraft Anerkennung (§§ 1592 Nr. 1 und Nr. 2, 1593) nur eine Fiktion.
Der Mann, der als Vater gilt, aber auch Mutter und Kind haben ein schutzwürdiges Interesse daran, hinter die Fiktion zu schauen und die wahre Abstammung zu klären. Dazu
dient die „Anfechtung der Vaterschaft" nach §§ 1599-1600e[6].

2. Rechtsfolge

Die Anfechtung der Vaterschaft verfolgt das Ziel, rechtskräftig feststellen zu lassen, dass **1101**
der Mann, der nach §§ 1592 Nr. 1 und Nr. 2, 1593 als Vater gilt, nicht der Vater des Kindes sei. Mit dieser Feststellung verliert der Mann rückwirkend[7] alle seine Vatersrechte
und -pflichten.

3. Wer kann anfechten?

Nach § 1600 dürfen sowohl der **Mann**, der nach §§ 1592 Nr. 1, Nr. 2, 1593 als Vater gilt, **1102**
als auch die **Mutter** und das **Kind** die Vaterschaft anfechten.

Der Mann verliert sein Anfechtungsrecht nicht schon dadurch, dass er einer heterologen
Insemination zugestimmt und auf Anfechtung der Vaterschaft verzichtet hat[8].

4. Wie ist anzufechten?

Auf Anfechtung der Vaterschaft muss man beim Familiengericht klagen. Die **Anfech-** **1103**
tungsklage ist eine **Kindschaftssache** nach § 640 II Nr. 2 ZPO. Der Mann klagt gegen
das Kind, die Mutter oder das Kind klagt gegen den Mann (§ 1600e I). Ist der Anfechtungsgegner gestorben, genügt ein schlichter Antrag des Anfechtungsberechtigten an das

---

6 Dazu *Helms* FamRZ 97, 913; *Wieser* FamRZ 98, 1004; *Quantius* FamRZ 98, 1145.
7 So zur früheren Ehelichkeitsanfechtung: *BGH* 57, 235; NJW 81, 1445; *OLG Frankfurt* FamRZ
90, 558.
8 So zur früheren Ehelichkeitsanfechtung: *BGH* 87, 169; 129, 297; NJW 95, 2921; *OLG Celle*
NJW 92, 1516.

Familiengericht (§ 1600e II), das in diesem Fall nach dem FGG verfährt (§ 621a I 1 ZPO). Auch wenn sie auf Feststellung der Nicht-Vaterschaft lautet, ist die Anfechtungsklage eine **Gestaltungsklage**, denn sie soll aus einem Vater einen Nicht-Vater machen.

1104 Die Anfechtung ist **höchstpersönlich**; Stellvertretung durch Bevollmächtigte ist ausgeschlossen (§ 1600a I). Der Mann und die Mutter müssen auch dann selbst anfechten, wenn sie nur beschränkt geschäftsfähig sind, brauchen dann aber die Genehmigung des gesetzlichen Vertreters. Sind sie jedoch geschäftsunfähig, kann nur der gesetzliche Vertreter anfechten (§ 1600a II). Für das Kind gilt dies schon dann, wenn es beschränkt geschäftsfähig ist (§ 1600a III).

Die Anfechtung durch den gesetzlichen Vertreter ist nur zulässig, wenn sie dem Wohl des Vertretenen dient (§ 1600a IV); das ist eine zusätzliche Voraussetzung der Anfechtung, die das Familiengericht prüfen muss.

Wer unter Betreuung steht, aber geschäftsfähig ist, muss selbst anfechten (§ 1600a V).

5. Wie lange kann man anfechten?

5.1 Ausschlussfrist

1105 Nach § 1600b II 1 kann die Vaterschaft nur binnen 2 Jahren[9] gerichtlich angefochten werden. Die Anfechtungsfrist ist eine Ausschlußfrist[10]. Nach Ablauf von 2 Jahren erlischt das Anfechtungsrecht. Das ist eine **rechtsvernichtende Einwendung, die der Anfechtungsgegner beweisen muss**. Das Anfechtungsrecht erlischt ausnahmsweise nicht, wenn es rechtzeitig geltend gemacht wird. Diesen **rechtserhaltenden Gegeneinwand muss der Anfechtungsberechtigte beweisen**. Letztlich muß der Anfechtungsgegner den Beginn und den Ablauf der Ausschlussfrist und der Anfechtungsberechtigte den Zeitpunkt seiner Anfechtung nachweisen[11].

5.2 Fristbeginn

1106 Die Zweijahresfrist beginnt nach § 1600b I 2, **sobald der Berechtigte von den Umständen erfährt, die gegen die Vaterschaft sprechen**, aber nicht vor der Geburt des Kindes und nicht bevor im Falle des § 1592 Nr. 2 die Anerkennung wirksam geworden ist (§ 1600b II 1 mit Sonderregel für den Fall des § 1593 I 4).

Diese Kenntnis hat der Anfechtungsberechtigte erst dann, wenn er ausreichend Tatsachen kennt, die den naheliegenden Verdacht wecken, der fiktive Vater sei nicht der wahre Vater[12]. Dafür genügt etwa das Wissen, die Mutter habe während der Empfängniszeit die

---

9 Frist verfassungsgemäß: *BVerfG* FamRZ 75, 82; *BGH* FamRZ 91, 325: zur früheren Ehelichkeitsanfechtung.
10 *OLG Köln* FamRZ 2001, 246.
11 *BGH* NJW 90, 2813; FamRZ 78, 494.
12 *BGH* 9, 336; 24, 134; 61, 195; FamRZ 78, 494; 88, 278; NJW 90, 2813; *OLG Köln* FamRZ 97, 1171; 99, 800; *OLG Stuttgart* FamRZ 99, 1003; *OLG Hamm* FamRZ 99, 1362; *OLG Karlsruhe u. Frankfurt* FamRZ 2000, 107, 108, 548.

Ehe gebrochen[13] oder das Kind sei ohne Merkmale einer fehlenden Reife schon 7 Monate nach dem ersten Verkehr geboren worden[14].

Dem **minderjährigen Kind** schadet es nicht, wenn sein gesetzlicher Vertreter die Anfechtungsfrist verstreichen lässt. Nach Volljährigkeit kann es immer noch selbst anfechten und seine Anfechtungsfrist beginnt nicht vor der Volljährigkeit und nicht vor dem Zeitpunkt, zu dem es selbst Umstände erfährt, die gegen die Vaterschaft sprechen (§ 1600b III)[15]. Gleiches gilt für den Geschäftsunfähigen, der später geschäftsfähig wird (§ 1600b IV). Für das Kind beginnt sogar nochmals eine Anfechtungsfrist ab Kenntnis von Umständen, die ihm die Folgen der Vaterschaft unzumutbar machen (§ 1600b V). **1107**

5.3 Hemmung des Fristablaufs

Der Fristablauf ist nach § 1600b VI 1 gehemmt, solange der Anfechtungsberechtigte widerrechtlich durch Drohung an der Anfechtung gehindert wird. Die Beweislast hat der Anfechtungsberechtigte[16]. Im Übrigen gelten die Verjährungsregeln der §§ 203, 206 entsprechend (§ 1600b VI 2). **1108**

5.4 Rechtzeitige Anfechtung

Gewahrt ist die Ausschlussfrist, wenn die Anfechtungsklage rechtzeitig erhoben ist und erhoben ist sie erst mit Zustellung (§ 253 I ZPO), jedoch genügt nach § 270 III ZPO schon der Eingang bei Gericht, wenn die Zustellung demnächst bewirkt wird[17].

6. Gegenstand der Anfechtung

Anfechtbar ist nach § 1600 die – fiktive – Vaterschaft kraft Ehe mit der Mutter oder kraft Anerkennung. **1109**

Im Anfechtungsprozess vor dem Familiengericht wird nach § 1600c I aber vermutet, daß das Kind von dem Mann abstamme, den § 1592 Nr. 1 oder Nr. 2 oder § 1593 zum Vater erklärt. Diese **gesetzliche Vermutung** gilt solange, bis sie widerlegt und das Gegenteil bewiesen ist (§ 292 ZPO); die **Beweislast** trägt der **Anfechtungskläger**.

Die Vaterschaft kraft Anerkennung (§ 1592 Nr. 2) jedoch begründet nach § 1600c II ausnahmsweise keine Vermutung der Abstammung, wenn der Mann die Vaterschaft anficht und seine Anerkennung unter einem Erklärungs- oder Inhaltsirrtum nach § 119 I leidet oder verursacht wurde durch arglistige Täuschung oder widerrechtliche Drohung nach § 123. Statt dessen gelten die gesetzlichen Vermutungen des § 1600d II, III.

---

13 *BGH* FamRZ 88, 278; *OLG Karlsruhe* FamRZ 2001, 702; aber auch *BGH* FamRZ 89, 169; *OLG Düsseldorf* FamRZ 89, 426.
14 *BGH* NJW 90, 2813.
15 So schon *BVerfG* FamRZ 94, 881.
16 Dazu *BGH* NJW 75, 1466; 94, 2752; FamRZ 82, 917; 95, 1485.
17 *BGH* FamRZ 88, 278; 89, 169; 95, 1485.

7. Rückgriff des Scheinvaters gegen den wahren Vater

1110 „Scheinvater" nannte man früher den Ehemann der Mutter, der solange als Vater galt, bis er die Ehelichkeit des Kindes erfolgreich angefochten hatte. Heute kann man den Vater kraft Heirat mit der Mutter oder kraft Anerkennung (§ 1592 Nr. 1 u. Nr. 2) einen „Scheinvater" nennen, wenn er genetisch nicht der Vater ist. Aber auch er schuldet nach §§ 1601 ff. dem Kind, ob es nun von ihm abstammt oder nicht, den **gesetzlichen Unterhalt**. Er darf im Unterhaltsprozess nicht geltendmachen, er sei nicht der wahre Vater, sondern muss zuerst seine Vaterschaft anfechten, denn der gewöhnliche Zivilprozess eignet sich nicht dazu, die Vaterschaft festzustellen, auch nicht als Vorfrage eines Unterhaltsanspruchs.

Diese Feststellung ist dem **Statusprozess** mit Amtsermittlung nach §§ 640 ff. ZPO vorbehalten[18]. Die Vaterschaft nach § 1592 Nr. 1 oder Nr. 2 endet erst, wenn das Familiengericht auf Anfechtungsklage rechtskräftig feststellt, der „Scheinvater" sei nicht der Vater des Kindes (§ 1599 I). Ob diese Feststellung zurückwirkt, sagt das Gesetz nicht, ist aber nach wie vor anzunehmen. Dann aber hat der „Scheinvater" den Kindesunterhalt von Anfang an ohne rechtlichen Grund geleistet und den wahren Vater von der Unterhaltslast befreit. Nach **§ 1607 III 2** geht der Unterhaltsanspruch des Kindes gegen seinen Vater auf den „Scheinvater" über. Als Anspruchsgrundlage kommen außerdem ungerechtfertigte Bereicherung und unerlaubte Handlung in Betracht[19], wegen der Kosten der Vaterschaftsanfechtung vielleicht ein familienrechtlicher Ausgleichsanspruch[20].

7. Kapitel
Die gerichtliche Feststellung der Vaterschaft

1111 Besteht keine Vaterschaft kraft Ehe mit der Mutter oder kraft Anerkennung nach §§ 1592 Nr. 1, Nr. 2, 1593, ist die Vaterschaft gerichtlich festzustellen (§ 1600d I), andernfalls muss die Vaterschaft des Ehemanns oder Anerkennenden erst noch durch Anfechtung beseitigt werden[21]. Die Vaterschaftsfeststellung ist wie die Anfechtung der Vaterschaft eine **Kindschaftssache**, für die das **Familiengericht** zuständig ist (§ 23b I 2 Nr. 12 GVG; § 640 II Nr. 1 ZPO).

Auch hier klagt der Mann gegen das Kind oder das Kind gegen den Mann oder die Mutter gegen den Mann (§ 1600e I). Ist der Feststellungsgegner verstorben, genügt ein Antrag an das Familiengericht (§ 1600e II), das in diesem Fall nach dem FGG verfährt (§ 621a I 1 ZPO).

Im Verfahren auf Feststellung der Vaterschaft **wird** nach § 1600d II 1 **als Vater vermutet, wer der Mutter während der Empfängniszeit beigewohnt hat**. Trotz Beiwohnung

---

18 *BGH* 121, 299 zu § 1593 a.F.; zu Ausnahmefall: *OLG Düsseldorf* FamRZ 2000, 1032.
19 *OLG Celle* FamRZ 92, 556.
20 *BGH* 57, 229 zur Ehelichkeitsanfechtung; *OLG Düsseldorf* FamRZ 2000, 1032.
21 *BGH* FamRZ 99, 716.

während der Empfängniszeit wird der Mann nach § 1600d II 2 dann nicht als Vater vermutet, wenn an seiner Vaterschaft **schwerwiegende Zweifel** bestehen[22]. Lässt sich die genetische Vaterschaft auch nach Ausschöpfung aller Beweismittel nicht feststellen, bleibt es bei der vermuteten Vaterschaft[23].

Als **Empfängniszeit** bestimmt § 1600d III 1 verbindlich in Gestalt einer Fiktion („gilt als") die Zeit von dem 300. bis zu dem 181. Tag vor der Geburt des Kindes einschließlich der beiden Stichtage. Steht jedoch fest, dass das Kind außerhalb dieses Zeitraums empfangen worden ist, gilt dieser Zeitraum als Empfängniszeit (§ 1600d III 2).

Die **Rechtsfolgen der Vaterschaft** kann man, soweit das Gesetz nichts anderes bestimmt, **erst ab gerichtlicher Feststellung** geltendmachen (§ 1600d IV). Die schwierige und folgenschwere Frage der Vaterschaft kann nur durch **rechtskräftiges Urteil im Statusprozess** nach §§ 640 ff ZPO beantwortet werden, nicht auch inzidenter im Unterhaltsprozeß oder Sorgerechtsverfahren[24].

8. Kapitel
Probleme der künstlichen Fortpflanzung

Wissenschaft und Technik sind dem Recht stets einen Schritt voraus. So sieht das bis zum 30.6.1998 geltende Abstammungsrecht in der „Beiwohnung" die einzige Möglichkeit der Zeugung und stellt die Frage nach der richtigen Mutter überhaupt nicht. Die künstliche Befruchtung, sei es im Körper der Frau, sei es im Labor, mit dem Samen des Ehemanns oder eines anderen Mannes macht die rechtliche Abstammung des Kindes problematisch[25]. Auch das ab 1.7.1998 geltende neue Abstammungsrecht beantwortet noch nicht alle Fragen. Man kann folgende Fälle unterscheiden: **1112**

1. Homologe inseminatio in vivo

Die Eizelle der Ehefrau wird in ihrem Körper mit dem Samen des Ehemannes befruchtet. Mutterschaft und Vaterschaft sind nach §§ 1591, 1592 Nr. 1 klar geregelt.

Sind Mann und Frau zur Zeit der Geburt nicht miteinander verheiratet, wird der Mann Vater nur durch Anerkennung der Vaterschaft oder gerichtliche Feststellung (§ 1592 Nr. 2, Nr. 3).

---

22 Dazu *BGH* 61, 666; NJW 73, 2249; FamRZ 75, 685; *OLG Hamm* FamRZ 95, 245: eineiige Zwillinge; *OLG Karlsruhe* Report 99, 272: Prostituierte.
23 *BayObLG* FamRZ 99, 1363.
24 So schon § 1593 a.F. und *BGH* 14, 358; 46, 56; 78, 203; NJW 62, 1057; 81, 1445; FamRZ 81, 538; 83, 267; *OLG Frankfurt* FamRZ 90, 558; *OLG Düsseldorf* FamRZ 90, 796; *Kirchmeier* FamRZ 98, 1281.
25 Dazu *Coester-Waltjen* FamRZ 92, 369; *Roth* FamRZ 96, 769; ferner *Laufs* NJW 2000, 2716: Fortpflanungsmedizin u. Menschenwürde.

2. Homologe inseminatio in vitro

Die Eizelle der Ehefrau wird außerhalb ihres Körpers im Reagenzglas des Labors mit dem Samen des Ehemannes künstlich befruchtet und das befruchtete Ei in die Gebärmutter der Ehefrau eingepflanzt, die es austrägt. Auch hier geben die §§ 1591, 1592 Nr. 1 klare Antworten.

3. Heterologe inseminatio in vivo

1113   Die Eizelle der Ehefrau wird in ihrem Körper mit dem Samen eines anderen Mannes künstlich befruchtet. Obwohl dieser Mann genetisch der Vater ist, gilt nach § 1592 Nr. 1 der Ehemann zur Zeit der Geburt solange als Vater, bis er seine Vaterschaft nach §§ 1599 ff. erfolgreich angefochten hat. Der Samenspender wird Vater nur durch Anerkennung der Vaterschaft (§§ 1592 Nr. 2, 1594) oder durch gerichtliche Feststellung (§§ 1592 Nr. 3, 1600d).

4. Heterologe inseminatio in vitro

Die Eizelle der Ehefrau wird außerhalb ihres Körpers im Labor mit dem Samen eines anderen Mannes künstlich befruchtet und das befruchtete Ei in die Gebärmutter der Ehefrau eingepflanzt, die es austrägt. Es gilt das Gleiche wie zu Ziff. 3.

5. Homologe Eispende

1114   Die Eizelle einer anderen Frau wird im Labor mit dem Samen des Ehemannes befruchtet und das befruchtete Ei in die Gebärmutter der Ehefrau eingepflanzt, die es austrägt und das Kind gebärt.

Nach § 1591 ist die Ehefrau, obwohl das Kind genetisch nicht von ihr abstammt, die Mutter. Dagegen ist rechtlich kein Kraut gewachsen. Weder das Kind noch die Eispenderin haben eine rechtliche Handhabe, die wahre Mutterschaft feststellen zu lassen. Das Gesetz jedenfalls erweckt diesen Anschein. Man darf gespannt sein, was die Gerichte und vor allem das Bundesverfassungsgericht dazu sagen werden. Das letzte Wort ist noch nicht gesprochen.

Die Vaterschaft des Ehemannes ist unbestreitbar, nach § 1592 Nr. 1 freilich nur, wenn die gebärende Ehefrau nach § 1591 die Mutter ist, andernfalls nur nach § 1592 Nr. 2 oder Nr. 3.

6. Heterologe Eispende

Die Eizelle einer anderen Frau wird im Labor mit dem Samen eines anderen Mannes befruchtet und das befruchtete Ei in die Gebärmutter der Ehefrau eingepflanzt, die es austrägt und das Kind gebärt.

Genetisch stammt das Kind weder von der Ehefrau noch vom Ehemann ab. Dennoch ist die Ehefrau nach § 1591 die Mutter des Kindes und der Ehemann nach § 1592 Nr. 1 der

Vater. Während die Mutterschaft wohl unanfechtbar ist (Ziff. 5), kann der Ehemann seine Vaterschaft nach §§ 1599 ff. anfechten,und daran hindern ihn auch nicht sein Einverständnis mit der heterologen Eispende und sein Verzicht auf die Anfechtung[26].

7. Leihmutter

Die Eizelle der Ehefrau wird im Labor mit dem Samen des Ehemannes befruchtet und das befruchtete Ei in die Gebärmutter einer anderen Frau eingepflanzt, die es austrägt und das Kind gebärt. **1115**

Genetisch stammt das Kind zwar von den Eheleuten ab, Mutter ist nach § 1591 aber die andere Frau, die das Kind geboren hat, und ihre Mutterschaft scheint unangreifbar (Ziff. 5). Da die Ehefrau rechtlich nicht die Mutter ist, kann der Ehemann nicht nach § 1592 Nr. 1 der Vater sein, sondern es nur durch Anerkennung oder gerichtliche Feststellung werden (§ 1592 Nr. 2, Nr. 3). Ist aber die gebärende Frau zur Zeit der Geburt verheiratet, so ist ihr Ehemann nach § 1592 Nr. 1 der Vater und bleibt es solange, bis diese Vaterschaft erfolgreich angefochten ist.

8. Ersatzmutter

Die Eizelle einer Frau wird mit dem Samen des Ehemannes im Labor befruchtet und das befruchtete Ei in die Gebärmutter einer anderen Frau eingepflanzt, die das Kind gebären und sodann den Eheleuten zur Adoption überlassen soll. **1116**

Hier ist die Frau, die das Kind gebärt, unzweifelhaft auch genetisch nach § 1591 die Mutter. Obwohl das Kind genetisch vom Ehemann abstammt, wird nach § 1592 Nr. 1 derjenige Mann Vater, der zur Zeit der Geburt mit der Mutter verheiratet ist, und diese Vaterschaft besteht solange, bis sie wirksam angefochten ist. Der Ehemann, obwohl genetisch der Vater, wird es rechtlich nur durch Anerkennung oder gerichtliche Feststellung nach § 1592 Nr. 2, Nr. 3.

---

26 Zur Ehelichkeitsanfechtung: *BGH* 87, 169; 129, 297; FamRZ 95, 1272; NJW 95, 2921.

12. Teil
Die elterliche Sorge

1. Kapitel
Elternrecht und staatliches Wächteramt

1. „Natürliches" Pflichtrecht

1117 Da das minderjährige Kind sich noch nicht selbst helfen kann, ist es auf die Hilfe seiner Eltern angewiesen. Die elterliche Sorge umfasst nach §§ 1626 ff. alles, was ein minderjähriges Kind braucht: Pflege und Erziehung, Personensorge, Vermögenssorge und gesetzliche Vertretung. **Einziger Maßstab ist das Wohl des Kindes (§ 1697a)**[1]. Das Recht und die Pflicht der Eltern, für ihr Kind zu sorgen, sind rechtlich untrennbar miteinander verbunden; die Elternpflicht beschränkt nicht lediglich das Elternrecht, sondern ist dessen wesentlicher Bestandteil[2]. Das Familienrecht regelt in erster Linie das „Innenverhältnis" zwischen dem Kind und seinen Eltern.

Nach außen gegenüber Staat und Gesellschaft ist das Elternrecht ein klassisches **Grund- und Abwehrrecht**[3]. Nach **Art. 6 II 1 GG** sind Pflege und Erziehung der Kinder „das natürliche Recht der Eltern und die zuvörderst ihnen obliegende Pflicht". Das Elternrecht wird nicht vom Staat verliehen, sondern ist ihm vorgegeben und in diesem Sinn ein „natürliches Recht", denn Eltern sorgen für ihre Kinder in aller Regel besser, als der Staat es könnte[4]. Das Elternrecht ist aber nicht nur ein Grundrecht, sondern auch eine Grundpflicht, also ein **„Pflichtrecht"** oder „dienendes Grundrecht" **zum Wohle des Kindes**[5].

Ein „natürliches Recht" ist es auch insofern, als es nur dem Vater und der Mutter zusteht, von denen das Kind abstammt und mit denen es blutsverwandt ist. Allerdings stellt das Bundesverfassungsgericht neuerdings auch **Pflegeeltern** jedenfalls dann unter den Schutz des Art. 6 II 1 GG, wenn sie das fremde Kind schon längere Zeit betreuen und zu ihm eine enge Beziehung aufgebaut haben[6]. Rechtlich ist damit wenig gewonnen. Im Streit zwischen den wirklichen Eltern und den Pflegeeltern muss man dann zwischen zwei Elternrechten abwägen. Immerhin lenkt die Ausweitung des Elternbegriffs das Augenmerk auf das Kindeswohl, die oberste Richtschnur der elterlichen Sorge (§ 1632 IV).

---

1 *BVerfG* FamRZ 89, 145; NJW 94, 1208.
2 *BVerfG* FamRZ 81, 429; 93, 1420: kein Machtanspruch, sondern Verknüpfung von Rechten und Pflichten.
3 *BVerfG* 24, 119; FamRZ 99, 1417: Verletzung durch Gericht.
4 *BVerfG* 61, 358; FamRZ 89, 145.
5 *BVerfG* 61, 358; FamRZ 93, 1420.
6 *BVerfG* FamRZ 93, 1420; 2000, 1489; zur Familienpflege: *Windel* FamRZ 97, 713.

2. Grundrechte des Kindes

Dem Kind gibt Art. 6 II 1 GG kein Grundrecht auf Pflege und Erziehung gegen seine El- **1118** tern. Das ist auch gar nicht nötig, denn das Kind hat wie jeder Mensch ein Recht auf menschenwürdige Behandlung nach Art. 1 I GG und auf freie Entfaltung seiner Persönlichkeit nach Art. 2 I GG[7], und diese Grundrechte sind nicht nur Abwehrrechte gegen staatliche Willkür, sondern auch objektive Grundwerte der Verfassung, die das Familienrecht durchdringen und eine verfassungskonforme Auslegung befehlen[8].

3. Staatliches Wächteramt

Nun sind nicht alle Eltern bereit und imstande, das Wohl ihrer Kinder zu wahren. Des- **1119** halb wacht über sie nach Art. 6 II 2 GG die staatliche Gesellschaft. Das staatliche „Wächteramt" **in Händen des Familiengerichts** soll das Kind vor dem Missbrauch der elterlichen Sorge schützen. Die elterliche Sorge verpflichtet dazu, für das Wohl des Kindes zu sorgen, sie berechtigt nicht zur Misshandlung, Vernachlässigung und Verwahrlosung[9]. Die Eltern haben aber einen großen Freiraum, in den der Staat nicht hineinreden darf. Zuallererst bestimmen sie, was dem Wohl des Kindes dient oder schadet, und erziehen das Kind nach ihren eigenen Vorstellungen[10]. In einer pluralistischen, freien und offenen Gesellschaft gibt es weder ein verbindliches Erziehungsziel noch eine verbindliche Erziehungsmethode. **Oberste Richtschnur ist das Kindeswohl**[11]. Was aber ist das Kindeswohl? Um diesen schönen, aber komplexen Rechtsbegriff dreht sich das ganze Kindschaftsrecht. Sicherlich dient die Erziehung zu einem verantwortungsbewussten Mitglied unseres freiheitlichen sozialen Rechtsstaates (§ 1626 II) dem Kindeswohl am besten. Die staatliche Gemeinschaft mischt sich aber erst ein, wenn die Eltern versagen und das Kindeswohl schwer gefährden, und bevor sie eingreift, versucht sie, den Eltern die schwierige Erziehungsaufgabe zu erleichtern[12]. Den schwersten Eingriff: die Trennung des Kindes von seinen Eltern erlaubt Art. 6 III GG nur als allerletztes Mittel, und § 1666a I trägt dem Rechnung.

4. Elternrecht als absolutes Recht

Im System des Zivilrechts ist das Elternrecht ein absolutes Recht, das gegen Eingriffe **1120** privater Dritter nach allen Seiten geschützt ist. Wer dem Sorgeberechtigten das Kind entzieht oder vorenthält, ist nicht nur nach § 1632 I zur Herausgabe, sondern nach § 823 I auch zum Schadensersatz verpflichtet[13]. Und wer dem Verbot des Sorgeberechtigten zu-

---

7 *BVerfG* FamRZ 93, 1420; 2000, 1489; zum Europ. Übereinkommen ü. d. Ausübung v. Kinderrechten: *Baer/Marx* FamRZ 97, 1185.
8 *BVerfG* FamRZ 89, 31.
9 *BVerfG* FamRZ 82, 567; 89, 145.
10 *BVerfG* FamRZ 89, 145.
11 *BVerfG* FamRZ 82, 567; 89, 145; 2000, 1489; NJW 94, 1208.
12 *BVerfG* FamRZ 89, 145; NJW 94, 1208.
13 *BGH* 111, 168: Detektivkosten, um Aufenthalt des Kindes ausfindig zu machen; *OLG Koblenz* FamRZ 95, 36: Rückführungskosten.

wider (§ 1632 II) mit dem Kind verkehrt, kann aus § 1004 I 2 und § 823 I auf Unterlassung verklagt werden[14]. Schließlich kann das Familiengericht nach § 1666 I 2 Maßnahmen auch gegen Dritte treffen, die das Kindeswohl gefährden.

2. Kapitel
Gesetzliche Systematik nach der Kindschaftsrechtsreform

1121 **Das Kindschaftsrechtsreformgesetz (KindRG)**, das am 1.7.1998 in Kraft trat, kennt nur noch eine einheitliche elterliche Sorge und **beseitigt die Trennung zwischen ehelichen und nichtehelichen Kindern**, zumindest dem Wortlaut nach, mit der Folge, dass die §§ 1705-1711 ersatzlos gestrichen sind. Bei näherem Zusehen freilich hat das nichteheliche Kind, auch wenn es nicht mehr so genannt wird, weil nicht sein kann, was nicht sein darf, doch seine eigene Regelung.

Sind nämlich die Eltern bei der Geburt des Kindes nicht miteinander verheiratet, **hat die Mutter nach § 1626a II** in vielen Fällen doch wieder **die alleinige elterliche Sorge**. Gemeinsam sorgeberechtigt werden Eltern, die nicht miteinander verheiratet sind, nur, wenn sie entweder erklären, die elterliche Sorge gemeinsam übernehmen zu wollen, oder einander heiraten (§ 1626a I Nr. 1 u. Nr. 2).

Gemeinsame Sorgeerklärungen werden die Eltern vor allem dann abgeben, wenn sie zusammenleben. Dadurch wird in der nichtehelichen Lebensgemeinschaft auch der Vater mitsorgeberechtigt.

Die umfangreiche Regelung der **§§ 1626-1698b** ist nicht untergegliedert und deshalb unübersichtlich. Nach grundlegenden Bestimmungen über **Inhalt und Inhaber der elterlichen Sorge** (§§ 1626-1626d), deren **Ausübung** (§ 1627), den **Streit der Eltern** (§ 1628) und die **gesetzliche Vertretung** (§ 1629) handeln die §§ 1631-1633 von der **Personensorge** und die §§ 1638-1649 von der **Vermögenssorge**. Die §§ 1666-1667 ermächtigen das **Familiengericht**, schützend einzugreifen, wenn die Eltern versagen. Die §§ 1671, 1672 regeln den Fall, dass die **Eltern sich auf Dauer trennen**. Die Verhinderung eines oder beider Elternteile ist Gegenstand der §§ 1673-1678, vom Ende der elterlichen Sorge handeln die §§ 1680, 1681, 1698-1698b.

Das **Umgangsrecht** ist von § 1634 a.F. weit nach hinten in die §§ 1684, 1685 gerutscht und stark erweitert worden.

An einer Stelle, wo man es nicht erwartet, nämlich in § 1687, findet man eine subtile Verteilung der Aufgaben auf Eltern, die zwar gemeinsam sorgeberechtigt sind, aber dauernd getrennt leben. § 1687a schließlich regelt die Befugnisse des nicht sorgeberechtigten Elternteils, bei dem sich das Kind rechtmäßig aufhält.

Zum Rechtsproblem werden elterliche Sorge und Umgangsrecht vor allem dann, **wenn die Eltern sich auf Dauer trennen oder gar scheiden lassen** (§§ 1671, 1672, 1684, 1685). Dieses gewichtige Thema verdient eine gründliche Betrachtung; man findet sie im 13. Teil (RN 1151 ff.).

---

14 *OLG Frankfurt* NJW 79, 2052.

3. Kapitel
Gemeinsame oder alleinige elterliche Sorge

1. Kindschaftsrechtsreform

Nach § 1626 I haben die Eltern die Pflicht und das Recht, für das minderjährige Kind zu sorgen. Wer diese Eltern sind, sagt **§ 1626a: entweder Vater und Mutter gemeinsam oder die Mutter allein.** **1122**

Die elterliche Sorge steht nach § 1626a I in drei Fällen beiden Eltern gemeinsam zu: erstens, wenn sie bei der Geburt des Kindes miteinander verheiratet sind, zweitens, wenn sie später heiraten und drittens, wenn sie erklären, die Sorge gemeinsam übernehmen zu wollen. Im Übrigen hat nach § 1626a II die Mutter nach wie vor die elterliche Sorge allein.

Es ist dies das Werk der Kindschaftsrechtsreform. Seit 1.7.1998 gibt es nur noch eine einheitliche elterliche Sorge. Von ehelichen und nichtehelichen Kindern ist nicht mehr die Rede. Völlig verwischen lässt sich die nichteheliche Geburt jedoch nicht. Auch nach dem neuen Recht ist die Mutter gemäß § 1626a II immer dann allein sorgeberechtigt, wenn sie weder mit dem Vater verheiratet war, noch ihn später geheiratet hat, noch zusammen mit dem Vater eine förmliche Sorgeerklärung abgegeben hat. Immerhin hat der – nichteheliche – Vater jetzt die Möglichkeit, an der elterlichen Sorge beteiligt zu werden. Außerdem darf er jetzt persönlichen Umgang mit dem Kind pflegen, ist dazu freilich nicht nur berechtigt, sondern auch verpflichtet, und das Gesetz setzt die Pflicht sogar noch vor das Recht (§ 1684 I Hs. 2).

Das **Beistandschaftsgesetz** beseitigt zum 1.7.1998 die obligatorische und lästige Amtspflegschaft der §§ 1706-1711 a.F. und bietet statt dessen in den §§ 1712-1717 einen Beistand durch das Jugendamt an, den das Kind auf Antrag des sorgeberechtigten Elternteils bekommt, um die Vaterschaft feststellen zu lassen und/oder den Kindesunterhalt geltendzumachen.

2. Sorgeerklärungen der Eltern

Nach § 1626a I Nr. 1 können Eltern, die nicht miteinander verheiratet sind, erklären, dass sie die Sorge gemeinsam übernehmen wollen. **1123**

Die Sorgeerklärungen müssen **öffentlich beurkundet** werden (§ 1626d I) und vertragen weder Bedingung noch Befristung (§ 1626b I), können aber schon vor der Geburt des Kindes abgegeben werden (§ 1626b II), jedoch nicht im Widerspruch zu einer Entscheidung des Familiengerichts über die elterliche Sorge nach §§ 1671, 1672, 1696 (§ 1626b III). Und sie sind **höchstpersönlich** (§ 1626c I). Der beschränkt geschäftsfähige Elternteil braucht dazu die Zustimmung seines gesetzlichen Vertreters, die auf Antrag vom Familiengericht ersetzt werden kann, wenn die Sorgeerklärung dem Wohl des Elternteils nicht widerspricht (§ 1626c II).

Einen Adressaten hat die Sorgeerklärung nicht, jedoch teilt die Beurkundungsperson (Notar, nach § 59 I Nr. 8 SGB VIII auch Jugendamt) sie dem zuständigen Jugendamt zwecks Auskunftserteilung nach § 58a SGB VIII mit (§ 1626d II).

Diese Regelung ist vollständig und abschließend. Eine Sorgeerklärung oder Zustimmung, die das Gesetz erfüllt, ist wirksam. Unwirksam ist sie nur, wenn sie den §§ 1626b-1626c nicht genügt (§ 1626e). Willensmängel nach §§ 116 ff. schaden nicht.

4. Kapitel
Inhalt und Grenzen elterlicher Sorge: Überblick

1. Inhalt

1124   Nach § 1626 I 1 haben die Eltern die Pflicht und das Recht für das minderjährige Kind zu sorgen; dieses Pflichtrecht heißt elterliche Sorge. Sie umfasst dreierlei: die **Personensorge**, die **Vermögenssorge** und die **gesetzliche Vertretung** (§§ 1626 I 2, 1629). Letztere überschneidet sich mit der Personen- und Vermögenssorge. Immer dann, wenn die Eltern ihre Personen- oder Vermögenssorge nicht rein tatsächlich durch Erziehung, Betreuung oder Verwaltung ausüben können, sondern dazu ein Rechtsgeschäft des Kindes brauchen, bedarf es der gesetzlichen Vertretung. Bisweilen wird fraglich, ob eine Maßnahme zur Personen- oder Vermögenssorge gehört. So rechnet man den Kindesunterhalt, obwohl ein Vermögensgegenstand, zur Personensorge[15].

§ 1627 sagt den Eltern, wie sie die elterliche Sorge ausüben sollen: **eigenverantwortlich und einvernehmlich zum Wohle des Kindes** (S. 1). Wo ihre Meinungen auseinandergehen, sollen sie nicht gleich zum Familiengericht laufen, sondern sich zusammenraufen (S. 2). Gelingt dies nicht, kann allerdings das Familiengericht auf Antrag die Entscheidung einem Elternteil übertragen (§ 1628).

Das Kind, für dessen Wohl die Eltern sorgen sollen, ist aber nicht nur Gegenstand der elterlichen Sorge, sondern bereits eine Person mit eigenen Grundrechten, die auch die

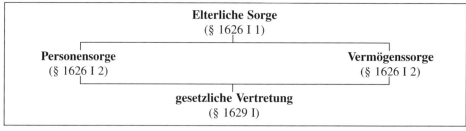

Bild 18: Elterliche Sorge

---

15 *BGH* NJW 53, 1546.

Eltern achten sollen[16]. Deshalb berücksichtigen die Eltern bei der Pflege und Erziehung „die wachsende Fähigkeit und das wachsende Bedürfnis des Kindes zu selbständigem verantwortungsbewußtem Handeln" (§ 1626 II 1), besprechen mit ihm, sobald es alt genug ist, Fragen der elterlichen Sorge und bemühen sich um „Einvernehmen" (§ 1626 II 2).

2. Grenzen

Die elterliche Sorge wird in mancherlei Hinsicht beschränkt, unmittelbar durch das Gesetz, mittelbar durch Anordnungen des Familiengerichts. **1125**

Kraft Gesetzes werden die Eltern vom **Ergänzungspfleger** verdrängt, soweit dessen Bestellung reicht (§ 1630 I). Dagegen braucht die **Pflegeperson**, bei der das Kind längere Zeit in Familienpflege lebt, eine Anordnung des Familiengerichts, wenn sie elterliche Befugnisse ausüben will (§ 1630 III).

Das **verheiratete Kind** steht nicht mehr unter der tatsächlichen Personensorge (§ 1633), während Vermögenssorge und gesetzliche Vertretung unberührt bleiben.

Von selbst versteht sich das **Verbot entwürdigender Erziehungsmaßnahmen, körperlicher und seelischer Misshandlungen** (§ 1631 II).

Die freiheitsentziehende **Unterbringung** des Kindes bedarf im Regelfall der Genehmigung des Familiengerichts (§ 1631b). Eine **Sterilisation** ist ausnahmslos verboten (§ 1631c).

Wo die Gefahr eines **typischen Interessenkonflikts** besteht, ist die gesetzliche Vertretungsmacht ausgeschlossen (§ 1629 II 1 mit § 1795).

Die **Vermögenssorge** ist zusätzlich dadurch beschränkt, dass bestimmte Vermögensgegenstände ausgenommen (§ 1638) und bestimmte Geschäfte ausgeschlossen sind (§ 1641), während andere der Genehmigung des Familiengerichts bedürfen (§ 1643).

Schließlich kann das Familiengericht die elterliche Sorge beschneiden oder gar entziehen, wenn die Eltern das **Kindeswohl massiv gefährden** (§§ 1666, 1666a, 1667).

---

16 *BVerfG* FamRZ 93, 1420.

5. Kapitel
Die Personensorge

1. Inhalt

1126 Das Recht und die Pflicht der Eltern, für die Person ihres minderjährigen Kindes zu sorgen, heißt Personensorge (§ 1626 I 2). Was alles dazugehört, sagen die §§ 1631 I, 1632 I, II: Pflege, Erziehung und Aufsicht, Aufenthaltsbestimmung, Herausgabeanspruch und Umgangsbestimmung.

Die **Pflege** sorgt für das körperliche (und seelische) Wohl: Speis und Trank, Kleidung und Wohnung, Gesundheit und Hygiene[17].

Erziehung ist Entwicklungshilfe mit unsicherem Ergebnis. Ziel und Methode der Erziehung bestimmen nach Art. 6 II 1 GG die Eltern im Rahmen der Verfassung, die das Menschenbild einer selbständigen, verantwortungsbewußten Persönlichkeit zeichnet[18]. Deshalb hält § 1626 II 1 die Eltern dazu an, „die wachsende Fähigkeit und das wachsende Bedürfnis des Kindes zum selbständigen verantwortungsbewussten Handeln" zu berücksichtigen. Und was Ausbildung und Berufswahl angeht, haben die Eltern auf Eignung und Neigung des Kindes Rücksicht zu nehmen (§ 1631a).

Zur Personensorge gehört auch die **religiöse Erziehung**, jedoch wird das Kind nach dem Gesetz über die religiöse Kindererziehung hier früher mündig als sonst, denn ab dem 12. Lebensjahr muss es sich keinen Religionswechsel mehr gefallen lassen und ab dem 14. Lebensjahr bestimmt es seinen Glauben selbst.

Die **Aufsicht der Eltern** soll sowohl das Kind als auch Dritte vor Schaden bewahren. Verletzen sie diese Pflicht, sind sie dem geschädigten Kind aus **§ 1664**, der mit § 277 auch den **Haftungsmaßstab** festlegt[19], und dem geschädigten Dritten aus § 832 I zum Schadensersatz verpflichtet[20].

Kraft ihres **Aufenthaltsbestimmungsrechts** sagen die Eltern, wo das Kind wohnen und leben soll, in welcher Ortschaft, in welcher Wohnung, in welchem Internat. Lediglich die freiheitsentziehende Unterbringung bedarf der Genehmigung des Familiengerichts (§ 1631b). Aus dem Aufenthaltsbestimmungsrecht folgt wie selbstverständlich der Herausgabeanspruch nach § 1632 I (RN 1127).

Schließlich umfasst die Personensorge nach § 1632 II das Recht, den **Umgang des Kindes** mit Wirkung für und gegen Dritte zu **bestimmen** (RN 1130).

---

17 *OLG Brandenburg* FamRZ 2000, 1033: Sorgeberechtigter entscheidet in eigener Verantwortung über Abbruch künstlicher Beatmung u. Ernährung; *OLG Hamm* NJW 98, 3424: Schwangerschaftsabbruch bedarf Zustimmung des gesetzl. Vertreters; zum ärztlichen Eingriff: *Reis* ZRP 88, 318; *Belling* FuR 90, 68.

18 *BVerfG* 24, 119, 144.

19 *BGH* NJW 96, 53: § 1664 auf andere Personen nicht übertragbar; *OLG Karlsruhe* VersR 77, 232: § 1664 gilt nicht für Verletzung der Aufsichtspflicht; *OLG Hamm* NJW 93, 542: § 1664 gilt auch für Verletzung der Aufsichtspflicht, dagegen nicht im Straßenverkehr; *OLG Köln* FamRZ 97, 1351: nicht nur Haftungsmaßstab, sondern auch Anspruchsgrundlage.

20 Dazu *Schellhammer*, Zivilrecht, RN 1070 ff.

2. Anspruch auf Herausgabe des Kindes

2.1 Anspruchsgrundlage

Anspruchsgrundlage ist § 1632 I, Rechtsfolge ein Anspruch auf Herausgabe des Kindes. **1127** Anspruchsberechtigt sind die personensorgeberechtigten Eltern oder der allein personenberechtigte Elternteil, der nach § 1631 I den Aufenthalt bestimmen darf[21]. Anspruchsgegner ist derjenige, der das Kind dem Sorgeberechtigten vorenthält; das ist entweder ein Dritter oder der nicht personensorgeberechtigte Elternteil.

Vorenthalten bedeutet unberechtigtes Zurückhalten[22]. Unberechtigt ist indes so gut wie jede Weigerung, das Kind an den Personensorgeberechtigten herauszugeben, so dass in aller Regel die Feststellung genügt, der Anspruchsteller sei personensorgeberechtigt, der Anspruchsgegner hingegen nicht. Ob die Herausgabe dem Kindeswohl entspricht, ist nicht zu prüfen, denn darüber entscheidet bis an die Grenze des § 1666 allein der Sorgeberechtigte[23]. Auch der Einwand des Rechtsmissbrauchs begründet allenfalls unter den strengen Voraussetzungen des § 1666 ein „Recht zum Besitz"[24]. Wenn jedoch das Jugendamt kraft öffentlichen Rechts (§ 42 SGB VIII) das Kind in seine Obhut nimmt, hilft dagegen kein zivilrechtlicher Anspruch aus § 1632 I[25].

2.2 Herausgabeanspruch gegen Pflegeperson

Für den besonderen Fall der **Familienpflege**[26] beschränkt § 1632 IV den Herausgabeanspruch. **1128** Lebt das Kind seit längerer Zeit in Familienpflege bei Pflegeeltern, so kann das Familiengericht auf Antrag oder von Amts wegen die **Herausgabe an die Eltern ablehnen, wenn die Wegnahme das Kindeswohl gefährden würde**[27]. Das ist etwa dann der Fall, wenn das Kind abrupt aus einer gewachsenen Beziehung herausgerissen würde[28]. Eine Herausgabe zwecks Adoption hingegen ist unbedenklich, wenn auch die Adoptiveltern in der Lage sind, eine dauerhafte Schädigung des Kindeswohls zu verhindern[29].

2.3 Rechtsweg

Über Streitigkeiten nach § 1632 I entscheidet nach dem KindRG ab 1.7.1998 stets das **1129** **Familiengericht**, ob sich der Herausgabeanspruch gegen den anderen Elternteil oder einen Dritten richtet.

---

21 *BVerfG* NJW 88, 125; *BayObLG* FamRZ 90, 1379; *OLG Nürnberg* FamRZ 2000, 369.
22 *BayObLG* FamRZ 90, 1381.
23 *OLG Stuttgart* FamRZ 72, 264; a.A. *KG* MDR 71, 928; *BayObLG* FamRZ 90, 1381.
24 *BayObLG* FamRZ 90, 1381.
25 *OLG Zweibrücken* FamRZ 96, 1026.
26 Dazu *Salgo* FamRZ 99, 337.
27 So schon *BVerfG* NJW 88, 125; zum umgekehrten Fall: *BVerfG* FamRZ 99, 1417; ferner *BayObLG* FamRZ 98, 1040; 2000, 633; 2001, 563; *OLG Frankfurt* FamRZ 2000, 1037.
28 *BVerfG* FamRZ 93, 1420: nur behutsamer Wechsel.
29 *BVerfG* FamRZ 93, 1420.

Wird das Kind gegen den Willen des Personenberechtigten ins Ausland oder vom Ausland ins Inland entführt, gelten die besonderen Vorschriften des Haager Übereinkommens über die zivilrechtlichen Aspekte internationaler **Kindesentführung** (RN 1197).

3. Umgang des Kindes

1130   Kraft ihres Personensorgerechts bestimmen die Eltern nach § 1632 II den Umgang ihres Kindes mit Wirkung für und gegen jedermann. Dazu gehören auch telefonische und briefliche Kontakte[30].

Der Dritte, den es angeht, hat die Bestimmung der Eltern zu respektieren und jede Störung zu unterlassen, denn das Elternrecht ist nach außen ein absolutes „sonstiges" Recht nach § 823 I mit § 1004 I[31].

Die Eltern wiederum müssen darauf Rücksicht nehmen, dass ab 1.7.1998 auch Geschwister und Großeltern sowie weitere Personen ein Recht auf Umgang mit dem Kind haben können (§ 1685).

Über Streitigkeiten, die den Umgang des Kindes betreffen, entscheidet ab 1.7.1998 einheitlich das **Familiengericht** (§ 1632 III).

Den Umgang des Kindes mit seinen Eltern regelt nunmehr detailliert § 1684 (RN 1179).

6. Kapitel
Die Vermögenssorge

1131   Die Sorge für das Vermögen des Kindes (§ 1626 I 2) umfasst alle Maßnahmen, tatsächliche wie rechtsgeschäftliche, die das Kindesvermögen erhalten, mehren und vor Schaden bewahren sollen. Das **Kindesvermögen** besteht aus den Sachen, die dem Kind gehören, und aus den Rechten und sonstigen Vermögenswerten, die das Kind innehat, schließlich aus den Surrogaten des § 1646. Im Einzelfall kann es zweifelhaft sein, ob ein Vermögensstück, etwa ein Sparguthaben, dem Kind oder den Eltern gehört[32].

Nach der Ausnahmevorschrift des § 1638 erstreckt sich die Vermögenssorge nicht auf **Erwerb von Todes wegen**, wenn der Erblasser es laut letztwilliger Verfügung so bestimmt, und nicht auf **unentgeltlichen Erwerb** unter Lebenden, wenn der Zuwender es bei der Zuwendung so bestimmt[33]. Ist nur ein Elternteil von der Vermögenssorge ausge-

---

30 *BayObLG* FamRZ 95, 497.

31 *BayObLG* FamRZ 95, 497.

32 Dazu BFH BB 77, 80: Anlage auf den Namen des Kindes dann unerheblich, wenn Eltern sie wie eigenes Vermögen behandeln.

33 *BayObLG* NJW 64, 2110: stillschweigende Bestimmung durch Enterbung der Eltern; *OLG Hamm* MDR 69, 1011: gilt auch für Pflichtteil; *OLG Hamm* FamRZ 65, 85: gilt nicht für Nachfolgeklausel in OHG-Vertrag; *OLG Karlsruhe* FamRZ 65, 573: § 1638 hindert nicht Ausschlagung der Erbschaft durch Eltern.

schlossen, dann übt sie der andere allein aus (§ 1638 III). Sind beide Eltern ausgeschlossen, muss ein Ergänzungspfleger (§ 1909) bestellt werden[34].

Sachen, die dem Kind gehören, dürfen die Eltern in Besitz nehmen; ihr unmittelbarer Fremdbesitz vermittelt dem Kind nach § 868 mittelbaren Eigenbesitz[35.]

Das **Kindesvermögen** haben die Eltern „treuhänderisch" zum Wohle des Kindes zu **1132** verwalten. Soweit dazu Rechtsgeschäfte des Kindes erforderlich werden, haben sie nach § 1629 I gesetzliche Vertretungsmacht. Über die Zweckmäßigkeit einer Verwaltungsmaßnahme entscheiden allein die Eltern, und das Gesetz lässt ihnen viel Freiraum. Es gibt indes ein paar zwingende gesetzliche Regeln. So ist das **Geld des Kindes** nach den Grundsätzen einer wirtschaftlichen Vermögensverwaltung anzulegen, soweit es nicht für laufende Ausgaben bereitzuhalten ist (§ 1642). Was das Kind von Todes wegen oder unentgeltlich unter Lebenden erwirbt, ist nach den **Anordnungen des Erblassers oder Schenkers** zu verwalten (§ 1639) und in der Regel schriftlich zu verzeichnen (§ 1640).

Die **Einkünfte** aus dem Kindesvermögen sind in fester Reihenfolge zu verwenden: zuerst zur Tilgung nötiger Verwaltungskosten, dann für den Unterhalt des Kindes und erst zuletzt und nur soweit billig für den Unterhalt der minderjährigen Geschwister und der Eltern (§ 1649)[36].

Zum Schutz des Kindes geht eine bewegliche Sache, die die Eltern mit dem Geld des Kindes erwerben, in der Regel direkt ohne Durchgangserwerb in das Eigentum des Kindes über (§ 1646). Diese **Surrogation** ist nur erforderlich, wenn die Eltern im eigenen Namen erwerben; erwerben sie im Namen des Kindes, erwirbt das Kind schon nach §§ 929, 164 I, 1629 I Eigentum.

7. Kapitel
Die gesetzliche Vertretung

1. Im Umfang der Personen- und Vermögenssorge

Die gesetzliche Vertretungsmacht ist Bestandteil der elterlichen Sorge (§ 1629 I 1) und **1133** wird immer dann benötigt, wenn die Eltern im Namen des Kindes rechtsgeschäftlich handeln: Willenserklärungen abgeben oder empfangen und Verträge schließen. Sie reicht so weit wie die Personen- und/oder Vermögenssorge. Wer die Personen- und/oder Vermögenssorge verloren hat, hat auch die gesetzliche Vertretungsmacht verloren, denn sie ist nur das rechtliche Instrument, die Personen- oder Vermögenssorge rechtsgeschäftlich mit Wirkung für und gegen das vertretene Kind auszuüben (§ 164 I).

---

34 *BGH* FamRZ 89, 269; *BayObLG* FamRZ 89, 1342.
35 *BGH* FamRZ 89, 945.
36 *BayObLG* FamRZ 75, 219.

2. Gesamtvertretung

1134 Nach § 1629 I 2 vertreten Eltern das Kind gemeinschaftlich und sind Gesamtvertreter, freilich nur **für die Abgabe, nicht für den Empfang einer Willenserklärung**; dafür ist jeder auch allein zuständig. Dass Gesamtvertreter stets gemeinsam und gleichzeitig auftreten, verlangt das Gesetz auch hier nicht; vielmehr darf der eine Elternteil den anderen im Einzelfall, auch stillschweigend, bevollmächtigen[37]. Außerdem kann der andere nachträglich genehmigen[38]. Die Rechtsfolgen wirksamer und unwirksamer Stellvertretung richten sich nach §§ 164, 177, 180[39].

Wer die elterliche Sorge allein hat, ist nach § 1629 I 3 auch allein vertretungsberechtigt. Das Gleiche gilt, soweit das Familiengericht einem Elternteil nach § 1628 I eine Sorgemaßnahme allein übertragen hat. Bei Gefahr im Verzug darf jeder Elternteil das Nötige allein tun, muss aber den anderen unverzüglich unterrichten (§ 1629 I 4).

3. Ausschluss der Vertretungsmacht

1135 Die gesetzliche Vertretungsmacht der Eltern ist nach **§ 1629 II 1** genauso beschränkt wie diejenige des Vormunds nach **§ 1795**. Danach können die Eltern das Kind nicht wirksam vertreten in vier Fällen:

- erstens bei einem **Rechtsgeschäft des Kindes mit einem Verwandten der Eltern in gerader Linie**, es sei denn, das Geschäft beschränke sich auf die Erfüllung einer Verpflichtung (§ 1795 I Nr. 1);
- zweitens bei einem **Rechtsgeschäft über eine dingliche oder durch Bürgschaft gesicherte Forderung des Kindes gegen die Eltern** (§ 1795 I Nr. 2);
- drittens in einem **Rechtsstreit des Kindes mit einem Verwandten der Eltern in gerader Linie oder über einen Gegenstand des § 1795 I Nr. 2** (§ 1795 I Nr. 3);
- viertens bei einem **Insichgeschäft nach § 181** (§ 1795 II). Auch den Eltern ist das **Selbstkontrahieren verboten**, auch sie können nicht gleichzeitig auf beiden Seiten des Rechtsgeschäfts stehen[40]. Dieses Verbot hat nur eine **Ausnahme**: Das Geschäft bringt dem Kind lediglich einen **rechtlichen Vorteil**[41]. Dagegen kann niemand, auch nicht das Familiengericht, den Eltern das Selbstkontrahieren gestatten.

Ist ein Elternteil allein sorgeberechtigt, kann er das Kind auch nicht vertreten bei einem Rechtsgeschäft zwischen Kind und anderem Elternteil sowie in einem Rechtsstreit zwischen Kind und anderem Elternteil (§ 1795 I Nr. 1).

Dass die Eltern das **Kindesvermögen nicht** namens des Kindes **verschenken** können, versteht sich von selbst (§ 1641). Unwirksam ist nicht nur das Schenkungsversprechen (§ 518), sondern auch die Handschenkung (§ 516)[42].

---

37 *BGH* 34, 27: aber weder volle Übertragung der Vertretungsmacht noch Generalvollmacht möglich.
38 *BGH* 53, 210.
39 Dazu *Schellhammer*, Zivilrecht, RN 2231 ff.
40 Dazu *Schellhammer*, Zivilrecht, RN 2245 ff.
41 *BGH* 94, 232; FamRZ 89, 945.
42 *OLG Stuttgart* FamRZ 69, 39: Forderungserlass.

Nach § 1629 II 3 mit § 1796 kann das Gericht den Eltern die Vertretungsmacht für einzelne Angelegenheiten entziehen, wenn ein erheblicher Interessengegensatz besteht; die vollständige Entziehung der Vertretungsmacht ist nur nach §§ 1666 ff. zulässig.

4. Familiengerichtliche Genehmigung

§ 1643 I stellt mit § 1821 und § 1822 Nr. 1, 3, 5, 8-11 einen Katalog von Rechtsgeschäften zusammen, die der Genehmigung des Familiengerichts bedürfen. Entweder handelt es sich um wertvolle Gegenstände oder um riskante Geschäfte. **1136**

§ **1821** nennt folgende Geschäfte:
- die Verfügung über ein Grundstück oder ein Recht an einem Grundstück (Nr. 1)[43];
- die Verfügung über einen Anspruch auf Übereignung eines Grundstücks, auf Übertragung eines Rechts an einem Grundstück oder auf Befreiung von einem Grundstücksrecht (Nr. 2);
- die Verfügung über ein eingetragenes Schiff oder Schiffbauwerk oder über einen Anspruch auf Übereignung (Nr. 3);
- die Verpflichtung zu einer der vorgenannten Verfügungen (Nr. 4);
- die vertragliche Verpflichtung zum entgeltlichen Erwerb eines Grundstücks, eingetragenen Schiffs oder Rechts an einem Grundstück (Nr. 5).
- § 1821 II stellt klar, dass Hypotheken, Grund- und Rentenschulden nicht gemeint sind.
- § **1822** zählt folgende riskante Geschäfte auf:
- Verpflichtung zur Verfügung über das ganze Vermögen, eine Erbschaft, einen künftigen Erbteil oder Pflichtteil sowie Verfügung über einen Erbteil (Nr. 1);
- entgeltlicher Erwerb oder Veräußerung eines Erwerbsgeschäfts sowie Gesellschaftsvertrag zum Betrieb eines Erwerbsgeschäfts (Nr. 3)[44];
- Miet-, Pacht- oder ähnlicher Nutzungsvertrag auf länger als 1 Jahr nach Volljährigkeit des Kindes (Nr. 5);
- Aufnahme von Geld auf den Kredit des Kindes (Nr. 8);
- Inhaberschuldverschreibung, Wechsel und andere indossable Papiere (Nr. 9);
- Schuldübernahme und Bürgschaft (Nr. 10)[45]
- Prokuraerteilung (Nr. 11).

Nach § **1643 II** 1 sind außerdem die Ausschlagung einer Erbschaft oder eines Vermächtnisses und der Verzicht auf den Pflichtteil genehmigungsbedürftig.

Auf die Genehmigung sind nach § 1643 III die §§ 1825, 1828-1831 entsprechend anwendbar (RN 1848-1851). Was die Eltern nur mit Genehmigung des Familiengerichts veräußern können, dürfen sie ohne Genehmigung auch nicht dem Kind überlassen, weder zur Erfüllung eines Vertrags, den das Kind geschlossen hat, noch zur freien Verfügung (§ 1644).

---

43 *BGH* 24, 372 u. FamRZ 98, 24: Erwerb eines belasteten Grundstücks ist keine Verfügung, auch nicht Belastung bei Erwerb; ebenso *BayObLG* NJW 98, 3574.

44 *BVerfG* FamRZ 86, 769: Fortführung Handelsgeschäft in Erbengemeinschaft mit Kind genehmigungsbedürftig, da Geschäftsschulden Erbteil des Kindes übersteigen können; *BayObLG* FamRZ 97, 843; *OLG Hamm u. Zweibrücken* FamRZ 2001, 53; 181; *Fortun* FamRZ 99, 754.

45 Dazu *BGH* 60, 385: gesamtschuldnerische Haftung auch für Kaufpreisschuld des Vaters.

5. Minderjährigenhaftungbeschränkung

1137   Mit Wirkung ab 1.1.1999 beschränkt § 1629a I die Haftung des Kindes aus Rechtsgeschäften und anderen Handlungen der gesetzlichen Vertreter sowie aus dem Erwerb von Todes wegen auf den Bestand des Vermögens, das vorhanden ist, wenn das Kind volljährig wird. Gleiches gilt für Verbindlichkeiten aus Rechtsgeschäften, die das Kind mit Zustimmung seiner Eltern selbst abgeschlossen hat. Der Volljährige macht diese Haftungsbeschränkung wie ein Erbe nach §§ 1990, 1991 geltend[46].

6. Kindesunterhalt

1138   Steht die elterliche Sorge den Eltern gemeinsam zu, kann derjenige Elternteil, in dessen Obhut das Kind sich befindet, den Kindesunterhalt gegen den anderen Elternteil geltendmachen (§ 1629 II 2); das ist eine Ausnahme vom Vertretungshindernis des § 1795 I Nr. 1 u. Nr. 3. Also handelt der vertretungsberechtigte Elternteil im Namen des Kindes.

Sind die Eltern dagegen miteinander verheiratet und leben sie getrennt oder ist eine Ehesache, vor allem die Scheidung, zwischen ihnen anhängig, so kann ein Elternteil den Kindesunterhalt gegen den anderen nach **§ 1629 III 1** nur im eigenen Namen geltendmachen. Das ist ein Fall **gesetzlicher Einziehungsermächtigung und Prozessstandschaft** (RN 1457).

Sobald aber das Familiengericht die elterliche Sorge nach § 1671 oder § 1666 einem Elternteil allein übertragen hat, kann dieser das Kind auch im Unterhaltsprozess gesetzlich vertreten; maßgeblich ist die Personensorge[47].

7. Kapitel
Die Gefährdung des Kindeswohls

1. Staatliches Wächteramt

1139   Wenn die Eltern versagen und das Kindeswohl gefährden, muss die staatliche Gemeinschaft helfend eingreifen, denn das ist die Aufgabe ihres Wächteramts nach Art. 6 II 2 GG (RN 1119). Die **§§ 1666, 1666a, 1667** liefern die gesetzliche Handhabe. Sobald Eltern das persönliche Wohl oder das Vermögen ihres Kindes massiv gefährden, trifft das zuständige Familiengericht die erforderlichen Maßnahmen. Die schwersten Eingriffe in das Elternrecht: die Trennung des Kindes von seinen Eltern und die Entziehung der ganzen Personensorge, die meistens auch mit einer Trennung verbunden ist, sind nur als allerletzte Mittel zulässig, wenn mildere Mittel und öffentliche Hilfen gescheitert sind oder keinen Erfolg versprechen.

---

46 Dazu *Behnke* NJW 98, 3078; *Löwisch* NJW 99, 1002; *Habersack* FamRZ 99, 1; *Glöckner* FamRZ 2000, 1397.
47 *BGH* NJW 53, 1546.

2. Gefährdung des persönlichen Kindeswohls

2.1 Erforderliche Maßnahmen

Wenn das persönliche Kindeswohl gefährdet ist, hat das Familiengericht nach § 1666 I 1 **1140** die „erforderlichen Maßnahmen" zu treffen. Das ist ein strenger Gesetzesbefehl, der keinen Ermessensspielraum lässt. Erforderlich ist diejenige Maßnahme, welche die Gefahr beseitigt. Dies wiederum hängt von der Art und der Schwere der Gefährdung ab[46]. Eine Maßnahme ist entweder erforderlich oder sie ist es nicht; eine dritte Möglichkeit gibt es nicht. § 1666a I betont nochmals, was schon Art. 6 III GG sagt, dass das Kind nur dann von seiner Familie getrennt werden darf, wenn die Gefahr auf andere Weise nicht beseitigt werden kann, auch nicht durch öffentliche Hilfe nach dem SGB VIII wie Erziehungsberatung und sozialpädagogische Familienhilfe, sei es, dass die öffentlichen Hilfen bereits gescheitert sind, sei es, dass sie keinen Erfolg versprechen[49]. Das Gleiche gilt mit etwas anderen Worten für die Entziehung der ganzen Personensorge, die oft auch eine Trennung des Kindes von seiner Familie nach sich zieht (§ 1666a II).

Die Übertragung der elterlichen Sorge oder auch nur des Aufenthaltsbestimmungsrechts **auf einen Dritten** hat besonders strenge Voraussetzungen. Während das Gericht sich nach §§ 1671, 1672 für einen von zwei Eltern und Grundrechtsträgern entscheiden muss und danach entscheidet, was für das Wohl des Kindes besser ist, muss es nach § 1666 oft die sehr viel härtere Entscheidung zwischen Eltern und dritten Personen treffen[50].

Wenn von Verfassungs wegen verlangt wird, der staatliche Eingriff müssen den **Grund-** **1141** **satz der Verhältnismäßigkeit** wahren[51], besagt das nichts anderes. Zwar sind „erforderlich" und „verhältnismäßig" zwei verschiedene Kategorien. Aber die erforderliche Maßnahme ist, wenn man das Kindeswohl bedenkt, immer auch verhältnismäßig, und was nicht erforderlich ist, kann auch nicht verhältnismäßig sein. **Erforderlich aber ist, wenn erfolgversprechend, immer nur die mildeste Maßnahme[52].**

So geht die öffentliche Hilfe durch Erziehungsberatung oder sozialpädagogische Familienhilfe dem staatlichen Zwangseingriff stets vor[53], vorausgesetzt, die Eltern nehmen sie an.

Die Entziehung der ganzen elterlichen Sorge oder Personensorge ist solange nicht erforderlich, als schon die **Entziehung des Aufenthaltsbestimmungsrechts** die Gefahr beseitigt; sie ist überhaupt die häufigste Maßnahme[54]. Genauso geht die Anordnung des Familiengerichts, das Kind solle bei den Pflegeeltern bleiben, einer Entziehung der elterli-

---

48 *BVerfG* FamRZ 89, 145; *OLG Hamm* FamRZ 97, 1550.
49 *BVerfG* FamRZ 89, 145; *BayObLG* FamRZ 91, 1219; 92, 90; 95, 502; 95, 948; 95, 1437; NJW 92, 1971.
50 *BVerfG* NJW 94, 1208.
51 *BVerfG* FamRZ 89, 145; NJW 94, 1208.
52 *BVerfG* FamRZ 89, 145; *OLG Hamm* FamRZ 97, 1550: Entziehung des Rechts, Umgang des Kindes mit Großeltern zu bestimmen.
53 *BVerfG* FamRZ 89, 145; *BayObLG* FamRZ 91, 1219; 92, 90; 95, 502, 948, 1437.
54 *BayObLG* FamRZ 90, 780; 94, 975; 95, 502, 948, 1437, 1438; 99, 1154.

chen Sorge vor; die Abweisung des Herausgabeanspruchs der Eltern nach § 1632 IV genügt hier vollauf[55].

Die Entziehung der elterlichen Sorge oder des Aufenthaltsbestimmungsrechts auf Dauer ist dann nicht notwendig, wenn eine **befristete Entziehung** genügt, etwa zur klinischen Untersuchung des Kindes auf Spuren eines sexuellen Missbrauchs[56], oder um den Eltern Gelegenheit zu geben, die Gefährdung selbst zu beseitigen[57].

Wird das **Kindeswohl durch einen Dritten gefährdet**, sind Maßnahmen gegen die untätigen Eltern erst dann erforderlich, wenn Maßnahmen gegen den Dritten (§ 1666 IV) gescheitert sind oder keinen Erfolg versprechen[58]. So kann das Familiengericht dem Mann, der das Kind sexuell missbraucht hat, nach § 1666 IV verbieten, in unmittelbarer Nachbarschaft des Kindes zu wohnen[59].

Die vollständige Entziehung der elterlichen Sorge erfordert eine Vormundschaft, während die Entziehung oder Beschränkung lediglich der Personensorge schon durch eine Ergänzungspflegschaft ausgeglichen werden kann[60].

1142 Nach **§ 1666 III kann das Familiengericht Erklärungen der Eltern oder eines Elternteils ersetzen**, wenn sie zur Gefahrenabwehr erforderlich sind, von den Eltern aber verweigert werden. Wichtigstes Beispiel ist die **Einwilligung in einen lebensnotwendigen ärztlichen Eingriff**[61].

2.2 Gefährdung des Kindeswohls durch Versagen der Eltern

1143 § 1666 I 1 nennt vier Arten elterlichen Fehlverhaltens, die das körperliche, geistige oder seelische Wohl des Kindes gefährden: erstens die missbräuchliche Ausübung der elterlichen Sorge, zweitens die Vernachlässigung des Kindes, drittens das unverschuldete Versagen der Eltern und viertens das Verhalten dritter Personen. Hinzukommt als negative Voraussetzung, dass die Eltern nicht gewillt oder nicht in der Lage sind, die Gefahr selbst abzuwenden. Das ist wahrlich kein griffiger, präziser Tatbestand. Er besteht aus lauter unbestimmten Rechtsbegriffen, die sich auch noch überschneiden und kaum voneinander abgrenzen lassen. Der fehlende Wille oder die fehlende Fähigkeit der Eltern, die Gefahr selbst abzuwehren, ist überhaupt keine echte Voraussetzung, sondern betont nur die Subsidiarität staatlichen Eingreifens, denn wenn die Eltern bereit und in der Lage sind, das Kind selbst zu schützen, sind Maßnahmen des Gerichts nicht erforderlich. § 1666 handelt nun einmal von bösen und unfähigen Eltern.

Letztlich zählt allein die Gefährdung des Kindeswohls durch unbrauchbare Eltern. Ob sie das Kind selbst gefährden oder dem gefährdenden Tun Dritter tatenlos zuschauen,

---

55 *BVerfG* FamRZ 89, 145; *BayObLG* FamRZ 84, 932; *OLG Karlsruhe* FamRZ 94, 1544.
56 *BayObLG* FamRZ 95, 501.
57 *OLG Köln* FamRZ 96, 1027.
58 *OLG Düsseldorf* NJW 95, 1970.
59 *OLG Zweibrücken* NJW 94, 1741.
60 *BayObLG* FamRZ 97, 1553.
61 *OLG Celle* NJW 95, 792: Zeugen Jehovas verweigern Einwilligung in Bluttransfusion für Kleinkind; *OLG Hamm* NJW 98, 3424: Zustimmung zu Schwangerschaftsabbruch.

bleibt sich gleich[62]. Stets müssen die Eltern ihre Sorgepflicht grob verletzen; Verschulden ist aber nicht nötig, „unverschuldetes Versagen" genügt[63].

Beispiele 1144

Beispiele für § 1666 I 1

(1) Das Kleinkind alkoholabhängiger Eltern ist **unterernährt** und soll zuerst in einer Klinik behandelt und dann in einem Jugenddorf untergebracht werden (*BayObLG* FamRZ 88, 748: **Entziehung des Aufenthaltsbestimmungsrechts**; ähnlich *BayObLG* FamRZ 99, 1154).

(2) Die Kinder leben **verschmutzt und nur dürftig bekleidet mitten im Winter in einer ungeheizten Wohnung**, werden mit Popcorn ernährt und sind bereits schwer verhaltensgestört (*BayObLG* FamRZ 89, 422: **Entziehung der Personensorge**).

(3) Die **Beziehung** der 17jährigen Tochter zu ihren Eltern ist dauerhaft und **hoffnungslos zerbrochen** (*OLG Karlsruhe* FamRZ 89, 1322: **vollständige Entziehung der elterlichen Sorge** und Übertragung auf Großmutter).

(4) Das 13jährige Kind wird von der Mutter, die jeden Kontakt mit dem Jugendamt hartnäckig ablehnt, **maßlos gezüchtigt** (*BayObLG* FamRZ 94, 975: **Entziehung des Aufenthaltsbestimmungsrechts**).

(5) Das 16jährige Mädchen wird vom Vater **immer wieder geschlagen, mit Füßen getreten** und mit einem Schraubenzieher verletzt und nach seiner Heimunterbringung massiv unter Druck gesetzt, damit es wieder in die Familie zurückkehre (*BayObLG* FamRZ 93, 229: **Entziehung der ganzen Personensorge wegen Erziehungsunfähigkeit**).

(6) Der **Verdacht sexuellen Missbrauchs** kann nur durch klinische Untersuchung und Begutachtung bestätigt oder widerlegt werden, und die Eltern verweigern ihre Zustimmung (*BayObLG* FamRZ 95, 501: **befristete Entziehung der elterlichen Sorge** für die Dauer der Untersuchung; ferner *Rösner/Schade* FamRZ 93, 1133; *Carl* FamRZ 95, 1183).

(7) Die Mutter ist **psychisch gestört**, der Vater **inhaftiert**, öffentliche Hilfen haben versagt (*BayObLG* FamRZ 95, 502: **Entziehung des Aufenthaltsbestimmungsrechts**).

(8) Die **Mutter wird mit ihrer 14jährigen Tochter nicht mehr fertig**; als sie sie in ein Heim bringen will, verhindert das Mädchen mit einer Axt, dass die Mutter dem Mitarbeiter des Jugendamts die Tür öffnet, so dass die Polizei sie aufbrechen muss; **öffentliche Hilfen haben versagt** (*BayObLG* FamRZ 95, 1437: **Entziehung des Aufenthaltsbestimmungsrechts**).

(9) Die Eltern, sie **psychotisch** krank, er **Alkoholiker**, sind außerstande, für ihr geistig behindertes Kind zu sorgen (*BayObLG* FamRZ 95, 1438: **Entziehung des Rechts, Aufenthalt und Umgang des Kindes zu bestimmen**).

(10) Die **schizophrene Mutter** gefährdet die sexuelle Entwicklung ihres verhaltensgestörten Kindes durch eine „sexistische" Lebensweise (*BayObLG* FamRZ 96, 1031).

(11) Die **16jährige Tochter muss mit ihrem Vater das Ehebett teilen**, weil dieser nicht imstande ist, der Tochter in der Zwei-Zimmer-Wohnung einen eigenen Raum zu überlassen (*OLG Köln* FamRZ 96, 1027: **befristete Entziehung der Personensorge**, um dem Vater Gelegenheit zu geben, dem Übel abzuhelfen und öffentliche Hilfe in Anspruch zu nehmen).

---

62 *BayObLG* FamRZ 94, 1413: Mutter ist zu schwach, um entwürdigende Behandlung der Kinder durch Stiefvater zu verhindern.

63 *BVerfG* NJW 82, 1379: verfassungsgemäß; FamRZ 2000, 1489: Mutter psychisch krank u. nicth erziehungsfähig; *BayObLG* FamRZ 95, 1438: Mutter psychotisch, Vater Alkoholiker; 96, 1031: Mutter schizophren; 97, 956: psychische Erkrankung in Schüben.

(12) Da die Mutter sich scheiden lassen will, täuscht der Vater einen Raubüberfall auf seine Familie vor, bei der die **Mutter getötet** wird (*OLG Hamm* FamRZ 96, 1029: **vollständige Entziehung der elterlichen Sorge wegen Erziehungsunfähigkeit** auch schon vor rechtskräftiger Verurteilung).

(13) Die Eltern, starke Raucher, setzen ihre überempfindlichen Kinder der **Gefahr des Passivrauchens** aus (*BayObLG* FamRZ 93, 1350: im Einzelfall Rauchverbot verneint, weil Kinder nicht überempfindlich).

(14) Der türkische Vater will seinen **17 Jahre alten Sohn gegen dessen Willen auf Dauer in die Türkei verbringen** (*BayOblG* FamRZ 97, 954: Entziehung des Aufenthaltsbestimmungsrechts).

1145 Wenn die Maßnahme unaufschiebbar ist, kann das Familiengericht sie sogar durch **vorläufige Anordnung** treffen[64]. Aber auch die vorläufige Anordnung muss sich auf Maßnahmen beschränken, die erforderlich sind, was nur durch sorgfältige Aufklärung des Sachverhalts und Anhörung der Beteiligten einschließlich des Jugendamts festgestellt werden kann[65].

Beispiele
1146

Beispiele gegen § 1666 I 1:

Ladendiebstahl, Schulschwänzen und **schwache Schulleistungen** sowie eine vage Selbsttötungsgefahr rechtfertigen noch keine Entziehung des Aufenthaltsbestimmungsrechts (*BayObLG* FamRZ 91, 1219), auch nicht die schwere Züchtigung der 17jährigen Tochter durch den Vater, solange öffentliche Hilfe durch Erziehungsberatung und Familienhilfe nicht genutzt sind (*BayObLG* FamRZ 92, 90).

Der **zweifelhafte Verdacht sexuellen Missbrauchs** durch den Freund der Mutter, der in der Nähe wohnt, rechtfertigt einen Eingriff in das Elternrecht der Mutter erst, wenn Maßnahmen gegen den Freund nach § 1666 I 2 scheitern oder kein Erfolg versprechen (*OLG Düsseldorf* FamRZ 95, 1970).

Fraglich ist, ob schon die beharrliche Vereitelung des Umgangs mit dem anderen Elternteil einen Eingriff nach § 1666 I 1 rechtfertigt (*BayObLG* FamRZ 98, 1044 verneint bei neurotischer Fehlhaltung; a.A. wohl *OLG Celle* FamRZ 98, 1045; *OLG Hamm* FamRZ 2000, 1239.

2.3 Konkrete Gefährdung des Kindeswohls

1147 Das Fehlverhalten der Eltern durch Missbrauch der elterlichen Sorge, Vernachlässigung des Kindes oder unverschuldetes Versagen muss das körperliche, geistige oder seelische Wohl des Kindes konkret und akut gefährden, so dass mit schweren Schäden zu rechnen ist[66]. Aber was ist das Wohl des Kindes? Dies ist die schwierigste Frage, die das Familiengericht beantworten muss. Während das **körperliche Wohl** noch leicht fassbar ist, weil es durch Misshandlung, Hunger, Durst, Kälte und Dreck offenbar verletzt wird,

---

64 *BayObLG* FamRZ 88, 748; 89, 422; 94, 1412;95, 502; 97, 387; 99, 318.
65 *BVerfG* NJW 94, 1208; *BayObLG* FamRZ 97, 1666.
66 *BGH* NJW 56, 1434.

hängen das **geistige und seelische Wohl** entscheidend davon ab, welche Grenzen man der elterlichen Erziehung von Staats wegen überhaupt ziehen darf, denn die Eltern dürfen das Kind nach ihren eigenen Vorstellungen, erziehen[67]. Das Familiengericht darf deshalb die Wertvorstellungen der Eltern nicht einfach durch seine eigenen Vorstellungen ersetzen. Die Rechtsprechung bietet dazu einen bunten Flickenteppich.

Beispiele

Gefahr innerer und äußerer Entwurzelung (*BayObLG* FamRZ 81, 814);

seelische Gefährdung durch Trennung von Großmutter (*BayObLG* FamRZ 81, 999);

Entwicklungsgefährdung durch Herausnahme aus Pflegeheim (*BayObLG* FamRZ 84, 932);

„emotionale" Vernachlässigung (*BayObLG* FamRZ 94, 1411);

geistige Gefährdung durch Erziehungsunfähigkeit (*BayObLG* FamRZ 95, 1437);

Gefährdung der sexuellen Entwicklung durch schizophrene Mutter (*BayObLG* FamRZ 96, 1031);

Gefährdung der Entwicklung durch verständnislose Eltern (*OLG Karlsruhe* FamRZ 89, 1322).

3. Gefährdung des Kindesvermögens

1148

Nach § 1666 I 1 hat das Vormundschaftsgericht die erforderlichen Maßnahmen zu treffen, wenn der Vater oder die Mutter das Kindesvermögen durch Pflichtverletzung oder Vermögensverfall gefährdet. § 1667 nennt drei Maßnahmen:

- die Anordnung, dass die Eltern ein **Vermögensverzeichnis** vorlegen und über die Verwaltung **Rechnung legen** sollen (I);
- die Anordnung, das **Geld des Kindes in bestimmter Weise anzulegen** und das angelegte Geld nur mit Genehmigung des Familiengerichts abzuheben (II);
- die Anordnung einer **Sicherheitsleistung**, deren Art und Höhe das Familiengericht bestimmt (III).
- Ultima ratio ist die **Entziehung der Vermögenssorge** ganz oder zum Teil.

Auch hier ist immer **nur** die **erforderliche Maßnahme** erlaubt, auch hier ist **nur die mildeste Maßnahme** erforderlich, wenn sie Erfolg verspricht. Die Entziehung der Vermögenssorge ist als härteste Maßnahme erst dann zulässig, wenn alle milderen Maßnahmen bereits gescheitert sind oder keinen Erfolg versprechen[68].

§ 1666 I 1 verlangt eine **konkrete Gefährdung des Kindesvermögens**[69] durch begangene oder drohende Verletzung der Vermögenssorgepflicht oder durch Vermögensverfall eines Elternteils[70]. Verschulden verlangt das Gesetz nicht. Nach § 1666 II ist das Kindesvermögen in der Regel schon dann gefährdet, wenn der Inhaber der Vermögenssorge seine Unterhaltspflicht gegenüber dem Kind oder seine Vermögenssorgepflicht verletzt oder Anordnungen des Gerichts zur Vermögenssorge nicht befolgt.

---

67 *BVerfG* FamRZ 89, 145.
68 *BayObLG* FamRZ 89, 652.
69 *BayObLG* FamRZ 89, 652; 91, 1340.
70 *BayObLG* FamRZ 91, 1340: der persönlichkeitsgestörte Vater ist im Begriff, die Waisenrente des Kindes zu verzehren.

8. Kapitel
Verhinderung der Eltern und Ruhen der elterlichen Sorge

1149 Ein Elternteil kann tatsächlich oder rechtlich verhindert sein, die elterliche Sorge auszuüben; den ersten Fall regelt § 1678, den zweiten Fall § 1673, jeweils mit § 1675.

Die **tatsächliche Verhinderung** durch Krankheit, Auslandsaufenthalt, Strafhaft und dergleichen hat zur Folge, dass der andere mitsorgeberechtigte Elternteil die elterliche Sorge allein ausübt (§ 1678 I). Wird die Verhinderung voraussichtlich längere Zeit dauern, kann das Familiengericht dies förmlich feststellen mit der Rechtsfolge, dass die elterliche Sorge des verhinderten Elternteils ruht und erst wieder auflebt, wenn das Familiengericht das Ende der Verhinderung feststellt (§ 1674). Der verhinderte Elternteil bleibt zwar sorgeberechtigt, verliert aber das Ausübungsrecht (§ 1675). Wenn hingegen die elterliche Sorge des Elternteils ruht, der nach §§ 1626a II, 1671, 1672 allein sorgeberechtigt ist, kann sie der andere Elternteil nicht einfach ausüben, sondern muss sie erst vom Familiengericht übertragen bekommen (§ 1678 II).

Rechtlich verhindert ist der geschäftsunfähige und der nur beschränkt geschäftsfähige Elternteil; in beiden Fällen ruht die elterliche Sorge (§ 1673 I, II 1), im zweiten Fall mit Ausnahme der tatsächlichen Personensorge (§ 1673 II 2). Im Übrigen übt der andere Elternteil sie allein aus.

Die elterliche Sorge ruht schließlich dann, wenn der Elternteil in die Adoption des Kindes eingewilligt oder das Vormundschaftsgericht die Einwilligung ersetzt hat (§§ 1747, 1748 I, 1751 I).

Sind **beide Eltern** tatsächlich oder rechtlich verhindert, bleibt nichts anderes übrig, als einen **Ergänzungspfleger oder Vormund** zu bestellen (§ 1693 mit §§ 1909, 1773).

9. Kapitel
Ende der elterlichen Sorge

1150 Kraft Gesetzes endet die elterliche Sorge ganz selbstverständlich, wenn das Kind stirbt (§ 1698b), volljährig oder adoptiert wird (§§ 1626, 1755 I). Die Heirat des minderjährigen Kindes beendet nur die tatsächliche Personensorge (§ 1633).

Die elterliche Sorge eines Elternteils endet mit seinem Tod (§ 1680), vorher nur durch gerichtliche Entziehung nach §§ 1666, 1671, 1672. Stirbt der mitsorgeberechtigte Elternteil, steht die elterliche Sorge kraft Gesetzes dem Überlebenden allein zu (§ 1680 I). War der Verstorbene hingegen kraft gerichtlicher Anordnung nach § 1671 oder § 1672 allein sorgeberechtigt, wächst die Sorge nicht einfach dem Überlebenden zu, vielmehr ist nach § 1680 II 1 eine gerichtliche Übertragung erforderlich, die voraussetzt, dass sie dem Kindeswohl nicht widerspricht[71]. Das Gleiche gilt, wenn die nach § 1626a II allein sorgeberechtigte Mutter stirbt.

---

71 *BayObLG* FamRZ 2000, 972; *OLG Nürnberg* FamRZ 2000, 1035.

13. Teil
Elterliche Sorge und Umgangsrecht
nach Trennung der Eltern

1. Kapitel
Die Kindschaftsrechtsreform

Das KindRG regelt ab 1.7.1998 die elterliche Sorge getrenntlebender Eltern von Grund **1151** auf neu. Rechtsgrundlage sind zwar nach wie vor die §§ 1671, 1672, aber sie haben einen anderen Inhalt bekommen. Sie unterscheiden nicht mehr zwischen Trennung (§ 1672 a.F.) und Scheidung (§ 1671 a.F.), handeln überhaupt nicht mehr von der Scheidung, sondern nur noch von der Trennung, gelten entsprechend Art. 6 V GG[1] für alle Eltern, ob sie miteinander verheiratet sind oder nicht, und unterscheiden allein danach, ob die elterliche Sorge nach §§ 1626, 1626a I beiden Eltern gemeinsam oder nach § 1626a II der Mutter allein zusteht.

Auch das Umgangsrecht ist geändert und beträchtlich ausgeweitet worden.

2. Kapitel
Gesetzliche Systematik

1. Das Stichwort heißt nicht mehr Scheidung, sondern Getrenntleben

Rechtsgrundlage für die elterliche Sorge nach Trennung und Scheidung der Eltern sind **1152** nach wie vor die **§§ 1671, 1672**, aber mit neuem Inhalt. Von der Scheidung ist nicht mehr die Rede, sondern nur noch davon, dass die Eltern – nicht nur vorübergehend – getrennt leben, so dass **auch** diejenigen **Eltern** angesprochen werden, **die nicht miteinander verheiratet sind.** Auch gibt es für diejenigen Eltern, die miteinander verheiratet sind, **keinen Zwangsverbund mehr.** Das Familiengericht muss im Scheidungsverfahren die elterliche Sorge nicht mehr von sich aus, sondern nur noch auf Antrag eines Elternteils zusammen mit der Scheidung regeln nach dem bewährten Motto: „Schlafende Hunde weckt man nicht; sie könnten bellen." Erst der Antrag eines Elternteils während des Scheidungsverfahrens macht aus der elterlichen Sorge eine Scheidungsfolgesache, die in den Scheidungsverbund fällt (§ 623 II 1 Nr. 1 ZPO). Dies hat die erwünschte Folge: **Die gemeinsame elterliche Sorge überdauert Trennung und Scheidung der**

---

1 *BVerfG* FamRZ 92, 157.

Eltern, solange nicht ein Elternteil beim Familiengericht eine Änderung beantragt und durchsetzt[2].

2. Gemeinsame Sorge beider Eltern oder alleinige Sorge der Mutter als Anknüpfungspunkt

1153   Das Gesetz unterscheidet zwei Fälle: **Entweder steht die elterliche Sorge beiden Eltern gemeinsam zu (§ 1671) oder allein der Mutter (§ 1672).** Dagegen ist von ehelichen und nichtehelichen Kindern nicht mehr die Rede. Das hat seinen Grund. Nach §§ 1626a ff. können auch Eltern, die nicht miteinander verheiratet sind, durch öffentlich beurkundete Sorgeerklärungen gemeinsam sorgeberechtigt werden (RN 1123). Sind sie es geworden, fallen auch sie unter § 1671. Ohne wirksame Sorgeerklärungen hingegen bleibt die mit dem Vater nicht verheiratete Mutter nach § 1626a II allein sorgeberechtigt; diesen Fall regelt § 1672 (RN 1176).

3. Entscheidungsmöglichkeiten

1154   Das Familiengericht regelt die elterliche Sorge getrenntlebender Eltern **nur noch auf Antrag eines Elternteils.** Sind beide Eltern gemeinsam sorgeberechtigt, kann das Familiengericht nach § 1671 die elterliche Sorge oder einen Teil davon auf den Antragsteller allein übertragen oder den Antrag ablehnen.

Steht die elterliche Sorge hingegen nach § 1626a II allein der Mutter zu, kann das Familiengericht nach § 1672 auf Antrag des Vaters, dem die Mutter freilich zustimmen muss, die elterliche Sorge oder einen Teil davon auf den Vater allein übertragen oder den Antrag ablehnen.

Von der Bestellung eines Vormunds oder Pflegers ist in den §§ 1671, 1672 nicht mehr die Rede, sie richtet sich allein nach den §§ 1773 ff. oder §§ 1909 ff.

Nach §§ 1671 I, 1672 I 1 **kann das Familiengericht die elterliche Sorge** nicht nur als Ganzes, sondern **auch zu einem Teil auf einen Elternteil allein übertragen.** Laut §§ 1626 I, 1629 I hat die elterliche Sorge drei Bestandteile: **Personensorge, Vermögenssorge und gesetzliche Vertretung.** Offen lässt das Gesetz die alte Streitfrage, ob sich auch diese Bestandteile weiter aufteilen lassen und beispielsweise die Aufenthaltsbestimmung von der Personensorge abgespalten werden kann. Die weite Fassung des Gesetzes spricht eher dafür als dagegen[3].

---

2 Zur Einführung in das neue Kindschaftsrecht: *Schwab/Wagenitz* FamRZ 97, 1377; *Schwab* FamRZ 98, 457; *Lipp* FamRZ 98, 66; *Motzer* FamRZ 99, 1101.

3 Zum alten Recht bejahend: *OLG Hamm* RPfl 76, 96; *KG* FamRZ 94, 316: gemeinsame elterliche Sorge; verneinend: *BGH* 78, 108, 112.

3. Kapitel
Fortbestand der gemeinsamen Sorge
über Trennung und Scheidung hinaus

1. Gemeinsame Sorge als Anknüpfungspunkt

Die gemeinsame Sorge überdauert auch die Scheidung der Ehe, solange nicht das Familiengericht auf Antrag eines Elternteils eine andere Regelung trifft. **1155**

Gemeinsam ist die elterliche Sorge in drei Fällen: nach § 1626 I 1 mit § 1626a I, wenn die Eltern schon bei der Geburt des Kindes miteinander verheiratet waren, nach § 1626a I Nr. 2, wenn sie sich später geheiratet haben, und nach § 1626a I Nr. 1, wenn sie zwar nicht miteinander verheiratet sind, aber in öffentlicher Urkunde erklärt haben, die elterliche Sorge gemeinsam übernehmen zu wollen. Die gemeinsame Sorge bleibt solange gemeinsam, bis das Familiengericht sie aus besonderem Grunde nach §§ 1666 f. oder nach § 1671 ändert.

2. Rechtliche Gestaltung der gemeinsamen Sorge getrenntlebender Eltern

2.1 Verteilung der Aufgaben

Das Gesetz kann Rechtsfolgen ändern, das Leben selbst verändert es selten. Auch wenn Trennung und Scheidung die gemeinsame elterliche Sorge nicht in Frage stellen, verändern sie doch tiefgreifend die tatsächlichen Lebensverhältnisse[4]. Die eheliche oder nichteheliche Lebensgemeinschaft zerfällt in zwei getrennte Haushalte. Nun kann aber das Kind, bedenkt man sein Wohl, nicht ständig wie ein Vagabund zwischen zwei Haushalten hin- und herziehen, sondern muss seinen ständigen Aufenthalt wohl oder übel bei einem Elternteil nehmen. **1156**

§ 1687 passt die gemeinsame Sorge lebensnah dem Getrenntleben der Eltern an, indem er fünferlei Sorgeangelegenheiten unterscheidet und auf die Eltern verteilt:
- „Angelegenheiten, deren Regelung für das Kind von erheblicher Bedeutung ist" (I 1);
- „Angelegenheiten des täglichen Lebens" (I 2);
- „Angelegenheiten der täglichen Betreuung" (I 4);
- „notwendige Rechtshandlungen zum Wohl des Kindes bei Gefahr im Verzug" (I 5 mit § 1629 I 4);
- „Unterhaltsansprüche des Kindes gegen den anderen Elternteil geltendmachen" (§ 1629 II 2).

2.2 Wichtige Angelegenheiten

Die für das Kind wichtigen Angelegenheiten regeln nach wie vor **beide Eltern gemeinsam**; § 1687 I 1 verlangt „**gegenseitiges Einvernehmen**". Können sich die Eltern nicht einigen, kann das Familiengericht nach § 1628 I auf Antrag die Entscheidung einem El- **1157**

---

4 Zur Langzeitwirkung auf Kinder: *Wallerstein/Lewis* FamRZ 2001, 65.

ternteil übertragen und daran Einschränkungen oder Auflagen knüpfen. Zu den wichtigen Angelegenheiten zählen etwa Schulart, Ausbildung, Krankenhausbehandlung und Operation sowie Auslandsaufenthalt.

2.3 Angelegenheiten des täglichen Lebens

1158   Die Angelegenheiten des täglichen Lebens hingegen regelt **derjenige Elternteil allein, bei dem sich das Kind** mit Einwilligung des anderen Elternteils oder aufgrund einer gerichtlichen Entscheidung **gewöhnlich aufhält** (§ 1687 I 2). Laut gesetzlicher Definition handelt es sich um solche Angelegenheiten, die „häufig vorkommen und die keine schwer abzuändernden Auswirkungen auf die Entwicklung des Kindes haben" (§ 1687 I 3). Das ist eine Ausnahme von der gemeinsamen Regelung; alles, was sich nicht unter diese Ausnahme subsumieren lässt, erfordert deshalb „gegenseitiges Einvernehmen"[5].

2.4 Angelegenheiten der tatsächlichen Betreuung

1159   Während also derjenige Elternteil, bei dem sich das Kind zu Recht gewöhnlich aufhält, die Alltagsangelegenheiten allein regelt, darf der andere Elternteil die „Angelegenheiten der tatsächlichen Betreuung" allein besorgen, solange sich das Kind mit Einwilligung des Alltags-Elternteils besuchsweise bei ihm aufhält (§ 1687 I 4). Die tatsächliche Betreuung umfasst Speis und Trank, Wohnung und Kleidung, Hygiene und Freizeit während des Besuchs.

2.5 Unaufschiebbare Rechtshandlungen

Unaufschiebbare Rechtshandlungen wiederum, die zum Wohle des Kindes erforderlich sind, darf **jeder Elternteil allein** vornehmen, hat den anderen aber unverzüglich zu unterrichten (§ 1629 I 4).

2.6 Kindesunterhalt

1160   Schließlich darf derjenige Elternteil, in dessen Obhut das Kind sich befindet, Unterhaltsansprüche des Kindes gegen den anderen Elternteil geltendmachen (§ 1629 II 2). Sind die **Eltern miteinander verheiratet**, so kann der eine Elternteil den **Kindesunterhalt** gegen den anderen nur im eigenen Namen geltendmachen (§ 1629 III 1). Das ist ein Fall **gesetzlicher Prozessstandschaft**: der Elternteil klagt im eigenen Namen, aber mit Rechtskraftwirkung für und gegen das Kind (RN 1457 ff.).

2.7 Unterlassung von Störungen

Dass Eltern alles zu unterlassen haben, was das Verhältnis des Kindes zum jeweils anderen Elternteil stört oder die Erziehung erschwert (§ 1687 I 5 mit § 1684 II l), versteht sich von selbst.

---

5   *OLG München* FamRZ 99, 111: Schulwechsel; *OLG Köln* FamRZ 99, 249: zwei Wochen Urlaub in Ägypten.

3. Jugendhilfe für überforderte Eltern

Der Fortbestand der gemeinsamen Sorge über Trennung und Scheidung hinaus verhindert zwar, dass sich das Familiengericht ohne Not auch dann in die elterliche Sorge einmischt, wenn die Eltern sich einig sind. Er verhindert nicht, dass viele Eltern auch weiterhin über ihre Kinder streiten werden. Dann aber sind sie aus eigener Kraft oft unfähig, die gemeinsame Sorge zu praktizieren.

Rat und Tat finden sie bei der Jugendhilfe. Nach § 17 II SGB VIII haben getrenntlebende und geschiedene Eltern einen Anspruch darauf, dass man sie bei der Entwicklung eines einvernehmlichen Konzepts für die elterliche Sorge unterstütze. Dieses Konzept kann einen Antrag an das Familiengericht entbehrlich machen oder die Grundlage für eine gerichtliche Regelung der elterlichen Sorge bilden. Auch das Familiengericht soll von Anfang an auf ein Einvernehmen der Eltern hinwirken, sie so früh wie möglich anhören und auf die Beratung durch das Jugendamt hinweisen (§ 52 I FGG)[6].

4. Kapitel
Alleinige elterliche Sorge statt gemeinsamer

1. Übersicht

Rechtsgrundlage ist § 1671. Das Familiengericht regelt die elterliche Sorge getrenntlebender Eltern – auch im Scheidungsverfahren – nur noch auf Antrag des einen oder anderen Elternteils, der die alleinige Sorge oder wenigstens einen Teil davon erlangen will. Die allgemeinen Voraussetzungen regelt § 1671 I: die Eltern sind gemeinsam sorgeberechtigt, leben aber getrennt und einer beantragt die alleinige elterliche Sorge oder einen Teil davon.

Erfolg hat der Antrag nach § 1671 II nur in zwei Fällen: Entweder stimmt der andere Elternteil ihm zu (Nr. 1), oder die beantragte alleinige Sorge entspricht dem Wohl des Kindes voraussichtlich am besten (Nr. 2). In allen anderen Fällen ist der Antrag abzulehnen. Die Zustimmung des anderen Elternteils hilft freilich dann nicht, wenn das Kind schon 14 Jahre alt ist und dem Antrag widerspricht, so dass auch in diesem Fall das Kindeswohl entscheidet (Nr. 2).

§ 1671 I, II beschränkt sich auf eine Regelung der elterlichen Sorge aus Anlaß der Trennung. Folgerichtig ist der Antrag auf alleinige Sorge nach § 1671 III abzulehnen, wenn die elterliche Sorge nach einer anderen Vorschrift und aus einem anderen Grund abweichend geregelt werden muss, etwa nach § 1666 wegen massiver Gefährdung des Kindeswohls.

1161

1162

---

6 Dazu *OLG Zweibrücken* FamRZ 2000, 627.

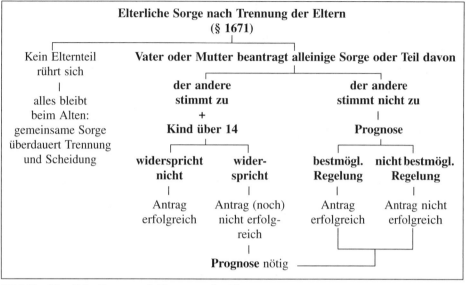

Bild 19: Elterliche Sorge nach Trennung der Eltern

2. Rechtsfolge

1163 Rechtsfolge des § 1671 I, II ist die Übertragung der alleinigen Sorge oder eines Teils davon (RN 1089) auf den Antragsteller, was dazu führt, dass der andere Elternteil seine Mitsorge insoweit verliert.

Erforderlich ist ein Beschluss des Familiengerichts, der mit Zustellung wirksam wird und die elterliche Sorge rechtsgestaltend neu regelt. Zu vollstrecken gibt es hier nichts.

Die Eltern selbst können die alleinige Sorge eines Elternteils nicht wirksam vereinbaren, auch nicht durch Prozessvergleich, denn dazu fehlt ihnen die Verfügungsmacht. Sie können zwar still halten und die gemeinsame Sorge über Trennung und Scheidung hinüberretten. Auch kann ein Elternteil dem Aufenthaltsbestimmungsrecht oder der alleinigen Sorge des anderen zustimmen und dadurch gerichtliche Ermittlungen über das Kindeswohl verhindern, denn die Einigung der Eltern bindet und verhindert eine gerichtliche Regelung[7], aber übertragen kann er seine Mitsorge nicht, dies kann nur das Familiengericht.

3. Voraussetzungen für die Übertragung der alleinigen Sorge

1164 § 1671 trennt umständlich zwischen den Voraussetzungen des Antragsrechts (I) und den Voraussetzungen für die Übertragung der alleinigen Sorge (II).

Beantragen darf jeder Elternteil die alleinige Sorge für sich oder für den anderen[8] unter zwei Voraussetzungen: erstens sind beide Eltern (noch) gemeinsam sorgeberechtigt und

---

7 *OLG Stuttgart* FamRZ 99, 39; *OLG Zweibrücken* FamRZ 2000, 1042.
8 *OLG Karlsruhe* FamRZ 99, 801: Übertragung auch auf Elternteil, der sich sträubt.

zweitens leben sie nicht nur vorübergehend getrennt. Der Elternantrag ist kein Sachantrag, sondern nur ein Verfahrensantrag, der das FG-Verfahren in Gang setzt[9].

Gemeinsam sorgeberechtigt sind die Eltern nach §§ 1626, 1626a I in drei Fällen: Entweder waren sie schon bei der Geburt des Kindes miteinander verheiratet, oder sie haben sich später geheiratet oder aber in öffentlicher Urkunde erklärt, sie wollten die elterliche Sorge gemeinsam übernehmen.

Ob die Eltern nicht nur vorübergehend getrennt leben, richtet sich auch hier nach der Scheidungsregel des § 1567 (RN 148).

Erfolg hat der Antrag auf alleinige Sorge nach § 1671 II nur, wenn entweder der andere Elternteil zustimmt (Nr. 1) oder die beantragte Alleinsorge dem Wohl des Kindes am besten entspricht (Nr. 2).

4. Die Zustimmung des anderen Elternteils

Nach § 1671 II Nr. 1 ist dem Antrag auf alleinige Sorge schon dann stattzugeben, wenn **1165** der andere Elternteil zustimmt. Das ist die gesetzliche Regel. Sie hat eine Ausnahme: Dem Antrag ist nicht schon der Zustimmung wegen stattzugeben, wenn das bereits 14 Jahre alte Kind widerspricht.

Im Regelfall aber bindet die Zustimmung des anderen Elternteils dem Familiengericht die Hände. Das Gesetz unterstellt, dass die einvernehmliche Regelung dem Wohl des Kindes besser entspreche als eine gerichtliche Streitentscheidung. Wo freilich die einvernehmliche Regelung ausnahmsweise das **Kindeswohl massiv gefährdet**, lehnt das Familiengericht den Antrag trotz Zustimmung des anderen Elternteils ab und trifft nach § 1666 die erforderlichen Maßnahmen; so steht es mehr oder weniger deutlich in § 1671 III[10].

Die Zustimmung des anderen Elternteils verliert nach § 1671 II Nr. 1 Hs. 2 ihre Wirkung schon dann, **wenn das Kind, das bereits 14 Jahre alt ist, dem Antrag samt Zustimmung widerspricht**. Jetzt bekommt der Antragsteller die alleinige Sorge nach § 1671 II Nr. 2 nur dann, wenn sie dem Wohl des Kindes am besten entspricht. Das aber wird selten der Fall sein, denn im Alter von 14 Jahren ist das Kind nicht nur persönlich anzuhören (§ 50b II 1 FGG), sondern bestimmt schon weitgehend selbst, bei welchem Elternteil es leben will (RN 1163).

Ob die Zustimmung des anderen Elternteils auch diesen selbst bindet oder frei widerru- **1166** fen werden kann, sagt das Gesetz nicht. Diese Frage war schon für den gemeinsamen Vorschlag nach § 1671 III 1 a.F. streitig[11]. Die Bindung an den gemeinsamen Vorschlag erlosch spätestens dann, wenn sich die Umstände grundlegend änderten[12]. Während der gemeinsame Vorschlag alten Rechts eine Art Vereinbarung war, ist die Zustimmung des § 1671 II Nr. 1 nur noch eine einseitige Willensäußerung. Dies spricht dafür, dass der an-

---

9 *OLG Düsseldorf* FamRZ 91, 1083 zu § 1672 a.F.
10 *OLG Rostock* FamRZ 99, 1599.
11 Dazu *BGH* FamRZ 90, 392; *OLG Stuttgart* NJW 81, 1743; *OLG Hamm* FamRZ 89, 654; *OLG Zweibrücken* FamRZ 96, 1038; *OLG Dresden* FamRZ 97, 49.
12 *BGH* FamRZ 90, 392: Frau verzieht mit Kindern ins Ausland.

dere Ehegatte noch zur Zeit der gerichtlichen Entscheidung zustimmen muss und bis dahin seine Zustimmung frei widerrufen darf[13].

5. Die bestmögliche Regelung zum Wohl des Kindes

5.1 Beweislast

1167   Wenn der andere Elternteil dem Antrag auf alleinige Sorge nicht zustimmt oder seine Zustimmung am Widerspruch des bereits 14 Jahre alten Kindes scheitert, überträgt das Familiengericht die alleinige Sorge oder einen Teil davon nach § 1671 II Nr. 2 nur dann auf den Antragsteller, „wenn zu erwarten ist, dass die Aufhebung der gemeinsamen Sorge und die Übertragung auf den Antragsteller dem Wohl des Kindes am besten entspricht".

Wo das nicht feststellbar ist, lehnt das Familiengericht den Antrag ab und lässt die Eltern weiterhin im eigenen Saft der gemeinsamen Sorge schmoren. Denn der Fortbestand der gemeinsamen Sorge ist nach der gesetzlichen Wertung die Regel, die Übertragung der alleinigen Sorge hingegen nur eine unerwünschte **Ausnahme, die derjenige beweisen muss, der sie beantragt.** Die Amtsermittlung des § 12 FGG nimmt ihm die Beweislast nicht ab.

Das Familiengericht muss davon überzeugt werden, dass die alleinige Sorge des Antragstellers dem Wohl des Kindes am besten entspreche. Kann es sich davon nicht überzeugen, weist es den Antrag ab. Es muss dazu nicht feststellen, dass die gemeinsame Sorge oder die alleinige Sorge des anderen Elternteils die bessere Lösung sei. Der Antrag scheitert schon dann, wenn es mehrere gleichwertige Lösungen gibt.

Die Rechtsprechung ist mehrheitlich anderer Meinung, verneint ein Regel-Ausnahme-Verhältnis zwischen gemeinsamer und alleiniger elterlicher Sorge und lässt die gemeinsame Sorge nur bestehen, wenn beide Eltern fähig und Willens sind, ihre Elternaufgabe weiterhin gemeinsam zu erfüllen[14]. Dass die gemeinsame Sorge ein Mindestmaß an Verständigungsbereitschaft erfordert, liegt auf der Hand, nach Wortlaut, Sinn und Zweck des § 1671 darf das Familiengericht in die bestehende gemeinsame Sorge aber nur eingreifen, wenn die alleinige Sorge eines Elternteils dem Wohl des Kinds am besten entspricht und nicht schon dann, wenn diese Frage offenbleibt.

5.2 Die bestmögliche Regelung

1168   Klugerweise verlangt das Gesetz keine gute, sondern nur die bestmögliche Regelung der elterlichen Sorge, die oft genug nur das kleinere von zwei Übeln ist, nachdem die Eltern selbst all das zerstört haben, was das Kind wünscht und braucht: das Zusammenleben mit Vater und Mutter in einer heilen Familie[15]. Auf den Trümmern einer gescheiterten

---

13 So schon zu § 1671 III 1 a.F.: *OLG Zweibrücken* FamRZ 96, 1038; *OLG Dresden* FamRZ 97, 49.
14 BGH FamRZ 99, 1646; *OLG Dresden, Stuttgart, Hamm, Zweibrücken, Köln* FamRZ 2000, 109, 632, 1039; 2001, 182, 183; a.A. *OLG Hamm* FamRZ 99, 1597 u. wohl auch *OLG Karlsruhe* FamRZ 2000, 1041; ferner *Born* FamRZ 2000, 396; *Haase/Kloster-Harz* FamRZ 2000, 1003.
15 *BGH* NJW 85, 1704.

Ehe aber lässt sich oft nur ein magerer Notbehelf errichten. Da nun einmal nur diese beiden Eltern zu Verfügung stehen, muss man sie nehmen, wie sie sind: verletzt und empfindlich, verletzend und haßerfüllt.

Nun weiß niemand besser als die Eltern, was ihrem Kind guttut und was ihm schadet. Auch kennen sie einander gut genug, um selbst die bestmögliche Lösung zu finden. Zum Glück für die Kinder gelingt dies auch heute noch vielen Eltern, vielleicht mit Hilfe ausgleichender Großeltern oder neuer Partner, vielleicht auch dank der Anwälte und des Familienrichters. Oft aber gehen die Ansichten der Eltern darüber, was für das Kind besser sei, im Verlauf einer streitigen Trennung und Scheidung immer weiter auseinander. Dann streiten sie um die elterliche Sorge noch erbitterter als um Unterhalt und Zugewinnausgleich. Das Wohl des Kindes führen sie zwar unablässig im Munde, das Kind selbst aber verlieren sie in der Hitze des Machtkampfs unversehens aus den Augen. Es gerät zwischen die Fronten, sieht seine einzigen Autoritäten wanken und fallen und wird, wenn beide nur lange genug an ihm zerren, zwischen ihnen zerrieben. Dieses Schreckensszenario wird nicht etwa in Horrorfilmen, sondern in deutschen Gerichtssälen aufgeführt. Das Kind verträgt zwar viel, auch Trennung und Scheidung seiner Eltern, wenn sie einigermaßen friedlich verlaufen. Nur eines verträgt das Kind nicht: den jahrelangen Streit der Eltern.

In diesen Ehekriegsfällen ist das Familiengericht auf die sachverständige Hilfe des **Familienpsychologen** angewiesen, der mit geschultem Blick aus Gesprächen mit den Eltern, aus Verhaltensbeobachtungen und aus psychologischen Tests herauslesen kann, wo das Kind besser aufgehoben ist: beim Vater oder bei der Mutter[9]. **1169**

Bisweilen gelingt es ihm sogar, einen Waffenstillstand zwischen den Eltern zu vermitteln. **Aufgabe des gerichtlichen Sachverständigen** ist jedoch weder die psychotherapeutische Behandlung gestörter Eltern oder Kinder[17] noch die Mediation[18], sondern einzig und allein die psychologische Untersuchung[19], bei welchem Elternteil das Kind besser aufgehoben ist, weil es die stärkere Bindung an ihn hat und von ihm die verläßlichere Betreuung und Erziehung erwarten darf[20]. Dazu bedarf es in aller Regel keiner tiefschürfenden Persönlichkeitstests[21]. „Letzten Endes ist es der tatrichterlichen Verantwortung anheimgegeben, zwischen den verschiedenen Beachtung erheischenden Gesichtspunkten je nach Lage des Falles die dem Kindeswohl zuträglichere Lösung zu finden"[22]. Ins Deutsche übersetzt heißt dies etwa: Nichts Genaues weiß man nicht.

---

16 Dazu *Salzgeber* u.a. FamRZ 95, 1311: Erziehungsfähigkeit; *Klenner* FamRZ 89, 804: Fehler in Gutachten.
17 *BGH* FamRZ 94, 158: zu § 1634 a.F.; *OLG Hamm* FamRZ 96, 1098.
18 Dazu *Proksch* FamRZ 89, 916.
19 *OLG* Stuttgart NJW 80, 1229: Zustimmung der Eltern nötig.
20 Dazu *Salzgeber/Zemann* FPR 96, 153.
21 *OLG Nürnberg* FamRZ 96, 563: zur Erziehungsfähigkeit.
22 *BGH* NJW 85, 1703.

5.3 Gemeinsame Sorge oder alleinige Sorge des Antragstellers

1170 Nach dem KindRG ist der Fortbestand der gemeinsamen Sorge über Trennung und Scheidung der Eltern hinaus die erwünschte gesetzliche Regel und jeder Eingriff des Familiengerichts nur eine unerwünschte Ausnahme. In der Praxis freilich scheitert der fromme Wunsch des Gesetzes allzuoft am unversöhnlichen Hass der Eltern. **Die gemeinsame Sorge überlebt Trennung und Scheidung der Eltern nur dann, wenn diese weiterhin fähig und bereit sind, die Verantwortung für ihr Kind gemeinsam zu tragen**[23]. Ihre Bereitschaft dazu kann das Familiengericht vielleicht dadurch fördern, dass es ihnen klarmacht, was die gemeinsame Sorge nach Trennung und Scheidung rechtlich bedeutet. Sie bedeutet nicht, dass beide Eltern auch weiterhin die kleinsten Alltagsfragen gemeinsam beantworten und sich deshalb ununterbrochen in den Haaren liegen müssten; gemeinsam sind nur noch die „wichtigen" Angelegenheiten des Kindes zu besorgen (RN 1091).

Da die Eltern dauernd getrennt leben und das Kind nicht wie ein Vagabund ständig zwischen ihnen hin- und herwandern kann, muss vorweg geklärt werden, bei welchem Elternteil das Kind seinen gewöhnlichen Aufenthalt und Lebensmittelpunkt haben soll, während dem anderen Elternteil nur ein Umgangsrecht bleibt[24]. So gesehen ist die gemeinsame Sorge desjenigen Elternteils, der das Kind nicht ständig betreut, nur noch ein schwacher Abglanz der ehelichen Herrlichkeit, aber sie verhindert, dass er völlig aus der Verantwortung für das Kind gedrängt wird. Hauptstreitpunkt ist deshalb weniger der Fortbestand der gemeinsamen Sorge an sich als der ständige Aufenthalt des Kindes beim Vater oder bei der Mutter.

Ist aber auch nur ein Elternteil nicht fähig oder nicht bereit, wenigstens die für das Kind wichtigen Fragen gemeinsam mit dem anderen zu beantworten, kann die gemeinsame Sorge nicht überleben, sondern muss durch die alleinige Sorge des Antragstellers ersetzt werden, wenn dieser für das Kind besser sorgen kann als der andere.

5.4 Das Wohl des Kindes

1171 Einziger Maßstab für oder gegen die beantragte alleinige Sorge ist nach § 1671 II Nr. 2 das Wohl des Kindes, ein ebenso klangvoller wie komplexer Rechtsbegriff[25]. Während § 1671 II a.F. noch die Bindungen des Kindes besonders hervorhob, sagt § 1671 dazu gar nichts. Man muss deshalb auf die allgemeinen Vorschriften zur elterlichen Sorge zurückgreifen und im Streitfall prüfen, ob der Antragsteller den gesetzlichen Anforderungen voraussichtlich besser gerecht werden kann als der andere oder als beide.

Nach § 1626 II sollen die Eltern bei der Erziehung die wachsenden Fähigkeiten und das wachsende Bedürfnis des Kindes nach einem selbständigen verantwortungsbewussten Handeln berücksichtigen, Fragen der elterlichen Sorge mit dem Kind besprechen und nach Möglichkeit Einvernehmen erzielen. Nach **§ 1626 III mit § 1684** gehört zum Wohle des Kindes in der Regel der Umgang nicht nur mit beiden Eltern, sondern auch

---

23 *BVerfG* NJW 83, 101; *BGH* NJW 93, 126; FamRZ 99, 1646.
24 So schon zum alten Recht: *OLG Köln* FamRZ 97, 386.
25 *Luthin* ZAP 89, 99; *Maccoby/Mnookin* FamRZ 95, 1.

mit anderen Personen, zu denen das Kind eine Bindung hat; das sind vor allem Geschwister und Großeltern (§ 1685 I). Zur Personensorge, die das Wohl des Kindes fördern soll, gehören Pflege und Erziehung, Beaufsichtigung und Aufenthaltsbestimmung (§ 1631 I). Unzulässig sind entwürdigende Erziehungsmaßnahmen, körperliche und seelische Mißhandlungen (§ 1631 II). Was die Ausbildung betrifft, ist auf Eignung und Neigung des Kindes Rücksicht zu nehmen (§ 1631a). § 1 SGB VIII schließlich versteht unter Kindeswohl **das Recht des jungen Menschen „auf Förderung seiner Entwicklung und auf Erziehung zu einer eigenverantwortlichen und gemeinschaftsfähigen Persönlichkeit"**.

Maßgebliche Kriterien sind nach den gesetzlichen Vorgaben: der **Wille des Kindes**, beim Vater oder bei der Mutter leben zu wollen; die **Bindungen des Kindes**; die **Erziehungsfähigkeit der Eltern und ihre Bereitschaft zur Erziehung**; die **bessere Förderung** der kindlichen Entwicklung und die **verlässlichere Erziehung**. Vom Wohl der Eltern ist wohlweislich nicht die Rede.

5.5 Der Wille des Kindes

Der Wille des Kindes, beim Vater oder bei der Mutter zu leben[26], ist oft ein Hinweis auf   **1172**
die stärkere Bindung an diesen Elternteil und zugleich ein Akt der Selbstbestimmung, der mit wachsendem Alter des Kindes immer größeres Gewicht bekommt. Wenn § 50b II 1 FGG dem Familiengericht befiehlt, das Kind ab Vollendung des 14. Lebensjahres im Sorgerechtsverfahren persönlich anzuhören, heißt das auch, dass man an dem erklärten Willen eines solchen Kindes schwerlich vorbeikommt[27]. Schon im Alter ab etwa 7 Jahren kann manches Kind durchaus bestimmt und plausibel seine Wünsche äußern[28]. Wenn ein Kind sich weigert, klipp und klar zu sagen, bei wem es leben wolle, ist das keine Verhaltensstörung, sondern eine kluge Maßnahme des natürlichen Selbstschutzes, mit der das Kind sich dagegen wehrt, zwischen den Eltern wählen und dadurch dem einen wehe tun zu müssen[29]. Gericht und Sachverständige sollten diese Neutralität respektieren. Umgekehrt gewinnt der Kindeswille geradezu entscheidendes Gewicht, wenn er offen auch dem Elternteil gegenüber geäußert wird, bei dem das Kind nicht leben will.

5.6 Die Bindungen des Kindes

Jedes Kind braucht für eine gedeihliche Entwicklung zumindest einen Menschen, an   **1173**
dem es sich festhalten und auf den es sich verlassen kann, weil er da ist, wenn es ihn braucht. In der Familie sind es die Eltern und bleiben es – mehr oder weniger – auch

---

26 Dazu *Lempp* FamRZ 86, 530; *Fehmel* FamRZ 86, 531.
27 *OLG Karlsruhe* FamRZ 66, 315: fast 16 Jahre; *BayObLG* FamRZ 75, 169: 14 Jahre; *OLG Celle* FamRZ 92, 465: 14 u. 12 Jahre; *OLG Zweibrücken* FamRZ 2001, 186: 14 Jahre.
28 *BGH* FamRZ 91, 392: 8 u. 9 Jahre; *KG* FamRZ 90, 1383: 7 Jahre; *OLG Düsseldorf* FamRZ 88, 1193: 10 Jahre; *OLG Schleswig* FamRZ 90, 433: 11 Jahre – trotz Geschlechtsumwandlung des Vaters; *OLG Frankfurt* FamRZ 76, 32: 13 Jahre; zurückhaltend: *OLG Frankfurt* FamRZ 78, 261: 8 u. 9 Jahre; *OLG Bamberg* FamRZ 88, 750: 8 u. 10 Jahre; *OLG Hamm* FamRZ 96, 1096: 8 u. 11 Jahre, aber Kinderwille durch Elternteil beeinflusst.
29 Zum Loyalitätskonflikt des Kindes: *Mackscheidt* FamRZ 93, 254.

über Trennung und Scheidung hinaus. Die Stärke und Tragfähigkeit dieser Bindung des Kindes an Vater und Mutter zu ergründen[30], ist die eigentliche Aufgabe des familienpsychologischen Sachverständigen, denn die stärkere Bindung gibt selbst dann den Ausschlag[31], wenn der betreffende Elternteil nicht viel taugt, eine Trennung das Kind aber schwer schädigen würde[32].

Dass Vater und Mutter auch im Streit um kleine Kinder gleichberechtigt seien und die Mutter keinen biologischen Vorsprung habe[33], klingt zwar modern und aufgeklärt, hat mit der Lebenswirklichkeit aber wenig zu tun, solange die Mutter das Kind nicht nur gebärt und stillt, sondern auch in der Folgezeit überwiegend betreut und so zwangsläufig zum wichtigsten Menschen für das Kind wird. Das jedenfalls ist immer noch das Ergebnis der meisten familienpsychologischen Gutachten. Wer die Chancengleichheit der Eltern betont, übersieht, dass § 1671 II nicht das Wohl der Eltern, sondern allein das Wohl des Kindes im Auge hat.

Die stärkere Bindung des Kindes an einen Elternteil kann freilich durch andere Faktoren aufgewogen oder gar zurückgedrängt werden: durch bessere Betreuungsmöglichkeiten beim anderen Elternteil und die Geschwisterbindung[34] oder durch die gewachsene Beziehung zur Großmutter, die das Kind in der letzten Zeit betreut hat, damit der Vater seinem Beruf nachgehen konnte[35].

Nicht zu unterschätzen ist die **Geschwisterbindung**, weil Geschwister sich gegenseitig stützen können, wenn die Eltern versagen. Deshalb ist eine Trennung der Geschwister möglichst zu vermeiden[36].

5.7 Die Erziehungsfähigkeit der Eltern

1174 Es liegt auf der Hand, dass ein Elternteil, der zur Erziehung nicht geeignet oder nicht bereit ist, die elterliche Sorge nicht bekommen darf[37]. Das heißt aber nicht, dass man die Eltern auf Herz und Nieren untersuchen müsste, ob und wieweit sie erziehungsfähig seien[38]. Die meisten Eltern sind es[39]. Oft sind es beide Eltern in gleichem Maße, so dass andere Faktoren entscheiden müssen[40].

---

30 Dazu *Lemp* FamRZ 84, 741; *Koechel* FamRZ 86, 637.
31 *OLG Frankfurt* FamRZ 82, 531: Kleinkind – Mutter trotz deren Teilzeitarbeit; *OLG Köln* FamRZ 82, 1232: Tochter – Vater; *KG* FamRZ 83, 1159: starke Bindung trotz Erziehungsschwächen; *OLG Düsseldorf* FamRZ 86, 296: Kleinkind – Vater.
32 *BGH* NJW 85, 1703: Mutter hasst Vater und vermittelt diesen Hass den Kindern; *OLG Bamberg* FamRZ 97, 102: Mutter will Beziehung zw. Kind u. Vater zerstören; aber auch *OLG München* FamRZ 91, 1343: Mutter verhindert jahrelang Kontakt z. Kind u. Vater.
33 *OLG Düsseldorf* FamRZ 73, 316; *OLG Celle* FamRZ 84, 1035; *OLG Frankfurt* FamRZ 90, 550.
34 *OLG Hamm* FamRZ 79, 853.
35 *OLG Hamm* FamRZ 80, 485.
36 *OLG Stuttgart* FamRZ 76, 282; *OLG Hamm* FamRZ 85, 1078; 97, 957; 2000, 1039; *OLG Celle* FamRZ 92, 465; *OLG Saarbrücken* FamRZ 96, 561; *OLG Bamberg* FamRZ 98, 488.
37 *BGH* NJW 85, 1704: trotz enger Bindung; *KG* FamRZ 83, 1159: ebenso.
38 *OLG Nürnberg* FamRZ 96, 563: Sachverständigengutachten nur aus konkretem Anlass.
39 *OLG Hamm* FamRZ 80, 484: Schulbildung weniger wichtig als Verantwortungsbewußtsein.
40 *OLG Hamm* FamRZ 86, 715; 96, 1096.

Es gibt freilich Ausnahmen: Drogenabhängigkeit, Trunksucht und Vergnügungssucht, lange schwere Erkrankung, häufige Straffälligkeit und Vernachlässigung des Kindes sind keine günstigen Erziehungsbedingungen.

Beispiele

(1) Die Mutter hat das Kind schon bisher **vernachlässigt**, was befürchten lässt, sie werde es auch weiterhin vernachlässigen (*BGH* FamRZ 76, 447).

(2) Der Vater hat viele **Vorstrafen** und steht unter Bewährung (*OLG Bamberg* FamRZ 91, 1341).

(3) Die Mutter **verlässt** Vater und **Kind** und zieht zu ihrem Freund (*OLG Hamm* FamRZ 94, 918; ähnlich *OLG Bamberg* FamRZ 85, 528).

(4) Die Mutter **verhindert** hartnäckig und uneinsichtig den **Umgang** des Vaters mit dem Kind und lässt jegliche **Bindungstoleranz** vermissen (*BGH* NJW-RR 86, 1264: wenn Umgang auch nach § 33 FGG nicht erzwingbar; *OLG München* FamRZ 91, 1343; 97, 45; *OLG Celle* FamRZ 94, 924; *OLG Hamm* FamRZ 2000, 1039; *OLG Zweibrücken* FamRZ 2001, 185).

(5) Die **Mitgliedschaft** eines Elternteils in einer umstrittenen, aber nicht verbotenen **religiösen Sekte** ist noch kein Grund, die Erziehungsfähigkeit in Frage zu stellen (*OLG Hamburg* FamRZ 85, 1284: Bhagwan; *OLG Stuttgart u. Düsseldorf* FamRZ 95, 1290, 1511 sowie *OLG Saarbrücken u. Hamburg* FamRZ 96, 561, 684: Zeugen Jehovas; *OLG Franfurt* FamRZ 97, 573: Scientology; a.A. aus konkretem Anlass *OLG Frankfurt* FamRZ 94, 920).

(6) Noch kein Hindernis sind **Aids-Infektion** (*OLG Stuttgart* NJW 88, 2620) und die Geschlechtsumwandlung (*OLG Schleswig* FamRZ 90, 433).

5.8 Förderung und Kontinuität

Mit der Erziehungsfähigkeit eng verwandt ist die Frage, welcher Elternteil das Kind besser fördern und die verlässlichere Bezugsperson sein kann (sog. Förderprinzip)[41]. Das ist oft derjenige, der das Kind selbst betreuen kann, weil er nicht – voll – erwerbstätig ist, denn die **persönliche elterliche Betreuung ist einer Fremdbetreuung** durch Großeltern, Pflegeeltern und andere Dritte **regelmäßig vorzuziehen**[42]. Die Teilbetreuung durch Dritte muss aber noch nicht nachteilig sein[43].

1175

Die elterliche Sorge ist vorzugsweise dem Elternteil zu übertragen, der nicht nur eine enge Beziehung zu dem Kind hat, sondern sich in der Vergangenheit und vor allem während der spannungsgeladenen Trennungszeit **als der verlässlichere erwiesen** hat, weil er seine eigenen Interessen hinter das Interesse des Kindes gestellt hat.

Beispiele

(1) Die beiden 1 und 4 Jahre alten Kinder sind beim (arabischen) Vater besser aufgehoben, weil die Mutter ihre eigenen Wege gegangen ist (*OLG Frankfurt* FamRZ 94, 920).

(2) Nachdem die Mutter zu ihrem Freund gezogen ist, versorgte der Vater 18 Monate lang die beiden 4 und 7 Jahre alten Kinder zuverlässig, und es gibt keinen Grund, daran etwas zu ändern (*OLG Hamm* FamRZ 94, 918).

---

41 *BGH* NJW 85, 1702.
42 *BGH* FamRZ 90, 393.
43 *BGH* FamRZ 76, 447; *OLG* Frankfurt FamRZ 82, 531.

Große Bedeutung wird allgemein der **Gleichmäßigkeit und Stetigkeit der Erziehung** zugeschrieben (sog. Kontinuitätsprinzip)[44]. Die wichtigste Forderung lautet: Das Kind soll möglichst nicht aus seiner gewohnten Umgebung herausgerissen werden[45]. Gemeint ist, vor allem bei kleinen Kindern, weniger die Landschaft als die Bezugsperson. Eine bewährte Bezugsperson soll nicht ohne zwingenden Grund ausgewechselt werden[46].

Beispiele

(1) Seit der Trennung leben die Kinder bei der Mutter, fühlen sich dort wohl und haben ungestörten Umgang mit dem Vater. Dass die Mutter eine gemeinsame elterliche Sorge unvernünftig ablehnt, ist noch kein Grund, die elterliche Sorge dem Vater zu geben (*OLG Hamm* FamRZ 96, 1098).

(2) Seit 3 Jahren lebt das 5jährige Kind zufrieden bei der Mutter (*OLG Nürnberg* FamRZ 96, 563).

(3) Der Vater hat das Kind gegen den Willen der Mutter von Italien zu sich nach Deutschland geholt. Es deshalb wegen „ertrotzter" Kontinuität auch dann der Mutter zu überlassen, wenn es sich dieser spürbar entfremdet hat (so *OLG Bamberg* FamRZ 87, 185), lässt sich mit dem Kindeswohl schwerlich vereinbaren.

(4) Da es mehr auf die Person als auf die Landschaft ankommt, in der das Kind lebt, bekommt der besser geeignete Elternteil auch dann die elterliche Sorge, wenn er aus plausiblem Grund, und nicht aus reiner Schikane ins Ausland verzogen ist oder verziehen will und dadurch das Umgangsrecht des anderen wesentlich erschwert (*BGH* FamRZ 90, 393: Bayern-Italien; FamRZ 87, 356: Deutschland-Übersee).

5. Kapitel
Übertragung der elterlichen Sorge von der Mutter auf den Vater

1176 Nach § 1672 I kann der getrenntlebende Vater beim Familiengericht beantragen, dass die elterliche Sorge von der Mutter auf ihn übertragen werde[47]. Erfolg wird dieser Antrag nur selten haben, denn die gesetzliche Voraussetzungen sind überaus streng; es sind deren vier:

Erste Voraussetzung: **Die elterliche Sorge steht nach § 1626a II der Mutter allein zu.** Das ist immer dann der Fall, wenn die Eltern bei der Geburt des Kindes nicht miteinander verheiratet waren, sich auch später nicht geheiratet und keine Sorgeerklärungen abgegeben haben; es ist dies der klassische Fall des nichtehelichen Kindes.

Zweite Voraussetzung: **Die Eltern leben nicht nur vorübergehend getrennt.** Ob sie dies tun, richtet sich auch hier nach der Scheidungsregel des § 1567.

---

44 *BGH* NJW 85, 1703; *KG* FamRZ 2001, 185: gewohnte Umgebung.
45 *BGH* FamRZ 76, 447.
46 *BGH* FamRZ 76, 447; 85, 169; *OLG Celle* FamRZ 92, 465; *OLG Hamm* FamRZ 86, 715; 96, 562; 96, 1098; *OLG Nürnberg* FamRZ 96, 563.
47 Dazu *Lipp* FamRZ 98, 66.

Dritte Voraussetzung: **Die Mutter stimmt dem Antrag des Vaters zu.** Ihre Zustimmung ist nur dann entbehrlich, wenn sie bereits in die Adoption des Kindes eingewilligt hat (§ 1751 I 6).

Vierte Voraussetzung: **Die Übertragung der elterlichen Sorge** von der Mutter auf den Vater **dient dem Wohl des Kindes.** Das ist wohl die höchste Hürde, die der Vater überspringen muss. Dazu muss er besser sein für das Kind als die Mutter; die aber hat meistens die engere und tiefere Beziehung zu dem Kind. Immerhin ist jetzt der nichteheliche Vater ein nützlicher Lückenbüßer, wenn die Mutter nichts taugt. **1177**

Dem Gesetz ist die gemeinsame Sorge ohnehin lieber als die alleinige Sorge des Vaters. Selbst wenn es dem Vater gelungen ist, die elterliche Sorge zu bekommen, kann das Familiengericht nach § 1672 II auf Antrag eines Elternteils und mit Zustimmung des anderen die gemeinsame Sorge anordnen, wenn dies dem Wohl des Kindes nicht widerspricht.

6. Kapitel
Änderung der Entscheidung über die elterliche Sorge

Nach § 1696 I hat das Familiengericht seine Entscheidung über die elterliche Sorge, auch diejenige nach § 1671, von sich aus zu ändern, wenn dies aus triftigen Gründen, die das Wohl des Kindes nachhaltig berühren, angezeigt ist. Ein Elternantrag ist nicht erforderlich, wird aber meistens den Anstoß geben. Das Familiengericht setzt nicht etwa das frühere Verfahren nach § 1671 oder § 1672 fort, sondern eröffnet ein neues Verfahren[48]. **1178**

Das Gesetz verlangt jetzt **triftige Gründe**, die das Wohl des Kindes nachhaltig berühren[49], damit die elterliche Sorge nicht schon wegen jeder kleinen Veränderung der Umstände in Frage gestellt werde.

---

48 *BGH* FamRZ 91, 1101; 92, 170; 93, 49.
49 So schon *BGH* NJW-RR 86, 1130; NJW 93, 126; *OLG Bamberg* FamRZ 90, 1135; *OLG Karlsruhe* FamRZ 94, 393; *OLG Frankfurt* FamRZ 96, 889 und wieder OLG Karlsruhe FamRZ 2000, 1604; gilt auch für Änderung Verbundurteil das vor 1.7.98 elterliche Sorge einem Elternteil übertragen hat: *OLG Karlsruhe, Düsseldorf, Schleswig* FamRZ 2000, 1595, 1596, 1795; ferner *Huber* FamRZ 99, 1625.

7. Kapitel
Das Umgangsrecht nach Trennung und Scheidung

1. Die Kindschaftsrechtsreform[50]

1179   Was bisher schon Familienrichter und Familienpsychologen dachten, sagten und schrieben, bestimmt jetzt auch das KindRG: **der Umgang des Kindes mit beiden Eltern dient in der Regel dem Wohl des Kindes** (§ 1626 III 1). Dazu gehört sogar sein Umgang „mit anderen Personen, zu denen das Kind Bindungen besitzt, wenn ihre Aufrechterhaltung für seine Entwicklung förderlich ist" (§ 1626 III 2). Gemeint sind etwa Geschwister, Großeltern, Stief- und Pflegeeltern.

§ **1684** sorgt dafür, dass § 1626 III 1 nicht nur ein frommer Wunsch bleibe. Das Kind hat ein Recht (einen Anspruch) auf Umgang mit jedem Elternteil (I Hs. 1). Und jeder Elternteil ist zum Umgang mit dem Kind nicht nur berechtigt, sondern sogar verpflichtet (I Hs. 2). Wer Anspruchsgegner des Umgangsrechts sei, sagt das Gesetz nicht; es ist jeder, der das Kind in seiner Obhut hat. Die Eltern haben alles zu unterlassen, was die Beziehung des Kindes zum anderen Elternteil stört oder die Erziehung erschwert (II 1). Das gilt selbst dann, wenn sich das Kind in der Obhut einer anderen Person befindet (II 2).

Den **Umgang** und die **Ausübung des Umgangsrechts** regelt im Streitfall das **Familiengericht**, auch gegenüber Dritten (III 1). Es kann durch geeignete Anordnungen die Eltern, aber auch andere Obhutspersonen, dazu anhalten, ihre Unterlassungspflicht aus Abs. II zu erfüllen (III 2).

Das Familiengericht kann das **Umgangsrecht einschränken oder ausschließen, soweit** dies **zum Wohl des Kindes erforderlich** ist (IV 1). Gleiches gilt für den Vollzug früherer Entscheidungen über das Umgangsrecht. Eine Beschränkung oder gar einen Ausschluss des Umgangsrechts für längere Zeit oder gar für immer, erlaubt das Gesetz nur, um eine Gefährdung des Kindeswohls abzuwehren (IV 2). Dafür genügt aber vielleicht schon ein Umgang in Anwesenheit eines „mitwirkungsbereiten" Dritten, etwa eines Trägers der Jugendhilfe oder eines Vereins, der dann die Aufsichtsperson bestimmt (IV 3, 4).

Neuerdings erstreckt § 1685 das Umgangsrecht auf **Großeltern** und **Geschwister** (I), auf den **jetzigen und** den **früheren Ehegatten** eines Elternteils, der mit dem Kind längere Zeit zusammengelebt hat sowie auf Personen, bei denen das Kind längere Zeit in **Familienpflege** war (II). Zusätzliche Voraussetzung ist freilich, **dass der Umgang dem Wohle des Kindes dient**[51]. Verpflichtet zum Umgang sind diese Personen nicht.

---

50 *Rauscher* FamRZ 98, 329; *Motzer* FamRZ 2000, 925.
51 *OLG Bamberg* FamRZ 99, 810: abschließende Aufzählung der Umgangsberechtigten; *BayObLG* FamRZ 99, 1457 u. *OLG Hamm* FamRZ 2000, 1601 u. 2000, 704: Großeltern; *OLG Karlsruhe u. Zweibrücken* FamRZ 99, 184, 1009: nichtehel. Vater; *OLG Hamm* NJW 2000, 2684: nicht früherer Lebensgefährtin.

2. Elternrecht, Elternpflicht und Kindeswohl

Nach § 1684 I Hs. 2 ist jeder Elternteil zum Umgang mit seinem Kind berechtigt   **1180**
und verpflichtet. Dies gilt auch nach Trennung und Scheidung der Eltern. Für denjenigen Elternteil, der die gemeinsame Sorge nach § 1671 verloren hat, ist das Umgangsrecht der letzte karge Rest, der ihm von seinem Elternrecht geblieben ist; auch er steht unter dem Grundrechtsschutz des Art. 6 II GG[52]. Nicht viel besser geht es demjenigen Elternteil, der zwar noch an der gemeinsamen Sorge teilhat, das Kind aber dadurch verloren hat, dass es beim anderen Elternteil lebt; § 1684 I Hs. 2 gilt auch für ihn. Umgangsberechtigt ist sogar derjenige Vater, der das Kind noch nie gesehen hat, weil er sich schon vor dessen Geburt von der Mutter getrennt hat[53]. Die Anfechtung der Vaterschaft schließt den Umgang mit dem Kind erst aus, wenn die Nicht-Vaterschaft rechtskräftig feststeht[54].

Der persönliche Umgang soll es dem Elternteil, bei dem das Kind nicht ständig lebt, ermöglichen, sich mit eigenen Augen vom Befinden und von der Entwicklung des Kindes zu überzeugen, die verwandtschaftliche Bande zu pflegen und das Liebesbedürfnis beider zu befriedigen[55].

Die nähere Regelung von **Häufigkeit und Dauer** überlässt das Gesetz klugerweise den   **1181**
Eltern und dem Familiengericht, denn dafür gibt es keine allgemeinen Regeln[56]. **Einziger Maßstab ist das Wohl des Kindes,** dem beide Eltern über Trennung und Scheidung hinaus verpflichtet bleiben[57]. Wenn man den Familienpsychologen glauben darf, braucht das Kind beide Eltern auch nach deren Trennung und Scheidung. Da es nur bei Vater oder Mutter ständig leben kann, bleibt ihm der andere Elternteil wenigstens besuchsweise erhalten. Das ist zwar nur ein kärglicher Notbehelf, aber umso pfleglicher zu behandeln. Deshalb ist der regelmäßige Umgang mit dem Kind neuerdings **nicht nur ein Elternrecht, sondern auch eine Elternpflicht,** freilich eine schwache und unvollkommene, die sich nicht erzwingen lässt. Das Gesetz gemahnt in seinem frommen Bemühen an einen Prediger in der Wüste, der sich von Heuschrecken und wildem Honig ernährt. Jedenfalls ist das Umgangsrecht nicht frei verzichtbar. Sittenwidrig und nichtig ist der vertragliche Verzicht, wenn er mit der Befreiung von Kindesunterhalt bezahlt wird[58]. Gegen die Tatsache, dass die meisten Väter ihren Umgang mit dem Kind schon nach wenigen Jahren aufgeben, weil er ihnen zu anstrengend, zu teuer und zu aufregend wird, ist freilich kein gesetzliches Kraut gewachsen.

Die **Kosten des Umgangs** trägt stets der Berechtigte[59]. Er darf sie in der Regel auch   **1182**
nicht zu Lasten des Ehegattenunterhalts vorweg von seinem Einkommen abziehen[60], es

---

52 *BVerfG* NJW 93, 2671; FamRZ 95, 86; *BGH* NJW 84, 1951; *OLG Bamberg u. Düsseldorf*
   FamRZ 94, 1276, 1277.
53 *OLG Hamm* FamRZ 94, 58.
54 *BGH* NJW 88, 1066 zur Ehelichkeitsanfechtung alten Rechts.
55 So blumig *BVerfG* FamRZ 95, 86.
56 *BVerfG* NJW 93, 2671 u. dazu *Kuckuk* ZAP 93, 53.
57 *BVerfG* NJW 93, 2671: Wille und Belange des Kindes; *OLG Hamm* FamRZ 95, 314; *OLG
   Bamberg und Hamm* FamRZ 2000, 43, 45.
58 *BGH* NJW 84, 1951; einschränkend *OLG Frankfurt* FamRZ 86, 596.
59 *OLG Hamm* FamRZ 95, 1432: auch bei gemeinsamer Sorge; *OLG Nürnberg* FamRZ 99, 1008.
60 *BGH* FamRZ 95, 215 m. krit. Anm. *Weychardt* FamRZ 95, 539.

sei denn, sie sind ungewöhnlich hoch und durch Aufenthaltswechsel des anderen Elternteils verursacht[61]. Der besuchsweise Aufenthalt des Kindes beim Umgangsberechtigten rechtfertigt noch keine Kürzung des Kindesunterhalts[62].

3. Einigung der Eltern über den Umgang

1183 Wenn die Eltern es gut meinen mit dem Kind, dann einigen sie sich über Umfang und Ausübung des Umgangsrechts, denn die Vereinbarung der Eltern ist der gerichtlichen Regelung schon deshalb überlegen, weil sie freiwillig zustandekommt und – mit etwas Glück – freiwillig erfüllt wird[63]. So ist es nur folgerichtig, wenn § 52a IV FGG dem Familiengericht befiehlt, auf eine einvernehmliche Regelung hinzuwirken und die Einigung zu Protokoll zu nehmen. Als Prozessvergleich ersetzt sie ohne weiteres die abweichende gerichtliche Regelung.

Das Kindeswohl setzt der Vertragsfreiheit allerdings Grenzen[64]. Schwierigkeiten entstehen jedoch erst, wenn die Eltern über die Durchführung streiten oder das Kind nicht mitspielt. Das Familiengericht jedenfalls darf nur eine Regelung vorschlagen, die dem Kindeswohl entspricht. Daran dürfte eine Vereinbarung scheitern, die das Kind etwa hälftig zwischen den Eltern hin- und herpendeln lässt, denn das ist ein fauler Kompromiss, der dem kindlichen Bedürfnis nach einem stetigen Aufenthalt bei Vater oder Mutter grob widerspricht.

1184 Eine wirksame Umgangsvereinbarung bleibt solange in Kraft, wie das Wohl des Kindes keine Änderung gebietet[65]. Sobald jedoch die Eltern über die Durchführung der Vereinbarung streiten, und dazu genügt oft der geringste Anlass, ist nach § 1684 III das Familiengericht gefordert.

4. Gerichtliche Regelung des Umgangs

4.1 Kindeswohl

1185 Nach § 1684 III kann das Familiengericht „über den Umfang des Umgangsrechts entscheiden und seine Ausübung, auch gegenüber Dritten, näher regeln". Das „kann" bedeutet hier kein Ermessen, sondern gesetzliche Ermächtigung des Familiengerichts, im Streit der Eltern das staatliche Wächteramt aus Art. 6 II 2 GG auszuüben[66]. Die Entscheidung richtet sich allein nach dem Wohl des Kindes. Die richtige Frage lautet: **Welche**

---

61 *OLG Karlsruhe* FamRZ 92, 58: monatlich 1200,– DM, weil Sorgeberechtigter ins Ausland verzogen; ferner *BVerwG* NJW 96, 1839: Umgangskosten berechtigen u.U. zur Sozialhilfe; BFH FamRZ 97, 21: keine außergewöhnliche Belastung.
62 *BGH* NJW 84, 2826; aber auch *OLG Hamm* FamRZ 94, 529: Kürzung, wenn Kind fast die Hälfte der Zeit beim Nichtsorgeberechtigten lebt, aber das ist kein Umgang mehr.
63 *BVerfG* FamRZ 95, 87: Vorrang der einvernehmlichen Regelung.
64 *BVerfG* FamRZ 95, 87.
65 *OLG Karlsruhe* FamRZ 59, 70; *OLG Frankfurt* FamRZ 88, 866; *OLG Köln* FamRZ 97, 386.
66 *BVerfG* FamRZ 95, 87.

Umgangsregelung dient dem Willen und den Belangen des Kindes am besten[67]? Die Antwort findet man nicht in allgemeinen Regeln und Erfahrungssätzen, sondern in den besonderen Umständen des einzelnen Falles[68]. Eine vernünftige Einigung der Eltern ist stets die beste Lösung. Wenn die elterliche Sorge geklärt ist, sollte es dem Familiengericht in den meisten Fällen möglich sein, eine einvernehmliche Umgangsregelung zu vermitteln. Andernfalls wird es sich vielleicht der Hilfe eines Familienpsychologen bedienen und dieser wird oft empfehlen, dass der umgangsberechtigte Elternteil das Kind alle 2 Wochen über das Wochenende und zusätzlich während der halben Kindergarten- oder Schulferien zu sich nehmen darf[69].

Zu regeln sind vor allem **Ort und Zeit der Übergabe**[70], der empfindlichste Punkt jeder Umgangsregelung, weil sich bei dieser Gelegenheit die Eltern oft in die Haare geraten; notfalls muss man eine neutrale Person als Puffer dazwischenstellen.

Seinen Umgang mit dem Kind pflegt der Berechtigte normalerweise in seiner Wohnung[71], muss das Kind also abholen und wieder zurückbringen, da man den Sorgeberechtigten schwerlich dazu verpflichten kann, das Kind zum Umgangsberechtigten zu bringen[72]. Erstrebenswert ist eine Vereinbarung, durch die der Sorgeberechtigte verspricht, das Kind zum anderen Elternteil zu bringen, um so dem Kind zu zeigen, dass er den Umgang unterstütze. Wohnen die Eltern weit entfernt voneinander, empfiehlt es sich vielleicht, die Dauer des einzelnen Besuchs auf Kosten der Häufigkeit zu verlängern. Ob schon ein kleines Kind beim anderen Elternteil übernachten kann, hängt ganz von der beiderseitigen Vertrautheit ab[73]. Nach langer Besuchspause ist dies selbst für größere Kinder problematisch, weil der Kontakt erst wieder sorgsam angebahnt werden muss.

4.2 Kontakt des Kindes mit Dritten

Während des Umgangs bestimmt der Umgangsberechtigte, mit welchen anderen Personen das Kind in Berührung kommen soll, freilich nur, soweit das Familiengericht nichts anderes bestimmt. Stein des Anstoßes ist oft der neue Lebensgefährte des umgangsberechtigten Elternteils. Das Familiengericht lässt sich auch hier allein vom Wohle des Kindes leiten. Dem Umgangsberechtigten wird es nur dann verbieten, das Kind mit seinem neuen Lebensgefährten zusammenzubringen, wenn dies das Wohl des Kindes gefährdet[74]. Dies gilt erst recht für die diskriminierende Anordnung, das Kind nur an neutralem Ort und in Anwesenheit einer neutralen Person (Jugendamt, Kinderschutzbund)

1186

---

67 *BVerfG* NJW 93, 2671.
68 *BVerfG* NJW 93, 2671.
69 *OLG Frankfurt* FamRZ 96, 362: auch Urlaubsplanung des Sorgeberechtigten berücksichtigen; *OLG Bamberg* FamRZ 90, 193: auch Weihnachten, Ostern u. Pfingsten angemessen berücksichtigen.
70 *OLG Brandenburg* FamRZ 95, 484: andernfalls nicht vollziehbar.
71 *OLG Düsseldorf* FamRZ 88, 1196.
72 *OLG Zweibrücken* FamRZ 82, 531; *OLG Nürnberg* FamRZ 99 1008.
73 *OLG Hamm* FamRZ 90, 654: 4 jähriges Kind nicht gegen Willen des Sorgeberechtigten; aber darum geht es nicht.
74 *OLG Schleswig* NJW 85, 1786; *OLG Hamm* FamRZ 82, 93: nur ausnahmsweise; *OLG Köln* FamRZ 82, 1236: vor Ablauf Trennungsjahr, wenn Sorgeberechtigter an Ehe festhält.

besuchen zu dürfen[75]. Der Sorgeberechtigte kann dem Familiengericht dazu keine Vorschriften machen[76].

4.3 Umgangsvereitelung

1187 Der schärfste Konflikt zwischen elterlicher Sorge und Umgangsrecht entsteht daraus, dass der Sorgeberechtigte, oft ist es die Mutter, das Umgangsrecht vereitelt und sich hinter der Weigerung des Kindes verschanzt, die er vielleicht selbst produziert hat[77]. Das muss kein böser Wille sein, der Sorgeberechtigte ist oft felsenfest davon überzeugt, der Umgang schade dem Kind nur, mache es krank und verderbe es. Wenn es dem Familiengericht nicht gelingt, diese innere Blockade aufzubrechen, sind Hopfen und Malz verloren. Zwar hat der Sorgeberechtigte nicht nur alles zu unterlassen, was die Bindung des Kindes zum anderen Elternteil stört (§ 1684 II), sondern auch aktiv für einen ungestörten Umgang zu sorgen[78]. Aber wie lässt sich diese Verpflichtung erzwingen?

Wenn das Familiengericht in seiner Umgangsregelung ausdrücklich anordnet, der Sorgeberechtigte solle das Kind zu bestimmten Zeiten an einem bestimmten Ort bereithalten, schafft es einen **Vollstreckungstitel**[79]. Wenn es gleichzeitig ein **Zwangsgeld** androht (§ 33 III FGG), kann es den Sorgeberechtigten, der sich quer legt, durch Festsetzung eines empfindlichen Zwangsgeldes dazu anhalten, die gerichtliche Anordnung zu befolgen (§ 33 I FGG). Der Erfolg ist eher dürftig, eine Verhärtung der Verweigerungshaltung wahrscheinlich. **Gewalt gegen das Kind ist ausnahmslos verboten** (§ 33 II 2 FGG). Wenn kein Elternteil nachgibt, wird das Kind wieder einmal die Zeche bezahlen.

Man kann auch an eine Änderung der elterlichen Sorge denken (§ 52a V FGG), die jedoch ausscheidet, wenn das Kind durch die Trennung vom Sorgeberechtigten schweren Schaden nähme[80].

1188 Dem Sorgeberechtigten lediglich das Aufenthaltsbestimmungsrecht zu nehmen und auf einen Pfleger zu übertragen, ist auch nur ein Schlag ins Wasser, denn wie soll der Pfleger einen ungestörten Umgang durchsetzen[81]. Was bleibt, ist die traurige Einsicht, dass der Sorgeberechtigte oft am längeren Hebel sitzt und den Umgangsberechtigten solange piesackt, bis dieser die Waffen streckt. Bisweilen ist sogar ein befristeter Ausschluss des Umgangs nötig, um das Kind aus der Schusslinie zu nehmen (RN 1190). Das Umgangsrecht ist nun einmal ein empfindliches Instrument, das nur spielt, wenn beide Eltern guten Willen zeigen, während die gerichtliche Anordnung gegen den emotionalen und deshalb irrationalen Widerstand des Sorgeberechtigten und des Kindes[82] keinem hilft.

---

75 *OLG Hamm* NJW 67, 446.
76 *BGH* 51, 219.
77 Zur Psychologie der Umgangsvereitelung: *Klenner* FamRZ 95, 1529.
78 *BVerfG* NJW 93, 2671 u. FamRZ 95, 86: Sorgeberechtigter muss Umgang ermöglichen; *OLG Frankfurt* FamRZ 94, 58; *OLG Hamm* FamRZ 96, 363.
79 *OLG Brandenburg* FamRZ 95, 484.
80 *BGH* NJW 85, 1703; *OLG Bamberg* FamRZ 97, 102; *OLG München* FamRZ 97, 45; *OLG Celle* FamRZ 98, 1045; *OLG Hamm* FamRZ 2000, 1239; zurückhaltend *BayObLG* FamRZ 98, 1044.
81 *BGH* NJW-RR 86, 1265; a.A. *OLG Hamburg* FamRZ 96, 422: „behütetes" Umgangsrecht.
82 *OLG Frankfurt* FamRZ 93, 729: noch kein Grund, von Regelung abzusehen.

Heikel ist die Frage, ob man dem Sorgeberechtigten verbieten darf, mit dem Kind ins Ausland zu ziehen oder gar nach Übersee auszuwandern, wenn dadurch das Umgangsrecht verkürzt oder vereitelt wird[83]. Aber das ist weniger eine Frage der Umgangsregelung als der elterlichen Sorge.

5. Beschränkung und Ausschluss des Umgangs

Nach § 1684 IV 1 kann das Familiengericht das Umgangsrecht einschränken oder ausschließen, wenn es zum Wohle des Kindes erforderlich ist[84]. In aller Regel muss das angerufene Familiengericht den Umgang entweder konkret regeln oder aber ausschließen; es darf die Regelung nicht einfach ablehnen und die Eltern im Regen stehen lassen[85]. Die schlichte Ablehnung einer Regelung ist noch kein Ausschluss, weil sie offen lässt, ob der Umgang befristet oder unbefristet ausgeschlossen werde, und weil der unbefristete Ausschluss nur die allerletzte Möglichkeit ist.

Beschränkung und Ausschluss des Umgangs müssen **zum Wohle des Kindes erforderlich** sein. Der Ausschluss ist solange nicht erforderlich, als schon eine Beschränkung den Zweck erfüllt, und der unbefristete Ausschluss ist nicht erforderlich, wenn schon ein befristeter Ausschluss das Kind ausreichend schützt[86]. § 1684 IV 2 verschärft die Voraussetzungen einer lang dauernden oder endgültigen Beschränkung oder Beseitigung des Umgangs; diese Maßnahmen sind nur erlaubt, wenn der Umgang das Wohl des Kindes gefährdet.

1189

Beispiele
1190

> ### Beispiele für befristeten Ausschluss
>
> (1) für die **Dauer der Strafhaft** wegen Gewaltverbrechen (*BGH* FamRZ 84, 1084);
>
> (2) für die **Dauer des Ehescheidungsverfahrens**, weil die Kinder im Alter von 13, 16 u. 17 Jahren den Kontakt ablehnen (*BGH* FamRZ 80, 132);
>
> (3) **für 2 Jahre**, wenn das 5 Jahre alte Kind Besuche beim Vater hartnäckig, wenn vielleicht auch unter dem Einfluss der Mutter ablehnt und dauernd in den Elternkonflikt hineingezogen wird (*OLG Hamm* FamRZ 96, 361);
>
> (4) **bis zur Anbahnung eines neuen Kontakts**, weil die Kinder im Alter von 9 u. 12 Jahren den Vater überhaupt nicht kennen (*OLG Bamberg* FamRZ 89, 890); weil der Vater sein Kind (9 Jahre alt) seit langem nicht mehr gesehen hat (*OLG Düsseldorf* FamRZ 94, 1276); weil das Kind durch die ständigen Streitereien der Eltern vor und nach den Besuchen ein Trauma erlitten hat (*OLG Hamm* FamRZ 95, 314); oder weil es bei Pflegeeltern lebt (*OLG Bamberg* FamRZ 93, 726; *OLG Düsseldorf* FamRZ 98, 1460; *OLG Hamm* FamRZ 2000, 1108).

---

83 *OLG Düsseldorf* FamRZ 79, 965: nicht ohne weiteres; *OLG Oldenburg* FamRZ 80, 78: ja bei Auswanderung nach Australien.

84 *BVerfG* FamRZ 83, 872: verfassungsgemäß; *OLG Bamberg u. Hamm* FamRZ 2000, 43, 45.

85 *BGH* FamRZ 94, 158; *OLG Celle* FamRZ 90, 1026; *OLG Bamberg* FamRZ 93, 727; *OLG Karlsruhe* FamRZ 96, 1092; a.A. für Ausnahmefälle: *OLG Zweibrücken* FamRZ 93, 728; *OLG Frankfurt* FamRZ 95, 1431; *OLG Thüringen* FamRZ 96, 359.

86 *BGH* FamRZ 94, 158; NJW 88, 1666; *OLG Hamm* FamRZ 94, 58; 97, 693; 1096: konkrete Gefährdung des Kindeswohls nötig; *OLG Köln* FamRZ 97, 1097: Ausschluss ist äußerste Maßnahme.

1191
Beispiele für unbefristeten Ausschluss

(1) **Sexueller Missbrauch des Kindes** durch den nichtsorgeberechtigten Elternteil rechtfertigt den völligen Ausschluß. Problematisch ist der bloße **Verdacht sexuellen Missbrauchs**. Hier muss das Familiengericht unabhängig davon, ob ein Ermittlungsverfahren läuft, von sich aus **klären, wie stark der Verdacht und wie groß die Gefahr für das Kind ist** (dazu *OLG Stuttgart* FamRZ 94, 718; *OLG Bamberg* FamRZ 94, 719; 94, 181; NJW 94, 1163; *OLG Frankfurt* FamRZ 95, 1432). Auch das Umgangsrecht der Mutter kann ausgeschlossen werden, wenn das Kind Gefahr läuft, vom neuen Lebensgefährten oder Ehemann der Mutter sexuell missbraucht zu werden (*OLG Düsseldorf* FamRZ 92, 205). **Im Zweifel muss der Umgang vom Jugendamt kontrolliert werden**.

(2) Auf diese Weise ist auch der **Umgang eines pädophilen Vaters** mit seinem 6 jährigen Sohn durchführbar (*OLG Hamm* FamRZ 93, 1233: stundenweise in Räumen des Kinderschutzbundes).

(3) Ähnliches gilt für den Verdacht und die **Gefahr einer Entführung des Kindes ins Ausland** (*OLG München* FamRZ 93, 94; *OLG Celle* FamRZ 96, 364; *OLG Karlsruhe* 96, 324: räumliche Beschränkung; *OLG Hamm* FamRZ 97, 307).

(4) Die **Kinder** im Alter von 12 u. 14 Jahren sind **in** einer **Pflegefamilie** untergebracht und wollen den Vater partout nicht sehen (*OLG Bamberg* FamRZ 94, 1276; *OLG Thüringen* FamRZ 96, 359: 16jährige Tochter – Vater).

(5) Nach schwerem Elternkonflikt **verweigert** der Neunjährige **jeglichen Umgang** (*OLG Celle* FamRZ 98, 1458; ähnlich *OLG Bamberg* FamRZ 2000, 45).

(6) Der Vater ist **nicht am Kind selbst**, sondern nur am Kampf um das Kind **interessiert** (*OLG Hamm* FamRZ 97, 693).

1192
Beispiele gegen Ausschluss

(1) Abneigung des Sorgeberechtigten gegen den anderen Elternteil (*KG* FamRZ 89, 656) oder Verfeindung der Eltern (*OLG Hamm* FamRZ 94, 58);

(2) Kleinkind (*OLG Celle* FamRZ 90, 1026: 2 Jahre);

(3) Aids-Infektion (*OLG Hamm* NJW 89, 2336; *OLG Frankfurt* NJW 91, 1554).

(4) Weigerung der Kinder im Alter von 15 u. 17 Jahren, die Mutter zu sehen (*KG* FamRZ 85, 639; *OLG Düsseldorf* FamRZ 94, 1277: Kinder 12 u. 15; *OLG Hamm* FamRZ 94, 57: Weigerung ohne Angabe von Gründen).

(5) Dass der Vater die Ehe zerstört und sich lange Zeit nicht um die Kinder gekümmert hat, rechtfertigt noch keinen Ausschluss, sondern nur eine Beschränkung des Umgangs, der erst wieder angebahnt werden mussmuss (*OLG Hamm* FamRZ 96, 424).

6. Auskunftsanspruch

1193 Nach § 1686 kann jeder Elternteil bei berechtigtem Interesse vom anderen Auskunft über die persönlichen Verhältnisse des Kindes verlangen, soweit es dem Kindeswohl nicht widerspricht[87].

---

87 Dazu *BayObLG* FamRZ 93, 1487; 96, 813; *OLG Zweibrücken* FamRZ 90, 779; *OLG Hamm* FamRZ 95, 1288; *OLG Naumburg u. Hamm* FamRZ 2001, 513, 514; *Oelkers* NJW 95, 1335.

8. Kapitel
Die elterliche Sorge im Einigungsvertrag

Nach Art. 234 § 1 EGBGB gilt das Familienrecht des BGB ab dem 3.10.1990 auch in **1194** den neuen Bundesländern, soweit nicht anderes bestimmt ist.

Art. 234 § 11 EGBGB bestimmt etwas anderes. Danach steht die elterliche Sorge für ein Kind demjenigen zu, der am Tag vor dem Wirksamwerden des Beitritts, also am 2.10.1990, nach bisherigem Recht erziehungsberechtigt war (I 1). War es der Vater eines nichtehelichen Kindes oder ein anderer Dritter, hat er lediglich die Rechtsstellung eines Vormunds (I 2). Wirksam bleiben alle Entscheidungen, Feststellungen und Maßnahmen, die das Gericht oder eine Behörde vor dem 3.10.1990 zur elterlichen Sorge getroffen hat (II 1); sie können jedoch nach §§ 1674 II, 1696 BGB geändert werden (II 2).

Hat das Scheidungsgericht im Scheidungsurteil vor dem 3.10.1990 über das elterliche Erziehungsrecht nicht entschieden, gilt § 1671 BGB entsprechend (III). Und ist das Kind im Einverständnis mit den Eltern freiheitsentziehend untergebracht, gilt für die Unterbringung ab dem 3.10.1990 das BGB (IV 1).

9. Kapitel
Die elterliche Sorge im Internationalen Privatrecht

1. Rechtsgrundlagen

Nach Art. 21 EGBGB unterliegt das Rechtsverhältnis zwischen dem Kind und seinen Eltern dem Recht des Staates, in dem das Kind seinen gewöhnlichen Aufenthalt hat. Dies **1195** gilt auch für die elterliche Sorge und das Umgangsrecht, einerlei ob die Eltern miteinander verheiratet sind oder nicht, ob ihre Ehe noch besteht oder schon geschieden ist[88]. Damit gleicht das KindRG das deutsche Internationale Privatrecht dem Haager Minderjährigenschutzabkommen an, das ohnehin vorgeht.

2. Haager Minderjährigenschutzabkommen und Europäisches Sorgerechtsübereinkommen

Das Haager Übereinkommen über die Zuständigkeit der Behörden und das anzuwendende Recht auf dem Gebiet des Schutzes von Minderjährigen, kurz: **Minderjährigen-** **1196** **schutzabkommen (MSA)** vom 5.1.1961 (BGBl 1971 II 219, 1150) geht dem innerstaatlichen Recht (Art. 19 II EGBGB) vor[89]. Es regelt nicht nur die internationale Zuständigkeit des Familiengerichts (RN 1690), sondern auch das materielle Sorgerechtsstatut.

---

88 So schon *OLG Stuttgart* FamRZ 97, 958.
89 *BGH* 78, 293; *OLG Köln* FamRZ 91, 363.

Nach Art. 2, 13 MSA ist das Recht des Staates anzuwenden, in dem der Minderjährige gleich welcher Staatsangehörigkeit sich gewöhnlich aufhält[90]. Das MSA verweist direkt auf das materielle Sachrecht ohne Kollisionsrecht, so dass der **gewöhnliche Aufenthalt des Kindes** in Deutschland zu deutschem Sorgerecht führt[91].

Eine Ausnahme macht der **Vorbehalt** des Art. 3 MSA für das elterliche „**Gewaltverhältnis" nach dem Recht des ausländischen Heimatsstaats**, soweit es dort unmittelbar im Gesetz steht („ex-lege-Gewaltverhältnis"), was auf die elterliche Sorge des Vaters nach der Scheidung in manchen islamischen Ländern zutrifft[92]. Gegen das ausländische „Gewaltverhältnis" hilft nur der **ordre public des Art. 6 EGBGB**[93].

Die internationale Anerkennung und Vollstreckung von Entscheidungen über die elterliche Sorge regelt das **Europäische Sorgerechtsübereinkommen (EuSorgÜ)** v. 20.5. 1980 (BGBl. 1990 II, 206, 220) nebst **SorgeRübkAG** (BGBl. 1990 I, 700)[94].

3. Haager Kindesentführungsübereinkommen

3.1 Wiederherstellung der Zuständigkeit des Herkunftslandes

1197 Dem Haager MSA geht vor das speziellere Haager Übereinkommen über die zivilrechtlichen Aspekte internationaler Kindesentführung (**HKÜ**) vom 25.10.1980 (BGBl 1990 II 207)[95], wenn die betroffenen Staaten an beiden Abkommen beteiligt sind (Art. 34 HKÜ).

Das HKÜ regelt hauptsächlich die **Rückgabe von Kindern bis zu 16 Jahren, die widerrechtlich von einem Vertragsstaat in einen anderen Vertragsstaat entführt worden sind oder dort zurückgehalten werden**[96]. Nach Art. 1 verfolgt es zwei Ziele: erstens die sofortige Rückgabe entführter Kinder und zweitens die Respektierung bestehender elterlicher Sorgerechte. Das Mittel zum Zweck ist die **internationale Zuständigkeit**: Das HKÜ nimmt dem Gericht des Zufluchtlandes, obwohl sich das Kind dort aufhält, die Zuständigkeit für die Regelung der elterlichen Sorge und belässt sie bei den Gerichten des Herkunftlandes, obwohl sich das Kind dort nicht mehr aufhält; dadurch will es Kindesentführungen vorbeugen[97]. **Die Regelung der elterlichen Sorge ist deshalb nicht Gegenstand des Verfahrens**[98].

---

90 Dazu *BGH* 78, 293; NJW-RR 92, 579; *OLG Koblenz* NJW 89, 2201; *OLG Hamm* FamRZ 89, 1109; 90, 781; 91, 1466; *OLG Bamberg* NJW-RR 90, 774; *OLG Köln* FamRZ 91, 362.

91 *BGH* 78, 293; NJW-RR 86, 1130; 92, 579; *Dörr* NJW 89, 965.

92 Dazu *BGH* 78, 293; FamRZ 94, 686; NJW-RR 92, 579; *OLG Stuttgart* NJW 85, 566; FamRZ 97, 1353; *OLG Hamm* FamRZ 89, 1109; 89, 1324; 91, 362; 92, 208; *OLG Köln* FamRZ 91, 363.

93 *BGH* 120, 29 u. *OLG Saarbrücken* FamRZ 92, 848: Iran; *Wolf* FamRZ 93, 874.

94 Dazu *BGH* FamRZ 98, 1507; *Weber* NJW 2000, 267: Zuständigkeit.

95 Dazu *Mansel* NJW 90, 2176; *Bruck* FamRZ 93, 745; *Bach* FamRZ 97, 1051.

96 *BVerfG* NJW 96, 3145: Art. 3, 12, 13 I b; 14 HKÜ verfassungsgemäß; Grundrecht Kind aus Art. 11 GG wird durch Rückgabe nicht verletzt.

97 *BVerfG* FamRZ 96, 405; 96, 479; 97, 1269: Schutz der intern. Zuständigkeit; *KG* FamRZ 97, 1098.

98 *BVerfG* FamRZ 97, 1269; *BGH* NJW 2000, 3349; *OLG Hamm u. Stuttgart* FamRZ 2000, 373, 374.

3.2 Kindesentführung

Das HKÜ gilt für jedes Kind unter 16 Jahren[99], das unmittelbar vor seiner Entführung **1198** seinen gewöhnlichen Aufenthalt in einem Vertragsstaat hat (Art. 4). Was eine Entführung sei, definiert Art. 3 als **widerrechtliches Verbringen oder Zurückhalten eines Kindes durch Verletzung des Sorgerechts, das einem anderen allein oder gemeinsam nach dem Recht des Herkunftslandes zusteht.** Das Sorgerecht, näher bestimmt in Art. 5, kann auf Gesetz, Gerichtsentscheidung, Behördenmaßnahme oder Vereinbarung beruhen, wenn der betreffende Staat sie gelten lässt. Widerrechtlich ist das Verbringen oder Zurückhalten des Kindes schon dann, wenn der Allein- oder Mitsorgeberechtigte damit nicht einverstanden ist[100]. Mitsorgeberechtigt ist jeder Elternteil, der in wichtigen Fragen der Personensorge und der Aufenthaltsbestimmung mitreden darf[101].

Die mit einem Kanadier verheiratete und in Kanada wohnhafte Mutter fliegt mit dem 3 Jahre alten Kind zurück nach Deutschland, um dort 4 Wochen Urlaub zu verbringen. Der Vater ist damit einverstanden. Im Verlauf des Urlaubs entschließt sich die Mutter, mit dem Kind für immer in Deutschland zu bleiben. Damit ist der Vater nicht mehr einverstanden. In diesem Fall hat die Mutter das Kind zwar nicht „entführt", aber sie hält es widerrechtlich zurück, weil sie das Mitsorgerecht des Vaters verletzt. Entführt hätte sie das Kind dann, wenn sie schon in Kanada die Absicht gehabt hätte, nicht mehr zurückzukehren, der Vater aber nur mit einer Urlaubsreise einverstanden gewesen wäre. **Beispiel**

3.3 Rechtzeitiger Antrag

Das entführte Kind ist sofort zurückzugeben, wenn der Antrag binnen Jahresfrist beim Gericht des Zufluchtstaates eingegangen ist (Art. 12 I) oder das Kind sich nachweislich noch nicht in seiner neuen Umgebung eingelebt hat (Art. 12 II)[102].

3.4 Ausnahmen

Art. 13 I HKÜ macht jedoch zwei Ausnahmen und **verbietet eine Rückgabe des** **1199** **Kindes.**

Erste Ausnahme: Der (Mit-)Sorgeberechtigte hat nachweislich zur Zeit der Entführung sein **(Mit-)Sorgerecht tatsächlich nicht ausgeübt**[103] oder dem Aufenthaltswechsel im voraus zugestimmt oder ihn nachträglich genehmigt.

---

99 *BayObLG* FamRZ 96, 1353: auch nichteheliches Kind.
100 *BVerfG* FamRZ 97, 1269; *OLG Karlsruhe* FamRZ 92, 1212; 98, 385; *OLG Düsseldorf* FamRZ 94, 181; *OLG Bamberg* FamRZ 94, 182; *OLG München* FamRZ 94, 1338; *OLG Stuttgart* FamRZ 96, 690; *KG* FamRZ 96, 692; *OLG Zweibrücken* FamRZ 97, 108; *OLG Frankfurt* FamRZ 97, 1100; *OLG Stuttgart* FamRZ 2001, 645.
101 *BVerfG* FamRZ 97, 1269; *OLG Stuttgart* FamRZ 2001, 645: nicht Umgangsrecht.
102 Dazu *OLG Koblenz* FamRZ 94, 183; *OLG Hamm* FamRZ 98, 385.
103 Dazu *KG* FamRZ 96, 691; *OLG Zweibrücken* FamRZ 2000, 1607; 2001, 643.

1200 **Zweite Ausnahme:** Die Rückgabe setzt das Kind nachweislich der **schwerwiegenden Gefahr eines körperlichen oder seelischen Schadens** aus oder bringt es sonstwie in eine unzumutbare Lage. Hier muss das Kindeswohl gegen das verletzte Elternrecht abgewogen werden[104]. Zweifellos droht dem Kleinkind ein beträchtlicher seelischer Schaden, wenn es von der Mutter, die es bisher betreut hat, getrennt und dem Vater im Ausland übergeben werden soll, den es vielleicht gar nicht kennt[105]. Die Trennung ist jedoch selten nötig. Nachdem sich die Mutter mit der Entführung die Suppe selbst eingebrockt hat, mag sie sie auch auslöffeln und zusammen mit dem Kind in das Herkunftsland zurückkehren, um dort vor dem zuständigen Gericht die elterliche Sorge zu beantragen[106]; das gilt jedenfalls für Länder mit einer freiheitlich-demokratischen Grundordnung, wie man sie in Westeuropa und im angelsächsischen Kulturkreis findet.

Art. 13 HKÜ erfordert eine **außergewöhnliche schwere Gefährdung des Kindeswohls**; die gewöhnlichen Schwierigkeiten im Gefolge einer Rückgabe sind hinzunehmen, andernfalls verfehlt das HKÜ seinen Zweck, Kindesentführungen zu verhindern[107].

1201 Nach Art. 13 II HKÜ **kann die Rückgabe abgelehnt werden, wenn das Kind sich ihr widersetzt** und schon so alt und reif ist, dass man seinen Willen nicht mehr übergehen darf[108].

Das **Verfahren** der Kindesrückgabe regelt das **SorgeRübkAG** (RN 1692).

---

104 *OLG Frankfurt* FamRZ 96, 689.
105 *BVerfG* FamRZ 95, 663: vorl. Anordnung nicht aussichtslos; *OLG München* FamRZ 98, 386.
106 *BVerfG* FamRZ 97, 1269: Strafdrohung wegen Entführung kein Hindernis; *OLG Zweibrücken* FamRZ 2001, 643.
107 *BVerfG* FamRZ 96, 405; 99, 641: enge Auslegung; *OLG Düsseldorf* FamRZ 94, 185; *OLG München* FamRZ 94, 1338; *OLG Frankfurt* FamRZ 94, 1339; 95, 1372; *OLG Hamm* FamRZ 99, 948; *OLG Bamberg* FamRZ 2000, 371; *OLG Zweibrücken* FamRZ 2000, 1607.
108 *BVerfG* FamRZ 99, 1053: keine starre Altersgrenze; *OLG Celle* FamRZ 95, 955: Kinder im Alter von 7 u. 9 Jahren wollen nicht zurück; *OLG Brandenburg* FamRZ 97, 1098: Kinder im Alter von 11 u. 12 Jahren weigern sich erfolgreich; *OLG Hamm* FamRZ 99, 948: 6 Jahre; *OLG Düsseldorf* FamRZ 99, 948: 8 Jahre.

14. Teil
Der Kindesunterhalt

1. Kapitel
Die Reform des Kindesunterhalts

Bislang kannte das Unterhaltsrecht zwei Gattungen von Kindern, die ehelichen **1202** (§§ 1601-1615 a.F.) und die nichtehelichen (§§ 1615a-1615o a.F.), obwohl Art. 6 V GG schon seit Jahrzehnten fordert, den Makel der Geburt zu tilgen und die nichtehelichen Kinder rechtlich möglichst genauso zu behandeln wie die ehelichen[1].

Das Gesetz zur Vereinheitlichung des Unterhaltsrechts minderjähriger Kinder, kürzer: **Kindesunterhaltsgesetz**, noch kürzer: **KindUG** vom 14.4.1998 (BGBl I, 666)[2], kennt seit 1.7.1998 keine ehelichen und keine nichtehelichen Kinder mehr, sondern nur noch unterhaltshungrige Kinder. Die §§ 1615b-1615k a.F. über den Unterhalt nichtehelicher Kinder wurden dadurch überflüssig und sind ersatzlos gestrichen.

Ohne nichteheliche Kinder gibt es auch keinen Regelunterhalt und keine Regelunterhaltsverordnung mehr (Art. 6 Nr. 1 KindUG). Statt dessen gibt es eine **Regelbetragsverordnung**, die **Regelbeträge für drei kindliche Altersstufen** festsetzt (§ 1612a III). Das ist nicht nur ein Spiel mit Worten, sondern eine Revolution auf dem Gebiet des Unterhaltsrechts. Denn künftig kann jedes minderjährige Kind von demjenigen Elternteil, mit dem es nicht in einem Haushalt lebt, statt einer Unterhaltsrente bestimmter Höhe „den Unterhalt als Vomhundertsatz eines oder des jeweiligen Regelbetrags nach der Regelbetragsverordnung verlangen" (§ 1612a I). Damit will das KindUG dem minderjährigen Kind nicht etwa das Prozentrechnen beibringen, sondern eine dynamische Unterhaltsrente verschaffen, die sich von selbst der durchschnittlichen Einkommensentwicklung anpaßt (§ 1612a IV).

Weitere Neuheiten des KindUG sind:

- die **Anrechnung des Kindergeldes** und anderer kinderbezogenen Leistungen auf den Barunterhalt (§§ 1612b, 1612c);
- die **Gleichstellung volljähriger Schüler bis 21 Jahren, die noch im elterlichen Haushalt leben, mit den minderjährigen unverheirateten Kindern**, was den Rang der Unterhaltsberechtigten (§ 1609) und die Leistungsfähigkeit der Eltern (§ 1603 II) betrifft;
- die **Erweiterung des Anspruchs auf Unterhalt für die Vergangenheit** (§ 1613).
- Völlig neu regelt das KindUG auch das **Verfahren über den Kindesunterhalt** im 6. Abschnitt der ZPO; die Stichworte lauten: Gerichtsstand (§ 642), Auskunftsrecht

---

1 *BVerfG* FamRZ 92, 157.
2 *Weber* NJW 98, 1992; *Greßmann/Rühl* ZAP 98 Fach 11 S. 475; *Knittel* DAV 98, 178..

des Gerichts (§ 643), einstweilige Anordnung (§ 644) und vereinfachtes Verfahren über den Unterhalt Minderjähriger (§§ 645-660).

- Den **Übergang vom alten zum neuen Recht** regelt detailliert Art. 5 KindUG.

2. Kapitel
Das System des geltenden Rechts

1. Verwandtenunterhalt und Kindesunterhalt

1203 Nach § 1601 sind nicht etwa speziell die Eltern ihren Kindern, sondern ganz allgemein alle Verwandten in gerader Linie einander zum Unterhalt verpflichtet. In gerader Linie verwandt sind Personen, deren eine von der anderen abstammt (§ 1589 S. 1). Danach sind nicht nur die Eltern ihren Kindern, sondern auch die Kinder ihren Eltern zum Unterhalt verpflichtet, ebenso die Großeltern ihren Enkeln und die Enkel ihren Großeltern. Nicht dazu gehören Geschwister, da sie nur in der Seitenlinie miteinander verwandt sind.

In der gerichtlichen Praxis ist von der gesetzlichen Vielfalt des Verwandtenunterhalts wenig zu spüren. Prozessiert wird fast nur über Kindesunterhalt. Äußerst selten verklagen Eltern ihre erwachsenen Kinder auf Unterhalt[3]. So darf man den Verwandtenunterhalt ohne Scheu mit dem Kindesunterhalt gleichsetzen, zumal die §§ 1602 II, 1603 II, 1606 III 2, 1609, 1611 II, 1612 II, 1612a-1612c speziell vom Kindesunterhalt handeln.

Das Recht des Kindesunterhalts nach §§ 1601 ff. gilt seit ihrem Beitritt zur Bundesrepublik am 3.10.1990 auch in den neuen Bundesländern. Ältere Unterhaltstitel der früheren DDR bleiben jedoch nach Art. 236 § 1 EGBGB in Kraft[4].

2. Minderjährige und volljährige Kinder

1204 Soweit die §§ 1601 ff., die vom Verwandtenunterhalt handeln, ausdrücklich den Kindesunterhalt ansprechen, betreffen sie das minderjährige unverheiratete Kind (§§ 1602 II, 1603 II, 1606 III 2, 1609, 1611) oder noch allgemeiner das minderjährige Kind (§§ 1612 II, 1612a), den volljährigen Schüler bis 21 Jahre im elterlichen Haushalt (§ 1603 II 2), schließlich das unverheiratete Kind (§ 1612 II 1).

Während das volljährige und das verheiratete Kind normalerweise auf eigenen Füßen stehen und ihren Unterhalt selbst verdienen können, kann sich das minderjährige unverheiratete Kind noch nicht selbst helfen und genießt deshalb mancherlei Privilegien. Es geht dem volljährigen und dem verheirateten Kind und allen übrigen Verwandten im Range vor (§ 1609 I). Seinen Bedarf muss es nicht aus dem Stamm seines Vermögens decken (§ 1602 II). Wird es von dem einen Elternteil betreut, darf es vom anderen El-

---

3 Dazu *BGH* NJW 92, 1393; *OLG Hamm* FamRZ 99, 1533, *OLG Oldenburg* FamRZ 2000, 1176 u. *OLG Köln* FamRZ 2001, 437: deutlich erhöhter Eigenbedarf des Kindes.
4 Zu den Einzelheiten: *Maurer* FamRZ 94, 337.

ternteil den vollen Unterhalt verlangen (§ 1606 III 2). Dieser ist nicht schon dann leistungsunfähig, wenn er seinen eigenen angemessenen Lebensbedarf gefährden würde, sondern erst dann, wenn sein notwendiger Eigenbedarf gefährdet würde (§ 1603 II). Der notwendige Eigenbedarf aber ist niedriger als der angemessene. Diese Privilegien enden am Tag der Volljährigkeit oder Heirat des Kindes, nicht erst am Monatsende[5]. Im Unterhaltsprozess muss man also stets darauf achten, ob man es mit einem minderjährigen unverheirateten oder aber mit einem volljährigen oder verheirateten Kind zu tun hat.

Was den Rang des unterhaltsberechtigten Kindes (§ 1609 I) und die Leistungsfähigkeit der Eltern (§ 1603 II) betrifft, stellt das KindUG ab 1.7.1998 den volljährigen Schüler bis 21 Jahren, der noch zu Hause wohnt, dem minderjährigen Kind gleich.

3. Anspruchsgrundlagen und Gegennormen

Gesetzliche Anspruchsgrundlagen sind die §§ 1601, 1602, 1610. Danach hat das eheliche Kind dann Anspruch auf Unterhalt gegen seine Eltern (§§ 1601 mit § 1589 S. 1), wenn es seinen **Unterhaltsbedarf** (§ 1610) nicht selbst decken kann und deshalb **bedürftig** ist (§ 1602). Dies sind die gesetzlichen Anspruchsvoraussetzungen, die das klagende Kind beweisen muss. **1205**

Die beiden Eltern haften aber nicht als Gesamtschuldner, sondern nur anteilig nach ihrem Einkommen und Vermögen (§ 1606 III 1). Der **Haftungsanteil des verklagten Elternteils** ist eine weitere Anspruchsvoraussetzung, so dass das klagende Kind im Streitfall Einkommen und Vermögen beider Eltern nachweisen muss. Dies gilt jedenfalls für das volljährige und das verheiratete Kind. Dagegen erfüllt die Mutter oder der Vater eines minderjährigen unverheirateten Kindes die gesetzliche Unterhaltspflicht in der Regel schon durch Pflege und Erziehung des Kindes (§ 1606 III 2), so dass der andere Elternteil den vollen Unterhalt allein zahlen muss.

Da der Unterhalt den laufenden Bedarf des Kindes decken soll, erlischt der Anspruch auf **rückständigen Unterhalt**, es sei denn der Schuldner sei **zur Auskunft aufgefordert**, in **Verzug** oder **verklagt** oder es handle sich um **Sonderbedarf** (§ 1613). Auch das sind Anspruchsvoraussetzungen, die das Kind beweisen muss, wenn es rückständigen Unterhalt fordert.

Keine Anspruchsvoraussetzung hingegen ist die Leistungsfähigkeit der Eltern, vielmehr schließt ihre **Leistungsunfähigkeit** nach § 1603 den Unterhaltsanspruch des Kindes aus und begründet eine **anspruchshindernde Einwendung**, die der verklagte Elternteil beweisen muss. Weitere Einwendungen begründen der **Unterhaltsverzicht für die Vergangenheit** (§ 1614), die **Verwirkung** des Unterhaltsanspruchs (§ 1611) sowie der **Tod** des unterhaltsberechtigten Kindes oder unterhaltspflichtigen Elternteils (§ 1615). **1206**

Da der Unterhaltsanspruch des Kindes nach Grund und Höhe vom Einkommen und Vermögen sowohl des Kindes als auch der Eltern abhängt, jeder aber nur seine eigenen Verhältnisse zuverlässig kennt, sind sie einander nach § 1605 zur **Auskunft** verpflichtet. Materiellrechtlich ist der Auskunftsanspruch ein Hilfsanspruch, denn er soll dazu verhel-

---

5 *BGH* 103, 267: Umkehrschluss aus §§ 1612 I, 1585 I 3.

fen, den gesetzlichen Unterhalt richtig zu berechnen. Mit der Stufenklage nach § 254 ZPO klagt man gleichzeitig auf Auskunft und auf Unterhalt (RN 1489).

4. Das Einkommen im gesetzlichen Unterhaltssystem

4.1 Wichtigster Faktor auf allen Stufen

1207 Wichtigster Faktor des Kindesunterhalts ist das Einkommen der Eltern und des Kindes. Es spielt auf allen drei Stufen der Anspruchsprüfung die entscheidende Rolle. Nach § 1610 I bestimmt es die Lebensstellung des Kindes und damit seinen **Unterhaltsbedarf**. Nach § 1602 beschränkt das eigene Einkommen des Kindes seine **Bedürftigkeit** auf den ungedeckten Restbedarf. Und nach § 1603 zieht das Einkommen der Eltern die Opfergrenze der **Leistungs(un)fähigkeit**. Diese drei Fragen: erstens nach dem Unterhaltsbedarf, zweitens nach der Bedürftigkeit und drittens nach der Leistungs(un)fähigkeit sollte man scharf trennen und zweckmäßig in dieser Reihenfolge beantworten.

Nun ist das unterhaltsrechtliche Verständnis von Einkommen alles andere als einfach. Man unterscheidet nicht nur die verschiedenen Einkommensarten des Steuerrechts, sondern auch noch das Brutto- und das Nettoeinkommen, das „unbereinigte" und das „bereinigte" Nettoeinkommen, das Einkommen aus Erwerbstätigkeit und aus anderen Quellen, das Einkommen aus zumutbarer und aus unzumutbarer Erwerbstätigkeit, schließlich das reale und das fiktive Einkommen, das eigentlich keines ist.

Die Einzelheiten sind an anderer Stelle, beim Ehegattenunterhalt, beschrieben (RN 518 ff.). Sie passen zum größten Teil auch für den Kindesunterhalt, so dass hier nur auf zwei Besonderheiten hinzuweisen ist:

4.2 Kindergeld und Erziehungsgeld

1208 **Das staatliche Kindergeld zählt für den Kindesunterhalt nicht zum Einkommen der Eltern**, denn es soll nicht dem Kind, sondern den Eltern zugutekommen, um deren Belastung durch Erziehung, Betreuung und Unterhalt zu erleichtern[6]. Bezieht ein Elternteil allein das Kindergeld, schuldet er dem anderen, der das Kind betreut oder bar unterhält, einen hälftigen Ausgleich. Anspruchsgrundlage ist der ungeschriebene familienrechtliche Grundsatz, dass ungerechtfertigte Vermögensvorteile nach Treu und Glauben auszugleichen sind[7]. Obwohl also der Ausgleich zwischen den Eltern durchzuführen wäre, **verrechnet man das Kindergeld der Einfachheit halber mit dem Kindesunterhalt**. Bezieht der betreuende Elternteil das Kindergeld, verringert sich der Barunterhalt um das halbe Kindergeld. Bezieht der barunterhaltspflichtige Elternteil das Kindergeld, erhöht sich der Barunterhalt um das halbe Kindergeld[8]. Mit Volljährigkeit des Kindes entfallen Betreuung und Ausgleich[9], so dass das Kindergeld jetzt voll demjenigen Elternteil zusteht, der den Unterhalt zahlt; mag er es seinem Kind weitergeben.

---

6 *BVerfG* NJW 90, 2869, 2876; *BGH* 70, 151; 103, 272; NJW 84, 1538; 87, 647.
7 *BGH* NJW 88, 2375.
8 *BGH* 70, 151; NJW 82, 1893; 88, 2371.
9 *OLG Hamm* FamRZ 97, 960.

Mit Wirkung ab 1.7.1998 regelt § **1612b** die Anrechnung des Kindergeldes ausdrücklich so: Das Kindergeld ist hälftig auf den Kindesunterhalt anzurechnen, wenn es nicht an den barunterhaltspflichtigen Elternteil ausbezahlt wird (I). Sind beide Elternteile barunterhaltspflichtig, erhöht sich der Unterhaltsanspruch gegen den Elternteil, der das Kindergeld bezieht, um das hälftige Kindergeld (II). Voll anzurechnen ist es, wenn nur der barunterhaltspflichtige Elternteil Anspruch auf das Kindergeld hat, es aber nicht bekommt (III). Der **Zählkindvorteil** eines anderen Kindes wird nicht angerechnet (IV)[10]. Bislang unterblieb eine Anrechnung, soweit der Unterhaltsschuldner außerstande war, auch nur den Regelbetrag zu zahlen (V a.F.). Mit Wirkung ab 1.1.2001 **unterbleibt die Anrechnung schon dann, wenn der Unterhaltsschuldner nicht wenigstens 135 % des Regelbetrags abzüglich des hälftigen Kindesgeldes zahlen kann (V n.F.)**[11].

Für andere regelmäßig wiederkehrende kindbezogene Leistungen gilt nach § 1612c das Gleiche.

Eine weitere Besonderheit ist das **Erziehungsgeld:** Nach § 9 S. 1 Bundeserziehungsgeldgesetz lässt es die gesetzliche Unterhaltspflicht unberührt, zählt also nicht zum Einkommen des unterhaltspflichtigen Elternteils und erhöht nicht dessen Leistungsfähigkeit. Davon macht § 9 S. 2 eine Ausnahme für den Fall der verschärften Unterhaltspflicht gegenüber dem minderjährigen unverheirateten Kind nach § 1603 II[12]. **1209**

5. Unterhaltstabellen und Leitlinien

Stärker noch als der Ehegattenunterhalt wird der Kindesunterhalt durch die Unterhaltstabellen und Leitlinien der Oberlandesgerichte beherrscht. Die Einzelheiten werden an anderer Stelle besprochen: die rechtliche Qualität dieser „Hilfsmittel" beim Ehegattenunterhalt (RN 272), die Anwendung auf den Kindesunterhalt beim Bedarf des Kindes (RN 1256). **1210**

6. Gesetzlicher und vertraglicher Unterhalt

6.1 Vertraglicher Unterhaltsverzicht und vertragliche Unterhaltsregelung

Die gesetzlichen Vorschriften zum Kindesunterhalt sind weitgehend zwingend und beschränken die Vertragsfreiheit stark. Anders als der geschiedene Ehegatte kann das Kind nach § 1614 I für die Zukunft nicht auf seinen gesetzlichen Unterhalt verzichten; schon ein vertraglicher Teilverzicht ist nichtig[13]. Unwirksam ist auch die vertragliche Abfin- **1211**

---

10 *OLG Celle* FamRZ 99, 1455.
11 Gesetz v. 2.11.2000 (BGBl. I, 1479); dazu und zu den Auslegungsschwierigkeiten: *Scholz* FamRZ 2000, 1541; *Vossenkämper* FamRZ 2000, 1547; *Gerhardt* FamRZ 2001, 73; *Stollenwerk/Stollenwerk* ZAP 2001 Fach 11 S. 587; *Duderstadt* FamRZ 2001, 593; *Soyka u. Wohlgemuth* FamRZ 2001, 740, 742; *Graba* NJW 2001, 249.
12 *OLG Düsseldorf u. Frankfurt* FamRZ 91, 592, 594.
13 *OLG Frankfurt* FamRZ 94, 1131: Vereinbarung, Kindesunterhalt bis Volljährigkeit auf Sperrkonto zu zahlen; *OLG Celle* FamRZ 94, 1131: nur Mindestunterhalt unabhängig von Einkommen der Eltern.

dung künftigen Kindesunterhalts, denn nach § 1614 II wird der Unterhaltsschuldner nicht frei, soweit er den Unterhalt für mehr als 3 Monate vorausbezahlt[14].

Die Vertragsfreiheit ist aber nur beschränkt, nicht ausgeschlossen. Auf Unterhalt für die Vergangenheit kann auch das Kind beliebig verzichten (§ 397). Außerdem lässt sich der Kindesunterhalt auch für die Zukunft vertraglich näher regeln, denn der gesetzliche Rahmen ist dehnbar. Da der gesetzliche Unterhalt schwer zu berechnen ist, sind die Grenzen zwischen Unterhaltsregelung und Unterhaltsteilverzicht fließend. Die vertragliche Unterhaltsregelung aber ist weniger starr als die gesetzliche und wird den besonderen Umständen des Falles oft besser gerecht. Sie ist formfrei und kann sich stillschweigend (§§ 133, 157) schon aus einer regelmäßigen tatsächlichen Übung der Unterhaltszahlung ergeben[15].

6.2 Freistellungsvereinbarung der Eltern

1212　Vom nichtigen Unterhaltsverzicht des Kindes muss man die Vereinbarung der Eltern unterscheiden, durch die der eine den anderen Elternteil von der Verpflichtung zum Kindesunterhalt freistellt. Die vertragliche Verpflichtung zur Schuldbefreiung ist in der Regel schon deshalb unbedenklich, weil sie nur zwischen den vertragschließenden Eltern gilt und den Unterhaltsanspruch des Kindes nicht berührt[16]. Der begünstigte Elternteil darf sich die Befreiung von Kindesunterhalt freilich nicht durch Zugeständnisse bei der elterlichen Sorge oder dem Umgangsrecht zu Lasten des Kindeswohls erkaufen, denn diese Verknüpfung ist mit dem Kindeswohl nicht zu vereinbaren und macht den ganzen Vertrag nichtig (§ 138 I)[17].

6.3 Unterhaltsvertrag zugunsten des Kindes

1213　Auch der Unterhaltsvertrag der Eltern zugunsten des Kindes (§ 328), berührt den gesetzlichen Unterhaltsanspruch des Kindes nicht. So enthält der **Vertrag zwischen Ehemann und Ehefrau über eine heterologe Insemination** wie selbstverständlich die Verpflichtung des Ehemannes nach § 328, dem erwarteten Kind wie einem eigenen Unterhalt zu zahlen, und diese Unterhaltspflicht erlischt nicht ohne weiteres mit der Feststellung im Statusverfahren, das Kind sei nichtehelich, sondern ist wegen Wegfalls der Geschäftsgrundlage (§ 242) nur an die neue Situation anzupassen. Sogar die Anpassung entfällt, wenn der Ehemann selbst im Widerspruch zum Vertrag seine Vaterschaft angefochten hat[18]. Umgekehrt verliert das Kind seinen vertraglichen Unterhaltsanspruch aus § 328, wenn es selbst die Vaterschaft erfolgreich anficht[19].

14　*BGH* 123, 49: soweit nicht erfüllbar, auch nicht anfechtbar.
15　*OLG Karlsruhe* FamRZ 81, 384: im Einzelfall verneint.
16　*BGH* NJW 86, 1167: Scheidungsvereinbarung; NJW 87, 709; *KG* FamRZ 85, 1073; *OLG Stuttgart* FamRZ 92, 716; *OLG Frankfurt* FamRZ 94, 1131.
17　*BGH* NJW 84, 1951; 86, 1167: Einverständnis des begünstigten Elternteils mit elterlicher Sorge des anderen noch nicht sittenwidrig.
18　*BGH* 129, 297.
19　*BGH* NJW 95, 2031; *OLG Hamm* FamRZ 94, 1340.

Volle Vertragsfreiheit genießen nur Personen, die einander nicht kraft Gesetzes zum Unterhalt verpflichtet sind wie Pflegeeltern und Pflegekinder[20]. Derartige Verträge begründen indes keine familienrechtlichen, sondern nur **schuldrechtliche Unterhaltsansprüche**[21], deren Umfang und Dauer allein auf dem Parteiwillen (§§ 133, 157) gründen[22] und die keine Familiensachen sind.

Wenn Ehegatten einvernehmlich ein fremdes Kind aufnehmen, um es ohne Adoption durch mittelbare Falschbeurkundung als eigenes auszugeben, so verpflichten sie sich dadurch wie selbstverständlich, auch dem Kind gegenüber (§ 328) , es wie ein eigenes Kind zu unterhalten[23].

6.4 Geschäftsgrundlage

Wie jeder Verpflichtungsvertrag hat auch der Unterhaltsvertrag eine Geschäftsgrundlage, deren Fehlen oder Wegfall nach § 242 eine Anpassung rechtfertigt. Das gilt auch für den Prozessvergleich über Unterhalt. Seine Anpassung erfordert zwar eine Klage (§ 323 I ZPO), richtet sich aber ausschließlich nach Treu und Glauben (§ 242 u. RN 1566).   **1214**

3. Kapitel
Rechtsfolge: Anspruch auf Unterhalt

1. Unterhaltsrente

Rechtsfolge der §§ 1601, 1602, 1610 ist ein gesetzlicher Anspruch auf Unterhalt. Was Unterhalt ist, sagt verbindlich **§ 1612**: eine **Geldrente** (I 1), die Monat für Monat im voraus zu zahlen ist (III 1) und auch dann für den ganzen Monat geschuldet bleibt, wenn das Kind während des Monats stirbt (III 2). Das ist die gesetzliche Regel. Der unterhaltspflichtige Elternteil darf nur ausnahmsweise und aus besonderem Grunde den Unterhalt auf andere Art und Weise leisten (I 2). Außerdem dürfen die Eltern die Art und Weise sowie die Fälligkeit des Unterhalts für ein unverheiratetes Kind abweichend vom Gesetz verbindlich bestimmen (§ 1612 II u. RN 1219).   **1215**

In der Regel ist der laufende Unterhalt aber eine **regelmäßig wiederkehrende Leistung in Geld** (§ 197 BGB; §§ 258, 323 ZPO). Der Anspruch entsteht, sobald seine Voraussetzungen (Bedarf und Bedürftigkeit) erfüllt sind. Er erlischt, wenn die eine oder andere Voraussetzung wegfällt, und entsteht wieder neu, sobald diese Voraussetzung erneut erfüllt wird[24]. Nur der Sonderbedarf (§ 1613 II Nr. 1) ist durch einmalige Zahlung des erforderlichen Geldbetrags zu decken.   **1216**

---

20 *BGH* FamRZ 86, 669; ferner NJW 86, 374: nichtehelicher Lebenspartner.
21 *BGH* FamRZ 86, 671.
22 *BGH* FamRZ 86, 669; NJW 86, 374.
23 *BGH* FamRZ 95, 995.
24 *BGH* 82, 250; 85, 25.

1217 Der Unterhaltsanspruch ist **unpfändbar** (§ 850b I Nr. 2 ZPO mit Ausnahme in Abs. II), deshalb **unabtretbar** (§ 400) und nach § 1615 auch nicht vererblich. **Die Aufrechnung gegen den Unterhaltsanspruch ist ausgeschlossen** (§ 394)[25], es sei denn, mit einem Schadensersatzanspruch aus vorsätzlich unerlaubter Handlung (RN 279)[26].

Unterhalt ist erst ab Verzug oder Rechtshängigkeit zu verzinsen (§§ 288, 291 entspr.)[27]. Wer seine Unterhaltspflicht verletzt, schuldet aus Verzug oder positiver Forderungsverletzung Schadensersatz[28].

2. Betreuung und Barunterhalt

1218 Manche Gerichte und Autoren unterscheiden zwischen dem Betreuungs- und dem Barunterhalt. Den Betreuungsunterhalt leistet angeblich derjenige Elternteil, bei dem das – minderjährige – Kind lebt. Den Barunterhalt hat der andere zu zahlen. Wäre dies richtig, hätte das Kind gegen seine Eltern Anspruch sowohl auf Betreuungs- als auch auf Barunterhalt. Dem Gesetz entspricht dies ganz und gar nicht. **Der gesetzliche Kindesunterhalt besteht nach § 1612 I 1 aus einer Geldrente.** Soweit die Eltern dem unverheirateten Kind statt dessen Kost und Logis bieten, handelt es sich nicht um Betreuungsunterhalt, sondern um Unterhalt in Natur (RN 1220). Zwar erfüllt die Mutter oder der Vater nach § 1606 III 2 die gesetzliche Unterhaltspflicht in aller Regel schon durch Pflege und Erziehung des minderjährigen unverheirateten Kindes. Aber der Anspruch des Kindes auf **Erziehung und Betreuung** ist nach der gesetzlichen Terminologie **kein** Anspruch auf **Unterhalt** und § 1606 III 2 keine Anspruchsgrundlage für Unterhalt[29].

3. Unterhaltsbestimmungsrecht der Eltern

3.1 Gestaltungsrecht

1219 Nach § 1612 II 1 dürfen die Eltern eines unverheirateten Kindes sowohl die Art und Weise als auch die Fälligkeit der Unterhaltsleistung bestimmen und die gesetzliche Geldrente (§ 1612 I 1) durch einen **Unterhalt in Natur** ersetzen: nämlich durch das Gewähren von Kost und Logis nebst Sachaufwendungen und Taschengeld[30].

Das **Bestimmungsrecht** ist ein Gestaltungsrecht, die Bestimmung eine rechtsgestaltende empfangsbedürftige Willenserklärung, die mit Zugang beim unterhaltsberechtigten Kind wirksam wird (§ 130)[31]. Sie muss nicht ausdrücklich erklärt werden, sondern kann sich bereits stillschweigend aus den Umständen ergeben (§ 133), etwa daraus, dass das Kind

---

25 *OLG Hamm* FamRZ 88, 952: gilt auch für Zinsen aus Unterhalt.
26 Aber auch *BGH* 123, 49.
27 *BGH* FamRZ 87, 352; *OLG Hamm* FamRZ 88, 952.
28 *OLG Schleswig* FamRZ 83, 394.
29 *BGH* NJW 94, 2234: deshalb kein Ausgleichsanspruch des unterhaltspflichtigen Vaters, der das Kind auch noch betreut, denn damit erfüllt er keine Unterhaltspflicht der Mutter.
30 *BGH* NJW 83, 2198; 84, 305; *OLG Frankfurt* FamRZ 2001, 116: voller Unterhalt; ferner *Buchholz* FamRZ 95, 705.
31 *BGH* NJW 83, 2198: jedenfalls, wenn Kind volljährig; NJW 96, 1818.

im elterlichen Haushalt lebt[32], oder aus der Aufforderung an das Kind, ins Elternhaus zurückzukehren[33].

3.2 Rechtsfolge der Unterhaltsbestimmung

Die wirksame Unterhaltsbestimmung der Eltern ersetzt die gesetzliche Geldrente   **1220**
des § 1612 I 1 (Barunterhalt) durch eine andere Art der Unterhaltsgewährung
(„Naturalunterhalt"); das ist ihre rechtsgestaltende Rechtsfolge. Der Anspruch des
Kindes auf Barunterhalt erlischt[34]. Das Kind kann den angebotenen „Naturalunterhalt"
nur insgesamt annehmen, es hat keinen Teilanspruch auf Auslagenerstattung und Taschengeld[35]. Wenn ihm die Bestimmung nicht gefällt, muss es beim Familiengericht eine
Änderung beantragen, braucht dazu aber „besondere Gründe" (§ 1612 II 2 u. RN 1228).

Die wirksame Unterhaltsbestimmung der Eltern **bindet** nicht nur das Kind und dessen
Rechtsnachfolger, etwa den Träger der Sozialhilfe oder Ausbildungsförderung[36], sondern
auch das Familiengericht im Unterhaltsprozess, und sie bindet solange, bis die Eltern
oder das Familiengericht (§ 1612 II 2) sie ändern[37].

3.3 Voraussetzungen der Unterhaltsbestimmung

Nach § 1612 II 1 dürfen die Eltern nur den **Unterhalt des unverheirateten Kindes** be-   **1221**
stimmen; ob es noch minderjährig oder schon volljährig ist, spielt keine Rolle[38]. Und sie
müssen auf die Belange des Kindes Rücksicht nehmen. Solange die Eltern zusammenleben, treffen sie die Bestimmung gemeinsam. Da sie nur die Art und Weise, nicht auch
das Maß des Unterhalts bestimmen dürfen, **muss ihre Bestimmung den vollen Lebens-**
bedarf des Kindes (§ 1610) **decken**[39]. Meistens bestimmen sie, das Kind solle bei ihnen
leben. Diese Bestimmung ist jedoch unwirksam, wenn das Kind aus triftigem Grund
nicht bei seinen Eltern leben kann. Das ist der Fall, wenn die Zentrale Vergabestelle dem
Kind einen Studienplatz für ein numerus-clausus-Studium an einer auswärtigen Hochschule zuweist. Ist die Unterhaltsbestimmung der Eltern aber unwirksam, behält das
Kind seinen Anspruch auf die Unterhaltsrente[40]. Die Unterhaltsbestimmung ist oder wird
vor allem dann unwirksam, wenn sie nicht durchführbar ist oder dem Kind nicht zugemutet werden kann[41].

---

32 *BGH* NJW 83, 2198.
33 *BGH* NJW 84, 305.
34 *BGH* NJW 96, 1818.
35 *BGH* NJW 81, 574; 83, 2198; ferner *OLG Zweibrücken* FamRZ 88, 205: auch kein Anspruch
    auf Änderung der elterlichen Bestimmung.
36 *BGH* NJW 81, 574; 84, 305; *OLG Köln* FamRZ 88, 1089.
37 *BGH* NJW 84, 305; 96, 1818; *OLG Zweibrücken* FamRZ 88, 204: Eltern können Bestimmung je-
    derzeit ändern.
38 *BGH* 104, 224; NJW 81, 574; 83, 2198; 84, 305; 96, 1818; ferner *OLG Köln* FamRZ 83, 643:
    geschieden ist nicht „unverheiratet".
39 *BGH* 104, 227; NJW 83, 2198; 84, 305; *OLG Frankfurt* FamRZ 2001, 116.
40 *BGH* NJW 96, 1817: gesetzlicher Forderungsübergang nach § 37 I 1 BAföG.
41 *BGH* NJW 96, 1818; *OLG Köln* FamRZ 98, 1194: Aufenthaltsbestimmung; *KG* FamRZ 2000,
    979: Aids erfordert spezielle Versorgung.

3.4 Unterhaltsbestimmung nach Trennung und Scheidung der Eltern gegenüber minderjährigem Kind

1222 Wer aber darf nach Trennung und Scheidung der Eltern den Kindesunterhalt bestimmen: nur beide Eltern gemeinsam oder jeder unterhaltspflichtige Elternteil für sich allein? Nach § 1612 II 1 sind es „die" unterhaltspflichtigen Eltern. Mehr verrät das Gesetz nicht, denn es hat nur die intakte Ehe im Auge[42]. Die Rechtsprechung füllt diese Gesetzeslücke aus.

Die gemeinsame Bestimmung, das Kind solle im Haushalt der Eltern leben, wird durch die Trennung der Eltern undurchführbar, so dass die gesetzliche Barunterhaltspflicht wieder auflebt[43]. Jetzt muss man zwischen minderjährigen und volljährigen Kindern unterscheiden. **Gegenüber minderjährigen Kindern steht das Bestimmungsrecht nur dem Sorgeberechtigten zu, denn es ist ein Bestandteil der Personensorge (§ 1631 I)**[44].

1223 Sind noch **beide Eltern gemeinsam sorgeberechtigt**, müssen sie sich um eine Einigung bemühen (§ 1627 S. 2). Gelingt dies nicht, können sie das Familiengericht um Vermittlung bitten[45]. Jedenfalls ist das Angebot eines Elternteils, statt Barunterhalt zu zahlen, das Kind bei sich aufzunehmen und zu betreuen, ohne Zustimmung des anderen Elternteils unwirksam, denn diese Art von Unterhalt ist ohne Änderung der elterlichen Sorge für das Kind nicht erreichbar[46].

Beispiel

> Die Eltern leben getrennt. Die beiden Kinder im Alter von 12 und 7 Jahren werden von der Mutter betreut. Diese verlangt vom Vater im eigenen Namen (§ 1629 III 1) Kindesunterhalt. Der Vater bietet statt dessen an, die Kinder bei sich aufzunehmen und zu versorgen.
>
> Diese Bestimmung ist unwirksam. Der angebotene Unterhalt beim Vater ist für die Kinder nicht erreichbar. Sie leben nun einmal bei der Mutter und können deshalb das Angebot des Vaters nicht annehmen. Der Vater hat kein Recht darauf, die Kinder nur deshalb zu sich zu nehmen, damit er keinen Barunterhalt mehr zahlen muss. Der Streit der Eltern über die elterliche Sorge darf nicht auf dem Rücken der Kinder ausgetragen werden. Solange der Vater nicht die alleinige elterliche Sorge hat, muss er die Dinge so nehmen wie sie sind. Eine frühere gemeinsame Bestimmung der Eltern aber ist durch ihre Trennung hinfällig geworden. Es bleibt deshalb bei der gesetzlichen Unterhaltsrente nach § 1612 I 1: Der Vater muss zahlen (*BGH* NJW 92, 974; *OLG Stuttgart* FamRZ 91, 595).

1224 **Der allein sorgeberechtigte Elternteil** bestimmt auch den Unterhalt allein, der andere darf ihn nur für die Zeit bestimmen, während der das Kind in seinem Haushalt lebt (§ 1612 II 3)[47]. Praktisch wirkt sich dies so aus: das Kind lebt beim allein sorgeberech-

---

42 *BGH* 124, 224; NJW 84, 305.
43 *BGH* NJW 85, 1339; 92, 974; *BayObLG* FamRZ 90, 905; *OLG Hamm* FamRZ 90, 1389; *OLG Stuttgart* FamRZ 91, 595.
44 *BGH* NJW 83, 2202; 84, 305; *OLG Köln* FamRZ 98, 1194.
45 *BGH* NJW 83, 2202; 84, 305.
46 *BGH* NJW 92, 974; *OLG Hamm* FamRZ 82, 837; *OLG Stuttgart* FamRZ 91, 595; *OLG Köln* NJW 98, 320.
47 *KG* FamRZ 85, 730: gilt nicht für Elternteil, der Kind entführt hat.

tigten Elternteil, während der andere, ob er will oder nicht, nach § 1612 I 1 die gesetzliche Unterhaltsrente zahlen muss.

3.5 Unterhaltsbestimmung nach Trennung und Scheidung gegenüber volljährigem Kind

Für volljährige Kinder gibt es keine elterliche Sorge mehr, aus der man das Bestimmungsrecht ableiten könnte[48]. Da § 1612 II 1 das Bestimmungsrecht den unterhaltspflichtigen Eltern gibt, also an die Unterhaltspflicht bewusst anknüpft, steht es auch nach Trennung und Scheidung jedem unterhaltspflichtigen Elternteil allein zu, vorausgesetzt, seine Bestimmung ist durchführbar und verletzt keine schutzwürdigen Interessen des Kindes oder des anderen Elternteils[49]. Zu allererst muss der Kindesunterhalt gesichert sein. Der aber ist schon dann gesichert, wenn ein Elternteil den vollen Unterhalt nicht nur anbietet, sondern auch leisten kann. Ist das Kind damit nicht einverstanden, kann es nach § 1612 II 2 das Familiengericht anrufen[50].

1225

Die Unterhaltsbestimmung des einen Elternteils muss auch auf den anderen Elternteil Rücksicht nehmen, denn dieser hat anders als das Kind nach § 1612 II 2 keine Möglichkeit, das Familiengericht anzurufen. Die rücksichtslose Bestimmung ist **rechtsmißbräuchlich** und nach § 242 unwirksam[51]. Ob die Unterhaltsbestimmung wirksam oder unwirksam ist, entscheidet das Familiengericht im Unterhaltsprozess. Ist die Bestimmung wirksam, wird die Klage abgewiesen, ist sie unwirksam, bleibt es bei der gesetzlichen Barunterhaltspflicht. Um dies zu klären, muss das Familiengericht die widerstreitenden Interessen der beiden Elternteile gegeneinander abwägen[52]. Der bestimmende Elternteil ist daran interessiert, die drückende Barunterhaltslast zu erleichtern. Der andere Elternteil wiederum, bei dem das Kind schon lebt, hat sich darauf vielleicht eingestellt und will diese Lebensweise nicht ändern[53].

1226

Die Eltern, der Vater Schuldirektor, die Mutter Lehrerin, sind geschieden. Die elterliche Sorge für den gemeinschaftlichen Sohn wurde zunächst der Mutter, später dem Vater übertragen. Dort besuchte der Sohn das örtliche Gymnasium. Die Mutter zahlte Barunterhalt. Volljährig geworden, verließ er das Haus des Vaters und zog zur Mutter. Diese sorgte für den Sohn und gab ihm auch Geld. Um die Schule nicht wechseln zu müssen, nahm der Sohn außerdem am Schulort eine Zweitwohnung. Vom Vater verlangt er monatlich 400,– DM Barunterhalt. Der Vater verweigert die Zahlung und bietet dem Sohn statt dessen an, wieder bei ihm zu leben. Dort steht ein eigenes Zimmer von 30 qm zur Verfügung. Der Vater tut sich schwer mit der Bezahlung des Barunterhalts, da er 5 Kindern aus 3 Ehen Unterhalt schuldet und durch einen Hauskauf stark belastet ist. Sein An-

Beispiel 1227

---

48 *BGH* NJW 85, 2590: aber Unterhaltsbestimmung muss mit Aufenthaltsbestimmung durch Pfleger eines geschäftsunfähigen volljährigen Kindes vereinbar sein.
49 *BGH* FamRZ 83, 892: gemeinsame Bestimmung bindet Eltern; FamRZ 85, 584: gemeinsame Bestimmung unwirksam, wenn undurchführbar; FamRZ 88, 386: Bestimmung Naturalunterhalt unwirksam, wenn Kind bei Großeltern: *OLG Hamburg* FamRZ 90, 1028.
50 *BGH* 104, 224; *OLG Hamm* FamRZ 90, 1028.
51 *BGH* 104, 224; *OLG Frankfurt* FamRZ 2001, 116.
52 *BGH* 104, 224; NJW 83, 2200.
53 *BGH* 104, 224.

gebot umfasst den vollen Unterhaltsbedarf des Sohnes. Freilich behält er sich vor, von der Mutter Ausgleich zu verlangen.

Das Familiengericht hält die Unterhaltsbestimmung des Vaters für wirksam und weist die Unterhaltsklage ab. Das Oberlandesgericht hingegen spricht dem Vater schon deshalb das Bestimmungsrecht ab, weil er sich vorbehalten habe, von der Mutter Ausgleich zu verlangen; unter diesen Umständen hätten nur beide Eltern gemeinsam den Kindesunterhalt bestimmen können. Damit ist wiederum der **Bundesgerichtshof** nicht einverstanden. Er hält den Vater grundsätzlich für berechtigt, die Bestimmung allein zu treffen. Der Kindesunterhalt sei gesichert, da das Angebot des Vaters auf Naturalunterhalt den vollen Bedarf des Sohnes decke. Freilich müsse der Vater Rücksicht nehmen auf die Mutter. Die rücksichtslose Bestimmung sei unwirksam. Dies erfordere eine sorgfältige Interessenabwägung. Das Interesse des Vaters habe hier besonderes Gewicht, weil er den Barunterhalt nur mit Mühe aufbringe. Sein Vorbehalt, von der Mutter Ausgleich zu verlangen, falle nur dann ins Gewicht, wenn die Mutter durch den Ausgleich übermäßig belastet werde, wofür hier nichts spreche. Obwohl also der BGH zur Klageabweisung neigt, entscheidet er nicht selbst, sondern verweist den Rechtsstreit an das Oberlandesgericht zurück, damit es die fehlende Interessenabwägung nachhole (*BGH* 104, 224).

3.6 Entscheidung des Familiengerichts

1228 Das Familiengericht kann die Unterhaltsbestimmung der Eltern ändern, aber **nur auf Antrag des Kindes**[54] **und nur „aus besonderen Gründen"** (§ 1612 II 2). Das ist eine Ausnahmevorschrift, die eng ausgelegt wird. Das Familiengericht soll nicht wegen jeder Kleinigkeit den Eltern in den Arm fallen, sondern deren Unterhaltsbestimmung nur ändern, wenn sie **für das Kind unerträglich** ist. Anzuknüpfen ist an § 1618a: Danach schulden sich Eltern und Kinder lebenslang Beistand und Rücksicht. Ob das Kind „besondere Gründe" für sich hat, lässt sich nicht durch schlichte Subsumtion feststellen, sondern erfordert eine sorgfältige Abwägung der beiderseitigen Interessen[55]. Jedoch können auch schon grobe Verfehlungen der Eltern gegen das Kind eine Abänderung rechtfertigen.

Beispiele 1229

Beispiele für Abänderung

(1) Die 18jährige Tochter wird vom Vater und von der Stiefmutter **krankenhausreif geschlagen**, bedroht und beschimpft (*BayObLG* NJW 77, 680) oder vom Vater **wiederholt aus nichtigem Anlass geohrfeigt**, was die beiden einander tiefgreifend entfremdet (*OLG Zweibrücken* FamRZ 86, 1034).

(2) Die Eltern werden gegen das volljährige Mädchen **wiederholt gewalttätig** (*OLG Köln* FamRZ 96, 963).

(3) Die 18jährige Tochter **entfremdet** sich ihrem Vater aus Gründen, die sie nicht allein zu vertreten hat, und zieht zu ihrem Freund, mit dem sie in der Folgezeit jahrelang zu-

---

54 *BGH* 104, 224: Eltern sind nicht antragsberechtigt.
55 *BayObLG* FamRZ 86, 930; 87, 1298; 89, 660: auch wirtschaftliche Interessen der Eltern; 91, 1224; *OLG Zweibrücken* FamRZ 86, 1035.

sammenlebt (*OLG Hamburg* FamRZ 90, 1269; ähnlich *KG* FamRZ 90, 791 u. *OLG Celle* FamRZ 97, 966; *OLG Schleswig* FamRZ 98, 1195).

(4) Der verwitwete Vater verbietet dem Freund der 20jährigen Tochter, sich während seiner Abwesenheit in seiner Wohnung aufzuhalten, worauf die Tochter auszieht (*OLG Hamburg* FamRZ 89, 309).

(5) Die 21jährige Studentin wird durch die Unterhaltsbestimmung daran gehindert, das ihren Fähigkeiten und Neigungen entsprechende **Studium am auswärtigen Studienort** aufzunehmen (*OLG Hamburg* FamRZ 87, 1183).

(6) Der 24jährige Student, der nach der Scheidung jahrelang bei der Mutter gelebt und zum Vater keinen Kontakt gehalten hat, müsste den **Studienort** wechseln, wenn er den vom Vater angebotenen Naturalunterhalt annähme (*BayObLG* FamRZ 89, 1222; *OLG Celle* FamRZ 2001, 116: täglich 3 Stunden Fahrzeit zum Studienort sind unzumutbar).

Beispiele gegen Abänderung 1230

(1) Die 19jährige, magersüchtige Tochter verlässt das Elternhaus, um ein **auswärtiges Gymnasium** zu besuchen, nachdem sie wiederholt das Klassenziel nicht erreicht hat und die 10. Klasse nur mit einer Sondergenehmigung wiederholen darf. Der Vater ist arbeitslos, die Mutter krank (*BayObLG* FamRZ 89, 660).

(2) Der Wunsch des volljährigen Kindes, beim anderen Elternteil zu leben, rechtfertigt für sich allein noch keine Änderung (*BayObLG* FamRZ 85, 513: der „**Generationenkonflikt**" muss bewältigt werden; *KG* FamRZ 90, 791). Dazu ist eine tiefgreifende **Entfremdung** zwischen Kind und Elternteil nötig, die aber auch nicht genügt, wenn sie **vom Kind provoziert** wurde (*KG* FamRZ 90, 791).

(3) **Persönliche Spannungen** zwischen Eltern und Kind genügen so wenig (*OLG Karlsruhe* FamRZ 77, 681) wie **gelegentliche Erziehungsfehler** (*OLG Köln* NJW 77, 202) oder **Streitigkeiten** über schulische Leistungen, Alkohol- oder Tablettenkonsum des Kindes (*OLG Hamm* FamRZ 86, 385).

Das Familiengericht verfährt nach §§ 12, 36, 43, 59 FGG. Abändern kann es an sich nur 1231 eine wirksame Unterhaltsbestimmung, wie es auch im Unterhaltsprozess nur an eine wirksame Unterhaltsbestimmung gebunden ist und die Unwirksamkeit selbst feststellt. Deshalb ist der Antrag des Kindes nach § 1612 II 2 nur dann zulässig, wenn die Unterhaltsbestimmung nicht offenbar unwirksam ist[56]. Die abändernde Entscheidung des Familiengerichts wirkt nicht zurück[57].

Da das Familiengericht sowohl für den Kindesunterhalt als auch für die Überprüfung der elterlichen Unterhaltsbestimmung zuständig ist, letztere aber im Verfahren der freiwilligen Gerichtsbarkeit und vor dem Rechtspfleger stattfindet, streitet man darüber, ob das Familiengericht die Überprüfung inzidenter im Unterhaltsprozess vornehmen darf[58].

---

56 *KG* FamRZ 89, 780; *BayObLG* FamRZ 89, 1222; *OLG Hamburg* FamRZ 90, 1269.
57 *BayObLG* FamRZ 90, 905; *OLG Hamm* FamRZ 86, 385; *OLG Hamburg* FamRZ 86, 833; *KG* FamRZ 86, 1033 u. *OLG Düsseldorf* FamRZ 87, 194: Rückwirkung aus besonderem Grunde und kraft ausdrücklicher Anordnung möglich; *OLG Düsseldorf* FamRZ 96, 235: keine Rückwirkung wegen § 16 I FGG, aber Anordnung der Wirkung ab Antragstellung möglich.
58 *OLG Hamburg* FamRZ 2000, 246: nein; *KG* FamRZ 2000, 256: nein; *OLG Frankfurt* FamRZ 2000, 1424: nein; *KG* FamRZ 2001, 115: ja; *OLG Frankfurt* FamRZ 2001, 116: ja.

4. Kapitel
Anspruchsvoraussetzung: Verwandtschaft in gerader Linie

1. Verwandtschaft und Kindschaft

1232 Nach § 1601 sind Verwandte in gerader Linie verpflichtet, einander Unterhalt zu gewähren. In gerader Linie verwandt sind Personen, deren eine von der anderen abstammt (§ 1589 S. 1), also Eltern und Kinder, Großeltern und Enkel, Urgroßeltern und Urenkel, nicht auch Geschwister, Onkel und Tanten, Nichten und Neffen, die alle nur in der Seitenlinie verwandt sind (§ 1589 S. 2).

In der gerichtlichen Praxis wird aber nur über Kindesunterhalt gestritten. Wer als Vater unterhaltspflichtig ist, sagt § 1601 mit § 1592. Die **Vaterschaft** muss nicht gerichtlich festgestellt sein. Es genügt schon eine Vaterschaft kraft Heirat mit der Mutter oder kraft Anerkennung nach § 1592 Nr. 1 und Nr. 2 oder nach § 1593. Und diese Vaterschaft besteht solange, bis sie mit Klage und Urteil wirksam angefochten ist[59]. Dies gilt auch für das Kind, das die Ehefrau durch heterologe Insemination mit dem Samen eines anderen Mannes empfangen hat[60]. Durch Adoption erlangt auch ein fremdes Kind die Rechtsstellung eines Kindes mit gesetzlichem Unterhaltsanspruch (§§ 1754, 1770)[61]. Das **Stiefkind** hingegen ist mit Stiefvater oder Stiefmutter nur verschwägert (§ 1590)[62] und deshalb wie das **Pflegekind** allenfalls kraft Vertrags unterhaltsberechtigt[63].

Obwohl das Gesetz in mancherlei Hinsicht zwischen minderjährigen und volljährigen Kindern unterscheidet, ist der **Anspruch auf Kindesunterhalt ein einheitlicher**, der mit Volljährigkeit nicht etwa automatisch erlischt, sondern die Volljährigkeit überdauert, soweit das Kind noch bedürftig ist[64].

2. Der richtige Gläubiger und der richtige Schuldner des Unterhaltsanspruchs

2.1 Gesetzliche Rangfolge

1233 Da § 1601 allgemein Verwandte in gerader Linie zu Unterhalt verpflichtet, muss das Gesetz zwei Rangfragen beantworten: erstens, ob mehrere bedürftige Verwandte neben- oder hintereinander unterhaltsberechtigt sind und zweitens, ob mehrere unterhaltspflichtige Verwandte neben- oder hintereinander haften. Die erste Frage wird von § 1609, die zweite Frage von §§ 1606-1608 beantwortet.

---

59 *OLG Hamm* NJW 94, 2424: mit erfolgreicher Anfechtung erlischt Unterhaltsanspruch rückwirkend.
60 Dazu *BGH* NJW 95, 2028; 95, 2031; *OLG Hamm* NJW 94, 2424.
61 *BGH* FamRZ 84, 378: gleichrangig mit leiblichen Kindern.
62 *BGH* NJW 69, 2007.
63 *BGH* FamRZ 95, 995.
64 *BGH* NJW 84, 1613 u. *OLG Köln* FamRZ 2000, 1043: Abänderung nach § 323 ZPO.

2.2 Rangfolge der Unterhaltsberechtigten

Sind mehrere unterhaltsberechtigte Verwandte vorhanden, kommt es darauf an, ob der **1234** Unterhaltpflichtige alle Unterhaltsansprüche erfüllen kann oder nicht. Der erste Fall ist unproblematisch. Die Rangfrage stellt sich erst, wenn der Unterhaltpflichtige nach § 1603 außerstande ist, allen Berechtigten vollen Unterhalt zu gewähren. Für diesen (Mangel-)Fall bestimmt § 1609 I: Die **minderjährigen unverheirateten Kinder**, eheliche wie nichteheliche[65], gehen den anderen Kindern vor, diese den übrigen Abkömmlingen (Enkeln, Urenkeln), diese den Verwandten der aufsteigenden Linie (Eltern, Großeltern) und unter diesen die näheren (Eltern) den entfernteren (Großeltern). Das ist eine einfache und klare Regel.

Ab 1.7.1998 stehen den minderjährigen unverheirateten Kindern diejenigen **volljährigen Schulkinder bis 21 Jahre gleich, die noch bei den Eltern oder einem Elternteil leben**. Im Übrigen steht das volljährige Kind dem minderjährigen auch dann nach, wenn es behindert und pflegebedürftig ist[66].

Vorrang und Nachrang bedeuten: Der nachrangig Unterhaltsberechtigte bekommt nur **1235** dann Unterhalt, wenn alle vorrangig Unterhaltsberechtigten voll befriedigt sind und noch etwa übrigbleibt. Er geht leer aus, wenn und soweit sich die Leistungsfähigkeit des Unterhaltpflichtigen durch Erfüllung vorrangiger Ansprüche erschöpft. Gleichrangige Unterhaltsansprüche hingegen sind verhältnismäßig zu kürzen, wenn der Unterhaltpflichtige nicht alle voll erfüllen kann. Es ist dies in beiden Fällen eine Frage der Leistungs(un)fähigkeit (RN 1301).

Dass der Unterhaltsanspruch eines nachrangig Berechtigten bereits durch rechtskräftiges Urteil oder Prozessvergleich tituliert ist, verschafft ihm noch keinen Vorrang. Die konkurrierenden Unterhaltsansprüche sind vielmehr so zu behandeln, als würden sie gleichzeitig geltendgemacht; erforderlichenfalls ist der überhöhte Unterhaltstitel nach § 323 ZPO zu kürzen[67].

Nach § 1609 II hat der Ehegatte, der jetzige wie der geschiedene, gleichen Rang mit den minderjährigen unverheirateten Kindern und den volljährigen Schulkindern; allen übrigen Verwandten geht er vor[68].

2.3 Rangfolge der Unterhaltspflichten

Nach § 1608 S. 1 ist der **Ehegatte vor den Verwandten** (Kindern, Eltern) zum Unterhalt **1236** verpflichtet. Diese haften, wenn ein Ehegatte vorhanden ist, nur in zwei Fällen: erstens wenn und soweit der Ehegatte nach §§ 1361, 1581 nicht leistungsfähig ist (§ 1608 S. 2)[69], zweitens, wenn und soweit die Rechtsverfolgung gegen den Ehegatten im Inland

---

65 *OLG Köln* FamRZ 99, 1011: Kinder aus geschiedener u. aus neuer Ehe; *OLG Hamm* FamRZ 99, 1526: Kinder aus geschiedener Ehe u. aus nichtehelicher Beziehung.
66 *BGH* NJW 84, 1813; 87, 1549.
67 *BGH* NJW 80, 935; 92, 1624.
68 Dazu: *OLG Hamm* FamRZ 91, 970; *OLG Stuttgart* FamRZ 91, 1092; *OLG Bamberg* u. München FamRZ 99, 250, 251.
69 *OLG Hamburg* FamRZ 89, 95: Ehegatte muss nicht Ausbildung abbrechen, um Ausbildung des anderen Ehegatten finanzieren zu können.

ausgeschlossen oder erheblich erschwert ist (§ 1608 S. 3 mit § 1607 II 1). Im zweiten Fall geht der Unterhaltsanspruch gegen den Ehegatten auf den Verwandten über, der nachrangig Unterhalt gewährt (§ 1608 S. 3 mit § 1607 II 2).

Die Verwandten haften, wenn ein Ehegatte fehlt oder ausfällt (§ 1608), in folgender Reihenfolge: nach § 1606 I die **Kinder und Enkel** (Abkömmlinge) **vor den Eltern und Großeltern** (Verwandte aufsteigender Linie), nach § 1606 II innerhalb jeder Gruppe die näheren Verwandten vor den entfernteren, also **die Kinder vor den Enkeln und die Eltern vor den Großeltern.**

Ein nachrangiger Verwandter haftet wiederum nur in zwei Fällen: erstens wenn der vorrangige Schuldner nach § 1603 nicht leistungsfähig ist (§ 1607 I)[70], zweitens wenn und soweit die Rechtsverfolgung gegen den vorrangigen Schuldner im Inland ausgeschlossen oder erheblich erschwert ist (§ 1607 II 1)[71]. Auch in diesem Fall geht der Anspruch auf Kindesunterhalt auf den nachrangig Unterhalt Zahlenden über (§ 1607 III).

Mehrere gleichnahe Verwandte (Kinder, Eltern) haften nach § 1606 III 1 weder als Gesamtschuldner noch nach Köpfen, sondern **anteilig nach ihrem Einkommen.**

1237 In der Prozesspraxis reduziert sich die kunstvolle gesetzliche Rangordnung auf den Ehegatten- und den Kindesunterhalt. Hier geht es vor allem darum, ob die Eltern nach § 1606 III 1 anteilig Barunterhalt schulden, oder ob der eine Elternteil den vollen Barunterhalt allein zahlen soll, weil der andere seine Unterhaltspflicht nach § 1606 III 2 schon durch Betreuung des Kindes erfüllt (RN 1281).

5. Kapitel
Anspruchsvoraussetzung: Der Unterhaltsbedarf

1. Überblick

1238 Der Unterhaltsbedarf ist Anspruchsvoraussetzung. Nach § 1610 II umfasst der Unterhalt den gesamten Lebensbedarf (RN 1241) einschließlich der Kosten für eine angemessene Berufsausbildung (RN 1243) und einer notwendigen Erziehung[72].

Wieviel dies kosten darf, umschreibt § 1610 I so: Das Maß des Unterhalts richtet sich nach der Lebensstellung des Bedürftigen und heißt „**angemessener Unterhalt**". Das ist der **Geldbetrag, den der Unterhaltsberechtigte nach seinen Verhältnissen zum Leben braucht.**

---

70 *OLG Hamm* FamRZ 90, 903; *OLG Schleswig* FamRZ 88, 417: wegen Betreuung eines gemeinschaftlichen Kindes; *OLG Stuttgart* FamRZ 2000, 376; *OLG Karlsruhe* FamRZ 2001, 782.
71 *OLG Koblenz* FamRZ 89, 307 u. *OLG Karlsruhe* FamRZ 91, 971: zwar Vollstreckungstitel, aber nur fiktives Einkommen.
72 *BGH* NJW 83, 383: Kosten einer Privatschule; *OLG Nürnberg* FamRZ 93, 837: Internatskosten; *BGH* FamRZ 86, 48; *OLG Oldenburg u. OLG Hamm* FamRZ 96, 625, 1218: Heimkosten.

Nun meint das Gesetz mit der **Lebensstellung** die **wirtschaftliche Selbständigkeit**. **1239** Eine eigene Lebensstellung hat das unterhaltsberechtigte Kind aber erst, wenn es nicht nur erwachsen ist, sondern auch wirtschaftlich auf eigenen Füßen steht. Daran fehlt es nicht nur bei Kleinkindern, Schülern und Lehrlingen, sondern auch noch bei erwachsenen Studenten, Wehrpflichtigen und Zivildienstleistenden. Sie alle leiten ihren Bedarf immer noch von der Lebensstellung der unterhaltspflichtigen Eltern ab. Man muss deshalb schon bei der Bedarfsrechnung **zwischen dem wirtschaftlich unselbständigen** (RN 1252) **und dem wirtschaftlichen selbständigen Kind unterscheiden**. Die Gruppe der wirtschaftlich unselbständigen Kindern unterteilt sich in Minderjährige (RN 1254) und Volljährige (RN 1260), die oft schon außerhalb des Elternhauses ihrer Berufsausbildung nachgehen. Die Gerichte berechnen den Kindesunterhalt fast nur noch nach Tabellen. Weit verbreitet ist die Düsseldorfer Tabelle mit 4 Altersstufen und 9 Einkommensgruppen (RN 1256).

Da der Bedarf nach Grund und Höhe Anspruchsvoraussetzung ist und das wirtschaftlich **1240** unselbständige Kind seinen Bedarf aus der Lebensstellung des unterhaltspflichtigen Elternteils oder gar beider Eltern ableitet, muss es im Streitfall deren Einkommen und Vermögen nachweisen.

Der Unterhaltsbedarf ist aber noch nicht der Unterhaltsanspruch, sondern nur eine Anspruchsvoraussetzung. Seinen vollen Bedarf bekommt das Kind als Unterhalt nur dann, wenn es in vollem Umfang auch bedürftig ist und die Eltern ihn zahlen können.

2. Gesamter Lebensbedarf

Der „gesamte Lebensbedarf", den der Unterhalt nach § 1610 II decken soll, umfasst vor **1241** allem Nahrung, Wohnung[73] und Kleidung, aber auch ärztliche Versorgung und Krankenversicherung[74] sowie Nachhilfeunterricht und Privatschule[75], Freizeit, Sport und Kunst, schließlich ein Taschengeld zur freien Verfügung. Der besondere Bedarf an Betreuung des behinderten Kindes kommt dazu[76]. Sogar die Unterbringung in einer Heil- und Pflegeanstalt oder in einem Heim fällt unter den Lebensbedarf des § 1610 II, denn die Kosten sind zwar außergewöhnlich hoch, entstehen aber weder unregelmäßig noch unerwartet[77].

Schulden gehören dagegen **nicht zum Lebensbedarf**. Der Unterhalt dient nicht dazu, **1242** dem Berechtigten zu helfen, seine Schulden, und seien es gesetzliche Unterhaltspflichten, zu erfüllen (RN 277)[78]. Der Lebensbedarf des minderjährigen Kindes erhöht sich

---

73 *BGH* FamRZ 88, 921: Wohnkosten u. Hausrat; *OLG Hamburg* FamRZ 91, 472: Wohnkostenanteil minderjähriger Kinder; *OLG Köln* FamRZ 82, 834: nicht Mehrkosten durch grundlosen Auszug aus Elternhaus.

74 *KG* FamRZ 88, 760; *OLG Karlsruhe* FamRZ 89, 533; *OLG Hamm* FamRZ 90, 541.

75 *BGH* NJW 83, 393: Erziehungsmaßnahme des Sorgeberechtigten bindet, wenn sachlich begründet; *OLG Hamburg* FamRZ 86, 1033: nötig für Hauptschulabschluss; *OLG Düsseldorf* FamRZ 91, 806: überdurchschnittliches Einkommen der Eltern; *OLG Hamm* FamRZ 97, 960: nur wenn keine staatl. Schule verfügbar.

76 *BGH* FamRZ 85, 917; *OLG Köln* FamRZ 2000, 1242.

77 *BGH* FamRZ 86, 48; *OLG Oldenburg* FamRZ 96, 625; *OLG Hamm* FamRZ 96, 1218.

78 *OLG Oldenburg* FamRZ 91, 1090.

auch nicht dadurch, dass es von Dritten betreut wird, damit der sorgeberechtigte Elternteil seiner Erwerbstätigkeit nachgehen kann[79]. Die **Betreuungskosten** zählen vielmehr zum berufsbedingten Aufwand des sorgeberechtigten Elternteils (RN 541).

3. Ausbildungsbedarf

3.1 Bezahlbare Ausbildung nach Begabung und Neigung des Kindes

1243 Jedes Unterhaltsberechtigte Kind hat Anspruch darauf, dass seine unterhaltspflichtigen Eltern ihm eine Berufsausbildung bezahlen, die sowohl seiner Begabung und Neigung entspricht als auch den Eltern finanziell zumutbar ist. Denn der Unterhaltsbedarf umfasst auch die Kosten einer angemessenen Berufsausbildung (§ 1610 II), und angemessen ist nur diejenige Berufsausbildung, die der Begabung und Neigung des Kindes entspricht und die Eltern finanziell nicht überfordert[80]. Auch der Ausbildungsunterhalt wird dem Kind in aller Regel auf unbestimmte Zeit zugesprochen, da sich das Ende der Ausbildung und der Beginn einer Erwerbstätigkeit nicht zuverlässig abschätzen lassen[81].

1244 **Berufsausbildung** ist Ausbildung nach einem anerkannten Berufsbild in einem geregelten Ausbildungsgang, etwa zum Schreiner, Kaufmann, Lehrer, Arzt oder Rechtsanwalt, zur Kindergärtnerin, Apothekenhelferin oder Psychotherapeutin, aber auch zum Musiker oder Komponisten[82]. Die Promotion gehört nicht ohne weiteres zur Berufsausbildung[83]. Der gewählte Beruf muss sich dazu eignen, dem Kind eine selbständige Lebensstellung, und sei es nur eine einfache und bescheidene, zu verschaffen[84]. Zwar stellen bereits die sorgeberechtigten Eltern durch die Wahl der Schulart oder der Lehrstelle die Weichen, müssen aber auf die Eigenart des Kindes Rücksicht nehmen. Letztlich wählt ohnehin das Kind seinen Beruf selbst.

1245 **Das Kind muss einen passenden Beruf ansteuern,** darf sich aber in Ruhe umschauen (Schnupperlehre) und einen geeigneten Ausbildungsplatz suchen[85]. **Die gewählte angemessene Ausbildung muss es zielstrebig betreiben und binnen angemessener Zeit abschließen**[86], darf ein Studium aber eigenverantwortlich aufbauen[87]. Krankheitsbedingte und andere unverschuldete Verzögerungen sowie zeitweiliges Versagen sind hinzunehmen[88]. Eine angemessene Ausbildung darf das Kind nur aus zwingendem Grunde

---

79 *OLG Hamm* FamRZ 89, 534; aber auch *KG* FamRZ 88, 310.
80 *BGH* 69, 190; 107, 376; FamRZ 91, 1044; NJW 92, 501; 93, 2238; 94, 2362.
81 *OLG Frankfurt* FamRZ 89, 83.
82 *OLG Stuttgart* FamRZ 88, 759; *OVG Hamburg* FamRZ 78, 447: nicht Schulpsychologe; *OLG Hamburg* FamRZ 80, 947: nicht Medizinsoziologe.
83 *OLG Hamm* FamRZ 90, 904.
84 *OLG Stuttgart* FamRZ 88, 759.
85 *BGH* FamRZ 2001, 757: Orientierungsphase.
86 *BGH* NJW 84, 1961; 87, 1557; *OLG Schleswig* FamRZ 96, 201; *OLG Hamm* FamRZ 96, 198; 90, 904 u. 94, 387 sowie *OLG Stuttgart* FamRZ 96, 1434: Regelstudienzeit.
87 *BGH* NJW 84, 1961; FamRZ 90, 149; 2001, 757: Medizinstudium statt Heilpraktikerausbildung.
88 *BGH* NJW 95, 718; FamRZ 90, 149; *OLG Köln* FamRZ 90, 310; *OLG Hamm* FamRZ 90, 904; *OLG Stuttgart* FamRZ 96, 181: Studienbeginn erst 5 Jahre nach Abitur aus leichtem Versagen.

abbrechen[89]. Auch soll das Kind die Eltern über den Stand und die Dauer der Ausbildung regelmäßig informieren[90].

Verletzt es diese „**Obliegenheiten**", bekommt es keinen Unterhalt. Die Eltern müssen weder ein Bummelstudium finanzieren[91] noch den willkürlichen Wechsel von der staatlichen zur Privatschule[92] und schon gar nicht eine neue Ausbildung, nachdem die angemessene alte gescheitert ist[93].

Ausbildungsunterhalt schulden die Eltern entweder für die volle Ausbildungszeit oder gar nicht, denn eine Teilausbildung ist sinnlos[94]. Die **erforderliche Ausbildungsdauer** verlängert sich aber um diejenige Zeitspanne, die das ausgebildete Kind gewöhnlich braucht, um einen geeigneten Arbeitsplatz zu finden[95]. Dagegen zählt das „Parkstudium", das nur die Zeit bis zum Beginn des gewünschten Studiums überbrücken soll, nicht zur Ausbildung, vielmehr muss das Kind diese Zwischenzeit möglichst durch Erwerbstätigkeit überbrücken[96]. Auch große Lücken zwischen den einzelnen Ausbildungsabschnitten beenden die Unterhaltpflicht[97]. **1246**

3.2 Nur eine Berufsausbildung

Die Eltern schulden ihrem Kind nur eine einzige – angemessene – Berufsausbildung, nicht deren zwei oder drei, denn das angemessen ausgebildete Kind ist normalerweise nicht mehr bedürftig, sondern soll und kann für seinen Unterhalt selbst sorgen[98]. **1247**

Von einer unnötigen Zweitausbildung kann man freilich nur dann sprechen, wenn die „Erstausbildung" angemessen war, denn eine **unangemessene Ausbildung zählt nicht**[99]. Unangemessen ist die „Erstausbildung" dann, wenn sie nicht der Begabung oder der Neigung des Kindes entspricht, weil man die Begabung über- oder unterschätzt hat, oder weil die Eltern das Kind in einen ungeeigneten oder ungeliebten Beruf gedrängt haben[100].

---

89 *BGH* 69, 194: Krankheit; *OLG Karlsruhe* FamRZ 90, 555: Mehlallergie des Bäckerlehrlings.
90 *BGH* NJW 95, 718; *OLG Naumburg* FamRZ 2001, 440.
91 *BGH* NJW 84, 1961; 87, 1557; *OLG Zweibrücken* FamRZ 95, 1006.
92 *OLG Frankfurt* FamRZ 85, 1167; *OLG Hamburg* FamRZ 86, 382; ferner *OLG Hamm* FamRZ 96, 49: Mehrkosten durch Privatschule in Thailand.
93 *OLG Karlsruhe* FamRZ 94, 1342: Verlust der Studienberechtigung durch wiederholtes Versagen in der Zwischenprüfung; *OLG Hamm* FamRZ 89, 1219: Abbruch zweier Ausbildungen; *OLG Hamm* FamRZ 95, 1007: nach wiederholtem Abbruch einer Lehre Studienbeginn im Alter von 25 Jahren mit schlechter Prognose.
94 *BGH* FamRZ 90, 149.
95 *KG* FamRZ 85, 419; *OLG Frankfurt* FamRZ 89, 83; *OLG Hamm* FamRZ 90, 940: *Miese* FamRZ 91, 127.
96 *OLG Koblenz* NJW 91, 300; *OLG Frankfurt* FamRZ 90, 789.
97 *OLG Frankfurt* FamRZ 94, 1611: 30 Monate.
98 *BGH* 69, 190; 107, 376; NJW 92, 501; 93, 2238; 94, 2362; 95, 718; FamRZ 90, 149; 91, 931; 2001, 757; *OLG Frankfurt* FamRZ 2001, 439.
99 *BGH* NJW 92, 501; 93, 2238.
100 *BGH* 107, 376; NJW 94, 2362; 95, 718; FamRZ 80, 1115; 91, 931; *OLG Bamberg* FamRZ 90, 790.

Beispiele

1248

Beispiele für unangemessene Berufsausbildung

(1) Der zweijährige Dienst als **Zeitsoldat** bei der Bundeswehr ist überhaupt noch keine Berufsausbildung **für** einen **Abiturienten** (*BGH* NJW 92, 501).

(2) Unangemessen ist die Ausbildung zur **Bürogehilfin für** eine **Abiturientin**, die von Anfang an Fremdsprachenkorrespondentin werden wollte, aber nicht durfte. Die Eltern müssen ihr sogar das Studium der Anglistik und Germanistik bezahlen, obwohl sie zuvor in einem Sprachtest für die betriebliche Weiterbildung zur Fremdsprachenkorrespondentin gescheitert ist (*BGH* NJW 94, 2362).

(3) Weil der Vater das Biologiestudium nicht bezahlen will, lässt sich die Tochter nach dem Abitur (Note 2,9) zur medizinisch-technischen Assistentin (MTA) ausbilden und studiert dann doch noch Biologie. Der Vater muss das Studium bezahlen, denn die **aufgezwungene Ausbildung** zur MTA war unangemessen (*BGH* FamRZ 91, 322).

(4) Die 16 Jahre alte Tochter beginnt nach dem Realschulabschluß (Note 1,9) eine Ausbildung zur Arzthelferin, erkennt bald, dass dies der falsche Beruf ist, beendet aber auf Wunsch der Eltern die Ausbildung (Note „gut"), arbeitet 1 Jahr in ihrem Beruf, besucht dann 2 Jahre lang eine Fachoberschule, besteht das Fachabitur (Note 1,7) und lässt sich dann als Krankengymnastin ausbilden. Die Eltern müssen diese Ausbildung bezahlen, weil die „**Erstausbildung**" unangemessen war und **nur auf Wunsch der Eltern** beendet wurde (*BGH* FamRZ 91, 931).

(5) Unter dem Eindruck der Trennung seiner Eltern und einer schweren Erkrankung seiner Mutter entscheidet sich der begabte Sohn nach gutem Abitur zunächst für eine handwerkliche Lehre, die er erfolgreich absolviert, um sich dann doch noch zu einem Studium zu entschließen. Der Vater wird es bezahlen müssen, denn die „**Erstausbildung**" war **durch widrige Umstände veranlasst** und deshalb unangemessen (*OLG Düsseldorf* FamRZ 94, 1546).

3.3 Einheitliche Erstausbildung oder Zweitausbildung?

1249 Keine Zweitausbildung ist die **Weiterbildung**. Während die Zweitausbildung einen völlig neuen Beruf anstrebt, der mit der Erstausbildung nichts zu tun hat, setzt die Weiterbildung die Berufsausbildung nur fort, ergänzt und vervollständigt sie, ist also Teil einer einheitlichen Berufsausbildung[101]. Dies gilt etwa für die Reihenfolge: Abitur – praktische Ausbildung – Studium, falls die **praktische Ausbildung** auf das Studium vorbereitet. Die Eltern müssen auch sie finanzieren, wenn sie **mit den anderen Ausbildungsabschnitten sachlich und zeitlich eng zusammenhängt**[102]. Eine Lehre etwa hängt mit dem späteren Studium dann sachlich eng zusammen, wenn sie auf das Studium praktisch vorbereitet. Zeitlich eng ist der Zusammenhang, wenn das Kind nach Abschluss der Lehre zielstrebig das Studium aufnimmt und betreibt. Schiebt sich dagegen eine längere Berufsausübung dazwischen, erlischt der Unterhaltsanspruch. Dagegen ist es nicht nötig, dass das Kind den Entschluss zu studieren, noch vor Abschluss der Lehre fasst[103].

---

101 *OLG Stuttgart* FamRZ 96, 1435: ausnahmsweise sogar Weiterbildung zum Meister.
102 *BGH* 107, 376; NJW 92, 501; 93, 2238; 94, 2362; 95, 718; FamRZ 89, 853; 90, 149; 93, 1057; *OLG Hamm* FamRZ 90, 196; 91, 477; *OLG Karlsruhe* FamRZ 90, 1386; *OLG Düsseldorf* FamRZ 90, 1387; *OLG Stuttgart* FamRZ 91, 1472; *OLG Köln* FamRZ 99, 1451.
103 *BGH* FamRZ 90, 149; aber auch *BGH* FamRZ 95, 718; *OLG Frankfurt* FamRZ 95, 244.

Beispiele für einheitliche Berufsausbildung

(1) **Abitur** (Note 3,0) – Ausbildung zur **Bauzeichnerin** – **6 Monate Berufsausübung** – **Architekturstudium**; der Vater ist Rechtsanwalt und Notar, auch seine übrigen Kinder studieren; die kurze Berufstätigkeit unterbricht den zeitlichen Zusammenhang noch nicht (*BGH* 107, 376);

(2) **Abitur** – 2 Jahre Zeitsoldat bei der Bundeswehr – **Banklehre** – **Jurastudium**; der Vater ist Major der Bundeswehr (*BGH* NJW 92, 501);

(3) **Haupt- und Berufsschule** – Lehre zum **Bürokaufmann** – **3/4 Jahr Berufstätigkeit** – **Fachoberschule** – Ersatzdienst – **Studium der Sozialarbeit und Sozialpädagogik** an der Fachhochschule; der Vater betreibt eine Bäckerei mit Café (*BGH* FamRZ 91, 321);

(4) **Mittlere Reife** – Ausbildung zur **Erzieherin** – **Fachabitur** – **Studium der Sozialpädagogik** (*OLG Frankfurt* FamRZ 95, 244).

(5) **Facharbeiter** – **Abitur** – **Studium** (*KG* FamRZ 94, 1055 u. *OLG Brandenburg* FamRZ 97, 1107: in DDR).

Beispiele gegen einheitliche Berufsausbildung

(1) **Es fehlt der erforderliche sachliche Zusammenhang** zwischen:

Lehre zum **Industriekaufmann** und **Medizinstudium** (*BGH* FamRZ 91, 1045) **oder Maschinenbaustudium** (*BGH* NJW 93, 2238);

Lehre zum **Speditionskaufmann** und **Jurastudium** (*BGH* FamRZ 92, 1407);

Lehre zum **Industriemechaniker** – **Fachoberschule** – **Fachhochschule** – **Studium des Maschinenbaus** (*BGH* NJW 95, 718);

Ausbildung für den **gehobenen Finanzverwaltungsdienst** – nach eigenmächtigem Abbruch: **Abitur** am Abendgymnasium – **Studium der Psychologie** (*BGH* FamRZ 81, 344).

(2) **Es fehlt der zeitliche Zusammenhang:**

Betriebsschlosserlehre – **2 1/2 Jahre Berufsausübung** – Fachabitur – Maschinenbaustudium (*OLG Hamm* FamRZ 94, 259);

Ausbildung zur Arbeitstherapeutin – **2 Jahre später** Fachabitur und Studium der Sozialpädagogik (*OLG Karlsruhe* FamRZ 94, 260: auch wenn 10 Monate lang krank).

(3) **Es fehlt sowohl der sachliche als auch der zeitliche Zusammenhang** zwischen:

Mittlere Reife – Ausbildung zur **Arzthelferin** – **3 Jahre Berufsausübung** – **Studium an Pädagogischer Hochschule** (*BGH* FamRZ 81, 437);

Hauptschulabschluss – Lehre als **Kfz-Mechaniker** – **1 Jahr Berufsausübung** – **Realschulabschluss** – **1/2 Jahr Berufsausübung** – **Studium an Pädagogischer Hochschule** (*BGH* FamRZ 81, 346).

Mittlere Reife – **Abbruch Schreinerlehre** – **Abbruch Kaufmannslehre** – Ausbildung zum Schaugewerbegestalter – **mehrere Jahre Aushilfsarbeiten** – Erwerb Hochschulreife und **Studium** mit 31 Jahren (*BGH* FamRZ 2000, 420).

4. Bedarf des wirtschaftlich noch unselbständigen Kindes

4.1 Lebensstellung der Eltern

1252 Solange das Kind wirtschaftlich noch nicht auf eigenen Füßen steht, hat es auch noch keine eigene „Lebensstellung", sondern leitet seinen Unterhaltsbedarf von der Lebensstellung der Eltern ab[104].

Dies gilt nicht nur für minderjährige unverheiratete Kinder, sondern auch für volljährige Lehrlinge und Studenten, Wehrpflichtige und Zivildienstler, die bisher noch nicht im Berufsleben standen[105]. Außerhalb einer Ausbildung freilich ist das volljährige Kind auch dann wirtschaftlich selbständig, wenn es noch bei seinen Eltern wohnt[106].

Unter „Lebensstellung" versteht das Gesetz das **Berufs- und Erwerbsleben**, also das **Einkommen und Vermögen**[107]. Der Bedarf des wirtschaftlich unselbständigen Kindes richtet sich deshalb nach dem Einkommen und Vermögen seiner Eltern, und zwar nach der Summe der Einkünfte beider Eltern, wenn beide nach § 1606 III 1 barunterhaltspflichtig sind[108], und nach dem Einkommen des allein barunterhaltspflichtigen Elternteils, wenn der andere seine Unterhaltspflicht nach § 1606 III 2 durch Erziehung und Betreuung erfüllt[109]. § 1606 III 2 beschränkt sich freilich auf minderjährige Kinder, denn volljährige Kinder bedürfen keiner Betreuung und Erziehung mehr, so dass sie grundsätzlich von beiden Eltern Barunterhalt verlangen dürfen[110].

1253 Maßstab ist das „bereinigte" Nettoeinkommen der unterhaltspflichtigen Eltern, das für den Unterhalt zur Verfügung steht (RN 295), also das Bruttoeinkommen abzüglich Steuern und Sozialversicherungsbeiträgen oder angemessener privater Krankenversicherung und Altersvorsorge sowie berufsbedingter Aufwendungen und anderer besonderer Belastungen[111]. Anders als der geschiedene Ehegatte, dessen Bedarf sich nach den ehelichen Lebensverhältnissen zur Zeit der Scheidung richtet, nimmt das unterhaltsberechtigte Kind am **jeweiligen Lebensstandard der unterhaltspflichtigen Eltern** teil; einen festen Stichtag gibt es nicht, maßgebend ist der **jeweilige Unterhaltszeitraum**[112]. Anders als beim Ehegattenunterhalt gibt es beim Kindesunterhalt auch keinen „Erwerbstätigenbonus" von 1/7, der vorweg vom „bereinigten" Nettoeinkommen abzuziehen wäre[113].

---

104 *BGH* NJW 94, 1530; FamRZ 83, 473; 84, 39; 85, 371; 88, 1039; 89, 173; 90, 394.
105 *BGH* FamRZ 86, 151: Ausbildungsvergütung macht noch nicht selbständig; FamRZ 87, 58: Student; NJW 90, 713: wehrpflichtiger Soldat; NJW 94, 1530: volljähriger Gymnasiast.
106 *OLG Karlsruhe* FamRZ 86, 496: behinderte 31jährige Tochter.
107 *BGH* FamRZ 87, 58: berufliche Stellung.
108 *BGH* FamRZ 86, 151; 88, 1039; NJW 94, 1530; *OLG Bamberg* FamRZ 95, 566; *OLG Hamm* FamRZ 97, 835.
109 *BGH* FamRZ 81, 543; 83, 473; 86, 151; 88, 1039; 89, 173; 96, 160; 2000, 358.
110 *BGH* NJW 94, 1530; *OLG Stuttgart* FamRZ 90, 1140; offengelassen von *BGH* FamRZ 88, 1039.
111 *BGH* FamRZ 88, 1039: nicht Betreuungsleistung für anderes minderjähriges Kind; FamRZ 89, 173: private Krankenversicherung und besondere Belastungen.
112 *BGH* FamRZ 85, 371, 373; *OLG Hamm* u. Zweibrücken FamRZ 97, 310, 837, 1430; *OLG Hamburg* FamRZ 98, 1585.
113 *OLG Düsseldorf* FamRZ 94, 1049.

Fiktive Einkünfte, die zwar mit zumutbarer Anstrengung erzielbar sind, tatsächlich aber nicht erzielt werden, begründen keine Unterhaltsbedarf[114].

4.2 Regelbedarf nach Regelbetrag

Mangels nichtehelicher Kinder gibt es ab 1.7.1998 auch keinen Regelunterhalt mehr; die **1254** Regelunterhaltsverordnung ist aufgehoben (Art. 6 Ziff. 1 KindUG). Aufgehoben ist auch § 1610 III, der dem minderjährigen ehelichen Kind den Regelunterhalt als Mindestunterhalt zusprach. Statt dessen gibt es nunmehr eine **Regelbetragsverordnung** (Art. 2 KindUG). Sie setzt, getrennt nach alten (§ 1) und neuen Bundesländern (§ 2), **Regelbeträge** fest **für** die **3 Altersstufen** bis zur Vollendung des 6., des 12. und des 18. Lebensjahres und gilt **für alle minderjährigen Kinder**, ob eheliche oder nichteheliche, **die mit dem unterhaltspflichtigen Elternteil nicht in einem Haushalt leben** (§ 1612a I, III).

Die Regelbeträge sind absichtlich niedrig bemessen. Sie decken nicht einmal den steuerrechtlich anerkannten Mindestbedarf eines Kindes, tragen aber der Tatsache Rechnung, dass ein Großteil der unterhaltspflichtigen Väter, von den Müttern ganz zu schweigen, nicht einmal den existenznotwendigen Kindesunterhalt bezahlen kann. Dadurch wird das vereinfachte Verfahren über den Unterhalt Minderjähriger nach §§ 645 ff. ZPO überhaupt erst in größerem Umfang anwendbar.

Wenn aber der **Regelbetrag** nicht einmal den existenznotwendigen Unterhaltsbedarf eines Kindes deckt, steht er **als Mindestbedarf** jedem minderjährigen Kind zu, das nicht **1255** im Haushalt des unterhaltspflichtigen Elternteils lebt. Das wirkt sich auf die **Beweislast** aus. **Begnügt sich das Kind mit dem Regelbetrag, muss es seinen Bedarf nicht nach § 1610 I konkret darlegen und beweisen**[115]. Das Kind muss nicht das Einkommen der Eltern erforschen, sondern nur in die Regelbetragsverordnung schauen. Mag dann der unterhaltspflichtige Elternteil nach § 1603 II darlegen und beweisen, dass er nicht einmal diesen Mindestunterhalt bezahlen kann. Vermutet wird freilich nur der Regelbedarf, nicht auch die Bedürftigkeit des Kindes.

Sobald das Kind höheren Unterhalt begehrt, muss es seinen Bedarf konkret nach seiner Lebensstellung, also nach dem Einkommen und Vermögen der Eltern nachweisen[116].

4.3 Individueller Bedarf des minderjährigen Kindes nach bisheriger Praxis

Die Praxis ermittelt bislang den individuellen Unterhaltsbedarf minderjähriger ehelicher **1256** Kinder in der Regel nicht konkret von Fall zu Fall, sondern liest ihn aus **Unterhaltstabellen** ab. Das ist unbedenklich, soweit die Tabellen aus der Lebenserfahrung gewonnen sind und die durchschnittlichen tatsächlichen Lebensverhältnisse widerspiegeln[117]. Sie sind dagegen unbrauchbar, wenn und soweit die besonderen Umstände des Einzelfalles

---

114 *BGH* NJW 97, 735.
115 *OLG München* FamRZ 99, 884; *OLG Dresden, Zweibrücken, KG, Karlsruhe* FamRZ 2000, 296, 765, 1174, 1432..
116 *BGH* FamRZ 2000, 358; *OLG Karlsruhe* FamRZ 93, 1481: nur reales, nicht fiktives Einkommen; FamRZ 2000, 1432; ferner *Krause u. Luthin* FamRZ 2001, 266, 334.
117 *BGH* NJW 82, 1050; 83, 1733; 89, 523; 91, 1393; 94, 1530; FamRZ 86, 151; 2000, 358.

von der typischen Tabellensituation deutlich abweichen[118]. Das Familiengericht muss deshalb stets prüfen, ob der Tabellenunterhalt im Einzelfall angemessen ist[119].

Weit verbreitet ist die **Düsseldorfer Tabelle**[120]. Sie teilt die unterhaltsberechtigten minderjährigen Kinder in 4 Altersklassen und die barunterhaltspflichtigen Eltern in 12 Einkommensgruppen ein und setzt dafür pauschale Bedarfssätze fest. Die Tabellensätze sind für den Fall errechnet, dass der Unterhaltpflichtige einem Ehegatten und zwei Kindern Unterhalt schuldet. Ist er mehr oder weniger Personen zum Unterhalt verpflichtet, wird er in eine niedrigere oder höhere Einkommensgruppe eingestuft[121]. Neben den monatlichen Unterhaltsbeträgen in DM nennt die Tabelle jetzt auch die Prozentsätze für eine dynamische Unterhaltsrente nach § 1612a.

Die Düsseldorfer Tabelle orientiert sich weniger an den tatsächlichen Lebenshaltungskosten als am Einkommen und der Leistungsfähigkeit des Unterhaltsschuldners, so dass die Tabellensätze der unteren Einkommensgruppen noch unter den Bedarfssätzen der Sozialhilfe liegen. Schon deshalb erfordert jeder Einzelfall auch eine individuelle Prüfung[122].

1257 **Die Tabelle deckt den gewöhnlichen Lebensbedarf samt Ausbildung** und unterstellt, dass das unterhaltsberechtigte Kind noch mit seinen Eltern krankenversichert sei. Wo dies nicht zutrifft, erhöht sich der Tabellenunterhalt um den angemessenen Krankenversicherungsbeitrag[123]. Die Tabelle deckt nicht die außergewöhnlichen Kosten einer Privatschule[124], eines Auslandsstudiums[125] oder einer Heil- und Pflegeanstalt[126]. Umgekehrt verringert sich der Tabellenbedarf nicht schon durch Besuche und Ferienaufenthalte des Kindes beim barunterhaltspflichtigen Elternteil[127], wohl aber dadurch, dass der unterhaltpflichtige im Einvernehmen mit dem sorgeberechtigten Elternteil dem Kind Wohnung gewährt[128].

Über den Tabellenhöchstbetrag geht man in der Regel auch dann nicht hinaus, wenn die unterhaltspflichtigen Eltern weit mehr als die 12. Einkommensgruppe verdienen (Sättigungsgrenze: RN 1261)[129].

---

118 *BGH* NJW 82, 1050; 91, 697; 92, 1393.
119 *BGH* FamRZ 83, 678; 86, 151; NJW 91, 697: individuelle Prüfung nötig.
120 FamRZ 98, 534: Stand 1.7.1998.
121 *BGH* NJW 92, 1621: Ehefrau u. 4 Kinder = 1 Einkommensgruppe niedriger; *OLG Frankfurt* FamRZ 90, 658: nur 1 Unterhaltsberechtigter = 2 Einkommensgruppen höher; *OLG Bamberg* FamRZ 95, 436; aber auch *BGH* FamRZ 86, 152: keine Höhergruppierung bei trennungsbedingtem Mehrbedarf der Eltern.
122 *OLG Bamberg* FamRZ 95, 436.
123 *OLG Karlsruhe* FamRZ 89, 533; *OLG Hamm* FamRZ 90, 541; 95, 1219; zu erhöhtem Wohnkostenanteil: *OLG Hamburg* FamRZ 91, 472.
124 *BGH* NJW 83, 393; *OLG Stuttgart* FamRZ 99, 884: Ganztags-Kindergarten.
125 *BGH* FamRZ 92, 1064: wenn sinnvoll.
126 *BGH* FamRZ 86, 48.
127 *BGH* NJW 84, 2826.
128 *OLG Düsseldorf* FamRZ 94, 1049.
129 *BGH* NJW 83, 1429: Fabrikant; 88, 2371: Zahnarzt; aber auch konkreter höherer Bedarf: *BGH* FamRZ 2000, 358; *OLG Bamberg* FamRZ 2000, 312; *OLG Koblenz* FamRZ 2000, 605: nur maßvolle Erhöhung.

4.4 Individueller Bedarf des minderjährigen Kindes nach dem KindUG

Nach wie vor kann das minderjährige Kind seine unterhaltspflichtigen Eltern auf **eine**   **1258**
bezifferte monatliche Unterhaltsrente in Anspruch nehmen und verklagen, muss dann
freilich jede Unterhaltserhöhung mit der Abänderungsklage nach § 323 ZPO durchsetzen.

Das **KindUG** eröffnet ab 1.7.1998 eine zweite Möglichkeit, die dem Kind eine **dynamische Unterhaltsrente** verschafft und das Verfahren wesentlich vereinfacht. **Nach
§ 1612a I darf jedes minderjährige Kind von dem Elternteil, mit dem es nicht in einem Haushalt lebt, den Unterhalt als Vomhundertsatz** (warum nicht „Prozentsatz"?)
eines oder **des jeweiligen Regelbetrags nach der Regelbetragsverordnung verlangen.**
Das mutet ihm freilich eine gewisse Beherrschung des Prozentrechnens zu. Denn zuerst
muss es, wie bisher schon, seinen Bedarf nach § 1610 in einer monatlichen Unterhaltsrente bestimmter Höhe ausdrücken und diese dann in einen Prozentsatz des Regelbetrags
umrechnen.

Solange das minderjährige Kind nur **Unterhalt bis zum Eineinhalbfachen des Regelbetrags** geltendmacht, muss es ihn nicht einklagen, sondern darf nach §§ 645 ff. ZPO im
„**vereinfachten Verfahren**" beim Rechtspfleger (§ 20 Nr. 10 RPflG) die gerichtliche
Festsetzung beantragen.

Unterhaltstitel über bestimmte Prozentsätze vom Regelbetrag sind vollstreckungsrechtlich bestimmt genug, denn die jeweiligen Regelbeträge werden alle 2 Jahre durch
Rechtsverordnung des Bundesministers der Justiz veröffentlicht (§ 1612a IV) und so jedermann zugänglich.

Auf diese Weise erlangt das minderjährige Kind einen titulierten Anspruch auf eine dynamische Unterhaltsrente, die sich von selbst dem jeweiligen Regelbetrag anpasst und
Abänderungsklagen nach § 323 ZPO überflüssig macht.

Die Dynamik lässt sich sogar auf den Übergang in die nächste Altersstufe erstrecken,
wenn man die entsprechenden Daten in den Unterhaltstitel aufnimmt.

Beispiel

> „Der Antragsgegner hat, monatlich jeweils im Voraus, folgenden Kindesunterhalt an den
> Antragsteller zu zahlen:
> 1. vom … bis … jeweils 150% des jeweiligen Regelbetrags der 2. Altersstufe abzüglich
>   … (Kindergeldanteil);
> 2. ab … 150% des jeweiligen Regelbetrags der 3. Altersstufe abzüglich … (Kindergeld-
>   anteil)."

Das staatliche **Kindergeld** erhöht nicht den Bedarf des Kindes, sondern erleichtert den   **1259**
Eltern die Last der Betreuung und Unterhaltsleistung (RN 1208). Auch wenn ein Elternteil allein das Kindergeld bezieht, steht es in der Regel nach der Wertung des § 1606 III 2
beiden Eltern je hälftig zu und ist deshalb zwischen ihnen auszugleichen. Obwohl dieser
Ausgleich das Kind rechtlich nichts angeht, hat man ihn schon immer über den Kindesunterhalt abgerechnet. Das KindUG regelt den Kindergeldausgleich in § 1612b erstmals
gesetzlich (RN 1208).

4.5 Bedarf des volljährigen Kindes

1260 Da das volljährige Kind rechtlich keiner Erziehung und Betreuung mehr bedarf, so dass beide Eltern nach § 1606 III 1 anteilig barunterhaltspflichtig sind, richtet sich sein Unterhaltsbedarf, solange es wirtschaftlich noch nicht auf eigenen Füßen steht, **nach den Einkünften beider Eltern** (§ 1610 I u. RN 1252)[130]. Maßstab ist wiederum das „bereinigte" Nettoeinkommen, das für den Unterhalt zur Verfügung steht (RN 295). Vorweg abzuziehen ist auch der Tabellenunterhalt für ein vorrangiges, weil minderjähriges unverheiratetes Kind[131], dagegen nicht eine Pauschale für die Betreuung eines minderjährigen Kindes[132]. Da aber der Ehegatte dem volljährigen Kind im Range vorgeht (§ 1609 II 1), ist auch der Ehegattenunterhalt vorweg abzuziehen, denn er steht für den Kindesunterhalt nicht zur Verfügung.

Neuerdings enthält die **Düsseldorfer Tabelle** auch eine 4. Altersstufe ab Vollendung des 18. Lebensjahres; ihre Bedarfssätze sind gleich der Summe aus der 3. Altersstufe und der Differenz zwischen der 2. und der 3. Altersstufe. Sie gelten für volljährige Kinder, die noch im Haushalt der Eltern oder eines Elternteils wohnen, was ihren Wohnbedarf deckt[133]. Für einen Studenten hingegen, der seine eigene Wohnung hat, setzt die Düsseldorfer Tabelle einen eigenen Bedarfsatz an[134]. Da diese Tabellensätze auf Durchschnittsfälle zugeschnitten sind, steigt der Bedarf des volljährigen Kindes bei hohem Einkommen der Eltern bis zur „Sättigungsgrenze"[135].

4.6 Sättigungsgrenze

1261 Das wirtschaftlich unselbständige Kind nimmt zwar nach § 1610 I auch am hohen Lebensstandard der Eltern, nicht aber an deren Luxus teil. Die Rechtsprechung begrenzt aus erzieherischen Gründen – Erziehung zur Bescheidenheit und Sparsamkeit – den Unterhalt von Kindern reicher Eltern auf ein vernünftiges Maß[136].

Beispiele

> (1) Der 15 Jahre alte Sohn, der bei seiner Mutter lebt, verlangt im Jahre 1986 von seinem Vater, der freiwillig 800,– DM monatlich zahlt, Auskunft über die Höhe des Einkommens, das er auf Millionen schätzt. Der Bundesgerichtshof billigt die Klageabweisung, weil der Vater, was immer er verdiene, schon aus erzieherischen Gründen keinen höheren Unterhalt schulde, als er freiwillig bezahle (*BGH* NJW 83, 1429).

---

130 Dazu *Miesen* FamRZ 91, 125; *Oelkers/Kreutzfeldt* FamRZ 95, 136.
131 *OLG Karlsruhe* FamRZ 86, 94.
132 *BGH* FamRZ 88, 1039; *OLG Karlsruhe* FamRZ 86, 94.
133 A.A. *OLG Stuttgart* FamRZ 90, 1140; *OLG Karlsruhe* FamRZ 91, 971; 92, 344.
134 *OLG Düsseldorf* FamRZ 99, 1452..
135 *BGH* FamRZ 87, 58: 1700,– DM für Studenten, dessen Vater als Rechtsanwalt und Notar gut verdient; *OLG Koblenz* FamRZ 92, 1218: 1000,– DM für volljährigen Schüler und Sohn eines Zahnarztes, der noch bei der Mutter wohnt.
136 *BGH* NJW 69, 920; 83, 1429; 88, 2371; FamRZ 86, 151; 87, 58; *OLG Koblenz* FamRZ 92, 1218; *OLG Düsseldorf* FamRZ 94, 768; *OLG Hamm* FamRZ 95, 1005; aber auch maßvolle Teilnahme am konkreten hohen Lebensstandard: *BGH* FamRZ 2000, 358; *OLG Bamberg* 2000, 312.

(2) Die volljährige Tochter eines gutverdienenden und vermögenden Rechtsanwalts und Notars studiert Kunstgeschichte und Sprachen. Als Unterhalt verlangt sie im Jahre 1984 monatlich 2000,– DM. Der Vater will nur 450,– DM bezahlen. Der Bundesgerichtshof billigt einen monatlichen Unterhalt von 1700,– DM, da er noch keine luxuriöse Lebensführung erlaube und den Rahmen eines gehobenen Bedarfs nicht überschreite (*BGH* FamRZ 87, 60).

(3) Der volljährige Schüler, der noch bei seiner Mutter wohnt, verlangt im Jahre 1990 von seinem Vater, einem Zahnarzt, monatlich 1466,– DM Unterhalt und bekommt 1000,– DM (*OLG Koblenz* FamRZ 92, 1218).

(4) Der volljährige Student, der auswärts wohnt, und dessen Eltern ca. 12 000,– DM monatlich verdienen, bekommt im Jahre 1995 einen Unterhalt von 1300,– DM monatlich statt des Tabellensatzes von 950,– DM (*OLG Hamm* FamRZ 95, 1005).

5. Bedarf des wirtschaftlich selbständigen Kindes

Sobald das volljährige Kind wirtschaftlich selbständig ist, muss es für seinen Unterhalt grundsätzlich selbst sorgen. Ist es gleichwohl aus besonderem Grunde unterhaltsbedürftig, richtet sich sein Bedarf nach seiner eigenen Lebensstellung (§ 1610 I) und ist konkret darzulegen und nachzuweisen[137].   **1262**

6. Bedarf des Kindes im Ausland

Schwierig zu ermitteln ist der Bedarf unterhaltsberechtigter Kinder im Ausland schon deshalb, weil er sich gemäß dem Haager Übereinkommen über das auf Unterhaltspflichten anzuwendende Recht v. 2.10.1973 (BGBl 1986 II, 837) nach ausländischem Unterhaltsrecht richtet[138].   **1263**

7. Sonderbedarf

Den laufenden Unterhalt in Gestalt einer monatlichen Unterhaltsrente kann man in der Regel nur für die Zukunft geltendmachen. Der Anspruch auf rückständigen Unterhalt erlischt, wenn der Unterhaltsschuldner nicht bereits in Verzug oder verklagt oder zur Auskunft aufgefordert ist (§ 1613 I). Den Sonderbedarf hingegen kann man ohne diese zeitliche Beschränkung geltendmachen (§ 1613 II Nr. 1).   **1264**

Sonderbedarf ist nach gesetzlicher Definition ein Bedarf, der **unregelmäßig** entsteht **und außergewöhnlich hoch** ist. Da er durch die laufende Unterhaltsrente nicht gedeckt wird,

---

137 *OLG Karlsruhe* FamRZ 86, 496: behinderte 31jährige Tochter; *OLG Bamberg* FamRZ 94, 255: volljähriger Bankkaufmann; *OLG Karlsruhe* FamRZ 99, 1532.

138 Dazu *OLG Hamm* FamRZ 91, 104; 94, 1132; *OLG Celle* FamRZ 91, 528; NJW 91, 1428; *OLG Karlsruhe* FamRZ 91, 600; 98, 1531; *OLG Nürnberg* FamRZ 94, 1133.; *OLG Koblenz* FamRZ 98, 1532.

ist er zusätzlich zu zahlen[139], und da er unregelmäßig auftritt, kann er erst im Nachhinein geltendgemacht werden[140], denn der Anspruch auf Sonderbedarf entsteht erst, nachdem die Kosten angefallen sind[141].

Unregelmäßig ist ein Bedarf, der nicht Monat für Monat, sondern nur dann und wann aus besonderem Anlass entsteht. Da er nicht voraussehbar ist, kann er nicht rechtzeitig in die monatliche Unterhaltsrente hineingerechnet werden[142] und ist deshalb auch in den Bedarfssätzen der Unterhaltstabellen nicht enthalten[143].

1265 Außergewöhnlich hoch ist ein unregelmäßiger Bedarf, wenn er die gewöhnlichen Lebenshaltungskosten, welche die laufende Unterhaltsrente decken soll, weit übersteigt. Einen festen Maßstab gibt es nicht. Alles hängt von den besonderen Umständen des Einzelfalles ab, vor allem von der Höhe der Unterhaltsrente, vom Lebenszuschnitt der Beteiligten sowie von Anlass und Umfang des besonderen Aufwandes[144]. Letztlich stellt sich die Frage, ob es dem Unterhaltsberechtigten zumutbar ist, seinen Sonderbedarf ganz oder teilweise selbst zu tragen[145]. Die Rechtsprechung ist bunt und widersprüchlich.

Beispiele

Beispiele für Sonderbedarf

- **Arztkosten**, die von Krankenversicherung nicht gedeckt werden, in Höhe von 1166,– DM (*BGH* NJW 82, 328; *OLG Karlsruhe* FamRZ 92, 1317: mehrjährige Kieferorthopädie für 9000,– DM; *OLG Saarbrücken* FamRZ 89, 1224); mehrjährige Kieferorthopädie für 9000,– DM (*OLG Karlsruhe* FamRZ 92, 1317);
- **Erstausstattung für Säugling** (*BVerfG* FamRZ 99, 1342; *OLG Nürnberg* FamRZ 93, 995; *OLG Oldenburg* FamRZ 99, 1685) sowie Ersatzbett wegen Stauballergie für ca. 1000,– DM (*OLG Karlsruhe* FamRZ 92, 850);
- Erstanfall der **Betreuervergütung** (*OLG Nürnberg* FamRZ 99, 1684).
- **Fahrradergometer und Schreibmaschine** für halbseitig gelähmtes Kind zum Preis von 1000,– DM (*OLG Köln* FamRZ 90, 310);
- **Waldhorn** für 500,– DM (*OLG Karlsruhe* FamRZ 97, 967);
- vielleicht Kosten einer mehrtägigen **Klassenfahrt** (*OLG Hamburg* FamRZ 91, 109: aber rechtzeitige Vorschussanforderung; *OLG Braunschweig* FamRZ 95, 1010; *OLG Hamm* FamRZ 92, 346; 93, 996) oder eines **Schüleraustauschs** (*OLG Karlsruhe* FamRZ 88, 1091; aber nicht 6 Monate Kanada, da nicht erforderlich: *OLG Naumburg* FamRZ 2000, 444).

Der Unterhaltsanspruch wegen Sonderbedarfs erlischt nach einem Jahr ab Entstehung, wenn nicht der Unterhaltsschuldner vorher in Verzug gesetzt oder verklagt wird (§ 1613 II 2)[146].

---

139 *BGH* NJW 82, 328: darf nicht auf längere Zeit verteilt werden.
140 *BGH* NJW 82, 328; 84, 2826.
141 *OLG Karlsruhe* FamRZ 90, 88.
142 *BGH* NJW 82, 329; 84, 2826; a.A.*OLG Karlsruhe* FamRZ 97, 967: Sonderbedarf muss nicht überraschend auftreten.
143 *OLG Düsseldorf* FamRZ 90, 1144; *OLG Hamm* NJW 94, 2627.
144 *BGH* NJW 82, 329.
145 *BGH* NJW 82, 329.
146 *OLG Frankfurt* FamRZ 87, 1143: gilt auch für vereinbarten Unterhalt.

Ein voraussehbarer Bedarf, der wahrscheinlich eintreten wird, ist möglichst durch die **1266** monatliche Unterhaltsrente zu decken. Entweder muss der Unterhaltsberechtigte rechtzeitig Rücklagen für den zu erwartenden Bedarf bilden, oder der Tabellenunterhalt ist angemessen zu erhöhen, denn die monatliche Unterhaltsrente ist stets so zu bemessen, dass sie alle voraussehbaren Lebenshaltungskosten deckt[147].

Beispiele

Beispiele gegen Sonderbedarf

- Kosten einer voraussehbaren längeren **Zahnbehandlung** in Höhe von 1700,– DM (*OLG Zweibrücken* FamRZ 84, 169; aber auch *OLG Düsseldorf* FamRZ 81, 77);
- **Urlaubskosten** von 820,– DM (*OLG Frankfurt* FamRZ 90, 436);
- Ersatz für Bett, aus dem das Kind herausgewachsen ist (*OLG Koblenz* FamRZ 82, 424);
- Kosten für **Nachhilfeunterricht**, wenn Schulschwierigkeiten schon längere Zeit bekannt sind (*OLG Hamm* FamRZ 91, 856; *OLG Zweibrücken* FamRZ 94, 770; *OLG Braunschweig* FamRZ 95, 1010);
- Anschaffung eines teuren **Musikinstruments** für die Ausbildung (*OLG Frankfurt* FamRZ 95, 631; a.A. *OLG Karlsruhe* FamRZ 97, 967);
- Mehrkosten eines **Auslandsstudiums** (*OLG Hamm* NJW 94, 2627; FamRZ 94, 1281);
- **Heimkosten** (*OLG Hamm* FamRZ 96, 1218);
- Kosten für **Erstkommunion** und **Konfirmation** (KG FamRZ 87, 306; *OLG Hamm* FamRZ 90, 556; 91, 110: in Tabelle berücksichtigt; 91, 857; *OLG Karlsruhe* FamRZ 91, 1349, 1351; 95, 1009: sonstiger Bedarf nach § 1610 II; a.A. *OLG Köln* FamRZ 90, 89: in angemessenem Umfang zu erstatten, keine Erhöhung des Tabellenunterhalts; *OLG Düsseldorf* FamRZ 90, 1144: nicht in Tabelle enthalten).

8. Anspruch auf Prozesskostenvorschuss

Darf das unterhaltsberechtigte Kind für Prozesse über persönliche Angelegenheiten wie **1267** Scheidung oder Vaterschaftsanfechtung von seinen unterhaltspflichtigen Eltern einen Prozesskostenvorschuss verlangen? Diese Rechtsfrage stellt sich vor allem deshalb, weil das einkommens- und vermögenslose Kind keine Prozesskostenhilfe bekommt, wenn es einen durchsetzbaren Anspruch auf Prozesskostenvorschuss hat, denn mit diesem Anspruch ist es nicht mehr arm[148].

Das Gesetz beantwortet die Frage nicht. Eine Anspruchsgrundlage ist nicht in Sicht. § 1360a IV beschränkt sich auf den Familienunterhalt der Ehegatten, und § 1361 IV 4 erstreckt diese Ausnahmeregel nur auf den Trennungsunterhalt, während der geschiedene Ehegatte unzweifelhaft keinen Anspruch auf Prozesskostenvorschuss mehr hat[149].

Nun ist der Prozesskostenvorschuss nach §§ 1360a IV, 1361 IV 4 freilich ein **Bestandteil** **1268** **des Unterhalts**[150]. Es liegt deshalb nahe, die Anspruchsgrundlage in § 1610 II zu

---

147 *BGH* NJW 82, 328; *OLG Hamm* FamRZ 91, 857; NJW 94, 2627; *OLG Karlsruhe* FamRZ 91, 1351; 95, 1009; *OLG Zweibrücken* FamRZ 94, 770; *OLG Frankfurt* FamRZ 95, 631.
148 *OLG Köln* FamRZ 86, 1031; *OLG Düsseldorf* FamRZ 90, 420; ferner *Duderstadt* FamRZ 95, 1305.
149 *BGH* 89, 33.
150 *BGH* 57, 234.

suchen[151], denn wenn die Kosten der Prozessführung zum Lebensbedarf des Kindes gehören, hat es einen Anspruch auf Prozesskostenvorschuss, der dann Sonderbedarf nach § 1613 II Nr. 1 ist[152]. Dagegen spricht jedoch, dass das Gesetz für den Familien- und Trennungsunterhalt den Prozesskostenvorschuss gerade nicht zum Lebensbedarf zählt, sondern eine besondere Anspruchsgrundlage für nötig hält, die für den geschiedenen Ehegatten fehlt[153].

1269 Dann aber bleibt nur noch die analoge Anwendung der §§ 1360a IV, 1361 IV 4[154], die wegen des Ausnahmecharakters dieser Vorschriften nicht weniger problematisch ist, so dass eine totale Verneinung noch am leichtesten fiele. So weit geht die Praxis nicht, aber sie ist vorsichtig: Dem volljährigen und wirtschaftlich selbständigen Kind versagt sie überwiegend einen Anspruch auf Prozesskostenvorschuss[155]. Großzügiger ist sie gegenüber dem **minderjährigen Kind und** dem **volljährigen während der Berufsausbildung**[156], spricht ihm einen Anspruch auf Prozesskostenvorschuss analog § 1360a IV aber nur **nach Billigkeit** zu, etwa **für** einen **lebenswichtigen Prozess**[157].

6. Kapitel
Anspruchsvoraussetzung: Die Bedürftigkeit

1. Selbstversorgung vor Unterhalt

1270 Unterhaltsberechtigt ist nach § 1602 I nur, „wer außerstande ist, sich selbst zu unterhalten". Der Unterhaltsanspruch entsteht deshalb nur in Höhe desjenigen Bedarfs, den der Anspruchsteller nicht selbst befriedigen kann[158]. Die Bedürftigkeit ist Anspruchsvoraussetzung. Die **Beweislast** trägt in vollem Umfang der Anspruchsteller[159].

Diese Anspruchsvoraussetzung ist komplizierter, als sie auf den ersten Blick scheint. Denn bedürftig ist man nicht schon dann, wenn man weder Einkommen noch Vermögen

---

151 *BGH* 57, 234: lässt es offen.

152 *OLG Düsseldorf* NJW 59, 292; *KG* NJW 82, 112; *OLG Köln* FamRZ 86, 1031; *OLG Stuttgart* FamRZ 88, 207; *OLG München* FamRZ 87, 303; 90, 312; 91, 347; *OLG Karlsruhe* FamRZ 91, 1471.

153 *BGH* 89, 33.

154 *OLG Köln* FamRZ 84, 723; *OLG Frankfurt* FamRZ 86, 926; *OLG Karlsruhe* FamRZ 89, 534; 90, 1471.

155 *OLG Düsseldorf* FamRZ 86, 698; 92, 1320; *OLG Frankfurt* FamRZ 86, 926; *OLG Köln* FamRZ 86, 1031; *OLG Hamburg* FamRZ 90, 1141; *OLG Hamm* FamRZ 95, 1008; 96, 1021; 96, 1433.

156 *OLG Nürnberg* FamRZ 96, 814; *OLG Zweibrücken* FamRZ 96, 891; *OLG Köln* FamRZ 94, 1409: für Schmerzensgeldklage; dagegen *OLG Stuttgart* FamRZ 88, 759; allgemein für alle Kinder: *OLG Hamm* FamRZ 2000, 255.

157 *OLG Köln* FamRZ 86, 1031; *OLG Stuttgart* FamRZ 88, 207; *OLG München* FamRZ 87, 303; 90, 312; *OLG Düsseldorf* FamRZ 90, 420; *OLG Köln* FamRZ 94, 1409; *OLG Karlsruhe* FamRZ 96, 1100: auch gegen betreuenden Elternteil, wenn der andere nicht zahlen kann.

158 *BGH* FamRZ 88, 161.

159 *BGH* NJW 90, 713; *OLG Köln* FamRZ 86, 499.

hat, aus dem man sich selbst unterhalten kann, sondern erst dann, wenn man das nötige Geld auch nicht durch zumutbare Anstrengung beschaffen kann, vor allem durch Erwerbstätigkeit. Die Rede ist von der „**Erwerbsobliegenheit**" des Unterhaltsberechtigten: Wer sie verletzt, ist nicht bedürftig, weil das zumutbar erzielbare Einkommen dem tatsächlich erzielten unterhaltsrechtlich gleichsteht (RN 520 ff.). Diese Regeln gelten auch für den Kindesunterhalt, jedoch muss man hier doppelt unterscheiden: erstens zwischen minderjährigen unverheirateten und anderen Kindern, zweitens zwischen Kindern in Ausbildung und Kindern außerhalb einer Ausbildung.

2. Eigene Einkünfte des Kindes

Zuallererst muss sich auch das unterhaltsberechtigte Kind, ob volljährig oder minderjährig, ob verheiratet oder unverheiratet aus seinen eigenen Einkünften unterhalten, bevor es von den Eltern Unterhalt verlangt (§ 1602 II). Das Gesetz spricht von den Einkünften aus Vermögen und dem Ertrag der Arbeit des Kindes. Gemeint sind auch hier **Einkünfte jeder Art**[160].

1271

Beispiele

Ausbildungsvergütung abzüglich ausbildungsbedingter Aufwendungen für die Fahrt zur Ausbildungsstelle, Arbeitskleidung, Lernmaterial und auswärtige Verpflegung (*BGH* NJW 81, 2462; 86, 152; 88, 2371; *OLG Celle* FamRZ 2001, 47: kein Abzug, wenn Aufwand niedriger als Pauschale von 150,– DM);

BAföG-Leistungen (*BGH* NJW 85, 2331: Darlehen; NJW-RR 86, 1262: Obliegenheit für Volljährigen; a.A. *OLG Hamm* FamRZ 87, 91) **und Sozialleistungen, soweit nicht subsidiär** (*OLG Köln* FamRZ 97, 1101);

Berufsausbildungsbeihilfe des Arbeitsamtes (*OLG Oldenburg* FamRZ 89, 531; *OLG München* FamRZ 92, 213);

Stipendium (*OLG Bamberg* FamRZ 86, 1028);

Wehrsold des Wehrpflichtigen deckt gewöhnlichen Bedarf; übrig bleibt vielleicht weiterer Bedarf für Musikunterricht, Sport, Periodika u. dergl. (*BGH* NJW 90, 715);

auch **Vergütung für Zivildienst** deckt gewöhnlichen Bedarf, wenn auch Unterkunft gestellt wird, andernfalls bleibt Wohnbedarf ungedeckt (*BGH* NJW 94, 938);

Waisengeld (*BGH* NJW 81, 169);

Pflegegeld (*BGH* FamRZ 85, 917) und andere Sozialleistungen wegen eines Körperoder Gesundheitsschadens aber nur, wenn die gesetzliche Vermutung des **§ 1610a** widerlegt ist (Dazu *OLG Bamberg* FamRZ 92, 185; *OLG Hamm* FamRZ 92, 186; 94, 1193);

Erträge aus dem Kindesvermögen (§ 1602 II), nicht nur soweit tatsächlich erzielt, sondern auch soweit fiktiv erzielbar, vorausgesetzt das Vermögen (Kapital) ist noch vorhanden (*BGH* NJW 88, 2371: Verlust schadet nur nach § 1611).

Volljähriger muss auch sein **Vermögen** verzehren, bevor es Unterhalt fordern darf (*BGH* NJW 98, 978: Vermächtnis ü. 50 0000,– DM; *OLG Bamberg* FamRZ 99, 876: Beleihung Grundbesitz; aber auch *OLG Celle* FamRZ 2001, 47: Volljähriger muss Sparvermögen von 17 000,– DM nicht angreifen, wenn Vater gut verdient; *OLG Karlsruhe* FamRZ 2001, 47: schwerbehindertes volljähriges Kind darf maßvoll Vermögen bilden).

---

160 *BGH* NJW 81, 169.

1272 Diese **Einkünfte des Kindes** sind so auf seinen Bedarf anzurechnen, dassdass sie **beiden Eltern zugutekommen**. Schulden beide Barunterhalt, haften sie nach § 1606 III 1 anteilig nur für den ungedeckten Restbedarf des Kindes. Erfüllt hingegen ein Elternteil nach § 1606 III 2 seine Unterhaltspflicht durch Betreuung des – minderjährigen unverheirate- ten – Kindes, darf man das Einkommen des Kindes nur hälftig auf den Barunterhalt des zahlenden Elternteils anrechnen, denn die andere Hälfte gebührt dem betreuenden Elternteil[161].

1273 Kein Kindeseinkommen ist das **Kindergeld**, denn es steht nicht dem Kind, sondern den Eltern zu, deren Unterhalts- und Betreuungslast es erleichtern soll. Aus diesem Grund zählt es auch nicht zum Einkommen der unterhaltspflichtigen Eltern, sondern wird zwischen ihnen über den Kindesunterhalt ausgeglichen (RN 1208). Kindeseinkommen wird das Kindergeld ausnahmsweise dann, wenn es dem – volljährigen – Kind tatsächlich zufließt[162].

1274 Problematisch ist es, dem Kind Zuwendungen des Lebensgefährten als Einkommen zuzurechnen[163], denn der Lebensgefährte ist Dritter und Zuwendungen Dritter entlasten den Unterhaltsschuldner in der Regel nicht (RN 589). Auch ist die Analogie zum Ehegattenunterhalt (RN 590) durchaus verfehlt.

3. Das minderjährige unverheiratete Kind

1275 Das Gesetz selbst begünstigt das minderjährige unverheiratete Kind dadurch, dass es ihm in der Regel nicht zumutet, den Stamm seines Vermögens zu verzehren, bevor es Unterhalt verlangt (§ 1602 II). Vor allem aber muss es bis zur Volljährigkeit oder Heirat seinen Unterhalt in aller Regel schon deshalb nicht durch Erwerbstätigkeit selbst verdienen, weil es noch die **Schule** besucht oder in der **Berufsausbildung** steht, so dass ihm auch **kein fiktives Einkommen** zugerechnet werden kann, wenn es vorübergehend die Hände in den Schoß legt[164]. Erst recht darf es sich – auch in den Ferien – voll und ganz der Schule, der Ausbildung oder der Erholung widmen. Was es freiwillig nebenher verdient, ist **Einkommen aus unangemessener Erwerbstätigkeit**, das nur entsprechend § 1577 II auf den Bedarf anzurechnen ist (RN 356).

4. Das volljährige oder verheiratete Kind in der Berufsausbildung

1276 Das volljährige oder verheiratete Kind wird vom Gesetz härter angepackt. Bevor es Unterhalt verlangt, muss es nicht nur die Erträge, sondern auch den Stamm seines Vermögens bis auf einen bescheidenen „Notgroschen" von vielleicht 5000,– DM verzehren

---

161 *BGH* NJW 81, 169; 81, 2462; 88, 2371; FamRZ 86, 152.
162 *BGH* FamRZ 86, 152.
163 *OLG Koblenz* FamRZ 91, 1469.
164 Strenger: *OLG Karlsruhe* FamRZ 88, 758: zwischen Schulabschluss und späterer Lehre; *OLG Düsseldorf* FamRZ 90, 194: minderjähriges Kind außerhalb Ausbildung muss arbeiten; Ausnahmefall: *OLG Düsseldorf* NJW 90, 1758: 17jährige bricht gegen Willen der Eltern zwei Ausbildungsversuche ab.

(Arg. aus § 1602 II)[165]. Eine unwirtschaftliche Vermögensverwertung wird aber auch dem Kind nicht zugemutet (§§ 1577 III, 1581 S. 2 entsprechend)[166].

Solange es die **Schule** besucht, eine **Lehre** absolviert oder **studiert** und seine Ausbildung zielstrebig betreibt, muss aber auch das volljährige Kind seinen Unterhalt nicht selbst verdienen, sondern darf seine ganze Kraft, auch in den Ferien, auf seine Berufsausbildung verwenden[167]. Eine (Neben-)**Erwerbstätigkeit**, die das Kind dennoch ausübt, ist **unangemessen**, was die entsprechende Anwendung des § 1577 II (RN 356 ff.) rechtfertigt[168]. Danach ist das Einkommen, soweit es die Lücke zwischen Bedarf und geschuldetem Unterhalt ausfüllt, überhaupt nicht (S. 1) und im Übrigen nur nach Billigkeit anrechenbar (S. 2)[169].

1277

5. Das volljährige oder verheiratete Kind außerhalb der Berufsausbildung

Sobald das volljährige oder verheiratete Kind seine – angemessene – Berufsausbildung absolviert oder ohne zwingenden Grund abgebrochen hat, muss es für seinen Unterhalt selbst sorgen[170]. Jetzt kennt das Gesetz kein Erbarmen mehr. Nur Krankheit, Behinderung[171], Arbeitsunfähigkeit oder Arbeitslosigkeit können noch bedürftig machen. Das Kind muss nicht nur sein Vermögen verzehren, bevor es Unterhalt verlangt (Arg. aus § 1602 II), sondern auch nach Kräften Arbeit suchen und seine erfolglosen Bemühungen im Unterhaltsprozess näher darlegen und beweisen, denn seine Bedürftigkeit ist Anspruchsvoraussetzung[172]. Es muss jede zumutbare Arbeit annehmen, auch eine berufsfremde, ja selbst eine niedrige, bevor es von den Eltern Unterhalt verlangt[173]. Nicht schon der Mangel an Geld macht bedürftig, sondern erst das Fehlen jeder zumutbaren Erwerbsmöglichkeit, denn das erzielbare (fiktive) Einkommen steht unterhaltsrechtlich dem tatsächlich erzielten gleich (RN 520 ff.).

1278

165 *OLG Frankfurt* FamRZ 87, 1179; *OLG Düsseldorf* FamRZ 90, 1137; *OLG München* FamRZ 96, 1433: auch freiwillige Zuwendung Dritter, wenn zur freien Verfügung.

166 *BGH* FamRZ 86, 48; NJW 88, 2801; ferner *OLG Karlsruhe* FamRZ 96, 1235: Student muss nicht Kapital von 10 000,– DM antasten, wenn Eltern monatlich 8000,– DM verdienen.

167 *BGH* FamRZ 95, 475; *KG* FamRZ 82, 516; *OLG Düsseldorf* FamRZ 86, 591; *OLG Koblenz* FamRZ 89, 1219: Ferienjob; *OLG Hamm* FamRZ 94, 1279: Gelegenheitsjobs; *OLG Köln* FamRZ 95, 55.

168 *BGH* FamRZ 95, 477; *OLG Hamm* FamRZ 97, 1496.

169 *BGH* FamRZ 95, 477: keine Anrechnung Nebenverdienst Studentin von 3950,– DM in 9 Monaten, wenn Eltern längere Zeit keinen Unterhalt bezahlt haben; ferner *OLG Düsseldorf* FamRZ 86, 591: Taschengeld anrechnungsfrei, Rest nach Billigkeit; *OLG Koblenz* FamRZ 89, 1219: Teilanrechnung nach Billigkeit; *OLG Hamm* FamRZ 94, 1279: gelegentliche Einkünfte nicht anzurechnen, wenn Eltern gut verdienen; *OLG Köln* FamRZ 95, 55: von monatlich 350,– DM ca. 150,– DM anzurechnen; aber auch *OLG Hamm* FamRZ 88, 425: 25jähriger Musikstudent muss durch Musikunterricht nebenher monatl. 200,– verdienen.

170 *BGH* 93, 127: Selbstversorgung vor Unterhalt.

171 *OLG Oldenburg* FamRZ 96, 625: Arbeit in Behindertenwerkstätten nicht anrechenbar.

172 *BGH* NJW 90, 713; *OLG Köln* FamRZ 86, 499.

173 *BGH* 93, 127; FamRZ 85, 1245; *OLG Frankfurt* 87, 188, 408; *OLG Hamm* FamRZ 87, 411; 90, 1385; *OLG Oldenburg* FamRZ 91, 1091.

1279   Die erwachsene Tochter etwa ist nicht schon deshalb bedürftig, weil sie ein kleines Kind betreut, denn das Recht des Kindesunterhalts nach §§ 1601 ff. kennt anders als der Ehegattenunterhalt in § 1570 keinen Unterhaltstatbestand der Kindesbetreuung. Sie muss deshalb alles daransetzen, ihr Kind in einer Tagesstätte, bei Verwandten oder Bekannten unterzubringen und wenigstens eine Teilzeitbeschäftigung zu finden. Tut sie das nicht, ist sie auch nicht bedürftig[174]. Bricht die erwachsene Tochter nach der Geburt eines Kindes ihre Ausbildung ab, erlischt ihr Unterhaltsanspruch angemessene Zeit später[175]. Wenn die Eltern hier jemandem zu Unterhalt verpflichtet sind, dann ihrem hilflosen minderjährigen Enkel, freilich im Range hinter den Kindeseltern (§ 1606 II).

7. Kapitel
Anteilige Haftung beider Eltern
oder alleinige Haftung eines Elternteils

1. Gesetzliche Systematik

1280   Eltern schulden ihren bedürftigen Kindern Barunterhalt in Höhe des ungedeckten Bedarfs gleichrangig nebeneinander, aber weder als Gesamtschuldner noch hälftig, sondern **„anteilig nach ihren Erwerbs- und Vermögensverhältnissen"** (§ 1606 III 1)[176]. Das ist die **gesetzliche Regel.**

Eine **Ausnahme** macht § 1606 III 2: Wer als Mutter oder Vater sein minderjähriges unverheiratetes Kind betreut, erfüllt seine Unterhaltspflicht in der Regel schon durch die Pflege und Erziehung des Kindes, so dass der andere Elternteil den vollen Barunterhalt allein schuldet. Aber auch diese Ausnahme hat ihre Ausnahme: Der betreuende Elternteil muss sich dann an der Unterhaltszahlung beteiligen, wenn er wesentlich mehr verdient als der andere (RN 1290).

1281   Nach dieser gesetzlichen Wertung **haben Kindesbetreuung und Barunterhalt gleichen Wert und gleichen Rang**[177]. Wer sein Kind betreut, schuldet deshalb in der Regel keinen Barunterhalt[178]. Dennoch wird aus der Betreuung noch kein Unterhalt, denn dieser besteht nach § 1612 I 1 aus einer Geldrente[179].

1282   Nach Gesetz und Rechtsprechung kann man folgende **Fallgruppen** bilden:

(1) Das minderjährige unverheiratete Kind lebt:

---

174 *BGH* 93, 123: erwachsene Tochter lebt mit 2 nichtehelichen Kindern und mittellosem Partner zusammen; *OLG Karlsruhe* FamRZ 88, 200; *OLG Düsseldorf* FamRZ 89, 1226; *OLG Hamm* FamRZ 90, 1385; *OLG Oldenburg* FamRZ 91, 1090: 2 Kinder u. Student als Partner; aber auch *OLG Bremen* FamRZ 84, 84; *OLG Hamburg* FamRZ 84, 617.
175 *OLG Hamm* FamRZ 96, 1493: nach 18 Monaten.
176 *BGH* FamRZ 86, 151; 88, 1039.
177 *BGH* NJW 80, 994; 81, 168; FamRZ 81, 347; 81, 544; 88, 161.
178 *BGH* FamRZ 80, 994.
179 *BGH* NJW 94, 2234.

(a) bei den Eltern und wird dort von beiden Eltern in Natur versorgt (nach § 1612 II 1 unproblematisch);

(b) mit Zustimmung der Eltern außerhalb des Elternhauses im Internat, Heim oder in einer Pflegefamilie: Beide Eltern sind anteilig barunterhaltspflichtig (§ 1606 III 1);

(c) nach Trennung oder Scheidung bei einem Elternteil, der es betreut: Der andere schuldet in der Regel allein den vollen Barunterhalt (§ 1606 III 2), es sei denn, der betreuende Elternteil verdiene wesentlich mehr.

(2) Das volljährige oder verheiratete Kind, wo immer es lebt, bedarf keiner Betreuung mehr, so dass beide Eltern anteilig Barunterhalt schulden (§ 1606 III 1).

2. Anspruchsvoraussetzungen und Beweislast

Wer von seinen Eltern Unterhalt verlangt, muss den richtigen Schuldner in der richtigen **1283** Höhe verklagen und im Unterhaltsprozess die nach § 1606 III 1 oder 2 erforderlichen Tatsachen darlegen und im Streitfall beweisen, denn es sind Anspruchsvoraussetzungen.

Im **Regelfall des § 1606 III 1** haften die Eltern nur anteilig nach ihren Erwerbs- und Vermögensverhältnissen. Also muss das Kind, das einen oder beide Elternteile verklagt, **das Einkommen und Vermögen beider Eltern darlegen und beweisen**, um daraus die richtigen Haftungsanteile zu errechnen[180]. Sein Auskunftsanspruch aus § 1605 hilft ihm dabei. Zweckmäßig erhebt es Stufenklage (§ 254 ZPO u. RN 1489). Unabhängig von § 1605 darf der beklagte Elternteil die Behauptungen des Kindes nicht pauschal bestreiten, sondern muss sein Einkommen und Vermögen im Einzelnen darlegen („substantiiert" bestreiten), damit das Kind sie widerlegen kann[181].

Im **Ausnahmefall des § 1606 III 2** schuldet derjenige Elternteil, der das minderjährige **1284** unverheiratete Kind nicht betreut, in der Regel allein den vollen Barunterhalt. Hier muss das Kind nur Einkommen und Vermögen des beklagten Elternteils nachweisen[182]. Dass es minderjährig, unverheiratet und vom anderen Elternteil betreut wird, kann kaum streitig sein; andernfalls muss es auch diese Anspruchsvoraussetzung beweisen. Dass der betreuende Elternteil weit mehr verdiene als der verklagte, muss dagegen dieser beweisen, denn die Barunterhaltspflicht des betreuenden Elternteils ist eine Ausnahme von der Regel des § 1606 III 1[183].

Wenn und soweit der vorrangig unterhaltspflichtige Ehegatte (§ 1608) ausfällt und das **1285** Kind deshalb seine Eltern belangt, muss es auch die Voraussetzungen des Ausfalls nach § 1607 I, II 1 nachweisen, weil auch sie den Anspruch begründen[184].

Damit der beklagte Elternteil sich verteidigen und seinen eigenen Haftungsanteil richtig berechnen kann, muss er wissen, was der andere verdient. Deshalb gibt die Rechtsprechung jedem Elternteil gegen den anderen einen **Auskunftsanspruch aus § 242**[185].

---

180 *KG* FamRZ 89, 1206: auch für § 323 ZPO; *OLG Hamburg* FamRZ 82, 627; 91, 1092.
181 *BGH* NJW 87, 1201: zum Ehegattenunterhalt; *OLG Hamburg* FamRZ 91, 1092.
182 *BGH* NJW 81, 923.
183 *BGH* NJW 81, 923.
184 *BGH* NJW 81, 924; *RG* 57, 69; *OLG Hamm* FamRZ 96, 116.
185 *BGH* FamRZ 88, 268: Unterhalt eines volljährigen Kindes; *OLG Köln* FamRZ 92, 469: auch Unterhalt eines minderjährigen Kindes, wenn Unterhaltspflicht beider Eltern in Betracht kommt.

3. Unterhalt für minderjähriges unverheiratetes Kind

3.1 Kind lebt noch im Elternhaus

1286 Unproblematisch ist der Fall, dass das minderjährige unverheiratete Kind noch im Elternhaus lebt und dort von beiden Eltern versorgt wird. Die Eltern haben hier den Barunterhalt wirksam durch Unterhalt in Natur ersetzt (§ 1612 II).

3.2 Kind lebt mit Zustimmung der Eltern außerhalb des Elternhauses

1287 Lebt das Kind mit Zustimmung der Eltern oder sonstiger Sorgeberechtigter außerhalb des Elternhauses im Internat, Heim oder in einer Pflegefamilie, sind nach § 1606 III 1 beide Eltern anteilig zum Barunterhalt verpflichtet[186]. Die Anteile richten sich nach den Erwerbs- und Vermögensverhältnissen beider Eltern, letztlich also nach dem **„bereinigten" Nettoeinkommen jedes Elternteils**, das für den Kindesunterhalt noch zur Verfügung steht.

3.3 Kind lebt beim betreuenden Elternteil

1288 Für das Kind, das bisher mit beiden Eltern zusammengelebt hat, ändert sich die Situation mit der Trennung der Eltern. Wenn es nicht bei Dritten untergebracht wird, bleibt es bei demjenigen Elternteil, der entweder bereits die alleinige elterliche Sorge hat oder das Kind tatsächlich in seinem Haushalt versorgt. Damit erfüllt dieser Elternteil nach § 1606 III 2 in der Regel seine Unterhaltspflicht[187]. Daraus folgt zwangsläufig, dass der andere Elternteil den vollen Barunterhalt allein schuldet[188]. Das Kindergeld ist hälftig zu teilen[189]. Diese pauschale Gleichstellung erspart eine Menge Rechnerei, gleicht auch den unterschiedlichen Betreuungsaufwand von der Geburt bis zur Volljährigkeit pauschal aus[190], provoziert aber den Kampf um das Kind, weil die Betreuung oft billiger erscheint als die Unterhaltszahlung.

1289 Der Bedarf des Kindes richtet sich gemäß § 1610 I nur nach dem **„bereinigten" Nettoeinkommen des zahlungspflichtigen Elternteils**. Kurze Besuchs- und Ferienaufenthalte des Kindes bei diesem Elternteil sind noch keine Teilbetreuung und rechtfertigen deshalb keine Kürzung des Barunterhalts[191]. Dem betreuenden Elternteil schadet es nicht, dass er auch noch berufstätig ist und die Betreuung des Kindes zeitweise Dritten (Verwandten, Nachbarn, Tagesstätte) überlassen muss[192]. Wenn er sein Kind jedoch vollständig Dritten überlässt, betreut er nicht mehr und ist deshalb barunterhaltspflichtig[193].

---

186 *BGH* FamRZ 97, 806: auch Kindergeld ist für § 1606 III Einkommen; *KG* FamRZ 84, 1131; *OLG Düsseldorf* DAV 85, 706; *OLG Hamm* FamRZ 90, 307.
187 *BGH* NJW 85, 1465: FamRZ 81, 1159: gilt nur für Kindes-, nicht für Ehegattenunterhalt; allgemein zu § 1606 III 2: *Graba* FamRZ 90, 454.
188 *BGH* NJW 80, 994; 81, 168; FamRZ 81, 347, 544; 88, 161; NJW 91, 696; 94, 1530.
189 *BGH* 70, 151.
190 *BGH* NJW 94, 1530.
191 *BGH* NJW 84, 2826.
192 *BGH* NJW 80, 2306; 81, 1559.
193 *KG* FamRZ 89, 778; *OLG Hamm* FamRZ 91, 104.

3.4 Der betreuende Elternteil verdient wesentlich mehr

Die Kindesbetreuung steht dem Barunterhalt nach § 1606 III 2 aber nur „in der Regel" **1290**
gleich. Eine **Ausnahme** macht man dann, wenn der betreuende Elternteil sehr viel mehr
verdient als der andere; dann soll auch er sich angemessen am Barunterhalt beteiligen,
damit beide Eltern gleichmäßig belastet werden[194]. Dabei ist auch der Betreuungsaufwand zu berücksichtigen[195]. Ein behindertes oder verhaltensgestörtes Kind hat auch einen höheren Betreuungsbedarf, der den höheren Barbedarf oft weit übersteigt[196].

3.5 Der unterhaltspflichtige Elternteil kann nicht zahlen

Wenn der barunterhaltspflichtige Elternteil sein Einkommen für seinen eigenen ange- **1291**
messenen Unterhalt benötigt, muss der betreuende Elternteil, soweit leistungsfähig, zusätzlich zur Betreuung auch noch den Barunterhalt zahlen, denn auch er ist „ein anderer
unterhaltspflichtiger Verwandter" nach § 1603 II 2 (RN 1320)[197].

3.6 Jeder Elternteil betreut ein Kind

Betreut jeder Elternteil ein gemeinschaftliches Kind, so ist er für das andere Kind nach **1292**
§ 1606 III 2 in der Regel allein barunterhaltspflichtig, es sei denn, der andere verdiene
wesentlich mehr. Obwohl es sich geradezu anbietet, lassen sich die Unterhaltsansprüche
der Kinder nicht miteinander verrechnen, sondern sind getrennt zu berechnen und geltendzumachen. Eine Verrechnung ist nur durch Vereinbarung der Eltern möglich, die
sich gegenseitig vom Kindesunterhalt freistellen; den Kindesunterhalt berührt dies nicht
(RN 1212).

Wenn nun der eine Elternteil keinen Barunterhalt zahlen kann (§ 1603 II), muss man
dem anderen Elternteil, der „sein" Kind nicht nur betreut, sondern auch noch bar unterhält, weil er keinen Kindesunterhalt bekommt, nicht nur 3/4 des gesamten Kindergeldes
lassen, sondern auch noch erlauben, die besondere Belastung von seinem Einkommen
abzuziehen, wenn es um den Barunterhalt des anderen Kindes geht[198].

4. Unterhalt für volljähriges oder verheiratetes Kind

Für den Unterhalt des volljährigen oder verheirateten Kindes gilt ausschließlich § 1606 **1293**
III 1: **Jeder Elternteil schuldet nach seinem Einkommen und Vermögen anteilig**
Barunterhalt. § 1606 III 2 ist auch nicht entsprechend anwendbar, weil das volljäh-
rige oder verheiratete Kind nach dem Gesetz (§§ 1626 I, II, 1631) keiner Pflege und Er-

---

194 *BGH* NJW 84, 303; 91, 697; FamRZ 98, 286; *OLG Oldenburg* FamRZ 89, 423; *OLG Düssel-*
      dorf FamRZ 94, 767; *OLG Bamberg* FamRZ 95, 566; *OLG Frankfurt* FamRZ 96, 888.
195 *BGH* NJW 91, 697: Vorwegabzug notwendiger Kosten durch Drittbetreuung oder Betreuungs-
      bonus für erschwerte Betreuung; *OLG Bamberg* NJW 95, 1433: Betreuung zweier Kinder.
196 *BGH* NJW 83, 2082: die Gleichung des § 1606 III 2: Betreuung = Barunterhalt geht hier nicht
      auf.
197 *BGH* FamRZ 80, 556; NJW 91, 697; *OLG Hamm* FamRZ 90, 903.
198 *OLG Schleswig* FamRZ 88, 417: erhöhter Eigenbedarf.

ziehung mehr bedarf. Statt dessen erhöht sich sein Barbedarf[199]. Der Wortlaut des Gesetzes ist klar und eindeutig. Auch Sinn und Zweck des § 1606 III 2 rechtfertigen keine entsprechende Anwendung auf volljährige Schulkinder bis 21 Jahre, die noch bei einem Elternteil leben (§ 1603 II 2) und von diesem versorgt werden[200]. Daran ändert auch das KindUG nichts, denn es lässt den § 1606 insoweit unberührt.

1294 Es kommt deshalb nicht darauf an, ob das volljährige Kind eine eigene Wohnung hat oder noch bei einem Elternteil wohnt. Dass dieser Elternteil ihm Wohnung gewährt, ihn verköstigt und ihm die Wäsche macht, ist keine Pflege und Erziehung i.S.d. § 1606 III 2 mehr, sondern Unterhalt in Natur, sei es nach § 1612 II, sei es mit Einverständnis des Kindes[201]. Was über den gesetzlichen Unterhalt hinausgeht, ist eine freiwillige Leistung dieses Elternteils, die den anderen nicht entlastet und dessen Anteil am Barunterhalt nicht verringert[202]. Genauso unerheblich ist, ob das volljährige Kind noch in der Berufsausbildung steht[203].

Schließlich spielt es keine Rolle, ob das volljährige Kind beide Eltern oder nur einen Elternteil auf Unterhalt verklagt. So oder so sind nach § 1606 III 1 die Haftungsanteile entsprechend den Einkünften zu bestimmen[204].

1295 **Maßstab ist das verfügbare Einkommen jedes Elternteils.** Für den Kindesunterhalt verfügbar ist nur das Nettoeinkommen nach Abzug berufsbedingter Aufwendungen, vorgehender Unterhaltspflichten (§ 1609), notwendiger Kreditraten und des angemessenen Eigenbedarfs[205]. Ist ein Elternteil leistungsunfähig, trifft den anderen die volle Unterhaltslast allein (§ 1607 I)[206]. Das Gleiche gilt, wenn ein Vollstreckungstitel gegen einen Elternteil nicht oder nur sehr schwer durchgesetzt werden kann (§ 1607 II 1)[207].

---

199 *BGH* NJW 94, 1531; ferner *Wohlgemuth* FamRZ 2001, 321.
200 *BGH* NJW 85, 2590: behindertes Kind; 88, 2371; 94, 1530; FamRZ 88, 1039; *OLG Hamm* FamRZ 90, 196; *OLG Stuttgart* FamRZ 90, 1140; *OLG Hamm* FamRZ 2000, 379.
201 *BGH* FamRZ 86, 151; 88, 1039; NJW 94, 1530.
202 *BGH* FamRZ 86, 151; 88, 1039; NJW 94, 1530.
203 *BGH* FamRZ 88, 1039; NJW 94, 1530; *OLG Hamburg* FamRZ 92, 212; *OLG Hamm* FamRZ 2000, 379. a.A. noch *BGH* NJW 81, 2462; *OLG Karlsruhe* FamRZ 91, 971; *OLG Düsseldorf* FamRZ 92, 981; 94, 767.
204 *OLG Bamberg* FamRZ 90, 554.
205 *BGH* FamRZ 86, 151; 88, 1039; *OLG Düsseldorf* FamRZ 84, 1134 mit Rechenbeispiel; *OLG Köln* FamRZ 85, 90; *OLG Frankfurt* FamRZ 87, 190; *OLG Nürnberg* FamRZ 96, 45: „angemessener", nicht immer großer Selbstbehalt; *OLG Hamm* FamRZ 96, 303: „Betreuung" eines vollj. behinderten Kindes besonders zu berücksichtigen; *OLG Hamm* FamRZ 2000, 379.
206 *OLG Köln* FamRZ 90, 54 u. *OLG Hamm* FamRZ 96, 116: gilt auch für Ausfall des Ehegatten nach § 1608.
207 *OLG Karlsruhe* FamRZ 91, 971; *OLG Nürnberg* FamRZ 2000, 687.

8. Kapitel
Unterhalt für die Vergangenheit

Nach § 1613 I darf das Kind für die Vergangenheit Unterhalt oder Schadensersatz wegen **1296** Nichterfüllung der Unterhaltspflicht nur verlangen, wenn der unterhaltspflichtige Elternteil bereits in **Verzug**[208] oder **verklagt ist**. Es gilt das Gleiche wie beim Geschiedenenunterhalt (§ 1585b II u. RN 414 ff.). Die Ausschlussfrist von 1 Jahr nach § 1585b III ist auf den Kindesunterhalt nicht anwendbar, denn nach § 1613 II Nr. 1 beschränkt sie sich hier auf den Sonderbedarf.

Mit Wirkung ab 1.7.1998 hat das KindUG den § 1613 jedoch beträchtlich erweitert. Dem Verzug steht jetzt das **Auskunftsverlangen wegen Unterhalts** gleich (I 1). Außerdem wird der rückständige Unterhalt schon ab dem Monatsersten geschuldet (I 2). Schließlich kann das Kind rückständigen Unterhalte auch dann uneingeschränkt geltendmachen, wenn der Unterhaltspflichtige es daran gehindert hat (II Nr. 2). Dagegen hilft nur eine unbillige Härte (III).

9. Kapitel
Einwendungen gegen den Anspruch
auf Kindesunterhalt im Überblick

Einwendungen und Einreden sind Ausnahmetatbestände, die den Unterhaltsanspruch aus **1297** besonderem Grunde ausschließen, auslöschen oder hemmen, obwohl alle Anspruchsvoraussetzungen erfüllt sind. Die **Beweislast** trägt deshalb stets der Anspruchsgegner.

Es handelt sich um folgende Einwendungen und Einreden:

- Unterhaltsverzicht, Verwirkung und Verjährung (RN 1298 ff.);
- Leistungsunfähigkeit des Unterhaltsschuldners (RN 1301 ff.);
- vorsätzliche schwere Verfehlung des Unterhaltsberechtigten (RN 1326 ff.);
- Tod des Berechtigten oder Verpflichteten (§ 1615).

---

208 *OLG Karlsruhe* FamRZ 89, 537 u. *OLG Düsseldorf* FamRZ 2000, 442: Mahnung durch gesetzl. Vertreter des minderj. Kindes.

10. Kapitel
Unterhaltsverzicht, Verwirkung und Verjährung

1. Verzicht

1298 **Auf Kindesunterhalt kann man im Voraus nicht verzichten (§ 1614 I)**, der Verzicht auf laufenden Unterhalt ist nichtig. Verzichten kann man nur auf rückständigen Unterhalt, so er überhaupt noch geltendgemacht werden kann (§ 1613). Ob der gleichzeitige Verzicht auf künftigen und auf rückständigen Unterhalt total nichtig ist oder teilweise wirksam bleibt, hängt vom Parteiwillen ab; im Zweifel ist alles nichtig (§ 139)[209]. Der Unterhaltsverzicht zwischen den Eltern des Kindes wirkt nur dann gegen das Kind, wenn der vertretungsberechtigte Elternteil klar und deutlich im Namen des Kindes verzichtet; andernfalls wird die Willenserklärung dem Elternteil selbst zugerechnet (§ 164 II)[210].

Zwar kann man nicht nur ausdrücklich, sondern auch **stillschweigend durch schlüssiges Verhalten** auf ein Recht **verzichten**. Insoweit ist ein Verhalten aber nur dann „schlüssig", wenn es klipp und klar auf einen Verzichtswillen des Berechtigten hindeutet und keine andere Deutung zulässt. Dies wiederum ist nur der Fall, wenn der Berechtigte einen plausiblen Grund dafür hat, sein Recht endgültig aufzugeben[211].

2. Verwirkung und Verjährung

1299 Der Unterhaltsanspruch geht freilich schon dann verloren, wenn der Berechtigte ihn nach § 242 verwirkt[212]. Aber auch dafür genügt es nicht, dass der Berechtigte seinen Anspruch längere Zeit nicht ausübt. Bloßes Nichtstun ist noch keine **Verwirkung**, denn dafür gibt es die – kurze – **Verjährung** nach § 197 mit § 218 II[213]. § 242 verlangt zusätzlich einen Verstoß gegen Treu und Glauben. Das späte Geltendmachen des Unterhaltsanspruchs verstößt aber nur dann gegen Treu und Glauben, wenn es die begründete Erwartung des Unterhaltsschuldners enttäuscht, der Anspruch werde nicht mehr geltendgemacht werden; diese Erwartung aber verdient nur unter ganz besonderen Umständen Schutz[214].

3. Vertragliche Unterhaltsregelung

1300 Der gesetzliche Ausschluss eines Unterhaltsverzichts nach § 1614 I hindert die Partei freilich nicht, den **Unterhalt im Rahmes des Gesetzes der Höhe nach zu regeln**. Die Vertragsfreiheit reicht um so weiter, je allgemeiner und unbestimmter die gesetzlichen Anspruchsvoraussetzungen sind. Der Tabellenunterhalt ist keineswegs verbindlich, son-

---

209 Dazu *OLG Koblenz* MDR 87, 497.
210 *BGH* FamRZ 87, 934.
211 *BGH* FamRZ 81, 763.
212 *OLG Hamburg* FamRZ 90, 1271: rückständiger Unterhalt trotz Verzugs.
213 *BGH* FamRZ 88, 480: je kürzer die Verjährung, desto seltener die Verwirkung.
214 *BGH* 84, 280; NJW 88, 1137; FamRZ 88, 478; *OLG Düsseldorf* FamRZ 89, 776; *OLG Hamm* FamRZ 98, 1189.

dern nur ein Richtsatz für den Durchschnittsfall[215]. Stets wirksam ist die Vereinbarung eines höheren als des gesetzlichen Unterhalts.

4. Freistellung von Unterhalt

§ 1614 I verbietet nur den direkten Verzicht des Kindes auf seinen gesetzlichen Unterhalt, er verbietet nicht die **schuldrechtliche Freistellung des Unterhaltspflichtigen von Kindesunterhalt durch den anderen Elternteil**, denn diese Vereinbarung wirkt nach § 329 nur zwischen den Eltern und berührt den Unterhaltsanspruch des Kindes nicht (RN 1212)[216].

11. Kapitel
Die Leistungsunfähigkeit

1. Eigenbedarf als Opfergrenze

Jeder Unterhaltsanspruch, auch derjenige des minderjährigen Kindes gegen seine Eltern, **1301** scheitert wie selbstverständlich an der Leistungsunfähigkeit des Unterhaltspflichtigen. Rechtlich sind Eltern nicht verpflichtet, ihr letztes Hemd und ihr letztes Stück Brot mit ihren kleinen Kindern zu teilen, was immer Religion und Moral dazu sagen. Das BGB ist nicht die Bibel und die Bibel nicht das Gesetz. Dieses muss die Schwäche der menschlichen Natur in Rechnung stellen und darf nur Regeln aufstellen, die jeder erfüllen kann. § 1618a verpflichtet die Eltern nur zu Beistand und Rücksicht, nicht zu Elternliebe und Selbstaufopferung.

Die Frage ist nur, wie das Gesetz die Leistungsunfähigkeit des Unterhaltspflichtigen bestimmt und wo es die Grenze zieht. Nach **§ 1603 I** endet die Unterhaltspflicht am **eigenen angemessenen Unterhalt des Unterhaltspflichtigen. § 1603 II 1** verschärft die Unterhaltspflicht der Eltern gegenüber ihren minderjährigen unverheirateten Kindern und zieht die Grenze erst beim **eigenen notwendigen Unterhalt der Eltern**, wenn nicht ein anderer unterhaltspflichtiger und leistungsfähiger Verwandter vorhanden ist (§ 1606 II 2).

Wie beim Ehegattenunterhalt gibt es auch hier eine **abgestufte Leistungsunfähigkeit**. **1302** Nach § 1581 S. 1 muss der geschiedene unterhaltspflichtige Ehegatte seinen eigenen angemessenen Unterhalt nur ausnahmsweise und nach Billigkeit gefährden. Der eheangemessene Eigenbedarf zieht die erst, der notwendige Eigenbedarf die zweite und äußerste Opfergrenze. Beim Kindesunterhalt unterscheidet § 1603 zwischen minderjährigen unverheirateten Kindern und anderen Kindern (Verwandten). Ersteren gegenüber müssen

---

215 A.A. *OLG Köln* FamRZ 83, 750: unwirksam sei Unterschreiten der Düsseldorfer Tabelle um 1/3.
216 *BGH* NJW 86, 1168; 87, 709; *OLG Stuttgart* NJW-RR 93, 133.

sich die unterhaltspflichtigen Eltern mit dem notwendigen (kleinen) Selbstbehalt begnügen, Letzteren gegenüber bleibt ihnen der angemessene (große) Selbstbehalt. Die Bevorzugung minderjähriger unverheirateter Kinder leuchtet ohne weiteres ein.

Die **Düsseldorfer Tabelle**[217] beziffert derzeit den notwendigen Eigenbedarf (Selbstbehalt) des nicht erwerbstätigen Elternteils auf 1300,– DM und des erwerbstätigen Elternteils auf 1500,– DM sowie den angemessenen Eigenbedarf auf mindestens 1800,– DM. Der notwendige Eigenbedarf beim Ehegattenunterhalt deckt sich mit dem des Kindesunterhalts, da er die letzte Opfergrenze zieht und höher sein soll als der Sozialhilfesatz (RN 1315).

2. Gesetzliche Systematik

1303 § 1603 regelt die Leistungsunfähigkeit des unterhaltspflichtigen Verwandten und besteht aus drei Rechtssätzen: einer allgemeinen Regel für den Verwandtenunterhalt (I), einer Ausnahme für den Unterhaltsanspruch minderjähriger unverheirateter Kinder gegen ihre Eltern (II) und einer Gegenausnahme für den Fall, dass noch ein anderer unterhaltspflichtiger und voll leistungsfähiger Verwandter vorhanden ist (II 2).

Die **allgemeine Regel des § 1603 I** für den Verwandtenunterhalt lautet: Unterhaltspflichtig ist nicht, wer bei Berücksichtigung seiner sonstigen Verpflichtungen außerstande ist, ohne Gefährdung seines angemessenen Unterhalts den Unterhalts zu gewähren. Der Unterhaltspflichtige darf zuerst seinen eigenen angemessenen Unterhalt decken, bevor er einem anderen Unterhalt zahlen muss. Man spricht vom **angemessenen Eigenbedarf oder Selbstbehalt**. Er steht jedem unterhaltspflichtigen Verwandten zu, auch den Eltern gegenüber ihren volljährigen verheirateten Kindern.

1304 Eine **Ausnahme macht § 1603 II 1 für minderjährige unverheiratete Kinder**. Er lautet: Befinden sich Eltern in dieser Lage – gemeint ist die Leistungsunfähigkeit wegen Gefährdung des eigenen angemessenen Unterhalts nach § 1603 I – so sind sie ihren minderjährigen unverheirateten Kindern gegenüber verpflichtet, alle verfügbaren Mittel zu ihrem und der Kinder Unterhalt gleichmäßig zu verwenden. Das ist freilich eine dunkle Formel, die den falschen Eindruck vermittelt, Eltern müssten das letzte Hemd mit ihren minderjährigen Kindern teilen. Dazu kann aber kein Gesetz verpflichten. § 1603 II 1 verschärft zwar die Unterhaltspflicht, ist aber so zu verstehen, dass Eltern auch ihren minderjährigen Kindern insoweit keinen Unterhalt schulden, als sie ihren eigenen existenznotwendigen Unterhalt gefährden müssten. Man spricht vom **notwendigen Eigenbedarf oder Selbstbehalt**, der eine **letzte Opfergrenze** zieht, über die hinaus niemand unterhaltspflichtig ist.

Den minderjährigen unverheirateten Kindern stehen nach § 1603 II 2 die **volljährigen unverheirateten Schulkinder im Alter bis 21 Jahren** gleich, die noch bei den Eltern oder einem Elternteil leben.

1305 **Aber auch die verschärfte Unterhaltspflicht nach § 1603 II 1 hat in § 1603 II 3 eine Ausnahme, die zur Regel des § 1603 I zurückführt**, in der Praxis aber oft übersehen wird. § 1603 II 3 lautet: Diese Verpflichtung – gemeint ist die verschärfte Unterhalts-

---

217 FamRZ 95, 1323: Stand 1.1.96.

pflicht nach § 1603 II 1 – tritt nicht ein, wenn ein anderer unterhaltspflichtiger Verwandter vorhanden ist, oder wenn das Kind sich aus dem Stamm seines Vermögens selbst unterhalten kann. Die praktische Bedeutung dieser Ausnahme von der Ausnahme liegt darin, dass auch der betreuende Elternteil „ein anderer unterhaltspflichtiger Verwandter" sein kann (RN 1320).

3. Rechtsfolge: Ausschluß der Unterhaltspflicht und Beweislast

§ 1603 regelt nicht die Leistungsfähigkeit, sondern die Leistungsunfähigkeit des Unterhaltsschuldners. Falsch ist die Klammerüberschrift „Voraussetzungen der Unterhaltsverpflichtung". Sie müsste richtig heißen: „Ausschluss der Unterhaltspflicht". Denn die Leistungsfähigkeit des Unterhaltsschuldners ist keine Anspruchsvoraussetzung, die der Unterhaltsberechtigte beweisen müsste, vielmehr schließt die **Leistungsunfähigkeit** den Unterhaltsanspruch aus und begründet eine **anspruchshindernde Einwendung, die der Unterhaltsschuldner beweisen muss.** Der negative Wortlaut des Gesetzes: „Unterhaltspflichtig ist nicht, wer ..." lässt daran keinen Zweifel[218]. **1306**

§ 1603 regelt freilich eine **abgestufte Leistungsunfähigkeit.** Abs. 1 definiert sie für den Regelfall als Gefährdung des eigenen angemessenen Unterhalts. Das ist der angemessene (große) Eigenbedarf oder Selbstbehalt. Dass diese Grenze überschritten sei, muss der Unterhaltsschuldner beweisen. Abs. 2 S. 1 und S. 2 sind Ausnahmen und ziehen die Grenze der Leistungsunfähigkeit erst bei der Gefährdung des eigenen notwendigen Unterhalts. Das ist der notwendige (kleine) Eigenbedarf oder Selbstbehalt. Diese Ausnahmen muss das klagende Kind beweisen während der Unterhaltsschuldner beweisen muss, der verlangte Unterhalt gefährde seinen eigenen notwendigen Unterhalt. Als Ausnahme von dieser Ausnahme kehrt Abs. 2 S. 3 zur allgemeinen Regel des Abs. 1, also zum angemessenen oder großen Selbstbehalt zurück, wenn ein anderer unterhaltspflichtiger und leistungsfähiger Verwandter vorhanden ist. Diese Voraussetzung muss wiederum der Unterhaltsschuldner beweisen[219]. Fazit: **Der Unterhaltsschuldner muss stets seine Leistungsunfähigkeit beweisen.** **1307**

4. Begriff der Leistungsunfähigkeit

4.1 Reales und fiktives Einkommen

Leistungsunfähig ist der Unterhaltspflichtige dann, wenn die Zahlung des verlangten Unterhalts seinen eigenen angemessenen (§ 1603 I, II 2) oder notwendigen (§ 1603 II) Unterhalt gefährden würde. Der angemessene oder notwendige Eigenbedarf (Selbstbehalt) ist derjenige Teil seines Einkommens, den der Unterhaltspflichtige vorweg für seinen eigenen Unterhalt verbrauchen darf, so dass er für fremden Unterhalt nicht mehr zur Ver- **1308**

---

218 *BGH* FamRZ 90, 287 u. NJW 92, 1624: abzugsfähige „sonstige Verpflichtungen"; FamRZ 80, 770; 88, 604; *OLG Köln* FamRZ 2000, 310.
219 *BGH* NJW 81, 923.

fügung steht[220]. Die Praxis ermittelt den Eigenbedarf (Selbstbehalt) nicht von Fall zu Fall, sondern entnimmt ihn den gängigen Unterhaltstabellen und Leitlinien (RN 1302)[221].

Ganz so harmlos, wie er aussieht, ist der Begriff der Leistungsunfähigkeit freilich nicht. Der Unterhaltsschuldner ist nicht schon dann leistungsunfähig, wenn er kein Geld hat, sondern erst dann, wenn er sich das nötige Geld auch nicht durch zumutbare Anstrengungen, vor allem durch Arbeit, verschaffen kann. Die Rede ist von der **Erwerbspflicht („Erwerbsobliegenheit") des Unterhaltsschuldners.** Dieser ist nicht nur zur Zahlung des Unterhalts, sondern wie selbstverständlich auch dazu verpflichtet, sich nach Kräften das nötige Geld zu verdienen. **Unterhaltsrechtlich steht deshalb das zumutbar erzielbare („fiktive") dem tatsächlich erzielten Einkommen gleich**[222].

4.2 Verschuldete Leistungsunfähigkeit

1309 Auf der anderen Seite ist der Unterhaltsschuldner trotz Erwerbspflicht auch dann leistungsunfähig, wenn er seine Erwerbslosigkeit selbst verschuldet hat, etwa wegen Verletzung des Arbeitsvertrages entlassen worden ist oder gar selbst gekündigt hat. Es liegt auf der Hand, dass man ihm in krassen Fällen den Einwand der Leistungsunfähigkeit nehmen muss; die rechtliche Begründung findet man in **§ 242**: Wer sein Recht missbraucht, verliert es.

Da die gleichen Fragen auch beim Ehegattenunterhalt auftreten, kann auf die Darstellung zu § 1581 verwiesen werden und zwar zu den Stichworten: **fiktives Einkommen** durch Verletzung der „Erwerbsobliegenheit" (RN 520 ff.)[223]; **selbstverschuldete Leistungsunfähigkeit und Gegeneinwand aus § 242** (RN 451 ff.); **selbstverschuldeter unfreiwilliger Verlust des Arbeitsplatzes** (RN 453); **Aufgabe des Arbeitsplatzes** (RN 456) und **Wechsel von der Erwerbstätigkeit in den Haushalt** (RN 458).

1310 Man muss dabei aber im Auge behalten, dass die Anforderungen an den Unterhaltsschuldner schärfer sind, wenn er einem minderjährigen Kind als wenn er dem geschiedenen Ehegatten Unterhalt schuldet. Ist der geschiedene Ehegatte freilich wegen Betreuung eines minderjährigen Kindes aus § 1570 unterhaltsberechtigt, verdient er den gleichen Schutz wie das Kind (RN 374).

Verwiesen wird schließlich auf die schwierige Unterhaltsberechnung im **Mangelfall** (RN 468), sowie allgemein auf **Einkommen** (RN 518 ff.) und **Vermögen** (RN 591), welche die Leistungsfähigkeit bestimmen.

---

220 *BGH* 103, 267.
221 *BGH* NJW 84, 1614; 94, 1002.
222 *BGH* NJW 85, 733; FamRZ 86, 441; 88, 604; NJW 94, 1002.
223 *OLG Dresden* FamRZ 96, 1236: keine Erwerbschance wegen Alkoholabhängigkeit; *OLG Karlsruhe* FamRZ 96, 1238: unterhaltspflichtige Mutter betreut in nichtehelicher Lebensgemeinschaft Kleinkind.

4.3 Vermögen

Der Unterhaltsschuldner hat nicht nur die **Einkünfte aus seinem Vermögen**[224], sondern grundsätzlich auch den **Stamm seines Vermögens** für den Unterhalt zu verwenden, wenn dies nicht ausnahmsweise wirtschaftlich unvernünftig oder unzumutbar ist[225]. Der eigene angemessene oder notwendige Eigenbedarf des Unterhaltsschuldners bis ans Ende seines Lebens geht aber stets vor[226].

1311

4.4 Unentgeltliche Zuwendungen Dritter

Sowenig unentgeltliche Zuwendungen Dritter an den Unterhaltsberechtigten den Unterhaltsschuldner entlasten (RN 589, 1274)[227], sowenig erhöhen **unentgeltliche Zuwendungen Dritter an den Unterhaltsschuldner** dessen Leistungsfähigkeit, es sei denn, der Dritte wolle damit auch dem Unterhaltsberechtigten helfen. Daran fehlt es etwa dann, wenn der schwerstbehinderte Unterhaltsschuldner von seiner Ehefrau rund um die Uhr unentgeltlich gepflegt wird, was seinen Pflegebedarf deckt und hohe Pflegekosten spart. Er ist gleichwohl leistungsunfähig, wenn ihm nach Abzug angemessener Pflegekosten nur noch der angemessene oder notwendige Selbstbehalt bliebe[228].

1312

Genausowenig darf man dem Unterhaltsschuldner, der unentgeltlich im Hause seines neuen Ehegatten wohnt, unbesehen einen geldwerten „Wohnvorteil" in Höhe der ersparten Miete zurechnen[229].

5. Angemessener Eigenbedarf gegenüber volljährigen oder verheirateten Kindern

Seinen angemessenen Unterhalt (Eigenbedarf) muss der unterhaltspflichtige Verwandte nach § 1603 I nicht gefährden, sondern darf ihn vorweg aus seinem Einkommen decken (großer Selbstbehalt), bevor er Unterhalt zahlen muss. Das ist die gesetzliche Regel für den Verwandtenunterhalt. Sie gilt auch für unterhaltspflichtige Eltern gegenüber ihren volljährigen oder verheirateten Kindern (Ausnahme in § 1603 II 2).

1313

Angemessen ist der Geldbetrag, den der Unterhaltsschuldner nach seiner individuellen Lebensstellung für seinen eigenen Unterhalt braucht[230]. Maßstab ist auch hier in erster Linie sein Einkommen. Aber auch wenn er nur wenig verdient, ist der angemessene Ei-

---

224 *OLG Bamberg* FamRZ 96, 628: Wohnen im Haus des neuen Ehegatten ist noch kein geldwerter „Wohnvorteil".

225 *BGH* 75, 278; FamRZ 86, 50: Ferienhaus, nicht auch selbst bewohntes Eigenheim; 88, 604: hinterlegter Versteigerungserlös u. Erbschaft; 89, 170: Schmerzensgeld; *OLG Nürnberg* FamRZ 96, 305: Erlös aus Hausverkauf nach Scheidung.

226 *BGH* NJW 89, 524: Querschnittgelähmter braucht 150 000,– DM Schmerzensgeld für eigenen Unterhalt.

227 *BGH* NJW 80, 124; 85, 1339; 95, 1487.

228 *BGH* NJW 95, 1487.

229 *OLG Bamberg* FamRZ 96, 628; *OLG Hamm* FamRZ 2001, 46: mietfreies Wohnen im Elternhaus.

230 *BGH* NJW 89, 523.

genbedarf nach § 1603 I nicht identisch mit dem notwendigen Eigenbedarf nach § 1603 II 1, der sich auf das Existenzminimum reduziert[231].

Obwohl also die Höhe des angemessenen Eigenbedarfs vom jeweiligen Einkommen und Lebenszuschnitt des Unterhaltsschuldners abhängt, verwendet die Praxis Richtsätze. So beträgt der **angemessene Eigenbedarf (Selbstbehalt)** nach der Düsseldorfer Tabelle derzeit 1800,– DM. Derartige Richtsätze sind aber unverbindlich und verhindern nicht die abweichende individuelle Festsetzung[232].

6. Notwendiger Eigenbedarf gegenüber minderjährigen unverheirateten Kindern und privilegierten volljährigen Schulkindern

6.1 Ausnahme

1314   Gegenüber minderjährigen unverheirateten Kindern verschärft § 1603 II 1 die elterliche Unterhaltspflicht. Den Eltern steht nicht mehr der angemessene, sondern nur noch der notwendige Eigenbedarf (Selbstbehalt) zu. Das ist eine Ausnahme von § 1603 I. Sie verpflichtet die Eltern, „alle verfügbaren Mittel" gleichmäßig für ihren und ihrer Kinder Lebensunterhalt zu verwenden. „Verfügbar" ist freilich nur derjenige Teil ihres Einkommens, den sie nicht notwendig für sich selbst brauchen. Ihren eigenen notwendigen Unterhalt müssen sie auch nach § 1603 II 1 nicht gefährden, sondern dürfen ihn vorweg aus ihrem Einkommen decken, bevor sie Kindesunterhalt zahlen müssen. Der notwendige Eigenbedarf oder kleine Selbstbehalt in Höhe des unentbehrlichen Existenzminimums zieht der gesetzlichen Unterhaltspflicht eine äußerste Grenze[233].

Gleiches gilt nach § 1603 II 2 für **volljährige unverheiratete Schulkinder im Alter bis 21 Jahre im elterlichen Haushalt**[234].

6.2 Notwendiger Eigenbedarf

1315   Notwendig ist diejenige Geldsumme, die der unterhaltspflichtige Elternteil auch in einfachen Verhältnissen für seinen Lebensbedarf braucht, wenn er nicht der Sozialhilfe anheimfallen soll[235]. Sie ist für Kindes- und Ehegattenunterhalt gleich hoch und beträgt derzeit nach der Düsseldorfer Tabelle 1500,– DM für Erwerbstätige und 1300,– DM für Nichterwerbstätige. Diese Richtsätze sind aber wie alle Tabellen und Leitlinien unverbindlich und eignen sich nur für den Normalfall[236]. Sobald die besonderen Umstände des Einzelfalles es erfordern, ist der pauschale Richtsatz anzupassen. Er ist zu erhöhen, wenn

---

231 *BGH* NJW 89, 523.
232 *BGH* NJW 89, 523; zum Ausbildungsbedarf der unterhaltspflichtigen Mutter: *OLG Saarbrücken* FamRZ 90, 306; ferner *OLG Hamm* FamRZ 92, 91: Schuldner lebt ausschließlich vom Ehegattenunterhalt.
233 *BGH* 103, 267; NJW 91, 697; 94, 1003; zum Ehegattenunterhalt: *BGH* 111, 194.
234 *OLG Hamm* FamRZ 99, 1018; *OLG Braunschweig* FamRZ 99, 1453.
235 *BGH* 111, 194; NJW 84, 1614; 89, 523; 91, 697; zum Verhältnis zw. notwendigem Selbstbehalt u. Sozialhilfesatz: *Büttner* FamRZ 90, 459; *Künkel* FamRZ 91, 14.
236 *BGH* FamRZ 82, 365; NJW 84, 1614; 91, 697; 94, 1002.

der Unterhaltsschuldner höhere Wohnkosten hat, als im Richtsatz berücksichtigt sind[237], oder wenn er als Behinderter besonderer Pflege bedarf[238]. Er ist herabzusetzen, wenn der notwendige Eigenbedarf niedriger ist, etwa durch gemeinsamen Haushalt in einer neuen Ehe[239] oder durch das billigere Leben auf dem flachen Land[240].

6.3 Verschärfung der Unterhaltspflicht

Gegenüber seinem minderjährigen unverheirateten Kind muss sich der unterhaltspflichtige Elternteil aber nicht nur mit dem notwendigen Selbstbehalt begnügen, sondern haftet ganz allgemein verschärft auf Unterhalt. Er muss sich intensiver um Arbeit und Einkommen bemühen (zur Nebenerwerbspflicht des Hausmannes u. der Hausfrau in neuer Ehe: RN 458), auch niedrige Arbeiten, Aushilfs- und Gelegenheitsarbeiten annehmen und notfalls Beruf und Wohnort wechseln, denn das minderjährige Kind ist hilfloser als das volljährige oder der Ehegatte[241]. Jenseits ihres notwendigen Eigenbedarfs müssen Eltern auch ihr Vermögen[242] sowie Unterhalt, Taschengeld, Kindergeld, Zählkindervorteil und Erziehungsgeld für den Minderjährigenunterhalt einsetzen[243]. **1316**

6.4 Kindergeld

Einen Anspruch auf Auszahlung des Kindergeldes oder Zählkindervorteils hat das minderjährige Kind nie. Soweit der unterhaltspflichtige Elternteil diese Gelder für seinen eigenen notwendigen Unterhalt braucht, ist er nicht leistungsfähig[244], und soweit er leistungsfähig ist, schuldet er dem Kind weder Kindergeld noch Zählkindvorteil, sondern Unterhalt. **1317**

6.5 Volljähriges Kind

Das volljährige Kind fällt auch dann nicht unter § 1603 II 1, wenn es noch in Ausbildung steht oder behindert ist[245]. Jedoch stellt § 1603 II 2 ab 1.7.1998 den minderjährigen unverheirateten Kindern diejenigen volljährigen Kinder bis zu 21 Jahren gleich, die noch in der allgemeinen Schulausbildung stehen und im Haushalt der Eltern oder eines Elternteils leben (RN 1314). **1318**

---

237 *BGH* NJW 84, 1614.
238 *BGH* NJW 89, 524.
239 *BGH* NJW 91, 697.
240 *OLG München* FamRZ 89, 1326; dagegen *OLG Düsseldorf* FamRZ 90, 1028.
241 *BGH* NJW 80, 2414; 82, 1590; 94, 1003; FamRZ 87, 932; *OLG Hamburg* FamRZ 90, 784; 91, 106: Student muss in Semesterferien arbeiten o. Studium abbrechen; *OLG Köln* FamRZ 97, 1104: auch niedrige Aushilfsarbeiten; *OLG Schleswig* FamRZ 99, 1524: neben vollschichtiger auch noch Nebentätigkeit; *OLG Zweibrücken* FamRZ 2000, 308: geringfügige Beschäftigung während Arbeitslosigkeit.
242 *OLG Hamburg* FamRZ 2000, 1431.
243 *BVerfG* FamRZ 85, 143; *BGH* 103, 267; FamRZ 80, 555; NJW 84, 1614; 86, 1869; FamRZ 87, 270; 97, 806; zum Erziehungsgeld: *OLG Schleswig* FamRZ 89, 997; *OLG Düsseldorf u. Frankfurt* FamRZ 91, 592, 594.
244 *BGH* 103, 267.
245 *BGH* NJW 94, 1530: zu § 1606 III 2.

7. Angemessener Eigenbedarf auch gegenüber minderjährigen unverheirateten Kindern

7.1 Ausnahme von der Ausnahme

1319 Nach § 1603 II 3 steht den unterhaltspflichtigen Eltern auch gegenüber minderjährigen unverheirateten Kindern vorweg der angemessene Eigenbedarf (große Selbstbehalt) zu, wenn ein anderer unterhaltspflichtiger Verwandter vorhanden ist, der den Kindesunterhalt zahlen kann, ohne seinen eigenen angemessenen Unterhalt zu gefährden. Das ist eine Ausnahme von § 1603 II 1, 2 die zur gesetzlichen Regel des § 1603 I zurückkehrt.

7.2 Der betreuende Elternteil als Ersatzschuldner

1320 Ersatzschuldner kann auch der andere Elternteil sein, der das minderjährige Kind betreut und nach § 1603 I leistungsfähig ist[246]. Zwar erfüllt er seine Unterhaltspflicht nach § 1606 III 2 in der Regel schon durch die Betreuung des Kindes und muss darüber hinaus nur dann Barunterhalt zahlen, wenn er sehr viel mehr verdient als der primär unterhaltspflichtige Elternteil (RN 1290). Nach § 1603 II 3 ist er aber auch dann unterhaltspflichtig, wenn er zusätzlich zur Betreuung des Kindes auch noch Barunterhalt zahlen kann, ohne seinen angemessenen eigenen Unterhalt nach § 1603 I zu gefährden, während der primär unterhaltspflichtige Elternteil seinen angemessenen Unterhalt gefährden müsste. Unter diesen Voraussetzungen haftet der Elternteil, der das Kind nicht betreut, nicht verschärft nach § 1603 II 1, 2 sondern wird nach § 1603 II 3 frei, und der betreuende Elternteil muss auch noch den Barunterhalt für das Kind aufbringen[247].

7.3 Gleichgewicht der Unterhaltslasten

1321 Man muss nur aufpassen, dass die Belastung der Eltern durch das minderjährige Kind nicht völlig aus dem Gleichgewicht kommt[248]. Die Praxis sinnt deshalb auf Mittel und Wege, um eine Überbelastung des betreuenden Elternteils zu vermeiden. Meistens ist es der Vater, der voll erwerbstätig ist und das Kind während seiner Abwesenheit durch Dritte betreuen lässt. Die Betreuungskosten, die er dem Dritten bezahlt, darf er in voller Höhe von seinem Nettoeinkommen absetzen[249]. Dagegen versagt ihm die Rechtsprechung einen **pauschalen „Betreuungsbonus"** in Höhe des Barunterhalts und macht nur dann eine Ausnahme, wenn die Betreuung besonders erschwert ist[250]. Obwohl die Betreuung dem Barunterhalt nach § 1606 III 2 rechtlich gleichwertig ist, darf man sie dem Barunterhalt nicht auch rechnerisch gleichsetzen und vorweg vom Nettoeinkommen des betreuenden Elternteils abziehen[251]. Die Betreuung ist nach dem Gesetz nun einmal kein Unterhalt (§ 1612 I u. RN 1218), sondern eine höchstpersönliche Elternleistung, die zwar

---

246 *BGH* NJW 80, 934; 91, 697.
247 *BGH* NJW 91, 697.
248 Dazu *OLG Düsseldorf* FamRZ 92, 92.
249 *BGH* NJW 91, 697.
250 *BGH* FamRZ 86, 790: Betreuung mehrerer Kinder; NJW 91, 697.
251 *BGH* NJW 91, 697.

Zeit und Nerven kostet, aber nicht mit Geld aufzuwiegen ist. Ebensowenig erhöht sie pauschal den angemessenen Eigenbedarf des betreuenden Elternteils[252].

Es stellt sich aber die **Frage, ob eine volle Erwerbstätigkeit dem betreuenden Elternteil überhaupt zuzumuten ist.** Antwort gibt der Grundsatz von Treu und Glauben nach **§ 242 oder** der Rechtsgedanke des **§ 1577 II.** Maßstab ist die für die Betreuung erforderliche Zeit[253]. Soweit die Erwerbstätigkeit unzumutbar ist, darf man das Mehreinkommen nur nach Treu und Glauben, in der Regel also nur anteilig, berücksichtigen. Völlig außer acht lassen darf man es nicht, da es nun einmal erzielt wird. Die Abwägung nach Treu und Glauben soll für eine ausgewogene Belastung beider Eltern sorgen[254].

Soweit der betreuende Elternteil nach Abzug der Betreuungskosten, einer Betreuungspauschale (nur in Ausnahmefällen) oder eines Teils des Einkommens aus unzumutbarer Erwerbstätigkeit und seines angemessenen Eigenbedarfs nicht mehr leistungsfähig ist, haftet der andere Elternteil nach § 1603 II 1, 2 verschärft bis zu seinem notwendigen Eigenbedarf[255]. **1322**

> **Beispiel**
>
> Zwei Töchter im Alter von 13 und 11 Jahren leben im Haushalt des Vaters und verklagen die Mutter auf Unterhalt. Diese verdient als Bedienung monatlich knapp 1300,– DM netto nebst ca. 70,– DM Trinkgeld (streitig) und ist wieder verheiratet mit einem Mann, der eine Erwerbsunfähigkeitsrente bezieht. Der Vater verdient monatlich 2900,– DM netto. Das Familiengericht verurteilt die Mutter antragsgemäß. Das Oberlandesgericht weist die Berufung der Mutter zurück. Auf ihre Revision hebt der **BGH** das Berufungsurteil auf und verweist die Sache an das Oberlandesgericht zurück.
>
> Nach § 1603 II 1 haftet die Mutter verschärft und muss sich mit dem **notwendigen Eigenbedarf** von (damals) 1300,– DM begnügen. Für den Kindesunterhalt stünden dann jedenfalls die Trinkgelder zur Verfügung, deren Höhe streitig ist. Ihr Einkommen muss sie nur dann für den Unterhalt verwenden, wenn sie in der neuen Ehe ihr Auskommen findet, der neue Ehegatte also genügend verdient. Das ist hier nicht festgestellt. Keinesfalls muss sich der neue Ehemann einschränken, denn er steht außerhalb der Unterhaltsbeziehung (*BGH* NJW 91, 697).
>
> § 1603 II 3 macht eine **Ausnahme von § 1603 II 1.** Danach schuldet die Mutter insoweit keinen Unterhalt, als der Vater zusätzlich zur Betreuung auch noch den Barunterhalt zahlen kann, ohne seinen angemessenen Unterhalt zu gefährden. Das monatliche Nettoeinkommen von 2900,– DM scheint dies zu ermöglichen. Der Vater darf vorweg jedoch den **Betrag abziehen, den er einem Dritten** (Verwandten, Lebensgefährtin, Nachbarn) **für die Betreuung der Kinder während seiner beruflichen Abwesenheit bezahlt.** Falls die Betreuung etwa durch Behinderung oder Verhaltensstörung eines Kindes besonders erschwert ist, darf er sogar einen pauschalen „Betreuungsbonus" abziehen.
>
> Schließlich muss er sich sein volles Einkommen schon deshalb nicht anrechnen lassen, weil ihm eine **Vollerwerbstätigkeit** neben der Betreuung zweier Kinder im Alter von 13 und 11 Jahren **nicht zumutbar** ist. Falls man ihm nur eine Halbtagsbeschäftigung für 1600,– DM netto zumutet, darf man aber nicht einfach den Mehrbetrag von 1300,– DM

---

252 *BGH* NJW 91, 697.
253 *BGH* NJW 91, 697.
254 *BGH* NJW 91, 697.
255 *BGH* NJW 91, 697.

abziehen. Da er nun einmal 2900,– DM verdient, ist nach Treu und Glauben vielleicht ein Teil des Mehreinkommens zu berücksichtigen (*BGH* NJW 91, 697).

Gesetzt den Fall, die Betreuung der Kinder durch Dritte kostet monatlich 500,– DM und das unzumutbare Mehreinkommen von 1300,– DM sei hälftig zu berücksichtigen, bleiben dem Vater noch 1750,– DM monatlich. Nach Abzug des **angemessenen Eigenbedarfs** (von damals 1500,– DM) stehen für den Kindesunterhalt nur 250,– DM zur Verfügung. Für den restlichen Unterhaltsbedarf muss jetzt die Mutter aufkommen, soweit sie nach Abzug des notwendigen Eigenbedarfs von (damals) 1300,– DM zahlungsfähig ist. Jetzt **verschärft** sich auch ihre **Erwerbspflicht**. Leistungsunfähig ist sie nur, wenn sie allen Anstrengungen zum Trotz nicht mehr als ihren eigenen notwendigen Unterhalt verdienen kann.

§ 1603 II 3 befreit den Elternteil aber nur von der verschärften Unterhaltspflicht, nicht überhaupt von der Erwerbs- und Unterhaltspflicht[256].

8. Leistungsunfähigkeit durch „sonstige Verpflichtungen"

1323 Leistungsunfähig kann der Unterhaltsschuldner auch durch „sonstige Verpflichtungen" werden. Es sind dies vor allem Kreditschulden, die Monat für Monat zu verzinsen und zu tilgen sind und auch tatsächlich bezahlt werden, während die Konkurrenz mehrerer Unterhaltsberechtigter in § 1609 gesetzlich klar geregelt ist.

Die „sonstigen Verpflichtungen" sind aber nicht unbesehen vorweg vom Einkommen des Unterhaltsschuldners abzuziehen, sondern nach § 1603 I nur zu berücksichtigen. Weder gehen sie der gesetzlichen Unterhaltspflicht stets vor noch treten sie stets hinter die gesetzliche Unterhaltspflicht zurück[257]. Vielmehr lässt sich diese Rangfrage nur von Fall zu Fall beantworten. Dies erfordert eine **umfassende Abwägung der Interessen** des Unterhaltsberechtigten, des Unterhaltsschuldners und des Gläubigers der sonstigen Verpflichtung nach billigem Ermessen. Die wichtigsten Kriterien sind: der Zweck, der Entstehungszeitpunkt und die Dringlichkeit der Verpflichtung sowie das Wissen des Unterhaltsschuldners um seine Unterhaltspflicht[258]. Mit dieser wachsweichen Formel lässt der BGH den Familienrichter ungeschützt im Regen stehen. Die Entscheidung ist nicht mehr berechenbar.

Da der Unterhaltsschuldner nach § 1603 seine Leistungsunfähigkeit beweisen muss, muss er auch alle Umstände nachweisen, die im Einzelfall für die unterhaltsrechtliche Abzugsfähigkeit einer „sonstigen Verpflichtung" erforderlich sind[259].

1324 Keinesfalls darf sich der Unterhaltsschuldner durch Schuldenmachen verantwortungslos seiner Unterhaltszahlung entziehen. Auf der anderen Seite ist die Kreditaufnahme in ge-

---

256 *OLG* Schleswig FamRZ 94, 1404.
257 *BGH* NJW 84, 2351.
258 *BGH* NJW 82, 380; 84, 2351; 91, 697; 92, 494: gilt auch für überhöht titulierten Unterhalt; 92, 1624; FamRZ 86, 254; 90, 287; 96, 160.
259 *BGH* FamRZ 90, 287; NJW 92, 1624; *OLG* Bamberg FamRZ 97, 23.

wissem Rahmen nicht nur üblich, sondern bisweilen auch lebenswichtig[260]. Auch muss das wirtschaftlich noch unselbständige Kind die Lebensverhältnisse seiner Eltern nehmen wie sie sind[261]. Unterhaltsrechtlich wird aber **nur** eine **angemessene monatliche Tilgungsrate** anerkannt; die Rechtsprechung verlangt einen **vernünftigen Tilgungsplan**[262]. Der Unterhaltsschuldner wiederum hat, wenn die Kreditschuld überhaupt zu berücksichtigen ist, ein schutzwürdiges Interesse daran, sie spürbar abzubauen, damit sie nicht ins Uferlose wachse[263].

Kennt der Unterhaltsschuldner bei Aufnahme des Kredits seine Unterhaltspflicht, muss der Kredit geradezu notwendig sein, wenn er berücksichtigt werden soll[264].

> **Beispiel**
>
> Während der Sohn mit öffentlicher Ausbildungshilfe studiert, baut der Vater ein Haus und finanziert es mit Krediten. Leistungsunfähig wird er dadurch nicht, denn er weiß schon bei Kreditaufnahme, dass er seinem Sohn Ausbildungsunterhalt schuldet, und darf sich nicht darauf verlassen, das Studium werde weiterhin mit öffentlichen Mitteln bezahlt werden (*BGH* NJW 82, 380: ähnlich *OLG Bamberg* FamRZ 88, 1087). Vielleicht muss er das Haus veräußern und mit dem Erlös die Schulden bezahlen, bevor er sich auf Leistungsunfähigkeit berufen darf (*BGH* NJW 84, 2351).

Wo es um den **Unterhalt minderjähriger und rechtlich gleichgestellter Kinder** geht, verlangt § 1603 II 1, 2 eine **besonders kritische Prüfung** der „sonstigen" Verpflichtungen des Unterhaltsschuldners[265]. Aber auch in diesem Fall hat der unterhaltspflichtige Elternteil ein vitales Interesse daran, seine Schulden zu tilgen. **1325**

> **Beispiel**
>
> Die Eltern haben nur ein geringes Einkommen. Für den Bedarf der Familie nehmen sie einen Kredit auf und strecken ihn so, dass sie 6 Jahre lang monatlich 245,– abzahlen müssen. Als die Familie später auseinanderfällt, kann der unterhaltspflichtige Vater nicht gleichzeitig den Kindesunterhalt und die Kreditrate zahlen. Zwar hat das minderjährige Kind ein lebenswichtiges Interesse daran, wenigstens den Mindestunterhalt zu bekommen (*BGH* FamRZ 84, 657; 86, 254; 90, 266; NJW 92, 1624; *OLG Hamm* FamRZ 95, 1218). Aber hier überwiegt das Interesse des unterhaltspflichtigen Vaters daran, den Kredit, der seinerzeit der ganzen Familie zugeflossen ist, vereinbarungsgemäß zu tilgen (*BGH* FamRZ 90, 266).

---

260 *BGH* FamRZ 90, 266.
261 *BGH* FamRZ 96, 160.
262 *BGH* NJW 82, 232; 82, 1641; 92, 2480.
263 *BGH* FamRZ 84, 657; 90, 266; *OLG Hamm* FamRZ 95, 1217.
264 *BGH* FamRZ 82, 157; 90, 287; 91, 184.
265 *BGH* FamRZ 86, 254; NJW 92, 1624; *OLG Bamberg* FamRZ 97, 23; *OLG Hamm* FamRZ 97, 1405.

12. Kapitel
Kürzung und Verlust des Unterhaltsanspruchs durch schwere Verfehlung des Berechtigten

1. Gesetzliche Systematik

1326 § 1611 I kürzt den Unterhaltsanspruch auf einen Unterhaltsbeitrag nach Billigkeit (S. 1) oder streicht ihn ganz (S. 2). Diese Ausnahmevorschriften begründen **Einwendungen, die der Unterhaltsschuldner beweisen muss.**

Eine **Ausnahme von der Ausnahme** macht § 1611 II: Der gesetzliche **Unterhalt minderjähriger unverheirateter Kinder** gegen ihre Eltern wird nicht nach § 1611 I gekürzt oder ausgeschlossen.

§ 1611 III hindert den Unterhaltsberechtigten daran, verlorenen Unterhalt bei einem anderen Unterhaltspflichtigen zu holen, denn der Verlust ist total.

2. Rechtsfolge

1327 § 1611 überlässt es nicht dem Familiengericht, den Unterhalt zu kürzen oder ganz zu streichen, sondern erledigt es selbst: Der Unterhaltsanspruch aus §§ 1601, 1602, 1610 in Höhe des ungedeckten Bedarfs schrumpft zu einem kläglichen **Unterhaltsbeitrag nach Billigkeit** (I 1). Was im Einzelfall billig sei, bestimmt allerdings das Familiengericht. Ebenso verflüchtigt sich dieser Billigkeitsunterhalt von selbst, wenn er **grob unbillig** wäre (I 2); wann dies im Einzelfall sein soll, bestimmt wiederum das Familiengericht.

3. Härteregel für Grenzfälle

1328 § 1611 ist eine Härteregel für Grenzfälle. Gekürzt wird der Unterhalt in 3 Fällen[266]: erstens wenn der Unterhaltsberechtigte durch sittliches Verschulden bedürftig geworden ist; zweitens wenn er seine eigene Unterhaltspflicht gegenüber dem Unterhaltsschuldner gröblich vernachlässigt hat (selten); drittens wenn er sich vorsätzlich einer schweren Verfehlung gegen den Unterhaltsschuldner oder dessen nahe Angehörige schuldig gemacht hat.

Das sind massive Vorwürfe, die so leicht nicht erfüllt und bewiesen werden. Jedenfalls regelt **§ 1611 I** den Unterhaltsverlust durch Verfehlungen des Berechtigten **abschließend** und darf nicht durch andere rechtliche Konstruktionen aufgeweicht werden[267].

---

266 Dazu *Finger*: FamRZ 95, 969.
267 *BGH* 93, 133; NJW 88, 2371.

568

4. Bedürftigkeit durch sittliches Verschulden

Der Berechtigte verliert seinen Unterhalt nicht schon deshalb, weil er seine Bedürftigkeit **1329** selbst verursacht und verschuldet hat. Das Gesetz verlangt ein „sittliches Verschulden" und meint damit einen groben Verstoß gegen die Gebote der herrschenden Sozialmoral[268]. Den begeht vielleicht der trunksüchtige oder drogenabhängige Anspruchsteller[269] und sicherlich derjenige, der „mutwillig" seinen Arbeitsplatz aufgibt oder sein Vermögen verschleudert, vielleicht auch schon derjenige, der schuldhaft eine Arbeitgeberkündigung provoziert. Dagegen ist der Vorwurf sittlichen Verschuldens nicht berechtigt, wenn die erwachsene Tochter ihren Unterhalt deshalb nicht mehr selbst verdienen kann, weil sie ein nichteheliches Kind geboren hat[270].

Methodisch muss man die **Bedürftigkeit von der Verwirkung trennen**. Wer sich nicht um Arbeit bemüht, obwohl er arbeiten könnte und Arbeit fände, ist nicht bedürftig, so dass es auf § 1611, der einen bedürftigen Anspruchsteller bestraft, nicht mehr ankommt[271]. Die mutwillige Aufgabe des Arbeitsplatzes fällt zwar unter § 1611, sobald aber der Anspruchsteller eine neue Arbeit fände, wenn er sich nur gründlich bemühte, ist er nicht mehr bedürftig. Das aber ist leichter zu klären als das sittliche Verschulden des § 1611. Fraglich ist, ob dies auch schon für Minderjährige gilt, die ihre Ausbildung vernachlässigen[272].

Fiktive Zinseinkünfte aus einer Geldanlagemöglichkeit darf man dem Berechtigten nur solange anrechnen, als das Kapital noch vorhanden ist, während der Verlust des Kapitals nur nach § 1611 I schadet[273].

5. Vorsätzlich schwere Verfehlung

Die vorsätzlich schwere Verfehlung des Unterhaltsberechtigten gegen den Unterhalts- **1330** schuldner oder dessen nahe Angehörigen ist dem Schenkungsrecht (§ 530 I) entlehnt und wird hier genauso verstanden wie dort[274]. Stets ist das beiderseitige Verhalten gegeneinander abzuwägen. Schwere Beleidigungen[275] und erst recht rohe Tätlichkeiten vertragen sich schwer mit dem Verlangen nach Unterhalt.

---

268 *BGH* 93, 133.
269 *OLG Hamburg* FamRZ 84, 610; *OLG Celle* FamRZ 90, 1142.
270 *BGH* 93, 123, 133: anders nur, wenn Bedürftigkeit bezweckt.
271 *OLG Hamburg* FamRZ 84, 610; *OLG Düsseldorf* NJW 90, 1798.
272 *OLG Hamburg* FamRZ 95, 959; *OLG Stuttgart* FamRZ 97, 447: nein wegen § 1611 II.
273 *BGH* NJW 88, 2371.
274 *BGH* 87, 149; 91, 273; NJW 92, 183.
275 *OLG Hamm* FamRZ 93, 468.

Nicht einig sind sich die Gerichte darüber, ob sich das volljährige Kind schon dann vorsätzlich schwer gegen den unterhaltspflichtigen Elternteil vergeht, wenn es ohne plausiblen Grund und im Widerspruch zu § 1618a jeden **Kontakt** mit ihm **beharrlich verweigert**. Eine Verwirkung des Unterhalts wird zunehmend abgelehnt[276]. Sicherlich muss man in jedem Einzelfall die Ursache der Entfremdung erforschen, und da sie selten vom unterhaltsberechtigten Kind allein gesetzt wird, erfordert die vorsätzlich schwere Verfehlung in aller Regel mehr als eine Kontaktverweigerung. Auf der anderen Seite vergibt sich ein erwachsenes Kind nichts, wenn es dem unterhaltspflichtigen Elternteil, der es am Leben hält, mit Anstand begegnet.

6. Minderjährigenschutz

1331 Der Unterhaltsanspruch minderjähriger unverheirateter Kinder gegen ihre Eltern wird nach § 1611 I 1 weder gekürzt noch ausgeschlossen (§ 1611 II)[277].

Der Unterhalt volljähriger oder verheirateter Kinder wird nicht gekürzt wegen einer Verfehlung, die das Kind noch während seiner Minderjährigkeit begangen hat[278].

13. Kapitel
Der Anspruch auf Auskunft

1332 Da der Kindesunterhalt vom Einkommen und Vermögen sowohl des Unterhaltspflichtigen als auch des Unterhaltsberechtigten abhängt, sind sich die beiden nach § 1605 I zur Auskunft verpflichtet, um ihren Unterhaltsanspruch und ihre Unterhaltspflicht berechnen zu können. Wegen der Einzelheiten wird auf die Darstellung zum Ehegattenunterhalt verwiesen (RN 600).

---

276 *BGH* NJW 95, 1215: selbst unhöfliche und unangemessene Äußerungen genügen nicht; *OLG München* FamRZ 92, 595: analog § 2339 sei mehr nötig; *OLG Celle* FamRZ 93, 1235; *OLG Düsseldorf* FamRZ 95, 957; *OLG Frankfurt* FamRZ 95, 1513; *OLG Köln* FamRZ 96, 1101; 2000, 1043; 2000, 1434; für Verwirkung dagegen *OLG Frankfurt* NJW 90, 1798; *OLG Bamberg* NJW 92, 1112; ferner *Breiholt* NJW 93, 305; *Meder* FuR 95, 23.

277 *OLG Hamburg* FamRZ 95, 959: gilt auch für Vernachlässigung der Ausbildung.

278 *BGH* NJW 88, 2371: Bedürftigkeit durch „sittliches Verschulden"; NJW 95, 1215: Kontaktverweigerung.

14. Kapitel
Der Unterhalt der Mutter

Mit dem Kindesunterhalt berührt sich der Unterhalt der (nichtehelichen) Mutter. **An-**   **1333**
spruchsgrundlage ist § 1615l[279]. Danach hat der Vater des Kindes der Mutter für die
Dauer von 6 Wochen vor und 8 Wochen nach der Geburt Unterhalt zu zahlen (I 1). Die
Kosten der Schwangerschaft oder der Entbindung, die außerhalb dieses Zeitraums entstehen, sind zusätzlich zu erstatten (I 2).

Weiterer Unterhalt steht der Mutter insoweit zu, als sie infolge der Schwangerschaft, einer durch Schwangerschaft oder Entbindung verursachten Krankheit oder der Betreuung
des Kindes nicht erwerbstätig sein kann (II 1, 2)[280]. Der erweiterte Unterhaltsanspruch
entsteht frühestens 4 Monate vor und endet spätestens 3 Jahre nach der Entbindung, sofern es nicht grob unbillig wäre, den Unterhalt nach Fristablauf zu versagen[280a]; dabei
sind die Belange des Kindes besonders zu berücksichtigen (II 3).

Im Übrigen richtet sich der Unterhalt nach §§ 1601 ff. (§ 1615l III 1)[281]. Der Vater haftet
vor den Verwandten der Mutter (III 2). Auf der anderen Seiten gehen der Mutter die Ehefrau und die minderjährigen unverheirateten Kinder des Vaters im Range vor (III 3).

Hat die Mutter auch noch einen Anspruch auf Unterhalt gegen ihren Ehemann (§§ 1361,
1569 ff.), haften Ehemann und Vater des Kindes analog § 1606 III 1 anteilig nach ihrem
Einkommen und Vermögen[282]. Und wenn der Vater der unverheirateten Mutter keinen
Unterhalt bezahlen kann, müssen nach §§ 1607, 1601 die Eltern der Mutter einspringen[283].

---

279 Dazu *Reinecke* ZAP 99 Fach 11 S. 525; *Büttner* FamRZ 2001, 781.
280 *BGH* NJW 98, 1309: Wird die Mutter schon durch die Betreuung eines ehelichen Kindes an
    einer Erwerbstätigkeit gehindert, haften Ehemann und Vater des nichtehelichen Kindes analog § 1606 III 1 anteilig; *OLG Hamm* FamRZ 98, 1254: Beweislast beim Vater (?).
280a *OLG Frankfurt* FamRZ 2000, 1522.
281 *BVerfG* FamRZ 2000, 1149: Erziehungsgeld ist kein Einkommen; *OLG Bremen u. Koblenz*
    FamRZ 2000, 636, 637: Bedarf nach Lebensstellung der Mutter vor der Geburt; *OLG München* FamRZ 99, 1166: Leistungsunfähigkeit befreit; *OLG Oldenburg* FamRZ 2000, 1521,
    1522: Selbstbehalt.
282 *BGH* FamRZ 98, 541; *OLG Schleswig* FamRZ 2000, 637; *OLG Zweibrücken u. KG* FamRZ
    2001, 29.
283 *OLG München* FamRZ 99, 1166.

15. Teil
Das Rechtsverhältnis
zwischen Eltern und Kind im Allgemeinen

Unter diesem vielversprechenden Titel regeln die §§ 1616-1625 eine Handvoll besonderer Rechtsfolgen des Eltern-Kind-Verhältnisses: den Namen des Kindes (§§ 1616-1618); die gegenseitige Verpflichtung zu Beistand und Rücksicht (§ 1618a); die Dienstleistungspflicht des „Hauskindes" (§ 1619); eine Schenkungsvermutung zu Lasten des Kindes (§ 1620) und die Ausstattung (§§ 1624-1625).

1. Kapitel
Der Name des Kindes

1. Kindschaftsrechtsreform

1334   Früher hieß das Kind wie seine Eltern, weil diese den gleichen Familiennamen führten. Dies war auch Sinn und Zweck des Familiennamens: zu zeigen, wer alles zu einer Familie gehört. Seit jeder Elternteil anders heißen darf, ist der Kindesname zum Rechtsproblem geworden, und nachdem das Bundesverfassungsgericht das bisherige Recht für verfassungswidrig und nichtig erklärt hat[1], konnte die neue Regelung nur komplex ausfallen.

Rechtsgrundlage wurden zunächst § 1616 a.F. für das eheliche Kind und § 1617 a.F. für das nichteheliche Kind. **Ab 1.7.1998 gibt es aber auch namensrechtlich keine ehelichen und nichtehelichen Kinder mehr, sondern nur noch Kinder.** Die §§ 1616, 1617 bleiben zwar Rechtsgrundlage, haben aber einen neuen Inhalt und werden ergänzt durch die §§ 1617a-1618. Das **KindRG** unterscheidet drei Fälle: Entweder führen die Eltern einen Ehenamen (§ 1616) oder sie führen keinen Ehenamen (§§ 1617, 1617a). Ohne Ehenamen sind sie entweder gemeinsam sorgeberechtigt (§ 1617), oder die elterliche Sorge steht nur einem Elternteil zu (§ 1617a).

2. Die Eltern führen einen Ehenamen

1335   Diesen Fall regelt § 1616 kurz und bündig so: „Das Kind erhält den Ehenamen seiner Eltern als Geburtsnamen."

---

1 *BVerfG* NJW 91, 1602; 91, 2822; zum neuen Kindesnamensrecht: *Wagenitz* FamRZ 98, 1545.

3. Die Eltern führen keinen Ehenamen und sind gemeinsam sorgeberechtigt

Diesen Fall regelt § 1617. Die Eltern können binnen Monatsfrist ab Geburt des Kindes durch **Erklärung gegenüber dem Standesbeamten** entweder den Namen, den der Vater, oder den Namen, den die Mutter führt, zum **Geburtsnamen des Kindes bestimmen** (I 1). Ob dies auch ein Doppelname (§ 1355 IV) sein kann, sagt das Gesetz nicht[2]. Die Erklärung muss öffentlich beglaubigt werden, wenn sie erst nach Beurkundung der Geburt abgegeben wird (I 2). Die Namensbestimmung der Eltern gilt auch für ihre weiteren Kinder (I 3).

Treffen die Eltern die Bestimmung nicht binnen Monatsfrist, überträgt das Familiengericht das Bestimmungsrecht dem einen oder anderen Elternteil und setzt ihm zweckmäßig eine Frist zur Namensbestimmung (II 1, 3). Entweder bestimmt jetzt der berechtigte Elternteil den Geburtsnamen (II 2 mit I) oder er tut es nicht. Im letzten Fall erhält das Kind nach Ablauf der Bestimmungsfrist den **Namen des bestimmungsberechtigten Elternteils** als Geburtsnamen (II 4).

Wenn das Kind nicht im Inland geboren ist, überträgt das Gericht das Bestimmungsrecht einem Elternteil nur auf Antrag eines Elternteils oder des Kindes oder, wenn der Name in ein deutsches Personenstandsbuch oder amtliches deutsches Identitätspapier einzutragen ist (III).

4. Die Eltern führen keinen Ehenamen, und die elterliche Sorge steht einem Elternteil allein zu

Diesen Fall regelt § 1617a folgerichtig so, dass das Kind den Namen des sorgeberechtigten Elternteils zur Zeit der Geburt erhält (I). Jedoch kann der sorgeberechtigte Elternteil dem Kind, solange es noch unverheiratet ist, durch Erklärung gegenüber dem Standesbeamten den Namen des anderen Elternteils erteilen, vorausgesetzt, der andere und das bereits fünfjährige Kind sind einverstanden (II)[3].   **1336**

5. Namensänderung

Das Gesetz regelt sehr genau folgende Fälle:

- Die Eltern werden erst gemeinsam sorgeberechtigt, nachdem das Kind schon einen Geburtsnamen bekommen hat (§ 1617b I).   **1337**
- Es wird rechtskräftig festgestellt, dass der Mann, dessen Familiennamen das Kind als Geburtsnamen bekommen hat, gar nicht der Vater ist (§ 1617b II).
- Die Eltern bestimmen einen Ehenamen erst, nachdem das Kind das fünfte Lebensjahr vollendet hat (§ 1617c I), oder der Ehename wird später geändert (§ 1617c II Nr. 1), oder es ändert sich der Familienname eines Elternteils, der Geburtsname geworden ist, auf andere Weise als durch Heirat (§ 1617c II Nr. 2).

---

2 Verneinend zu § 1616 a.F.: *BayObLG* FamRZ 96, 236.
3 *BayObLG* FamRZ 2000, 1435.

• Der sorgeberechtigte Elternteil und sein Ehegatte, der nicht Vater oder Mutter des Kindes ist, wollen dem Kind ihren Namen erteilen (§ 1618)[4].

2. Kapitel
Die gegenseitige Pflicht zu Beistand und Rücksicht

1338 Nach § 1618a schulden Eltern und Kinder einander Beistand und Rücksicht[5]. Das ist eine Generalklausel von seltener Weite, die nicht allzuviel hergibt. Immerhin begründet § 1618a eine echte Rechtspflicht, nicht nur eine sittliche Anstandspflicht. Sie mag Eltern und Kinder zu persönlichem, auch telefonischem Kontakt berechtigen und verpflichten[6], auch zur Rücksicht beim Unterhalt[7] oder in der Gemeinschaft der Wohnungseigentümer[8] anhalten. § 1618a kommt als Anspruchsgrundlage in Betracht, wenn das Kind von seiner Mutter wissen will, wer sein leiblicher Vater sei[9]. Neuerdings benutzt der BGH die Verletzung der elterlichen Rücksichtspflicht aus § 1618a dazu, Bürgschaften einkommens- und vermögensloser Kinder für ihre Eltern wegen Verstoßes gegen die guten Sitten (§ 138 I) zu annullieren, wenn die kreditgebende Bank die Umstände kennt oder die Augen vor ihnen verschließt[10].

3. Kapitel
Die Dienstleistungspflicht des Kindes

1339 Nach § 1619 ist das Kind verpflichtet, im Hauswesen und Geschäft der Eltern – unentgeltlich – Dienste zu leisten, solange es dem elterlichen Haushalt angehört und von den Eltern erzogen oder unterhalten wird. Das Maß der Dienste richtet sich nach den Kräften und der Lebensstellung des Kindes.

Dies gilt für alle Kinder, die diese Bedingungen erfüllen: eheliche und nichteheliche, minderjährige u. volljährige, ledige und verheiratete. Volljährige Kinder können im elterlichen Hausstand zwar nicht mehr erzogen, aber immer noch unterhalten werden[11]. Der

---

4 Dazu *BGH* FamRZ 99, 1648: Verfahren nach § 1618 S. 4; *OLG Hamm* FamRZ 2000, 1437: § 1618 S. 1; und zu § 1618 S. 4: *OLG Bamberg, Düsseldorf, Hamm, Stuttgart, Oldenburg, Karlsruhe* FamRZ 2000, 691-694, 1437; *OLG Stuttgart, Hamm u. BayObLG* FamRZ 2001, 566, 568, 857; ferner *Oelkers/Kreutzfeldt* FamRZ 2000, 645.
5 Dazu *Knöpfel* FamRZ 85, 554.
6 *KG* FamRZ 88, 1044; *Knöpfel* FamRZ 85, 564.
7 *OLG Köln* FamRZ 82, 834; *OLG Frankfurt* FamRZ 84, 193.
8 *BayObLG* FamRZ 93, 803.
9 *BVerfG* FamRZ 97, 869.
10 *BGH* 125, 206; NJW 94, 1341.
11 *BGH* FamRZ 58, 173; 60, 101; 72, 87.

Volljährige kann freilich jederzeit ausziehen. Auch gehen Berufsausbildung und Erwerbstätigkeit außerhalb des Elternhauses vor[12]. Heutzutage beschränkt sich die kindliche Dienstleistungspflicht weitgehend auf die Landwirtschaft und das Gaststättengewerbe[13].

§ 1619 hindert Eltern und Kinder nicht, Arbeits- oder Gesellschaftsverträge miteinander zu vereinbaren. Unterstellen darf man es aber nicht und beweisen lässt sich eine stillschweigende Vereinbarung auch nur schwer[14].

§ 812 I 2 begründet nur dann einen Bereicherungsanspruch wegen Zweckverfehlung, wenn wertvolle Dienste in der enttäuschten Erwartung einer Gegenleistung (Hofübergabe) geleistet wurden.

4. Kapitel
Die Ausstattung

Was Eltern ihrem Kind mit Rücksicht auf seine Verheiratung oder Selbständigkeit zuwenden, damit es eine eigene Lebensstellung begründe oder erhalte, heißt nach § 1624 I Ausstattung. Das ist im Normalfall keine Schenkung, sondern hat eine eigene familienrechtliche causa[15], ist anders als die Schenkung formfrei und kann nicht nach §§ 528 ff., 530 ff. zurückverlangt werden. Nur die Gewährleistung für Rechts- und Sachmängel richtet sich nach Schenkungsrecht (§ 1624 II).   **1340**

Schenkung ist freilich das Übermaß einer Ausstattung, gemessen an den Vermögensverhältnissen der Eltern (§ 1624 I).

Wenn der Elternteil, der die Ausstattung gibt, kraft elterlicher Sorge, Vormundschaft oder Betreuung das Kindesvermögen verwaltet, darf er sie im Zweifel dem Kindesvermögen entnehmen (§ 1625).

---

12 *BGH* FamRZ 60, 359: Berufsausbildung; FamRZ 98, 101: Erwerbstätigkeit.
13 So schon *RG* 162, 116.
14 *BGH* FamRZ 60, 101; 72, 87: keine Vermutung für Arbeitsvertrag.
15 *BGH* 44, 91: Ausstattungszweck.

16. Teil
Die Annahme als Kind (Adoption)

1. Kapitel
Begriff, Sinn und Zweck

1341   Die Annahme als Kind, besser bekannt unter dem lateinischen Namen Adoption, soll rechtlich eine Eltern-Kind-Beziehung herstellen, wo bisher keine war. Ihre Wurzeln gründen tief im römischen und germanischen Recht. Konstruktiv lässt sich das Eltern-Kind-Verhältnis entweder durch Adoptionsvertrag oder durch staatlichen Hoheitsakt herstellen. Mit dem Adoptionsgesetz v. 2.7.1976 (BGBl I, 1749), geändert durch das AdoptRÄndG (BGBl 1992 I, 1974), ist das deutsche Recht zur zweiten Konstruktion zurückgekehrt, denn nach § 1752 (mit § 56e FGG) wird die Annahme als Kind durch **Beschluss des Vormundschaftsgerichts** ausgesprochen. Gleichzeitig hat das Apotionsvermittlungsgesetz v. 2.7.1976 (BGBl I, 1762) das Zusammenführen von Kindern und Adoptionsbewerbern in die Hand der Jugendämter und freien Wohlfahrtsverbände gelegt und im Übrigen verboten. Denn der „Adoptions-Markt" ist groß und problematisch. Viele elternlose Kinder warten auf Ersatzeltern und viele zeugungsunfähige Paare suchen Ersatzkinder.

Die Adoption dient heute nicht mehr dazu, Namen und Vermögen des Annehmenden über die Zeit zu retten, sondern verfolgt das **soziale Ziel**, elternlose Kinder in eine neue brauchbare Familie zu verpflanzen. Dies gilt nicht nur für das nationale deutsche Adoptionsrecht, sondern auch für das Europäische Übereinkommen über die Adoption von Kindern (EuAdoptÜ) v. 4.10.1994 (BGBl II, 3650).

2. Kapitel
Gesetzliche Systematik

1. Adoption Minderjähriger und Volljähriger

1342   Von der Adoption handeln die §§ 1741-1772[1]. Die gesetzliche Regelung ist deshalb so umfangreich und kompliziert, weil die Adoption tief in den familienrechtlichen Status der betroffenen Menschen eingreift. Die Begründung eines Eltern-Kind-Verhältnisses zwischen Personen, die oft nicht einmal miteinander verwandt sind, ist zwar erwünscht, aber auch problematisch und soll deshalb verfassungsrechtlich auf sicherem Boden stehen.

---

1 Zum KindRG: *Frank* FamRZ 98, 393.

Das Gesetz unterscheidet zwischen der Adoption Minderjähriger und der Adoption Volljähriger[2]. Die **Adoption Minderjähriger** begründet ein vollwertiges Eltern-Kind-Verhältnis mit allen rechtlichen Konsequenzen (§§ 1754-1757). Dagegen sind die Rechtsfolgen der **Volljährigen-Adoption** beschränkt (§ 1770). Die Adoption Minderjähriger ist deshalb der gesetzliche Normalfall und wird durch die §§ 1741-1766 bis in alle Einzelheiten geregelt, während die §§ 1767-1772 sich auf die Besonderheiten der Volljährigen-Adoption beschränken und im Übrigen auf die §§ 1741 ff. verweisen (§ 1767 II).

Die Vorschriften über die Minderjährigen-Adoption regeln: die Voraussetzungen (§§ 1741-1750), den gerichtlichen Ausspruch (§§ 1752-1753) und die Rechtsfolgen der Adoption (§§ 1754-1758) sowie Voraussetzungen und Rechtsfolgen der Aufhebung (§§ 1759-1766).

Von Ansprüchen ist nirgends die Rede, aber es gibt sie, denn der Adoptierte erwirbt nach §§ 1601 ff. einen gesetzlichen **Anspruch auf Unterhalt**, und das ist keine belanglose Nebenfolge. Der Anspruch auf Unterhalt entsteht nach § 1751 IV sogar schon vor der Adoption, sobald die Eltern des Kindes in die Adoption eingewilligt haben und das Kind in die Obhut des Annehmenden aufgenommen ist.

2. Reform des Kindschaftsrechts

Das KindRG drückt ab 1.7.1998 auch dem Adoptionsrecht seinen Stempel auf.

Die Adoption des eigenen nichtehelichen Kindes durch den Vater ist gestrichen, denn ihr Ziel, aus dem nichtehelichen Kind ein eheliches Kind zu machen, hat sich durch das neue Abstammungsrecht überlebt, das zwischen ehelicher und nichtehelicher Geburt nicht mehr unterscheidet.

Die **Minderjährigen-Adoption** erfordert nach wie vor auch die **Zustimmung der Eltern**. Dazu gehört jetzt **auch der nichteheliche Vater**, wenn nicht ein anderer Mann kraft Heirat mit der Mutter, kraft Anerkennung oder kraft gerichtlicher Feststellung nach § 1592 ihn aus dem Felde schlägt. Die eigene Vaterschaft muss noch nicht feststehen, der Mann muss nur glaubhaft machen, dass er der Mutter in der Empfängniszeit beigewohnt habe, denn dann wird seine Vaterschaft vermutet (§ 1747 I 2), und dies genügt im Adoptionsverfahren.

Das Vormundschaftsgericht kann die **Zustimmung des Vaters**, der nach § 1626a II nie sorgeberechtigt war, aber schon dann **ersetzen**, wenn das Unterbleiben der Adoption dem Kind einen unverhältnismäßigen Nachteil bescheren würde (§ 1748 IV).

Hat die nach § 1626a II alleinsorgeberechtigte Mutter ihr Kind zur Adoption freigegeben, darf der Vater die Übertragung der elterlichen Sorge beantragen und sein Antrag blockiert das Adoptionsverfahren, bis über ihn entschieden ist (§ 1747 III Nr. 2). Die elterliche Sorge bekommt er freilich nur, wenn dies dem Wohl des Kindes dient (§ 1672 I 2). Die Zustimmung der Mutter ist nicht nötig (§ 1751 I 6).

---

2 *BayObLG* FamRZ 96, 1034: die Adoption eines Volljährigen als Minderjähriger ist zwar fehlerhaft, aber wirksam.

3. Kapitel
Adoption durch Gerichtsbeschluss

1343 Seit dem Adoptionsgesetz v. 2.7.1976 wird die Adoption nicht mehr vertraglich verein-bart, sondern durch rechtsgestaltenden Beschluß des Vormundschaftsgerichts ausgespro-chen (§ 1752 mit § 56e FGG). **Das Eltern-Kind-Verhältnis entsteht nicht** mehr **durch Adoptionsvertrag** und Genehmigung des Vormundschaftsgerichts, **sondern durch staatlichen Hoheitsakt.** Folgerichtig kann die Adoption auch nicht durch Anfechtung der Adoptionserklärung oder durch Aufhebungsvertrag, sondern wiederum nur durch Be-schluss des Vormundschaftsgerichts rückgängig gemacht werden. Insoweit ist ein Groß-teil der älteren Rechtsprechung überholt.

Der **Konsens** ist aber auch heute noch erforderlich, denn **alle unmittelbar Beteiligten müssen einwilligen**, nicht nur das Kind und der Annehmende, auch die Eltern des Kin-des und der Ehegatte des Annehmenden (§§ 1746-1750). Dieser Konsens genügt aber nicht, **das Gesetz verlangt zusätzlich, dass die Adoption dem Wohle des Kindes diene und voraussichtlich ein Eltern-Kind-Verhältnis begründe** (§ 1741 I).

1344 Das Vormundschaftsgericht entscheidet auf **Antrag des Annehmenden** (§ 1752). Die Entscheidung ist dem Richter vorbehalten (§ 14 Nr. 3 RPflG). Dieser muss, soweit mög-lich, das Kind persönlich anhören (§§ 55c, 50b FGG) und ein Gutachten der Adoptions-vermittlungsstelle oder des Jugendamts einholen (§ 56d FGG). Es versteht sich von selbst, dass die Adoption erst ausgesprochen werden darf, wenn alle erforderlichen Ein-willigungen wirksam erklärt oder rechtskräftig ersetzt sind (§§ 53 I, 60 I Nr. 6 FGG). Den Inhalt des Adoptionsbeschlusses regelt § 56e S. 1 FGG).

Wirksam wird der **Beschluss** mit Zustellung an den Annehmenden, nach dessen Tod mit Zustellung an das Kind (§ 56e S. 2 FGG). Die Adoption ist für die Beteiligten unanfecht-bar und für das Gericht unabänderlich (§ 56e S. 3 FGG).

Posthum kann das Kind nicht mehr adoptiert werden (§ 1753 I), während der Tod des Annehmenden die Adoption nicht ausnahmslos verhindert (§ 1753 II, III mit § 56e S. 2 FGG).

4. Kapitel
Rechtsfolgen der Minderjährigen-Adoption

1345 Die Adoption ist in ihren Rechtsfolgen ein zweischneidiges Schwert: Auf der einen Seite gibt sie dem Adoptierten alle Rechte und Pflichten eines Kindes des Adoptierenden, auf der anderen Seite nimmt sie ihm die Rechte und Pflichten gegenüber seinen bisherigen Verwandten.

1. Rechtsstellung eines Kindes

Nach § 1754 erlangt das angenommene Kind stets die rechtliche Stellung eines Kindes des Annehmenden (II), und zwar eines gemeinschaftlichen Kindes, wenn es von einem Ehepaar oder vom Ehegatten eines Elternteils angenommen wird (I). Daran knüpfen sich schwerwiegende Rechtsfolgen wie elterliche Sorge (§§ 1626 ff. mit § 1754 III), Unterhaltsanspruch (§§ 1601 ff.)[3], gesetzliche Erbfolge und Pflichtteilsrecht. Nach § 1757 I erhält das Kind auch den Familiennamen des Annehmenden als Geburtsnamen[4].

2. Verlust bisheriger Verwandtschaft mit Ausnahmen

Gleichzeitig erlischt nach § 1755 I 1 das Verwandtschaftsverhältnis des Kindes und seiner Abkömmlinge zu den bisherigen Verwandten samt allen Rechten und Pflichten wie elterliche Sorge, Kindesunterhalt, gesetzliche Erbfolge und Pflichtteilsrecht.   **1346**

Davon nimmt § 1755 I 2 Ansprüche des Kindes aus, die bis zur Adoption entstanden sind, insbesondere auf Renten, Waisengeld und andere wiederkehrende Leistungen; für Unterhaltsansprüche soll dies nicht gelten. Die Auslegung dieser Ausnahme von der Ausnahme ist umstritten. Nach Meinung des BGH[5] überdauern auch Ansprüche des Kindes auf rückständigen Unterhalt die Adoption. Nimmt ein Ehegatte das Kind des anderen Ehegatten an, so erlischt verständlicherweise nur die Verwandtschaft des Kindes zum anderen Elternteil und dessen Verwandten (§ 1755 II).

Weitere Ausnahmen regelt § 1756: Sind die Annehmenden mit dem Kind im 2. oder 3.   **1347** Grad verwandt oder verschwägert, so erlischt nur die Verwandtschaft des Kindes und seiner Abkömmlinge zu seinen Eltern (I). Und nimmt ein Ehegatte das Kind des anderen Ehegatten an, erlischt nicht die Verwandtschaft des Kindes zu den Verwandten des sorgeberechtigten verstorbenen Elternteils (II). Dies hat Folgen für die gesetzliche Erbfolge (§ 1925 IV).

5. Kapitel
Voraussetzungen der Minderjährigen-Adoption

1. Übersicht

Die Adoption hat zwei sachliche und eine Fülle persönlicher Voraussetzungen. Sie muss   **1348** dem Wohl des Kindes dienen und ein Eltern-Kind-Verhältnis erwarten lassen. Außerdem muss der Annehmende ein Mindestalter haben. Schließlich müssen alle unmittelbar Betroffenen ihren Segen geben. Bevor alle diese Voraussetzungen erfüllt sind, darf das Vormundschaftsgericht keine Adoption aussprechen.

---

3 *BGH* FamRZ 84, 378: gleicher Rang mit leiblichen Kindern.
4 *OLG Karlsruhe* FamRZ 2000, 115: abweichende Anordnung des Vormundschaftsgerichts ist nichtig.
5 *BGH* NJW 81, 2298.

2. Kindeswohl und Eltern-Kind-Verhältnis

1349 Nach § 1741 1 ist die Adoption nur zulässig, wenn sie dem Wohl des Kindes dient und ein Eltern-Kind-Verhältnis erwarten lässt. Die erforderliche Prognose ist schwierig. Sie wird durch die vorgeschriebene **Probezeit** erleichtert, denn nach § 1744 soll der Annehmende das Kind eine angemessene Zeit vor der Adoption in Pflege nehmen. Das Vormundschaftsgericht muss sich davon überzeugen, dass beide Voraussetzungen erfüllt sind. Die nötigen Informationen ermittelt es mit Hilfe der Adoptionsvermittlungsstelle und des Jugendamts von Amts wegen (§§ 12, 56d FGG). Im Zweifel lehnt es die Adoption ab[6]. Dass die Adoption eines Enkelkindes durch seine Großeltern nur selten dem Wohl des Kindes diene und ein Eltern-Kind-Verhältnis erwarten lasse, weil sie die natürliche Verwandtschaft durch eine künstliche ersetze[7], darf man bezweifeln. Vielen Großeltern bleibt gar nichts anderes übrig, als Elternstelle an ihren Enkeln zu vertreten, wenn die Eltern verstorben, verschwunden oder unbrauchbar sind. Warum sollen sie ihren Enkel dann nicht adoptieren?

Nach § 1745 darf die Adoption nicht ausgesprochen werden, wenn ihr überwiegende Interessen der Kinder des Annehmenden oder des Anzunehmenden entgegenstehen oder wenn zu befürchten ist, dass Interessen des anzunehmenden Kindes durch Kinder des Annehmenden gefährdet werden (S. 1). Vermögensrechtliche Interessen sollen aber nicht den Ausschlag geben (S. 2).

3. Wer kann annehmen?

1350 Mit der Person des Annehmenden befassen sich die §§ 1741 I 2, 1742, 1743. Das Gesetz unterscheidet zwischen verheirateten und unverheirateten Personen.

Wer **nicht verheiratet** ist, kann ein Kind nur allein annehmen (§ 1741 II 1). Umgekehrt kann ein **Ehepaar** ein Kind nur gemeinschaftlich adoptieren (§ 1741 II 2); diese Regel hat jedoch zwei Ausnahmen: Ein Ehegatte allein kann das Kind des anderen Ehegatten annehmen sowie auch jedes sonstige Kind, wenn der andere Ehegatte geschäftsunfähig oder noch nicht 21 Jahre als ist (§ 1741 II 3, 4). Im Übrigen ersetzt die Zustimmung eines Ehegatten nicht die erforderliche gemeinschaftliche Annahme[8].

Ein angenommenes Kind kann, solange das Adoptionsverhältnis besteht und der Annehmende lebt, nur noch von dessen Ehegatten angenommen werden (§ 1742).

§ 1743 verlangt ein **Mindestalter** des Annehmenden: im Regelfall muss er das 25., in den Fällen des § 1741 II 3 das 21. Lebensjahr vollendet haben (S. 1). In den Fällen des § 1741 II 2 muss der annehmende Ehegatte das 25. und der andere Ehegatte das 21. Lebensjahr vollendet haben (S. 2).

Eine zusätzliche hohe Hürde errichtet § 1741 I 2 für denjenigen, der an einer gesetzes- oder sittenwidrigen Vermittlung oder Verbringung des Kindes zwecks Adoption mitge-

---

6 *BGH* FamRZ 57, 126; *BayObLG* FamRZ 2001, 647: aber nicht, weil Jugendamt sich nicht äußert.
7 So *OLG Oldenburg* FamRZ 96, 895.
8 *OLG Hamm* FamRZ 2000, 257.

wirkt oder einen Dritten damit beauftragt oder dafür belohnt hat: Er soll das Kind nur annehmen, wenn dies zum Wohl des Kindes erforderlich ist.

4. Wer muss einwilligen?

4.1 Antrag des Annehmenden

Nach § 1752 erfordert die Adoption einen Antrag des Annehmenden (I) in der Form notarieller Beurkundung, der weder bedingt noch befristet noch durch einen Vertreter gestellt werden darf (II). **1351**

4.2 Einwilligungserklärungen

Einwilligen müssen das Kind, die Eltern des Kindes, der Ehegatte des Annehmenden **1352**
und der Ehegatte des Kindes (§§ 1746-1749). **§ 1750** regelt einheitlich Form, Adressat, Inhalt und Wirksamkeit der Einwilligung. Sie ist in der Form notarieller Beurkundung (I 2) dem Vormundschaftsgericht gegenüber zu erklären (I 1) und wird mit Eingang beim Vormundschaftsgericht wirksam (I 3). Sie ist bedingungsfeindlich (II 1), unwiderruflich (II 2 mit Ausnahme für das Kind nach § 1746 II) und höchstpersönlich: Stellvertretung ist ausgeschlossen III 1). Auch der beschränkt Geschäftsfähige bedarf nicht der Zustimmung des gesetzlichen Vertreters (III 2). Ausnahmen macht nur § 1746 I 2 für das Kind (III 3).

Die Einwilligung verliert ihre Kraft, wenn der Adoptionsantrag zurückgenommen oder abgelehnt wird (IV 1). Die Einwilligung eines Elternteils wird auch dann unwirksam, wenn das Kind nicht binnen drei Jahren adoptiert wird (IV 2).

4.3 Einwilligung des Kindes

Nach § 1746 muss zuallererst das Kind einwilligen (I 1), und zwar durch seinen gesetz- **1353**
lichen Vertreter, wenn es noch nicht 14 Jahre alt oder geschäftsunfähig ist (I 2), andernfalls selbst mit Zustimmung des gesetzlichen Vertreters (I 3)[9]. Der Genehmigung des Vormundschaftsgerichts bedarf es nur dann, wenn Kind und Annehmender verschiedene Staatsangehörigkeiten haben (I 4).

Im Alter ab 14 Jahren kann das beschränkt geschäftsfähige Kind ohne Zustimmung des gesetzlichen Vertreters seine Einwilligung **widerrufen**, muss den Widerruf aber notariell beurkunden lassen (II). Verweigert der Vormund oder Pfleger die Zustimmung ohne triftigen Grund, kann das Vormundschaftsgericht sie ersetzen (III)[10].

---

9 *BGH* NJW 80, 1746: Ergänzungspfleger auch bei Stiefvater-Adoption nicht nötig.
10 Dazu *BayObLG* FamRZ 97, 839.

4.4 Einwilligung der Eltern des Kindes

1354   Nach § 1747 müssen auch die Eltern des Kindes einwilligen (I 1). **Die Einwilligung des – nichtehelichen – Vaters** ist dann erforderlich[11], wenn kein anderer Mann nach § 1592 kraft Heirat mit der Mutter oder Vaterschaftsanerkennung oder gerichtlicher Feststellung die Vaterstelle besetzt; die eigene Vaterschaft muss noch nicht rechtskräftig feststehen, es genügt, dass sie nach § 1600d II 1 vermutet und die Vermutungsgrundlage glaubhaft gemacht wird (I 2).

1355   Die Elterneinwilligung kann erst erteilt werden, wenn das Kind 8 Wochen alt ist (II 1). Sie ist auch dann wirksam, wenn der Einwilligende den Annehmenden nicht kennt, vorausgesetzt dieser steht schon fest (II 2). Diese Vorschrift ermöglicht die sog. **Inkognito-Adoption**, die verhindern soll, dass die leiblichen Eltern später das Adoptivverhältnis stören[12].

Sind die Eltern nicht miteinander verheiratet und nicht gemeinsam sorgeberechtigt, gilt nach § 1747 III folgendes: Der Vater kann schon vor der Geburt in die Adoption einwilligen (Nr. 1) und auf die Übertragung der Sorge nach § 1672 I verzichten (Nr. 3). Wenn er dagegen nach § 1672 I die elterliche Sorge beantragt, darf das Vormundschaftsgericht die Annahme erst aussprechen, wenn über den Sorgeantrag entschieden ist (Nr. 2).

4.5 Ersetzung der Elterneinwilligung

1356   In Ausnahmefällen ist die Elterneinwilligung durch das Vormundschaftsgericht ersetzbar; davon handelt § 1748. Nach Abs. 1 S. 1 **muss** das Vormundschaftsgericht die Elterneinwilligung ersetzen, weil das Gesetz ihm keine andere Wahl lässt. Nach Abs. 1 S. 2 und Abs. 3 **kann** das Vormundschaftsgericht die Elterneinwilligung ersetzen, handelt also nach pflichtgemäßem Ermessen.

§ 1748 I 1 verlangt dreierlei: erstens einen **Antrag des Kindes**; zweitens eine anhaltend gröbliche Pflichtverletzung oder ein gleichgültiges Verhalten des Elternteils gegenüber dem Kind; drittens einen unverhältnismäßigen Nachteil für das Kind, sollte die Adoption am Widerstand des Elternteils scheitern[13].

Unbrauchbare Eltern sollen ihr Elternrecht nicht zum Schaden des Kindes missbrauchen dürfen. Die gesetzlichen Voraussetzungen dieses Missbrauchs sind jedoch streng. Die **anhaltend gröbliche Pflichtverletzung** entspricht einem völligen Versagen des Elternteils[14].

Gleichgültig verhält sich ein Elternteil dann, wenn er das Kind seinem Schicksal überlässt, keinen Kontakt pflegt, sich für das Kind nicht interessiert und ihm keine elterlichen Gefühle entgegenbringt[15]. Wenn die Gleichgültigkeit nicht auch eine anhaltend gröbliche Pflichtverletzung ist, erschwert § 1748 II die Ersetzung der Einwilligung und verlangt

---

11 So schon *BVerfG* FamRZ 95, 789 u. *EuGH* FamRZ 95, 110.
12 So schon *BVerfG* FamRZ 68, 578; *BGH* FamRZ 60, 229.
13 *BVerfG* NJW 68, 2237: verfassungsgemäß auch für Inkognito-Adoption.
14 *OLG Köln* FamRZ 82, 1132; *BayObLG* FamRZ 82, 1131; 84, 417.
15 *BayObLG* FamRZ 84, 417.

zusätzlich eine besondere Belehrung des Elternteils durch das Jugendamt mit anschlie-
ßender Wartefrist[16].

Ob das **Unterbleiben der Adoption für das Kind unverhältnismäßig nachteilig** wäre,
erfährt man, wenn man die Folgen der Adoption mit den Folgen einer Ablehnung der Adoption vergleicht und die Belange des Kindes gegen die Belange des Elternteils abwägt[17].

Nach **§ 1748 I 2** kann das Vormundschaftsgericht die **elterliche Einwilligung nach**   1357
pflichtgemäßem Ermessen schon dann **ersetzen, wenn die Pflichtverletzung des Elternteils** zwar nicht anhaltend, aber **besonders schwer** ist und das Kind voraussichtlich
nie mehr der Obhut des Elternteils anvertraut werden kann[18]. Schließlich kann das Vormundschaftsgericht die elterliche Einwilligung nach **§ 1748 III** auch dann ersetzen, wenn
der **Elternteil** wegen einer besonders schweren geistigen Erkrankung oder Behinderung
dauernd unfähig ist, das Kind zu betreuen und zu erziehen, so dass nur die Adoption
dem Kind eine Familie bieten und schwere Entwicklungsstörungen verhindern kann[19].

Ist die Mutter nach § 1626a II allein sorgeberechtigt, ersetzt das Vormundschaftsgericht
die Einwilligung des Vaters schon dann, wenn das **Unterbleiben der Adoption das
Kind schwer benachteiligen** würde (**§ 1748 IV**)[19a].

4.6 Einwilligung des Ehegatten

Nach § 1749 müssen auch noch einwilligen: der Ehegatte des Annehmenden (I 1 mit   1358
§ 1741 II 2, 3) und der Ehegatte des Anzunehmenden (II). Ersetzbar ist die Einwilligung
nur im ersten Fall (I 2, 3). Sie ist in beiden Fällen unnötig, wenn der Ehegatte zur Einwilligung dauernd unfähig oder unbekannten Aufenthalts ist (III).

5. Vorwirkungen der Adoption nach Elterneinwilligung

Die Einwilligung eines Elternteils hat, sobald sie nach § 1750 wirksam wird, gemäß § 1751   1359
schon vor der Adoption schwerwiegende Rechtsfolgen: Die **elterliche Sorge dieses Elternteils ruht**, der persönliche Umgang mit dem Kind darf nicht mehr ausgeübt werden,
und das **Jugendamt** wird, von ein paar Ausnahmen abgesehen, **Vormund** (I). Dies gilt für
denjenigen Elternteil nicht, dessen Kind vom anderen Ehegatten angenommen wird (II).
Auch ist der Annehmende dem Kind schon vor der Adoption **unterhaltspflichtig**, sobald
er es zwecks Adoption in seine Obhut aufgenommen hat (IV 1)[20]. Entsprechendes gilt,
wenn ein Ehegatte das Kind des anderen Ehegatten annehmen will (IV 2).

---

16 *BayObLG* FamRZ 97, 514: ohne Belehrung keine Ersetzung.
17 *BayObLG* FamRZ 82, 1131; 89, 430; 94, 1348; *OLG Köln* FamRZ 82, 1132; *OLG Frankfurt*
    FamRZ 86, 601: verneint für Kind in sicherer Pflegestelle; *OLG Karlsruhe* FamRZ 95, 1012:
    Adoption durch Pflegeeltern oder Rückkehr zur Kindesmutter; *OLG Karlsruhe* FamRZ 99,
    1686: unsichere Pflegestelle.
18 *BayObLG* FamRZ 89, 429: unverhältnismäßige Nachteile hier nicht nötig.
19 *BGH* NJW 97, 585 u. *BayObLG* FamRZ 99, 1688: keine Ersetzung, wenn Kind auch ohne
    Adoption in Pflegefamilie aufwachsen kann.
19a *OLG Karlsruhe* FamRZ 2001, 573.
20 *BGH* FamRZ 84, 378; *OLG Stuttgart* DAV 78, 441.

6. Kapitel
Aufhebung der Minderjährigen-Adoption

1. Form und Rechtsfolgen

1360 Da die Adoption den familienrechtlichen Status des Kindes grundlegend verändert, kann man sie nicht mehr so einfach beseitigen, sondern nur noch aus besonderen Gründen (§ 1759), sei es auf Antrag (§§ 1760-1762), sei es von Amts wegen (§ 1763).

Wie die Adoption wird auch ihre Aufhebung durch **Beschluss des Vormundschaftsgerichts** ausgesprochen (§§ 1760, 1763), der erst mit Rechtskraft wirksam wird (§ 56f III FGG) und nur in die Zukunft wirkt (§ 1764 I 1 mit einer Ausnahme in I 2). Unmittelbar kraft Gesetzes erlischt das Adoptionsverhältnis nur durch Heirat (§ 1766).

1361 Ab Rechtskraft des Aufhebungsbeschlusses **erlischt für die Zukunft das durch Adoption begründete Verwandtschaftsverhältnis** des Kindes und seiner Abkömmlinge zum Annehmenden und dessen Verwandten samt allen Rechten und Pflichten (§ 1764 II). Gleichzeitig lebt das durch die Adoption erloschene Verwandtschaftsverhältnis des Kindes und seiner Abkömmlinge zu den leiblichen Verwandten mit allen Rechten und Pflichten wieder auf. Ausgenommen ist nur die elterliche Sorge der leiblichen Eltern, die erloschen bleibt, jedoch durch Beschluss des Vormundschaftsgerichts zurückzuübertragen ist, soweit es dem Wohl des Kindes nicht widerspricht. Andernfalls ist ein Vormund oder Pfleger zu bestellen (§ 1764 III, IV).

Eine Besonderheit regelt § 1764 V: Ist das Kind von einem Ehepaar adoptiert worden, wird die Adoption aber nur gegenüber einem Ehegatten aufgehoben, so erlischt nur das Verwandtschaftsverhältnis des Kindes mit diesem Ehegatten; das Verwandtschaftsverhältnis zu den leiblichen Verwandten lebt nicht wieder auf, da ja noch ein intaktes Adoptionsverhältnis übrigbleibt.

Die Rechtsfolgen der Aufhebung für das Namensrecht des Kindes regelt § 1765.

2. Numerus clausus der Aufhebungsgründe

1362 Nach § 1759 kann die Adoption nur aus den gesetzlichen Gründen der §§ 1760, 1763 aufgehoben werden. Diese Aufzählung ist vollständig und abschließend. Der neue Status des Kindes soll ein für allemal feststehen. Weder Fehler des Adoptionsverfahrens noch eine bedenkliche Entwicklung des Adoptionsverhältnisses sollen daran rühren. Das Gesetz kennt nur drei Aufhebungsgründe: entweder fehlt der erforderliche Antrag oder eine erforderliche Einwilligung (§ 1760 u. RN 1364), oder die Aufhebung ist zum Wohle des Kindes erforderlich (§ 1763 u. RN 1366). Im ersten Fall erfordert die Aufhebung einen **Antrag** des Betroffenen (§§ 1760, 1762), im zweiten Fall handelt das **Vormundschaftsgericht** von sich aus. Eine Aufhebung aus einem sonstigen „wichtigen Grund" gibt es nach § 1771 nur noch für die Volljährigen-Adoption[21].

---

21 *OLG Stuttgart* NJW 88, 2386.

3. Aufhebung auf Antrag wegen Erklärungsmangels

3.1 Aufhebungsantrag

Die Aufhebung nach § 1760 erfordert einen Antrag. § 1762 regelt Antragsrecht, Form **1363** und Frist.

Antragsberechtigt ist nur derjenige, ohne dessen (wirksamen) Antrag oder (wirksame) Einwilligung das Kind angenommen worden ist (I 1). In Betracht kommen nur der Annehmende, das angenommene Kind und die Eltern des Kindes. Das geschäftsunfähige oder noch nicht 14 Jahre alte Kind sowie der geschäftsunfähige Annehmende stellen den Aufhebungsantrag durch ihren gesetzlichen Vertreter (I 2). Im übrigen ist Stellvertretung ausgeschlossen (I 3). Der beschränkt geschäftsfähige Antragsteller braucht nicht die Zustimmung des gesetzlichen Vertreters (I 4).

Der Aufhebungsantrag ist in der **Form** notarieller Beurkundung (III) binnen Jahresfrist beim Vormundschaftsgericht zu stellen. Die **Jahresfrist** ist eine Ausschlussfrist und beginnt unterschiedlich je nach Aufhebungsgrund (II).

3.2 Aufhebungsgrund

Aufhebungsgrund ist nach § 1760 I nur das **Fehlen** des Adoptionsantrags oder der Einwilligung des Kindes oder der erforderlichen Elterneinwilligung. Dem Fehlen einer dieser Erklärungen steht ihre **Unwirksamkeit** gleich. Der Katalog des § 1760 II zählt die **Unwirksamkeitsgründe** abschließend auf; es sind deren fünf: **1364**

(1) Abgabe der Erklärung im Zustand der **Bewußtlosigkeit oder vorübergehenden Störung der Geistestätigkeit** (wie § 105 II); **Geschäftsunfähigkeit** des Antragstellers oder des Kindes (wie § 105 I) sowie Einwilligung durch das noch nicht 14 Jahre alte Kind statt durch den gesetzlichen Vertreter;

(2) der Erklärende wusste nicht, dass es sich um eine Adoption handelt, oder wollte keinen Antrag stellen oder keine Einwilligung abgeben, oder der Annehmende irrte in der Person des Kindes oder dieses in der Person des Annehmenden (entspricht weitgehend dem **Erklärungs-, Inhalts- und Eigenschaftsirrtum** nach § 119 I, II);

(3) der Erklärende wurde zur Erklärung bestimmt durch **arglistige Täuschung** über wesentliche Umstände (entspricht § 123 I) oder

(4) **widerrechtlich durch Drohung** (entspricht § 123 I);

(5) die **Elterneinwilligung** wurde entgegen § 1747 II 1 **zu früh erteilt**.

Die **Beweislast** für den Aufhebungsgrund trägt der Antragsteller.

3.3 Ausschluss der Aufhebung

In den Fällen des § 1760 III-V ist die Aufhebung der fehlerhaften Adoption ausnahmsweise ausgeschlossen. Die **Beweislast** trägt der Antragsgegner. **1365**

Nach § 1760 III 1 wird der Aufhebungsgrund **geheilt durch fehlerfreie Nachholung** des fehlenden (oder unwirksamen) Antrags oder der fehlenden (oder unwirksamen) Einwilligung **oder** durch sonstige **Bestätigung** der Adoption, **nachdem der Aufhebungsgrund entfallen ist**. Der Aufhebungsgrund fällt weg, wenn der Erklärende geschäftsfähig wird, wieder bei Bewusstsein oder geistig nicht mehr gestört ist (Fall des § 1760 II a); wenn die durch Drohung bestimmte Zwangslage endet (Fall des § 1760 II d); wenn der Irrtum entdeckt wird (Fall des § 1760 II b und c); oder wenn die Frist des § 1747 III 1 abläuft (Fall des § 1760 II e).

Für das Nachholen der Einwilligung gelten die §§ 1746 I, 2, 3, 1750 III, 1, 2 entsprechend (§ 1760 III 2). Die Aufhebung wegen arglistiger Täuschung (§ 1760 II c) ist nach § 1760 IV außerdem dann ausgeschlossen, wenn nur über das Vermögen des Annehmenden oder des Kindes getäuscht worden ist, oder wenn jemand getäuscht hat, der weder antrags- noch einwilligungsberechtigt noch zur Adoptionsvermittlung befugt war, und der Antrags- oder Einwilligungsberechtigte von der Täuschung nichts wusste.

Für den Fall, dass das Vormundschaftsgericht **zu Unrecht** die Voraussetzungen des § 1747 IV bejaht und eine **Elterneinwilligung für entbehrlich gehalten** hat, schließt § 1760 V 1 die Aufhebung dann aus, wenn der **Elternteil** seine **Einwilligung nachgeholt oder** die **Adoption** sonstwie **bestätigt** hat. Für das Nachholen der Einwilligung gilt § 1750 III 1, 2 entsprechend.

Die Aufhebung ist nach § 1761 I auch dann ausgeschlossen, wenn die erforderliche **Einwilligung** zwar fehlt, aber spätestens zur Zeit der Entscheidung über den Aufhebungsantrag vom Vormundschaftsgericht nach § 1746 III oder § 1748 **ersetzt werden kann**; auf die nach § 1748 II erforderliche Belehrung oder Beratung kann verzichtet werden.

Schließlich darf die Adoption nach § 1761 II dann nicht aufgehoben werden, wenn dies das **Wohl des Kindes erheblich gefährdete**, es sei denn, das Interesse des Annehmenden an der Aufhebung überwiege und erfordere die Aufhebung.

4. Aufhebung von Amts wegen

1366   Nach § 1763 kann das Vormundschaftsgericht die Minderjährigen-Adoption zum Wohle des Kindes auch ohne Antrag von sich aus aufheben (I), nach Adoption durch ein Ehepaar auch das Adoptionsverhältnis zu einem Ehegatten (II). Die Aufhebung hat drei Voraussetzungen (III): Das Kind ist noch minderjährig, **schwerwiegende Gründe erfordern die Aufhebung**[22] und ein leiblicher Elternteil oder im Falle der Adoption durch ein Ehepaar der andere Ehegatte ist bereit, die Betreuung des Kindes zu übernehmen, oder aber die Aufhebung soll eine erneute Adoption ermöglichen.

---

22 Dazu *OLG Düsseldorf* FamRZ 98, 1196; *BayObLG* FamRZ 2000, 768.

7. Kapitel
Die Volljährigen-Adoption

Die Volljährigen-Adoption ist schon deshalb problematisch, weil ein Eltern-Kind-Ver-**1367**
hältnis zwischen Volljährigen nur schwer zu begründen ist. Deshalb ist sie systematisch
die gesetzliche Ausnahme. Die §§ 1767-1772 regeln nur die Besonderheiten und
§ 1767 II verweist im Übrigen auf die Minderjährigen-Adoption.

1. Adoption durch Gerichtsbeschluß

Auch die Volljährigen-Adoption wird nach § 1768 I 1 auf Antrag durch Beschluss des
Vormundschaftsgerichts ausgesprochen, der nach § 56e S. 2 FGG mit Zustellung an den
Annehmenden wirksam wird, für die Beteiligten unanfechtbar und für das Gericht unab-
änderlich ist (§ 56e S. 3 FGG).

§ 1768 I 1 verlangt zwei Adoptionsanträge, auch der anzunehmende Volljährige muss
seine Adoption beantragen; ist er geschäftsunfähig, kann nur sein gesetzlicher Vertreter
den Antrag stellen (§ 1768 II).

2. Rechtsfolgen

Auch die Volljährigen-Adoption verschafft dem Angenommenen die rechtliche Stellung **1368**
eines ehelichen Kindes des Annehmenden (§ 1767 II mit § 1754 I)[23]. Anders als bei der
Minderjährigen-Adoption wird der angenommene Volljährige aber nicht mit den Verwandten des Annehmenden verwandt (§ 1770 I 1). Außerdem wird weder der Ehegatte
des Annehmenden mit dem Angenommenen noch dessen Ehegatte mit dem Annehmenden verschwägert (§ 1770 I 2). Schließlich bleibt das Verwandtschaftsverhältnis des Angenommenen und seiner Abkömmlinge zu ihren Verwandten bestehen, soweit das Gesetz
nichts anderes bestimmt (§ 1770 II). Zum Unterhalt freilich ist der Annehmende dem
Angenommenen vor dessen Verwandten verpflichtet (§ 1770 III).

Nur unter den besonderen Voraussetzungen des § 1772 I 1 und auf beiderseitigen Antrag
kann das Vormundschaftsgericht ausnahmsweise im Adoptionsbeschluss bestimmen,
dass die Adoption die vollen Rechtsfolgen einer Minderjährigen-Adoption nach
§§ 1754-1756 haben soll[24]. Überwiegende Interessen der Eltern des Anzunehmenden
verhindern diese Bestimmung (§ 1772 I 2).

---

23 Zum verfassungsrechtlichen Schutz der neuen Familie nach Art. 6 I GG: *BVerfG* FamRZ 96,
154.
24 Dazu *KG* FamRZ 96, 241.

3. Voraussetzungen

1369 Nach § 1767 I kann ein Volljähriger nur dann adoptiert werden, wenn die Adoption **sittlich gerechtfertigt** ist. Das ist eine kräftige Verschärfung der Adoptionsvoraussetzungen gegenüber § 1741. Das Gesetz stellt damit klar, dass die Adoption nicht mehr dafür herhalten darf, den Namen oder das Vermögen des Annehmenden über die Zeit zu retten. Ebensowenig darf sie dazu missbraucht werden, ausländischen Asylbewerbern ein Aufenthaltsrecht zu verschaffen[25]. Die Frage nach der sittlichen Rechtfertigung, einem unbestimmten Rechtsbegriff, wie er unbestimmter nicht sein kann, lässt sich nur durch vollständige Ermittlung und Abwägung der konkreten Lebensumstände beantworten[26]. Sie ist zu bejahen, wenn durch jahrelanges Zusammenleben bereits eine geistig-seelische Beziehung, eine enge **Verbundenheit und** die **Bereitschaft zu gegenseitigem Beistand** gewachsen oder wenigstens zu erwarten sind[27], **wie sie einem Eltern-Kind-Verhältnis entsprechen**, das enger und stärker ist, als eine freundschaftliche oder verwandtschaftliche Beziehung[28]. Schon ernsthafte Zweifel an der Absicht eines Beteiligten, ein Eltern-Kind-Verhältnis zu begründen, verhindern die Adoption[29].

Nach § 1769 ist die Adoption ausgeschlossen, wenn ihr **überwiegende Interessen der Kinder des Annehmenden oder des Anzunehmenden** entgegenstehen; dies können auch vermögensrechtliche, insbesondere erbrechtliche Interessen sein[30].

4. Aufhebung

1370 Anders als die Minderjährigen-Adoption kann die Erwachsenen-Adoption nach § 1771 S. 1 schon **auf beiderseitigen Antrag und aus wichtigem Grund** aufgehoben werden[31]. Beantragt nur der Annehmende oder nur der Angenommene die Aufhebung, hilft ihm kein noch so wichtiger Grund, denn das Gesetz verlangt nun einmal zwei Aufhebungsanträge[32].

Einer allein kann nach § 1771 S. 2 nur die Aufhebung nach § 1760 beantragen mit der Abweichung, dass die Einwilligung des Kindes durch den Adoptionsantrag des Volljährigen ersetzt wird (§ 1771 S. 3). Wenn aber das Vormundschaftsgericht der Volljährigen-Adoption nach § 1772 I die Rechtsfolgen der Minderjährigen-Adoption zuspricht, kann die Adoption nur noch nach § 1760 aufgehoben werden (§ 1772 II).

---

25 *OLG Zweibrücken* FamRZ 89, 537.
26 *BVerfG* NJW 95, 316: auch Interessen der Kinder des Annehmenden; *OLG Zweibrücken* FamRZ 89, 537.
27 *OLG Zweibrücken* FamRZ 89, 537; *BayObLG* FamRZ 96, 184; 97, 638.
28 *BayObLG* FamRZ 96, 184; 2001, 118, 119.
29 *BayObLG* FamRZ 96, 184; 97, 638: Wille zu Eltern-Kind-Verhältnis fehlt.
30 *BayObLG* FamRZ 84, 419: deshalb Adoption in der Regel ausgeschlossen, wenn der Annehmende Kinder hat.
31 *OLG Schleswig* FamRZ 95, 1016: Ausschlussfrist des § 1762 II gilt hier nicht; aber Missbrauch der Adoption noch kein wichtiger Grund; *BayObLG* FamRZ 90, 97: gilt nicht für Minderjährigen-Adoption, die nach altem Recht als Volljährigen-Adoption vereinbart.
32 *BGH* 103, 12: gemeinsame Vortäuschung eines Eltern-Kind-Verhältnisses; *BayObLG* FamRZ 2001, 122: Eltern des Angenommenen haben kein Aufhebungsrecht.

3. Buch

Das Verfahren in Familien- und Kindschaftssachen

17. Teil
Gesetzliche Systematik,
Familiensachen und Familiengericht

1. Kapitel
Gesetzliche Systematik

1. Die Kindschaftsrechtsreform und der neue Katalog der Familiensachen

Das **Kindschaftsrechtsreformgesetz (KindRG)**, das am **1.7.1998** in Kraft trat, greift **1371** nicht nur tief in das materielle Familienrecht mit den Schwerpunkten Abstammung und elterliche Sorge ein, sondern verändert auch mannigfach die prozessuale Landschaft.

§ 23b I 2 GVG erweitert beträchtlich den Katalog der Familiensachen und mit ihnen die Kompetenz des Familiengerichts auf Kosten sowohl des Vormundschaftsgerichts als auch des allgemeinen Zivilgerichts.

In Anpassung an das materielle Recht der elterlichen Sorge, das nicht mehr zwischen ehelichen und nichtehelichen Kindern unterscheidet, sind jetzt nach **§ 23b I 2 Nr. 2-4 GVG alle Verfahren zur elterlichen Sorge, zur Regelung des Umgangs mit einem Kind und auf Herausgabe eines Kindes Familiensachen**, soweit das BGB das Familiengericht für zuständig erklärt, und das tut es jetzt immer.

Familiensachen werden nach **§ 23b I 2 Nr. 5 GVG** auch **alle Rechtsstreitigkeiten über die gesetzliche Unterhaltspflicht unter Verwandten**, also auch über den gesetzlichen Unterhalt des ehelichen wie nichtehelichen Kindes. Nach **§ 23b I 2 Nr. 13 GVG** kommen die **Ansprüche der nichtehelichen Mutter** aus §§ 1615l, 1615m BGB dazu.

Schließlich werden nach **§ 23b I 2 Nr. 12 GVG** auch die **Kindschaftssachen**, die bislang eine eigene Spezies waren, Familiensachen.

§ 23b II 2 GVG regelt neu und differenziert die Abgabe „anderer Familiensachen" an das Gericht, bei dem eine Ehesache anhängig ist. Im Übrigen sollen nach § 23b II 1 GVG alle Familiensachen, die dieselben Personen betreffen, ein und derselben Abteilung zugewiesen werden.

2. Das neue System des Verfahrens in Familiensachen

Der neue Katalog der Familiensachen, der jetzt auch die Kindschaftssachen umfasst, ver- **1372** ändert zwangsläufig die Systematik der ZPO. Deren 6. Buch heißt jetzt: „Verfahren in Familiensachen" und ist folgendermaßen unterteilt:

1. Abschnitt:„Allgemeine Vorschriften für Verfahren in Ehesachen" (§§ 606-620g);
2. Abschnitt:„Allgemeine Vorschriften für Verfahren in anderen Familiensachen" (§§ 621-621f);

3. Abschnitt:„Verfahren in Scheidungs- und Folgesachen" (§§ 622-630);
4. Abschnitt:„Verfahren auf Aufhebung und auf Feststellung des Bestehens oder Nichtbestehens einer Ehe" (§§ 631-638);
5. Abschnitt:„Verfahren in Kindschaftssachen" (§§ 640-641i);
6. Abschnitt:„Verfahren über den Unterhalt (§§ 642-660).

3. Das Verfahren in Familiensachen als eine hochkomplizierte besondere Verfahrensart

1373 Nach dem System der ZPO ist das Verfahren in Familiensachen eine besondere Prozessart, die in vielen Punkten vom Normalprozess vor dem Landgericht nach §§ 253 ff. abweicht und die Parteiherrschaft mannigfach zurückdrängt. Das gesetzliche System ist jedoch extrem unübersichtlich und nur schwer zu vermitteln. Sogar Spezialisten des Familienprozesses haben Mühe, sich zurechtzufinden.

Wer da meint, der Familienprozess sei ein einheitliches Verfahren, wird arg enttäuscht. **Einheitlich ist nur die „Zuständigkeit" des Familiengerichts (§ 23b I GVG). Alles andere ist sehr uneinheitlich.** Denn vor dem Familiengericht prozessiert man nach sage und schreibe **vier verschiedenen Verfahrensordnungen.** Die Ehe wird in einem besonderen ZPO-Verfahren geschieden, das die Parteiherrschaft einschränkt und das Familiengericht zur Amtsermittlung ermächtigt. Im gewöhnlichen Zivilprozess erstreitet man Kindes- und Ehegattenunterhalt sowie Ansprüche aus dem ehelichen Güterrecht. Vier andere Familiensachen werden im Verfahren der freiwilligen Gerichtsbarkeit geregelt: elterliche Sorge, Umgang mit dem Kind, Herausgabe des Kindes und Versorgungsausgleich. Ehewohnung und Hausrat schließlich verteilt das Familiengericht nach der HausratsVO, einem Ableger des FGG.

Dies alles steht zwar in der ZPO, die Verweisungsnorm des § 621a I macht aus dem Verfahren der freiwilligen Gerichtsbarkeit aber noch keinen Zivilprozess, sondern ersetzt nur die Verweisungen des FGG auf die ZPO durch die einschlägigen Vorschriften, was die Verwirrung noch steigert. Neu ist lediglich die Anpassung des FG-Rechtsmittels Beschwerde an die ZPO-Rechtsmittel Berufung und Revision (§ 621e).

Die Verfahrenszersplitterung ist schon schlimm genug, wenn die Familiensachen einzeln (isoliert) betrieben werden. Ihren Höhepunkt erreicht sie, wenn „andere Familiensachen" zusammen mit der Scheidung als Folgesachen zu regeln sind. Dann nämlich muss das Familiengericht im **Scheidungsverbund** alle vier Verfahrensordnungen gleichzeitig anwenden. Um den Scheidungsverbund zu ermöglichen, hat der Gesetzgeber versucht, die verschiedenen Verfahrensordnungen einander anzupassen. Diese Anpassung ist völlig misslungen. Sie besteht darin, dass die eine Verfahrensordnung auf die andere verweist. Das technische Mittel der Verweisung wird hier förmlich zu Tode geritten. Mögen diese Verweisungen formal auch korrekt sein, lesbar sind sie nicht mehr, bürgernah schon gar nicht. Der Gesetzgeber hat sich mit dem Familienprozess übernommen. Gewollt hat er ein technisch perfektes Verfahren, geschaffen hat er ein undurchdringliches Paragraphengestrüpp. Das Verfahrensrecht darf nicht Selbstzweck sein, sondern soll dem materiellen Recht dienen. Die gesetzliche Regelung des Familienprozesses hingegen verstellt mit ihrer Problemfülle den Blick auf die wahren Interessen der Prozessparteien.

Damit man den Familienprozess leichter verstehe, stelle ich die beiden prozessrechtlichen Grundbegriffe „**Familiensachen**" (RN 1374) und „**Familiengericht**" (RN 1380) an den Anfang. Dann beschreibe ich, wie man die **Familiensachen einzeln** (isoliert) betreibt (RN 1386 ff.). Erst wenn man die einzelnen Familiensachen und ihre unterschiedlichen Verfahrensordnungen kennt, versteht man auch den **Verbund zwischen Scheidung und Folgesachen** (RN 1721 ff.). Es folgt der **vorläufige Rechtsschutz für Familiensachen** (RN 1754 ff.).

Das Verfahren in **Kindschaftssachen**, die ab 1.7.1998 ebenfalls Familiensachen sind, beschließt die Darstellung (RN 1777 ff.). Gegenstand dieses Verfahrens, das dem Eheprozess ähnelt (§ 640 I), ist vor allem die Abstammung (der familienrechtliche Status) des Kindes.

2. Kapitel
Die Familiensachen

1. Begriff

Familiensachen gehören vor das Familiengericht; das ist ihr Lebenszweck. Was Familiensachen sind, bestimmt erschöpfend **§ 23b I 2 GVG** in nunmehr 14 Ziffern, denn das **Kind-RG** hat den gesetzlichen Katalog kräftig erweitert, um das nichteheliche Kind endlich auch prozessual dem ehelichen möglichst gleichzustellen. Im Einzelnen handelt es sich um folgende Gegenstände:

1374

- **Ehesachen** (Nr. 1);
- **elterliche Sorge, Umgang mit dem Kind und Herausgabe des Kindes** (Nr. 2-4);
- **Verwandtenunterhalt** (Nr. 5) und **Ehegattenunterhalt** (Nr. 6);
- **Versorgungsausgleich** (Nr. 7), **Ehewohnung und Hausrat** (Nr. 8);
- **Ansprüche aus dem ehelichen Güterrecht** (Nr. 9) und Verfahren nach §§ 1382 f. BGB (Nr. 10);
- **Verfahren nach dem Sorgerechtsübereinkommens-Ausführungsgesetz** (Nr. 11);
- **Kindschaftssachen** (Nr. 12) und **Ansprüche der Mutter** aus §§ 1615l, 1615m BGB (Nr. 13),
- schließlich **Verfahren nach §§ 1303, 1308 u. 1315 BGB** (Nr. 14).

§ 621 I, der die Zuständigkeit für andere Familiensachen außer Ehesachen regelt, wiederholt im Wesentlichen den Katalog, beginnt aber folgerichtig mit der elterlichen Sorge und lässt auch das Ausführungsgesetz zum Sorgerechtsübereinkommen weg, das seine eigene Zuständigkeit hat, so dass sich die Nummern entsprechend verschieben.

„**Familiensache**" ist der gesetzliche Oberbegriff. Die ZPO unterteilt ihn in „**Ehesachen**" (§§ 606-620g) **und „andere Familiensachen**" (§§ 621-621f), zu denen jetzt auch die Kindschaftssachen gehören.

1375

Für den Scheidungsverbund ist wichtig die Unterscheidung zwischen „**Scheidungs- und Folgesachen**" (§§ 622-630).

„**Ehesachen**" sind nach **§ 606 I**: Scheidung[1], Aufhebung der Ehe, Feststellung des Bestehens oder Nichtbestehens der Ehe und Herstellung des ehelichen Lebens. Die „**anderen Familiensachen**" findet man in **§ 621 I Nr. 1-12.**

„**Folgesachen**" schließlich sind diejenigen „anderen Familiensachen", die für den Fall der Scheidung zu regeln sind und deshalb im Scheidungsverbund stehen (§ 623 I-III).

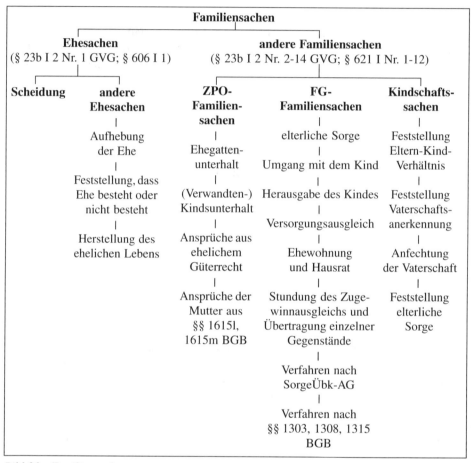

Bild 20: *Familiensachen*

---

1 *BGH* NJW 82, 2449: auch Nichtigkeitsklage gegen Scheidungsurteil; a.A. zu § 621 II: *OLG Karlsruhe* FamRZ 96, 301.

2. Personenkreis

Familiensachen haben mit der Familie zu tun. Prozessrechtlich besteht die Familie aus den beiden Ehegatten oder den Eltern und ihren Kindern. **1376**

Nur Familienmitglieder können Familiensachen betreiben[2]. Andere Personen haben in der Regel vor dem Familiengericht nichts verloren.

> Die Honorarklage des Rechtsanwalts aus einer Familiensache ist nicht einmal im besonderen Gerichtsstand des § 34 eine Familiensache, denn sie passt unter keine der 14 Ziffern des § 23b I 2 GVG (*BGH* 97, 79; *OLG Düsseldorf* FamRZ 91, 1070: vereinbarte Honorarteilung). **Beispiel**

Es gibt jedoch ein paar **Ausnahmen**: Ansprüche aus dem ehelichen Güterrecht sind nach § 23b I 2 Nr. 9 GVG auch dann Familiensachen, wenn Dritte beteiligt sind. Am Verfahren über die elterliche Sorge ist auch das Jugendamt beteiligt, am Verfahren über die gemietete Ehewohnung der Vermieter, am Verfahren über den Versorgungsausgleich sind es die Träger der auszugleichenden Altersversorgungen.

3. Verbindungsverbot und Anspruchskonkurrenz

Vor das Familiengericht gehören **nur reine Familiensachen**. Andere Streitigkeiten darf man mit der Familiensache nicht verbinden[3]; die unzulässige Verbindung ist zu lösen (§ 145)[4]. **1377**

Hilfsanträge und Widerklagen sind vor dem Familiengericht nur zulässig, wenn auch sie Familiensachen sind[5].

> Klage auf 1 200 000,– aus gesellschaftsrechtlicher Beteiligung (Ehegatteninnengesellschaft) hilfsweise als Zugewinnausgleich. **Beispiel**
>
> Da man Haupt- und Hilfsantrag nicht nach § 145 trennen kann, ist zunächst das Landgericht zuständig. Gibt es dem Antrag statt, erlischt der Hilfsantrag. Erst wenn es den Hauptantrag abweist, kann es den Hilfsantrag an das Amtsgericht (Familiengericht) verweisen (*BGH* NJW 81, 2471).

Wird hingegen ein und derselbe prozessuale Anspruch sowohl familienrechtlich als auch schuldrechtlich begründet, ist das Familiengericht für beide Anspruchsgrundlagen zuständig, es sei denn, der familienrechtliche Anspruch bestehe offenbar nicht[6].

> Klage aus ehelichem Güterrecht und aus AnfG (*BGH* NJW 83, 1913). **Beispiel**

---

2 *BGH* 71, 274; NJW 79, 660.
3 *BGH* 97, 81.
4 *BGH* NJW 79, 659.
5 *BGH* 97, 81; NJW 81, 2417.
6 *BGH* NJW 83, 1913; *OLG Bamberg* NJW-RR 89, 517.

4. Rechtliche Einordnung nach Klagegrund

1378   Ob es sich um eine Familiensache handelt, hängt einzig und allein von den **Tatsachen-behauptungen des Klägers oder Antragstellers** ab[7]. Wahr müssen diese Behauptungen nicht sein. Das Familiengericht ist nicht erst für wirkliche, sondern schon für behauptete Familiensachen zuständig.

Unerheblich sind sowohl die Rechtsansichten des Klägers als auch die Behauptungen des Beklagten. Eine Streitigkeit ist nicht schon deshalb Familiensache, weil der Kläger sie irrig dafür hält oder der Beklagte familienrechtliche Einwendungen erhebt[8].

Den **Streitgegenstand** und dessen rechtliche Qualität bestimmt der Kläger mit **Klagantrag und Klagegrund**, nicht mit Rechtsbegriffen. Die Rechtsanwendung obliegt dem Gericht. Der Beklagte hat überhaupt keinen Einfluss auf den Streitgegenstand. Nicht einmal seine Aufrechnung mit einer familienrechtlichen Gegenforderung macht die Klage zur Familiensache[9].

Ob es sich um eine Familiensache handelt beurteilt das Gericht stets nach deutschem Recht (lex fori), denn es geht um die Zuständigkeit[10].

5. Sonderfälle

1379   Die **Vollstreckungsabwehrklage** (§ 767) ist dann Familiensache, wenn der titulierte Anspruch, gegen den sie sich richtet, eine Familiensache ist[11]. Das Gleiche gilt für die Vollstreckbarerklärung eines ausländischen Titels; ob dieser eine Familiensache ist, richtet sich nach deutschem Recht (lex fori)[12].

Die **Drittwiderspruchsklage** (§ 771) ist nicht schon deshalb Familiensache, weil der Gläubiger eine Familiensache vollstreckt, denn der Dritte hat damit nichts zu schaffen, sondern wehrt nur den rechtswidrigen Eingriff in sein Vermögen ab[13]. Dies gilt auch für die Widerspruchsklage eines Ehegatten gegen die Teilungsversteigerung des gemeinsamen Grundstücks (§§ 180 ff. ZVG). Die Widerspruchsklage ist jedoch dann Familiensache, wenn das Widerspruchsrecht im ehelichen Güterrecht, z.B. in §§ 1365, 1368 wurzelt[14].

Arrest und einstweilige Verfügung sind dann Familiensachen, wenn die Hauptsache: der gefährdete Anspruch oder das gestörte Rechtsverhältnis Familiensache ist[15].

---

7 *BGH* 76, 309; 90, 2; 92, 197; NJW 81, 128, 2417; 82, 2449; 83, 1913; 85, 189; 88, 2380; *OLG Stuttgart* FamRZ 89, 763.
8 *BGH* 92, 197: Zurückbehaltungsrecht.
9 *BGH* FamRZ 89, 166: aber Aussetzung nach § 148 möglich; *BayObLG* NJW-RR 86, 6.
10 *BGH* NJW 83, 1913.
11 *BGH* NJW 78, 1811; 81, 346; *OLG Zweibrücken* FamRZ 97, 1493; a.A. *OLG Hamm* FamRZ 89, 875: Aufrechnung mit Anspruch auf Zugewinnausgleich.
12 *BGH* 88, 113; FamRZ 88, 491.
13 *BGH* NJW 79, 929: Widerspruchsklage nach § 774; *OLG Hamburg* FamRZ 84, 804.
14 *BGH* NJW 85, 3066; *OLG Hamm* FamRZ 95, 1072; *OLG Frankfurt* FamRZ 98, 641; *OLG Köln u. Hamburg* FamRZ 2000, 1167, 1290.

Nach der Hauptsache richten sich auch der **Antrag auf Prozesskostenhilfe**[16] und auf **Kostenfestsetzung**[17].

Vollstreckungsgericht (§ 764) ist das Familiengericht nie[18]. Wo aber das Gesetz die **Zwangsvollstreckung** dem Prozessprozessgericht zuweist (§§ 887-890), kann auch das Familiengericht vollstrecken[19].

3. Kapitel
Das Familiengericht

1. Begriff

Das Familiengericht ist seinem Namen zum Trotz kein vollwertiges Gericht wie Amts- und Landgericht, sondern nur eine **Abteilung des Amtsgerichts** (§ 23b I 1 GVG), so wie die Kammer für Handelssachen eine Abteilung des Landgerichts ist. Deshalb hat das Familiengericht auch **keine eigene Zuständigkeit**, weder eine sachliche noch eine örtliche. Örtlich und sachlich zuständig ist immer nur das Amtsgericht als Ganzes, nicht die einzelne Abteilung. Welche Abteilung den Prozess führen soll, ist eine Frage der Geschäftsverteilung. Dies gilt auch für das Familiengericht. Da aber das Gesetz selbst vorschreibt, dass die Familiensachen und nur sie vor das Familiengericht gehören, spricht man von **gesetzlicher Geschäftsverteilung**[20].

1380

Folgerichtig regelt nicht § 23b GVG, sondern § 23a GVG die sachliche Zuständigkeit des Amtsgerichts für Familiensachen. § 23b GVG ist nur eine Organisations- und Definitionsnorm; sie befiehlt, bei den Amtsgerichten Abteilungen für Familiensachen einzurichten, und definiert den Rechtsbegriff „Familiensachen".

Zwar erklären die §§ 606, 621 das Familiengericht für „ausschließlich zuständig". Aber auch sie meinen die örtliche Zuständigkeit des Amtsgerichts, so dass für das Familiengericht wiederum nur eine Kompetenz kraft gesetzlicher Geschäftsverteilung übrigbleibt, die freilich insofern ausschließlich ist, als sie das Präsidium daran hindert, Familiensachen der allgemeinen Zivilabteilung zuzuweisen[21].

Diese besondere rechtliche Konstruktion hat Folgen für die Eingangszuständigkeit.

---

15 *BGH* NJW 80, 191.
16 *BGH* NJW 78, 1811; 85, 2537.
17 *BGH* NJW 78, 1633; 85, 2537.
18 *BGH* NJW 79, 1048.
19 *OLG Düsseldorf* FamRZ 81, 577.
20 *BGH* 71, 264; 97, 82; NJW 80, 1282.
21 *BGH* 71, 269; NJW 79, 43.

2. Eingangszuständigkeit

2.1 Zuständigkeit und Geschäftsverteilung

1381   Wie verfährt man, wenn eine Familiensache versehentlich zur allgemeinen Zivilabteilung des Amtsgerichts oder eine Nicht-Familiensache zum Familiengericht gelangt? Eine Verweisung nach § 281 ist nicht möglich. Nur das sachlich oder örtlich unzuständige Gericht darf verweisen. Das Amtsgericht ist jedoch zuständig. Der Kompetenzmangel beschränkt sich auf die gesetzliche Geschäftsverteilung. Zwischen den Abteilungen des Amtsgerichts gibt es auch keine besonderen Verweisungsregeln, wie sie das GVG (§§ 97 ff.) für KfH und Zivilkammer aufstellt. Deshalb bleibt nur die Möglichkeit: **Die „unzuständige" Abteilung des Amtsgerichts gibt den Rechtsstreit unverbindlich und formlos an die „zuständige" Abteilung ab**[22]. Das Gleiche gilt zwischen dem Familien- und dem Vormundschaftsgericht desselben Amtsgerichts sowie zwischen Zivil- und Familiensenat desselben Oberlandesgerichts[23].

2.2 Verweisung und Abgabe

1382   Das Amtsgericht verweist nur dann nach § 281, wenn es sich für örtlich oder sachlich unzuständig hält, und es verweist im ersten Fall nicht an das Familiengericht oder die allgemeine Zivilabteilung des zuständigen Amtsgerichts, sondern immer an das Amtsgericht als Ganzes[24]. Diese Verweisung bindet das andere Amtsgericht auch dann, wenn es sich um eine FG-Familiensache handelt, denn über § 621a I 1 gilt auch § 281[25]. Das FGG hingegen kennt keine Verweisung, sondern nur die formlose und unverbindliche Abgabe[26].

Auch das Landgericht verweist eine Familiensache nach § 281 nicht an das Familiengericht, das nur eine Abteilung des Amtsgerichts ist, sondern an das sachlich zuständige Amtsgericht, so dass das Familiengericht die Sache an die allgemeine Zivilabteilung weitergeben darf, wenn es sie nicht für eine Familiensachen hält[27].

2.3 Gerichtlich bestimmte Zuständigkeit

1383   Erklären sich Familiengericht und allgemeine Zivilabteilung desselben Amtsgerichts für unzuständig (negativer Kompetenzkonflikt), bestimmt das höhere Gericht nach § 36 I Nr. 6, welche Abteilung zuständig sein soll. § 36 I Nr. 6 regelt direkt zwar nur die örtliche und/oder sachliche Unzuständigkeit, wird hier aber entsprechend angewendet[28]. Die

---

22 *BGH* 71, 264.
23 *BGH* FamRZ 94, 25.
24 *BGH* FamRZ 90, 987; NJW 80, 1282.
25 *BGH* 71, 15; NJW-RR 93, 130.
26 *BGH* FamRZ 90, 865.
27 *BGH* NJW 80, 1282; *OLG Karlsruhe* FamRZ 92, 1082: Abgabe des Landgerichts nach § 18 HausratsVO bindet aber.
28 *BGH* 71, 264; NJW 80, 193.

entsprechende Anwendung setzt voraus: zwei Abteilungen desselben Gerichts[29], deren eine „zuständig" ist[30], erklären sich in einem rechtshängigen Verfahren[31] durch Mitteilung an die Parteien „rechtskräftig" für unzuständig[32]. § 36 I Nr. 6 verlangt keinen Parteiantrag; die Vorlage der Akten durch eine der betroffenen Abteilungen an das höhere Gericht genügt[33]. Das höhere Gericht bestimmt in der Regel eine der betroffenen Abteilungen für zuständig, ein anderes Gericht nur dann, wenn es ausschließlich zuständig ist und eine Partei Verweisung beantragt[34]

3. Rechtsmittelzuständigkeit

3.1 Berufung und Beschwerde

Gegen die Entscheidungen des Familiengerichts ist Berufung oder Beschwerde zum Oberlandesgericht statthaft (§ 119 I Nr. 1 und 2 GVG). Dort ist aber nicht der allgemeine Zivilsenat, sondern der **Familiensenat** „zuständig" (§ 119 II GVG). Auch diese „Zuständigkeit" ist nur eine gesetzliche Geschäftsverteilung (RN 1380). **1384**

Sie hängt **nicht** davon ab, ob die angefochtene Entscheidung eine **Familiensache** betrifft, **sondern** ob das **Familiengericht** sie gefällt hat, mag es sich auch um eine Nicht-Familiensache handeln. Die neue Fassung des § 119 I Nr. 1 und 2 GVG lässt daran keinen Zweifel mehr. Umgekehrt ist der allgemeine Zivilsenat „zuständig", wenn das Landgericht versehentlich eine Familiensache entschieden hat[35].

Obwohl die gesetzliche Geschäftsverteilung nach § 23b I GVG ausschließlich ist (§§ 606, 621), prüft das Berufungsgericht ab 1.1.2002 nicht mehr, ob es sich um eine Familiensache handelt, denn § 513 II n.F. ersetzt § 529 III a.F. und schließt jegliche Rüge der Unzuständigkeit aus[36].

3.2 Revision und weitere Beschwerde

Gegen Entscheidungen des Familiensenats des OLG ist nach § 542, 621e II Revision oder Rechtsbeschwerde statthaft. Die **Revision** richtet sich gegen Endurteile des Berufungsgerichts. Durch Urteil entscheidet das Berufungsgericht nur in den ZPO-Familiensachen und im Verbund. **1385**

---

29 Auch Familien- u. Vormundschaftsgericht: *BGH* NJW 81, 126; FamRZ 90, 865; auch Familien- und Zivilsenat: *BGH* NJW 80, 1282; 81, 2417, 2418; FamRZ 94, 25; sogar *LG* als Berufungsgericht u. Familiensenat: *BGH* NJW 85, 2537; zur Abgrenzung zw. § 36 Nr. 6 ZPO u. § 5 FGG: *BGH* FamRZ 91, 50.
30 *BGH* FamRZ 95, 1135: unwirksame Verweisung; NJW 95, 534, 1224.
31 *BGH* FamRZ 87, 924 Nr. 424, 425; 88, 1256; 92, 664; 95, 32; *OLG Karlsruhe* FamRZ 91, 90.
32 *BGH* NJW 85, 1537; FamRZ 88, 1257; 95, 32.
33 *BGH* 71, 264; NJW 79, 1048; 80, 193; 85, 2537.
34 *BGH* NJW 95, 534.
35 *BGH* NJW 91, 231. Überholt ist die ältere Rspr., die materiell am Streitgegenstand anknüpfte und damit große Verwirrung stiftete, z.B. *BGH* 72, 182; NJW 81, 2417; 85, 3067.
36 Überholt *BGH* NJW 88, 3207; 93, 3326; FamRZ 94, 25.

Die **Revision** ist nur zulässig, wenn das Berufungsurteil oder das Reivionsgericht sie ausdrücklich zulässt (§ 543 II n.F.)[37]. Da dies für alle Berufungen gilt, nicht nur für Familiensachen, ist das alte Problem erledigt, dass das Berufungsgericht eine Familiensache irrig als Nicht-Familiensache behandelt und deshalb die Revision nicht zulässt[38].

Die **Rechtsbeschwerde** richtet sich gegen Beschlüsse des Beschwerdegerichts in den FG-Familiensachen und ist zur zulässig, wenn das Beschwerde- oder Rechtsbeschwerdegericht sie zulässt (§ 621e II n.F.).

Auch das Revisions- oder Rechtsbeschwerdegericht prüft die erstinstanzliche Beständigkeit nicht mehr, auch nicht, ob es sich um eine Familiensache handle (§§ 545 II, 576 II n.F.).

Die neuen Vorschriften der §§ 543 I Nr. 2, 544, 621e II 1 Nr. 2 über die Nichtzulassungsbeschwerde sind freilich frühestens ab 1.1.2007 anwendbar (§ 26 Nr. 9 EGZPO).

---

37 *BGH* NJW 81, 2755: unterlassene Zulassung nicht nach § 321 nachholbar.
38 Überholt *BVerfG* NJW 84, 2346; *BGH* 90, 1; NJW 88, 2380.

18. Teil
Das Verfahren in Ehesachen

1. Kapitel
Das Scheidungsverfahren

1. Besondere Prozessart

Die gescheiterte Ehe wird auf Antrag eines oder beider Ehegatten durch gerichtliches **1386** Urteil geschieden und ist mit Rechtskraft des Scheidungsurteils aufgelöst (§ 1564 BGB). Das private Recht auf Scheidung ist ein Gestaltungsrecht[1], das Scheidungsurteil ein Gestaltungsurteil.

Das Scheidungsverfahren gehört zu den Ehesachen (§ 606 I 1). Die ZPO regelt es als **besondere Prozessart**, die sich vom Normalprozess vor allem in zwei Punkten unterscheidet: **Die Parteiherrschaft ist beschränkt** (§ 617), **und das Familiengericht ermittelt den Sachverhalt von Amts wegen** (§ 616).

Systematisch gelten in erster Linie die besonderen Vorschriften der §§ 622-630 über Scheidungs- und Folgesachen. Das Gesetz unterscheidet hier zwischen dem isolierten Scheidungsverfahren und dem Scheidungsverbund (§§ 623 ff.), zwischen streitiger und einverständlicher Scheidung (§ 630). Da die Scheidung eine Ehesache ist, gelten in zweiter Linie die „Allgemeinen Vorschriften für Ehesachen" (§§ 606-620g). Schließlich sind die Vorschriften über den Landgerichtsprozess entsprechend anwendbar (§ 608), obwohl das Scheidungsverfahren vor dem Amtsgericht stattfindet.

2. Zuständigkeit

2.1 Übersicht

§ 23a Nr. 4 GVG regelt die sachliche, § 606 die örtliche, § 606a die internationale Zu- **1387** ständigkeit und § 23b GVG die gesetzliche Geschäftsverteilung zwischen Familienge- richt und allgemeiner Zivilabteilung des Amtsgerichts (RN 1380).

2.2 Hauptgerichtsstand

Örtlich ausschließlich zuständig ist das Amtsgericht/Familiengericht, in dessen Bezirk sich die Ehegatten bei Zustellung des Scheidungsantrags gemeinsam aufhalten (§ 606 I 1). **Der gemeinsame gewöhnliche Aufenthalt der Ehegatten** begründet den Hauptgerichtsstand. Mehrere Hilfsgerichtsstände ergänzen ihn.

---

1 *BGH* 97, 308.

2.3 Hilfsgerichtsstände

1388 Haben die Ehegatten bei Zustellung des Scheidungsantrags keinen gemeinsamen Aufenthalt, ist – **in dieser Reihenfolge** – hilfsweise zuständig das Familiengericht, in dessen Bezirk:

a) **sich ein Ehegatte mit allen gemeinsamen minderjährigen Kindern gewöhnlich aufhält** (§ 606 I 2)[2]. Dieser Gerichtsstand gilt auch dann, wenn ein Teil der minderjährigen Kinder bei einem Ehegatten, der andere Teil bei einem Dritten lebt[3]. Sind die Kinder hingegen auf die Ehegatten verteilt, gilt § 606 II 1[4];

b) **sich die Ehegatten zuletzt gemeinsam aufgehalten haben und** bei Zustellung des Scheidungsantrags **sich noch ein Ehegatte aufhält** (§ 606 II 1)[5];

c) **sich der Beklagte gewöhnlich aufhält** (§ 606 II 2);

d) **sich der Kläger gewöhnlich aufhält** (§ 606 II 2)[6].

Wenn in den letzten beiden Fällen jeder Ehegatte die Scheidung bei einem anderen nach § 606 II 2 zuständigen Familiengericht beantragt, ist und bleibt dasjenige Familiengericht zuständig, bei dem die Scheidung zuerst rechtshängig wird (§ 606 II 3)[7]. Sind die Scheidungsanträge an demselben Tag zugestellt worden, bestimmt das höhere Gericht die Zuständigkeit (§ 606 II 4). Zuallerletzt ist das Amtsgericht Schöneberg in Berlin zuständig (§ 606 III).

Den **gewöhnlichen Aufenthalt** hat man an seinem **Lebensmittelpunkt**[8].

2.4 Internationale Zuständigkeit

1389 Für Scheidungen, die das Ausland berühren, weil ein Ehegatte Ausländer oder staatenlos ist oder im Ausland lebt, regelt § 606a die internationale Zuständigkeit deutscher Gerichte[9]. Sie ist nicht ausschließlich (§ 606 a I 2) und setzt stets einen Gerichtsstand nach § 606 voraus. Zwischenstaatliche Abkommen gehen jedoch vor[10], so das Europäische Übereinkommen vom 28.5.1998[11].

---

2 *BGH* MDR 84, 656; FamRZ 80, 131: Ehefrau mit Kind verzieht zw. PKH-Verf. u. Zustellung des Scheidungsantrags; **Aufenthalt der Frau im Frauenhaus:** *BGH* NJW 95, 1224; *OLG Hamburg* NJW 83, 2037; *OLG Saarbrücken* FamRZ 90, 1119; *OLG Karlsruhe* FamRZ 95, 1210; *OLG Hamm* FamRZ 97, 1294; 2000, 1294; *OLG Nürnberg* FamRZ 97, 1400.

3 *BGH* NJW 84, 1242.

4 *BGH* NJW-RR 87, 1348; 92, 902; *OLG Koblenz* FamRZ 86, 1119.

5 *BGH* FamRZ 87, 1020: die minderjährigen Kinder sind auf die Ehegatten verteilt.

6 *BGH* NJW 83, 285: Rechtlich fehlt ein Aufenthalt des Beklagten schon dann, wenn er unbekannt ist.

7 *BGH* NJW 87, 3083: Gilt nicht für Scheidungsverfahren beim ausländischen Gericht.

8 *BGH* FamRZ 95, 1135: polizeiliche Meldung nur Indiz, kein Beweis; *KG* NJW 88, 649: gewöhnl. Aufenthalt an mehreren Orten möglich.

9 *BVerfG* NJW 86, 658: § 606b a.F. war teilweise verfassungswidrig; *BGH* NJW 82, 1940: für § 606 I Nr. 1 genügt Erwerb der deutschen Staatsangehörigkeit während Scheidungsverfahren; NJW 82, 2732: Flüchtling nach Genfer Flüchtlingsabkommen wird wie Deutscher behandelt; NJW 90, 636: anerkannter Asylant; NJW 92, 3293: in jeder Instanz von Amts wegen zu prüfen; *Spellenberg* JPrax 88, 1; *Kilian* JPrax 95, 9.

10 *BGH* 89, 326; zur Rechtshängigkeit einer Scheidung im Ausland: *Gruber* FamRZ 99, 1563.

Soweit § 606 a I Nr. 2-4 auf den gewöhnlichen Aufenthalt abstellt, ist der Zeitpunkt der Zustellung des Scheidungsantrags maßgebend[12].

Ob das deutsche Scheidungsurteil im Ausland anerkannt wird (§ 606a I Nr. 4, II), richtet sich nach dem ausländischen Recht[13].

§ 606a regelt nur die internationale Zuständigkeit; er regelt nicht, welches nationale Scheidungsrecht anzuwenden ist. Das Familiengericht kann deshalb auch für die Ehetrennungsklage nach italienischem Recht zuständig sein[14]; auch sie ist eine Ehesache, hat freilich einen anderen Streitgegenstand als die deutsche Scheidung[15].

3. Parteien

Parteien sind die Ehegatten. Weil die Scheidung tief in die persönlichen Beziehungen eingreift, ist schon der beschränkt geschäftsfähige Ehegatte voll prozessfähig (§ 607 I). Der geschäftsunfähige Ehegatte prozessiert durch den gesetzlichen Vertreter[16]. Dieser braucht für den Scheidungsantrag die Genehmigung des Vormundschaftsgerichts (§ 607 II 2). Die Verteidigung gegen den Scheidungsantrag ist genehmigungsfrei. § 53 gilt auch in Ehesachen: Wer einen Pfleger oder Betreuer hat, gilt als prozessunfähig, damit die Prozessführung ganz in Händen des gesetzlichen Vertreters liegt[17]. **1390**

Wer die Scheidung beantragen will, muss sich einen **Anwalt** nehmen (§ 78 II Nr. 1). Dieser braucht eine **besondere Prozessvollmacht** (§ 609). Die Vollmachtsurkunde muss sich ausdrücklich auf die Scheidung einer bestimmten Ehe beziehen[18]. Das Gesetz will übereilte Scheidungsanträge verhindern und sicherstellen, dass der Ehegatte die Scheidung ernstlich will. Die Scheidungsvollmacht erstreckt sich ohne weiteres auf Folgesachen (§ 624 I) und einstweilige Anordnungen.

4. Scheidungsantrag

Das Scheidungsverfahren beginnt systemwidrig nicht mit einer Klage, sondern mit einer Antragsschrift (§ 622 I). Die Parteien heißen deshalb nicht Kläger und Beklagter, sondern Antragsteller und Antragsgegner (§ 622 III). Welchen Nutzen dies haben soll, bleibt das Geheimnis des Gesetzgebers. **1391**

Die **Antragsschrift** muss alles enthalten, was in eine Klageschrift gehört (§ 622 II 2): Parteibezeichnung, Antrag und Antragsgrund. Die genaue Parteibezeichnung ist hier

---

11 FamRZ 99, 1416; zum europäischen Eheverfahrensrecht: *Hau* FamRZ 2000, 1333; *Gruber* FamRZ 2000, 1140.
12 *BGH* NJW 84, 1305; *KG* NJW 88, 649: gleichzeitiger Aufenthalt an mehreren Orten.
13 *BGH* NJW 84, 1305: Zeitpunkt der Entscheidung; *BGH* 82, 34: Anerkennung im Ausland ist unnötig, wenn nach ausländischem Recht die Ehe bereits aufgelöst ist.
14 *BGH* FamRZ 87, 793; *OLG Frankfurt* NJW 84, 572; *OLG Stuttgart* NJW-RR 89, 261; zum umgekehrten Fall: *OLG Bamberg* FamRZ 2000, 1289: § 328 ZPO, Art. 7 § 1 FamRÄnG.
15 *KG* NJW 83, 2324.
16 *BGH* FamRZ 89, 479; *OLG* Hamm FamRZ 90, 166.
17 *BGH* 41, 303.
18 *OLG Hamm* NJW 79, 2316: aber keine Amtsprüfung, da Anwaltsprozess, § 88 II.

noch wichtiger als sonst, weil der Standesbeamte die Scheidung nur dann in das Familienbuch einträgt, wenn die Personalien stimmen. Der **Scheidungsantrag** selbst lautet: „Die am … vor dem Standesbeamten in … geschlossene Ehe der Parteien wird geschieden."

Scheidungsgrund ist das Scheitern der Ehe (§ 1565 I BGB), das je nach Dauer der Trennung besonders begründet werden muss oder unwiderlegbar vermutet wird (§ 1566 BGB) und dann nur noch mit der Härteklausel (§ 1568 I BGB) überwunden werden kann (RN 247 ff.).

Die Antragsschrift muss nach § 622 II zusätzlich angeben, ob gemeinschaftliche Kinder vorhanden und Familiensachen nach § 621 II 1 anderswo anhängig sind.

Die Antragsschrift wird dem Gegner nach allgemeinen Regeln von Amts wegen zugestellt[19]. Die Ersatzzustellung an den Antragsteller ist selbstverständlich unzulässig (§ 185). Darauf weist die Geschäftsstelle die Post eigens hin.

Im Scheidungsverfahren gibt es **kein schriftliches Vorverfahren**, nicht einmal Klageerwiderungs- und Replikfristen (§ 611 II). Beides verträgt sich nicht mit der Amtsermittlung (§ 616). Deshalb gilt auch § 296 I nicht (§ 615 I). Anders als im Normalprozess hat es mit dem Verhandlungstermin keine Eile (§ 612 I). Dem Gesetz ist die Scheidung noch immer unerwünscht (§ 614 II).

5. Reaktion des Antragsgegners

1392 Da die Parteien über ihren familienrechtlichen Status nicht frei verfügen, kann der Antragsgegner den Scheidungsantrag **nicht anerkennen**. Er kann nicht einmal die Behauptungen des Antragsteller zugestehen oder unstreitig stellen (§ 617). **Im Scheidungsprozess gibt es keine unstreitigen Tatsachen, die das Familiengericht binden; die §§ 138 III, 288 gelten hier nicht.** Das Familiengericht muss sich vielmehr von der Wahrheit erheblicher Behauptungen überzeugen (§ 286 I 1). Deshalb riskiert der säumige Beklagte auch kein Versäumnisurteil (§ 612 IV).

Das Familiengericht ordnet dem Antragsgegner von sich aus einen **Anwalt** bei, wenn dies nötig erscheint (§ 625). Nötig ist es dann, wenn der Gegner sich wider aller Vernunft nicht verteidigt[20]. Um dies herauszufinden, hört das Familiengericht ihn mündlich an und klärt ihn über den Scheidungsverbund auf (§ 625 I 2). Ohne Prozessvollmacht ist der beigeordnete Anwalt nur Beistand (§§ 625 II, 90)[21]. Gegen die Beiordnung kann sich nur der Antragsgegner beschweren.

---

19 Dazu *BGH* FamRZ 94, 1521; *OLG Schleswig* FamRZ 88, 736.
20 *OLG Hamm* FamRZ 82, 86; 86, 1122; *OLG Hamm* FamRZ 98, 1123.
21 *BGH* NJW 95, 1225: keine Zustellung nach § 176.

6. Amtsermittlung

6.1 Begriff

Die Amtsermittlung ist das **Gegenteil der Parteiherrschaft über den Sachverhalt**. Im **1393** Normalprozess darf das Gericht im Urteil nur Parteibehauptungen verwerten und Beweis nur über streitige Behauptungen erheben. Im Scheidungsprozess gilt dies nicht. Das Familiengericht darf den Sachverhalt von sich aus ermitteln (§ 616). An die Parteibehauptungen ist es nicht gebunden, muss sich von ihrer Wahrheit vielmehr überzeugen (§ 617).

6.2 Umfang

Das Familiengericht bestimmt frei, wie weit es seine Ermittlungen ausdehnt. Nichts hindert es daran, im Einzelfall seine Überzeugung aus den „unstreitigen" Parteibehauptungen zu gewinnen. Denn wo die Parteien es in der Hand haben, das Gericht zu informieren, es aber nicht tun, muss auch das Gericht nicht in jedem Falle weiterbohren[22].

6.3 Grenzen

Der Amtsermittlung des Scheidungsgerichts setzt das Gesetz keine Grenzen, wohl aber **1394** der Verwertung ermittelter Tatsachen. Denn der Antragsteller kann zur Schonung des Gegners dem Scheidungsrichter verbieten, **ehefeindliche Tatsachen**, die dieser ermittelt hat, im Urteil zu verwerten (§ 616 II). Umgekehrt darf der Scheidungsrichter **Härtegründe gegen die Scheidung** (§ 1568 BGB), die er ermittelt hat, nur verwerten, wenn der Scheidungsgegner sie sich zu eigen macht (§ 616 III). Diese beiden Ausnahmen lassen den Parteien noch einen Rest von Herrschaft über den Sachverhalt.

6.4 Amtsermittlung und Beweislast

An der Beweislast, die zum materiellen Scheidungsrecht gehört, ändert die Amtsermittlung nichts. Das Familiengericht weist den Scheidungsantrag ab, wenn dessen tatsächliche Voraussetzungen nicht bewiesen sind. Im Scheidungsprozess gibt es aber nicht nur eine Beweis-, sondern auch eine Behauptungs- und Beweisführungslast. Denn wenn eine Partei günstige Tatsachen oder Beweise zurückhält, die nur sie kennt, verliert sie zwangsläufig den Prozess. Das Familiengericht kann auch nur ermitteln, was es findet[23]. **1395**

7. Mündliche Verhandlung

7.1 Haupttermin

Die mündliche Verhandlung ist auch im Scheidungsverfahren nötig (§§ 608, 128 I, **1396** 611 I). Sie ist jedoch nichtöffentlich (§ 170 S. 1 GVG)[24]. Auch das Scheidungsgericht

---

22 *BGH* NJW 89, 29, 32: zum Versorgungsausgleich.
23 *BGH* NJW 88, 1839; 89, 29, 32: zum Versorgungsausgleich.
24 *Bauer/Fröhlich* FamRZ 83, 122: Verkehrsanwalt darf dabei sein.

bereitet die mündliche Verhandlung so vor, dass es den Rechtsstreit in einem Zug erledigen kann (§§ 608, 273). Der Antragsgegner ist stets zu laden, es sei denn, er war bei der mündlichen Terminbestimmung dabei (§ 612 II gegenüber § 218). Die mündliche Verhandlung ist ein Haupttermin (§ 608).

7.2 Parteianhörung

Die Parteianhörung ist im Scheidungsverfahren vorgeschrieben (§ 613 I 1) und für die Amtsermittlung unentbehrlich. Deshalb lädt das Familiengericht neben den Anwälten auch die Parteien selbst[25]. Die säumige Partei wird wie ein säumiger Zeuge behandelt; nur die Ordnungshaft ist unzulässig (§ 613 II, 380).

Nach § 613 I 2 hört das Gericht, wenn gemeinsame minderjährige Kinder vorhanden sind, die Ehegatten auch zur elterlichen Sorge an und belehrt sie über die Beratungsmöglichkeiten nach dem SGB VIII.

7.3 Parteivernehmung

1397 Von der formlosen Parteianhörung muss man auch hier die förmliche Parteivernehmung unterscheiden. Sie ist das wichtigste **Beweismittel** im Scheidungsverfahren[26], gehört zur Amtsermittlung und steht im Ermessen des Familiengerichts (§ 613 I 1 Hs. 2), was weit über die allgemeinen Vorschriften der §§ 445, 447, 448 hinausgeht. Ein Beweisantrag ist unnötig. Anders als die Parteianhörung muss die Parteivernehmung durch **Beweisbeschluss** angeordnet (§ 450) und protokolliert werden[27].

7.4 Sonstige Beweisaufnahme

Der Zeugen- und Sachverständigenbeweis wird nach den allgemeinen Regeln des Strengbeweises erhoben. Die Vereidigung steht jedoch voll im Ermessen des Gerichts; selbst der Eidesverzicht beider Parteien behindert die Vereidigung nicht (§ 617 gegenüber § 391). Da nicht die Parteien den Beweis führen, sondern das Familiengericht von sich aus ermittelt, darf es den Zeugen- und Sachverständigenbeweis nicht von Auslagenvorschüssen der Parteien abhängig machen[28].

8. Vergleich

8.1 Ehefeindlicher Vergleich

1398 Durch Vergleich können die Parteien den Prozess nur beenden, wenn sie über den Streitgegenstand frei verfügen. Bestand, Dauer und Ende ihrer Ehe aber haben die Ehegatten nicht in der Hand. Die Entscheidung berührt auch öffentliche Interessen. Deshalb ver-

---

25 *OLG Hamm* NJW 89, 2203: auch Partei im Ausland; FamRZ 98, 1123: nur ausnahmsweise entbehrlich.
26 *BGH* MDR 64, 126: auch prozessunfähige Partei kann vernehmungsfähig sein.
27 *BGH* MDR 63, 919; FamRZ 62, 249: Protokollierung oder Wiedergabe im Urteil.
28 *BGH* FamRZ 69, 477.

langt § 1564 BGB ein rechtskräftiges Urteil. Eine Scheidung durch Prozessvergleich ist ausgeschlossen. Die Parteien dürfen die Scheidung auch nicht dadurch erleichtern, dass sie sich auf den Scheidungsgrund einigen, wohl aber dadurch, dass sie die Härteklausel des § 1568 BGB einverständlich ausschließen (Arg. § 616 III).

8.2 Ehefreundlicher Vergleich

Da das Gesetz die Ehe möglichst retten will (§ 614 II), dürfen die Parteien durch Vergleich alles regeln, was die Ehe aufrechterhält. **1399**

Beispiele

Beispiele für erlaubte Abreden
• Der Antragsteller soll den Scheidungsantrag zurücknehmen, der Gegner trotz § 269 III 2 einen Teil der Kosten tragen;
• die Parteien erklären die Hauptsache für erledigt und einigen sich über die Kosten;
• der Antragsteller verzichtet auf bestimmte ehefeindliche Tatsachen (Arg. § 616 II).
• Auf das materielle Scheidungsrecht darf der Ehegatte aber nur verzichten, soweit der Scheidungsgrund schon entstanden ist; der Totalverzicht für die Zukunft ist sittenwidrig und nichtig[29].

9. Einverständliche Scheidung

9.1 Vorteil

Wenn die Parteien sich über die Scheidung und ihre Folgen einig sind, können sie **nach** **1400**
§ 630 das Verfahren vereinfachen, beschleunigen und verbilligen, indem sie sich über alle Scheidungsfolgen, die sie selbst regeln dürfen, vertraglich einigen, entweder vor dem Notar oder vor dem Familiengericht.

9.2 Scheidungsvoraussetzungen

Die einverständliche Scheidung hat zwei Voraussetzungen: erstens die einjährige Tren- **1401**
nung und zweitens den gemeinsamen Scheidungsantrag der Ehegatten oder wenigstens die Zustimmung des Gegners (§ 630 I). Diese beiden Tatsachen begründen die unwiderlegliche Vermutung, dass die Ehe gescheitert sei (§§ 1565, 1566 I BGB). Vor Ablauf des Trennungsjahres gibt es keine einverständliche Scheidung[30].

9.3 Einverständnis des Gegners

Der Gegner muss der Scheidung zumindest zustimmen. Die Zustimmung ist Willenserklärung, denn sie begründet die gesetzliche Vermutung des § 1566 I BGB. Gleichzeitig ist sie Prozesshandlung, da sie in mündlicher Verhandlung zu erklären ist. Der Gegner

---

29 *BGH* 97, 304.
30 *OLG Stuttgart* NJW 77, 1542; *OLG Köln* FamRZ 78, 25.

kann seine Zustimmung bis zum Schluss der mündlichen Verhandlung widerrufen (§ 630 II 1)[31]. Für Zustimmung und Widerruf braucht er keinen Anwalt (§§ 78 III, 630 II 2).

9.4 Antragsschrift

1402 Nach § 630 muss die Antragsschrift außerdem enthalten:

erstens die Mitteilung, der andere Ehegatte werde die **Scheidung** gleichfalls beantragen oder ihr wenigstens zustimmen (Nr. 1);

zweitens die übereinstimmenden Erklärungen beider Ehegatten, dass sie sich über den Fortbestand der **elterlichen Sorge** und den **Umgang des Kindes** einig seien und deshalb keine Anträge dazu stellen werden, oder aber die Anträge zur elterlichen Sorge und/oder zum Umgang und die Zustimmung des anderen Ehegatten dazu (Nr. 2);

drittens die Einigung der Ehegatten über **Kindes- und Ehegattenunterhalt**, über **Ehewohnung und Hausrat** (Nr. 3), zweckmäßig in vollstreckbarer Form, weil vorher nicht geschieden wird (III). Der Nachweis, dass Ehewohnung und Hausrat schon verteilt seien, genügt auch.

§ 630 ist zwingendes Recht. Wer einverständlich und deshalb rasch und reibungslos geschieden werden will, muss die gesetzlichen Voraussetzungen vollständig erfüllen, darf die erforderlichen Nachweise aber noch in einem späteren Schriftsatz nachholen. Ob der Übergang von der streitigen zur einverständlichen Scheidung eine „Klageänderung" ist, spielt keine Rolle, weil sie im Interesse der Parteien stets zulässig ist.

Vollstreckbar wird die Einigung der Ehegatten über Unterhalt, Ehewohnung und Hausrat entweder durch Unterwerfung unter die sofortige Zwangsvollstreckung vor dem Notar nach § 794 I Nr. 5 oder durch Prozessvergleich vor dem Familiengericht; erstere ist billiger.

Wenn die Ehegatten auch noch den Versorgungsausgleich selbst regeln (§ 1587o BGB), muss das Familiengericht diese Vereinbarung nur noch genehmigen und kann gleichzeitig die Ehe scheiden. Auch nach § 630 wird die Ehe durch Urteil geschieden, vereinbart werden nur die Scheidungsfolgen.

9.5 Verfahren, Urteil, Rechtsmittel

1403 Auf die einverständliche Scheidung sind außer § 630 die §§ 622-629d über Scheidung und Scheidungsverbund anzuwenden. Die Folgesachen richten sich auch hier nach §§ 621 ff.

Das Scheidungsurteil weist sich durch den Zusatz: „Auf beiderseitigen Antrag ..." oder „Mit Zustimmung des Gegners ..." als einverständliche Scheidung aus.

Für die Rechtsmittel gelten die allgemeinen Vorschriften. Die Scheidung beschwert materiell beide Ehegatten, obwohl sie mit ihr einverstanden sind[32]. Die Abweisung des Scheidungsantrags beschwert nur den Antragsteller, nicht den zustimmenden Gegner.

---

31 *BGH* 89, 325: auch noch in der Rechtsmittelinstanz.
32 *BGH* 89, 328.

10. Urteil

10.1 Form und Inhalt

Obwohl das Scheidungsverfahren nicht mit einer Klage beginnt, endet es mit einem Ur- **1404**
teil. Entweder spricht das Familiengericht die Scheidung aus, oder es weist den Scheidungsantrag ab. Das Scheidungsurteil ist ein **Gestaltungsurteil**. Mit Rechtskraft löst es
die Ehe auf (§ 1564 I 2 BGB). Die Klageabweisung spricht dem Antragsteller das Scheidungsrecht rechtskräftig ab. Dieser darf nur mit neuem Sachverhalt erneut auf Scheidung
klagen.

10.2 Urteilsgrundlage

Urteilsgrundlage ist alles, was die Parteien bis zum Schluß der mündlichen Verhandlung **1405**
vorgetragen haben (§ 611 I) und das Gericht von Amts wegen ermittelt hat (§ 616 I mit
Ausnahmen in Abs. 2 u. 3), vorausgesetzt, die Parteien hatten rechtliches Gehör.

Das Familiengericht darf Parteivorbringen nicht nach § 296 I als verspätet zurückweisen
(§ 615 I). Die Parteien hätten es sonst in der Hand, durch verspätetes Vorbringen die Entscheidung zu verfälschen. § 615 I regelt diese Frage abschließend und hat wie § 296 II
drei Voraussetzungen: Verspätung, Verzögerung und grobe Nachlässigkeit.

10.3 Kostenentscheidung

Das Scheidungsurteil verteilt die Prozesskosten in der Regel nicht nach dem Prozesser- **1406**
folg, sondern hebt sie gegeneinander auf (§ 93a I 1) und weicht davon nur in Ausnahmefällen ab (§ 93a I 2, 3). Die allgemeine Kostenregel des § 91 würde grundlos diejenige
Partei begünstigen, die zufällig zuerst die Scheidung beantragt hat, obwohl der Gegner
das gleiche Scheidungsrecht hat.

Weist das Familiengericht den Scheidungsantrag ab, bleibt es bei der allgemeinen Regel
des § 91: Der Antragsteller trägt die Kosten (§ 93a II 1 mit Ausnahme in II 2).

Die Gerichtsgebühren richten sich nach Nr. 1510 ff. Kostenverzeichnis (Anlage 1 zu
§ 11 I GKG).

10.4 Kostenstreitwert

Die Scheidung ist eine nichtvermögensrechtliche Streitigkeit und hat nach § 12 II 4 GKG **1407**
einen Kostenstreitwert zwischen 2000,– und 1 Mio. Euro Maßstab sind die Umstände
des Falles, vor allem Umfang, Schwierigkeit und Vermögen der Parteien[33].

Als Einkommen nimmt man das Nettoeinkommen, das beide Ehegatten in drei Monaten
verdienen (§ 12 II 2 GKG), abzüglich pauschaler Beträge für Kindesunterhalt. Das Vermögen wird von den Gerichten in unterschiedlicher Höhe eingesetzt, etwa so, dass man

---

33 *BVerfG* NJW 89, 1985: verfassungsgemäß; zur Berechnung: *OLG München, Frankfurt, Nürnberg, Hamm, Schleswig u. Köln* FamRZ 97, 34-37, 183, 871.

nach Abzug von Freibeträgen für jeden Ehegatten (10 000,– Euro) und jedes Kind (2500,– Euro) noch 2% ansetzt und dem Dreimonatseinkommen zuschlägt.

Beispiel

Nettoeinkommen des Ehemanns	2 500,– Euro	
Nettoeinkommen der Ehefrau	+ 1 500,– Euro	
	4 000,– Euro	
Kindesunterhalt 2 × 250,– Euro	– 500,– Euro	
	3 500,– Euro × 3	10 500,– Euro
Vermögen (Eigenheim)	175 000,– Euro	
Freibeträge Ehegatten je 10 000,– Euro	– 20 000,– Euro	
Freibeträge Kinder je 2 500,– Euro	– 5 000,– Euro	
	150 000,– Euro × $\frac{2}{100}$	+ 3 000,–
		13 500,–

10.5 Vorläufige Vollstreckbarkeit

1408 Das Urteil im Scheidungsverfahren ist nicht einmal im Kostenpunkt vorläufig vollstreckbar (§ 704 II). Die Parteien müssen sich bis zur Rechtskraft gedulden.

10.6 Zustellung

1409 Auch im Scheidungsverfahren ist das Urteil nach Verkündung sogleich von Amts wegen zuzustellen (§§ 608, 317 I 1). Im Normalprozess kann das Gericht die Zustellung bis zu fünf Monaten hinausschieben (§ 317 I 3). Im Scheidungsverfahren geht das nicht (§ 618).

11. Berufung

11.1 Berufungsgericht

1410 Gegen das Urteil des Familiengerichts im Scheidungsverfahren ist die Berufung zum Familiensenat des OLG statthaft (§ 511 I ZPO; § 119 I Nr. 1 GVG). Zulässig ist sie nach § 501 II ZPO n.F. aber nur, wenn das Urteil sie zulässt oder der Wert der Beschwer höher ist als 600,– Euro.

11.2 Beschwer des Antragstellers durch Scheidung

Um die Ehe noch in letzter Minute zu retten, verzichtet die Rechtsprechung auf eine formelle Beschwer des Antragstellers. Obwohl sein Scheidungsantrag Erfolg hat, darf auch er das Scheidungsurteil anfechten, um den Scheidungsantrag zurückzunehmen oder zur Klage auf Herstellung des ehelichen Lebens überzugehen[34]. Die Berufung ist jedoch unzulässig, wenn der Antragsteller seinen Antrag noch verschärfen und zur Aufhebung der Ehe übergehen will[35].

---

34 *BGH* 89, 325.
35 *OLG Hamm* FamRZ 78, 194; *OLG Hamburg* FamRZ 99, 99: keine Beschwer, wenn Berufung nur Verbund retten soll.

11.3 Berufung gegen Kostenentscheidung

Die Kostenentscheidung des Urteils kann man gewöhnlich nicht isoliert anfechten (§ 99 I). Die Berufung ist schon dann unzulässig, wenn sie die Absicht der Partei verrät, nur die Kostenentscheidung anzugreifen[36]. Im Scheidungsverfahren ist diese Regel problematisch, weil sich die Kostenentscheidung gemäß § 93a I 1 nicht nach Sieg und Niederlage richtet. Man sollte die sofortige Beschwerde analog § 99 II zulassen.

11.4 Beschleunigung

Auch im Berufungsverfahren ist keine Eile geboten. Auch das Berufungsgericht darf verspätetes Vorbringen nur nach § 615 I zurückweisen; die §§ 530, 531 gelten hier nicht (§ 615 II).

11.5 Entscheidung

Hat das Familiengericht den verfrühten Scheidungsantrag zu Recht abgewiesen und läuft **1411** das Trennungsjahr erst während des Berufungsverfahrens ab, darf das Berufungsgericht das angefochtene Urteil selbst dann nicht bestätigen, wenn sich der Antragsteller durch den verfrühten Scheidungsantrag Vorteile erschleichen wollte, sondern muss es aufheben und entweder selbst die Scheidung aussprechen oder – das ist die Regel – die Sache nach § 629b an das Familiengericht zurückweisen und dem Antragsteller analog § 97 II die Kosten des Berufungsverfahrens auferlegen[37].

12. Revision

Für die Revision im Scheidungsverfahren gibt es keine Sonderregeln. Sie ist nur statthaft **1412** wenn das Berufungsurteil oder das Revisionsgericht sie zulässt (§§ 542, 543 n.F.). Die Nichtzulassungsbeschwerde gibt es aber erst ab 1.1.2007 (§ 26 Nr. 9 EGZPO).

13. Weitere Abweichungen vom Normalprozess

13.1 Säumnis

Der säumige **Antragsteller** riskiert nach allgemeiner Regel (§§ 608, 330) ein Versäum- **1413** nisurteil, das den Scheidungsantrag abweist[38]. Ist er als Berufungsgegner säumig, gilt § 542 II.

Die Säumnis des **Antragsgegners** dagegen rechtfertigt weder ein Versäumnisurteil (§ 612 IV) noch ein Urteil nach Lage der Akten (§ 331a: „statt eines Versäumnisurteils"). Die Scheidung lässt sich nicht auf einen fiktiven Sachverhalt stützen. Das Fami-

---

36 *BGH* NJW 76, 1267.
37 *BGH* NJW 97, 1007 gegen *OLG Oldenburg* FamRZ 96, 1480; ferner *OLG Zweibrücken* FamRZ 97, 1212: wenn keine Folgesache anhängig, scheidet Berufungsgericht selbst.
38 *OLG Köln* FamRZ 95, 888; *OLG Hamm* NJW 86, 2061.

liengericht darf nur scheiden, wenn es sich vom Scheitern der Ehe oder einer dreijähri-
gen Trennung überzeugt hat. Deshalb lässt es den Antragsteller, wenn der säumige Gegner richtig und rechtzeitig geladen ist, „einseitig streitig" verhandeln und fällt dann eine
gewöhnliches streitiges Urteil.

Ist der Antragsgegner freilich als Berufungsführer säumig, darf das Berufungsgericht
nach § 542 I die Berufung durch Versäumnisurteil zurückweisen[39].

13.2 Klagenhäufung

1414 Mit dem Scheidungsantrag darf der Antragsteller nur den Antrag auf Eheaufhebung oder
Herstellung des ehelichen Lebens (§ 610 I) oder aber Scheidungsfolgesachen (§ 610 II 2)
verbinden.

Der Aufhebungsantrag geht dem Scheidungsantrag stets vor (§ 631 II 2)[40].

13.3 Widerklage

1415 Einen Scheidungsgegenantrag nach Art der Widerklage gibt es nicht. Er wäre nach
§ 261 III Nr. 1 unzulässig, weil er denselben Streitgegenstand hätte wie der Scheidungsantrag. Nur die einverständliche Scheidung nach § 630 erlaubt es, dass beide Ehegatten
„in gleicher Weise" die Scheidung beantragen. Widerklagend kann der Gegner nur Aufhebung der Ehe oder Herstellung des ehelichen Lebens verlangen (§ 610).

13.4 Klageänderung

1416 Das Scheidungsbegehren kann sich nur durch die Gründe ändern, welche die Zerrüttung
der Ehe offenbaren: einjährige oder dreijährige Trennung oder unzumutbare Härte während des ersten Trennungsjahres. Ob das Auswechseln dieser Gründe eine Klageänderung ist, kann offenbleiben, da es nach §§ 611 I, 615 stets zulässig ist. Der Antragsteller
darf sogar von der Scheidung zur Aufhebung der Ehe oder zur Herstellung des ehelichen
Lebens übergehen[41]

13.5 Klagerücknahme

1417 Den Scheidungsantrag kann man nach §§ 608, 269 mit der Kostenfolge aus § 269 III 2
zurücknehmen[42]. Die Rücknahme ist unwiderruflich[43].

---

39 *OLG Hamm* FamRZ 82, 295; *OLG Karlsruhe* FamRZ 85, 505.
40 So schon *BGH* FamRZ 96, 1209.
41 *BGH* FamRZ 89, 153.
42 *OLG Köln* FamRZ 86, 278.
43 *OLG München* FamRZ 82, 510: Zustimmung des Gegners ändert daran nichts.

13.6 Prozessstillstand

Die **Aussetzung** bekommt man im Scheidungsverfahren deshalb leichter als sonst, weil **1418**
sie die Ehe retten und den Ehegatten nahelegen soll, eine Eheberatungsstelle aufzusu-
chen (§ 614 V).

Dem Aussetzungsantrag des Scheidungsklägers muss das Familiengericht stattgeben
(§ 614 III)[44]. Es soll das Scheidungsverfahren sogar von sich aus aussetzen, wenn dies
die Ehe retten kann (§ 614 II). Die Rechtsfolgen der Aussetzung regelt § 249[45].
Missbrauch verhindert § 614 IV: Die Aussetzung darf nur einmal wiederholt werden und
eine bestimmte Zeitspanne nicht übersteigen.

13.7 Tod eines Ehegatten

Der gewöhnliche Prozess endet nicht, wenn eine Partei stirbt, er wird höchstens unter- **1419**
brochen, bis der Erbe ihn wieder aufnimmt (§§ 239, 246). Der Tod eines Ehegatten hingegen beendet nicht nur die Ehe, sondern auch das Scheidungsverfahren (§ 619) samt et-
waiger Folgesachen. Das Familiengericht entscheidet nur noch über die Kosten[46]. Das
Urteil, das noch nicht rechtskräftig ist, wird bis auf die Kostenentscheidung von selbst
unwirksam. Rechtsmittel sind nicht mehr zulässig[47], oder werden unzulässig, nur die Kostenentscheidung ist noch anfechtbar[48].

2. Kapitel
Andere Ehesachen

1. Begriff

Nachdem das Eheschließungsgesetz (EheschlRG) vom 4.5.1998 mit Wirkung ab **1420**
1.7.1998 die Ehenichtigkeit gestrichen und die Nichtigkeitsgründe kunstvoll in Aufhebungsgründe verwandelt hat, gibt es nach § 606 I 1 neben der Scheidung nur noch drei
Ehesachen: die Aufhebung der Ehe, die Feststellung des Bestehens oder Nichtbestehens
der Ehe und die Herstellung des ehelichen Lebens.

---

44 *OLG Bamberg* FamRZ 84, 897: Aussetzungsantrag rechtsmissbräuchlich, wenn er Scheidung
    erleichtern soll.
45 *BGH* NJW 77, 717.
46 *BGH* FamRZ 83, 683; 86, 253 u. *OLG Köln* FamRZ 2000, 620: § 93a I 1; a.A. *OLG Bamberg*
    FamRZ 95, 1073; *OLG Karlsruhe* FamRZ 96, 880 u. *OLG Nürnberg* FamRZ 97, 763; § 91a I 1.
47 *BGH* NJW 81, 686; FamRZ 83, 683.
48 *BGH* FamRZ 83, 683.

2. Aufhebung der Ehe

2.1 Antrag statt Klage

1421 Nach § 1313 I 1 BGB kann die Ehe auf Antrag durch Urteil aufgehoben werden und ist nach § 1313 I 2 BGB mit Rechtskraft des Urteils aufgelöst.

Aufhebungsgründe sind nach § 1314 wie bisher der Irrtum über die Eheschließung, die arglistige Täuschung und die widerrechtliche Drohung, neuerdings aber auch noch die „Scheinehe" und die Nichtigkeitsgründe des früheren Rechts (RN 17-28).

Prozessual wird die Aufhebung der Ehe insoweit der Scheidung angeglichen, als es keiner Klage mehr bedarf, sondern ein Antrag genügt mit der eindrucksvollen Folge, dass aus Klägern und Beklagten jetzt Antragsteller und Antragsgegner werden.

Der Antrag an das Familiengericht lautet:

„Die am … vor dem Standesbeamten in … geschlossene Ehe der Parteien wird aufgehoben."

2.2 Antragsberechtigung

1422 Wer Aufhebung der Ehe beantragen darf, hängt nach § 1316 I BGB vom Aufhebungsgrund ab. Aufhebung wegen Irrtum, arglistiger Täuschung oder widerrechtlicher Drohung (§ 1314 II Nr. 2-Nr. 4 BGB) darf nur der irrende, getäuschte oder genötigte Ehegatte beantragen (Nr. 2). In allen anderen Fällen ist nicht nur jeder Ehegatte, sondern auch noch die zuständige Verwaltungsbehörde antragsberechtigt (Nr. 1), bei der Doppelehe (§ 1314 I BGB) außerdem der andere Ehegatte der älteren Ehe (Nr. 1).

Für einen geschäftsunfähigen Ehegatten kann nur der gesetzliche Vertreter den Antrag stellen. Umgekehrt kann der minderjährige Ehegatte den Antrag nur selbst stellen und braucht dazu nicht die Zustimmung seines gesetzlichen Vertreters (§ 1316 II).

In bestimmten Fällen soll die Verwaltungsbehörde die Aufhebung beantragen, wenn diese nicht für einen Ehegatten oder die Kinder eine schwere Härte wäre (§ 1316 III). Dies ist ein Gesetzesbefehl mit einer kleinen Ausnahme.

2.3 Verfahren

1423 Für das Verfahren auf Eheaufhebung gelten in erster Linie die **besonderen Regeln des § 631**. Das Verfahren beginnt mit einer Antragsschrift, die der Klageschrift entsprechen soll (II 1). Der Antrag des einen Ehegatten richtet sich gegen den anderen, der Antrag der Verwaltungsbehörde richtet sich gegen beide Ehegatten (III). In den Fällen des § 1316 I Nr. 1 BGB kann die Verwaltungsbehörde auch dann das Verfahren betreiben, wenn sie den Antrag nicht gestellt hat; deshalb ist ihr der Antrag des Ehegatten mitzuteilen (IV).

Von diesen Besonderheiten abgesehen, gelten die **allgemeinen Vorschriften der §§ 606 ff.** über Ehesachen auch hier. Nach wie vor gibt es nur einen Scheidungsverbund, keinen Aufhebungsverbund; § 623 ist nicht anwendbar. Die **Rechtsfolgen der Aufhebung der Ehe** für Unterhalt, Zugewinn- oder Versorgungsausgleich, für Ehewohnung und Hausrat nach § 1318 BGB muss man deshalb außerhalb des Aufhebungsverfahrens gesondert einklagen oder beantragen.

2.4 Entscheidung

Der unzulässige oder unbegründete Aufhebungsantrag wird durch Urteil abgewiesen. **1424** Auf zulässigen und begründeten Antrag wird die fehlerhafte Ehe durch Urteil aufgehoben und ist mit Rechtskraft des Urteils für die Zukunft aufgelöst (§ 1313 S. 2 BGB). Das Aufhebungsurteil ist ein **Gestaltungsurteil**, das in der Hauptsache keiner Vollstreckung bedarf; vollstreckbar ist nur die Kostenentscheidung und auch sie erst ab Rechtskraft des Urteils (§ 704 II 1).

Die **Kosten des Rechtsstreits** werden im Aufhebungsurteil gegeneinander aufgehoben **1425** (§ 93a III 1); das ist die gesetzliche Regel. Jedoch darf das Familiengericht die Kosten nach billigem Ermessen anders verteilen, wenn die Kostenaufhebung die Lebensführung eines Ehegatten unverhältnismäßig beeinträchtigen würde oder wenn sie deshalb unbillig erscheint, weil ein Ehegatte die Aufhebbarkeit von Anfang an gekannt oder den anderen durch arglistige Täuschung oder widerrechtliche Drohung zur Heirat bestimmt hat (§ 93a III 2). § 93a III gilt überhaupt nicht, wenn die Doppelehe auf Antrag des Dritten aufgehoben wird (§ 93a IV). Unterliegt die Verwaltungsbehörde, sind die Kosten des obsiegenden Gegners der Staatskasse aufzuerlegen (§ 631 V).

2.5 Aufhebung und Scheidung der Ehe

Man kann in einem Verfahren sowohl Aufhebung als auch Scheidung der Ehe beantra- **1426** gen, jedoch wird, wenn beide Anträge begründet sind, die Ehe nur aufgehoben, denn der grobe Fehler bei der Eheschließung hat größeres Gewicht als das spätere Scheitern der Ehe (§ 631 II 2).

Nach rechtskräftiger Scheidung kann die Ehe nicht auch noch aufgehoben werden. Jedoch kann sich der Ehegatte gegen die Scheidungsfolgen auch noch nach rechtskräftiger Scheidung wehren, wenn die Aufhebung der Ehe nach § 1318 zu einem anderen Ergebnis geführt hätte[49].

3. Feststellung der Ehe

Die Klage auf Feststellung, dass die Ehe bestehe oder nicht bestehe (§§ 606 I 1, 632) hat **1427** Seltenheitswert. Da auch die fehlerhafte Ehe in der Regel solange besteht, bis sie rechtskräftig aufgehoben ist, bleibt für die Feststellung nur der exotische Fall der Nichtehe.

---

49 So schon *BGH* NJW 96, 2727.

4. Herstellung des ehelichen Lebens

4.1 Begriff und Gegenstand

1428   Der Anspruch des Ehegatten auf eheliche Lebensgemeinschaft (§ 1353 I 2 BGB) ist klagbar. Die Klage auf Herstellung des ehelichen Lebens ist **Leistungsklage und Ehesache** (§ 606 I 1). Der Ehegatte klagt freilich nicht abstrakt auf „Herstellung des ehelichen Lebens", sondern konkret auf diejenige Handlung oder Unterlassung, die das gestörte eheliche Leben wieder herstellen soll.

Die Frage ist nur, was alles zur ehelichen Lebensgemeinschaft gehört, und wie man diese Ehesache von anderen privatrechtlichen Streitigkeiten der Ehegatten abgrenzt. **Ehesachen sind nur die höchstpersönlichen Rechte und Pflichten aus der Ehe nach §§ 1353-1359 BGB.** Sie sind nach § 888 III **nicht vollstreckbar**, während gewöhnliche Zivilsachen auch zwischen Eheleuten vollstreckbar sind.

Beispiele   Ehesache ist der Anspruch darauf, dass die Beklagte die **häusliche Gemeinschaft** mit dem Kläger **aufnehme** oder dem Kläger an den neuen Wohnort folge;

Keine Ehesache ist angeblich die „**Ehestörungsklage**" (*OLG Düsseldorf* FamRZ 81, 577; *OLG Zweibrücken* FamRZ 89, 55; *OLG Karlsruhe* FamRZ 89, 77; a.A. *OLG Celle* NJW 80, 711), obwohl sie, wenn gegen den untreuen Ehegatten gerichtet, auf eine Wiederherstellung der ehelichen Lebensgemeinschaft zielt (RN 46).

1429   Klagbar und Ehesache ist auch die Kehrseite des Rechts auf eheliche Lebensgemeinschaft: das **Recht auf Getrenntleben** (§ 1353 II BGB). Denn wenn ein Ehegatte ausnahmsweise nicht zur ehelichen Lebensgemeinschaft verpflichtet ist, darf er sie verweigern und getrennt leben. Dieses Recht verfolgt er mit der **Feststellungsklage**, die nach § 256 I ein rechtliches Interesse an alsbaldiger Feststellung erfordert, das heutzutage meistens fehlen dürfte[50].

1430   **Vermögensrechtliche Streitigkeiten** zwischen Ehegatten sind dagegen keine Ehesachen; entweder handelt es sich um „andere Familiensachen" nach § 621 I Nr. 5, 6 und 8, oder aber um schuldrechtliche oder dingliche Streitigkeiten, die vor die allgemeine Zivilabteilung des Amtsgerichts oder vor das Landgericht gehören.

Beispiele   Anspruch auf **Zustimmung zur steuerlichen Zusammenveranlagung** oder auf Schadensersatz, weil die Zustimmung verweigert wird (*OLG München* FamRZ 83, 614; *OLG Hamm* FamRZ 83, 937; 91, 1070; *OLG Düsseldorf* FamRZ 84, 805; *BayObLG* NJW 85, 1787; a.A. *OLG Köln* NJW-RR 87, 456);

Streit über die **Verteilung der Steuerrückerstattung** aus gemeinsamer Veranlagung (*OLG Düsseldorf* FamRZ 85, 82; *OLG Hamm* FamRZ 88, 518).

---

50 Dazu *RG* 150, 70; *OLG Koblenz* NJW 62, 350; *OLG Düsseldorf* NJW 65, 1283; FamRZ 67, 629; *OLG Karlsruhe* FamRZ 89, 77, 79; 91, 1456; *OLG München* FamRZ 86, 807; *KG* FamRZ 88, 81.

4.2 Zuständigkeit und Verfahren

Zuständigkeit und Verfahren sind die Gleichen wie für die Scheidung (§§ 606-619); es gibt jedoch ein paar Besonderheiten: Nötig ist eine **Klage**. Der geschäftsunfähige Ehegatte kann nicht klagen, weil sich der höchstpersönliche Anspruch nicht mit einer Stellvertretung verträgt (§ 607 II 2). **1431**

Das **Leistungsurteil** ist in der Hauptsache überhaupt nicht (§ 888 II) und im Kostenpunkt nicht vorläufig vollstreckbar (§ 704 II). Die eheliche Lebensgemeinschaft lässt sich nicht erzwingen.

19. Teil

Das Verfahren in „anderen Familiensachen":
Gemeinsames und Trennendes

1. Kapitel
Verfahrensvielfalt

1432 „Andere Familiensachen" sind die **Familiensachen** (§ 23b I 2 GVG) **ohne die Ehesachen** (§ 606 I 1). § 621 I zählt sie in 12 Ziffern auf.

Das „Verfahren in anderen Familiensachen" (§§ 621-621f) ist kein einheitliches Verfahren für alle „anderen Familiensachen", sondern besteht aus drei verschiedenen Verfahrensarten:

- **Unterhalt** (§ 621 I Nr. 4 u. 5) und Ansprüche aus dem **ehelichen Güterrecht** (§ 621 I Nr. 8) verfolgt man im gewöhnlichen Zivilprozess; deshalb nennt man sie **ZPO-Familiensachen**. Für Streitigkeiten aus dem Ehegüterrecht gelten die §§ 253 ff. über den Landgerichtsprozeß entsprechend (§ 621b). Zu den Unterhaltsklagen sagen die §§ 621 ff. deshalb nichts, weil das Amtsgericht, das nach § 23a Nr. 2 GVG ohnehin für Unterhalt zuständig ist, auch als Familiengericht nach den Vorschriften der §§ 495 ff. prozessiert.
- **Elterliche Sorge** (§ 621 I Nr. 1), **Umgang mit dem Kind** (§ 621 I Nr. 2), **Herausgabe des Kindes** (§ 621 I Nr. 3) und **Versorgungsausgleich** (§ 621 I Nr. 6) werden im Verfahren der freiwilligen Gerichtsbarkeit geregelt (§ 621a I); das sind die **FG-Familiensachen**.
- **Ehewohnung und Hausrat** (§ 621 I Nr. 7) verteilt das Familiengericht im Verfahren der HausratsVO.
- **Kindschaftssachen** schließlich (§ 621 I Nr. 10) werden wie die Ehesachen in einem besonderen ZPO-Verfahren mit Amtsermittlung erledigt.

2. Kapitel
Zuständigkeit

1. Grundsatz

1433 Sachlich zuständig ist stets das Amtsgericht (§ 23a GVG, § 64 I FGG, § 11 HausratsVO). Die örtliche Zuständigkeit richtet sich nach den allgemeinen Vorschriften (§ 621 II 2). Ist oder wird jedoch eine Ehesache anhängig, so geht die Zuständigkeit des Gerichts der Ehesache immer dann vor, wenn auch die „andere Familiensache" diese Ehe betrifft; dies besagt die Einschränkung des § 621 II 1 Hs. 2 für die Familiensachen nach § 621 I Nr. 1-4. § 621 I macht die Zuständigkeit ausschließlich. § 23b II GVG sorgt dafür, dass alle Ehesachen von derselben Abteilung für Familiensachen erledigt werden. **Das Gesetz konzentriert alle Familiensachen beim Familiengericht der Ehesache**, dem Schwerpunkt des Familienstreits.

2. Ehesache anhängig

Solange eine Ehesache anhängt, ist das Ehegericht auch für die „anderen Familiensachen" zuständig (§ 621 II 1)[1] und es bleibt zuständig, wenn die andere Familiensache rechtshängig wird, bevor die Ehesache endet (§ 261 III Nr. 2)[2]. **1434**

Gelangt die andere Familiensache fälschlich nicht an das Ehegericht, ist sie analog § 621 III von Amts wegen dorthin zu verweisen oder abzugeben.

3. Ehesache nicht anhängig

Ist keine Ehesache anhängig, richtet sich die örtliche Zuständigkeit nach den allgemeinen Vorschriften (§ 621 II 2): für ZPO-Familiensachen nach §§ 12-39, für FG-Familiensachen nach §§ 64 I, III FGG, 11 HausratsVO.

4. Ehesache wird nach „anderer Familiensache" rechtshängig

Wenn die Ehesache später als die andere Familiensache und bei einem anderen Gericht rechtshängig wird, ist die andere Familiensache von Amts wegen an das Gericht der Ehesache zu verweisen oder abzugeben (§ 621 III 1). Die ZPO-Familiensache wird **verwiesen**, die FG-Familiensache bindend **abgegeben** (§ 64 II FGG). Abgabe und Verweisung binden aber nur das Amtsgericht, nicht das Familiengericht (§§ 621 III 2, 281 II)[3]. Die Mehrkosten fallen hier nicht dem Kläger zur Last, denn § 621 III 2 verweist nur auf S. 1 des § 281 III. Sobald aber das Familiengericht die andere Familiensache entschieden hat, ist die Verweisung oder Abgabe nicht mehr zulässig[4]. **1435**

---

1 *BGH* NJW 80, 1393: für die Vollstreckungsabwehrklage gehen aber §§ 767 I, 802 vor; FamRZ 2001, 412: auch international zuständig; *OLG Frankfurt* FamRZ 88, 184: für Arrest geht § 918 mit § 802 vor.
2 *BGH* NJW 81, 126; 82, 1000; 86, 3141; FamRZ 2001, 618; *OLG Köln* FamRZ 99, 29.
3 *BayObLG* FamRZ 80, 1034.
4 *BGH* NJW 86, 2058: jedenfalls für ZPO-Familiensache.

3. Kapitel
Verfahren

1. ZPO-Familiensachen

1436   Für die drei ZPO-Familiensachen Kindesunterhalt, Ehegattenunterhalt und Ansprüche aus dem ehelichen Güterrecht (§ 621 I Nr. 4, 5, 8) gilt nur die ZPO. Unterhalt klagt man im Amtsgerichtsprozess ein. Ansprüche aus dem ehelichen Güterrecht verfolgt man nach den Vorschriften des Landgerichtsprozesses (§ 621b). § 621a ändert daran nichts.

2. FG-Familiensachen

1437   Die gesetzliche Regelung ist höchst undurchsichtig. Wer sie sich ausgedacht hat, hatte wenig Verständnis für die juristische Handhabung. Obwohl das **Familiengericht** eine Abteilung der streitigen, nicht der freiwilligen Gerichtsbarkeit ist, **prozessiert** es in den FG-Familiensachen (§ 621 I Nr. 1-3, 6, 7, 9, 12) **nach dem FGG und der HausratsVO**. So bestimmt es § 621a I, freilich mit etlichen **Ausnahmen**:

Nicht das **FGG, sondern** die **ZPO** gilt dann, wenn:

- entweder ZPO oder GVG besondere Regeln aufstellen, welche den allgemeinen Regeln des FGG vorgehen (§ 621a I 1), z.B. §§ 78 II, 93a, 621-621f ZPO; §§ 119 I Nr. 2, 133 Nr. 2, 170 GVG;
- die ZPO es ausdrücklich anordnet (§ 621a I 2);
- das FGG eine Frage überhaupt nicht regelt, z.B. Feststellungsklage und Prozessunterbrechung beim Versorgungsausgleich[5].

Ärgerlich sind die Hin- und Herverweisungen zwischen ZPO und FGG (§ 621a I ZPO; § 64 III FGG). Statt Zusammenhänge aufzuhellen, stiften sie nur Verwirrung. Es wäre besser gewesen, die FG-Familiensachen ohne Verweisung im Zusammenhang zu regeln.

1438   In den FG-Familiensachen ermittelt das Familiengericht den Sachverhalt von sich aus (§ 621a I 1 ZPO mit § 12 FGG). Das ist der Hauptunterschied zum Zivilprozess. Er erklärt sich daraus, dass die FG-Familiensachen auch öffentliche Interessen berühren. **Amtsermittlung** bedeutet: Parteibehauptungen und Beweisanträge sind nur Anregungen dazu, den Sachverhalt von Amts wegen zu erforschen[6]. Das Familiengericht kann sich zwar mit den „unstreitigen" Parteibehauptungen zufrieden geben, wenn es ihnen glaubt, aber es ist an sie nicht gebunden. Auch die Regeln des Strengbeweises über Beweismittel und Beweisverfahren gelten hier nicht in voller Strenge; das Familiengericht hat freie Hand, darf z.B. mündliche oder schriftliche Auskünfte einholen. Nur wenn es einen Augenschein einnimmt, Zeugen oder Sachverständige vernimmt, beachtet es die Regeln der ZPO (§ 15 I FGG).

---

5 *BGH* NJW 82, 387; FamRZ 84, 467.
6 *BVerfG* FamRZ 92, 1151: § 138 III ZPO nicht anwendbar; FamRZ 92, 1043: rechtliches Gehör durch Anhörung des Sachverständigen.

Wenn sich aber **streitende Parteien** gegenüberstehen, darf im Normalfall auch das Familiengericht annehmen, die Parteien würden im eigenen Interesse alles vorbringen, was ihnen günstig erscheint, schließlich kennen sie ihre Verhältnisse am besten[7].

An der **Beweislast**, die es auch im Verfahren der freiwilligen Gerichtsbarkeit gibt, weil sie zum materiellen Recht gehört, ändert die Amtsermittlung nichts. Es gibt hier sogar eine Behauptungs- und Beweisführungslast. Denn wenn eine Partei günstige Informationen zurückhält, die nur sie kennt, kann ihr die Amtsermittlung auch nicht helfen. Und vereitelt sie schuldhaft einen ungünstigen Beweis, muss das Familiengericht nicht weiterermitteln, sondern darf gegen den Quertreiber entscheiden[8].

Im Verfahren der freiwilligen Gerichtsbarkeit **erledigt sich die Angelegenheit von selbst**, wenn sie durch eine neue Sach- oder Rechtslage überholt wird[9].

4. Kapitel
Rechtsmittel

1. ZPO-Familiensachen

Urteile des Familiengerichts in ZPO-Familiensachen nach § 621 I Nr. 4, 5, 8 u. 11 sind **1439** mit Berufung zum Familiensenat des OLG anfechtbar. Gegen Berufungsurteile ist Revision nur statthaft, wenn das OLG sie im Urteil zulässt (§§ 542, 543)[10]. Eine Nichtzulassungsbeschwerde nach § 544 gibt es erst ab 1.1.2007 (§ 26 Nr. 9 EGZPO).

2. FG-Familiensachen

In FG-Familiensachen nach § 621 I Nr. 1-3, 6, 7, 9 u. 12 fällt das Familiengericht keine **1440** Urteile, sondern **Beschlüsse**. Beschlüsse aber sind nicht mit Berufung und Revision, sondern mit Beschwerde und Rechtsbeschwerde anfechtbar (§ 621e I, II). § 621e III unternimmt es, diese FG-Rechtsmittel nach Frist und Form den ZPO-Rechtsmitteln Berufung und Revision anzupassen[11]. Die Anpassung sieht so aus:

Gegen Beschlüsse des Familiengerichts ist die **Beschwerde** statthaft (§ 621e I). Diese **1441** Beschwerde ist **wie die Berufung befristet**[12] **und muss wie die Berufung binnen Frist begründet werden** (§ 621e III 2). Die Begründungspflicht ist freilich nicht so streng,

---

7 *BGH* NJW 88, 1839: Versorgungsausgleich.
8 *BayObLG* RPfl 73, 310.
9 *BGH* NJW 82, 2505: § 91a gilt entsprechend allenfalls für echte Streitsachen; FamRZ 87, 56; 88, 54.
10 *BGH* NJW 81, 2755: Zulassung lässt sich nicht nachholen.
11 *BGH* 72, 171; NJW 79, 820; 83, 578.
12 *BGH* FamRZ 81, 657: Wiedereinsetzung nach ZPO; FamRZ 90, 147: Rüge, dass keine Familiensache.

weil § 520 III 2 nicht anwendbar ist, so dass weder ein bestimmter Antrag noch bestimmte Gründe nötig sind[13]. § 621e gilt nur für Endentscheidungen in der Familiensache selbst, weder für einstweilige Anordnungen[14] noch für Vollstreckungsmaßnahmen nach § 33 FGG[15].

Soweit die ZPO reicht, sind die Beschwerdevorschriften des FGG (§§ 19 ff.) ausgeschlossen. Ob und welche Personen durch den Beschluss des Familiengerichts beschwert sind und Beschwerde einlegen dürfen, bestimmen aber § 64 III 3, 4 FGG, § 7 HausratsVO[16]. Diese **Beschwer** muss man rechtzeitig in der Beschwerdebegründung geltend machen[17]. Die Beschwerde nach der HausratsVO muss zusätzlich die Beschwerdesumme von 600,– Euro übersteigen (§ 14 HausratsVO). Nach § 567 III ist auch die **Anschlussbeschwerde** zulässig[18]. An Parteianträge ist das Beschwerdegericht nicht gebunden[19]. Dennoch gilt das **Verbot der Schlechterstellung** zwischen den Ehegatten auch hier[20].

1442 Gegen die Beschwerdeentscheidung des OLG in den FG-Familiensachen des § 621 I Nr. 1-3, 6[21] und 10 mit § 1600e II BGB ist **Rechtsbeschwerde zum BGH** statthaft, wenn das OLG sie in seinem Beschluß zulässt[22]; eine **Nichtzulassungsbeschwerde** nach § 621e II 1 Nr. 2 wird es erst ab 1.1.2007 geben (§ 26 Nr. 9 EGZPO). Die Verletzung rechtlichen Gehörs ersetzt die Zulassung nicht[23]. Auch die Rechtsbeschwerde ist befristet und binnen weiterer Frist zu begründen (§§ 621e III 2, 548, 551).

---

13 *BGH* NJW 79, 766, 1989 u. NJW 94, 312: Anfechtungsgründe müssen gleichwohl dargelegt werden.
14 *BGH* 72, 169: unbefristete Beschwerde nach § 19 FGG; FamRZ 89, 1066.
15 *BGH* NJW 79, 820; 81, 177: Zwangsgeld; 83, 2775: unbefristete Beschwerde nach § 19 FGG.
16 *BGH* NJW 79, 108 u. 81, 1274: Träger der Rentenversicherung beim Versorgungsausgleich.
17 *BGH* NJW 83, 179: Versorgungsausgleich; FamRZ 92, 538.
18 So schon *BGH* 86, 51.
19 *BGH* 92, 5; FamRZ 92, 538.
20 *BGH* 85, 180; 92, 5: Versorgungsausgleich.
21 *BGH* NJW 80, 402: nicht § 621 I Nr. 7 u. 9; FamRZ 89, 1066 u. 90, 1102: nicht Zwischen- u. Nebenentscheidungen.
22 *BGH* NJW 81, 2755: Zulassung nicht nachholbar; *BGH* 88, 113: keine weitere Beschwerde gegen Vollstreckung nach § 33 FGG; NJW 90, 327: keine weitere Beschwerde desjenigen, der erstinstanzliche Entscheidung hingenommen hat.
23 *BGH* NJW-RR 86, 1263.

20. Teil
ZPO-Familiensache „Unterhalt"

1. Kapitel
Was „betrifft" den gesetzlichen Unterhalt?

1. Personenkreis

Nach **§ 621 I Nr. 4 und Nr. 5** ist das Familiengericht zuständig für Familiensachen, die **1443**
den gesetzlichen Verwandten- und Ehegattenunterhalt betreffen. **§ 621 I Nr. 5** ist durch
das **KindRG** beträchtlich erweitert worden. Während bisher nur der gesetzliche Unterhalt des ehelichen Kindes vor das Familiengericht kam, darf jetzt **auch das nichteheliche Kind wie überhaupt jeder unterhaltsberechtigte Verwandte** seinen gesetzlichen
Unterhalt vor dem Familiengericht einklagen.

Noch einen Schritt weiter geht ab 1.7.1998 **§ 621 I Nr. 11**, der auch noch den gesetzlichen **Unterhalt der – nichtehelichen – Mutter** gegen den Vater aus § 1615l BGB zur
Familiensache erklärt.

Familiensache bleibt der gesetzliche Unterhalt auch dann, wenn der Unterhaltsanspruch **1444**
den Inhaber wechselt und kraft Gesetzes nach § 91 BSHG auf den **Sozialhilfeträger**
übergeht, denn der gesetzliche Unterhalt bleibt auch in der Hand des neuen Gläubigers
gesetzlicher Unterhalt[1]. Dies gilt auch für jeden anderen Forderungsübergang sowie für
die Pfändung und Überweisung des Unterhaltsanspruchs nach § 835[2].

2. Streitgegenstand

Was aber „betrifft" den gesetzlichen Unterhalt außer der Unterhaltsklage? Die Antwort **1445**
lautet: alles, was mit dem gesetzlichen Unterhalt unmittelbar zusammenhängt und in der
gesetzlichen Unterhaltsbeziehung wurzelt.

Der Unterhaltsanspruch selbst zielt nach §§ 1361 IV, 1585 I, 1612 I BGB auf Zahlung einer monatlichen Unterhaltsrente; nur der Sonderbedarf nach §§ 1585b I, 1613 II BGB
und der Prozesskostenvorschuss nach §§ 1360a IV, 1361 IV 4, beides echter Unterhalt,
sind durch eine einmalige Zahlung zu decken[3]. Zum laufenden Unterhalt des geschiedenen Ehegatten zählen nach § 1578 II, III BGB auch die Kosten für eine angemessene
Krankenversicherung und Altersversorgung sowie der trennungsbedingte Mehrbedarf.

---

1 *OLG Hamm* FamRZ 77, 727; *OLG Stuttgart* FamRZ 77, 797; *OLG München* NJW 78, 550.
2 *OLG Hamm* FamRZ 78, 602.
3 *BGH* NJW 80, 102: Umzugskosten; *OLG Koblenz* FamRZ 82, 402: Prozesskostenvorschuß.

Unerheblich ist die Klageart. Den gesetzlichen Unterhalt „betrifft" nicht nur die Zahlungsklage einschließlich der **Stufenklage** nach § 254 ZPO, sondern auch deren Kehrseite: die **negative Feststellungsklage**[4] sowie die **Abänderungsklage** nach § 323 ZPO und die **Vollstreckungsabwehrklage** nach § 767 ZPO, wenn sie sich gegen einen Titel über gesetzlichen Unterhalt richten[5], schließlich die Klage auf Vollstreckbarerklärung eines ausländischen Unterhaltstitels[6].

1446   Den gesetzlichen Unterhalt „betreffen" sogar Ansprüche auf **Befreiung von gesetzlicher Unterhaltspflicht**, auf **Rückgewähr bezahlten Unterhalts** sowie auf **Schadensersatz oder Bereicherungsausgleich**, wenn sie aus einer gesetzlichen Unterhaltsbeziehung entstehen[7].

Beispiele

Weitere Beispiele für Familiensachen

Unterhaltsrechtlicher Hilfsanspruch auf **Auskunft** nach §§ 1361 IV 4, 1580, 1605 BGB (*BayObLG* FamRZ 85, 945);

Anspruch gegen Ehegatten auf Befreiung von Krankenkosten und Herausgabe des Krankenhaustagegelds aus der **Familienversicherung** (*BGH* NJW 94, 1416; *OLG Hamm* FamRZ 91, 206);

Anspruch gegen Ehegatten auf **Zustimmung zum „begrenzten Realsplitting"** zwecks Erleichterung der Unterhaltslast (*OLG Bamberg* FamRZ 82, 301; *BayObLG* FamRZ 85, 947);

Anspruch gegen Ehegatten auf Beschaffung einer Verdienstbescheinigung des Arbeitgebers oder einer Beitragsbescheinigung der Krankenkasse für einen Antrag auf Arbeitslosenhilfe (*BayObLG* FamRZ 85, 945);

Anspruch des einen Elternteils gegen den anderen auf **Ausgleich des Kindergeldes** (BGH FamRZ 80, 345) **oder des Kindesunterhalts**, den er anstelle des anderen bezahlt hat (*BGH* NJW 78, 2297);

Anspruch auf Ersatz der Kosten für den Familienhund (*OLG Düsseldorf* FamRZ 97, 500);

Antrag auf **Prozesskostenhilfe** für einen dieser Ansprüche (*BGH* NJW 78, 1811; *BayObLG* FamRZ 85, 945).

Gegenbeispiele

Nicht den gesetzlichen Ehegattenunterhalt betreffen Ansprüche auf Zusammenveranlagung, auf Teilhabe an der Steuererstattung oder auf Schadensersatz wegen Nichterfüllung (*OLG Hamm* FamRZ 88, 518; 91, 1070; *OLG Düsseldorf* NJW-RR 90, 1027), auch nicht der Anspruch auf Zustimmung zum Antrag auf Lohnsteuerermäßigung oder auf eine derartige Antragsstellung (*BayObLG* FamRZ 85, 947), denn diese Ansprüche entstehen direkt aus § 1353 und nicht aus der Unterhaltsbeziehung.

---

4 *OLG Hamm* FamRZ 82, 721.
5 *BGH* NJW 78, 1811; 78, 1924; 79, 550; 79, 2046; 80, 1695; 81, 346; *BayObLG* FamRZ 91, 1455; *OLG Karlsruhe* FamRZ 99, 311.
6 *BGH* NJW 80, 2025.
7 *BGH* 71, 264: Rückgewähr; 106, 300: Schuldbefreiung; NJW 94, 1416: Unterhalt „im Gewande" eines Befreiungs-, Schadensersatz- oder Bereicherungsanspruchs; *OLG Karlsruhe* FamRZ 82, 400: § 826 gegen Unterhaltstitel; *OLG Zweibrücken* FamRZ 81, 1090: Rückgewähr Prozesskostenvorschuss; FamRZ 2000, 497: Schadensersatz wegen Verletzung Freistellungsverpflichtung. *OLG Koblenz* FamRZ 99, 658: Erstattung der Kosten für Vaterschaftsanfechtung.

Streitigkeiten aus einer **Vereinbarung** über Kindes- oder Ehegattenunterhalt sind dann **1447** Familiensachen, wenn es auch eine gesetzliche Anspruchsgrundlage gibt und der Vertrag den gesetzlichen Unterhalt lediglich näher regelt[8]. Dass die Eltern den Kindesunterhalt im eigenen Namen vertraglich regeln, schadet noch nicht[9]. Fehlt hingegen jede gesetzliche Anspruchsgrundlage, ist der vereinbarte Unterhalt keine Familiensache[10].

2. Kapitel
Der Unterhaltsprozess

1. Die Unterhaltsklage

1.1 Klage auf künftige Leistung

Der Anspruchsteller klagt vor dem Familiengericht auf Zahlung einer **bezifferten mo-** **1448** **natlichen Unterhaltsrente**; das ist eine Klage auf künftige wiederkehrende Leistung nach § 258 ZPO, die wie jede andere Klage nach § 253 II Nr. 2 ZPO einen bestimmten Klagantrag erfordert[11]. Zusätzlich klagt er auf Zahlung der schon fälligen bezifferten Rückstände[12].

Kann man seinen Unterhalt noch nicht beziffern, weil man das Einkommen des Anspruchsgegners nicht kennt, erhebt man nach § 254 ZPO **Stufenklage** auf Auskunft, eidesstattliche Versicherung und – vorerst – unbezifferte Zahlung der Unterhaltsrente, die sich aus der Auskunft ergeben werde (RN 1489). Dies ist eine gesetzliche Ausnahme von § 253 II Nr. 2 ZPO, der einen bestimmten Klagantrag verlangt[13].

Obwohl der Anspruch auf Geschiedenenunterhalt nach §§ 1569 ff. BGB erst mit Rechtskraft der Scheidung entsteht, darf der Ehegatte ihn nach § 623 ZPO schon im Scheidungsverfahren für den Fall der Scheidung geltend machen (RN 1721). Für den Trennungsunterhalt gilt dies nicht, denn er erlischt mit der Scheidung. Dagegen lässt sich der Kindesunterhalt mit Wirkung ab Rechtskraft der Scheidung auch im Scheidungsverbund einklagen, wenngleich er rechtlich von der Scheidung nicht abhängt.

Keiner Klage sondern nur eines Antrags bedarf das „**vereinfachte Verfahren über den Unterhalt Minderjähriger**" nach §§ 645-660 ZPO. Das es weitgehend vom Rechtspfleger geführt wird (§ 20 Nr. 10 RPflG), wird von einer näheren Darstellung abgesehen[14].

8 *BGH* NJW 79, 2517; 81, 346; 91, 2709; *BayObLG* MDR 83, 583: Sicherung des gesetzlichen Unterhalts.
9 *BGH* 71, 264 u. NJW 81, 346: Scheidungsvereinbarung.
10 *BGH* NJW 78, 1924; 79, 43; 79, 2517; *OLG Karlsruhe* FamRZ 86, 819; ferner *OLG Hamm* FamRZ 91, 443: Abfindung für Scheidung.
11 *BGH* NJW 83, 2197; 94, 3102.
12 *BGH* 82, 251: § 258 ZPO verlangt nicht, dass auch fällige Raten verlangt werden.
13 *BGH* NJW 94, 3102.
14 Dazu *Weber* NJW 98, 1992; *Schuhmacher-Grün* FamRZ 98, 778; *Strauß* FamRZ 98, 993; *Stollenwerk/Stollenwerk* ZAP Fach 11 S. 489.

1.2 Klage auf vollen Unterhalt und Teilklage

1449 Was den Ehegattenunterhalt betrifft, sollte man den gesamten Unterhalt, bestehend aus Elementar-, Krankenversicherungs- und Altersvorsorgeunterhalt nebst trennungsbedingtem Mehrbedarf in einer Klage geltendmachen. Da es sich um unselbständige Bestandteile des Unterhalts handelt, schadet eine falsche Aufteilung im Klagantrag nicht, denn das Familiengericht ist nur an den Klagantrag selbst, nicht an dessen Berechnung gebunden[15]. Da Krankenversicherungs- und Altersvorsorgeunterhalt aber zweckgebunden sind, muss der Anspruchsteller sie eigens verlangen und sei es auch nur in der Klagebegründung[16]. Den trennungsbedingten Mehraufwand muss er konkret darlegen; eine Mehrkostenpauschale gibt es nicht[17].

1450 Verlangt der Anspruchsteller nur seine Unterhaltsquote nach den ehelichen Lebensverhältnissen, wird nur der **Elementarunterhalt** in Höhe des Klagantrags rechtshängig, und entscheidet das Familiengericht bis zur Höhe des Klagantrags nur über den Elementarunterhalt[18], so dass der Berechtigte seinen Anspruch auf Krankenversicherungs- und Altersvorsorgeunterhalt auch dann behält und noch mit einer zweiten Klage verfolgen kann, wenn seine erste Klage teilweise abgewiesen wird[19].

Dafür gibt es zwei zwingende Argumente: Erstens ist der **Unterhaltsanspruch** wie jeder Zahlungsanspruch **prozessual teilbar**[20], und zweitens **entscheidet das Gericht rechtskräftig nur über den Streitgegenstand**; den aber bestimmt allein der Kläger mit Klagantrag und Klagegrund (Lebenssachverhalt). Ob er seinen Unterhalt vollständig oder nur zum Teil einklagt, hängt ausschließlich davon ab, wieviel Unterhalt ihm nach materiellem Recht zusteht, nicht davon, ob er seine Klage als Teilklage bezeichnet[21].

1451 Wenn gleichwohl eine spätere Unterhaltszusatzklage nicht ohne weiteres zugelassen wird, ist dies keine Folge der materiellen Rechtskraft des früheren Urteils (§ 322 I ZPO), sondern liegt an der angeblichen Sperrwirkung des § 323 ZPO. Die Rechtsprechung ist nämlich der Meinung, der Unterhaltsberechtigte, der bereits ein Unterhaltsurteil erstritten habe, dürfe weiteren Unterhalt erst einklagen, wenn die besonderen Voraussetzungen des § 323 ZPO erfüllt seien. Eine gewöhnliche Nachforderungsklage nach § 258 ZPO lässt sie nur dann zu, wenn die frühere Klage als Teilklage bezeichnet worden ist (RN 1545 ff.).

1.3 Klage auf streitigen Spitzenbetrag

1452 Oft streiten die Parteien nicht über den Anspruchsgrund, sondern nur über die Höhe des Unterhalts. Klagt dann der Berechtigte nur denjenigen Teil seines Unterhalts ein, der die freiwillige Zahlung des Schuldners übersteigt, **wird nur der streitige Spitzenbetrag rechtshängig**, entscheidet das Familiengericht rechtskräftig nur über ihn und kann nur er

---

15 *BGH* FamRZ 89, 485.
16 *BGH* 94, 149; NJW 83, 2938.
17 *BGH* NJW 82, 1873; 90, 3020; 91, 224, 1290.
18 *BGH* FamRZ 89, 485; falsch *OLG Karlsruhe* NJW 95, 2795.
19 *BGH* FamRZ 82, 1187; 89, 485.
20 *BGH* FamRZ 82, 1187.
21 *BGH* FamRZ 89, 485; NJW 97, 1990; 97, 3019.

vollstreckt werden[22]. Obwohl sich diese Rechtsfolge von selbst versteht, hat sie sich in der Praxis noch nicht überall herumgesprochen, abgesehen davon, dass der Klagantrag oft Zweifel weckt, ob der ganze Unterhalt oder nur die Spitze verlangt wird.

Da die Klage auf den streitigen Spitzenbetrag eine „**offene**" **Teilklage** ist[23], darf der Berechtigte den **unstreitigen Sockelbetrag jederzeit mit einer gewöhnlichen (Nachforderungs-) Klage nach § 258 ZPO** geltendmachen und muss nicht warten, bis die besonderen Voraussetzungen einer Abänderungsklage nach § 323 ZPO erfüllt sind (RN 1547).

1.4 Klage auf Unterhalt trotz freiwilliger Unterhaltszahlung

In aller Regel darf der Berechtigte seinen Unterhalt auch dann in voller Höhe einklagen, wenn der Schuldner ihn bislang vollständig und pünktlich bezahlt hat[24]. Problematisch ist nicht das **Rechtsschutzbedürfnis** nach § 258 ZPO, sondern nur die **Kostenentscheidung**. Da der Unterhalt den laufenden Lebensbedarf decken soll, hat der Anspruchsteller ein berechtigtes Interesse daran, schnellstmöglich einen Vollstreckungstitel in die Hand zu bekommen, um sogleich vollstrecken zu können, wenn die freiwilligen Zahlungen ausbleiben. In diesem Punkt ist der Unterhaltsanspruch mit anderen Zahlungsansprüchen eben nicht vergleichbar. | **1453**

Der Unterhaltsschuldner entgeht der Klage nur dann, wenn er selbst **freiwillig einen Unterhaltstitel schafft**, über Ehegattenunterhalt in Gestalt einer vollstreckbaren notariellen Urkunde nach § 794 I Nr. 5 ZPO, über den Unterhalt eines minderjährigen Kindes in einer vollstreckbaren Urkunde des Jugendamtes nach § 60 SGB VIII. Er muss freilich nicht von sich aus aktiv werden, sondern darf eine Aufforderung des Unterhaltsberechtigten abwarten.

Kommt es zum Prozess und **anerkennt der Beklagte** die Klageforderung **sofort**[25], hängt es vom vorprozessualen Verhalten der Parteien ab, wer die Kosten trägt: der Beklagte nach § 91 ZPO oder der Kläger nach § 93 ZPO. Der siegreiche Kläger trägt die Kosten nur dann, wenn der sofort anerkennende Beklagte **keine Veranlassung zur Klage gegeben** hat. Das ist der Fall, wenn der Kläger den vollständig und pünktlich zahlenden Beklagten vor Klageerhebung nicht aufgefordert hat, einen Vollstreckungstitel nach § 795 I Nr. 5 ZPO oder § 60 SGB VIII zu schaffen[26]. | **1454**

Streitig ist nur, wer die **Kosten der vollstreckbaren Urkunde** (die Jugendamtsurkunde ist nach § 62 Nr. 2 BeurkG, §§ 55a, 141 KostO kostenlos) bezahlen soll. Es dürfte dies der Unterhaltsberechtigte sein, denn mangels einer gesetzlichen Anspruchsgrundlage hat er keinen Anspruch auf einen kostenlosen Unterhaltstitel außerhalb des Zivilprozesses[27]. | **1455**

---

22 *BGH* 93, 330; FamRZ 95, 729; *OLG Zweibrücken* FamRZ 92, 972.
23 *BGH* 93, 330; FamRZ 95, 729.
24 *BGH* NJW 98, 3116; *OLG Hamm* FamRZ 92, 831; *OLG Stuttgart* FamRZ 90, 1368; *OLG Düsseldorf* FamRZ 94, 117; 94, 1484; *OLG Zweibrücken* FamRZ 97, 620: Abänderungsklage; aber auch *OLG Köln* FamRZ 97, 822: erfolglose Aufforderung zu vollstreckbarer Urkunde nötig.
25 *OLG Hamm* FamRZ 93, 1344: § 93 ZPO verlangt nur Anerkenntnis, nicht Erfüllung.
26 *OLG Stuttgart* FamRZ 90, 1398; *OLG Düsseldorf* FamRZ 90, 1369.
27 *OLG Hamm* FamRZ 83, 69; 92, 831, 832; *OLG Düsseldorf* FamRZ 94, 117; *OLG Köln* FamRZ 97, 822; *OLG Frankfurt* FamRZ 98, 445; a.A. *OLG Düsseldorf* FamRZ 90, 1369; 94, 1484.

So gesehen gibt der Unterhaltsschuldner auch dann keinen Anlass zur Klage, wenn er die Aufforderung des Unterhaltsberechtigten missachtet, die vollstreckbare Urkunde aus eigener Tasche zu bezahlen[28].

1.5 Klage mehrerer Unterhaltsberechtigter

1456 Kindes- und Ehegattenunterhalt kann man in einer Klage geltendmachen. Klagt neben dem Ehegatten das Kind selbst, bis zur Volljährigkeit gesetzlich vertreten durch den allein sorgeberechtigten Elternteil, handelt es sich um eine einfache Streitgenossenschaft nach §§ 59-61 ZPO, so dass jeder Kläger seinen Prozess selbst führt.

Wenn dagegen der eine Ehegatte vom anderen **während des Getrenntlebens** nicht nur seinen eigenen Trennungsunterhalt, sondern auch noch den Unterhalt für ein gemeinschaftliches minderjähriges Kind verlangt, das er in seiner Obhut hat, muss er nach **§ 1629 III 1 BGB** im eigenen Namen klagen, solange das Familiengericht die elterliche Sorge noch nicht geregelt hat. Es ist dies eine **gesetzliche Prozessstandschaft** mit Rechtskraftwirkung für und gegen das Kind (RN 1458).

Auch in diesem Fall aber verfolgt der Ehegatte mehrere selbständige Ansprüche, sowohl materiellrechtlich als auch prozessual, und muss deshalb nach § 253 II Nr. 2 ZPO jeden der beiden Ansprüche für sich beziffern, statt sie in einer Summe geltendzumachen; so jedenfalls steht es im Gesetz[29]. Da Kindes- und Ehegattenunterhalt aber der Höhe nach von einander abhängen und die Berechnung schwierig ist, darf der Kläger es dem Familiengericht gestatten, den begehrten Gesamtbetrag anders auf Ehegatten und Kind zu verteilen, als die Klage es tut[30].

2. Gesetzliche Vertretung und Prozessstandschaft für Kindesunterhalt

2.1 Gesetzliche Vertretung

1457 Auf Unterhalt klagt der Berechtigte selbst im eigenen Namen; das ist die gesetzliche Regel. Auch das minderjährige Kind prozessiert im eigenen Namen, zwar nicht selbst, aber durch seinen gesetzlichen Vertreter. Während des ehelichen Zusammenlebens der Eltern und der gemeinsamen elterlichen Sorge beider Eltern kann zwar keiner das Kind gegen den anderen vertreten (§§ 1629 II 1, 1795 I Nr. 3 BGB), so dass ein Ergänzungspfleger bestellt werden müsste (§ 1909 BGB).

Von diesem Vertretungsverbot macht § 1629 II 2 BGB eine Ausnahme: steht die elterliche Sorge den Eltern gemeinsam zu, kann derjenige Elternteil, der das Kind in seiner Obhut hat, den Kindesunterhalt gegen den anderen Elternteil geltendmachen, und zwar, wie der Zusammenhang der gesetzlichen Regelung zeigt, als gesetzlicher Vertreter im Namen des Kindes[31.]

---

28 *OLG Düsseldorf* FamRZ 94, 117; *OLG Frankfurt* FamRZ 98, 445; a.A. *OLG Düsseldorf* FamRZ 94, 1484; *OLG Köln* FamRZ 97, 822.
29 *BGH* NJW 72, 1716; FamRZ 81, 542; 95, 1131.
30 *BGH* NJW 72, 1716: zur Schadensrente; FamRZ 81, 542: zum Unterhalt.
31 *OLG Hamm* FamRZ 98, 313.

2.2 Prozessstandschaft

Eine wichtige Ausnahme von der Regel, dass das minderjährige Kind den Unterhaltspro- **1458** zess durch seinen gesetzlichen Vertreter führt, macht **§ 1629 III 1 BGB** für die spannungsgeladene Zeit des **Getrenntlebens der Eltern**. Danach darf der betreuende Elternteil unter bestimmten Voraussetzungen den Kindesunterhalt nur im eigenen Namen geltendmachen. Das ist keine Vertretung, sondern **ein Fall gesetzlicher Einziehungsermächtigung und gesetzlicher Prozessführungsbefugnis (Prozessstandschaft)**[32]. Das Einziehungsrecht ist die materiellrechtliche, die Prozessführungsbefugnis die prozessrechtliche Seite der Medaille. Der Vater oder die Mutter darf den Kindesunterhalt im eigenen Namen sowohl einziehen als auch einklagen mit der Folge, dass Urteil und Prozessvergleich wie bei jeder echten Prozessstandschaft auch für und gegen das unterhaltsberechtigte Kind wirken (§ 1629 III 2 BGB). Die Prozessführungsbefugnis macht die Unterhaltsklage zulässig[33], die Einziehungsermächtigung macht sie bis zur Höhe des gesetzlichen Unterhaltsanspruchs nach §§ 1601 ff. BGB begründet. Auf diese Weise will das Gesetz das Kind aus dem Streit der Eltern heraushalten und die Durchsetzung des Kindesunterhalts erleichtern[34].

Voraussetzungen der Prozessstandschaft

Die gesetzliche Prozessstandschaft nach § 1629 III 1 BGB hat folgende Vorausset- **1459** zungen:

- Erstens leben die Eltern getrennt (§ 1567 BGB) oder ist zwischen ihnen eine Ehesache (§ 606 I 1 ZPO) anhängig;
- zweitens ist die elterliche Sorge noch nicht gerichtlich geregelt, steht also noch beiden Eltern gemeinsam zu (§ 1626 BGB)[35];
- drittens ist das Kind noch minderjährig;
- viertens befindet es sich in der Obhut des klagenden Elternteils;
- und fünftens handelt es sich um Unterhaltsansprüche des Kindes gegen den anderen Elternteil.

2.3 Rechtsfolge der gesetzlichen Prozessstandschaft

Unter diesen Voraussetzungen ist der betreuende Elternteil der richtige Kläger oder Be- **1460** klagte in allen Prozessen über den Kindesunterhalt. Er allein darf den Kindesunterhalt einklagen (§ 258 ZPO) oder Abänderung eines Titels über Kindesunterhalt verlangen (§ 323 ZPO), nicht nur im Scheidungsverfahren als Folgesache für den Fall der Scheidung (§ 633 mit § 621 I Nr. 4 ZPO), sondern auch im selbständigen Unterhalts-

---

32 *BGH* FamRZ 83, 474; 85, 471; 90, 283; zur Vollstreckungsbefugnis: *OLG Celle, Hamm, Oldenburg* FamRZ 92, 842, 843, 844; *OLG Brandenburg* FamRZ 97, 509; *Hochgräber* FamRZ 96, 271.
33 *BGH* FamRZ 83, 474: Prozessvoraussetzung.
34 *BGH* FamRZ 83, 474; 85, 471, 473.
35 *OLG Frankfurt, Stuttgart u. Düsseldorf* FamRZ 95, 754, 1168; 97, 1095; *OLG Zweibrücken* FamRZ 97, 570; 2001, 290; *OLG Brandenburg* FamRZ 98, 1121: Jugendamt, zum Unterhaltsbeistand bestellt, verdrängt Eltern.

prozess[36]. Gegen ihn ist die negative Feststellungsklage, die Abänderungs- oder Vollstreckungsabwehrklage des unterhaltspflichtigen Elternteils zu richten[37].

2.4 Wegfall einer Voraussetzung im Prozess

1461 Der Wortlaut des § 1629 III 1 BGB verleitet nun zu der Annahme, dass die gesetzliche Prozessführungsbefugnis erlösche, sobald auch nur eine ihrer Voraussetzungen wegfalle. Diese Annahme erweist sich jedoch zum Teil als irrig. Obwohl das „Getrenntleben" der Eltern rechtlich mit **Rechtskraft der Scheidung** endet, erlischt die Prozessführungsbefugnis des betreuenden Elternteils im laufenden Unterhaltsprozess noch nicht; zwar darf er jetzt nicht mehr neu im eigenen Namen auf Unterhalt klagen, aber er darf den **begonnenen Unterhaltsprozess** „jedenfalls" dann noch **zu Ende bringen**, auch durch Einlegen von Rechtsmittel, wenn die elterliche Sorge für das Kind noch keinem anderen übertragen worden ist[38].

Offen bleibt, ob dies auch dann gilt, wenn die elterliche Sorge inzwischen dem anderen Elternteil übertragen ist. Viel spricht dafür, dass in diesem Fall die Prozessführungsbefugnis erlischt[39] wie auch in dem vergleichbaren Fall, dass das Kind aus der Obhut des klagenden Elternteils in die Obhut des beklagten Elternteils wechselt, was immer wieder vorkommt. Wenn und soweit der klagende Elternteil das Kind auch bar unterhalten hat, darf er vom beklagten Elternteil vielleicht einen familienrechtlichen Ausgleich verlangen und diesen Anspruch anstelle des Kindesunterhalts im laufenden Unterhaltsprozess geltendmachen. Das ist kein Parteiwechsel, sondern nur eine Klageänderung, die den Kindesunterhalt gegen den familienrechtlichen Ausgleich austauscht[40].

2.5 Erlöschen der Prozessführungsbefugnis durch Volljährigkeit des Kindes

1462 Stets aber erlischt die Prozessführungsbefugnis des betreuenden Elternteils, sobald das unterhaltsberechtigte Kind volljährig wird, denn jetzt gibt es nichts mehr zu betreuen und das Kind muss seinen Unterhalt selbst einziehen[41]. Fraglich ist nur, wie der schwebende Unterhaltsprozess nach Volljährigkeit des Kindes abgewickelt werden soll. Was der BGH dazu gesagt hat, ist zumindest missverständlich. In einer Entscheidung spricht er davon, dass das volljährige Kind in den Prozess eintrete, so wie der Gemeinschuldner nach Beendigung des Konkursverfahrens in den Prozess des Konkursverwalters eintrete, also

---

36 *BGH* FamRZ 83, 474; 90, 284; aber auch *OLG Köln* FamRZ 83, 646: nicht für e.A. nach § 620 ZPO.
37 *OLG Zweibrücken* FamRZ 86, 1237: Feststellungsklage; *OLG Brandenburg* FamRZ 2000, 1377: Abänderungsklage.
38 *BGH* FamRZ 90, 284; *OLG Hamm* FamRZ 98, 379: nach Rechtskraft der Scheidung § 1629 II 2 analog.
39 Dazu *Gießler* FamRZ 94, 800, 803.
40 Zu den Einzelheiten: *Gießler* FamRZ 94, 800, 804 ff.
41 *BGH* FamRZ 83, 474: auch Unterhalt für Vergangenheit; 90, 284: Rechtsgedanke des § 265 II 1 ZPO; *OLG München* FamRZ 96, 422; *OLG Brandenburg* u. *OLG München* FamRZ 97, 509, 1493: zur Vollstreckungsbefugnis; *OLG Hamm* FamRZ 2000, 1590: Umschreibung nach § 727.

kraft Gesetzes[42]. Eine andere Entscheidung meint, das volljährige Kind habe das „Recht, nunmehr selbst als Partei in den Prozess einzutreten"[43].

Indes hat das volljährige Kind weder das Recht noch die Pflicht, in den Unterhaltsprozess einzutreten, denn es wird gar nicht erst gefragt, sondern an Stelle des klagenden Elternteils, der den Prozess verlässt, ohne weiteres selbst Kläger; das ist ein **„gesetzlicher"** **Parteiwechsel**, der weder eine Eintrittserklärung des volljährigen Kindes noch die Zustimmung des Gegners erfordert[44]. Wenn die Parteien diese Lösung akzeptieren, gibt es keinen Grund, die Klage des Elternteils als unzulässig abzuweisen[45]. Will der klagende Elternteil hingegen den gesetzlichen Parteiwechsel nicht wahrhaben, muss man ihn freilich durch Prozessurteil aus dem Prozess entfernen[46].

3. Unterhalt und Sozialhilfe: Aktivlegitimation und Prozessführungsbefugnis nach gesetzlichem Forderungsübergang

3.1 Gesetzlicher Forderungsübergang auf Sozialhilfeträger

Bezieht der Unterhaltsberechtigte Sozialhilfe, geht sein gesetzlicher Unterhaltsanspruch **1463** nach § 91 I 1 BSHG bis zur Höhe der bezogenen Sozialhilfe auf den Sozialhilfeträger über[47].

Der gesetzliche Forderungsübergang nach § 91 BSHG (mit § 412 BGB) hat am 27.6.1993 die Überleitung durch Verwaltungsakt (Überleitungsanzeige) ersetzt[48]. Ähnliche Vorschriften findet man in § 140 I SGB III (früher AFG) für die Arbeitslosenhilfe, in § 37 BAföG für die Berufsausbildung und in § 7 UVG für den Vorschuss auf Kindesunterhalt[49]. In allen Fällen deckt die öffentliche Hand einen lebenswichtigen Bedarf nur vorsorglich (subsidiär), weil der eigentliche Schuldner versagt, und lässt sich anschließend ihren Aufwand vom eigentlichen Schuldner erstatten. Deshalb beseitigt die Sozialhilfe nicht die Bedürftigkeit des Unterhaltsberechtigten, sondern lässt dessen Unterhaltsanspruch unversehrt bestehen, denn andernfalls könnte er nicht auf den Sozialhilfeträger übergehen, sondern würde erlöschen[50].

---

42 *BGH* FamRZ 83, 474 mit Hinweis auf *BGH* 28, 13, 16.
43 *BGH* FamRZ 90, 284.
44 So wohl *BGH* FamRZ 83, 474; 85, 471, 473: auch im Scheidungsverbund; *OLG* München FamRZ 96, 422; *Rogner* NJW 94, 3325: auch zu den prozessualen Folgerungen.
45 A.A. zu Unrecht für den Scheidungsverbund; *OLG* München FamRZ 83, 925.
46 *BGH* FamRZ 85, 471, 473: Abweisung als unzulässig; *Gießler* FamRZ 94, 800, 802: Zwischenurteil.
47 *BGH* FamRZ 2000, 1358: Unterhalt vor subsidiärer Sozialhilfe; *BGH* NJW 91, 1235 u. *OLG Frankfurt* FamRZ 94, 1427: nicht Auskunftsanspruch nach §§ 1580, 1605 BGB, da SHT eigenen öffentlichrechtl. Auskunftsanspruch hat; *BGH* FamRZ 89, 499, 500: nicht vertraglicher Anspruch und nicht Anspruch auf Freistellung von Unterhalt; *BVerwG* FamRZ 90, 618: nicht Anspruch der Mutter auf Ersatz der Entbindungskosten; *Fröhlich* FamRZ 99, 758: BSHG u. Unterhalt.
48 Zur Rückwirkung: *BGH* NJW 95, 3391.
49 Zu § 7 UVG: *BGH* FamRZ 86, 878; 96, 1203; 2000, 221; *OLG Nürnberg* FamRZ 97, 1087.
50 *BGH* FamRZ 84, 364.

1464 Im Umfang des gesetzlichen Forderungsübergangs ist der Sozialhilfeträger auch für die **Abänderungsklage** nach § 323 ZPO der richtige Kläger oder Beklagte[51].

Der gesetzliche Unterhaltsanspruch bleibt auch nach dem Übergang in die Hand des Sozialhilfeträgers ein **familienrechtlicher Unterhaltsanspruch**, der sich nach Grund und Höhe ausschließlich aus dem BGB ergibt und über den nicht die Verwaltungsgerichte, sondern nach § 91 IV BSHG die Zivilgerichte entscheiden[52].

3.2 Aktivlegitimation und Prozessführungsbefugnis des Unterhaltsberechtigten

1465 Soweit ein gesetzlicher Forderungsübergang in Betracht kommt, stellen sich **im Unterhaltsprozess** zwei Fragen: die Frage nach der „**Aktivlegitimation**" und die Frage nach der **Prozessführungsbefugnis**, die oft miteinander verwechselt werden[53].

Im Umfang des gesetzlichen Forderungsübergangs verliert der Unterhaltsberechtigte seinen Unterhaltsanspruch. Zwar spricht alle Welt vornehm vom Verlust der „Aktivlegitimation", meint damit aber auch nichts anderes. Aus dem Unterhaltsberechtigten wird so ein Nichtberechtigter. Dass seine Unterhaltsklage ohne Unterhaltsanspruch unbegründet ist, versteht sich von selbst. Dagegen helfen nur zwei Mittel: Entweder erwirbt der Sozialhilfeempfänger seinen Unterhaltsanspruch durch **(treuhänderische) Abtretung** nach § 398 BGB vom Sozialhilfeträger zurück oder er lässt sich von diesem wenigstens analog § 185 BGB ermächtigen, den Unterhaltsanspruch des Sozialhilfeträgers im eigenen Namen einzuziehen und kraft **gewillkürter Prozessführungsbefugnis** (Prozessstandschaft) einzuklagen. Soweit der Unterhaltsanspruch erst nach Klageerhebung übergeht, gibt es außerdem die **gesetzliche Prozessstandschaft nach § 265 II ZPO**.

1466 Unter der Herrschaft der Überleitungsanzeige, also bis zum 27.6.1993, war dies alles unproblematisch. Auch nach Überleitung des Unterhaltsanspruchs hat in aller Regel nicht der Sozialhilfeträger, sondern der Sozialhilfeempfänger den Unterhalt eingeklagt und dem Gericht eine schriftliche Rückabtretung oder Ermächtigung zur Prozessführung vorgelegt.

Der gesetzliche Forderungsübergang nach § 91 BSHG hat diese bequeme und einfache Lösung schlagartig in Frage gestellt, und die Gerichte haben sich im Suchen und Finden origineller Lösungen förmlich überboten. Denn jetzt lag es nicht mehr im Ermessen des Sozialhilfeträgers, den Unterhaltsanspruch auf sich überzuleiten und durchzusetzen, vielmehr erwarb er ihn kraft Gesetzes, ob er ihn haben wollte oder nicht. Es sprach deshalb alles dafür, dass der Sozialhilfeträger öffentlichrechtlich verpflichtet war, den erworbenen Unterhaltsanspruch, der jetzt zum Verwaltungsvermögen gehörte, nach Kräften durchzusetzen, um die subsidiäre Sozialhilfe wenigstens teilweise wieder hereinzuholen. Dann aber durfte er ohne besondere gesetzliche Ermächtigung den Unterhaltsanspruch weder auf den Sozialhilfeempfänger zurückübertragen noch von diesem einklagen lassen, so dass sowohl die Rückabtretung als auch die Prozessermächtigung nichtig waren[54].

---

51 *BGH* FamRZ 92, 799.
52 *BGH* FamRZ 81, 250 u. 88, 386: wirksame Unterhaltsbestimmung der Eltern gegenüber dem Kind nach § 1612 II BGB bindet auch den Träger der Sozialhilfe oder Ausbildungsförderung.
53 Dazu *Schellhammer*, Zivilprozess RN 1202 ff.
54 *BGH* NJW 94, 1733; 96, 3273; FamRZ 96, 1203, 1207; sowie die meisten *OLG*.

3.3 Rückabtretung und Prozessermächtigung

Aber die Rechtsprechung hat die Rechnung ohne den Wirt gemacht. Mit einem Feder- **1467**
strich hat der erschrockene Gesetzgeber die ganze Diskussion, die eine Unmenge von
Geist, Schweiß und Druckerschwärze gekostet hat, vom Tisch gewischt und dem § 91
BSHG einen **Absatz IV** angehängt, **der die Rückabtretung des Unterhaltsanspruchs
auf den Sozialhilfeempfänger ausdrücklich erlaubt**[55]. Wenn aber sogar die (treuhänderische) Rückabtretung erlaubt ist, muss erst recht die Ermächtigung zur Klage im eigenen Namen erlaubt sein[56]. § 7 IV 2 UVG hat inzwischen mit § 91 IV BSHG gleichge-
zogen.

So hat sich ein heiß diskutiertes Problem im Handumdrehen verflüchtigt. Wenn jetzt der
Sozialhilfeempfänger mit seiner Unterhaltsklage eine schriftliche Rückabtretung des Sozialhilfeträgers vorlegt, darf er Zahlung des vollen Unterhalts an sich verlangen und
muss nicht darlegen, in welcher Höhe der Unterhaltsanspruch nach § 91 BSHG übergegangen und in welcher Höhe er ihm noch geblieben ist. Das Gleiche gilt dann, wenn er
vom Sozialhilfeträger ermächtigt ist, auf Zahlung des Unterhalts an sich zu klagen. Wie
er später das Prozessergebnis mit dem Sozialhilfeträger abrechnen soll, interessiert im
Unterhaltsprozess nicht.

Eine andere Frage ist, ob der Unterhaltsberechtigte nach Rückabtretung oder als **Prozessstandschafter** Prozesskostenhilfe bekommt; dies hängt davon ab, ob § 91 IV 2 den
Sozialhilfeträger nur zur Freistellung von den Prozesskosten oder zur Zahlung eines Prozesskostenvorschusses verpflichtet (RN 1488).

3.4 Problemfälle

Problematisch bleiben nur die wenigen Fälle, in denen der klagende Sozialhilfeempfän- **1468**
ger weder eine Rückabtretung noch eine umfassende Prozessermächtigung zur Klage auf
Zahlung an sich selbst vorweisen kann. Hier muss man nach dem Zeitpunkt des gesetzlichen Forderungsübergangs unterscheiden:

Rückständigen Unterhalt, der vor Klageerhebung fällig geworden ist, kann der Sozialhilfeempfänger nicht mehr einklagen, soweit sein Anspruch bereits auf den Sozialhilfeträger übergegangen ist, denn er hat weder Anspruch (Aktivlegitimation) noch Prozessführungsbefugnis. Mit Ermächtigung des Sozialhilfeträgers darf er zwar klagen, aber
nur auf Zahlung an den Sozialhilfeträger, wenn die Ermächtigung nichts anderes sagt.

Soweit der Unterhaltsanspruch erst **nach Rechtshängigkeit** seiner Unterhaltsklage über- **1469**
geht, verliert der Sozialhilfeempfänger ihn zwar, denn die Rechtshängigkeit verhindert
nach § 265 I ZPO weder die Abtretung noch den gesetzlichen Forderungsübergang, aber
nach § 265 II 1 darf der Sozialhilfeempfänger über den fremden Anspruch im eigenen
Namen mit Wirkung für und gegen den Sozialhilfeträger weiterprozessieren, muss frei-

---

55 *OLG Köln* FamRZ 97, 295 u. *OLG Koblenz* FamRZ 97, 1086: auch ohne ausdrückl. Kosten-
    übernahme; dagegen *OLG Celle* FamRZ 96, 616; *OLG Hamm* FamRZ 98, 174; ferner *OLG
    Hamm* FamRZ 97, 1223; 98, 174 u. *KG* FamRZ 98, 30: § 7 UVG erlaubt keine Rückabtretung;
    dagegen *OLG Köln* FamRZ 98, 176; *OLG Hamm* FamRZ 97, 275; 98, 30.
56 Dazu *Künkel* FamRZ 96, 1509, 1513.

lich seinen Klagantrag dem materiellen Recht anpassen und darf jetzt nur noch Zahlung an den Sozialhilfeträger verlangen[57]; das ist ein Fall **gesetzlicher Prozessstandschaft**[58]. Beantragt er statt dessen weiterhin Zahlung an sich, wird die Klage als unbegründet abgewiesen[59].

1470 Für die Zeit **nach Schluss der mündlichen Verhandlung** darf der Sozialhilfeempfänger seinen künftigen Unterhalt in vollem Umfang uneingeschränkt einklagen, denn er ist noch anspruchsberechtigt und prozessführungsbefugt, weil sein Unterhaltsanspruch Monat für Monat erst mit der Sozialhilfeleistung übergehen wird[60]. Allerdings darf nach § 91 III 2 BSHG **auch** der **Sozialhilfeträger** den künftigen Unterhalt bis zur Höhe seiner bisherigen Aufwendungen einklagen, wenn er voraussichtlich auf längere Zeit Sozialhilfe leisten wird. Da er den Unterhaltsanspruch noch nicht nach § 91 I 1 BSHG erworben hat, klagt er im eigenen Namen einen fremden Anspruch ein, also in **gesetzlicher Prozessstandschaft** mit Wirkung für und gegen den Unterhaltsberechtigten. Die **Konkurrenz zwischen Anspruchsinhaber und Prozessstandschafter** entscheidet sich nach dem Motto: Wer zuerst kommt, mahlt zuerst[61]. Die frühere Klage macht die spätere Klage nach § 261 III Nr. 1 ZPO unzulässig, denn beide Klagen haben denselben Streitgegenstand, so dass das Urteil auf Klage des einen auch für und gegen den anderen wirkt[62].

1471 Schon früher hat man dem Sozialhilfeträger erlaubt, auch künftigen Unterhalt einzuklagen, die Verurteilung aber ausdrücklich unter die Bedingung gestellt, dass Sozialhilfe in Höhe der Verurteilung zu Unterhalt auch weiterhin bezahlt und nicht länger als zwei Monate unterbrochen werde[63]. Die Neufassung des § 91 III 2 BSHG verlangt diese Bedingung nicht mehr; die Prognose weiterer Sozialhilfezahlung begründet die gesetzliche Prozessstandschaft des Sozialhilfeträgers, ist aber keine aufschiebende oder auflösende Bedingung für das Urteil[64].

3.5 Gesetzlicher Teilübergang ohne Rückabtretung oder Prozessermächtigung

1472 Ohne Rückabtretung oder umfassende Prozessermächtigung wird der Unterhaltsprozess ausgesprochen unangenehm, wenn der gesetzliche Unterhaltsanspruch nur zu einem Teil auf den Sozialhilfeträger übergegangen und zum anderen Teil dem Unterhaltsberechtigten geblieben ist. Denn jetzt muss man die Teilansprüche der beiden Gläubiger schon in der Klageschrift und spätestens im Urteil nach § 91 BSHG auseinanderdividieren. Danach geht der Unterhaltsanspruch nur für die Zeitspanne über, für die der Unterhaltsberechtigte Sozialhilfe bezogen hat und nur bis zur Höhe der bezogenen Sozialhilfe (I 1).

---

57 *BGH* NJW 96, 3273; FamRZ 96, 1131; *OLG Celle* NJW 94, 2771; *OLG Nürnberg* FamRZ 95, 236.
58 Dazu *Schellhammer*, Zivilprozess, RN 1210 ff.
59 *BGH* NJW 86, 3206.
60 *BGH* NJW 82, 232; 92, 1625: zur Überleitung nach § 90 BSHG a.F.; *OLG Celle* NJW 94, 2771; *OLG Nürnberg* FamRZ 95, 236; *OLG Karlsruhe* FamRZ 95, 615.
61 Dazu *Derleder/Bartels* FamRZ 95, 1111.
62 *BGH* NJW 92, 1624, 1625: auch zur Umschreibung des Unterhaltstitels nach § 727 ZPO.
63 *BGH* NJW 92, 1624.
64 *OLG Koblenz* FamRZ 96, 756.

Das ist die oberste Grenze, die bisweilen noch unterschritten wird (I 2, II 1), wenn der Forderungsübergang nicht gar ausgeschlossen ist (I 3, II 2). Diese Beschränkungen sollen den Unterhaltsschuldner vor unerträglicher Belastung schützen[65].

3.6 Schuldnerschutz: Forderungsübergang nur bis Höhe der Sozialhilfe

Dass der gesetzliche Forderungsübergang sich der Höhe nach auf die geleistete Sozialhilfe beschränkt, versteht sich von selbst. Dazu muss man wissen, was zur **Sozialhilfe** gehört. Es ist dies vor allem die **Hilfe zum Lebensunterhalt** (§§ 11 ff. BSHG), auch wenn sie einmalig als Bekleidungs- oder Weihnachtshilfe geleistet wird[66], aber auch die **Hilfe für besondere Lebenslagen** (§§ 27 ff. BSHG), soweit sie den gesetzlichen Unterhalt deckt, denn **Unterhalt und Sozialhilfe müssen den gleichen Lebensbedarf decken**. Daran fehlt es etwa dann, wenn das Sozialamt Schulden des Unterhaltsberechtigten tilgt, denn die Schuldentilgung gehört nicht mehr zum Unterhaltsbedarf.   **1473**

Da jeder Bedürftige einen eigenen Anspruch auf Sozialhilfe hat, muss schon das Sozialamt den Bedarf einer Gemeinschaft, etwa von Mutter und Kind, **auf die einzelnen Personen verteilen**[67], und diese Verteilung ist auch im Unterhaltsprozess verbindlich.

3.7 Schuldnerschutz: Beschränkung durch Einkommen und Vermögen des Schuldners

Nach **§ 91 II 1 BSHG** geht der Unterhaltsanspruch nur über, **soweit** der Unterhaltsschuldner als Hilfsbedürftiger sein **Einkommen und Vermögen** nach den Bestimmungen des Abschnitts 4 des BSHG **einzusetzen** hätte[68]. Auf diese Weise soll verhindert werden, dass auch der Unterhaltsschuldner der Sozialhilfe anheimfällt. So sind bei der Hilfe zum Lebensunterhalt die Einkommens- und Vermögensgrenzen nach §§ 76–78, 88 und bei der Hilfe in besonderen Lebenslagen die Grenzen der §§ 79 ff. BSHG zu beachten. Im Unterhaltsprozess muss das Gericht diese Grenzen von sich aus berechnen und einhalten, weil der Unterhaltsanspruch nur in diesem Umfang übergeht. Zu diesem Zweck muss der Unterhaltsschuldner sein Einkommen und Vermögen darlegen. Hilfreich ist eine Auskunft des Sozialamts nach § 15 SGB I, § 8 II BSHG darüber, welches Einkommen nach Sozialhilferecht und örtlicher Praxis dem Unterhaltsschuldner anrechnungsfrei zu belassen sei. Wenn danach dem Unterhaltsschuldner mehr Einkommen bleibt als der Selbstbehalt nach der Düsseldorfer Tabelle, beschränkt dies nach §§ 1581, 1603 BGB auch die Leistungsfähigkeit, denn dem Unterhaltsschuldner muss schon un-   **1474**

65 Dazu: *Seetzen* NJW 94, 2505; *Künkel* FamRZ 94, 540, 544 ff.; 96, 1509; *Brudermüller* FamRZ 95, 1033; *Hampel* FamRZ 96, 513.

66 *OLG* Hamburg FamRZ 91, 1300: auf längeren Zeitraum umzulegen.

67 BVerwG NJW 93, 2884; *OVG* Hamburg FamRZ 89, 424: Wohnbedarf.

68 *BGH* NJW 98, 2219 u. FamRZ 99, 843: nicht fiktive Einkünfte; ebenso *OLG Hamm u. Karlsruhe* FamRZ 97, 90, 180; *OLG München* FamRZ 98, 553; zur Berechnung: *OLG* Karlsruhe FamRZ 95, 615; *BGH* FamRZ 2001, 619: auf § 7 I 1 UVG nicht entspr. anwendbar; *Brudermüller* FamRZ 95, 1033; *Zeranski* FamRZ 2000, 1057.

terhaltsrechtlich das Existenzminimum bleiben, und das liegt sogar noch etwas über dem Sozialhilfebedarf[69].

1475 **Vom Bruttoeinkommen** des Unterhaltsschuldners sind deshalb **abzuziehen**:

a) Steuern, Sozialversicherungsbeiträge, Werbungskosten sowie ein angemessener Freibetrag für Erwerbstätige bis zur Hälfte des Eckregelsatzes nach § 2 RegelsatzVO (§ 76 II, IIa, III BSHG);

b) 64% des Grundbetrags (§ 79 I Nr. 1 BSHG); das ist der Eckregelsatz nebst 15% Zuschlag für durchschnittlich bezahlte einmalige Hilfe zum Lebensunterhalt (§ 21 BSHG);

c) Kosten für Wohnung und Heizung (Warmmiete), soweit sie nicht in auffälligem Mißverhältnis zum Lebensstandard stehen (§ 12 I BSHG, § 3 I, II RegelsatzVO);

d) weitere Beträge in angemessener Höhe für besondere Belastungen.

3.8 Schuldnerschutz: Ausschluss des Forderungsübergangs

1476 Nach **§ 91 I 2 BSHG** geht der Unterhaltsanspruch insoweit nicht über, als der **Unterhalt laufend bezahlt** wird; gemeint ist die Zahlung nach Gewährung von Sozialhilfe. Da die Sozialhilfe subsidiär ist, darf der Unterhaltsschuldner nach wie vor befreiend (§ 362 BGB) an den Unterhaltsberechtigten zahlen und im Umfang seiner Zahlung die Sozialhilfe entbehrlich machen, ohne dass es auf seine Kenntnis vom Forderungsübergang nach §§ 407 I, 412 BGB ankommt. Soweit der Unterhaltsschuldner den Unterhalt schon vor der Sozialhilfeleistung bezahlt hat, ist der Unterhaltsanspruch erloschen und kann schon deshalb nicht mehr übergehen.

1477 Nach **§ 91 I 3 BSHG** geht der Unterhaltsanspruch überhaupt nicht über, wenn der Unterhaltsschuldner zum **privilegierten Personenkreis** der §§ 11, 28 BSHG gehört.

Nach **§ 91 I 4 mit § 90 IV BSHG** ist der Forderungsübergang ferner dann ausgeschlossen, wenn in Fällen des § 19 II BSHG (gemeinnützige Arbeiten) oder § 20 II BSHG (Tätigkeiten für arbeitsentwöhnte Personen) Hilfe zum Lebensunterhalt geleistet oder ein Mehraufwand entschädigt wird.

1478 Schließlich ist der gesetzliche Forderungsübergang nach **§ 91 II 2 BSHG** dann ausgeschlossen, wenn er „eine **unbillige Härte** bedeuten würde"[70]. Fraglich ist, wer die unbillige Härte im Einzelfall feststellen soll, das Sozialamt oder das Gericht im Unterhaltsprozess. Solange das Sozialamt sich bedeckt hält, bleibt dem Gericht im Unterhaltsprozess nichts anderes übrig, als selbst zu entscheiden, ob der Unterhaltsanspruch übergegangen ist oder nicht. Wenn dagegen das Sozialamt die unbillige Härte durch Verwaltungsakt bejaht oder verneint, ist auch das Gericht daran gebunden[71].

---

69 *BGH* 111, 194; NJW 84, 1614; FamRZ 93, 417; NJW 98, 2219 u. FamRZ 99, 843: kein Forderungsübergang, wenn Einkünfte des Schuldners nur fiktiv, da Unterhalt u. Sozialhilfe unterschiedlich berechnet.

70 Zum Regelbeispiel des § 91 II 2 Hs. 2: *OLG Oldenburg* FamRZ 96, 625; ferner *OLG Köln* FamRZ 97, 53: vollj. behindertes Kind.

71 *BGH* FamRZ 93, 417.

3.9 Schuldnerschutz: Zeitliche Beschränkung des Forderungsübergangs

§ 91 III 1 BSHG beschränkt den gesetzlichen Forderungsübergang zeitlich. Auch der
Sozialhilfeträger darf normalerweise nur den laufenden Unterhalt verlangen. Rückständigen Unterhalt ab Beginn der Sozialhilfe darf er nur in zwei Fällen geltendmachen; erstens unter den Voraussetzungen des Unterhaltsrechts, das Verzug[72] oder Rechtshängigkeit erfordert (§§ 1361 IV 4, 1585b, 1613 BGB); zweitens „wenn dem Unterhaltspflichtigen die Gewährung der Hilfe schriftlich mitgeteilt" wurde. Die **„Rechtswahrungsanzeige"** warnt den Schuldner wie eine Mahnung und wirkt auf den Beginn der Sozialhilfe zurück, verhindert also, dass der Unterhaltsanspruch für die Vergangenheit erlischt[73]. Die verspätete „Rechtswahrungsanzeige" dagegen wirkt erst ab Zugang[74]. Die Rechtswahrungsanzeige ist rechtzeitig, wenn sie nach Bewilligung und erster Gewährung der Sozialhilfe ohne schuldhaftes Zögern (§ 121 I 1 BGB) abgegeben wird[75].

1479

3.10 Behauptungs- und Beweislast

Für den Unterhaltsprozess auf **Klage des Sozialhilfeträgers** gelten folgende Behauptungs- und Beweislastregeln.

1480

Der klagende **Sozialhilfeträger** muss Tatsachen behaupten und beweisen für:

a) Grund und Höhe des Unterhaltsanspruchs, also Bedarf und Bedürftigkeit nach §§ 1361, 1569 ff., 1601 ff. BGB;
b) den gesetzlichen Forderungsübergang, also den Umfang und die Art geleisteter Sozialhilfe, soweit sie einen Unterhaltsbedarf deckt, aufgeschlüsselt nach Unterhaltsberechtigten und Zeiträumen[76];
c) für rückständigen Unterhalt: Verzug, Rechtshängigkeit oder Rechtswahrungsanzeige;
d) für künftigen Unterhalt nach Schluss der mündlichen Verhandlung: voraussichtlich Sozialhilfe auf längere Zeit.

Der beklagte **Unterhaltsschuldner** muss Tatsachen behaupten und beweisen für:

a) Einwendungen gegen den Unterhaltsanspruch wie Erfüllung, Verzicht, Verwirkung und Leistungsunfähigkeit;
b) Einwendungen gegen den gesetzlichen Forderungsübergang nach § 91 I 2-4, II 2 BSHG[77].

---

72 *BGH* NJW 88, 2240: da nur Gläubiger mahnen kann, ist Mahnung des SHT erst nach Forderungsübergang möglich.
73 *BGH* NJW 85, 2589; 90, 1853; FamRZ 89, 1054.
74 *BGH* FamRZ 89, 1054.
75 *BGH* 74, 121; NJW 86, 724; 88, 2240; 90, 1853; FamRZ 89, 1054.
76 *OLG Zweibrücken* FamRZ 97, 1092.
77 *OLG Zweibrücken* FamRZ 97, 1092.

4. Zuständigkeit für Unterhalt

1481   **Sachlich zuständig** ist stets das Amtsgericht (§ 23a Nr. 2 GVG). Die **örtliche Zuständigkeit** richtet sich nach §§ 12 ff. ZPO. Hat der Unterhaltsschuldner keinen Gerichtsstand im Inland, auch nicht nach § 23 ZPO (Vermögen), darf der Unterhaltsberechtigte nach **§ 23a ZPO** in seinem eigenen allgemeinen Gerichtsstand klagen[78]. Will das Kind beide Eltern auf Unterhalt verklagen, hat es nach **§ 35a ZPO** die Wahl zwischen dem Gerichtsstand des Vaters und dem Gerichtsstand der Mutter.

Für den **gesetzlichen Unterhalt des minderjährigen Kindes gegen seine Eltern** ist nach **§ 642 I** das Gericht **ausschließlich zuständig**, bei dem das Kind oder der Elternteil, der es vertritt, seinen allgemeinen Gerichtsstand hat.

Einen zusätzlichen Gerichtsstand für Ehegattenunterhalt und Unterhalt der Mutter nach § 1615l BGB begründet **§ 642 III** dort, wo in erster Instanz ein Verfahren über Kindsunterhalt anhängig ist.

Innerhalb des zuständigen Amtsgerichts ist die Familiensache „Unterhalt" dem **Familiengericht** zugewiesen. Das Familiengericht muss darauf achten, ob bereits eine Ehesache anhängig ist, denn das Familiengericht der Ehesache ist nach § 621 II, III ZPO auch für die Familiensache „Unterhalt" örtlich zuständig (RN 1434 f.).

5. Verfahren

1482   Den gesetzlichen Unterhalt erstreitet man nach den besonderen Vorschriften der §§ 495 ff. ZPO im Amtsgerichtsprozess, über die Verweisungsnorm des § 495 ZPO aber doch weitgehend im Normalprozess der §§ 253 ff. ZPO. Die §§ 621 ff. ZPO sagen dazu nichts, weil es nichts zu sagen gibt, mit einer Ausnahme: § 621d lässt verspätetes Vorbringen großzügiger zu als § 296, den er deshalb verdrängt.

Bedarf, Bedürftigkeit und Leistungs(un)fähigkeit sind, soweit streitig, nach § 286 ZPO voll zu beweisen, jedoch darf in begrenztem Umfang nach § 287 II ZPO geschätzt werden[79].

Neuerdings darf das Familiengericht nach **§ 643** nicht nur den Parteien aufgeben, über ihr Einkommen und Vermögen Auskunft zu geben und die Belege vorzulegen (I), sondern auch direkt bei Arbeitgebern, Sozialleistungsträgern, Versicherungsunternehmen, Rentenversicherungsträgern und Finanzämtern Auskünfte einzuholen (II). Alle diese Personen und Stellen sind zur Auskunft verpflichtet (III).

6. Vergleich

1483   Auch im Unterhaltsprozess befiehlt § 279 mit § 495 ZPO dem Gericht, den Streit möglichst durch Vergleich zu beenden. Die Parteien haben wenig davon, wenn das Gericht

---

78 *BGH* 106, 300: gilt auch für Klage zwischen Eltern auf Befreiung oder Erstattung von Kindesunterhalt aus Scheidungsvereinbarung; aber auch *OLG Schleswig* FamRZ 93, 1333 u. *KG* FamRZ 98, 564: EuGVÜ geht vor.
79 Dazu *BGH* NJW 81, 1313; 82, 41; 83, 2082, 2083; 84, 2358; 86, 3080; 90, 2886; 91, 1290.

ihnen im Urteil eine Unterhaltsberechnung präsentiert, die niemand versteht, weil sie sich im Labyrinth des deutschen Unterhaltsrechts verliert. Meistens kann das Gericht den Parteien in der mündlichen Verhandlung, die freilich gründliche Vorbereitung, Zeit und Geduld erfordert, eine Lösung anbieten, mit der beide leben können und die sie vielleicht auch noch verstehen. Der gestalterische Spielraum ist groß.

Stets aber muss man daran denken, dass auch der Unterhaltsvergleich später nach § 242 BGB mit § 323 ZPO an eine veränderte Geschäftsgrundlage angepaßt werden muss. Deshalb hält der Vergleich möglichst genau die Berechnungsgrundlage fest (RN 1574).

7. Urteil

Die Unterhaltsklage ist zulässig oder unzulässig[80], begründet oder unbegründet. Die **Verurteilung** lautet etwa so: **1484**

„1. Der Beklagte wird verurteilt, an die Klägerin ab 1.3.2002 monatlich, jeweils im Voraus, 650,– Euro Unterhalt zu zahlen.

2. Der Beklagte trägt die Kosten des Rechtsstreits.

3. Das Urteil ist vorläufig vollstreckbar. Der Beklagte darf die Vollstreckung durch Sicherheit in Höhe des jeweils beizutreibenden Betrags abwenden, wenn nicht der Kläger vor der Vollstreckung Sicherheit in gleicher Höhe leistet. Sicherheit durch Bankbürgschaft genügt."

Wenn der Unterhaltsschuldner trotz vollständiger und pünktlicher Zahlung voll verurteilt wird, muss der Tenor die geleisteten Zahlungen ausdrücklich abziehen[81].

Die exakte Beurkundung des Parteivorbringens zum Einkommen und Vermögen der Parteien im **Tatbestand** ist hier wegen der späteren Abänderung des Unterhalts nach § 323 ZPO besonders wichtig. Die **Entscheidungsgründe** sollten die Unterhaltsberechnung so übersichtlich darstellen, dass auch ein normaler Sterblicher sie versteht; oft versteht sie nicht einmal der Jurist.   **1485**

Da das Unterhaltsurteil nach § 258 ZPO auch in die Zukunft blickt, stellt es den Unterhaltsanspruch im Rahmen der Verurteilung über den Zeitpunkt der letzten mündlichen Verhandlung hinaus fest, soweit seine Prognose in die Zukunft reicht[82].

Abweichend von §§ 91-93a kann das Familiengericht dem Beklagten nach **§ 93d** schon dann die **Kosten** ganz oder teilweise auferlegen, wenn er das Verfahren dadurch veranlasst hat, dass er seine Auskunftpflicht nicht erfüllt hat.

Wenn die Unterhaltsklage nur einen **Teilerfolg** hat, muss man die **Kosten** gemäß § 92 ZPO nicht schematisch nach dem Streitwert, sondern darf sie auch im Verhältnis der verschiedenen Unterhaltszeiträume verteilen[83].

---

80 *BGH* NJW 85, 2535: Rechtskraft Prozessurteil wegen fehlenden Rechtsschutzinteresses; *OLG Hamburg* FamRZ 90, 535: Rechtskraft ausländischer Klagabweisung.

81 *BGH* NJW 98, 3116: andernfalls volle Beschwer des Verurteilten.

82 *BGH* NJW 90, 2752.

83 *OLG Düsseldorf* FamRZ 96, 881; *OLG Karlsruhe* FamRZ 97, 221: größeres Gewicht des laufenden Unterhalts trotz § 17 I 1 GKG; *OLG München* FamRZ 97, 762; zu § 93, wenn nur Spitzenbetrag streitig: *OLG Nürnberg* FamRZ 2000, 621.

8. Streitwert

1486   Der **Kostenstreitwert** wird nach § 17 GKG berechnet und ist gleich dem **Jahresbetrag** der verlangten Unterhaltsrente[84], wenn diese nicht geringer ist (I 1), **nebst** den **Rückständen** aus der Zeit vor Einreichung der Klage (IV). Da die Unterhaltsrente Monat für Monat im Voraus fällig wird, ist der Monat, in dessen Verlauf die Klage eingereicht wird, bereits rückständig[85]. Wird die Klage später erweiterte, so zählt auch die Erhöhung für die Zeit bis zur Einreichung der Klageerweiterung zu den Rückständen[86].

Für den Kindsunterhalt nach §§ 1612a-1612c BGB ist der monatliche Regelbetrag in der Altersstufe zur Zeit der Einreichung von Klage oder Antrag zugrundezulegen (§ 17 I 2 GKG).

1487   Mit dem Kostenstreitwert darf man den **Wert der Beschwer** nicht verwechseln, der das Tor zur Rechtsmittelinstanz öffnet und nach §§ 2 ff. ZPO berechnet wird, hier nach § 9 ZPO mit dem dreieinhalbfachen Jahresbetrag[87].

9. Prozesskostenhilfe

1488   Im Unterhaltsprozess wird mehr als in jedem anderen Verfahren Prozesskostenhilfe beantragt. Auch hier gilt: Streitfragen des Unterhaltsrechts sind nicht schon im Verfahren der Prozesskostenhilfe, sondern erst im Unterhaltsprozess selbst zu entscheiden[88].

Für den **Kindesunterhalt** muss auch dann nur das Kind arm sein, wenn nach § 1629 III BGB der betreuende Elternteil in Prozessstandschaft klagt[89]; das Kind ist allerdings nicht arm, wenn es gegen seine Eltern einen durchsetzbaren Anspruch auf Prozesskostenvorschuss hat[90].

Für **andere Prozessstandschaften** gilt das nicht. Klagt etwa der Unterhaltsberechtigte mit Ermächtigung des Sozialhilfeträgers den durch gesetzlichen Forderungsübergang nach § 91 BSHG verlorenen Unterhaltsanspruch ein, gibt es keine Prozesskostenhilfe, denn der Sozialhilfeträger ist nicht arm und die Armut des Klägers nicht ausreichend. Für die **treuhänderische Rückabtretung** kann nichts anderes gelten. Im Rahmen des § 91 BSHG hängt die Antwort letztlich davon ab, ob § 91 IV 2 BSHG den Sozialhilfeträger nur zur Freistellung und Kostenerstattung[91] oder zur Zahlung eines Prozesskostenvorschusses[92] verpflichtet.

---

84 *OLG Braunschweig* FamRZ 97, 38: auch wenn unstreitig; *OLG Karlsruhe* FamRZ 97, 39 u. *OLG Hamburg* FamRZ 98, 311: gilt auch für Rückforderung bezahlten Unterhalts.
85 *OLG Karlsruhe* FamRZ 86, 194.
86 *OLG Karlsruhe* FamRZ 86, 194.
87 *BGH* NJW 97, 1016: zur Stufenklage; 98, 3116; ferner *BGH* FamRZ 85, 631: Berufungsgründung.
88 *OLG Karlsruhe* FamRZ 96, 1288: zur Verwirkung nach § 1579 BGB.
89 *KG* FamRZ 89, 82; *OLG Bamberg* FamRZ 94, 635; *OLG Frankfurt* FamRZ 94, 1041; *OLG Dresden* FamRZ 97, 1287.
90 *OLG Frankfurt* FamRZ 94, 1041; *OLG Dresden* FamRZ 97, 1287.
91 *OLG Köln* FamRZ 97, 1086; *OLG Düsseldorf* FamRZ 99, 1147; *OLG Nürnberg* FamRZ 99, 1284.
92 *OLG Koblenz* FamRZ 97, 1086; *OLG Celle* FamRZ 99, 1284; *OLG Karlsruhe* FamRZ 99, 1508.

Mutwillig ist die Unterhaltsklage, wenn der voll und pünktlich zahlende Schuldner vorher nicht vergeblich aufgefordert worden ist, einen Unterhaltstitel außerhalb des Prozesses zu schaffen[93]. Mutwillig ist vielleicht auch die Klage auf Geschiedenenunterhalt außerhalb des Scheidungsverbunds und kurz nach der Scheidung[94].

Dagegen kann man getrenntlebenden Ehegatten, von denen jeder ein minderjähriges Kind betreut, schwerlich verwehren, mit Klage und Widerklage den Kindesunterhalt zu verlangen, denn eine Verrechnung ist nur im Verhältnis der Eltern, nicht auch den Kindern gegenüber wirksam[95].

3. Kapitel
Die Stufenklage auf Unterhalt

1. Gesetzliche Konstruktion

1.1 Klagenhäufung mit unbestimmtem Zahlungsantrag

Mit der Stufenklage nach § 254 ZPO verfolgt der Unterhaltsberechtigte Stufe für Stufe **1489** drei Ansprüche:

- auf der **ersten Stufe** einen Anspruch auf **Auskunft** nach §§ 1361 IV 4, 1580, 1605 I BGB;
- auf der **zweiten Stufe**, die auch fehlen kann[96], einen Anspruch auf **eidesstattliche Versicherung** nach § 1605 I 3 mit §§ 260, 261 BGB, dass die Auskunft nach bestem Wissen vollständig erteilt sei;
- und auf der **dritten und letzten Stufe** einen **Anspruch auf Zahlung** der monatlichen Unterhaltsrente, **deren Höhe sich aus der Auskunft ergeben werde**.

Die Stufenklage verbindet mehrere selbständige prozessuale Ansprüche zu einer objektiven Klagenhäufung nach § 260 ZPO[97]. Jedoch sind nur die Anträge der ersten beiden Stufen bestimmt, der Zahlungsantrag der dritten Stufe hingegen in aller Regel[98] noch un-

---

93 *OLG Stuttgart* FamRZ 90, 1368; *OLG München* FamRZ 94, 313; 96, 2021; *OLG Köln* FamRZ 97, 177 u. 97, 618; ferner *OLG Düsseldorf* FamRZ 93, 1217: Klage auf vollen Unterhalt, obwohl nur Spitzenbetrag streitig, nicht mutwillig; *OLG Frankfurt* FamRZ 97, 618: Trennungsverschulden noch kein Mutwille.
94 *OLG Hamm* FamRZ 92, 452; *OLG Köln* FamRZ 94, 314; *OLG Dresden* FamRZ 99, 601; *OLG Thüringen u. Schleswig* FamRZ 2000, 100, 430; *OLG Dresden u. Oldenburg* FamRZ 2001, 230, 630; a.A. *OLG Düsseldorf* FamRZ 92, 457: nur in Höhe Mehrkosten; FamRZ 94, 635: Problem der Kostenfestsetzung; *OLG Rostock* FamRZ 99, 597; *OLG Hamm* FamRZ 2001, 231.
95 *OLG Zweibrücken* FamRZ 97, 178.
96 *BGH* NJW 91, 1893.
97 *BGH* 76, 12; NJW 94, 2895; 94, 3102.
98 *BGH* WM 72, 1121: nicht notwendig.

bestimmt, denn die Hilfsansprüche auf Auskunft und eidesstattliche Versicherung sollen ihn erst noch berechenbar und bestimmbar machen[99].

1490   § 254 ZPO, der die Stufenklage regelt, folgt nicht ohne Grund dem § 253 ZPO auf dem Fuß, denn die **Stufenklage** ist eine **Ausnahme von § 253 II Nr. 2 ZPO, der einen bestimmten Klagantrag vorschreibt.** Aber der unbezifferte Zahlungsantrag ist schon nach dem Wortlaut des § 254 ZPO nur bis zur Auskunft und eidesstattlichen Versicherung zulässig und muss danach wie jeder andere Zahlungsantrag beziffert werden (RN 1501). Auch darf er nur von der Auskunft und eidesstattlichen Versicherung des Beklagten abhängig gemacht werden, nicht von der Auskunft einer anderen Person[100].

1491   Die **Klaganträge der Stufenklage gegen einen Nichtselbständigen** lauten etwa so:
„Der Beklagte wird verurteilt:

1a. Der Klägerin Auskunft zu geben über seine Einkünfte aus nichtselbständiger Tätigkeit einschließlich aller Sonderzuwendungen im Jahre 2001 sowie über die Steuererstattungen in diesem Jahr.

1b. Der Klägerin eine Jahreslohnbescheinigung seines Arbeitgebers über Brutto- und Nettoverdienst, Sonderzuwendungen, Steuer- und Sozialversicherungsabzüge vorzulegen nebst vorhandenen Einkommensteuererklärungen, Einkommensteuerbescheiden und Erstattungsbescheiden für das Jahr 2001;

2. an Eides Statt zu versichern, dass er die Auskunft zu 1) nach bestem Wissen so vollständig erteilt habe, als ihm möglich gewesen sei;

3. an die Klägerin diejenige monatliche Unterhaltsrente zu zahlen, die sich aus der Auskunft und der eidesstattlichen Versicherung ergeben wird."

Die **Klaganträge gegen einen Selbständigen** lauten etwa so:
„1. Der Beklagte wird verurteilt, der Klägerin über seine Einkünfte in den Jahren 1999 bis 2001 Auskunft zu erteilen und die Bilanzen mit Gewinn- und Verlustrechnungen sowie die Einkommensteuererklärungen und -bescheide für diese Jahre vorzulegen.

2. Der Beklagte wird verurteilt, an Eides Statt zu versichern, dass er nach bestem Wissen sein Einkommen so vollständig als möglich angegeben habe.

3. Der Beklagte wird verurteilt, den sich aus der Auskunft ergebenden Geschiedenenunterhalt, monatlich jeweils im Voraus, an die Klägerin zu zahlen."

1.2 Vorteil der Stufenklage

1492   Die Stufenklage hat den großen Vorteil, dass auch der Anspruch auf Unterhalt, obwohl noch unbestimmt, schon mit Zustellung der Klage in Höhe der späteren Bezifferung rechtshängig wird und die Verjährung unterbricht[101]. Außerdem lässt sich der Streitwert vorerst niedrig halten und das Kostenrisiko vernünftig begrenzen. Farbe bekennen muss

---

99   *BGH* GSZ 128, 89; FamRZ 96, 1070: vorläufige Bezifferung kann zurückgenommen und unbeziffert weiterprozessiert werden; *OLG Bamberg* FamRZ 97, 40: Klage auf isolierte Auskunft o. eidesstattl. Versich. ist keine Stufenklage; a.A. *KG* FamRZ 97, 503.

100   *BGH* NJW 94, 3102; 2000, 1645: auch nicht von anderen Informationen, die nicht der Bezifferung des Unterhalts dienen; Auskunftsklage ist unbegründet.

101   *BGH* NJW 75, 1409; 92, 2563; FamRZ 95, 729: auch wenn Prozess stillsteht; 95, 797: auch wenn nach Prozesskostenhilfe für die Auskunft versehentlich ganze Stufenklage zugestellt wird.

der Kläger erst auf der dritten Stufe. Zwar kann der Unterhaltsberechtigte seinen Auskunftsanspruch auch für sich allein einklagen, muss dann aber vielleicht zwei Prozesse führen und das ist selten vernünftig.

2. Verhandlung und Entscheidung Stufe für Stufe

2.1 Regel und Ausnahme

Es liegt auf der Hand, dass man über die Stufenklage nicht in einem Aufwaschen verhandeln und entscheiden kann, denn Auskunft und eidesstattliche Versicherung sollen dem Unterhaltsberechtigten erst die Daten liefern, die er für die Berechnung seines Unterhalts braucht. Umgekehrt darf sich der Kläger nach § 254 ZPO die Bezifferung seines Unterhaltsanspruchs nur solange vorbehalten, bis die Auskunft erteilt und die eidesstattliche Versicherung abgegeben ist. **Deshalb verhandelt und entscheidet das Familiengericht im Normalfall eine Stufe nach der anderen.** Den Unterhalt kann man erst berechnen und beziffern, wenn die Auskunft erteilt und die eidesstattliche Versicherung abgegeben ist. Und der Anspruch auf eidesstattliche Versicherung ist erst spruchreif, wenn die Auskunft erteilt ist und den Verdacht mangelnder Sorgfalt weckt. Erst wenn auch dieser Anspruch erledigt ist, kommt man zum Kern der Sache: dem Unterhaltsanspruch[102]. Dies gilt selbst dann, wenn der Kläger seinen Unterhalt schon vorher beziffert, denn diese Bezifferung ist nur eine vorläufige und darf jederzeit zurückgenommen werden[103]. **1493**

Aber auch diese Regel hat ihre **Ausnahme: Über die ganze Stufenklage muss man dann einheitlich verhandeln und entscheiden, wenn sie entweder unzulässig oder in vollem Umfang unbegründet ist**, weil der Kläger schon dem Grunde nach keinen Anspruch auf Unterhalt hat und deshalb auch keinen Anspruch auf Auskunft oder eidesstattliche Versicherung[104]. **1494**

Obwohl es offen gegen das Verbot der Verschlechterung nach § 528 S. 2 ZPO verstößt[105], darf das **Berufungsgericht** die ganze Stufenklage abweisen, wenn der Beklagte gegen die Verurteilung zur Auskunft oder der Kläger gegen die Abweisung des Auskunftsanspruchs Berufung eingelegt hat und das Berufungsgericht den Unterhaltsanspruch schon dem Grunde nach verneint[106]. Der Kläger kann die Klagabweisung nicht dadurch verhindern, dass er seinen Zahlungsanspruch in erster Instanz beziffert und zur Verhandlung stellt[107].

Wenn dagegen die erste Instanz die Stufenklage zu Unrecht abgewiesen hat, verhandelt das **Berufungsgericht** vorweg über den Auskunftsanspruch, verurteilt durch Teilurteil zur Auskunft oder weist die Auskunftsklage ab und verweist den Rechtsstreit im Übrigen analog § 538 II Nr. 4 ZPO an die erste Instanz zurück[108].

---

102 *BGH* 10, 385; MDR 64, 665; WM 72, 1121; FamRZ 88, 157; 96, 1070; NJW 91, 1893; *OLG Köln* FamRZ 2001, 423.
103 *BGH* FamRZ 96, 1070.
104 *BGH* 94, 275; FamRZ 90, 863; NJW 59, 1827; 91, 1893.
105 Dazu *Schellhammer*, Zivilprozess RN 1033 ff.
106 *BGH* 94, 275; NJW 59, 1827; FamRZ 90, 863.
107 *BGH* 94, 275.
108 *BGH* FamRZ 88, 158; aber auch *BGH* NJW 91, 1892: nach übereinstimmender Erledigung von Auskunft und eidesstattlicher Versicherung darf Berufungsgericht Zahlungsantrag nur zurückverweisen, wenn es vorab selbst über den Grund des Unterhaltsanspruchs entscheidet.

1495   Wohl aber darf der Kläger **jederzeit die Stufenklage verlassen**, die Ansprüche auf Auskunft oder eidesstattliche Versicherung fallenlassen und zum Zahlungsanspruch übergehen, den er jetzt freilich beziffern muss[109]. Eine Klageänderung ist dies schon deshalb nicht, weil er – unbeziffert – von Anfang an Unterhalt verlangt[110].

2.2 Erste Stufe: Auskunft

1496   Wenn nicht die ganze Stufenklage unzulässig oder unbegründet ist, wird vorweg über den Auskunftsantrag auf der ersten Stufe verhandelt[111]. Dieser ist entweder zulässig oder unzulässig[112], begründet oder unbegründet. Auf zulässige und begründete Auskunftsklage **verurteilt das Gericht**, wenn die Parteien sich darüber nicht durch Prozessvergleich einigen, den Beklagten **durch Teilurteil** nach § 301 ZPO **zur Auskunft**[113]. Das Teilurteil ist nach §§ 708 Nr. 11, 711 ZPO vorläufig vollstreckbar[114], enthält aber noch keine Kostenentscheidung. Als unvertretbare Handlung ist die Auskunft nach § 888 I ZPO zu vollstrecken[115].

1497   Gegen das Teilurteil auf Auskunft ist nach § 511 ZPO zwar die **Berufung** statthaft, zulässig aber ist sie nur, wenn nach § 511 II ZPO n.F. das erstinstanzliche Urteil sie zulässt oder der Wert der Beschwer höher ist als 600,– Euro, beides aber kommt selten vor. Denn eine fragwürdige Rechtsprechung bemisst den Wert der Beschwer des verurteilten Beklagten nicht etwa nach dem Wert der Auskunft für den Unterhalt, gegen den sich der Beklagte letztlich wehrt, sondern nur nach seinem Aufwand an Zeit und Geld für die Auskunft[116].

1498   **Die unzulässige oder unbegründete Auskunftsklage wird durch Teilurteil abgewiesen.** Unbegründet ist die Auskunftsklage dann, wenn der Kläger vielleicht einen Unterhalts-, keinesfalls aber einen Auskunftsanspruch hat, etwa weil dieser schon erfüllt ist[117]. Wenn der Kläger den Erfüllungseinwand nicht gelten lässt, wehrt er sich gegen die Teilabweisung seiner Klage mit der Berufung. Seine Beschwer für § 511a ZPO bemisst sich nach dem Wert der verlangten Auskunft und dieser nach einem Bruchteil (etwa 1/4) des begehrten Unterhalts[118].

---

109   *BGH* 94, 275.
110   *BGH* NJW 91, 1892: auch nicht in Berufungsinstanz; *OLG Düsseldorf* FamRZ 96, 493: auch keine Teilrücknahme oder Teilerledigung.
111   *BGH* FamRZ 88, 157.
112   *BGH* 76, 12.
113   *OLG Nürnberg* FamRZ 94, 1594: Verurteilung zur Auskunft und zum Mindestunterhalt?
114   *OLG München* FamRZ 90, 84: nicht § 708 Nr. 8 ZPO.
115   *BGH* 49, 15.
116   *BGH* GSZ 128, 85: nebst etwaigem Geheimhaltungsinteresse, während Kostenlast nicht zählt; a.A. *BGH* NJW 94, 1740: Kostenlast als Mindestbeschwer.
117   *BGH* ZZP 71, 408.
118   *BGH* GSZ 128, 89; NJW 94, 1740 u. NJW 97, 1016: 1/4 Unterhalt nach § 9 ZPO, nicht nach § 17 I GKG; *OLG Frankfurt* FamRZ 97, 38: 1/5 Unterhalt.

2.3 Zweite Stufe: eidesstattliche Versicherung

Über den Antrag auf eidesstattliche Versicherung kann – auf der zweiten Stufe – erst verhandelt und entschieden werden, wenn die Auskunft freiwillig erteilt oder nach § 888 I ZPO erzwungen ist[119]. Jetzt erst kann der Kläger seinen Anspruch auf eidesstattliche Versicherung aus § 260 BGB mit konkreten Verdachtsgründen dafür belegen, dass die Auskunft nicht mit der gehörigen Sorgfalt erteilt sei. Durch ein **zweites Teilurteil** verurteilt das Gericht den Beklagten zur Abgabe der eidesstattlichen Versicherung oder weist diesen Antrag ab. Auch dieses Teilurteil ist nach § 511 II ZPO n.F. für den Beklagten nur selten anfechtbar; es gelten die gleichen Regeln wie für die Auskunft (RN 1497 f.).

1499

Die rechtskräftige Feststellung des Auskunftsanspruchs ist für den Anspruch auf eidesstattliche Versicherung präjudiziell: Der Beklagte darf nicht mehr geltendmachen, er sei mangels Auskunftspflicht auch nicht zur eidesstattlichen Versicherung verpflichtet[120].

2.4 Dritte und letzte Stufe: Unterhalt

Über den Hauptanspruch auf Unterhalt wird erst verhandelt und entschieden, wenn die Hilfsansprüche auf Auskunft und eidesstattliche Versicherung erledigt sind: durch Erteilung der Auskunft und Abgabe der eidesstattlichen Versicherung oder durch rechtskräftige Abweisung der Hilfsansprüche. Außerdem darf der Kläger seine Anträge auf Auskunft und eidesstattliche Versicherung jederzeit fallen lassen und zur Unterhaltsklage übergehen (RN 1495).

1500

Jetzt aber muss er nach § 254 ZPO seinen **Unterhalt beziffern und** einen **bestimmten Zahlungsantrag stellen**[121]. Wie er das bewerkstelligt, ist sein Problem; an die Auskunft ist er jedenfalls nicht gebunden[122]. Beziffert er nicht, wird seine Unterhaltsklage unzulässig. Die bezifferte Unterhaltsklage ist begründet oder unbegründet. So oder so beendet das Gericht, wenn die Parteien sich nicht vergleichen, den Prozess durch **Schlussurteil**, das auch über die Kosten des Verfahrens entscheidet.

1501

Die Teilurteile über Auskunft und eidesstattliche Versicherung sind für das Schlussurteil über den Unterhaltsanspruch nicht präjudiziell, denn sie haben nicht nur verschiedene Streitgegenstände, sondern hängen auch rechtlich nicht von einander ab[123]. Wer einen Anspruch auf Auskunft hat, muss noch lange keinen Anspruch auf Unterhalt haben und das Fehlen eines Auskunftsanspruchs heißt nicht, dass auch kein Unterhaltsanspruch bestehe.

1502

Wie aber soll man die Kosten verteilen, wenn die Unterhaltsklage trotz Verurteilung zur Auskunft und/oder eidesstattlichen Versicherung schlußendlich abgewiesen wird? Dazu bieten sich zwei Überlegungen an: Man kann nach **§ 91 ZPO** dem Kläger die ganzen Kosten aufbürden, weil er mit seinem eigentlichen Begehren nach Unterhalt gescheitert ist und sich der Kostenstreitwert gemäß **§ 18 GKG** nur nach dem Zah-

1503

---

119 *BGH* 10, 385.
120 *BGH* WM 75, 1086.
121 *RG* 84, 372; *OLG Düsseldorf* NJW 65, 2352; *OLG Zweibrücken* FamRZ 83, 1154.
122 *BGH* ZZP 71, 408; *RG* 56, 44.
123 *BGH* NJW 69, 880.

lungsantrag richtet[124]. Man kann aber auch eine Kostenteilung nach **§ 92 I ZPO** erwägen, weil die Stufenklage eine objektive Klagenhäufung ist und der Kläger immerhin mit seinen Anträgen auf Auskunft und/oder eidesstattliche Versicherung gewonnen hat, so dass er vielleicht nur 3/4 der Kosten tragen muss[125]. Dass sich der Streitwert der Stufenklage allein nach dem Zahlungsantrag richtet, hindert eine Kostenteilung noch nicht. Der Streitwert ist zwar oft, aber nicht immer der Maßstab für die Kostenentscheidung; so rechtfertigt etwa die kräftige Teilabweisung der Zinsforderung eine Kostenteilung, obwohl die Zinsen den Streitwert nach § 22 I GKG nicht beeinflussen[126].

3. Die unergiebige Auskunft und ihre Folgen

3.1 Problem

1504 Bis der BGH sein Machtwort sprach[127], standen die Instanzgerichte recht ratlos vor der Frage, wie das Verfahren abzuwickeln sei und welche Partei die Kosten trage, wenn die Auskunft unergiebig ist und keinen Unterhaltsanspruch ergibt[128]. Nach geltendem Prozessrecht hat der Kläger nur folgende Möglichkeiten:

3.2 Antrag auf eidesstattliche Versicherung

Wenn der Kläger sich zutraut, Verdachtsgründe dafür zu liefern, die Auskunft des Beklagten sei nicht mit der gebotenen Sorgfalt erteilt worden, erklimmt er die zweite Stufe mit dem Antrag, den Beklagten zur Abgabe der eidesstattlichen Versicherung zu verurteilen, steht aber wiederum mit leeren Händen da, wenn auch die eidesstattliche Versicherung nichts neues bringt.

3.3 Bezifferung des Unterhalts

1505 Der Kläger besinnt sich auf die eigene Stärke und beziffert den Unterhalt unabhängig von der Auskunft, muss jetzt freilich seinen Bedarf und damit das behauptete Einkommen des Beklagten voll beweisen, denn die Auskunftspflicht kehrt die Beweislast nicht um. Freilich darf der Beklagte die Behauptung des Klägers nicht einfach bestreiten, sondern muss sein Einkommen so darlegen („substantiiert" bestreiten), dass der Kläger seine Behauptung beweisen kann. Misslingt der Beweis, wird die Unterhaltsklage auf Kosten des Klägers abgewiesen.

---

124 *OLG München* MDR 88, 782; 90, 636.
125 *OLG Hamm* MDR 89, 461.
126 *BGH* NJW 88, 2173.
127 *BGH* NJW 94, 2895.
128 Dazu *Kassebohm* NJW 94, 2728.

3.4 Klageverzicht und Klagerücknahme

Der Kläger gibt sich geschlagen und tritt den Rückzug an. Klageverzicht und Klagerück- **1506**
nahme sind jedoch mit der vollen **Kostenlast** nach § 91 oder § 269 III 2 mit Ausnahme
in III 3 ZPO verbunden. Man kann allenfalls eine Kostenteilung nach § 92 I ZPO erwägen, wenn der Kläger nur den Zahlungsantrag zurückzieht, denn mit dem Auskunftsantrag hatte er immerhin einen kleinen Teilerfolg[129].

3.5 Erledigung der Hauptsache

Da der Kläger aber überhaupt keine Kosten tragen will, erklärt er den Rechtsstreit in der **1507**
Hauptsache für erledigt. Schließt sich der Beklagte der Erledigungserklärung an, ist der
Rechtsstreit in der Hauptsache erledigt und das Gericht entscheidet durch Beschluss
nach § **91a I ZPO** nur noch über die Kosten. Stimmt der Beklagte der Erledigung nicht
zu, beantragt er vielmehr nach wie vor Klagabweisung, muss das Gericht durch Urteil
klären, ob sich der Rechtsstreit in der Hauptsache erledigt hat oder nicht, denn die **einseitige Erledigungserklärung** des Klägers ist nichts anderes als ein neuer Klagantrag
auf Feststellung der Erledigung. Über die Kosten entscheidet das Gericht deshalb nach
§ 91 ZPO[130].

Da die Kostenentscheidung in beiden Fällen nicht von der Prozesstaktik des Beklagten, **1508**
sondern vom Erfolg der Klage abhängt, sollte sie in beiden Fällen auch gleich ausfallen.
Nach § **91a I ZPO** verteilt das Gericht die **Kosten** zwar nach seinem Ermessen, aber mit
Rücksicht auf den bisherigen Sach- und Streitstand, so dass es in aller Regel **diejenige
Partei** belastet, **die den Prozess voraussichtlich verloren hätte**. Das aber ist hier der
Kläger, weil sein Unterhaltsbegehren von Anfang an unbegründet war[131].

Genauso **scheitert der Kläger mit seiner einseitigen Erledigungserklärung, denn** **1509**
**eine Unterhaltsklage, die von Anfang an unbegründet war, kann sich nicht erledi-
gen**, so dass das Gericht die neue Feststellungsklage auf Kosten des Klägers (§ 91 ZPO)
abweisen muss[132]. Untauglich ist der Versuch, diese Lösung mit einer „prozessualen" Erledigung zu unterlaufen[133], denn das ist nur ein Spiel mit Worten. Ob übereinstimmend
oder einseitig: Die Erledigungserklärung ist stets eine prozessuale Einrichtung, was
sollte sie auch anderes sein. Prozessual erledigen aber kann sich eine Klage nur dann,
wenn sie zur Zeit der Rechtshängigkeit zulässig und begründet war und erst nach Rechtshängigkeit unzulässig oder unbegründet wird[134].

---

129 *OLG Hamm* FamRZ 93, 1343, 1344 u. *OLG Koblenz* FamRZ 94, 1607: zu § 91a ZPO; *OLG
Thüringen* FamRZ 97, 219; a.A. *OLG Hamburg* FamRZ 96, 883: Pflichtteil.
130 *BGH* NJW 94, 2895: nicht § 93 ZPO analog.
131 *OLG München* FamRZ 93, 725; *OLG Koblenz* FamRZ 94, 1607; *OLG Hamburg* FamRZ 96,
883; *OLG Hamm* FamRZ 98, 444; a.A. für Kostenlast des Beklagten: *OLG Karlsruhe* FamRZ
89, 1200; für Kostenaufhebung, wenn Erfolgsaussicht offen bleibt: *OLG Karlsruhe* FamRZ
90, 74.
132 *BGH* NJW 94, 2895.
133 *OLG Frankfurt* FamRZ 87, 292; *OLG Karlsruhe* FamRZ 89, 1100.
134 *BGH* NJW 86, 588; 94, 2895.

3.6 Materiellrechtliche Kostenerstattung

1510 Aber noch gibt sich der Kläger nicht endgültig geschlagen, denn seine Kostenlast nach § 91a oder § 91 ZPO ist nicht das letzte Wort. Als Trumpf hat er vielleicht noch einen materiellrechtlichen Kostenerstattungsanspruch gegen den Beklagten in der Hand. Wenn er den Beklagten noch vor Klageerhebung mit der Auskunftspflicht in Verzug gesetzt hat und eine rechtzeitige Auskunft die Klage verhindert hätte, darf er von ihm die nutzlos aufgewendeten Prozesskosten als **Verzugsschaden** ersetzt verlangen. Diesen Schadensersatzanspruch darf er nun ins Spiel bringen, sowohl nach § 91a ZPO als auch mit seinem einseitigen Erledigungsantrag. **Für die Ermessensentscheidung nach § 91a ZPO ist der materiellrechtliche Kostenerstattungsanspruch des Klägers gegen den Beklagten ein schlagendes Argument**[135]. **Mit seiner einseitigen Erledigungserklärung** wiederum **darf der Kläger die weitere Feststellung beantragen, dass der Beklagte verpflichtet sei, die Kosten des Rechtsstreits zu tragen**[136]. Dieser Feststellungsantrag ist sogar entbehrlich; da er sich auf die Kosten des laufenden Prozesses bezieht, **genügt** schon **ein schlichter Kostenantrag**, den man notfalls aus der einseitigen Erledigungserklärung herausliest[137].

Auf diese Art und Weise findet man ohne künstliche Verrenkungen mit dem bewährten Instrumentarium der ZPO stets brauchbare Lösungen. Zu bedenken bleibt nur noch, ob man auch ohne materiellrechtlichen Kostenerstattungsanspruch dem Kläger nach § 92 I ZPO wenigstens den Teilerfolg mit dem Auskunftsantrag gutschreibt[138].

Neuerdings kann das Familiengericht nach **§ 93d** dem Beklagten schon dann die Kosten ganz oder teilweise aufbürden, wenn dieser seine Auskunftspflicht nicht oder nicht vollständig erfüllt und dadurch das Verfahren veranlasst hat.

4. Streitwert der Stufenklage

1511 Obwohl die Stufenklage mehrere prozessuale Ansprüche umfasst, werden deren Werte nicht addiert, vielmehr zählt nach **§ 18 GKG** zählt **nur** der wertvollste Anspruch und das ist stets der **Anspruch auf Unterhalt**[139]. Der Wert des Unterhaltsanspruchs wird nach § 17 GKG berechnet. Solange der Kläger ihn nicht beziffert, muss man ihn schätzen. Maßgebend ist das **wirtschaftliche Interesse des Klägers**, also seine Erwartung, die er mit der Stufenklage verbindet und nach § 23 GKG dem Gericht mitteilen soll. Und da wohl jede Stufenklage in Erwartung eines Unterhalts erhoben wird, ist ihr Streitwert auch dann höher als der Wert der Auskunft, wenn die Auskunft keinen Unterhalt ergibt und der Kläger deshalb aufgibt, denn der Streitwert richtet sich nie nach dem Prozesser-

---

135 *OLG Hamm* FamRZ 93, 1343, 1344; *OLG Koblenz* FamRZ 96, 882; *OLG Thüringen* FamRZ 97, 219; *OLGR Karlsruhe* 99, 251.
136 *BGH* NJW 94, 2895.
137 *BGH* NJW 94, 2895.
138 *OLG Hamm* FamRZ 93, 1343; *OLG Koblenz* FamRZ 94, 1607; *OLG Thüringen* FamRZ 97, 219; a.A. *OLG Hamburg* FamRZ 96, 882: fällt nicht ins Gewicht.
139 *OLG Bamberg* JurBüro 86, 1062; *OLG Celle* AnwBl 87, 286; *OLG Zweibrücken* JurBüro 87, 563; *OLG Bamberg* FamRZ 97, 40: ohne Zahlungsantrag keine Stufenklage nach § 18 GKG.

gebnis, sondern immer nur nach dem Begehren am Anfang des Prozesses[140]. Dagegen bemisst sich der Streitwert einer isolierten Auskunftsklage nach einem Bruchteil des erwarteten Unterhalts[141].

5. Prozesskostenhilfe für Stufenklage

Prozesskostenhilfe wird nicht Stufe für Stufe, sondern von Anfang an für die ganze Stufenklage bewilligt, vorerst aber nur für den unbezifferten Zahlungsantrag[142]. Da die Erfolgsaussicht der Unterhaltsklage frühestens aus der Auskunft des Beklagten beurteilt werden kann, wird das Gericht nach Bezifferung des Unterhalts die Erfolgsaussicht noch einmal prüfen und die Prozesskostenhilfe vielleicht beschränken oder aufheben[143].

1512

4. Kapitel
Die Abänderungsklage gegen Unterhaltstitel

1. Begriff, Ziel und Streitgegenstand

Nach § 323 ZPO darf der Gläubiger wie der Schuldner auf Änderung des Unterhaltstitels klagen, wenn sich die Bemessungsgrundlage wesentlich geändert hat.

1513

Die Abänderungsklage nach § 323 ZPO[144] soll Vollstreckungstitel über laufenden Unterhalt an die veränderten Verhältnisse anpassen. Die eine Partei des Vorprozesses verlangt von der anderen, dass die titulierte Unterhaltsrente erhöht, gekürzt oder gestrichen werde. Dieses prozessuale Begehren wird **Streitgegenstand**.

Die Klage des Unterhaltsgläubigers auf Erhöhung der Unterhaltsrente ist eine Mischung aus Leistungs- und prozessualer Gestaltungsklage[145], die Klage des Unterhaltsschuldners auf Kürzung oder Streichung der Unterhaltsrente ist eine prozessuale Gestaltungsklage. Denn das Gericht soll den vorhandenen Unterhaltsanspruch än-

---

140 *OLG Celle* FamRZ 97, 99; *OLG Karlsruhe* FamRZ 99, 609; a.A. *OLG Stuttgart* FamRZ 90, 652 u. *OLG Schleswig* FamRZ 97, 40: nur Wert der Auskunft, wenn Unterhalt nicht beziffert wird.
141 *BGH* FamRZ 99, 1497: nicht nur Differenz zw. Trennungs- u. Geschiedenenunterhalt.
142 *OLG Hamm, Karlsruhe, Celle, Nürnberg, München* FamRZ 97, 97, 98, 100, 619, 895; *OLG Brandenburg, Köln, Bamberg* FamRZ 98, 1177, 1601, 1602; *OLG Düsseldorf* FamRZ 2000, 101.
143 *OLG Hamm* FamRZ 97, 97; *OLG Karlsruhe* FamRZ 97, 98; *OLG Celle* FamRZ 97, 98: neuer Antrag nötig; *OLG Nürnberg* u. *OLG München* FamRZ 97, 100, 895: PKH beschränkt auf Unterhalt, der sich aus Auskunft ergeben wird, was später neu zu prüfen ist; *OLG Düsseldorf* FamRZ 2000, 101.
144 Dazu *Wax* FamRZ 82, 347; *Hahne* FamRZ 83, 1189; *Graba* NJW 88, 2343; *Braun* FamRZ 94, 1145.
145 *BGH* NJW 86, 3142: Leistungsklage nach § 258 ZPO.

dern und an die neuen Verhältnisse anpassen, über den Unterhaltstitel also neu entscheiden, soweit sich die Verhältnisse, auf die der Unterhaltstitel gründet, wesentlich geändert haben.

1514 Dieses Ziel ist nur mit der Abänderungsklage zu erreichen, weder mit einer Feststellungsklage[146] noch mit einer Vollstreckungsabwehrklage nach § 767 ZPO (RN 1558). Ebensowenig darf der Unterhaltsgläubiger höheren Unterhalt einfach nach § 258 ZPO einklagen, sondern muss sich in der Regel mit der viel strengeren Abänderungsklage zufrieden geben (RN 1545). Und solange der Unterhaltstitel unverändert besteht, liefert er einen Rechtsgrund, so dass bezahlter Unterhalt nicht als rechtsgrundlose Bereicherung zurückverlangt werden kann[147].

2. Prozessualer Weg für materiellen Anspruch auf Anpassung der Unterhaltsrente

1515 § 323 ZPO ist weder Anspruchsgrundlage für eine Unterhaltserhöhung noch materielle Rechtsgrundlage für eine Unterhaltskürzung, sondern nur der prozessuale Weg, auf dem die Partei ihr materielles Recht auf Anpassung der Unterhaltsrente durchsetzt. Dieses **materielle Recht auf Anpassung** ist ein untrennbarer Bestandteil des Unterhaltsanspruchs wie der Unterhaltpflicht und geht deshalb zusammen mit der prozessualen Befugnis aus § 323 ZPO auf den Rechtsnachfolger (etwa nach § 91 BSHG) über[148].

Die Rechtsprechung sieht in § 323 ZPO einen Fall der prozessualen clausula rebus sic stantibus[149] und versteht darunter folgendes: Der Unterhaltsanspruch zielt auf eine monatliche Geldrente (§§ 1361 IV, 1585, 1612 BGB); das ist eine regelmäßig wiederkehrende Leistung, die man mit der Rentenklage nach § 258 ZPO verfolgt. Die Höhe der Unterhaltsrente bemisst sich nach drei Faktoren: **Bedarf, Bedürftigkeit und Leistungs(un)fähigkeit.** Alle drei Faktoren hängen vom jeweiligen **Einkommen und Vermögen** der Parteien ab und **können sich** deshalb **laufend ändern.** Das Gericht gründet seine Entscheidung aber nicht nur auf das Einkommen und Vermögen, das die Parteien ihren Behauptungen nach am Schluss der mündlichen Verhandlung haben, sondern blickt nach § 258 ZPO auch in die Zukunft und berücksichtigt auch noch die voraussehbare normale Entwicklung[150]. Das hat zur Folge, dass die materielle Rechtskraft des Rentenurteils über den Schluss der mündlichen Verhandlung hinaus in die Zukunft hinein wirkt[151].

1516 Nun ist die gerichtliche Prognose aber wenig zuverlässig. Die Bemessungsfaktoren für die Höhe der Unterhaltsrente, nämlich Einkommen und Vermögen, können sich jederzeit unerwartet ändern. Die Höhe einer Unterhaltsrente lässt sich nicht ein für allemal festschreiben. **Bedarf, Bedürftigkeit und Leistungs(un)fähigkeit sind** nun einmal keinen fixen, sondern **variable Größen,** deren Veränderung zwangsläufig auch die Unterhaltshöhe verändert. Da man aber auf eine dynamische Rente, die sich von selbst allen Ver-

---

146 *BGH* 34, 110; NJW 86, 3142: unzulässig.
147 *BGH* FamRZ 91, 1175.
148 *BGH* NJW 63, 2076; 70, 1319: zur Schadensrente.
149 *BGH* 34, 310; 78, 136; NJW 63, 2076; 79, 1656.
150 *BGH* 82, 250; 96, 205; NJW 85, 1346.
151 *BGH* 82, 250; FamRZ 84, 353.

änderungen anpasst, in der Regel nicht klagen darf, weil der Klagantrag unbestimmt und das Urteil nicht vollstreckbar wäre, bleibt nur die Klage auf Anänderung des Unterhaltstitels nach § 323 ZPO. Nur auf diesem prozessualen Weg lässt sich die falsche Prognose korrigieren und das Rentenurteil an die veränderten Verhältnisse anpassen[152].

Dynamisch ist seit 1.7.1998 nur die **Unterhaltsrente des minderjährigen Kindes**, wenn sie **nach § 1612a BGB** auf einen Vomhundertsatz des Regelbetrages lautet. Sie wird bis zum Eineinhalbfachen des Regelbetrages nach §§ 645 ff. im vereinfachten Verfahren festgesetzt und lässt sich nach §§ 654 ff. abändern.

3. Gesetzliche Systematik

3.1 Verurteilung zur Unterhaltsrente und andere Unterhaltstitel

§ 323 ZPO unterscheidet zwischen der Abänderungsklage gegen die Verurteilung zu einer Unterhaltsrente (I-III) und der Abänderungsklage gegen andere Unterhaltstitel (IV). Diese Unterscheidung ist fundamental. Zwar sind nach § 323 IV ZPO die Absätze I-III auf andere Unterhaltstitel entsprechend anwendbar, aber da eine Entsprechung weithin fehlt, sind sie letztlich doch nicht anwendbar. Deshalb muss man vor jeder anderen rechtlichen Überlegung darauf achten, ob sich die Abänderungsklage gegen ein Rentenurteil oder gegen einen anderen Unterhaltstitel wie Prozessvergleich, vollstreckbare notarielle Urkunde oder Jugendamtsurkunde richtet. **1517**

3.2 Strenge prozessuale Voraussetzungen für Abänderungsklage gegen Rentenurteil

Die Verurteilung zu einer Unterhaltsrente darf nur unter den strengen Voraussetzungen des § 323 I-III ZPO abgeändert werden. Erstens muss sich die **veränderliche Bemessungsgrundlage wesentlich geändert** haben (I). Zweitens muss diese Änderung **nach Schluß der mündlichen Verhandlung des Vorprozesses** entstanden und auch durch Einspruch nicht mehr geltendzumachen sein (II). Und drittens darf das Rentenurteil **erst ab Erhebung der Abänderungsklage** abgeändert werden (III). Dies alles sind – **besondere** – **Prozessvoraussetzungen**, die das Gericht in jeder Lage des Verfahrens von sich aus beachten muss, denn § 323 II ZPO schützt die materielle Rechtskraft des Rentenurteils[153] und § 323 III ZPO das Vertrauen der Parteien auf den Bestand des Rentenurteils[154]. **1518**

Schließlich ist die **Abänderungsklage** dann **unzulässig**, weil überflüssig und zwecklos, **wenn** ihr ein **anderer Rechtsbehelf vorgeht**: die Nachforderungsklage nach § 258 ZPO (RN 1545), der Einspruch (RN 1552) oder die Berufung (RN 1553), die Vollstreckungsabwehrklage nach § 767 ZPO (RN 1558), oder die vereinfachte Abänderung von Titeln über Kindesunterhalt nach § 323 V ZPO (RN 1564). **1519**

---

152 *BGH* 96, 205; FamRZ 84, 355.
153 *BGH* 98, 353; NJW 93, 1795; 96, 517.
154 *BGH* 96, 205.

3.3 Änderung anderer Unterhaltstitel nach materiellem Recht

1520   Auf andere Unterhaltstitel als Rentenurteile sind nach § 323 IV ZPO die Absätze I-III zwar entsprechend anwendbar, aber hier irrt das Gesetz. Ob und wie ein **Prozessvergleich** oder eine **vollstreckbare Urkunde** über Unterhalt an die neuen Verhältnisse anzupassen ist, richtet sich ausschließlich nach materiellem Recht. Rechtsgrundlage ist **nicht § 323 ZPO, sondern § 242 BGB** (RN 1566). § 323 ZPO liefert nur die Klageart.

3.4 Systematik der Darstellung

1521   Die gesetzliche Systematik bestimmt auch die Darstellung der Abänderungsklage. Zuerst werden die besonderen Prozessvoraussetzungen für die Abänderungsklage gegen eine Verurteilung zur Unterhaltsrente nach § 323 I-III beschrieben (RN 1522 ff.), anschließend die Besonderheiten der Abänderungsklage gegen andere Unterhaltstitel nach § 323 IV hervorgehoben (RN 1565 ff.), schlussendlich wird das Verfahren von der Klage bis zum Urteil vor Augen geführt (RN 1578 ff.).

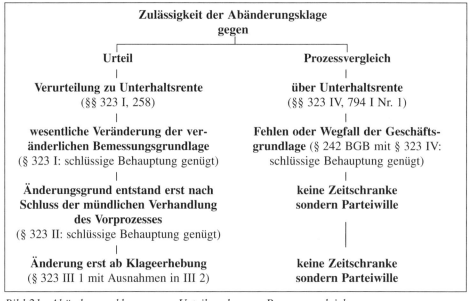

Bild 21: Abänderungsklage gegen Urteil und gegen Prozessvergleich

4. Erste Prozessvoraussetzung: Verurteilung zu einer Unterhaltsrente

1522   Nach § 323 I ZPO richtet sich die Abänderungsklage gegen eine Verurteilung zu künftig fällig werdenden wiederkehrenden Leistungen, die das Gericht auf Klage nach § 258 ZPO mit einem veränderlichen Maßstab zugemessen hat. Wichtigstes und häufigstes Beispiel ist die Verurteilung zur Unterhaltsrente.

Ergänzt wird § 323 I ZPO durch § 654 ZPO (Beschluß über Kindesunterhalt in Höhe des Regelbetrags oder Verurteilung zu Kindesunterhalt im Statusprozess) und durch § 656 ZPO (Abänderungsklage nach vereinfachter Abänderung).

4.1 Unterhaltsrente

Der gesetzliche Unterhalt ist nach §§ 1361 IV, 1585, 1612 BGB durch Zahlung einer Geldrente zu leisten, die Monat für Monat im Voraus fällig wird. Nur der Sonderbedarf ist nachträglich mit einer festen Geldsumme zu decken (§§ 1585b I, 1612 II BGB) und kann deshalb nicht mehr nach § 323 ZPO geändert werden. Keine Rente ist auch die seltene Kapitalabfindung nach §§ 1585 II, 1615e III BGB[155].

4.2 Verurteilung zu einer Unterhaltsrente

4.2.1 Leistungsurteil

§ 323 I ZPO verlangt eine „Verurteilung". Verurteilen kann nur das Leistungsurteil, nicht das Feststellungsurteil[156] und nicht das klagabweisende Urteil (RN 1526). Verurteilt wird der Unterhaltsschuldner auch durch ein Anerkenntnis- oder Versäumnisurteil[157], sowie durch einen Vollstreckungsbescheid, der nach § 700 I ZPO dem Versäumnisurteil gleichsteht. Meistens ist die Verurteilung bereits rechtskräftig, nötig ist dies nicht (RN 1553).   **1523**

4.2.2 Urteil auf Abänderung eines Prozessvergleichs

Der Prozessvergleich über Unterhalt ist keine Verurteilung, sondern ein Verpflichtungsvertrag und fällt deshalb unter § 323 IV ZPO. Sobald aber das Gericht den Vergleich auf Abänderungsklage nach § 242 BGB angepasst und den vereinbarten Unterhalt erhöht oder gekürzt hat, kann diese Verurteilung nur nach § 323 I-III ZPO an weitere Veränderungen angepasst werden[158]. Eine Verurteilung nimmt der BGH auch dann an, wenn die Parteien in der Berufungsinstanz zwar einen Unterhaltsvergleich schließen und die Berufungen zurücknehmen, der Vergleich vom angefochtenen Urteil aber nur der Berechnung, nicht der Höhe nach abweicht[159].   **1524**

4.2.3 Ausländisches Urteil

§ 323 I ZPO gilt auch für Unterhaltsurteile der früheren DDR[160] und sogar für ausländische Unterhaltsurteile, denn deutsche Gerichte wenden nur deutsches Prozessrecht an, und § 323 ZPO ist Prozessrecht[161]. Der Unterhaltsberechtigte kann das ausländische Ur-   **1525**

---

155 *BGH* 79, 187: zur Schadensabfindung nach §§ 843 III, 844 II BGB.

156 Anders vielleicht, wenn festgestellter Unterhalt beziffert wird: *OLG Hamm* FamRZ 94, 387 u. 2000, 544: bezifferte Feststellung durch Teilabweisung der negativen Feststellungsklage; ferner *RG* 150, 247.

157 *OLG Stuttgart* FamRZ 82, 91; *OLG Oldenburg* FamRZ 90, 188; *OLG Hamm* FamRZ 97, 433; 97, 891.

158 *BGH* NJW 88, 2473; 92, 364; 95, 536.

159 *BGH* NJW 90, 709.

160 *BGH* FamRZ 83, 43; ferner *Brudermüller* FamRZ 95, 915.

161 *BGH* NJW 83, 1976: lex fori, jedoch bleibt ausländisches Unterhaltsrecht maßgebend; *BGH* NJW 97, 735: DDR-Titel ab 3.10.1990 nach § 323 ZPO + Umstellung Mark auf DM = 1 : 1.

teil entweder nach § 722 ZPO für vollstreckbar erklären lassen oder im Umfang des Urteils nach § 258 ZPO noch einmal auf Unterhalt klagen[162]; so oder so darf er zugleich auf Abänderung nach § 323 ZPO klagen[163]. Dem § 722 ZPO gehen jedoch vor: das EuGVÜ und das Haager Unterhalts- und Vollstreckungsübereinkommen mit dem Vollstreckungsausführungsgesetz (AVAG).

4.2.4 Klageabweisung

1526 Keine Verurteilung, sondern das genaue Gegenteil ist die Klagabweisung, denn sie verneint rechtskraftfähig das Unterhaltsbegehren. Diese negative Feststellung lässt sich mit keinen noch so kühnen Auslegungstricks in eine Verurteilung verwandeln. Der erfolglose Kläger muss sich auch dann nicht mit der sperrigen Abänderungsklage zufrieden geben, wenn sich die Bemessungsgrundlage später ändert und er jetzt erst bedürftig oder der Beklagte jetzt erst leistungsfähig wird. Vielmehr darf er ohne jede prozessuale Beschränkung erneut nach § 258 ZPO auf Unterhalt klagen, denn die rechtskräftige Klagabweisung im Vorprozess stellt verbindlich nur fest, dass der Kläger am Schluss der mündlichen Verhandlung keinen Anspruch auf Unterhalt hatte, enthält sich aber jeder Prognose in die Zukunft[164]. Dies gilt erst recht, wenn die Klage im Vorprozess nicht mangels Bedürftigkeit oder Leistungsunfähigkeit, sondern aus anderen Gründen abgewiesen wurde[165].

1527 Diese einleuchtende Regel hat jedoch eine seltsame **Ausnahme**: Gegen ein **Änderungsurteil, das den titulierten Unterhalt nach § 323 ZPO völlig aberkennt**, weil der Unterhaltsberechtigte nicht mehr bedürftig oder der Unterhaltsschuldner nicht mehr leistungsfähig sei, soll wiederum nur die Abänderungsklage zulässig sein, wenn sich die Bedürftigkeit oder die Leistungsunfähigkeit erneut ändert[166]. Obwohl auch in diesem Fall weit und breit keine Verurteilung zu sehen ist, hat der BGH die erneute Unterhaltsklage nach § 258 ZPO als unzulässig abgewiesen, weil sie in die Rechtskraft des Abänderungsurteils einbreche, ohne die strengen Voraussetzungen des § 323 ZPO zu erfüllen[167]. Aber dieses Argument sticht nicht. Die erneute Unterhaltsklage nach § 258 ZPO bricht gerade nicht in die Rechtskraft des Abänderungsurteils ein, denn dieses stellt rechtskräftig nur fest, dass am Schluss der mündlichen Verhandlung kein Anspruch auf Unterhalt mehr bestehe und das Abänderungsbegehren deshalb begründet sei. Ob der Unterhaltsanspruch durch Abweisung der Unterhaltsklage oder auf Abänderungsklage hin rechtskräftig verneint wird, bleibt sich gleich; in beiden Fällen beschränkt sich die materielle Rechtskraft auf eine negative Feststellung. Wenn diese Überlegung richtig ist, muss man die erneute Unterhaltsklage nach § 258 ZPO in beiden Fällen gleichbehandeln und entweder zulassen oder ausschließen.

1528 Neuerdings verneint der BGH zu Recht die Zulässigkeit der Abänderungsklage, wenn sie sich gegen ein **Urteil** richtet, **das** die **Abänderungsklage des Gegners** (gegen einen Prozessvergleich) **abgewiesen hat**, denn in der Tat ist die Klageabweisung **keine**

---

162 *BGH* NJW 79, 2477; FamRZ 87, 370.
163 *OLG Karlsruhe* FamRZ 91, 600; *OLG Hamm* FamRZ 91, 718.
164 *BGH* 82, 246; NJW 85, 552, 554; 95, 534; 95, 655; aber auch FamRZ 84, 355: § 323 gegen Urteil, das für bestimmte Zeit verurteilt u. dann abweist, wenn Prognose falsch.
165 A.A. *OLG Köln* FamRZ 87, 616: Abweisung wegen Verwirkung nach § 1579 BGB.
166 *BGH* NJW 85, 1345; *OLG Zweibrücken* FamRZ 92, 974.
167 *BGH* NJW 85, 1345.

Verurteilung[168]. Offen lässt der BGH die Zulässigkeit dann, wenn sich die Abänderungsklage gegen die Abweisung einer Abänderungsklage des jetzigen Klägers richtet[169].

4.2.5 Einstweilige Verfügung und einstweilige Anordnung

Keine Verurteilung nach § 323 I ZPO sind schließlich die einstweilige Anordnung über Unterhalt nach § 620 S. 1 Nr. 4 u. 6 ZPO und die einstweilige Verfügung auf Notunterhalt nach §§ 935, 940 ZPO. Beides sind **nur Notbehelfe ohne rechtskräftige Feststellung des Unterhaltsanspruchs** und lassen sich deshalb nicht nach § 323 ZPO ändern. Statt dessen ersetzt man die einstweilige Anordnung im Streitfall nach § 620f ZPO durch ein rechtskräftiges Urteil, entweder auf Unterhaltsklage des Anspruchstellers nach § 258 ZPO oder auf negative Feststellungsklage des Anspruchsgegners nach § 256 ZPO[170]. Da die einstweilige Anordnung auch keinen Rechtsgrund für den geleisteten Unterhalt abgibt, darf man auch ohne weiteres auf Rückzahlung klagen[171]. Gegen die einstweilige Verfügung über Notunterhalt wehrt man sich mit den besonderen Rechtsbehelfen der §§ 936, 926, 927 ZPO[172] oder mit einer negativen Feststellungsklage nach § 256 ZPO.

1529

5. Zweite Prozessvoraussetzung: nachträgliche wesentliche Veränderung der Bemessungsgrundlage

5.1 Zulässigkeit und Begründetheit

§ 323 I ZPO verlangt eine wesentliche Änderung derjenigen Verhältnisse, die für Grund, Höhe und Dauer der Verurteilung zur Unterhaltsrente maßgebend waren. Und gemäß § 323 II ZPO muss die Änderung nach dem Schluss der mündlichen Verhandlung eingetreten sein, in der sie spätestens hätte geltendgemacht werden können. Beides sind Prozessvoraussetzungen; § 323 II ZPO bestätigt es. Danach hängt die Zulässigkeit der Abänderungsklage von einer nachträglichen wesentlichen Änderung der Bemessungsgrundlage ab.

1530

Zulässig ist sie gegen den Gesetzeswortlaut aber nicht erst dann, wenn die nachträgliche wesentliche Änderung tatsächlich eingetreten ist, sondern schon dann, wenn der Kläger sie schlüssig darlegt. **Prozessvoraussetzung ist nur die schlüssige Behauptung des Klägers, die variablen Bemessungsfaktoren hätten sich nach Schluss der mündlichen Verhandlung des Vorprozesses wesentlich geändert**[173]. Behauptet der Kläger dafür zu wenig, ist die Abänderungsklage bereits unzulässig. Sie ist begründet, wenn die schlüssige Behauptung des Klägers, die Bemessungsgrundlage habe sich nachträglich wesentlich geändert, unstreitig oder bewiesen ist. Kann der Kläger eine nachträgliche wesentliche Änderung nicht beweisen, ist die Abänderungsklage unbegründet[174].

---

168 *BGH* NJW 95, 534.
169 *BGH* NJW 95, 534; für § 323 ZPO: *OLG Düsseldorf* FamRZ 89, 1207.
170 *BGH* NJW 83, 1330; 83, 2200; *OLG Düsseldorf* FamRZ 85, 86, 1147; *OLG Hamm* FamRZ 94, 387.
171 *BGH* NJW 84, 2095.
172 *KG* JW 33, 1897.
173 *BGH* FamRZ 84, 355; NJW 85, 1346.
174 *BGH* FamRZ 84, 355.

5.2 Beweislast

1531   Die Beweislast des Klägers versteht sich von selbst, denn die Abänderung eines Rentenurteils ist nun einmal nicht ohne nachträgliche wesentliche Änderung der Bemessungsgrundlage zu haben, und es spielt keine Rolle, ob der Unterhaltsberechtigte oder der Unterhaltsschuldner auf Abänderung klagt und wer im Vorprozess die Beweislast hatte[175].

Beispiele

(1) **Verlangt der Unterhaltsberechtigte höheren Unterhalt**, weil das Einkommen des Schuldners gestiegen sei, muss er dies beweisen. Der Schuldner darf zwar nicht einfach bestreiten, sondern muss sein Einkommen darlegen (substantiiert bestreiten); beweisen muss er es nicht, vielmehr muss der Unterhaltsberechtigte die abweichende Darstellung des Schuldners widerlegen (*BGH* NJW 87, 1201).

(2) **Klagt der unterhaltspflichtige Mann gegen die Frau auf Herabsetzung des Geschiedenenunterhalts** wegen Arbeitslosigkeit aus § 1573 I BGB, muss er beweisen, dass und in welchem Umfang die Frau reale Erwerbschancen hat und ihren Unterhalt selbst decken kann (*OLG Hamm* FamRZ 88, 840).

(3) **Verlangt das Kind höheren Unterhalt**, weil es die nächste Altersstufe erreicht hat und die Unterhaltsansprüche seiner Geschwister erloschen sind, muss es auch die Behauptung des Unterhaltsschuldners widerlegen, dieser habe sein Unternehmen aufgegeben und beziehe nur noch eine kleine Rente (*OLG Zweibrücken* FamRZ 81, 1102). Begnügt sich das Kind aber mit dem Mindestunterhalt nach der Regelbetragsverordnung, ist seine Abänderungsklage schon durch Erreichen der nächsten Altersstufe begründet, so dass der Unterhaltsschuldner seine Leistungsunfähigkeit beweisen muss, wenn er sich erstmals auf sie beruft (*OLG Karlsruhe* FamRZ 87, 504: zu § 1610 III BGB a.F.).

1532   Aber die Beweislast des Abänderungsklägers ist nicht grenzenlos. Der unterhaltspflichtige Ehemann hat schon dann ein Recht auf Herabsetzung oder Streichung des Betreuungsunterhalts aus § 1570 BGB, wenn das – jüngste – Kind 16 Jahre alt geworden ist und seine Betreuung eine volle Erwerbstätigkeit die Ehefrau nicht mehr verhindert. Macht sie statt dessen **Anschlussunterhalt** wegen Alters, Krankheit oder Arbeitslosigkeit nach §§ 1571-1573 BGB geltend, muss sie deren tatsächliche Voraussetzungen **beweisen**[176]. Das Gleiche gilt, wenn sie am Betreuungsunterhalt festhält, weil das 16 Jahre alte Kind ein Problemkind sei, das nach wie vor intensiver Betreuung bedürfe, denn damit beruft sie sich erstmals auf eine Ausnahme von der Regel, dass die Betreuung eines 16 Jahre alten Kindes eine volle Erwerbstätigkeit nicht mehr verhindere[177].

1533   Auf den **Kindesunterhalt**, der nur einen einzigen Unterhaltstatbestand kennt, lässt sich diese Beweislastregel nicht übertragen. Wenn der unterhaltspflichtige Vater auf Kürzung oder Streichung des Kindesunterhalt klagt, weil das Kind volljährig geworden sei und sich selbst unterhalten könne, muss das Kind seinen fortdauernden Bedarf und seine Bedürftigkeit sowie das Einkommen der Mutter zwar näher darlegen (substantiiert bestreiten), aber nicht beweisen. Die Beweislast trägt voll der klagende Vater, auch für den An-

---

175 *BGH* NJW 87, 1201; 90, 2752; 95, 1891: Prozessvergleich; *OLG Zweibrücken* FamRZ 81, 1102; 86, 811; *OLG Karlsruhe* FamRZ 87, 504; *OLG Hamm* FamRZ 88, 840; *OLG Hamburg* FamRZ 93, 1475; *OLG München* FamRZ 99, 1512.

176 *BGH* NJW 90, 2753; *OLG Stuttgart* FamRZ 83, 1233; *OLG Zweibrücken* FamRZ 86, 811.

177 *BGH* NJW 90, 2753.

teil des Unterhalts, den nach § 1606 III 1 BGB die Mutter zahlen muss, nachdem das volljährige Kind keiner Betreuung mehr bedarf[178].

5.3 Änderung der Verhältnisse selbst, nicht nur ihrer Bewertung

Nach der Behauptung des Klägers müssen sich die Verhältnisse selbst[179] geändert haben, nicht nur die rechtliche Bewertung dieser Verhältnisse durch das Gericht[180]. **1534**

Und da § 323 I ZPO den Eintritt einer Änderung verlangt, genügt es nicht, dass die Änderung unmittelbar bevorsteht; selbst die zuverlässigste Prognose einer Änderung ist noch keine Änderung[181].

Schließlich lässt sich die Abänderungsklage weder auf eine Änderung der Rechtsprechung noch auf neue Beweise für alte Behauptungen stützen, denn sie ist nicht dazu da, nachträglich die Fehler und Mängel des Rentenurteils nachzubessern[182].

Beispiele

> #### Beispiele für eine Änderung der Bemessungsgrundlage
>
> (1) Die **Lebenshaltungskosten** steigen (*OLG Zweibrücken* NJW 94, 527) und die Bedarfssätze der Düsseldorfer Tabelle werden entsprechend angehoben (*BGH* NJW 95, 534); Änderungsgrund ist zwar nicht die Änderung der Tabelle, sondern die Erhöhung der Lebenshaltungskosten, die sich in der Tabelle niederschlägt; für § 323 ZPO aber genügt die Behauptung der Tabellenänderung (*BGH* NJW 95, 534).
>
> (2) Das **Einkommen** des Unterhaltsberechtigten oder Unterhaltsschuldners steigt oder fällt. Der unterhaltsberechtigte Ehegatte bezieht eine **Altersrente** (*BGH* NJW 88, 2102; 89, 159; 90, 710).
>
> (3) Die **nichteheliche Lebensgemeinschaft** des unterhaltsberechtigten Ehegatten zu einem neuen Partner verfestigt sich zu einer eheähnlichen Lebensgemeinschaft und rechtfertigt jetzt eine Kürzung des Geschiedenenunterhalts nach § 1579 Nr. 7 BGB (*KG* FamRZ 90, 187; *OLG Karlsruhe* FamRZ 91, 352; aber streitig, ob § 323 oder § 767 ZPO: RN 1563).

5.4 Nachträgliche Änderung

Die Abänderungsklage darf die materielle Rechtskraft des Rentenurteils nur insoweit durchbrechen, als sie dessen falsche Prognose korrigieren soll. Dagegen darf sie nicht geltendmachen, das Rentenurteil habe seinerzeit die gegenwärtigen und vergangenen Verhältnisse falsch beurteilt. Insoweit ist das rechtskräftige Rentenurteil wie jedes andere Urteil nach § 322 I ZPO tabu. Deshalb lässt § 323 II ZPO nur solche **Änderungen** zu, **die im Vorprozess noch nicht geltendgemacht werden konnten, weil sie erst nach Schluss der mündlichen Verhandlung eingetreten sind.** § 323 II ZPO schützt wie § 767 II ZPO **1535**

---

178 *OLG Hamburg* FamRZ 93, 1470; *OLG Zweibrücken* FamRZ 2001, 249; dagegen für Beweislast des Kindes: *KG* FamRZ 94, 765 u. *OLG Hamm* FamRZ 2000, 904, weil sich Unterhaltstatbestand geändert habe, aber eben dies trifft nicht zu.
179 *RG* 166, 303: oder das Gesetz.
180 *BGH* 80, 389; VersR 69, 236; NJW 92, 364; 2000, 3789.
181 *BGH* 80, 389; NJW 88, 2473; 92, 364; 93, 1795.
182 *BGH* 98, 353; FamRZ 98, 99; *RG* 126, 239.

die materielle Rechtskraft des Rentenurteils[183]. Und wie bei § 767 II ZPO kommt es auch hier nicht darauf an, wann die Partei von der Änderung erfährt, sondern allein darauf, wann die Änderung eintritt. § 323 II ZPO schließt nicht nur Änderungen aus, die im Vorprozess schon vergeblich behauptet worden sind, sondern auch alle diejenigen, die schon im Vorprozess hätten behauptet werden können, weil sie bereits eingetreten waren[184].

1536 Die **letzte mündliche Tatsachenverhandlung im Vorprozess** zieht die zeitliche Grenze und trennt zwischen den – unzulässigen – alten Vorgängen und den – zulässigen – neuen Änderungen. Es ist dies die letzte mündliche Verhandlung in erster Instanz, wenn keine Berufung eingelegt oder die eingelegte Berufung vor einer mündlichen Verhandlung wieder zurückgenommen wird[185], und sonst die letzte mündliche Berufungsverhandlung. Folgen mehrere Abänderungsprozesse aufeinander, wird die zeitliche Grenze durch den Schluss der Tatsachenverhandlung des letzten Prozesses gezogen[186]. Stets muss es sich um eine mündliche Verhandlung über den Klagantrag und dessen materielle Berechtigung handeln, in der die Parteien letztmals ihr Pulver für und gegen den Unterhaltsanspruch verschießen dürfen[187].

Beispiele
1537

(1) Dass die **Bedarfssätze der Düsseldorfer Tabelle** nach Schluss der mündlichen Verhandlung des Vorprozesses **erhöht** wurden, darf man nach § 323 II ZPO immer geltendmachen, auch wenn die Lebenshaltungskosten nicht schlagartig, sondern über einen längeren Zeitraum hin und schon vor der letzten mündlichen Verhandlung des Vorprozesses gestiegen sind, denn die Gerichte halten sich weitgehend an die Tabellensätze (*BGH* NJW 95, 534; aber auch *OLG Bamberg* FamRZ 99, 31).

(2) **Verliert der Unterhaltsschuldner** kurz vor Schluß der mündlichen Verhandlung des Vorprozesses durch Kündigung des Arbeitgebers **seinen Arbeitsplatz**, darf er sich gleichwohl nach § 323 II ZPO darauf berufen, er sei dadurch ganz oder teilweise leistungsunfähig geworden, denn das punktuelle Ereignis der Entlassung und die kurze Arbeitslosigkeit machen noch nicht leistungsunfähig. Erst die weitere Entwicklung nach Schluss der mündlichen Verhandlung des Vorprozesses wird zeigen, ob der Unterhaltsschuldner nachhaltig leistungsunfähig wird oder ob man ihm zumindest ein fiktives Einkommen zurechnen muss (*BGH* NJW 96, 517).

(3) Wenn die unterhaltsberechtigte Ehefrau vom Ehemann **Ausbildungsunterhalt** nach § 1575 bezieht, **obwohl** sie die **Ausbildung abgebrochen** hat, ohne den Ehemann zu informieren, riskiert sie nach § 1579 Nr. 2 und Nr. 4 eine Kürzung, wenn nicht gar die Streichung des titulierten Unterhalts. Hat sie die Ausbildung schon vor der letzten mündlichen Verhandlung des Vorprozesses abgebrochen, schließt § 323 II ZPO diesen Änderungsgrund dann nicht aus, wenn sie auch noch nach Schluss der mündlichen Verhandlung Ausbildungsunterhalt bezieht, ohne den Ehemann aufzuklären, denn damit setzt sie ihren Betrug fort und diese Fortsetzung ist eine nachträgliche Änderung (*BGH* FamRZ 90, 1095; *OLG Koblenz* FamRZ 98, 565). Eine andere Frage ist, ob die Verwirkung nach § 1579 mit der Abänderungs- oder der Vollstreckungsabwehrklage geltendzumachen ist (RN 1563).

---

183 *BGH* 98, 353; NJW 82, 1812; 93, 1795; FamRZ 98, 99.
184 *BGH* 98, 353; NJW 98, 161.
185 *BGH* NJW 88, 2473.
186 *BGH* FamRZ 98, 99.
187 *KG* FamRZ 86, 354, 355: nicht Verhandlung nur über Kosten.

(4) Erreicht das **unterhaltsberechtigte Kind** alsbald nach Schluss der mündlichen Verhandlung die **nächste Altersstufe** der Düsseldorfer Tabelle, will ihm das KG gleichwohl die Abänderungsklage versagen, weil diese Änderung vorausschauend schon im Vorprozess hätte berücksichtigt werden sollen (*KG* FamRZ 90, 1122; ähnlich wohl *BGH* ZZP 73, 230; *OLG Köln* NJW 79, 1661; *OLG Düsseldorf* FamRZ 88, 1085; dagegen OLG *Bamberg* FamRZ 90, 187). Der BGH hat diese streitige Frage für den Fall offengelassen, dass der Unterhaltsschuldner **voraussichtlich bald in den Ruhestand treten** wird (*BGH* NJW 88, 2473, 2474), er hat sie bejaht für die voraussehbare Begrenzung des Unterhalts nach §§ 1573 V, 1578 I 2 (*BGH* NJW 2000, 3789).

Wo die Abänderungsklage nicht die Rechtskraft des Rentenurteils durchbricht, ist auch **§ 323 II ZPO nicht anwendbar.** Das ist der Fall, wenn der Unterhaltsberechtigte nach einer erfolgreichen „verdeckten" Teilklage im Vorprozess jetzt mit der Abänderungsklage weiteren Teilunterhalt begehrt (RN 1551)[188]. **1538**

Für den Beklagten gilt § 323 II ZPO überhaupt nicht. Seine Verteidigung gegen die Abänderungsklage kann die materielle Rechtskraft des Rentenurteils nie verletzen. Auch wenn er sich mit alten Vorgängen wehrt, will er eine Änderung des Rentenurteils nicht erreichen, sondern verhindern[189].

5.5 Wesentliche Änderung

Nach § 323 I ZPO muss die nachträgliche Änderung wesentlich sein. Wesentlich ist jede Änderung, die eine spürbar („nicht unerheblich") höhere oder niedrigere, längere oder kürzere Unterhaltsrente rechtfertigt[190]. Feste Prozentsätze gibt es nicht; die Praxis behilft sich mit der – groben – **Faustregel, dass eine Erhöhung oder Kürzung um 10% wesentlich** sei[191], unterschreitet diese Grenze aber, wenn die Verhältnisse der Parteien ärmlich sind[192]. **1539**

Berufen sich beide Parteien auf nachträgliche Änderungen, **zählt nur das Endergebnis**: Wesentlich sind die Änderungen nur, wenn ihr Saldo unter dem Strich eine spürbare Erhöhung oder Kürzung des Unterhalts rechtfertigt[193]. Ein höherer Bedarf und größere Bedürftigkeit helfen dem Unterhaltsberechtigten wenig, wenn gleichzeitig die Leistungsfähigkeit des Schuldners geschwunden ist. Umgekehrt wird der Unterhaltsschuldner nicht schon durch den Verlust seines Arbeitsplatzes leistungsunfähig, wenn er gleichzeitig eine hohe Abfindung bekommt oder pflichtwidrig keine neue Beschäftigung sucht[194]. Beim Geschiedenenunterhalt kann der Wegfall eines Unterhaltstatbestands durch einen Anschlußtatbestand ersetzt werden, so wenn die Ehefrau zwar ihren Unterhalt aus § 1570 **1540**

---

188 *BGH* 94, 145; 98, 358; ferner FamRZ 98, 99.
189 *BGH* 98, 353; NJW 92, 394.
190 *BGH* FamRZ 84, 353, 355; NJW 87, 1552.
191 *BGH* NJW 86, 2054: lässt es offen.
192 *OLG Hamm* FamRZ 90, 541; *OLG Düsseldorf* FamRZ 93, 1103; *OLG Stuttgart* FamRZ 2000, 377: Kindesunterhalt unter Existenzminimum.
193 *BGH* NJW 85, 430; 96, 517; FamRZ 90, 981; *OLG Düsseldorf* FamRZ 93, 1103.
194 *BGH* NJW 96, 517.

BGB verliert, weil das – jüngste – betreute Kind 16 Jahre alt geworden ist, aber wegen Alters, Krankheit oder Arbeitslosigkeit ihren Unterhalt nicht selbst verdienen kann[195].

Beispiele 1541

Beispiele für wesentliche Änderungen

(1) Die Bedarfssätze der **Düsseldorfer Tabelle** werden erhöht (*BGH* NJW 95, 534).

(2) Der Unterhaltsschuldner verbüßt eine **Freiheitsstrafe** (*BGH* NJW 82, 1812: Herabsetzung für Dauer des Freiheitsentzugs) oder **verliert schuldlos seinen Arbeitsplatz** und findet allen Bemühungen zum Trotz keine neue Arbeit (*BGH* NJW 96, 517).

(3) Während das Rentenurteil eine **Befristung des Arbeitslosenunterhalts** nach § 1573 V BGB noch nicht für angemessen hält, drängt sich die Befristung nach etlichen Jahren geradezu auf (*OLG Düsseldorf* FamRZ 96, 1416).

(4) Wenn das **Rentenurteil nur** einen **Spitzenbetrag über** die **freiwillige Zahlung hinaus tituliert**, darf der Schuldner Abänderungsklage erst erheben, wenn sich die Verhältnisse derart geändert haben, dass er den freiwillig bezahlten Sockelbetrag überhaupt nicht mehr und auch den titulierten Spitzenbetrag nicht mehr voll schuldet (*BGH* NJW 85, 1343; 93, 1995). Umgekehrt darf sich der Schuldner gegen ein Teilanerkenntnisurteil über den Sockelbetrag schon dann nach § 323 ZPO wehren, wenn er inzwischen erheblich weniger schuldet (*OLG Karlsruhe* FamRZ 92, 199).

(5) Der Unterhaltsschuldner, dem das Rentenurteil **fiktive Einkünfte** zurechnet, weil er seine Erwerbspflicht verletzt hat, darf auf Abänderung klagen, wenn er mit zumutbarer Anstrengung zwar eine angemessene Arbeit findet, aber weniger verdient (*OLG Hamm* FamRZ 97, 889). Dies gilt erst recht, wenn er allem Bemühen zum Trotz keine Arbeit mehr findet.

(6) Dass der unterhaltpflichtige Ehegatte inzwischen mehr verdient, ist für den **Unterhaltsbedarf** des Berechtigten dann unerheblich, wenn er nicht als Quote vom Familieneinkommen, sondern **konkret** nach dem gelebten ehelichen Lebensstandard **berechnet** wurde (*BGH* FamRZ 90, 280; NJW 85, 1343).

6. Dritte Prozessvoraussetzung: Änderung erst ab Klageerhebung

6.1 Vertrauensschutz

1542 Nach § 323 III 1 ZPO darf das Rentenurteil nur für die Zeit nach Erhebung der Klage abgeändert werden. Die Klage ist unzulässig, soweit sie eine rückwirkende Änderung begehrt[196]. Anders als § 323 II ZPO schützt § 323 III 1 ZPO zwar nicht die materielle Rechtskraft des Rentenurteils, sondern „nur" das Vertrauen der Parteien auf den Bestand des Rentenurteils: Diese dürfen sich darauf verlassen, dass der titulierte Unterhalt solange unangetastet bleibt, bis eine Partei auf Abänderung klagt[197]. Aber auch das ist eine Prozessvoraussetzung.

---

195 *BGH* NJW 90, 2752; 95, 1891.
196 *BGH* NJW 90, 710.
197 *BGH* 96, 205.

6.2 Klageerhebung

Erhoben ist die Abänderungsklage mit Zustellung der Klageschrift (§ 253 I ZPO) oder **1543** Antragstellung in mündlicher Verhandlung (§ 261 II ZPO), eine Klageerweiterung mit Zustellung[198]. Exakt von diesem Tag an darf das Rentenurteil geändert werden, nicht erst ab dem nächsten Fälligkeitstermin für den Unterhalt[199]. Umgekehrt ist die Klage nicht schon mit Eingang bei Gericht, sondern erst mit Zustellung an den Gegner erhoben, selbst wenn diese demnächst bewirkt wird, denn **§ 270 III ZPO ist nicht entsprechend anwendbar**[200]. Die Zustellung des Antrags auf Prozesskostenhilfe genügt schon gar nicht[201].

6.3 Ausnahmen

Nach § 323 III 2 ZPO gilt die Zeitschranke neuerdings nicht, wenn der Unterhalt nach **1544** materiellem Recht (§§ 1360a III, 1361 IV 4, 1585b II, 1613 I BGB) auch für die Vergangenheit geschuldet wird.

Eine weitere Ausnahme von § 323 III 1 ZPO macht die Rechtsprechung dann, wenn der Abänderungskläger sich im Vorprozess der Berufung des Gegners angeschlossen hat, die Anschlussberufung aber durch Rücknahme oder Verwerfung der Hauptberufung nach § 524 IV ZPO unwirksam geworden ist. Da die Anschlussberufung der Abänderungsklage vorgeht (RN 1555), muss man dem Kläger folgerichtig schon eine Änderung ab Einlegung der Anschlussberufung zubilligen und bezeichnet dies als „Vorwirkung" des Abänderungsbegehrens auf den Zeitpunkt der – unwirksam gewordenen – Anschlussberufung[202].

7. Abänderungs- oder Nachforderungsklage?

7.1 Problem mit gewichtigen Folgen

§ 323 I ZPO lässt die Abänderungsklage nur gegen eine Verurteilung zu, sagt aber nicht, **1545** dass der Unterhaltsberechtigte weiteren Unterhalt ausnahmslos mit der Abänderungsklage verfolgen müsse. So stellt sich die Frage: Darf der Unterhaltsberechtigte, der mit seiner Unterhaltsklage im Vorprozess voll gewonnen hat, weiteren Unterhalt mit einer gewöhnlichen Unterhaltsklage nach § 258 ZPO nachfordern, oder muss er sich mit der Abänderungsklage begnügen und solange warten, bis deren strenge Voraussetzungen erfüllt sind? Es ist dies eine **Frage nach der Zulässigkeit sowohl der Nachforderungs- als auch der Abänderungsklage**, denn wenn die eine zulässig ist, ist die andere unzulässig.

---

198 *BGH* NJW 84, 1458: in der Berufungsinstanz.
199 *BGH* NJW 90, 710.
200 *OLG Hamm* FamRZ 86, 386.
201 *BGH* NJW 82, 1050; 82, 1812; *OLG Karlsruhe* FamRZ 92, 199; *OLG Dresden* FamRZ 98, 566.
202 *BGH* 96, 205: noch offen gelassen; 103, 393: nur wenn alsbald Abänderungsklage erhoben wird; NJW 88, 2102.

Die Antwort ist schon deshalb wichtig, weil die beiden Klagearten **grundverschiedene Rechtsfolgen und Voraussetzungen** haben[203]. Die Nachforderungsklage lässt sich prozessual auch mit alten Tatsachen begründen, die schon vor der letzten mündlichen Verhandlung vorhanden waren, die Abänderungsklage nur mit späteren Änderungen (§ 323 II ZPO), die auch noch „wesentlich" sein müssen (§ 323 I ZPO). Auf der anderen Seite muss der Anspruchsteller mit der Nachforderungsklage alle anspruchsbegründenden Tatsachen noch einmal behaupten und beweisen, mit der Abänderungsklage nur die nachträglichen wesentlichen Änderungen.

7.2 „Offene" und „verdeckte" Teilklagen

1546 Der BGH beantwortet die Preisfrage schulmeisterlich streng und verweist den Unterhaltsberechtigten, der höheren Unterhalt verlangt, in aller Regel auf die Abänderungsklage. Die Nachforderungsklage lässt er nur dann zu, wenn der Unterhaltsberechtigte im Vorprozess laut und deutlich erklärt hat, er klage seinen Unterhalt nur zum Teil ein und behalte sich weiteren Unterhalt vor[204]. Man kann dies eine **„offene" Teilklage** nennen im Gegensatz zur „verdeckten" Teilklage, die zwar den Anschein erweckt, als verfolge sie den ganzen Unterhaltsanspruch, in Wirklichkeit aber auch nur einen Teil geltendmacht.

1547 „Offen" erhebt der Unterhaltsberechtigte vor allem dann eine Teilklage, wenn er **nur den streitigen Spitzenbetrag einklagt**, den der Schuldner nicht freiwillig bezahlt. Den unstreitigen Sockelbetrag darf er dann jederzeit ohne die Beschränkung des § 323 ZPO mit einer weiteren Teilklage nach § 258 ZPO verlangen[205].

1548 Dass nach einer „offenen" Teilklage weiterer Unterhalt mit einer weiteren Teilklage und nicht mit der Abänderungsklage verlangt werden darf, versteht sich von selbst und bedarf keiner tiefschürfenden Begründung. Seltsam ist nur, dass dies eine Ausnahme sein soll. Denn die **Unterscheidung zwischen „offenen" und „verdeckten" Teilklagen** ist gekünstelt. **Das Gesetz weiß davon nichts**; es regelt die Teilklage aus gutem Grunde überhaupt nicht, sondern nur das Teilurteil (§ 301 ZPO). Da der Unterhalt wie jeder Geldbetrag beliebig teilbar ist, kann er auch bis an die ferne Grenze unzulässiger Rechtsausübung (§ 242 BGB) mit Teilklagen verfolgt werden. Ob der Kläger seinen Unterhaltsanspruch in vollem Umfang oder nur zum Teil einklagt, ist aber keine prozessuale, sondern eine materiellrechtliche Frage und hängt ausschließlich davon ab, wieviel Unterhalt dem Kläger nach § 1361 oder §§ 1569 ff. oder §§ 1601 ff. BGB zusteht. Eine Teilklage erhebt er stets dann, wenn er weniger Unterhalt einklagt, als ihm zusteht, auch wenn er

---

203 *BGH* 34, 110.

204 *BGH* 34, 110; 94, 115; 96, 213; 98, 353; NJW 67, 2403; 86, 3142; 95, 655; FamRZ 86, 661; 87, 368, 457; 90, 863; *OLG Hamm* NJW 94, 2627; *OLG Karlsruhe* NJW 95, 2795; ferner *Roth* NJW 88, 1233; *Gottwald* FamRZ 92, 1374.

205 *BGH* 93, 330; NJW 85, 1343; 91, 429; FamRZ 84, 772: anders, wenn Gläubiger nach Spitzenbetrag auch Sockelbetrag titulieren lässt und dann noch mehr Unterhalt verlangt; FamRZ 86, 661: auch Mehrbetrag über Sockel und Spitze hinaus; *OLG Karlsruhe* NJW 95, 2795; *OLG Hamm* FamRZ 97, 619; ferner *BGH* NJW 67, 2403: mangels zuverlässiger Prognose Unterhalt nur für eine bestimmte Zeitspanne und im Übrigen Klagabweisung als derzeit unbegründet; *OLG Karlsruhe* FamRZ 86, 489 u. 92, 938: Rentenklage nur für bestimmte Zeitspanne.

irrig meint, er klage seinen vollen Unterhalt ein[206]. Da die Berechnung des gesetzlichen Unterhalts auch für den Anwalt außerordentlich schwierig ist, wird in aller Regel entweder zuviel oder zu wenig Unterhalt eingeklagt. Das Problem der – verdeckten – Teilklage ist deshalb alltäglich.

7.3 Streitgegenstand der Teilklage

Streitgegenstand der Teilklage ist nur der eingeklagte Teilanspruch, nur er wird rechtshängig, nur über ihn wird nach § 322 I ZPO rechtskräftig entschieden, und es spielt keine Rolle, ob die Teilklage „offen" oder „verdeckt" erhoben wird, ob sie Erfolg hat oder scheitert[207]. Materiell rechtskräftig wird das Urteil über eine Teilklage allerdings nur, wenn der Streitgegenstand durch Klagantrag und Klagegrund deutlich genug bestimmt wird. Andernfalls ist das Urteil gegenstandslos und unterliegt der Vollstreckungsabwehrklage[208]. **1549**

Wenn aber die Rechtskraft des früheren Rentenurteils sich auf den Gegenstand der früheren Unterhaltsklage beschränkt, ist sie kein Hindernis für eine Nachforderungsklage, die höheren Unterhalt verlangt, als im Vorprozess verlangt worden ist, denn **die Streitgegenstände der beiden Prozesse sind verschieden.** Mit der Nachforderungsklage macht der Kläger einen anderen Teil seines – bestehenden oder vermeintlichen – Unterhaltsanspruch geltend, als im Vorprozess, so dass über ihn noch nicht rechtskräftig entschieden ist[209]. Wenn das so ist, und § 322 I ZPO lässt daran keinen Zweifel, sollte man auch die „verdeckte" Teilklage als eine echte Teilklage gelten lassen und nicht mit einer fragwürdigen „Vermutung gegen die Teilklage und für die Vollklage" überspielen[210], denn diese „Vermutung" erklärt nichts.

7.4 Vorrang der Abänderungsklage nach ihrem Sinn und Zweck?

Vielleicht aber schließen nach einer „verdeckten" Teilklage Sinn und Zweck des § 323 ZPO die Nachforderungsklage aus und beschränken den Unterhaltsberechtigten auf die Abänderungsklage[211]. Was nun genau Sinn und Zweck des § 323 ZPO sein sollen, weiß auch der BGH nicht zu sagen; seine pauschalen Hinweise auf die „Sonderregelung" und den „weiten Anwendungsbereich" des § 323 ZPO[212] sind allzu dürftig. Schwach ist auch das Argument, die Abänderungsklage scheitere zwar nicht an der Rechtskraft der früheren Verurteilung, setze aber auch nicht voraus, dass die Abänderungsklage die Rechtskraft der früheren Verurteilung durchbreche, sondern sei immer dann die richtige Klageart, wenn eine Änderung der früheren Verurteilung verlangt werde[213]. Denn **die Nachfor-** **1550**

---

206 A.A. mit prozessualer unhaltbarer Begründung *OLG Karlsruhe* NJW 95, 2795.
207 *BGH* 34, 339; 36, 367; 85, 367; 93, 334; NJW 79, 720; 85, 2826; 94, 3165; a.A. *OLG Karlsruhe* NJW 95, 2795.
208 *BGH* 124, 164.
209 *BGH* 93, 334; 94, 149; 98, 353; *Brox* NJW 61, 853; noch undeutlich *BGH* 34, 110; ausweichend *BGH* NJW 86, 3142.
210 So aber *BGH* 94, 147; FamRZ 90, 863; *OLG Karlsruhe* NJW 85, 1495.
211 So andeutungsweise *BGH* 94, 145; 98, 357; NJW 86, 3142.
212 *BGH* 94, 147; 98, 357; NJW 86, 3142.
213 *BGH* 98, 357.

derungsklage macht gerade **keine Änderung der früheren Verurteilung geltend, sondern verfolgt einen völlig neuen prozessualen Anspruch**. So bleibt nur die Erkenntnis, dass der BGH, wenn auch ohne stichhaltige Begründung, die Abänderungsklage der Nachforderungsklage immer dann vorzieht, wenn im Vorprozess keine „offene" Teilklage erhoben wurde.

Wäre es nicht vernünftiger, die Grenze zwischen Abänderungs- und Nachforderungsklage streng nach § 323 I, II ZPO zu ziehen? Dann kann man Veränderungen der Bemessungsgrundlage, die erst nach Schluss der mündlichen Verhandlung des Vorprozesses entstehen, nur mit der Abänderungsklage geltendmachen[214]. Wird dagegen zusätzlicher Unterhalt nicht mit nachträglichen Veränderungen, sondern damit begründet, dass im Vorprozess nur ein Teil des Unterhalts verlangt worden sei, ist die Nachforderungsklage nach § 258 ZPO der richtige Weg.

7.5 Kompromiss zwischen Nachforderungs- und Abänderungsklage

1551 Der BGH hat inzwischen eingesehen, dass seine harte Linie den Unterhaltsberechtigten über Gebühr benachteiligt, bleibt aber auf halbem Weg stehen, wenn er zwar an der Abänderungsklage festhält, dem Unterhaltsberechtigten aber erlaubt, im Verfahren und unter den Voraussetzungen des § 323 ZPO nicht nur eine Anpassung, sondern den vollen restlichen Unterhalt zu verlangen[215].

Beispiel

Die Ehefrau verlangt im Scheidungsverfahren für den Fall der Scheidung Geschiedenenunterhalt von monatlich 636,– Euro. Das Familiengericht verurteilt im Scheidungsurteil den Ehemann voll. Einige Monate später klagt die Ehefrau auf Zahlung von monatlich 231,– Euro Vorsorgeunterhalt. Das Familiengericht verurteilt, das Oberlandesgericht weist die Klage als unzulässig ab, weil die Voraussetzungen des § 323 ZPO nicht erfüllt seien.

Der BGH billigt die Klagabweisung: Da die Ehefrau im Scheidungsverfahren ihre Unterhaltsklage nicht als Teilklage bezeichnet und deshalb ihren Gesamtunterhalt verlangt habe, dürfe sie den Vorsorgeunterhalt erst geltendmachen, wenn die Voraussetzungen des § 323 ZPO erfüllt seien (*BGH* 94, 145). Dann freilich müsse sie sich entgegen § 323 ZPO nicht mit einer Anpassung des früheren Urteils an die neuen Verhältnisse begnügen, sondern dürfe ihren restlichen Unterhalt, den sie im Vorprozess noch nicht verlangt habe, in voller Höhe und ohne Bindung an das frühere Urteil geltendmachen (*BGH* 94, 149; 98, 358; NJW 84, 1458; FamRZ 87, 457). Diese Kombination: **die Nachforderungsklage in der Abänderungsklage** verlässt endgültig den festen Boden der §§ 258, 323 ZPO, zumal sie auch noch mit Billigkeit begründet wird (*BGH* 98, 357: uneingeschränkte Anwendung des § 323 ZPO könne „zu unerträglichen Ergebnissen führen"). Damit hat sich der BGH in der eigenen Falle gefangen. In der Praxis der Instanzgerichte gehen solche Verrenkungen einer höchstrichterlichen Rechtsprechung weitgehend unter.

Wie immer man Abänderungs- und Nachforderungsklage von einander abgrenzt, stets hat das Gericht dem Kläger nach § 139 ZPO den richtigen Weg zu zeigen oder den falschen Klagantrag umzudeuten (RN 1579).

---

214 So die Formulierung in *BGH* 34, 110; 98, 357; NJW 67, 2403.
215 *BGH* 94, 145; 98, 358; NJW 84, 1458.

8. Abänderungsklage oder Einspruch?

Der Einspruch gegen Versäumnisurteil oder Vollstreckungsbescheid geht der Abänderungsklage vor, denn nach § 323 II ZPO darf der Unterhaltsschuldner die Abänderungsklage **nur** mit solchen **Veränderungen** begründen, die er mit dem Einspruch nicht mehr geltendmachen konnte, weil sie **erst nach Ablauf der Einspruchsfrist eingetreten** sind[216].

1552

9. Abänderungsklage oder Berufung?

9.1 Freie Wahl der Parteien

Zwischen der Berufung gegen das Rentenurteil und der Abänderungsklage dürfen die Parteien frei wählen, denn § 323 II ZPO zieht der Abänderungsklage nur den Einspruch, nicht auch die Berufung vor und verlangt auch nicht, dass das abzuändernde Rentenurteil schon rechtskräftig sei[217].

1553

9.2 Berufung und Anschlussberufung vor Abänderungsklage

Sobald aber eine zulässige Berufung eingelegt ist, wird die Abänderungsklage des Berufungsführers unzulässig, denn die Berufung ist stärker, weil sie nicht den Beschränkungen des § 323 ZPO unterworfen ist, sondern sich aller Angriffs- und Verteidigungsmittel bedienen kann, die bis zum Schluss der Berufungsverhandlung entstehen. Mit der Berufung kann man nicht nur rügen, dass das erstinstanzliche Urteil falsch sei, sondern nach § 520 III Nr. 4 ZPO auch Veränderungen geltendmachen, die erst nach Schluß der erstinstanzlichen mündlichen Verhandlung eingetreten sind.

1554

Auch der Berufungsgegner darf jetzt keine Abänderungsklage mehr erheben, sondern muss sein Heil in der Anschlußberufung nach § 524 ZPO suchen, weil dies der einfachere und kürzere Weg ist[218]. **Die Abänderungsklage ist nur zulässig für Veränderungen, die erst nach Schluss der Berufungsverhandlung eintreten**[219].

1555

Wenn jedoch keine Berufungsverhandlung zur Sache stattfindet, in der man noch Veränderungen geltendmachen kann, weil die Berufung vorher zurückgenommen oder als unzulässig verworfen wird, schließt § 323 II ZPO nur diejenigen Änderungsgründe aus, die schon vor Schluss der erstinstanzlichen mündlichen Verhandlung eingetreten sind[220]. Gleiches gilt für den Berufungsgegner, wenn die Hauptberufung zurückgenommen, verworfen, oder zurückgewiesen wird, so dass nach § 524 IV ZPO auch die Anschlussberufung in sich zusammenfällt[221].

1556

---

216 *BGH* NJW 82, 1812; *OLG Stuttgart* FamRZ 82, 91; *OLG Karlsruhe* FamRZ 83, 624; *OLG Oldenburg* FamRZ 90, 188; *OLG Hamm* FamRZ 97, 433; ferner *Maurer* FamRZ 89, 450.
217 *BGH* 96, 205; NJW 88, 2473: gilt auch nach Rücknahme der Berufung; NJW 93, 1795, 1796; *OLG Bamberg* FamRZ 90, 187; aber auch *OLG Karlsruhe* NJW-RR 89, 1468.
218 *BGH* 96, 205; 103, 396; NJW 93, 1795; *OLG Bamberg* FamRZ 90, 187.
219 *BGH* 96, 205.
220 *BGH* NJW 88, 2473.
221 *BGH* 96, 211.

Das **Fazit dieser Rechtsprechung** lautet: Man mutet keiner Partei zu, Berufung einzulegen oder die eingelegte Berufung durchzuführen, um die Abänderungsklage zu vermeiden; wohl aber mutet man dem Berufungsgegner zu, sich im laufenden Berufungsverfahren der Hauptberufung unselbständig anzuschließen.

9.3 Sonderfälle

1557 Ist der Schuldner durch **Teilurteil** rechtskräftig zu Unterhalt verurteilt und verändert sich die Bemessungsgrundlage während des **Berufungsverfahrens über das Schlussurteil**, bestimmt der Schuldner frei, ob er die Abänderungsklage gegen das Teilurteil als Widerklage im Berufungsverfahren oder selbständig in einem neuen Verfahren erheben will, denn gegen das rechtskräftige Teilurteil gibt es keine Anschlussberufung mehr und das Schlussurteil hat einen anderen Streitgegenstand[222].

Wenn die **Berufung** des verurteilten Unterhaltsschuldners nur einen **Teilerfolg** hat, die **Teilabweisung** aber auf Revision des Klägers **aufgehoben** und der Rechtsstreit insoweit an das Berufungsgericht **zurückverwiesen** wird, darf der Beklagte seine Berufung darauf erstrecken, dass das rechtskräftige Teilurteil nach § 323 ZPO geändert werde[223].

Hat umgekehrt das Berufungsgericht auf die Berufung des verurteilten Beklagten dem Kläger einen Teil seines Unterhaltsanspruchs rechtskräftig aberkannt, während die **Teilverurteilung auf Revision des Beklagten aufgehoben** und der Rechtsstreit insoweit an das Berufungsgericht **zurückverwiesen** wurde, darf der Kläger sein Recht auf Erhöhung der Unterhaltsrente nach § 323 ZPO noch im Berufungsverfahren mit der Ausschlussberufung verfolgen[224].

10. Abänderungs- oder Vollstreckungsabwehrklage?

10.1 Veränderliche Bemessungsgrundlage oder unveränderliche Einwendungen?

1558 Abänderungs- und Vollstreckungsabwehrklage schließen sich gegenseitig aus, denn sie verfolgen mit unterschiedlichen Mitteln unterschiedliche Ziele[225].

Die **Abänderungsklage** bezweckt die Anpassung eines Rentenurteils mit der **Behauptung, die variable Bemessungsgrundlage habe sich** derart **geändert**, dass jetzt ein höherer oder niedrigerer oder überhaupt kein Unterhalt mehr geschuldet sei. Bemessungsfaktoren sind Unterhaltsbedarf und Bedürftigkeit des Gläubigers sowie die Leistungs(un)fähigkeit des Schuldners, letztlich also Einkommen und Vermögen beider Parteien.

Die **Vollstreckungsabwehrklage** nach § 767 ZPO dagegen will die Zwangsvollstreckung aus dem Rentenurteil für unzulässig erklären lassen, **weil der titulierte Unterhaltsanspruch** inzwischen, wenn vielleicht auch nur zu einem Teil, ein für allemal **erlo-**

---

222 *BGH* NJW 93, 1795; *OLG Hamm* FamRZ 97, 890.
223 *BGH* FamRZ 85, 691.
224 *BGH* LM § 323 ZPO Nr. 4; FamRZ 85, 691.
225 *OLG Düsseldorf* FamRZ 81, 306; ferner *Graba* NJW 89, 481.

schen oder gehemmt sei. Ihre Munition besteht aus anspruchsvernichtenden Einwendungen und anspruchshemmenden Einreden des materiellen Rechts.

Da aber auch die Leistungsunfähigkeit des Schuldners nach §§ 1581, 1603 BGB eine anspruchsvernichtende Einwendung ist, darf man die Grenze nicht einfach zwischen Anspruchsvoraussetzungen und Einwendungen ziehen, sondern muss **zwischen den veränderlichen Faktoren für die Unterhaltsbemessung und den unabänderlichen Einwendungen und Einreden unterscheiden**, so dass die veränderliche Leistungsunfähigkeit mit der Abänderungsklage geltendzumachen ist[226]. Dann aber verliert die angeblich so schwierige Abgrenzung ihren Schrecken. Problematisch sind eigentlich nur zwei Fälle: der Bezug von Altersrente aus dem Versorgungsausgleich und die Verwirkung des Ehegattenunterhalts nach § 1579 BGB. Beide Fälle werden denn auch kontrovers gelöst (RN 1562 f.). | **1559**

Beispiele 1560

Beispiele für die Vollstreckungsabwehrklage nach § 767 ZPO

Erfüllungseinwand nach § 362 BGB samt Teilerfüllung und Erfüllungssurrogaten (*BGH* 83, 280; NJW 84, 2826; FamRZ 91, 1175);

Aufrechnung nach § 387 BGB mit Gegenforderung auf Schadensersatz aus § 826 BGB (*BGH* FamRZ 91, 1175; *OLG Koblenz* FamRZ 88, 746);

Unterhaltsverzicht durch Erlassvertrag nach § 397 BGB (*BGH* FamRZ 79, 573);

Tod des Unterhaltsberechtigten nach §§ 1586 I, 1615 I BGB;

Wiederverheiratung des unterhaltsberechtigten Ehegatten nach § 1586 I BGB, obwohl dessen Anspruch nach § 1586a I BGB wieder aufleben kann;

Verlust des Anspruchs (der Aktivlegitimation) durch **gesetzlichen Forderungsübergang** auf den Sozialhilfeträger nach § 91 BSHG (*OLG Hamburg* FamRZ 96, 810);

Einwand der unzulässigen Rechtsausübung nach § 242 BGB (*BGH* FamRZ 91, 1175);

Rechtskraft der Scheidung für den Trennungsunterhalt aus § 1361 BGB, denn Trennungs- und Geschiedenenunterhalt sind zwei selbständige Ansprüche; Ersterer erlischt endgültig mit Rechtskraft der Scheidung, Letzterer entsteht überhaupt erst mit Rechtskraft der Scheidung und wird nicht nach § 323 ZPO an den Titel über Trennungsunterhalt angepasst, sondern nach § 258 ZPO erstmals eingeklagt (*BGH* 78, 130; 103, 66; NJW 81, 978; *OLG Düsseldorf* NJW 92, 2166; *OLG Hamm* FamRZ 99, 30).

Beispiele für die Abänderungsklage

Dagegen ist der **Anspruch auf Geschiedenenunterhalt** nach §§ 1569 ff. BGB stets ein **einheitlicher Anspruch**, ob er nun wegen Kindesbetreuung, Alters, Krankheit oder Arbeitslosigkeit begründet ist. Deshalb verfolgen sowohl der unterhaltspflichtige Ehegatte den Wegfall des im Rentenurteil bejahten Unterhaltstatbestands als auch der unterhaltsberechtigte Ehegatte den Anschlussunterhalt mit der Abänderungsklage (*BGH* NJW 90, 2752; 95, 1891; *OLG Bamberg* FamRZ 99, 942: Wegfall Unterhalt durch eigene Erwerbstätigkeit u. Versorgung des neuen Partners).

---

226 *BGH* NJW 85, 1344; FamRZ 84, 682; 91, 1175; *OLG Düsseldorf* FamRZ 81, 306; *OLG Bamberg* FamRZ 88, 640; von einem Vorrang des § 323 sollte man nicht sprechen, so aber *Hoppenz* FamRZ 87, 1097.

> Auch der **Anspruch auf Kindesunterhalt** nach §§ 1601 ff. BGB bleibt derselbe, wenn das Kind volljährig wird. Die Volljährigkeit ist keine Einwendung nach § 767 ZPO. Zwar begünstigt das Gesetz das minderjährige Kind in mancherlei Hinsicht, aber der Unterhaltsanspruch des minderjährigen Kindes erlischt nicht mit der Volljährigkeit, sondern überdauert sie, wenn das Kind nach wie vor bedürftig ist (*BGH* FamRZ 84, 682; 97, 281; *OLG Hamm* FamRZ 99, 30; *OLG Zweibrücken* FamRZ 2001, 249).

1561   Die Vollstreckungsabwehrklage ist auch dann die richtige Klageart, wenn ein Teilurteil über Unterhalt oder ein Urteil über eine Teilklage schon deshalb nicht nach § 323 ZPO angepasst werden kann, weil sein Gegenstand nicht bestimmbar ist, etwa wenn Ehegatten- und Kindesunterhalt ununterscheidbar in einem Betrag eingeklagt wurden. Ein solches **Teilurteil** ist **unheilbar unwirksam**, so dass seine Vollstreckbarkeit nach **§ 767 ZPO** beseitigt werden muss[227].

Ist das Gericht für **beide Klagearten** zuständig, darf der Kläger sie **mit Haupt- und Hilfsantrag** hintereinander erheben, wenn er nicht weiß, welche die richtige ist[228]. Den Streitwert verdoppelt dies nicht, denn wirtschaftlich verfolgen beide Klagearten das gleiche Ziel.

Vor allem aber hat das Gericht dem Kläger nach **§ 139 ZPO** den richtigen Weg zu zeigen[229] oder den falschen Klageantrag durch Auslegung oder Umdeutung analog § 140 BGB zu berichtigen[230].

10.2 Altersrente aus Versorgungsausgleich

1562   Problematisch ist der Bezug von Altersrente aus dem Versorgungsausgleich durch den unterhaltsberechtigten geschiedenen Ehegatten. Viel spricht dafür, dass der Unterhaltsschuldner diesen Vorgang **wie** einen **Erfüllungseinwand** mit der **Vollstreckungsabwehrklage** verfolgt. Zwar verringert sich durch den Versorgungsausgleich die variable Anspruchsvoraussetzung der Bedürftigkeit nach § 1577 I BGB, was für § 323 ZPO spricht, aber das geschieht endgültig und durch „Leistung" des Schuldners als **eine Art Erfüllungsersatz**; deshalb ist hier vor allem die Zeitschranke des § 323 III ZPO fehl am Platze. Die Rechtsprechung schwankt wie ein Rohr im Schilf[231].

Bezieht der unterhaltsberechtigte Ehegatte auch ohne Versorgungsausgleich eine Erwerbsunfähigkeits- oder Altersrente, bevorzugt der BGH die Abänderungsklage, aber ohne deren Beschränkungen, was letztlich auf § 767 ZPO hinausläuft[232].

---

227 *BGH* 124, 164: zur unbestimmten Teilklage aus mehreren Bürgschaften.
228 *BGH* FamRZ 79, 573.
229 *OLG* Düsseldorf FamRZ 81, 306.
230 *BGH* FamRZ 83, 892; *OLG* Bamberg FamRZ 88, 640.
231 Wie hier: *BGH* 83, 278; FamRZ 88, 1156; für § 323 ZPO, wenn der Versorgungsausgleich nur einen kleinen Teil der Altersrente ausmacht: *BGH* NJW 88, 2102; vermittelnd: für Vergangenheit § 767 ZPO, für die Zukunft § 323 ZPO: *BGH* FamRZ 89, 159; überhaupt für § 323 ZPO: *OLG* Karlsruhe FamRZ 88, 195.
232 *BGH* NJW 90, 709; zur Erstattung eines Teils der Rente nach Erhalt von Unterhalt: *BGH* NJW 89, 1990.

10.3 Verwirkungseinwand wegen unbilliger Härte

Problematisch ist auch der Einwand der Verwirkung des Geschiedenenunterhalts nach **1563**
§ 1579 BGB oder des Kindesunterhalts nach § 1611 BGB. Obwohl der erloschene Unterhaltsanspruch in gewissen Fällen wiederaufleben kann, spricht die Verwandtschaft mit
dem allgemeinen Einwand unzulässiger Rechtsausübung nach § 242 BGB für die **Vollstreckungsabwehrklage**[233].

11. Vereinfachte Abänderung

Unterhaltstitel Minderjähriger, in denen nach §§ 1612b, 1612c BGB ein Kindergeld be- **1564**
stimmter Höhe anzurechnen ist, können nach § 655 ZPO auf Antrag im vereinfachten
Verfahren abgeändert werden, wenn sich das Kindergeld ändert. Weil dieses Verfahren
einfacher, schneller und billiger ist, geht es der Abänderungsklage vor[234]. Der minderjährige Unterhaltsgläubiger darf nach **§ 323 V ZPO** Abänderungsklage nur dann erheben,
wenn er die titulierte Unterhaltsrente (auch) an andere Veränderungen anpassen will
(§ 656 ZPO), oder wenn ihm das vereinfachte Verfahren aus irgendeinem Grunde versperrt ist[235].

Die dynamische Unterhaltsrente des minderjährigen Kindes nach § 1612a BGB
(RN 1258) bedarf, eben weil sie dynamisch ist, keiner gerichtlichen Anpassung, es sei
denn nach § 654, weil sich die Bemessungsgrundlage außerhalb des Regelbetrags wesentlich geändert hat.

12. Abänderung anderer Unterhaltstitel und Irrtum des Gesetzes

§ 323 I-III ZPO gilt unmittelbar nur für die Klage auf Änderung eines Rentenurteils. Auf **1565**
andere Vollstreckungstitel über Unterhalt erklärt zwar § 323 IV ZPO die „vorstehenden
Vorschriften" für entsprechend anwendbar. Aber diese Verweisungsnorm nimmt den
Mund zu voll und hält nicht, was sie verspricht, denn die Absätze 1-3 des § 323 ZPO
sind auf andere Unterhaltstitel gerade nicht anwendbar, nicht auf den Prozessvergleich
nach § 794 I Nr. 1 ZPO, nicht auf die vollstreckbare notarielle Urkunde nach § 794 I
Nr. 5 ZPO und auch nicht auf die Jugendamtsurkunde über Kindesunterhalt nach § 60
SGB VIII. Diese Unterhaltstitel unterscheiden sich vom Unterhaltsurteil so fundamental,
dass die Vorschriften des § 323 I-III ZPO mangels Entsprechung auch nicht entsprechend angewendet werden können. Weder ist nach § 323 I ZPO eine „wesentliche" Änderung nötig, noch beschränkt § 323 II ZPO zeitlich die Abänderungsgründe, noch verhindert § 323 III ZPO die rückwirkende Änderung.

---

233 *BGH* FamRZ 87, 259, 261: zu § 66 EheG; FamRZ 91, 1175; a.A. für § 1579 Nr. 2 u. Nr. 4
   wohl *BGH* FamRZ 90, 1095; zu § 1579 Nr. 7: *OLG Hamm* FamRZ 87, 1266; *KG* FamRZ 90,
   187; *OLG Karlsruhe* FamRZ 91, 352; zu §§ 1579, 1611 BGB: *OLG Bamberg* NJW 92, 1112.
234 So zu § 313 V ZPO a.F.: *BGH* FamRZ 82, 915; *OLG Karlsruhe* FamRZ 86, 582; *OLG Hamm*
   FamRZ 87, 91.
235 So zu § 313 V ZPO a.F.: *BGH* 101, 235; NJW 95, 534; FamRZ 87, 1021; *OLG Bamberg*
   FamRZ 87, 855.

13. Abänderung des Prozessvergleichs über Unterhalt

13.1 Gerichtlicher und außergerichtlicher Vergleich

1566 Nach § 323 IV ZPO kann auch der Prozessvergleich über Unterhalt (§ 794 I Nr. 1 ZPO) auf Klage geändert werden, denn er ist Vollstreckungstitel. Kein Vollstreckungstitel ist der außergerichtliche Vergleich über Unterhalt. Wenn ein Vertragspartner meint, der außergerichtliche Vergleich sei durch irgendwelche Veränderungen überholt, klagt er nicht nach § 323 ZPO auf Abänderung, sondern als Gläubiger nach § 258 ZPO auf Unterhaltszahlung und als Schuldner nach § 256 ZPO auf Feststellung, dass er weniger oder gar keinen Unterhalt schulde[236].

13.2 Prozessvergleich als Verpflichtungsvertrag

Der Prozessvergleich über Unterhalt ist nach § 794 I Nr. 1 ZPO zwar ein Vollstreckungstitel, aber er ist kein Unterhaltsurteil, sondern ein privatrechtlicher Verpflichtungsvertrag über Unterhalt. Das Prozessrecht liefert nur die besondere Form des Gerichtsprotokolls, die Rechtsfolge der Prozessbeendigung und die Vollstreckbarkeit. Seinem Inhalt nach aber bleibt der Prozessvergleich eine privatrechtliche Vereinbarung über Unterhalt und dessen Modalitäten. Diesen Inhalt will die unzufriedene Partei mit der Abänderungsklage an die veränderten Verhältnisse anpassen lassen und hier regiert **nicht das Prozessrecht, sondern** auf der ganzen Linie **der Parteiwille**[237].

1567 **§ 323 I ZPO liefert nur den äußeren prozessualen Rahmen**[238] und das in zweierlei Hinsicht: Erstens muss man auf Abänderung klagen, wenn man einen Prozessvergleich an die veränderten Verhältnisse anpassen will. Zwar können die Parteien den Vergleich auch ohne Gericht vertraglich ändern, aber nur materiellrechtlich, denn vollstreckbar ist die neue Vereinbarung nicht, vollstreckbar ist nur die Änderung durch Urteil, und die erfordert eine **Klage**[239]. Zweitens lässt sich auch die Klage auf Abänderung eines Prozessvergleichs nur darauf stützen, die **veränderliche Bemessungsgrundlage** bestehend aus Unterhaltsbedarf, Bedürftigkeit und Leistungs(un)fähigkeit habe sich geändert.

Dagegen sind auch hier unveränderliche Einwendungen wie Erfüllung oder Erlass, die den Unterhaltsanspruch ein für allemal auslöschen, mit der Vollstreckungsabwehrklage nach § 767 ZPO geltendzumachen (RN 1558)[240].

---

236 *OLG Hamburg* FamRZ 96, 292: Abweichung vom vereinbarten Unterhalt nur nach § 242 BGB.

237 *BGH* GSZ 85, 64; 128, 320; NJW 86, 2054; 92, 364; 94, 1531; 95, 1891; 97, 2176; 99, 642, 643.

238 *BGH* 128, 320: Abänderung in der Form des § 323 I ZPO; NJW 95, 1892: „keine praktische Bedeutung".

239 *BGH* NJW 82, 2072; ferner *OLG Karlsruhe* FamRZ 91, 352: vor Abänderung keine Rückforderung bezahlten Unterhalts aus § 812 BGB.

240 *BGH* FamRZ 87, 804: ohne Beschränkung durch § 767 II ZPO; ferner *BGH* 70, 151: Vergleich, der neue Kindergeldregelung übersieht, wird mittels ergänzender Vertragsauslegung durch einen Erfüllungseinwand korrigiert, der nach § 767 ZPO geltendzumachen ist; genauso gut kann man über das Fehlen der Geschäftsgrundlage zu § 323 ZPO kommen.

Und wer meint, der Prozessvergleich sei nichtig oder durch Anfechtung vernichtet, muss den **alten Prozess fortsetzen**, der noch anhängig ist und beendet werden muss, wenn der Vergleich nichtig ist[241].

13.3 Fehlen oder Wegfall der Geschäftsgrundlage

Ob, in welchem Umfang und ab wann ein Prozessvergleich über Unterhalt an die veränderten Verhältnisse anzupassen ist, bestimmt nicht § 323 ZPO, sondern allein das materielle Vertragsrecht, also der übereinstimmende Parteiwille nach den Regeln über das Fehlen und den Wegfall der Geschäftsgrundlage[242].   **1568**

Es gilt nicht der objektive Maßstab des § 323 I ZPO, der eine wesentliche Änderung verlangt, sondern der Parteiwille, den man im Streitfall durch Auslegung nach § 157 BGB ermittelt[243].

Die **Zeitschranke des § 323 II ZPO** kann die Änderung des Prozessvergleichs schon deshalb **nicht** behindern, weil sie die materielle Rechtskraft des Rentenurteils schützt, der Prozessvergleich aber kein Urteil, sondern ein Vertrag ist, der nur wirksam, aber nicht rechtskräftig werden kann, so dass es auch nichts zu schützen gibt[244]. Folgerichtig darf die Abänderungsklage **nicht nur** den **Wegfall**, sondern **auch** das **Fehlen der Geschäftsgrundlage** geltend machen, so wie man die Vollstreckungsabwehrklage gegen einen Prozessvergleich auch auf alte Einwendungen stützen darf, weil § 767 II ZPO, der die Rechtskraft des Urteils schützt, auf den Prozessvergleich nicht anwendbar ist[245].   **1569**

13.4 Auch rückwirkende Abänderung

Schließlich **entfällt auch die Zeitschranke des § 323 III ZPO**, der eine Abänderung des Rentenurteils für die Zeit vor Erhebung der Klage verbietet, weil die Parteien solange auf den Bestand der gerichtlichen Verurteilung vertrauen dürfen, bis eine Partei durch Klageerhebung ihren Änderungswillen bekundet. Der Prozessvergleich aber ist nicht das Werk des Gerichts, sondern ein Vertrag. Man darf deshalb mit der Abänderungsklage **auch** eine **Anpassung des Vergleichs für die Zeit vor Erhebung der Klage** verlangen[246]. Ob und wie lange die Vertragspartner auf den Bestand ihres Vertrages vertrauen dürfen, bestimmen allein die schuldrechtlichen Regeln über das Fehlen und den Wegfall der Geschäftsgrundlage nach § 242 BGB. Daraus aber lässt sich ein allgemeines Verbot rückwirkender Abänderung nicht ableiten, auch nicht in dem Sinn, dass eine Un-   **1570**

---

241 *BGH* 79, 71; 86, 187; NJW 77, 583; *OLG Köln* FamRZ 99, 943; unklar *OLG Zweibrücken* FamRZ 2000, 681.
242 *BGH* GSZ 85, 64, 74; 128, 320; NJW 86, 2054; 94, 1531; 95, 1892; FamRZ 88, 158; 90, 989; 91, 1175.
243 *BGH* 128, 320; NJW 86, 2054 u. FamRZ 92, 539: 10%-Faustregel passt hier nicht; NJW 95, 1891.
244 *BGH* NJW 92, 364; 95, 1891; 99, 642, 643.
245 *BGH* FamRZ 87, 804.
246 *BGH* GSZ 85, 64; FamRZ 90, 989; 91, 1175; NJW 99, 642, 643.

terhaltskürzung erst von dem Zeitpunkt an erlaubt sei, in dem der Schuldner deutlich erklärt habe, den vereinbarten Unterhalt nicht mehr – voll – zahlen zu wollen[247].

Dies alles gilt auch für Unterhaltsvereinbarungen, die vor einem Gericht der früheren DDR geschlossen worden sind[248].

13.5 Methode der rechtlichen Prüfung

1571   Methodisch muss man sich zuallererst die schuldrechtlichen Regeln zum **Fehlen und Wegfall der Geschäftsgrundlage** klarmachen; sie werden zwar aus Treu und Glauben nach § 242 BGB abgeleitet, stehen aber nicht im Gesetz, sondern sind Richterrecht und heute wohl längst Gewohnheitsrecht[249]. In jedem Einzelfall sind **drei Fragen** zu beantworten[250]:

1. Frage: Was ist Geschäftsgrundlage des Unterhaltsvergleichs?

2. Frage: Was hat sich tatsächlich geändert? Ist dadurch die Geschäftsgrundlage weggefallen oder fehlt sie gar von Anfang an?

3. Frage: Was ist die Rechtsfolge? Ist der Vergleich anzupassen und der vereinbarte Unterhalt zu erhöhen, zu kürzen oder zu streichen? Auf bestimmte oder unbestimmte Zeit und ab wann?

13.6 Tatsachen und Rechtsfragen

1572   Der Richter kann diese Fragen nur dann beantworten, wenn er zwischen **Tatsachenbehauptungen** und **rechtlichen Schlussfolgerungen** scharf trennt. Die Parteien müssen die Tatsachen liefern, das Gericht zieht daraus die rechtlichen Schlüsse. Die Tatsachenbehauptungen sind unstreitig oder streitig, Letztere bewiesen oder unbewiesen. Die **Beweislast** für alle Tatsachen, die eine Anpassung des Vergleichs rechtfertigen, trägt der Kläger, der die Anpassung begehrt[251]. Die tatsächliche Vermutung, dass der Prozessvergleich den Parteiwillen vollständig und richtig wiedergebe, gilt auch hier[252]. **Aus Tatsachen besteht die Geschäftsgrundlage; es ist dies die Vorstellung beider Parteien von der Bemessungsgrundlage und deren künftiger Entwicklung.** Auch das Fehlen und der Wegfall der Geschäftsgrundlage besteht aus Tatsachen, nämlich aus dem **Irrtum beider Parteien über die Geschäftsgrundlage oder deren künftige Entwicklung**[253].

1573   Ob und wie der Vergleich nach Treu und Glauben angepasst werden soll, ist dagegen eine reine **Rechtsfrage**, die das Gericht beantworten muss. Und es muss sie im Geiste des Unterhaltsvergleichs beantworten. § 242 BGB erlaubt Eingriffe in den Vertrag nur, soweit Treu und Glauben sie erfordern. Im Übrigen ist der Vertragswille nach wie vor zu

---

247 *BGH* NJW 90, 3274: zur notariellen Urkunde u. gegen *OLG Karlsruhe* FamRZ 83, 1156; 85, 87; *OLG Düsseldorf* FamRZ 85, 86; *OLG Bamberg* FamRZ 88, 640.

248 *BGH* 128, 320.

249 Zu den Einzelheiten: *Schellhammer*, Zivilrecht nach Anspruchsgrundlagen, RN 1206 ff.

250 Dazu *BGH* 128, 320; FamRZ 88, 158; 97, 811; NJW 86, 2054; 94, 1531; 95, 1892.

251 *BGH* NJW 95, 1892.

252 *OLG Zweibrücken* FamRZ 84, 726.

253 *BGH* NJW 95, 1892.

respektieren und der Vergleich aufrechtzuerhalten[254]. Deshalb sind spätere Veränderungen vielleicht nur dann erheblich, wenn die Parteien sie bei Abschluss des Vergleichs noch nicht voraussehen konnten oder sich deren Berücksichtigung im Vergleich vorbehalten haben[255].

13.7 Geschäftsgrundlage im Vergleichsprotokoll

Parteien und Gericht erleichtern den späteren Abänderungsprozess ungemein, wenn sie die Geschäftsgrundlage möglichst genau schon im Vergleichsprotokoll beschreiben: das beiderseitige Nettoeinkommen, die Abzüge für berufsbedingte Aufwendungen, Kindesunterhalt und Kreditraten, die Vermögenserträge und den Wohnvorteil, Erwerbstätigenbonus, Unterhaltsquote, Differenz- oder Anrechnungsmethode. Außerdem können die Parteien, jedenfalls für den Geschiedenenunterhalt, die Bedingungen einer künftigen Anpassung schon jetzt vereinbaren oder die Anpassung auf Zeit oder endgültig ausschließen[256].   **1574**

Wenn dagegen im Abänderungsverfahren die Geschäftsgrundlage nicht mehr zu klären ist, bleibt nichts anderes übrig, als den Unterhalt völlig neu zu berechnen[257].

13.8 Vergleich über Spitzenbetrag

Vereinbaren die Parteien im Vergleich nur den streitigen Spitzenbetrag, den der Schuldner nicht freiwillig bezahlt hat, ist auch nur dieser Spitzenbetrag nach § 794 I Nr. 1 ZPO vollstreckbar. Die Abänderungsklage des Schuldners ist in diesem Fall erst dann zulässig, wenn die begehrte Kürzung des Unterhalts den freiwillig bezahlten Sockelbetrag übersteigt[258].   **1575**

14. Abänderung der vollstreckbaren Urkunde über Unterhalt

Auch die vollstreckbare Urkunde über Unterhalt nach § 794 I Nr. 5 ZPO lässt sich nach § 323 IV, I ZPO nur auf Klage und durch Urteil abändern, wenn sie vollstreckbar bleiben soll, und nur wegen einer Fehleinschätzung oder Veränderung der Bemessungsgrundlage, während unabänderliche Einwendungen wie Erfüllung oder Erlass mit der Vollstreckungsabwehrklage nach § 767 ZPO geltendzumachen sind.   **1576**

Die Abänderung selbst: die Erhöhung, Kürzung oder Streichung des Unterhalts richtet sich wie beim Prozessvergleich (RN 1566 ff.) nicht nach § 323 I-III ZPO, sondern allein nach materiellem Recht, also wiederum nach den Regeln über das Fehlen oder den Weg-   **1577**

---

254 *BGH* 128, 320; NJW 94, 1531.
255 *OLG Düsseldorf* FamRZ 94, 170.
256 *BGH* NJW 97, 2176: notarielle Urkunde; *OLG Hamburg* FamRZ 88, 742: Abänderungsgründe und freie Abänderung ohne Bindung an früheren Titel.
257 *BGH* NJW 94, 1531; 2001, 2259; ferner *OLG Frankfurt* FamRZ 88, 194: Widersprüche im Vergleichstext durch Kompromiss auflösen.
258 *BGH* NJW 93, 1995; zum Urteil über Spitzenbetrag: RN 1541.

fall der **Geschäftsgrundlage**[259]. Auch hier stellt sich die Frage: Was war Geschäftsgrundlage und wie haben die Parteien sie bewertet[260]. Ob die notarielle Urkunde den ganzen Unterhaltsvertrag oder, was für § 794 I Nr. 5 ZPO genügt, nur das Unterhaltsversprechen des Schuldners samt Unterwerfung unter die sofortige Zwangsvollstreckung beurkundet, macht keinen großen Unterschied, denn so oder so ist das Unterhaltsversprechen nach materiellem Recht anzupassen.

Für Jugendamtsurkunden über Kindesunterhalt nach § 60 SGB VIII gilt das Gleiche[261].

15. Verfahren der Abänderungsklage

15.1 Klagantrag

1578   Das Ziel der Abänderungsklage, den Unterhaltstitel an die veränderten Verhältnisse anzupassen, drückt sich im Klagantrag (und im Urteilstenor) etwa so aus:

„Das Urteil des Amtsgerichts – Familiengericht – Konstanz vom 22.5.2001 (4F 137/00) wird geändert und der Beklagte verurteilt, ab 11.2.2002 monatlich, jeweils im Voraus, 800,– Euro (statt bisher 750,– Euro) Geschiedenenunterhalt an die Klägerin zu zahlen".

oder

„Das Urteil des Amtsgerichts – Familiengericht – Konstanz vom 22.5.2001 wird so geändert, dass der Kläger ab 11.2.2002 keinen Unterhalt mehr an die Beklagte zu zahlen hat".

1579   In der Praxis werden oft falsche Klaganträge gestellt, etwa auf Unterhaltszahlung oder negative Feststellung oder Unzulässigerklärung der Zwangsvollstreckung, denn die Abänderungsklage ist nicht immer leicht von der Unterhaltsnachforderungs- oder der Vollstreckungsabwehrklage abzugrenzen. Nun lässt sich zwar das richtige Klageziel in aller Regel aus der Klagebegründung ablesen. Bevor aber der Richter den falschen Klagantrag einfach „richtig" auslegt oder gar umdeutet[262], klärt er den Kläger spätestens in der mündlichen Verhandlung nach **§ 139 ZPO** über den richtigen Klageweg auf und legt ihm nahe, seinen falschen Klagantrag selbst zu berichten.

15.2 Stufenklage

1580   Eine Erhöhung oder Kürzung des titulierten Unterhalts kann man auch mit der Stufenklage nach § 254 ZPO (RN 1489) verlangen[263].

---

259 *BGH* NJW 90, 3274; 97, 2176; FamRZ 91, 542; 97, 811; *OLG Hamm* FamRZ 95, 1151; 97, 431.

260 *BGH* FamRZ 95, 665; 97, 811.

261 *BGH* NJW 85, 64; *OLG Hamm* FamRZ 99, 794; *OLG Köln* FamRZ 2000, 905.

262 Für Umdeutung: *BGH* FamRZ 83, 893 u. 86, 661: Abänderungsklage in Zahlungsklage; FamRZ 92, 298, 1061 u. NJW 97, 735: Zahlungsklage in Abänderungsklage; *OLG Hamm* FamRZ 93, 1102; 95, 1152: auch noch in Berufungsinstanz.

263 *BGH* FamRZ 88, 158; *OLG Hamburg* FamRZ 83, 626; *OLG Köln* FamRZ 83, 1047.

15.3 Klage und Widerklage

Mit Klage und Widerklage dürfen beide Parteien in demselben Verfahren eine Abänderung desselben Unterhaltstitels verlangen, der Gläubiger eine Erhöhung, der Schuldner eine Kürzung des Unterhalts. Trotz gegenläufiger Ziele haben Klage und Widerklage angeblich denselben Streitgegenstand[264]. Unzulässig ist aber ein Teilurteil über Klage oder Widerklage, denn die beiden sind unzertrennlich[265].

15.4 Parteiidentität

Die Parteien des Vorprozesses sind in der Regel auch die Parteien des Abänderungsprozesses, wenn vielleicht auch mit vertauschten Rollen. Auf Abänderung darf nur klagen, wer als Kläger oder Beklagter schon den Vorprozess geführt hat, und die Abänderungsklage muss sich gegen den früheren Prozessgegner richten[266]. Dies meint § 323 I ZPO, wenn er bestimmt, dass „jeder Teil" auf Abänderung klagen dürfe.

1581

Diese gesetzliche Regel hat jedoch Ausnahmen: Auf Abänderung des Unterhaltsurteils darf auch derjenige klagen oder verklagt werden, auf den sich die Rechtskraft des Unterhaltstitels erstreckt. Das ist einmal der **Rechtsnachfolger nach Rechtshängigkeit** gemäß § 727 ZPO. Wenn also der eingeklagte Unterhaltsanspruch nach Klageerhebung gemäß § 91 BSHG auf den Sozialhilfeträger übergeht, darf dieser nunmehr auf Erhöhung des Unterhalts klagen oder auf Kürzung verklagt werden[267].

Das gleiche gilt für die **gesetzliche Prozessstandschaft** nach § 1629 III BGB: Solange die Eltern getrennt leben und die elterliche Sorge gerichtlich noch nicht geregelt ist, klagt der betreuende Elternteil den Unterhalt des minderjährigen Kindes im eigenen Namen, aber mit Rechtskraftwirkung für und gegen das Kind ein. Der so erwirkte Unterhaltstitel muss deshalb vom unterhaltsberechtigten Kind selbst oder gegen das Kind abgeändert werden, wenn die gesetzliche Prozessstandschaft des Elternteils durch rechtskräftige Scheidung oder Volljährigkeit des Kindes erloschen ist[268].

1582

Dagegen kann nicht das Kind selbst auf Abänderung klagen, wenn sich seine Eltern im eigenen Namen und außerhalb des § 1629 III BGB in einem Prozessvergleich oder einer vollstreckbaren Urkunde über Kindesunterhalt verständigt haben[269]. Auch der Unterhaltsvergleich der Eltern zugunsten des Kindes gibt diesem nach § 328 BGB nur einen Anspruch auf Unterhalt, aber noch keinen Unterhaltstitel, auf dessen Änderung es klagen dürfte[270].

---

264 *BGH* FamRZ 97, 488; 98, 99.
265 *BGH* NJW 87, 441.
266 *BGH* FamRZ 86, 254; 92, 1061.
267 *OLG Düsseldorf* FamRZ 94, 764; OLG *Brandenburg* FamRZ 99, 1512.
268 *BGH* NJW 97, 735: DDR-Titel; *OLG Hamm* FamRZ 96, 1085; ferner *BGH* FamRZ 92, 1061: ausländisches Urteil über Kindesunterhalt, erstritten zwischen den Eltern, wirkt nach ausländischem Recht auch für das Kind.
269 *BGH* FamRZ 86, 254; NJW 97, 2176.
270 *BGH* FamRZ 86, 254 lässt es offen.

15.5 Zuständigkeit

1583   Anders als die Vollstreckungsabwehrklage nach § 767 I ZPO hat die Abänderungsklage keine besondere Zuständigkeit[271]. Es bleibt bei der allgemeinen Zuständigkeit für Unterhaltsklagen. **Sachlich** ist stets das **Amtsgericht** zuständig (§ 23a Nr. 2 GVG) und dort die Abteilung für Familiensachen (§ 23b I Nr. 5 u. 6 GVG).

Für die **örtliche Zuständigkeit** begründen die **§§ 23a, 35a ZPO** zusätzlich zwei besondere Gerichtsstände. Wenn der Beklagte im Inland keinen Gerichtsstand hat, weder einen allgemeinen noch einen besonderen, etwa nach § 23 ZPO, darf der Kläger nach § 23a ZPO in seinem eigenen allgemeinen Gerichtsstand klagen, auch als Schuldner, der eine Kürzung des titulierten Unterhalts begehrt[272]. Dieser besondere Gerichtsstand begründet zugleich die **internationale Zuständigkeit** des deutschen Gerichts. Und nach § 35a ZPO darf das Kind beide Eltern mit einer Klage vor demjenigen Amtsgericht auf Unterhalt und Erhöhung titulierten Unterhalts verklagen, bei dem der Vater oder die Mutter einen Gerichtsstand hat.

Schließlich kann das höhere Gericht nach § 36 I Nr. 3 ZPO bestimmen, welches Amtsgericht die Abänderungsklage des Unterhaltsschuldners gegen mehrere Unterhaltsgläubiger, etwa Kinder oder Ehegatten aus verschiedenen Ehen, die keinen gemeinsamen Gerichtsstand haben, verhandeln und entscheiden soll[273].

15.6 Normalprozess

1584   Der Abänderungsprozess ist ein Unterhaltsprozess und dieser ein normaler Parteiprozess der ZPO, in erster Linie nach den §§ 495a-510a ZPO, im Wesentlichen aber über die Verweisungsnorm des § 495 ZPO nach den Regeln des Landgerichtsprozesses (§§ 253 ff. ZPO).

Das deutsche Gericht wendet nach der **lex fori** stets **deutsches Prozessrecht** an, und da **§ 323 ZPO** zum Prozessrecht gehört, ist auch die Abänderungsklage gegen ein ausländisches Unterhaltsurteil nur zulässig, wenn sie die besonderen Voraussetzungen des § 323 ZPO erfüllt, während die materiellrechtliche Anpassung sich nach ausländischem Unterhaltsrecht richtet[274].

15.7 Einstweilige Einstellung der Zwangsvollstreckung

1585   Obwohl § 323 ZPO schweigt, darf das Gericht die Zwangsvollstreckung aus dem abzuändernden Unterhaltstitel auf Antrag des klagenden Unterhaltsschuldners analog § 769 ZPO vorläufig einstellen[275].

---

271 *RG* 52, 345: § 767 I ZPO nicht entsprechend anwendbar.
272 *BGH* NJW-RR 87, 1474.
273 *BGH* NJW 86, 3209.
274 *BGH* NJW 92, 438.
275 *BGH* LM § 323 ZPO Nr. 1; *OLG Karlsruhe* NJW 75, 314; *OLG Köln* FamRZ 87, 963; *OLG Schleswig* FamRZ 90, 303: nicht schon im PKH-Verfahren.

16. Entscheidung über Abänderungsklage

16.1 Klagabweisung oder Änderung

Über die Abänderungsklage entscheidet das Gericht durch Urteil: Die unzulässige oder **1586** unbegründete Klage weist es ab[276], auf die begründete Klage ändert es den alten Renten-titel, indem es die Unterhaltsrente erhöht, kürzt oder streicht[277]. Der Urteilstenor über-nimmt den richtig formulierten Klagantrag (RN 1578). Das Änderungsurteil ist ein Ge-staltungsurteil und, soweit es den Unterhalt erhöht, zugleich ein Leistungsurteil.

16.2 Nebenentscheidungen

Die **Kostenentscheidung** folgt aus §§ 91, 92 ZPO. **1587**

Die **vorläufige Vollstreckbarkeit** richtet sich nach §§ 708 ff. ZPO. Das Urteil, das den Unterhalt erhöht, ist nach § 708 Nr. 8 ZPO ohne Sicherheit vorläufig vollstreckbar; der Schuldner wird durch Anordnung der Abwendungsbefugnis nach § 711 ZPO geschützt. Das ganze Urteil, nicht nur die Kostenentscheidung, ist auch dann für vorläufig voll-streckbar zu erklären, wenn es den Unterhalt kürzt oder streicht, denn nach § 775 Nr. 1, 776 ZPO berechtigt nur ein vollstreckbares Urteil den Schuldner dazu, die Zwangsvoll-streckung aus dem alten, geänderten Titel einstellen und aufheben zu lassen.

Kostenstreitwert ist nach § 17 I GKG der Jahresbetrag der verlangten Erhöhung oder Kürzung des Unterhalts.

16.3 Entscheidungsgrundlage: Neue Veränderungen und alte Feststellungen

Auch im Abänderungsverfahren stützt sich das Urteil auf das Parteivorbringen am Ende **1588** der mündlichen Verhandlung und auf das geltende Unterhaltsrecht. Entscheidungsgrund-lage sind aber **nicht nur die neuen Tatsachen und Beweise für die veränderliche Höhe und Dauer der Unterhaltsrente, sondern auch die alten Tatsachen für die un-veränderlichen Anspruchsvoraussetzungen und für die unveränderten Bemessungs-faktoren.** Was das abzuändernde Rentenurteil dazu feststellt, ist ungeprüft ins neue Ur-teil zu übernehmen.

Auch wenn alle Voraussetzungen des § 323 I-III ZPO erfüllt sind, darf das Gericht den **1589** **titulierten Unterhalt nicht völlig frei und neu berechnen, sondern nur an die verän-derliche und veränderte Bemessungsgrundlage anpassen**, also an den veränderten Unterhaltsbedarf, an die veränderte Bedürftigkeit und an die veränderte Leistungsfähig-keit[278]. Im Übrigen ist das alte Rentenurteil unantastbar, denn es stellt den Unterhaltsan-spruch rechtskräftig fest, und die **materielle Rechtskraft** ist im Abänderungsverfahren von Amts wegen zu respektieren, soweit nicht die veränderte Bemessungsgrundlage eine

---

276 Zur Rechtskraft der Klagabweisung: *BGH* NJW 85, 2535: Prozessurteil; *OLG Düsseldorf* FamRZ 89, 1207: Sachurteil.
277 Zum Anerkenntnis des Unterhaltsgläubigers u. zu § 93 ZPO: *OLG Köln* FamRZ 97, 1415.
278 *BGH* 98, 353; NJW 83, 1118; 83, 1976: ausländisches Urteil; 86, 2054; 88, 2102; 90, 2886; 2887; 92, 364; 96, 517; 98, 161.

Anpassung erfordert. Deshalb beschränkt **§ 323 II** ZPO zum Schutze der materiellen Rechtskraft des Rentenurteils die Abänderungsklage auf Veränderungen, die erst nach Schluss der mündlichen Verhandlung eingetreten sind.

1590 Wer aber meint, das Unterhaltsurteil sei falsch, darf es nicht rechtskräftig werden lassen, sondern muss Rechtsmittel einlegen, denn **im Abänderungsverfahren sind alle Angriffs- und Verteidigungsmittel ausgeschlossen, die der materiellen Rechtskraft des Rentenurteils widersprechen und nicht ausnahmsweise durch § 323 I, II ZPO erlaubt sind**[279].

Beispiel

> Die Behauptung des auf Abänderung klagenden Unterhaltsschuldners, der Unterhaltsgläubiger beziehe ein Pflegegeld, das seinen Bedarf decke, ist nach § 323 II ZPO unzulässig, wenn der Unterhaltsgläubiger das **Pflegegeld schon vor Schluss der mündlichen Verhandlung des Vorprozesses bezogen** hat. Unerheblich ist, ob diese Tatsache schon im Vorprozess behauptet, vom Gericht aber übersehen wurde, oder ob der Unterhaltsschuldner sie erst später erfahren hat; es genügt, dass sie im Vorprozess objektiv schon vorhanden war (*BGH* 98, 358; FamRZ 87, 259).
>
> **Dies gilt** freilich nur für den Angriff des Abänderungsklägers, **nicht für die Verteidigung des Beklagten**, der mit seinem Antrag auf Klagabweisung die Rechtskraft des früheren Rentenurteils nicht verletzt, sondern schützt (*BGH* 98, 358; FamRZ 90, 1088).

16.4 Bindung an rechtliche Wertung: Regel und Ausnahmen

1591 Das Gericht ist aber nicht nur an den unveränderten Sachverhalt gebunden, auf dem das Rentenurteil gründet, sondern auch daran, wie das Rentenurteil diesen Sachverhalt – richtig oder falsch – bewertet und gewichtet[280]. Dies gilt etwa für die Feststellung und Bewertung des realen oder fiktiven Einkommens, der berufsbedingten Aufwendungen, der besonderen Belastungen, der Anrechnung oder Nichtanrechnung von Einkommen oder der konkreten Unterhaltsberechnung nach dem gelebten ehelichen Lebensstandard statt nach der Höhe des Familieneinkommens[281].

1592 Aber die **Rechtsprechung** hält diese Linie nicht konsequent durch, sondern **verneint** eine **Bindung** an die Feststellungen des Rentenurteils, soweit es sich handelt um:

- die Anwendung von **Unterhaltabellen und -richtlinien** (*BGH* NJW 84, 1458; 90, 2886, 2887; FamRZ 90, 982; 94, 1100);
- die Anwendung der **Differenz- oder** der **Anrechnungsmethode** (*BGH* FamRZ 87, 257, 258; NJW 90, 2886, 2887);
- den **Verteilungsschlüssel** oder die **Verteilungsquote**, also vor allem den Erwerbstätigenbonus (*BGH* FamRZ 85, 374; 90, 981; NJW 90, 3021);
- die **Art und Weise der Besteuerung** des Einkommens, vor allem reale statt fiktiver Steuerlast (*BGH* FamRZ 90, 982);

---

279 *BGH* 98, 353.
280 *BGH* NJW 84, 1458; 86, 2054; 92, 365; 96, 517; FamRZ 87, 257, 259; 94, 1100; a.A. *OLG Koblenz* FamRZ 91, 210: keine Bindung an Beweislastentscheidung und angewandte Rechtsgrundsätze.
281 *BGH* FamRZ 94, 1100.

- die **Berechnung des Wohnvorteils** durch billiges Wohnen im eigenen Haus (BGH FamRZ 94, 1100).

Der **BGH** begründet diese Ausnahmen damit, dass Tabellen, Richtlinien und Berech- **1593**
nungsmethoden **nur unverbindliche Hilfsmittel** für die Ausfüllung unbestimmter
Rechtsbegriffe wie „eheliche Lebensverhältnisse" in § 1578 I 1 BGB seien. Aber dieses
Argument ist schwach. So kann man die Differenz- und die Anrechnungsmethode sowie
die Berücksichtigung des Wohnvorteils ohne große Anstrengung unmittelbar dem
§ 1578 I 1 BGB entnehmen. Denn wenn die ehelichen Lebensverhältnisse durch den Teil
des Familieneinkommens bestimmt werden, der für den Unterhalt der Eheleute verfügbar
ist, errechnet sich der Unterhaltsbedarf in der Doppelverdienerehe aus der Summe der
beiden Einkommen, in der Alleinverdienerehe dagegen aus dem Einkommen des Unterhaltsschuldners mit der Folge, dass späteres trennungsbedingtes Einkommen des Unterhaltsberechtigten aus einer angemessenen Erwerbstätigkeit nach § 1577 I BGB auf den
Bedarf anzurechnen ist und insoweit die Bedürftigkeit beseitigt. Das ist schlichte
Rechtsanwendung, die im Abänderungsverfahren eigentlich nicht angetastet werden
sollte. Und da das billige Wohnen im eigenen Haus als geldwerter Gebrauchsvorteil
(§ 100 BGB) zu den Vermögenserträgen zählt und das Erwerbseinkommen erhöht, kann
es bereits den Bedarf nach den ehelichen Lebensverhältnissen erhöhen, aber auch die Bedürftigkeit verringern oder die Leistungsfähigkeit erhöhen. Die Berücksichtigung oder
Nichtberücksichtigung des Wohnvorteils ist deshalb eine – richtige oder falsche – rechtliche Feststellung zu § 1578 I 1, oder § 1577 oder § 1581 BGB, die im Abänderungsverfahren eigentlich binden sollte.

Dass eine rechtliche Wertung im Rentenurteil nicht mehr binden darf, wenn sie vom
Bundesverfassungsgericht inzwischen **für verfassungswidrig erklärt** worden ist, versteht sich dagegen von selbst[282].

Verneint wird eine Bindung an das alte Rentenurteil **auch dann, wenn der Unterhalts-** **1594**
berechtigte mit einer – verdeckten – Teilklage im Vorprozess voll gewonnen hat und
nun mit der Abänderungsklage den restlichen Unterhalt verlangt[283]. Hier liegt der Fehler
nicht in der Verneinung der Bindung, sondern bereits in der Ablehnung einer Nachforderungsklage (RN 1545 ff.).

Schließlich ist das Gericht im Abänderungsverfahren insoweit frei, **als das abzuän-**
dernde Urteil, etwa zu den ehelichen Lebensverhältnissen nach § 1578 I 1 BGB, überhaupt **keine Feststellungen trifft**[284]. Richtet sich die Abänderungsklage gegen ein Urteil,
das einen Unterhaltsvergleich nach § 323 ZPO mit § 242 BGB abgeändert hat, kommt es
darauf an, wie das Urteil die Unterhaltsvereinbarung verstanden und worin es das Fehlen
oder den Wegfall der Geschäftsgrundlage gesehen hat[285].

Wie aber bindet ein **Versäumnisurteil** über Unterhalt, das nach § 313b I 1 ZPO weder **1595**
Tatbestand noch Entscheidungsgründe hat? Und wie stellt man hier fest, ob sich etwas
geändert hat? Auch das Versäumnisurteil ist ein vollgültiges Urteil, das den prozessualen
Anspruch rechtskräftig feststellt. Der prozessuale Anspruch wird auch hier durch Klag-

---

282 *BGH* NJW 90, 3020.
283 *BGH* 98, 353; NJW 91, 429.
284 *BGH* FamRZ 87, 258; *OLG Hamm* FamRZ 87, 733.
285 *BGH* NJW 92, 364.

antrag und Klagegrund (Lebenssachverhalt) bestimmt. Beides findet man in der Klageschrift. Insoweit zwischen dem wahren Sachverhalt und dem fingierten Sachverhalt des § 331 I ZPO zu unterscheiden[286], gibt keinen Sinn. Die schlüssigen Behauptungen des Anspruchstellers werden rechtlich durch die Fiktion des § 331 I ZPO genauso festgestellt, als wären sie unstreitig oder bewiesen. Einen „wahren" Sachverhalt gibt es daneben nicht.

16.5 Bindung an Parteiwillen

1596 Was beim Unterhaltsurteil die materielle Rechtskraft ist beim **Unterhaltsvergleich** der **übereinstimmende Parteiwille**. Auch der Vergleich darf nur insoweit geändert werden, als der Wegfall der Geschäftsgrundlage es nach Treu und Glauben erfordert. Im Übrigen bleibt nicht nur die Vereinbarung, sondern auch die rechtliche Bewertung der Parteien verbindlich[287]. Völlig neu darf der Unterhalt nur dann berechnet werden, wenn die Geschäftsgrundlage des Vergleichs nicht mehr zu klären ist[288].

16.6 Blick in die Zukunft

Stets aber muss auch das Abänderungsurteil in die Zukunft schauen und wie das Rentenurteil **nach § 258 ZPO auch die künftige Entwicklung bedenken**[289].

5. Kapitel
Notunterhalt

1. Einstweilige Verfügung auf Notunterhalt

1597 Da man den Unterhalt schon heute und nicht erst in Jahren braucht, wenn man nicht der Sozialhilfe zur Last fallen will, darf man ihn **in Höhe des existenznotwendigen Bedarfs und für begrenzte Zeit** im Eilverfahren der einstweiligen Verfügung nach §§ 935, 940 ZPO geltendmachen. Diese verschafft dem Unterhaltsberechtigten nur einen – vorläufigen – Vollstreckungstitel für Unterhalt, entscheidet aber nicht rechtskraftfähig über den Unterhaltsanspruch, denn Streitgegenstand ist nicht das Unterhaltsbegehren, sondern nur das Sicherungsbegehren auf einstweiligen Notunterhalt. Deshalb schließt die einstweilige Verfügung auf Notunterhalt weder die Unterhaltsklage noch die negative Feststellungsklage aus; der Beklagte kann den Kläger nach § 926 ZPO sogar zur Unterhaltsklage zwingen.

---

286 So *OLG Oldenburg* FamRZ 90, 188 u. *OLG Frankfurt* FamRZ 95, 735; richtig *OLG Hamm* FamRZ 97, 889; *OLG Karlsruhe* Report 99, 428.
287 *BGH* 128, 320; FamRZ 86, 791; 88, 156; 92, 539; NJW 84, 1531.
288 *BGH* FamRZ 92, 539; NJW 94, 1531.
289 *RG* 145, 307.

Dagegen kann man zusätzlichen Unterhalt, der nach § 323 ZPO geltend zu machen ist, nicht als Notunterhalt verlangen, da § 926 ZPO hier nicht greift[290].

2. Mindestunterhalt für 6 Monate

Die einstweilige Verfügung auf Notunterhalt ist zulässig nur **bis zur Höhe des existenz-** **notwendigen Bedarfs** etwa in Höhe des notwendigen Eigenbedarfs (Ehegatte) oder des Mindestbedarfs (Kind) nach der Düsseldorfer Tabelle[291] **und für die Dauer von läng-** **stens 6 Monaten**[292] ab Rechtshängigkeit, die im Verfahren des einstweiligen Rechts-schutzes schon mit Eingang des Antrags bei Gericht eintritt[293]; dies gilt auch für die Berufungsinstanz[294]. Unterhalt für eine frühere Zeit ist kein Notunterhalt mehr, da er eine Not, die in der Vergangenheit liegt, nicht mehr lindern kann. Das ist aber kein Grund, auf den Schluss der mündlichen Verhandlung abzustellen, den der Unterhaltsberechtigte nicht maßgeblich beeinflussen kann[295]. **1598**

3. Kein Verfügungsgrund während Sozialhilfebezugs

Der Unterhaltsberechtigte leidet keine Not, die allein eine einstweilige Verfügung auf Unterhalt rechtfertigt, solange er seinen lebenswichtigen Bedarf mit Hilfe Dritter deckt, also beispielsweise ausreichend Sozialhilfe, Arbeitslosenhilfe, Ausbildungsförderung oder Erziehungsgeld bezieht[296]. Dass die öffentliche Hand nur subsidiär einspringt und nicht den Unterhaltsschuldner entlasten will, ändert nichts daran, dass sie die ärgste Not beseitigt und es zu einem Verfügungsgrund gar nicht erst kommen lässt. **1599**

4. Kein Verfügungsgrund für verzögerten Antrag

Ein vorhandener Verfügungsgrund verflüchtigt sich rasch, wenn der Unterhaltsberech-tigte mit seinem Antrag auf einstweilige Verfügung allzulange wartet[297], seinen Unterhalt nicht schon im Scheidungsverfahren eingeklagt hat, sondern erst nach der Scheidung Notunterhalt begehrt[298] oder die erhobene Unterhaltsklage einfach hängen lässt[299]. **1600**

---

290 *OLG Celle* FamRZ 97, 182.
291 *BVerfG* FamRZ 80, 872: Beschränkung auf Notunterhalt verfassungsgemäß; *OLG Düsseldorf* FamRZ 92, 1321; 93, 962; *OLG Karlsruhe* NJW 95, 1908.
292 *OLG Hamm* FamRZ 88, 855; *OLG Celle* NJW 90, 3281; *OLG Düsseldorf* FamRZ 93, 962.
293 *OLG Karlsruhe* FamRZ 89, 80; *OLG Celle* NJW 90, 3281; *OLG Düsseldorf* FamRZ 93, 962.
294 *KG* FamRZ 87, 842; *OLG Karlsruhe* FamRZ 89, 80; *OLG Düsseldorf* FamRZ 93, 962.
295 So aber *OLG Düsseldorf* FamRZ 87, 611; *OLG Hamm* FamRZ 88, 528.
296 *OLG Düsseldorf* FamRZ 93, 962; 94, 387; *OLG Hamm* FamRZ 92, 582; *OLG Bamberg* FamRZ 95, 623; *OLG Frankfurt* FamRZ 97, 1090; ferner *OLG Karlsruhe* FamRZ 99, 244: Darlehen Verwandter deckt Lebensbedarf.
297 *OLG Hamm* FamRZ 88, 855; *OLG Celle* NJW 90, 3281; *OLG Oldenburg* FamRZ 97, 182.
298 *OLG Frankfurt* FamRZ 90, 540; *OLG Köln* FamRZ 99, 245.
299 *OLG Düsseldorf* FamRZ 92, 80.

5. Einstweilige Anordnung vor einstweiliger Verfügung

1601   Für die Familiensache „Unterhalt" ist die einstweilige Verfügung nur vor und nach einem Scheidungsverfahren zulässig, denn sobald ein Scheidungsantrag (oder eine andere Ehesache) anhängig ist, geht die speziellere, auch langlebigere einstweilige Anordnung auf Ehegatten- oder Kindesunterhalt nach **§ 620 I Nr. 4 und Nr. 6 ZPO** der einstweiligen Verfügung auf Notunterhalt vor[300].

1602   Seit 1.7.1998 geht die einstweilige Anordnung der einstweiligen Verfügung schon dann vor, wenn eine Unterhaltklage nach § 621 I Nr. 4, 5 oder 11 ZPO oder auch nur ein Antrag auf Prozesskostenhilfe für eine solche Klage eingereicht ist, denn **§ 644 ZPO** erklärt für diesen Fall die §§ 620a-620g ZPO für entsprechend anwendbar. Da die einstweilige Anordnung auf Unterhalt der speziellere Rechtsbehelf ist, verdrängt sie die einstweilige Verfügung schon dann, wenn sie genauso schnell zu erlangen ist[301]. Wer Notunterhalt durch einstweilige Verfügung begehrt, muss deshalb glaubhaft machen, dass es ihm nicht möglich oder nicht zuzumuten sei, eine Unterhaltsklage oder wenigstens einen Prozesskostenhilfeantrag einzureichen und eine einstweilige Anordnung über Unterhalt zu erwirken[302].

Den gleichen Vorrang hat die einstweilige Anordnung auf Unterhalt im Vaterschaftsprozess nach § 641d.

6. Notunterhalt als Ausnahme

1603   Auch im Verfahren der einstweiligen Verfügung sind die gesetzlichen Voraussetzungen sorgfältig und streng zu prüfen, nicht nur der Verfügungsanspruch, sondern auch der Verfügungsgrund. Verfügungsgrund für Notunterhalt ist die **drängende finanzielle Not:** der Mangel an Geld für den existenznotwendigen Lebensbedarf bis zur Höhe des gesetzlichen Unterhaltsanspruchs. Daran fehlt es, wenn der Unterhaltsberechtigte **noch ausreichend Bargeld**[303] **oder** ein **vorläufig vollstreckbares Unterhaltsurteil** in Händen hat, es sei denn, er kann die angeordnete Sicherheit nicht leisten[304].

Der Notunterhalt durch einstweilige Verfügung muss eine Ausnahme bleiben, weil er den gesetzlichen Rahmen des einstweiligen Rechtsschutzes, der nur sichern, nicht befriedigen soll, mit einer kühnen Analogie zu §§ 935, 940 ZPO sprengt, und weil bezahlter

---

300   *OLG Koblenz* FamRZ 89, 196: späterer Scheidungsantrag macht früheren Antrag auf einstw. Verfügung aber nicht unwirksam; *OLG Karlsruhe* FamRZ 89, 523: Verfahren der einstw. Verfügung nach späterem Scheidungsantrag als Verfahren nach § 620 ZPO fortzusetzen; *OLG Brandenburg* FamRZ 96, 1222: Antrag auf Notunterhalt in Antrag nach § 620 ZPO umzudeuten; *OLG Koblenz* FamRZ 97, 1412.

301   *OLG Nürnberg, Köln, Zweibrücken, München* FamRZ 99, 30, 661, 662, 884; *OLG München u. Koblenz* FamRZ 2000, 362, 1580.

302   *OLG Nürnberg u. Köln* FamRZ 99, 30, 661; *OLG Hamm* FamRZ 2001, 358 a.A. für Prozesskostenvorschuss außerhalb § 127a ZPO.

303   *OLG Karlsruhe* FamRZ 96, 1431: 5000,– DM.

304   *OLG Karlsruhe* FamRZ 96, 1431: kein Verfügungsgrund, wenn Antrag nach § 711 S. 2 ZPO versäumt.

Unterhalt in aller Regel verloren ist, wenn sich später im Normalprozess herausstellt, dass er nicht geschuldet war[305]. Zwar muss der Antragsteller Unterhaltsanspruch und Notlage nicht voll beweisen, sondern nur glaubhaft machen (§§ 920 II, 294 ZPO), aber das heißt nicht, dass schon jede eidesstattliche Versicherung des Antragstellers genüge, denn allzu oft ist sie falsch[306]. Deshalb sollte das Gericht die einstweilige Verfügung nicht überstürzt ohne rechtliches Gehör des Gegners erlassen.

7. Streitwert

Den Streitwert des Antrags auf Notunterhalt durch einstweilige Verfügung schätzt das Gericht nach § 20 I GKG mit § 3 ZPO nach seinem Ermessen. Maßstab ist auch hier das wirtschaftliche Interesse des Antragstellers. **1604**

Obwohl die einstweilige Verfügung nicht auf Sicherung, sondern auf Zahlung lautet, bleibt sie eine **vorläufige Maßnahme** des einstweiligen Rechtsschutzes, **die den Unterhaltsanspruch nicht rechtskraftfähig feststellt**, sondern nur eine Not überbrückt und deshalb den Wert einer Unterhaltsklage nie erreichen kann, auch dann nicht, wenn sie für 6 Monate einen endgültigen Unterhaltstitel ersetzt, weil der Beklagte es versäumt, den Kläger nach § 926 ZPO zur Unterhaltsklage zu zwingen, oder selbst negativ auf Feststellung zu klagen, dass er keinen Unterhalt schulde. Es erscheint deshalb nicht richtig, in Anlehnung an § 17 GKG für den befristeten Antrag den vollen Wert von 6 Monaten Unterhalt und für den unbefristeten Antrag den vollen Jahresbetrag anzusetzen[307].

Näher liegt § 20 II 1 GKG, der den Wert einer einstweiligen Unterhaltsanordnung nach § 620 ZPO auf den sechsmonatigen Bezug ansetzt. Da aber die einstweilige Anordnung zeitlich weder begrenzt werden muss noch begrenzt wird und überdies die Ehescheidung überdauert, wenn sie nicht vorher nach § 620f ZPO durch eine endgültige Unterhaltsregelung ersetzt wird, bleibt nur die Einsicht: der zeitlich befristete Notunterhalt ist weniger wert als die zeitlich unbefristete einstweilige Anordnung auf Unterhalt. Der Antrag auf 6 Monate Notunterhalt darf deshalb mit dem dreimonatigen Bezug, der unbefristete Antrag mit dem sechsmonatigen Bezug bewertet werden[308]. **1605**

6. Kapitel
Unterhaltssicherung durch Arrest

Wie jeder andere Zahlungsanspruch lässt sich auch der Unterhaltsanspruch durch Arrest nach §§ 916 ff. ZPO sichern. Dass der Unterhalt Monat für Monat erst künftig fällig wird, ist kein Hindernis, denn nach § 916 II ZPO sind schon betagte und bedingte Zahlungsansprüche sicherungsfähig. **1606**

---

305 *OLG Köln* FamRZ 83, 410; *OLG Celle* FamRZ 94, 386.
306 *OLG Celle* FamRZ 94, 386: strenge Anforderungen.
307 So aber *OLG Köln* FamRZ 97, 39.
308 *OLG Zweibrücken* FamRZ 93, 1336: zur Beschwer.

Problematisch ist der **Arrestgrund**. Der dingliche Arrest ist nach § 917 I ZPO nur zulässig, „wenn zu besorgen ist, dass ohne dessen Verhängung die Vollstreckung des Urteils vereitelt oder wesentlich erschwert werden würde". Der persönliche Sicherheitsarrest muss nach § 918 ZPO überdies erforderlich sein, die gefährdete Zwangsvollstreckung zu sichern. Die Zwangsvollstreckung aus einem Unterhaltstitel wird nur durch **Verringerung oder Verschlechterung des pfändbaren Schuldnervermögens** gefährdet[309]. Erforderlich ist die **konkrete Gefahr**, der Schuldner werde ein Vermögensstück von Wert dem Zugriff des Gläubigers entziehen, indem er es verschenkt, verschleudert, verschiebt oder beiseite schafft[310] oder indem er sich selbst mit seinem Vermögen ins Ausland absetzt[311]. Schon die Verschleierung des Vermögens kann den Verdacht wecken, der Schuldner werde sich der Vollstreckung entziehen[312].

Keine Arrestgründe sind: die Umschichtung des Vermögens ohne erheblichen Wertverlust[313], der Zahlungsverzug[314], die unverändert schlechte Vermögenslage[315], die Bezahlung anderer Schulden und die drohende Konkurrenz anderer Gläubiger[316].

1607 Dass der Gläubiger bereits einen **vollstreckbaren Unterhaltstitel** in Händen hat, beseitigt die Vollstreckungsgefährdung noch nicht, denn der laufende Unterhalt kann nur Monat für Monat vollstreckt werden, so dass der **künftige Unterhalt** stets **gefährdet** bleibt[317]. Der Anspruch des unterhaltsberechtigten Ehegatten auf Sicherheit nach § 1585a ist schon deshalb kein vollwertiger Ersatz, weil er eingeklagt werden muss.

1608 Der **Kindesunterhalt** kann für die Zeit bis zur Volljährigkeit des Kindes[318], der **Ehegattenunterhalt** in der Regel nur für die nächsten Jahre[319] durch dinglichen Arrest gesichert werden.

Der **persönliche Sicherheitsarrest** nach § 918 ZPO ist das allerletzte Sicherungsmittel; er muss erforderlich sein, um die künftige Vollstreckung zu sichern; das ist er nicht, solange der dingliche Arrest ausreichend Sicherheit bietet[320].

---

309 *BGH* NJW 96, 321, 324; *OLG Hamm* FamRZ 80, 391; *OLG Karlsruhe* FamRZ 85, 507; *KG* FamRZ 85, 730; *OLG Düsseldorf* FamRZ 94, 111, 112; *OLG Stuttgart* FamRZ 97, 181.
310 *BGH* NJW 96, 324; *OLG Stuttgart* FamRZ 97, 181: fehlt, wenn Inlandsvermögen ausreicht und kein Anhalt, dass es ins Ausland geschafft werden soll.
311 *KG* FamRZ 87, 730.
312 *OLG Hamm* FamRZ 80, 391: undurchsichtige Einkommens- u. Vermögensverhältnisse; *OLG Karlsruhe* FamRZ 96, 1429: Verbleib inländischen Vermögens unklar.
313 *BGH* NJW 96, 324.
314 *OLG Köln* FamRZ 83, 1259.
315 *OLG Köln* FamRZ 83, 1259; *OLG Karlsruhe* FamRZ 85, 507.
316 *BGH* NJW 96, 324; *OLG Karlsruhe* FamRZ 85, 507.
317 *OLG Hamm* FamRZ 80, 391; *OLG Düsseldorf* FamRZ 94, 111, 112.
318 *KG* FamRZ 85, 730.
319 *OLG Düsseldorf* FamRZ 94, 111, 112: 5 Jahre.
320 *OLG Karlsruhe* FamRZ 96, 1429.

21. Teil
ZPO-Familiensache
„Ansprüche aus dem ehelichen Güterrecht"

1. Kapitel
Begriff und Gegenstand

1. Eheliches Güterrecht

Nach § 621 I Nr. 8 sind „Ansprüche aus dem ehelichen Güterrecht, auch wenn Dritte am **1609** Verfahren beteiligt sind", Familiensachen. Dies bedeutet zweierlei: Erstens sind nicht alle vermögensrechtlichen Streitigkeiten zwischen Ehegatten Familiensachen, sondern nur die Ansprüche aus dem ehelichen Güterrecht. Zweitens stört es nicht, wenn Dritte daran beteiligt sind.

Das eheliche Güterrecht ist nach §§ 1363-1563 BGB das **Recht der drei ehelichen Güterstände**: des gesetzlichen Güterstandes der Zugewinngemeinschaft und der vertraglichen Güterstände der Gütertrennung und Gütergemeinschaft. Danach sind diejenigen **Ansprüche** Familiensachen, die sich entweder **aus den gesetzlichen Vorschriften über das eheliche Güterrecht oder** aber **aus Vereinbarungen der Ehegatten** ergeben, welche die güterrechtlichen Beziehungen regeln[1].

§ 621 I Nr. 8 erfasst nur zivilprozessuale Streitigkeiten. Nicht das Familiengericht, sondern das **Vormundschaftsgericht** ersetzt die Zustimmung des einen Ehegatten zu Verträgen und Verfügungen des anderen (§§ 1365 II, 1426, 1452 BGB)[2]. Die familienrechtlichen Ansprüche aus §§ 1382 f. BGB wiederum sind zwar Familiensachen (§ 621 I Nr. 9), werden aber im Verfahren der freiwilligen Gerichtsbarkeit erledigt.

2. Gesetzlicher Güterstand

Die Ansprüche aus dem gesetzlichen Güterstand der Zugewinngemeinschaft entstehen **1610** unmittelbar aus dem gesetzlichen Familienrecht (§§ 1365 ff. BGB). Darin unterscheiden sie sich sowohl von den schuldrechtlichen Ansprüchen aus Vertrag, Geschäftsführung ohne Auftrag, ungerechtfertigter Bereicherung und unerlaubter Handlung als auch von den dinglichen Ansprüchen aus Besitz, Eigentum und beschränktem dinglichem Recht[3].

---

1 *BGH* 76, 307.
2 *BGH* NJW 82, 2556.
3 *BGH* NJW 78, 1923: Anspruch aus § 242 BGB; *OLG München* FamRZ 82, 942: Anspruch aus § 753 BGB.

3. Schuld- und Sachenrecht

Wenn also Ehegatten während der Ehe einander Darlehen gewähren, für einander Bürgschaften übernehmen, miteinander Gesellschaften gründen oder gemeinsam Miteigentum schaffen und all das rückgängig machen wollen, nachdem die Ehe gescheitert ist, verfolgen sie keine güterrechtlichen, sondern schuldrechtliche oder dingliche Ansprüche. Diese gehören nicht vor das Familiengericht, sondern je nach Streitwert vor die allgemeine Prozessabteilung des Amtsgerichts oder vor das Landgericht. Dies gilt schon dann, wenn der eine Ehegatte dem anderen geholfen hat, ein Haus zu kaufen oder zu bauen und seinen Aufwand aus Wegfall der Geschäftsgrundlage (§ 242 BGB) oder ungerechtfertigter Bereicherung (§ 812 I 2 BGB) ersetzt haben will[4].

4. Vertragliche Güterstände

1611   Ansprüche aus vertraglichem Güterrecht entstehen entweder unmittelbar aus dem Ehevertrag oder aus §§ 1408 ff.[5]. Der **Ehevertrag**, mit dem die Ehegatten Gütertrennung oder Gütergemeinschaft vereinbaren, ist ein familienrechtlicher Vertrag (§ 1408 BGB). Durch Ehevertrag können die Ehegatten aber nicht nur pauschal einen anderen als den gesetzlichen Güterstand wählen, sondern auch einzelne güterrechtliche Beziehungen besonders regeln und diese Regelung sogar auf einzelne Vermögensgegenstände beschränken[6].

Hier liegt das Problem: Wann ist eine Vereinbarung der Ehegatten noch schuldrechtlich und wann schon güterrechtlich? Nach der Rechtsprechung ist eine **Vereinbarung erst dann güterrechtlich, wenn sie den Güterstand selbst regelt**, nicht schon dann, wenn sie nur einzelne Verpflichtungen begründet oder dingliche Verfügungen trifft, ohne den Güterstand selbst anzutasten[7]. Dass die Ehe Geschäftsgrundlage der Vereinbarung wird, macht die Vereinbarung noch nicht zum Ehevertrag, denn die Geschäftsgrundlage (§ 242 BGB) ist eine juristische Konstruktion des Schuldrechts[8].

Die Abgrenzungsformel der Rechtsprechung ist alles andere als klar. Schuld daran ist der Gesetzgeber, der die Abgrenzungsschwierigkeiten offenbar unterschätzt hat. Warum hat er nicht alle vermögensrechtlichen Streitigkeiten der Ehegatten dem Familiengericht zugewiesen? Mit dem schwammigen Begriff der „Ansprüche aus dem ehelichen Güterrecht" schafft er Rechtsunsicherheit und überflüssige Kompetenzkonflikte.

---

4 *BGH* NJW 78, 1923.
5 *BGH* NJW 78, 1923.
6 *BGH* NJW 78, 1923; 80, 193, 2477.
7 *BGH* NJW 78, 1923; 80, 193, 2477, 2529; 81, 128, 346, 2418; 83, 928; *BayObLG* NJW 80, 194.
8 *BGH* NJW 78, 1923.

5. Beteiligung Dritter

Dritte können an Ansprüchen aus dem ehelichen Güterrecht verschiedentlich beteiligt **1612** sein:

- als Schuldner eines Anspruchs aus §§ 1368, 1369 BGB, nachdem ein Ehegatte im gesetzlichen Güterstand der Zugewinngemeinschaft unberechtigt über sein Vermögen oder über Hausrat verfügt hat[9];
- als Schuldner eines Anspruchs aus § 1390 BGB, wenn der eine Ehegatte durch unentgeltliche Zuwendungen den Anspruch des anderen auf Zugewinnausgleich vereitelt hat;
- als Schuldner eines Anspruchs aus § 1428 oder § 1453 BGB, nachdem ein Ehegatte im Güterstand der Gütergemeinschaft über Gesamtgut eigenmächtig verfügt hat[10];
- als Gläubiger eines Bereicherungsanspruchs gegen das Gesamtgut nach §§ 1434, 1457 BGB;
- als Gläubiger einer Gesamtgutsverbindlichkeit nach §§ 1437 f., 1459 f. BGB[11];
- als Mitglied einer fortgesetzten Gütergemeinschaft (§§ 1483 f. BGB);
- als Gläubiger eines güterrechtlichen Vertrags, den seine Eltern zu seinen Gunsten über die Scheidungsfolgen geschlossen haben[12].

6. Maßstab

Ob der Kläger einen güterrechtlichen oder schuldrechtlichen Anspruch verfolgt, hängt **1613** nicht davon ab, wie er ihn rechtlich einordnet, sondern mit welchen **Tatsachen** er ihn begründet[13].

6.1 Beispiele für „Ansprüche aus dem ehelichen Güterrecht"

> - Anspruch auf **Zugewinnausgleich** (§ 1378 BGB) nebst Auskunftsanspruch nach § 1379 BGB (*BGH* NJW 79, 1603; *OLG Bamberg* FamRZ 99, 312 u. *Karlsruhe* FamRZ 99, 1434: Stufenklage); **Hausratsteilung geht jedoch vor:** Was als Hausrat verteilt werden kann, unterliegt nicht dem Zugewinnausgleich (*BGH* 89, 137);
> - Anspruch des einen Ehegatten gegen den anderen (*OLG Frankfurt* FamRZ 86, 275), aber auch gegen den Dritten (*BGH* FamRZ 81, 1045; MDR 82, 127), dass eine **unberechtigte Verfügung über das ganze Vermögen oder über Hausrat** rückgängig gemacht werde (§§ 1365, 1368, 1369 III BGB);
> - Anspruch aus einer Unterhaltsvereinbarung oder aus einer Geschäftsübergabe, welche den **Zugewinnausgleich abgelten** soll (*BGH* NJW 82, 941; FamRZ 84, 35);
> - Streit über die **Wirksamkeit einer güterrechtlichen Vereinbarung** (*BGH* NJW 80, 193; FamRZ 80, 989, 1106; 84, 35);

Beispiele
1614

---

9 *BGH* MDR 82, 127.
10 *BGH* 90, 2.
11 *BGH* 76, 305.
12 *BGH* NJW 83, 928.

- Ansprüche aus einer **Scheidungsfolgenvereinbarung, welche das Gesamtgut auseinandersetzt** (*BGH* NJW 80, 2477, 2529; 81, 128, 347), auch soweit es sich um einen Vertrag zugunsten der Kinder handelt (*BGH* NJW 83, 928);
- Ansprüche aus einer **Vereinbarung, die den Güterstand der Gütergemeinschaft aufhebt** und von der gesetzlichen Regelung (§ 1474 BGB) abweicht; dazu gehören auch Ansprüche aus Wegfall der Geschäftsgrundlage dieses Ehevertrags (*BGH* NJW 80, 2477);
- **Drittwiderspruchsklage** (§ 771) eines Ehegatten im Güterstand der Gütergemeinschaft, der sein Widerspruchsrecht **aus dem Übernahmerecht des § 1477 II BGB** herleitet (*BGH* NJW 85, 3066; *OLG Frankfurt* FamRZ 85, 403; a.A. für gesetzl. Güterstand: *OLG Zweibrücken* FamRZ 79, 839; *BayObLG* FamRZ 81, 376; *OLG Stuttgart* FamRZ 82, 401; *OLG Hamburg* FamRZ 84, 804);
- **Drittwiderspruchsklage** (§ 771) des einen Ehegatten **gegen eine Teilungsversteigerung** (§ 180 ZVG), die der andere Ehegatte im Widerspruch zu §§ 1365 ff. BGB betreibt (*BGH* FamRZ 85, 903; *OLG Hamm* FamRZ 95, 1072).
- Die Ehegatten leben im Güterstand der **Gütergemeinschaft**. Der Ehemann schließt eine Lebensversicherung ab und benennt seine Ehefrau als Bezugsberechtigte. Später bestimmt er hinter dem Rücken der Ehefrau seine Freundin zur Bezugsberechtigten. Nach seinem Tode zahlt der Versicherer die Lebensversicherungssumme an die Freundin aus. Die Ehefrau verklagt die Freundin auf **Herausgabe der Lebensversicherungssumme**, weil sie zum **Gesamtgut** gehöre (§ 1416 BGB). Die Klage ist Familiensache, auch wenn sie mit § 812 BGB begründet werden muss (*BGH* 90, 2).

6.2 Gegenbeispiele für schuldrechtliche und dingliche Ansprüche

Beispiele
1615
- Anspruch auf **Gesamtschuldnerausgleich** (§ 426 BGB) nach gemeinsamer Kreditaufnahme (*BGH* NJW 80, 1636; 81, 2418; FamRZ 89, 147; *OLG Karlsruhe* Justiz 85, 101);
- **Schenkungen und ehebedingte („unbenannte") Zuwendungen** unter Ehegatten, z.B. Anspruch auf Erstattung des Finanzierungsaufwandes für das Haus des anderen Ehegatten, nachdem die Geschäftsgrundlage des „familienrechtlichen Vertrags besonderer Art" durch die Scheidung weggefallen ist (*BGH* 84, 361 u. NJW 78, 1923: Gütertrennung; *BGH* 82, 227 u. FamRZ 89, 147: gesetzlicher Güterstand);
- Ansprüche aus einer **Ehegattengesellschaft** (*BGH* NJW 81, 2417; FamRZ 89, 148), z.B. aus einer gemeinschaftlichen Arztpraxis (*OLG Stuttgart* FamRZ 85, 83);
- Streit über **Miteigentum** im gesetzlichen Güterstand (BGH 65, 320; 68, 299: Unzulässigkeit der Teilungsversteigerung und Anspruch auf die andere Grundstückshälfte; *BayObLG* NJW 80, 194; FamRZ 81, 376);
- Ansprüche auf **Schadensersatz** wegen Beschädigung oder Veräußerung von Sachen, die dem anderen Ehegatten gehören, auch wenn es sich um Hausrat handelt, denn die §§ 1365 ff. BGB liefern keine Anspruchsgrundlage (*BGH* NJW 80, 192; 80, 2476);
- Anspruch auf Schadensersatz oder Herausgabe einer **Bereicherung**, weil der eine Ehegatte im gesetzlichen Güterstand unbefugt über Vermögen des anderen verfügt habe, auch wenn dieser Anspruch zum Endvermögen gehört und den Zugewinn beeinflußt (*OLG Bamberg* FamRZ 86, 477);

- Streit über ein **gemeinsames Bankkonto**, das nicht zum Gesamtgut gehört (*OLG Düsseldorf* FamRZ 80, 1036; *OLG Frankfurt* IPrax 86, 239);
- Anspruch auf **Mitwirkung zur gemeinsamen Veranlagung** oder auf **anteilige Steuererstattung** oder auf **Schadensersatz** (*BGH* FamRZ 80, 988; *OLG Düsseldorf* FamRZ 85, 82; NJW-RR 90, 1027; *OLG Hamm* FamRZ 88, 518; 91, 1070; *OLG Stuttgart* FamRZ 92, 1447);
- Ansprüche aus Vertrag über Vermögensteilung im Güterstand der Gütertrennung (*OLG Frankfurt* FamRZ 96, 949).

2. Kapitel
Verfahren

1. Zuständigkeit

Sachlich zuständig ist das Amtsgericht (§ 23a Nr. 5 GVG). Die örtliche Zuständigkeit richtet sich, wenn keine Ehesache anhängig ist, über § 621 II 2 nach §§ 12 ff.. **1616**

2. Parteien

Parteien sind in der Regel die Ehegatten. An dieser Familiensache können nach ausdrücklicher gesetzlicher Bestimmung aber auch Dritte beteiligt sein (RN 1612).

3. Normalprozess

Ansprüche aus dem ehelichen Güterrecht verfolgt man mit der Klage im gewöhnlichen Zivilprozess. Das Familiengericht prozessiert hier nach den Vorschriften über den Landgerichtsprozess; die §§ 495 ff. sind ausgeschlossen (§ 621b). Ausgeschlossen ist aber auch § 296 durch die großzügigere Regel des § 621d. Unabhängig vom Streitwert herrscht Anwaltszwang (§ 78 II 1 Nr. 2). **1617**

Wie im Unterhaltsprozess ist auch im Verfahren über den Zugewinnausgleich die **Stufenklage** nach § 254 zweckmäßig (RN 638, 1489 ff.).

Ansprüche auf **Zugewinnausgleich** können beide Ehegatten mit Klage und Widerklage geltendmachen[14].

Da die Geldforderung auf Zugewinnausgleich teilbar ist, erlaubt das Gesetz auch Teilklagen[15].

---

13 *BGH* 90, 2.
14 *OLG Bamberg* FamRZ 95, 493; *OLG Köln u. München* FamRZ 97, 41 sowie *OLG Karlsruhe* FamRZ 98, 574: Addition der Einzelwerte.
15 *BGH* NJW 94, 3165; FamRZ 96, 853.

Die Rechtsverfolgung mit Prozesskostenhilfe kann mutwillig sein, wenn der Zugewinnausgleich ohn plausible Gründe außerhalb des Scheidungsverbunds verfolgt wird[16].

3. Kapitel
Dinglicher Arrest für Anspruch auf Zugewinnausgleich

1618 Streitig ist, ob § 1389 BGB die Sicherheitsfrage abschließend regelt[17], oder ob man den **Anspruch auf Sicherheitsleistung** oder gar den künftigen Anspruch auf Zugewinnausgleich auch durch Arrest oder einstweilige Verfügung sichern kann. Da der Anspruch auf Sicherheitsleistung aus § 1389 BGB keine Zahlung, sondern eine vertretbare Handlung zum Gegenstand hat und auch nicht in eine Geldforderung übergehen kann, lässt er sich nach § 916 ZPO nicht durch Arrest, sondern nach § 935 ZPO nur durch einstweilige Verfügung sichern[18].

1619 **Der künftige Anspruch auf Zugewinnausgleich** hingegen **kann** (nur) **durch Arrest gesichert werden**, denn er ist nach § 1378 I BGB eine reine Geldforderung. Gegen den Arrest hat man eingewendet, der Anspruch auf Zugewinnausgleich entstehe erst mit Rechtskraft des Scheidungsurteils und sei bis dahin nicht klagbar; einen klaglosen Anspruch aber könne man schon deshalb nicht mit Arrest sichern, weil der Arrestbeklagte keine Möglichkeit habe, den Arrestkläger nach § 926 ZPO zur Klage in der Hauptsache zu zwingen[19]. Dieses Argument sticht nicht mehr, seit der Ehegatte gemäß EheRG 1977 den Zugewinnausgleich nach § 623 ZPO für den Fall der Scheidung schon im Scheidungsverfahren einklagen kann. Nichts spricht dafür, dass § 1389 BGB dem Ehegatten eine Sicherungsmöglichkeit nehmen wollte, die er ohne diese Bestimmung hatte, vielmehr soll § 1389 die Sicherheit des ausgleichsberechtigten Ehegatten stärken, nicht schwächen. Deshalb darf er unter den Voraussetzungen der §§ 916-918 ZPO **schon während des Scheidungsverfahrens** seinen künftigen Ausgleichsanspruch durch Arrest sichern lassen[20].

---

16 *OLG Brandenburg* FamRZ 98, 245 gegen *OLG Bremen* FamRZ 98, 245.

17 So *OLG Celle* FamRZ 84, 1231.

18 *OLG Hamburg* FamRZ 88, 964; *OLG Düsseldorf* NJW 91, 2028; für Arrest: *OLG Hamm* FamRZ 85, 71; *OLG Celle* FamRZ 96, 1429 mit Hinweis auf § 887 II ZPO.

19 *BayObLG* NJW 75, 833; ablehnend auch *OLG Köln* FamRZ 83, 709; *OLG Celle* FamRZ 84, 1231; *KG* FamRZ 86, 1107; *OLG Hamburg* FamRZ 88, 964.

20 *OLG Düsseldorf* FamRZ 94, 114; 97, 622; *OLG Frankfurt* FamRZ 96, 747: wissentlich falsche Auskunft als Arrestgrund; *OLG Hamm* FamRZ 97, 181; *OLG Karlsruhe* FamRZ 95, 822; NJW 97, 1017: Absicht, Vermögenswerte zu veräußern als Arrestgrund; *OLG Karlsruhe* FamRZ 99, 663: nicht außerhalb Scheidungsverfahren; ablehnend *OLG Stuttgart* FamRZ 95, 1427; ferner *Dietzen* NJW 87, 1806; *Kohler* FamRZ 89, 797.

22. Teil
FG-Familiensache „Ehewohnung und Hausrat"

1. Kapitel
Begriff und Gegenstand

Nach § 621 I Nr. 7 ist „die Regelung der Rechtsverhältnisse an der Ehewohnung und am Hausrat" Familiensache. Was damit gemeint ist, sagt die HausratsVO. Es geht um folgende Fragen: Welcher Ehegatte darf nach der Scheidung oder während des Getrenntlebens die Ehewohnung bewohnen, und wie sind bei Scheidung oder während des Getrenntlebens Wohnungseinrichtung und Hausrat zu verteilen? Die **HausratsVO** regelt Wohnungszuweisung und Hausratsteilung für die Zeit nach der Scheidung, materiellrechtlich (§§ 1-10) und prozessual (§§ 11-18). Das materielle Recht für die Zeit des Getrenntlebens findet sich in §§ 1361a, 1361b BGB; für das Verfahren aber gilt gleichfalls die HausratsVO (§ 18a). **1620**

Familiensache ist nur der Streit um die **Benutzung der Ehewohnung**[1], nicht um das Eigentum an ihr. Familiensache ist nur die **Verteilung des Hausrats**[2], nicht anderer Sachen, so dass die Ehegatten zwei Prozesse führen müssen, wenn sie über beides streiten[3]. Keine Familiensachen sind der Schadensersatz für beschädigten oder veräußerten Hausrat[4] und die Entschädigung für die Benutzung von Ehewohnung oder Hausrat während des Getrenntlebens[5].

Das Verfahren nach der HausratsVO ist eine **Angelegenheit der freiwilligen Gerichtsbarkeit** (§ 13 I HausratsVO)[6]. Deshalb gelten in erster Linie die Vorschriften der HausratsVO, in zweiter Linie die §§ 621-630, also nach § 621a I auch wieder das FGG.

---

1 *OLG Frankfurt* FamRZ 91, 1327: auch Streit über Wirksamkeit einer Benutzungsvereinbarung.
2 *BGH* NJW 84, 1758; FamRZ 83, 794; NJW 83, 47: auch Streit um Rückgabe eigenmächtig entfernten Hausrats; *OLG Hamm* FamRZ 84, 1016: Inventar des gemeinsam gemieteten Hauses; *OLG Hamm* FamRZ 90, 531: nur Mitbesitz; *OLG Düsseldorf* FamRZ 78, 358: nicht Sachen des persönlichen Bedarfs.
3 *OLG Hamburg* FamRZ 82, 941; *BayObLG* FamRZ 82, 399.
4 *BGH* NJW 80, 192, 2476; FamRZ 88, 155; *OLG Koblenz* FamRZ 82, 507.
5 *OLG Frankfurt* NJW-RR 88, 133; *OLG Bamberg* FamRZ 90, 179; ferner *OLG Karlsruhe* FamRZ 96, 36: nicht Räumungsklage aus Vergleich über Ehewohnung.
6 Dazu *Maurer* FamRZ 91, 886.

2. Kapitel
Antrag

1621   Das Verfahren nach der HausratsVO beginnt ausnahmslos mit dem Antrag eines Ehegatten. Wünscht der Ehegatte eine Regelung für den Fall der Scheidung nach §§ 1 ff. HausratsVO, muss er nicht erst die Scheidung abwarten, sondern darf den Antrag schon im Scheidungsverfahren stellen, denn es handelt sich um eine Scheidungsfolge (§ 623 ZPO). Umgekehrt ist der Antrag frühestens mit dem Scheidungsantrag zulässig[7]. Der Antrag ist kein Klagantrag nach § 253 ZPO, sondern ein **Verfahrensantrag in einer Angelegenheit der Freiwilligen Gerichtsbarkeit** (§ 13 I HausratsVO). Es genügt deshalb das allgemeine Begehren auf Wohnungszuteilung oder Hausratsteilung; eine Aufzählung der Hausratsgegenstände ist nicht nötig, denn das Familiengericht ermittelt den Sachverhalt von sich aus (§ 12 FGG), entscheidet weithin nach Ermessen und ist an Parteianträge nicht gebunden[8].

Einen Anwalt braucht der Ehegatte nur im Scheidungsverbund (§ 78 II 1 Nr. 1 ZPO).

Befristet ist der Antrag nicht. Nach Ablauf eines Jahres ab Rechtskraft der Scheidung darf das Familiengericht aber nicht mehr in Rechte Dritter an der Ehewohnung eingreifen (§ 12 mit §§ 5 I, 6 II HausratsVO)[9]. Außerdem kann das Antragsrecht (oder das materielle Recht?) nach § 242 verwirkt werden[10].

Der Antrag nach §§ 1361a, 1361b BGB ist nur für die Dauer des Getrenntlebens bis zur Rechtskraft der Scheidung zulässig[11].

---

7 *OLG München* FamRZ 96, 302.
8 *BGH* 18, 143; *OLG Zweibrücken* FamRZ 80, 1143; 87, 508; *OLG Düsseldorf* FamRZ 85, 1152; *OLG Karlsruhe* FamRZ 87, 848.
9 *OLG München* FamRZ 86, 1019: aber interne Freistellungspflicht möglich.
10 *OLG Bamberg* FamRZ 92, 332: Hausratsteilung.
11 *OLG Karlsruhe* FamRZ 88, 1305 u. *OLG Zweibrücken* FamRZ 91, 848: Verfahren kann aber nach §§ 1 ff. HausratsVO fortgeführt werden, wenn nunmehr eine Regelung für den Fall der Scheidung verlangt wird.

3. Kapitel
Zuständigkeit und Verfahren

1. Zuständigkeit

Ausschließlich zuständig ist das Familiengericht, denn Ehewohnung und Hausrat sind Familiensachen (§ 23b I 2 Nr. 8 GVG; § 621 I Nr. 7 ZPO)[12]. Örtlich zuständig ist nach § 11 I HausratsVO das Familiengericht der Ehesache[13] oder, wenn noch keine Ehesache anhängig ist, das Gericht, in dessen Bezirk die Ehegatten gemeinsam wohnen oder gewohnt haben (§ 11 II HausratsVO mit § 606 ZPO). **1622**

Das Prozessgericht gibt das Verfahren bindend und unanfechtbar an das Familiengericht ab (§ 18 HausratsVO)[14].

2. Verfahren

Das Wohnungs- und Hausratsverfahren ist nach § 621a I ZPO und § 13 I HausratsVO eine Angelegenheit der Freiwilligen Gerichtsbarkeit mit ein paar besonderen Regeln, die dem FGG vorgehen. **1623**

So soll das Familiengericht mit den Beteiligten nach § 13 II HausratsVO mündlich verhandeln und einen **Vergleich** vermitteln, der wie ein Prozessvergleich zu protokollieren und vollstreckbar ist (§ 13 III HausratsVO mit § 160 III Nr. 1 ZPO). **Beteiligte** sind die Ehegatten, im Wohnungsverfahren auch Vermieter, Grundstückseigentümer, Dienstherr oder Arbeitgeber (im Falle des § 4 HausratsVO) sowie sonstige dingliche Mitberechtigte (§ 7 HausratsVO). Die Beteiligung besteht darin, dass man alle Schriftsätze und Entscheidungen bekommt und zu dem Termin geladen wird, also rechtliches Gehör bekommt[15].

Daneben gelten die allgemeinen Regeln des **FGG**: So ermittelt das Familiengericht den Sachverhalt von Amts wegen (§ 12)[16], erhebt Beweis nach den Vorschriften der ZPO (§ 15) und kann die Beteiligten zum Termin zwingen (§ 33)[17]. **1624**

---

12 *BGH* 67, 217 u. 71, 221: Klage auf Herausgabe der Ehewohnung ist unzulässig.
13 *BGH* NJW 86, 3141: auch wenn Anhängigkeit der Ehesache später erlischt.
14 *BGH* NJW 93, 3326; *OLG* Bamberg FamRZ 90, 179: keine Bindung bei Abgabe innerhalb Amtsgericht.
15 *OLG Koblenz* NJW 87, 1559: gilt auch für § 1361b, obwohl in Mietvertrag nicht eingegriffen werden darf.
16 *OLG Düsseldorf* FamRZ 85, 1152.
17 *OLG Bremen* FamRZ 89, 306.

4. Kapitel
Entscheidung und Rechtsmittel

1. Entscheidung

1625 Nach der HausratsVO entscheidet das Familiengericht stets durch **Beschluss**, der erst ab Rechtskraft wirkt (§ 16 I 1). Das gilt nicht nur für rechtsgestaltende Anordnungen wie die Begründung oder Änderung eines Mietverhältnisses (§ 5) oder die Übereignung von Hausrat (§§ 8 III 1, 9 II 2), sondern auch für Herausgabeanordnungen und die Verpflichtung zur Zahlung einer Nutzungsvergütung; auch sie sind – nach den Regeln der ZPO (§ 16 III HausratsVO) – **erst ab Rechtskraft vollstreckbar**; eine vorläufige Vollstreckbarkeit gibt es nicht.

1626 Die **Kostenentscheidung** ist in §§ 20-23 geregelt, der **Geschäftswert** in § 21 III HausratsVO. Der Streit um die Ehewohnung hat den Wert der einjährigen Miete, der Streit um den Hausrat wird nach dem Sachwert bemessen. Für die Verfahren nach §§ 1361a, 1361b, die nur die Trennungszeit bis zur Scheidung überbrücken sollen, sind diese Werte zu hoch; man halbiert sie deshalb[18].

1627 In seinem Beschluss trifft das Familiengericht zugleich die zum **Vollzug** erforderlichen Anordnungen (§ 15 HausratsVO).

Beispiele
Räumungsanordnung und Räumungsfrist bei Zuweisung der Ehewohnung (*OLG Stuttgart* FamRZ 80, 467; *OLG München* FamRZ 95, 1206);

Verpflichtung des Ehegatten, der das Familienauto bekommt, eine Vollkaskoversicherung abzuschließen (*OLG Koblenz* NJW 91, 3224).

1628 Die Entscheidung nach §§ 1361a, 1361b BGB mit § 18a HausratsVO regelt nur die Zeit des Getrenntlebens und wird deshalb mit Rechtskraft der Scheidung ganz von selbst unwirksam, ist also durch die Rechtskraft der Scheidung gewissermaßen auflösend bedingt[19].

2. Rechtsmittel

1629 Die Entscheidung des Familiengerichts ist nach § 621e ZPO mit **befristeter Beschwerde** anfechtbar und deshalb materieller Rechtskraft fähig[20]. Wer beschwerdeberechtigt ist, sagt § 13 I HausratsVO mit § 20 FGG. Gegen eine Entscheidung im Hausratsteilungsver-

---

18 *KG* FamRZ 87, 850; 88, 98; *OLG München* FamRZ 88, 1187; *OLG Bamberg* FamRZ 95, 560; *OLG Hamm* FamRZ 97, 380: 1/2 Jahresmiete.
19 *OLG Karlsruhe* FamRZ 88, 1305; *OLG Zweibrücken* FamRZ 91, 848.
20 *OLG Köln* FamRZ 97, 892.

fahren ist die Beschwerde nach § 14 HausratsVO nur zulässig, wenn der Wert des Beschwerdegegenstandes höher ist als 600,– Euro[21].

Das Verbot der Schlechterstellung (§ 528 S. 2 ZPO) gilt auch hier[22].

3. Abänderung

Rechtsgrundlage ist § 17 HausratsVO. Nach Eintritt der Rechtskraft darf das Familiengericht seine Entscheidung – auf Antrag – nur noch ändern, wenn sich die tatsächlichen Verhältnisse wesentlich geändert haben und die Änderung notwendig ist, um eine unbillige Härte zu vermeiden (I 1)[23]. In Rechte Dritter darf es aber nur mit deren Einverständnis eingreifen (I 2). Unter diesen Voraussetzungen kann sogar ein gerichtlicher Vergleich geändert werden (II)[24]. Die Vollstreckungsabwehrklage nach § 767 ZPO wird dadurch wohl ausgeschlossen[25]. **1630**

5. Kapitel
Einstweilige Anordnung

Nach § 13 IV HausratsVO kann das Familiengericht einstweilige Anordnungen treffen[26]. Das gleiche gilt nach § 620 I Nr. 7 ZPO. Daraus folgt zweierlei: Erstens gibt es, soweit die HausratsVO reicht, also **im Streit um Ehewohnung und Hausrat**, sowohl während des Getrenntlebens als auch nach der Scheidung **einstweiligen Rechtsschutz nur durch einstweilige Anordnung des Familiengerichts**. Arrest und einstweilige Verfügung durch Prozessgericht oder Familiengericht sind ausgeschlossen[27]. Zweitens verdrängt § 620 I Nr. 7 ZPO den § 13 IV HausratsVO für die Dauer des Scheidungsverfahrens, sobald Scheidungsantrag gestellt oder Prozesskostenhilfe dafür beantragt ist (§ 620a II ZPO)[28]. Dagegen schließt § 620 I Nr. 7 ZPO ein selbständiges Hauptverfahren nach der HausratsVO nicht aus[29]. **1631**

---

21 *KG* NJW 61, 1028: Verkehrswert der streitigen Hausratsstücke; *OLG Frankfurt* FamRZ 87, 407 u. *OLG Düsseldorf* FamRZ 88, 313: gilt auch für Beschwerden gegen einstweilige Anordnung; *OLG Düsseldorf* FamRZ 88, 535: gilt auch für Sachen, die Familiengericht fälschlich als Hausrat behandelt hat.
22 *BayObLG* FamRZ 74, 34.
23 *OLG Köln* FamRZ 97, 892; aber auch *OLG Hamm* FamRZ 88, 645.
24 *BayObLG* FamRZ 75, 582: auch außergerichtlicher Vergleich?
25 A.A. *OLG Hamm* FamRZ 88, 745.
26 Dazu *Maurer* FamRZ 91, 886.
27 *BGH* NJW 83, 47.
28 So wohl *BGH* 67, 216; a.A. *OLG Zweibrücken* FamRZ 84, 405.
29 *OLG Zweibrücken* FamRZ 88, 86; *OLG Köln* FamRZ 86, 703; 94, 632; *KG* FamRZ 90, 183.

1632 Auch die einstweilige Anordnung soll sich möglichst an das **materielle Recht** der §§ 1361a, 1361b BGB oder der §§ 1 ff. HausratsVO halten[30] und die Hauptsache nicht vorweg-nehmen[31].

1633 Die einstweilige Anordnung nach § 13 IV HausratsVO ist, da keine „Entscheidung", nicht mit der befristeten Beschwerde nach § 621e ZPO, sondern mit der **einfachen Beschwerde nach § 19 FGG** (mit § 13 I HausratsVO) anfechtbar[32]. § 14 HausratsVO gilt aber auch hier[33]. Die weitere Beschwerde ist ausgeschlossen[34].

Da die einstweilige Anordnung nach § 13 IV HausratsVO nur ein Anhängsel des Verfahrens nach der HausratsVO ist, hat sie keinen eigenen Kostenstreitwert[35].

---

30 *OLG Schleswig* FamRZ 90, 546; *OLG Karlsruhe* FamRZ 91, 1440 u. *OLG Brandenburg* FamRZ 96, 743: zur schweren Härte nach § 1361b I BGB.
31 *OLG Hamburg* FamRZ 81, 64: zu § 620 ZPO.
32 *OLG Karlsruhe* FamRZ 80, 902; *OLG Schleswig* FamRZ 86, 1128; 90, 546; *OLG Hamm* FamRZ 88, 1303; *OLG Celle* FamRZ 90, 545; *OLG Frankfurt* FamRZ 93, 1343; *OLG Köln* FamRZ 97, 1345.
33 *OLG Celle* FamRZ 90, 545.
34 *BGH* NJW 80, 402.
35 *OLG Hamm* FamRZ 97, 380.

23. Teil
FG-Familiensache „Versorgungsausgleich"

1. Kapitel
Begriff und Gegenstand

Der Versorgungsausgleich ist nach § 621 I Nr. 6 Familiensache. Das gilt nicht nur für **1634** den öffentlichrechtlichen, sondern auch für den schuldrechtlichen Versorgungsausgleich. Ersterer wird durch Splitting oder Quasi-Splitting (§ 1587b I, II BGB), durch Realteilung, erweitertes Quasi-Splitting, Super-Splitting oder Beitragszahlung in die gesetzliche Rentenversicherung (§§ 1 II, III, 3b VAHRG) durchgeführt. Letzterer beschränkt sich auf eine Geldrente nach Art der Unterhaltsrente, die erst im Versorgungsfall fällig wird (§ 1587g BGB). Das ist der materiellrechtliche Unterschied.

Prozessual unterscheiden sich die beiden Ausgleichsarten darin: Sein Recht auf **öffent- 1635 lichrechtlichen Versorgungsausgleich** verfolgt der geschiedene Ehegatte in aller Regel nicht selbst, sondern überlässt es dem Familiengericht, das mit der Scheidung befaßt ist. Das Scheidungsgericht hat den Versorgungsausgleich nach § 623 III 1 ZPO **von Amts wegen im Verbund mit der Scheidung**, also im Scheidungsurteil durchzuführen, denn er ist eine **Scheidungsfolgesache**. Die Scheidung ist heute nur noch zusammen mit dem Versorgungsausgleich zu haben. Vor allem der ausgleichspflichtige Ehegatte soll daran gehindert werden, die Scheidung durchzuboxen und dann die Scheidungsfolgen zu verschleppen oder zu vereiteln. Deshalb darf das Scheidungsgericht den Scheidungsverbund nur unter den strengen Voraussetzungen des § 628 ZPO sprengen und die Ehe vorab scheiden.

Ein **selbständiges „isoliertes" Verfahren** über den öffentlichrechtlichen Versorgungsausgleich wird deshalb nur nach einer Auslandsscheidung (Art. 17 III EGBGB)[1], nach Abtrennung des Versorgungsausgleichs gemäß § 628 und nach Aufhebung der Ehe (§ 1318 BGB) erforderlich.

Beim **schuldrechtlichen Versorgungsausgleich** ist es umgekehrt: Scheidungsfolgesache wird er nur auf Antrag und nur dann, wenn er durch Eintritt des Versorgungsfalls schon fällig geworden ist; das aber ist die seltene Ausnahme. In aller Regel kann er erst viele Jahre nach der Scheidung in einem **selbständigen Verfahren** geltendgemacht werden (RN 1680).

Zum Versorgungsausgleich gehören auch die **Hilfsansprüche** der Ehegatten und der Ver- **1636** sorgungsträger nach § 1587e I mit § 1580, § 1587k I BGB, § 3 VAHRG **auf** diejenigen **Auskünfte**, die zur Berechnung der Ehezeitanteile erforderlich sind[2]. Deshalb klagt der

---

1 *BGH* NJW 93, 2047.
2 *BGH* NJW 84, 2040: nicht Auskunft zur Berechnung des Schadens nach rechtskräftiger Versagung des Versorgungsausgleichs.

Ehegatte nicht auf Auskunft, sondern beantragt sie im FG-Verfahren vor dem Familiengericht[3].

Ob öffentlichrechtlicher oder schuldrechtlicher Versorgungsausgleich: Stets **verfährt das Familiengericht nach dem FGG**, auch im Scheidungsverbund, obwohl die Ehe nach den Regeln der ZPO geschieden wird; so will es § 621a I ZPO mit §§ 53b-53g FGG. Diese Besonderheit rechtfertigt es, das Verfahren zum Versorgungsausgleich des leichteren Verständnisses wegen vorweg „isoliert" darzustellen, bevor der Scheidungsverbund beschrieben wird.

2. Kapitel
Verfahren zum öffentlichrechtlichen Versorgungsausgleich

1. Zuständigkeit

1637   Sachlich zuständig ist das Amtsgericht (§ 64 I FGG). Die örtliche Zuständigkeit hängt davon ab, ob bereits eine Ehesache (Scheidung) anhängig ist; in diesem Fall ist das Ehegericht auch für den Versorgungsausgleich zuständig (§ 621 II 1 ZPO). Andernfalls richtet sich die örtliche Zuständigkeit über § 621 II 2 ZPO nach §§ 64 II, 45 FGG[4]. Die „Zuständigkeit" des Familiengerichts (§ 23b GVG) ist nur eine gesetzliche Geschäftsverteilung (RN 1380). Die internationale Zuständigkeit für die Scheidung nach § 606a ZPO erstreckt sich auf den Versorgungsausgleich, auch wenn er „isoliert" durchgeführt wird[5].

2. Verfahrensbeginn

1638   Während der öffentlichrechtliche Versorgungsausgleich im Scheidungsverbund von Amts wegen durchgeführt wird (§ 623 III 1 ZPO), beginnt das selbständige Verfahren auf Versorgungsausgleich nur auf Antrag eines Ehegatten.

3. Verfahrensbeteiligte

1639   Die **Ehegatten** sind auch hier die Hauptpersonen. Da ihre Versorgungsanwartschaften, die sie in der Ehe erworben haben, ausgeglichen werden sollen, begegnen sie sich vor Gericht, nicht anders als beim Zugewinnausgleich, mit widerstreitenden Interessen als Verfahrensgegner. Man bezeichnet das Verfahren deshalb als eine **echte Streitsache der freiwilligen Gerichtsbarkeit**[6].

---

3 *BGH* NJW 81, 1508.
4 *BGH* FamRZ 88, 1160; zur gerichtl. Bestimmung der Zuständigkeit nach § 5 FGG u. § 36 ZPO: *BGH* NJW 94, 2956.
5 *BGH* NJW 92, 3293; 93, 2047.
6 *BGH* 85, 180; NJW 88, 1839; *Hoppenz* FamRZ 87, 425: zum isolierten Verfahren.

Das Familiengericht muss außerdem alle **betroffenen Versorgungsträger** beteiligen. Am öffentlichrechtlichen Versorgungsausgleich sind vor allem die Träger der gesetzlichen Rentenversicherung und der Beamtenversorgung beteiligt, aber auch die Träger der betrieblichen oder berufsständischen Altersversorgung, bei denen die Ehegatten während der Ehe Versorgungsanrechte erworben haben, die öffentlichrechtlich auszugleichen sind[7].

Im selbständigen Verfahren über den Versorgungsausgleich braucht niemand einen Anwalt (§ 78 II 1 Nr. 3 ZPO).

4. Amtsermittlung

Anders als im Zivilprozess ermittelt das Familiengericht im Verfahren der freiwilligen Gerichtsbarkeit (§ 621a I ZPO) den Sachverhalt von sich aus (§ 12 FGG)[8] und erhebt alle Daten, die es braucht, um den Versorgungsausgleich durchzuführen. Zu diesem Zweck schickt es den Ehegatten einen Satz Fragebogen: Ein allgemeiner Fragebogen soll die Versorgungsträger ermitteln, besondere Fragebögen erforschen die Daten, die die Versorgungsträger brauchen, um die Ehezeitanteile der Versorgungsanrechte zu berechnen. Ist ein Ehegatte gesetzlich rentenversichert, erhält er auch einen Antrag auf Kontenklärung. Die erhobenen Daten schickt das Familiengericht den Versorgungsträgern und holt dort die erforderlichen **Auskünfte** ein (§ 53b II 2 FGG)[9]. Die Versorgungsträger sowie Behörden, Arbeitgeber und Versicherer sind dem Familiengericht zur Auskunft verpflichtet (§ 53b II 3 FGG). § 11 II 2 VAHRG erstreckt die Auskunftspflicht auf den Versorgungsausgleich nach dem VAHRG und verpflichtet auch die Ehegatten und deren Hinterbliebene zur Auskunft[10]. **1640**

Das Familiengericht kann diese **Auskünfte nach § 33 FGG erzwingen.** Es verlangt von der betreffenden Person durch eine präzise formulierte Verfügung Auskunft über einen bestimmten Gegenstand (I 1)[11] und droht zugleich Zwangsgeld in bestimmter Größenordnung, höchstens 25 000,– Euro an (III 1, 2)[12]. Wird die Auskunft nicht rechtzeitig erteilt, setzt das Familiengericht das Zwangsgeld in bestimmter Höhe fest (I 1), das keine Strafe, sondern Beugemittel ist, um zur Auskunft anzuhalten, und deshalb aufzuheben ist, wenn die Auskunft noch vor Beitreibung erteilt wird[13]. Zwangshaft ist nicht zulässig, **1641**

---

7 *BGH* NJW 80, 2418: Rentenversicherungsträger, bei dem durch Quasi-Splitting Rentenkonto errichtet werden soll; NJW 89, 1860; FamRZ 91, 1425: Rentenversicherungsträger nicht beteiligt, wenn FamG nicht sagt, wo Anwartschaften zu begründen seien; FamRZ 89, 369, 602; 91, 175: nicht Träger betriebl. Altersversorgung, die schuldrechtl. auszugleichen ist.

8 *BGH* 92, 5; FamRZ 98, 424: Dynamik eines Anrechts.

9 *BGH* 89, 119: Auskunft des Rentenversicherungsträgers ist kein Verwaltungsakt, sondern Beweismittel.

10 *OLG Frankfurt* FamRZ 91, 579; 2000, 540 u. *OLG Hamburg* FamRZ 2000, 541: Arbeitgeber ü. Grund u. Höhe betriebl. Zusatzversorgung; *OLG Düsseldorf* FamRZ 87, 618: keine Auskunftspflicht, solange Scheidungsantrag verfrüht ist.

11 *OLG Karlsruhe* FamRZ 89, 651 u. *OLG Hamburg* FamRZ 91, 350: deutliches Auskunftsverlangen nötig.

12 *OLG Stuttgart* FamRZ 86, 705: gilt auch für Anordnung, Beteiligter müsse zwecks Auskunft vor Gericht erscheinen.

13 *KG* u. *OLG Nürnberg* FamRZ 97, 216.

auch nicht für den Fall, dass das Zwangsgeld nicht beizutreiben ist. Gegenüber ausländischen Versorgungsträgern versagt der Zwang nach § 33 FGG. Bleibt die erbetene Auskunft aus, empfiehlt sich ein Sachverständigengutachten durch einen Versicherungsmathematiker.

Von den Auskunftspflichten gegenüber dem Familiengericht, muss man die Auskunftspflichten zwischen den Ehegatten (§§ 1587e, 1587k BGB) unterscheiden. Falls die Amtsermittlung sie nicht überhaupt überflüssig macht[14], beantragt der Ehegatte die Auskunft im Verfahren über den Versorgungsausgleich.

1642 Aber auch die **Amtsermittlung hat Grenzen**. Im Normalfall darf sich das Familiengericht mit den Informationen der Eheleute begnügen und muss nicht weiter bohren. Vor allem die gesetzlichen Ausnahmen und Härtefälle (§ 1587c BGB) muss es nicht von sich aus erforschen, sondern darf abwarten, ob und was der ausgleichspflichtige Ehegatte dazu vortragen wird[15]. Insoweit gibt es auch im FG-Verfahren, wenn es wie hier eine echte Streitsache zwischen zwei Prozessgegnern ist, nicht nur eine Beweis-, sondern auch eine Behauptungslast[16].

5. Mündliche Verhandlung

1643 Das Familiengericht soll den Versorgungsausgleich mit den Parteien mündlich verhandeln (§ 53b I FGG). Das ist ein Befehl, denn „soll" ist kein „kann"; die Befehlsverweigerung bleibt freilich folgenlos[17]. Die Verhandlung ist nicht öffentlich (§ 170 S. 1 GVG).

6. Vergleich

6.1 Schmaler Spielraum

1644 Der Parteivereinbarung über den Versorgungsausgleich setzt das Gesetz enge Grenzen. Nach § 1587o I 2 BGB können die Ehegatten im Wesentlichen nur zweierlei vereinbaren: entweder die Beschränkung des öffentlichrechtlichen Versorgungsausgleichs bis zum völligen Ausschluss oder aber den schuldrechtlichen Ausgleich (RN 1065). Vor Gericht geschlossen ist diese Vereinbarung mangels gegenseitigem Nachgebens vielleicht kein Prozessvergleich[18], aber immerhin eine gerichtliche Vereinbarung in der Form des § 127a BGB, die nur im Scheidungsverbund dem Anwaltszwang unterliegt (§ 78 II)[19].

---

14 *OLG München* FamRZ 98, 244: kein Rechtschutzinteresse.
15 *BGH* NJW 88, 1839; 89, 29, 32; 92, 176; 94, 580: zur Genehmigung nach § 1587o II 3 BGB; aber auch *BVerfG* FamRZ 92, 1151: auch Vorbringen nicht postulationsfähiger Partei zu berücksichtigen, da nicht § 138 III ZPO, sondern § 12 FGG.
16 *BGH* NJW 94, 580.
17 *BGH* NJW 83, 824: auch in Beschwerdeinstanz.
18 *BGH* NJW 91, 1743.
19 *BGH* NJW 91, 1743.

6.2 Genehmigung durch das Familiengericht

Das letzte Wort aber hat stets das Familiengericht, denn die Vereinbarung bedarf seiner **1645**
Genehmigung (§ 1587o II 3 BGB). **Zuständig** ist das mit dem Versorgungsausgleich be-
fasste Familiengericht, während des Beschwerdeverfahrens der Familiensenat des
OLG[20], im Verfahren der weiteren Beschwerde aber nicht der BGH, sondern wieder das
Familiengericht[21].

Ein Parteiantrag auf Genehmigung ist unnötig, das Familiengericht entscheidet von Amts
wegen[22]. Auch die Tatsachen für und wider eine Genehmigung ermittelt es nach § 12
FGG von sich aus[23]. Da aber das Genehmigungsverfahren wie das Verfahren über den
Versorgungsausgleich eine **echte Streitsache** zwischen Prozessgegnern ist, darf das Fa-
miliengericht es den Parteien überlassen, Umstände für und wider eine Genehmigung zur
Sprache zu bringen[24].

Das Familiengericht erteilt oder versagt die Genehmigung durch **Beschluss**[25]. Die geneh- **1646**
migte Vereinbarung macht, soweit sie reicht, die Entscheidung des Familiengerichts über
den Versorgungsausgleich überflüssig (§ 53c S. 1 FGG). Deshalb muss es vorweg über
die erforderliche Genehmigung entscheiden[26], was nicht ausschließt, die Entscheidung
über die Genehmigung mit der Entscheidung über den – noch erforderlichen – Versorgungsausgleich zu verbinden[27]. Beschränken sich die Ehegatten auf eine Teilregelung,
vereinbaren sie z.B. den schuldrechtlichen Versorgungsausgleich, überlassen dessen
Höhe aber dem Gericht, muss dieses noch die Höhe festsetzen (§ 53e II FGG).

Die Versagung der Genehmigung ist nach § 53d S. 2 zwar nicht selbständig anfechtbar, **1647**
jedoch darf der Ehegatte mit seinem **Rechtsmittel** gegen die Entscheidung über den Versorgungsausgleich auch geltendmachen, die Versagung sei gesetzwidrig, denn das
Rechtsmittelgericht muss ohnehin prüfen, ob die Genehmigung zu erteilen oder zu verweigern sei[28].

Unter den Voraussetzungen des § 10a VAHRG kann auch die Vereinbarung über den
Versorgungsausgleich später abgeändert werden, wenn nicht die Eheleute dies vertraglich ausgeschlossen haben (§ 10a IX VAHRG)[29].

---

20 *BGH* NJW 82, 1465: auch wenn Familiengericht Genehmigung zu Unrecht versagt hat; NJW
   83, 1319; 94, 580; *OLG* Köln u. München FamRZ 97, 569, 570.
21 *BGH* NJW 82, 1465: *BGH* nur, wenn Sachverhalt voll geklärt.
22 *BGH* NJW 87, 1770.
23 *BGH* NJW 87, 1770.
24 *BGH* NJW 94, 581.
25 *OLG Stuttgart* FamRZ 97, 692: Beschlussgebühr nach KV 1516 GKG.
26 *BGH* NJW 82, 1463.
27 *BGH* NJW 82, 1463; 87, 1769; *OLG Frankfurt* FamRZ 87, 494; 96, 550: stillschweigende Genehmigung in Urteilsgründen.
28 *BGH* NJW 82, 1463, 1464; 83, 1319; 87, 1769; zur Anfechtung der Genehmigung: *OLG Stutt-*
   gart FamRZ 82, 1079; *OLG Frankfurt* FamRZ 83, 610; *OLG Köln* FamRZ 88, 182.
29 Dazu *BGH* FamRZ 90, 1221.

7. Entscheidung

1648   Den Versorgungsausgleich regelt das Familiengericht **im selbständigen Verfahren** auch nach mündlicher Verhandlung stets durch **Beschluss**, den es begründen muss (§ 53b III FGG) und der erst ab Rechtskraft wirkt (§ 53g I FGG). Die **Kostenentscheidung** folgt aus § 13a FGG. Der **Kostenstreitwert** bemisst sich nach dem Jahresbetrag der Ausgleichsrente und beträgt mindestens 500,– Euro (§ 99 KostO). Eine vorläufige Vollstreckbarkeit gibt es hier nicht (§ 53g I FGG)[30]. Zugestellt wird die Entscheidung nach der ZPO (§ 621a I 2).

1649   Die Entscheidung über den Versorgungsausgleich ist **materieller Rechtskraft** fähig[31]. Die falsche Entscheidung lässt sich, wenn sie einmal rechtskräftig ist, nur nach § 10a VAHRG (RN 1655 ff.) oder im Wiederaufnahmeverfahren analog §§ 578 ff. korrigieren[32]. **Der öffentlichrechtliche Versorgungsausgleich gestaltet** ab Rechtskraft des Beschlusses unmittelbar und ohne Vollstreckung die Rechtsbeziehungen zwischen Ehegatten und Versorgungsträgern.

1650   Außerhalb des Verbundes kann das Familiengericht entsprechend § 301 **Teilentscheidungen** fällen, vorausgesetzt die Gesamtregelung lässt sich aufteilen[33]. Von einer Teilregelung kann aber nur dann die Rede sein, wenn das Familiengericht vorweg einen Teilanspruch regeln will. Regelt es hingegen den Versorgungsausgleich versehentlich unvollständig, verhindert § 18 II FGG eine Ergänzung[34].

8. Rechtsmittel

1651   Die Entscheidung über den Versorgungsausgleich ist nach § 621e I mit **befristeter Beschwerde** zum Familiensenat des Oberlandesgerichts anfechtbar (RN 1441). Diese erfordert wie jedes Rechtsmittel eine **Beschwer**, die in der Beschwerdebegründung darzulegen ist und durch die Beschwerde beseitigt werden soll[35]. **Beschwert ist nicht nur der benachteiligte Ehegatte**[36], **sondern auch der betroffene Versorgungsträger**[37]. Dieser ist nicht erst durch eine finanziell nachteilige, sondern schon durch jede Entscheidung beschwert, die er für falsch hält, denn sein Interesse erstreckt sich auf eine gesetzmäßige Regelung des Versorgungsausgleichs[38]. Einen bestimmten Beschwerdeantrag verlangt

---

30 *BGH* NJW 85, 2706: nicht einmal beim schuldrechtl. Versorgungsausgleich.

31 *BGH* 89, 114; NJW 82, 1646; 84, 2364; *BSG* NJW 91, 3237: wirkt auch gegen beteiligten Versorgungsträger.

32 *BGH* 89, 114; NJW 82, 1646; 84, 2364; FamRZ 89, 264.

33 *BGH* FamRZ 83, 38; NJW 84, 120; FamRZ 88, 49.

34 *BGH* NJW 84, 2364; 88, 710.

35 *BGH* 85, 191; FamRZ 82, 1196; 95, 157; *OLG München* FamRZ 97, 570; ferner *Gutdeutsch/ Pauling* FamRZ 98, 214.

36 *BGH* NJW 92, 3299: Ausgleichsberechtigter ist durch Nichtanwendung der Härteklausel des § 1587c BGB nicht beschwert.

37 *BGH* FamRZ 89, 370, 602 u. 95, 157: durch öffentlichrechtl. VA nicht betroffen ist Träger d. betr. Altersversorgung, soweit schuldrechtlich auszugleichen; ferner *OLG München* FamRZ 96, 740.

38 *BGH* 85, 191; NJW 81, 1274; 85, 968; 89, 1859; FamRZ 81, 132; 82, 155; 84, 671; 89, 721; 90, 1099; *OLG Karlsruhe* FamRZ 96, 560: Außerachtlassen ges. Rentenanwartschaften.

das Gesetz nicht, da § 621e III 2 nicht auf § 520 III 2 Nr. 1 ZPO verweist[39]. Neue Anträge sind im Beschwerdeverfahren unzulässig; eine Entscheidung über den öffentlichrechtlichen VA kann nicht mit dem Antrag auf schuldrechtlichen VA angefochten werden[40].

Die Beschwerde lässt sich auf einen trennbaren Teil der Entscheidung beschränken[41]. Die Beschwerde gegen eine zulässige Teilentscheidung erfasst nicht den Rest, der in der ersten Instanz bleibt[42].

Auch das **Beschwerdegericht** soll mündlich verhandeln (§ 53b I)[43]. An Rechtsmittelanträge, die das Gesetz ohnehin nicht verlangt, ist es nicht gebunden[44]. Das **Verbot der Schlechterstellung** gilt aber auch hier, freilich **nur zugunsten der Ehegatten**: Das Beschwerdegericht darf den beschwerdeführenden Ehegatten nicht schlechter stellen, als die angefochtene Entscheidung ihn gestellt hat[45]. Das Verbot der Schlechterstellung gilt dagegen nicht, wenn nur ein Versorgungträger Beschwerde einlegt, so dass das Beschwerdegericht die falsche Entscheidung in vollem Umfang korrigieren darf[46]. **1652**

Nach § 567 III ZPO ist jetzt auch die **Ausschlussbeschwerde** statthaft, die keine Beschwer erfordert und auch noch nach Fristablauf eingelegt werden kann, es sei denn, das Hauptrechtsmittel sei von einem Versorgungträger eingelegt worden, dem gegenüber das Verschlechterungsverbot nicht gilt[47]. **1653**

Die **weitere befristete Beschwerde** ist nur gegen den Versorgungsausgleich selbst statthaft, nicht gegen Nebenentscheidungen (§ 53g II FGG), und sie ist nur eine **Rechtsbeschwerde**. Auf neue Tatsachen und Beweise lässt sie sich nicht stützen[48]. **1654**

Zulässig ist sie nur, wenn das Beschwerdegericht sie in seinem Beschluss zulässt (§ 621e II 1), eine Nichtzulassungsbeschwerde wird es aber erst ab 1.1.2007 geben (§ 26 Nr. 9 EGZPO). Wer die Entscheidung des Familiengerichts hinnimmt, kann sich mangels Beschwer nicht mehr gegen die Entscheidung des Beschwerdegerichts beschweren, das die Beschwerde eines anderen Beteiligten zurückweist[49].

---

39 *BGH* 85, 189; 92, 5; NJW 86, 185, 1494; 90, 1847.
40 *BGH* NJW 90, 1847.
41 *BGH* 92, 5; FamRZ 88, 49.
42 *BGH* NJW 83, 1311.
43 *BGH* NJW 83, 824.
44 *BGH* 85, 189; 92, 5; NJW 86, 185, 1494; 90, 1847.
45 *BGH* 85, 181; 92, 5; NJW 86, 185, 1494; FamRZ 89, 957: auch nach Aufhebung und Zurückverweisung.
46 *BGH* 92, 5; NJW 90, 1363.
47 *BGH* 92, 207; einschränkend *BGH* NJW 86, 185.
48 So schon *BGH* NJW 83, 1908.
49 *BGH* NJW 84, 2414; 90, 327.

3. Kapitel
Abänderung der Entscheidung
über den öffentlichrechtlichen Versorgungsausgleich

1. Materielle Rechtskraft und Halbteilungsgrundsatz

1655   Die Entscheidung des Familiengerichts über den VA wird, sobald sie unanfechtbar wird, nicht nur formell, sondern auch materiell rechtskräftig. Sie ergeht zwar im Verfahren der freiwilligen Gerichtsbarkeit, so dass § 322 I ZPO nicht unmittelbar gilt, der VA ist aber eine echte Streitsache zwischen zwei Parteien über einen vermögenswerten familienrechtlichen Anspruch. Dies rechtfertigt die **entsprechende Anwendung des § 322 I ZPO**[50]. Materiell rechtskräftig wird auch hier nur die Entscheidung über den Streitgegenstand, also die Feststellung, dass der eine Ehegatte gegen den anderen einen Ausgleichsanspruch in bestimmter Höhe hat oder nicht hat; nicht rechtskräftig wird die Begründung des Familiengerichts, warum dies so sei[51].

1656   Die Rechtskraft der Entscheidung über den VA lässt sich auf zwei Wegen durchbrechen: entweder mit einem Wiederaufnahmeantrag nach §§ 578 ff. ZPO[52] oder mit einem Antrag nach § 10a VAHRG.

Die Wiederaufnahme spielt wegen ihrer strengen Voraussetzungen nur eine Nebenrolle, denn sie ist auf schwerste Verfahrensfehler (Nichtigkeitsgründe nach § 579 ZPO) und ebenso krasse inhaltliche Fehler (Restitutionsgründe nach § 580 ZPO) beschränkt. § 10a VAHRG dagegen erlaubt eine Änderung der rechtskräftigen Entscheidung schon dann, wenn sich der Wertausgleich wesentlich ändert[53].

1657   Dieser Eingriff in die materielle Rechtskraft ist verfassungsrechtlich geboten. Da der VA in die verfassungsrechtlich geschützten Versorgungsrechte der Ehegatten (Art. 14 I GG) eingreift und in der Regel schon mit der Scheidung durchgeführt und wirksam wird, das Familiengericht aber noch nicht wissen kann, wie sich die Ehezeitanteile der beiderseitigen Altersversorgungen künftig entwickeln werden, muss es eine Möglichkeit geben, die **falsche Prognose** später zu **korrigieren**[54]. Insoweit liegen die Dinge ähnlich wie beim Unterhalt. § 10a VAHRG ist dem § 323 I ZPO nachgebildet, allerdings ohne die Beschränkung des § 323 II ZPO auf nachträgliche Änderungen[55].

1658   § 10a VAHRG soll verhindern, dass der **Halbteilungsgrundsatz** des § 1587a I dadurch verletzt wird, dass der vom Familiengericht ermittelte Wertunterschied der Ehezeitanteile

---

50   *BGH* 89, 114: zur Wiederaufnahme; NJW 82, 1646; 84, 2364: schuldrechtl. VA; FamRZ 96, 282.
51   *BGH* FamRZ 86, 338.
52   *BGH* 89, 114; NJW 82, 1646; 84, 2364; 93, 1650; FamRZ 89, 264.
53   Dazu im einzelnen *Hahne* FamRZ 87, 217; *Greßmann* ZAP 97, 369.
54   *BVerfG* NJW 93, 1057.
55   *BGH* FamRZ 96, 282.

sich später aus tatsächlichen oder rechtlichen Gründen als falsch erweist[56]. Dieser Gesetzeszweck rechtfertigt und begrenzt den Eingriff in die Rechtskraft[57].

2. „Totalrevision"

§ 10a VAHRG erlaubt eine **umfassende Nachbesserung der „falschen" Entscheidung** **1659** **über den Versorgungsausgleich**; man nennt dies mit einem schönen deutschen Wort „Totalrevision" und versteht darunter Folgendes: sobald die Voraussetzungen der Absätze 1 und 2 des § 10a VAHRG erfüllt sind, **wird der VA aufgrund der aktuellen Daten ohne jede Bindung an die frühere Entscheidung völlig neu berechnet**[58].

Die neue Entscheidung berücksichtigt nicht nur echte Veränderungen aus der Zeit nach **1660** dem Ehezeitende oder nach der früheren Entscheidung, sondern **korrigiert auch alle Fehler und Versäumnisse der früheren Entscheidung**, denn § 10a VAHRG beschränkt die Abänderung anders als § 323 II ZPO für den Unterhalt nicht auf nachträgliche neue Änderungen[59]. Es spielt deshalb keine Rolle, aus welchem Grunde die aktuelle Berechnung des auszugleichenden Wertunterschieds von der früheren Entscheidung wesentlich abweicht; es genügt, dass sie wesentlich abweicht und sei es nur deshalb, weil das Familiengericht früher eine falsche Rentenauskunft verwertet oder ein Versorgungsrecht nicht gekannt oder übersehen hat[60].

Jede Änderung setzt aber zwingend voraus, dass der aktuelle Wertunterschied vom **1661** **früher ermittelten wesentlich abweicht.** Andernfalls ist die frühere rechtskräftige Entscheidung unantastbar, denn Rechtskraft bedeutet vor allem auch Rechtssicherheit[61]. An einer Abweichung fehlt es schon dann, wenn die frühere Entscheidung den Wertunterschied zwischen den beiderseitigen Versorgungsanrechten überhaupt nicht ermittelt hat, sondern den VA schon dem Grunde nach ablehnt, etwa weil ein Ehegatte Ausländer ist. Auch diese Entscheidung wird, mag sie noch so falsch sein, materiell rechtskräftig, wenn sie nicht mehr angefochten werden kann, und lässt sich auch nach § 10a VAHRG nicht mehr korrigieren[62].

---

56 *BGH* NJW 89, 29; 89, 33; 89, 34; 91, 1827; 93, 1650; FamRZ 89, 43; 89, 725; 90, 276; 96, 282.
57 *BGH* NJW 91, 1827; 93, 1650; FamRZ 96, 282.
58 *BGH* NJW 91, 1827; 95, 657; FamRZ 89, 264; 89, 725; 94, 92; 96, 282; *OLG Karlsruhe* FamRZ 91, 458; einschränkend *OLG München* FamRZ 93, 574: kein Nachholen der Ermessensentscheidung nach § 3b VAHRG.
59 *BGH* NJW 89, 2811; FamRZ 89, 264; 89, 725; 96, 282.
60 *BGH* FamRZ 89, 264; 95, 1062, 1064; NJW 93, 1650.
61 *BGH* FamRZ 96, 282.
62 *BGH* FamRZ 96, 282; *OLG* Hamburg FamRZ 89, 73; a.A. *OLG Koblenz* FamRZ 87, 950; *OLG Hamm* FamRZ 92, 826.

3. Änderungen zwischen Ehezeitende und früherer Entscheidung

1662   Nach § 1587 I, II fixiert das Ende der Ehezeit den Endstichtag für die Ermittlung des Ehezeitanteils einer Altersversorgung, denn auszugleichen sind die Versorgungsanrechte nur, wenn und soweit sie in der Ehe erworben wurden. Der Wert des Ehezeitanteils einer Versorgung ist aber kein fixer Betrag, der ein für allemal feststünde, sondern kann sich noch ändern. Gegen diese – rückwirkende – Wertänderung gibt es keinen Endstichtag.

Deshalb hindert § 1587 I, II das Familiengericht nicht daran, auch alle tatsächlichen und rechtlichen Veränderungen zwischen dem Ende der Ehezeit und der Entscheidung über den VA zu berücksichtigen, wenn sie den Wert des Ehezeitanteils rückwirkend erhöhen oder verringern (RN 834 ff.)[63].

1663   Eine andere Frage ist, ob das Familiengericht derartige Umstände schon bei seiner ersten Entscheidung über den VA verwerten muss oder einem späteren Abänderungsverfahren überlassen darf. Das Familiengericht hat insoweit ein gewisses Ermessen. Die Verwertung ist jedenfalls dann geboten, wenn ein Ehegatte bereits nach § 10a V VAHRG antragsberechtigt ist und sofort nach der Entscheidung über den VA deren Abänderung begehren kann[64]. Auf der anderen Seite darf das Familiengericht die Änderung ins Verfahren nach § 10a VAHRG verweisen, wenn dort vielleicht ein Ausschluß der Abänderung nach § 10a III VAHRG droht[65].

Im Normalfall soll das Familiengericht die Änderung schon deshalb in seiner ersten Entscheidung über den VA verwerten, weil die Beschränkungen des § 10a VAHRG dort nicht gelten[66]. Stets aber ist § 10a VAHRG dann anwendbar, wenn das Familiengericht die Änderung zu Recht oder zu Unrecht in seiner Entscheidung noch nicht berücksichtigt hat[67].

4. Gesetzliche Systematik

1664   § 10a VAHRG ist ein gesetzliches Ungetüm, unübersichtlich und schwer zu handhaben. Er regelt sowohl die materiellrechtlichen Änderungsgründe und deren Ausnahmen als auch das zugehörige Verfahren.

Die ersten beiden Absätze formulieren abschließend die **Abänderungsgründe**, deren wichtigster die wesentliche Abweichung vom früher ermittelten Wertunterschied ist. Abs. 3 ist eine **negative Härteregel**, die eine Abänderung ausnahmsweise ausschließt. Danach richtet sich die **Beweislast**: Wer eine Abänderung begehrt, muss den Änderungsgrund, wer sich gegen die Abänderung wehrt, muss den Härtegrund beweisen.

Nach § 10a VAHRG ändert das Familiengericht seine Entscheidung nur auf **Antrag**. Wer den Antrag stellen darf, sagt Abs. 4, wann der Antrag frühestens gestellt werden kann, regelt Abs. 5. Zum Verfahrensrecht gehören auch die **Rechtsfolgen der Abänderung**:

---

63 *BGH* NJW 89, 29; 89, 32; 89, 34; 89, 529; 89, 2811; 92, 313.
64 *BGH* NJW 89, 2811.
65 *BGH* NJW 89, 529.
66 *BGH* NJW 89, 29; 89, 529; 89, 2811.
67 *BGH* NJW 89, 29; 89, 32; 89, 34; 89, 529; 89, 2811.

die Rückwirkung nach Abs. 7 und die Erstattung von Zahlungen nach Abs. 12, um eine Kürzung der Versorgung durch den VA abzuwenden, schließlich Abs. 10 über den Tod eines Ehegatten.

Da § 10a VAHRG als Gegenstand der Abänderung die rechtskräftige Entscheidung im Auge hat, erstreckt Abs. 8 die Absätze 1-7 auf den besonderen Fall, dass der **Ausgleichs-schuldner** aufgrund dieser Entscheidung **schon Zahlungen geleistet** hat, und Abs. 9 die Absätze 1-8 auf **Parteivereinbarungen über den VA**. Abs. 11 schließlich ist Anspruchsgrundlage für einen Anspruch aus **Auskunft**, die man für eine Abänderung braucht.

§ 10a VAHRG gilt nur für den **öffentlichrechtlichen VA**. Rechtskräftige Entscheidungen über den **schuldrechtlichen VA** lassen sich nach §§ 1587d II, 1587g III, 1587i III auf Antrag dann ändern, wenn sich die Verhältnisse nach der Scheidung wesentlich geändert haben.

5. Abänderungsgründe

5.1 Komplexe Rechtsgrundlage

Nach § 10a VAHRG kann nur eine rechtskräftige Entscheidung (I 1) oder eine Parteivereinbarung über den VA (IX) abgeändert werden. **1665**

§ 10a I VAHRG nennt alternativ drei Änderungsgründe, die für sich allein aber nicht ausreichen, sondern durch § 10a II VAHRG noch verschärft werden. Die Abänderung ist erst erlaubt, wenn die Voraussetzungen beider Absätze erfüllt sind. Hauptgrund ist die wesentliche Abweichung des aktuellen Wertunterschiedes vom früher ermittelten[68].

5.2 Abweichung der Wertunterschiede

Änderungsgrund Abs. 1 Nr. 1: Der aktuelle Wertunterschied weicht von dem Wertunterschied ab, der der abzuändernden Entscheidung zugrundeliegt. Gemeint ist der Wertunterschied zwischen den Ehezeitanteilen der beiderseitigen Versorgungsanrechte, der nach § 1587a I 2 hälftig auszugleichen ist. Unerheblich ist, aus welchem Grund die beiden Rechnungen von einander abweichen, ob sie auf einer nachträglichen Änderung oder aber auf einem Fehler beruhen (RN 1659). **1666**

(1) Zwischen Ehezeitende und Scheidung wird der Ehemann **aus dem Beamtenverhältnis entlassen und in der gesetzlichen Rentenversicherung nachversichert**. Dadurch verliert der Ehezeitanteil der Versorgung rückwirkend an Wert (*BGH* NJW 89, 29; 89, 33; 89, 34; 89, 2811).

(2) Umgekehrt erhöht die **vorzeitige Pensionierung** den Wert des Ehezeitanteils, weil jetzt nicht mehr nur die Anwartschaften, sondern die laufende Altersrente oder Pension auszugleichen ist und die tatsächliche Dienstzeit kürzer ist als die hypothetische bis zur

Beispiele

---

68 *OLG München* FamRZ 97, 1082: keine Abänderung wegen späterer Vereinbarung über den VA.

Altersgrenze (*BGH* NJW 92, 313; FamRZ 95, 30; *OLG Hamm* FamRZ 90, 173; *OLG Nürnberg* FamRZ 90, 759).

(3) Die frühere Berechnung des Wertunterschiedes gründet auf einer **falschen Auskunft des Versorgungsträgers** (*BGH* FamRZ 89, 264).

(4) **Ein Versorgungsanrecht wird fälschlich nicht in die Ausgleichsrechnung einbezogen**, weil es weder der Partei noch dem Gericht bekannt war, oder weil die Partei es verheimlicht oder das Gericht es übersehen hat. Da § 18 II FGG eine Ergänzung der lückenhaften Entscheidung verbietet, bleibt nur die Korrektur nach § 10a VAHRG (*BGH* FamRZ 88, 276; NJW 93, 1650; *OLG München* FamRZ 91, 576). Hierher gehört auch der Fall, dass die frühere Entscheidung eine Pensionsrückstellung deshalb außer acht gelassen hat, weil sie fälschlich eine Ehegatteninnengesellschaft statt eine Anstellung des Ehegatten angenommen hat (*BGH* FamRZ 95, 1062, 1064).

(5) Der Wert des Ehezeitanteils einer Gesamtversorgung, bestehend aus gesetzlicher Rentenversicherung und betrieblicher Altersversorgung, erhöht sich durch **Satzungsänderung** des Versorgungsträgers (*BGH* FamRZ 94, 93).

5.3 Unverfallbares statt verfallbares Anrecht

1667 **Änderungsgrund Abs. 1 Nr. 2:** Ein Anrecht, das in der früheren Entscheidung als verfallbar gewertet wurde, war schon damals unverfallbar oder ist es später geworden und kann deshalb durch Begründung von Anrechten öffentlichrechtlich ausgeglichen werden[69].

5.4 Öffentlichrechtlicher statt schuldrechtlicher Versorgungsausgleich

1668 **Änderungsgrund Abs. 1 Nr. 3:** Ein Anrecht, das die frühere Entscheidung dem schuldrechtlichen VA überlassen hat, konnte schon damals oder kann jetzt durch Begründung von Anrechten öffentlichrechtlich ausgeglichen werden, etwa durch Realteilung nach § 1 II VAHRG[70].

5.5 Wesentliche Abweichung des Wertunterschieds

1669 Der Abänderungsgrund nach § 10a I Nr. 1-3 VAHRG rechtfertigt eine Abänderung aber nur, wenn er auch noch die Voraussetzungen des § 10a II VAHRG erfüllt. Entweder weicht der auszugleichende aktuelle Wertunterschied wesentlich vom früher ermittelten ab (Nr. 1) oder durch die Änderung wird eine versorgungsrechtliche Wartezeit erfüllt, die bislang noch nicht erfüllt war (Nr. 2). In beiden Fällen muss sich die Änderung voraussichtlich zugunsten eines Ehegatten oder dessen Hinterbliebenen auswirken (Nr. 3).

---

69 *BGH* FamRZ 90, 1339, 1340: Zusatzversorgung des öffentlichen Dienstes; *OLG Karlsruhe* FamRZ 2000, 235; aber auch *BGH* FamRZ 88, 822 u. *OLG Hamm* FamRZ 94, 1468: zu § 10a III VAHRG.

70 *BGH* FamRZ 93, 173 u. 98, 421: betriebliche Altersversorgung; ferner *OLG Köln* FamRZ 90, 294: Vorrang des öffentlichrechtlichen VA.

Wann der aktuelle Wertunterschied vom früher ermittelten wesentlich abweicht, definiert **1670** § 10a II 2 VAHRG: Die Abweichung muss 10% des Wertes der früher übertragenen oder begründeten Anrechte übersteigen und mindestens 0,5 vom Hundert des auf einen Monat entfallenden Teils der am Ende der Ehezeit maßgeblichen Bezugsgröße des § 18 SGB IV.

Die **10%-Hürde des § 10a II 2 VAHRG** ist verfassungsgemäß[71]. Es kommt nicht darauf an, ob die Wertunterschiede einzelner Versorgungsarten wesentlich von einander abweichen, sondern darauf, ob der **Gesamtbetrag** aller zu übertragenden oder zu begründenden Anrechte jetzt mehr als 10% abweicht vom früher festgestellten Gesamtbetrag[72]. Kurz gesagt zählt nur die Abweichung des aktuellen Ausgleichsbetrags nach § 1587a I vom früher festgestellten[73].

5.6 Ablehnung des Versorgungsausgleichs schon dem Grunde nach

Kein Abänderungsgrund nach § 10a I VAHRG ist die falsche Ablehnung eines VA schon **1671** dem Grunde nach, denn wenn das Familiengericht überhaupt keinen Wertunterschied zwischen den Versorgungsanrechten der Ehegatten ermittelt hat, kann es in der Folgezeit auch keine Abweichung geben, die nach § 10a VAHRG zu korrigieren wäre. Der Fehler kann nur auf Rechtsmittel beseitigt werden. Ist die Entscheidung erst einmal rechtskräftig, gibt es keine Hilfe mehr[74].

5.7 Härtegrund und Abänderung

Da § 10a I VAHRG im Normalfall nun einmal eine wesentliche Abweichung vom früheren ermittelten Wertunterschied voraussetzt, kann der ausgleichspflichtige Ehegatte seinen **Änderungsantrag nicht allein auf einen Härtegrund nach § 1587c stützen**[75]. Eine andere noch offene Frage ist, ob eine nach § 10a I, II VAHRG zulässige Änderung nur nach § 10a III VAHRG oder auch nach § 1587c ausgeschlossen ist[76]. Jedenfalls ist § 1587c dann im Änderungsverfahren anwendbar, wenn ein Ehegatte, der laut Erstentscheidung noch ausgleichsberechtigt war, nach der aktuellen Berechnung jetzt ausgleichspflichtig wird[77].

6. Ausschluss der Änderung

Nach § 10a III VAHRG findet eine Abänderung nicht statt, soweit sie unter Berücksichtigung der beiderseitigen wirtschaftlichen Verhältnisse, insbesondere des Versorgungserwerbs nach der Ehe, grob unbillig wäre. Diese Härteregel erinnert an die des § 1587c für das Erstverfahren über den VA, erlaubt gleichfalls keine allgemeine Billigkeitskontrolle,

---

71 *BVerfG* NJW 93, 1057.
72 *BGH* NJW 91, 1827; 93, 1650; *OLG* Celle FamRZ 93, 1328.
73 *BGH* NJW 91, 1827; 93, 1650.
74 *BGH* FamRZ 96, 282; *OLG* Hamburg FamRZ 89, 73; *OLG* Hamm FamRZ 92, 826.
75 *BGH* NJW 89, 1999; 92, 3299; FamRZ 96, 282; 96, 1540; *OLG* Koblenz FamRZ 92, 687.
76 *BGH* FamRZ 95, 29, 31: lässt es offen; *OLG* Düsseldorf FamRZ 93, 1322: ja, wenn Härtegrund erst nach früherer Entscheidung entstanden ist.
77 *BGH* NJW 92, 3299.

sondern beschränkt sich auf **grobe Unbilligkeit** mit Rücksicht auf die wirtschaftlichen Verhältnisse der Ehegatten und stellt vor allem auf den Versorgungserwerb nach der Ehe ab[78]. Unerheblich ist deshalb, ob ein Ehegatte die Wertverringerung seines Ehezeitanteils verschuldet hat, etwa durch Entlassung aus dem Beamtenverhältnis oder durch einen „falschen" Berufswechsel[79]. § 242 gilt allerdings auch hier: Wer seine Versorgung in der Absicht verkürzt, dem anderen zu schaden, darf keine Abänderung nach § 10a VAHRG beantragen, denn das wäre Rechtsmissbrauch[80].

Beispiel

> Beide Ehegatten leben bereits im Ruhestand; der Mann bezieht eine Pension mit einem Ehezeitanteil von 2337,– DM (insgesamt 3800,– DM), die Frau eine Rente mit einem Ehezeitanteil von 143,– DM. Der Ausgleich der Ehezeitanteile in Höhe von monatlich 1097,– DM zu Lasten des Mannes ist mit Rücksicht auf die wirtschaftlichen Verhältnisse und die Versorgungsbezüge alles andere als grob unbillig, zumal die Frau ihre Versorgung aus eigener Kraft nicht mehr aufstocken kann (BGH NJW 92, 313).

7. Auskunftsanspruch

1674 Auch für ein erfolgversprechendes Abänderungsverfahren braucht der Ehegatte Informationen, die vielleicht nur der andere Ehegatte oder der Versorgungsträger hat. Diese Information bekommt er über einen Auskunftsanspruch. Anspruchsgrundlage ist § 10a XI. In erster Linie sind die Ehegatten oder ihre Hinterbliebenen einander zur Auskunft verpflichtet (S. 1), hilfsweise sind es auch die betroffenen Versorgungsträger (S. 2). Umgekehrt sind die Ehegatten oder ihre Hinterbliebenen auch den betroffenen Versorgungsträgern zur Auskunft verpflichtet (S. 3).

8. Abänderungsverfahren

8.1 Antrag

1675 Nach § 10a I VAHRG ändert das Familiengericht seine Entscheidung nur auf Antrag, während es die abzuändernde Entscheidung nach § 623 ZPO noch von Amts wegen im Verbund mit der Scheidung getroffen hat. Da auch die Abänderung im **Verfahren der freiwilligen Gerichtsbarkeit** behandelt wird, genügt ein **unbezifferter allgemeiner Abänderungsantrag samt schlüssiger Behauptung eines Änderungsgrundes**, denn das Familiengericht ermittelt die nötigen Daten auch hier von sich aus (§ 12 FGG).

Antragsberechtigt sind nach § 10a IV VAHRG die Ehegatten, die Hinterbliebenen eines verstorbenen Ehegatten[81] und die betroffenen Versorgungsträger[82].

---

78 *BGH* NJW 89, 29 32, 34, 529, 2811; ferner *BGH* FamRZ 88, 822; *OLG Hamm* FamRZ 94, 1468.
79 *BGH* NJW 89, 32; 89, 34; 89, 2811.
80 *BGH* 89, 29; 89, 32; 89, 34; 89, 529.
81 *BGH* FamRZ 93, 173: Witwe; FamRZ 98, 1504: auch nach Fristablauf § 10a X VAHRG.
82 *BGH* NJW 89, 1860: Träger betriebl. Altersversorgung, dessen Anrechte nach § 3b VAHRG ausgeglichen.

Den Antrag kann man nach § 10a V VAHRG nicht jederzeit stellen, sondern erst dann, wenn entweder ein Ehegatte 55 Jahre alt geworden ist oder der Ausgleichspflichtige (oder seine Hinterbliebenen) die durch VA gekürzte Versorgung bezieht oder der Ausgleichsberechtigte (oder seine Hinterbliebenen) aus dem VA eine Versorgung bezieht.

Zuständig ist nicht etwa das Scheidungsgericht, sondern das nach §§ **64 I, 45 FGG** berufene Familiengericht, denn das Abänderungsverfahren ist ein **selbständiges Verfahren**[83].

8.2 Entscheidung

Das Familiengericht lehnt den unzulässigen oder unbegründeten Änderungsantrag ab oder regelt auf zulässigen und begründeten Antrag den VA aufgrund der aktuellen Daten völlig neu (RN 1659). Die Entscheidung ist stets ein **Beschluss**, der **im isolierten FG-Verfahren** selbständig über den VA entscheidet[84]. Deshalb kommt das Pensionärsprivileg des § 57 I 2 BeamtVG dem ausgleichspflichtigen Ehegatten auch dann zugute, wenn die Änderungsentscheidung den Kürzungsbetrag zu einem Zeitpunkt erhöht, in dem der Betroffene schon Pension bezieht[85].

1676

Auch der Änderungsbeschluss wird nach § 53g I FGG **erst mit Rechtskraft wirksam**; das ist die formelle Seite. Materiell wirkt die rechtskräftige Entscheidung nach § 10a VII 1 VAHRG auf den Monatsersten zurück, der dem Änderungsantrag folgt. Die Rückwirkung darf aber nicht zu Lasten des Versorgungsträgers gehen, der von der Änderung noch nichts weiß. Vielmehr darf er nach wie vor so leisten, wie die abgeänderte frühere Entscheidung es bestimmte (§ 10a VII 2 VAHRG). Das gleiche gilt für Leistungen aus einem verlängerten schuldrechtlichen VA (§ 10a VII 3 VAHRG). Es sind dies Ausnahmen von der Rückwirkung der Abänderung. Sie schützen den Versorgungsträger nach dem Vorbild des § 407 BGB.

1677

Eine weitere Rechtsfolge der Abänderung regelt § 10a XII VAHRG. Hat der ausgleichspflichtige Ehegatte die Kürzung seiner Versorgung infolge des VA durch Zahlung an den Versorgungsträger abgewendet, gibt ihm die Änderungsentscheidung, die den Ausgleichsbetrag verringert, einen entsprechenden Anspruch auf Rückzahlung gegen den Versorgungsträger.

8.3 Tod eines Ehegatten

§ 10a X VAHRG sagt, wie der Tod eines Ehegatten auf das Abänderungsverfahren wirkt. Während der Tod des Antragstellers das Verfahren ohne Entscheidung beendet, wenn nicht ein anderer Antragsberechtigter binnen 3 Monaten das Verfahren fortsetzt (S. 1), wird das Verfahren nach dem Tod des Antragsgegners gegen dessen Erben fortgeführt (S. 2). Ist Antragsteller ein Versorgungsträger, so dass praktisch beide Ehegatten Antragsgegner sind, gilt S. 2 jedenfalls dann, wenn der ausgleichspflichtige Ehegatte stirbt[86].

1678

---

83 *BGH* FamRZ 88, 1160; *OLG Köln* FamRZ 96, 1556.
84 *BGH* NJW 95, 657; zu den Gerichtskosten nach § 99 I KostO: *OLG Bamberg u. Schleswig* FamRZ 91, 470; 92, 1463.
85 *BGH* NJW 95, 657.
86 *BGH* FamRZ 90, 1340.

8.4 Änderung der Beitragszahlungspflicht

1679 Einen besonderen Fall der Abänderung regelt § 10a VIII VAHRG. Danach ist auch die Entscheidung des Familiengerichts, die einen Ehegatten verpflichtet hat, für den anderen Beiträge in die gesetzliche Rentenversicherung zu zahlen (§ 3b I Nr. 2 VAHRG), nach § 10a I-VII abänderbar (S. 1). Hat der ausgleichspflichtige Ehegatte nach den aktuellen Daten zu viel bezahlt, verringert das Familiengericht die Zahlungspflicht nicht nur oder beseitigt sie ganz, sondern verpflichtet den betreffenden Versorgungsträger auch zur Rückzahlung, soweit dieser nicht bereits an den Ausgleichsberechtigten oder dessen Hinterbliebenen Leistungen erbracht hat (S. 2).

4. Kapitel
Verfahren zum schuldrechtlichen Versorgungsausgleich

1. Selbständiges Antragsverfahren

1680 Der schuldrechtliche VA wird nicht von Amts wegen, sondern **nur auf Antrag eines Ehegatten** durchgeführt (§ 1587f), in aller Regel nicht zusammen (im Verbund) mit der Scheidung, sondern isoliert erst nach der Scheidung, **wenn der Anspruch auf die Ausgleichsrente fällig geworden ist**[87], und fällig wird er erst im Versorgungsfall (§ 1587g I 2).

In den Scheidungsverbund nach § 623 ZPO fällt der schuldrechtliche VA nur dann, wenn der Schuldner schon während des Scheidungsverfahrens seine Alters- oder Invalidenrente bezieht und auch die übrigen Fälligkeitsvoraussetzungen erfüllt sind. Vorher fehlt jedes rechtliche Interesse an einer gerichtlichen Klärung[88]. Nur der **Anspruch auf Abfindung** nach § 1587l kann jederzeit vor dem Versorgungsfall fällig werden.

2. FG-Verfahren

1681 Obwohl die Ausgleichsrente der Unterhaltsrente nachgebildet ist, klagt man sie nach Fälligkeit nicht im Normalprozess ein, sondern beantragt sie im Verfahren der freiwilligen Gerichtsbarkeit (§ 621a I 1 ZPO). Beziffern muss man die Ausgleichsrente nicht, es genügt der allgemeine Antrag auf Durchführung des schuldrechtlichen VA[89], denn das Familiengericht ermittelt die erforderlichen Daten nach § 12 FGG von sich aus. Da der ausgleichsberechtigte vom ausgleichspflichtigen Ehegatten nach § 1587k I mit § 1580 Aus-

---

87 *BGH* NJW 84, 610.
88 *BGH* NJW 84, 611; FamRZ 95, 1481: im Verfahren über den öffentlichrechtlichen VA kein Interesse auf Feststellung der Höhe eines schuldrechtlich auszugleichenden Restes; aber auch NJW 82, 387: Feststellung des bei Eheende auszugleichenden Betrags.
89 *BGH* FamRZ 89, 950; *OLG Düsseldorf* FamRZ 88, 410; *OLG Hamm* FamRZ 90, 889; 94, 1528.

kunft verlangen darf, ist **analog § 254 ZPO** auch ein **Stufenantrag** zulässig. In der Beschwerdeinstanz kann der Antrag auf schuldrechtlichen VA nicht mehr nachgeholt werden[90].

3. Entscheidung

Der **Beschluss** des Familiengerichts, der den Schuldner zur Zahlung einer bestimmten   **1682** monatlichen Ausgleichsrente verpflichtet, ist materieller Rechtskraft fähig[91] und **ab Rechtskraft** nach §§ 803 ff. ZPO **vollstreckbar** (§ 53g I, III FGG).

Wenn sich die Verhältnisse nach der Entscheidung wesentlich ändern, kann das Familiengericht seine rechtskräftige Entscheidung auf Antrag ändern (§ 1587g III mit § 1587d II, nicht § 10a VAHRG)[92]. Dagegen lassen sich Entscheidungen, die von Anfang an falsch sind, nur unter den strengen Voraussetzungen einer Wiederaufnahme nach §§ 578 ff. ZPO korrigieren[93]. Keinesfalls kann eine falsche Entscheidung über den öffentlichrechtlichen VA noch schuldrechtlich repariert werden[94].

4. Verfahren zum Anspruch auf Abtretung der Versorgungsbezüge

Auch den Anspruch auf Abtretung der Versorgungsbezüge nach § 1587i BGB verfolgt   **1683** man, zweckmäßig zusammen mit der Ausgleichsrente, mit einem **Antrag** im Verfahren der freiwilligen Gerichtsbarkeit. Der **Beschluss**, der den Schuldner zur Abtretung verpflichtet, ist ab Rechtskraft vollstreckbar (§ 53g I, III FGG): Nach § 894 ZPO gilt die Abtretungserklärung des Schuldners als abgegeben. Das Familiengericht darf seine rechtskräftige Entscheidung ändern, wenn sich die Verhältnisse nachträglich ändern (§ 1587i III mit § 1587d II).

---

90 *BGH* FamRZ 90, 606; *OLG Düsseldorf* FamRZ 88, 410.
91 *BGH* NJW 84, 2364.
92 *BGH* FamRZ 84, 669.
93 *BGH* NJW 84, 2364.
94 *BGH* NJW 93, 330.

24. Teil

FG-Familiensachen:
„Elterliche Sorge", „Regelung des Umgangs" und „Herausgabe des Kindes"

1. Kapitel
FG-Familiensache „elterliche Sorge"

1. Begriff

1684 Nach **§ 621 I Nr. 1** ist das Familiengericht zuständig für Familiensachen, die die elterliche Sorge für ein Kind betreffen, soweit nach dem BGB das Familiengericht zuständig ist. Das ist wahrlich eine geniale Definition: Das Familiengericht ist zuständig, wenn es zuständig ist. Sie ist umso unsinniger, als das BGB mit dem **KindRG** ab 1.7.1998 **alle Sorgeangelegenheiten** dem Familiengericht zuweist und damit das Vormundschaftsgericht aus dem Felde schlägt. Die Zuständigkeit des Familiengerichts beschränkt sich nicht mehr auf Streitigkeiten zwischen Eltern, die miteinander verheiratet sind oder waren[1], und auch nicht auf Streitigkeiten aus Anlass der Trennung oder Scheidung, sondern erfaßt jetzt alle Sorgeangelegenheiten, ob sie nach §§ 1628, 1630, 1631, 1640 oder nach §§ 1666 ff. oder nach §§ 1671, 1672, 1674 II, 1680, 1682 BGB zu regeln sind, auch die Änderung gerichtlicher Anordnungen zur elterlichen Sorge nach § 1696 BGB[2], schließlich sogar die Genehmigung von Rechtsgeschäften und anderen Maßnahmen nach §§ 1631b, 1643 BGB[3].

1685 Ist am 1.7.1998 bereits ein Sorgerechtsverfahren anhängig, muss man für Zuständigkeit, Rechtsmittel, Verfahren und Scheidungsverbund die Übergangsregeln des Art. 15 §§ 1, 2 KindRG beachten.

2. Zuständigkeit

2.1 Örtliche Zuständigkeit

1686 Sachlich zuständig ist stets das Amtsgericht (§ 64 I FGG). Die „Zuständigkeit" des Familiengerichts ist nur eine gesetzliche Geschäftsverteilung (RN 1380).

Die örtliche Zuständigkeit richtet sich nach den allgemeinen Vorschriften (§ 621 II 2 ZPO). Für FG-Familiensachen sind dies über § 621a I ZPO die §§ 64 III, 43 I, 36 FGG[4].

---

1 *OLG Stuttgart* FamRZ 2000, 632: gemeinsame Sorge nach § 1626a BGB.
2 *BGH* FamRZ 95, 415 u. *BayObLG* FamRZ 2000, 1233: selbständiges Verfahren mit eigener Zuständigkeit.
3 *OLG Hamm* FamRZ 2001, 53.
4 *BGH* FamRZ 97, 173: § 43 II geht § 43 I FGG vor; FamRZ 88, 1259; 90, 1224, 1226.

Danach ist örtlich dasjenige Familiengericht zuständig, in dessen Bezirk das **Kind** seinen **Wohnsitz oder** hilfsweise seinen **Aufenthalt** hat (§ 36 I 1 FGG)[5]. Dies gilt auch für das Verfahren auf Änderung der elterlichen Sorge nach § 1696 BGB, das ein selbständiges Verfahren ist und nicht lediglich das frühere Sorgerechtsverfahren fortsetzt[6].

Seinen Wohnsitz teilt das minderjährige Kind nach § 11 BGB mit dem Personensorgeberechtigten. Folgerichtig hat es einen **Doppelwohnsitz**, wenn beide Eltern (noch) personensorgeberechtigt sind, jedoch getrennt leben und ihren Wohnsitz an verschiedenen Orten haben[7]. Hat es in diesem Fall sowohl einen inländischen als auch einen ausländischen Wohnsitz, ist das deutsche Familiengericht zuständig[8]. Zwischen zwei deutschen Familiengerichten ist dasjenige örtlich zuständig, das mit der Sache zuerst befasst wird[9]. **1687**

Flüchtet die Mutter in ein **Frauenhaus**, begründet ihr kurzfristiger Aufenthalt noch keinen Wohnsitz[10], es sei denn, sie wolle sich dort auf längere Zeit niederlassen[1B].

Während das Vormundschaftsgericht mangels gesetzlicher Regelung an das Familiengericht nicht bindend verweisen, sondern nur unverbindlich abgeben durfte[12], kann das örtlich unzuständige Familiengericht nach § 621a I 2 mit **§ 281 ZPO** bindend an ein anderes Amtsgericht verweisen[13]. **1688**

Auch die gerichtliche Bestimmung der örtlichen Zuständigkeit im Kompetenzkonflikt richtet sich nicht nach § 5 FGG, sondern über §§ 621a I 2 nach **§ 36 I Nr. 6 ZPO**[14].

2.2 Internationale Zuständigkeit

Für Fälle mit Auslandsberührung richtet sich die – internationale – Zuständigkeit nach internationalem Prozessrecht, das aber stets deutsches Recht ist, denn das deutsche Gericht wendet nur deutsches Recht an (lex fori)[15]. **1689**

Nach Art. 1, 4 des Haager Übereinkommens über die Zuständigkeit der Behörden und das anzuwendende Recht auf dem Gebiet des Schutzes von Minderjährigen, kurz **Minderjährigenschutzabkommen (MSA)** v. 5.1.61 (BGBl 1971 II 219, 1150) ist das deutsche Gericht dann zuständig, wenn sich der **Minderjährige** in seinem Bezirk **gewöhn-** **1690**

---

5 *BGH* FamRZ 93, 48; 94, 299: zum Umgangsrecht; *OLG Hamm* FamRZ 97, 1295: keine Gerichtsstandvereinbarung.
6 *BGH* FamRZ 90, 1101; 92, 170; 93, 49; 95, 415; NJW-RR 93, 130; *BayObLG* FamRZ 2000, 1233.
7 *BGH* FamRZ 90, 1226; 92, 170; 92, 664; 93, 48; NJW-RR 90, 1282; 92, 258; 93, 130.
8 *BGH* FamRZ 92, 664.
9 *BGH* NJW-RR 90, 1282; 92, 258.
10 *BGH* NJW 95, 1224: 3 Wochen.
11 *OLG Saarbrücken* FamRZ 90, 1119; *OLG Karlsruhe* FamRZ 95, 1210; *OLG Hamm* FamRZ 97, 1294; *OLG Nürnberg* FamRZ 97, 1400.
12 *BayObLG* FamRZ 94, 1597.
13 *BGH* NJW-RR 90, 1282; 92, 130: aber erst nach Mitteilung der Antragsschrift; FamRZ 97, 173.
14 *BGH* NJW-RR 93, 130; FamRZ 92, 664: erst nach Mitteilung Antragsschrift; 93, 48; 95, 415.
15 *BGH* NJW-RR 93, 130; FamRZ 94, 299: lex fori bestimmt Wohnsitz.

lich aufhält, auch wenn er keinem Vertragsstaat angehört[16], und es ist zuständig **für alle Maßnahmen, die zum Schutze des Minderjährigen erforderlich sind**[17], das Familiengericht also etwa für Maßnahmen nach §§ 1666, 1667, 1671, 1672, 1696 BGB einschließlich vorläufiger Anordnungen nach dem FGG[18]. Wird der Minderjährige gegen den Willen des (Mit)Personensorgeberechtigten in ein anderes Land verbracht (entführt), ist der neue Aufenthaltsort erst dann ein „gewöhnlicher", wenn sich der Minderjährige dort sozial eingelebt hat, was mindestens etwa 6 Monate braucht[19].

1691 Ergänzt wird das MSA durch das Europäische Sorgerechtübereinkommen (ESÜ) v. 20.5.80 (BGBl 1990 II 220), das die innerstaatliche Anerkennung und Vollstreckung ausländischer Sorgerechtsentscheidungen über Kinder unter 16 Jahren regelt und dem § 16a FGG vorgeht.

1692 Teilweise verdrängt wird das MSA durch das speziellere **Haager Übereinkommen über die zivilrechtlichen Aspekte internationaler Kindesentführung (HKÜ)** v. 25.10.80 (BGBl 1990 II, 207), soweit die betroffenen Staaten an beiden Abkommen beteiligt sind. Es regelt nicht nur die Voraussetzungen einer Kindesentführung aus dem einen in den anderen Staat und die Rückgabe des Kindes (RN 1128 ff.), sondern **schützt** vor allem **die Zuständigkeit der Gerichte des Staates, aus dem das Kind entführt worden ist**[20], und nimmt sie dem Staat, in den das Kind entführt worden ist. Die **örtliche Zuständigkeit für Maßnahmen zur Rückgabe des Kindes** regelt § 5 des Sorgerechtübereinkommens-Ausführungsgesetz (**SorgeRübkAG**) vom 5.4.1990 (BGBl 1990 I 701 mit Änderung BGBl. 1999 I, 702). Örtlich zuständig ist jetzt das Familiengericht am Sitz des Oberlandesgerichts, in dessen Bezirk sich das Kind zur Zeit des Antrags aufhält oder das Bedürfnis der Fürsorge besteht.

3. Verfahrensbeginn

1693 Das Verfahren zur elterlichen Sorge beginnt entweder mit einem Antrag (§§ 1671, 1672) oder **von Amts wegen, sobald es nötig wird** (§§ 1666, 1696). Den Anstoß gibt freilich auch in diesen Fällen meistens ein Elternteil; dessen „Antrag" ist aber nur eine Anregung, keine Prozessvoraussetzung. Folgerichtig kann die Rücknahme dieses „Antrags" das Verfahren nicht beenden.

1694 Wo ein Antrag nötig ist, stellt man ihn schriftlich oder zu Protokoll der Geschäftsstelle (§§ 621a I 2, 129a, 496 ZPO). Dieser Antrag ist aber kein Sachantrag, der das Familiengericht bindet, sondern nur ein **Verfahrensantrag**, der das Verfahren eröffnet und kein Prozessrechtsverhältnis nach Art der ZPO begründet[21].

---

16 Dazu *BGH* 78, 293; FamRZ 84, 686; NJW-RR 86, 1130; 92, 579; NJW 89, 2201; 97, 3024: Doppelstaater mit Aufenthalt im Ausland; *OLG Stuttgart* NJW 85, 566; FamRZ 97, 51; *OLG Köln* FamRZ 91, 362; *BayObLG* FamRZ 97, 954: Aufenthalt gegen Willen des Kindes.

17 *BGH* 60, 68; NJW 97, 3024; *BayObLG* FamRZ 97, 954.

18 *OLG Bamberg* FamRZ 96, 1224; *OLG Stuttgart* NJW 78, 1746: auch für Umgangsregelung.

19 *BGH* 78, 293; *OLG Hamm* FamRZ 89, 1109; *OLG Bamberg* FamRZ 96, 1224; *OLG Frankfurt* NJW 92, 3108; *OLG Stuttgart* FamRZ 97, 51.

20 *BVerfG* FamRZ 96, 405; 96, 479.

21 *OLG Bamberg* FamRZ 99, 938.

4. Beteiligte

Im Verfahren der Freiwilligen Gerichtsbarkeit gibt es keine Parteien, sondern Beteiligte. **1695**
Beteiligt sind **beide Eltern, das Kind ab Vollendung des 14. Lebensjahres und das Jugendamt** (§§ 49a, 50a, 50b FGG) Sie alle brauchen – außerhalb des Verbunds – keinen Anwalt; dies folgt zwar nicht aus § 13 FGG, den § 621a I 2 ZPO ausschließt, aber aus § 78 II 1 Nr. 3 ZPO.

Dem minderjährigen Kind kann das Familiengericht einen **Verfahrenspfleger**[21a] bestellen (§ 50 I FGG). Das Gesetz nennt Fälle, die in der Regel einen Verfahrenspfleger erforderlich machen und das Gericht zwingen, seine abweichende Entscheidung zu begründen (§ 50 II FGG)[22].

Die Parteiherrschaft ist stark beschränkt. Da die Eltern über die elterliche Sorge nicht frei ver- **1696** fügen, können sie dem Familiengericht auch nicht vorschreiben, wie es die elterliche Sorge regeln soll. **Einziger Maßstab ist das Kindeswohl.** An „Anträge" der Beteiligten ist das Familiengericht ohnehin nicht gebunden[23]. Auch gibt es im FG-Verfahren weder Anerkenntnis noch Geständnis, weder Vergleich noch übereinstimmende Erledigung[24]. Stets aber haben alle Beteiligten Anspruch auf rechtliches Gehör[25]. So schwach die verfahrensrechtliche Position der Beteiligten auch ist, wird das Familiengericht doch alles daransetzen, eine einvernehmliche Regelung zu vermitteln, weil sie dem Wohl des Kindes am besten dient (§ 52 FGG).

5. Amtsermittlung

Der Familienrichter ermittelt im Verfahren über die elterliche Sorge von Amts wegen **1697** (§ 12 FGG, § 621a I 1). Amtsermittlung heißt Sachverhaltsermittlung.

In erster Linie muss das Familiengericht die **Eltern anhören**, möglichst unmittelbar und nicht durch Rechtshilfe (§ 50a I FGG), in der Regel auch denjenigen Elternteil, der nicht sorgeberechtigt ist (§ 50a II FGG)[26]. Von dieser Anhörung darf es nur aus triftigem Grund absehen, muss sie dann aber unverzüglich nachholen (§ 50a III FGG) und vielleicht seine Entscheidung ändern. Zwangsmittel hat das Familiengericht nicht. Es kann die Eltern weder zum Erscheinen noch zur Aussage zwingen; § 613 gilt nur für Ehesachen.

Das Familiengericht muss auch die **Kinder anhören**, Kinder über 14 Jahre immer, Kin- **1698** der unter 14 Jahren dann, wenn sie schon dazu beitragen können, das Kindeswohl zu ermitteln (§ 50b FGG)[27]. Der Familienrichter darf das Kind, wenn dessen Wohl es ver-

---

21a *Engelhardt* FamRZ 2001, 525; zur Anfechtbarkeit der Bestellung: *OLG Celle* u. *KG* NJW 2000, 1273, 2596.

22 *OLG Hamm* FamRZ 99, 41; zur Anfechtung der Bestellung: *OLG Brandenburg, Karlsruhe, Dresden u. KG* FamRZ 2000, 1295-1298; zur Vergütung: *KG u. BayObLG* FamRZ 2000, 1300, 1301.

23 *OLG Bamberg* FamRZ 93, 726.

24 *BGH* FamRZ 87, 56; 88, 54.

25 *BVerfG* NJW 94, 1208.

26 *OLG Köln* FamRZ 99, 530: auch nichtehelicher Vater.

27 *BVerfG* NJW 81, 217: § 50b FGG ist verfassungsgemäß; zum Kindeswohl *BGH* NJW 85, 1702; *BayObLG* FamRZ 97, 223; *OLG Frankfurt* FamRZ 97, 570; *OLG Zweibrücken u. KG* FamRZ 99, 246, 617: schon Kleinkind ab 3 Jahren; *OLG Zweibrücken* FamRZ 97, 687 u. *OLG Frankfurt* FamRZ 99, 247: 5-jähriges Kind; *OLG Karlsruhe* FamRZ 97, 688: Protokoll nötig; *OLG Köln* FamRZ 97, 1549: Maßstab Kindeswohl; ferner *OLG München* FamRZ 97, 45: vielleicht auch Lehrer und Hausarzt.

langt, in Abwesenheit der Eltern und ihrer Vertreter anhören, muss ihnen aber das Ergebnis mitteilen und rechtliches Gehör gewähren[28]. In der Regel muss er selbst das Kind anhören; die Anhörung durch Rechtshilfe genügt nicht[29]. Gegebenenfalls ist auch die Pflegeperson zu hören (§ 50c FGG)

Schließlich ist das **Jugendamt zu hören** (§ 49a FGG). Wohnen die Eltern an verschiedenen Orten, oder halten Kinder sich an anderen Orten auf, sind alle zuständigen Jugendämter zu hören[30].

1699 Mit der Anhörung des Jugendamts hat das Familiengericht seine Ermittlungspflicht noch nicht in jedem Fall erfüllt; wenn nötig, muss es weiter forschen[31] und z.B. einen psychologischen Sachverständigen befragen.

Rechtlich haben die Eltern wenig Einfluss. Weder können sie das Familiengericht zu bestimmten Ermittlungen zwingen noch von unangenehmen Ermittlungen abhalten. Ihre „Beweisanträge" sind nur unverbindliche Anregungen.

Die Amtsermittlung ist an keine festen Regeln über Beweismittel und Beweisverfahren gebunden, sondern lässt dem Richter freie Hand; er darf formlos ermitteln, z.B. mündliche oder schriftliche Auskünfte einholen. Nur wenn er Zeugen oder Sachverständige vernimmt, muss er sich an die ZPO halten (§ 15 I FGG). Wichtigstes Beweismittel ist das **familienpsychologische Sachverständigengutachten** (RN 1099)[32], das der Zustimmung der Eltern bedarf, die weder erzwungen noch ersetzt werden kann[33]. Der Bericht des Jugendamts ist für sich allein in aller Regel keine ausreichende Grundlage für die Entscheidung[34]. Besonders gründlich ist zu ermitteln, wenn die elterliche Sorge einem Vormund oder Pfleger übertragen werden soll[35].

6. Schriftliches Verfahren

1700 Das Familiengericht gestaltet das Verfahren frei. Das Gesetz verlangt keine mündliche Verhandlung, die Bedeutung der elterlichen Sorge verlangt sie gleichwohl. Wird mündlich verhandelt, dann nichtöffentlich (§ 170 S. 1 GVG).

Entscheidungsgrundlage ist der gesamte Akteninhalt, jedoch muss das Familiengericht den Beteiligten dazu rechtliches Gehör gewähren. Es darf seine Entscheidung nur auf diejenigen Tatsachen und Beweise stützen, zu denen sich die Beteiligten haben äußern können. Auf der anderen Seite darf es das Vorbringen der Beteiligten nicht als verspätet

---

28 *BGH* FamRZ 86, 895.
29 *BGH* NJW 85, 1702: Anhörung durch beauftragten Richter des Beschwerdegerichts.
30 *OLG Hamm* FamRZ 66, 453; *OLG Schleswig* FamRZ 94, 1129: gegen Jugendamt keine Zwangsmittel nach § 33 FGG.
31 *OLG München* FamRZ 79, 70.
32 *BGH* NJW 94, 312: aber nicht zwecks Therapie oder Vermittlung einer Einigung; *OLG Zweibrücken* FamRZ 99, 521: nur mit Zustimmung des Sorgeberechtigten oder deren Ersetzung nach § 1666; *OLG Koblenz* FamRZ 2000, 1233: kein Zwangsmittel.
33 *OLG Frankfurt* FamRZ 2001, 638.
34 *OLG Oldenburg* FamRZ 92, 192; *OLG Köln* FamRZ 95, 1593.
35 *BVerfG* NJW 94, 1208: schon für vorl. Maßnahme.

zurückweisen; § 296 ist nicht anwendbar, und im FGG findet sich keine Rechtsgrundlage.

7. Entscheidung

Das Familiengericht regelt die elterliche Sorge durch rechtsgestaltenden **Beschluss**, den es schriftlich begründen muss[36]. Die **Kostenentscheidung** folgt aus § 94 KostO, § 13a FGG, denn § 93a gilt nur im Scheidungsverbund[37]. Der **Kostenstreitwert** richtet sich nach §§ 94, 30 II KostO[38]. **1701**

Der Sorgerechtsbeschluss wird mit **formloser Mitteilung** wirksam (§ 16 I FGG). Diese richtet sich nach § 329 II ZPO, weil § 16 II, III FGG ausgeschlossen ist (§ 621a I 2)[39]. Die Mitteilung erhält **jeder, der Rechtsmittel einlegen darf**. Das ist nach § 57 I Nr. 9 FGG an sich jeder, der ein „berechtigtes Interesse" hat. Weil dieser Personenkreis groß ist und schwer zu fassen, wird er für diejenigen Entscheidungen, die der befristeten Beschwerde unterliegen, begrenzt, damit die Entscheidung auch rechtskräftig werden kann (§§ 57 II, 64 III 3 FGG). Danach bleiben als **Beschwerdeberechtigte** nur noch diejenigen übrig, „deren Recht durch die Verfügung beeinträchtigt ist" (§ 20 FGG). Dies sind: **1702**

(a) derjenige Elternteil, dessen Sorgerecht verkürzt wird;
(b) das Kind, welches das 14. Lebensjahr vollendet hat (§ 59 I, III FGG)[40];
(c) das zuständige Jugendamt (§ 64 III 3 Hs. 2 FGG)[41];
(d) nicht Pflegeeltern gegen Entscheidung über elterliche Sorge (*BGH* FamRZ 2000, 219).

8. Rechtsmittel

Der Beschwerdeberechtigte (RN 1702) darf die Entscheidung des Familiengerichts[42] mit befristeter Beschwerde zum OLG/Familiensenat anfechten (§ 621e I). Eine Rechtsmittelbelehrung ist nicht vorgeschrieben, die Beschwerdefrist beginnt stets mit Mitteilung der Entscheidung[43]. Einen Anwalt braucht er dazu nicht (§ 78 II 1 Nr. 3)[44]. Die Entscheidung des Beschwerdegerichts ist mit Rechtsbeschwerde anfechtbar (§ 621e II u. § 26 Nr. 9 EGZPO). **1703**

---

36 *OLG München* FamRZ 99, 520.
37 *OLG Karlsruhe* FamRZ 78, 732: sofortige Beschwerde nach § 20a II FGG; *BGH* 28, 117: gilt auch nach Rücknahme eines Rechtsmittels.
38 *OLG Celle* FamRZ 96, 1559: Gericht bestimmt Kostenschuldner, auch für gerichtl. Auslagen gem. § 94 III 2 KostO nach billigem Ermessen; a.A. *OLG Hamm* FamRZ 96, 1557, 1558; zur Frage wer Kosten eines Sachverständigengutachtens trägt: *BayObLG* FamRZ 98, 37; *OLG Stuttgart* FamRZ 98, 40; *OLG Hamm* FamRZ 96, 1557.
39 *BGH* FamRZ 2000, 813: Anhörung nach § 50a FGG ist keine mündliche Verhandlung und Zustellung nicht nötig, da Entscheidung nicht vollstreckbar; *OLG Bamberg* FamRZ 99, 938.
40 *BayObLG* FamRZ 97, 954: gegen Ablehnung Antrag, dem Vater Aufenthaltsbestimmungsrecht zu entziehen.
41 *BGH* FamRZ 88, 54: nicht ein Verein zur Förderung von Kindesinteressen.
42 Nur Endentscheidung, nicht einstweilige Anordnung oder Vollstreckungsmaßnahme: *BGH* 72, 169; NJW 79, 820; 83, 2775.
43 *BGH* FamRZ 2000, 813: auch telefonische Mitteilung; ferner *BGH* FamRZ 99, 1585: Beschwerde verzichtbar, auch vertraglich.
44 *BGH* NJW 78, 1165; a.A. *OLG München* FamRZ 86, 85.

9. Vollstreckung

1704 Die gerichtliche Regelung der elterlichen Sorge ist Rechtsgestaltung, die unmittelbar die Rechtslage ändert und deshalb keiner Vollstreckung bedarf.

Gibt derjenige Elternteil, der die elterliche Sorge nicht (mehr) hat, das Kind nicht heraus, kann der sorgeberechtigte Elternteil nicht schon mit dem Sorgerechtsbeschluss nach § 33 II FGG die Herausgabe des Kindes erzwingen, sondern braucht dazu einen besonderen Herausgabetitel nach § 1632 III BGB, und sei es nur eine einstweilige Anordnung des Familiengerichts[45].

10. Prozessstillstand

1705 Der Tod eines Beteiligten unterbricht das Verfahren nicht. Stirbt einer von zwei sorgeberechtigten Eltern, stellt das Familiengericht fest, dass die elterliche Sorge dem anderen zustehe (§ 1681 I 1 BGB). Stirbt der allein Sorgeberechtigte, muss das Familiengericht die elterliche Sorge ohnehin neu regeln (§ 1681 I 2 BGB). Die Hauptsache ist freilich erledigt, wenn das Kind stirbt oder volljährig wird; dem Familiengericht bleibt nur noch die Kostenentscheidung nach § 13a FGG.

11. Vorläufiger Rechtsschutz

1706 Sobald und solange eine **Ehesache** (§ 606 I 1 ZPO) oder auch nur ein Antrag auf Prozesskostenhilfe für eine Ehesache **anhängig** ist (§ 620a II ZPO), gibt es auch für die elterliche Sorge vorläufigen Rechtsschutz nur durch **einstweilige Anordnung nach §§ 620 S. 1 (Nr. 1) – 620g ZPO** (RN 1757 ff.)[46]. Das isolierte Sorgerechtsverfahren, etwa nach § 1671 BGB bleibt daneben zulässig, denn es ist ein Verfahren in der Hauptsache[47]; ausgeschlossen ist nur die vorläufige Anordnung nach dem FGG.

1707 Solange **noch keine Ehesache anhängig** ist, gilt nur das **FGG**. Da es keinen vorläufigen Rechtsschutz kennt (Ausnahme: § 52 III FGG), hat die Rechtsprechung die **vorläufige Anordnung** entwickelt, die mit §§ 620 ff. ZPO nichts zu tun hat[48]. Ihre Voraussetzungen sind streng, weil man der Entscheidung über die elterliche Sorge nicht ohne Not in einem „summarischen" Verfahren vorgreifen darf[49]. Es sind deren zwei: die **Anhängigkeit eines selbständigen Verfahrens zur elterlichen Sorge**, etwa nach § 1666, 1671 oder § 1696 BGB, und das **dringende Bedürfnis nach einer vorläufigen Regelung zum Wohl des Kindes**, das gefährdet würde, wenn man die Entscheidung in der Hauptsache abwarten müsste[50].

---

45 *OLG Hamm* FamRZ 79, 316; *OLG München* FamRZ 79, 317.
46 *OLG Hamm* NJW 82, 1108: zu § 620 S. 1 Nr. 5; *OLG Düsseldorf* FamRZ 87, 497: zu § 620 S. 1 Nr. 6; a.A. *OLG Frankfurt* FamRZ 83, 91; *OLG Karlsruhe* FamRZ 88, 1186.
47 *BGH* NJW 80, 454; 82, 2561; *KG* FamRZ 95, 629.
48 *BGH* NJW 79, 39; *OLG Zweibrücken* FamRZ 83, 1162; 89, 1108; *BayObLG* FamRZ 84, 933.
49 *BVerfG* NJW 94, 1208: gründliche Sachverhaltsermittlung.
50 *BayObLG* FamRZ 97, 387; *OLG München* FamRZ 99, 111 u. *OLG Köln* FamRZ 2000, 1240: Aufenthaltsbestimmungsrecht; *OLG Zweibrücken* FamRZ 89, 1108; 96, 234: Umgangsrecht; *OLG Karlsruhe* FamRZ 90, 304; 97, 44: Umgangsrecht; NJW-RR 92, 709.

Da die vorläufige Anordnung keine Entscheidung in der Hauptsache ist, wird sie nicht mit befristeter Beschwerde nach § 621e ZPO, sondern mit **Beschwerde nach § 19 FGG** angefochten[51]. Und sie erlischt von selbst, sobald das Familiengericht in der Hauptsache entscheidet[52]. **1708**

2. Kapitel
FG-Familiensache
„Regelung des Umgangs mit dem Kind"

1. Begriff

Familiensache ist nach **§ 621 I Nr. 2** die Regelung des Umgangs mit einem Kind, soweit das BGB sie dem Familiengericht zuweist. Auch diese Definition ist unsinnig, weil das BGB mit dem **KindRG** ab 1.7.1998 **alle gesetzlichen Umgangsregelungen** dem Familiengericht zuweist, nicht nur den Umgang mit dem ehelichen Kind, sondern auch den Umgang mit dem nichtehelichen Kind (§ 1684 I, III, IV BGB) und nicht nur den Umgang des Kindes mit seinen Eltern, sondern auch mit Geschwistern, Großeltern und anderen Personen, zu denen das Kind eine Beziehung hat (§ 1685 mit § 1684 III, IV BGB). **1709**

Familiensachen sind auch die Änderung einer gerichtlichen Umgangsregelung (§ 1696 BGB) und der Vollzug der Umgangsregelung durch ein anderes Gericht nach § 33 FGG[53].

2. Zuständigkeit und Verfahren

Die Zuständigkeit ist die gleiche wie für die elterliche Sorge (RN 1686 ff.)[54]. **1710**

Nach §§ 1684, 1685 BGB kann das Familiengericht den Umgang ohne Antrag von sich aus regeln. Das wird es aber solange nicht tun, als die Eltern und sonstigen Umgangsberechtigten sich über den Umgang einig sind, ohne dem Kind schwer zu schaden. Der „Antrag", der das Verfahren meist einleitet, ist kein Sachantrag, der das Familiengericht bindet, sondern nur ein unverbindlicher Anstoß zur gerichtlichen Umgangsregelung.

Beteiligt sind: der Elternteil oder sonstige Umgangsberechtigte, der eine Umgangsregelung wünscht, diejenige Person, die das Kind betreut, also meistens der andere Elternteil, aber auch ein Dritter, wenn sich das Kind bei Pflege- oder Großeltern ständig aufhält, außerdem das Kind und das Jugendamt, die alle anzuhören sind (§§ 49a-50c FGG).

Für **Entscheidung, Rechtsmittel** und **vorläufigen Rechtsschutz** gilt weitgehend das gleiche wie zur elterlichen Sorge (RN 1701 ff.). Das Familiengericht darf in aller Regel

---

51 *BGH* 72, 169; NJW 79, 820; 83, 2775; *OLG Karlsruhe* FamRZ 98, 568; *OLG Köln* FamRZ 2000, 1240.
52 *OLG Karlsruhe* FamRZ 98, 568: Beschwerde wird unzulässig.
53 *BGH* NJW 78, 1112; ferner *OLG Zweibrücken* FamRZ 97, 32: Streit über Transportkosten für vereinbarten Umgang.
54 *BGH* FamRZ 86, 789.

den Antrag eines Elternteils nicht lediglich ablehnen und die Eltern samt Kind sich selbst überlassen, sondern muss entweder den Umgang näher regeln oder aber ausschließen[55].

Art. 2, 20 III GG verpflichten das Gericht, rasch zu entscheiden, damit das Kind dem anderen Elternteil nicht entfremdet werde[56].

3. Gerichtliche Vermittlung im Umgangsstreit

1711 Rechtsgrundlage ist **§ 52a FGG**. Macht ein Elternteil geltend, der andere erschwere oder vereitle die **Durchführung einer gerichtlichen Umgangsregelung**, so vermittelt das Familiengericht auf Antrag eines Elternteils zwischen den streitenden Eltern (I 1). Ablehnen darf es die Vermittlung nur, wenn bereits ein Vermittlungsverfahren oder die anschließende außergerichtliche Beratung gescheitert ist (I 2). Ob die Vermittlung nach § 52a FGG einer Vollziehung der gerichtlichen Umgangsregelung vorgeht, lässt das Gesetz offen[57].

Das Familiengericht bestimmt alsbald einen **Vermittlungstermin**, lädt die Eltern dazu, ordnet ihr persönliches Erscheinen an und bittet vielleicht auch das Jugendamt, am Termin teilzunehmen (II 1, 2, 4). Erzwingen kann es die Anwesenheit der Eltern nicht, warnt diese aber in der Ladung vor den Folgen einer erfolglosen Vermittlung (II 3 mit V). Im Vermittlungstermin erörtert das Gericht mit den Eltern, wie wichtig der Umgang für das Kind sei und warnt vor den Rechtsfolgen einer Erschwerung oder Vereitelung des Umgangs: Zwangsmittel nach § 33 FGG und Entziehung der elterlichen Sorge (III 1, 2). Zugleich informiert es die Eltern über Beratungsmöglichkeiten durch die Jugendhilfeträger (III 3).

Ziel der gerichtlichen Vermittlung ist eine **einverständliche Umgangsregelung**, die protokolliert wird (IV 1, 2). Weicht sie von einer gerichtlichen Regelung ab, ohne dass sie dem Wohl des Kindes widerspricht, wird sie als **Vergleich** protokolliert, der die gerichtliche Regelung ohne weiteres ersetzt (IV 3).

Scheitert der gerichtliche Vermittlungsversuch, sind die Streitpunkte im Protokoll festzuhalten (IV 4). Wenn sich die Eltern auch nicht auf eine anschließende außergerichtliche Beratung einigen können, stellt das Familiengericht durch **Beschluss** fest, dass die Vermittlung gescheitert ist (V 1). Zugleich prüft es, wie der erforderliche Umgang durchgesetzt werden kann: durch Zwangsmittel nach § 33 FGG, durch Änderung der Umgangsregelung oder durch Änderung der elterlichen Sorge (V 2).

Eröffnet das Gericht ein solches Verfahren von sich aus oder auf Antrag eines Elternteils, der binnen eines Monats gestellt wird, zählen die **Kosten** des Vermittlungsverfahrens zu den Kosten des anschließenden Verfahrens (V 3).

Gegen diese umfängliche Neuregelung durch das **KindRG** ist sachlich nichts einzuwenden. Gewissenhafte Familienrichter sind schon immer so verfahren. An der harten Realität verstockter Eltern wird sie wenig ändern.

---

55 *BGH* NJW 94, 312.
56 *BVerfG* NJW 97, 2811; 2001, 753; 2001, 961.
57 *OLG Zweibrücken* FamRZ 2000, 299: Vorrang der Vermittlung; *OLG Bamberg* FamRZ 2001, 169: kein Vorrang.

§ 52a IV 3 FGG behandelt die vereinbarte Umgangsregelung nur dann als Vergleich, **1712** wenn sie von einer gerichtlichen Umgangsregelung abweicht. Denn § 52a FGG regelt nur den Fall, dass eine gerichtliche Umgangsregelung angeblich von einem Elternteil erschwert oder vereitelt werde. Offen bleibt die Frage, ob die protokollierte Umgangsvereinbarung auch dann ein Vergleich sei, wenn sie nicht von einer gerichtlichen Umgangsregelung abweicht, weil es noch keine gibt. Vorsichtshalber wird das Familiengericht die **Umgangsvereinbarung durch Beschluss bestätigen**, um so einen sicheren Vollstreckungstitel für § 33 FGG zu schaffen[58].

4. Vollstreckung der gerichtlichen Umgangsregelung

4.1 Rechtsgrundlage

Breiten Raum nehmen in der Praxis die Anträge des umgangsberechtigten Elternteils ein, **1713** den Umgang durch Androhung und Festsetzung von Zwangsgeld gegen den widerborstigen Sorgeberechtigten zu erzwingen. Rechtsgrundlage ist im selbständigen Umgangsverfahren § 33 FGG[59]. Vollstreckungstitel ist eine gerichtliche Verfügung, die jemanden zur Vornahme, zur Duldung oder zur Unterlassung einer Handlung verpflichtet (I 1). Vollstreckungsmittel ist die Festsetzung von Zwangsgeld (I 1), die aber vorher angedroht werden muss (III 1). Soll eine Person herausgegeben werden, gibt es zusätzlich Zwangshaft (I 2) und unmittelbare Gewalt (II), die sich freilich nie gegen das Kind selbst richten darf (II 2)[60].

4.2 Vollstreckungstitel

Der **Beschluss**, mit dem das Familiengericht den persönlichen Umgang näher regelt, ge- **1714** staltet die Rechtslage und bedarf insofern keiner Vollstreckung. Freilich muss der personensorgeberechtigte Elternteil den Umgang ermöglichen, in dem er das Kind zu den festgelegten Zeiten bereithält und übergibt; das ist eine – höchstpersönliche – Handlung im Sinn des § 33 I 1 FGG[61]. Da sich die Gerichte nicht einig sind, ob schon die gerichtliche Festlegung von Ort und Zeit des Umgangs vollstreckbar ist[62], sollte das Familiengericht den Sorgeberechtigten stets ausdrücklich verpflichten, das Kind bereitzuhalten und zu übergeben[63]. Ohne Angabe von Ort und Zeit fehlt es überhaupt an einer vollstreckbaren Entscheidung[64].

Die **Vereinbarung der Eltern** über das Umgangsrecht ist, auch wenn sie vor dem Fami- **1715** liengericht geschlossen wird, für sich allein, sieht man von dem besonderen Fall des § 52a IV 3 FGG (RN 1711) ab, nicht vollstreckbar, denn § 794 I Nr. 1 ZPO ist hier nicht

---

58 So zum bisherigen Recht: *BGH* FamRZ 88, 277.
59 Dazu *BGH* NJW-RR 86, 1264; *Kuckuk* ZAP 91, 161.
60 Überholt: *OLG Hamburg* FamRZ 94, 1128: *OLG Celle* FamRZ 94, 1129.
61 *OLG Frankfurt* NJW 66, 258; *OLG Karlsruhe* FamRZ 88, 1197.
62 Ja: *KG* FamRZ 77, 405; *OLG Frankfurt* FamRZ 96, 876; *KG* FamRZ 99, 617; nein: *OLG Karlsruhe* FamRZ 84, 508; *OLG Bamberg* FamRZ 95, 428.
63 *BVerfG* NJW 71, 1447: kein Verstoß gegen Art. 6 GG.
64 *OLG Brandenburg* FamRZ 95, 484; *OLG Bamberg* FamRZ 98, 306: „alle 14 Tage" ohne Anfangstermin; *OLG Köln* FamRZ 99, 172: nur zeitlicher Umfang.

anwendbar, und § 33 I 1 FGG verlangt ausnahmslos eine gerichtliche Verfügung[65]. **Vollstreckbar ist erst der Beschluss, mit dem das Familiengericht die Vereinbarung der Eltern billigt und übernimmt**[66]. Fraglich ist, ob dies auch stillschweigend durch Androhung von Zwangsgeld möglich sei[67]. Eine Ausnahme macht neuerdings § 52a IV 3 FGG für den Fall, dass die Umgangsvereinbarung im Vermittlungsverfahren geschlossen wird und von einer gerichtlichen Umgangsregelung abweicht, denn das Gesetz bezeichnet sie als Vergleich, so dass auch § 794 I Nr. 1 ZPO anwendbar wird.

Dagegen lässt sich mangels gesetzlicher Grundlage ein Kontakt zwischen Kind und Elternteil zwecks Begutachtung nicht nach § 33 FGG erzwingen[68].

4.3 Androhung von Zwangsgeld

1716 Zweckmäßig droht das Familiengericht das Zwangsgeld schon in seinem Umgangsbeschluss an[69] und bezieht die Androhung ausdrücklich auf die Verpflichtung des Sorgeberechtigten, das Kind zu den bestimmten Zeiten bereitzuhalten und zu übergeben[70]. Die Androhung sollte das Zwangsgeld nicht unbesehen und pauschal bis zum Höchstbetrag von 50 000,– DM (§ 33 III 2 FGG) ausschöpfen, sondern einen realistischen Höchstbetrag nennen[71].

Einen besonderen Anlaß verlangt das Gesetz nicht; das Familiengericht droht Zwangsgeld nach seinem Ermessen an[72]. Jede Festsetzung eines Zwangsgeldes erfordert eine eigene Androhung, auch wenn dieselbe Handlung erzwungen werden soll[73].

Das Androhungsverfahren ist ein selbständiges Verfahren, nicht lediglich Teil der Umgangsregelung[74]. Da die Androhung von Zwangsgeld keine Endentscheidung im selbständigen Umgangsverfahren ist, sondern bereits zur Vollstreckung gehört, ist sie nicht mit befristeter Beschwerde nach § 621e ZPO anfechtbar, wohl aber mit **Beschwerde nach § 19 FGG**, denn sie greift bereits in die Rechte des Adressaten ein[75].

---

65 *OLG Karlsruhe* FamRZ 88, 1197, *OLG Zweibrücken* FamRZ 96, 877.

66 *OLG Frankfurt* FamRZ 96, 876: auch ohne ausdrückliche Verpflichtung zum Bereithalten und Übergeben; *OLG Koblenz* FamRZ 96, 560: auch ohne Regelung von Abholen und Zurückbringen, da Sache des Umgangsberechtigten; *OLG München* FamRZ 99, 522: auch nachträglich; *OLG Karlsruhe* FamRZ 99, 325: nur im anhängigen Verfahren.

67 Dazu *OLG Zweibrücken* FamRZ 82, 429; *OLG Karlsruhe* FamRZ 88, 1197; *OLG Hamm* FamRZ 99, 1095.

68 *OLG Karlsruhe* FamRZ 93, 1479; *OLG Koblenz* FamRZ 2000, 1233.

69 *BayObLG* MDR 71, 144: im Tenor.

70 *OLG Düsseldorf* FamRZ 78, 619; *OLG Stuttgart* FamRZ 79, 342; *OLG Zweibrücken* FamRZ 84, 508; aber auch *OLG Karlsruhe* FamRZ 88, 1196: auch noch längere Zeit später möglich.

71 *BGH* FamRZ 73, 622: damalige Höchstgrenze von 1000,– DM nicht beanstandet, da später auch festgesetzt; a.A. *BayObLG* FamRZ 96, 878: Androhung bis 50 000,– DM zulässig.

72 *OLG Zweibrücken* FamRZ 99, 173; *OLG Brandenburg* FamRZ 2001, 34.

73 *BayObLG* FamRZ 77, 204; *OLG Frankfurt* FamRZ 80, 933; *OLG Düsseldorf* FamRZ 93, 1349.

74 *BGH* FamRZ 73, 623; *BayObLG* FamRZ 84, 198: aber enger Zusammenhang.

75 *BGH* NJW 79, 820; 81, 177; 83, 2778; 84, 2727; *OLG Stuttgart* FamRZ 99, 1094.

4.4 Festsetzung des Zwangsgeldes

Das Zwangsgeld des § 33 I FGG ist kein Ordnungsmittel für begangenes Unrecht, sondern ein **Beugemittel**, um den Sorgeberechtigten anzuhalten, den Umgang zu ermöglichen[76]. Danach richtet sich auch die Höhe des festzusetzenden Zwangsgeldes. **1717**

Streitig ist, ob die Festsetzung des Zwangsgeldes eine **schuldhafte Pflichtverletzung** voraussetzt. Das Gesetz sagt dazu nichts. Der Streit ist unverständlich, wenn man im Zwangsgeld ein reines Beugemittel sieht und es mit dem Zwangsgeld des § 888 ZPO vergleicht, das unstreitig kein Verschulden voraussetzt, sondern sich damit begnügt, dass der Schuldner die geschuldete Handlung nicht vornimmt. Die Rechtsprechung weicht aus und will alle Umstände, auch das Verschulden angemessen berücksichtigen[77], oder aber sie verlangt ohne jede Begründung ein Verschulden[78]. Das ist jedoch nur für die Vollstreckung von Unterlassungspflichten richtig, für die § 33 I FGG gleichfalls gilt. Es muss möglich sein, den Personensorgeberechtigten auch ohne schuldhafte Pflichtverletzung zur Pflichterfüllung anzuhalten.

Fraglich ist auch, wann die Festsetzung von Zwangsgeld unzulässig ist. Als reines Beugemittel ist sie sicherlich dann **unzulässig, wenn** ihr **Zweck schon erreicht oder** aber schlechthin **unerreichbar** ist. **1718**

> Ein 14jähriger weigert sich allen Bemühungen der Mutter zum Trotz, die Großeltern (oder den Vater) zu besuchen (*BayObLG* FamRZ 84, 197). **Beispiele**
>
> Der Mutter gelingt es auch nicht durch ernsthaftes Zureden vor dem Familiengericht, einen 12jährigen zu bewegen, mit dem Vater zu gehen (*OLG Zweibrücken* FamRZ 84, 508).
>
> Auf der anderen Seite sollte der sorgeberechtigte Elternteil in der Regel imstande sein, einem jüngeren Kind den Besuch beim anderen Elternteil schmackhaft zu machen (*OLG Zweibrücken* FamRZ 87, 90: 9 Jahre, Mutter Pädagogin; *OLG Frankfurt* FamRZ 94, 58: 10 Jahre).

Keinesfalls darf man den Vollstreckungstitel selbst, also die gerichtliche Umgangsregelung im Vollstreckungsverfahren noch in Frage stellen, sondern muss dies einem Abänderungsverfahren nach § 1696 BGB überlassen. Das ist zwar auch die einhellige Meinung der Rechtsprechung[79], entpuppt sich aber als Lippenbekenntnis, weil dann doch geprüft wird, ob die vollstreckbare Umgangsregelung immer noch dem Kindeswohl entspreche[80]. Diese Inkonsequenz schadet nur deshalb nicht, weil das Familiengericht für beides zuständig ist: für die Vollstreckung und die Änderung der Umgangsregelung. **1719**

---

76 *BGH* FamRZ 73, 622; *OLG Celle* FamRZ 99, 173; *OLG Karlsruhe* FamRZ 98, 1131.
77 *BGH* FamRZ 73, 623.
78 *OLG Karlsruhe* FamRZ 96, 1094; *OLG Celle* FamRZ 98, 1130; 99, 173.
79 *BayObLG* FamRZ 84, 198; *OLG Karlsruhe* FamRZ 81, 203; *OLG Zweibrücken* FamRZ 87, 90; *OLG Düsseldorf* FamRZ 93, 1349.
80 *OLG Karlsruhe* FamRZ 81, 203; *OLG Zweibrücken* FamRZ 87, 90; 96, 877; *OLG Düsseldorf* FamRZ 93, 1349; konsequent nur: *OLG Hamburg* FamRZ 96, 1093.

Auch im Verfahren nach § 33 FGG ermittelt das Familiengericht von Amts wegen (§ 12 FGG) und hört Eltern und Kind an (§§ 50a ff. FGG)[81].

3. Kapitel
FG-Familiensache
„Herausgabe des Kindes"

1720   Familiensache ist nach § 621 I Nr. 3 ZPO nicht mehr nur die Herausgabe des Kindes an den anderen Elternteil, sondern jede Herausgabe des Kindes, für das die elterliche Sorge besteht (§ 1632 III BGB). Das gilt auch für die Vollstreckbarerklärung einer entsprechenden ausländischen Herausgabeanordnung[82].

Das Herausgabeverfahren beginnt nur auf **Antrag** des personensorgeberechtigten Elternteils (§ 1632 III BGB), weil er allein den Aufenthalt des Kindes bestimmt. Im Übrigen gleicht das Verfahren dem Sorgerechtsverfahren (RN 1686 ff.).

Vollzogen wird die Herausgabeanordnung nach § 33 FGG mit Zwangsgeld (I 1, III), Zwangshaft (I 2) und „als ultima ratio" mit unmittelbarem Zwang, der sich aber nicht gegen das Kind richten darf (II)[83].

Das Elterngrundrecht (Art. 6 II 1 GG) wird verletzt, wenn das Familiengericht ohne den Nachweis eigener Sachkunde die Herausnahme des Kindes aus der Pflegefamilie ablehnt, obwohl der Sachverständige sie für dringend erforderlich erklärt[84].

---

81 *BayObLG* FamRZ 84, 197; *KG* FamRZ 97, 109.
82 *BGH* 88, 113.
83 Überholt *OLG Hamburg* FamRZ 94, 1128; *OLG Celle* FamRZ 94, 1129.
84 *BVerfG* FamRZ 99, 1417.

25. Teil
Die Scheidung im Verbund mit Folgesachen

1. Kapitel
Begriff, Zweck und Entstehung des Verbundes

1. Begriff des Verbundes

Der Scheidungsverbund ist die gesetzliche Verbindung der Scheidung mit Folgesachen **1721**
(§ 623 I 1). Folgesachen sind diejenigen „anderen Familiensachen" des § 621 I, II, die
während des Scheidungsverfahrens in erster Instanz anhängig werden und für den Fall
der Scheidung zu entscheiden sind (§ 623 I 1, II, IV)[1].

Man muss deshalb unterscheiden zwischen Familiensachen, die das Getrenntleben der
Ehegatten bis zur Scheidung, und Familiensachen, die erst die Folgen der Scheidung regeln sollen. Zu welcher Gruppe eine Familiensache gehört, richtet sich nach dem Antrag
des Ehegatten, der die Regelung begehrt (§ 623 I 1).

Folgesachen sind:

- **nachehelicher Unterhalt** des geschiedenen Ehegatten nach §§ 1569 ff. BGB ein- **1722**
  schließlich **Stufenklage**[2] und **Abänderungsklage**[3], jedoch nicht die isolierte Auskunftsklage[4];
- **Kindesunterhalt** (§ 623 I 1 mit § 621 II Nr. 4 und § 1629 III BGB);
- **Zugewinnausgleich** nach § 1378 BGB einschließlich **Stufenklage**[5], nicht die isolierte Auskunftsklage[6], wohl aber die Widerklage auf Auskunft gegen die Zugewinn-
  ausgleichsklage[7] sowie die Abwicklung der Gütergemeinschaft nach § 1478 BGB[8];
- **Benutzung der Ehewohnung und Verteilung des Hausrats** nach § 1 HausratsVO;
- **öffentlichrechtlicher Versorgungsausgleich** nach § 1587b I, II BGB u. §§ 1, 3b
  VAHRG;
- **elterliche Sorge, Umgang mit dem Kind und Herausgabe des Kindes** nach
  §§ 1666, 1671, 1684, 1632 BGB mit § 623 II, III ZPO für die Zeit nach der Scheidung (§ 623 II, III).

---

1 *BGH* FamRZ 96, 543; zu den Einzelheiten des Scheidungsverbunds: *Friederici* ZAP, Fach 11
  S. 555.
2 *BGH* NJW 82, 1645.
3 *BGH* FamRZ 80, 1099.
4 *BGH* FamRZ 97, 811 u. *OLG* Hamm FamRZ 93, 98; 96, 736.
5 *BGH* NJW 79, 1604; 97, 2176.
6 *BGH* NJW 97, 2176; *KG* FamRZ 2000, 1292.
7 *OLG Zweibrücken* FamRZ 96, 749.
8 *BGH* 84, 333.

Keine Folgesachen sind:

1723
- **Trennungsunterhalt** nach § 1361 BGB[9];
- **vorzeitiger Zugewinnausgleich** nach § 1385 BGB;
- **Benutzung der Ehewohnung und Hausratsteilung während des Getrenntlebens** nach §§ 1361a, 1361b BGB;
- **schuldrechtlicher Versorgungsausgleich**, der nach § 1587g I 2 BGB erst im Versorgungsfall und nach der Scheidung fällig wird;
- **elterliche Sorge, Umgang mit und Herausgabe des Kindes für die Zeit des Getrenntlebens** nach §§ 1671, 1684, 1632 BGB.

Familiensachen, die keine Folgesachen sind, muss man selbständig nach ihren eigenen Regeln verfolgen. Anträge, die zu Unrecht im Scheidungsverfahren gestellt werden, sind nicht als unzulässig abzuweisen, sondern nach § 145 abzutrennen und selbständig weiterzuführen[10].

2. Zweck des Verbundes

1724
Der Verbund zwingt die Ehegatten, die Folgesachen zusammen mit der Scheidung und nicht erst Jahre später abzuwickeln. Denn die Scheidung allein setzt die Ehe noch lange nicht auseinander. Der Verbund verfolgt einen psychologischen, einen moralischen und einen praktischen Zweck. Psychologisch hält er den Ehegatten vor Augen, welchen Rattenschwanz von Rechtsfolgen für elterliche Sorge, Unterhalt, Altersversorgung, Güterstand, Ehewohnung und Hausrat die Scheidung hinter sich herzieht. Moralisch will er den Ehegatten mit den härteren Fäusten daran hindern, die Scheidung durchzuboxen, um sich dann vor der Abwicklung der Folgesachen zu drücken. Praktisch konzentriert der Verbund alle Folgesachen beim Scheidungsgericht und macht aus vielen Einzelprozessen einen einzigen Prozess (§ 623). Der Verbund ist auch billiger als die Summe der Einzelprozesse, denn die Einzelstreitwerte werden zum Gesamtstreitwert addiert (§ 19a GKG), so dass die Gebührendegression wirksam wird.

3. Entstehung des Verbundes

3.1 Auf Antrag oder von Amts wegen

1725
Der Verbund zwischen Scheidung und Folgesache entsteht dadurch, dass ein Ehegatte im Scheidungsverfahren rechtzeitig eine „andere Familiensache" für den Fall der Scheidung anhängig macht (§ 623 I 1, IV). Einzige Ausnahme ist **der öffentlichrechtliche Versorgungsausgleich**, denn er **fällt** nach § 623 I 3 **ohne Antrag von selbst in den Verbund**. Ein förmlicher Gerichtsbeschluss ist auch hier nicht nötig; es genügt, dass das Gericht sich erkennbar mit dem Versorgungsausgleich befasst[11].

---

9 *BGH* NJW 82, 1988: Vorsorgeunterhalt ab Scheidungsantrag.
10 *BGH* NJW 97, 2176.
11 *BGH* NJW 92, 3293.

Den bisherigen **Zwangsverbund zwischen elterlicher Sorge und Scheidung beseitigt das KindRG zum 1.7.1998**. Der Gesetzgeber erwartet, dass die Ehegatten im Scheidungsverfahren seltener über die elterliche Sorge streiten werden, wenn das Gericht sich nicht mehr ungefragt einmischen darf. Deshalb fällt die elterliche Sorge nur noch dann in den Verbund, wenn ein Ehegatte sie rechtzeitig nach § 1671 oder § 1666 BGB zur Entscheidung stellt (§ 623 II Nr. 1, III 1). Aber selbst dann ist der Verbund geradezu unerwünscht, denn **nach § 623 II 2 trennt das Gericht die elterliche Sorge auf bloßen Antrag eines Elternteils von der Scheidung ab**[12] **und führt sie als selbständige Familiensache fort**. Für die beantragte Umgangsregelung oder Herausgabe des Kindes gilt das Gleiche. Nach § 623 III 2 darf das Gericht sogar das Sorgeverfahren wegen Gefährdung des Kindeswohls (§ 1666 BGB) von der Scheidung abtrennen[13].

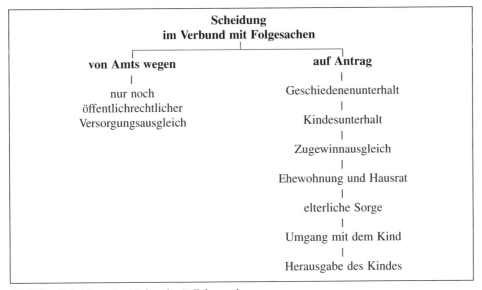

Bild 22: *Scheidung im Verbund mit Folgesachen*

3.2 Rechtzeitiger Antrag

Mit Ausnahme des öffentlichrechtlichen Versorgungsausgleichs muss jede andere Folgesache von einem Ehegatten rechtzeitig geltendgemacht werden. Rechtzeitig heißt nach § 623 IV 1: **bis zum Schluss der mündlichen Verhandlung vor dem Scheidungsgericht in erster Instanz**[14]. Wenn ein Ehegatte im ersten Scheidungstermin erstmals eine Folgesache beantragt, muss das Scheidungsgericht die Verhandlung vertagen und der Partei Gelegenheit geben, ihren Antrag durch Anwaltsschriftsatz zu begründen[15]. **1726**

---

12 *OLG Düsseldorf* FamRZ 2000, 842: kein Ermessen; a.A. *OLG Bamberg* FamRZ 99, 1434: wenn schon Sorgerechtsregelung für Getrenntleben besteht.
13 Dazu *OLG Stuttgart* FamRZ 2001, 166.
14 *OLG München u. OLG Brandenburg* FamRZ 2000, 166, 1291: Antrag nach § 1671 fällt in Verbund, wenn nach Eingang Scheidungsantrag gestellt.
15 *BGH* NJW 87, 3264.

3.3 Dritte im Verbund

Ist an der Unterhaltsklage oder an der Klage aus dem ehelichen Güterrecht ein Dritter beteiligt, trennt das Scheidungsgericht diese Folgesache ab (§ 623 I 2) und führt sie selbständig fort[16]. Am Versorgungsausgleich hingegen sind die Versorgungsträger zwangsläufig auch im Verbund beteiligt.

2. Kapitel
Zuständigkeit und Verfahren

1. Zuständigkeit

1727 Zuständig ist das Scheidungsgericht[17]. Sobald beim zuständigen Familiengericht (§ 606) ein Scheidungsantrag anhängig ist, konzentrieren sich dort auch alle „anderen Familiensachen" dieser Ehegatten. Entweder macht sie ein Ehegatte bereits beim Scheidungsgericht anhängig (§ 621 II), oder ein anderer Familienrichter gibt sie an das Scheidungsgericht ab (§ 623 V ZPO; § 64 II FGG; § 11 III HausratsVO). Die Folgesachen fallen in den Verbund, die anderen Familiensachen werden selbständig außerhalb des Verbundes geregelt. Die Folgesache darf nur solange an das Scheidungsgericht abgegeben werden, als sie noch in der ersten Instanz ist[18].

2. Parteien und Beteiligte

1728 Parteien des Scheidungsverbundes sind die Ehegatten, beteiligt aber auch alle diejenigen, die an einer Folgesache mitwirken, freilich beschränkt auf diese Folgesache (§ 624 IV).

Minderjährige eheliche Kinder sind nur am Verfahren über die elterliche Sorge förmlich beteiligt. Damit ihr Unterhalt gleichwohl im Verbund geregelt werden kann, darf der betreuende Elternteil ihn im eigenen Namen gegen den anderen Elternteil einklagen (§ 1629 III BGB). Das ist eine gesetzliche Prozessstandschaft (RN 1458). Unterhaltsvergleich und Unterhaltsurteil wirken deshalb auch für und gegen das Kind. Wird das Kind jedoch während des Rechtsstreits volljährig, endet die elterliche Prozessstandschaft (RN 1462), das volljährige Kind wird selbst Kläger und die Unterhaltsklage ist nach § 623 I 2 abzutrennen[19].

1729 **Die Ehegatten brauchen** im Verbund für Scheidung und alle Folgesachen **einen Anwalt** (§ 78 II 1 Nr. 1), auch wenn die Folgesache im selbständigen Verfahren anwaltsfrei ist[20].

---

16 *BGH* FamRZ 85, 471.
17 Zur internationalen Zuständigkeit: *BGH* 75, 244; 89, 325: Haager Minderj. Schutzabkommen.
18 *BGH* NJW 86, 2058: Instanz endet mit abschließender Entscheidung.
19 *BGH* NJW 85, 1347.
20 *BGH* NJW 79, 766; 82, 2386; 91, 1743; FamRZ 98, 1505: auch noch nach Rechtskraft der Scheidung.

Die Scheidungsvollmacht erstreckt sich auf die Folgesachen (§ 624 I). Nimmt sich der beklagte Ehegatte keinen Anwalt, kann das Familiengericht ihm für das Scheidungsverfahren und die elterliche Sorge einen beiordnen (§ 625).

Dritte Beteiligte wie **Jugendamt und Versorgungsträger brauchen keinen Anwalt** (§ 78 II 1 Nr. 3).

3. Verfahrensart

Der Scheidungsverbund ist zwar ein einziger, aber kein einheitlicher Prozess. Vielmehr prozessiert das Familiengericht auch hier nach verschiedenen Verfahrensordnungen. Das Scheidungsverfahren ist ein besonderer Zivilprozess (RN 1386). Unterhalt und Ansprüche aus dem ehelichen Güterrecht erledigt das Familiengericht im gewöhnlichen Zivilprozess (RN 1482, 1617). Alle anderen Folgesachen regelt es im Verfahren der freiwilligen Gerichtsbarkeit (RN 1620, 1636, 1686). **1730**

§ 624 III verweist zwar auf die Vorschriften über den Landgerichtsprozess, „soweit in diesem Titel nichts Besonderes bestimmt ist", ändert an der Verfahrensvielzahl aber nichts, sondern schließt nur die Vorschriften der §§ 495 ff. über den Amtsgerichtsprozess aus[21].

In erster Linie gelten die besonderen Vorschriften der **§§ 622-630** über Scheidungs- und Folgesachen, sodann die allgemeinen Vorschriften der **§§ 606-620g** über Ehesachen, schließlich die **Sonderregeln für die einzelnen Folgesachen** (RN 1443-1720). **1731**

Ein und denselben Prozess gleichzeitig nach verschiedenen Verfahrensordnungen zu führen, erfordert geradezu schizophrene Fähigkeiten. Denn es kommt vor, dass ein und dieselbe Tatsache nach der einen Verfahrensordnung von den Parteien vorzutragen, nach der anderen Verfahrensordnung von Amts wegen zu ermitteln ist. Der Widerspruch ist unauflösbar. Die Praxis kann sich nur so helfen, dass sie von Amts wegen ermittelt und das Ergebnis auch in den ZPO-Folgesachen verwertet.

4. Verfahrensbeginn

Der Scheidungsverbund beginnt mit dem Scheidungsantrag (§ 622). Die Folgesache Versorgungsausgleich eröffnet das Scheidungsgericht von sich aus (§ 623 I 3). Die übrigen Folgesachen fallen erst dann in den Verbund, wenn ein Ehegatte sie mit Klage oder Antrag anhängig macht. **1732**

Die Prozesskostenhilfe für das Scheidungsverfahren erstreckt sich auf die Folgesache Versorgungsausgleich, wenn sie nicht ausdrücklich ausgenommen wird (§ 624 II)[22].

---

21 *OLG Karlsruhe* FamRZ 84, 495.
22 *OLG Hamburg* FamRZ 81, 581: Erfolgsaussicht ist gleichwohl zu prüfen; *OLG Bamberg* JurBüro 82, 615 u. *OLG Schleswig* JurBüro 85, 607: nur anhängige Folgesachen; *OLG Bamberg* JurBüro 86, 236: alle Folgesachen, wenn PKH zurückwirkt: *Diederichsen* NJW 86, 1462: für Vergleich sei PKH extra zu bewilligen.

5. Terminsvorbereitung

1733 Im Scheidungsverbund empfiehlt sich immer dann eine schriftliche Terminsvorbereitung, wenn Unterhalt, Zugewinn- oder Versorgungsausgleich zu regeln sind, denn dies kostet Zeit. Ein schriftliches Vorverfahren mit Klageerwiderungs- und Replikfristen nach §§ 276, 277 gibt es hier allerdings nicht. Weil das Familiengericht alle Verbundsachen in einem Urteil entscheiden soll (§ 623 I 1), sind die allgemeinen Regeln der §§ 276, 277, 296 I auch in den ZPO-Familiensachen ausgeschlossen.

Im Übrigen ist die mündliche Verhandlung so vorzubereiten, dass nicht nur die Scheidung, sondern auch alle Folgesachen entscheidungsreif werden. Was dazu nötig ist, richtet sich nach den einzelnen Folgesachen. So muss das Familiengericht auch alle diejenigen zum Termin laden, die es nach den einschlägigen Vorschriften des FGG und der HausratsVO anhören muss.

Hilfsansprüche auf Auskunft für Unterhalt, Zugewinn- und Versorgungsausgleich sind vorweg durch Teilurteil oder Beschluss zu entscheiden[23].

6. Mündliche Verhandlung

1734 Im Scheidungsverbund ist eine mündliche Verhandlung nötig (§ 623 I 1). Sie ist nichtöffentlich (§ 170 S. 1 GVG). Das Familiengericht muss auch in denjenigen Folgesachen mündlich verhandeln, die im isolierten Verfahren schriftlich erledigt werden. Entscheidungsgrundlage ist nur der mündlich verhandelte Prozessstoff.

Der Verhandlungstermin ist in der Regel eine Art „Haupttermin" (§§ 624 III, 278). Ob das Familiengericht den nötigen Beweis nach den Regeln des Strengbeweises erheben muss oder frei ermitteln darf, bestimmt diejenige Verfahrensordnung, die für die betreffende Familiensache gilt.

Will das Gericht die elterliche Sorge anders regeln, als ein Ehegatte mit Zustimmung des anderen nach § 1671 I BGB beantragt hat, muss es diese Entscheidung nach § 627 vorweg treffen.

7. Vergleich und einverständliche Scheidung

1735 Auch im Scheidungsverbund können sich die Parteien nur über diejenigen Folgesachen verbindlich einigen, die ihrer freien Verfügung unterliegen: über Ehegattenunterhalt und Ansprüche aus dem ehelichen Güterrecht, über Ehewohnung und Hausrat sowie beschränkt über den Versorgungsausgleich. Die Ehegatten können das Verfahren aber sehr vereinfachen, wenn sie sich „einverständlich" scheiden lassen (§ 630 u. RN 1400).

---

23 *BGH* NJW 79, 1603; 82, 1645.

3. Kapitel
Die Entscheidung im Verbund und die Trennung des Verbundes

1. Scheidung durch Verbundurteil

Im Verbund entscheidet das Familiengericht über den Scheidungsantrag und alle Folge- **1736** sachen einheitlich durch Urteil, auch wenn die eine oder andere Folgesache im selbständigen Verfahren durch Beschluss entschieden würde (§ 629 I). Das ist der Sinn und Zweck des Scheidungsverbundes[24].

Der **Tenor des Verbundurteils** lautet etwa:

1. Die am … vor dem Standesbeamten in … geschlossene Ehe der Parteien wird geschieden.
2. Die elterliche Sorge für das gemeinschaftliche Kind …, geboren am … wird der Antragsgegnerin übertragen.
3. Der Antragsteller wird verurteilt, ab Rechtskraft der Scheidung monatlich, jeweils im voraus, folgenden Unterhalt an die Antragsgegnerin zu zahlen:
   a) für das gemeinsame Kind … monatlich Euro …;
   b) für die Antragsgegnerin monatlich Euro …
4. Vom Konto-Nr. … des Antragstellers bei der Landesversicherungsanstalt Baden in Karlsruhe werden auf das Konto-Nr. … der Antragsgegnerin bei der Landesversicherungsanstalt Württemberg in Stuttgart Rentenanwartschaften von monatlich Euro …, bezogen auf den …, übertragen. Sie sind in Entgeltpunkte umzurechnen.
5. Die Kosten des Rechtsstreits werden gegeneinander aufgehoben.
6. Ziff. 3 des Urteils ist ab Rechtskraft der Scheidung vorläufig vollstreckbar. Der Antragsgegner darf die Vollstreckung durch Sicherheit in Höhe des jeweils beizutreibenden Betrags abwenden, wenn nicht die Antragstellerin vor der Vollstreckung Sicherheit in gleicher Höhe leistet. Sicherheit durch Bankbürgschaft genügt.

Die **Kostenentscheidung** folgt aus § 93a (RN 1406)[25]. Den **Kostenstreitwert** gewinnt **1737** man durch Addition der Einzelstreitwerte für Scheidung (§ 12 II GKG) und Folgesachen (§ 19a GKG).

Eine **vorläufige Vollstreckbarkeit** gibt es nur für die ZPO-Familiensachen Unterhalt und Zugewinnausgleich und nur für die Zeit ab Rechtskraft der Scheidung (§ 629d), falls die ZPO-Familiensache isoliert mit Rechtsmittel angefochten ist[26]. Die Zwischenzeit lässt sich durch **einstweilige Anordnungen** (§ 620) überbrücken.

Das Verbundurteil wird jedem **zugestellt**, der auch nur in einer Folgesache Beteiligter ist und Rechtsmittel einlegen kann, andernfalls beginnt die Rechtsmittelfrist nicht. Aber nur die Ehegatten erhalten das volle Urteil; die anderen Beteiligten müssen sich mit dem Teil des Tenors und der Entscheidungsgründe begnügen, der ihre Folgesache regelt.

---

24 *BGH* NJW 82, 1645: verfolgt ein Ehegatte die Folgesache Unterhalt mit Stufenklage (§ 254), muss Scheidungsgericht über Auskunftsanspruch vorweg durch Teilurteil entscheiden; *OLG Zweibrücken* FamRZ 96, 1483: Versäumnisurteil über nachehelichen Unterhalt im Verbund, wenn Schuldner keinen Anwalt hat.
25 Zu Ausnahmen von der Kostenaufhebung: *OLG Köln u. Hamm* FamRZ 97, 764, 765.
26 *OLG Bamberg* FamRZ 90, 184: auch zu §§ 711, 716, 718.

2. Rechtskraft des Verbundurteils

1738 Das Gesetz sähe es gerne, wenn das Verbundurteil einheitlich und schnell rechtskräftig würde. Diesem Ziel steht die Möglichkeit der **Teilanfechtung** im Wege. Das Verbundurteil ist zwar ein einheitliches Urteil, setzt sich aber aus verschiedenen Teilentscheidungen zusammen. Es scheidet nicht nur die Ehe, sondern regelt auch die Folgesachen. Deshalb können nicht nur die Ehegatten, sondern auch die anderen Beteiligten: Kinder, Jugendamt, Versorgungsträger Rechtsmittel einlegen. Der Rechtsmittelgegner darf sich überdies dem fremden Rechtsmittel unselbständig anschließen (RN 1478).

Kern des Verbundurteils ist die **Scheidung**, denn von ihr hängen materiellrechtlich und prozessual alle Folgesachen ab. Wird das Scheidungsurteil auf Rechtsmittel aufgehoben, erledigen sich die Folgesachen in der Regel von selbst (§ 629 III 1). Vor Rechtskraft der Scheidung wird auch keine Entscheidung in einer Folgesache wirksam (§ 629d).

Die Scheidung hängt aber auch von den **Folgesachen** ab. Denn sie kann solange nicht rechtskräftig werden, als auch nur eine Folgesache noch in der Rechtsmittelinstanz ist und der Rechtsmittelgegner sich dem Rechtsmittel anschließen kann, um die Scheidung zu bekämpfen[27]. Um die unbefristete Anfechtung der Scheidung zu verhindern, **befristet § 629a III auch die Anschließung** (RN 1749).

Die **sofortige Rechtskraft der Scheidung** erreichen die Ehegatten nur, wenn sie nicht nur auf Rechtsmittel gegen die Scheidung, sondern auch darauf verzichten, sich dem Rechtsmittel des Gegners gegen die Entscheidung einer Folgesache anzuschließen, um so die Scheidung zu bekämpfen[28]. Deshalb ist der **Verzicht auf die Anschließung** schon zulässig, bevor der Gegner das Hauptrechtsmittel einlegt (§ 629a IV).

3. Ablehnung des Scheidungsantrags

1739 Weist das Familiengericht den Scheidungsantrag ab, erledigen sich die Folgesachen von selbst (§ 629 III 1), weil sie nur „für den Fall der Scheidung" anhängig geworden sind. Einzige Ausnahme ist die elterliche Sorge, wenn sie wegen Gefährdung des Kindeswohls nach § 1666 BGB geändert werden soll; im Übrigen behält das Urteil der Partei das Recht vor, die Folgesache als selbständige Familiensache fortzuführen (§ 629 III 2)[29].

4. Scheidungsurteil vor Entscheidung einer Folgesache und Trennung des Verbunds

1740 Das Familiengericht darf den Scheidungsverbund nicht nach Belieben sprengen und in seine Bestandteile zerlegen. Mit Ausnahme des § 623 I 2, der in den ZPO-Folgesachen Dritte aus dem Verbund ausschließt, sowie des § 623 II 2, III 2 zur elterlichen Sorge, zum Umgang mit dem Kind und zur Herausgabe des Kindes, erlaubt nur § 628, vorab die

---

27 *BGH* NJW 80, 702; *KG* NJW 80, 843.
28 *BGH* NJW 84, 2829; ferner *Philippi* FamRZ 89, 1257.
29 *BGH* NJW 84, 2041: Scheidungsantrag wird abgewiesen, weil Ehe schon geschieden.

Ehe zu scheiden und den Verbund zu lösen. **§ 628 ist eine Ermessensvorschrift, hat aber die folgenden strengen Voraussetzungen**[30]**:**

- **Entweder** ist die Entscheidung über den Versorgungsausgleich oder einen Anspruch aus dem ehelichen Güterrecht vor der Scheidung unmöglich (§ 628 S. 1 Nr. 1)[31].
- **Oder** das Verfahren über den Versorgungsausgleich ist ausgesetzt, weil anderswo über dessen Bestand oder Höhe prozessiert wird (§ 628 S. 1 Nr. 2).
- **Oder** das Verfahren über die elterliche Sorge oder den Umgang ist ausgesetzt (§ 628 S. 1 Nr. 3).
- **Oder das Verbundurteil würde die Scheidung unzumutbar lange verzögern** **1741** (§ 628 S. 1 Nr. 4). Diese **Härteklausel** erlaubt es, jede Folgesache abzutrennen. Was die „unzumutbare Härte" angeht, kann man auf die Gründe zurückgreifen, die das Abwarten des Trennungsjahres nach § 1565 II BGB unzumutbar machen[32].

> (1) Nach langjähriger Trennung beantragt ein Ehegatte die Scheidung, um ein nichtehe- **Beispiele** liches Kind zu legitimieren (*BGH* FamRZ 86, 898).
>
> (2) Der Zugewinnausgleich erfordert ein Sachverständigengutachten über den Verkehrs- wert eines Hausgrundstücks, was das Scheidungsverfahren um Jahre verzögern würde (*BGH* NJW 87, 1772).
>
> (3) Die Ehefrau verzögert durch Rechtsmittel die Rechtskraft der Scheidung um mehr als 2 1/2 Jahre, um das Urteil auf – überhöhten – Trennungsunterhalt möglichst lange nutzen zu können (*BGH* NJW 91, 2491).

Will das **Scheidungsgericht** § 628 anwenden, **trennt** es nach rechtlichem Gehör der Be- **1742** teiligten[33] die **verzögernde Folgesache durch Beschluss ab** und verkündet das Schei- dungsurteil im Verbund mit den anderen entscheidungsreifen Folgesachen[34]. Auch das Rechtsmittelgericht darf noch abtrennen, wenn sowohl die verzögernde Folgesache als auch die Scheidung in die Rechtsmittelinstanz gelangt sind[35].

Die abgetrennte Familiensache bleibt Folgesache nach §§ 623 ff., auch wenn das Scheidungsurteil vorab rechtskräftig wird[36]. Umgekehrt muss man nicht die Rechtskraft der Scheidung abwarten, um über die abgetrennte Folgesache zu verhandeln und zu entscheiden[37].

---

30 *BGH* NJW 91, 1616; 91, 2491; FamRZ 96, 1070; *OLG Stuttgart u. Hamm* FamRZ 92, 320, 1086: eng auszulegende Ausnahme; ferner *Philippi* FamRZ 91, 1426.

31 *BGH* FamRZ 84, 254: Klage auf Zustimmung zur Auseinandersetzung des Gesamtgutes.

32 *BGH* NJW 87, 1772: besondere Umstände des Falles; *OLG Schleswig* FamRZ 89, 1106: Ver- zögerung allein genügt nicht; *OLG Frankfurt* NJW-RR 88, 774: für jede Folgesache selbständig zu prüfen; *OLG Celle* FamRZ 96, 1485: Scheidung dauerte mehr als doppelt so lang; *OLG Hamm* FamRZ 97, 825: Partei selbst lässt Folgesache hängen: ähnlich *OLG Köln* FamRZ 97, 1487; *KG* FamRZ 2000, 1292: Verzögerung genügt nicht.

33 *BGH* NJW 87, 1773.

34 *BGH* NJW 87, 1772; *OLG Zweibrücken* FamRZ 97, 1231: Abtrennung mehrerer Folgesachen.

35 *BGH* NJW 81, 55.

36 *BGH* NJW 81, 233: Anwaltszwang nach § 78 II 1 Nr. 1; *OLG Karlsruhe* FamRZ 96, 881: nach Erledigung Kosten nach § 93a I.

37 *BGH* NJW 79, 1603; *KG* FamRZ 82, 320.

1743 **Der Abtrennungsbeschluss selbst ist unanfechtbar**[38]. **Die fehlerhafte Abtrennung macht jedoch das Scheidungsurteil fehlerhaft** und beschwert den betroffenen Ehegatten, so dass er Berufung einlegen darf, auch wenn er sich nicht gegen die Scheidung selbst, sondern nur gegen die Abtrennung wehrt[39]. Die unzulässige Abtrennung ist sogar ein wesentlicher Verfahrensmangel nach § 539[40]. Wehrt sich die Partei auch gegen die Scheidung, darf sie die fehlerhafte Abtrennung noch nach Ablauf der Berufungsbegründungsfrist zusätzlich rügen[41]. Das Berufungsurteil ist freilich nur beschränkt revisibel, denn die Härteklausel des § 628 S. 1 Nr. 4 lässt dem Tatrichter Spielraum[42].

4. Kapitel
Rechtsmittel im Verbund

1. Übersicht[43]

1744 **§ 629a** ist die einschlägige Vorschrift, regelt die Rechtsmittel im Verbund aber nicht systematisch, sondern setzt vieles voraus und **beantwortet nur Teilfragen**. Abs. 1 beschränkt die Revision. Abs. 2 S. 1 regelt die Teilanfechtung von FG-Folgesachen, Abs. 2 S. 2 den Fall, dass nach Beschwerde auch noch Berufung oder Revision eingelegt wird. Abs. 2 S. 3 hält den Verbund auch in der Rechtsmittelinstanz aufrecht. Abs. 3 beschränkt die zweite und weitere Teilanfechtung und Abs. 4 ebnet den Weg zur sofortigen Rechtskraft der Scheidung.

Das Rechtsmittelsystem im Verbund ist genauso komplex wie das Verbundurteil. Man durchschaut es nur, wenn man sich Folgendes klarmacht: Das **Verbundurteil** besteht aus der Scheidung und den Entscheidungen über die Folgesachen (§ 629 I). Die Ehegatten können es **sowohl im Ganzen als auch in seinen Teilen anfechten** (§§ 629a II, III, 629c). Gegen das Verbundurteil als Ganzes ist **Berufung**, gegen das Berufungsurteil Revision statthaft. Dies sind auch dann die richtigen Rechtsmittel, wenn ein Ehegatte nur die Entscheidung einer ZPO-Folgesache bekämpfen will (Arg. § 629a II 2). Dagegen ist die **befristete Beschwerde** statthaft, wenn nur die Entscheidung einer FG-Folgesache angefochten werden soll (§ 629a II 1).

1745 Rechtsmittel einlegen darf auch hier nur, wer beschwert ist und die **Beschwer** mit dem Rechtsmittel beseitigen will[44]. Das zulässige Rechtsmittel aber darf man auch im Schei-

---

38 *BGH* NJW 79, 1603; *OLG Bamberg* FamRZ 86, 1011; ebenso der Ablehnungsbeschluss: *OLG Dresden* FamRZ 97, 1230; *OLG Karlsruhe* FamRZ 99, 98; a.A. *OLG Hamm* FamRZ 86, 1121.
39 *BGH* FamRZ 96, 1070; 96, 1333; *OLG Köln* FamRZ 97, 1487.
40 *BGH* FamRZ 96, 1070.
41 *BGH* FamRZ 96, 1333.
42 *BGH* NJW 87, 1773.
43 *Sedemund-Treiber* FamRZ 86, 209; *Kemnade* FamRZ 86, 625; *Philippi* FamRZ 89, 1257.
44 *BGH* 85, 142; zur Ausnahme für erfolgreichen Antragsteller: RN 1410.

dungsverbund dazu benutzen, noch mehr zu verlangen, als die angefochtene Entscheidung einem zugesprochen hat[45].

2. Totalanfechtung

Wer nicht geschieden werden will, greift das Verbundurteil mit der **Berufung** zum Familiensenat des OLG an. § 629a sagt dazu nichts, weil es sich von selbst versteht. Auch das Berufungsgericht verhandelt und entscheidet im Verbund (§ 629a II 3).   **1746**

Die **Revision** ist nur statthaft, wenn das Berufungsurteil sie zulässt (RN 1412). Nicht revisibel sind die Entscheidungen des Berufungsgerichts nach der HausratsVO und nach §§ 1382, 1383 BGB (§ 629a I), denn in diesen FG-Familiensachen ist beim OLG Endstation.

3. Teilanfechtung

Das Verbundurteil ist nicht nur im Ganzen, sondern auch in seinen Teilen anfechtbar. Gegen die Entscheidung einer **ZPO-Folgesache** ist die **Berufung** statthaft, weil dieser Teil des Verbundurteils auch im selbständigen Verfahren ein Urteil wäre[46]. Gegen die Entscheidung einer **FG-Folgesache** hingegen, die im selbständigen Verfahren ein Beschluss wäre, wehrt man sich mit der **befristeten Beschwerde** (§§ 629a II 1, 621e und RN 1441).   **1747**

Den Verbund sprengt die Teilanfechtung noch nicht (§ 629a II 3)[47]. Auch das Rechtsmittelgericht darf ihn nur nach § 628 lösen. Die Ehegatten brauchen auch für die Teilanfechtung einer FG-Folgesache einen Anwalt (§ 78 II 1 Nr. 1)[48]. Als Beschwerdegericht entscheidet das OLG nicht durch Urteil, sondern wie im selbständigen Verfahren durch Beschluss.

Da die Teilanfechtung in der Regel keinen Teilverzicht auf das Rechtsmittel bedeutet, kann man dieses später auf den vollen Umfang der Beschwer ausdehnen. Damit die Anfechtung in Etappen die Rechtskraft des Verbundurteils nicht verzögert, befristet § 629a III auch die nachträgliche Erweiterung des Rechtsmittels[49].

Die Rücknahme der befristeten Beschwerde belastet den Beschwerdeführer analog § 516 III mit den Kosten des Beschwerdeverfahrens[50].

---

45 *BGH* 85, 143; FamRZ 86, 895: Berufung gegen Unterhalt u. Erweiterung auf elterliche Sorge, aber § 629a III.
46 *BGH* 85, 144.
47 *BGH* NJW 80, 2135: wenn aber nur Folgesache angefochten, gibt es keinen Verbund mehr.
48 *BGH* NJW 79, 766; nach § 26 Nr. 1 EGZPO gilt LG-Anwalt bis 1.1.2008 auch beim OLG als zugelassen.
49 *BGH* NJW 87, 1024: Ausnahmefall; FamRZ 94, 827: Vorauss. des § 629a III.
50 *BGH* FamRZ 83, 154; *KG* FamRZ 84, 67; *OLG Frankfurt* FamRZ 91, 586; *OLG Dresden* FamRZ 97, 1019; a.A. u. für § 13a oder § 93a: *OLG Köln* FamRZ 97, 221.

4. Hauptrechtsmittel und Anschließung

1748   An den Hauptrechtsmitteln Berufung, Revision und Beschwerde ändert § 629a III nichts. Jeder Ehegatte kann das Verbundurteil aber nicht nur mit eigenem Rechtsmittel anfechten, sondern sich auch dem Rechtsmittel des anderen anschließen. Dazu braucht er keine Beschwer und muss die Rechtsmittelfrist nicht einhalten. Für **Berufung** und **Revision** galt dies schon immer. Jetzt erlaubt § 567 III auch die Anschließung an die **Beschwerde**. Damit kann der Rechtsmittelgegner, auch wenn seine Rechtsmittelfrist schon abgelaufen ist, weitere Teile des Verbundurteils, die bislang nicht angefochten sind, zur Entscheidung des Rechtsmittelgerichts stellen[51].

Beispiel

> Der eine Ehegatte wehrt sich mit befristeter Beschwerde gegen die Regelung der elterlichen Sorge im Verbundurteil. Der andere Ehegatte wartet zunächst ab und lässt seine Rechtsmittelfrist verstreichen, schließt sich dann aber der Beschwerde an, um die Scheidung selbst oder die Entscheidung über die Unterhaltsklage anzugreifen.

Dass das Verbundurteil eine einheitliche Entscheidung über Scheidungsantrag und alle Folgesachen ist, zeigt sich auch hier. Mit der **Anschlussbeschwerde** darf man nicht nur die Entscheidung anderer FG-Folgesachen, sondern auch die Scheidung selbst oder die Entscheidung einer ZPO-Folgesache angreifen und in die Rechtsmittelinstanz bringen[52]. In diesem Fall wirkt die Anschlussbeschwerde **wie** eine **Berufung**. Das schadet aber nicht, da sich im Verbund Berufung und Beschwerde ohnehin kaum unterscheiden[53].

1749   Um die Rechtskraft der Scheidung nicht unnötig zu verzögern, **beschränkt § 629a III die Anschließung an eine Teilanfechtung** durch Berufung, Revision oder Beschwerde. Wird das Verbundurteil nur zum Teil angefochten, darf der Rechtsmittelgegner mit der Anschließung andere Teile des Verbundurteils **nur binnen Monatsfrist** angreifen. Diese beginnt mit der Zustellung der Begründung des letzten Hauptrechtsmittels (§ 629a III 1) an die Betroffenen[54]. Sie ist keine Notfrist[55]. Wenn der Rechtsmittelgegner die Monatsfrist versäumt, wird alles, was nicht angefochten ist, **rechtskräftig**[56]. Wenn aber ein Beteiligter die Monatsfrist wahrt, beginnt für die anderen eine weitere Monatsfrist und so fort (§ 629a III 2, 3). Die Rücknahme des Hauptrechtsmittels verhindert eine Anschließung und macht frühere unwirksam[57].

---

51 *BGH* NJW 86, 1494; FamRZ 87, 154: Umdeutung unzulässiger Berufung in Anschließung.
52 *BGH* 85, 144; NJW 80, 702.
53 *BGH* 85, 144.
54 *OLG Nürnberg* FamRZ 86, 923.
55 *OLG Celle* FamRZ 90, 646.
56 *BGH* NJW 87, 1024: Berufung gegen Unterhaltsurteil im Verbund kann aber noch auf Regelung der elterlichen Sorge ausgedehnt werden, wenn der Unterhalt von der elterlichen Sorge abhängt und neue Änderungsgründe nach § 1696 BGB vorgebracht werden; NJW 98, 2679: nur, wenn alle nötigen Zustellungen bewirkt sind.
57 *BGH* NJW 98, 2679.

Eine **Gegenanschließung** gibt es nicht. Dem Anschlussrechtsmittel eines anderen kann **1750**
man sich nicht mehr anschließen, weder im Normalprozess[58] noch im Scheidungsverbund[59].

5. Berufung nach Beschwerde

Wird zunächst nur die Entscheidung einer FG-Folgesache mit Beschwerde angefochten **1751**
und dann Berufung eingelegt, sind die beiden Rechtsmittel als Berufung zu behandeln
(§ 629a II 2). So bleibt der Verbund erhalten, auch wenn die Scheidung selbst nicht angefochten ist. Das Berufungsgericht entscheidet einheitlich durch Urteil.

5. Kapitel
Sonstiges

Die **Säumnis des Beklagten** rechtfertigt **nur in den ZPO-Folgesachen** Unterhalt und **1752**
eheliches Güterrecht ein **Versäumnisurteil** nach § 331. Dieses ist Bestandteil des Verbundurteils (§ 629 II 1). Das Verbundurteil ist dann teils Versäumnisurteil, teils gewöhnliches Urteil[60]. Wird das Verbundurteil zum Teil mit Einspruch, zum Teil mit Berufung
oder Beschwerde angefochten, so ist vorab über den Einspruch zu entscheiden
(§ 629 II 2). Damit sichert das Gesetz den Verbund und verhindert, dass das Verfahren
auseinanderläuft. An der Frist für Berufung und Beschwerde ändert § 629 II 2 nichts, er
regelt nur die Reihenfolge der Erledigung. Für die **Säumnis des Berufungsführers** nach
§ 542 I gilt das Gleiche.

> Wehrt sich ein Ehegatte mit der Berufung gegen das Verbundurteil, soweit es die elterli- **Beispiel**
> che Sorge und den Unterhalt regelt, und versäumt er den Berufungstermin, so weist das
> Berufungsgericht nur die Berufung gegen das Unterhaltsurteil nach § 542 I durch Ver-
> säumnisurteil zurück; über die elterliche Sorge entscheidet es durch gewöhnliches Urteil
> (*OLG Zweibrücken* NJW 86, 3033).

Ist der **Scheidungskläger säumig**, weist das Familiengericht den Scheidungsantrag
durch Versäumnisurteil ab (§ 330 u. RN 1413). Die Folgesachen erledigen sich damit
von selbst (§ 629 III).

Nimmt der Ehegatte den **Scheidungsantrag zurück**, werden die Folgesachen mit Aus- **1753**
nahme der elterlichen Sorge nach § 1666 BGB von selbst gegenstandslos (§ 626 I 1). Die
Kosten trägt insgesamt der Antragsteller, wenn es nach dem Stand der ZPO-Folgesachen
nicht unbillig erscheint (§ 626 I 2). Auf Antrag eines Ehegatten gibt ihm das Familienge-

---

58 *BGH* 88, 360.
59 *BGH* NJW 86, 1494; a.A. *OLG Karlsruhe* FamRZ 88, 412; *Bergerfurth* FamRZ 86, 940.
60 *BGH* FamRZ 86, 897; 88, 945; 94, 1521: gegen VU nur Einspruch; *OLG Zweibrücken* NJW
   86, 3033; FamRZ 96, 1483.

richt das Recht, eine rechtshängige[61] Folgesache als selbständige Familiensache fortzuführen (§ 626 II).

Setzt das Scheidungsgericht die Scheidung aus (§ 614), sind auch die Folgesachen ausgesetzt. Die Ehegatten können die **Aussetzung** verhindern, wenn sie sich über die Scheidung einigen (§ 630). Erledigt sich die Scheidung durch den **Tod eines Ehegatten**, sind alle Folgesachen miterledigt (Arg. §§ 619, 626 I, 629 III).

---

61 *OLG Köln* FamRZ 86, 278.

26. Teil
Vorläufiger Rechtsschutz für Familiensachen

1. Kapitel
Gesetzliche Systematik

1. Ehesache anhängig

Auch Familiensachen bedürfen bisweilen des vorläufigen Rechtsschutzes. Die gesetzliche Regelung ist unübersichtlich. Man muss darauf achten, ob schon eine Ehesache (§ 606 I 1) oder wenigstens ein Antrag auf Prozesskostenhilfe für eine Ehesache bei Gericht anhängig ist oder nicht. Im ersten Fall gibt es **nur die spezielle einstweilige Anordnung nach §§ 620-620g**, die sowohl Arrest und einstweilige Verfügung als auch vorläufige Anordnungen nach dem FGG ausschließt[1].   **1754**

**Ausgeschlossen sind aber nur andere vorläufige Regelungen, nicht auch Klagen und   1755
Anträge in der Hauptsache**[2]. Dies gilt auch für die FG-Familiensachen; so kann man neben einer Ehesache her im selbständigen FG-Verfahren nach § 1671 BGB die elterliche Sorge, nach § 1361a BGB die Hausratsteilung und nach § 1361b BGB die Zuweisung der Ehewohnung beantragen, denn die Möglichkeit einer vorläufigen Regelung beseitigt noch nicht das Rechtsschutzinteresse an einer endgültigen Regelung[3].

2. Keine Ehesache anhängig

Solange noch keine Ehesache, sondern nur eine „andere Familiensache" (§ 621) anhängig ist, richtet sich der vorläufige Rechtsschutz nicht nach den §§ 620-620g, sondern nach dem **Verfahrensrecht für die anhängige „andere Familiensache":**   **1756**

- Einstweilige Anordnung eines Prozesskostenvorschusses für **Unterhalt** nach § 127a (*OLG Oldenburg* FamRZ 82, 384; *OLG Düsseldorf* FamRZ 99, 1215: keine einstw.Verfügung);
- dinglicher Arrest nach § 916 für künftigen Anspruch auf **Zugewinnausgleich** (RN 1618 f.);
- einstweilige Anordnung für **Ehewohnung und Hausrat** nach §§ 13 IV, 18a HausratsVO (*BGH* FamRZ 82, 1200; *OLG Schleswig* FamRZ 97, 892 u. RN 1631);
- „vorläufige" Anordnung für die **elterliche Sorge** nach der Rechtsprechung zum FGG (*BGH* NJW 79, 39; *BayObLG* FamRZ 84, 933; *OLG Zweibrücken* FamRZ 89, 1108).

---

1 *BGH* FamRZ 84, 767; 79, 472; *OLG Karlsruhe* FamRZ 89, 523; *OLG Zweibrücken* FamRZ 96, 1226; *OLG Hamm* FamRZ 2001, 358; ferner *Bernreuther* FamRZ 99, 69: einstw. Rechtsschutz in Familiensachen.
2 *BGH* NJW 79, 1508; *OLG Frankfurt* FamRZ 81, 65; *OLG Koblenz* FamRZ 83, 1149.
3 *BGH* NJW 82, 2561; *OLG Zweibrücken* FamRZ 88, 86.

Solange weder eine Ehe- noch eine „andere Familiensache" anhängig ist, sind Arrest und einstweilige Verfügung die richtigen Sicherungsmittel für die ZPO-Familiensachen, während es für die FG-Familiensachen ohne reguläres Verfahren auch keinen vorläufigen Rechtsschutz gibt[4].

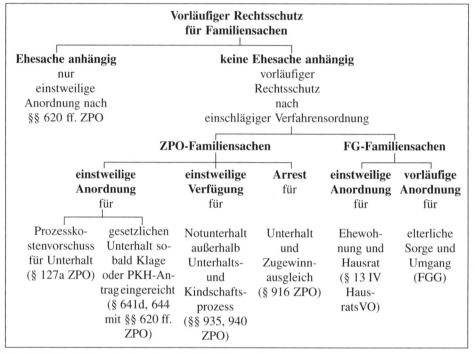

Bild 23: Vorläufiger Rechtsschutz für Familiensachen

3. Unterhaltsklage anhängig oder nicht anhängig

Seit 1.7.1998 sind die §§ 620a-620g auf alle Unterhaltssachen nach § 621 I Nr. 4, 5, 11 anwendbar, sobald eine Unterhaltsklage oder ein Statusverfahren anhängig oder wenigstens ein Antrag auf Prozeßkostenhilfe eingereicht ist; so bestimmt es das KindUG in §§ 641d, 644 (RN 1601 f.). Außerhalb dieses Verfahrens gibt es Notunterhalt nach §§ 935, 940 (RN 1597 ff.).

---

4 *OLG München* FamRZ 96, 1022; *OLG Zweibrücken* FamRZ 97, 693; *OLG Schleswig* FamRZ 97, 892.

2. Kapitel
Einstweilige Anordnung in Ehesachen
und im Scheidungsverbund

1. Gegenstand

In Ehesachen und im Scheidungsverbund darf das **Familiengericht** durch einstweilige Anordnung nach §§ 620, 620a II 1 nahezu alle Familiensachen regeln, **sobald und solange es mit einer Ehesache befasst** ist. Der arme Ehegatte kann die streitige Scheidung überhaupt nur mit Anträgen auf Prozesskostenhilfe und auf einstweilige Anordnung betreiben, die ihm das Getrenntleben gestatten sowie Unterhalt, Wohnung und Hausrat sichern sollen. Durch **einstweilige Anordnung** lassen sich regeln: **1757**

Elterliche Sorge, Umgang mit dem Kind und Herausgabe des Kindes (§ 620 Nr. 1-3):   1758

Das Familiengericht darf die elterliche Sorge sowohl im Ganzen regeln als auch in ihren Teilen, nämlich Personensorge, Vermögenssorge, gesetzliche Vertretung und Aufenthaltsbestimmung[5].

Kindesunterhalt (§ 620 Nr. 4):   1759

Die einstweilige Anordnung kann nur den Unterhalt minderjähriger Kinder gegenüber ihren Eltern regeln (§ 621 I Nr. 4). Auch hier prozessiert ein Elternteil in gesetzlicher Prozessstandschaft für das Kind (§ 1629 III BGB), so dass die einstweilige Anordnung unmittelbar für und gegen das Kind wirkt[6].

Außerhalb des Scheidungsverfahrens rechtfertigen die §§ 641d, 644 einstweilige Anordnungen auf Kindesunterhalt (RN 1806).

Getrenntleben (§ 620 Nr. 5):   1760

Der Ehegatte hat vielleicht ein Recht darauf, zu erfahren, ob er getrennt leben darf, auch wenn die Scheidung davon nicht abhängt. Während des Scheidungsverfahrens darf nur das Scheidungsgericht das Getrenntleben gestatten[7].

Ehegattenunterhalt (§ 620 Nr. 6):   1761

Die vorläufige Regelung des Ehegattenunterhalts nach § 1361 BGB ist für den getrennt lebenden Ehegatten, der kein eigenes Einkommen oder Vermögen hat, lebenswichtig[8].

Ehewohnung und Hausrat (§ 620 Nr. 7):   1762

Nicht minder wichtig ist für die Ehegatten, wo und wie sie während der Trennung wohnen sollen. In der Regel verteilt das Familiengericht Ehewohnung und Hausrat an beide.

---

5 *BGH* FamRZ 82, 788: daneben ist das selbständige Sorgerechtsverfahren nach § 1671 BGB zulässig.
6 *BGH* FamRZ 83, 892.
7 *OLG Hamm* NJW 82, 1108.
8 *OLG Düsseldorf* JurBüro 83, 619: keine einstw. Anordnung auf Auskunft; *Luthin* FamRZ 86, 1059.

Nur in Härtefällen teilt es die Ehewohnung einem Ehegatten allein zu[9] und befiehlt dem anderen die sofortige oder befristete Räumung[10].

Manche Gerichte regeln über § 620 Nr. 7 sogar die Benutzung des Telefons in der Ehewohnung[11] oder verbieten einem Ehegatten, die Ehewohnung zu betreten[12], den anderen Ehegatten zu belästigen, zu bedrohen oder zu misshandeln[13]. Unzulässig ist die einstweilige Anordnung, ein Ehegatte solle der Auflösung des Mietverhältnisses zustimmen, denn sie schießt über das Ziel einer vorläufigen Regelung hinaus[14].

1763 **Persönliche Habe (§ 620 Nr. 8):**

Das Familiengericht kann einstweilig anordnen, dass der eine Ehegatte dem anderen dessen persönliche Habe herausgebe oder sie wenigstens benutzen lasse. Gemeint sind Kleidung, Schmuck, Kosmetik, Arbeitsmittel, Privat- und Geschäftspapiere. Der Hausrat gehört nicht dazu, sondern fällt unter die Nr. 7.

1764 **Kostenvorschuss (§ 620 Nr. 9):**

Der Kostenvorschuss für Scheidung und Folgesachen ist gesetzlicher Unterhalt (§§ 1361 IV 4, 1360a IV 1 BGB).

2. Voraussetzungen

1765 § 620 ist eine **Ermessensvorschrift**. Prozessual erfordert sie zweierlei: einen **Antrag und** ein **anhängiges Eheverfahren oder** wenigstens einen **Antrag auf Prozesskostenhilfe** für ein Eheverfahren (§ 620a II 1). Vorher sind die §§ 620 ff. auch nicht entsprechend anwendbar[15]. Das Gesetz selbst verlangt weder einen Anordnungsanspruch noch einen Anordnungsgrund, sondern bestimmt nur allgemein, der Antragsteller solle die Voraussetzungen der einstweiligen Anordnung glaubhaft machen (§ 620a II 3). Dies ist aber nur die prozessuale Form des materiellen Begehrens. **Die einstweilige Anordnung soll außerdem das materielle Recht beachten**[16] und die Hauptsache nicht irreparabel vorwegnehmen. Der Bedarf nach vorläufiger Regelung folgt oft schon aus der Trennung oder dem Scheidungsstreit, kann im Einzelfall aber auch fehlen[17].

---

9 *OLG Frankfurt* FamRZ 82, 484; *OLG Schleswig* FamRZ 90, 546; *Brudermüller* FamRZ 87, 119; *Maurer* FamRZ 91, 886.

10 *OLG Hamburg* FamRZ 83, 1151: Räumungsfrist; *OLG Karlsruhe* FamRZ 94, 1185: auch Vollzugsregelung.

11 *KG* NJW 71, 1414.

12 *KG* NJW 69, 2243: nur zum Schutz für Leib und Leben; *OLG Frankfurt* FamRZ 78, 53.

13 *OLG Hamburg* MDR 70, 50; *OLG Saarbrücken* FamRZ 81, 64; dagegen zu Recht *OLG Düsseldorf* FamRZ 95, 183: nur einstw. Verfügung.

14 *OLG Hamburg* FamRZ 83, 621.

15 *OLG Köln* NJW 78, 1335; *OLG Frankfurt* FamRZ 79, 156.

16 *BGH* NJW 84, 2095: ohne Unterhaltsanspruch fehlt der Unterhaltszahlung der rechtliche Grund; *OLG Karlsruhe* FamRZ 89, 79: keine einstw. Anordnung, wenn Ehesache offenbar aussichtslos.

17 *OLG Karlsruhe* FamRZ 87, 78: Familiengericht greift nicht in elterliche Sorge ein, solange Kindeswohl nur unwesentlich berührt ist; *OLG Hamburg* NJW-RR 86, 1329: Beschränkung der elterlichen Sorge nur in Ausnahmefällen; *OLG Hamm* FamRZ 86, 619: keine Unterhaltsregelung, wenn jede Vollstreckungsmöglichkeit fehlt.

3. Zuständigkeit

Zuständig ist das **Familiengericht, bei dem eine Ehesache anhängig oder ein Antrag   **1766**
auf Prozesskostenhilfe gestellt** ist (§ 620a IV 1). Anhängig wird die Ehesache schon
mit Eingang, nicht erst mit Zustellung des Antrags oder der Klage. Der Familiensenat
des OLG ist zuständig, solange das Urteil in der Ehesache mit Berufung angefochten ist
(§ 620a IV 1). Also bleibt das Familiengericht zuständig, wenn nur die Entscheidung
über eine Folgesache angefochten wird[18]. Beantragt jedoch der Ehegatte die einstweilige
Anordnung in der angefochtenen Folgesache, ist der Familiensenat des OLG als Beru-
fungs- oder Beschwerdegericht zuständig, auch wenn die Folgesachen in der dritten
Instanz anhängig ist, denn der BGH erlässt keine einstweiligen Anordnungen (§ 620a
IV 2)[19]. Das Gleiche gilt für den Antrag auf Kostenvorschuss für eine Ehe- oder Folgesache, die in der Rechtsmittelinstanz schwebt (§ 620a IV 3)[20].

Mit Rechtskraft der Scheidung erlischt die Zuständigkeit des Scheidungsgerichts auch
dann, wenn noch Folgesachen anhängig sind[21]. Da die einstweilige Anordnung nur die
Zeit bis zur Scheidung überbrücken soll, darf nach der Scheidung keine einstweilige Anordnung mehr erlassen oder geändert werden[22].

4. Antrag

Einstweilige Anordnungen erlässt das Familiengericht auf Antrag (§ 620). Da der Ehe-   **1767**
gatte den Antrag zu Protokoll der Geschäftsstelle erklären darf, braucht er dazu keinen
Anwalt (§§ 78 III, 620a II 2). Das Gleiche gilt für den Antrag auf Prozesskostenhilfe
(§§ 78 III, 117 I 1). Deshalb kann der arme Ehegatte auch die Voraussetzung der einstweiligen Anordnung nach § 620a II 1 ohne Anwalt selbst erfüllen. Anwaltszwang besteht erst für die mündliche Verhandlung[23]. Der Ehegatte kann seinen Antrag zurücknehmen[24].

5. Rechtliches Gehör

Der Antragsgegner erhält rechtliches Gehör, wenn es den Sicherungszweck nicht   **1768**
vereitelt[25]. Andernfalls muss er sich nachträglich mit dem Änderungsantrag nach § 620b
Gehör verschaffen. Soll die elterliche Sorge geregelt werden (§ 620 Nr. 1-3), sind auch
Kind und Jugendamt zu hören (§ 620a III). Bevor das Familiengericht die Benutzung der
Ehewohnung vorläufig regelt, soll es den Wohnungseigentümer und die anderen Betrof-
fenen (§ 7 HausratsVO) hören[26].

---

18 *OLG Düsseldorf* FamRZ 79, 154.
19 *BGH* NJW 80, 1392.
20 Dazu *BGH* NJW 81, 2305.
21 *BGH* NJW 82, 1000.
22 *BGH* NJW 83, 1330; *OLG Hamburg* FamRZ 87, 725; *OLG Karlsruhe* FamRZ 92, 1454.
23 *OLG Frankfurt* NJW 78, 172.
24 *OLG Saarbrücken* JurBüro 85, 1888: Kosten nicht nach § 269 III 2, sondern nach § 620g.
25 *OLG München* FamRZ 96, 1022: vorl. Anordnung nach FGG.
26 *OLG Hamm* FamRZ 87, 1277.

6. Mündliche Verhandlung

1769 Die mündliche Verhandlung ist freigestellt (§ 620a I) und nichtöffentlich (§ 170 S. 1 GVG). In den FG-Folgesachen ermittelt das Familiengericht auch hier von Amts wegen[27] und ist nicht auf präsente Beweise beschränkt.

7. Vergleich

Ausgenommen die elterliche Sorge können die Ehegatten alle Streitpunkte einvernehmlich regeln. Der Vergleich sollte klarstellen, ob die vereinbarte Regelung, etwa des Ehegattenunterhalts, nur bis zur Rechtskraft der Scheidung oder auch über die Scheidung hinaus gelten soll. Im Zweifel gilt sie nur bis zur Rechtskraft der Scheidung[28].

8. Einstweilige Anordnung

1770 Die einstweilige Anordnung ist ein **Beschluss** (§ 620a I), der keiner Begründung bedarf (Arg. § 620d S. 2). Nach mündlicher Verhandlung wird er verkündet, sonst von Amts wegen zugestellt oder mitgeteilt (§ 329).

Da die **Kosten** der einstweiligen Anordnung zu den Kosten der Ehesache gehören, unterbleibt eine Kostenentscheidung (§ 620g Hs. 1)[29]. Der **Streitwert** richtet sich nach der Art der beantragten Regelung und beschränkt sich auf einen Bruchteil des Werts der Hauptsache.

Die einstweilige Anordnung gestaltet entweder die Rechtslage (z.B. elterliche Sorge) oder ist Vollstreckungstitel (z.B. Unterhalt) und **sofort vollziehbar** (Arg. 620e), in den Fällen des § 620 Nr. 1-3 nach § 33 FGG, in den anderen Fällen nach § 794 I Nr. 3 u. 3a[30].

9. Änderung der einstweiligen Anordnung

1771 Auf Antrag kann das Familiengericht die einstweilige Anordnung aus tatsächlichen oder rechtlichen Gründen jederzeit ändern oder aufheben (§ 620b I 1)[31]. Die vorläufige Regelung der elterlichen Sorge korrigiert es sogar von Amts wegen (§ 620b I 2).

---

27 *OLG München* FamRZ 78, 54.

28 *OLG Hamburg* FamRZ 80, 904; *OLG Frankfurt* FamRZ 83, 202.

29 *OLG Frankfurt* FamRZ 85, 720: lex specialis; *OLG Stuttgart* MDR 87, 63: § 620g gilt auch für Vergleich ohne Kostenabrede und verdrängt § 98; *OLG Hamm* MDR 81, 411: endet auch die Ehesache ohne Kostenentscheidung, gilt § 93a; *OLG Düsseldorf* FamRZ 80, 1047 u. *OLG Karlsruhe* Justiz 81, 480: § 620g geht auch § 91a vor; *OLG Bamberg* FamRZ 96, 884; 97, 1227: § 620g gilt nicht im Beschwerdeverfahren.

30 *BGH* 94, 316: einstweilige Anordnung auf Prozesskostenvorschuss ist auch nach Prozessende vollstreckbar; *BGH* NJW 84, 2095: §§ 717 II, 945 nicht entsprechend anwendbar.

31 *Hassold* FamRZ 81, 1036; *Dörr* FamRZ 88, 557; zur Rückwirkung: *OLG Stuttgart* NJW 81, 2476.

Die mündliche Verhandlung ist auch hier freigestellt. Hat das Familiengericht jedoch über den Änderungsantrag ohne mündliche Verhandlung entschieden, muss es sie auf Antrag nachholen (§ 620b II).

Die einstweilige Anordnung von Ehegattenunterhalt (Trennungsunterhalt) kann nach Rechtskraft der Scheidung nicht mehr geändert werden[32]. Auch die Abänderungsklage nach § 323 ist unzulässig[33]. Der Ehegatte kann aber jederzeit nach § 620f mit der Unterhaltsklage oder der negativen Feststellungsklage eine endgültige Regelung des Unterhalts erreichen, die die einstweilige Anordnung ersetzt (RN 1774).

10. Rechtsmittel

Die einstweilige Anordnung ohne mündliche Verhandlung ist unanfechtbar[34]. Statt dessen kann jede Partei jederzeit eine Änderung beantragen und so eine mündliche Verhandlung erzwingen (§ 620b II). Aber auch die neue Entscheidung ist in der Regel unanfechtbar. **1772**

Nur in drei Fällen ist nach § 620c S. 1 die **sofortige Beschwerde** statthaft: Wenn die einstweilige Anordnung die **elterliche Sorge für ein gemeinschaftliches Kind** regelt[35], die **Herausgabe eines Kindes** anordnet oder die **ganze Ehewohnung einem Ehegatten zuweist**[36]. **Alles andere ist nach § 620c S. 2 unanfechtbar**[37]. Selbst die Verletzung rechtlichen Gehörs eröffnet noch kein Rechtsmittel, sondern muss mit dem Änderungsantrag nach § 620b gerügt werden[38].

11. Verfall der einstweiligen Anordnung

Nach § 620f I 1 verfällt die einstweilige Anordnung von selbst, wenn die Hauptsache endgültig „anderweitig" geregelt wird, wenn der Antrag auf Scheidung oder Aufhebung der Ehe zurückgenommen oder rechtskräftig abgewiesen wird, oder wenn sich das Scheidungsverfahren durch Tod eines Ehegatten erledigt. **1773**

Die **einstweilige Anordnung auf (Ehegatten-)Unterhalt** bleibt deshalb auch über die Scheidung hinaus solange in Kraft, bis der Unterhalt im Unterhaltsprozess auf **Zahlungsklage des Berechtigten oder** auf **negative Feststellungsklage des Verpflichteten** endgültig „anderweitig" geregelt ist[39]. Wer sich als Unterhaltsschuldner einer einstweili- **1774**

---

32 *BGH* NJW 83, 1330; 91, 705.
33 *BGH* NJW 83, 1330; FamRZ 83, 892; 89, 850.
34 *BVerfG* NJW 80, 386: verfassungsgemäß.
35 *OLG Hamm* NJW 79, 49; *OLG Bamberg* FamRZ 83, 82.
36 *KG* FamRZ 86, 1010: auch befristete Zuweisung.
37 Umgangsregelung: *OLG Saarbrücken* FamRZ 86, 182; *OLG Hamburg* FamRZ 87, 497; Aufteilung der Ehewohnung: *OLG Zweibrücken* FamRZ 84, 916; Aufhebung der e.A.: *OLG Köln* FamRZ 83, 733; Ablehnung einer e.A. oder einer Änderung: *OLG Frankfurt* FamRZ 84, 295; *OLG Hamm* FamRZ 88, 1194; *OLG Hamburg* FamRZ 90, 423; *OLG Karlsruhe* FamRZ 96, 1226 u. 99, 242: auch Vollziehungsmaßnahmen.
38 *OLG Frankfurt* NJW 86, 1052.
39 *BGH* NJW 83, 1330; 91, 705; MDR 89, 726; *OLG Köln* FamRZ 84, 717; *OLG Hamm* FamRZ 88, 1057; *OLG Hamburg* FamRZ 89, 888; 90, 431; *OLG Frankfurt* FamRZ 90, 767.

gen Anordnung dauerhaft erwehren will, klagt deshalb negativ auf Feststellung, dass er nur einen geringeren oder überhaupt keinen Unterhalt schulde. Das Feststellungsinteresse folgt ohne weiteres aus § 620f[40].

1775 Da die einstweilige Anordnung nicht rechtskräftig über den Unterhaltsanspruch entscheidet, ist **auch** die **rückwirkende Feststellung** möglich, dass der Ehegatte noch nie Unterhalt geschuldet habe[41], mit der Folge, dass der bezahlte Unterhalt des rechtlichen Grundes entbehrt, denn die einstweilige Anordnung liefert noch keinen Rechtsgrund[42]. Unterhaltszahlungen ohne rechtlichen Grund aber kann man grundsätzlich nach §§ 812 ff. BGB zurückfordern (RN 610). Auch die **Klage auf Rückzahlung überzahlten Unterhalts** zielt auf eine „anderweitige" Regelung nach § 620f[43].

1776 **Außer Kraft tritt die einstweilige Anordnung erst mit Rechtskraft des Urteils, das** im Unterhaltsprozeß der negativen Feststellungsklage stattgibt oder die Unterhaltsklage abweist und die **Unterhaltspflicht endgültig verneint**[44]. Soweit **der Unterhaltspflichtige zum Unterhalt verurteilt** wird, behält der Unterhaltsberechtigte folgerichtig die Vollstreckungsmöglichkeit aus der einstweiligen Anordnung bis zur Rechtskraft des Unterhaltsurteils[45].

Für die Dauer des Unterhaltsprozesses kann die Zwangsvollstreckung aus der einstweiligen Anordnung **analog § 769** einstweilen eingestellt werden[46].

Die einstweilige Anordnung erlischt auch durch einen **endgültigen Prozessvergleich über den Unterhalt**, jedoch beschränkt sich der Vergleich im Verfahren der einstweiligen Anordnung im Zweifel gleichfalls auf eine vorläufige Regelung[47].

---

40 *BGH* NJW 95, 2032: nach Ablehnung des Antrags auf einstw. Anordnung bedarf Interesse für negative Feststellung besonderer Begründung durch ein „Berühmen" der anderen Seite; *OLG Hamburg* FamRZ 98, 294: Klage auf Rückzahlung geht negat. Feststellungsklage vor; *OLG Köln* FamRZ 2000, 106: keine negative Feststellungsklage, solange Unterhaltsklage rechtshängig.
41 *BGH* NJW 83, 1330; FamRZ 89, 850: kein Vertrauensschutz; ebenso *OLG Hamm* FamRZ 88, 1057; einschränkend *OLG Oldenburg* FamRZ 89, 633.
42 *BGH* 93, 183; NJW 92, 2415; 84, 2095.
43 *BGH* NJW 84, 2095.
44 *BGH* NJW 91, 705; *OLG Frankfurt* FamRZ 90, 767; *OLG Hamburg* FamRZ 96, 745; a.A. wohl *OLG Düsseldorf* FamRZ 96, 745.
45 *OLG Hamburg* u. Düsseldorf FamRZ 96, 745; *OLG Stuttgart* FamRZ 2001, 359: bis zur unbedingten Vollstreckbarkeit; a.A. *OLG Hamm* FamRZ 99, 29; *OLG Zweibrücken* FamRZ 2001, 359.
46 *BGH* NJW 83, 1330; 85, 1074; *OLG Hamm* NJW 83, 460; *OLG Frankfurt* FamRZ 84, 717; 90, 767; *OLG Köln* FamRZ 96, 1227.
47 *OLG Hamburg* FamRZ 80, 904; *OLG Frankfurt* FamRZ 83, 202.

27. Teil
Das Verfahren in Kindschaftssachen

1. Kapitel
Kindschaftssachen

1. Begriff

Da es auch im öffentlichen Interesse liegt, den familienrechtlichen Status des Kindes zu **1777** klären[1], haben die Kindschaftssachen in den §§ 640-641i ihr eigenes Verfahren.

Während es bisher meist darum ging, die Ehelichkeit des Kindes anzufechten oder den nichtehelichen Vater des Kindes festzustellen, reißt das **KindRG** zum 1.7.1998 die Mauer zwischen ehelichen und nichtehelichen Kindern auch prozessual ein und bietet **allen Kindern das gleiche Abstammungsverfahren**. Gleichzeitig macht es die **Kindschaftssachen** zu **Familiensachen**, für die das **Familiengericht** zuständig ist (§ 23b I 2 Nr. 12 GVG; § 621 I Nr. 10 ZPO).

Folgerichtig definiert das KindRG die Kindschaftssachen neu; es sind deren drei:

1.1 Die Feststellung, ob zwischen den Parteien ein Eltern-Kind-Verhältnis besteht (§ 640 II Nr. 1)

Rechtsgrundlage ist das Abstammungsrecht der §§ 1591-1600e BGB, das nicht mehr **1778** zwischen ehelicher und nichtehelicher Abstammung unterscheidet, sondern nur noch eine einheitliche Abstammung kennt.

Hierher gehört auch der Streit darüber, ob die Anerkennung der Vaterschaft nach §§ 1592 Nr. 2, 1594-1598 BGB oder die Annahme als Kind nach §§ 1741 ff. BGB wirksam sei.

Das prozessuale Mittel, diese Fragen zu beantworten, ist die **positive oder negative Feststellungsklage**.

1.2 Die Anfechtung der Vaterschaft (§ 640 II Nr. 2)

Rechtsgrundlage sind die §§ 1599-1600c BGB. Anfechten kann man die Vaterschaft **1779** kraft Heirat mit der Mutter (§ 1592 Nr. 1 BGB) und die Vaterschaft kraft Anerkennung (§ 1592 Nr. 2 BGB). § 1600e I BGB verlangt eine Anfechtungsklage. Diese lautet zwar auf negative Feststellung, ist aber eine Gestaltungsklage. Denn die Vaterschaft nach § 1592 Nr. 1 oder Nr. 2 BGB besteht solange, bis sie durch rechtskräftiges Anfechtungs-

---

1 *BGH* NJW 73, 51; zum neuen Verfahren: *Habscheid/Habscheid* FamRZ 99, 480.

urteil als Nicht-Vaterschaft entlarvt wird[2]. Dieses Urteil aber stellt den Status des Kinder nicht lediglich fest, sondern verändert ihn.

1.3 Die Feststellung, ob die eine Partei die elterliche Sorge für die andere habe (§ 640 II Nr. 3)

Rechtsgrundlage sind die §§ 1626-1639, 1666-1681 BGB. Streitigkeiten dieser Art waren bisher überaus selten und werden es wohl bleiben.

2. Status und Unterhalt

1780 Alle Kindschaftssachen sind Streitigkeiten über den familienrechtlichen Status des Kindes, sei es, dass dieser Status festgestellt, sei es, dass er geändert werden soll.

Statusstreitigkeiten sind ausnahmslos **nichtvermögensrechtlich**. Der vermögensrechtliche Unterhalt gehört nicht dazu. Ein Blick in die ZPO beweist es. Die Vorschriften über den Unterhalt Minderjähriger (§§ 645-660 ZPO) stehen außerhalb des Kindschaftsprozesses. Das hindert das Kind freilich nicht, im Statusverfahren auch den Unterhalt in Höhe des Regelbetrags geltend zu machen (§ 653 ZPO)[3].

Das KindUG liefert mit den §§ 645-660 ZPO ein „vereinfachtes Verfahren über den Unterhalt Minderjähriger" das weitgehend vom Rechtspfleger geführt wird (§ 20 Nr. 10 RPflG).

3. Gesetzliche Systematik

1781 Die §§ 640-640h regeln den Kindschaftsprozess nach wie vor als **besonderes ZPO-Verfahren** mit Amtsermittlung und Beschränkung der Parteiherrschaft. Gesetzliches Vorbild ist der Scheidungsprozess, auf den § 640 I in weitem Umfang verweist.

Dagegen beseitigt das **KindRG** die Trennung zwischen ehelicher und nichtehelicher Abstammung auch prozessual. Da es materiellrechtlich nur noch eine einheitliche Abstammung gibt, sind die Sondervorschriften der §§ 641-641b über die nichteheliche Vaterschaft aufgehoben. Prozessgegenstand sind jetzt nur noch die Anfechtung der Vaterschaft und die gerichtliche Feststellung der Vaterschaft (oder der Mutterschaft).

1782 Aus der Rolle fällt nach § 1600e II BGB das Abstammungsverfahren dann, wenn die Person, gegen die eine Feststellungs- oder Anfechtungsklage zu richten wäre, bereits verstorben ist. Hier genügt statt der Klage ein schlichter Antrag an das Familiengericht, das mangels eines Prozessgegners nach dem FGG verfährt (§ 621a I 1). Diese Kindschaftssachen sind deshalb **FG-Familiensachen**; die Feststellung der Vaterschaft ist in § 55b FGG, die Anfechtung der Vaterschaft in § 56c FGG geregelt.

---

2 So zur Ehelichkeitsanfechtung früheren Rechts: *BGH* 83, 392.

3 Zum früheren Regelunterhalt: *BGH* NJW 82, 515: auch nach gesetzlichem Forderungsübergang und Rückerwerb; *OLG Düsseldorf* NJW 81, 2476: Erfüllungseinwand; *OLG Stuttgart* FamRZ 95, 621: Einwand der Leistungsunfähigkeit nur, wenn unstreitig oder offensichtlich.

2. Kapitel
Von der Klage bis zum Urteil

1. Zuständigkeit

Sachlich zuständig ist das Amtsgericht (§ 23a Nr. 1 GVG). Das KindRG weist die **1783** Kindschaftssachen nunmehr dem **Familiengericht** zu (§ 23b I 2 Nr. 12 GVG).

Auch die **örtliche Zuständigkeit** wird durch § 640a ZPO völlig neu geregelt. Sie ist nach wie vor **ausschließlich** und richtet sich in erster Linie nach dem **Wohnsitz des Kindes**, hilfsweise nach seinem **gewöhnlichen Aufenthalt** (I 1).

Klagt die **Mutter**, ist auch das Gericht zuständig, in dessen Bezirk die Mutter ihren Wohnsitz, hilfsweise ihren gewöhnlichen Aufenthalt hat (I 2).

Wenn weder Kind noch Mutter im Inland einen Wohnsitz oder gewöhnlichen Aufenthalt hat, bestimmt der Wohnsitz des **Mannes**, hilfsweise sein gewöhnlicher Aufenthalt den Gerichtsstand (I 3).

Hilft auch das nicht, ist das Familiengericht Schöneberg in Berlin zuständig (I 4), falls die deutschen Gerichte überhaupt international zuständig sind[4].

Die **internationale Zuständigkeit** deutscher Gerichte regelt unverändert § 640a II; sie ist nicht ausschließlich.

2. Parteien

2.1 Eltern und Kind

Parteien sind diejenigen, zwischen denen ein Eltern-Kind-Verhältnis bejaht oder verneint **1784** werden soll. Im Abstammungsprozess klagt nach § 1600e BGB der Mann gegen das Kind oder die Mutter gegen den Mann oder das Kind gegen den Mann.

Ist der zu verklagende Gegner bereits verstorben, entfällt zwar nicht das Abstammungsverfahren selbst, aber aus dem Zwei-Parteien-Zivilprozess wird nach § 1600e II BGB mit § 621a I 1 FGG ein FG-Verfahren; insoweit löst das Familiengericht das früher zuständige Vormundschaftsgericht ab.

In der ersten Instanz des Kindschaftsprozesses braucht man noch keinen Anwalt (§ 78 II S. 1 ZPO).

2.2 Prozessfähigkeit

§ 51 gilt auch im Kindschaftsprozess. Eine Ausnahme macht § 640b für die Anfechtung **1785** der Vaterschaft. Hier sind die Mutter und der Mann schon dann prozessfähig, wenn sie nur beschränkt geschäftsfähig sind. Für das minderjährige Kind bleibt es bei der Regel

---

4 *BGH* NJW 85, 552: Kind, das in Deutschland unter Pflegschaft steht, darf auch dann klagen, wenn zuvor seine Klage im Ausland abgewiesen wurde.

des § 51; es prozessiert ebenso durch den gesetzlichen Vertreter wie die Mutter und der Mann, wenn sie geschäftsunfähig sind.

2.3 Beiladung, Streithilfe und Streitverkündung

1786   Wenn ein Elternteil oder das Kind weder Kläger noch Beklagter ist, wird er/es nach § 640e I 1 gleichwohl **zur mündlichen Verhandlung geladen** und bekommt die Klage, damit das Urteil auch ihm gegenüber wirken kann (§ 640h S. 2)[5]. Man nennt dies Beiladung.

1787   Nach § 640e I 2 kann dieser Elternteil oder das Kind der einen oder anderen Partei als **Streithelfer** beitreten[6]. Hat das Gericht die Beiladung versäumt, stellt es dem Betreffenden wenigstens das Urteil zu, damit er beitreten und Rechtsmittel einlegen kann[7].

1788   Wenn das Kind, das auf Feststellung der Vaterschaft klagt, glaubt, es könne einen Dritten als Vater belangen, wenn es den Prozess verliere, kann es dem Dritten nach § 640e II 1 bis zur rechtskräftigen Entscheidung den **Streit verkünden**. Das gleiche Recht hat die klagende Mutter (§ 640e II 2). Verliert nun das Kind oder die Mutter den ersten Prozess, darf im zweiten Prozess der verklagte Dritte nach §§ 74, 68 nicht mehr einwenden, der Beklagte des ersten Prozesses sei der Vater; dieser darf auch nicht als Mehrverkehrszeuge vernommen werden, denn seine Vaterschaft ist rechtskräftig ausgeschlossen.

3. Prozessbeginn durch Klage

3.1 Feststellungs- und Anfechtungsklage

1789   Anders als das Scheidungsverfahren beginnt der Kindschaftsprozess in der Regel mit einer Klage (§ 1600e I BGB). Die Vaterschaftsanfechtung ist eine Gestaltungsklage, der Rest sind Feststellungsklagen. Die Klaganträge lauten freilich samt und sonders auf Feststellung.

Beispiele

„Es wird festgestellt, dass der Beklagte der Vater des Klägers ist."

„Es wird festgestellt, dass der Beklagte nicht der Vater der Klägerin ist."

„Es wird festgestellt, dass der Kläger nicht der Vater des Beklagten ist."

„Es wird festgestellt, dass die Anerkennung der Vaterschaft des Klägers für die Beklagte unwirksam ist."

„Es wird festgestellt, dass der Beklagte keine elterliche Sorge für den Kläger hat."

Das **Feststellungsinteresse** versteht sich von selbst. Sobald der Status des Kindes streitig wird, haben beide Teile ein rechtliches Interesse an gerichtlicher Klärung[8]. Deshalb ist nicht nur die positive, sondern **auch die negative Feststellungsklage** zulässig[9]. Rechts-

---

5 *BGH* 89, 121: zur früheren Ehelichkeitsanfechtung.
6 Zur früheren Ehelichkeitsanfechtung: *BGH* 76, 299; 89, 123.
7 *BGH* 89, 121.
8 *BGH* NJW 73, 51.
9 *BGH* NJW 73, 51.

kräftige Unterhaltstitel sind kein Hindernis, weil sie nur die Unterhaltpflicht, nicht den Status des Kindes feststellen. Es ist genau umgekehrt: Das Statusurteil ist stärker (§ 640h) und durchbricht die Rechtskraft des Unterhaltstitels[10].

3.2 Prozesshindernis der Rechtshängigkeit

Sobald und solange eine Statusklage nach § 640 rechtshängig ist, darf nach § 640c II keine weitere Klage dieser Art mehr anhängig gemacht werden; sie wäre unzulässig. **1790**

3.3 Antrag statt Klage

Statt der Klage genügt nach § 1600e II BGB ein schlichter Antrag an das Familiengericht, wenn der zu verklagende Prozessgegner schon verstorben ist. Da der Zivilprozess ein Zwei-Parteien-Prozess ist, eröffnet der Feststellungsantrag nach § 1600e II BGB folgerichtig ein **FG-Verfahren** (§ 621a I 1).

4. Mündliche Verhandlung

Die mündliche Verhandlung ist vorgeschrieben (§ 128 I), die Öffentlichkeit aber ausgeschlossen (§ 170 S. 1 GVG). **1791**

Wie im Eheverfahren gibt es auch hier kein schriftliches Vorverfahren, in dem das Gericht den Parteien Schriftsatzfristen setzen dürfte mit der Rechtsfolge, dass verspätetes Vorbringen nach § 296 I unzulässig wäre (§§ 640 I, 611 II). Den Abstammungsprozess kann das Gericht ohnehin selten in einem einzigen Haupttermin erledigen, weil es nach Anhörung der Parteien und Vernehmung der Zeugen meistens noch ein schriftliches Abstammungsgutachten erheben muss. Verspätetes Vorbringen darf das Gericht nur zurückweisen, wenn die Partei den Prozess grob nachlässig verzögert (§§ 640 I, 615).

5. Amtsermittlung

Vom Normalprozess unterscheidet sich der Kindschaftsprozess vor allem durch die Art und Weise der Sachverhaltsarbeit. Wie im Eheverfahren ermittelt das Gericht den Sachverhalt auch hier von sich aus (§§ 640 I, 616 I). An die Behauptungen und Beweise der Parteien ist es nicht gebunden. Es gibt keine streitigen und unstreitigen, sondern nur bewiesene und unbewiesene Tatsachen. **1792**

Amtsermittlung heißt: **Das Gericht muss von sich aus die Abstammung klären und alle erreichbaren Beweise ausschöpfen**[11]. Zeugen- und Parteiaussagen genügen nicht, solange ein Abstammungsgutachten weitere Klärung verspricht, denn das Gutachten kann Zeugen- und Parteiaussagen widerlegen, nicht aber umgekehrt. Auf die gesetzli-

---

10 *BGH* 46, 319.
11 *BGH* NJW 64, 1184; 74, 1428; 75, 2247; 76, 366; 80, 1335, 1337; 90, 2312, 2813; 91, 2961; 94, 1348; *BayObLG* FamRZ 99, 1363; *OLG Brandenburg* FamRZ 2000, 1581.

chen Vaterschaftsvermutungen (§§ 1600c, 1600d II BGB) und die Beweislast darf sich das Gericht erst zurückziehen, wenn es alle erreichbaren Beweise ausgeschöpft hat[12].

§ 640d setzt der Amtsermittlung jedoch eine Grenze: Wer die Vaterschaft anficht, darf das Gericht daran hindern, anfechtungsfreundliche Tatsachen zu verwerten. Diese Tatsachen sind schon dann unverwertbar, wenn sie dem Vorbringen des Klägers widersprechen. Es liegt nicht im öffentlichen Interesse, den Status des Kindes gegen den Willen des Klägers zu ändern[13].

An der **Beweislast** ändert die Amtsermittlung nichts[14]. Sie nimmt den Parteien nicht einmal die Behauptungs- und Beweisführungslast vollständig ab. Wenn eine Partei günstige Tatsachen oder Beweise zurückhält, die nur sie kennt, kann ihr auch die Amtsermittlung nicht helfen.

6. Beweisaufnahme

6.1 Partei- und Zeugenvernehmung

1793 Wie im Eheverfahren kann das Gericht auch hier die Parteien vernehmen; ein Beweisantrag ist unnötig, auf die Beweislast kommt es nicht an (§§ 640 I, 613 I). Das Gericht kann die Parteien aber nur zum Erscheinen, nicht zur Aussage zwingen (§§ 640 I, 613 II, 380).

Wichtig ist die Zeugenaussage der Kindesmutter, weil sie am besten weiß, mit wem sie während der Empfängniszeit geschlechtlich verkehrt hat.

6.2 Abstammungsgutachten

1794 Zuverlässiger als Partei- und Zeugenaussagen ist der objektive Abstammungsbeweis durch Sachverständige. Systematisch falsch ordnet § 372a die Feststellung der Abstammung dem Augenschein zu, obwohl nicht der Richter, sondern der medizinische Sachverständige die Beteiligten untersucht. Die Medizin hat verschiedene Verfahren entwickelt, um die Vaterschaft festzustellen. Die unterschiedliche Beweiskraft rechtfertigt folgende Rangfolge:

Höchsten Beweiswert hat das **Blutgruppengutachten**[15]. Es kann zwar die Vaterschaft nicht positiv feststellen, aber mit absoluter Sicherheit ausschließen[16] und geht deshalb allen übrigen Beweisen vor.

---

12 *BGH* 61, 168; NJW 76, 2246; 80, 1335, 1337; 82, 2124; 91, 2961; FamRZ 94, 506; *BayObLG* FamRZ 99, 1363.
13 *BGH* NJW 80, 1335, 1337; 90, 2813.
14 *BGH* NJW 90, 2813: Beweislast aber unerheblich, wenn Gegner erforderliche Tatsachen behauptet.
15 *BGH* 61, 170; ferner *Hummel* NJW 81, 605; *Ritter* FamRZ 91, 646; *Mutschler* FamRZ 95, 841; Richtlinien für die Erstattung v. Abstammungsgutachten in FamRZ 97, 344.
16 *BGH* 12, 22; 21, 337; 45, 234; 61, 170.

Das **biostatistische Gutachten** errechnet aus den Blutfaktoren von Kind und Mann die statistische Wahrscheinlichkeit einer Vaterschaft in Prozentsätzen[17]. Es kann zwar nicht allein, aber zusammen mit dem Blutgruppengutachten und anderen Beweisen die Vaterschaft positiv feststellen[18]. Sein Beweiswert ist größer als der des erbbiologischen Gutachtens.

Die **DNA-Analyse** anhand der Gene kann die Vaterschaft nicht nur ausschließen, sondern auch positiv feststellen, zumindest als Ergänzung der herkömmlichen Verfahren[19].

Das **erbbiologisch-anthropologische Ähnlichkeitsgutachten** vergleicht eine Reihe von Körpermerkmalen der Testpersonen und zieht daraus seine Schlüsse. Über Wahrscheinlichkeiten kommt es nicht hinaus. Es ist zwar schwächer als das Blutgruppengutachten[20], kann jedoch Zeugenaussagen widerlegen[21]. Zusammen mit anderen Beweisen kann es das Gericht sowohl von der Vaterschaft als auch von deren Ausschluss überzeugen[22]. Weil die erbbiologische Untersuchung ein Mindestalter des Kindes voraussetzt, darf das Verfahren so lange ausgesetzt werden, bis das Kind alt genug ist (§ 640f).

Schließlich kann medizinisch festgestellt werden, ob ein Mann deshalb nicht der Vater sein kann, weil er **zeugungsunfähig** gewesen ist. Auch die **Dauer der Schwangerschaft** lässt Schlüsse auf die Vaterschaft zu.

6.3 Blutentnahme und erbbiologische Untersuchung

Dass der Abstammungsbeweis nur zulässig ist, wenn die Abstammungsfrage erheblich **1795** ist, versteht sich zwar von selbst, verdient aber deshalb besondere Aufmerksamkeit, weil Blutentnahme und erbbiologische Untersuchung tief in die Persönlichkeit des Betroffenen eingreifen[23].

Wer der deutschen Gerichtsbarkeit unterworfen ist[24], muss nach § 372a I[25] **Blutentnahme und erbbiologische Untersuchung dulden**, wenn der Eingriff wissenschaftlich anerkannt ist, sich dazu eignet, die Abstammung zu klären, und dem Betroffenen gesundheitlich zuzumuten ist. Dies gilt für jeden, der auch nur im Verdacht steht, mit der Kindesmutter während der gesetzlichen Empfängniszeit geschlechtlich verkehrt zu haben, denn das Gericht muss die Abstammung von Amts wegen klären und allen Hinweisen nachgehen[26].

---

17 *BGH* 61, 165; NJW 74, 606, 82, 2124; 87, 2296; FamRZ 90, 615; *Hummel* NJW 80, 1320; FamRZ 97, 326; *Scholl* NJW 80, 1323.
18 *BGH* NJW 82, 2124: Einschränkung in Dirnenfällen; NJW-RR 89, 707: Iraner.
19 *BGH* NJW 91, 750; 91, 2961; FamRZ 91, 185, 426; *OLG Brandenburg* FamRZ 2000, 1581; *Hummel* NJW 90, 753; *Hummel/Mutschler* NJW 91, 2929; *Ritter* FamRZ 91, 646; 92, 277; *Böhm* u.a. FamRZ 92, 275; *Bartel* FamRZ 92, 276.
20 *BGH* 45, 236.
21 *BGH* NJW 64, 1180.
22 *BGH* 7, 116; 40, 377; NJW 64, 1179; 74, 606; 76, 368; *KG* FamRZ 70, 419: auch in Dirnenfällen.
23 *OLG Stuttgart* FamRZ 61, 1179; 74, 606; 76, 368; *KG* FamRZ 70, 419: Anfechtungsfrist ist versäumt; *OLG München* NJW 77, 341: Mann ist bereits rechtskräftig als Vater ausgeschlossen.
24 *BGH* NJW 86, 2371: lex fori.
25 *BVerfG* 5, 13: § 372a ist verfassungsgemäß.
26 *KG* NJW 87, 2311: Wohngemeinschaft; *OLG Nürnberg* FamRZ 96, 1155: Mutter, auch wenn Ehemann Kind adoptieren will; *OLG Dresden* FamRZ 99, 448: Eltern des verstorbenen Mannes.

1796 **Blutentnahme und körperliche Untersuchung** darf man nur **verweigern**, wenn sie nach der Art der Untersuchung, nach den Folgen des Untersuchungsergebnisses oder wegen Gesundheitsgefährdung unzumutbar sind. § 372a I regelt das Verweigerungsrecht abschließend, die Vorschriften der §§ 383, 384 über die Zeugnisverweigerung gelten hier nicht[27], weil es auch im öffentlichen Interesse liegt, die Abstammung zu klären. § 372a II 1 verweist nur auf das Verfahren, nicht auf die Voraussetzungen der Zeugnisverweigerung.

Beispiele
> Unzumutbar ist der Eingriff, wenn der Proband so sensibel ist, dass **psychische Schäden** drohen (*OLG Koblenz* NW 76, 379).
>
> Die **Mitgliedschaft in einer religiösen Sekte**, die ihren Mitgliedern medizinische Eingriffe am eigenen Körper verbietet, berechtigt noch nicht zur Verweigerung (*OLG Düsseldorf* FamRZ 76, 51); auch nicht die **Gefahr**, wegen Falschaussage über den Mehrverkehr (*OLG Stuttgart* NJW 57, 1405; *KG* NJW 69, 2208; *OLG Nürnberg* FamRZ 70, 597) oder wegen Blutschande bestraft (*OLG Hamm* NJW 93, 475) oder zum Unterhalt herangezogen zu werden (*OLG Nürnberg* FamRZ 70, 597).
>
> Das Recht des Kindes zu erfahren, von wem es abstamme, hat Vorrang vor der **Totenruhe** und rechtfertigt die Exhumierung und die Entnahme von Gewebeproben eines Mannes, der als Vater in Betracht kommt (*OLG München* FamRZ 2001, 126).

1797 Wer die Untersuchung unberechtigt verweigert, setzt sich dem **Untersuchungszwang** aus (§ 372a II)). Dass der Proband den Untersuchungstermin versäumt, bedeutet noch nicht, dass er die Untersuchung verweigere; er kann die Vorladung auch einfach vergessen haben[28]. Die Säumnis allein rechtfertigt noch kein Ordnungsmittel, denn § 380 ist nicht anwendbar[29]. Begründet der Proband seine unberechtigte Weigerung nicht, zwingt ihn das Gericht sofort zur Untersuchung (§§ 372a II, 390). Gibt der Proband jedoch Gründe an, muss das Gericht zuerst in einem **Zwischenstreit** rechtskräftig klären, ob die Weigerung berechtigt ist, bevor es den Untersuchungszwang ausüben darf (§§ 372a II, 387)[30]. Die gewaltsame Vorführung zur Untersuchung ist erst nach wiederholter unberechtigter Weigerung erlaubt (§ 372a II 2)[31].

Verweigert der beklagte Mann die Blutentnahme, wertet die Rechtsprechung dies als **Beweisvereitelung**[32].

6.4 Beweiswürdigung

1798 Bei der Beweiswürdigung muss das Gericht die **Naturgesetze der Vererbung** beachten. Es darf die Vaterschaft nicht bejahen, wenn ein fehlerfreies Blutgruppengutachten sie ausschließt. Dagegen gibt es noch kein medizinisches Verfahren, das für sich allein eine

---

27 *KG* NJW 69, 2208; *OLG Nürnberg* FamRZ 70, 597; *OLG Frankfurt* NJW 79, 1257; *OLG Karlsruhe* FamRZ 98, 563: Minderjähriger entscheidet selbst, wenn reif genug, andernfalls der gesetzliche Vertreter.
28 *OLG Düsseldorf* FamRZ 71, 666; a.A. *OLG Zweibrücken* FamRZ 86, 493.
29 *OLG Nürnberg* MDR 64, 242; *OLG Düsseldorf* FamRZ 71, 666.
30 *BGH* NJW 93, 1391: Zwischenurteil nicht revisibel; *OLG Dresden* FamRZ 99, 448; zum Untersuchungszwang durch das Rechtshilfegericht: *BGH* NJW 90, 2936.
31 Dazu *OLG Frankfurt* NJW-RR 88, 714.
32 *BGH* NJW 86, 2371; 93, 1391.

Vaterschaft ebenso zuverlässig feststellt. Hier kommt die Wissenschaft über Wahrscheinlichkeitsurteile nicht hinaus. Das Zusammenspiel dieser Wahrscheinlichkeiten mit den gesetzlichen Vaterschaftsvermutungen der §§ 1600c I, 1600d II BGB lässt noch Raum für **freie Beweiswürdigung** nach § 286 I. Das Gericht darf die Vaterschaft trotz hoher Wahrscheinlichkeit und gesetzlicher Vermutung verneinen und trotz niedriger Wahrscheinlichkeit bejahen, weil die gesetzliche Vermutung nicht widerlegt sei[33].

7. Prozessvergleich

Weil die Parteien den familienrechtlichen Status nicht frei bestimmen dürfen, können sie sich auch nicht vergleichen. Denkbar ist nur das vertragliche Versprechen, die Klage zurückzunehmen. Außerdem kann der Mann die Vaterschaft anerkennen (§§ 1594 ff. BGB). Wenn die erforderlichen Willenserklärungen in mündlicher Verhandlung vor dem Familiengericht zu Protokoll gegeben werden (§ 641c) und die Parteien die Hauptsache für erledigt erklären, entscheidet das Familiengericht nur noch über die Kosten (§ 91a). **1799**

8. Urteil

8.1 Positive oder negative Feststellung

Das Sachurteil im Kindschaftsprozess stellt fest, dass ein Eltern-Kind-Verhältnis entweder besteht oder nicht besteht. Einzige Ausnahme ist das Urteil, das der Klage auf Anfechtung der Vaterschaft stattgibt, denn dieses Urteil stellt nicht lediglich fest, dass der Mann nicht der Vater sei, sondern beseitigt eine Vaterschaft, die bisher bestanden hat, und gestaltet so die Rechtslage. **1800**

Gibt das Urteil im Abstammungsprozess der positiven Feststellungsklage statt oder weist es die negative Feststellungsklage ab, stellt es die Vaterschaft des klagenden oder beklagten Mannes fest. Dagegen schließt es die Vaterschaft dieses Mannes aus, wenn es die positive Feststellungsklage abweist oder der negativen Feststellungsklage stattgibt.

§ 641h erweitert aus praktischen Gründen den Tenor des Urteils, das eine negative Feststellungsklage abweist, weil das Gericht die Vaterschaft des Mannes festgestellt hat.

„Die Klage wird abgewiesen. Es wird festgestellt, dass der Kläger der Vater der Beklagten ist."

Dagegen muss der Urteilstenor nicht auch die Zweifel an der Vaterschaft ausdrücken, wenn das Gericht nach der Beweislast entscheidet. Denn das Gericht kann die Vaterschaft nur bejahen oder verneinen, ausweichen kann es ihr nicht. Entweder hat der Mann der Frau während der gesetzlichen Empfängniszeit beigewohnt, oder der Verkehr ist nicht bewiesen. Hat er ihr beigewohnt, ist die gesetzliche Vaterschaftsvermutung entweder erschüttert oder unerschüttert. Zwar soll das Abstammungsurteil mit der genetischen Abstammung möglichst übereinstimmen[34], aber auch gesetzliche Vermutungen und Beweislastregeln bestimmen rechtlich die Vaterschaft.

---

33 Dazu *BGH* 61, 165; NJW 73, 2249; 74, 605, 606, 1428; 76, 357.
34 *BGH* 61, 168.

8.2 Nebenentscheidungen

1801 Die **Kostenentscheidung** im Statusurteil richtet sich nach den allgemeinen Vorschriften der §§ 91 ff. Jedoch werden die Kosten gegeneinander aufgehoben, wenn die Klage auf Anfechtung der Vaterschaft Erfolg hat (§ 93c).

Kindschaftssachen haben einen **Regelstreitwert** von 2000,– Euro (§ 12 II 3 GKG), der je nach Einkommen und Vermögen der Parteien höher oder niedriger sein kann (§ 12 II 1 GKG).

Vorläufig vollstreckbar sind Urteile in Kindschaftssachen nie, auch nicht im Kostenpunkt (§ 704 II 1).

8.3 Rechtskraft

1802 Das Urteil im Statusprozess wirkt **für und gegen alle**, wenn es noch zu Lebzeiten der Parteien rechtskräftig wird (§ 640h S. 1); das ist die gesetzliche Regel, denn die Feststellung des richtigen Status liegt auch im öffentlichen Interesse.

Eine **Ausnahme** macht § 640h S. 2: Die gerichtliche Feststellung eines Eltern-Kind-Verhältnisses oder der elterlichen Sorge wirkt gegen einen Dritten, der das elterliche Verhältnis oder die elterliche Sorge für sich reklamiert, nur dann, wenn er durch Beiladung, Streithilfe oder Streitverkündung am Rechtsstreit teilgenommen hat.

Aber auch diese Ausnahme hat in § 640h S. 3 eine **Ausnahme,** die zur Regel des § 640h S. 1 zurückkehrt, wenn das Urteil nach § 1600d BGB die Vaterschaft feststellt.

9. Sonstiges

1803 **Säumnis** und **Anerkenntnis** des Beklagten bleiben rechtlich folgenlos (§§ 640 I, 612 IV, 617). Ist hingegen der Kläger säumig, wird die Klage durch Versäumnisurteil abgewiesen (§ 330).

Im Kindschaftsprozess kann man nur Statussachen miteinander verbinden und **Widerklage** nur über eine Statussache erheben (§ 640c I). Sobald eine Statusklage anhängig ist, macht sie jede weitere entsprechende Klage unzulässig (§ 640c II).

Der **Tod einer Partei** beendet in der Regel den Prozess (§§ 640 I, 619). Eine Art Rechtsnachfolge gibt es jedoch im Verfahren auf Anfechtung oder Feststellung der Vaterschaft. Stirbt das klagende Kind oder die klagende Mutter, darf der andere Klageberechtigte das Verfahren binnen eines Jahres aufnehmen (§ 640g S. 1). Tut er es nicht, ist die Hauptsache erledigt (§ 640g S. 2).

1804 Die Vaterschaftsanfechtung ist präjudiziell für Kindesunterhalt und elterliche Sorge, so dass diese Verfahren nach § 153 ZPO **auszusetzen** sind[35].

---

35 *OLG München* FamRZ 96, 950.

Streitig ist, ob die beklagte Partei auch dann **Prozesskostenhilfe** bekommt, wenn sie sich nicht wehren will[36]. Jedenfalls ist der armen Partei auf Antrag ein Anwalt beizuordnen, immerhin geht es um ihren familienrechtlichen Status[37].

3. Kapitel
Die Restitutionsklage

Da ein falsches Statusurteil tiefer in die Persönlichkeit der Parteien eingreift als ein fal- **1805** sches Leistungsurteil, erleichtert das Gesetz die Wiederaufnahme. § 641i I liefert über § 580 hinaus einen weiteren Restitutionsgrund. Jede Partei darf das rechtskräftige Status-urteil mit der Restitutionsklage anfechten, wenn sie ein **neues Sachverständigengut-achten** vorlegt, das allein oder zusammen mit den alten Beweisen das frühere Beweiser-gebnis erschüttert und eine andere Entscheidung über die Vaterschaft ermöglicht[38].

Das neue Gutachten ist **Prozessvoraussetzung**, die bis zum Schluss der mündlichen Ver-handlung erfüllt werden kann[39]. Es muss Gründe für und wider die Vaterschaft des Man-nes nennen[40]. Dazu taugen nicht nur Blutgruppen- und erbbiologische Gutachten, sondern auch Gutachten über die Zeugungsunfähigkeit des Mannes[41] oder die Dauer der Schwangerschaft[42].

„Neu" ist jedes Gutachten, das im Vaterschaftsprozess noch nicht verwertet worden ist[43]. Es muss sich nicht auf neue Forschungsergebnisse stützen, sondern kann sich darauf beschränken, ein früheres Gutachten zu widerlegen. Auch kommt es nicht darauf an, ob überhaupt schon ein Gutachten erhoben worden ist, denn das Gesetz verlangt kein „erneutes" Gutachten[44]. Der Restitutionskläger muss es jedoch selbst beschaffen, sein **Beweisantrag** auf Sachverständigenbeweis **genügt nicht**. Weil er die Untersuchung der anderen Beteiligten aber nicht nach § 372a erzwingen kann, sind die Erfolgsaussichten der Wiederaufnahme gering.

Im **Wiederaufnahmeverfahren** prozessieren die alten Parteien[45]. Ausschließlich zustän-dig ist das Amtsgericht oder das OLG, welches das Statusurteil gefällt hat (§ 641i III). Die Restitutionsklage ist nicht befristet (§ 641i IV) und erfordert keine Beschwer (§ 641i II)[46].

---

36 Zur früheren Ehelichkeitsanfechtung: *OLG Karlsruhe u. Stuttgart* DAV 91, 948, 949; *OLG Hamm* FamRZ 92, 454; *OLG Köln* FamRZ 96, 1289; jetzt *OLG Karlsruhe* FamRZ 99, 1286: ja.
37 Dazu *OLG Düsseldorf* FamRZ 95, 241; *OLG Köln* FamRZ 96, 1289.
38 *BGH* FamRZ 80, 880; *OLG Hamm* DAV 81, 472; ferner *Braun* FamRZ 89, 1129.
39 *BGH* NJW 82, 2128; NJW-RR 89, 1028.
40 *BGH* NJW 84, 2630.
41 *BGH* NJW 82, 2128; 84, 2630.
42 *BGH* NJW-RR 89, 258.
43 *BGH* FamRZ 80, 880; *OLG Hamm* FamRZ 72, 215; *OLG Stuttgart* FamRZ 82, 193.
44 *BGH* 61, 186; NJW 93, 1928.
45 *OLG Stuttgart* FamRZ 82, 193: nicht ihre Erben; *OLG Celle* FamRZ 2000, 1510: nach Tod des Mannes keine Restitution mehr.
46 *BGH* NJW 94, 589: gilt nicht für Nichtigkeitsklage nach §§ 579, 586.

4. Kapitel
Einstweilige Anordnung auf Unterhalt

1. Zulässigkeit des Antrags

1806   Nach **§ 641d** I 1, II 1 darf das Kind und darf die Mutter eine einstweilige Anordnung auf Notunterhalt beantragen, sobald eine Klage auf Feststellung der Vaterschaft nach § 1600d BGB oder wenigstens ein Antrag auf Prozesskostenhilfe für diese Klage eingereicht ist. Auf Feststellung der Vaterschaft nach § 1600d BGB klagt man dann, wenn die Vaterschaft nicht schon nach § 1592 Nr. 1 BGB durch Heirat mit der Mutter oder nach § 1592 Nr. 2 BGB durch Anerkennung begründet ist. Denn diese Vaterschaft besteht solange, bis sie durch Anfechtung beseitigt ist, so dass Kind und Mutter bereits einen Unterhaltsschuldner haben und ihren Notunterhalt durch einstweilige Verfügung sichern können (§ 1600o BGB; §§ 935, 940 ZPO). Im Falle des § 1600d BGB hingegen muss ein unterhaltpflichtiger Vater erst noch gefunden werden. Gleichwohl kann das Gericht schon zu Beginn des Feststellungsprozesses durch einstweilige Anordnung bestimmen, dass und wieviel Unterhalt der Mann zahlen oder Sicherheit für den Unterhalt leisten soll (I 2).

2. Zuständigkeit

1807   Zuständig ist das Familiengericht, bei dem die Statusklage oder der Antrag auf Prozesskostenhilfe eingereicht ist. Schwebt der Prozess in der Berufungsinstanz, ist das Oberlandesgericht/Familiensenat zuständig (II 5).

Da der Antrag zu Protokoll der Geschäftsstelle erklärt werden kann (I 3), braucht man dazu auch in zweiter Instanz keinen Anwalt (§ 78 III).

3. Unterhaltsanspruch

1808   Das Kind oder die Mutter muss den Unterhaltsanspruch nach Grund und Höhe glaubhaft machen (§ 641d II 3). Anspruchsvoraussetzung ist die Vaterschaft des Mannes (§ 1601 BGB). Dem Kind kommt jedoch die **Vaterschaftsvermutung** des § 1600d II 1 BGB zugute. Danach muss das Kind nur glaubhaft machen, der Mann habe der Mutter während der gesetzlichen Empfängniszeit beigewohnt. Die Vaterschaftsvermutung erlischt nach § 1600d I I 2 BGB erst dann, wenn trotz der Beiwohnung in der gesetzlichen Empfängniszeit schwere Zweifel an der Vaterschaft bestehen[47]. Hat die Mutter auch noch mit einem anderen Mann verkehrt, sollte die Vaterschaft des Prozessgegners zumindest wahrscheinlicher sein[48]. Je wahrscheinlicher die Vaterschaft ist, desto leichter bekommt das Kind oder die Mutter den nötigen Unterhalt[49].

---

47 *KG* NJW 71, 331.
48 *OLG München* DAV 75, 51.
49 *KG* NJW 71, 331 u. *OLG Köln* FamRZ 71, 382: im Zweifel nur Sicherheit.

4. Notwendigkeit der einstweiligen Anordnung

Das Kind oder die Mutter muss auch glaubhaft machen, dass die einstweilige Anordnung **1809** notwendig sei (§ 641d II 3). Sicherheitsleistung ist schon dann notwendig, wenn der rückständige Unterhalt gefährdet ist[50]. Die vorläufige Verurteilung zum Unterhalt dagegen ist nur erforderlich, wenn das Kind oder die Mutter sich finanziell in akuter Not befindet. Sie ist nicht notwendig, solange das Kind oder die Mutter Sozialhilfe bekommt, oder das Kind von der Mutter oder deren Verwandten ausreichend versorgt wird[51]. Dass derartige Hilfen unentgeltlich oder wie die Sozialhilfe subsidiär geleistet werden, ändert nichts an der Tatsache, dass auch sie die dringendste Not verhindern und eine einstweilige Anordnung ebenso entbehrlich machen wie eine einstweilige Verfügung auf Notunterhalt (RN 1599).

5. Verfahren

Über den Antrag ist mündlich zu verhandeln (§ 641d II 4). Die Voraussetzungen der **1810** einstweiligen Anordnung müssen nicht voll bewiesen, sondern nur glaubhaft gemacht werden (§§ 641d II 2, 294).

6. Entscheidung

Die einstweilige Anordnung auf Notunterhalt ist ebenso wie die Ablehnung des Antrags **1811** ein **Beschluss**, der auf mündlicher Verhandlung beruht und deshalb verkündet wird (§§ 641d II 4, 329 I). Die Kostenentscheidung erübrigt sich, weil die Kosten dieses Eilverfahrens zu den Kosten des Statusverfahrens gehören (§ 641d IV).

Die einstweilige Anordnung ist nach § 794 I Nr. 3 ohne weiteres vollstreckbar. Die angeordnete Sicherheitsleistung für Unterhalt ist eine vertretbare Handlung und wird nach § 887 vollstreckt[52].

7. Rechtsmittel

Die Entscheidung des Familiengerichts, ob einstweilige Anordnung oder Ablehnung des **1812** Antrags, ist mit sofortiger **Beschwerde** zum Oberlandesgericht/Familiensenat anfechtbar (§ 641d III), während die Entscheidung des Oberlandesgerichts unanfechtbar ist.

---

50 *OLG Koblenz* FamRZ 75, 230; *OLG Düsseldorf* DAV 75, 50.
51 *OLG Stuttgart* NJW 72, 1429, *OLG Koblenz* FamRZ 75, 230.
52 *OLG Koblenz* FamRZ 73, 383; *OLG Stuttgart* DAV 76, 156; a.A. *KG* FamRZ 76, 98: Sicherheit nach § 108.

8. Verfall der einstweiligen Anordnung

1813 Die einstweilige Anordnung tritt in drei Fällen von sich aus außer Kraft:

- erstens, wenn die **Feststellungsklage zurückgenommen** wird (§ 641f);
- zweitens, wenn die **Feststellungsklage abgewiesen** wird (§ 641f);
- drittens, wenn das Kind oder die Mutter gegen den Mann einen anderen **Unterhaltstitel** erlangt, **der** nicht nur vorläufig, sondern **endgültig vollstreckbar ist** (§ 641e), also ein rechtskräftiges Unterhaltsurteil, einen Unterhaltsvergleich (§ 794 I Nr. 1) oder eine vollstreckbare Urkunde über Unterhalt (§ 794 I Nr. 5; § 60 SGB VIII).

Nach Rücknahme oder Abweisung der Feststellungsklage verpflichtet § 641g nach dem Vorbild der §§ 717 II, 945 das Kind oder die Mutter zum **Ersatz des Vollstreckungsschadens**. Das ist ein Fall reiner Erfolgshaftung, die kein Verschulden erfordert.

9. Aufhebung der einstweiligen Anordnung

1814 Nach § 641 II, III a.F. war die einstweilige Anordnung auf **Antrag des Mannes** aufzuheben, wenn die Vaterschaft des Mannes rechtskräftig festgestellt war, ohne dass der Mann zugleich zum Unterhalt verurteilt wurde, und das Kind oder die Mutter die gerichtliche Frist zur Unterhaltsklage versäumt hat oder wenn der Mann zwar rechtskräftig zum Regelunterhalt verurteilt wurde, das Kind aber die gerichtliche Frist versäumt hat, den Regelunterhalt der Höhe nach festsetzen zu lassen. Nach Art. 3 Ziff. 8 KindUG sind diese Vorschriften zum 1.7.1998 aufgehoben.

4. Buch
Betreuung, Vormundschaft, Pflegschaft

28. Teil
Die Betreuung

1. Kapitel
Gesetzliche Systematik

1. Die Betreuung als Regelform familienrechtlicher Fürsorge

Betreuung und Vormundschaft sind familienrechtliche Hilfen für Personen, die nicht **1815** selbst für sich sorgen können, weil sie zu krank oder zu jung sind oder sonstwie der Hilfe bedürfen.

Die Vormundschaft ist die ältere der beiden Einrichtungen. Man versteht darunter die umfassende Sorge für Person und Vermögen der hilfsbedürftigen Person (munt = Schutzgewalt). Lange Zeit galt sie auch für Volljährige, die ihre Angelegenheiten nicht selbst besorgen konnten, deshalb entmündigt wurden, dadurch ihre Geschäftsfähigkeit, die sie vielleicht noch besaßen, verloren und so völlig ihrem Vormund ausgeliefert waren. Dies vertrug sich schlecht mit den Grundrechten der Menschenwürde und der freien Entfaltung der Persönlichkeit nach Art. 1 I, 2 I GG. Deshalb hat das „Gesetz zur Reform des Rechts der Vormundschaft und Pflegschaft für Volljährige" (**Betreuungsgesetz/BtG**) vom 12.9.1990 mit Wirkung ab 1.1.1992 die **Vormundschaft für Volljährige samt der Gebrechlichkeitspflegschaft vollständig durch die Betreuung ersetzt**, welche die Grundrechte der hilfsbedürftigen Personen besser schützt. Die Vormundschaft beschränkt sich seither auf Minderjährige, die keine vertretungsberechtigten Eltern haben (§ 1773).

Gesetzestechnisch ist das Betreuungsrecht eine grandiose Fehlleistung. Da zwischen der **1816** Vormundschaft (§§ 1733-1895) und der Pflegschaft (§§ 1909-1921) nur 13 Paragraphen-Nummern frei waren, viel zu wenig für das umfangreiche Betreuungsrecht, hat der Gesetzgeber einige Bestimmungen gewaltig aufgebläht (§§ 1896, 1897, 1901), andere durch kleine Buchstaben gekennzeichnet (§§ 1908a-1908i) und schließlich den großen Rest kurzerhand durch die unübersichtliche Verweisung des § 1908i auf das Vormundschaftsrecht ersetzt. Das aber ist die schwerste Sünde, denn sie stellt die gesetzliche Regelung des „Dritter Abschnitt Vormundschaft. Rechtliche Betreuung. Pflegschaft" mit den §§ 1773-1921 geradezu auf den Kopf. Vor allem aber stimmen die Proportionen nicht mehr. Seit 1.1.1992 ist die **Betreuung die Normalform familienrechtlicher Fürsorge**, die Vormundschaft nur noch ein Relikt für Minderjährige. Der Betreuungsbedarf alter, kranker und gebrechlicher Menschen ist riesig, während Minderjährige in aller Regel Eltern haben, die für sie sorgen, und einen Vormund nur dann brauchen, wenn die Eltern ausnahmsweise fehlen oder versagen.

Deshalb gehört die Betreuung an den Anfang des Dritten Abschnitts, den man überschreiben kann mit **„Betreuung, Vormundschaft, Pflegschaft"**. Dort hätte man sie ohne die ärgerliche Verweisung des § 1908i auf die Vormundschaft umfassend übersichtlich und lesbar regeln können. So aber lässt die gesetzliche Notlösung jede Rücksicht auf den Rechtsanwender vermissen, was Fehler geradezu heraufbeschwört. Kurzum: Das Betreuungsrecht ist extrem unübersichtlich und kaum noch lesbar. Dem Lehrbuchautor bleibt nichts anderes übrig, als die gesetzliche Regelung vom Kopf auf die Füße zu stellen. Die Betreuung wird deshalb ihrer Bedeutung entsprechend vorweg systematisch dargestellt, während die Beschreibung der Vormundschaft für Minderjährige durch Verweisung auf die Betreuung kürzer ausfallen kann.

2. Materielles Recht und Verfahrensrecht

1817 Betreuung, Vormundschaft und Pflegschaft sind Einrichtungen des Familienrechts. **Die Rechtsbeziehung zwischen Betreuer und Betreutem, Vormund und Mündel, Pfleger und Pflegebefohlenem ist deshalb eine familienrechtliche, die aus privaten Rechten und Pflichten besteht.** Zugleich ist die Fürsorge für hilfsbedürftige Familienmitglieder seit Alters her eine **öffentliche Aufgabe**, die dem Staat obliegt. Den öffentlichrechtlichen Ansatz erkennt man daran, dass Betreuung, Vormundschaft und Pflegschaft nicht durch freie Vereinbarung der Beteiligten, sondern durch Anordnung des Vormundschaftsgerichts begründet und beendet werden. Betreuer, Vormund und Pfleger stehen außerdem unter der Aufsicht des Vormundschaftsgerichts. Dieses muss schließlich einen Großteil der Rechtsgeschäfte, die der Betreuer, Vormund oder Pfleger als gesetzlicher Vertreter abschließt, genehmigen. Dies alles sind **rechtsgestaltende Akte der freiwilligen Gerichtsbarkeit**, denn das Vormundschaftsgericht verfährt nach dem FGG.

1818 Also muss man auch hier wie überall im Zivilrecht zwischen dem materiellen Recht und dem Verfahrensrecht unterscheiden. Das **materielle Recht** ist auch hier im **BGB** geregelt, das **Verfahrensrecht** im **FGG** (§§ 35-70n). Das Vormundschaftsgericht bestellt und entlässt Betreuer, Vormund und Pfleger, beaufsichtigt sie und genehmigt Rechtsgeschäfte oder verweigert die Genehmigung. Diese Akte staatlicher Fürsorge sind jedoch nicht einer staatlichen Behörde, sondern dem unabhängigen Richter (oder dem Rechtspfleger: §§ 3, 14 RPflG) anvertraut. Rechtsprechung im engeren Sinn einer Streitentscheidung über Ansprüche und Verpflichtungen ist das nicht. Streitige Ansprüche auf Vergütung, Aufwendungsersatz, Schadensersatz oder Herausgabe gehören deshalb vor das **Prozessgericht**, das nach der **ZPO** prozessiert.

2. Kapitel
Begriff, Sinn und Zweck der Betreuung

Die Betreuung ist eine familienrechtliche Hilfe für Volljährige, die ihre Angelegenheiten **1819**
nicht selbst besorgen können. Sie besteht darin, dass das Vormundschaftsgericht auf Antrag, selten von Amts wegen, einen Betreuer bestellt, der für den hilfsbedürftigen Volljährigen sorgen soll (§ 1896), sowohl mit praktischer Hilfe als auch rechtsgeschäftlich
mittels gesetzlicher Vertretungsmacht (§§ 1901, 1902).

Der Gesetzgeber folgte damit nicht nur einer Laune des Zeitgeistes, sondern dem Verfas-
sungsgebot der Art. 1 I, 2 I GG, die Menschenwürde und die freie Entfaltung der Persönlichkeit besser zu schützen. Denn die Vormundschaft alten Rechts war in vielen Fällen
menschenunwürdig, weil sie den volljährigen Menschen, auch wenn er noch geschäftsfähig war, durch Entmündigung geschäftsunfähig machte und seinem Vormund auslie-
ferte. Damit aber schoss sie weit über das Ziel einer menschenwürdigen Hilfe hinaus.
Viele alte, kranke oder behinderte Menschen sind noch voll bei Sinnen, können aber
diese oder jene Angelegenheit aus eigener Kraft nicht mehr selbst besorgen. Dem trägt
die Betreuung Rechnung. Sie macht den Betreuten, der noch geschäftsfähig ist, nicht geschäftsunfähig und beschränkt sich auf die unbedingt erforderlichen Hilfen (§ 1896 II 1).
Sie ist schon dann unzulässig, wenn der Volljährige sich durch Bevollmächtigung einer
Person seines Vertrauens selbst helfen kann (§ 1896 II 2). Und sie erfordert in aller Regel
einen Antrag des hilfsbedürftigen Volljährigen (§ 1896 I).

Das Betreuungsgesetz vom 12.9.1990, in Kraft seit 1.1.1992, musste, wie nicht anders zu **1820**
erwarten, durch das Betreuungsrechtsänderungsgesetz vom 25.6.1998 (BGBl. I, 1580)
grundlegend überholt werden; geändert wurden vor allem die Vorschriften über die Betreuervergütung, aber auch etliche andere Bestimmungen[1].

3. Kapitel
Betreuungsrecht nach Anspruchsgrundlagen?

Das Betreuungsrecht regelt Voraussetzungen und Ende der Betreuung, Person, Bestel- **1821**
lung und Entlassung des Betreuers, dessen Vertretungsmacht sowie die Aufsicht durch
das Vormundschaftsgericht. Anspruchsgrundlagen muss man mit der Lupe suchen, aber
es gibt sie:

- § 1901 regelt die Pflichten des Betreuers gegenüber dem Betreuten also auch die entsprechenden Ansprüche des Betreuten gegen den Betreuer;
- § 1908i I mit § 1787 I ist Anspruchsgrundlage für Schadensersatz wegen unberechtigter
  Ablehnung der Betreuung;

---

1 Dazu *Wagenitz/Engers* FamRZ 98, 1273; *Dodegge* NJW 98, 3073.

- § 1908i I mit §§ 1833-1836a liefert Anspruchsgrundlagen für Schadensersatz und Verzinsung, für Aufwendungsersatz, Aufwandsentschädigung und Vergütung;
- § 1908i mit § 1890 schließlich verpflichtet den entlassenen Betreuer zur Herausgabe des verwalteten Vermögens und zur Rechnungslegung.

1822   Diese Ansprüche stehen freilich nicht im Zentrum, sondern eher am Rande der Betreuung und eignen sich deshalb nicht dazu, das Betreuungsrecht nach Anspruchsgrundlagen zu gliedern. Da der Betreuer aber den Betreuten nach § 1902 „in seinem Aufgabenkreis" gerichtlich und außergerichtlich vertritt, **fügt sich das Betreuungsrecht, soweit es das rechtsgeschäftliche Handeln des Betreuers regelt, wie selbstverständlich in das Vertretungsrecht der §§ 164 ff. ein.** Sobald um Ansprüche aus einem Vertrag gestritten wird, den der Betreuer für den Betreuten geschlossen hat, ist seine **Vertretungsmacht Anspruchsvoraussetzung.** Und da diese Vertretungsmacht durch § 1908i mit §§ 1795, 1796, 1821-1825 stark durchlöchert ist, muss man im Streitfall prüfen, ob der Betreuer mit oder ohne Vertretungsmacht gehandelt und ob das Vormundschaftsgericht das genehmigungsbedürftige Geschäft wirksam genehmigt hat. Auch wenn sich die Betreuung darin nicht erschöpft, ist das rechtsgeschäftliche Handeln des Betreuers nicht nur eine Randerscheinung, sondern wesentlicher Bestandteil der Betreuung und stellt den unmittelbaren Zusammenhang her mit dem Vertretungsrecht des Allgemeinen Teils des BGB und mit den zahllosen Anspruchsgrundlagen des Schuldrechts.

4. Kapitel
Voraussetzungen der Betreuung

1. Grundsatz der Notwendigkeit

1823   Nach § 1896 I darf das Vormundschaftsgericht dem kranken oder behinderten Volljährigen einen Betreuer nur bestellen, wenn und soweit dies notwendig ist. **Die Notwendigkeit ist der strenge Maßstab für das ganze Betreuungsrecht**[2]: nicht nur für die Betreuung selbst, sondern auch für ihren Umfang (§ 1896 II 1) und wird deshalb nach § 1896 II 2 durch jede andere erfolgversprechende Hilfe, etwa durch Bevollmächtigung einer Vertrauensperson, ausgeschlossen[3].

Auch ist die Betreuung **in aller Regel nur auf Antrag** des Betroffenen zulässig. Von Amts wegen, also ohne Antrag, darf das Vormundschaftsgericht einen Betreuer nur bestellen, wenn der Betreute krankheitsbedingt keinen freien Willen mehr bilden kann. Das steht zwar so deutlich nicht im Gesetz (§ 1896 I 3), muss aber durch verfassungskonforme Auslegung hineingelesen werden, weil anders der Eingriff in das Selbstbestimmungsrecht des Volljährigen nach Art. 2 I GG nicht zu rechtfertigen ist[4].

---

2 *BayObLG* FamRZ 94, 1552; 95, 1085; 96, 897; 99, 1612; *OLG Köln* FamRZ 96, 249; 2000, 908: keine Betreuung „auf Vorrat" ohne konkreten Bedarf.
3 *OLG Köln* FamRZ 96, 249: unnötige Betreuung auch nicht auf Antrag des Betroffenen.
4 *BayObLG* FamRZ 94, 1552; 95, 1085; 96, 897.

2. Volljährigkeit

§ 1896 I 1 beschränkt die Betreuung auf Volljährige, während Minderjährige bei Bedarf **1824** unter Vormundschaft gestellt werden (§ 1773). Davon weicht § 1908a nur scheinbar ab, wenn er die §§ 1896, 1903 auf Minderjährige erstreckt, die bereits das 17. Lebensjahr vollendet haben, denn die Betreuung ist hier nur vorsorglich für den Fall erlaubt, dass sie bei Eintritt der Volljährigkeit erforderlich werde; deshalb wird sie auch erst mit Volljährigkeit des Betreuten wirksam.

3. Krankheit oder Behinderung

Der Volljährige muss nach § 1896 I 1 psychisch so krank oder aber körperlich, gei- **1825** **stig oder seelisch so behindert sein, dass er seine Angelegenheiten nicht mehr in vollem Umfang selbst besorgen kann**. Die psychische Krankheit oder die Behinderung genügt für sich allein also nicht, sondern muss den Volljährigen auch noch unfähig machen, seine Angelegenheiten in vollem Umfang selbst zu besorgen. Das eine muss das andere verursachen[5]. Beides lässt sich nur durch **Gutachten medizinischer Sachverständiger** feststellen[6]. Nur der Mediziner kann zuverlässig klären, ob eine körperliche, geistige oder seelische Störung Krankheitswert hat und die Handlungsfähigkeit des Volljährigen zumindest beschränkt.

> **Trunksucht** und **Drogenabhängigkeit** sind für sich allein noch keine psychischen Krankheiten, es sei denn, sie hätten durch **Hirnabbau** die geistigen Fähigkeiten bereits deutlich verringert (*BayObLG* FamRZ 93, 1489; 94, 1618; 99, 1306).
>
> Eine geistige Erkrankung ist die **paranoide Psychose**, die den Volljährigen partiell oder total geschäftsunfähig macht, auch wenn die Wahnvorstellungen nur in Schüben auftreten (*BayObLG* FamRZ 94, 319, 320).
>
> Der bloße **Verdacht** einer altersentsprechenden organischen Psychose, ersetzt nicht die Feststellung eines krankhaften Befundes, denn der **normale Altersabbau** rechtfertigt noch keine Betreuung (*BayObLG* FamRZ 95, 1082).
>
> **Intelligenzausfälle**, die man messen kann, sind dann eine geistige Behinderung, wenn die geistige Entwicklung deutlich hinter der Altersnorm zurückbleibt (*BayObLG* FamRZ 94, 318).
>
> **Wahnideen** sind nicht immer krankhaft, sondern können auch Ausdruck einer persönlichen Sturheit sein (*BayObLG* FamRZ 94, 720).

Beispiele

---

5 *BayObLG* FamRZ 93, 1489; 94, 318, 320; *OLG Köln* FamRZ 95, 1083; 96, 249.
6 *BayObLG* FamRZ 94, 720; 94, 1059: Vormunschaftsgericht muss Gutachten kritisch lesen und im Zweifel nachfragen.

4. Auf Antrag oder von Amts wegen

1826 Nach § 1896 I 1 kann der Betreuer sowohl auf Antrag des Volljährigen als auch von Amts wegen bestellt werden. Aus § 1896 I 3 folgt aber, dass die Bestellung auf Antrag die gesetzliche Regel und die Bestellung von Amts wegen die gesetzliche Ausnahme ist; das Selbstbestimmungsrecht des Volljährigen aus Art. 2 I GG erlaubt keine andere Auslegung. § 1896 I 3, der sich auf den Fall der körperlichen Behinderung beschränkt, ist deshalb unvollständig und muss verfassungskonform so ausgelegt werden, dass eine **Betreuung von Amts wegen**, also ohne Einverständnis des Volljährigen, **nur dann erlaubt ist, wenn der Volljährige so krank oder behindert ist, dass er überhaupt keinen freien Willen mehr bilden kann und deshalb außerstande ist, seine Betreuung selbst zu beantragen**[7].

Geschäftsunfähigkeit des Volljährigen allein rechtfertigt noch keine Betreuung von Amts wegen, denn nach § 1896 I 2 kann auch der Geschäftsunfähige seine Betreuung wirksam beantragen[8]. Solange der Volljährige seinen Willen noch frei bilden kann, darf der Staat ihm keinen Betreuer aufzwingen, um ihn vor unvernünftigen eigenen Handlungen zu schützen[9]. Deshalb ist eine Betreuung zwecks Stellung eines Rentenantrags mit Krankenversicherung nur dann über den Kopf des Volljährigen hinweg zulässig, wenn dieser durch geistige Erkrankung daran gehindert ist, den Rentenantrag selbst zu stellen; sie ist unzulässig, wenn der Volljährige den Rentenantrag aus freien Stücken nicht stellen will, auch wenn dies grob unvernünftig ist[10].

5. Betreuungsbedarf und Aufgabenkreis

1827 Nach § 1896 II 1 darf der Betreuer nur für diejenigen Angelegenheiten bestellt werden, die der Volljährige wegen seiner psychischen Krankheit oder sonstigen Behinderung nicht selbst wahrnehmen kann. **Der konkrete Betreuungsbedarf begrenzt den nötigen Umfang der Betreuung**[11]. Das Vormundschaftsgericht muss diesen „Aufgabenkreis" (§ 1897 I) schon im Tenor seines Beschlusses so genau wie möglich beschreiben[12].

Beispiele

Ist der behandlungsbedürftige Geisteskranke außerstande, die erforderlichen Heilmaßnahmen selbst zu veranlassen, schießt eine Betreuung allgemein zur „Gesundheitsfürsorge" dann über das Ziel hinaus, wenn schon eine Betreuung zur „**Gesundheitsfürsorge durch nervenärztliche (oder psychiatrische) Behandlung**" genügt (*BayObLG* FamRZ 94, 319; 94, 1059; 94, 1060; 95, 116; dazu auch *Schweitzer* FamRZ 96, 1317).

---

7 *BGH* NJW 96, 918; *BayObLG* FamRZ 94, 720; 94, 1060; 94, 1551; 95, 510; 95, 1085; 96, 897; 97, 388; ferner *Dröge* FamRZ 98, 1209.

8 *BayObLG* FamRZ 94, 1060; aber *BayObLG* FamRZ 96, 1369: Betreuung im Interesse eines Dritten, der Mietverhältnis mit geschäftsunfähigem Betroffenen kündigen will.

9 *BayObLG* FamRZ 94, 1551.

10 *BayObLG* FamRZ 94, 1551.

11 *BayObLG* FamRZ 95, 510; 95, 1085: zusätzliche Voraussetzung der Betreuung; FamRZ 97, 388: Betreuung für alle Angelegenheiten zulässig, aber die Ausnahme.

12 *BayObLG* FamRZ 94, 1059: schon wegen des Betreuungsausweises nach § 69b II Nr. 3 FGG; FamRZ 96, 897.

Für den Geisteskranken ohne Krankenversicherungsschutz kann der Aufgabenkreis lauten: „**Stellung eines Rentenantrags**" (*BayObLG* FamRZ 94, 1551).

Weitere Aufgabenkreise sind: „**Mietverhältnis**" (§ 1907 II 1) oder „**Wohnungsangelegenheiten**" (*BayObLG* FamRZ 94, 320; 95, 116: Teil der Vermögenssorge; *LG Berlin* FamRZ 96, 821: auch „**Zutritt zur Wohnung**", nicht aber Zwangsmaßnahme); „**Vermögenssorge**", wenn in diesem weiten Umfang nötig (*BayObLG* FamRZ 94, 320; 95, 117: auch wenn Bedarf noch nicht akut, aber jederzeit auftreten kann; FamRZ 97, 902: zum Schutz gegen weitere Verschuldung).

Oft muss der Betreuer, um wirksam betreuen zu können, den Aufenthalt des Betreuten bestimmen dürfen, etwa zwecks stationärer Behandlung oder in Wohnungsangelegenheiten (§ 1907 II 1); dann kommt der Aufgabenkreis „**Aufenthaltsbestimmung**" hinzu (*BayObLG* FamRZ 94, 319; 94, 320; 94, 1059; 94, 1060; 99, 1299; *Sonnenfeld* FamRZ 95, 393).

„**Gesundheitsfürsorge**" ohne „**Aufenthaltsbestimmungsrecht**" berechtigt nicht zur Unterbringung (*OLG Hamm* FamRZ 2001, 861).

Fernmelde- oder Postkontrolle sind dem Betreuer wegen Art. 10 GG nur dann erlaubt, wenn das Vormundschaftsgericht es ausdrücklich angeordnet hat (§ 1896 IV)[13].

Für eine Betreuung von Amts wegen ist der erforderliche Betreuungsbedarf besonders streng zu prüfen, der Aufgabenkreis des Betreuers eher eng zu ziehen[14].

6. Bevollmächtigung vor Betreuung

Die Betreuung ist nicht erforderlich, soweit der Volljährige seine Angelegenheiten durch einen Bevollmächtigten selbst besorgen kann (§ 1896 II 2), sei es, dass er Vollmacht schon erteilt hat, sei es, dass er Vollmacht noch erteilen kann. Die Bevollmächtigung ist ein Rechtsgeschäft und erfordert Geschäftsfähigkeit (§§ 167, 104). Also muss das Vormundschaftsgericht, bevor es einen Betreuer bestellt, prüfen, ob die bereits erteilte Vollmacht (noch) wirksam ist[15] oder ob der Volljährige geschäftsfähig ist und Vollmacht erteilen kann. Da die **Betreuung hinter die Selbsthilfe durch Bevollmächtigung zurücktritt**, kann der geschäftsfähige Volljährige vorsorglich für den Fall seiner Geschäftsunfähigkeit einer Person seines Vertrauens Vollmacht erteilen („**Altersvorsorgevollmacht**") und dadurch eine Betreuung entbehrlich machen[16]. **1828**

Die Bevollmächtigung schließt eine Betreuung aber nicht vollständig aus, vielmehr erlaubt § 1896 III bei Bedarf die Bestellung eines **Vollmachtbetreuers mit dem Aufgabenkreis „Geltendmachung von Rechten des Betreuten gegenüber seinem Bevoll-** **1829**

---

13 *BayObLG* FamRZ 97, 244: und wenn Betreuung es erfordert.
14 *BayObLG* FamRZ 94, 1551; 95, 510; 97, 388.
15 *BayObLG* FamRZ 93, 1249.
16 *OLG Stuttgart* FamRZ 94, 1417: auch zwecks Freiheitsentziehung nach § 1906 IV; dagegen zu Recht *OLG Düsseldorf* FamRZ 97, 904: Vollmacht deckt nur Rechtsgeschäfte; ferner *Veit* FamRZ 96, 1309; *Walter* FamRZ 99, 685; *Spickhoff* NJW 2000, 2297; *Uhlenbruck* ZAP 99, Fach 12 S. 80.

mächtigten"[17]. Dieser Aufgabenkreis deckt auch den Widerruf der Vollmacht, falls das zugrundeliegende Auftragsverhältnis ihn rechtfertigt[18].

Im Übrigen ist die Betreuung nach § 1896 II 2 schon dann entbehrlich, wenn **andere Maßnahmen ohne gesetzliche Vertretung** dem Volljährigen genauso gut helfen. Um so mehr ist eine Betreuung unzulässig, die keinen Erfolg verspricht[19].

5. Kapitel
Bestellung des Betreuers

1. Auswahl

1830 Anders als das Vormundschaftsrecht trennt das Betreuungsrecht nicht zwischen der Anordnung der Betreuung und der Bestellung des Betreuers; die Bestellung eines Betreuers enthält zugleich die Anordnung der Betreuung.

Betreuer kann eine **natürliche Person** (§ 1897), ein anerkannter **Betreuungsverein** (§ 1900 I) oder eine **Behörde** sein (§ 1900 IV). Die natürliche Person ist oft ein Angehöriger oder Bekannter des Betreuten, kann aber auch ein Mitarbeiter eines Betreuungsvereins oder einer Behörde sein (§ 1897 II), denn **Vereins- oder Behördenbetreuer** (§ 1897 II) ist stets der einzelne Mitarbeiter[20] im Gegensatz zur Vereins- und Behördenbetreuung nach § 1900.

1831 Das Vormundschaftsgericht bestellt **in erster Linie**[21] **eine natürliche Person** zum Betreuer, die geeignet ist, die Angelegenheiten des Betreuten im gerichtlich bestimmten Aufgabenkreis zu besorgen und diesen auch persönlich zu betreuen (§ 1897 I)[22]. Der Volljährige darf im Betreuungsverfahren eine Person seines Vertrauens vorschlagen; sein **Vorschlag** bindet, solange er seinem Wohl nicht zuwiderläuft, auch wenn es bessere Betreuer gibt (§ 1897 IV 1)[23].

Der **Wunsch** des Volljährigen, eine bestimmte Person nicht zum Betreuer zu bestellen, ist zwar nicht verbindlich, aber zu berücksichtigen (§ 1897 IV 2). Gleiches gilt für Vorschlag oder Wunsch, den der Volljährige schon vor dem Betreuungsverfahren geäußert hat, solange er sich davon nicht erkennbar distanziert (§ 1897 IV 3)[24].

---

17 *BayObLG* FamRZ 93, 1249: nur wenn Vollmacht wirksam erteilt und nicht widerrufen ist; Betreuung nötig bei seniler Demenz zwecks Überwachung einer Generalvollmacht; FamRZ 94, 1550 u. 99, 1302: Betreuter zur Überwachung nicht imstande.

18 *BayObLG* FamRZ 94, 1550.

19 *BayObLG* FamRZ 94, 1551.

20 *BayObLG* FamRZ 94, 1061: offen ob Vorrang des Einzelbetreuers nach § 1897 I.

21 *BayObLG* FamRZ 93, 1248: Vorrang vor Verein und Behörde.

22 Zur Eignung: *BayObLG* FamRZ 96, 509.

23 *OLG Hamm*, Düsseldorf u. *BayObLG* FamRZ 96, 1372-1374; 99, 49, 53; *OLG Köln* FamRZ 99, 811; 2000, 512, 513; 2000, 1536.

24 Zur vorsorgl. Betreuungsverfügung des alten Menschen: *Uhlenbruck* ZAP 99, Fach 12 S. 79.

Schlägt der Volljährige keinen Betreuer vor, wählt das Vormundschaftsgericht ihn **möglichst aus der näheren Umgebung des Volljährigen** aus, und zwar so, dass die Gefahr eines Interessenkonflikts erst gar nicht entsteht (§ 1897 V)[25].

Die Bestellung eines Vereins- oder Behördenbetreuers erfordert die **Einwilligung** des Betreuungsvereins oder der Behörde (§ 1897 II).

Ist der Volljährige in einer Anstalt oder einem Heim untergebracht, darf niemand zum Betreuer bestellt werden, der von dieser Einrichtung abhängig ist oder sonstwie in einer engen Beziehung zu ihr steht (§ 1897 III), weil die Gefahr eines Interessenkonflikts hier besonders groß ist[26].

Nach den gleichen Vorschriften richtet sich die Verlängerung der Betreuung[26a].

2. Verpflichtung zur Übernahme und Bereiterklärung

Der vom Vormundschaftsgericht Ausgewählte ist unter zwei Voraussetzungen verpflichtet, die Betreuung zu übernehmen: Erstens wenn er sich dazu **eignet**, zweitens wenn ihm die Übernahme **zumutbar** ist (§ 1898 I).   **1832**

Zum Betreuer darf er nach § 1898 II erst bestellt werden, wenn er sich **zur Übernahme bereiterklärt** hat[27]. Auch die **schuldhaft unberechtigte Ablehnung** verhindert die Bestellung, verpflichtet den Ausgewählten jedoch dazu, dem Volljährigen den **Verzögerungsschaden** zu ersetzen (§ 1908i I 1 mit § 1787 I).

Die Betreuung durch einen anerkannten **Betreuungsverein** ist erst dann zulässig, wenn der Volljährige durch eine natürliche Person nicht hinreichend betreut werden kann (§§ 1900 I 1, 1908f), weil sich keine findet[28]. Der Betreuungsverein muss einwilligen (§ 1900 I 2). Der Verein überträgt die Betreuung zwar einer einzelnen Person, die der Volljährige vorschlagen kann (§ 1900 II), bleibt im Unterschied zum Vereinsbetreuer des § 1897 II aber selbst Betreuer.

Wenn auch die Betreuung durch einen Verein ausscheidet, weil sich keiner findet[29] bleibt nur noch die Betreuung durch die **zuständige Behörde**, die sie nicht ablehnen kann (§ 1900 IV).

Die Entscheidung über eine Sterilisation darf weder einem Verein noch einer Behörde übertragen werden (§ 1900 V).

---

25 *OLG Köln* FamRZ 2000, 116: langjährige Lebensgefährtin.
26 *OLG Düsseldorf* FamRZ 94, 1416: auch Ehegatte; *BayObLG* FamRZ 97, 245: zwingend.
26a *OLG Hamm* FamRZ 2001, 254.
27 *BayObLG* FamRZ 94, 1061: auch Vereinsbetreuer.
28 *BayObLG* FamRZ 99, 52.
29 *BayObLG* FamRZ 93, 1248: Nachrang der Behörde.

6. Kapitel
Rechtsfolgen der Betreuung/Übersicht

1833   Der Betreuer hat dem **Wohl des Betreuten** zu dienen (§ 1901). Verletzt er diese Verpflichtung, schuldet er dem Betreuten **Schadensersatz** (§ 1908i I 1 mit § 1833 I 1).

Der Betreuer vertritt den Betreuten gerichtlich und außergerichtlich (§ 1902). Seine **gesetzliche Vertretungsmacht** ist aber nicht nur auf den übertragenen Aufgabenkreis beschränkt, sondern auch noch stark durchlöchert. Für manche Geschäfte ist sie überhaupt ausgeschlossen (§ 1908i I 1 mit § 1795) oder kann vom Vormundschaftsgericht entzogen werden (§ 1908i I 1 mit § 1796). Für andere Geschäfte braucht der Betreuer die Genehmigung des Vormundschaftsgerichts (§§ 1904-1908 u. § 1908i I 1 mit §§ 1812-1831).

Da die **Betreuung** dem Betreuten helfen will, **macht** sie anders als die frühere Entmündigung den geschäftsfähigen Betreuten **nicht geschäftsunfähig**, so dass er mit dem Betreuer rechtsgeschäftlich konkurriert.

Ist ihm die **Personensorge** anvertraut, darf der Betreuer von jedem Dritten die Herausgabe des Betreuten verlangen und dessen Umgang mit Dritten regeln (§ 1908i I 1 mit § 1632 I-III).

Die **Vermögenssorge** verpflichtet den Betreuer, das Vermögen zu verzeichnen und nach Recht und Gesetz zu verwalten (§ 1908i I 1 mit §§ 1802-1831), dem Vormundschaftsgericht jährlich Rechnung zu legen (§ 1908i I 1 mit §§ 1840 ff.) und nach seiner Entlassung das verwaltete Vermögen herauszugeben (§ 1908i I 1 mit § 1890).

Der Betreuer hat Anspruch auf Ersatz seiner **Aufwendungen** und auf **Aufwandsentschädigung** (§ 1908i I 1 mit §§ 1835, 1836a, §§ 1908e, 1908h). Ob der Betreuer eine **Vergütung** bekommt, regeln § 1908i I 1 mit § 1836 und §§ 1908e, 1908h II.

7. Kapitel
Pflichten des Betreuers

1. Sorge für das Wohl des Betreuten

1834   Die wichtigsten Pflichten des Betreuers regelt § 1901. Danach soll der Betreuer in seinem Aufgabenkreis **die Angelegenheiten des Betreuten zu dessen Wohl besorgen** (I 1); das ist der gesetzliche Maßstab. Dazu gehört auch, dass der Betreute möglichst nach seinen eigenen Vorstellungen leben kann (I 2). Deshalb soll der Betreuer die Wünsche des Betreuten möglichst erfüllen (II 1), auch alte Wünsche, die der Betreute schon vor der Betreuung geäußert und allem Anschein nach seither nicht aufgegeben hat (II 2). So versteht es sich eigentlich von selbst, **dass der Betreuer wichtige Angelegenheiten mit dem Betreuten bespricht, bevor er sie erledigt**, es sei denn, das Wohl des Betreuten verbiete es (II 3).

Da der Betreute seiner geistigen Krankheit oder sonstigen Behinderung wegen der Betreuung bedarf, soll der Betreuer im Rahmen seines Aufgabenkreises vor allem **helfen, die Gebrechen des Betreuten zu heilen, zu bessern oder wenigstens erträglicher zu gestalten** (III). Schließlich soll er dem Vormundschaftsgericht unaufgefordert alles mitteilen, was die Betreuung entbehrlich macht, was eine Beschränkung oder Erweiterung des Aufgabenkreises oder die Anordnung eines Einwilligungsvorbehalts erforderlich macht (IV)[30].

Der Betreuer dient dem Betreuten, nicht dem Staat und nicht der Gesellschaft. Sein privates Amt versieht er selbständig und eigenverantwortlich, nicht im Auftrag des Vormundschaftsgerichts, das zwar darüber wacht, dass der Betreuer seine gesetzlichen Pflichten erfülle, dem Betreuer aber keine Weisungen erteilen, sondern nur gegen dessen Pflichtverletzungen einschreiten darf[31].

2. Vermögensverwaltung

Der Aufgabenkreis „**Vermögenssorge**" verpflichtet den Betreuer, das vorhandene Vermögen und den späteren Erwerb des Betreuten zu verzeichnen und das **Verzeichnis** dem Vormundschaftsgericht vorzulegen. Das Vermögen des Betreuten hat er mit der **Sorgfalt eines gewissenhaften Betreuers** zu verwalten und **jährlich Rechnung** zu legen[32]. Nach seiner Entlassung hat er das verwaltete Vermögen dem Betreuten oder dem neuen Betreuer herauszugeben und abzurechnen. Die technischen Details, etwa über die Geldanlage, regelt § 1908i I 1 mit §§ 1802-1831, 1840 ff., 1890. **1835**

3. Auskunft gegenüber Vormundschaftsgericht

Dem Vormundschaftsgericht schuldet der Betreuer auf Verlangen jederzeit Auskunft sowohl über die Führung der Betreuung als auch über die persönlichen Verhältnisse des Betreuten (§ 1908i I 1 mit § 1839), damit das Vormundschaftsgericht seine Aufsichtspflicht erfülle, Pflichtverletzungen des Betreuers verhindern oder gegen sie einschreiten kann (§ 1908i I 1 mit § 1837). **1836**

4. Haftung

Für jede schuldhafte Verletzung seiner Betreuungspflichten schuldet der Betreuer dem Betreuten **Schadensersatz** (§ 1908i I 1 mit § 1833 I 1)[33]. Art und Umfang des Schadensersatzes richten sich nach §§ 249 ff. Selbstverständlich darf der Betreuer Geld des Be- **1837**

---

30 *BayObLG* FamRZ 95, 510: verschärfte Mitteilungspflicht bei Betreuung von Amts wegen.
31 *BayObLG* FamRZ 99, 1457: Vormund; FamRZ 99, 1460 u. 2000, 565: Betreuer.
32 *BGH* 77, 227: auch Pflicht, Vermögen zu erhalten, u.U. durch Abschluss Haftpflichtversicherung; *OLG Düsseldorf* FamRZ 2000, 1536: Rechenschaft nur gegenüber Vormundschaftsgericht.
33 *BGH* 77, 224; NJW 53, 1100: bei Behördenbetreuung auch § 839; JR 64, 260: Genehmigung des Vormundschaftsgerichts entlastet nicht; *OLG Düsseldorf* FamRZ 99, 1166: nicht gegenüber Staatskasse; *OLG Hamm* FamRZ 2001, 861: Haftung für Kompetenzüberschreitung.

treuten nicht für sich verwenden (§§ 246, 266 StGB). Tut er es gleichwohl, schuldet er nicht nur Schadensersatz, sondern auch von Anfang an gesetzliche Zinsen (§ 1908i I 1 mit § 1834 und § 246). Dies entspricht der Deliktsnorm des § 849, die unter den Voraussetzungen der §§ 823-826 direkt anwendbar ist.

1838   **Dritten gegenüber haftet der Betreuer nur aus unerlaubter Handlung** (§§ 823-826; 832), nicht aus Vertrag, den er namens des Betreuten und mit gesetzlicher Vertretungsmacht (§ 1902) geschlossen hat, in aller Regel auch nicht als Sachverwalter aus Verschulden bei Vertragsverhandlungen, es sei denn, er habe als Fachmann (Rechtsanwalt) das besondere Vertrauen des Dritten in Anspruch genommen[34].

8. Kapitel
Geschäftsfähigkeit des Betreuten und Einwilligungsvorbehalt

1. Geschäftsfähigkeit des Betreuten

1839   Die Geschäftsfähigkeit des Betreuten richtet sich allein nach § 104. Anders als Vormundschaft und Gebrechlichkeitspflegschaft alten Rechts macht die Betreuung den Betreuten nicht geschäftsunfähig. Der geschäftsfähige Betreute bleibt auch während der Betreuung geschäftsfähig, so dass er rechtsgeschäftlich mit dem Betreuer konkurriert[35]. Dass die beiden sich in die Quere kommen, lässt sich nur durch beiderseitiges Einvernehmen vermeiden. Deshalb hat der Betreuer nach § 1901 II die Wünsche des Betreuten möglichst zu erfüllen.

2. Einwilligungsvorbehalt

2.1 Rechtsfolge

1840   Jedoch beschränkt das Vormundschaftsgericht nach § 1903 I 1 die Geschäftsfähigkeit des Betreuten durch die Anordnung eines Einwilligungsvorbehalts, wenn und soweit dieser erforderlich ist, um eine erhebliche Gefahr für die Person oder das Vermögen des Betreuten abzuwenden. **Der gerichtliche Einwilligungsvorbehalt hat zur Folge, dass Willenserklärungen des Betreuten der Einwilligung des Betreuers bedürfen.**
Die Rechtsfolgen im Einzelnen regelt § 1903 I 2 mit §§ 108-113, 131 II, 206 sowie § 1903 III. Danach ist das einseitige Rechtsgeschäft nur mit Einwilligung des Betreuers wirksam (§ 111 S. 1) und nicht genehmigungsfähig. Der Vertrag hingegen ist ohne Einwilligung des Betreuers nur schwebend unwirksam: Die Genehmigung des Betreuers macht ihn von Anfang an wirksam (§§ 108, 184 I), die Verweigerung der Genehmigung

---

34 *BGH* NJW 95, 1213.
35 Dazu *Veit* FamRZ 96, 1309.

macht ihn endgültig unwirksam. Der Vertragsgegner hat während des Schwebezustandes die Rechte aus §§ 108 II, 109.

In zwei **Ausnahmefällen** ist das Rechtsgeschäft des Betreuten ohne Einwilligung und Genehmigung des Betreuers wirksam: Erstens wenn es dem Betreuten **lediglich** einen **rechtlichen Vorteil** bringt (§ 1903 III 1 entspricht § 107), zweitens wenn es nur eine **geringfügige Angelegenheit des täglichen Lebens** betrifft und das Vormundschaftsgericht nichts anderes anordnet (§ 1903 III 2).   **1841**

2.2 Notwendigkeit

Der Einwilligungsvorbehalt muss erforderlich sein, um eine **erhebliche Gefahr für die Person oder das Vermögen des Betreuten** abzuwehren. Diese Gefahr besteht nur dann, wenn der Betreute psychisch so krank oder so behindert ist, dass er **keinen freien Willen mehr bilden kann**, denn der Staat hat nicht das Recht, den erwachsenen und willensfähigen Bürger vor seiner eigenen Unvernunft zu schützen[36]. Folgerichtig ist der Einwilligungsvorbehalt auf das erforderliche Maß („soweit … erforderlich …") zu beschränken[37]. Notwendigkeit und Umfang des Einwilligungsvorbehalts sind deshalb durch medizinisches Gutachten zu klären (§ 68b II FGG).   **1842**

Ausgeschlossen ist der Einwilligungsvorbehalt nach § 1903 II für höchstpersönliche Willenserklärungen des Betreuten: Verlobung, Heirat, Verfügungen von Todes wegen und sonstige familienrechtliche und erbrechtliche Geschäfte, die der beschränkt Geschäftsfähige ohne Zustimmung seines gesetzlichen Vertreters tätigen kann.

9. Kapitel
Vertretungsmacht des Betreuers

1. Überblick

Der Betreuer ist gesetzlicher Vertreter des Betreuten. Seine Vertretungsmacht bezieht er direkt aus dem Gesetz, denn nach § 1902 vertritt er in seinem Aufgabenkreis den Betreuten gerichtlich und außergerichtlich. Seine Vertretungsmacht ist aber auch innerhalb seines Aufgabenkreises gesetzlich beschränkt. Wie der Vormund kann er nach § 1908i I 1 manche Rechtsgeschäfte überhaupt nicht (§ 1795), andere nur mit Genehmigung des Vormundschaftsgerichts abschließen (§§ 1821, 1822). Besondere Regeln gelten für ärztliche Eingriffe (§ 1904), Sterilisation (§ 1905), Unterbringung (§ 1906), Aufgabe einer Mietwohnung (§ 1907) und Ausstattung (§ 1908).   **1843**

---

[36] *BayObLG* FamRZ 93, 851; 95, 1517; 95, 1518: partielle Geschäftsunfähigkeit; 96, 897; 99, 681; 2000, 567: in der Regel nur bei Geschäftsunfähigkeit; 2000, 1327.

[37] *BayObLG* FamRZ 95, 1517: Sanierung eines Wohnhauses.

2. Ausschluss der Vertretungsmacht

1844 Die gesetzliche Vertretungsmacht reicht nicht weiter als diejenige des Vormunds und der Eltern. Nach § 1908i I 1 kann der Betreuer den Betreuten **in den Fällen des § 1795 I** nicht vertreten, weil hier durchweg ein **Interessenkonflikt** droht. Ein konkreter Interessenkonflikt im Einzelfall ist freilich nicht erforderlich, vielmehr genügt wie bei § 181 die allgemeine Gefahr bei Abschluss der genannten Rechtsgeschäfte[38]; so verlangt es die Rechtssicherheit[39].

1845 § 1795 I ist kein gesetzliches Verbot im Sinn des § 134, sondern nimmt dem Betreuer die Vertretungsmacht, so dass er als **Vertreter ohne Vertretungsmacht** handelt, wenn er ein derartiges Geschäft gleichwohl abschließt (§ 179). Es gibt freilich niemanden, der das unwirksame Geschäft durch Genehmigung wirksam machen könnte, auch nicht das Vormundschaftsgericht[40]. Statt dessen muss der Betreuer einen Ergänzungspfleger nach § 1909 bestellen lassen[41].

1846 § 1795 I schließt die Vertretungsmacht des Betreuers in drei Fällen aus:

Nach **Nr. 1** für Rechtsgeschäfte mit seinem Ehegatten oder einem Verwandten in gerader Linie[42], es sei denn, das Rechtsgeschäft beschränke sich auf die Erfüllung einer wirksam begründeten Verpflichtung[43] oder bringe dem Betreuten nur rechtlichen Vorteil[44];

nach **Nr. 2** für die Übertragung oder Belastung einer dinglich oder durch Bürgschaft gesicherten Forderung des Betreuten gegen den Betreuer, für die Aufhebung und Minderung dieser Sicherheit sowie für eine entsprechende Verpflichtung des Betreuten;

nach **Nr. 3** für Rechtsstreitigkeiten zwischen Personen der Nr. 1 oder über Gegenstände der Nr. 2.

Nach **§ 1795 II** bleibt außerdem **§ 181** unberührt: **Der Betreuer kann nicht auf beiden Seiten des Rechtsgeschäfts stehen.** Diese Regel hat nur zwei Ausnahmen: die Gestattung und das reine Erfüllungsgeschäft[45].

1847 Es versteht sich von selbst, dass der Betreuer im Namen und auf Kosten des Betreuten **keine Schenkungen** machen kann; ausgenommen sind nur moralische Pflicht – sowie Anstandsschenkungen (§ 1908i I 1 mit § 1804)[46].

Nach § 1908i I 1 mit § 1796 **kann das Vormundschaftsgericht** dem Betreuer die **Vertretungsmacht** für einzelne Angelegenheiten oder einen bestimmten Kreis von Angele-

---

38 *BGH* FamRZ 61, 473; WM 75, 595; NJW 92, 301: zu § 1822.
39 *BGH* NJW 92, 301.
40 *BGH* FamRZ 61, 473: Was das Gesetz verbietet, kann das Vormundschaftsgericht nicht erlauben.
41 *BGH* NJW 71, 841.
42 *BGH* FamRZ 62, 464: keine Umdeutung in Vertrag zugunsten des Mündels; NJW 71, 841: auch Zustimmung zur Adoption.
43 *BGH* FamRZ 61, 473 u. WM 75, 595: Heilung nach § 313 S. 2 genügt nicht.
44 *BGH* WM 75, 595: für Vertretungsmacht der Eltern; a.A. noch *BGH* FamRZ 62, 464.
45 Dazu *BayObLG* NJW 59, 989.
46 *BayObLG* FamRZ 96, 1359: Grundbesitz; FamRZ 99, 47: vorweggenommene Erbfolge; ferner *Holzhauer* FamRZ 2000, 1063.

genheiten innerhalb seines Aufgabenkreises **entziehen**, soll dies aber nur tun, wenn ein Interessenkonflikt besteht[47].

3. Genehmigung des Vormundschaftsgerichts

3.1 Begriff, Erteilung und Verweigerung

Wie der Vormund kann auch der Betreuer nach § 1908i I 1 mit §§ 1803, 1812-1831 eine Reihe wichtiger Geschäfte wirksam nur mit Genehmigung des Vormundschaftsgerichts abschließen. Die Aufgabe der Mietwohnung des Betreuten kommt dazu (§ 1907). **1848**

Die Genehmigung des Vormundschaftsgerichts, das sich allein vom **Wohle des Betreuten** leiten lässt[48], ist keine zivilrechtliche Willenserklärung wie die Genehmigung des gesetzlichen Vertreters (§§ 107 ff.) oder des Vertretenen (§§ 177 ff.), sondern ein **öffentlichrechtlicher Gestaltungsakt der freiwilligen Gerichtsbarkeit**, so dass die §§ 182 ff. grundsätzlich nicht passen, sondern nur in vorsichtiger Analogie anwendbar sind[49].

So unterscheidet § 1829 anders als §§ 183, 184 nicht zwischen Einwilligung und Genehmigung, sondern spricht einheitlich von Genehmigung, auch wenn sie im Voraus erteilt wird[50]. Dagegen trennt das Gesetz auch hier zwischen Vertrag und einseitigem Rechtsgeschäft; während letzteres im Voraus genehmigt werden muss (§ 1831 wie §§ 111, 180), **ist der Vertrag ohne die erforderliche Genehmigung nur schwebend unwirksam** (§ 1829 I 1). Die **Genehmigung** macht ihn von Anfang an wirksam[51]. Die **Versagung der Genehmigung** macht ihn endgültig unwirksam[52]. Der – falsche – Bescheid des Vormundschaftsgerichts, das Geschäft bedürfe keiner Genehmigung (Negativattest), ist noch keine Genehmigung[53]. **1849**

3.2 Mitteilung der Genehmigung

Nach Erteilung der Genehmigung hat der Betreuer das letzte Wort: Er kann von der Genehmigung Gebrauch machen, dies aber auch bleiben lassen, denn er handelt ausschließlich im Interesse des Betreuten und muss auf den Vertragsgegner keine Rücksicht nehmen[54]. Deshalb kann das Vormundschaftsgericht nach § 1828 die **Genehmigung** wirksam **nur dem Betreuer** gegenüber erklären; die Erteilung gegenüber dem Vertragsgegner ist unwirksam[55]. **Und nach § 1829 I 2 wird die Genehmigung erst wirksam,** **1850**

---

47 *BGH* NJW 55, 217; *OLG Hamm* FamRZ 74, 31.
48 *BayObLG* MDR 77, 845; DB 77, 669: pflichtgemäßes Ermessen.
49 *BGH* LM § 184 Nr. 1, Nr. 6; *RG* 102, 142.
50 *KG* MDR 66, 238: Genehmigung im Voraus nur, wenn Geschäftsinhalt schon feststeht.
51 *BGH* NJW 95, 318: zur devisenrechtl. Genehmigung; *RG* 130, 104: Genehmigung ist unwiderruflich.
52 *BGH* NJW 93, 648: zur Grundstücksverkehrsgenehmigung; NJW 95, 318: zur devisenrechtl. Genehmigung.
53 *BGH* 44, 325.
54 *BGH* 7, 208: weder Anspruch auf Mitteilung noch § 162; nur § 1829 II.
55 *BayObLG* NJW 60, 2188: Genehmigung eines Prozessvergleichs auch über Prozessgericht an Vormund.

wenn der Betreuer sie dem Vertragsgegner mitteilt. Diese Mitteilung ist ein Rechtsgeschäft, durch das der Betreuer den schwebend unwirksamen Vertrag endgültig billigt und in Kraft setzt[56]. Die ausdrückliche oder schlüssige Billigung ohne Mitteilung genügt nur dann, wenn der Betreuer weiß, dass der Dritte die Genehmigung schon kennt[57]. Darin unterscheidet sich die vormundschaftsgerichtliche Genehmigung wesentlich von der zivilrechtlichen Genehmigung nach §§ 182, 184.

1851 Da auch der **Vertragsgegner** wissen kann, dass sein Geschäft mit dem Betreuer der vormundschaftsgerichtlichen Genehmigung bedarf, ist er bis zur Genehmigung oder deren Verweigerung an **das Geschäft gebunden. Widerrufen darf er nur**, wenn der Betreuer wahrheitswidrig behauptet hat, das Geschäft sei schon genehmigt, es sei denn, der Vertragsgegner habe den Schwindel durchschaut; dies alles steht in § 1830.

Einen Anspruch auf Mitteilung der Genehmigung hat der Vertragsgegner nicht, sondern kann den Betreuer nach § 1829 II lediglich zur Mitteilung auffordern mit der Folge, dass die Genehmigung mit Ablauf von 2 Wochen als verweigert gilt. Dafür haftet der Betreuer auch nicht aus Verschulden bei Vertragsverhandlungen, denn er dient nur dem Wohle des Betreuten[58].

Das ist eben die Besonderheit der vormundschaftsgerichtlichen Genehmigung: Während Vertragspartner in anderen Fällen verpflichtet sind, eine nötige behördliche Genehmigung zu beschaffen, entscheidet der Betreuer frei, ob er die erteilte Genehmigung mitteilt oder das Geschäft fallen lässt[59].

3.3 Genehmigungsbedürftige Rechtsgeschäfte

1852 Welche Rechtsgeschäfte der vormundschaftsgerichtlichen Genehmigung bedürfen, sagt das Gesetz sehr detailliert. Neben der Abweichung von Verwaltungsanordnungen des Erblassers (§ 1803) und der Verfügung über Forderungen und Wertpapiere (§§ 1812-1820)[60], sind es vor allem die **Grundstücksgeschäfte des § 1821 und die riskanten Geschäfte des § 1822.** Die Rechtssicherheit verlangt, die genehmigungsbedürftigen Geschäfte formal zu bestimmen und die besonderen Umstände des Einzelfalles außerachtzulassen[61].

---

56 *BGH* 15, 97; *BayObLG* FamRZ 97, 1426: Beschwerde gegen Genehmigung dadurch unzulässig; *OLG Stuttgart* FamRZ 98, 1323: Genehmigung nach Mitteilung unaufhebbar.
57 *BGH* 15, 97; zur Ermächtigung des Notars, Genehmigung einzuholen u. mitzuteilen: *BGH* 15, 100; *RG* 121, 30; *OLG Düsseldorf* NJW 59, 391; *OLG Hamm* DNotZ 64, 541; *BayObLG* FamRZ 97, 1426; 98, 1325.
58 *BGH* 7, 208; 54, 71.
59 *BGH* 54, 71.
60 Dazu *OLG Frankfurt* WM 74, 473; *OLG Hamm* RPfl 76, 309.
61 *BGH* 17, 160; 38, 26; 52, 316; NJW 62, 2344; 92, 301; *OLG Frankfurt* FamRZ 97, 1424: Genehmigung nötig trotz Einverständnis des geschäftsfähigen Betreuten.

Beispiele zur Verfügung über ein Grundstück nach § 1821 I Nr. 1

Geschützt ist nur das vorhandene Vermögen, nicht der Erwerb des Betreuten. Der Betreuer verfügt noch nicht über ein Grundstück des Betreuten, wenn er für diesen ein Grundstück erwirbt, an dem sich der Veräußerer den Nießbrauch, eine Dienstbarkeit oder Restkaufpreishypothek vorbehält (*BGH* 24, 372; NJW 98, 453).

Der Genehmigung bedarf nur die im Übrigen wirksame Verfügung über das Grundstück. Das Verfügungsverbot des Erblassers wirkt nach § 137 nicht dinglich, so dass der Erbe (mit Zustimmung des Testamentsvollstreckers) wirksam verfügen kann. Also braucht der Betreuer die Genehmigung des Vormundschaftsgerichts (*BGH* 56, 276).

Genehmigungsbedürftig ist schon die Bewilligung einer Auflassungsvormerkung (*OLG Frankfurt* FamRZ 97, 1342).

Dass der Betreuer Vollmacht des Betreuten hat, befreit ihn nicht von § 1821 Nr. 1 (*OLG Köln* FamRZ 2000, 1525).

Beispiele zum Katalog des § 1822

1854

Die **Nr. 1** beschränkt sich wie § 311 auf die pauschale Verpflichtung zur Übertragung des ganzen Vermögens; es genügt nicht, dass der zu übertragende einzelne Gegenstand das ganze Vermögen bildet (*BGH* FamRZ 57, 121).

Nr. 3: Der OHG-Vertrag ist ein Gesellschaftsvertrag zum Betrieb eines Erwerbsgeschäfts (*BGH* 38, 26). Die Änderung des Gesellschaftsvertrags ist nur dann genehmigungsbedürftig, wenn sie die Haftung des Betreuten verschärft (*BGH* NJW 92, 301).

Genehmigungsfrei sind der Vertrag über eine stille Gesellschaft, der den Betreuten nur zu einer Kapitalanlage verpflichtet, aber nicht am Verlust beteiligt (*BGH* FamRZ 57, 121; *OLG Hamm* DB 74, 424), sowie die schenkweise Übertragung eines GmbH-Anteils (*BGH* NJW 89, 1926; dazu auch *KG* MDR 76, 755).

Die **Nr. 5** ist nach § 1908i I 1 auf die Betreuung nicht anwendbar.

Nr. 10: Übernahme einer fremden Verbindlichkeit: Teilweise fremd ist die Übernahme einer Gesamtschuld, für die der Betreute im Innenverhältnis nicht allein haftet (*BGH* WM 73, 786), sowie der Vergleich mit einem Anwalt, der auch Honorarforderungen gegen Dritte abgilt (*RG* 158, 210), dagegen nicht der Beitritt zu einer Genossenschaft mbH, da die Nachschusspflicht eine eigene Schuld des Genossen ist (*BGH* 41, 71).

Genehmigungspflichtig ist auch die Aufgabe der Mietwohnung des Betreuten. Da 1855 Wohnraum rar und lebenswichtig ist, darf der Betreuer mit dem Aufgabenkreis „Mietverhältnis" oder „Aufenthaltsbestimmung" Wohnraum, den der Betreute hat, nach § 1907 I 1 nur mit Genehmigung des Vormundschaftsgerichts kündigen oder das Mietverhältnis vertraglich aufheben. Außerdem hat der Betreuer andere Umstände, die eine Beendigung des Mietverhältnisses möglich machen, dem Vormundschaftsgericht unverzüglich anzuzeigen (§ 1907 II).

Schließlich braucht der Betreuer nach § 1907 III die Genehmigung des Vormundschaftsgerichts für einen **Miet-, Pacht- oder anderen Vertrag**, der den Betreuten zu wiederkehrenden Leistungen verpflichtet, **wenn das Vertragsverhältnis länger als 4 Jahre dauern soll oder der Betreuer Wohnraum vermieten will**.

10. Kapitel
Ärztliche Maßnahmen

1856   Nach § 1901 III hat der Betreuer innerhalb seines Aufgabenkreises auch dafür zu sorgen, dass der kranke Betreute wieder gesunde. Da jeder ärztliche Eingriff eine Körperverletzung ist, die nur durch **Einwilligung des aufgeklärten Patienten** gerechtfertigt wird, muss in erster Linie **der Betreute selbst** einwilligen. **Die Einwilligung des Betreuers** mit dem Aufgabenkreis „Gesundheitsfürsorge" ist nur dann erforderlich und ausreichend, wenn dem Betreuten die erforderliche Einsichts- und Willensfreiheit fehlt[62]. Geschäftsunfähigkeit ist dafür kein ausreichender Grund, wenn der Patient noch in der Lage ist, den Sinn und Zweck der Einwilligung zu erfassen. Denn die Einwilligung ist keine Willenserklärung, sondern eine tatsächliche Gestattung, die den ärztlichen Eingriff rechtfertigt[63].

Nach **§ 1904 I** ist zusätzlich die Genehmigung des Vormundschaftsgerichts erforderlich, wenn die Untersuchung, die Heilbehandlung oder der ärztliche Eingriff lebensgefährlich ist oder einen schweren und anhaltenden Schaden verursachen kann[64]. Entbehrlich ist die Genehmigung nur bei Gefahr im Verzug. Nach § 1904 II gilt dies auch für die Einwilligung eines Bevollmächtigten kraft schriftlicher Vollmacht.

11. Kapitel
Sterilisation

1857   Wie jeder andere ärztliche Eingriff ist auch die Sterilisation nur durch Einwilligung der einwilligungsfähigen und aufgeklärten Person zu rechtfertigen[65]. Zwangssterilisationen sind verfassungswidrig, denn sie verletzen die Menschenwürde und die Selbstbestimmung (Art. 1 I, 2 I GG). Die Einwilligung ist keine Willenserklärung, sondern eine tatsächliche Gestattung, die die Körperverletzung rechtfertigen soll. Sie erfordert deshalb keine Geschäftsfähigkeit, sondern nur die natürliche Fähigkeit, Sinn und Zweck der Einwilligung zu erfassen und danach zu handeln.

1858   § 1905 regelt nur einen Sonderfall, nämlich die **Sterilisation eines Betreuten, der einwilligungsunfähig ist. In diesem Fall muss der Betreuer, der speziell zu diesem Zweck bestellt ist (§ 1899 II), einwilligen (I) und das Vormundschaftsgericht die Einwilligung des Betreuers genehmigen** (II).

---

62 *BayObLG* FamRZ 99, 1304: Genehmigung des Vormundschaftsgerichts nur nach § 1846 oder § 1904.
63 Dazu *Schellhammer*, Zivilrecht, RN 397-405.
64 *OLG Frankfurt* FamRZ 98, 1137: auch Abbruch Ernährung durch Magensonde.
65 Dazu *Pieroth* FamRZ 90, 117.

Außerdem ist die Sterilisation nach § 1905 I 1 **nur unter fünf engen Voraussetzungen erlaubt**: wenn sie dem – „natürlichen" – Willen des Betreuten nicht widerspricht (Nr. 1); wenn der Betreute auf Dauer einwilligungsunfähig bleiben wird (Nr. 2); wenn es ohne Sterilisation zu einer Schwangerschaft käme (Nr. 3)[66]; wenn die Schwangerschaft eine Gefahr für das Leben der Schwangeren oder die Gefahr schwerer körperlicher oder seelischer Schäden einschließlich des Verlustes der elterlichen Sorge nach §§ 1666, 1666a befürchten lässt, die man auf andere zumutbare Art und Weise nicht abwenden kann (Nr. 4); und wenn schließlich die Schwangerschaft selbst nicht durch andere zumutbare Maßnahmen verhindert werden kann (Nr. 5).

Die Sterilisation ist erst zwei Wochen nach Wirksamwerden der vormundschaftsgerichtlichen Genehmigung erlaubt (§ 1905 II 2 mit § 69a IV FGG)[67] und stets nach der Methode durchzuführen, die keine vollendeten Tatsachen schafft, sondern eine „Refertilisierung" (Wiederherstellung der Fruchtbarkeit) ermöglicht.

12. Kapitel
Unterbringung

1. Notwendigkeit

§ 1906 regelt die **freiheitsentziehende Unterbringung des Betreuten durch den Betreuer**. Sie dient ausschließlich dem Wohl des Betreuten[68] und unterscheidet sich deshalb wesentlich von der Unterbringung im öffentlichen Interesse nach den Unterbringungsgesetzen der Länder.

1859

Unterbringung bedeutet **Verbringen einer Person für eine gewisse Dauer** in ein **geschlossenes Krankenhaus oder eine andere geschlossene Einrichtung**, wo ihr Aufenthalt dauernd überwacht und ihr Kontakt nach außen massiv beschränkt wird. Die regelmäßige **ambulante Behandlung** erfüllt diese Voraussetzungen nicht, darf mangels gesetzlicher Grundlage (Art. 2 II, 104 I GG) nicht gegen den Willen des Kranken erzwungen werden und ist deshalb nicht genehmigungsfähig[69]. Dagegen ist die Rückverlegung von der offenen in die geschlossene Abteilung eine erneute Unterbringung[70].

Nach § 1906 I darf der **Betreuer mit dem Aufgabenkreis „Aufenthaltsbestimmung"** den Betreuten nur unterbringen, wenn dies **erforderlich** ist[71], entweder um den geistig

---

66 *BayObLG* FamRZ 97, 702: konkrete Gefahr nötig; *OLG Hamm* FamRZ 2001, 314.
67 Dazu *OLG Düsseldorf* FamRZ 96, 375.
68 *Dodege* MDR 92, 437, 439; zweifelnd *Pardey* FamRZ 95, 713.
69 *BGH* FamRZ 2001, 149: keine Zwangsbehandlung durch Betreuer.
70 *OLG Hamm* FamRZ 2000, 1120.
71 *BayObLG* FamRZ 94, 1617 u. *OLG Schleswig* FamRZ 98, 1328: Alkoholentziehung gegen Willen des Betreuten sinnlos; *OLG Schleswig* FamRZ 2000, 1122: psychiatr. Behandlung gegen Willen des Betreuten verspricht keinen Erfolg.

kranken[72] oder behinderten Betreuten vor der konkreten Gefahr zu schützen, dass er sich selbst töte oder erheblich an seiner Gesundheit schädige (Nr. 1)[73], oder um eine notwendige stationäre Untersuchung, Heilbehandlung oder einen ärztlichen Eingriff vornehmen zu lassen, deren Notwendigkeit der Betreute infolge seiner geistigen Erkrankung oder Behinderung nicht erfassen kann (Nr. 2)[74]. Überhaupt setzt jede Unterbringung, auch diejenige nach der Nr. 1 voraus, **dass der Betreute außerstande ist, einen freien Willen zu bilden**[75].

Der Betreuer hat die Unterbringung zu beenden, sobald ihre Voraussetzungen wegfallen, und die Beendigung dem Vormundschaftsgericht anzuzeigen (§ 1906 III).

2. Genehmigung des Vormundschaftsgerichts

1860   Nach § 1906 II 1 ist die Unterbringung nur mit Genehmigung des Vormundschaftsgerichts zulässig. Einzige Ausnahme ist Gefahr im Verzug, die Genehmigung ist jedoch unverzüglich nachzuholen (§ 1906 II 2). Der Genehmigungsbeschluss nennt nach § 70f I Nr. 2 FGG die Art der Unterbringung: psychiatrisches Krankenhaus, Suchtkrankenklinik, Trinkerheilanstalt usw., nicht auch den Ort der Unterbringung, den der Betreuer bestimmt[76].

3. Freiheitsentziehende Maßnahmen in Anstalt oder Heim

1861   Nach § 1906 IV gelten die Absätze I-III entsprechend für **lang dauernde oder regelmäßige freiheitsentziehende Maßnahmen, gegen den Betreuten, der sich in einer Anstalt, einem Heim oder einer ähnlichen Einrichtung aufhält**, ohne dort untergebracht zu sein. Das Gesetz nennt beispielhaft mechanische Vorrichtungen[77] und Medikamente[78].

Da die Unterbringung nach § 1906 I nur diejenigen Beschränkungen der körperlichen Bewegungsfreiheit umfasst, die regelmäßig mit ihr verbunden sind, nicht auch lang dauerndes oder regelmäßiges Fesseln oder Anbinden im Bett, sind derartige Freiheitsbeschränkungen nach § 1906 IV zusätzlich zu genehmigen[79].

---

72 *BayObLG* FamRZ 94, 1617: Trunksucht genügt noch nicht.
73 *BayObLG* FamRZ 94, 1617: medizinische Prognose nötig.
74 Dazu *OLG Düsseldorf* FamRZ 95, 118; *BayObLG* FamRZ 2000, 1537.
75 *BVerfG* NJW 98, 1774: in gewissen Grenzen muss man auch dem psychisch Kranken die „Freiheit zur Krankheit" lassen: *BayObLG* FamRZ 93, 600; 96, 1375: andernfalls muss nur Betreuter einwilligen; FamRZ 98, 1327.
76 *BayObLG* FamRZ 93, 600; 94, 320; *OLG Düsseldorf* FamRZ 95, 118.
77 *OLG Düsseldorf* FamRZ 95, 118: Fesseln, Bettgitter, Bauchgurt im Rollstuhl.
78 *OLG Hamm* FamRZ 93, 1491: keine Freiheitsentziehung, wenn Betreuter sich ohnehin nicht selbst fortbewegen kann.
79 *BayObLG* FamRZ 94, 721.

13. Kapitel
Aufwendungsersatz

1. Aufwendungen des Betreuers

Nach § 1908i I 1 mit § 1835 I 1 hat der Betreuer **wie ein Beauftragter** Anspruch auf **1862** Vorschuss für künftige Aufwendungen (§ 669) und auf Ersatz gemachter Aufwendungen (§ 670). **Aufwendungen** sind Vermögensopfer, die der Betreuer für den Betreuten bringt[80]. Meist wendet er Geld auf, kann aber auch Verpflichtungen eingehen. Ersatzfähig sind Aufwendungen nur, wenn der Betreuer sie den Umständen nach für erforderlich halten durfte. Es gelten die Regeln des Auftragsrechts.

Zu den Aufwendungen zählen auch die **Kosten einer angemessenen Haftpflichtversicherung** für Schäden, die der Betreuer dem Betreuten oder einem Dritten zufügt (§ 1835 II, mit Ausnahme in § 1835 II 2 für Berufsbetreuer), sowie **Dienste des Betreuers, die zu seinem Gewerbe oder Beruf gehören** (§ 1835 III). Keine Aufwendung ist die Umsatzsteuer, die der Betreuer auf seine Vergütung zahlen muss, denn er zahlt sie nicht im Interesse des Betreuten[81].

Fahrtkosten des Betreuers sind nach § 9 ZSEG zu erstatten.

2. Anspruchsgegner

Anspruchsgegner ist im Normalfall **der Betreute**. Der Betreuer muss nicht klagen, sondern **1863** entnimmt die ihm zustehende Geldsumme einfach dem verwalteten Vermögen des Betreuten[82]. Im Streitfall entscheidet über Grund und Höhe des Erstattungsanspruchs aber nicht das Vormundschaftsgericht, sondern das Prozessgericht[83]. Der Ersatzanspruch erlischt, wenn er nicht binnen 15 Monaten ab Entstehung gerichtlich geltendgemacht wird (§ 1835 I 3); das ist eine **Ausschlussfrist**. Macht der Betreuer seine Aufwendungen gegenüber dem Vormundschaftsgericht geltend, wirkt dies auch gegenüber dem Betreuten. Das Vormundschaftsgericht kann die Frist verkürzen oder verlängern (§ 1835 I 4 mit § 15 III ZSEG).

Ist der Betreute mittellos, haftet statt seiner die **Staatskasse** (§ 1835 IV)[84].

---

80 *BGH* 65, 389; zu §§ 1835, 1835a: *Zimmermann* FamRZ 99, 630.
81 *BGH* DB 75, 200; a.A. für Berufsbetreuer: *OLG Düsseldorf, Zweibrücken, Brandenburg* FamRZ 2001, 447, 448.
82 *BayObLG* FamRZ 95, 1375; 96, 1167.
83 *BayObLG* FamRZ 95, 1375: Festsetzung durch Vormundschaftsgericht ist nichtig; FamRZ 96, 1167; *OLG Köln* FamRZ 98, 1451.
84 *BayObLG* FamRZ 96, 1160; 97, 580: Antragsfrist.

3. Sonderregeln für Betreuungsverein und -behörde, für Vereins- und Behördenbetreuer

1864 Nach § 1835 V haben Betreuungsverein und Betreuungsbehörde keinen Anspruch auf Vorschuss und einen Anspruch auf Ersatz der Aufwendungen nur, soweit das Vermögen des Betreuten ausreicht; allgemeine Verwaltungs- und Haftpflichtversicherungskosten werden überhaupt nicht erstattet.

Aufwendungen des Vereinsbetreuers (§ 1897 II 1) sind nach § 1908e I 1 mit § 1835 I, IV zu erstatten; der Erstattungsanspruch steht aber nicht dem Vereinsbetreuer selbst, sondern dem Verein zu (§ 1908e II). Allgemeine Verwaltungskosten werden nicht erstattet (§ 1908e I 2). Das Gleiche gilt nach § 1908h I 1, III für den Behördenbetreuer (§ 1897 II 2), jedoch mit der Einschränkung aus § 1908h I 2 mit § 1835 V.

4. Aufwandsentschädigung

1865 Anstelle eines Aufwendungsersatzes kann der Betreuer, der unentgeltlich betreut, nach § 1835 I, II eine jährliche Aufwandsentschädigung verlangen in Höhe des Vierundzwanzigfachen der höchsten Aufwandsentschädigung, die einem Zeugen zusteht[85]. Ist der Betreute mittellos, haftet statt seiner die Staatskasse (§ 1835a III). Die Ausschlussfrist beträgt hier 3 Jahre (§ 1835a IV). Betreuungsvereine haben überhaupt keinen Anspruch auf diese Pauschale.

14. Kapitel
Betreuervergütung

1. Gesetzliches System

1866 Mit Wirkung ab 1.1.1999 hat das Betreuungsrechtsänderungsgesetz vom 25.6.1998 die Betreuungsvergütung umfänglich neu regelt[86].

Das Gesetz unterscheidet sowohl nach der Person des Betreuers als auch nach der Person des Betreuten. Der Betreuer ist entweder Gelegenheitsbetreuer oder Berufs-, Vereins- oder Behördenbetreuer. Der Betreute kann entweder die Vergütung selbst bezahlen oder er ist mittellos, so dass die Staatskasse einspringen muss.

Rechtsgrundlagen sind § 1908i mit §§ 1836-1836e sowie §§ 1908e, 1908h.

---

85 *BGH* FamRZ 96, 1545 u. *BayObLG* FamRZ 96, 247 u. 96, 1160: gilt auch für betreuende Eltern u. nahe Verwandte; ebenso *Bienwald* FamRZ 95, 463.
86 Dazu *Karmasin* FamRZ 99, 348; *Zimmermann* FamRZ 99, 630; ZAP 99 Fach 11 S. 533: Anwalt als Betreuer.

2. Gelegenheitsbetreuer

Nach § 1836 I 1 wird die Betreuung unentgeltlich geführt; das ist die gesetzliche Regel. Die Berufsbetreuung ist nach § 1836 I 2 die gesetzliche Ausnahme und bedarf der besonderen Feststellung des Vormundschaftsgerichts.

Nach § 1836 III kann das Vormundschaftsgericht aber auch dem Gelegenheitsbetreuer eine angemessene Vergütung bewilligen, soweit der Umfang oder die Schwierigkeit der Betreuung es rechtfertigen und der Betreute nicht mittellos ist[87].

3. Berufsbetreuer

3.1 Anspruchsgrundlage

Der Berufsbetreuer hat nach § 1908i I mit § 1836 I 2 Anspruch auf eine Vergütung. Berufsbetreuer ist nur, wer laut Feststellung des Vormundschaftsgerichts die Betreuung berufsmäßig führt. Das Vormundschaftsgericht trifft diese Feststellung bereits bei der Bestellung des Betreuers und hat sie stets dann zu treffen, wenn der Betreuer schon jetzt derart viele oder umfangreiche Betreuungen führt, dass er sie nur berufsmäßig bewältigen kann, oder wenn dies in absehbarer Zeit zu erwarten ist[88]. Nach § 1836 I 4 handelt in der Regel berufsmäßig, wer entweder mehr als 10 Betreuungen führt oder mindestens 20 Wochenstunden aufwenden muss. **1867**

3.2 Höhe der Vergütung

Nach § 1836 II setzt das Vormundschaftsgericht die Höhe der Betreuervergütung fest (S. 1) und richtet sich dabei nach drei Faktoren: nach den Fachkenntnissen des Betreuers, soweit sie für die Betreuung nutzbar gemacht werden können, nach dem Umfang der Betreuung und nach deren Schwierigkeit (S. 2). Der Betreuer hat Anspruch auf Abschlagszahlungen (S. 3).

3.3 Anspruch gegen den Betreuten

Solange er nicht mittellos ist, schuldet der Betreute die nach § 1836 II zu bewilligende Vergütung selbst (Arg. § 1836a). Der Betreuer macht sie gegen den Betreuten beim Vormundschaftsgericht geltend. **1868**

Die Höchstsätze nach § 1 I des Gesetzes über die Vergütung von Berufsvormündern (BVormVG) v. 25.6.98 (BGBl I 1586) begrenzen nur den Anspruch gegen die Staatskasse, die nach § 1836a für den mittellosen Betreuten einspringen muss. Gegenüber dem bemittelten Betreuten handelt es sich um Mindestsätze, die nicht unterschritten werden

---

87 *BayObLG* FamRZ 96, 1157.
88 *BVerfG* FamRZ 99, 568: Justizangestellte als Berufsbetreuerin im Nebenberuf; *OLG Karlsruhe u. OLG Köln* FamRZ 98, 1535, 1536: Gesamtbetrachtung; *OLG Zweibrücken* FamRZ 2000, 556; *BayObLG* FamRZ 2000, 1450: Feststellung des Vormundschaftsgerichts nicht rückwirkend aufhebbar.

dürfen, in der Regel angemessen sind und nur überschritten werden sollen, wenn die besondere Schwierigkeit der Betreuung es ausnahmsweise erfordert[89]. Ist der Berufsbetreuer Rechtsanwalt, rechnet er spezielle Anwaltsdienste nach der BRAGO ab[89a].

Der Vergütungsanspruch erlischt, wenn er nicht binnen 15 Monaten ab Entstehung geltendgemacht wird (§ 1836 II 4); das ist eine gesetzliche Ausschlussfrist. Das Vormundschaftsgericht kann sie analog § 15 III ZSEG ändern.

3.4 Anspruch gegen die Staatskasse

1869 Ist der Betreute mittellos, richtet sich der Vergütungsanspruch des Betreuers nach § 1836a gegen die Staatskasse und ist auf die **Höchstsätze des § 1 I BVormVG** von derzeit 35,– bis 60,– DM nebst MwSt begrenzt, nachdem bis zum 31.12.1998 Rechtsanwälten und anderen akademischen Berufsbetreuern Stundensätze bis zu 300.– DM bewilligt wurden. Maßstab sind jetzt die **nutzbaren Fachkenntnisse und** die **Ausbildung des Betreuers**[90].

Wann ist der Betreute mittellos? Antwort geben die §§ 1836c, 1836d. In welchem Umfang der Betreute sein Einkommen und Vermögen für die Betreuervergütung einzusetzen hat, bestimmt § 1836c nach dem Maßstab der §§ 84, 88 BSHG. Nach § 1836d gilt er als mittellos, wenn er mit dem verfügbaren Einkommen und Vermögen die Betreuervergütung nicht vollständig zahlen kann[91] oder zu diesem Zweck seinen Unterhalt einklagen müsste.

Soweit die Staatskasse die Betreuervergütung bezahlt, geht der Vergütungsanspruch des Betreuers gegen den Betreuten nach § 1836e I auf die Staatskasse über (S. 1)[92], erlischt nach 10 Jahren (S. 2), richtet sich aber auch gegen den Erben des Betreuten, wenngleich beschränkt auf den Nachlass (S. 3).

4. Betreuungsverein und Betreuungsbehörde

1870 Der Betreuungsverein hat nach § 1908e I 1 nur dann Anspruch auf eine Vergütung, wenn er die Betreuung nicht selbst führt, sondern durch einen Vereinsbetreuer nach § 1897 II 1 führen lässt[93]. Bemessen wird die Vergütung zwar nach der Person des Vereinsbetreuers[94], der Vergütungsanspruch steht aber nach § 1908e II nur dem Betreuungsverein zu, nicht dem Vereinsbetreuer, der vom Verein bezahlt wird.

Die Betreuungsbehörde hat grundsätzlich keinen Anspruch auf Vergütung, jedoch kann das Vormundschaftsgericht nach § 1908h II ausnahmsweise eine Vergütung bewilligen,

---

89 *BGH* FamRZ 2000, 1569; *BayObLG* FamRZ 2000, 318; *OLG Karlsruhe* NJW 2001, 1220.
89a *OLG Karlsruhe* NJW 2001, 1220.
90 Dazu *BayObLG* FamRZ 2000, 554, 844; 1305, 1306; FamRZ 2001, 187, 306; *OLG Zweibrükken,*
  Schleswig, Dresden, Köln FamRZ 2000, 551, 846, 847, 1303; *OLG Dresden* FamRZ 2001, 188.
91 *BayObLG* FamRZ 95, 112, 1375; 96, 245, 372, 1160; 97, 1428: Beweislast hat Staatskasse (?);
  98, 507; 2000, 558: z.Z. der letzten Tatsacheninstanz; FamRZ 2000, 562: Heimunterbringung.
92 *BayObLG* FamRZ 2000, 562: vorausgesetzt der Betreute ist nach § 1836c leistungsfähig.
93 *BayObLG* FamRZ 95, 693.
94 *BGH* FamRZ 2000, 1566: zur Höhe; *OLG Dresden* FamRZ 2000, 552: § 1 III BVormVG; *OLG*
  Hamm FamRZ 2001, 253: nur Angestellter, nicht freier Mitarbeiter des Vereins.

wenn die Behörde nicht selbst betreut, sondern durch einen Behördenbetreuer nach § 1897 II 2 betreuen lässt. Auch hier wird die Vergütung zwar nach der Person des Behördenbetreuers bemessen, aber der Vergütungsanspruch steht nur der Behörde zu (§ 1908h III).

15. Kapitel
Entlassung des Betreuers, Aufhebung und Änderung der Betreuung

1. Entlassung des Betreuers

Rechtsgrundlage für die Entlassung des Betreuers ist § 1908b. Das Vormundschaftsgericht hat den Betreuer zu entlassen, wenn dafür ein **wichtiger Grund** vorliegt[95], etwa die Eignung für die Betreuung abhanden gekommen ist (I). **1871**

Beispiele

> Der Betreuer verletzt schwer seine Berichtspflicht (*BayObLG* FamRZ 96, 509).
>
> Der Betreuer, dem die Vermögenssorge obliegt, legt nicht Rechnung (*BayObLG* FamRZ 94, 1282; 96, 1105; 2000, 514: überfordert).
>
> Der Betreuer gefährdet durch die Art der Betreuung die Interessen des Betreuten (*BayObLG* FamRZ 96, 1105: gilt auch für Betreuung durch Mutter).

Der Betreuer hat **Anspruch auf Entlassung**, wenn ihm die Betreuung aus Gründen, die erst nach seiner Bestellung eingetreten sind, nicht mehr zugemutet werden kann (II).

Der **Vereins- oder Behördenbetreuer** ist schon dann zu entlassen, wenn der Verein oder die Behörde es beantragt, jedoch kann das Vormundschaftsgericht ihm als Privatperson die weitere Betreuung übertragen (IV). **Verein und Behörde** sind zu entlassen, sobald sich eine natürliche Person als Betreuer findet (V).

In all diesen Fällen hat das Vormundschaftsgericht keine andere Wahl. Dagegen entscheidet es nach pflichtgemäßem Ermessen, wenn der Betreuer einen geeigneten und bereiten Nachfolger vorschlägt (III)[96]. Entsprechend § 1897 IV ist auch der Wunsch des Betreuten nach einem anderen Betreuer zu beachten[97].

Stirbt der Betreuer oder wird er entlassen, ist ein **neuer Betreuer** zu bestellen (§ 1908c), da nach wie vor Betreuungsbedarf besteht. Entsprechend § 1897 IV ist auch jetzt der Wunsch des Betreuten zu berücksichtigen[98].

---

95 *BayObLG* FamRZ 94, 323: auf Tatsachen gestützte Interessenabwägung nötig; FamRZ 97, 1358, 1359: fehlende Eignung, wenn Aufsicht und Weisungen nicht fruchten; FamRZ 99, 1168; 2000, 514; 2000, 1457; *OLG Köln* FamRZ 99, 1169.
96 *BayObLG* FamRZ 94, 1353.
97 *BayObLG* FamRZ 94, 322; 94, 1353.
98 *BayObLG* FamRZ 94, 323.

2. Aufhebung und Änderung der Betreuung

1872 Rechtsgrundlage ist § 1908d[99]. Die Betreuung ist aufzuheben, sobald ihre Voraussetzungen wegfallen (I 1). Der Aufgabenkreis des Betreuers ist einzuschränken, wenn der Betreuungsbedarf geringer wird (I 2). Ist der Betreuer auf Antrag des Betreuten bestellt, muss die Betreuung auf Antrag des Betreuten auch aufgehoben werden, es sei denn, dass jetzt eine Betreuung von Amts wegen erforderlich ist (II 1). Den Aufhebungsantrag kann auch ein Geschäftsunfähiger stellen (II 2). Gleiches gilt für die Beschränkung des Aufgabenkreises (II 3).

Umgekehrt ist der Aufgabenkreis des Betreuers zu erweitern, sobald dies erforderlich wird (III 1); die Vorschriften über die Bestellung des Betreuers gelten dafür entsprechend (III 2).

Auch der Einwilligungsvorbehalt ist aufzuheben oder einzuschränken, soweit die Gefahr beseitigt ist; er ist auszudehnen, wenn dies notwendig wird (IV).

16. Kapitel
Sonstiges

1. Sonderformen der Betreuung

1873 Nach § 1899 kann das Vormundschaftsgericht **mehrere Betreuer** bestellen, entweder mit verschiedenen Aufgabenkreisen (I 2) oder für ein und denselben Aufgabenkreis mit der Folge, dass die Betreuer gemeinsam handeln müssen, wenn das Vormundschaftsgericht nichts anderes bestimmt oder Gefahr im Verzug ist (III). Schließlich kann das Vormundschaftsgericht mehrere Betreuer derart bestellen, dass der eine nur betreuen soll, wenn der andere verhindert ist oder ihm die Erledigung überträgt (IV). Für die Einwilligung in die Sterilisation nach § 1905 ist stets ein besonderer Betreuer zu bestellen (II).

Nach dem Vorbild des Vormundschaftsrechts gibt es über § 1908i I 1 den **„Gegenbetreuer"** (§ 1792 u. RN 1890) und den **„befreiten"** Betreuer (§ 1857a u. RN 1890). Betreuungsverein und -behörde sind stets „befreite" Betreuer. Nach § 1908i II 2 ist die „Befreiung" auch auf die Betreuung durch Eltern, Ehegatten oder Abkömmlinge sowie auf Vereins- und Behördenbetreuer entsprechend anzuwenden, soweit das Vormundschaftsgericht nichts anderes bestimmt.

2. Aufsicht des Vormundschaftsgerichts

1874 Nach § 1908i I 1 mit § 1837 wacht das Vormundschaftsgericht über die Betreuung. Es berät den Betreuer (I 1) und führt ihn in seine Aufgaben ein (I 2). Es beaufsichtigt die gesamte Tätigkeit des Betreuers und schreitet gegen Pflichtverletzungen mit geeigneten

---

99 Dazu *Bienwald* FamRZ 94, 494.

Geboten und Verboten ein (II 1). Schließlich kann es dem Betreuer aufgeben, künftige Schäden des Betreuten durch eine Haftpflichtversicherung zu decken (II 2).

Seine Anordnungen kann es mit Zwangsgeld durchsetzen (III 1), das kein Ordnungsmittel gegen Ungehorsam ist sondern ein Beugemittel zur Befolgung gerichtlicher Anordnungen. Gegen Betreuungsverein und Betreuungsbehörde gibt es kein Zwangsgeld (III 2).

29. Teil
Vormundschaft und Pflegschaft

1. Kapitel
Voraussetzungen der Vormundschaft

1875 Die Vormundschaft ist seit 1.1.1992 nur noch ein **Elternersatz für Minderjährige**, die keine Eltern haben oder deren Eltern nicht vertretungsberechtigt sind (§ 1773). Das Vormundschaftsgericht ordnet sie im Bedarfsfall von Amts wegen an (§ 1774) und bestellt einen Vormund (§ 1789), der an Stelle der Eltern für den Minderjährigen sorgen soll (§ 1793), sowohl tatsächlich als auch rechtsgeschäftlich mittels gesetzlicher Vertretungsmacht.

1876 Nach § 1773 erhält der Minderjährige in 3 Fällen einen Vormund:

- erstens wenn er nicht unter elterlicher Sorge steht (I Hs. 1), etwa weil er keine Eltern hat oder der eine Elternteil verstorben und dem anderen die elterliche Sorge entzogen ist;
- zweitens, wenn seine Eltern von der gesetzlichen Vertretung ausgeschlossen sind (I Hs. 2), etwa weil dem einen Elternteil die elterliche Sorge entzogen ist und die elterliche Sorge des anderen wegen beschränkter Geschäftsfähigkeit ruht;
- drittens, wenn der Familienstand ungeklärt ist (II), was bei Findelkindern vorkommt.

2. Kapitel
Anordnung der Vormundschaft und Bestellung des Vormunds

1. Anordnung der Vormundschaft

1877 Anders als das moderne Betreuungsrecht trennt das altehrwürdige Vormundschaftsrecht noch zwischen Anordnung der Vormundschaft (§ 1774) und Bestellung des Vormunds (§ 1789). Nach § 1774 ordnet das Vormundschaftsgericht im Bedarfsfall die Vormundschaft von Amts wegen an (S. 1), was vorsorglich schon vor der Geburt des Kindes möglich ist (S. 2).

2. Bestellung des Vormunds

2.1 Auswahl

Nach Anordnung der Vormundschaft obliegen dem Vormundschaftsgericht auch Auswahl und Bestellung des Vormunds. **1878**

Gemäß § 1776 haben die Eltern unter den Voraussetzungen des § 1777 das Recht, einen Vormund zu benennen. Von diesem Vorschlag darf das Vormundschaftsgericht nur nach § 1778 abweichen.

Mangels eines bindenden Elternvorschlags wählt das Vormundschaftsgericht nach Anhörung des Jugendamts den Vormund aus (§ 1779 I). Es soll eine geeignete Person wählen (§ 1779 II 1)[1] und bei der Auswahl auf das religiöse Bekenntnis des Minderjährigen Rücksicht nehmen (§ 1779 II 2). Verwandte und Verschwägerte des Minderjährigen haben Vorrang (§ 1779 II 3). Geschäftsunfähige können nicht bestellt werden (§ 1780). Minderjährige, Betreute und Gemeinschuldner sollen nicht bestellt werden (§ 1781), ebensowenig Personen, die durch Anordnung der Eltern ausgeschlossen sind (§ 1782). Beamte und Religionsdiener sollen nicht ohne die landesrechtlich erforderliche Erlaubnis bestellt werden (§ 1784).

2.2 Verpflichtung zur Übernahme

Im Übrigen ist jeder Deutsche verpflichtet, die Vormundschaft zu übernehmen (§ 1785). **1879** Dennoch ist es heutzutage schwierig, jemanden zu finden, der bereit und geeignet ist, die Vormundschaft unentgeltlich zu führen, denn er lädt sich damit immerhin die Versorgung und Erziehung eines Minderjährigen auf. Die überkommene Vorstellung, es werde sich stets ein naher Angehöriger oder ein Freund der Familie zu Verfügung stellen, erweist sich im Zeitalter der egozentrischen Selbstverwirklichung allzuoft als irrig. Abgesehen davon, dass der Auserwählte die Vormundschaft vielleicht nach § 1786 ablehnen darf, kann er letztlich nicht zur Übernahme gezwungen werden. Zwar kann das Vormundschaftsgericht ihn nach § 1788 durch Zwangsgeld zur Übernahme anhalten, auch verpflichtet die grundlose Weigerung nach § 1787 zum Schadensersatz.

2.3 Bestellung

Gegen seinen Willen kann ein widerspenstiger Kandidat aber nicht bestellt werden, denn die Bestellung besteht nach § 1789 darin, dass das Vormundschaftsgericht den Auserwählten durch Handschlag an Eides Statt zu treuer und gewissenhafter Führung der Vormundschaft verpflichtet; dies aber ist ohne aktive Mitwirkung des Kandidaten nicht möglich. Dass § 1789 S. 2 über die Form der Verpflichtung durch Handschlag an Eides Statt nur eine Soll-Vorschrift ist, ändert daran nichts. Auch Soll-Vorschriften sind verbindlich und lassen dem Vormundschaftsgericht keinen Ermessensspielraum. Die Bestellungsurkunde, die der Vormund nach § 1791 erhält, dient als Ausweis, genießt aber keinen öffentlichen Glauben.

---

1 *OLG Hamm* FamRZ 96, 1356: unbestimmter Rechtsbegriff.

Findet das Vormundschaftsgericht keine geeignete und übernahmebereite Einzelperson, bleiben noch die Vereinsvormundschaft (§ 1791a) und die Amtsvormundschaft des Jugendamts (§ 1791b), die schlicht durch schriftliche Verfügung des Vormundschaftsgerichts bestellt werden.

3. Kapitel
Rechtsfolgen der Vormundschaft

1. Übersicht

1880 Der Vormund hat nach § 1793 das Recht und die Pflicht, für die Person und das Vermögen des Minderjährigen zu sorgen. Ersteres ist die **Personensorge**, Letzteres die **Vermögenssorge**. Vor allem aber ist der Vormund **gesetzlicher Vertreter** des Minderjährigen, seine Vertretungsmacht freilich vielfach beschränkt. Für manche Geschäfte ist sie überhaupt ausgeschlossen (§§ 1794, 1795) oder kann vom Vormundschaftsgericht entzogen werden (§ 1796). Für andere Geschäfte braucht der Vormund die Genehmigung des Vormundschaftsgerichts (§§ 1812-1831).

Die Vormundschaft ist in der Regel unentgeltlich, jedoch kann das Vormundschaftsgericht ausnahmsweise eine Vergütung bewilligen (§ 1836). Stets aber hat der Vormund Anspruch auf Ersatz seiner Aufwendungen (§ 1835) oder auf eine pauschale Aufwandsentschädigung (§ 1836a).

Dem Vormundschaftsgericht, das ihn überwacht, schuldet der Vormund jederzeit Auskunft (§ 1839).

2. Personensorge

1881 Der Vormund hat anstelle der Eltern das Recht und die Pflicht, für die Person des Minderjährigen zu sorgen (§ 1793 S. 1). Auch sonst ist die Personensorge **der elterlichen Sorge nachgebildet**. So soll der Vormund nach § 1793 S. 2 mit § 1626 II den Minderjährigen zu einem mündigen Bürger erziehen und auf dessen wachsende Selbständigkeit Rücksicht nehmen. Und nach § 1800 sind auch die §§ 1631-1633 anwendbar. Danach umfasst die Personensorge vor allem das Recht und die Pflicht, den Minderjährigen zu pflegen, zu erziehen, zu beaufsichtigen und seinen Aufenthalt zu bestimmen (§ 1631 I), jedoch unter Ausschluss entwürdigender Erziehungsmaßnahmen (§ 1631 II). Auch der Vormund hat in geeigneten Fällen Anspruch auf die Unterstützung durch das Vormundschaftsgericht (§ 1631 III). Ausbildung und Beruf des Minderjährigen sollen seiner Eignung und Neigung entsprechen (§ 1631a). Die freiheitsentziehende Unterbringung des Minderjährigen bedarf der Genehmigung des Vormundschaftsgerichts (§ 1631b). Eine Sterilisation des Minderjährigen ist ausgeschlossen (§ 1631c).

1882 Da der Vormund den **Aufenthalt des Minderjährigen bestimmt**, bestimmt er **auch den Umgang des Minderjährigen** (§ 1632 II) und darf diesen von jedem herausverlangen, der ihn dem Vormund widerrechtlich vorenthält (§ 1632 I). Über derartige Streitigkeiten entscheidet das Vormundschaftsgericht (§ 1632 III). Lebt der Minderjährige seit längerer Zeit in einer Pflegefamilie, kann das Vormundschaftsgericht unter den Voraussetzungen des § 1666 anordnen, dass er auch gegen den Willen des Vormunds dort bleibe (§ 1632 IV).

Falls der Minderjährige verheiratet ist oder war, beschränkt sich die Vormundschaft auf die Vertretung in persönlichen Angelegenheiten (§ 1633).

Was die religiöse Erziehung angeht, soll der Vormund möglichst demselben religiösen Bekenntnis angehören wie der Minderjährige (§ 1779 II 2), andernfalls kann ihm das Vormundschaftsgericht die Sorge für die religiöse Erziehung entziehen (§ 1801 I) und dafür einen Pfleger bestellen (§ 1909 I).

3. Vermögenssorge

Anstelle der Eltern verwaltet der Vormund auch das Vermögen des Minderjährigen. Er darf es in Besitz nehmen und soll es erhalten, mehren oder für den Minderjährigen verwenden. **1883**

Das vorhandene Vermögen hat er beim Antritt der Vormundschaft, späteren Erwerb später zu verzeichnen und das **Verzeichnis** mit der Versicherung der Richtigkeit und Vollständigkeit dem Vormundschaftsgericht zur Kontrolle vorzulegen (§ 1802).

Die Art und Weise der **Vermögensanlage** ist dem Vormund weitgehend vorgeschrieben. Geld ist verzinslich anzulegen, soweit es nicht für den laufenden Bedarf benötigt wird (§ 1806), und zwar „mündelsicher" nach näherer Bestimmung der §§ 1807, 1809, wenn nicht das Vormundschaftsgericht eine andere Anlageform erlaubt (§ 1811). Das Jugendamt darf als Vormund Mündelgeld auch bei der Körperschaft anlegen, der das Jugendamt angehört (§ 1805 S. 2; ferner § 56 II, III SGB VIII).

Weder darf der Vormund sich selbst bedienen (§ 1805) noch Vermögen des Minderjährigen verschenken (§ 1804). Jede **zweckwidrige Verwendung** verpflichtet zum Schadensersatz und zur Verzinsung (§§ 1833, 1834). Die Kosten pflichtgemäßer Verwaltung einschließlich der notwendigen Aufwendungen des Vormunds gehen zu Lasten des verwalteten Vermögens. **1884**

Inhaberpapiere und Orderpapiere mit Blankoindossament sind mit Sperrvermerk so zu hinterlegen, dass sie nur mit Genehmigung des Vormundschaftsgerichts herausverlangt werden können (§ 1814, statt dessen auch Umschreibung nach § 1815), wenn nicht das Vormundschaftsgericht davon befreit (§ 1817). Umgekehrt kann das Vormundschaftsgericht für andere Wertpapiere und für Kostbarkeiten die Hinterlegung mit Sperrvermerk anordnen (§ 1818).

Über Forderungen und andere Rechte, die einen Anspruch auf Leistung verkörpern, kann der Vormund nur mit **Genehmigung des Vormundschaftsgerichts** verfügen oder sich dazu auch nur verpflichten (§ 1812 mit Ausnahme in § 1813). Auch sonst ist die Vertretungsmacht des Vormunds stark beschränkt. Zusätzliche Beschränkungen ergeben sich aus Anordnungen Dritter, die dem Minderjährigen entweder von Todes wegen oder unentgeltlich unter Lebenden etwas zuwenden (§ 1803).

Verwenden darf der Vormund das verwaltete Vermögen nur für den Minderjährigen und vor allem für dessen Unterhalt.

4. Gesetzliche Vertretung

1885 Anstelle der Eltern ist der Vormund auch gesetzlicher Vertreter des Minderjährigen. Seine Vertretungsmacht entnimmt er unmittelbar dem Gesetz (§ 1793 S. 1), wird aber vom Vormundschaftsgericht stärker überwacht als die Eltern. So zieht das Gesetz den Kreis derjenigen Geschäfte, die der Vormund nur mit **Genehmigung des Vormundschaftsgerichtes** (dazu RN 1848-1855) wirksam vornehmen kann, erheblich weiter als bei den Eltern (§§ 1812, 1821, 1823 gegenüber §§ 1643, 1645)[2]. Allerdings kann das Vormundschaftsgericht den Vormund zu den Geschäften der §§ 1812, 1822 Nr. 8-10 im voraus allgemein ermächtigen (§ 1825).

Von der Vertretung **ausgeschlossen** ist auch der Vormund für die Geschäfte des **§ 1795**, die allgemein die Gefahr eines Interessenkonflikts heraufbeschwören (RN 1844-1846). Außerdem kann das Vormundschaftsgericht den Vormund nach § 1796 für andere Geschäfte, die einen Interessenkonflikt befürchten lassen, die Vertretungsmacht entziehen. Schließlich kann der Vormund den Minderjährigen in denjenigen Angelegenheiten nicht vertreten, für die ein Pfleger bestellt ist (§ 1794), denn die spezielle Pflegschaft verdrängt die allgemeine Vormundschaft.

5. Vergütung und Aufwendungsersatz

1886 Die Vormundschaft begründet zwischen Vormund und Minderjährigem eine familienrechtliche (nicht schuldrechtliche) Beziehung nach Art des Auftrags (§ 662), denn sie wird nach § 1836 I 1 **in der Regel unentgeltlich** geführt. Das Vormundschaftsgericht kann jedoch aus besonderen Gründen eine **Vergütung bewilligen** (§ 1836 I 2, 3) und soll sie bewilligen, wenn der Vormund in einem solchen Umfang Vormundschaften übernommen hat, dass er sie nur berufsmäßig führen kann (**Berufsvormund:** § 1836 II 1). Vergütungsschuldner ist der Minderjährige, wenn er zahlen kann. Andernfalls bekommt der Gelegenheitsvormund keine Vergütung, während der Berufsvormund sich an die Staatskasse halten darf (§ 1836 II 4 mit § 1835 IV). Die Höhe der Vergütung bemisst sich nach dem Höchstbetrag der Zeugenentschädigung, kann aber bis auf das Drei- und Fünffache erhöht werden (§ 1836 II 2, 3).

1887 Was den **Verwaltungsaufwand** betrifft, hat der Vormund wie ein Beauftragter **Anspruch auf Vorschuss und auf Erstattung seiner Aufwendungen** (§ 1835 I mit §§ 669, 670). Dazu zählen auch die Kosten einer angemessenen Haftpflichtversicherung (§ 1835 II). Keine Aufwendungen sind Dienstleistungen des Vormunds, es sei denn, sie gehören zu seinem Beruf oder Gewerbe (§ 1835 III). Für geringfügige Aufwendungen kann der Vormund nach § 1836a eine **pauschale Aufwandsentschädigung** verlangen, was ihm die Einzelnachweise erspart. Anspruchsgegner ist in der Regel der Minderjäh-

---

2 Zu §§ 1812, 1813: *Damrau* FamRZ 84, 842.

rige. Die **Staatskasse** springt nur dann ein, wenn der Minderjährige mittellos ist (§ 1835 IV).

Sonderregeln gelten für Vereins- und Amtsvormund: Eine Vergütung bekommen sie nie (§ 1836 IV), auch keinen Vorschuss und Aufwendungsersatz nur, soweit das Vermögen des Minderjährigen ausreicht (§ 1835 V).

6. Schadensersatz

Für jede schuldhafte Pflichtverletzung schuldet der Vormund dem Minderjährigen nach § 1833 I 1 Schadensersatz. Verschulden umfasst wie beim Auftrag Vorsatz und Fahrlässigkeit. Der Vormund haftet deshalb schärfer als die Eltern, die nur für dasjenige Maß an Sorgfalt einstehen müssen, das sie auch in eigenen Angelegenheiten anzuwenden pflegen (§ 1664 mit § 277). Die Genehmigung des Vormundschaftsgerichts entlastet den Vormund noch nicht[3]. **1888**

4. Kapitel
Beendigung der Vormundschaft und Entlassung des Vormunds

Die Vormundschaft endet kraft Gesetzes mit dem Wegfall ihrer Voraussetzungen (§ 1882 mit § 1773 I), also mit Volljährigkeit des Mündels oder wenn die Eltern die elterliche Sorge zurückbekommen. Sie endet auch mit dem Tod oder der Todeserklärung des Minderjährigen (§ 1884). **1889**

Die Entlassung des Vormunds rührt noch nicht an den Bestand der Vormundschaft. Entlassen wird der Vormund durch Beschluss des Vormundschaftsgerichts, entweder von Amts wegen, wenn es im Interesse des Minderjährigen erforderlich ist (§ 1886), oder auf Antrag des Vormunds, wenn dieser einen wichtigen Grund hat (§ 1889 I, II 2). Verein und Jugendamt sind als Vormund schon dann zu entlassen, wenn sich eine geeignete Einzelperson findet (§§ 1887, 1889 II).

Der entlassene Vormund hat das **verwaltete Vermögen** dem Minderjährigen oder dem neuen Vormund **herauszugeben und** über seine Verwaltung **Rechenschaft abzulegen** (§ 1890).

---

3 *BGH* JZ 64, 324.

5. Kapitel
Sonstiges

1. Besondere Formen der Vormundschaft

1890 Im Normalfall wird eine einzelne Person zum Vormund bestellt (§ 1775), hilfsweise ein Verein oder das Jugendamt (§§ 1791a, 1791b). Aus besonderen Gründen kann das Vormundschaftsgericht jedoch **mehrere Personen** zum Vormund bestellen (§ 1775), welche die Vormundschaft gemeinsam führen (§ 1797 I 1), wenn nicht das Vormundschaftsgericht jedem Vormund einen eigenen Wirkungskreis zuordnet (§ 1797 II), etwa die Personensorge dem einen und die Vermögenssorge dem anderen Vormund überträgt (§ 1798). Bei Meinungsverschiedenheiten oder Überschneidung der Wirkungskreise entscheidet das Vormundschaftsgericht (§§ 1797 I 2, 1798).

Neben dem Vormund kann ein **Gegenvormund** bestellt werden (§ 1792), der den Vormund überwachen soll (§ 1799) und manche Geschäfte des Vormunds genehmigen muss (§§ 1809-1813, 1832). Umgekehrt soll das Vormundschaftsgericht den Gegenvormund hören, bevor es ein Geschäft des Vormunds genehmigt (§ 1826). Vom Gegenvormund handeln außerdem: § 1833 I 2, II (Haftung), § 1835 I 2 (Aufwendungsersatz), § 1836 I 2 (Vergütung).

Der **befreite Vormund** ist nach §§ 1852-1857a frei von der Kontrolle durch einen Gegenvormund oder vom Sperrvermerk bei der Hinterlegung von Wertpapieren oder von der Pflicht zur Rechnungslegung. Befreit wird der Vormund durch entsprechende Anordnung des Vaters oder der Mutter, jedoch kann das Vormundschaftsgericht die Befreiung aufheben, wenn sie die Interessen des Minderjährigen gefährdet (§ 1857). Kraft Gesetzes sind Verein und Jugendamt befreit (§ 1857a).

2. Aufsicht des Vormundschaftsgerichts

1891 Nach § 1837 wacht das Vormundschaftsgericht über die Vormundschaft. Es berät den Vormund (I 1) und führt ihn in seine Aufgaben ein (I 2). Vor allem aber beaufsichtigt es die gesamte Tätigkeit des Vormunds und schreitet gegen Pflichtverletzungen durch geeignete Ge- und Verbote ein (II 1). Schließlich kann es dem Vormund aufgeben, künftige Schäden des Minderjährigen durch eine Haftpflichtversicherung zu decken (II 2). Seine Anordnungen setzt es mit Zwangsgeld durch (III 1), freilich nicht gegen Jugendamt und Verein (III 2).

6. Kapitel
Die Pflegschaft

1. Gesetzliche Systematik

1.1 Begriff, Sinn und Zweck

Die Pflegschaft ist die kleinere Schwester der Vormundschaft, nach der sie sich weithin **1892** richtet (§ 1915). Auch sie ist eine familienrechtliche Fürsorge für jemanden, der seine Angelegenheiten nicht in vollem Umfang selbst besorgen kann, **beschränkt sich** aber **auf einzelne Angelegenheiten** oder besondere Situationen. Das Gesetz nennt fünf Pflegschaften: die Ergänzungspflegschaft (§ 1909), die Abwesenheitspflegschaft (§ 1911), die Pflegschaft für eine Leibesfrucht (§ 1912), die Pflegschaft für unbekannte Beteiligte (§ 1913) und die Pflegschaft für ein Sammelvermögen (§ 1914). Letzteres dient nicht mehr einer Person, sondern nur noch einer nichtrechtsfähigen Vermögensmasse, zählt aber noch zum Familienrecht, obwohl dieser Zusammenhang ein künstlicher ist.

Pflegschaften gibt es aber auch außerhalb des Familienrechts, so die erbrechtliche Nachlasspflegschaft des § 1961 und die Prozesspflegschaft des § 57 ZPO.

1.2 Anlehnung an die Vormundschaft

Die gesetzliche Regelung der Pflegschaft ist dürftig. Die §§ 1909-1921 beschränken sich auf die Anordnung und die Aufhebung der Pflegschaft. **Im Übrigen verweist § 1915 auf das Vormundschaftsrecht.** Dies gilt vor allem für die Rechtsfolgen der Pflegschaft. Der Hauptunterschied zur Vormundschaft liegt darin, dass die Pflegschaft sich auf einzelne Aufgaben beschränkt.

1.3 Anordnung und Aufhebung der Pflegschaft

Unter den Voraussetzungen der §§ 1909-1914 wird die Pflegschaft angeordnet und nach **1893** §§ 1918-1921 aufgehoben. Auch Auswahl und Bestellung des Pflegers oblagen bislang dem Vormundschaftsgericht. Anordnung und Aufhebung der Pflegschaft sind als Hoheitsakte in der Regel selbst dann wirksam, wenn sie dem Gesetz widersprechen, es sei denn, der Gesetzesverstoß sei offenbar und schwer[4].

Fraglich ist, wer seit 1.8.1998 für die Anordnung der Ergänzungspflegschaft nach §§ 1693, 1908 und die Auswahl des Pflegers zuständig ist: das Vormundschafts- oder das Familiengericht[5].

---

4 *BGH* 33, 195; 41, 303, 309; *OLG Koblenz* FamRZ 74, 222.
5 Für Familiengericht: *BayObLG* FamRZ 2000, 111, 389, 568; 2001, 716; *OLG Zweibrücken* FamRZ 2000, 243; *OLG Dresden u. Hamm* FamRZ 2001, 715, 717; für Vormundschaftsgericht: *OLG Karlsruhe u. Stuttgart* FamRZ 2000, 568; 1240; *KG* FamRZ 2001, 719; ferner *Zorn* FamRZ 2000, 719; *Bestelmeyer* FamRZ 2000, 1068.

1.4 Vertretungsmacht

1894 Auch der Pfleger ist, beschränkt auf seinen Aufgabenkreis, berechtigter Vertreter des Pfleglings (§ 1915 mit § 1793) und geht sogar dem Vormund oder Betreuer vor (§ 1794). Die Vertretungsmacht ist eine gesetzliche, wenn der Pflegling minderjährig ist. Ist der Pflegling hingegen volljährig, was bei der Ergänzungspflegschaft für den Betreuten der Fall ist, hat der Pfleger keine gesetzliche Vertretungsmacht, sondern eine Art Vollmacht, die allerdings nicht durch Rechtsgeschäft, sondern durch Hoheitsakt erteilt wird[6], denn die Anordnung der Pflegschaft macht den geschäftsfähigen Pflegling nicht geschäftsunfähig[7]. Auch für den Pfleger gelten die gesetzlichen Beschränkungen der Vertretungsmacht nach §§ 1795 f. 1812 ff., 1821 ff. Damit ist der unmittelbare rechtliche Zusammenhang hergestellt mit dem allgemeinen Vertretungsrecht der §§ 164 ff. Wo immer um Ansprüche aus einem Vertrag gestritten wird, die der Pfleger für seinen Pflegling geschlossen hat, muss man prüfen, ob der Pfleger mit oder ohne Vertretungsmacht gehandelt und ob das Vormundschaftsgericht ein genehmigungsbedürftiges Geschäft wirksam genehmigt hat.

2. Die Ergänzungspflegschaft

1895 Die Ergänzungspflegschaft ist Lückenbüßer für elterliche Sorge, Vormundschaft und Betreuung. Nach § 1909 I 1 wird sie **erforderlich für Angelegenheiten, an deren Erledigung die Eltern, der Vormund oder der Betreuer verhindert sind**, und ergänzt so die elterliche Sorge, Betreuung oder Vormundschaft[8]. Es sind dies vor allem die Geschäfte des § 1795, bei denen der Vormund das Mündel, die Eltern ihre minderjährigen Kinder (§ 1629 II 1) und der Betreuer den Betreuten (§ 1908i I 1) mangels Vertretungsmacht nicht vertreten können.

Als besonderes Beispiel nennt § 1909 I 2 noch die Verwaltung des Vermögens, das der Minderjährige von Todes wegen oder unentgeltlich unter Lebenden erworben hat mit der Bestimmung, dass Vormund oder Eltern es nicht verwalten sollen. Schließlich wird die Ergänzungspflegschaft nach § 1909 III dann erforderlich, wenn nach § 1773 eine Vormundschaft anzuordnen, aber noch kein Vormund bestellt ist.

1896 Einen Antrag verlangt das Gesetz nicht, vielmehr ordnet das **Vormundschafts- oder Familiengericht** die Ergänzungspflegschaft von sich aus an, sobald ein Bedarf auftritt. Praktisch erfährt es davon aber nur über die Angehörigen des Pfleglings. Deshalb sind Eltern und Vormund verpflichtet, den Bedarf unverzüglich dem Vormundschaftsgericht anzuzeigen (§ 1909 II). Das Vormundschaftsgericht wählt den Pfleger nach pflichtgemäßem Ermessen aus; die besonderen Vorschriften des Vormundschaftsrechts (§§ 1776 ff.) gelten hier nicht (§ 1916)[9]. Speziell geregelt ist der Fall der Vermögensverwaltung nach

---

6 *BGH* 48, 147.
7 *BGH* 41, 303, 306; *BayObLG* NJW 90, 774, 775.
8 *BGH* NJW 75, 345: Anfechtung der Ehelichkeit; *BayObLG* RPfl 77, 440: Interessenkollision; *OLG* Frankfurt DB 73, 1938: Steuervorteile; *OLG* Hamburg MDR 74, 491: nicht nur rechtliche Verhinderung; *BayObLG* NJW 98, 614: Zeugenschutz.
9 *BVerfG* FamRZ 72, 445: aber Bevorzugung von Familienangehörigen nach Art. 6 GG.

§ 1909 I 2; hier kann der Zuwendende den Pfleger verbindlich benennen (§ 1917 I) und ihn von gesetzlichen Beschränkungen befreien (§ 1917 II mit §§ 1852-1854).

Die Ergänzungspflegschaft ist aufzuheben, sobald der Grund für ihre Anordnung weggefallen ist (§ 1919)[10]. Sie endet kraft Gesetzes, wenn die Voraussetzungen des § 1918 erfüllt sind, der Minderjährige beispielsweise volljährig wird.

3. Sonstige Pflegschaften

Im Bedarfsfall erhält schon die Leibesfrucht, obwohl noch nicht rechtsfähig, zur Wahrung ihrer künftigen Rechte einen Pfleger (§ 1912 I 1). Auch ohne konkreten Bedarf, jedoch auf Antrag des Jugendamts oder der Schwangeren, kann ein Pfleger bestellt werden, wenn das Kind voraussichtlich nichtehelich geboren werden wird (§ 1912 I 2). Stets geht aber die Fürsorge der Eltern der Pflegschaft insoweit vor, als ihnen, wäre das Kind schon geboren, die elterliche Sorge zustünde (§ 1912 II). **1897**

Obwohl im 4. Buch Familienrecht geregelt, fehlt jeder familienrechtliche Bezug zur Pflegschaft für abwesende Volljährige (§ 1911), für unbekannte Beteiligte (§ 1913)[11] und für Sammelvermögen (§ 1914)[12].

---

10 Zur Wirkung der Aufhebung: *BGH* NJW 53, 1666.
11 Dazu *BAG* DB 67, 813; *BayObLG* MDR 57, 361; *OLG* Hamm NJW 69, 1490; *KG* FamRZ 72, 313; *OLG* Düsseldorf RPfl 77, 131.
12 Dazu *BGH* WM 72, 1315.

30. Teil
Das Verfahren in Betreuungssachen

1. Kapitel
Angelegenheit der freiwilligen Gerichtsbarkeit

1898 Die Betreuung – § 65 I FGG spricht von „Verrichtungen, die die Betreuung betreffen" – ist wie die Vormundschaft, die sie weithin ersetzt, eine klassische Angelegenheit der freiwilligen Gerichtsbarkeit. Beide handeln von der staatlichen Fürsorge für Menschen, die sich im Rechtsleben nicht aus eigener Kraft zurechtfinden. Hier streiten nicht zwei Parteien vor dem Prozessgericht um das bessere Recht, vielmehr tritt der Hilfsbedürftige, der laut Gesetz „Betroffener" heißt, dem Vormundschaftsgericht mutterseelenallein gegenüber; einen Verfahrensgegner hat er nicht. Der Betreuer soll nicht gegen, sondern für den Betroffenen und in der Regel nur auf dessen Antrag (§ 1896 I 1 BGB) bestellt werden. Darauf ist das ganze Verfahren nach dem FGG zugeschnitten.

Ihrem Namen zum Trotz ist die freiwillige Gerichtsbarkeit kein selbstständiger Gerichtszweig nach Art. 95 GG, sondern gehört zur ordentlichen Gerichtsbarkeit und ist nur eine **besondere Verfahrensart der Zivilgerichtsbarkeit** für alle Angelegenheiten, die das Gesetz dem Vormundschafts-, Nachlass- oder Registergericht oder allgemein dem Verfahren der freiwilligen Gerichtsbarkeit zuweist[1].

2. Kapitel
Gesetzliche Systematik

1. System des FGG

1899 Das Gesetz über die Angelegenheiten der freiwilligen Gerichtsbarkeit (FGG) besteht aus einem allgemeinen und etlichen besonderen Teilen.

Der 1. Abschnitt mit den §§ 1-34 zieht die „Allgemeinen Vorschriften" vor die Klammer. Sie gelten für alle Angelegenheiten der freiwilligen Gerichtsbarkeit, soweit die folgenden besonderen Abschnitte nichts anderes bestimmen.

Der 2. Abschnitt mit den §§ 35-70n handelt von den „Vormundschafts-, Familien-, Betreuungs- und Unterbringungssachen". Auch er hat seinen allgemeinen Teil (§§ 35-35a), dem die besonderen Vorschriften folgen für „Vormundschafts- und Familiensachen (§§ 35b – 64), „Betreuungssachen" (§§ 65-69m) und „Unterbringungssachen" (§§ 70-70n).

---

1 *Schellhammer*, Zivilprozeß RN 1387-1393: auch zur Abgrenzung, zur Verweisung und zur Abgabe.

Nach dem Rechtssatz: lex specialis derogat legi generali gelten für die Betreuung[2]:

- an erster Stelle die besonderen Vorschriften der §§ 65-69m FGG;
- an zweiter Stelle die allgemeineren Vorschriften der §§ 35-35a FGG;
- an letzter Stelle die allgemeinen Vorschriften der §§ 1-34 FGG.

2. System der „Betreuungssachen"

Die gesetzliche Regelung der §§ 65-69m FGG ist alles andere als übersichtlich. Ärger- **1900**
lich sind die zahlreichen Verweisungen.

Während die **§§ 65-69h FGG** das Verfahren für die **Bestellung des Betreuers** regeln,
befaßt sich **§ 69i FGG** mit den **übrigen Maßnahmen** des Vormundschaftsgerichts **in
Betreuungssachen** und nennt die folgenden:

- die Erweiterung des Aufabenkreises des Betreuers (I);
- die Erweiterung des Einwilligungsvorbehalts (II);
- die Aufhebung der Betreuung, die Einschränkung des Aufgabenkreises des Betreuers, die
  Aufhebung und die Beschränkung des Einwilligungsvorbehalts (III);
- die Bestellung eines weiteren Betreuers mit Erweiterung des Aufgabenkreises (V);
- die Verlängerung der Betreuung oder des Einwilligungsvorbehalts (VI);
- die Bestellung eines neuen Betreuers (VIII).

Alle diese Maßnahmen regelt § 69i FGG so, dass es mehr oder weniger auf das Verfahren der Betreuerbestellung nach §§ 65-69h FGG verweist. Man muß den § 69i FGG
schon genau lesen, um das „Mehr-oder-Weniger" der Verweisung richtig zu erfassen.

3. Kapitel
Zuständigkeit

1. Sachliche Zuständigkeit

Sachlich zuständig ist stets das Amtsgericht (§ 35 FGG). Die „Zuständigkeit" des Vor- **1901**
mundschaftsgerichts (§§ 65a I 1, 69c II 2 FGG), das eine Abteilung des Amtsgerichts ist,
verweist auf das besondere Verfahren nach dem FGG.

2. Örtliche Zuständigkeit

Die örtliche Zuständigkeit des Amtsgerichts (Vormundschaftsgerichts) regelt § 65 FGG. **1902**
Sie richtet sich nach dem **gewöhnlichen Aufenthalt des Betroffenen** just zu dem Zeit-
punkt, zu dem das Gericht mit der Angelegenheit befasst wird (I), hilfsweise, wenn der
Betroffene sich nicht im Inland aufhält, nach dem Ort, an dem ein Bedarf nach Fürsorge

---

2 Dazu *Zimmermann/Damrau* NJW 91, 542; *Genz* FamRZ 96, 1324.

entsteht (II)[3]. Hilft auch das nicht, ist das Amtsgericht Berlin-Schöneberg zuständig, wenn der Betroffene Deutscher ist (III).

Seinen gewöhnlichen Aufenthalt hat der Betroffene an seinem **Lebensmittelpunkt**; das ist der Ort, an dem er wohnt, isst und schläft. Die polizeiliche Meldung ist nur ein Indiz[4]. Ein längerer Klinikaufenthalt verlegt den gewöhnlichen Aufenthalt noch nicht in die Klinik, es sei denn, die Rückkehr in die bisherige Wohnung sei ausgeschlossen[5].

Ist bereits ein Betreuer bestellt, bleibt das Amtsgericht, bei dem die Betreuung läuft, auch für alle weiteren Maßnahmen zuständig (§ 65 IV FGG).

Für vorläufige Maßnahmen ist auch, also zusätzlich, das Amtsgericht zuständig, in dessen Bezirk „das Bedürfnis der Fürsorge hervortritt" (§ 65 V 1 FGG mit Art. 24 III EGBGB, § 1908i I 1 mit § 1846 BGB u. § 69f FGG)[6].

3. Internationale Zuständigkeit

1903 Die internationale Zuständigkeit – sie ist nicht ausschließlich – knüpft an der Staatsangehörigkeit oder dem gewöhnlichen Aufenthalt des Betroffenen an, hilfsweise am Ort des Fürsorgebedarfs (§ 69e mit §§ 35b, 47 FGG).

4. Abgabe der Betreuung an anderes Amtsgericht

1904 Das Amtsgericht darf das laufende Betreuungsverfahren aus wichtigem Grund an ein anderes Amtsgericht abgeben (§ 65a I 1 mit §§ 46 I 1, II, 36 II 2 FGG). Ein wichtiger Grund ist nach § 65a I 2 FGG in der Regel dann vorhanden, wenn der Betroffene seinen gewöhnlichen Aufenthalt wechselt und die Betreuung im Wesentlichen am neuen Aufenthalt zu leisten ist[7]. Der Betroffene ist vor der Abgabe zu hören; widerspricht er ihr, bestimmt das gemeinschaftliche obere Gericht die örtliche Zuständigkeit (§ 65a II mit § 46 II FGG).

---

3 *BayObLG* FamRZ 96, 1341: Ort, an dem sich Betroffener gerade befindet; *OLG Stuttgart* FamRZ 97, 438: Klinik, wenn Rückkehr in bisherige Wohnung augeschlossen.

4 *BGH* FamRZ 95, 1135: zu § 606 ZPO.

5 *OLG Karlsruhe u. Stuttgart* FamRZ 96, 1341; 97, 438.

6 *BayObLG* FamRZ 96, 1339: nach Erledigung der vorl. Maßnahme formlose Übersendung des Vorgangs an das allgemein zuständige Amtsgericht, keine Abgabe nach § 65a FGG.

7 *BayObLG* FamRZ 97, 438 u. 439: Frage der Zweckmäßigkeit.

4. Kapitel
Verfahren

1. Verfahrensbeginn

Das Betreuungsverfahren beginnt in der Regel mit einem Antrag des Betroffenen, von **1905**
Amts wegen nur dann, wenn der hilfsbedürftige Volljährige keinen freien Willen mehr
bilden kann (§ 1896 BGB u. RN 1826).

2. Betroffener

2.1 Verfahrensfähigkeit und Verfahrenspfleger

Hauptperson des Betreuungsverfahrens ist der Volljährige, der entweder seine Betreuung **1906**
selbst beantragt oder der Betreuung bedarf, sie aber nicht selbst beantragen kann. Nach
dem Gesetz heißt er „der Betroffene" (§ 65 I FGG). Er ist auch dann verfahrensfähig,
wenn er nicht geschäftsfähig ist (§ 66 FGG). Soweit erforderlich, bestellt ihm das Vormundschaftsgericht einen Verfahrenspfleger, der seine Interessen wahrnehmen soll; die
Einzelheiten regelt § 67 FGG[8].

2.2 Anhörung und rechtliches Gehör

Als Verfahrensbeteiligter hat der Betroffene nicht nur Anspruch auf rechtliches Gehör, **1907**
sondern ist in aller Regel persönlich anzuhören, sowohl vor der Bestellung oder Entlassung[9] eines Betreuers als auch vor der Anordnung eines Einwilligungsvorbehalts.

Die Einzelheiten regelt § 68 FGG. Danach ist der Betroffene möglichst in seiner gewohnten Umgebung anzuhören, damit das Vormundschaftsgericht einen ungeschmink-
ten, direkten Eindruck gewinne (I 1, 2)[10]. Deshalb ist die Anhörung durch einen ersuchten Richter nur in Ausnahmefällen erlaubt (I 4, 5). Völlig unterbleiben darf sie nur, wenn
sie die Gesundheit des Betroffenen gefährdet oder dieser seinen Willen überhaupt nicht
mehr äußern kann (II). Auf der anderen Seite kann das Vormundschaftsgericht den wi-
derspenstigen Betroffenen zur Anhörung vorführen lassen (III) und einen Sachverständigen zuziehen (IV 1). Auf Verlangen des Betroffenen ist einer Person seines Vertrauens
die Anwesenheit zu gestatten. Anderen Personen kann das Vormundschaftsgerichtsge-
richt die Anwesenheit gestatten, solange der Betroffene nicht widerspricht (IV 2, 3).

In einem **Schlussgespräch** sind mit dem Betroffenen zu erörtern: das Ergebnis seiner
Anhörung, das Sachverständigengutachten oder ärztliche Zeugnis, der Umfang der Be-

---

8 *OLG Hamm* FamRZ 97, 440:Bestellung nicht mit Rechtsmittel anfechtbar; *BayObLG* FamRZ
97, 1358: Verfahren über Entlassung des Betreuers; *OLG Köln* FamRZ 2000, 683: Vergütung
wie Berufsbetreuer.
9 *BayObLG* FamRZ 97, 1358, 1360.
10 Dazu *OLG Düsseldorf* FamRZ 96, 1373.

treuung und die Person des Betreuers, soweit dies für das rechtliche Gehör oder die Sachaufklärung erforderlich ist (V).

1908 Nach näherer Bestimmung des § 69d FGG ist der Betroffene auch vor anderen Entscheidungen des Vormundschaftsgericht persönlich zu hören: das Gesetz nennt die Folgenden:
- die Genehmigung bestimmter Rechtsgeschäfte (§ 69d I 1 FGG mit §§ 1908i I 1, 1821-1825 BGB);
- die Bewilligung einer Betreuervergütung aus dem Vermögen des Betreuten (§ 69d I 2 FGG mit §§ 1908i I 1, 1836 BGB);
- die Genehmigung einer ärztlichen Maßnahme (§ 69d I 3, II FGG mit § 1904 BGB);
- die Genehmigung der Wohnungsaufgabe (§ 69d I 3 FGG mit § 1907 I, III BGB);
- die Genehmigung einer Sterilisation (§ 69d III FGG mit § 1905 II BGB).

3. Amtsermittlung und Sachverständigengutachten

1909 Ob und in welchem Umfang eine Betreuung erforderlich ist, ermittelt das Vormundschaftsgericht von Amts wegen (§ 12 FGG). Wichtigstes Auskunftsmittel ist das Gutachten eines medizinischen oder psychologischen Sachverständigen. Davon handelt § 68b FGG. Danach darf ein Betreuer erst bestellt werden, nachdem ein Sachverständigengutachten über die Notwendigkeit einer Betreuung eingeholt worden ist (I 1). Ein ärztliches Zeugnis genügt nur in zwei Ausnahmefällen: erstens wenn der Betroffene seine Betreuung selbst beantragt und auf das Gutachten verzichtet hat, das überdies unverhältnismäßig wäre (I 1); zweitens wenn nur ein Vollmachtsbetreuer nach § 1896 III BGB bestellt werden soll (I 3).

Der **Sachverständige** hat den Betroffenen persönlich zu untersuchen oder zu befragen (I 4) und sein Gutachten auch auf den erforderlichen Umfang einer Betreuung und deren voraussichtliche Dauer zu erstrecken (I 5)[11].

Diese Regeln gelten entsprechend für die Anordnung eines Einwilligungsvorbehalts, jedoch genügt hier ein ärztliches Zeugnis nie (II).

Erscheint der Betroffene nicht freiwillig zur Untersuchung, kann das Vormundschaftsgericht ihn zwangsweise vorführen lassen (III)[12].

Nach Anhörung des Sachverständigen und des Betroffenen kann das Vormundschaftsgericht sogar anordnen, dass der Betroffene auf bestimmte Dauer – längstens auf 6 Wochen, die allerlängstens auf 3 Monate verlängert werden dürfen – zur Beobachtung untergebracht werde, soweit dies zur Vorbereitung des Gutachtens erforderlich ist (IV 1-4). Auch zu diesem Zweck kann der Betroffene zwangsweise vorgeführt werden (IV 5).

---

11 *BayObLG* FamRZ 99, 1595: Gutachten erfordert zeitnahen Kontakt zwischen Sachverst. u. Betroffenem.

12 *KG* FamRZ 97, 442: § 68b III 1 ermächtigt auch zu Vollzugsanordnungen wie Öffnen und Betreten der Wohnung des Betroffenen; *OLG* Hamm FamRZ 97, 440: Anordnung unanfechtbar; *BayObLG* FamRZ 97, 1568: Beschwerde nach § 19 FGG.

5. Kapitel
Entscheidung

1. Beschluss

Das Vormundschaftsgericht entscheidet auch in Betreuungssachen stets durch Beschluss, **1910**
ob es einen Betreuer bestellt, einen Einwilligungsvorbehalt anordnet oder die Betreuung
ablehnt, und es muss seine Entscheidung stets **schriftlich begründen** (§ 69 II FGG).

2. Beschlusstenor

Besonders wichtig ist der Tenor des Beschlusses, wenn ein Betreuer bestellt oder ein **1911**
Einwilligungsvorbehalt angeordnet wird. Seinen Inhalt regelt § 69 I FGG. Im ersten Fall
ist der Betreuer namentlich zu nennen und sein Aufgabenkreis zu beschreiben (Nr. 2), im
zweiten Fall der Kreis der einwilligungsbedürftigen Willenserklärungen zu bezeichnen
(Nr. 4). In beiden Fällen sind außerdem der Betroffene namentlich zu nennen (Nr. 1) und
der Zeitpunkt anzugeben, zu dem das Gericht spätestens über die Aufhebung oder Verlängerung der Maßnahme entscheiden muss und der höchstens 5 Jahre nach Erlass der
Entscheidung liegen darf (Nr. 5). Schließlich muss der Beschluss eine Rechtsmittelbelehrung enthalten (Nr. 6).

3. Bekanntmachung der Entscheidung

Rechtsgrundlage ist § 69a FGG. Jede Entscheidung ist nicht nur **dem Betreuer** (III 1), **1912**
sondern auch **dem Betroffenen** selbst bekanntzumachen, wenn dies nicht laut ärztlichem
Zeugnis die Gesundheit des Betroffenen gefährdet (I). Die Bestellung eines Betreuers
und die Anordnung eines Einwilligungsvorbehalts sind außerdem **der zuständigen Behörde** bekanntzumachen(II 1), andere Entscheidungen dann, wenn die zuständige Behörde im Verfahren gehört worden ist (II 2).

Wie die Entscheidung bekanntzumachen ist, sagt § 16 II, III FGG. Die förmliche **Zustellung** ist nur nötig, wenn die Entscheidung mit sofortiger Beschwerde angefochten werden kann, was nur in ein paar Ausnahmefällen vorkommt (§ 16 II 1 mit § 69 IV FGG u.
RN 1917). Im Normalfall hingegen genügt eine **formfreie Mitteilung,** die in der Akte zu
vermerken ist (§ 16 II 2 FGG). Einem Anwesenden kann die Entscheidung **zu Protokoll**
bekanntgemacht werden (§ 16 III FGG).

4. Wirksamkeit der Entscheidung

1913   Wirksam wird die Entscheidung nur und erst mit der **Bekanntmachung an den Betreuer** (§ 69a III 1 FGG)[13]. Ist diese nicht möglich oder Gefahr im Verzug, kann das Vormundschaftsgericht die **sofortige Wirksamkeit anordnen**. In diesem Fall wird die Entscheidung schon in dem Zeitpunkt wirksam, in dem sie samt der Anordnung der sofortigen Wirksamkeit der Geschäftsstelle zur Bekanntmachung übergeben wird, was auf der
Entscheidung zu vermerken ist (§ 69a III 2 FGG). (Besondere Regeln gelten für die vormundschaftsgerichtliche Genehmigung einer Sterilisation (§ 69a IV FGG).

1914   Erst mit **Rechtskraft** wird wirksam die vormundschaftsgerichtliche Ersetzung einer Zustimmung (§ 69e S. 1 und § 53 I 1 FGG); das ist eine Ausnahme von der Regel des
§ 69a III 1 FGG.

Nicht nur wirksam, sondern endgültig und unabänderlich ist die **Erteilung oder Verweigerung der vormundschaftsgerichtlichen Genehmigung** zu einem Rechtsgeschäft des
Betreuers, sobald sie gegenüber dem Vertragsgegner wirksam geworden ist (§ 69e S. 1
mit § 55 FGG). Auch das Beschwerdegericht kann daran nichts mehr ändern (§ 69e S. 1
mit § 62 FGG)[14].

5. Folgemaßnahmen

1915   Nach seiner Bestellung ist der Betreuer über seine Aufgabe zu belehren und mündlich zu
verpflichten (§ 69b I FGG). Eine Urkunde über seine Bestellung mit den wichtigsten Daten dient ihm als Ausweis (§ 69b II FGG). In geeigneten Fällen führt das Vormundschaftsgericht mit dem Betreuer und dem Betroffenen ein Einführungsgespräch
(§ 69b III FGG).

Die Bestellung eines Vereins oder der zuständigen Behörde zum Betreuer ist in Abstän-
den von längstens 2 Jahren darauf zu überprüfen, ob Verein oder Behörde nicht durch
eine natürliche Person ersetzt werden kann (§ 69c I FGG). Außerdem kann der Betroffe-
fene gegen die Person, die für Verein oder Behörde die Betreuung durchführt, die Entscheidung des Vormundschaftsgerichts beantragen (§ 69c II, III FGG).

Die §§ 69k-69m bestimmen, ob und wann das Vormundschaftsgericht seine Entscheidungen in Betreuungssachen anderen Gerichten oder Behörden mitteilen soll.

---

13 *BayObLG* FamRZ 96, 58: gilt auch für Entlassung des Betreuers.
14 *OLG Celle* FamRZ 97, 899: Beschwerde unzulässig.

6. Kapitel
Rechtsmittel

1. Gesetzliche Systematik

Gegen Entscheidungen des Amtsgerichts im Verfahren der freiwilligen Gerichtsbarkeit **1916** ist das Rechtsmittel der **Beschwerde** zum Landgericht statthaft (§ 19 FGG). Das ist in der Regel die einfache, unbefristete Beschwerde. Auch nach dem FGG ist die Beschwerde nur dann eine sofortige und befristete, wenn das Gesetz es ausdrücklich anordnet. Für Betreuungssachen gilt nichts anderes. Eine sofortige Beschwerde schreibt § 69g IV 1 FGG nur für drei Sonderfälle vor; in allen anderen Fällen ist die einfache Beschwerde das richtige Rechtsmittel.

2. Sofortige Beschwerde

Nach § 699 IV 1 FGG ist die Beschwerde gegen drei Arten von Entscheidungen des Vor- **1917** mundschaftsgerichts eine sofortige:

- erstens gegen die Anordnung oder Ablehnung eines Einwilligungsvorbehalts (Nr. 1);
- zweitens gegen die Zurückweisung der Ablehnung, sich zum Betreuer bestellen zu lassen (Nr. 2);
- drittens gegen die Entlassung des Betreuers wider dessen Willen (Nr. 3)[15].

Hinzukommen die Kostenentscheidungen des § 20a I 2, II FGG.

In diesen Ausnahmefällen verlangt die Rechtssicherheit nach einer raschen Klärung. Deshalb ist die Beschwerde befristet und binnen 2 Wochen einzulegen (§ 22 I 1 FGG).

Für den Betroffenen, der sich gegen die Anordnung oder Ablehnung eines Einwilli- **1918** gungsvorbehalts beschweren will, beginnt die **Beschwerdefrist** mit der Bekanntmachung der Entscheidung an ihn selbst, spätestens 5 Monate nach der Bekanntmachung an den Betreuer (§ 69g IV 3 FGG). In allen anderen Fällen beginnt sie mit der Bekanntmachung an den Betreuer (§ 69g IV 2 FGG).

Die Beschwerdefrist beginnt überhaupt nicht, wenn der Entscheidung die vorgeschriebene **Rechtsmittelbelehrung fehlt**[16]. Vorgeschrieben ist die Rechtsmittelbelehrung aber nur für zwei Entscheidungen: die Bestellung eines Betreuers und die Anordnung eines Einwilligungsvorbehalts (§ 69 I Nr. 6 FGG), nicht für die Ablehnung dieser Maßnahmen und die sonstigen Entscheidungen des § 69i FGG, der nirgendwo auf § 69 I Nr. 6 FGG verweist[17].

Die verspätete Beschwerde ist unzulässig. Gegen die unverschuldete Verspätung hilft die Wiedereinsetzung in den vorigen Stand (§ 22 II FGG).

---

15 *BayObLG* FamRZ 94, 323; 94, 324: nicht auch gegen die Ablehnung der Entlassung; 96, 58.
16 *BayObLG* FamRZ 94, 323; *OLG* Stuttgart FamRZ 96, 1342.
17 *OLG Stuttgart* FamRZ 96, 1342.

Das Vormundschaftsgericht darf der sofortigen Beschwerde nicht abhelfen (§ 18 II FGG).

Im Übrigen gelten die allgemeinen Vorschriften über die Beschwerde auch hier.

3. Einfache Beschwerde

3.1 Anfechtbare und unanfechtbare Entscheidungen

1919 Von den Sonderfällen der sofortigen Beschwerde nach § 69g IV 1 FGG abgesehen, sind Entscheidungen des Vormundschaftsgerichts in Betreuungssachen mit der einfachen, unbefristeten Beschwerde anfechtbar (§ 19 mit § 69g FGG), freilich **nur Sachentscheidungen**, weder Nebenentscheidungen über Kosten (§ 20a I 1 mit Ausnahmen in I 2, II FGG) noch die Untersuchungs- und Vorführungsanordnung (§ 68b II 2 FGG) und auch nicht die Anordnung oder Ablehnung der sofortigen Wirksamkeit nach § 69a FGG.

Die näheren Einzelheiten der einfachen Beschwerde regelt in erster Linie § 69g I-III, V FGG; daneben gelten aber auch die allgemeinen Vorschriften der §§ 19-26.

3.2 Beschwerdeberechtigung

1920 Beschwerdeberechtigt ist nach § 20 I FGG **jeder, dessen Recht durch die Entscheidung beeinträchtigt wird**[18]. Soweit die Entscheidung nur auf Antrag erlassen wird, darf sich gegen die Ablehnung des Antrags nur der Antragsteller beschweren (§ 20 II FGG). Diese allgemeinen Regeln gelten auch für Betreuungssachen, werden aber durch die Sonderregeln der §§ 69g, 69i FGG ergänzt, während § 57 FGG sich auf Vormundschaftssachen beschränkt[19].

1921 § 69g I FGG erweitert den Kreis der Beschwerdeberechtigten auf den **Ehegatten des Betroffenen, dessen nächste Verwandte und Verschwägerte sowie die zuständige Behörde, wenn** es sich um eine der vier folgenden Angelegenheiten handelt: die Bestellung eines Betreuers von Amts wegen, die Anordnung eines Einwilligungsvorbehalts, die Ablehnung der Bestellung eines Betreuers oder die Ablehnung eines Einwilligungsvorbehalts.

1922 § 69i VIII FGG erstreckt diese Beschwerdeberechtigung auf zwei weitere Entscheidungen: die Entlassung des alten und die Bestellung eines neuen Betreuers, dagegen **nicht** auf die **Ablehnung der Entlassung**[20].

---

18 Dazu *BayObLG* FamRZ 96, 968: nicht Inhaber einer Vorsorgevollmacht.
19 *BGH* NJW 96, 1825; *BayObLG* FamRZ 96, 968.
20 *BGH* NJW 96, 1825; *BayObLG* FamRZ 96, 508; a.A. *KG* FamRZ 96, 1024.

Gegen die **Bestellung eines Betreuers** darf nach § 69g I FGG auch die Tochter des Betroffenen Beschwerde einlegen mit dem Ziel, selbst als Betreuerin bestellt zu werden[21]. Sie kann die Beschwerde sogar auf die **Auswahl des Betreuers** beschränken[22].

Umgekehrt darf sich die Tochter des Betroffenen nach § 69i VIII FGG auch gegen die **Entlassung des Betreuers** beschweren[23].

Kein Beschwerderecht hat sie gegen die gerichtliche **Ablehnung des Antrags, den bestellten Betreuer zu entlassen**, denn diese Entscheidung fehlt im Katalog der §§ 69g I, 69i VIII FGG, und § 57 FGG gilt nur für Vormundschafts-, nicht für Betreuungssachen[24]. Deshalb sind hier nur der Betreuer und der Betroffene beschwerdeberechtigt[25]. Ihre Beschwerde gegen die abgelehnte Aufhebung der Betreuung zielt – hilfsweise – auch auf die Entlassung des Betreuers[26].

Wird der Vereinsbetreuer entlassen, damit er die Betreuung als Privatperson fortführe, ist der Betreuungsverein beschwerdeberechtigt (*OLG Hamm* FamRZ 2001, 253).

Gegen eine Entscheidung, die den Aufgabenkreis des Betreuers betrifft, darf sich der Betreuer sowohl im eigenen Namen als auch namens des Betreuten beschweren (§ 69g II 1 FGG)[27].

3.3 Einlegung der Beschwerde und Abhilfe durch das Vormundschaftsgericht

Beschwerde kann man wahlweise beim Vormundschaftsgericht oder beim Beschwerdegericht (Landgericht) einlegen (§ 21 I FGG), entweder mit einer Beschwerdeschrift oder zu Protokoll der Geschäftsstelle des Vormundschafts- oder Beschwerdegerichts (§ 21 II FGG).

1923

Aufschiebende Wirkung hat die Beschwerde nur gegen die Festsetzung eines Ordnungs- oder Zwangsmittels nach § 33 I FGG (§ 24 FGG).

Nach § 18 I FGG darf das Vormundschaftsgericht seine angefochtene Entscheidung ändern und so der Beschwerde abhelfen[28].

---

21 *BGH* NJW 96, 1825; *BayObLG* FamRZ 96, 507; 98, 1185: nicht Lebenspartner; *OLG Zweibrücken* FamRZ 2000, 30: nahe Angehörige.
22 *BGH* 132, 157; *OLG Oldenburg* FamRZ 96, 1343; *OLG Hamm* FamRZ 96, 1372; a.A. *OLG Köln* FamRZ 96, 1024; *OLG Zweibrücken* FamRZ 2000, 302.
23 *BGH* NJW 96, 1825.
24 *BGH* NJW 96, 1825; *BayObLG* FamRZ 96, 507, 968; 98, 1186.
25 *BGH* NJW 96, 1825.
26 *BayObLG* FamRZ 94, 324.
27 *BayObLG* FamRZ 96, 58: nicht mehr nach Entlassung; *OLG Köln* FamRZ 97, 1293 u. *OLG Düsseldorf* FamRZ 98, 1244: nicht gegen Aufhebung der Betreuung, da kein eigenes Recht auf Fortbestand der Betreuung.
28 *BayObLG* FamRZ 96, 1023: aber keine Rückgabe an Vormundschaftsgericht zwecks Abhilfe, sondern Entscheidung des Beschwerdegerichts, wenn dort Beschwerde eingelegt.

3.4 Beschwerdeverfahren

1924 Die zulässige Beschwerde eröffnet eine zweite Tatsacheninstanz und lässt sich deshalb auf **neue Tatsachen und Beweise** stützen (§ 23 FGG)[29]. Auch sonst gleicht das Beschwerdeverfahren weitgehend dem erstinstanzlichen Verfahren[30].

Beschwerdegegenstand ist und bleibt die angefochtene Maßnahme; andere Maßnahmen sind im Beschwerdeverfahren unzulässig. Deshalb darf das Beschwerdegericht den Aufgabenkreis des Betreuers nicht erweitern, wenn sich der Betroffene gegen die Bestellung eines Betreuers wehrt, denn das ist ein anderer Verfahrensgegenstand[31].

1925 Das **Verbot der Schlechterstellung** gilt auch hier: das Beschwerdegericht darf die angefochtene Entscheidung gegen den Beschwerdeführer nicht verschärfen, wenn nur er Beschwerde eingelegt hat[32].

Die **Beschwerdeentscheidung**, ein Beschluss, ist schriftlich zu begründen (§ 25 FGG) und wird mit ihrer Bekanntmachung (§ 16 FGG) sofort wirksam (Arg. aus § 26 FGG).

4. Weitere Beschwerde

1926 Gegen die Entscheidung des Beschwerdegerichts ist nach § 27 FGG zwar die weitere Beschwerde zum Oberlandesgericht (§ 28 FGG) statthaft, kann aber als **Rechtsbeschwerde** wie die Revision **nur** auf eine **Verletzung des Gesetzes** gestützt werden; die Revisionsvorschriften der §§ 546, 547, 559, 561 sind deshalb entsprechend anwendbar. Neue Tatsachen und Beweise sind ausgeschlossen.

7. Kapitel
Einstweilige Anordnungen

1927 Durch einstweilige Anordnung darf das Vormundschaftsgericht nach § 69f FGG unter strengen Voraussetzungen drei Maßnahmen treffen:

- erstens die Bestellung eines vorläufigen Betreuers (I 1)[33];
- zweitens die Anordnung eines vorläufigen Einwilligungsvorbehalts (I 1);
- drittens die Entlassung eines Betreuers (III).

Es sind dies Eilmaßnahmen für Notfälle, die keinen Aufschub dulden. Die ersten beiden Maßnahmen erfordern deshalb **dringende Gründe für die Notwendigkeit** der Betreuung oder des Einwilligungsvorbehalts **und Gefahr im Verzug** (I 1 Nr. 1), außerdem ein

---

29 Dazu *BayObLG* FamRZ 96, 1023.
30 *BayObLG* FamRZ 97, 900: persönliche Anhörung des Betroffenen i.d.R. durch Kammer, nicht durch beauftragten Richter.
31 *BayObLG* FamRZ 96, 1035; 98, 1183.
32 *BayObLG* FamRZ 96, 244: Verfahren über Betreuervergütung.
33 Dazu *BayObLG* FamRZ 96, 898; 97, 1288.

ärztliches Attest über den Zustand des Betroffenen (I 1 Nr. 2), erforderlichenfalls einen **Verfahrenspfleger** (I 1 Nr. 3), schließlich die **persönliche Anhörung des Betroffenen** und des Verfahrenspflegers (I 1 Nr. 4), die nur bei Gefahr im Verzug entbehrlich sind (I 4). Diese beiden einstweiligen Anordnungen dürfen die Dauer von 6 Monaten nicht überschreiten, können nach Anhörung eines Sachverständigen aber bis zur Gesamtdauer von 1 Jahr verlängert werden (II).

Die Entlassung des Betreuers durch einstweilige Anordnung erfordert einen **dringenden Entlassungsgrund** und **Gefahr im Verzug** (III).

Wirksam wird die einstweilige Anordnung nicht erst mit Bekanntmachung (§ 69a FGG), sondern bereits mit der Übergabe an die Geschäftsstelle zwecks Bekanntmachung (§ 69f IV).

Die Entscheidung über eine einstweilige Anordnung ist mit **Beschwerde** anfechtbar. Ob **1928** es die einfache oder sofortige Beschwerde ist, richtet sich nach dem Gegenstand der Entscheidung. Die einstweilige Anordnung eines vorläufigen Einwilligungsvorbehalts und die einstweilige Anordnung der Entlassung des Betreuers gegen dessen Willen sind nach § 69g IV FGG mit der **sofortigen Beschwerde**, alle anderen Entscheidungen mit der **einfachen Beschwerde** anfechtbar.

31. Teil
Das Verfahren in Unterbringungssachen

1. Kapitel
Gesetzliche Systematik

1. System des FGG

1929 Wie die Betreuungssachen sind auch die „Unterbringungssachen" (so Überschrift von § 70 FGG) oder „Unterbringungsmaßnahmen" (so § 70 I FGG) Angelegenheiten der freiwilligen Gerichtsbarkeit (RN 1898).

Nach dem System des FGG (RN 1899) gelten für das Verfahren in Unterbringungssachen:

- an erster Stelle die besonderen Vorschriften der §§ 70-70n FGG[1];
- an zweiter Stelle die allgemeinen Vorschriften der §§ 35-35a FGG;
- und zuletzt die allgemeinen Vorschriften der §§ 1-34 FGG.

Die §§ 35b-64 FGG beschränken sich auf Vormundschafts- und Familiensachen und sind deshalb auf Unterbringungssachen nur dann anwendbar, wenn die §§ 70-70n FGG ausdrücklich auf sie verweisen. Unanwendbar ist beispielsweise § 57 FGG zur Beschwerdeberechtigung[2].

2. Unterbringungsmaßnahmen

1930 Was eine „Unterbringungsmaßnahme" ist, sagt abschließend § 70 I 2 FGG und nennt deren vier:

- erstens die Genehmigung der freiheitsentziehenden Unterbringung eines Kindes nach §§ 1631b, 1705, 1800, 1915 BGB (Nr. 1a);
- zweitens die Genehmigung der freiheitsentziehenden Unterbringung eines Betreuten nach § 1906 I-III (Nr. 1b);
- drittens die Genehmigung einer freiheitsentziehenden Maßnahme gegen den Betreuten nach § 1906 IV BGB (Nr. 2) und
- viertens die Anordnung einer freiheitsentziehenden Unterbringung nach den Landesgesetzen über die Unterbringung psychisch Kranker (Nr. 3).

Während die ersten drei Unterbringungsmaßnahmen materiell noch zum Familienrecht gehören, kommt die vierte Maßnahme aus dem öffentlichen Recht, wird aber nicht vom

---

1 Dazu *Zimmermann* FamRZ 90, 1308; *Zimmermann/Damrau* NJW 91, 545.
2 *BGH* NJW 96, 1825; *BayObLG* FamRZ 96, 968.

Verwaltungsgericht, sondern wie die anderen drei vom Vormundschaftsgericht im Verfahren der freiwilligen Gerichtsbarkeit entschieden (§ 70 I 3 FGG).

Weiter fällt auf: **die familienrechtliche Unterbringung nach § 70 I 2 Nr. 1 u. Nr. 2 FGG wird vom Vormundschaftsgericht nicht angeordnet, sondern nur genehmigt.** Gegenstand der Genehmigung ist die Unterbringungsmaßnahme der Eltern, des Vormunds oder des Betreuers.

2. Kapitel
Zuständigkeit

1. Sachliche Zuständigkeit

Sachlich zuständig ist stets das Amtsgericht (§ 35 FGG). Die „Zuständigkeit" des Vormundschaftsgerichts (§ 70 II FGG), das nur eine Abteilung des Amtsgerichts ist, verweist auf das besondere Verfahren nach dem FGG. **1931**

2. Örtliche Zuständigkeit

Die örtliche Zuständigkeit des Amtsgerichts (Vormundschaftsgerichts) regelt § 70 II-VII FGG. Danach ist für die Genehmigung der Unterbringung eines Kindes oder Betreuten und die Genehmigung einer sonstigen freiheitsentziehenden Maßnahme gegen den Betreuten dasjenige **Gericht** örtlich zuständig, **bei dem die betreffende Betreuung, Vormundschaft oder Pflegschaft hängt** (II 1); andernfalls sind die §§ 65 I-III, 65a I 1, II 1 entsprechend anzuwenden (II 2 u. RN 1902 ff.). Für vorläufige Maßnahmen ist zusätzlich das Amtsgericht zuständig, in dessen Bezirk „das Bedürfnis der Fürsorge hervortritt" (II 3 mit § 65 V FGG). **1932**

Für die landesrechtliche Unterbringung psychisch Kranker ist nach § 70 V 1 FGG das Amtsgericht zuständig, in dessen Bezirk das Bedürfnis für die Unterbringung hervortritt, jedoch kann dieses Gericht das Verfahren nach § 70 V 2 FGG unanfechtbar an das Amtsgericht abgeben, in dessen Bezirk der Betroffene untergebracht ist.

§ 70 VI FGG ermächtigt die Landesregierungen, die Zuständigkeit für mehrere Amtsgerichtsbezirke bei einem Amtsgericht zu konzentrieren oder die Ermächtigung an die Landesjustizverwaltung zu delegieren.

§ 70 VII schließlich befiehlt dem Gericht, das die betreffende Betreuung, Vormundschaft oder Pflegschaft führt, dem für die Unterbringung zuständigen Gericht folgende Maßnahmen mitzuteilen: die Aufhebung der Betreuung, Vormundschaft oder Pflegschaft, den Wegfall des Aufgabenbereichs Unterbringung sowie die Auswechslung des Betreuers, Vormunds oder Pflegers, wie umgekehrt das Unterbringungsgericht dem anderen Gericht die Anordnung, Änderung, Verlängerung und Aufhebung der Unterbringung mitteilt.

3. Internationale Zuständigkeit

1933 Die internationale Zuständigkeit für die familienrechtlichen Unterbringungsmaßnahmen nach § 70 I 2 Nr. 1 und Nr. 2 FGG regelt § 70 IV FGG durch Verweisung auf die §§ 35b, 47 FGG. Maßgebend ist die Staatsangehörigkeit oder der gewöhnliche Aufenthalt des Betroffenen, hilfsweise der Ort des Unterbringungsbedarfs.

4. Abgabe des Verfahrens an ein anderes Amtsgericht

1934 Nach § 70 III 1 FGG darf das zuständige Amtsgericht die Unterbringungssache unter folgenden Voraussetzungen an das Gericht abgeben, in dessen Bezirk der Betroffene untergebracht ist: **wichtiger Grund** (dazu RN 1904), **Zustimmung des gesetzlichen Vertreters, Anhörung des Betroffenen und Übernahmebereitschaft** des anderen Amtsgerichts. Im Streitfall entscheidet das gemeinschaftliche obere Gericht (§ 70 III 1 Hs. 2 mit § 46 II FGG).

3. Kapitel
Verfahren

1. Verfahrensbeginn

1935 Das Unterbringungsverfahren nach § 70 I Nr. 1 u. Nr. 2 FGG wird zwar in aller Regel von den Eltern, dem Vormund oder dem Betreuer in Gang gesetzt, einen förmlichen Antrag verlangt das Gesetz jedoch nicht[3]. Deshalb ist das Vormundschaftsgericht auch nicht an den „Antrag" des Betreuers gebunden, den Betreuten (nur) für eine bestimmte Zeit unterzubringen, sondern hält sich an die gesetzliche Vorgabe des § 70f I Nr. 3 FGG[4].

2. Betroffener

2.1 Verfahrensfähigkeit und Verfahrenspfleger

1936 Da es um seine Freiheit geht, ist der Betroffene nach § 70a FGG ab Vollendung des 14. Lebensjahres auch dann verfahrensfähig, wenn er geschäftsunfähig ist. Soweit erforderlich, bestellt ihm das Vormundschaftsgericht nach § 70b I, III FGG für die Dauer des Verfahrens einen Verfahrenspfleger, der seine Interessen wahrnehmen soll. Das ist sogar die gesetzliche Regel, denn der Verzicht auf einen Verfahrenspfleger ist in der Anordnung der Unterbringung schriftlich zu begründen (§ 70b II FGG).

---

3 *BayObLG* FamRZ 94, 1416: Betreuer.
4 *BayObLG* FamRZ 94, 1416.

2.2 Anhörung und rechtliches Gehör

Als Verfahrensbeteiligter hat der Betroffene nicht nur Anspruch auf rechtliches Gehör, **1937** sondern ist nach § 70c FGG persönlich anzuhören (S. 1), möglichst in seiner gewohnten Umgebung (S. 2), damit das Vormundschaftsgericht einen unmittelbaren Eindruck gewinne[5]. Dabei unterrichtet es den Betroffenen über den möglichen Verlauf des Verfahrens (S. 3). Der zuständige Vormundschaftsrichter selbst soll den Betroffenen anhören und die Anhörung nicht an einen ersuchten Richter abschieben (S. 4)

Im Übrigen gelten die Vorschriften des § 68 I 5, II-V FGG entsprechend (S. 5). Dort sind geregelt: internationale Rechtshilfe (I 5); Ausnahmen von der persönlichen Anhörung (II); Vorführung des Betroffenen (III); Zuziehung eines Sachverständigen und anderer Personen (IV) und Schlussgespräch (V).

3. Andere Beteiligte

Nach § 70d I 1 FGG gibt das Gericht einer ganzen Reihe von Personen, die mittelbar betroffen sind, vor der Unterbringungsmaßnahme Gelegenheit zur Äußerung: **1938**
- dem Ehegatten, der nicht dauernd getrennt lebt;
- den Eltern und Kindern, bei denen der Betroffene lebt oder bei Verfahrensbeginn gelebt hat;
- dem Betreuer;
- der vom Betroffenen benannten Vertrauensperson;
- dem Leiter der Anstalt, in der der Betroffene lebt;
- der zuständigen Behörde.

Vor der Unterbringung eines Minderjährigen sind nach § 70d II FGG persönlich anzuhören die personensorgeberechtigten Eltern, der gesetzliche Vertreter in persönlichen Angelegenheiten und die Pflegeeltern.

4. Amtsermittlung und Sachverständigengutachten

Ob und in welchem Umfang eine Unterbringung erforderlich ist, ermittelt das Vormundschaftsgericht von Amts wegen (§ 12 FGG). Wichtigstes Auskunftmittel ist das **medizinische Sachverständigengutachten**. Vor einer Unterbringungsmaßnahme nach § 70 I 2 Nr. 1 u. Nr. 3 FGG ist es zwingend vorgeschrieben[6]. **1939**

Die Einzelheiten regelt § 70e FGG. Der Sachverständige soll Psychiater sein; zumindest muss er als Arzt in der Psychiatrie erfahren sein (I 2). Den Betroffenen muss er persönlich untersuchen oder befragen (I 1). Ein ärztliches Zeugnis genügt nur für die Unterbringungsmaßnahme nach § 70 I 2 Nr. 2 FGG (I 3). Schließlich gilt § 68 III u. IV FGG entsprechend (II u. RN 1909).

---

5 *OLG Karlsruhe* FamRZ 99, 670: Ausnahme nur bei Lebensgefahr.
6 Dazu *OLG Düsseldorf* FamRZ 95, 118.

4. Kapitel
Entscheidung

1. Beschluss

1940   Das Vormundschaftsgericht entscheidet auch in Unterbringungssachen stets durch Beschluss, den es schriftlich begründen muss, nicht nur die Genehmigung oder Anordnung
der Unterbringung, sondern auch deren Ablehnung (§ 70f II FGG).

2. Beschlusstenor

1941   Der Beschluß, der eine Unterbringungsmaßnahme genehmigt oder anordnet, muss nach
§ 70f I FGG vier Dinge enthalten: erstens die Bezeichnung des Betroffenen, zweitens die
nähere Bezeichnung der Unterbringungsmaßnahme, also die Art und Weise der Unterbringung, nicht auch eine bestimmte Anstalt[7]; drittens den Zeitpunkt der Entlassung spätestens 1 Jahr und allerspätestens 2 Jahre nach der Entscheidung; viertens eine Rechtsmittelbelehrung.

3. Bekanntmachung der Entscheidung

1942   Rechtsgrundlage ist § 70g FGG. Jede Entscheidung ist dem Betroffenen selbst bekannt
zu machen (I 1), freilich ohne die Begründung, wenn sie nach ärztlichem Zeugnis die
Gesundheit des Betroffenen erheblich gefährdet (I 2).

Die Genehmigung oder Anordnung einer Unterbringungsmaßnahme ist auch den in
§ 70d genannten Personen und dem Leiter der in Aussicht genommenen Anstalt bekanntzugeben (II 1), schließlich auch noch der zuständigen Behörde, wenn sie im Verfahren
Gelegenheit zur Äußerung hatte (II 2).

Wie die Entscheidung bekanntzugeben ist, sagt § 16 II, III FGG. Die **förmliche Zustellung** ist nur dann erforderlich, **wenn** die Entscheidung mit **sofortiger Beschwerde** angefochten werden kann; das trifft nach § 70m I mit § 70g III 1 FGG auf die **Genehmigung
oder Anordnung einer Unterbringungsmaßnahme** zu. Die Ablehnung der Unterbringungsmaßnahme hingegen kann formfrei mitgeteilt werden, was in der Akte zu vermerken ist (§ 16 II 2 FGG). In Anwesenheit des Adressaten kann die Entscheidung zu Protokoll bekanntgemacht werden (§ 16 III FGG).

4. Wirksamkeit der Entscheidung

1943   Erst mit **Rechtskraft** werden wirksam sowohl die Genehmigung oder Anordnung einer
Unterbringungsmaßnahme als auch deren Ablehnung (§ 70g III 1 FGG). Jedoch kann
das Gericht die **sofortige Wirksamkeit anordnen**; in diesem Fall wird die Entscheidung

---

7 *OLG Düsseldorf* FamRZ 95, 118.

schon in dem Zeitpunkt wirksam, in dem sie samt Anordnung der sofortigen Wirksamkeit der Geschäftsstelle zur Bekanntmachung übergeben wird (§ 70g III 2, 3 FGG).

Die gerichtliche Anordnung der **Vorführung** ist von der zuständigen Behörde auszuführen (§ 70a IV FGG). Dies hat dem Betreuer, den Eltern, dem Vormund oder Pfleger auf deren Bitte dabei zu helfen, den Betroffenen **der Unterbringung** nach § 70 I 2 Nr. 1 FGG **zuzuführen**, darf Gewalt aber nur mit Erlaubnis des Gerichts anwenden und dazu polizeiliche Hilfe erbitten (§ 70g V).

5. Aufhebung und Verlängerung der Unterbringung

Es versteht sich von selbst, dass die Unterbringung aufzuheben ist, sobald ihre Voraussetzungen wegfallen (§ 70i I 1 FGG). Vorher ist die zuständige Behörde zu hören, es sei denn, die Aufhebung werde dadurch erheblich verzögert; stets ist ihr die Aufhebung bekanntzugeben (§ 70i I 2, 3 FGG). **1944**

Die Verlängerung einer Unterbringungsmaßnahme unterliegt den Vorschriften der erstmaligen Anordnung (§ 70i II 1 FGG). Sobald aber die Unterbringung einer Gesamtdauer von 4 Jahren überschreitet, soll das Gericht einen neuen Sachverständigen zuziehen, der den Betroffenen bisher weder behandelt noch begutachtet hat und auch nicht der Anstalt angehört, in der der Betroffene untergebracht ist (§ 70i II 2 FGG).

6. Aussetzung des Vollzugs

§ 70k FGG ist eine Sonderregel für die Unterbringung nach § 70 I 2 Nr. 3 FGG. Danach kann das Gericht den Vollzug der Unterbringung bis zu 6 Monaten, verlängerbar bis zu 1 Jahr aussetzen (I 1, 3), dem Betroffenen Auflagen erteilen (I 2) und die Aussetzung widerrufen, wenn der Betroffene die Auflagen nicht erfüllt oder sein Zustand den Vollzug erfordert (II). Für das Verfahren gilt § 70d FGG entsprechend (III). **1945**

5. Kapitel
Rechtsmittel

1. Sofortige Beschwerde

Nach § 70m I FGG ist die sofortige Beschwerde statthaft gegen Entscheidungen, die erst mit Rechtskraft wirksam werden. Das sind hier **alle Entscheidungen in der Hauptsache**: nicht nur die Genehmigung und Anordnung einer Unterbringungsmaßnahme, sondern auch deren Ablehnung (§ 70g III 1 FGG). **1946**

Beschwerdeberechtigt sind über § 20 FGG hinaus auch alle die in § 70d FGG genannten Personen und Stellen (§ 70m II FGG). Der Betroffenen kann sich auch bei dem Amtsgericht beschweren, in dessen Bezirk er untergebracht ist (§ 70m III mit § 69g III FGG).

1947 Die sofortige Beschwerde ist befristet und binnen 2 Wochen einzulegen (§ 22 I 1 FGG). Die **Beschwerdefrist** beginnt mit der jeweiligen Bekanntmachung der Entscheidung (§ 22 I 2 FGG). Sie beginnt nicht, wenn die vorgeschriebene Rechtsmittelbelehrung fehlt[8]. Vorgeschrieben ist die Rechtsmittelbelehrung nur für die Genehmigung und Anordnung der Unterbringungsmaßnahme, nicht auch für deren Ablehnung (§ 70f I Nr. 4 FGG).

Die verspätete Beschwerde ist unzulässig. Gegen die unverschuldete Verspätung hilft die **Wiedereinsetzung** in den vorigen Zustand (§ 22 II FGG).

Das Gericht darf der sofortigen Beschwerde nicht abhelfen (§ 18 II FGG).

Für das Beschwerdeverfahren gelten die Vorschriften für den ersten Rechtsbezug entsprechend (§ 70m II mit § 69g V u. RN 1924).

Die **Beschwerdeentscheidung**, ein Beschluss, ist schriftlich zu begründen (§ 25 FGG) und wird mit Bekanntmachung (§ 16 FGG) sofort wirksam.

Wenn die Unterbringung während des Beschwerdeverfahrens endet, erledigt sich das Verfahren dadurch nicht, vielmehr behält der Untergebrachte ein rechtliches Interesse daran, die Rechtmäßigkeit der Unterbringung im laufenden Beschwerdeverfahren überprüfen zu lassen, denn die Unterbringung greift tief in das Grundrecht der persönlichen Freiheit ein (Art. 104 GG)[9].

2. Weitere Beschwerde

1948 Gegen die Entscheidung des Beschwerdegerichts ist nach § 27 FGG die weitere Beschwerde zum Oberlandesgericht (§ 28 FGG) statthaft, kann als **Rechtsbeschwerde** aber nur auf eine Verletzung des Gesetzes gestützt werden (I 1), weshalb die §§ 546, 547, 559, 561 ZPO entsprechend anzuwenden sind (I 2).

3. Antrag auf gerichtliche Entscheidung

1949 Der Vollzug der Unterbringung nach § 70 I 2 Nr. 3 FGG liegt nicht in der Hand des Gerichts. Deshalb sind einzelne Vollzugsmaßnahmen nicht beschwerdefähig. Statt dessen beantragt der Betroffene nach § 70l I 1 FGG die gerichtliche Entscheidung (Kontrolle). Der Antrag ist aber nur zulässig, wenn der Betroffene schlüssig eine Rechtsverletzung geltend macht (II). Aufschiebende Wirkung hat der Antrag nur, wenn das Gericht sie eigens anordnet (III). Die Entscheidung des Gerichts ist unanfechtbar (IV).

---

8 *BayObLG* FamRZ 94, 313 u. *OLG Stuttgart* FamRZ 96, 1342 zu Betreuung.

9 *BVerfG* NJW 97, 2163: Durchsuchung der Wohnung; NJW 98, 2432; 98, 2813: Unterbringung, Verfahren aber überholt, wenn der Betroffene in Unterbringung eingewilligt hat; *BayObLG* FamRZ 2000, 1537; a.A. zur Abschiebehaft *BGH* NJW 98, 2829; ebenso zur Unterbringung: *OLG Karlsruhe* FamRZ 2000, 1445 u. *BayObLG* FamRZ 97, 85; zur Überprüfung Rechtmäßigkeit der Unterbringung: *OLG Köln* FamRZ 98, 462; *OLG Schleswig* FamRZ 99, 105, 222; *KG* FamRZ 2001, 172.

6. Kapitel
Einstweilige Anordnung

Durch einstweilige Anordnung darf das Vormundschaftsgericht, örtlich zuständig auch **1950**
nach § 70 II 3 FGG, gemäß § 70h I 1 FGG eine vorläufige Unterbringungsmaßnahme anordnen, die längstens 6 Wochen dauern und nach Anhörung eines Sachverständigen bis
allerlängstens 3 Monate verlängert werden darf, einschließlich einer Unterbringung zur
Vorbereitung eines Gutachtens (§ 74h II FGG). Die Voraussetzungen regelt § 70h I 2 mit
§ 69f I FGG; es sind dies **dringende Gründe für eine Unterbringung und Gefahr im
Verzug sowie ein ärztliches Zeugnis, persönliche Anhörung des Betroffenen und des
Verfahrenspflegers**[10]. Außerdem erhalten die in § 70d FGG genannten Personen rechtliches Gehör, wenn keine Gefahr im Verzug ist (§ 70h I 3 FGG).

Bekanntgemacht und wirksam wird die einstweilige Anordnung nach den Regeln für die
endgültige Unterbringungsentscheidung (§ 70h I 2 mit § 70g FGG).

---

10 *BVerfG* NJW 98, 1774; *BayObLG* FamRZ 2001, 191.

Anhang
Eingetragene Lebenspartnerschaft

1. Von der Fähigkeit unserer Zeit zur Gesetzgebung

Am 16.2.2001 ist das „Gesetz über die eingetragene Lebenspartnerschaft" oder kürzer **1951** „Lebenspartnerschaftsgesetz" oder noch kürzer „LPartG" verkündet worden (BGBl I, 266), am 1.8.2001 ist es in Kraft getreten[1], nachdem das Bundesverfassungsgericht den Antrag der Bayerischen und der Sächsischen Staatsregierung auf einstweilige Anordnung im Normenkontrollverfahren am 18.7.2001 mit 5 : 3 Stimmen – „bei offenem Ausgang des Normenkontrollverfahrens" – abgelehnt hat. Nach Lage der Dinge ist nicht damit zu rechnen, das Bundesverfassungsgericht werde dieses Gesetz doch noch für verfassungswidrig erklären, es wird allenfalls die eine oder andere Bestimmung beanstanden. Jedenfalls ist die Frage, ob das Gesetz im Ganzen oder in Teilen gegen Art. 6 I GG verstoße, weil es der Ehe zu nahe trete, noch nicht verbindlich entschieden.

In der Wahl seiner Worte freilich hat sich der Gesetzgeber alle Mühe gegeben, den Verdacht zu zerstreuen, es handle sich bei dem, was er da aus der Taufe gehoben hat, um eine Homosexuellenehe. Das sieht dann so aus: Die homosexuellen Paare schließen nicht etwa eine Ehe, sondern „begründen eine Lebenspartnerschaft", allerdings am liebsten vor dem Standesbeamten, den Notar und andere „zuständige Behörden" empfinden sie bereits als Diskriminierung. Sie tragen keinen Ehenamen, sondern nur einen „Lebenspartnerschaftsnamen". An Stelle der ehelichen Lebensgemeinschaft führen sie nur eine „partnerschaftliche Lebensgemeinschaft". Statt des Familienunterhalts gibt es lediglich einen „Lebenspartnerschaftsunterhalt", statt des Ehevertrags einen „Lebenspartnerschaftsvertrag". Aus dem ehelichen Güterstand wird ein „Vermögensstand", aus der Zugewinngemeinschaft eine „Ausgleichsgemeinschaft" und aus der Gütertrennung eine „Vermögenstrennung". Auch eingetragene Lebenspartner können getrennt leben mit Folgen für Unterhalt, Hausrat und Lebenspartnerschaftswohnung. Die Lebenspartnerschaft wird nicht geschieden, sondern aufgehoben, aber auch das durch Urteil des Familiengerichts mit Wirkung für die Zukunft, wie denn alle „Lebenspartnerschaftssachen" zu Familiensachen werden. Anstelle des nachehelichen Unterhalts gibt es einen „nachpartnerschaftlichen Unterhalt". Für die Verteilung von Hausrat und Lebenspartnerschaftswohnung wird die HausratsVO bemüht. Jede Ähnlichkeit dieser „lebenspartnerschaftlichen" Einrichtungen mit der Ehe ist rein zufällig.

Bei näherem Zusehen freilich fällt es leichter, die wenigen zivilrechtlichen Unterschiede zwischen Lebenspartnerschaft und Ehe aufzuzählen als die Gemeinsamkeiten darzustellen. Immerhin gibt es nur eine eingetragene Lebensgemeinschaft, aber keine eingetragene Ehe, obwohl auch die Lebenspartnerschaft rechtlich nicht von der Eintragung in ein

---

[1] Dazu *Diederichsen* NJW 2000, 1841; *Beck* NJW 2001, 1894; *Scholz/Uhle* NJW 2001, 393; *Schwab* FamRZ 2001, 385; *Finger* MDR 2001, 199; *Grziwotz* DNotZ 2001, 280; *Süss* DNotZ 2001, 168; *Burhoff* ZAP 2001, Fach 11 S. 603.

öffentliches Register abhängt. Ist der Begriff „eingetragene Lebenspartnerschaft" auch schief, steigert er doch das Lebensgefühl.

Sprachlich ist das Gesetz ein Monstrum. Der Begriff „Lebenspartnerschaft" wird förmlich zu Tode geritten und gipfelt in Sprachschöpfungen wie „Lebenspartnerschaftsname", „Lebenspartnerschaftsvertrag" oder „nachpartnerschaftlicher Unterhalt" (genauer wäre: „nachlebenspartnerschaftlicher Unterhalt"). Auch wird er juristisch dazu missbraucht, ausschließlich die vergleichsweise kleine Gruppe eingetragener gleichgeschlechtlicher Paare zu bezeichnen, obwohl er nach allgemeinem Sprachgebrauch alle menschlichen Lebensgemeinschaften umfasst[2]. Aber die Ideologie hat wieder einmal den juristischen Sachverstand besiegt. Warum hat man die neue Errungenschaft nicht als das bezeichnet, was sie ist, etwa als „Lebensgemeinschaft Homosexueller"?

Im Übrigen lässt das Gesetz viele Fragen offen. Die Fähigkeit zu präziser Formulierung ist dem Gesetzgeber offenbar abhandengekommen. Dies fängt bereits mit dem Namen des Gesetzes an, wie heißt es eigentlich? Der offizielle Titel lautet: „Gesetz zur Beendigung der Diskriminierung gleichgeschlechtlicher Gemeinschaften: Lebenspartnerschaften". Dieses Gesetz besteht aus fünf Artikeln, deren erster lautet: „Gesetz über die Eingetragene Lebenspartnerschaft (Lebenspartnerschaftsgesetz-LPartG)". So ist das also. Aber auch das LPartG verfährt nicht einheitlich: obwohl es sich auf die „eingetragene Lebenspartnerschaft" beschränkt, verwendet es vielfach auch die Begriffe „Lebenspartner" und „Lebenspartnerschaft".

Schwerer wiegt noch die folgende Panne. Ursprünglich sollte die eingetragene Lebenspartnerschaft vor dem Standesbeamten begründet werden. Da die erforderliche Zustimmung des Bundesrats nicht zu erlangen war, hat man den Standesbeamten in § 1 I 3 LPartG durch „die zuständige Behörde" ersetzt, in § 9 III, IV LPartG über den Lebenspartnerschaftsnamen aber versehentlich stehen lassen, obwohl er auch dort nichts zu suchen hatte. In dieser Form ist das Gesetz dann beschlossen worden. Aber einer unauffälligen „redaktionellen Bearbeitung" (wessen?) ist der Standesbeamte in § 9 III, IV LPartG dann doch noch zum Opfer gefallen. Dies wirft die Frage auf, was denn nun gelte: die ursprüngliche Fassung mit dem Standesbeamten oder die „redaktionell" geänderte Fassung ohne ihn[3]. In § 661 III Nr. 1 b ZPO freilich hat der Standesbeamte auch die redaktionelle Säuberung überlebt.

2. Begründung der eingetragenen Lebenspartnerschaft

2.1 Überblick

1952 Nach § 1 I LPartG entsteht die Lebenspartnerschaft durch Lebenspartnerschaftserklärungen zweier Personen gleichen Geschlechts vor der zuständigen Behörde. Erforderlich ist ausserdem eine Erklärung der Lebenspartner über ihren Vermögensstand. Die eingetragene Lebenspartnerschaft hat also vier Voraussetzungen: erstens das gleiche Geschlecht der beiden Aspiranten, zweitens ihre Erklärungen, miteinander lebenslang eine Partner-

---

2 *Schwab* FamRZ 2001, 387.

3 Dazu *Schwab* FamRZ 2001, 398; zur notwendigen Zustimmung des Bundesrats: *Scholz/Uhle* NJW 2001, 393.

schaft führen zu wollen, drittens die Abgabe dieser Erklärungen vor der zuständigen Behörde und viertens eine Erklärung der Lebenspartner über ihren Vermögensstand. Keine Gründungsvoraussetzung ist dagegen die Eintragung in ein öffentliches Register, der Name „eingetragene Lebenspartnerschaft" also irreführend; man spricht ja auch nicht von der „eingetragenen Ehe", aber der Hinweis auf die öffentliche Registrierung soll wohl das Prestige dieser umstrittenen Einrichtung erhöhen.

2.2 Partnerschaftserklärungen

Wie die Heiratserklärungen von Mann und Frau bilden auch die Lebenspartnerschaftserklärungen zweier Homosexueller einen familienrechtlichen Vertrag, hier über, die Gründung einer eingetragenen Lebenspartnerschaft. Auch sie müssen persönlich und gleichzeitig, bedingungslos und unbefristet abgegeben werden (§ 1 I 1 LPartG). Es handelt sich um **Willenserklärungen**, die mangels einer speziellen Regelung nach §§ 134, 138 BGB nichtig sein und nach §§ 119, 123, 142 BGB wegen Irrtums, arglistiger Täuschung oder widerrechtlicher Drohung angefochten und rückwirkend vernichtet werden können[4]. Einzige Spezialregel ist § 1 II Nr. 4 LPartG, der die „Scheinpartnerschaft" für nichtig erklärt, eine durchaus überflüssige Regel, denn § 117 I BGB sagt bereits dasselbe. Geheilt wird die nichtige Partnerschaft weder durch die Eintragung noch durch langes Zusammenleben.

2.3 Vor der zuständigen Behörde

Nach dem Wortlaut des § 1 I 3 LPartG müssen die Lebenspartner ihre Lebenspartnerschaftserklärungen „vor der zuständigen Behörde" abgeben und muss die zuständige Behörde mitwirken, ganz wie der Standesbeamte bei der Eheschliessung. Wer aber ist die zuständige Behörde? Ursprünglich sollte es flächendeckend der Standesbeamte sein nach den Regeln des Personenstandsgesetzes. Da dies aber der Zustimmung des Bundesrats bedurfte, die nicht zu bekommen war, hat man den Standesbeamten durch die zuständige Behörde ersetzt und deren Bestimmung dem Landesrecht überlassen. Die Homosexuellen jedenfalls drängen mit Macht zum Standesbeamten, denn eigentlich wollen sie:) ja heiraten und beschweren sich deshalb bitterlich, dass sie im Lande Bayern zum Notar gehen müssen, obwohl dessen Zuständigkeit wegen § 1 I 4, §§ 6, 7 LPartG so abwegig nicht ist.

2.4 Erklärung über den „Vermögensstand"

§ 1 I 4 LPartG verlangt als „weitere Voraussetzung" eine Erklärung der Lebenspartner über ihren „Vermögensstand". Gemeint ist nicht etwa ein Vermögensstatus über Aktiva und Passiva, gemeint ist der „Güterstand", den es ausserhalb der Ehe aber nicht geben darf, weshalb man ihn kurzer Hand in Vermögensstand umgetauft hat. Das Gesetz verzichtet zwar auf einen gesetzlichen Vermögensstand, zwingt aber die Lebenspartner zur Wahl. Nach § 6 I 2 LPartG haben sie **zwei Möglichkeiten: entweder erklären sie, dass sie den „Vermögensstand der Ausgleichsgemeinschaft" vereinbart hätten, oder sie**

---

4 *Schwab* FamRZ 2001, 388.

haben bereits einen notariellen „Lebenspartnerschaftsvertrag" nach § 7 LPartG abgeschlossen. Die Terminologie beeindruckt stets von neuem. Der Vermögensstand der Ausgleichsgemeinschaft entpuppt sich nach § 6 II LPartG als Güterstand der Zugewinngemeinschaft mit allem, was dazugehört, wie die Verweisung auf §§ 1371-1390 zeigt.

Durch den „**Lebenspartnerschaftsvertrag**" gründen die Lebenspartner nicht etwa eine Lebenspartnerschaft, sondern regeln nach § 7 I 1 LPartG „ihre vermögensrechtlichen Verhältnisse". Was darunter zu verstehen sei, sagt das Gesetz nicht. Schuldrechtliche und sachenrechtliche Beziehungen der Lebenspartner sind es wohl nicht. Die notarielle Beurkundung und die entsprechende Anwendung der §§ 1409, 1411 BGB über den Ehevertrag deuten daraufhin, dass wiederum der Güterstand, pardon: der Vermögensstand gemeint sei. Aber welcher Vermögensstand? Die Zugewinngemeinschaft bedarf nach § 6 I LPartG keines notariellen Vertrags, die Gütertrennung überhaupt keiner Vereinbarung. Die Gütergemeinschaft ist wohl auch nicht gemeint, denn es fehlt jeder Hinweis auf eine entsprechende Anwendung der §§ 1415 ff., die immerhin eine Gesamthandsgemeinschaft regeln; ohne ausdrückliche gesetzliche Erlaubnis aber läßt sich dergleichen nicht vereinbaren. Übrig bleibt eine umgemodelte Zugewinngemeinschaft, soweit die Rechtsprechung Abweichungen vom Gesetz erlaubt[5].

Auch sonst lässt das überhastete Gesetz viele Fragen offen. Wem gegenüber ist die erforderliche Erklärung über den Vermögensstand abzugeben und in welcher Form? Welche Folgen hat es, wenn die Erklärung falsch ist oder gar fehlt? Ist die Lebenspartnerschaft dann unwirksam? Nach § 6 III LPartG besteht „Vermögenstrennung", wenn die Vereinbarung über die Ausgleichsgemeinschaft oder der Lebenspartnerschaftsvertrag unwirksam ist. Soll dies auch dann gelten, wenn eine Vereinbarung zwar behauptet wird, aber nie getroffen worden ist?

2.5 Fehlerhafte Gründung

§ 1 II LPartG nennt vier **Nichtigkeitsgründe**: Eine Lebenspartnerschaft kann nicht gegründet werden mit Personen, die minderjährig, verheiratet oder bereits an einen Lebenspartner rechtlich gebunden sind (Nr. 1); zwischen Verwandten in gerader Linie (Nr. 2); zwischen voll- und halbbürtigen Geschwistern (Nr. 3); schließlich dann, wenn die beiden Akteure ihre Lebenspartnerschaftserklärungen nur zum Schein abgeben (Nr. 4).

Es fällt auf, dass eine verheiratete Person keine Lebenspartnerschaft gründen, ein eingetragener Lebenspartner aber wirksam heiraten kann und dann nach beiden Seiten rechtlich gebunden ist. Aber der Gesetzgeber kann schließlich nicht an alles denken.

---

5 *Schwab* FamRZ 2001, 388.

826

3. Rechtsfolge der eingetragenen Lebenspartnerschaft

3.1 Gemeinsame Lebensgestaltung

Eingetragene Lebenspartner schulden einander nach § 2 LPartG „Fürsorge" und „Unterstützung" sowie „eine gemeinsame Lebensgestaltung" und sie „tragen für einander Verantwortung", all dies lebenslang. Die Auslegung dieser unbestimmten Rechtsbegriffe bleibt der Rechtsprechung überlassen.   **1953**

Kann ein eingetragener Lebenspartner den anderen auf Herstellung des eingetragenen partnerschaftlichen Lebens verklagen? § 661 II ZPO scheint die Frage zu bejahen. Wäre ein solches Urteil vollstreckbar? § 888 III ZPO scheint auch diese Frage zu bejahen, da die gesetzliche Vollstreckungssperre sich auf die Herstellung des ehelichen Lebens beschränkt. Was nun? Der Rechtsanwender darf raten.

Wie Ehegatten nach § 1359 BGB haften einander nach § 4 LPartG mit § 277 BGB auch eingetragene Lebenspartner nur für diejenige Sorgfalt, die sie in eigenen Angelegenheiten anzuwenden pflegen.

3.2 Lebenspartnerschaftsname

Nach § 3 LPartG können eingetragene Lebenspartner einen gemeinsamen Namen führen, müssen es aber nicht (I 1). Gemeinsamer Name kann der Geburtsname des einen oder des anderen Lebenspartners werden (I 2, IV). Die Namensbestimmung ist vor der zuständigen Behörde zu erklären (I 4) und soll bei der Gründung der Lebenspartnerschaft erklärt werden (I 3); eine spätere Bestimmung bedarf der öffentlichen Beglaubigung (I 5).

Der Lebenspartner, dessen Name nicht gemeinsamer Name wird, darf seinen Geburtsnamen dem gemeinsamen Namen voran- oder hintanstellen und als Begleitnamen führen (II 1). Erforderlich ist eine Erklärung gegenüber der zuständigen Behörde (II 3), die widerrufen werden kann (II 4); Erklärung wie Widerruf sind öffentlich zu beglaubigen (II 5).

Der Lebenspartnerschaftsname überlebt die Lebenspartnerschaft, wenn er nicht durch den Geburtsnamen oder früheren Namen ersetzt wird (III).

3.3 Partnerschaftlicher Unterhalt

Nach § 5 LPartG sind die Lebenspartner einander zum **angemessenen Unterhalt** verpflichtet; die §§ 1360a, 1360b BGB über den ehelichen Unterhalt sind entsprechend anwendbar. Einen Maßstab für die Angemessenheit des Unterhalts nennt das Gesetz nicht.

Wieder einmal wird das technische Mittel der Verweisung überstrapaziert: § 5 LPartG verweist auf **§ 1360a** und über § 1360a III auf die **§§ 1613-1615 BGB**, die wichtige Fragen des Familien- und Kindesunterhalts regeln, was durch die Verweisung schamhaft verdeckt wird. Transparent ist diese Regelung sicher nicht, bürgernah auch nicht.

3.4 Vermögensstand

Je nach Wahl leben die eingetragenen Lebenspartner im Vermögensstand der Ausgleichsgemeinschaft (§ 6 I 2 LPartG), in einer abgeänderten Ausgleichsgemeinschaft (§ 7 I 1 LPartG) oder in Vermögenstrennung(§ 6 III LPartG), wohl nicht in Vermögensgemeinschaft. Die gesetzliche Terminologie kann die unmittelbare Nähe zum ehelichen Güterrecht nicht verdecken.

Ausserdem gelten nach § 8 II LPartG die **gesetzlichen Verfügungs- und Verpflichtungsbeschränkungen der §§ 1365-1369 BGB** und die **Surrogatregel des § 1370 BGB** auch für eingetragene Lebenspartner und für jeden Vermögensstand. Diese Beschränkungen lassen sich für Ehegatten durch Ehevertrag abbedingen. Dies muss auch für eingetragene Lebenspartner gelten, fraglich ist nur, ob dazu ein notarieller Vertrag erforderlich ist. Notarielle Beratung ist jedenfalls zu empfehlen[6].

3.5 Schlüsselgewalt

Nach § 8 II LPartG ist § 1357 BGB über die Schlüsselgewalt auf eingetragene Lebenspartner entsprechend anwendbar, auch hier beschränkt auf schuldrechtliche Verpflichtungsgeschäfte zur **Deckung des partnerschaftlichen Lebensbedarfs**.

3.6 Eigentumsvermutung

§ 8 I LPartG belastet auch eingetragene Lebenspartner mit der gesetzlichen Eigentumsvermutung des § 1362 I 1 BGB zugunsten der Gläubiger eines Lebenspartners. Die Ausnahmen der §§ 1362 I 2, II BGB gelten auch hier.

3.7 Sorgerechtliche Bedürfnisse

Nach § 9 I 1 LPartG hat der eingetragene Lebenspartner, der nicht Elternteil ist, das Recht, Angelegenheiten des täglichen Lebens eines minderjährigen Kindes einvernehmlich mitzuentscheiden, wenn das Kind in der eingetragenen Lebenspartnerschaft lebt und der andere eingetragene Lebenspartner das alleinige Sorgerecht hat. § 1629 II 1 BGB über den Ausschluss der gesetzlichen Vertretung gilt entsprechend.

Auch hier bleibt vieles offen. Was heißt „**Mitentscheidung**"? Begründet § 9 I 1 LPartG ein gemeinschaftliches Sorgerecht für Angelegenheiten des täglichen Lebens? Und was heißt „**im Einvernehmen mit dem sorgeberechtigten Elternteil**"? Wird es durch bindende Vereinbarung hergestellt oder muss es für jede einzelne Sorgemaßnahme festgestellt werden? Ist diese Vorschrift nicht überhaupt überflüssig? Denn wenn und soweit der allein sorgeberechtigte Elternteil einverstanden ist, kann sein Lebenspartner selbstverständlich an der Betreuung und Erziehung des minderjährigen Kindes mitwirken. Wozu braucht er ein gesetzliches Mitsorgerecht, das dann doch wieder vom Einverständnis des Sorgeberechtigten abhängt. Wem soll das nützen, dem Kindeswohl oder nur dem Prestige des Lebenspartners? Und wie muss diese überflüssige Regel auf den nichtsorgeberechtigten anderen Elternteil wirken? Ist sein Umgangsrecht weniger wert als das Mit-

---

6 *Schwab* FamRZ 2001, 394.

sorgerecht des Lebenspartners[7]? Das Familiengericht kann dieses Mitsorgerecht zum Wohle des Kindes beschränken oder ausschließen (§ 9 III LPartG).

Nach § 9 II LPartG darf der Lebenspartner, der nicht Elternteil ist, **bei Gefahr im Verzug gar alles tun, was zum Wohl des Kindes notwendig ist** und muss den sorgeberechtigten Elternteil lediglich unverzüglich unterrichten. Damit steht er auf einer Stufe nicht etwa mit dem nichtsorgeberechtigten, sondern mit dem gemeinsam sorgeberechtigten Elternteil (§ 1629 I 4). Eine Beschränkung der Notfallsorge durch das Familiengericht sieht das Gesetz nicht vor.

3.8 Umgangsrecht

Nach § 1685 II BGB n.F. hat nun auch der Lebenspartner ein Recht auf Umgang mit dem Kind des anderen Lebenspartners, wenn er mit dem Kind längere Zeit häuslich zusammengelebt hat und der Umgang dem **Wohl des Kindes** dient.

3.9 Sonstiges

Nach § 11 LPartG gilt der eingetragene Lebenspartner als **Familienangehöriger** (I) und mit den Verwandten des anderen Lebenspartners als **verschwägert** (II).

Wie sich der Tod eines Lebenspartners, der **Wohnraum** gemietet hat, auf den anderen Lebenspartner auswirkt, regeln die §§ 569-569b BGB n.F.

Dass der eingetragene Lebenspartner wie ein Ehegatte **gesetzlicher Erbe** des anderen wird oder einen **Pflichtteilsanspruch** erwirbt und dass die Lebenspartner wie Ehegatten ein **gemeinschaftliches Testament** errichten können, all dies steht in § 10 LPartG.

4. Die Trennung und ihre Folgen

4.1 Getrenntleben

Auch eingetragene Lebenspartner können sich trennen und getrennt leben. Das LPartG **1954** regelt zwar die Rechtsfolgen des Getrenntlebens: den Unterhalt (§ 12), die Hausratsverteilung (§ 13) und die Wohnungszuweisung (§ 14), verrät aber nicht, wann die Lebenspartner rechtlich getrennt leben. Obwohl das Gesetz nicht auf § 1567 I BGB über das Getrenntleben der Ehegatten verweist, wird nichts anderes übrig bleiben, als diese Regeln auch hier entsprechend anzuwenden.

4.2 Unterhalt

Nach § 12 I 1 LPartG hat der getrenntlebende bedürftige Lebenspartner Anspruch auf **angemessenen Trennungsunterhalt**; Maßstab sind die lebenspartnerschaftlichen Lebensverhältnisse. Anders als der getrenntlebende Ehegatte muss aber der getrenntlebende Lebenspartner nach § 12 I 2 LPartG seinen Unterhalt in der Regel durch Erwerbstätigkeit selbst verdienen, es sei denn, dies könne von ihm nicht erwartet werden. Die §§ 1361 IV,

---

7 Dazu *Schwab* FamRZ 2001, 394.

1610a BGB sind entsprechend anwendbar (§ 12 II 2 LPartG). Die so harmlos aussehende Verweisung auf **§ 1361 IV BGB** hat es in sich, denn dort wird in S. 4 auf die **§§ 1360a II, IV, 1360b, 1605 BGB** und in **§ 1360a III auf §§ 1613-1615** weiterverweisen, so dass heimlich still und leise ein Großteil der Vorschriften über den ehelichen Trennungsunterhalt anwendbar wird, beispielsweise § 1614 BGB, der einen Unterhaltsverzicht im Voraus ausschließt. Klarheit und Präzision dieser Vorschrift sind wahrlich eindrucksvoll.

Nach § 12 II 1 ist der Unterhalt zu versagen, herabzusetzen oder zeitlich zu begrenzen, soweit er den Unterhaltsschuldner **unbillig** belasten würde. Grobe Unbilligkeit verlangt das Gesetz anders als nach §§ 1361 III, 1579 BGB nicht, liefert aber auch keine Fallgruppen, sondern beschränkt sich auf die überaus biegsame „Unbilligkeit".

4.3 Hausratsverteilung

Jeder getrenntlebende Lebenspartner kann nach § 13 LPartG seine eigenen Hausratstücke vom anderen herausverlangen (I), muss dem anderen allerdings nach dem Maßstab der Billigkeit das lassen, was dieser für seinen Haushalt braucht (I 2). Die gemeinschaftlichen Hausratstücke werden nach Billigkeit verteilt, unter Umständen gegen eine Nutzungsvergütung (II). Die Lebenspartner können freilich etwas anderes vereinbaren (III).

4.4 Wohnungszuweisung

Der getrenntlebende Lebenspartner hat nach § 14 LPartG Anspruch auf allein) Benutzung der gemeinsamen Wohnung oder eines Teils der Wohnung, soweit dies eine schwere Härte vermeiden würde. Das gleiche Recht hat der Lebenspartner schon vor der Trennung, damit er sich trennen kann (I 1). Besonders zu berücksichtigen sind Eigentum, Erbbaurecht und Nießbrauch, Wohnungseigentum, Dauerwohnrecht und dingliches Wohnrecht eines Lebenspartners (I 2). Derjenige Lebenspartner, der die Wohnung oder einen Wohnungsteil überlassen soll, hat Anspruch auf eine billige Nutzungsvergütung (II).

4.5 Sonstiges

Nach § 8 III LPartG mit § 1357 III BGB erlischt die Schlüsselgewalt mit der Trennung. Das Gleiche gilt nach § 9 IV LPartG für die sorgerechtlichen Befugnisse.

5. Aufhebung der eingetragenen Lebenspartnerschaft und ihre Folgen

5.1 Aufhebung

1955 Wie die Ehe wird nach § 15 I LPartG auch die eingetragene Lebenspartnerschaft nur auf Antrag und nur durch gerichtliches Urteil mit Wirkung für die Zukunft aufgehoben.

§ 15 II LPartG liefert **drei Aufhebungsgründe**: entweder haben beide Lebenspartner vor mindestens 12 Monaten erklärt, die Lebenspartnerschaft nicht fortsetzen zu wollen (Nr. 1), oder ein Lebenspartner hat dies vor mindestens 36 Monaten dem anderen erklärt

(Nr. 2), oder die Fortsetzung der Lebenspartnerschaft wäre für den Antragsteller aus Gründen in der Person des anderen eine unzumutbare Härte (Nr. 3). Die Erklärungen der beiden ersten Fallgruppen sind frei widerruflich (III 1), bedürfen aber wie auch der Widerruf der notariellen Beurkundung (IV 1).

5.2 Unterhalt

Der Unterhalt nach Aufhebung der eingetragenen Lebenspartnerschaft ist in § 16 I LPartG geregelt und heißt recht holprig „nachpartnerschaftlicher Unterhalt"; vollständig müsste er noch holpriger „nachlebenspartnerschaftlicher Unterhalt" heißen. Rechtsfolge ist ein **Anspruch auf angemessenen Unterhalt nach den partnerschaftlichen Lebensverhältnissen.** Anspruchsberechtigt ist der **bedürftige Lebenspartner, von dem eine Erwerbstätigkeit nicht erwartet werden kann,** beispielsweise wegen Alters, Krankheit oder anderer Gebrechen.

§ 16 II 2 erklärt ein ganzes Bündel von Vorschriften über den nachehelichen Unterhalt für anwendbar, darunter überflüssigerweise auch § 1578 I 1 BGB über den Bedarf nach den ehelichen Lebensverhältnissen, nachdem bereits § 16 I LPartG die lebenspartnerschaftlichen Lebensverhältnisse zum Maßstab genommen hat. Und wie soll § 1578 III BGB entsprechend angewendet werden, wenn er für die Kosten einer angemessenen Altersversicherung auf die Unterhaltstatbestände der §§ 1570-1573, 1576 BGB abhebt, die es hier nicht gibt?

Der Unterhaltsanspruch entsteht ausnahmsweise nicht oder erlischt, wenn der **Unterhaltsschuldner analog § 1581 BGB nicht zahlen kann,** wenn die Unterhaltsbelastung **analog § 1579 BGB** aus den dort genannten Gründen **grob unbillig** wäre, außerdem wenn der Unterhaltsberechtigte heiratet oder eine neue eingetragene Lebenspartnerschaft gründet (§ 16 II 1 LPartG).

Den **Rang** des Unterhaltsschuldners wie des Unterhaltsberechtigten regelt § 16 III LPartG.

Analog § 1585c BGB ist der nachpartnerschaftliche Unterhalt **frei verzichtbar.**

5.3 Gemeinsame Wohnung

Die gemeinsame Wohnung gebührt nach Aufhebung der Lebenspartnerschaft dem Eigentümer, jedoch kann das Gericht für den anderen Lebenspartner ein Mietverhältnis begründen, wenn der Verlust der Wohnung eine unbillige Härte für ihn wäre (§ 18 II LPartG). Die gemeinsame Mietwohnung kann das Gericht einem Lebenspartner zuweisen und bestimmen, dass dieser das gemeinsame Mietverhältnis allein fortsetze oder in das Mietverhältnis des anderen eintrete (§ 18 I LPartG). Die §§ 3-7 HausratsVO gelten entsprechend (§ 18 III LPartG).

5.4 Hausrat

§ 19 LPartG erklärt kurzer Hand die §§ 8-10 der HausratsVO für entsprechend anwendbar. In der Regel gebührt der Hausrat dem Eigentümer, es sei denn, der andere sei darauf angewiesen und seine Weiterbenutzung dem Eigentümer zumutbar.

6. Verfahrensrecht

1956 Sachlich zuständig für „Lebenspartnerschaftssachen" ist nach § 23a Nr. 6 GVG das Amtsgericht und dort nach § 23b I 2 Nr. 15 das Familiengericht. Was alles Lebenspartnerschaftssachen sind, bestimmt in 7 Ziffern § 660 I ZPO.

Nach § 660 II ZPO sind in Lebenspartnerschaftssachen die Vorschriften über Scheidung, Feststellung des Bestehens oder Nichtbestehens einer Ehe oder Herstellung des ehelichen Lebens entsprechend anwendbar, ebenso die Vorschriften über das Verfahren anderer Familiensachen nach § 621 I Nr. 5, 7, 8 und 9 ZPO.

Sachregister

Die Zahlen verweisen auf die Randnummern des Textes,
die Pfeile auf die passenden Stichwörter.

Abänderung Entscheidung über Versorgungsausgleich
- Abänderungsgründe 1665-1672
- Abänderungsverfahren 1675-1677
- Änderung Beitragszahlungspflicht 1679
- Änderungen vor Entscheidung 1662-1663
- Antrag 1675
- Auskunft 1674
- Ausschluss Abänderung 1673
- Entscheidung 1676-1677
- gesetzl. Systematik 1664
- Halbteilungsgrundsatz 1655, 1658
- Korrektur falscher Prognose 1657-1658
- Rechtskraft 1655
- Tod Ehegatte 1678
- Totalrevision 1659-1663
- wesentliche Abweichung 1669-1670

Abänderungsklage/Unterhalt
- Änderung ab Klageerhebung 1542
- Änderung Bemessungsprundlage 1530-1541
- Anschlussberufung 1555-1556
- ausländ. Urteil 1525
- Begriff 1513-1514
- Bemessungsfaktoren 1530, 1534
- Berufung 1553-1557
- bes. Prozessvoraussetzungen 1518-1519, 1530, 1542
- Beweislast 1531-1533
- Bindung an Unterhaltstitel 1588-1596
- Einspruch 1552
- einstw. Anordnung 1529
- einstw. Einstellung Zwangsvollstreckung 1585
- einstw. Verfügung 1529
- Entscheidung 1586-1596
- Entscheidungsgrundlage 1588-1596
- gesetzl. Systematik 1517-1521
- Gestaltungsklage 1513
- Klagabweisung 1526-1527
- Klagantrag 1578-1579

- Kostenstreitwert 1587
- Nachforderungsklage 1545-1551
- nachträgl. Änderung 1539-1541
- Parteiidentität 1581-1582
- Prozessstandschaft 1582
- Prozessvergleich 1565-1575
- Recht auf Anpassung 1515-1516, 1520
- Streitgegenstand 1513
- Stufenklage 1580
- Teilklage 1546-1549
- Unterhaltstitel 1517, 1520
- Unterhaltsvergleich 1565-1575
- vereinfachte Abänderung 1564
- Verfahren 1578-1596
- Verurteilung zu Unterhalt 1522-1529
- vollstreckbare Urkunde 1576-1577
- Vollstreckungsabwehrklage 1558-1563
- vorl. Vollstreckbarkeit 1587
- wesentliche Änderung 1539-1541
- Widerklage 1580
- Zuständigkeit 1583

Abstammung
- Anerkennung Vaterschaft 1096-1099
- Anfechtung Vaterschaft 1100-1110
- Anfechtungsfrist 1105
- Anfechtungsklage 1103
- Empfängniszeit 1111
- Feststellung Vaterschaft 1111
- gesetzl. Vermutungen 1111
- Kindschaftsrechtsreform 1089-1091
- künstl. Fortpflanzung 1112-1116
- Mutterschaft 1092
- Rückgriff des Scheinvaters 1110
- Vaterschaft durch Ehe mit Mutter 1094
- Vaterschaftsvermutung 1111
- Verfahren → *Kindschaftssache/Verfahren*

Adoption → *Annahme als Kind*
Alleinverdienerehe → *Geschiedenenunterhalt*
Altehen → *Geschiedenenunterhalt*
Altersunterhalt → *Geschiedenenunterhalt*

Altersvorsorge
- Geschiedenenunterhalt 332-338
- Trennungsunterhalt 159, 162
- Versorgungsausgleich → *Versorgungsausgleich*

Amtsermittlung
- Betreuungssachen 1909
- Ehesachen 1393-1395
- Ehewohnung u. Hausrat 1624
- elterliche Sorge 1697
- Kindschaftssachen 1792
- Unterbringungssachen 1939
- Versorgungsausgleich 1640-1642

Anfangsvermögen → *Zugewinnausgleich*

Annahme als Kind
- Adoption durch Gerichtsbeschluss 1343-1344
- Adoptionsfähigkeit 1350
- Antrag 1351
- Aufhebung 1360-1366
- Aufhebungsantrag 1363-1365
- Aufhebungsgründe 1362-1366
- Aufhebung von Amts wegen 1366
- Begriff 1341
- Einwilligungen 1352-1358
- gesetzl. Systematik 1342
- Inkognito-Adoption 1355
- Kindeswohl 1349
- Kindschaftsrechtsreform 1342-1347
- Minderjährigen-Adoption 1345-1366
- Rechtsfolgen Adoption 1345-1347
- Rechtsfolgen Aufhebung 1361
- Volljährigen-Adoption 1367-1371
- Vorwirkung nach Elterneinwilligung 1359
- Voraussetzungen Adoption 1348-1359, 1367-1370

Anrechnungsmethode
- Geschiedenenunterhalt 285, 323, 326-328
- Trennungsunterhalt 179-181

Anschlussunterhalt → *Geschiedenenunterhalt*

Arbeitslosenunterhalt → *Geschiedenenunterhalt*

arglistige Täuschung → *Eheaufhebung*

Arrest
- Unterhalt 1606-1608
- Zugewinnausgleich 1618-1619

Aufhebung
- Adoption 1360-1366
- Betreuung 1872
- Ehe 15-32, 1421-1426

Aufstockungsunterhalt → *Geschiedenenunterhalt*

Ausbildung
Ehegattenunterhalt 355, 406-409
Kindesunterhalt 1243-1251

Ausbildungsvergütung
- Einkommen 539
- Kindesunterhalt 1271

Auseinandersetzung
- Ehegattengesellschaft 65-67
- Gütergemeinschaft 138-144

Auskunft
- Hausrat 776
- Kind 1150
- Stufenklage 1496
- Unterhalt 600-607
- Versorgungsausgleich 1078-1079
- Zugewinnausgleich 702-708

Ausschluss Versorgungsausgleich
- Auffangtatbestand 996
- Beweislast 987
- Einwendung 987
- Eheverfehlung 1011
- Fallgruppen 999
- grobe Unbilligkeit 995-1013
- Grundrechtsverletzung 1000
- Härteregel BGB 989-997
- Härteregeln VAHRG 1014-1018
- kurze Ehe 1010
- lange Trennung 1009
- Manipulation eigener AV 993
- Nachversicherung 1017
- Rechtsfolge 992
- steuerl. Ungleichbehandlung 1008
- Tod Berechtigter 1015-1016
- ungleiche Rollenverteilung 1001
- ungleiche Versorgungsaussichten 1004
- Unterhaltsfälle 1018
- Unterkaltspflichtverletzung 994
- Verhältnisse Ehegatten 997-998
- wirtschaftl. Ungleichgewicht 1005

Ausstattung
- Eltern-Kind-Verhältnis 1340

Barwert → *Versorgungsausgleich*

Beamtenversorgung
- beamtenähnliche Versorgung 845-846
- Begriff 845
- Bemessungsgrundlage 847-848
- Ehezeitanteil 845-856
- fiktives Ruhegehalt 849
- Gesamtzeit 854
- Momentaufnahme 850
- ruhegehaltsfähige Dienstzeit 853
- Ruhensvorschriften 856
- tatsächl. Ruhegehalt 855

Bedürftigkeit/Unterhalt
- angemessene Erwerbstätigkeit 187-191, 347-355, 359
- Anrechnung 183-196, 346-360
- Anrechnung nach Billigkeit 358
- anrechnungsfrei 357
- Anspruchsvoraussetzung 182, 343-345, 1270
- Ausbildung 355
- Ausbildungsvergütung 1271
- Beweislast 182, 344-345, 1270
- Einkommen 187-195, 347-355, 359, 1271-1273
- Erwerbsbemühungen 349
- Erwerbseinkommen 187-192, 347-360
- Erwerbsobliegenheit 188, 348, 524, 1270
- fiktives Einkommen 348, 362
- Geschiedenenunterhalt 343-365
- gesetzl. Systematik 183-186, 346
- Kindergeld 1273
- Kindesunterhalt 1270-1279
- minderjähriges Kind 1275
- neue Partnerschaft 345, 363
- Pflegegeld 1271
- reale Beschäftigungschance 350
- sonstige Einkünfte 361-364
- Trennungsunterhalt 182-196
- unangemessene Erwerbstätigkeit 192, 365, 1271
- Vermögen 196, 365, 1271
- Vermögenserträge 361
- volljähriges Kind 1276-1279
- Wohnvorteil 361
- Zuwendung Dritter 364, 589, 1273

begrenztes Realsplitting
- Ehegattenunterhalt 558, 1446

Begründung gesetzl. Rentenanwartschaften → *Quasi-Splitting*

Beistandspflicht
- Eltern-Kind 1338

berufsständische Altersversorgung
- Ärzteversorgung 923, 932-933
- Altershilfe Landwirte 924
- Apothekerversorgung 923, 933
- Architektenversorgung 923, 933
- Anwälteversorgung 923, 933
- Auffangtatbestand 923
- Bemessungsgrundlage 926-930
- deutsche Bühnen 933
- deutsche Kulturorchester 933
- Dynamik 931
- Ehezeitanteil 926-930
- Wirtschaftsprüferversorgung 923, 933
- Zahnärzteversorgung 923, 933

Betreuer
- befreiter 1873
- Behördenbetreuer 1830, 1864, 1870-1871
- Berufsbetreuer 1867-1868
- Bestellung 1830-1832
- Betreuung → *Betreuung*
- Betreuungsbehörde 1830, 1864, 1870-1871
- Betreuungsverein 1830, 1864, 1870-1871
- Entlassung 1871
- Gelegenheitsbetreuer 1867
- Vereinsbetreuer 1830, 1864, 1870-1871

Betreuung
- Abgabe an anderes AG 1904
- ärztliche Maßnahme 1856
- Amtsermittlung 1909
- Angelegenheit der FG 1898
- Anhörung 1907-1908
- auf Antrag 1826
- Aufgabenkreis 1827
- Aufhebung 1872
- Aufsicht VormG 1874
- Aufwandsentschädigung 1865
- Aufwendungsersatz 1862-1864
- Auskunft 1836
- befreiter Betreuer 1873
- Begriff 1819

– Behinderung 1825
– Behördenbetreuer 1830, 1864, 1870-1871
– Berufsbetreuer 1867-1868
– Beschwerde 1916-1925
– Beschwerdeberechtigung 1920-1922
– Beschwerdeverfahren 1924-1925
– Bestellung Betreuer 1830-1832
– Betreuungsbedarf 1827
– Betreuungsbehörde 1830, 1864, 1870-1871
– Betreuungssachen 1900
– Betreuungsverein 1830, 1864, 1870-1871
– Betroffener 1906
– Bevollmächtigung statt Betreuung 1828-1829
– einfache Beschwerde 1919, 1923
– einstweilige Anordnung 1927-1928
– Einwilligungsvorbehalt 1840-1842
– Entlassung Betreuer 1871
– Entscheidung 1910-1914
– Gelegenheitsbetreuer 1867
– genehmigungsbedürftige Geschäfte 1852-1855
– Genehmigung VormG 1848-1855
– Geschäftsfähigkeit 1839
– gesetzl. Systematik 1815-1818
– Krankheit 1825
– Notwendigkeit d. Betreuung 1823
– öffentliche Aufgabe 1817
– Pflichten des Betreuers 1834-1838
– Rechnungslegung 1835
– Rechtsfolgen d. Betreuung 1833-1838
– Rechtsmittel 1916-1926
– Sachverständigengutachten 1909
– Schadensersatz 1837-1838
– sofortige Beschwerde 1917-1918, 1923
– Sterilisation 1857-1858
– Unterbringung 1859-1861
– Vereinsbetreuer 1830, 1864, 1870-1871
– Verfahren 1898-1928
– Verfahrenspfleger 1906
– Vergütung 1866-1870
– Vermögensverzeichnis 1835
– Vertretungsmacht 1843-1847
– Volljährigkeit 1824
– Vollmachtsbetreuer 1829
– von Amts wegen 1826

– weitere Beschwerde 1926
– Wohl des Betreuten 1834
– Zuständigkeit 1901-1903
Betreuungsbonus
– Ehegattenunterhalt 299
– Einkommen 541-544
Betreuungsunterhalt → *Geschiedenen-unterhalt*
betriebliche Altersversorgung
– Barwert 913
– Begriff 870-872
– Betriebszugehörigkeit 895-899
– Direktversicherung 874-875
– Direktzusage 873
– dynamische Anrechte 903-909
– Dynamisierung 905, 912-915
– Ehezeitanteil 894-902
– Gesamtversorgung 880-882, 900-902
– limitierte betriebl. AV 881, 902
– Pensionskasse 876
– Satzungen 889
– Statik 904, 911
– statische Anrechte 903-909
– Teildynamik 903-909
– Unterstützungskasse 877
– unverfallbares Anrecht 883-893
– VBL-Methode 900-902
– verfallbares Anrecht 883-893
– Versicherungsrente 890-892
– Versorgungsrente 890-892
– Volldynamik 903-909
– Zusatzversorgung d. öffentl. Dienstes 878-879, 882
Blutentnahme
– Abstammung 1790-1792
Bruchteilsgemeinschaft
– nach Trennung 234-236
– Teilungsversteigerung 41

Deckungskapital → *Versorgungsausgleich*
Dienstleistungspflicht
– Ehegatte 60
– Kind 1339
Differenzmethode
– Geschiedenenunterhalt 323-325, 328
– Trennungsunterhalt 178-181

Doppelwohnsitz Kind
- Zuständigkeit Familiengericht 1687

Dynamik → *Versorgungsausgleich*

Ehe
- allgem. Rechtsfolgen → *ehel. Lebens-gemeinschaft*
- Aufhebung → *Eheaufhebung*
- Berufstätigkeit 59
- Ehegattenarbeitsverhältnis 64
- Ehegattengesellschaft 65-67
- Ehegattenunterhalt → *Ehegatten-unterhalt*
- ehel. Güterrecht → *ehel. Güterrecht*
- ehel. Lebensgemeinschaft → *ehel. Lebensgemeinschaft*
- Ehename → *Ehename*
- Ehenichtigkeit → *Ehenichtigkeit*
- Ehesachen → *Ehesachen*
- Ehescheidung → *Ehescheidung*
- Eheschließung → *Eheschließung*
- Ehestörungen → *Ehestörungen*
- Ehevertrag → *Ehevertrag*
- Ehewohnung → *Ehewohnung*
- Ehe und Grundgesetz 4-8
- fehlerhafte Ehe 14
- Haushalt 59
- Mitarbeit 60-67
- Nichtehe 14
- Schlüsselgewalt → *Schlüsselgewalt*
- Verfahren in Ehesachen → *Ehesachen*
- verfassungsrechtl. Leitbild 8

Eheaufhebung
- argl. Täuschung 25
- Aufhebungsgründe 17-27
- Aufhebungsantrag 1421
- Ausschlussfrist 29-32
- Beweislast 15
- Ehesache 1420
- ges. Systematik 15
- Hemmung Fristablauf 32
- Irrtum 24
- Konkurrenz mit Scheidung 1426
- Rechtsfolgen 16
- Verfahren 1421-1426
- widerrechtl. Drohung 26

ehehedingte Zuwendung
- Begriff 239
- Geschäftsgrundlage 240-242
- gesetzl. Güterstand 240
- Gütertrennung 242
- Rechtsgrund 239
- Schenkung 237

Ehefähigkeit → *Eheschließung*

Ehegattenarbeitsverhältnis
- nach Trennung 232

Ehegattengesellschaft
- nach Trennung 233

Ehegattenunterhalt
- gesetzl. Systematik 52
- Familienunterhalt 52
- Geschiedenenunterhalt → *Geschiedenenunterhalt*
- nachehelicher Unterhalt → *Geschiedenenunterhalt*
- Trennungsunterhalt → *Trennungsunterhalt*

eheliche Lebensgemeinschaft
- Beistand 36
- Beseitigungsanspruch 44, 46
- deliktischer Rechtsschutz 44-47
- eheliche Rücksicht 39
- eheliche Treue 36, 43-47
- Ehestörung durch Untreue 43-47
- Ehestörungsklage 46
- Ehewohnung 36
- Ende 48
- häusliche Gemeinschaft 35
- Hausrat 36
- Hilfe 36
- höchstpersönliche Rechtsfolgen 38
- Intimsphäre 37
- Kosten scheinehel. Kind 47
- Mitarbeit 40
- Mitbesitz 36
- räumlich-gegenständl. Bereich 46
- Rechtsfolgen 34
- Schadensersatz 42, 44
- Teilungsversteigerung 41
- Unterlassung 44, 46
- Untreue 43-47
- wirtschaftl. Rechtsfolgen 38

eheliches Güterrecht
- Ehevertrag → *Ehevertrag*
- gesetzliches Güterrecht 81, 92-119
- gesetzliche Systematik 80-83

- Gütergemeinschaft → *Gütergemeinschaft*
- Güterrechtsregister 146-147
- Güterstände 80
- Gütertrennung 120
- vertragl. Güterrecht 82, 120-147
- Zugewinngemeinschaft → *Zugewinngemeinschaft*

eheliche Lebensverhältnisse
- Geschiedenenunterhalt 288-314
- Trennungsunterhalt 167-171

Ehename
- Begleitname 51
- Begriff 50
- Bestimmung 50
- Familienname 49
- Geburtsname 49

Ehenichtigkeit
- Begriff 14
- Nichtigerklärung 15
- Nichtigkeitsgründe 17
- Rechtsfolgen 16
- Verfahren 1423-1426

Ehesachen/Verfahren
- Amtsermittlung 1393-1395
- andere Ehesachen 1421-1431
- Aufhebung der Ehe 1421
- Berufung 1410-1411
- Beschwer 1410
- besondere Prozessart 1386
- Ehescheidung 1386-1420
- einstw. Anordnung → *vorl. Rechtsschutz*
- einverständl. Scheidung 1400-1403
- Hauptgerichtsstand 1387
- Herstellung des ehelichen Lebens 1428- 1431
- Hilfsgerichtsstände 1388
- Feststellung der Ehe 1427
- Feststellung Recht zum Getrenntleben 1429
- intern. Zuständigkeit 1389
- Klageänderung 1416
- Klagenhäufung 1414
- Klagerücknahme 1417
- Kostenentscheidung 1406
- Kostenstreitwert 1407
- mündl. Verhandlung 1396-1397
- Nichtigerklärung der Ehe 1423-1426
- Parteianhörung 1396
- Parteien 1390
- Parteivernehmung 1397
- Prozessstillstand 1418
- Reaktion Gegner 1392
- Revision 1412
- Säumnis 1413
- Scheidungsantrag 1391
- Scheidungsverbund → *Scheidungsverbund*
- Scheidungsverfahren 1386-1420
- Tod eines Ehegatten 1419
- vermögensrechtl. Streitigkeiten 1430
- vorl. Rechtsschutz → *vorl. Rechtsschutz*
- Zuständigkeit 1387-1389
- Zustellung 1409

Ehescheidung
- Auflösung der Ehe 246
- Ausschluss der Scheidung 255-258
- Beweislast 244-245
- dreijähriges Getrenntleben 254
- Einigungsvertrag 259
- einverständliche Scheidung 254
- gesetzl. Systematik 244
- gesetzl. Vermutungen 245
- Getrenntleben 249-251
- Härtegründe 255-258
- intern. Privatrecht 260
- Kinderschutz 256
- Normalfall 247-252
- Scheidungsfolgen 246
- Scheidungsrecht 244
- Scheidungstatbestände 245
- Scheidungsverfahren → *Ehesachen/ Verfahren*
- Scheinehe 251
- Scheitern der Ehe 248
- schwere Härte 257-258
- Trennungsjahr 249
- unzumutbare Härte 253
- Versöhnungsversuch 252
- Vorauss. der Scheidung 247-254
- vorzeitige Scheidung 253

Eheschließung
- Ehefähigkeit 12
- Eheverbote 13
- fehlerhafte Ehe 14
- Heiratserklärungen 10
- Nichtehe 14

- „Scheinehe" 11
- Standesbeamter 11

Ehestörungsklage
- ehel. Lebensgemeinschaft 43-47

Ehevertrag
- Abschluss 85
- Begriff 84
- Form 85
- Inhalt 86-89
- Unwirksamkeit 90
- Versorgungsausgleich 1055-1057
- Wirkung gegen Dritte 91, 146-147

Ehewohnung
- Alleineigentum 751
- Anspruchsgrundlagen 722, 725-730
- Aufteilung 735
- Ausgleichszahlung 757
- Begriff 748
- Benutzungsvergütung 736-738
- Besitz 718, 720
- Dienstwohnung 759
- dingl. Wohnrecht 752
- Eigentum 718, 732, 751
- Einigung 749, 761
- Einigungsvertrag 777
- Gebrauchsüberlassung 755
- gesetzl. Systematik 724
- Getrenntleben 726-738
- intern. Recht 778
- Kindeswohl 734, 754
- Mietwohnung 760
- Miteigentum 758
- Scheidung 746-760
- schwere Härte 733
- Trennung 721
- unbillige Härte 753

eingetragene Lebenspartnerschaft
- Aufhebung 1955
- Begründung 1952
- Hausrat 1954, 1955
- Lebenspartnerschaftsgesetz 1951
- Lebenspartnerschaftsvertrag 1952
- Name 1953
- Rechtsfolgen 1953
- Sorgerecht 1954
- Trennung 1954
- Unterhalt 1953-1955
- Vermögensstand 1952, 1953

- Wohnung 1954, 1955
- zuständige Behörde 1952

Einigungsvertrag
- Ehescheidung 259
- Ehewohnung 777
- elterliche Sorge 1194
- Güterrecht 714
- Hausrat 777
- Unterhalt 621
- Versorgungsausgleich 1080
- Zugewinnausgleich 714

Einkommen/Unterhalt
- Abfindung 538
- Abgeordnetenbezüge 584
- Abschreibungen 551-552
- Altersvorsorge 554
- Arbeitslosengeld 539
- Arbeitslosenhilfe 585
- Aufwandsentschädigung 535
- Ausbildungsvergütung 539
- Auslösung 535
- BAföG 539
- Bedeutung 519
- begrenztes Real-Splitting 558-559
- Begriff 518
- berufsbedingte Aufwendungen 540
- Betreuungsbonus 541-544
- Betreuungskosten 541-544
- Bilanzen 545-550
- Buchführung 549
- Dreijahresdurchschnitt 553
- Ehegatten-Splitting 557
- Einkünfte aus Vermögen 564-581
- Einkommenssteuer 557-563
- Entnahmen 555
- Erwerbsbemühungen 530
- Erwerbsobliegenheit 524-526
- Erziehungsgeld 587
- Gewinn- u. Verlustrechnung 545-546
- Fahrtkosten 540
- fiktives Einkommen 520-523, 531-532, 565
- fiktive Steuerlast 560
- freiwillige Leistungen Dritter 589
- Hausgeld Strafgefangener 539
- Kindergeld 536
- Krankengeld 539
- Krankenhaustagegeld 539
- Krankenversicherung 554

- Kurzarbeitsgeld 539
- Leibrente 588
- Mutterschaftsgeld 539
- Nebeneinkommen 534
- Nettoeinkommen 533
- neue Partnerschaft 590
- Nutzungsentschädigung 581
- Pflegegeld 586
- reale Beschäftigungschance 527-529
- Real-Splitting 558-559
- Schadensersatzrente 588
- Schmerzensgeldrente 588
- Schwarzarbeit 534
- selbst. Erwerbstätigkeit 545-556
- Sozialhilfe 585
- Sozialrente 582-583
- Sparrate 556
- Sparzulage 537
- Spesen 535
- Steuererstattung 563
- Steuervorauszahlungen 560-561
- Steuervorteile 562
- tatsächl. Steuerlast 560
- Überstundenvergütung 534
- Umgangskosten 544
- unselbst. Erwerbstätigkeit 533-544
- Unterhaltsrente 588
- Urlaubsgeld 534
- Vermögen 564, 591-592
- Vermögensanlage 556
- Vermögensertrag 564-581
- vermögenswirksame Leistungen 537
- Wehrsold 539
- Weihnachtsgeld 534
- Witwenrente 588
- Wohngeld 586
- Wohnvorteil → *Wohnvorteil*
- Zusammenveranlagung 557
- Zuschläge 534
- Zuwendungen Dritter 589

elterliche Sorge
- Angelegenheiten des täglichen Lebens 1158
- Angelegenheiten der tatsächlichen Betreuung 1159
- Aufenthaltsbestimmung 1126
- Aufsicht 1126
- Ausschluss Vertretungsmacht 1135
- Elternrecht 1117, 1122, 1124

- Ende 1150
- erforderliche Maßnahmen 1140-1148
- Erziehung 1126
- Familiensache → *Familiensache elterliche Sorge*
- Fehlverhalten Eltern 1143
- Gefährdung Kindesvermögen 1148
- Gefährdung Kindeswohl 1139-1147
- Genehmigung Familiengericht 1136-1137
- Gesamtvertretung 1134
- gesetzl. Systematik 1123
- gesetzl. Vertretung 1133-1138
- Getrenntleben 1151-1178
- Grenzen elterl. Sorge 1125
- Herausgabe Kind 1127-1129
- Kindesunterhalt 1156
- Kindesvermögen 1131-1132
- Kindeswohl 1117-1118, 1139-1148
- Kindschaftsrechtsreform 1121, 1123, 1151
- nach Scheidung → *elterl. Sorge nach Trennung*
- Personensorge 1126-1130
- Pflege 1126
- Pflegeeltern 1128
- Rechte des Kindes 1119
- religiöse Erziehung 1126
- Sorgeerklärungen 1123
- staatl. Wächteramt 1121, 1141
- Umgangsrecht → *Umgangsrecht*
- Verhinderung Eltern 1149
- Vermögenssorge 1131
- wichtige Angelegenheiten 1157

elterliche Sorge nach Trennung der Eltern
- Änderung Entscheidung 1178
- alleinige statt gemeinsame Sorge 1162-1175
- Angelegenheiten des tägl. Lebens 1158
- Aufteilung 1154, 1156
- Bindungen d. Kindes 1173
- Einigungsvertrag 1194
- Entscheidungsmöglichkeiten 1154
- Erziehungsfähigkeit 1174
- Familienpsychologe 1169
- Familiensache → *Familiensache elterl. Sorge*
- Förderung 1175

– Fortbestand der gemeinsamen Sorge 1155
– gemeinsame elterl. Sorge 1153-1161
– gerichtl. Regelung 1167-1175
– Geschwisterbindung 1173
– intern. Recht 1195
– Jugendberatungshilfe 1161
– Kindesentführungsübereinkommen 1197-1201
– Kindesunterhalt 1160
– Kindeswohl 1167-1175
– Kindschaftsrechtsreform 1151
– Kontinuität 1175
– Minderj. Schutzabkommen 1196
– Sachverständiger 1169
– Verteilung der Aufgaben 1156
– wichtige Angelegenheiten 1157
– Wille des Kindes 1171
– Wohl des Kindes 1171

Endvermögen → *Zugewinnausgleich*
erbbiologisches Gutachten
– Abstammung 1790-1792
Ergänzungspfleger → *Pflegschaft*
Erwerbsobliegenheit → *Einkommen/ Unterhalt*
Erwerbstätigenbonus
– Geschiedenenunterhalt 284
– Trennungsunterhalt 173-176

familienpsycholog. Gutachten
– elterliche Sorge 1169, 1699
Familiengericht
– Abgabe 1382, 1435
– Begriff 1380
– Eingangszuständigkeit 1381-1383
– gesetzl. Geschäftsverteilung 1380
– Konzentration beim Ehegericht 1433
– Rechtsmittel-Zuständigkeit 1384-1385
– Verweisung 1382, 1435
– Zuständigkeit 1381-1385, 1433-1435
Familienrecht
– Eigenart 3
– Grundrechte 5
– Institutsgarantie 6
– Rechtsquellen 2
– verfassungsrechtl. Wertentscheidung 7
Familiensache Ehewohnung
– Abänderung Entscheidung 1630

– Amtsermittlung 1624
– Antrag 1621
– Begriff 1620
– Beteiligte 1623
– einstw. Anordnung 1631-1633
– Entscheidung 1625-1628
– Gegenstand 1620
– Kostenentscheidung 1626
– Rechtsmittel 1629
– Verfahren 1623
– Vollstreckbarkeit 1625
– Vollzugsanordnung 1627
– vorl. Rechtsschutz 1631-1633
– Zuständigkeit 1622
Familiensache elterliche Sorge
– Abgabe 1688
– Amtsermittlung 1697
– Anhörung Kind 1698
– Doppelwohnsitz Kind 1687
– Entscheidung 1701-1702
– familienpsychologisches Gutachten 1699
– FG-Familiensache 1684, 1696
– FG-Verfahren 1696
– Frauenhaus 1687
– Herauspabe Kind 1720
– intern. Zuständigkeit 1689-1692
– Jugendamt 1698
– Kindesentführung 1692
– Kindschaftsrechtsreform 1684-1685
– Kostenentscheidung 1701
– Kostenstreitwert 1701
– Minderjährigenschutzabkommen 1690
– örtliche Zuständigkeit 1686
– Prozessstillstand 1705
– Rechtsmittel 1703
– Umgang mit Kind → *Familiensache Umgang*
– Verfahrensbeginn 1693-1694
– Verfahrensbeteiligte 1695
– Verweisung 1688
– Vollstreckung 1704
– vorl. Rechtsschutz 1706-1708
– Zustellung 1702
Familiensache Güterrecht
– Arrest für Zugewinnausgleich 1618-1619
– Begriff 1609
– Beteiligung Dritter 1612

- eheliches Güterrecht 1609-1615
- Gegenstand 1609-1615
- Parteien 1616
- Sachenrecht 1610, 1615
- Schuldrecht 1610, 1615
- Zuständigkeit 1616

Familiensache Hausrat → *Familiensache Ehewohnung*

Familiensachen/Verfahren
- andere Familiensachen 1432
- Anspruchskonkurrenz 1377
- Arrest 1379
- Begriff 1374-1375, 1432
- bes. Prozessarten 1373
- Drittwiderspruchsklage 1379
- Ehesachen → *Ehesachen*
- Ehewohnung → *Familiensache Ehewohnung*
- einstw. Anordnung → *vorl. Rechtsschutz*
- einstw. Verfügung 1379
- elterliche Sorge → *Familiensache elterl. Sorge*
- Familiengericht → *Familiengericht*
- FG-Familiensachen 1437, 1440-1442
- Güterrecht → *Familiensache Güterrecht*
- Hausrat → *Familiensache Ehewohnung*
- Kindschaftsrechtsreform 1371-1372
- Konzentration beim Ehegericht 1433
- Personenkreis 1376
- Prozesskostenhilfe 1379
- rechtl. Einordnung 1378
- Rechtsmittel 1439-1442
- Umgang mit Kind → *Familiensache Umgang*
- Unterhalt → *Familiensache Unterhalt*
- Verbindungsverbot 1377
- Versorgungsausgleich → *Familiensache Versorgungsausgleich*
- Vollstreckungsabwehrklage 1379
- vorl. Rechtsschutz → *vorläufiger Rechtsschutz*
- ZPO-Familiensachen 1436, 1439
- Zuständigkeit 1381-1385, 1433-1435
- Zwangsvollsteckung 1379

Familiensache Umgang mit Kind
- Androhung Zwangsgeld 1716
- Begriff 1709
- Einigung 1711, 1715
- Entscheidung 1710
- Festsetzung Zwangsgeld 1717-1718
- gerichtl. Vermittlung 1711-1712
- Kindschaftsrechtsreform 1709
- Rechtsmittel 1710
- Verfahren 1710
- Verfahrensbeteiligte 1710
- Vollstreckung 1713-1719
- vorl. Rechtsschutz 1710

Familiensache Unterhalt
- Abänderungsklage → *Abänderungsklage*
- Aktivlegitimation bei Sozialhilfe 1465
- Anerkenntnis 1454
- Arrest 1606-1608
- Begriff 1443-1447
- Beweislast bei Sozialhilfe 1480
- einstw. Verfügung → *Notunterhalt*
- Gegenstand 1443-1447
- gesetzl. Forderungsübergang bei Sozialhilfe 1463-1464
- Kindschaftsrechtsreform 1385, 1447
- Klage 1448
- Klage auf streitigen Spitzenbetrag 1452
- Kosten vollstreckb. Urkunde 1455
- Notunterhalt → *Notunterhalt*
- Personenkreis 1444
- Prozessführungsbefugnis Elternteil 1457-1462
- Prozessführungsbefugnis bei Sozialhilfe 1465-1471
- Prozesskostenhilfe 1488
- Rechtsschutzinteresse trotz Zahlung 1453-1455
- Rückabtretung bei Sozialhilfe 1467
- Schuldnerschutz bei Sozialhilfe 1472-1479
- Sicherung durch Arrest 1606-1608
- Sozialhilfe 1463-1480
- Streitgegenstand 1445-1447
- Streitgenossen 1456
- Streitwert 1486-1487
- Stufenklage → *Stufenklage*
- Teilklage 1449-1452
- Urteil 1484-1485
- Verfahren 1482
- Vergleich 1483
- Zuständigkeit 1481

Familiensache Versorgungsausgleich
- Abänderung → *Abänderung Entschei-dung ü. Versorgungsausgleich*
- Amtsermittlung 1640-1642
- Begriff 1634-1636
- Beschwer 1651
- Entscheidung 1648-1650
- FG-Verfahren 1636
- Genehmigung FamG 1645-1647
- Hilfsansprüche 1636
- Kostenentscheidung 1648
- Kostenstreitwert 1648
- mündliche Verhandlung 1643
- öffentlichrechtlicher 1637-1654
- Rechtskraft 1649
- Rechtsmittel 1651-1654
- schuldrechtlicher 1635, 1680-1683
- Teilentscheidung 1650
- Verbot Schlechterstellung 1652
- Verfahrensbeginn 1638
- Verfahrensbeteiligte 1639
- Vergleich 1644-1647
- Zuständigkeit 1637

Familienunterhalt
- ehel. Lebensgemeinschaft 52

Folgesache → *Scheidungsverbund*

Frauenhaus
- elterliche Sorge 1687

Gemeinschaft
- Bruchteilsgemeinschaft → *Bruchteilsge-meinschaft*
- ehel. Lebensgemeinschaft → *eheliche Lebensgemeinschaft*
- Gütergemeinschaft → *Gütergemein-schaft*
- Zugewinngemeinschaft → *Zugewinnge-meinschaft*

Genehmigung
- Familiengericht 1136-1137, 1645-1647
- Vormundschaftsgericht 1848-1855

Gesamtgläubigerausgleich
- Innenverhältnis 226
- 0der-Konto 227-228

Gesamtgut → *Gütergemeinschaft*

Gesamtgutsverbindlichkeit → *Güterge-meinschaft*

Gesamthand → *Gütergemeinschaft*

Gesamtschuldnerausgleich
- andere Bestimmung 221-224
- Anspruchsgrundlagen 219
- Anspruchsinhalt 219
- Einwendungen gegen Ausgleich 225
- Freistellung 219
- Gütergemeinschaft 135
- hälftiger Ausgleich 221-223
- Innenverhältnis 218
- nach Trennung 221-224
- während Zusammenleben 220
- Zahlung 219

Geschiedenenunterhalt
- Abtretung 278
- Alleinverdienerehe 285, 294, 320, 326-327
- Altehen 271
- Altersunterhalt 385-386
- Altersvorsorge 332-338
- angemessene Erwerbstätigkeit 351-354
- Anrechnung 347-365
- Anrechnungsmethode 285, 323, 326-328
- Anschlusstatbestand 371
- Anschlussunterhalt 371
- Anspruchsgrundlagen 262-263
- Anspruchsvoraussetzungen 281-289, 343-345
- Arbeitslosenunterhalt 391-398
- Arbeitslosigkeit 394-397
- Aufrechnung 279
- Aufstockungsunterhalt 377, 393, 399-403
- Ausbildung 355
- Ausbildungsunterhalt 406-409
- Auslandsfälle 316
- Bedarf → *Unterhaltsbedarf Ehegatte*
- Bedürftigkeit → *Bedürftigkeit Unterhalt*
- bereinigtes Nettoeinkommen 283
- Beschränkung Unterhalt 510, 513
- Bestandteile des Unterhalts 275-276
- Betreuungsunterhalt 373-384
- Beweislast 262, 264, 281
- Billigkeitsunterhalt 410-412
- Differenzmethode 323-325, 328
- Doppelverdienerehe 295, 320
- Düsseldorfer Tabelle 272
- eheliche Lebensverhältnisse 288-314
- Eigenverantwortung 366-369
- Einkommen → *Einkommen/Unterhalt*

– Einwendungen gegen Unterhalt 427-517
– Elementarunterkalt 329
– Erbenhaftung 280
– Erfüllung 428
– Erwerbsobliegenheit 347-360
– Erwerbstätigenbonus 284, 318-320
– Erwerbstätigkeit 347-360
– Gegennormen 264
– gemeinschaftl. Kind 373
– gesetzl. Forderungsübergang 429
– gesetzl. Systematik 261-273
– grob unbilliger Unterhalt → *grob unbilliger Unterhalt*
– Halbteilung 317
– Jahresfrist 425-426
– Kapitalabfindung 274
– Kindesbetreuung 373
– konkreter Bedarf 322
– Krankenversicherung 330-331
– Krankheitsunterhalt 387-390
– Lebensbedarf 275-277
– Leistungsfähigkeit → *Leistungsfähigkeit*
– Mahnung 415-418
– Mangelfall 460-475
– Mindestbedarf 306
– nacheheliche Solidarität 366-369
– nachhaltige Sicherung Unterhalt 404-405
– Nettoeinkommen → *Einkommen Unterhalt*
– neue Partnerschaft 363
– Pfändung 278
– Privilegierung Kindesbetreuung 374-376
– Problemkind 383
– Prozesskostenvorschuss 277
– Rangfolge 268-269
– Rechtshängigkeit 424
– Schulden 277
– Sonderbedarf 341-342
– Stufenmahnung 417
– Tod d. Berechtigten 430
– trennungsbedingter Mehrbedarf 339-340
– Unterhalt für Vergangenheit 413-426
– Unterhaltstabellen 272-273
– Unterhaltsrente 274
– Unterhaltsverzicht 435 ff.
– Verfahren → *Familiensache Unterhalt*
– Verjährung 432
– Vermögen 365

– Vermögensbildung 277
– Verwirkung 432
– Verzug 414-423
– Wiederverheiratung 431
– Wohnvorteil 361
– Zusammenhang mit Scheidung 370, 395

Gesetzliche Rentenversicherung
– aktueller Rentenwert 864
– Bemessungsgrundlage 860
– Ehezeitanteil 866-868
– Entgeltpunkte 862-863
– Fremdrentengesetz 860
– Regelaltersgrenze 859
– Rentenartfaktor 865
– Rentenformel 861
– rentenrechtl. Zeiten 860
– Rentenversicherungträger 858
– Wartezeit 859
– Zugangsfaktor 859, 863

Getrenntleben → *Trennung*
grob unbilliger Unterhalt
– anderer gleichschwerer Grund 498-507
– Auffangtatbestand 498
– Beweislast 477, 494
– einseitiges Fehlverhalten 494-497
– Einwendung 477
– Gegennorm 477
– Generalklausel 476
– grobe Unbilligkeit 508-509
– Härtegründe 483
– Kindeswohl 481-482
– kurze Ehe 484-485
– kurzes Zusammenleben 505
– mutwillige Bedürftigkeit 490-491
– neue Partnerschaft 500-504
– nichteheliche Lebensgemeinschaft 500-504
– schicksalhafte Veränderungen 506
– Straftat 486-489
– Unterhaltspflichtverletzung 493
– Verletzung Vermögensinteressen 492

Gütergemeinschaft
– Anspruchsgrundlagen 123
– Auseinandersetzung 138-144
– Auseinandersetzungsplan 141
– Beendigung 138
– Begriff 121
– fortgesetzte 145
– gemeinschaftl. Verwaltung 126-130

– Gesamtgut 124-125
– Gesamtgutsverbindlichkeit 134
– Gesamthand 125
– Gesamthandsklage 133
– Gesamtschuld 135
– gesetzl. Auseinandersetzung 139
– gesetzl. Systematik 122-123
– Gläubigerschutz 143
– Haftung im Innenverhältnis 137
– Haftung mit Gesamtgut 133
– Haftung mit Vorbehalts- u. Sondergut 136
– notwendige Verwaltungsmaßnahmen 128
– Prozessführung 128
– Schuldenhaftung 132-137
– Sondergut 131
– Tod Ehegatte 144
– Übernahmerecht 140
– vereinbarte Auseinandersetzung 139
– Verfügungsmacht 127
– Verwaltung Gesamtgut 126-130
– Vorbehaltsgut 131

Güterrechtsregister
– Eintragung 146
– negative Publizität 146
– Rechtsgeschäfte 147
– Schweigen d. Registers 146

Haftung Ehegatten
– Gesamtschuld 218-225
– Gütergemeinschaft 133-135
– Haftungsmaßstab 74-75
– Kindesunterhalt 1280-1295

Halbteilung
– Geschiedenenunterhalt 317
– Trennungsunterhalt 172
– Versorgungsausgleich 781

Hausrat
– Alleineigentum 733
– Anspruchsgrundlagen 722, 725-726, 739
– Ausgleichszahlung 770
– Auskunftsanspruch 776
– Begriff 764-766
– Benutzungsvergütung 745
– Besitz 719
– Eigentum 719, 742-744
– Einigung 741, 767

– Einigungsvertrag 777
– Ermessen 763, 770
– gesetzl. Systematik 724
– Getrenntleben 739-745
– intern. Privatrecht 778
– Miteigentum 769
– Rechtsgestaltung 763, 770
– Recht zum Mitbesitz 720
– Scheidung 763-776
– Trennung 721
– Verfügungsbeschränkung 96-114
– Vorbehaltseigentum 774
– Zugewinngemeinschaft 94, 96-114

Internationales Privatrecht
– Ehescheidung 260
– Ehewohnung 778
– elterliche Sorge 1195-1201
– Güterrecht 715-716
– Hausrat 778
– Unterhalt 622-628
– Versorgungsausgleich 1084-1085
– Zugewinnausgleich 715-716
In-Prinzip → *Versorgungsausgleich*
Irrtum → *Eheaufhebung*

Kindesentführung
– Antrag auf Rückführung 1198
– elterliche Sorge 1692
– Entführung 1198
– Gefährdung des Kindeswohls 1200
– intern. Zuständigkeit 1197
Kindesunterhalt
– Abtretung 1217
– angemessene Berufsausbildung 1247-1251
– angemessener Eigenbedarf 1303, 1313, 1319-1320
– angemessener Unterhalt 1239-1240
– Anspruchsprundlagen 1205
– Anspruchsvoraussetzungen 1240, 1270
– anteilige Haftung Eltern 1280-1295
– Aufgabe Arbeitsplatz 1309
– Aufrechnung 1217
– Ausbildungsbedarf 1243-1251
– Ausbildungsunterhalt 1243, 1246
– Ausbildungsvergütung 1271
– Auskunft 1332

- Ausschluss Unterhalt 1297-1331
- BAföG 1271
- Barunterhalt 1218, 1280-1281
- Bedarf → *Unterhaltsbedarf Kind*
- Bedürftigkeit → *Bedürftigkeit/Unterhalt*
- Berufsausbildung 1244-1251
- Bestimmungsrecht Eltern 1219-1231
- Betreuungskosten 1242, 1280-1281
- Betreuungsunterhalt 1218
- Beweislast 1205-1206, 1240, 1255, 1270, 1283, 1297, 1323
- Billigkeitsunterhalt 1327
- Düsseldorfer Tabelle 1256-1257, 1260, 1302
- Eigenbedarf 1301-1320
- eigene Einkünfte 1271-1273
- einheitliche Ausbildung 1249-1251
- Einkommen 1207, 1295, 1310
- Einwendungen 1206, 1297-1331
- Erwerbsobliegenheit 1270, 1308
- Erwerbspflicht 1308
- Erziehungsgeld 1209
- fiktives Einkommen 1270, 1308
- Freistellung Elternteil 1212
- Gegennormen 1206
- Geschäftsgrundlage 1214
- gesetzl. Systematik 1203-1206
- grobe Unbilligkeit 1327
- Härteregel 1328
- individueller Bedarf 1256
- Kindergeld 1208, 1259
- Kindesbetreuung 1273
- Kindschaft 1232
- Kürzung Unterhalt 1301-1302, 1326-1327
- Lebensbedarf 1241-1242
- Lebensstellung der Eltern 1252-1253
- Leistungsfähigkeit → *Leistungsfähigkeit/Kindesunterhalt*
- Mangelfall 1302-1310
- minderjähriges Kind 1204, 1222, 1252-1262, 1275, 1286-1292, 1302-1322
- Naturalunterhalt 1182
- notwendiger Eigenbedarf 1304-1317
- Pfändung 1207
- Pflegegeld 1271
- Prozesskostenvorschuss 1267-1269
- Rangfolge 1233-1236
- Reform des Kindsunterhalts 1202
- Regelbedarf 1254-1255
- Sättigungsgrenze 1261
- Schulden 1242, 1314-1317
- schwere Verfehlung 1326-1331
- selbständiges Kind 1262
- Selbstbehalt 1301-1320
- Sonderbedarf 1264-1266
- unselbständiges Kind 1252-1261
- Unterhalt für Vergangenheit 1296
- Unterhaltsbestimmung/Eltern 1219-1231
- Unterhaltsrente 1215-1216
- Unterhaltstabellen 1210
- Unterhaltsvertrag 1211-1214
- Unterhaltsverzicht 1298
- Vermögen 1310-1311
- Vermögenserträge 1271
- vertragliche Regelung 1211-1214, 1300
- Vertragsfreiheit 1211
- Verwandtschaft 1232
- Verwirkung 1299
- volljähriges Kind 1204, 1225-1227, 1260, 1276-1279, 1293-1295, 1302-1318
- Waisengeld 1271
- Zählkindvorteil 1259
- Zuwendung Dritter 1274, 1312
- Zweitausbildung 1247-1251

Kindschaftsrecht
- Abstammung → *Abstammung*
- elterliche Sorge → *elterliche Sorge*
- gesetzl. Systematik 1086-1089
- Kindschaftsrechtsreform 1089-1090
- Kindsunterhalt → *Kindsunterhalt*
- Schwägerschaft 1088
- Verwandtschaft 1086-1087

Kindschaftssachen/Verfahren
- Abstammungsgutachten 1794
- Amtsermittlung 1792
- Anfechtung Vaterschaft 1779
- Begriff 1777-1779
- Beiladung 1786
- Feststellung Eltern-Kind-Verhältnis 1778
- Beweisaufnahme 1793-1798
- Beweiswürdigung 1798
- Blutentnahme 1795-1797
- einstw. Anordnung auf Unterhalt 1806-1814
- erbbiologische Untersuchung 1796
- Familiensache 1777

- gesetzl. Systematik 1781-1782
- Kindschaftsrechtsreform 1777, 1781
- Klage 1789
- mündl. Verhandlung 1792
- Parteien 1784
- Restitutionsklage 1805
- Status und Unterhalt 1780
- Streithilfe 1787
- Streitverkündung 1788
- Urteil 1800-1802
- Zuständigkeit 1783

konkreter Bedarf → *Unterhaltsbedarf Ehegatte*

Krankenversicherung → *Unterhaltsbedarf Ehegatte*

Lebenspartnerschaft → *eingetragene Lebenspartnerschaft*

Leistungsfähigkeit Ehegattenunterhalt
- angemessener Eigenbedarf 442
- Aufgabe Arbeitsplatz 456-457
- Begriff 206-207, 445
- Betreuungsbonus 450
- Beweislast 202, 440
- Billigkeitsunterhalt 204-205, 443
- Eigenbedarf 203-205, 439
- Einwendung 202, 440
- fiktive Einkünfte 445
- Gegeneinwand aus Treu und Glauben 446, 452
- gesetzl. Systematik 201, 440
- Hausmann 458-459
- Kindesbetreuung 450
- leichtfertige Leistungsunfähigkeit 453-459
- Mangelfall 460, 468-475
- mutwillige Leistungsunfähigkeit 207, 446, 452
- notwendiger Eigenbedarf 205, 444
- Opfergrenze 439
- Rangfolge 460-467
- Rechtsfolge 203-205, 441-444
- Schulden 208, 448
- Selbstbehalt 203-205
- trennungsbedingter Mehrbedarf 209, 449
- Treu und Glauben 446, 452

- verantwortungslose Leistungsunfähigkeit 453-455
- Verlust Arbeitsplatz 453
- Vermögen 210, 447
- verschuldete Leistungsunfähigkeit 451-459
- Wechsel in Haushalt 458-459

Leistungsfähigkeit Kindesunterhalt
- angemessener Eigenbedarf 1303-1304, 1319
- Aufgabe Arbeitsplatz 1309
- Ausschluss Unterhalt 1301-1307
- Begriff 1308
- Beweislast 1307
- Düsseldorfer Tabelle 1302
- Eigenbedarf 1301-1320
- Einkommen 1310
- Einwendung 1306
- Erwerbspflicht 1308
- fiktives Einkommen 1308
- gesetzl. Systematik 1303-1305
- Hausmann 1309
- Mangelfall 1302, 1310
- minderjähriges Kind 1302-1322
- notwendiger Eigenbedarf 1304-1305, 1314-1318
- Schulden 1323-1325
- Vermögen 1310-1311
- verschuldete Leistungsunfähigkeit 1309
- volljähriges Kind 1302-1318
- Wechsel in Haushalt 1309
- Zuwendung 1312

Mahnung
- Unterhalt 415 ff.

Minderjährigenhaftungsbeschränkung
- gesetzliche Vertretung 1137

Minderjährigenschutzabkommen
- elterliche Sorge 1196
- Verfahren 1690

Mindestbedarf
- Ehegattenunterhalt 170, 306
- Kindesunterhalt 1254-1255

Mutwille
- Bedürftigkeit 490-491
- Leistungsfähigkeit 446, 451-459

nachehelicher Unterhalt → *Geschiede-nenunterhalt*
Nachforderungsklage → *Abänderungsklage*
Name
- Kind 1334-1337
- Ehename 49-51
- Geburtsname 49
- Familienname 49
Notunterhalt
- befristeter Mindestunterhalt 1596
- einstw. Anordnung 1601, 1806
- einstw. Verfügung 1597
- Schlüssigkeit 1603
- Sozialhilfebezug 1599-1600
- Streitwert 1604-1605
- Verfügungsgrund 1599-1600

Öffentlichrechtlicher Versorgungsausgleich → *Versorgungsausgleich*

Pflegschaft
- Anordnung 1893
- Aufgabenkreis 1894
- Ergänzungspfleger 1895-1896
- gesetzl. Systematik 1892-1894
Prozessführungsbefugnis
- Abänderungsklage 1582
- Kindesunterhalt 1457-1462
- Sozialhilfe 1465-1471
Prozesskostenhilfe
- Stufenklage 1512
- Unterhalt 1488
Prozesskostenvorschuss
- Anspruchsgrundlage 212
- Anspruchsvoraussetzungen 214
- Billigkeit 215
- Ehegattenunterhalt 52, 212, 277
- Familienunterhalt 52
- Geschiedenenunterhalt 277
- gesetzl. Systematik 212
- Kindesunterhalt 1267-1269
- Rechtsfolge 213
- Rechtsstreit ü. pers. Angelegenheiten 214
- Rückzahlung 216
- Trennungsunterhalt 212-216

Quasi-Splitting
- Ausgleichsbilanz 962
- Besitzstandsschutz 960
- erweitertes nach VAHRG 975-976
- Rechtsfolge 968
- techn. Abwicklung 959-960
- Voraussetzungen 961-967
- Vorrang Splitting 964
Quotierung → *Versorgungsausgleich*

räumlich-gegenständl. Bereich der Ehe
→ *ehel. Lebensgemeinschaft*
Rangfolge
- Unterhalt 460-467, 1233-1236
- Versorgungsausgleich 936-941, 968-972
Realteilung → *Versorgungsausgleich*
Restitutionsklage
- Kindschaftssache 1805
Rückforderung Unterhalt
- einstw. Anordnung 611-613, 619
- Entreicherung 615
- Familienunterhalt 617
- Prozessvergleich 614
- Rechtsgrund 610
- Schadensersatz 618
- Trennungsunterhalt 617
- Treu u. Glauben 620
- unerlaubte Handlung 618
- ungerechtfertigte Bereicherung 610-616
- verschärfte Haftung 616
- vorl. Vollstreckbarkeit 619

Sättigungsgrenze
- Ehegattenunterhalt 305, 322
- Kindsunterhalt 1256
Scheidungsverbund
- Ablehnung Scheidungsantrag 1739
- abgetrennte Folgesache 1742
- Anschlussrechtsmittel 1748-1750
- Anwaltszwang 1729
- Begriff 1721
- Berufung 1746-1751
- Beschwer 1745
- Beschwerde 1747-1751
- einverständl. Scheidung 1735
- Entscheidung im Verbund 1736-1739
- Entstehung des Verbunds 1725-1726

- Folgesachen 1722-1723
- Hauptrechtsmittel 1748
- Kindschaftsrechtsreform 1725
- Kostenentscheidung 1737
- Kostenstreitwert 1737
- mündl. Verhandlung 1734
- Parteien 1728
- Rechtskraft 1738
- Rechtsmittel im Verbund 1744-1750
- Rücknahme Scheidungsantrag 1753
- Säumnis 1752
- Scheidung durch Verbundurteil 1736
- Teilanfechtung 1747
- Terminsvorbereitung 1733
- Totalanfechtung 1747
- Trennung des Verbundes 1725, 1740-1743
- Trennungsbeschluss 1742-1743
- Trennungsgründe 1740-1741
- Verfahrensart 1730
- Verfahrensbeginn 1731
- Verfahrensbeteiligte 1728
- Zuständigkeit 1727
- Zweck des Verbundes 1724

Scheinehe
- Ehescheidung 251
- Eheschließung 11

Schlüsselgewalt
- angemessene Deckung Lebensbedarf 71
- Begriff 68
- Beschränkung 73
- Einwendungen 72-73
- Getrenntleben 73
- Lebensbedarf d. Familie 71
- Minderjährigenschutz 73
- Rechtsfolgen 69
- Voraussetzungen 70-71

Schulden
- Ehegattenunterhalt 300-302, 593-599
- Kindsunterhalt 1242, 1309-1316, 1323-1325

Schuldrechtlicher Versorgungsausgleich
- Abfindung 1045-1051
- Abtretung Versorgungsbezüge 1025
- Anspruchsgrundlagen 1021
- Anspruchsvoraussetzungen 1026-1036
- Auffangtatbestand 1019
- Ausgleichsrente 1023-1024, 1036
- Ausschluss 1037-1040

- Bewertung 1028, 1032-1034
- Beweislast 1021, 1037
- Ehezeitanteil 1028, 1032-1034
- Fälligkeit 1035
- Gegennormen 1022
- gesetzl. Systematik 1021
- Härteregel 1037-1038
- Lückenbüßerfälle 1029-1031
- rechtl. Konstruktion 1020
- Rechtsfolgen 1023-1025
- Rückausgleich 1027
- Stichtag 1033
- Tod Berechtigter 1039
- Tod Schuldner 1040
- verlängerter schuldrechtl. VA 1041-1044

Sicherheitsleistung
- Unterhalt 608

Sonderbedarf
- Ehegattenunterhalt 341-342
- Kindsunterhalt 1264-1266

Sondergut → *Gütergemeinschaft*

Sozialhilfe
- Notunterhalt 1599-1600
- Unterhalt 1463-1480

Splitting
- Ausgleichsbilanz 952
- Entgeltpunkte 950
- Höchstbetrag 957
- Rechtsfolge 948
- Rentnerprivileg 951
- Super-Splitting 977-981
- technische Abwicklung 949-951
- Voraussetzungen 952-957

Stichtage
- Geschiedenenunterhalt 307-316
- Versorgungsausgleich 928-939
- Zugewinnausgleich 642

Streitwert
- Abänderungsklage 1587
- Ehesachen 1407
- elterliche Sorge 1701
- Scheidungsverbund 1737
- Stufenklage 1511
- Unterhalt 1486-1487
- Versorgungsausgleich 1648

Super-Splitting → *Versorgungsausgleich*

Stufenklage auf Unterhalt
- Auskunft 1496-1498, 1504-1510
- Begriff 1489

- Berufung 1494, 1497-1499
- Bezifferung Unterhalt 1501
- eidesstattl. Versicherung 1499
- Erledigung 1507-1510
- Klagantrag 1491
- Klagenhäufung 1489
- Kostenentscheidung 1503, 1508-1510
- materiellrechtl. Kostenerstattung 1510
- Prozesskostenhilfe 1512
- Streitwert 1511
- Teilurteil 1496, 1498-1499
- unbestimmter Zahlungsantrag 1489-1490
- unergiebige Auskunft 1504-1510
- Verhandlung Stufe für Stufe 1493-1503
- Vorteil 1492

Trennung
- Begriff 148-149
- Bruchteilsgemeinschaft 234-236
- dingl. Haftung für anderen 231
- ehebedingte Zuwendung 237-243
- Ehegattenarbeitsverhältnis 232
- Ehegattendienstverhältnis 232
- Ehegattengesellschaft 233
- Ehescheidung 249-251
- elterliche Sorge → *elterliche Sorge nach Trennung der Eltern*
- Gesamtgläubigerausgleich 226-228
- Gesamtschuldnerausgleich 218-225
- Getrenntleben 148-149
- Kontovollmacht 229
- Kreditaufnahme für anderen 231
- Rechtsfolgen 148-149
- Schenkung 237
- schuldrechtl. Folgen 217-243
- Trennungsunterhalt → *Trennungsunterhalt*
- Umgangsrecht → *Umgangsrecht*

trennungsbedingter Mehrbedarf
- Ehegattenunterhalt 160, 162, 339-340

Trennungsunterhalt
- Abtretung 163
- Alleinverdienerehe 179
- angemessene Erwerbstätigkeit 187-191
- Anrechnungsmethode 179-181
- Anspruchsgrundlage 151, 166, 182
- Aufrechnung 163

- Bedarf → *Unterhaltsbedarf Ehegatte*
- Bedürftigkeit → *Bedürftigkeit*
- bereinigtes Nettoeinkommen 169
- Bestandteile 159
- Beweislast 166, 182, 197, 202
- Differenzmethode 178, 180-181
- Doppelverdienerehe 178
- ehel. Lebensverhältnisse 167, 171
- Einkommen 168, 183-195
- Einwendungen gegen Unterhalt 197-210
- Elementarunterhalt 159, 162
- Erwerbsobliegenheit 188
- Erwerbstätigenbonus 173-176
- Erwerbstätigkeit 187-192
- gesetzl. Systematik 150
- Getrenntleben 165
- grob unbilliger Unterhalt 211
- Gütergemeinschaft 153
- Halbteilung 172
- konkreter Bedarf 177
- Krankenversicherung 159, 162
- Leistungsunfähigkeit → *Leistungsfähigkeit Ehegattenunterhalt*
- Mindestbedarf 170
- Nettoeinkommen 168
- Pfändung 163
- Prozesskostenvorschuss → *Prozesskostenvorschuss*
- Tod des Berechtigten 197
- Unterhaltsrente 158
- Unterschiede zum Geschiedenenunterhalt 155-157
- Verjährung 199
- Versöhnung 200
- Verwirkung 199
- Verzicht 198

Übertragung gesetzl. Rentenanwartschaften → *Splitting*
Umgangsrecht
- Auskunft 1193
- Ausschluss 1189-1192
- Beschränkung 1189-1192
- Einigung der Eltern 1183-1184
- Elternpflicht 1180, 1181
- Elternrecht 1180, 1181
- gerichtl. Regelung 1181-1188

– Familiensache → *Familiensache Umgang mit Kind*
– Kindeswohl 1180, 1185, 1186, 1189
– Kindschaftsrechtsreform 1179
– Kontakt mit Dritten 1130
– Kosten des Umgangs 1182
– Umgangsvereitelung 1187

Unterbringung
– Abgabe an anderes AG 1934
– Amtsermittlung 1939
– Anhörung 1937
– Aufhebung 1944
– Beteiligte 1938
– Betroffener 1936
– einstweilige Anordnung 1950
– Entscheidung 1940-1943
– freiheitsentziehende Maßnahme 1861
– Genehmigung Vormundschaftsgericht 1860
– Notwendigkeit 1859
– Rechtsmittel 1946
– Sachverständigengutacten 1939
– sofortige Beschwerde 1946-1947
– Unterbringungsmaßnahmen 1930
– Verfahrenspfleger 1936
– Verlängerung 1944
– weitere Beschwerde 1948
– Zuständigkeit 1931-1933

Unterhalt
– Abänderungsklage → *Abänderungsklage*
– Familienunterhalt → *ehel. Lebensgemeinschaft*
– Geschiedenenunterhalt → *Geschiedenenunterhalt*
– Einigungsvertrag 621
– Familiensache → *Familiensache Unterhalt*
– intern. Privatrecht 622-628
– Kindesunterhalt → *Kindesunterhalt*
– nichteheliche Mutter 1333
– Ruckforderung Unterhalt 609-620
– Trennungsunterhalt → *Trennungsunterhalt*
– Unterhaltsstatut 623-626
– Verbrauchergeldparität 628
– Verfahren → *Familiensache Unterhalt*
– Verwandtenunterhalt → *Kindesunterhalt*

Unterhaltsbedarf Ehegatte
– Alleinverdienerehe 179, 294, 320-327
– Altersvorsorge 159, 162, 332-338
– Anrechnungsmethode 179-181, 323-328
– Anspruchsvoraussetzung 166, 288-289
– Auslandsfälle 316
– bereinigtes Nettoeinkommen 169, 295, 320
– Betreuungsbonus 299, 541
– Beweislast 166, 299
– DDR-Fälle 315
– Differenzmethode 178-181, 324
– Doppelverdienerehe 178, 294, 320, 324
– eheliche Lebensverhältnisse 167-171, 288-314
– eheliche Schulden 300-302
– Einkommen 290
– Elementarbedarf 329
– Erwerbstätigenbonus 173-176, 318-320
– fiktive Einkünfte 292
– Geschiedenenunterhalt 288-342
– Halbteilung 172
– Kindesunterhalt 296-299
– konkreter Bedarf 177, 322
– Krankenversicherung 159, 162, 330-331
– Lebensbedarf 158, 161, 329
– Mindestbedarf 170, 306
– Nebeneinkünfte 293
– Nettoeinkommen 168, 291
– Rechtskraft der Scheidung 307
– Sättigungsgrenze 305, 322
– Schulden 300-302
– Sonderbedarf 341-342
– trennungsbed. Mehrbedarf 160, 162, 339-340
– trennungsbed. Veränderungen 171, 308-310
– Trennungsunterhalt 166-178
– Unterhaltsquote 172
– Vermögensanlage 303-305
– Vorsorgeunterhalt 159, 162, 332-338

Unterhaltsbedarf Kind
– angemessene Berufsausbildung 1247-1251
– angemessener Unterhalt 1238-1239
– Ausbildungsbedarf 1243-1251
– Ausbildungsunterhalt 1243, 1246
– Berufsausbildung 1244-1251
– Betreuungskosten 1242

– Beweislast 1240, 1255
– Düsseldorfer Tabelle 1256-1257
– einheitliche Ausbildung 1249-1251
– individueller Bedarf 1256
– Kindergeld 1259
– Lebensbedarf 1241-1242
– Lebensstellung der Eltern 1252
– minderjähriges Kind 1254-1259
– Mindestbedarf 1254-1255
– Prozesskostenvorschuss 1267-1269
– Regelbedarf 1254-1255
– Sättigungsgrenze 1261
– Schulden 1242
– selbständiges Kind 1262
– Sonderbedarf 1264-1266
– unselbständiges Kind 1252-1261
– volljähriges Kind 1260

Unterhaltsstatut
– Intern. Unterhaltsrecht 623-626

Unterhaltsverzicht
– Geschäftsgrundlage 438
– Geschiedenenunterhalt 433-438
– Kindesunterhalt 1298
– Rechtsmissbrauch 436-437
– Sittenwidrigkeit 435
– Trennungsunterhalt 198
– Vertragsfreiheit 433

Verbrauchergeldparität
– intern. Unterhaltsrecht 628

Verbund Scheidung mit Folgesachen
→ *Scheidungsverbund*

Vereinbarung über Versorgungsausgleich
– Anfechtung 1068
– Ausschluss Versorgungsausgleich 1059
– Ehevertrag 1055-1057
– familienrechtl. Vertrag 1053
– Genehmigung FamG 1072-1077
– Geschäftsgrundlage 1068
– Gestaltungsspielraum 1065-1066
– Grenzen 1060-1064, 1072-1077
– Inhalt 1059-1066
– Kürzung Versorgungsausgleich 1059
– Nichtigkeit 1064
– Rechtsmissbrauch 1069
– schuldrechtl. Versorgungsausgleich 1066

– Sittenwidrigkeit 1067
– Übervorteilung 1073-1077
– Unwirksamkeit durch Scheidungsantrag 1070-1071
– Vereinbarung im Zusammenhang mit Scheidung 1055-1058
– Vertragsfreiheit 1052

Verfahren
– Betreuungssachen → *Betreuungssachen*
– Ehesachen → *Ehesachen*
– Familiensachen → *Familiensachen*
– Kindschaftssachen → *Kindschaftssachen*
– Scheidungsverbund → *Scheidungsverbund*
– Unterbringungssachen → *Unterbringungssachen*
– vorl. Rechtsschutz → *vorläufiger Rechtsschutz*

Verfügungsbeschränkung → *Zugewinngemeinschaft*

Vermögen
– Ehegattenunterhalt 591-592
– Kindesunterhalt 1310-1311

Versorgungsausgleich
– Altersversorgung 816-823
– Anspruchsgrundlagen 792-797
– Anspruchsvoraussetzungen 808-934
– anteilige Belastung 972
– Anwartschaften 819
– atypische Altersversorgung 934
– Ausgleichsanspruch 784-787
– Ausgleichsbilanz 807, 952, 962
– Ausgleichsformen 790-791, 802-803, 935-986
– Auskunftsanspruch 1078-1079
– Ausschluss → *Ausschluss Versorgungsausgleich*
– Aussichten 819
– Barwert 913
– Beamtenversorgung → *Beamtenversorgung*
– Begründung gesetzl. Rentenanwartschaften → *Quasi-Splitting*
– berufsständische AV → *berufsständische Altersversorgung*
– Berufsunfähigkeitsversicherung 827
– betriebl. AV → *betriebliche Altersversorgung*

– Beweislast 795-796
– Bewertung 840-844
– Deckungskapital 918
– Durchführung 935-986
– Dynamik 903-913, 921-922, 931
– Ehescheidung 815
– Ehezeit 828-830
– Ehezeitanteil 840-844
– eigenständige Altersversorgung 780
– Einigungsvertrag 1080
– Einmalausgleich 805-807
– erweitertes Quasi-Splitting 975-976
– Erwerb in Ehezeit 824-827
– Gegennormen 796
– gesetzl. Rentenversich. → *gesetzliche Rentenversicherung*
– gesetzl. Systemaik 788-798
– Gestaltungsrecht 785, 801
– Halbteilung 781
– In-Prinzip 824-827
– intern. Privatrecht 1084-1085
– Kürzung VA → *Ausschluss Versorgungsausgleich*
– laufende Versorgung 820-821
– Nachzahlung freiwilliger Beiträge 826
– öffentlichrechtl. VA 782-783
– prozessualer Stichtag 834-839
– Quasi-Splitting → *Quasi-Splitting*
– Quotierung 972
– Rangfolge d. Ausgleichsformen 936-941, 968-972
– Realteilung 973-974
– Rechnungsgrößen 800
– rechtl. Konstruktion 782
– Rechtsfolge 801-807
– schematischer Ausgleich 779
– schuldrechtl. VA → *schuldrechtl. Versorgungsausgleich*
– Splitting → *Splitting*
– Stichtage 828-839
– Super-Splitting 977-981
– technische Durchführung 809-814
– Überleitung auf Beitrittsgebiet 1081-1083
– Übertragung gesetzl. Rentenanwartschaften → *Splitting*
– Vereinbarung ü. VA → *Vereinharung über Versorgungsausgleich*

– Verpflichtung zur Beitragszahlung 977, 982-984
– Versorgungsarten 816-818
– Versorgungsausgleich „in anderer Weise" 985-986
– vertragl. Rentenversichenung 916-922
– Vertragsfreiheit 798

Verwandtenunterhalt → *Kindsunterhalt*

Verzug
– Unterhalt 414 ff.

Vollstreckungsabwehrklage → *Abänderungsklage*

Vorbehaltsgut → *Gütergemeinschaft*

Vorläufiger Rechtsschutz
– Antrag auf einstwl. Anordnung 1767, 1806
– Arrest 1618-1619
– Beschluss 1770, 1811
– Ehesachen 1757-1776
– Ehesache anhängig 1754-1755
– Ehesache nicht anhängig 1756
– Ehewohnung 1631-1633
– einstw. Anordnung im Eheverfahren 1757-1776
– einstweilige Anordnung im Kindschaftsverfahren 1806-1814
– einstwl. Verfügung 1596-1605
– elterliche Sorge 1706-1708
– Gegenstand 1757-1764
– gesetzl. Systematik 1754-1756
– Hausrat 1631-1633
– mündl. Verhandlung 1769
– rechtl. Gehör 1768
– Rechtsmittel 1772, 1812
– Umgang mit Kind 1712
– Unterhalt 1596-1605, 1806-1814
– Verfahren d. einstw. Anordnung 1773-1776
– Verfall 1773, 1813
– Vergleich 1769
– Vorauss. d. einstw. Anordnung 1765, 1806-1809
– vorläufige Anordnung 1706-1708, 1712
– Zugewinnausgleich 1618-1619
– Zuständigkeit 1766, 1807

Vormundschaft
– Anordnung 1877
– Aufsicht VormG 1891
– Aufwendungsersatz 1887

– befreiter Vormund 1890
– Begriff 1875
– Bestellung Vormund 1878-1879
– Ende 1889
– Entlassung Vormund 1889
– gesetzl. Systematik 1875
– gesetzl. Vertretung 1885
– mehrere Vormünder 1890
– Minderjährigkeit 1876
– Personensorge 1881-1882
– Rechtsfolgen 1880-1888
– Schadensersatz 1888
– Vergütung 1886
– Vermögenssorge 1883-1884
– Voraussetzungen 1876

Vormundschaftsgericht
– Betreuung 1830-1874
– Pflegschaft 1893-1896
– Vormundschaft 1877-1889

Vorsorgeunterhalt
– Altersvorsorge 332-338
– Berechnung 334-336
– Bremer Tabelle 334-335
– unselbst. Bestandteil 337
– Vorsorgebedürftigkeit 337
– Zweckbindung 338

widerrechtliche Drohung → *Eheaufhebung*
Wohnungseinrichtung → *Hausrat*
Wohnvorteil
– Bedeutung für Unterhalt 568-570
– Bedürftigkeit 575-577
– Begriff 567
– Drittelobergrenze 572
– Geschiedenenunterhalt 572, 574
– Hauskredite 568, 573
– Leistungsfähigkeit 578-580
– Mietersparnis 568
– Nutzungsentschädigung 581
– Trennungsunterhalt 572, 574
– Unterhaltsbedarf 571-574

Zählkindvorteil
– Unterhalt 536, 1208
Zugewinnausgleich
– Abgrenzung 631-634

– Abtretung 639
– Anfangsvermögen 659-669, 686
– Anspruch auf Sicherheit 711
– Anspruch gegen Dritten 712-713
– Anspruchsgrundlage 636
– Anspruchsvoraussetzungen 641-642
– Anwartschaftsrecht 654
– Aufrechnung 639
– Ausgleichsanspruch 636-685
– Auskunft 703
– Auskunftsanspruch 702-708
– Begriff 629
– Belege 704
– Berechnung 646
– Beschränkung auf Bestand 687
– Beweislast 643-645, 686, 695
– Bewertung 663-665, 670-685
– Bewertungsgrundsatz 670
– dingl. Belastungen 676
– ehebedingte Zuwendung 632
– eidsstattl. Versicherung 707
– Einigungsvertrag 714
– Einwendungen gegen Ausgleich 696-701
– Endvermögen 657
– Entstehung Ausgleichsanspruch 637
– erbrechtl. Ausgleich 116-119
– Ertragswert 672-681
– Erwerb durch Schenkung 667-668
– Erwerb von Todes wegen 661
– Erwerb mit Rücksicht auf Erbrecht 662-666
– Fälligkeit 637
– fiktives Anfangsvermögen 660-669
– fiktives Endvermögen 658
– Firmenwert 654, 682
– Forderungen 654, 677
– freiberufl. Praxis 654, 684
– gesetzl. Systematik 115, 635
– gewerbl. Unternehmen 654, 679-682
– good will 654, 682
– grobe Unbilligkeit 695-700
– Grundstücke 675
– güterrechtl. Ausgleich 117, 629-716
– Härteregel 696
– Hausrat 634
– Indexierung Anfangsvermögen 649-651

- intern. Privatrecht 715-716
- Kapitallebensversicherung 654, 678
- landwirtschaftl. Betrieb 674
- Leistungsverweigerungsrecht
  695-700
- Liquidationswert 672-681
- nach Scheidung 629-716
- Pfändung 639
- privilegierter Erwerb 660-669
- Rückkaufwert 678
- Sachwert 672-681
- Schätzung 673
- Schulden 656, 685
- Stichtage 647-648, 671
- Stufenklage 638
- Stundung 701
- Substanzwert 672-681
- Unternehmen 654, 679-682
- Unternehmensbeteiligung 654, 683
- Veräußerungswert 672, 676
- Verbindlichkeiten 656, 685
- Vereinbarung 640
- Vergleichswert 675
- Vermögen 652-655
- Versorgungsausgleich 633
- vorzeitiger Zugewinnausgleich
  709-710
- Wertermittlung 670-685, 704

- Zugewinn 629
- Zurückbehaltungsrecht 686, 708
Zugewinngemeinschaft
- Begriff 92
- Hausrat 94, 114
- Rechte des anderen Ehegatten
  102-103
- Scheidung 113
- schwebende Unwirksamkeit 97, 100
- Sicherungsgeschäft 108
- Teilungsversteigerung 108
- Tod Ehegatte 113
- Verfügung 104
- Verfügungsbeschränkung 96-114
- Vermögen 105
- Vermögen als Ganzes 100-113
- Verpflichtungsbeschränkung
  96-114
- Zugewinnausgleich → *Zugewinnausgleich*
- Zustimmung des anderen Ehegatten
  109-112
Zustimmung zur steuerl. Zusammenveranlagung
- ehel. Lebensgemeinschaft 37, 1430
Zwangsvollstreckung geg. Ehegatten
- Eigentumsvermutung 77-78
- Gewahrsamsfiktion 79

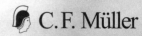